中研院歷史語言研究所集刊論文類編

文獻考訂編

四

中華書局

史 記 斠 證 卷 八

高 祖 本 紀 第 八

王 叔 岷

高祖，

集解：『張晏曰：禮諡法無高，以爲功最高，而爲漢帝之太祖，故特起名焉。』

案通鑑漢紀一注引張注，以下有帝字，起下有此字。

字季。

索隱：『漢高祖長兄名伯，次名仲，不見別名。則季亦是名也。故項岱云：高祖小字季，卽位易名邦，後因諱邦不諱季。所以季布猶稱姓也。』

梁玉繩云：『季乃是行，高祖長兄伯，次兄仲，亦行也。史以季爲字，與索隱以季爲名，並非。若季是字，則張釋之何以字季乎？高祖名邦，與兄名嘉，弟名交同。索隱引項岱謂「卽位易名，」非。論史例，帝名於本紀之首宜一見。藝文類聚十二引史曰：「高祖諱邦，字季。」恐不可信。蓋所引多刪改也。』

案金樓子與王篇：『漢高祖名季。』則以季爲高祖名，不自索隱始矣。漢紀一：『漢高祖諱邦，字季。』藝文類聚十二引史記『諱邦，字季。』四字，疑據漢紀增。

父曰太公。

索隱：『皇甫謐云：「名執嘉。」王符云：「太上皇名煓。」與湍同音。』

正義：『春秋握成圖云：劉媼夢赤鳥如龍，戲己，生執嘉。』

案金樓子、帝王略論亦並稱高祖父『名執嘉。』索隱『名煓，』黃善夫本作『名爌。』容齋三筆同。旣云『與湍同音。』則爌乃煓之形誤。正義『赤鳥，』疑『赤烏』之誤。藝文類聚九九引帝王世紀：『豐公家于沛之豐邑中陽里。其妻夢赤烏若龍，戲己，而生執嘉。是爲太公，〔卽〕太上皇。』（又見御覽九百二十。影宋本御覽八七引『赤烏』作『赤馬，』馬亦烏之誤。）

母曰劉媼。

　　索隱：『……又據春秋握成圖，以爲「執嘉妻含始，遊洛池，生劉季。」詩含神霧亦云。……貞時打得班固泗水亭長古石碑文，……沈歎古人未聞。……』

　　正義：『帝王世紀云：「漢昭靈后含始游洛池，有寶雞含赤珠出，炫日，后吞之，生高祖。」詩含神霧亦云。含始卽昭靈后也。陳留風俗傳云：「……使使者以梓宮招幽魂。於是丹蛇在水，自灑躍入梓宮。其浴處有遺髮，故謚曰昭靈夫人。」』

　　案御覽七二引曰作云。一三六引春秋握成圖云：『執嘉妻含始游雒池，赤珠出，刻曰玉英，吞此者爲王客；以其年生劉季，爲漢皇。』（注云：爲王客者，爲王者所賓客。）又見藝文類聚十、初學記六、御覽八七引帝王世紀及金樓子。容齋三筆引索隱『貞時』作『是時，』『沈歎』作『深歎。』正義引帝王世紀『寶雞，』藝文類聚、初學記、御覽並引作『玉雞。』金樓子同。正義引陳留風俗傳云云，御覽一三六引作『乃使使者以梓宮招魂於幽野，於是有丹蛇在水，自洒灌入于梓宮。其浴處有遺髮，故謚曰昭靈后。』黃善夫本正義『灑躍』亦作『洒灌。』（殿本灑亦作洒。）洒、灑正、假字，躍疑灌之誤，或後人所改。

嘗息大澤之陂。

　　案書鈔一五二、御覽十三引嘗並作常，嘗、常古通，其例習見；論衡書虛篇嘗作曾，義同。御覽八七二引息作遊。

是時雷電晦冥。

　　案書鈔、藝文類聚二、十、御覽七二、一三六、八七二引此皆無是字，帝王略論同。論衡感類篇『雷電』作『雷雨。』班彪王命論作『震電。』（見漢書敍傳及文選。）田宗堯學弟論衡校證二云：『開元占經一〇二引史記「雷電」作「雷霆。」』藝文類聚二、御覽八七二、九百三十引『晦冥』皆作『冥晦，』論衡奇怪篇同。（御覽八七引冥作暝，帝王略論同，俗。）

太公往視，

　　案藝文類聚十、御覽八七、一三六引太公上皆有父字，漢書同。

則見蛟龍於其上。

索隱：『按詩含神霧云：赤龍感女媪，劉季興。』

梁玉繩云：『論衡吉驗、奇怪篇兩引此紀，皆作「蛟龍，」漢書作「交龍，」非。』

案藝文類聚引作『見蛟龍於上。』論衡奇怪篇同。書鈔、御覽十三、八七二引此亦並無則字，漢紀同。御覽八七、一三六引此亦並無其字，漢書同。文選王命論注引漢書作『則見蛟龍於其上。』疑與史記文相亂。蛟、交正、假字，帝王略論亦作『交龍。』王命論作『龍蛇。』潛夫論五德志篇：『龍感女媪，劉季興。』劉子命相篇：『劉媪感赤龍，而生漢祖。』

已而有身，

案書鈔、藝文類聚、御覽十三、八七、一三六引身皆作娠，漢書、漢紀、帝王略論並同。御覽八七二引作姙。文選王命論云：『劉媪妊高祖，』漢書敍傳妊作任。身、娠、妊，並同義。廣雅釋詁四：『妊、娠、身，俱也。』身、俱古、今字。妊、娠正、俗字。任，借字。

遂產高祖。

案書鈔引作『後生高祖。』藝文類聚引產亦作生，義同。論衡初禀篇、奇怪篇、感類篇及漢紀皆作生。（御覽十三引產作孕，與上文身字義複，非。）

隆準而龍顏。

集解：『服虔曰：「準音拙。」應劭曰：「隆，高也。準，頰權準也。……」』

索隱：『李斐云：「準，鼻也。」始皇蜂目長準，蓋鼻高起也。』

案黃善夫本、殿本準並作準（集解、索隱並同），御覽八七引同。漢紀、金樓子亦並作準。藝文類聚十二引作准，帝王略論同。準、准並俗字。一切經音義七五引準作頔。（玉篇亦云：漢高祖隆頔龍顏。）廣雅釋親：『顴、頰，頔也。』王念孫疏證云：『顴為頰頔之頔，頰為鼻頔之頔。頔通作準，急就篇：「頭、領、頰、頔、眉、目、耳。」顏師古注云：「頔，兩頰之權也。」易乾鑿度：「觀表出準虎。」鄭注云：「準在鼻上而高顯。」則「隆準」之準，李斐訓為鼻是也。廣雅訓頰為頔，則鼻準之準，亦有拙音矣。說文：「頔，鼻莖也。」』又說文：『䏰，面頯也。』段注：『頁部曰：「䫇，權也。」權，俗作顴。䏰，史、漢作

準。準者假借字，肫其正字。儀禮釋文引說文：「肫，之允反。」是也。其入聲
則音拙，廣雅作頗是也。若戰國策〔中山策〕「準、頻、權、衡」竝言，則準訓
鼻矣。』藝文類聚十二、御覽八七並引春秋演孔圖，稱劉季『其人日角龍顏。』
索隱『李斐云：準，鼻也。』六字，黃善夫本、殿本並無。又『始皇蜂目長
準，』秦始皇本紀作『蜂準長目。』索隱準、目二字誤錯。蜂借爲豐，（朱駿聲
說。）『豐準』猶『隆準』矣。（參看秦始皇本紀斠證）

美須髯。

案藝文類聚、御覽八七、三七四引須皆作鬚，論衡骨相篇、語增篇並同。須、鬚
正、俗字。金樓子作髭，髭，俗鬛字。說文：『鬛，口上須也。』

左股有七十二黑子。

正義：『河圖云：帝劉季口角、戴勝、斗胸、龜背、龍股。長七尺八寸。』
案論衡語增篇『左股』作身；骨相篇與此同。正義『口角，』乃『日角』之誤。
藝文類聚十二、御覽八七引河圖並作『日角。』又引春秋演孔圖亦並作『日角。』
（已詳上文。）

仁而愛人，喜施，意豁如也。常有大度，不事家人生產作業。

案藝文類聚十二引『仁而』作『寬仁。』漢書、漢紀、帝王略論並同。藝文類聚
又引河圖提劉云：『帝季……明聖寬仁。』（又見御覽八七。）文選陳孔璋檄吳
將校部曲文注引春秋考異郵云‥『赤帝之精，寬仁大度。』呂氏春秋尊師篇：
『事五穀。』高誘注：『事，治也。』『不事』猶『不治。』下文稱高祖『起爲
太上皇壽曰：始大人常以臣無賴，不能治產業。』彼文作治，此文作事，其義一
也。

及壯，試爲吏。

考證：『盧綰傳云：「高祖與盧綰學書。」此所以其能爲吏。』
案『試爲吏，』謂試爲武吏，下文『爲泗水亭長。』亭長例以武吏爲之。（詳勞榦
先生史記項羽本紀中『學書』和『學劍』的解釋，中央研究院歷史語言研究所集
刊第三十本。）

爲泗水亭長。

考證：『王念孫曰：類聚、御覽引「泗水」作「泗上，」與漢書合。』

案論衡骨相篇、紀妖篇、長短經霸圖篇、通鑑秦紀二皆作『泗上。』

廷中吏，無所不狎侮。

案所猶有也，御覽八七引此無所字，蓋不得其義而刪之。陶淵明飲酒詩第二十首：『終日馳車走，不見所問津。』所亦與有同義。（此義前人未發。）

醉臥，

考證：『祕閣古鈔本、類聚引，醉上有飲字。御覽引作「時醉臥，」與漢書合。』

案御覽八七引此作『時飲醉臥，』漢書同。考證所引脫飲字。論衡吉驗篇作『飲醉止臥。』

武負、王媼見其上常有龍，怪之。高祖每酤留飲，酒讎數倍。

集解：『如淳曰：讎亦售。』

考證：祕閣、楓山、三條、南化本，高祖上有屬字。

案高祖上有屬字，則『龍怪之屬』連讀。據下文『及見怪，』卽承此『見其上常有龍怪之屬』而言，則有屬字於文爲長。漢書作『見其上常有怪。』怪上疑脫龍字。論衡吉驗篇、恢國篇『龍怪』並作『神怪。』漢紀作『光怪。』論衡吉驗篇讎作售，讎、售正、俗字。御覽引如淳注（在讎字下），亦作音。

高祖常繇咸陽，

集解：『應劭曰：繇，役也。』

考證：祕閣本常作嘗。

案御覽引此常亦作嘗，容齋三筆同。初學記九引繇作徭，與應注合。（殿本應注作繇，與漢書應注合。）作繇是故書。

縱觀，觀秦皇帝。

案初學記引作『縱觀秦始皇帝。』御覽引作『縱觀始皇帝。』漢書作『縱觀秦皇帝，』容齋三筆同。

喟然太息曰：嗟乎，大丈夫當如此也！

案景祐本南宋補版太作大，漢書同。又漢書也作矣，容齋三筆同。也猶矣也。

避仇，

　　案御覽五四三引仇作讎，漢紀同。古字通用。晉世家：『仇者，讎也。』說文：

　　『仇，讎也。』

因家沛焉。

　　案藝文類聚六六引此無沛字，漢書同。

沛中豪桀吏，聞令有重客。

　　案書鈔八五、藝文類聚、御覽四百五、五四三、八三五引桀皆作傑，皆無重字。

　　傑、桀正、假字，殿本亦作傑。（下文『召諸縣父老豪桀曰，』殿本亦作傑。）

　　有重字文意較長，漢書亦有重字。

進不滿千錢，坐之堂下。

　　考證：祕閣本無進字、之字。

　　案藝文類聚、御覽四百五引此並無進字。御覽五四三、八三五引此亦並無進字，

　　又並無之字。

起迎之門。

　　案之猶於也。

因重敬之，引入坐。

　　考證：祕閣本入下有上字。楓、三、南本坐下有「上坐」二字。

　　案藝文類聚十二引『重敬』作『敬重，』記纂淵海八七引漢書同。漢書坐下亦有

　　『上坐』二字，與下文稱高祖『遂坐上坐』相應。魏公子列傳（卽信陵君列傳）：

　　『公子引侯生坐上坐。』與此文例同。酈生列傳：『延酈生上坐。』考證：『高

　　山寺本、楓、三本生下有坐字。』文例亦同。

劉季固多大言，

　　案藝文類聚六六引作『劉季故多大言者矣。』固、故古通。

呂公曰：臣少好相人。

　　考證：『顧炎武曰：漢初人，對人多稱臣，乃戰國之餘習。……』

　　案戰國策秦策三‥『梁人有東門吳者，其子死而不憂。其相室曰：「公之愛子也

　　，天下無有。今子死不憂，何也？」東門吳曰：「吾嘗無子。無子之時不憂；今子

死，乃卽與無子時同也。臣奚憂焉？」』所謂『臣奚憂焉？』正戰國人對人稱臣

之證也。（僞列子力命篇剽襲秦策文，『臣奚憂焉？』道藏林希逸口義本臣作巨，

道藏白文本、吉府本臣並作詎，蓋不得其義而改之。岷昔年於此義亦未達。）

願爲季箕帚妾。

　　案季字疑涉上文而衍，藝文類聚十二、御覽七二九引此並無季字，漢書同。（藝

　　文類聚引帚作箒，記纂淵海引漢書同，俗。）

呂公女，乃呂后也。

　　考證『張文虎曰：類聚引乃作卽，與漢書合。』

　　案帝王略論乃亦作卽，義同。

生孝惠帝、魯元公主。

　　梁玉繩云：『「生孝惠，」史詮謂「宋本惠下有帝字，班馬異同本亦有。」則今

　　本脫也。下文「見孝惠」句，亦脫帝字。漢書皆作孝惠帝。』

　　考證：『張文虎曰：中統本惠下有帝字，與漢書合。類聚及班馬異同引俱有，今

　　補。』

　　案景祐本蜗宋補版、黃善夫本、殿本皆無帝字。漢紀同。論衡骨相篇作『生孝惠

　　王。』下文『見孝惠，』藝文類聚引惠下有帝字，（考證有說。）與梁說合。

有一老父，過請飮。

　　案論衡『老父』作『老公，』下同。漢紀『請飮』作『乞漿。』

夫人，天下貴人。

　　考證：類聚引〔貴〕人下有也字，與漢書合。

　　案論衡『貴人』下亦有也字。

乃此男也。

　　考證：秘閣本無也字。

　　案御覽七二九引作『乃由此男。』藝文類聚引此亦無也字。

相魯元，

　　考證：類聚引元下有『公主，』與漢書合。

　　案漢紀亦作魯元公主。

乃追及問老父。

　　案藝文類聚引此無問字，論衡同。

鄉者夫人嬰兒皆似君。

　　梁玉繩云：『「皆似君，」漢書作「皆以君。」如淳曰：「以，或作似。」師古
　　曰：「不當作似。」則史記誤也。宋書符瑞志亦作以字。論衡骨相篇誤仍作似
　　字。（古以字作目，與似通，故誤作似。）』

　　考證：秘閣本『嬰兒』作『兒子。』類聚引亦作『兒子。』與漢書合。

　　案藝文類聚引作『向見者夫人兒子皆似君相。』鄉、向並曏之借字，說文：『曏，
　　不久也。』漢紀『嬰兒』亦作『兒子。』漢書如淳注：『以，或作似。』蓋指史
　　記作『皆似君』而言。論衡作『相皆似君，』與藝文類聚引此作『皆似君相』
　　合。漢紀作『蒙君之力也。』與漢書作『皆以君』之義合。（參看王氏漢書補
　　注。）

君相貴不可言。

　　案論衡、漢紀言下並有也字。

誠如父言，

　　案誠猶若也。秦本紀已有說。

遂不知老父處。

　　案藝文類聚引處上有去字。

高祖以亭長爲縣送徒酈山

　　案藝文類聚十二、初學記二四引『送徒酈山，』並作『送徒於驪山。』論衡紀妖
　　篇作『送徒至驪山。』藝文類聚六十、御覽八七、三四、六四二引此酈山亦皆作
　　驪山，漢書、漢紀、西京雜記二、通鑑皆同。酈、驪古通，秦本紀及秦始皇本紀
　　並已有說。

到豐西澤中，止飲。

　　梁玉繩云：『漢書作「澤中亭。」師古曰：「其亭在澤中，因以爲名。」則此似
　　脫亭字，若但言「澤中，」豈能「止飲」乎？』

　　案梁說是也。藝文類聚十二引此中下正有亭字，通鑑同。

夜乃解縱所送徒，

　　案論衡送作將，義同。爾雅釋言：『將，送也。』西京雜記云：『高祖爲泗水亭
　　長，送徒驪山，將與故人訣去，徒卒贈高祖酒二壺，鹿肚、牛肝各一。高祖與樂
　　從者飲酒食肉而去。後卽帝位，朝晡尙食常具此二炙，并酒二壺。』（沈欽韓漢
　　書疏證亦引之。）

夜徑澤中。

　　索隱：〔徑〕，舊音經。
　　案藝文類聚六十引夜上有而字。唐太宗帝範序注引漢書夜下有行字（今本無）。
　　漢紀作『夜行經豐西澤中。』藝文類聚十引此作『夜經酆西澤中。』豐、酆古、
　　今字。藝文類聚十二、初學記、御覽八七、四八七引此徑亦皆作經，論衡、帝王
　　略論並同。與索隱所稱舊音合。徑、經古通，蘇秦列傳：『徑乎亢父之險。』長
　　短經七雄略篇徑作經，亦同此例。

前有大蛇當徑。

　　索隱：『音迳。鄭玄曰：步道曰徑也。』
　　案藝文類聚十二引大下有白字。初學記引徑作道，論衡、漢紀、帝王略論皆作
　　道，義同。（下文『徑開，』書鈔一二二、藝文類聚十、六十、御覽八七引徑亦
　　皆作道，漢書同。）御覽四八七引徑作迳，迳與徑同。黃善夫本、殿本索隱，並
　　無『音迳』二字。

乃前，拔劍擊斬蛇。

　　案書鈔一二二、藝文類聚十、六十、初學記、御覽八七、三四二、四八七引此皆
　　無擊字，漢書、通鑑同。藝文類聚十二引『拔劍擊斬蛇，』作『拔劍斬之。』漢
　　紀、通鑑同。焦氏易林十一注引漢書亦作『拔劍斬之。』（今本之作蛇。）西京
　　雜記一　云：『高祖斬白蛇劍，劍上有七采珠、九華玉以爲飾。雜廁五色琉璃爲
　　劍匣。劍在室中，光景猶照於外，與挺劍不殊，十二年一加磨瑩，刃上常若霜
　　雪。開匣拔鞘，輒有風氣光彩射人。』

蛇遂分爲兩。

　　案書鈔、藝文類聚十、六十、御覽八七引此皆無遂字，漢書同。

行數里，醉，困臥。

　　漢書因作困。王先謙補注云：『官本困作因，史記同。周壽昌曰：監本、凌稚隆本亦作因。據文義，始曰「被酒，」中曰「醉，」末曰「醉困臥。」情事明有次第。言醉後行數里而困，故臥也。困字較因爲勝。』

　　案御覽八七引此因亦作困。

有一老嫗夜哭。

　　案漢紀、帝王略論有並作見。

人問：何哭？

　　考證：祕閣本『人問』下有嫗字，義長。

　　案漢書問下亦有嫗字。論衡作『人曰：嫗何爲哭？』

人殺吾子，故哭之。

　　案『故哭之，』與下文『故哭，』疑複。御覽八七引此無『故哭之』三字，漢書、論衡並同。

化爲蛇，當道。今爲赤帝子斬之。

　　考證：祕閣本今下無爲字，義長。

　　案論衡道作徑（吉驗篇作道），爲作者。御覽四八七引此爲亦作者。漢書同。帝王略論、通鑑並無爲字，與祕閣本合。

人乃以嫗爲不誠，欲笞（原誤告）之。

　　集解：『徐廣曰：一作苦。』

　　索隱：『漢書作苦，謂欲困苦辱之。一本或作笞。說文云：笞，擊也。』

　　考證：祕閣本、楓山、三條本嫗下有言字。

　　案御覽四八七引此無乃字，笞作苦。論衡『人乃以嫗爲不誠，』作『人以嫗爲妖言。』亦無乃字。漢書蘇林注：『欲困苦辱之。』卽索隱所本。黃善夫本、殿本索隱並作『說文云：「笞，擊也。」漢書作苦。謂欲困辱之。』考證本困下苦字疑衍。

秦始皇帝常曰：『東南有天子氣。』於是因東游以厭之。

　　考證：祕閣本無因字。

案項羽本紀：『范增說項羽曰：吾令人望其氣，皆爲龍虎，成五采。此天子氣也。』(參看項羽本紀斠證。)御覽八七、八七二引『於是因東游以猒之，』並作『於是東遊以厭當之。』論衡吉驗篇同。漢書作『於是東游以猒當之。』皆無因字，與祕閣本合。游、遊古、今字。(藝文類聚十二引此游亦作遊，漢紀同。)帝王略論游作巡。游，即謂巡游也。猒、厭正、假字。猒，古壓字。御覽十五引秦紀云：『始皇東遊，望氣者云：「五百年後，金陵有天子氣。」於是始皇東遊以猒之。改金陵爲秣陵，漸之以絕其氣。』

隱於芒、碭山澤巖石之間。

案藝文類聚十二、御覽八七二引此並無『巖石之』三字，漢書、論衡、帝王略論皆同。(御覽八七引此作『隱於芒、碭山間。』山下葢脫澤字。)漢紀、通鑑亦並不言『巖石。』

高祖怪問之，呂后曰，

案藝文類聚引之作呂后。御覽八七二引此作『高祖怪問后，后曰。』疑兩后字上並略呂字。

季所居，上常有雲氣。

案藝文類聚引所下有『在山』二字，恐非其舊。御覽四六七引居下有之字，則上字屬上讀。漢紀『雲氣』上有『赤色』二字。

高祖心喜。

案御覽八七引心作又，漢書同。又字義勝。上文高祖聞『老嫗夜哭』事，『乃心獨喜；』此復聞呂后語，故『又喜』也。

多欲附者矣。

案御覽引此無矣字，通鑑同。有矣字較勝。

欲以沛應涉。

案御覽引涉作勝，據此，則上文『以應陳涉，』涉亦當作勝，文乃一律。

因劫衆，衆不敢不聽。

索隱：『說文云：以力脅之云劫也。』

案說文：『人欲去，以力脅止曰劫；或曰：以力止去曰劫。』索隱所引說文，

『脅之』疑『脅止』之誤。黃善夫本、殿本索隱（並在『因劫眾』下）並無『云劫』二字。

乃閉城城守。

　　考證：『中井積德曰：「衍一城字。」愚按漢書亦有。』

　　案通鑑亦作『乃閉城城守。』（並引漢書師古注：城守者，守其城也。）則非衍一城字矣。

諸侯並起，今屠沛。

　　王先謙云：今猶即也。史、漢今字如此類，皆訓即。（漢書補注。）

　　裴學海云：今猶將也。（古書虛字集釋五。）

　　案王、裴說並通，訓將較勝。戰國策燕策一：『天下必以王為能市馬，馬今至矣。』御覽八九四引史記佚文作『天下以王好馬，馬必將至矣。』即今、將同義之證。

不然，父子俱屠，無為也！

　　案『無為，』猶言『不當』也。秦始皇本紀：『死而以行為諡，如此，則子議父，臣議君也。甚無謂！』（裴氏古書虛字集釋八云：謂猶當也。）彼文『無謂，』與此『無為』同旨。

壹敗塗地。

　　索隱：言一朝破敗，使肝腦塗地。

　　考證：漢書壹作一。『塗地』猶言『委地。』

　　案漢書壹作一，與索隱合，師古注：『一見破敗，即當肝腦塗地。』即索隱所本。『塗地』猶『汙地，』班固西都賦：『草木塗地。』李善注：『漢書曰：「一敗塗地。」廣雅曰：「塗，汙也。」』

諸父老皆曰，

　　案御覽引諸作沛。

平生所聞劉季諸珍怪，當貴。

　　梁玉繩云：『潯南集辨惑曰：珍字不安，漢書改為奇，是矣。』

　　考證：『楓、三本無珍字。張文虎曰：御覽引「珍怪」作「奇怪，」與漢書

合。』

　　案御覽八七、七二五引『珍怪』並作『奇怪。』呂氏春秋順民篇：『味禁珍。』

　　高誘注：『珍，異。』說文：『奇，異也。』則『珍怪』猶『奇怪』矣。

乃立季爲沛公。

　　考證：祕閣本立下無季字。

　　案御覽八七、七二五引此並無季字。帝王略論稱劉季『自立爲沛公，』未知何

　　據。

旗幟皆赤。

　　案御覽三四一引赤上有尙字。下文『故上赤。』尙、上古通。

皆收沛子弟二三千人，攻胡陵、方與，還守豐。

　　梁玉繩云：『攻胡陵、方與，還守豐。』月表在二世二年十月，漢紀同。此誤在

　　元年。

　　考證：漢書高紀二作得。

　　案通鑑二亦作得。梁氏所稱漢紀，葢漢書高紀，後同。

陳涉之將周章軍，西至戲而還。

　　索隱：『應劭曰：章字文，陳人。』

　　考證：『梁玉繩曰：周章爲章邯所破，自剄而死，非還也。』

　　案陳涉世家：『周文，陳之賢人也。』集解引文穎曰：『卽周章。』『至戲而

　　還，』還，疑本作軍，涉上『還守豐』而誤也。陳涉世家作『至戲軍焉。』可

　　證。

秦泗川監平，將兵圍豐二日。

　　集解：『文穎曰：……平，名也。

　　梁玉繩云：秦有泗水郡，葢川乃水字之譌。古水作巛也。周勃世家及漢書高紀、

　　續郡國志並譌作泗川。

　　案通鑑秦紀三亦譌作泗川，注引文穎注『名也』作『人名。』周勃世家泗川，梁

　　氏志疑引淩稚隆云：『一本作水。』不誤。

沛公左司馬得泗川守壯殺之。

索隱：『顏師古云：「得，司馬之名。」按後云「左司馬曹無傷。」自此已下，更不見替易處。蓋是左司馬無傷得泗川守壯而殺之耳。』

考證：漢書無『泗川守壯』四字。顏師古因有此說。史、漢不同，宜依文作解。

案『泗川守壯』四字，疑涉上文而衍。通鑑亦無。索隱『蓋是左司馬無傷得泗川守壯而殺之耳。』正所以釋『左司馬得殺之』也。

沛公怨雍齒與豐子弟叛之。

考證：祕閣本叛作畔，下同。

案漢書叛亦作畔。下文『齊人叛之。』漢書亦作畔。

是時秦將章邯從陳別將司馬𡰪，將兵北定楚地。

索隱：『謂章邯從陳別將，將兵向他處；而遣司馬𡰪將領兵士，北定楚地。……又一說云：「從，謂追逐之。」言章邯討逐陳別將，而司馬𡰪別將兵北定楚。亦通。』

黃善夫本、殿本𡰪並作尼，注同。梁玉繩云：『從陳，謂追討。尼乃𡰪之譌。師古曰：「古夷字。」胡三省引類篇云：「古仁字。」漢書樊噲傳可證。史、漢他處皆譌作尼；而曹參傳又作欣，則孟堅誤矣。司馬其姓，𡰪其名，秦之別將。與下文「趙別將司馬卬」同一句法。劉攽云：「別將，當連下句讀。言章邯身從陳，而令別將定楚耳。」劉說本索隱。』

考證：𡰪，陳別將，梁說是。從，服從之從。

案漢書師古注：『從，謂追討也。』蓋索隱一說所本。梁氏釋從爲追討，亦本顏注。詩齊風還：『並驅從兩肩兮。』傳：『從，逐也。』左成十六年傳：『晉韓厥從鄭伯。』杜注：『從，逐也。』此文從，亦取追逐義。𡰪字，景祐本及通鑑並同。作尼者，形誤。梁說是也。說文：『𡰪，古文仁。』即類篇所本。師古以爲『古夷字，』夷、仁古通，左襄四年傳之夷羿，山海經海內西經作仁羿，即其證。此文似謂『秦將章邯逐陳別將司馬𡰪，並將兵北定楚地』也。

還收兵聚留，引兵攻碭。

考證：漢書高紀『引兵』上補『二月』二字。

案漢書『引兵』作『二月，』通鑑同。非『引兵』上補『二月』二字也。

因收碭兵，得五六千人。

　　案漢書、通鑑並無五字。

還軍豐。

　　考證：楓、三本豐上有攻字，漢書高紀作『還擊豐，不下。』

　　案通鑑亦作『還擊豐，不下。』

沛公還，引兵攻豐。

　　集解：『徐廣曰：「表云：拔之。雍齒奔魏。」』

　　梁玉繩云：『月表云：「拔之。雍齒奔魏。」漢書高紀同。此文不備。』

　　案漢紀、通鑑『攻豐』下，亦並云：『拔之。雍齒奔魏。』

引兵與呂將軍俱東。

　　考證：漢書『呂將軍』作『將軍呂臣。』

　　案通鑑亦作『將軍呂臣。』

徙盱台都彭城。

　　考證：古鈔本、楓、三本徙作從，漢書作自，義同。當依訂。

　　案通鑑徙亦作自。項羽本紀作從，徙卽從之形誤。

獨項羽怨秦破項梁軍，奮，

　　考證：祕閣本奮下有怒字。

　　案漢書奮下有勢字。

項羽爲人，僄悍猾賊。

　　索隱：『說文云：「僄，疾也。悍，勇也。」一云：「僄，輕也。」僄，音匹妙
　　反。「猾賊，」漢書作「禍賊」也。』

　　梁玉繩云：『猾字不似羽之爲人，蓋禍字之譌。漢書作「禍賊。」師古曰：「好
　　爲禍害而殘賊也。」』

　　考證：『王念孫曰：「猾，黠惡也。酷吏傳：『寧成猾賊任威。』是也。『猾
　　賊』與『僄悍』義相承。『禍賊』則非其義矣。」』

　　案漢書、通鑑僄並作慓，（師古注：慓，疾也。）古字通用。說文：『僄，輕
　　也。』又云：『慓，疾也。』（與索隱引作僄異。）輕、疾義亦相因。王氏謂漢

書『禍賊』當從史記作『猾賊，』其說甚精。御覽四九二引漢書（誤爲史記）作
『禍虐，』葢不知禍爲誤字，又改賊爲虐耳。

襄城無遺類，皆阬之。

　　集解：『徐廣曰：「遺，一作噍。噍，食也。音在妙反。」駰案如淳曰：「類無
　　復有活而噍食者也。靑州俗言無子遺，爲無噍類。」』

　　正義：……無復遺餘種類，皆坑之。漢書『噍類，』卽依古義。

　　案徐注：『遺，一作噍。』葢指漢書言之。記纂淵海四三引此『遺類』作『噍
　　類，』葢據漢書改。（或鈔襲御覽四九二而誤。）『噍類』與『遺類』同旨，
　　噍非噍食字，噍與疇同，管子樞言篇：『十日不食，無疇類，盡死矣。』歷書：
　　『疇人子弟分散。』集解引如淳曰：『家業世世相傳爲疇。』是『疇類』猶『遺
　　類』矣。

諸所過，無不殘滅。

　　案諸猶凡也。（裴氏古書虛字集釋九有說。）韓信亦云：『項王所過，無不殘
　　滅。』（淮陰侯列傳及漢書韓信傳。）下文『諸所過，毋得掠鹵。』諸亦與凡同
　　義。（吳昌瑩經詞衍釋九有說。）

扶義而西，告諭秦父兄。（兄下原衍矣字。）

　　考證：『顏師古曰：扶，助也。以仁義助也。扶字或作杖，杖亦倚任之義。』

　　案考證引師古注『以仁義助也，』乃『以義自助也。』之誤。通鑑注云：『「扶
　　義」猶言「杖義。」』是也。

今項羽僄悍，今不可遣。

　　集解：『徐廣曰：一無今字。』

　　梁玉繩云：『徐廣謂一本無下今字。余謂上句云「今誠得長者往，」似不便連用
　　三今字。「僄悍」亦複。依漢書作「項羽不可遣」爲是。』

　　案通鑑從漢書，亦作『項羽不可遣。』不上今字葢涉上文而衍。『僄悍』二字，
　　似非衍文，漢書刪之耳。

乃道碭至成陽，與杠里秦軍夾壁，破魏二軍。

　　集解：『漢書音義曰：道由碭也。』

王念孫云：道卽由也，不當分爲二義。（漢書雜志。）

梁玉繩云：『史詮云：「各本『與杠里』屬上句，誤也。時秦軍屯杠里，漢軍亦屯杠里與之對壘，故曰『夾壁。』『破魏』之魏，當作秦。漢書魏作其，是也。」史詮之說甚協。漢書誤成陽爲陽城，則不可從。葢譌倒耳。城陽在濟陰，陽城在潁川。史、漢成、城二字通用。』

案通鑑注：『「道碭，」自碭取道而西也。』葢訓道爲自，自猶由也。又通鑑從漢書成陽作陽城，魏作其。注已辨作陽城之誤。

遇剛武侯，

集解：『瓚曰：功臣表，柴武以將軍起薛，別救東阿，至霸上，入漢中。非懷王將也。又非魏將也。例未稱謚。』

案漢書注『瓚曰，』作『孟康曰，』『例未稱謚，』作『例未有稱謚者。』通鑑注引並同。

與魏將皇欣、魏申徒武蒲之軍，

正義：並魏將也。欣字或作訢。音許斤反。蒲，漢書作滿，並通也。

梁玉繩云：武蒲，當依漢書高紀作武滿，此與月表皆作蒲，非也。二字每以形近互譌，說在十二侯表晉厲公元年。

案萬石列傳：『僮僕訢訢如也。』集解引晉灼曰：『訢，許愼曰：古欣字。』通鑑蒲亦作滿。王先謙漢書補注云：『錢大昭曰：「滿，閩本作蒲，與史記同。」汪〔文盛〕本作蒲。』竊疑作蒲，乃據史記改。滿、蒲形近易亂，劉子言苑篇：『剉絲滿篋，不可織爲綺綬。』明程榮漢魏叢書本滿誤蒲，亦其比。

酈食其謂監門曰，

考證：漢書作『爲里監門。』與酈生傳『爲里監門吏』合。祕閣、楓、三本無『謂監門』三字。

案漢書高紀、酈食其傳並作『爲里監門。』漢紀、通鑑並同。日本古寫本酈生傳亦作『爲里監門。』（吏字在下文然字下，參看考證。）此文當讀『酈食其謂監門』句。謂猶爲也。

沛公方踞牀，使兩女子洗足。

　　考證：祕閣本無足字。

　　案酈生傳、長短經霸圖篇、通鑑踞皆作倨。通鑑注：『倨與踞同。』漢書高紀、
　　酈食其傳亦並無足字。

足下必欲誅無道秦，

　　案必猶若也，秦本紀已有說。

酈商爲將。

　　考證：漢書（高紀）作『其弟商。』

　　案商，食其弟。又見酈生傳、漢書酈食其傳、漢紀及通鑑。

二世使使者斬以徇。

　　案漢書師古注：『徇，行示也。可馬法曰：「斬以徇。」言使人將行，徧示眾士
　　以爲戒。』徇，正作狥。說文：『狥，行示也。司馬法：斬以狥。』司馬穰苴列
　　傳：『於是遂斬莊賈以徇三軍。』孫子列傳：『遂斬隊長二人以徇。』（正義：
　　徇，行示也。）並同此例。

因張良遂略韓地轘轅。

　　集解：『文穎曰：……以良累世相韓，故因之。』

　　考證：『中井積德曰：漢書無轘轅二字，此疑衍。』

　　案通鑑亦無轘轅二字，注引文穎注『以良累』作『張良家。』

軍不利，還至陽城。

　　考證：漢書『不利』下無還字，有『從轘轅』三字。

　　案通鑑『還至陽城，』作『南出轘轅。』葢本留侯世家。此文疑本作『從轘轅，
　　還至陽城。』上文『韓地』下之轘轅二字，疑卽此文之錯簡，又脫從字也。

與南陽守齮，

　　考證：『錢大昭曰：齮，漢紀作呂齮。』

　　案長短經亦作呂齮。御覽三一七引此有注云：齮，魚綺切。

秦兵尚眾距險。

　　案漢書師古注：『依險阻而自固以距敵。』通鑑注從之。說殊迂曲。距借爲據，
　　『距險』猶『據險』耳。韓非子難四篇：『衞奚距然哉？』道藏本劉子閱武篇：

『奚據望獲？』（據，本亦作遽，同。）『奚距』與『奚據』同。是距、據古通
之證。

於是沛公乃夜引兵從他道還。更旗幟，黎明，圍宛城三帀。

索隱：『按楚漢春秋曰：「上南攻宛，匿旌旗，人銜枚，馬束舌，雞未鳴，圍宛
城三帀」也。』

梁玉繩云：『漢書作「偃旗幟。」劉辰翁從更字解，以爲欲令見者驚非昨比。余
謂「偃旗幟，是引兵還時事。索隱引楚漢春秋曰：「上南攻宛，匿旌旗，人銜
枚，馬束舌。」兵法所謂「出其不意」也。「更旗幟，」則「圍宛三帀」事，兩
者皆通。』

考證：「古鈔本兵作軍，與御覽所引合。更，御覽作張；漢書作偃，與索隱所引
楚漢春秋合。「黎明，」漢書作「遲明。」……文穎曰：「遲，未明也。天未明
之頃，已圍其城矣。」顏師古曰：「此言圍城事畢，然後天明。明遲於事，故曰
「遲明。」……』

案漢書、通鑑兵亦並作軍。通鑑『更旗幟，』亦作『偃旗幟。』御覽（三一七）
引此更下有張字，非引更作張，考證失檢。漢書師古注引此黎作遲，云：『音
黎。』景祐本南宋補版、黃善夫本、殿本帀皆作匝，（黃本、殿本索隱引楚漢春
秋亦作匝。）御覽引同。新序善謀下篇、通鑑亦並作匝。帀、匝正、俗字。作
帀，蓋從漢書改。御覽引此文有注云：『黎，未也。未明之貌頃已圍之。事畢方
明。又言黎，黑色，亦未明也。』貌字衍。『黎，未也。未明之頃已圍之。』與
漢書文穎注合。『事畢方明。』與師古注合。又案御覽三五七引陸買楚漢春秋
云：『高祖向咸陽南趣宛，宛堅守不下。乃匿其旌旗，人銜枚，馬束口，龍舉而
翼奮。雞未鳴，圍宛城三匝，宛城降。』較索隱所引爲詳。

人民眾，

案御覽三一七引民作庶。

吏人自以爲降必死，

案新序、漢書、通鑑人皆作民，人字蓋唐人避太宗諱改。下文『秦人憙。』漢紀
人作民。與此同例。（餘例尚多，詳後。）

今足下盡日止攻，

　　　案漢紀『盡日止攻，』作『盡力攻之。』新序、長短經『止攻』亦並作『攻之。』

　　　『止攻』猶『留攻』也。國語鄭語：『與止之。』韋昭注：『止，留也。』

後又有疆宛之患。

　　　案新序、漢書、漢紀、長短經、通鑑皆無又字。

通行無所累。

　　　案御覽引累下有矣字。

遇番君別將梅鋗，與偕降析、酈。

　　　梁玉繩云：『史詮曰：湖本偕作皆，誤。』

　　　考證：祕閣本、古鈔本皆作偕，與漢書合。

　　　案景祐本南宋補版鋗誤鋊。『與皆降析、酈，』漢書作『與偕攻析、酈，皆
　　　降。』通鑑同。

使酈生、陸賈往說秦將，

　　　考證：『梁玉繩曰：……陸賈二字似衍文，留侯世家、陸賈傳、及漢書張陸兩傳
　　　、荀悅漢紀皆無之。疑此與漢書高紀並妄攙陸賈耳。』

　　　案陸賈二字，無緣致衍。說秦將以酈生為主，故陸賈之名，可存可略。然，此
　　　處之存，正可以補他處之略。不得輕『疑此與漢書高紀並妄攙陸賈』也。通鑑亦
　　　存此陸賈二字，是也。

諸所過，毋得掠鹵。

　　　集解：『應劭曰：鹵與虜同。』

　　　案漢紀鹵正作虜。

秦人憙。

　　　考證：秘閣本憙作喜。

　　　案漢紀作『秦民喜。』景祐本憙亦作喜，古字通用。

漢元年十月。

　　　案景祐本漢上空一格。黃善夫本、殿本並提行，後每更年皆提行。漢書、漢紀（
　　　二、三、四）、通鑑（漢紀一、二、三、四）亦皆提行。御覽八七引『十月』上

有多字，下有『五星聚於東井』六字。漢書、漢紀二並同。通鑑漢紀一『元年冬

十月』下，考異云：『史記、漢書、荀悅漢紀皆云，是月，五星聚東井。』是所

見此文，與御覽所引合。張耳陳餘列傳：『甘公曰：漢王之入關，五星聚東井。

東井者，秦分也。先至必霸；楚雖彊，後必屬漢。』（漢書同。）

沛公兵遂先諸侯至霸上。

案初學記九、御覽三六九、三百九十引霸皆作灞，初學記九引帝王世紀同。作霸

是故書。

秦王子嬰素車白馬，係頸以組，

案文選張平子東京賦注引素上有乘字，係作繫。繫、係古通，下文『係虜其子

女。』漢紀二係作繫，亦其比。御覽三六九引『以組』二字在『係頸』上。

封皇帝璽符節，降軹道旁。

索隱『軹（原誤枳），音只。漢宮殿疏云：枳道亭，東去霸城觀四里。』

案漢紀封作奉，降下有于字，旁作傍。文選注、初學記引此降下亦並有於字。于

與於同。御覽引此旁亦作傍。傍、旁正、假字。漢書軹作枳，（師古曰：音軹。）

與索隱引漢宮殿疏合。

欲止宮休舍。

正義：休，息也。言欲居止宮殿中而息也。

案正義『言欲居止宮殿中而息也。』則是訓舍為息。『休，息也。』葢『舍，息

也。』之誤。（舍訓息，則『休息』為複語。）漢書師古注：『舍，息也。於殿中休

息也。』即正義所本。師古注又云：『一曰：舍謂屋舍也。』王先謙補注云：『

一說是也。己居秦宮，而令軍人居舍耳。』

乃封秦重寶財物府庫，

案項羽本紀，范增說項王，稱『沛公入關，財物無所取。』沛公對項王，自稱『入

關，封府庫。』樊噲對項王，亦稱『沛公入咸陽，封閉宮室。』西京雜記三：『

高祖初入咸陽宮，周行庫府金玉珍寶，不可稱言。其尤驚異者，有青玉五枝，燈

高七尺五寸，作蟠螭以口銜燈。燈燃鱗甲皆動。煥炳若列星，而盈室焉。復鑄銅人

十二枚，坐皆高三尺。列在一筵上。琴筑笙竽，各有所執。皆綴花采，儼若生人

。筵下有二銅管，上口高數尺，出筵後，其一管空；一管內有繩大如指。使一人吹

空管，一人紐繩，則眾樂皆作，與眞樂不異焉。有琴長十六尺，安十三絃，二十六徽，皆用七寶飾之。銘曰「瑤瑛之樂。」玉管長二尺三寸，二十六孔。吹之，則見車馬山林，隱鱗相次。吹息，亦不復見。銘曰「昭華之琯。」有方鏡，廣四尺，高五尺九寸。表裏皆明。人直來照之，影則倒見。以手捫心而來，則見腸胃五臟，歷然無硋。人有疾病在內，掩心而照之，則知病之所在。又女子有邪心，則膽張心動。秦始皇常以照宮人，膽張心動者，則殺之。高祖悉封閉，以待項羽。羽併將以東。後不知所在。』（沈欽韓漢書疏證亦引之，文有出入。）

召諸縣父老豪桀曰，

　　案書鈔四五、御覽八七引此並無『父老』二字，漢書、容齋續筆六並同。

與父老約，法三章耳。

　　正義：約，省也。省減秦之煩法，唯三章，謂殺人、傷人及盜。

　　考證：『王應麟曰：「『與父老約』爲句。下云『法三章耳。』」何焯曰：「王氏因紀末有『初順民心，作三章之約，』改約字爲讀。此『約法』與上『苛法』對，文紀中宋昌有『約法令』之語；刑法志言『約法三章』者非一。當仍舊也。」愚按上文亦云：「吾與諸侯約。」約字義同。王說不可易。』

　　案正義訓約爲省，則『約法』自當連讀，賈誼新書過秦下：『約法省刑。』（又見秦始皇本紀贊，約、省互文。）卽其驗也。帝王略論稱沛公『初入秦，除秦苛法，約法三章。』亦以『約法』連讀。如以約爲要約之約，（如上文『吾與諸侯約』之約。）『約法』亦未嘗不可連讀。秦楚之際月表：『沛公出令三章，秦民大悅。』『出令』與『約法』義近。則『約法』連讀，似符史公原意矣。

殺人者死。傷人及盜抵罪。

　　集解：『李斐曰：傷人有曲直，盜臧有多少，罪名不可豫定。……』

　　案漢紀『傷人』下有『者刑』二字。荀子正論篇：『殺人者死，傷人者刑，是百王之所同也。』集解引李斐，漢書注、通鑑注並作李奇。景祐本南宋補版、黃善夫本、殿本集解，臧並作賊，豫並作預。此蓋據漢書注改。王先謙補注云：『史記集解，李奇作李斐，臧作賊，非。』通鑑注臧作臟，豫亦作預，並俗。

諸吏人皆案堵如故。

集解：「應劭曰：案，案次第。堵，牆堵也。」

考證：『古鈔本人作民。下文『秦人大喜。』「不欲費人。人又益喜。」三人字亦作民，與漢書合。顏師古曰：案堵，言不遷動也。』

案通鑑人亦作民，下文三人字亦皆作民。作人，乃唐人避太宗諱改，前已有說。案，漢紀作安。安、案正、假字。田單列傳：『願無虜掠吾族家妻妾，令安堵。』字亦作安。（案、安古通，秦始皇本紀已有說。）『案堵』與『安土』義近，師古謂『不遷動。』是也。景祐本南宋補版、黃善夫本、殿本集解案字並不疊，通鑑注同。此蓋據漢書注疊案子，非也。（王先謙已以不疊為是。）

爲父老除害。

案漢書『父老』作『父兄，』容齋續筆同。作『父老，』與上文一律。

乃使人與秦吏行縣鄉告諭之。

案漢書行下有至字，容齋續筆同。

秦人大喜。

案御覽引人作民，秦楚之際月表、帝王略論、容齋續筆皆同。

或說沛公曰，

索隱：『按楚漢春秋云：「解先生云：遣守函谷，無內項王。」而張良系家云：「鯫生說我。」則「鯫生」是「小生。」即「解生。」』

考證：『藝文類聚引楚漢春秋云：「沛公西入武關，居於灞。解先生說上：『遣將軍守函谷關，無入項王。』大將亞父至關，不得入。怒曰：『沛公欲反耶？』即令家發薪一束，欲燒關門，關門乃開。」索隱節錄。』

案考證所稱藝文類聚引楚漢春秋云云，乃本漢書補注引周壽昌說，『無入』乃『無內』之誤。（又據藝文類聚六所引，『居於灞』下，尚有上字。『大將亞父』上，尚有項王二字。）周氏並云：『案此即張良傳沛公所稱「鯫生」也。』亦即項羽本紀、留侯世家所稱『鯫生』也。留侯世家索隱引臣瓚云：『按楚漢春秋：鯫生，本姓解。』

今則來，沛公恐不得有此。

吳昌瑩云：則，即也。『今則來，』言『今即來』也。

案漢書則正作卽。

十一月中，<u>項羽</u>果率諸侯兵西，欲入<u>關</u>，<u>關</u>門閉。聞<u>沛公</u>已定<u>關中</u>，大怒。使<u>黥布</u>等攻破<u>函谷關</u>。十二月中，遂至<u>戲</u>。

考證：『<u>梁玉繩</u>曰：「十一月，」當移在上文「召諸縣父老豪傑」句上，衍去中字；而「十二月中」四字，當在「<u>項羽</u>果率諸侯兵西」句上。蓋約法三章，在十一月；<u>羽</u>破<u>函谷關</u>，在十二月。月表及<u>漢紀</u>可證也。』

案<u>通鑑</u>上文『召諸縣父老豪傑，』作『十一月，<u>沛公</u>悉召諸縣父老豪傑。』亦可證此文『十一月』三字，當移在上文『召諸縣父老豪傑』句上，衍去中字；惟<u>羽</u>破<u>函谷關</u>在十二月。至<u>戲</u>，亦在十二月中。故『十二月中』四字，不必移在『<u>項羽</u>果率諸侯兵西」句上。<u>通鑑</u>作『十二月（下無中字），<u>項羽</u>進至<u>戲</u>。』可證也。

因以文諭<u>項羽</u>。

考證：『<u>梁玉繩</u>曰：「案<u>羽紀</u>及<u>漢書</u>，乃<u>項伯</u>言之於<u>羽</u>，非以文諭也。」愚按以書託<u>項伯</u>，亦未可知。』

案文謂文飾也。論語子張篇：『小人之過也必文。』與此文字同旨。<u>梁</u>氏、<u>瀧川</u>並未達。

<u>籍</u>何以至此！

<u>漢書</u>至作生。<u>王先謙</u>補注云：『<u>錢大昭</u>曰：「生，<u>南監本</u>、<u>閩本</u>皆作至。」<u>王念孫</u>曰：「生當爲至，字之誤也。<u>史記項羽本紀</u>、<u>高祖紀</u>竝作至。<u>通鑑漢紀</u>一同。」<u>周壽昌</u>曰：「<u>宋景祐本</u>、<u>乾道本</u>、<u>明汪本</u>俱作生，生、至字近而譌。」』

考證：秘閣本至作生。

案<u>景祐本</u>、<u>黃善夫本</u>至亦並作生。<u>項羽本紀</u>同。與<u>漢書</u>作生之本合。生字是，<u>廣雅釋詁</u>：『生，出也。』『生此』猶『出此』。<u>淮陰侯列傳</u>：『不務出此，而天下已集，乃謀畔逆。』彼文『出此，』此文『生此，』其義一也。（<u>項羽本紀</u>已有說。）

<u>秦</u>人大失望。

案<u>漢書高紀</u>、<u>項籍傳</u>人並作民，<u>通鑑</u>同。下文『人皆自寧，』<u>漢書</u>人亦作民。

吾家<u>項梁</u>所立耳。

考證：『<u>梁玉繩</u>曰：「<u>項梁</u>當作武安君，說在<u>項紀</u>。」愚按<u>漢書</u>〔<u>高紀</u>〕刪<u>項梁</u>

二字。』

　　案漢書項籍傳項梁作武信君，容齋三筆二同。通鑑亦刪項梁二字。竊疑此作『吾家項梁所立耳。』乃史公原文。項羽直稱季父之名，正以見其目無季父也。項羽本紀：『沛公項羽相與謀曰：今項梁軍破。』亦同此例。（說互詳項羽本紀斠證。）

非有功伐，何以得主約。

　　案漢書項籍傳張晏注：『積功曰伐。』又項籍傳得下有顓字，容齋三筆同。師古注：『顓與專同。』漢書高紀、通鑑得下並有專字。

本定天下，

　　案容齋三筆本作今。

乃佯尊懷王爲義帝，實不用其命。正月。

　　考證『秘閣本佯作詳，漢書作陽。梁玉繩曰：「正月，」當在「佯尊懷王」上。命字下，當書「二月。」漢紀、表、月表可證。』

　　案漢紀、通鑑並作『春正月羽陽尊懷王爲義帝 。 』（梁氏所稱漢紀，乃漢書高紀，前已有說。）又通鑑『正月』作『二月。』亦可證成梁說。漢書項籍傳、容齋三筆佯亦並作陽。陽、詳古通。佯，俗字。（項羽本紀已有說。）

王巴、蜀、漢中。

　　集解：『徐廣曰：三十二縣。』

　　考證：『張文虎曰：集解「三十二縣，」舊刻作「四十二縣。」漢書云「 四 十一縣。」漢紀同。……』

　　案景祐本、黃善夫本、殿本集解，皆作『三十二縣。』

都洛陽。

　　案洛當作雒，項羽本紀有說。

封梅鋗十萬戶。

　　案項羽本紀、漢書項籍傳、漢紀、通鑑戶下皆有侯字。

亦示項羽無東意。

　　案通鑑亦作且，亦猶且也。漢書高紀示作視。師古注：『漢書多以視爲示，古通用字。』

軍吏士卒，皆山東之人也。日夜跂而望歸。

正義：『……說文云：「跂，舉踵也。」司馬彪云：「跂，望也。」』

案御覽二八三引此無也字，望作思。韓信傳、漢書亦並無也字。跂與望相應，思字恐非。又漢書跂作企，古字通用。莊子秋水篇：『掇而不跂。』釋文：『跂，一本作企。』卽其比。說文：『企，舉踵也。』正義引作跂，非。又文選傅長虞贈何劭王濟詩注、一切經音義一百並引司馬彪莊子注云：『企，望也。』與正義引作跂，亦異。

不如決策東鄉，

考證：秘閣本策作筴。

案筴乃策之隸變。御覽引鄉作嚮，漢書作向。向、鄉正、假字。嚮卽鄉、向二字合爲一字也。

羣臣稍倍叛之。

案項羽本紀疊稍字，倍作背。通鑑亦疊稍字。（下文『稍收士卒，軍碭。』項羽本紀、通鑑亦並疊稍字。）倍、背正、假字，說文：『倍，反也。』

殺田都而反楚

梁玉繩云：田都走楚，非被田榮殺之也。此誤。

考證：田都走降楚，非爲田榮所殺。項紀、田儋傳、月表可證。漢書【高紀】改作『走降楚。』

案漢書項籍傳稱『都走楚；』又田儋傳及漢紀並稱『都亡走楚。』並可證都非被田榮所殺。參看王先謙漢書補注。考證云云，兼采梁、王二氏之說。

令夏說說田榮。

案項羽本紀、漢書項籍傳並云：『使張同、夏說，』此略張同，蓋說田榮以夏說爲主耳。

諸故秦苑囿園池，皆令人得田之。

案御覽一九六引人作民，漢書同。蕭相國世家：『相國因爲民請曰：「長安地狹，上林中多空地，棄。願令民得入田。毋收稾，爲禽獸食。」上大怒，曰：「相國多受買人財物，乃爲請吾苑！」乃下相國廷尉械繫之。』（又見漢書蕭何

傳、漢紀四。）天下未定，則令民得田故秦苑囿園池；天下已定，則禁民入田上林苑。劉季之心，可以知矣。

漢王之出關，至陝，撫關外父老，還。張耳來見，漢王厚遇之。

考證：『梁玉繩曰：至陝，在十月。還，在十一月。張耳來，亦在十月。此紀皆書于正月，非。』

案梁說蓋據月表、漢書。通鑑亦合。漢紀亦稱『十月，張耳間行歸漢。』（張耳陳餘列傳：『故耳走漢。』集解引徐廣亦云：『二年十月也。』）上文『正月，虜雍王弟章平，大赦罪人。』十二字，考證引祕閣本在此文『漢王厚遇之』下。蓋存此紀之舊。彼十二字錯在『漢王之出關』上，則至陝；還；張耳來，皆誤屬於正月矣。陳槃庵兄云：『「陝」，水澤利忠考證校補引「慶」「殿」本並亦如此作。唯「凌」「金陵」兩本作「陝」，從「入」不從「人」，案從「入」者是也。說文十四下阜部：「陝，隘也。從𨸏，夾聲」。段注：「侯夾切，八部。俗作陿、峽、狹」。又：「陋，陜陝也」。又：「陝，弘農陝也。………從𨸏，夾聲」。段注：「地理志，弘農郡陝縣。後志同。今河南直隷陝州有廢陝縣」；「十篇亦部下曰，弘農陝字從此，失冄切，八部」。案陝為形容詞，陝為地名，音義亦異。段注所謂陝州，即今河南陝縣，函谷關在其西七十里，此所謂「出關至陝」也。宋置陝西路，元置陝西行省，明置陝西布政使司，淸曰陝西省，民國仍之。以其地在今陝縣以西，故曰陝西也。』

更立漢社稷。

梁玉繩云：『劉辰翁曰：漢書此處有復關中、除租稅、置三老、舉行能、賜酒肉等政，是兵家規模宏大，收拾人心處。子長失之。』

案漢紀此下亦云：『施恩惠，賜人爵。蜀、漢人從軍者，家復租稅二歲。關中人從軍者，復租一歲。人年五十巳上能善道教訓者，復徭役。常以十月賜民牛酒。』與漢書略同。

漢王從臨晉渡。

考證：漢書渡下補河字。

案通鑑渡下亦有河字。

魏王豹將兵從，

　　考證：漢書豹下補降字。

　　案通鑑豹下亦有降字。

以義帝死故。

　　梁玉繩云：『淳南集辨惑曰：董公遮說漢王，殊切于義理，故孟堅全載其說；而
　　遷但云「說以義帝死故。」太簡而不備。且止于義帝死故，則謂之告可也。何必
　　云說哉？』

　　考證：『漢書高紀：「新城三老董公，遮說漢王曰：『臣聞順德者昌，逆德者
　　亡。兵出無名，事故不成。故曰：「明其爲賊，敵乃可服。」項羽爲無道，放殺
　　其主，天下之賊也。夫仁不以勇，義不以力。三軍之衆，爲之素服，以告之諸
　　侯。爲此東伐，四海之內，莫不仰德。此三王之舉也。』漢王曰：『善！非夫子
　　無所聞。』於是漢王爲義帝發喪，祖而大哭。」班氏別有所據以補史文也。』

　　案御覽二七九引此作『以義帝死，請發喪。』考證引漢書云云，又見漢紀、長短
　　經霸圖篇注（項羽並作項王）、及通鑑。

漢王聞之。

　　案御覽引聞作從。

臨三日。

　　案漢書、通鑑臨上並有哀字。師古注：『衆哭曰臨。』

今項羽放殺義帝於江南，

　　案御覽引項羽作項王，無於字。漢書、通鑑亦並無於字。

諸侯皆縞素。

　　案書禹貢孔疏引此文，並云：『縞爲白繒也。』

願從諸侯王，擊楚之殺義帝者。

　　案御覽引此下更有『於是諸侯多從之』七字。或約舉下文言之與？

係虜其子女。

　　案漢紀作『繫虜老弱。』通鑑作『係虜其老弱婦女。』孟子梁惠王下篇：『係累
　　其子弟。』

齊人叛之。

案通鑑人作民。漢書作『齊人復畔之。』此對上文『齊皆降楚』而言，有復字於義爲長。漢紀作『齊復叛楚降漢。』亦有復字。

塞王欣亡入楚。

考證：『梁玉繩曰：「漢書高紀云：『塞王欣、翟王翳降楚，殷王卬死。』此缺不具。」』

案淮陰侯列傳、漢書韓信傳並云：『塞王欣、翟王翳亡漢降楚。』又見通鑑（無漢字）。不言『殷王卬死。』

是時，九江王布與龍且戰，不勝。與隨何閒行歸漢。

考證：『梁玉繩曰：布之歸漢，在三年十二月。獨此書于二年六月以後，誤。』

案布歸漢在三年十二月，見漢書及漢紀。黥布列傳亦書于三年，集解引徐廣曰：『三年十二月。』通鑑書布三年十一月歸漢，十二月至漢。

破楚京、索閒。

考證：『梁玉繩曰：破楚事，漢高紀書于二年五月。在六月立太子前，與羽紀合，此誤在後。』

案破楚事，項羽本紀、漢紀並書于二年四月。通鑑在二年五月，與漢書高紀合。

三年，魏王豹謁歸視親疾。至，即絕河津，反爲楚。漢王使酈生說豹，豹不聽。漢王遣將軍韓信擊大破之。虜豹。遂定魏地，置三郡，曰河東、太原、上黨。

考證：『〔視親疾，〕祕閣本無疾字。梁玉繩曰：豹之反，在漢二年五月。淮陰傳作二年六月，已誤。此紀及曹相國世家作三年，尤誤。漢使酈生說豹，與遣韓信擊豹，皆在二年八月。虜豹在二年九月。此紀書于三年，亦誤。又太原郡屬趙地，漢滅趙王歇始置，乃連入魏地，更爲誤矣。月表言河東、上黨，是。淮陰傳又失言上黨。漢紀亦誤仍史連言太原。』

案景祐本『三年』上空一格，後『四年、』『五年』上亦並空一格。『謁歸，』史記及漢書魏豹傳謁並作請。爾雅釋言：『謁，請也。』（師古注亦云：謁，請也。）『視親疾。』師古注：『親謂母也。』淮陰侯列傳及漢書高紀疾字並同，（通鑑亦同。）史記、漢書魏豹傳疾並作病，義同。（說文：疾，病也。）則祕

閣本此文無疾字，蓋誤脫矣。豹之反，在漢二年五月，見月表及漢書高紀，通鑑同。漢使酈生說豹、與遣韓信擊豹，皆在二年八月。虜豹在二年九月。見漢書高紀，通鑑同。月表虜豹亦在二年九月。魏豹傳集解引徐廣注同。淮陰侯列傳使酈生說豹在六月，韓信擊豹、虜豹並在八月。漢紀使酈生說豹，韓信擊豹、虜豹並在八月。

予陳平金四萬斤。

　　梁玉繩云：史、漢皆作『四萬斤，』而唐李嗣真諫武后用來俊臣疏作『五萬斤。』案御覽八百九、記纂淵海七二引予並作與，陳丞相世家、漢書、漢紀、長短經霸圖篇注、通鑑漢紀二皆同。古字通用。（後多此例。）又漢紀、長短經注、通鑑『四萬斤』皆同。

以閒疏楚君臣。

　　案御覽引此下更有『不問其出入也』六字，疑據陳丞相世家增。

乃乘王駕，

　　案漢書、漢紀、通鑑駕皆作車，義同。

以故漢王得與數十騎出西門遁。

　　案御覽三二四引漢書（誤爲史記文）遁下有走字，交意較完。通鑑遁下有去字。

令御史大夫周苛、魏豹、樅公守滎陽。

　　案下文稱項羽『乃復引兵西拔滎陽，誅周苛、樅公，而虜韓王信。』則此『守滎陽，』當書韓王信，文乃相應。（項羽本紀、漢書高紀、項籍傳、漢紀皆失書韓王信。）韓信傳作『韓王信、周苛等守滎陽。』通鑑本之，作『令韓王信與周苛、魏豹、樅公守滎陽。』是也。（參看項羽本紀斠證。）

袁生說漢王曰，

　　考證：袁生，漢書作轅生。

　　案記纂淵海五二引此亦作轅生，漢紀、長短經霸圖篇正文及注、通鑑皆同。袁、轅古通。

漢與楚相距滎陽數歲。

　　考證：『梁玉繩曰：漢以二年五月屯滎陽，三年五月出滎陽，連閏計之，首尾纔

十四月。何言「數歲」乎？當作「歲餘」爲是。上文固有「相距歲餘」之語
也。』

案長短經注作『漢與楚相拒於滎陽、成皋數月。』距、拒古、今字，殷本紀已有
說。『數歲』作『數月，』亦不合。惟較近之耳。梁氏所稱『漢以二年五月屯滎
陽，三年五月出滎陽。』見漢書，通鑑同。月表書『二年五月王走滎陽，三年六
月王出滎陽。』（本紀上文『因殺魏豹』下，集解引徐廣注稱『月表：三年七月
王出滎陽。』）據漢紀，則漢王如滎陽，在二年八月。出滎陽，亦在三年五
月。

漢常困。

案御覽二八三引常下有中字。

項羽必引兵南走。

案記纂淵海引項羽作項王，漢書、漢紀、長短經注、通鑑皆同。下文『項羽聞漢
王在宛，』記纂淵海亦引作項王，長短經注同。

王深壁，令滎陽、成皋閒且得休。

考證：御覽引休下有息字，與漢書合，下同。

案漢紀、長短經注、通鑑休下亦皆有息字，下同。

使韓信等輯河北趙地，

正義：輯與集同，謂和合也。

案長短經正文及注輯並作集（注集下更有于字）。御覽引輯作平。漢書師古注：
『輯與集同。謂和合也。』卽正義所本。

漢王堅壁不與戰。

梁玉繩云：『〔漢堅壁不與戰。〕漢下當有王字。史詮曰：湖本缺也。』

案景祐本、殿本並作漢王，御覽引同。漢書、通鑑亦同。黃善夫本脫王字。御覽
引『堅壁』作『深壁，』（又引戰下有注云：終以此弊楚。）漢紀作『深壘。』

是時，彭越渡睢水，

考證：祕閣本睢下無水字。

案漢書、通鑑亦並無水字。

漢王跳。

　　集解：『徐廣曰：音逃。』

　　索隱：『如淳曰：跳，走也。』

　　考證：『項羽紀跳作逃。朱子文曰：跳，當從如淳之音。』

　　案通鑑跳亦作逃。漢書如淳注：『跳音逃。謂走也。』王先謙補注引朱子文曰：
　　『漢王跳，當從如淳之音。』此文索隱引如淳注，無『音逃』二字，考證轉引朱
　　說，遂無著矣！

晨馳入張耳、韓信壁，而奪之軍。

　　案之猶其也。下文『馳入齊王壁，奪其軍。』之正作其。

引兵臨河南饗，軍小脩武南。

　　梁玉繩云：『饗字一本作鄉，是也。漢書作鄉，師古云：鄉讀曰嚮。』

　　考證：秘閣本饗作鄉，與凌引一本及漢書合。

　　案通鑑饗亦作鄉，小脩武下無南字，漢書亦無南字。王先謙補注云　：　『錢大昭
　　曰：「鄉當讀爲饗，漢紀作：王饗師河南。」先謙曰：「錢說是也。史記亦云：
　　『引兵臨河南，饗軍小修武南。』此文『臨河南』句。『鄉軍小修武』句。」』
　　以饗（或鄉）爲勞饗字，則饗（或鄉）字當屬下讀。以饗（或鄉）爲方嚮（正作
　　向，前已有說）字，則饗（或鄉）字當屬上絕句。漢紀作『王饗師河南。』以饗
　　爲勞饗字；或借爲方饗字，均可。

郎中鄭忠，

　　案漢紀『郎中』下有令字。通鑑注：『漢制：郎中，比三百石。屬郎中令。』

與彭越復擊破楚軍燕郭西。

　　梁玉繩云：此處似缺『燒楚積聚』四字。

　　案項羽本紀、漢書高紀、漢紀、通鑑彭越下並有『燒楚積聚』四字。漢書項籍傳
　　西下有『燒其積聚』四字。

淮陰已受命東，未渡平原。

　　梁玉繩云：淮陰字誤，當作韓信。

　　案淮陰侯列傳、漢書韓信傳淮陰並作信，通鑑作韓信，蓋梁說所本。又漢書、通鑑

渡並作度，渡、度正、假字，（殷本紀已有說。）作度是故書。下文『張春渡
河。』漢書、通鑑漢紀四渡並作度，與此同例。

韓信用蒯通計，遂襲破齊。齊王烹酈生，東走高密。

考證：韓信襲齊；齊烹酈生，事在漢四年。

案漢四年韓信襲齊；齊烹酈生，見漢書高紀、漢紀三及通鑑漢紀二。梁氏志疑已
訂正此文於四年。

破齊、趙，

考證：趙字當衍。

案趙字衍，梁氏志疑項羽本紀有說。

韓信與戰騎將灌嬰擊，大破楚軍。

梁玉繩云：戰字衍，說在羽紀。漢書無大字。

案戰字非衍，當讀『韓信與戰』爲句。項羽本紀已有說。淮陰侯列傳 擊 下 有 之
字，『大破楚軍』同。

殺龍且，齊王廣犇彭越。

梁玉繩云：『犇彭越』上缺田橫二字。

考證：『陳仁錫曰：「田儋傳：『信虜齊王廣，田橫犇彭越。』此紀誤。」愚按
淮陰侯傳云：「齊王廣亡去。」此紀非廣下脫田橫二字；則犇下衍彭越二字。』
案梁說蓋是。此當讀『殺龍且、齊王廣』句。『田橫犇彭越』句。月表於漢四年十
一月，書『韓信破殺龍且，擊殺廣。』田儋列傳云：『漢將韓信與曹參破殺龍且，
虜齊王廣。……田橫亡走梁，歸彭越。』（又見漢書田儋傳及通鑑。）漢書高紀
於四年十一月云：『韓信與灌嬰擊破楚軍，殺楚將龍且，虜齊王廣。齊相田橫自
立爲齊王，奔彭越。』並可證。

絕其糧食。

考證：祕閣本糧作粮。

案下文『不絕糧道。』考證引祕閣本糧亦作粮，御覽八七引同。（帝王略論亦作
粮。）糧、粮正、俗字。

大司馬咎，長史欣皆自剄汜水上。

梁玉繩云：不曰『故塞王，』而曰『長史，』與羽紀同。

考證：『長史欣，』宜作『塞王欣。』通鑑改作『司馬欣，』而不知『司馬』爲秦官名也。

案漢書高紀、項籍傳『長史欣，』並同。漢紀作『長史忻，』欣、忻古通。通鑑作『司馬欣，』疑涉上文『大司馬咎』而誤。考證謂『宜作「塞王欣，」』蓋本下文『梟故塞王欣頭櫟陽市。』言之。惟與他書皆不合。

項羽至睢陽，

梁氏志疑改至爲在，云：在字依羽紀，此譌爲至字。

案漢書項籍傳作『羽至睢陽。』至字與此同。作至、作在，各仍其舊可也。

聞海春侯破，乃引兵還。

考證：祕閣本聞上有則字。

案項羽本紀、漢書高紀、項籍傳、漢紀、通鑑聞上皆無則字。項羽本紀、漢書項籍傳乃並作則。則猶乃也。祕閣本聞上有則字，疑乃字之異文而竄入者。

漢方圍鍾離眛於滎陽東。

案黃善夫本眛作昧，漢書項籍傳、通鑑並同。（王先謙項籍傳補注云：官本眛皆昧。）漢書高紀作眯，（王先謙云：官本眯作眛。）眯、昧並眛之誤，項羽本紀已有說。

立韓信爲齊王。

集解：『徐廣曰：三月。』

考證：漢書高紀，韓信請假王齊，在漢王病創馳入成臯之後。（考證原在下文『韓信不聽』下，非。）

案徐注『三月』乃『二月』之誤。月表、漢書高紀、漢紀、通鑑皆作『二月。』淮陰侯列傳：『乃遣張良，往立信爲齊王，徵其兵擊楚。』集解引徐廣曰：『四年二月。』是也。韓信請爲齊假王，漢紀、通鑑亦並在漢王病創馳入成臯之後。

使盱台人武涉往說韓信，

案淮陰侯列傳盱台作盱眙，同。

楚、漢久相持，未決。丁壯苦軍旅，老弱罷轉饟。

　　　考證：祕閣本、楓、三本持作枝。

　　　案枝與支同，支亦持也。後漢書蘇竟傳：『天之所壞，人不得支。』李賢注：『

　　　支，持也。』項羽本紀饟作漕。漢書高紀作餉，饟、餉古、今字。說文：『饟，

　　　周人謂餉曰饟。』淮南子覽冥篇：『輜車奉饟。』高誘注：『饟，資糧也。』平

　　　準書：『丈夫從軍旅，老弱轉糧饟。』

漢王、項羽相與臨廣武之閒而語。

　　　梁玉繩云：閒當作澗，說在羽紀。

　　　案御覽三一一引此無之字，項羽本紀、漢書項籍傳、漢紀、通鑑皆同。又漢紀、

　　　通鑑閒字並同。

項羽矯殺卿子冠軍而自尊。

　　　集解：『徐廣曰：卿，一作慶。』

　　　案卿、慶古通，項羽本紀已有說。

項羽已救趙，當還報，

　　　案漢紀、通鑑當並作不。

私收其財物。

　　　考證：祕閣本、楓、三本『私收』作『收私。』

　　　案漢書、通鑑亦並作『收私。』師古注：『收取其財曰私自有也。』

項羽使人陰弒義帝江南。

　　　案漢書、漢紀、通鑑弒並作殺。說文：『弒，臣殺君也。』故弒亦可謂之殺。下

　　　文『夫爲人臣而弒其主。』漢書弒作殺，『趙相貫高等謀弒高祖。』考證引祕閣本

　　　弒作殺，並同此例。

大逆無道，罪十也。

　　　考證：祕閣本無大字、也字。

　　　案景祐本、黃善夫本、殿本皆有大、也二字，漢書、漢紀、通鑑皆同。祕閣本無

　　　此二字，蓋誤脫也。

何苦乃與公挑戰！

　　　考證：公猶言汝，斥項羽。

案上文皆斥稱<u>項羽</u>，似無緣忽改稱<u>項羽</u>爲公。公蓋<u>漢王</u>自稱。（<u>王先謙漢書補注</u>
有說。）<u>漢王</u>固常自稱公矣。

伏弩射中<u>漢王</u>。

案<u>御覽</u>三四八引伏上有使字。

<u>漢王</u>傷匈。

案<u>景祐</u>本匈字同。<u>黃善夫</u>本、<u>殿</u>本並作匈，<u>漢書</u>、<u>漢紀</u>、<u>帝王略論</u>、<u>通鑑</u>皆同。
<u>藝文類聚</u>六十、<u>御覽</u>三四八引此亦並作匈；三一一引此作胷。胷與匈同。匈，俗
字。

<u>漢王</u>出行軍，病甚。

案<u>漢書</u>、<u>通鑑</u>病並作疾，下同。<u>漢紀</u>病亦作疾，義同。前已有說。

往來苦<u>楚</u>兵，絕其糧食。

案<u>御覽</u>七五引苦作弱，食作道。

<u>齊王信</u>又進擊<u>楚</u>。

考證：<u>祕閣</u>本<u>齊王</u>下有<u>韓</u>字。

案<u>漢書</u>、<u>通鑑</u>並作『<u>韓信</u>又進兵擊<u>楚</u>。』

<u>項王</u>歸<u>漢王</u>父母妻子，

案<u>御覽</u>引<u>項王</u>作<u>項羽</u>，與下文一律。

軍中皆呼萬歲。

案<u>御覽</u>引軍下無中字，<u>項羽本紀</u>、<u>漢書</u>並同。

<u>項羽</u>解而東歸，<u>漢王</u>欲引而西歸。

案<u>御覽</u>引此東下、西下並無歸字。<u>漢書項籍傳</u>東下亦無歸字。<u>漢紀</u>西下亦無歸
字。

用<u>留侯</u>、<u>陳平</u>計，

案<u>御覽</u>引<u>留侯</u>作<u>張良</u>，與下文一律。<u>項羽本紀</u>、<u>漢書高紀</u>、<u>項籍傳</u>、<u>漢紀</u>、<u>通鑑</u>
亦皆作<u>張良</u>。

至<u>陽夏</u>南止軍。

考證：『<u>梁玉繩</u>曰：自此至大會<u>垓下</u>，皆五年多事，誤在四年也。』

案自此至大會垓下，漢書高紀、漢紀並書在五年多。項羽本紀亦書在五年。通鑑

無此文，而下文直至大會垓下，亦書在五年多。

於是韓信、彭越皆往。及劉賈入楚地圍壽春。

考證：『姚範曰：「往下及上，當有黥布二字。黥布傳：『五年，布使人入九

江，得數縣。六年，布與劉賈入九江，誘大司馬周殷，殷反楚。』漢書高帝紀：

『漢遣人誘大司馬周殷，殷畔楚，以舒屠六。舉九江兵迎黥布，布竝行屠城

父。』荊王劉賈傳：『使賈南渡淮圍壽春，還至，使人閒招楚大司馬殷。殷反

楚，佐賈舉九江，迎英布兵。』

案漢書英布傳：『五年，布與劉賈入九江，誘大司馬周殷，殷反楚。』姚氏引黥

布傳云云：『六年』二字衍。（考證引沈家本有說。）又引漢書高帝紀云云，亦

見通鑑漢紀三；荊王劉賈傳云云，亦見史記荊王世家。並姚說之證。惟史記記事

或書名，往往互有詳略，或由下文已有『舉九江兵而迎武王（即黥布）』之文，

於此不書黥布二字，亦未可知。項羽本紀作『韓信乃從齊往，劉賈軍從壽春竝

行。』（不書彭越。）漢書項籍傳作『致齊王信、建成侯彭越兵，及劉賈入楚地

圍壽春。』並不書黥布，與此同例。

舉九江兵而迎之武王，

考證：『梁玉繩曰：之字衍。』

案梁說是也。荊王世家作『舉九江迎武王黥布兵。』漢書高紀作『舉九江兵迎黥

布。』通鑑同。項籍傳作『舉九江兵隨劉賈迎黥布。』荊王劉賈傳作『舉九江迎

英布兵。』皆其證。

隨何劉賈、齊、梁諸侯，皆大會垓下。

考證：『梁玉繩曰：「何字衍。隨何不過謁者，僅說九江王一見，此時諸侯大

會，無緣置身其間也。史、漢各處，元無何字。」愚按上文集解云：「周殷以兵隨

劉賈。」亦無何字。』

案何字乃由隨字聯想而誤衍。項羽本紀、漢書高紀、項籍傳、通鑑皆無何字。

（閩本漢書高紀隨下有何字，補注引錢大昭云：『迺因史記妄增。』是也。）

立武王布爲淮南王。

　　　　考證：『梁玉繩曰：布王在四年七月，此誤書于四年之末。』

　　　　案月表、黥布傳、漢書英布傳、通鑑漢紀二布王皆書于四年七月。

五年，高祖與諸侯兵共擊楚軍。

　　　　梁玉繩云：高祖二字錯出，當作漢王。

　　　　案御覽二八三引此，高祖正作漢王。

淮陰侯將三十萬自當之。

　　　　考證：『梁玉繩曰：淮陰侯當作齊王信。』

　　　　案御覽引此淮陰侯作韓信。下文『淮陰先合，』御覽亦引作韓信。

孔將軍居左，費將軍居右。

　　　　梁玉繩云：孔將軍、費將軍，即功臣表蓼侯、費侯也。陳賀封費，亦在六年。乃
　　　　不曰陳將軍，而曰費將軍，非但與孔將軍稱姓異；抑且古無國冠官而稱之者。至
　　　　西京雜記謂孔、費二將軍皆假爲名。恐不可信。（考證未引『至西京雜記』以下。
　　　　凡考證引梁說未備，皆直引梁說。）

　　　　案漢書功臣表注引楚漢春秋云：『孔將軍居左。』西京雜記四：『高祖與項羽戰
　　　　於垓下，孔將軍居左，費將軍居右，皆假爲名。』

皇帝在後。絳侯、柴將軍在皇帝後。

　　　　考證：『梁玉繩曰：皇帝當作漢王。』

　　　　案御覽引皇帝並作漢王。

孔將軍、費將軍縱。

　　　　正義……孔將軍，蓼侯孔熙。費將軍，費侯陳賀也。

　　　　案正義云云，本史記及漢書功臣表。惟孔熙，史記作孔藂；漢書作孔聚。熙蓋聚
　　　　之誤，（熙正作䁶，與聚形近。）藂乃聚之俗。（藂又爲叢之俗。）

楚兵不利，淮陰侯復乘之。

　　　　案御覽引作『楚兵退，信復乘之。』

項羽卒聞漢軍楚歌。

　　　　考證：『張文虎曰：「漢書作『羽夜聞漢軍四面皆楚歌。』項羽本紀亦作夜。疑
　　　　此卒字誤。『漢軍』下，各本有之字。凌稚隆云：『一本無。』梁玉繩云：『

衍。』今刪。」』

案漢紀作『夜聞漢軍四面皆作楚歌。』通鑑作『項王夜聞漢軍四面皆楚歌。』卒

亦並作夜。惟此作卒，容是史公原文。黃善夫本『漢軍』下衍之字。景祐本，殿

本並無。

遂以魯公號葬項羽穀城。

案項羽本紀、通鑑號並作禮。

大王不尊號，皆疑不信。

考證：祕閣本、楓、三本信作宜。

案信作宜，於義爲長。漢書云：『居帝位，甚實宜。』反之，則『大王不尊號，

皆疑不宜』矣。

諸君必以爲便，便國家。

考證：楓、三、南本，不重便字。

案便字當重。若不重便字，則『諸君必以爲便國家』下，當補『則可矣』三字，

文意乃完。漢書作『諸侯王幸以爲便於天下之民，則可矣。』

甲午，乃卽皇帝位氾水之陽。

集解：『徐廣曰：二月甲午。』

考證：『梁玉繩曰：案漢書是「二月甲午。」此缺「二月」兩字。』

案月表、漢紀、通鑑皆是『二月甲午。』

齊王韓信習楚風俗，徙爲楚王，都下邳。立建成侯彭越爲梁王，都定陶。

考證：『漢書高紀：「春正月下令曰：楚地已定，義帝亡後，欲存卹楚衆以定其

主。齊王信習楚風俗，更立爲楚王。」事在漢王爲皇帝前。月表亦在「五年正

月。」封彭越，亦在「正月。」』

案梁氏志疑已云：『封韓、彭在「正月。」』漢書、通鑑並同。漢紀亦云：『春

正月，徙齊王韓信爲楚王。』又漢書、通鑑建成侯，並作建城侯。成、城古

通。

故韓王信爲韓王，都陽翟。

考證：『梁玉繩曰：「韓信久封韓王，不煩重敍，蓋衍文。漢書無之。」』愚按，

此紀二年云：「立韓太尉信爲韓王。」而不言「都陽翟。」卽位之後，新有是
命，故記。』

案通鑑亦無此文。

故德番君。

考證：『張文虎曰：舊刻德作封。』

案景祐本、黃善夫本、殿本德字皆同。

列侯諸將，無敢隱朕，皆言其情。

案御覽八七引『列侯』作『通侯。』漢書、帝王略論並同。漢書應劭注：『舊曰
「徹侯。」避武帝諱曰「通侯。」通亦徹也。通者，言其功德通於王室也。』張
晏注：『後改曰「列侯。」列者，見序列也。』王先謙補注：『通鑑作「徹侯。
」蓋宋人回改。』情猶實也。戰國策秦策二：『請謁事情。』高誘注：『情，
實也。』

吾所以有天下者何？

案漢紀有作得，有猶得也。論語述而篇：『三人行，必有我師焉。』治要引有作
得。（孔子世家同。）與此同例。

高起、王陵對曰，

集解：『瓚曰：漢帝年紀，高帝時有信平侯臣陵，都武侯臣起。魏相、丙吉奏
事，高帝時奏事有將軍臣陵、臣起。』

考證：『錢大昭曰：「魏相傳，述高帝時受詔長樂宮者，但有將軍陵，無臣起。
漢紀亦無高起二字。二字當是衍文。」愚按，臣瓚所引漢帝年紀、魏相、丙吉奏
事，今皆不傳，無由考之。但對語七十餘言，二人一辭，於理所無。高祖亦唯言
公，不言公等。錢說近是。』

案高起二字，無緣致衍。漢帝年紀、魏相、丙吉奏事，今雖不傳；而臣瓚據以爲
說，是必見之。漢書魏相傳述高帝時受詔長樂宮者，雖無高起，而臣瓚所稱魏
相、丙吉奏事，高帝時奏事有臣起，正可以補魏相傳所略。此及漢書高紀並有高
起，又可以補漢紀所略。帝王略論、通鑑並存高起二字，是也。高起、王陵二人
對語相同，故合書之。不得以爲『二人一辭，於理所無』也。呂后本紀：『太后

不說，問左丞相陳平、絳侯周勃。勃等對曰：高帝定天下，王子弟。今太后稱

制，王昆弟諸呂，無所不可。』『勃等對曰，』猶言『平、勃對曰。』（漢紀六

正作『平、勃對曰。』）此亦合書二人對語之例也。又案漢書臣瓚注，丙吉作邴

吉，下無『奏事』二字。王先謙云：『邴吉下脫奏字，官本有。陳浩云：「監

本『魏相、邴吉奏』下衍事字。蓋涉於下文『奏事』而誤也。今從宋本刪之。」

』通鑑注引臣瓚注『魏相、邴吉奏』下無事字，與官本漢書合；監本漢書『魏相

、邴吉奏』下有事字，與此集解所引合。事字恐非衍文。

此所以失天下也。

案御覽引也上有者字。

公知其一，未知其二。

案莊子天地篇：『識其一，不知其二。』淮南子精神篇：『處其一，不知其

二。』

夫運籌策帷帳之中，決勝於千里之外，吾不如子房。

考證：『梁玉繩曰：漢書無策字，御覽引史作于字。然，留侯世家論亦作「籌

策。」』（原引脫然、論、籌三字。）

案漢紀、通鑑並無策字。後漢書鄧禹傳注：『高祖曰：運籌帷幄之中，決勝千

里之外，吾不如子房。』亦無策字。淮南子兵略篇：『故運籌於廟堂之上，而決

勝乎千里之外矣。』御覽引此『籌策』下有於字，（非引策作于。）帝王略論作『

夫運策於帷帳之中，』長短經大體篇作『夫運籌策於幃幄之中。』亦並有於字。

鎮國家，撫百姓。

考證：秘閣本鎮作填。

案書鈔四九引鎮亦作填。漢書、通鑑並同。師古注：『填與鎮同。』填乃鎮之借

字。鎮、撫互文，同義。廣雅釋詁一：『鎮、撫，安也。』

給餽饟，

案御覽引作『給餉饋。』漢紀同。漢書、帝王略論、長短經、通鑑皆作『給餉

餽。』師古注：『餽亦饋字。』饋、餽正、假字。饟、餉古、今字（前已有說）。

連百萬之軍，

　　案御覽引軍作衆。漢書、漢紀、通鑑皆同。

此三者，皆人傑也。

　　案『此三者，』御覽引作『此三人者。』殿本作『此三人。』長短經作『三人者
　　。』帝王略論傑作桀，傑、桀正、假字，（前已有說。）作桀是故書。

吾能用之，此吾所以取天下也。

　　案御覽三四二引作『吾有三傑，而能用之。故吾以布衣提三尺劒取天下也。』（
　　下文亦載高祖云：『吾以布衣提三尺劒取天下。』）恐非此文之舊。『此吾所以取
　　天下也。』長短經取作有，與上文作『吾所以有天下』一律。又漢書、通鑑也上
　　並有者字。

此其所以爲我擒也。

　　考證：祕閣本擒作禽。

　　案御覽引我作吾。漢書、帝王略論、通鑑擒亦並作禽。禽、擒古、今字。

齊人婁敬說，及留侯勸上入都關中，高祖是日駕入都關中。

　　案御覽八七引作『戍卒婁敬說高祖曰：「都雒陽，不便；不如入關，據秦之國。
　　」上以問張良，因勸上卽日車駕西都長安。』乃漢書之文，逸引入史記也。（『
　　據秦之國，』國乃固之誤。）

十月，燕王臧荼反。

　　梁玉繩云：『十月』乃『七月』之誤，說在月表。

　　考證：『中井積德曰：「『十月』是『七月』之訛，漢書可證。」愚按秦楚之際
　　月表云：「八月，帝自將誅燕。」蓋七月反，八月得之也。』

　　案通鑑亦作『七月。』漢紀作『八月。』（參看王先謙漢書補注。）此文『十
　　月，』蓋本作『十月。』卽『七月』也。（古文、漢隸七並作十，夏、周、秦各
　　本紀已有說。甲骨文七作十，則與十百字同形。黃然偉學弟云：『七字，於甲骨
　　及兩周彝器銘文皆作十。漢簡中，凡屬東漢以前簡文，七字悉作十，東漢以後作
　　七。』）月表：『八月，帝自將誅燕。』（說文：『誅，討也。』梁氏謂『誅乃
　　擊之誤。』非是。）『八月』乃『七月』之誤，梁氏已有說，並舉盧綰傳及漢書
　　高紀爲證。通鑑亦可證。月表、漢書、漢紀、通鑑，虜荼皆書在『九月，』考證

乃云『八月得之。』何疏之甚邪!

使丞相噲將兵攻代。

案通鑑考異云:『史記、漢書高紀皆云:『使丞相噲將兵平代地。』蓋連類引之,史記『平代地』本作『攻代』也。

六年,

案景祐本提行。

天無二日,土無二王。

考證:『禮記坊記:「子云:天無二日,土無二王。」孟子萬章篇:「孔子曰:天無二日,民無二王。」』

案禮記曾子問:『孔子曰:天無二日,土無二王。』

今高祖雖子,人主也。

考證:『梁玉繩曰:高祖當依漢書作「皇帝。」』

案漢紀高祖亦作『皇帝。』見存不得稱謚,史通暗惑篇已以稱高祖為不實。竊疑此文本作『今皇帝雖子,』涉上下文而誤為高祖耳。然史家記事,亦往往見存稱謚,詳日知錄二十三『生稱謚』條。

太公擁篲迎門郤行。

考證:『孟荀列傳:鄒衍如燕,昭王擁彗先驅。』

案漢書篲作彗。書鈔、藝文類聚六二、初學記十及十八、白帖十、御覽一六二、四百四、四七四、七六五引孟荀列傳,彗皆作篲。篲,彗之或體。(參看孟子荀卿列傳斠證,孔孟學報第十三期。)

十二月,人有上變事,告楚王信謀反。

考證:『梁玉繩曰:漢高紀告反在六年十月。此在十二月者,因會陳執信在十二月,遂并敘之。其實是十月也。』

案通鑑告反,亦在六年十月。漢紀但書『六年多。』御覽四四八引『上變事』作『上書,』陳丞相世家、淮陰侯列傳、漢書陳平傳、通鑑皆同。

卽因執之。

案御覽引『卽因』二字倒。

田肯賀。

　　索隱：『漢紀及漢書作宵。劉顯云：相傳作肯也。』

　　案今漢書、漢紀並作田肯，通鑑同。王先謙漢書補注：『王鳴盛曰：「郭忠恕佩
　　觿云：漢書田肯，肯本作冐，故誤爲宵耳。」沈欽韓曰：「顏之推家訓書證篇
　　云：『江南本皆作宵字。沛國劉臻荅梁元帝曰：「臣家藏舊本，以雌黄改宵字爲
　　肯。」吾至江北，見本爲肯。』」』（梁氏志疑亦引家訓書證篇。）長短經霸圖
　　篇注作田胥。胥蓋宵之誤。

因說高祖曰：陛下得韓信，又治秦中。

　　梁玉繩云：倪本曰下有『甚善』二字，以漢書及荀紀校之，今本缺也。

　　考證：祕閣本、凌一本、班馬異同，曰下有『甚善』二字，與漢書合。

　　案考證所稱班馬異同，卽梁氏所稱倪〔思〕本。景祐本曰下亦有『甚善』二字，
　　長短經注同。漢紀治作王。

秦，形勝之國。

　　案御覽四六一、七五八引國下並有也字。漢書、通鑑同。

譬猶居高屋之上建瓴水也。

　　集解：『如淳曰：瓴，盛水瓶也。居高屋之上而幡瓴水，言其向下之勢易也。』

　　考證：集解幡，一作翻。

　　案殿本集解幡作翻，古字通用。通鑑注引如淳注幡亦作翻，易作順。王先謙漢書
　　補注引沈欽韓云：『瓴，瓴甋也。詩傳：「甓，令適也。」屋檐寫水者。或以板
　　爲之。如說誤。』所引詩傳，見陳風防有鵲巢『中唐有甓』下。

南有泰山之固。

　　案景祐本泰作太，同。長短經注亦作太。

莫可使王秦矣。

　　案漢書、漢紀、長短經注、通鑑矣皆作者，義同。（此義前人未發。）

將軍劉賈數有功，以爲荊王，王淮東。

　　索隱……賈封吳地。

　　考證：『漢書高紀：以故東陽郡、鄣郡、吳郡五十三縣，立劉賈爲荊王。』

案漢紀云：『春正月丙午，立劉賈爲荊王，王五十三縣。』通鑑作『春正月丙午，以淮東五十三縣，立從兄將軍賈爲荊王。』注引索隱，賈下有分字。

弟交爲楚王，王淮西。子肥爲齊王，王七十餘城。

正義……故封子肥七十餘城。

考證：『漢書：以碭郡、薛郡、郯郡三十六縣，立弟文信君交爲楚王。以膠東、膠西、臨淄、濟北、博陽、城陽郡七十三縣，立子肥爲齊王。』

案漢紀云：『弟曰交，字游。好讀書，有才藝。從上征伐有功，立爲楚王。長庶子肥爲齊王，王七十縣。』所謂『七十縣，』蓋舉成數言之。通鑑作『以薛郡、東海、彭城三十六縣，立弟文信君交爲楚王。（注：東海，秦之郯郡。）以膠東、膠西、臨菑、濟北、博陽、城陽郡七十三縣，立微時外婦之子肥爲齊王。』注引正義，故下有以字。

乃論功，與諸列侯剖符行封。

考證：『梁玉繩曰：功臣表及漢書，封諸侯在十二月。此敍于正月封荊、楚諸王之後，非。』

案通鑑封諸侯，亦敍于正月封荊、楚諸王之前。漢紀敍於正月封荊、楚諸王之後，與此同。

徙韓王信太原。

考證：『漢書高紀：以太原郡三十一縣爲韓國，徙韓王信都晉陽。』

案漢紀云：『徙韓王信于太原，都晉陽。』通鑑作『乃以太原郡三十一縣爲韓國，徙韓王信王太原，以北備禦胡，都晉陽。』（『徙韓王信』以下，本韓信列傳。）

七年，匈奴攻韓王信馬邑，信因與謀反太原。

考證：『張文虎曰：「王、柯、毛、凌本與下有同字。南宋、中統、游本無。」

梁玉繩曰：「韓王之反，此在七年，表在五年。當依信本傳作六年。漢書紀、表亦云「六年九月。」』

案景祐本『七年』上空一格，後『八年』至『十一年，』每年上皆空一格。景祐本、黃善夫本、殿本與下皆有同字。韓王之反，漢紀、通鑑亦並在六年九月。

立故趙將趙利爲王，以反。

　　考證：『梁玉繩曰：「信本傳云『趙苗裔，』漢書高紀云『趙後。』則將乃後字

　　之訛。」』

　　案『趙將，』通鑑從信本傳作『趙苗裔。』

會天寒，士卒墮指者什二三。

　　考證：祕閣本天作大。

　　案匈奴列傳、漢書高紀、匈奴傳天皆作大，是也。（莊子讓王篇：『天寒旣至，

　　』呂氏春秋愼人篇、淮南子俶眞篇、風俗通義窮通篇天皆作大，天亦大之誤，與

　　此同例。）大寒，故士卒多墮指。通鑑作『會天大寒。』大字不可無。匈奴列

　　傳、漢書匈奴傳什並作十，十、什正、假字。

立兄劉仲爲代王。

　　考證：『漢書高紀云：『六年正月，以雲中、雁門、代郡五十三縣，立兄宜信侯喜

　　爲代王。」梁玉繩曰：「劉喜之王，在六年正月，與封荆、楚、齊三王同時。此

　　誤書于七年二月前也。吳濞傳同誤。」』

　　案劉喜（字仲）之王，景祐本、殿本漢興以來諸侯王年表書在六月。漢書諸侯王

　　表、漢紀、通鑑皆在六年正月。

二月，高祖自平城過趙，雒陽至長安。

　　梁玉繩云：『漢〔書高〕紀，高祖十二月過趙，二月至長安。非二月自平城抵長

　　安也。劉辰翁以雒陽二字多。』

　　案通鑑亦稱『十二月上還過趙。二月上至長安。』漢紀則云：『二月，上自平城

　　還。』與此合。

蕭丞相營作未央宮。

　　梁玉繩云：漢〔書高〕紀此事在七年二月，史作八年，非。（考證迻引在下文

　　『高祖乃說』下，非。）

　　案漢紀、通鑑此事亦並在七年二月。

高祖還見宮闕壯，

　　考證：祕閣本壯下有麗字。

　　　案漢書、通鑑壯下並有麗字，與下文『非壯麗無以重威。』相應。

天下匈匈，苦戰數歲，

　　　案漢書師古注：『匈匈，喧擾之意。』匈借爲訩，說文：『訩，訟也。訟，爭

　　　也。』項羽本紀已有說。漢書、通鑑『苦戰』並作『勞苦。』

故可因遂就宮室。

　　　案漢書遂作目，通鑑作以。目，古以字。遂與以同義。（此義前人未發。）

高祖之東垣，過柏人。

　　　正義：『括地志：柏人故城，在邢州柏人縣西北十二里。』

　　　案通鑑漢紀四注：『班志：柏人縣屬趙國。』據荀悅漢紀四：『趙相貫高伏兵柏

　　　人亭，欲爲逆。』則以柏人爲亭名，或柏人縣有柏人亭與？劉子鄙名篇亦云：『

　　　亭名柏人，漢后夜遁。』

代王劉仲弃國亡，自歸雒陽，廢以爲合陽侯。

　　　考證：『梁玉繩曰：「代王棄國歸漢，此紀及功臣表、將相表在八年九月；諸侯

　　　王表在九年，皆誤。當依漢書高紀作七年十二月。而合陽應作郃陽，省作合字。

　　　此紀及功臣表，與漢書高紀、王子表、吳濞傳、竝作合陽。將相表、吳濞傳、漢

　　　書惠紀竝作郃陽。水經注四亦作郃陽，所謂劉仲城也。地理志：郃陽屬左馮翊。

　　　合陽屬平原郡。」』

　　　案代王棄國歸漢，漢紀在七年，通鑑漢紀三亦在七年十二月；又合陽並作郃陽。

　　　水經四河水注：『郃陽，國名也。高祖八年侯劉仲是也。』稱八年，與此紀及功

　　　臣表、將相表合。

趙相貫高等事發覺，夷三族。

　　　考證：『洪亮吉曰：「案張耳傳：『貫高曰：今吾三族皆論死。』蓋當時高坐此

　　　罪，高祖赦之。明未嘗夷三族也。此語失實。」』

　　　案梁玉繩亦云：『貫高等三族雖論死，然其自主不反之後，高祖方赦其罪。則所

　　　謂「夷三族」者，疑是論其罪如此，而未嘗實夷其族也。不然，當是獨赦貫高一

　　　家耳。』據張耳傳：『上賢貫高爲人能立然諾，使泄公具告之曰：「張王已出。

　　　」因赦貫高。』（又見漢書張耳傳、通鑑漢紀四。）漢紀四亦云：『上嘉貫高之

節，乃赦之。』則是獨赦貫高一人而已。所謂『夷三族，』蓋非失實也。

未央宮成。

　　考證：『梁玉繩曰：未央宮與長樂宮，皆以七年二月成。漢書高紀及三輔皇圖可

　　證。是年特以諸侯王來朝，十月置酒未央宮也。此與將相表同誤在九年。』

　　案漢書高紀於七年二月，但云：『蕭何治未央宮。』來言其成。（通鑑漢紀三

　　同。）漢紀三於七年二月，亦但云：『蕭何治宮室。』亦未言其成。此紀上文『

　　蕭丞相營作未央宮。』書在八年下雖異；而未言其成則同。然則此所謂『未央宮

　　成，』及下文『置酒前殿』云云，與將相表合。未可遽斷爲誤也。

高祖大朝諸侯羣臣，置酒未央前殿。

　　案漢書作『多十月淮南王、梁王、趙王、楚王朝未央宮，置酒前殿。』（漢紀四

　　無梁王。）

高祖奉玉巵，

　　案御覽八七引作『上奉玉巵。』漢書同。漢紀四高祖亦作上。將相表作『帝奉玉

　　巵。』（巵，俗卮字。各本皆作卮。考證本改俗從正也。）

始大人常以臣無賴，

　　集解：『……或曰：江、淮之間，謂小兒多詐，狡猾爲無賴。』

　　案御覽引常作嘗，作嘗是故書。以猶謂也，老子五十九章：『夫唯嗇，是謂早

　　服。』又云：『是謂深根固柢，長生久視之道。』敦煌唐景龍鈔本、天寶鈔本謂

　　並作以，即以、謂同義之證。莊子知北遊篇：『是以不過乎崑崙，不遊乎太虛。

　　』以亦與謂同義，與此同例。景祐本、黃善夫本、殿本集解，『江、淮』並作『江

　　湖。』說文繫傳十二引同。此作『江、淮，』蓋據漢書注改。

孰與仲多？

　　案漢書師古注：『與亦如也。』御覽八七引此作『與仲力孰多？』恐非此文之舊。

殿上羣臣皆呼萬歲，大笑爲樂。

　　案御覽引呼作稱，『笑爲』二字倒。將相表、漢書、漢紀呼皆作稱。下文記高祖

　　置酒沛宮，『爲笑樂十餘日。』亦以『笑樂』連文。

太上皇崩櫟陽宮，楚王、梁王皆來送葬。

　　集解：『漢書云：葬萬年。』

　　案漢紀亦云：『葬于萬年。』通鑑漢紀四同。

更命酈邑曰新豐。

　　正義：『括地志云：……太上皇時悽愴不樂，高祖竊因左右問故。荅以平生所好
　，皆屠販少年，酤酒、賣餅、鬬雞、蹴踘，以此爲歡。今皆無此，故不樂。高祖乃
　作新豐，徙諸故人實之，太上皇乃悅。……』

　　考證：『徐中行曰：「西京雜記：以太上皇思故豐邑，因作新豐，並移舊社。衢
　巷棟宇，物色惟舊。士女老幼，相携路首，各知其室。放牛馬雞鴨於通塗，亦競
　識其家。匠人胡寬所營也。」』

　　案漢書地理志：『新豐，秦曰驪邑，高祖十年置。』（驪、酈古通，秦本紀已有
　說。十舊誤七，王念孫雜志有說。）應劭注：『太上皇思東歸，於是高祖改築城
　寺街里以象豐，徙豐民以實之，故號新豐。』（王先謙云：『官本注寺作市。』
　通鑑漢紀一注引寺亦作市。）西京雜記二：『太上皇徙長安，居深宮，悽愴不榮。
　高祖竊因左右問其故。以平生所好，皆屠販少年，酤酒、賣餅、鬬雞、蹴踘，以
　此爲懽。今皆無此，故以不樂。高祖乃作新豐，移諸故人實之。太上皇乃悅。故
　新豐多無賴，無衣冠子弟故也。高祖少時，常祭枌榆之社，及移新豐，亦還立
　焉。高帝旣作新豐，幷移舊社，衢巷棟宇，物色惟舊。士女老幼，相携路首，各
　知其室。放犬羊雞鴨於通塗，亦競識其家。其匠人胡寬所營也。』括地志云云，
　卽本西京雜記。徐中行所引不備。又案水經渭水下注：『高祖王關中，太上皇思
　東歸。故象舊里，制茲新邑。立城社，樹枌榆，令街庭若一。分置豐民以實茲
　邑，故名之爲新豐也。』蓋兼採應劭注及西京雜記。

八月，趙相國陳豨反代地。

　　集解：『鄧展曰：東海人名豬曰豨。』

　　考證：『豨，人名。何必解其義！梁玉繩曰：豨反，在十年九月。此與功臣表作
　八月；酈商傳作七月；傅寬傳作四月，竝誤。本傳及漢書可證。至淮陰侯及盧綰
　傳以爲十一年，尤誤也。豨本傳又誤作七年，惟言反在九月，是。』

　　案陳豨以豨爲名，必出於卑賤之家。鄧展解其義，益可知矣。豨反，漢紀、通鑑

漢紀四並在十年九月。將相表亦在十年。㹲本傳作七年，考證引楓、三本作十年，是也。（本書十、七二字多相亂。）

上自東往擊之。

　　考證：『凌稚隆曰：宋本作「往東。」』

　　案景祐本、黃善夫本並作『東往。』

聞㹲將皆賈人也。上曰：吾知所以與之。

　　考證：古鈔本聞作問，與漢書合。王念孫曰：「與猶敵也。孫子傳：『以君之下駟與彼之上駟。』淮陰侯傳：『吾生平知韓信爲人，易與耳。』皆謂敵也。」』案漢紀聞亦作問。聞、問古通，晏子春秋內篇雜上：『曾子以聞孔子。』家語子貢問篇聞作問，莊子逍遙遊篇：『而彭祖乃今以久特聞。』釋文引崔譔本聞作問，荀子堯問篇：『不聞卽物少至。』楊倞注：『聞，或作問。』皆其比。與讀爲舉，呂氏春秋下賢篇：『錐刀之遺於道者，莫之舉也。』高誘注：『舉猶取也。』『吾知所以與之，』猶言『吾知所以取之』也。淮陰侯列傳之『易與耳。』猶云『易取耳。』項羽本紀有說。

高祖攻之，不下月餘。卒罵高祖。

　　案御覽四六六引『月餘』二字在『不下』上，卒下有兵字。高祖一生善罵，不意亦爲卒眾所罵，可發一噱。

立子恆以爲代王。

　　梁玉繩云：『代王之立，在十一年正月。表作三月，是誤在後；而此書于多，又誤在前也。恆字何以不避？古禮卒哭乃諱。春秋以來，雖生時亦諱之。秦、漢諱甚嚴，乃史于紀、表犯文帝諱，不一而足。景帝紀亦犯孝武諱，皆史公失檢處。文帝紀載有司請立太子云：「子某最長。」當用此例書曰：「立子某以爲代王。」卽金縢所謂「玄孫某」也。（高祖謂太上皇曰：「今某之業所就，孰與仲多？」亦與此同。）』

　　考證：『錢大昕曰：「高帝紀於孝惠不書名；文帝紀於景帝不書名。乃文帝名，再見於高祖紀，一見於呂后紀。此必後人所加。景帝紀：『四年，立皇子徹爲膠東王。七年，立膠東王爲皇太子，名徹。』亦後人所加。」愚按是皆史公失檢處，

未必後人加之。下文「立子恢爲梁王，子友爲淮陽王。」可證。』

案代王之立，漢書、漢紀、通鑑並在十一年正月。諸侯王表在二月，（考證本改
作正月。）梁氏誤爲三月。孝文本紀作『十一年春。』景祐本、黃善夫本十一
年，並書『二月丙子初王元年。』不書文帝名。殿本作『二月丙子初王恆元。』
書名，非其舊也。則錢氏以爲『文帝名，必後人所加。』說亦可據。即如景帝
紀：『七年，立膠東王爲皇太子，名徹。』錢氏以爲『亦後人所加。』考證引楓、
三、南化本並無『名徹』二字，亦可證成錢說。考證謂『史公失檢。』本梁說。

都晉陽。

集解：『如淳曰：文紀言「都中都。」又「文帝過太原，復晉陽、中都二歲。」
似遷都於中都也。』

考證：『梁玉繩曰：文帝紀、諸侯王表、陳豨傳，俱作「都中都，」與此言「都
晉陽」不同。文紀又言「幸太原，復晉陽、中都三歲租。」疑當時詔都晉陽，而實
居中都。亦猶韓王信詔都晉陽，而請居馬邑耳。故如淳注以爲「遷于中都」也。』
案漢書、漢紀、通鑑『都晉陽，』皆同。如淳引文紀，『二歲』乃『三歲』之
誤。梁氏引文紀『三歲』下有租字，乃據漢書加。（漢紀七、通鑑漢紀六，『三
歲』下亦並有租字。）

夏，梁王彭越謀反，廢遷蜀。復欲反，遂夷三族。立子恢爲梁王，子友爲淮陽王。

考證：『梁玉繩曰：廢越、立恢，皆在三月。漢〔書高〕紀可據。此與黥布、盧
綰傳竝作夏夷彭越，誤也。史、漢諸侯王表書恢、友以十一年三月立。若越之謀
反夷族在夏，安得三月已封恢、友爲王乎？至史諸侯王表及漢異姓表，以越誅在
十年，則更誤矣。』

案廢越、立恢，漢紀亦在三月。通鑑廢越在春正月，夷越、立恢在三月。『夷越
三族』下注云：『此以漢書本紀爲據。史記高祖紀作「夏夷彭越三族。」年表書
反、誅又在十年。「夏誅彭越，」蓋以盧綰言爲據。』『夏誅彭越，』既爲盧綰
言，（見盧綰傳。）則恐不誤。竊疑此文夏字當在『復欲反』上，蓋越初『謀
反，廢遷蜀，』在春；『復謀反，夷三族。』在夏也。據史記諸侯王表書恢、友
以十一年二月立，（梁氏改『二月』爲『三月』。）漢書諸侯王表書恢、友以十

一年三月立，若越之謀反夷族在夏，於事之先後自不合。然如此文之同書在夏，
則又合矣。

高祖已擊布軍會甀。

集解：『駰案漢書音義曰：會，音儈保。邑名。甀，音直僞反。』

索隱：上音鱠，下音丈僞反。地名也。漢書作缶，音作保。非也。

錢大昕云：漢志沛郡蘄縣有『筓鄉，高祖破黥布。』師古音筓爲直恚反。卽此會
甀也。隸書垂似缶，故漢書高紀譌缶字。孟康讀會爲儈保之儈，非讀甀爲保。小
顏未達孟義，妄有訾謷，小司馬又承顏之謬而不察爾。（考證引未備。）

案漢書『會缶』下，孟康注：『音儈保。邑名。』師古注：『此字本作筓，而轉
寫者誤爲缶字耳。音保，非也。黥布傳則正作筓字。』王先謙云：『荀紀作筓。
』朱熹楚辭後語一亦作筓。史記黥布傳作甀，索隱：『漢書作筓，應劭音保。』
蓋以集解所引爲應劭漢書音義也。據漢書注，則當是孟康。其云『筓，應劭音
保。』亦承師古之謬。

高祖還歸過沛，留置酒沛宮。

正義：『括地志云：沛宮故地，在徐州沛縣東南二十里一步。』

案書鈔八二凡三引此文，『高祖還歸過沛，』皆作『高祖歸豐沛。』御覽八七引
還作迴，恐非其舊。又案通鑑注引括地志『一步』作『一十步。』

悉召故人父老子弟縱酒。

案文選枚叔七發注、御覽八七、八四三引『縱酒』並作『佐酒。』漢書、文選雜歌
漢高祖歌序、藝文類聚四三、通鑑、楚辭後語皆同。

高祖擊筑。

案景宋本白帖五引高祖作上。漢書、文選漢高祖歌序、藝文類聚、楚辭後語皆
同。（下文『高祖乃起舞。』漢書、漢紀、楚辭後語高祖亦並作上。）

自爲歌詩曰。

案此當讀『自爲歌』句，『詩曰』句。詩可歌者爲歌。故既稱歌，又稱詩。項羽
本紀：『於是項王乃悲歌忼慨，自爲歌，詩曰。』（今本脫詩字，據御覽八九四
引補。漢書項籍傳、楚辭後語一亦並有詩字。）伯夷列傳：『及餓且死，作歌，

其詩曰。』（詩字從唐寫本。今本作辭，乃後人妄改。）並同此例。（說互詳項
羽本紀及伯夷列傳斠證。）西京雜記三：『輒使〔戚〕夫人擊筑，高祖歌大風詩
以和之。』卽謂此詩也。

威加海內兮歸故鄉。

　　案初學記一引『海內』作『四海。』十四引漢書亦作『四海。』景宋本白帖十八
　　同。

慷慨傷懷，

　　案漢書、漢紀、通鑑、楚辭後語慷皆作忼。忼、慷正、俗字，項羽本紀已有說。

游子悲故鄉！

　　考證：『顏師古曰：悲，顧念也。』

　　案水經泗水注悲作思。此絕佳詩句也。文選蘇武詩四首之四：『遊子戀故鄉。』
　　藝文類聚三九引李陵贈蘇武別詩：『遊子戀故廬。』（又見古文苑。）

萬歲後，吾魂魄猶樂思沛！

　　案御覽八八六引後上有之字，沛下有也字。漢書、漢紀、楚辭後語後上亦並有之
　　字。

復其民，世世無有所與。

　　案漢書師古注：『與讀曰預。』通鑑注：『復除其民，不豫賦役。』

沛父兄諸母故人，日樂飲極驩。

　　案書鈔八二引母作舅，驩作歡。御覽八七引驩亦作歡，漢書同。歡、驩正、假
　　字。

沛父兄固請留高祖。高祖曰。

　　案御覽引高祖二字不疊，疑是。漢書作『沛父兄固請，上曰。』不疊上字，可
　　證。

張飲三日。

　　集解：『張晏曰：張，帷帳。』

　　正義：音張亮反。

　　考證：祕閣本張作帳。據正義作帳爲是。

案書鈔引作『帳飲三日以樂。』帳、張正、假字，作張是故書。御覽引張晏注作
　　『張，張帷。』恐非其舊。

追得斬布鄱陽。

　　考證：祕閣本鄱陽作番陽。

　　案史記黥布傳、漢書高紀及英布傳、通鑑鄱皆作番。作番是故書。

樊噲別將兵定代，斬陳豨當城。

　　梁玉繩云：『豨傳亦言樊噲斬之，而樊傳不及。則非噲明甚。蓋周勃斬之也。絳
　　侯世家及漢書可證。又世家、功臣表及豨傳皆云「斬豨靈丘。」此言當城，亦小
　　異。（俱代郡縣名。）水經注十三言「周勃定代，斬陳豨于當城」也。』
　　案漢紀亦但書『遣周勃征代。』不涉及樊噲。通鑑作『周勃悉定代郡、鴈門、雲
　　中地，斬陳豨於當城。』考異云：『盧綰傳云：「漢使樊噲擊斬豨。」按斬豨者
　　周勃，非樊噲也。』竊疑斬豨，樊噲亦豫其事，故此紀及豨傳並稱樊噲斬之也。

楚隱王陳涉。

　　索隱：系家作幽王，名擇。負芻之兄。

　　梁玉繩云：陳涉二字當衍，漢書詔詞無之。蓋諸帝王皆不稱名也。索隱以隱王為
　　楚幽王，大謬！

　　案陳涉二字蓋後人旁注字誤入正文者。漢紀亦但書楚隱王。

予守冢各十家。

　　考證：『陳涉世家云：「為陳涉置守冢三十家。」與此異。』

　　案漢紀云『楚隱王一家。』一蓋十之誤。

秦皇帝二十家。

　　案漢紀作『三十家。』

二月，使樊噲、周勃將兵擊燕王綰。赦燕吏民與反者。立皇子建為燕王。

　　梁玉繩云：擊綰、王建，同在十二年二月中，諸侯王表書燕王建以三月甲午封，
　　誤。此與漢書高紀、諸侯王表作二月，可據。（今本漢書高紀兩書三月，譌刻
　　耳。）惟異姓表在十一年，則誤甚！蓋是年二月辛巳朔有甲午，三月庚戌朔無甲
　　午也。

　　案擊綰、王建，通鑑亦同在十二年二月，與史、漢高紀合。景祐本諸侯王表，書

　　燕王建以二月甲午封，不誤。漢紀王建，亦書在二月。

高祖擊布時，

　　案藝文類聚六十、初學記九、御覽三四二引布上並有英字。御覽八七引布上有黥

　　字，論衡命祿篇、漢紀布上亦並有黥字。

行道病，病甚！

　　案御覽八七引病字不疊。漢書作『行道疾，疾甚！』(疾、病同義，前已有說。)

　　通鑑疾字亦不疊。(論衡、漢紀但作『疾甚！』)

高祖問醫，醫曰：病可治。

　　案御覽三四二引此作『高祖問醫曰：「病可治於？」醫曰：「可治。」』醫與醫

　　同，於當作不，涉引下文『於是』字而誤。漢書作『上問醫曰：「疾可治不？」

　　醫曰：「可治。」』可證。王先謙補注云：『宋祁曰：「舊本及越本並無『不醫

　　曰可治』五字。」王念孫曰：「景祐本無『不醫曰可治』五字，是也。史記作『

　　高祖問醫，醫曰：病可治。』是其證。後人誤以『上問醫曰』連讀，則下文義不

　　可通，故增此五字耳。」』據御覽所引此文驗之，則漢書之有『不醫曰可治』五

　　字，亦未爲非矣。

於是高祖嫚罵之曰，

　　案藝文類聚、御覽三四二引嫚作慢，古字通用。留侯世家：『皆以爲上慢侮人。』

　　漢書張良傳慢作嫚。卽其比。

吾以布衣提三尺劍取天下，

　　考證：祕閣本、楓、三本、凌引一本作提。各本作持。

　　案景祐本、殿本提字並同；黃善夫本作持。文選劉孝標辯命論注、書鈔一二二、

　　藝文類聚、初學記、御覽八七及三四二引此皆作提，漢書、論衡、漢紀、通鑑皆

　　同。

雖扁鵲何益！

　　案御覽八七引何上有亦字。

已而呂后問：陛下百歲後，蕭相國卽死，令誰代之？

考證：漢書高紀問下有曰字，『令誰』作『誰令。』祕閣本、楓、三本同。

案漢紀、通鑑問下亦並有曰字。帝王略論作『呂后問以後事曰。』亦有曰字。漢
書、通鑑卽並作旣，卽、旣義並作若。（裴學海古書虛字集釋五有說，惟所引史、
漢卽、旣二字互誤。）通鑑『令誰』亦作『誰令。』漢紀、帝王略論並作『誰
可。』

王陵可。然，陵少戇。

案漢書、漢紀、通鑑然下並無陵字，疑涉上文而衍。師古注：『戇，愚也。』

然，難以獨任。

考證：祕閣本難下無以字。

案漢書、漢紀、通鑑亦並無以字。蓋涉上文『可以助之』而衍。

此後亦非而所知也。

案師古注：『言自此之後，汝亦終矣，不復知之。』

四月甲辰，高祖崩長樂宮。

集解：『皇甫謐曰：高祖以秦昭王五十一年生，至漢十二年，年六十二。』

梁玉繩云：『御覽八十七引史云：「四月甲辰，崩於長樂宮。時年六十二，在位
十二年。葬長陵。」今史記無之。但臣瓚謂「帝年四十二卽位，壽五十三。」
皇甫謐謂「高祖以秦昭王五十一年生，至漢十二年，年六十三。」蓋瓚說非也。
謐言「六十三，」亦「六十一」之譌。』

考證：『張文虎曰：集解「六十二，」各本作「六十三。」誤。依御覽引改。』

案漢書、漢紀、通鑑崩下亦並有于字。張氏據御鑑改集解『六十三』爲『六十二，
』是也。初學記九引帝王世紀，稱高祖『十二年崩于長樂宮，年六十二。』帝王
略論云：『卽位十二年，崩。年六十二。』並其證。王先謙漢書補注引杭世駿云：
『高祖生年乙巳，至是年丙午，當是六十二。』梁氏所謂『謐言「六十三，」亦
「六十一」之譌。』「六十一」乃「六十二」之誤。（通鑑注：『壽五十三。』
本臣瓚說，非也。）

此常怏怏。

案漢書怏作鞅，怏、鞅正、假字。說文：『怏，不服懟也。』（段玉裁云：『當

作「不服也，懟也。」』）秦始皇本紀已有説。

語酈將軍。

集解：漢書曰酈商。

案漢紀亦曰酈商。

陳平、灌嬰將十萬守滎陽，樊噲、周勃將二十萬定燕、代。此聞帝崩，諸將皆誅，必連兵還鄉，以攻關中。

梁玉繩云：『通鑑考異云：呂后雖暴戾，亦安敢一旦盡誅大臣？又時陳平不在滎陽，樊噲不在代，此説恐誤。』

考證：『姚範曰：「按陳平傳：『平受詔誅樊噲於燕，聞帝崩，馳還。道逢使者，詔平與灌嬰屯滎陽。』此蓋高帝詔也。平雖受詔誅樊噲於燕，後乃至宮請宿衞。而酈商所據，則屯滎陽之詔，未知平之即入也。樊噲擊陳豨於代，即移擊燕。陳平釋未誅，固知其存矣。復統燕、代兵，何不可？食其亦括約四人前後被詔，據有重兵耳。其事勢固誠可襲呂后，詎得史、漢之記爲不實哉？』

案姚説是也。漢紀作『今陳平、灌嬰將十萬衆守滎陽，樊噲、周勃將二十萬衆定燕、代。此四人聞帝崩，諸將皆誅，必連兵還嚮京師。』與史、漢合。通鑑刪之，非也。

大臣內叛，諸侯外反，亡，可翹足而待也。

考證：三條本『諸侯』作『諸將。』

案漢書、漢紀『諸侯』亦並作『諸將。』又漢書翹作蹻，文頴注：『蹻猶翹也。』商君列傳：『亡，可翹足而待。』

丙寅葬，己巳立太子，至太上皇廟。

集解：『徐廣曰：五月。』

正義：丙寅葬後四日，至己巳即立太子爲帝。有本脱巳字者，妄引漢書云『巳下』者非。

梁玉繩云：『「丙寅」上缺「五月」二字，「丙寅」下衍葬字。而以論末「葬長陵」三字移此，蓋錯簡也。又攷二年六月立孝惠爲太子，何待是時始立？正義以「立太子爲帝」解之，則與下文「太子襲號爲皇帝」複矣。漢書作「五月丙寅葬

長陵，已下，（已下棺也。）皇太子羣臣皆反至太上皇廟。」疑巳乃巳字之重，
立乃下字之誤。而正義又云：「有本脫巳字者，妄引漢書『巳下』者非。」則又
不然矣。劉辰翁曰：「只似多一立字，『己巳太子至太上皇廟』甚順。」史詮亦
曰：「立字衍文，『太子』屬下句讀。」王孝廉曰：『「立太子」當是「皇太
子」之譌。」』

案漢紀作『五月丙寅，皇帝葬長陵。』此文集解引徐注：『五月。』是所見正文
『丙寅』上已無『五月』二字，當據漢書、漢紀補。葬下葢脫長陵二字。（篇末
『葬長陵』三字乃衍文。）正義云：『有本脫巳字者。』疑無巳字乃此文之舊。
立乃下之誤，梁說較勝。此葢本作『五月丙寅葬長陵，已下，太子至太上皇廟。』
通鑑作『五月丙寅，葬高帝於長陵。……己巳，太子卽皇帝位。』以『己巳立太
子，』爲『己巳，太子卽皇帝位。』葢從正義說。

撥亂世反之正。

案公羊傳哀十四年：『撥亂世反諸正。』之、諸同義。

已立爲孝文帝。

案已猶『已而』也，周本紀已有說。

呂太后時徙爲趙幽王。

案景祐本脫徙字。

忠之敝，

案漢紀敝作弊，下同。俗。

小人以僿。

集解：『徐廣曰：一作薄。』

案漢紀引此僿作薄，下同。說苑修文篇亦作薄。

三王之道，若循環，終而復始。

案漢紀引終作周，說苑同。周亦借爲終，左昭二十年傳：『吾將死之，以周事
子。』杜注：『周猶終。』卽周、終通用之證。又案禮記表記孔疏引元命包云：
『三王有失，故立三教以相變。夏人之立教以忠，其失野，故救野莫如敬。殷人
之立教以敬，其失鬼，〔故〕救鬼莫若文。周人之立教以文，其失蕩，故救蕩莫若

忠。如此循環，周則復始，窮則相承。』（參看說苑修文篇。）

秦政不改，

　　考證：秘閣本無政字。

　　案漢紀引此亦無政字。

出自第四十本下（一九六九年十一月）

史　記　斠　證　卷　九

呂后本紀第九

王　叔　岷

呂太后者，高祖微時妃也。

　　集解：『漢書音義曰：諱雉。』

　　索隱：諱雉，字娥姁也。

　　梁玉繩云：『或問：「史亦有不避諱者否？」曰：「有。高后名雉不諱。史、漢中
雉字甚多，均所不避。自荀悅妄言『諱雉爲野雞。』魏如淳與師古未曾詳攷，謬
從其說。并以誤韓昌黎，其作諱辨云：『漢諱呂后，名雉爲野雞。』而所以爲茲
說者，祇緣漢郊祀志本封禪書，有『野雉夜雊』一語耳。殊不知雉本一名野雞，
如逸書王會解之稱『皋雞，』非關避諱改稱。故杜鄴傳亦言『野雞著怪，高宗深
動。』全部史、漢，惟此兩見『野雞』字，安得盡沒數十見之雉不論，而反以單
文隻字爲徵邪？即以封禪書觀之，曰：『有雉登鼎耳雊。』曰：『有物如雉。』曰
：『白雉諸物。』何故不皆改稱『野雞？』則漢不諱雉甚審。」』（見周本紀『
邦內甸服，邦外侯服』條。）

　　案漢書注引荀悅云：『諱雉之字曰野雞。』梁氏駁之，是也。又師古注：『呂后
名雉，字娥姁，故臣下諱雉也。』即索隱所本。外戚世家：『呂娥姁爲高祖正后
。』說文繫傳二四引史記云：『呂娥姁，呂后也。』蓋本外戚世家。

得定陶戚姬，愛幸，

　　集解：『如淳曰：姬音怡，眾妾之總稱也。……』

　　錢大昕云：姬從臣聲，姬妾字讀如怡，乃是正音。六朝人稱妾母爲姨，字易而音
不殊。與姬姓讀如基者有別。如淳去古未遠，當有所受。

　　案西京雜記一：『高帝戚夫人，善鼓瑟擊筑，帝常擁夫人倚瑟而絃歌，畢，每泣

下流漣。夫人善爲翹袖、折腰之舞，歌出塞、入塞、望歸之曲。侍婢數百皆習之

，後宮齊首高唱，聲入雲霄。』（漢書外戚傳沈欽韓疏證亦引之，略有出入。）

高祖以爲不類我。

　　案御覽八七引我下有也字。

立戚姬子如意。

　　案御覽引立上有而字，漢書外戚傳同。

戚姬幸，常從上之關東。

　　案御覽引幸上有得字。四八八引『上之』作『高祖於。』

日夜啼泣，欲立其子代太子。

　　案藝文類聚三五、御覽四八八引『其子代』並作『如意爲。』西京雜記三：『戚

　　夫人侍兒買佩蘭，後出爲扶風人段儒妻。說在宮內昔，見戚夫人侍高帝，嘗以趙

　　王如意爲言。而高祖思之，幾半日不言。歎息悽愴，而未知其術。輒使夫人擊筑

　　，高祖歌大風詩以和之。』（沈欽韓漢書疏證亦引之。）

賴大臣爭之；及留侯策，太子得毋廢。

　　索隱：大臣張良、叔孫通等，令太子卑詞安車以迎四皓。

　　案御覽一四七引及下有用字，一百五十引毋作無。（史通點煩篇毋亦作無，同。

　　）漢書外戚傳作『賴公卿大臣爭之；及叔孫通諫、用留侯之策，得無易。』叔孫

　　通諫，詳史、漢叔孫通傳及漢紀四。用張良策，詳史記留侯世家、漢書張良傳、

　　說苑善謀下篇及漢紀四。叔孫通未令太子迎四皓，索隱並張良言之，非也。大臣

　　周昌亦廷爭廢太子事，詳張丞相列傳、漢書周昌傳及漢紀四。

封其子呂台爲酈侯。

　　集解：『徐廣曰：酈，一作鄜。』

　　梁玉繩云：『徐廣云：「酈，一作鄜。」是。漢書作鄜也。鄜縣在左馮翊。若南陽之

　　酈，則非所封矣。此與功臣表、齊悼惠世家並誤。但攷建元侯表有下酈侯，漢表

　　作下鄜，豈古字通用乎？』

　　案齊悼惠王世家集解引徐注亦云：『酈，一作鄜。』功臣表索隱亦云：『酈，一

　　　　作鄜。』漢書外戚恩澤侯表、高五王傳並作鄜侯。子產爲交侯。

梁玉繩云：交字當依漢諸侯王表作汳。縣在沛，此作交；惠景侯表作郊；與漢書年表作汶，皆誤。又汳侯之封，在高后元年四月，史、漢表可據。當與後扶柳、沛侯同敍，此誤書于高祖時。

王國維齊魯封泥集存序：漢表『汳夷侯周舍，』史表汳作郊。今封泥有郊侯邑丞印，則史是而漢非也。（觀堂集林十五。）

案梁氏所稱『漢諸侯王表，』乃『漢王子侯表』之誤（考證亦襲之而誤）；『漢書〔王子侯〕年表，』乃『外戚恩澤侯表』之誤。惠景侯表作郊，索隱：『一作汳。』與漢書王子侯表合。（王先謙補注云：汳，沛郡縣。先封呂產。）漢書外戚恩澤侯表作汶，汶乃汳之誤。（王先謙有說。）郊、汳並諧交聲，竊疑交、郊、汳，古並通用。

太子襲號為帝。

案御覽八七引帝上有『惠皇』二字，惠字衍。高祖本紀亦云：『太子襲號為皇帝。』

長男肥，孝惠兄也。異母。

案隱：母曰曹姬也。

案齊悼惠王世家：『齊悼惠王劉肥者，高祖長庶男也。其母外婦也，曰曹氏。』

漢書高五王傳：『曹夫人生齊悼惠王肥。』

諸姬子子恢為梁王。

案漢書師古注：諸姬，總言在姬妾之列者耳。

呂后最怨戚夫人，

考證：『梁玉繩曰：高祖時稱呂后，惠帝以後則稱太后，固史例也。乃自此至末，稱呂后者七；稱高后者八；稱呂太后者一。體例錯雜，皆當作太后。（末句『太后』上原引衍呂字。）

案漢紀五、通鑑呂后並作太后。

廼令永巷囚戚夫人，而召趙王。

梁玉繩云：『漢書外戚傳：「呂后令永巷囚戚夫人，髠鉗，衣赭衣，令舂。戚夫人舂且歌曰：『子為王，母為虜，終日舂，薄暮常與死為伍。相離三千里，當誰使

告汝！』太后聞之，大怒，曰：『乃欲倚汝子邪？』乃召趙王誅之。」此略不具。（荀紀此歌小異。）』

案梁氏引漢書，首句本無呂后二字，梁氏補之，當作『太后。』又末句『誅之』上當補欲字，王念孫雜志有說。漢紀作『太后囚戚夫人于永巷，髡鉗之，令舂。〔舂〕且歌曰：「子爲王兮，母爲虜。終日常舂兮，與死同伍。相去數千里，誰可使告汝！」呂后聞之，曰：「欲倚弱子邪？」召趙王欲誅之。』（通鑑從漢書，於『囚戚夫人』下，增『髡鉗，衣赭衣，令舂。』七字。）

趙相建平侯周昌謂使者曰，

梁玉繩云：昌封汾陰，不封建平也。（建平屬沛。）但功臣表有建平二字，豈昌于孝惠時改封建平乎？何以本傳不載？漢書不言也？疑。

案漢紀、通鑑並作『趙相周昌，』亦不言建平侯。

王且亦病，

案亦猶又也。

廼使人召趙相，

案通鑑廼作先。

王來未到。

案日本延久五年寫本（古典保存會影印）王上有趙字。

不能蚤起。

案御覽引蚤作早，漢紀同，作蚤是故書。（下文『王不蚤之國，』漢書高后紀、通鑑漢紀五蚤並作早，亦同此例。）

使人持酖飲之。

梁玉繩云：『史、漢皆以呂后鴆殺趙王；而西京雜記言「呂后命力士縊殺之。力士是東郭門外官奴，惠帝後知，腰斬之。」與史、漢異。夫惠帝護趙王甚摯，寧有不究其死者？若果得實，則惠帝此舉甚快。可謂能用刑矣。』

案御覽引『酖飲之，』作『鴆而飲之。』漢書酖亦作鴆。漢紀作『鴆而殺之。』亦與西京雜記異。鴆、酖正、假字，（下文『廼令酌兩卮，酖置前。』說苑善謀下篇、漢書、漢紀、通鑑酖皆作鴆，又『王后使人酖殺之。』漢書高五王傳、漢

紀六並作鴆。亦同例。）說文：『鴆，毒鳥也。一名運日。』國語魯語上：『使
醫鴆之。』韋昭注：『鴆，鳥也。一名運日。其羽有毒，漬之酒而飲之，立死。
』

犂明孝惠還。

　　集解：『徐廣曰：犂猶比也。諸言犂明者，將明之時。』

　　考證：『漢書外戚傳犂作遟，下無明字。王念孫曰：「帝晨出射，則天將明矣。
及旣射而還，則在日出之後，不得言『犂明孝惠還』也。『犂明孝惠還，』當作
『犂孝惠還。』明字衍。言比及孝惠還，而趙王已死也。漢書作『遟帝還。』無
明字。晉世家：『犂二十五年，』與『犂孝惠還』同義。」』（原引王說，犂多
作黎，非其舊。）

　　案日本延久本犂作黎，古字通用。犂下本無明字，王說是也。通鑑注引徐
注，『犂猶比也』下，更有『比至天明也』五字。則徐氏所見本已誤衍明字
矣。

趙王已死，於是廼徙淮陽王友爲趙王。夏，詔賜酈侯父追諡爲令武侯。

　　梁玉繩云：呂澤以高帝八年死，自當有諡，何煩惠帝詔賜追諡乎？史詮謂史誤也
。

　　案御覽引此，無『於是』以下二十三字，漢書、通鑑並同。漢紀亦不載。（通鑑
於下文『帝以此日飲爲淫樂，不聽政。』下，出『徙淮陽王友爲趙王』八字。）

去眼煇耳。

　　考證：『張文虎曰：煇，御覽引作爒；漢書外戚傳作熏。』

　　案御覽三六六引此煇字同。八七、一百五十引煇並作爒。漢紀作熏，與漢書合。

　　師古注：『去其眼精，以藥熏耳令聾也。』熏、煇正、假字。爒，俗熏字。

飲瘖藥，使居廁中。

　　考證：『漢傳作「居鞠室中。」注：「謂窋室也。」荀紀亦云「鞠室。」』

　　案漢紀瘖作瘖，瘖、瘖正、假字。說文：『瘖，不能言也。』考證說，本梁氏志
疑。通鑑從史記，作『居廁中。』

命曰人彘。

案御覽一百五十引命作名，義同。漢書、漢紀亦並作名。論衡雷虛篇、漢紀、荀
悅申鑒雜言上篇『人彘』並作『人豕。』

廼召孝惠帝觀人彘。

案御覽八七引觀上有來字。一百五十引觀作視，漢書、漢紀並同。

孝惠見問，廼知其戚夫人。

案漢書作『帝視而問，知其戚夫人。』御覽一百五十引此作『帝視而知其戚夫人
。』疑所據是漢書。又御覽八七引此其作是，人下有也字。其與是同義。

廼大哭。

案御覽四九二引大下有呼字。

使人請太后曰，

案爾雅釋詁：『請，告也。』御覽四九二引請作謂，漢紀同。謂亦告也，禮記表
記：『瑕不謂矣。』鄭注：『謂猶告也。』

此非人所爲！臣爲太后子，終不能治天下！

考證：『張文虎曰：「御覽〔八七〕人 下有之字。」顏師古曰：「令太后視事，
已自如太子然。」胡三省曰：「惠帝之意，蓋自謂身爲太后子，而不能容父之寵
姬，是終不能治天下也。」』

案呂后於戚夫人之殘毒，誠非人所爲！『臣爲太后子，終不能治天下！』意謂『
身爲太后子，而太后殘毒如此，固無面目治天下也！』蓋有不堪爲太后子之意。
漢紀『臣爲太后子，』作『臣不堪爲太后子。』

故有病也。

考證：『張文虎曰：御覽病作疾。』

案日本延久本作『故有病疾。』漢書韓信傳：『人有病疾，涕泣分食飲。』（史記
『病疾』二字倒。）亦以『病疾』連文。

太后廼恐，自起泛孝惠巵，

索隱：泛音捧，汎也。

通鑑注：『漢書音義：「泛音幡。」（岷案音義泛本作反。此改作泛，以就本文
。）索隱音捧。余據「泛駕」之泛，其義爲覆。則音嬰亦通。』

考證：『洪頤煊曰：「漢書武帝紀：『夫泛駕之馬，』師古云：『泛，覆也。』
食貨志：『大命將泛。』孟康云：『泛，覆也。』齊悼惠王傳作『太后恐，自起
反巵。』反卽覆也。並字異而義同。」』

案泛卽覂之借字，通鑑注音覂，是也。（索隱音捧，與覂同音。）說文：『覂
，覆也。』（一本覆上有反字。）繫傳引漢武帝詔曰：『覂駕之馬。』引泛爲覂
，易借字爲本字耳。（食貨志：『大命將泛。』玉篇引泛亦作覂，段玉裁有說。
）漢紀泛亦作反。

詳醉去。

考證：詳讀爲佯。漢書作陽。

案通鑑詳作佯。詳、陽古通。佯，俗字。項羽本紀已有說。（下文『詳爲有身。
』御覽八七引詳作佯，漢書外戚傳作陽，亦同例。）

齊內史士

集解：『徐廣曰：一作出。』

漢書師古注：內史，王官。士者，其名也。

通鑑注：班表，王國有內史，掌治民。

梁玉繩云：此與漢書齊悼惠傳皆作『內史士，而史世家作『內史勳。』蓋士其姓
，勳其名。師古以士爲名；徐廣謂『士，一作出。』俱非。

案梁氏謂『士其姓，勳其名。』說較勝；又以士作出爲非，亦是。出，隸變作士
。士、出遂往往相亂。夏本紀：『聲爲律，身爲度，稱以出。』集解引徐廣云：
『〔出，〕一作士。』亦二字相亂之例。（詳斠證導論。又案通鑑注引師古注，
『王官』作『王國官。』）

太后獨有孝惠與魯元公主。

集解：『…………蘇林曰：公，五等爵爵也。春秋聽臣子以稱君父，婦人稱主，有
「主孟啗我」之比。故云公主。』

索隱：主，是謂里克妻，卽優孟之語。事見國語。孟者，且也。言且啗我物，我
敎汝婦事夫之道，此卽婦人稱主之意耳。

案索隱所稱國語，見晉語二。容齋三筆九：『孟字只是最長、最先之稱，如所謂

孟侯、孟孫元妃、孟子、孟春、孟夏之類是也。國語：「優施謂里克妻曰：主孟啗我。」注云：「大夫之妻稱主，從夫稱也。」而謂「孟為里克妻字。」則非矣。又云：「孟，一作盡。」史記呂后本紀注中引此句，而司馬正乃云：「孟者，且也。言且啗我物。」其說無所據。』

尊公主為王太后。

梁玉繩云：『如湻謂「張敖子偃為魯王，故公主稱太后。」攷此時偃尚未王，無稱太后之理；且果以子為主，故自合稱太后，何待齊王尊之？據漢書張耳傳，乃偃因母為太后而得王，非母因偃而為太后。師古辨之矣。劉攽謂「更號魯元公主為魯元太后，以漸王張氏。」殊不知魯元非生前之號，太后非虛加之名，張敖猶在，不聞進宣平侯為宣平王，且不得言太，卽云「漸王張氏，」亦當止稱王后也。或又謂「敖始為趙王，公主曾為王后；而公主女為皇后。母以女貴，遂尊為王太后以謟之。」但惠帝立后在四年，此時尚未。若以趙王之爵追仍其舊，亦止是王后，何言太也？然則奚以稱王太后？曰：師古謂「齊王尊公主為齊太后，以母禮事之，用媚呂后。」是已。想齊王母曹氏久沒，抑為高祖外婦，不得為太后，無嫌別尊假母耳。劉攽謂「悼惠、公主為兄弟，不可事以母禮。」力排顏說，于理甚愜。而獨非所論于呂后之世，孝惠娶張敖女為后，以舅妻甥也。甥舅可以為夫婦，兄妹不可為母子乎？咄咄怪事，皆出娥姁，豈以常理論哉！大事記亦從師古說。新序善謀篇載內史之計，止言獻十城，而無尊公主語，蓋劉向削而不錄也。』

案王先謙亦云：『齊王尊魯元為太后，特一時權計，以圖免禍。』甚是。齊悼惠王世家亦無尊公主語，通鑑同。漢紀作『獻城陽郡以尊魯元公主為湯沐邑。』雖言尊公主，而不涉及為王太后。

三年，方築長安城。四年就半。五年、六年城就。

梁玉繩云：『築長安城，始于元年，成于五年。至六年起西市、太倉。蓋城既成，而乃為市及倉也。名臣表、漢書惠紀可證。此言「三年方築，六年城就。」誤矣。又漢〔書惠〕紀，四年無築城之事。名臣表云：「無所復作。」則此言「四年就半。」亦誤。漢地理志謂「六年城成。」蓋襲此紀之誤而未參攷耳。』

考證：『沈家本曰：「惠帝紀：『五年九月，長安城成。』則『五年、六年，』乃『五年九月』之訛。」』

案築長安城，始於元年，漢紀、通鑑並與名臣表及漢書惠紀同。惟名臣表於元年書『始作長安城西北方。』三年又書『初作長安城。』初字蓋衍。此文『三年，方築長安城。』方字亦衍。漢紀、通鑑四年亦無築城之事。又漢紀稱『五年九月，長安城成。』與漢書惠帝紀合。

太后哭，泣不下。

漢書師古注：泣謂淚也。

考證：漢書外戚傳哭下有而字。

案漢紀作『太后哭而淚不下。』

留侯子張辟彊爲侍中，年十五，謂丞相曰：太后獨有孝惠。

梁玉繩云：『元楊維楨史義拾遺以辟彊爲留侯之孫，未知何據。又孝惠纔崩，未必便有諡號，漢外戚傳作「太后獨有帝。」是也。法言重黎篇以辟彊爲十二齡，與甘羅竝稱，豈別有出乎？』

案法言重黎篇：『或問：「甘羅之悟呂不韋，張辟彊之覺平、勃，皆以十二齡。茂、良乎？」曰：「才也，茂、良！不必父、祖。」』『父、祖』承『茂、良』言之。茂，甘羅之祖也。良，張辟彊之父也。楊維楨以辟彊爲留侯之孫，或由誤解法言此文，以父承茂言之。祖承良言之與？漢書外戚傳、漢紀並稱張辟彊年十五。法言作『十二齡，』沈欽韓云：『恐彼連甘羅而誤。』（漢書疏證。）容或然也。

君今請拜呂台、呂產、呂祿爲將，將兵居南北軍。

考證：『梁玉繩曰：南北軍，不容三人將之。漢傳無呂祿，甚是。祿乃繼台將北軍者也。』

案漢書略呂祿；漢紀作『宜請呂產、呂祿爲將，監南北軍事。』又略呂台。辟彊獻計，無妨多舉一人，備丞相之抉擇。非欲以三人同將南北軍也。梁說泥矣。

丞相迺如辟彊計。

考證：『梁玉繩曰：此所云丞相者，右丞相王陵乎？左丞相陳平乎？漢傳明著之曰陳平，是也。…………』

案漢紀亦明著曰陳平。法言則稱『平、勃，』（詳上。）兼左丞相陳平、絳侯周勃言之。

九月辛丑葬。

　　集解：『漢書云：葬安陵。』

　　考證：『當依漢書葬下補安陵二字。藝文類聚引楚漢春秋云：「惠帝崩，呂太后欲爲高墳，使從未央宮坐而見之。諸將諫，不許。東陽侯垂泣曰：『陛下日夜見惠帝冢，悲哀流涕無已，是傷生也。臣竊哀之！』太后乃止。」東陽侯，張相如也。此事史、漢不載。』

　　案漢紀作『九月皇帝葬于安陵。』通鑑從漢書作『九月辛丑葬安陵。」藝文類聚三五引楚漢春秋云：『呂后欲爲惠帝高墳，使從未央宮坐而見之。東陽侯垂泣曰：「陛下日夜見惠帝冢，悲哀流涕無已，是傷生也。臣竊哀之！」太后乃止。』御覽四五七亦引楚漢春秋云：『惠帝崩，呂太后欲爲高墳，使從未央宮而見之。諸將諫，不許。東陽侯垂泣曰：「陛下見惠帝冢，悲哀流涕無已，是傷生也。臣竊哀之！」太后乃止。』「參看沈欽韓漢書疏證。）考證所稱藝文類聚文較詳，疑據御覽補之。

太子即位爲帝，

　　考證：『梁玉繩曰：「此所謂爲少帝者，史、漢不言其名，蓋孝惠後宮子。正義引劉伯莊謂『幸呂氏有身而入宮生子』者，妄。」愚按張辟彊既曰「帝毋壯子。」其有子，明矣。』

　　案帝王略論云：『呂太后立後宮子爲惠帝子，實呂氏子也。』與劉伯莊說合。

始與高帝唼血盟，

　　索隱：『唼，鄒音使接反。又云：或作啑。又音丁牒反。』

　　案漢書王陵傳唼作喋，師古注：『喋，小歠也。』喋與唼同。作啑亦同，平原君列傳：『王當歃血而定從。』唼，或歃字。說文：『歃，歠也。歠，㱃也。』（㱃，隸作飲。）

於今面折廷爭，

　　案漢紀六、長短經是非篇爭並作諍，爭、諍古、今字。

夫全社稷，定劉氏之後，君亦不如臣。

　　案夫猶如也，亦猶則也。淮陰侯列傳：『夫以交友言之，則不如張耳之與成安君
　　者也。』夫亦與如同義。此文之『亦不如，』猶彼文之『則不如』也。

奪之相權。

　　案之猶其也。

王陵遂病免歸。

　　考證：楓山、三條本病上有稱字。

　　案漢書、漢紀病上並有謝字。『謝病』猶『告病，』（張耳陳餘列傳：『有斷
　　養卒謝其舍中曰，』集解引晉灼云：『以辭相告曰謝也。』）與『稱病』義近。

子不疑爲常山王。

　　案漢書高后紀、漢紀、通鑑常皆作恆。漢書如淳注：『今常山也。因避文帝諱，
　　改曰常。』是所見正文本作常。作恆者，後人囘改也。通鑑考異引此亦改作恆，
　　下同。

子山爲襄城侯。

　　索隱：『下文「更名義。」又「改名弘農。」漢書襄城侯唯云名弘，蓋史省文耳
　　。』

　　考證：『張文虎曰：襄城，中統、游本作城，他本譌成，下同。』
　　案御覽八七引山作弘，城作成。漢書、漢紀山亦並作弘，下同。此文仍當作山，
　　此時未更名也。與漢書、漢紀同書弘者有別。（參看漢書高后紀『五月丙辰立恆
　　山王弘爲皇帝』晉灼注。）景祐本、黃善夫本城亦並作成，（景祐本、黃善夫本、
　　殿本惠景侯表亦皆作成。）通鑑同。城、成古通，成非譌字。下文「呂忿爲呂城
　　侯。』景祐本南宋補版、黃善夫本城並作成，（景祐本、黃善夫本、殿本惠景侯
　　表亦皆作成。）與此同例。又案索隱引下文『改名弘農。』今各本皆作『更名曰
　　弘。』無農字。

子武爲壺關侯。

　　考證：『據表，孝惠又有後宮子大，四年二月封曰平昌侯。後爲濟川王。』
　　案考證說本梁氏志疑。

三年，無事。

　　集解：『漢書云：秋星晝見。』

　　案漢紀於三年，亦書『秋星晝見。』通鑑同。

封呂嬃爲臨光侯，呂他爲俞侯。

　　梁玉繩云：『嬃乃樊噲妻也。此及噲傳竝作臨光，漢書亦然。而如淳文帝紀注作林光。攷後書光武紀，建武二年臨邑侯讓，耿純傳作林邑，疑古通借字。蓋嬃以婦人封侯，且爲呂氏謀主，未必遠封他所；亦不聞有地名臨光者。三輔黃圖云：「林光宮，在雲陽縣界。」得毋以嬃主林光宮，而食邑雲陽邪？俞侯當作郻，說在表。』

　　案史、漢樊噲傳嬃竝作須，古字通用。離騷：『女嬃之嬋媛兮。』洪興補補注：『說文云：「嬃，女字也。賈侍中說：楚人謂女曰嬃。」（峴案今說文作『謂姊爲嬃。』）前漢有呂須。』字亦作須。梁氏疑臨、林古通借字，是也。下文『太后女弟呂嬃』。索隱引韋昭云：『呂嬃爲樊噲妻，封林光侯。』臨亦作林。左定八年傳：『林楚御桓子。』公羊傳林楚作臨南，亦臨、林通用之證。惠景侯表俞字同。梁氏志疑：『清河郡郻縣，史、漢多省作俞，其實當作郻也。史景紀、河渠書、漢書溝洫志、欒布傳皆作郻。』俞、郻蓋古、今字，作俞未爲非也。

呂更始爲贅其侯。

　　索隱：按表，作臨淮。

　　梁玉繩云：侯表是年四月，呂氏侯者四人。此失書呂更始爲滕侯，而以贅其侯呂滕爲呂更始。豈不誤哉！

　　考證：『張文虎曰：索隱「表作，」當作「志屬。」』

　　案惠景侯表索隱：『更始，呂氏之族。』峴疑此文爲下脫『滕侯。呂勝爲』五字。蓋呂更始爲滕侯，呂勝爲贅其侯，侯表可證也。黃善夫本、殿本索隱並作『按表，贅其在臨淮。』表，亦當作志。（侯表索隱作『〔贅其，〕縣名，屬臨淮。』）

時無子。

　　考證：『張文虎曰：舊刻無時字。』

　　　案景祐本南宋補版、黃善夫本、殿本皆有時字，御覽引同。

詳爲有身，

　　　案御覽引身作娠，義同。

殺其母，立所名子爲太子。

　　　考證：『張文虎曰：御覽引爲上有以字。』

　　　案通鑑漢紀四爲上亦有以字。

帝壯，或聞其母死，非眞皇后子。

　　　考證：『張文虎曰：壯字疑衍。』

　　　案壯上疑有脫文，或脫寖字。通鑑漢紀五作『少帝寖長。』御覽引子上有之字。

后安能殺吾母而名我？

　　　考證：楓、三本后上有太字。

　　　案漢書外戚傳后上亦有太字。

恐其爲亂，迺幽之永巷中。

　　　案御覽引作『恐其後爲亂，於是乃幽之於永巷中。』漢紀『永巷』上亦有于字。

凡有天下治，爲萬民命者，

　　　集解：『徐廣曰：一無命字。』

　　　考證：『張文虎曰：「漢書呂紀無爲字、命字，皆衍。」李笠曰：「史記以『有

　　　天下治，』與『爲萬民命』對舉，治字實用，謂天下治權也。與漢書『治萬民』

　　　不同。史、漢不妨互異，張說未然。」』

　　　案治字疑後人據漢書所加。徐氏稱『一無命字』者是也。此蓋本作『凡有天下、

　　　爲萬民者，』爲猶治也，小爾雅廣詁：『爲，治也。』

更名曰弘。

　　　案上文索隱引此作『改名弘農』今各本皆無農字。（已詳前。）漢書高后紀晉灼

　　　注、御覽引此並作『更名弘。』既無曰字，亦無農字。

六年十月，太后曰：『呂王嘉居處驕恣，廢之。』以肅王台弟呂產爲呂王。

　　　梁玉繩云：產爲呂王，呂后紀在十月，是也。漢諸侯王表與惠景表作七月，同誤

　　　；漢表作十一月，亦誤。（見漢諸侯王表。）

案梁說是也。十、七相亂，其例習見。夏、周、秦、高祖各本紀已有說。漢表作

十一月，一字衍。通鑑從漢表作十一月，非。

諸呂女妃，

案御覽一五一引妃作妸，下同。漢紀亦作妸。妸與妃同。

令衞圍守之。

案御覽引令作命，義同。

乃歌曰，

案御覽引乃作迺。

蒼天舉直。

集解：『徐廣曰：舉，一作與。』

考證：『顏師古曰：舉直，言己之理直，冀天臨鑒之。』

案漢書高五王傳舉作與，古字通用。師古似未得『與直』之義，（考證引顏注改與

為舉。）『與直』猶『為正。』（與、為同義，經傳釋詞一有說。）楚辭九章惜

誦：『非所忠而言之兮，指蒼天以為正。』此文之『蒼天舉直，』猶言『蒼天為

正』耳。離騷：『指九天以為正兮。』取義亦同。

寧蚤自財。

考證：『錢大昕曰：「財與裁同。『寧蚤自裁，』悔不早自引決也。漢書作賊，

顏師古訓為害，義亦通。」方東樹曰：「財與之、仇韻。」梁玉繩曰：「仇音奇

。」又曰：「漢書財作賊，賊字與上國、直韻叶。所傳異詞，不得便謂漢書謬。

」』

案財，疑本作則，與上國、直為韻。則乃賊之借字，（說文：『賊，從戈，則

聲。』故則可借為賊。）漢書作賊，易借字為本字耳。作財，疑後人所改。

誰者憐之。

案者猶其也。大戴禮哀公問於孔子篇：『禮者政之本與？』禮記哀公問篇者作其

，（裴學海古書虛字集釋九有此例。）即二字同義之證。

己丑，日食，晝晦。

考證：『梁玉繩曰：「漢書作『己丑晦，日有食之。』通鑑目錄云：『七年正月

庚申。』則己丑是晦日。」』

案漢紀亦作『己丑晦，日有食之。』漢書高后紀食作蝕。（古字通用。）梁氏從
此文引之。

以爲王用婦人，弃宗廟禮。

案通鑑注：諸侯王有國，所以奉宗廟也。今恢以愛姬之故，至於自殺，故以『棄
宗廟禮』罪之。

宣平侯張敖卒。以子偃爲魯王，敖賜諡爲魯元王。

考證：『梁玉繩曰：敖卒于呂后六年。此在七年，誤。……』

案通鑑『宣平侯張敖卒，』書在六年。考異云：『史記呂后本紀，敖卒在明年六
月。按史記功臣表，高后六年敖卒。漢書功臣表，敖以高祖九年封，十七年薨。
蓋本紀之誤。』

八年十月，立呂肅王子東平侯呂通爲燕王。封通弟呂莊爲東平侯。

考證：『梁玉繩曰：「呂通封鍾侯，非東平也。此與諸侯王表竝誤。而東平之封
，史、漢表在五月，則當書後文『呂榮爲祝茲侯』句下，而衍去封字。蓋祝茲等
四侯，以四月封，此敍在十月，誤矣。又東平侯之名，紀作莊，表作壯，而漢表
作庀，師古云：『匹履反。』則作莊、作壯者竝誤。不然，漢書當作嚴字，何以
別作庀邪？或云：此侯有二名。」』

案呂通封鍾侯，見惠景侯表。東平侯之名，景祐本、黃善夫本、殿本表皆作莊，
梁氏所據本作壯，莊、壯古通，當從漢書作庀。莊，俗書作庄，庀誤爲庄，復易
爲莊或壯耳。此侯非有二名也。

呂后祓還，過軹道，

考證：『漢書五行志作「祓霸上還。」顏師古曰：除惡之祭。』

案呂后疑本作高后，與下文一律。高之作呂，涉上文三呂字而誤。漢書五行志作
高后，是也。五行志軹作枳，王先謙補注引錢大昭云：『枳道卽軹道。』

據高后掖。

集解：『徐廣曰：〔據，〕音戟。』

梁玉繩云：『淳南集辨惑曰：呂后、高后，似是兩人。但云「據其掖，」可矣。

』

考證：『漢書五行志〔據〕作撠，顏師古曰：「謂拘持之也。」愚按據，依據之據，不必改字。掖讀為腋。』

案漢紀作『撠后腋。』（水經渭水下注據作戟，疑撠之省；或撠之壞字。）通鑑據亦作撠。論衡死僞篇作『噬其左腋。』掖，正作亦，說文：『亦，人之臂亦也。』掖，借字。腋，俗字。

高后為外孫魯元王偃年少，

梁玉繩云：敖從公主別賜謚魯元王，已屬悖理；而其子偃又稱魯元王，不尤悖乎！漢書張耳傳無元字，是也。此紀及耳傳並是誤增之，下同。（下文別有『廢魯王偃』句，固不誤。）

案通鑑亦無元字，蓋從漢書張耳傳。

侈為新都侯，壽為樂昌侯。

集解：『徐廣曰：樂昌侯，食細陽之池陽鄉。』

梁玉繩云：『史、漢表、傳並作信都，而此作新都，誤也。但新、信二字史、漢互用處甚多，顏師古云：「新、信同音故耳。」（見漢書九十九卷上信鄉侯侈注。）王莽改十一公號，以新為心；後又改心為信，亦因古字通借，轉相改易也。樂昌侯之名，史、漢表又作受，說見前。』

案梁氏既知新、信古字通借，則不得以此作新都為誤。通鑑新字、壽字，並從此紀。考異云：『史記惠景閒侯者表新都作信都，壽作受，今從本紀。』注引徐廣曰：『樂昌，今細陽之池陽鄉。』黃善夫本、殿本徐注，食亦作今；景祐本作食，上並無樂昌侯三字。

及封中大謁者張釋為建陵侯。

集解：『徐廣曰：「一云張釋卿。」』駰案如淳曰：「百官表：『謁者掌賓贊受事。』灌嬰為中謁者，後常以奄人為之。諸官加中者，多奄人也。」』

梁玉繩云：張釋，下文及惠景侯表作張澤；燕王世家作張子卿；又作張卿；漢書高后紀作張釋卿；匈奴傳作張澤；而恩澤表及周勃傳作張釋（宋祁曰：別本作張釋卿。）。蓋張名釋，字子卿。人或并呼之；或單稱之，故各不同。而澤與釋

古通也。

　案燕王世家：『呂后所幸大謁者張子卿。』（御覽一百五十引無子字。）集解：
　『徐廣曰：「名澤。」瓚案如淳曰：閹人也。』正義：『張子卿，漢書作澤卿，
　音釋。高后紀、周勃傳作釋。子卿，字也。』漢書燕王澤傳：『呂后所幸大謁
　者張卿。』顏師古周勃傳注引作張擇（通鑑四考異引顏注同），王先謙補注引宋祁
　曰：『南本、浙本並作張澤卿。或作釋卿。』漢紀亦作張釋卿。通鑑四及五並作
　張釋。釋、澤、擇古並通用。張耳陳餘列傳：『使張黶、陳澤往讓陳餘。』漢書
　、漢紀一陳澤並作陳釋，是澤可通釋；韓非子五蠹篇：『布帛尋常，庸人不釋。
　』論衡非韓篇釋作擇，是擇亦可通釋矣。又案漢書高后紀如淳注及通鑑漢紀五注
　引如淳注，『奄人』並作『閹人，』奄、閹古通。

呂榮爲祝茲侯。

　梁玉繩云：漢書外戚表獨以榮爲瑩。疑非。

　案榮、瑩古通，瑩非誤字。呂氏春秋振亂篇：『且辱者也而榮。』高誘注：『榮，
　光明也。』榮訓『光明，』則爲瑩之借字。（朱駿聲說文通訓定聲有說。）是榮
　、瑩古通之證。

呂太后誠產、祿曰，

　案通鑑無呂字，疑涉上文兩呂字而衍。

我卽崩，

　案卽猶若也。下文『卽長用事，吾屬無類矣。』又云：『卽立齊王，則復爲呂氏
　。』兩卽字亦並與若同義。（劉德漢學弟史記虛字集釋亦有此說。）

慎毋送喪，毋爲人所制。

　考證：『李笠曰：下毋字疑衍，漢書外戚傳無。』
　案通鑑亦無下毋字。

辛巳，高后崩。

　案御覽八七引高后作『太后，』通鑑同。

以呂祿女爲帝后。

　考證：祿女爲后，當在四年少帝弘卽位之時，漢書外戚傳可證。此誤。

案考證說本梁氏志疑。通鑑從史記書在八年七月。

朱盧侯劉章有氣力。

　　案齊悼惠王世家云：『朱盧侯年二十，有氣力。』漢書高五王傳云：『章年二十
　　，有氣力。』通鑑同。

廼陰令人告其兄齊王，欲令發兵西誅諸呂而立朱盧侯。欲從中與大臣爲應。

　　案『而立』下疑脫『爲帝』二字。『欲令發兵西誅諸呂而立爲帝』句。『朱盧侯欲
　　從中與大臣爲應』句。非欲立朱盧侯也。（考證斷句大謬！）齊悼惠王世家作『
　　乃使人陰出告其兄齊王，欲令發兵西。朱盧侯、東牟侯爲內應，以誅諸呂，因立
　　齊王爲帝。』又見漢書及通鑑，並其證。漢紀作『章乃使人陰告其兄齊王，欲（
　　原誤嬰）令發兵西。章及興居欲從中與大臣爲內應，誅諸呂，立齊王。』亦可證
　　。又案『欲令發兵西。』師古注云：『西詣京師。』

上惑亂弗聽。

　　案漢書惑作或，惑、或正、假字。

固恃大臣諸侯。

　　案漢書恃作待，恃、待並諧寺聲，疑古通用。

而諸呂又擅自尊官，

　　案齊悼惠王世家、漢書而並作今，而猶今也。越王句踐世家：『而長者不能，故
　　卒以殺其弟。』長短經是非篇而作今，張儀列傳：『而親昆弟同父母，尚有爭錢
　　財。』又云：『而殺張儀，秦必大怒攻楚。』通鑑周紀三而並作今。田單列傳：
　　『今又劫之以兵爲君將，是助桀爲暴也。』通鑑周紀三今作而。皆而、今同義之
　　證。（此義前人未發。）

諸呂權兵關中，

　　考證：古鈔本、楓、三本權作擁，通鑑亦作擁。漢書高五王傳作舉。擁字義長。
　　案權乃擁之形誤。齊悼惠王世家作將，將與擁義近。

廼留屯榮陽。

　　案齊悼惠王世家、漢書、漢紀留下皆有兵字。（灌嬰列傳作『因屯兵榮陽。』漢
　　書同。）

迺還兵西界待約。

　　案齊悼惠王世家、漢書還並作屯。

猶豫未決。

　　索隱：猶，鄒音以獸反。與音預，又作豫。

　　正義：與音預，又作豫。

　　案索隱、正義云云，是所據本豫並作與。殿本亦作與，蓋改從故本耳。

呂氏所立三王。

　　考證：『諸本無所字，王念孫曰：「索隱本有。漢書、漢紀竝同。」愚按南化本

　　亦有。』

　　案通鑑漢紀五亦有所字。

事已布告諸侯，諸侯皆以爲宜。

　　案漢書高后紀、漢紀『諸侯』下並有王字。

請梁王歸相國印，

　　考證：漢書呂紀王下有亦字。

　　案漢紀王下亦有亦字。

呂氏今無處矣！

　　索隱：顏師古以爲『言見誅滅無處所也。』

　　案今猶將也。（裴學海古書虛字集釋五有說。）漢書師古注又云：『處字或作類

　　，言無種類也。』漢紀處正作類。

具以灌嬰與齊、楚合從，欲誅諸呂告產。

　　案漢書師古注：『齊、楚俱在山東，連兵西向，欲誅諸呂。亦猶六國爲從目敵秦

　　。故言合從也。』

迺趣產急入宮。

　　案通鑑迺作且，注云：『趣讀曰促。』迺與且同義。

平陽侯頗聞其語，迺馳告丞相、太尉。

　　案漢書、漢紀並無迺字，疑涉上下文迺字而衍。下文『平陽侯恐弗勝，馳語太尉

　　。』與此句法同。

襄平侯通尙符節，

　　索隱：『張晏云：「紀信子。」又晉灼云：「信被楚燒死，不見有後。」……張
　　說誤矣。』
　　案黃善夫本、殿本索隱引晉灼注『信被楚燒死，』並作『信被焚死。』又索隱『
　　誤矣』並作『謬誤。』漢書晉灼注作『紀信焚死，不見其後。』通鑑注引同。索
　　隱引其作有，義同。

迺令持節矯內太尉北軍。

　　考證：『錢大昭曰：內讀曰納。』
　　案通鑑注：『內讀曰納。』卽錢說所本。

呂祿以爲酈兄不欺己，

　　集解：『徐廣曰：兄音況，字也。名寄。』
　　案通鑑兄作況，況乃況之俗變，從徐音也。

爲呂氏右袒，爲劉氏左袒。軍中皆左袒爲劉氏。

　　正義：袒音但，與祖同。
　　案御覽三百七、記纂淵海六一引袒並作祖，漢書、漢紀、通鑑皆同。通鑑注：『
　　鄭氏注覲禮云：凡爲禮事者左袒，若請罪待刑則右袒。』

平陽侯聞之，以呂產謀告丞相平。

　　考證：『梁玉繩曰：平陽侯以下十三字，與上下文不接；且前已言「平陽侯馳告
　　丞相、太尉」矣，重出當衍，漢書無。』
　　案通鑑亦無此十三字，從漢書也。

殿門弗得入，襄回往來。

　　案通鑑『殿門』上有至字，文意較完。景祐本、黃善夫本、殿本『襄回』皆作『
　　徘徊。』漢書、通鑑並同。『徘徊』乃俗字，此改俗從正耳。

未敢訟言誅之。

　　集解：『徐廣曰：「訟，一作公。」駰案韋昭曰：「訟猶公也。」』
　　案通鑑訟作公，從一本也。淮南子兵略篇：『夫有形埒者，天下訟見之。』許愼
　　注：『訟，公也。』

遂見產廷中，日餔時遂擊產。

　　考證：餔，漢書作晡。

　　案漢書、通鑑見上並無遂字，疑涉下遂字而衍。說文：『餔，日加申時食也。』晡
　　與餔同。

以故其從官亂，

　　案御覽一八六引此無『以故其』三字，漢書同。

逐產殺之郎中府吏廁中。

　　案御覽引『逐產殺之』作『遂殺產於。』恐非其舊。

帝命謁者持節勞朱虛侯。朱虛侯欲奪節信，謁者不肯。

　　考證：南化本、三條本命作令。楓山、三條本無信字。

　　案漢書命亦作令，亦無信字。通鑑亦無信字。

朱虛侯則從與載，因節信馳走。

　　案漢書則作迺，義同。師古注：『因謁者所持之節用爲信也。章與謁者同車，故爲
　　門者所信，得入長樂宮。』

立趙幽王子遂爲趙王。

　　考證：『梁玉繩曰：遂之立也，在文帝元年，文紀及年表可據。此與世家謂呂后
　　八年九月爲大臣所立者誤。』（原引『大臣』誤『二臣。』）

　　案通鑑無此九字。

今齊王母家駟鈞，駟鈞，惡人也。

　　考證：『張文虎曰：「〔母家駟鈞，〕鈞字涉下而衍。南宋本、中統本並無。」
　　愚按漢書高五王傳無駟鈞二字。』

　　案此本作『今齊王母家駟鈞，惡人也。』景祐本、黃善夫本並作『今齊王母家駟駟
　　鈞，惡人也。』並誤疊駟字。殿本及此本又並誤疊駟鈞二字。齊悼惠王世家作『
　　齊王母家駟鈞惡戾，虎而冠者也。』（漢書高五王傳無齊王二字。）通鑑作『今齊
　　王舅駟鈞，虎而冠。』咸可證。

卽立齊王，則復爲呂氏。

　　案齊悼惠王世家、漢書高五王傳卽並作今，則並作是。卽、今並與若同義，則與

是同義。

且立長故順。

考證：『李笠曰：故、固通。』

案通鑑故作固。

請得除宮。

考證：『除宮，清宮也。胡三省曰：此時羣臣雖奉帝卽位。少帝猶居宮中，有所屏
除也。』

案齊悼惠王世家、夏侯嬰列傳、漢書高五王傳及夏侯嬰傳『除宮』皆作『清宮。
』通鑑胡注：『除宮，清宮也。』考證引胡注，『宮中』本作『禁中，』有上本
有蓋字。

足下非劉氏，

案通鑑氏下有子字。

掊兵罷去。

集解：『徐廣曰：掊音仆。』

案漢書周勃傳掊作仆，師古注：『仆，頓也。』本說文。

宦者令張澤諭告，

案漢書、通鑑澤並作釋，古字通用，說已見前。通鑑注：『班表，宦者令，屬少
府。張釋，卽大謁者，封建陵侯者。釋本宦者，故兼是官。』

滕公迺召乘輿車，載少帝出。

案通鑑注：『沈約禮志云：「魏、晉御小出，多乘輿車。輿車，今之小輿。」意
者此輿車，蓋天子常所乘輿車。卽魏、晉間小輿也。』

欲將我安之乎？

案漢書將作持，將猶持也。外戚世家：『扶將出門。』漢書將作持，莊子秋水篇
：『將甲者進。』釋文引一本將作持，並其比。

持戟備端門。

案漢書師古注：『端門，殿之正門。』

政不出房戶，

案御覽八七引『房戶』作『閨房。』（爾雅釋宮：『宮中之門，其小者謂之閨。

』）漢書高后紀、漢紀並作『房闥。』（師古注：『闥，宮中小門。』）

衣食滋殖。

案御覽引殖下有矣字。

史記斠證卷三十一

吳太伯世家第一

王　叔　岷

案景祐本南宋補版太作大。下文作大或太不一，當以作大爲正。

吳太伯、太伯弟仲雍，

索隱：『……則系本曰：「吳孰哉居蕃離。」宋忠曰：「孰哉，仲雍字。蕃離，今吳之餘暨也。」……』

徐天祐云：論語作泰伯。（吳越春秋吳太伯傳注。）

案論語泰伯篇邢昺疏引此亦作泰伯，（下同。下文『求太伯、仲雍之後。』書鈔四六引太亦作泰。）太與泰同。景祐本南宋補版上太字作大，下文太王字亦作大。左閔元年傳及哀七年傳孔疏引太伯及下文太王字亦並作大。（御覽一九九、四二三、七八五引下文太王字亦皆作大。）又案黃善夫本索隱，蕃離作蘿籬（下同），宋忠作宋衷。蕃與蘿、離與籬、忠與衷，古並通用。殿本索隱蕃離亦作蘿籬（下同）。下文『自號句吳。』集解引宋衷，景祐本南宋補版、殿本並作宋忠。『王壽夢卒。』索隱引宋忠，黃善夫本作宋衷。皆忠、衷通用之證。

而有聖子昌。

案御覽四二三引『而有』作『又生。』而猶又也，齊世家：『夫劫許之；而倍信殺之。』晉世家：『不與秦粟；而發兵且伐之。』而亦並與又同義。

於是太伯、仲雍二人乃犇荊蠻，文身斷髮，示不可用，以避季歷。

梁玉繩云：『左傳哀七年疏云：「漢書地理志：『越人文身斷髮，以辟蛟龍之害。』然則『文身斷髮。』自辟害耳。史記以爲『示不可用。』二人亡去，遠適荊蠻，周人不知其處，何須『示不可用。』馬遷謬也。」余謂「示不可用，」亦得之。不得斥史記爲謬。蓋太王之薨，二人決無不赴喪者。使不深自絕焉，上無以繼太王之志；下無以安王季之心矣。辟害云乎哉！且太伯君吳，非必下同於庶民常

— 1 —

在水中，有何蛟龍之害乎！……韓詩外傳十亦言伯、仲歸周，王季讓立。吳越春秋太伯傳言赴喪歸吳也。……』

案御覽一九九引犇作適。左閔元年傳疏、論語泰伯篇疏引避並作辟。避、辟正、假字。周本紀亦云：『乃二人亡如荊蠻，文身斷髮，以讓季歷。』此謂『文身斷髮，示不可用。』乃太伯、仲雍二人以此示不可用。非馬遷之意，不得以爲馬遷之謬。論衡四諱篇載太伯之言曰：『吾之吳、越。吳、越之俗，斷髮文身。吾刑餘之人，不可爲宗廟社稷之主。』正太伯自示其不可用也。焦氏易林十一注引史云：『周太王欲以國授季歷、太伯、仲雍知之。太王病，二人託採藥於荊蠻以讓之。』吳世家、周本紀載此事，並無『託採藥』之文。蓋緣他書傅會。論衡四諱篇云：『昔太伯見王季有聖子文王，知太王意欲立之，入吳採藥。斷髮文身，以隨其俗。』恢國篇亦云：『太伯採藥，斷髮文身。』吳越春秋云：『古公病，二人託名採藥於衡山。遂之荊蠻，斷髮文身，爲夷狄之服，示不可用。』論語疏引鄭玄云：『太王疾，太伯因適吳、越採藥。太王歿而不返。』（論衡稱『太王薨，太伯還。』吳越春秋稱『太伯、仲雍歸赴喪畢，還荊蠻。』並與鄭說異。）皆涉及採藥事。（此文正義引江熙論語注，亦涉及太伯託採藥事，說互詳周本紀。）

又案御覽四二四引晉孫盛周泰伯三讓論曰：『孔子曰：「泰伯可謂至德也已矣！三以天下讓，民無得而稱焉。」鄭玄以爲「託採藥而行，一讓也。不奔喪，二讓也。斷髮文身，三〔讓〕也。三者之美，皆蔽隱不著。」王肅曰：「其讓隱，故民無得而稱焉。」盛謂玄既失之；而肅亦未爲暢也。玄之所云，三跡顯然，天下所共見也，何得云「隱而未著」乎？三跡苟著，則高讓〔可〕知，亦復不得云「其讓隱」也……然則稱三讓者，其在古公至文王乎！周之王業，顯於亶父，受命於昌。泰伯玄覽，棄周太子之位。一讓也。假託遜遁，受不赴喪之譏，潛推大美。二讓也。無胤嗣而〔不〕養仲雍之子以爲己後，是深思遠防，令周嗣在昌。天人叶從，四海悠悠，無復纖芥疑惑。三讓也。』（又見藝文類聚二一，梁氏志疑已言之。）論衡四諱篇已有三讓之說，『入吳採藥，斷髮文身。』爲一讓。『太王薨，太伯還，王季辟主，太伯再讓。王季不聽，三讓。』竊以爲三讓，猶言累讓。必欲實之，遂異說紛紜矣！史公於周本紀、吳世家但稱太伯、仲雍之讓避；

世家贊引孔子稱太伯三讓之言，不強爲之說。蓋其愼也。

陳槃庵兄云：「哀七年左傳：『大伯端委以治周禮；仲雍嗣之，斷髮文身，臝以爲飾』（杜解：仲雍嗣立，不能行禮致化，故效吳俗。言其權時制宜，以辟災害，非以爲禮也。端委，禮衣也）。是謂太伯自以衣冠治周禮，仲雍始斷髮文身耳。羅苹亦曰：『史記謂太伯斷髮文身，非也，乃仲雍也。左傳及潛夫論詳之。王充亦云：太伯教吳冠帶，孰與隨其俗而與之俱倮也！故吳之知禮義，太伯改之也』（路史後紀九高辛紀篇上注）。案史記世家此處、與左傳互岐。蓋周秦間不無傳聞異辭，史公亦當別有所本。然卽謂太伯本自『端委』，以與仲雍同犇荊蠻，而仲雍則斷髮文身，口說流傳，其詞曼衍，因並謂太伯亦效吳俗。流傳久之，學者未皇辨析，亦非不可能也。」案槃庵兄此說可存參，亟補錄於此。

弟仲雍立。

案御覽一九九引立上有代字。漢書人表仲作中，古字通用。

是時周武王克殷，

案書鈔四六、御覽一九九引殷並作啇。

周章已君吳，

案書鈔引吳下有國字，恐非其舊。

子餘橋疑吾立。

考證：吳越春秋橋作喬。

案橋、喬古通，舜本紀：『瞽叟父曰橋牛。』家語五帝德篇橋作喬，卽其比。

子柯盧立。

考證：吳越春秋盧作廬。

案盧、廬古通，列子天瑞篇：『長廬子聞而笑之。』唐殷敬順釋文本廬作盧，卽其比。

子轉立。

考證：『梁玉繩曰：吳越春秋轉作專，字省耳。』

案轉、專古通。專，古亦作摶。（秦始皇本紀：『摶心揖志。』索隱：『摶，古專字。』卽其證。）吳王濞列傳：『摶胡衆入蕭關。』（索隱：摶，音專。）漢

書摶作轉。專之通轉，猶摶之通轉矣。

子句卑立。

梁玉繩云：古史考作畢軫，疑軫字誤。吳越春秋作句畢，古字通。如吳邑卑梁，史、漢王子表作畢梁。齊世家卑耳山，正義音畢。

案古史考句卑作畢軫，疑本作軥畢。軥誤爲軫（軫，俗作軿，與軥形近。）又倒在畢字下耳。句與軥，卑與畢，古並通用。惟齊世家卑耳山，正義音璧。梁氏所據作『音畢。』恐非其舊。

是時晉獻公滅周北虞公，以開晉伐虢也。

索隱：『……左氏二年傳曰：「晉荀息請以屈產之乘與垂棘之璧假道伐虢。宮之奇諫，不聽。虞公許之；且請先伐之。遂伐虢，滅下陽。」五年傳曰：「晉侯復假道伐虢，宮之奇諫，不聽。以其族行。……」』

案黃善夫本索隱作『左氏二年傳曰：「晉荀息請以屈產之乘與垂棘之璧，假道於虞以伐虢。虞公許之；且請先伐之。遂伐虢，滅下陽。」與左傳較合，此有脫誤。殿本索隱作『左氏二年傳曰：「晉荀息請以屈產之乘與垂棘之璧，假道於虞以伐虢。虞公許之；且請先伐虢。宮之奇諫，不聽。晉里克、荀息帥師會虞師伐虢，滅下陽。」與左傳全合。又索隱『五年傳曰』云云，殿本作『五年傳曰：「晉侯復假道伐虢，宮之奇以其族行。……」』宮之奇下蓋脫『諫，不聽。』三字。

教吳用兵、乘車，令其子爲吳行人。

索隱：『左傳魯成二年曰：「巫臣使齊及鄭，……」是。』

考證：三條本車下有戰字。

案左成七年傳云：『教吳乘車，教之戰陣。』猶此言『教吳用兵、乘車』也。三條本車下有戰字，則與『用兵』之意複，蓋據左傳妄增也。又案黃善夫本、殿本索隱，『左傳魯成二年，』並作『左氏成二年。』『使齊』並作『聘齊。』（與左傳合。）句末並無是字。

楚共王伐吳，

案吳越春秋吳王壽夢傳共作恭，古字通用。

長曰諸樊。

　　索隱：春秋經書吳子遏，左傳稱諸樊。蓋遏是其名，諸樊是其號。公羊傳遏作
謁。

　　案新序節士篇作『長曰遏。』公羊、穀梁襄二十五年傳皆書吳子謁。遏、謁並諧
曷聲，古字通用。

次曰餘眛。

　　索隱：……夷末，惟史記、公羊作餘眛。……

　　案新序餘眛作夷眛。下文索隱引公羊傳亦作夷眛（考證本作夷末，詳下），與公
羊襄二十九年傳合。此引作餘眛，則異。刺客列傳：『次曰夷眛。』索隱引公羊
傳作餘末，又異。

次曰季札。

　　索隱：『公羊傳曰：「……夷末也，與季子同母者四人。……兄弟遞相爲君。…
…如不從君之命，則宜立者我也。……」……下注徐廣引系本曰：「夷眛及僚，
夷眛（二子原誤倒）生光。」檢系本，今無此語。然按左狐庸對趙文子，……若
以僚爲末子。不應此言。又光言「我王嗣國。」是夷眛子；且明是庶子。』

　　案黃善夫本、殿本索隱引公羊傳，夷末並作夷眛，下同。與公羊傳合。公羊傳四
下脫人字，『兄弟遞相爲君，』作『弟兄迭爲君。』從下有先字，（此當據補。）
我字在則字下。『引系本曰』以下，黃善夫本、殿本並作『引系本云：「夷眛生
光。」引吳越春秋云：「王僚，夷眛子。」今檢系本、吳越春秋，並無此語。然
按左氏狐庸對趙文子，……若以僚爲夷末子，不應此言。又光言「我王嗣。」則
光是夷眛子，明僚是壽夢庶子。』當從之。考證本有脫誤。

攝行事當國。

　　案吳越春秋國下有政字。左襄二十七年傳：『慶封當國。』杜注：『當國，秉
政。』則國下不必有政字矣。

諸樊已除喪，

　　案藝文類聚二一引此無諸樊二字，吳越春秋同。

君子曰：能守節矣！

　　索隱：君子者，左丘明所爲史評，仲尼之詞。指仲尼爲君子也。

考證：『張照曰：「季札聘魯，孔子八歲。讓國時孔子未生也。其引子臧之事，何遽得孔子論斷之語而稱之？左氏於孔子論斷，類皆明著其說。其稱『君子曰』者，是記當時之君子有此語耳。或以為邱明自謂；或以君子為孔子，皆未達左氏之義也。』

張以仁弟云：『張照之說，看似有理，其實不然。左傳成書，既在孔子之後，則其作者自能引孔子對前人之評論，烏足為怪？若謂左傳「君子曰」皆時君子之言論，亦有不盡然者。蓋如左隱三年傳一例，即不可通。其文曰：「八月庚辰，宋穆公卒，殤公即位。君子曰：『宋宣公可謂知人矣。立穆公，其子饗之。命以義夫！商頌曰：「百祿是荷。」其是之謂乎？』」詩見商頌玄鳥。若玄鳥之詩成於宋襄公時（參屈翼鵬師詩經釋義），則魯隱三年（宋穆公九年），距玄鳥成詩尚前七十餘年（由穆公至襄公，中歷殤、莊、湣、新君、桓五公，凡七十一年）。如「君子曰」乃時君子言，安得引七十餘年後始出之詩句乎？故知張照說之謬也。考證蓋未之思耳。然考證復於秦本紀「君子聞之，皆為垂涕，曰：嗟乎！秦穆公之與人周也。卒得孟明之慶」下云：「……王若虛曰：「按左氏曰：『君子是以知秦穆之為君也，舉人之周也，與人之壹也。』至於孟明、子桑，皆有贊美之詞。凡左氏所謂『君子』者，蓋假之為褒貶之主，而非指乎當時之士也。安有所謂『聞之垂涕』者哉？」與此適反。何矛盾乃爾？』（讀史記會注考證札記。）

案考證於此及秦本紀分引張照及王若虛之說，二人意見各殊，立說相反，亦無足怪。張氏謂『左氏於孔子論斷，類皆明著其說。』自不得以『君子』為孔子。竊以為左氏所稱之『君子，』或記當時之君子（如此文之『君子』）；或左氏假託之君子（如隱三年傳及文三年傳之『君子』），均有可能。各隨文解之。如執著一端，則扞格難通矣。至如秦本紀云：『君子聞之，皆為垂涕。』所稱『君子，』必指秦穆公當時之君子，與文三年傳未書『聞之垂涕』者異。或史公別有所本，亦未可知。

誰敢干君？

案左襄十四年傳干作奸，古字通用。儒林列傳：『是以仲尼干七十餘君無所遇。』漢書干作奸，即其比。（參看殷本紀『阿衡欲奸湯而無由』條。）

願附於子臧之義。

　　考證：楓山、三條本義下有『以無失節』四字。

　　案左傳作『願附於子臧以無失節。』楓、三本『以無失節』四字，疑據左傳所

　　加。新序作『願附子臧以無失節。』本左傳也。吳越春秋作『願附子臧之義。』

　　本此文也。

必致國於季札而止。以稱先王壽夢之意，

　　考證：楓山、三條本止作上。

　　案楓、三本止作上，上蓋止之誤。否則『必致國於季札』絕句。（吳越春秋作

　　『必以國及季札。』）『而上』二字屬下讀。

故號曰延陵季子。

　　索隱：『……吳光伐滅，遂以封季子也。……地理志：「沛郡下蔡縣云，古州來

　　國。……遷昭侯於此。」……謂因而賜之以采邑。……』

　　案黃善夫本、殿本索隱並無光、遂二字。又云字在志字下，是也。地理志古作

　　故，『於此』二字與此同，故猶古也。黃善夫本、殿本『於此』並作『於州來。』

　　因並誤國。又黃善夫本采作荣，古字通用。

吳予慶封朱方之縣，以爲奉邑；以女妻之，富於在齊。

　　考證：事詳於襄二十八年左傳。但慶封先奔魯而來吳也。又無『以女妻之』之

　　事。

　　案梁氏志疑已云：『左傳無吳以女妻慶封事。』齊世家同。

請觀周樂。

　　考證：『竹添光鴻曰：「聘禮記：『歸大禮之日，既受饔餼請觀。』鄭注云：

　　『聘於是國，欲見其宗廟之好，百官之富。』然則古禮於所聘之國，本有請觀之

　　事。」』

　　案竹添光鴻說，本俞樾羣經平議卷二十六春秋左傳二。

爲歌周南、召南，曰：美哉！始基之矣；猶未也。

　　集解：『賈逵曰：言未有雅頌之成功也。』

　　案詩大序：『周南、召南，正始之道，王化之基。』孔疏：『季札見歌周南、召

南，曰：「始甚之矣；猶未也。」服虔云『未有雅頌之成功。』』所引服注，與此集解所引賈注同。

然，勤而不怨。

考證：『龜井昱曰：「勤，詩序所謂憂勤、勤勞是也。此語與論語『勞而不怨』同。……」』

案說文：『勤，勞也。』

是其衛風乎？

案其猶或也。下文『是其先亡乎？』其亦或也。

思而不懼。其周之東乎？

集解：『杜預曰：宗周殞滅，故憂思。……』

案左傳杜注殞作隕，隕、殞正、俗字。

曰：其細已甚，民不堪也！是其先亡乎？

考證：左傳曰下有『美哉』二字。

案其風細弱已甚，民不堪，將先亡。（本服虔說。）何美之有！左傳曰下有『美哉』二字，（漢書地理志下同。）蓋涉上下文『美哉』而衍，當據此刪。（俞樾平議讀『美哉其細』爲句。云：『細亦未始非美，但過甚則涉於煩碎。』說殊迂曲。）

其太公乎？

案左傳太作大，作大是故書。

其周公之東乎？

集解：『杜預曰：……故言「其周公東乎？」』

案左傳杜注東上有之字，與正文合。

大而寬。儉而易行。

索隱：『左傳作「大而婉。」……寬字宜讀爲婉也。』

考證：『左傳寬作婉，儉作險。張文虎曰：「寬，各本作婉。索隱本作寬，與注合。各本依左傳改。錢大昕、梁玉繩說同。……愚按儉、險古通用。」』

案文選魏都賦張載注引左傳險作儉，與此合。儉、險古通，梁氏志疑已有說。

（惟魏都賦張載注，梁氏誤爲劉逵注。）莊子繕性篇：『險德以行。』淮南子俶眞
篇險作儉，御覽八一引尸子：『儉則爲獵者表虎。』路史後紀十二注引儉作險，
並儉、險通用之證。

以德輔此，則盟主也。

集解：『徐廣曰：「盟，一作明。」駰案賈逵曰：「其志大，直而有曲體，歸中
和。中庸之德難成，而實易行。故曰：以德輔此，則盟主也。」杜預曰：「惜其
國小而無明君。」』

索隱：『注引徐廣曰：「盟，一作明。」按左傳亦作明。此以聽聲知政，言其明
聽耳。非盟會也。』

梁玉繩云：〔盟、明〕二字古通。

考證：『沈濤曰：「左傳『明主』當作『盟主。』謂有德則爲諸侯之盟主耳。史
記正作『盟主。』可證。集解引賈逵傳注亦作『盟主。』則元凱之說非也。」』
案漢書地理志下盟亦作明，盟、明古通。作明，借字耳。杜預、小司馬並望文生
訓。夏本紀：『被明都。』伯目三一六九敦煌古文本禹貢明都作盟豬，即明、盟
通用之證。（參看夏本紀斠證。）又案索隱『注引徐廣曰：「盟，一作明。」按
左傳亦作明。』黃善夫本、殿本並作『左傳盟作明。故徐廣亦云：「一作明。」』

其有陶唐氏之遺風乎？

陳槃庵兄云：『風，水澤氏校補引景、蜀本作民。瀧、慶、殿、凌本作風。（卷
三一、頁一九。）王引之曰：「襄二十九年傳：『其有陶唐氏之遺風乎？』唐石
經誤爲民，而諸本因之；後人又據以改正義矣。」（詳左傳述聞中。）世家亦當
作風。唐風，晉詩也。晉本唐堯舊居，故曰「有陶唐氏之遺風。」晉亦或稱唐，
別詳拙春秋大事表譔異晉國。』（讀史記世家綴錄。）

案王引之（引其父說）謂左傳民本作風；槃庵兄謂『世家亦當作風。』並是。水
澤氏引景、蜀本世家風作民，乃據誤本左傳妄改。劉子風俗篇：『晉有唐、虞之
遺風。』可爲旁證。

國無主，其能久乎？

案漢書地理志下無作亡，同。其猶豈也。

廣哉熙熙乎！

　　考證：『竹添光鴻曰：「周語云：『熙，廣也。』重言之則曰『熙熙。』謂其廣
　　熙熙然也。」』

　　案竹添光鴻說，本王氏左傳述聞。

曲而不詘。

　　集解：『杜預曰：詘，撓也。』

　　案左傳詘作屈，杜注同。（集解引杜注作屈，改從本文也。古人引書，往往如
　　此。）詘、屈古通，韓非子難勢篇：『賢人而詘於不肖者，則權輕位卑也。』長
　　短經是非篇詘作屈，即其比。

用而不匱，廣而不宣。

　　俞樾云：『此文自「直而不倨，曲而不詘。」以下，共十四句。每二句相對成
　　義。直與曲對，邇與遠對，遷與復對，哀與樂對，施與取對，處與行對。獨此二
　　句用與廣不對，用疑困字之誤。「困而不匱，廣而不宣。」語意一律。困者窮乏
　　之名，廣者博大之號。正相對也。』（左傳平議。）

　　案用非誤字。廣借爲曠，呂氏春秋無義篇：『以義動，則無曠事矣。』高誘注：
　　『曠，廢也。』宣借爲散，左昭元年傳：『於是乎節宣其氣。』杜注：『宣，散
　　也。』『廣而不宣，』猶言『廢而不散』耳。用與廣義正相對。

五聲和，八風平。

　　集解：『杜預曰：宮、商、角、徵、羽，謂之五聲。八方之氣，謂之八風。』

　　陳槃庵兄云：『王引之曰：「（左傳）杜注曰：『八方之風，謂之八風。』非也。
　　昭二十年傳：『一氣、二體、三類、四物、五聲、六律、七音、八風、九歌，
　　以相成也。』二十五年傳：『爲九歌、八風、七音、六律，以奉五聲。』八風與
　　七音、九歌相次，則是八音矣。八音皆人所爲，故曰『爲九歌、八風。』若八方
　　之風，具是天籟，不得言爲矣。……風，猶音也。成九年傳：『晉侯見鍾儀，使
　　與之琴，操南音。范文子曰：樂操土風，不忘舊也。』土風，謂南音。此風訓爲
　　音之證。……」（詳經義述聞春秋左傳中八風條。）槃按，王說精覈，會注但仍
　　集解所引舊注，殊未考。』

案『八風』猶『八音，』王說是也。周禮大司樂：『凡六樂者，文之以五聲，播

之以八音。』又大師：『皆文之以五聲：宮、商、角、徵、羽。皆播之以八音：

金、石、土、革、絲、木、匏、竹。』彼以『五聲、』『八音』相對爲文，猶此

以『五聲、』『八風』相對爲文矣。

美哉！猶有憾。

索隱：感讀爲憾，字省耳。胡暗反。

案景祐本感作憾，黃善夫本、殿本感亦並作憾；索隱並作『憾，或作感，字省

爾。亦讀爲憾。又音胡暗反。』此改從索隱本，是也。王念孫云：『憾，本作

感。後人依今本左傳改之耳。古無憾字，借感爲之。索隱本出『有感』二字，注

曰：「感讀爲憾，字省耳。胡暗反。」今既改正文爲憾，又改注文曰：「憾，或作

感，字省耳。亦讀爲憾。又音胡暗反。」其失甚矣！襄二十九年左傳：「美哉！

猶有憾。」釋文正作感。』

見舞韶護者，

考證：『館本考證云：『左傳及他書護皆作濩。』

案左傳釋文：『〔韶濩〕本或作「招濩。」』韶、招古通，下文『見舞招箾者，』

左傳招作韶，即其比。護、濩古通，禮記樂記孔疏引樂緯云：『商曰大濩。』御

覽五六六引濩作護，即其比。

聖人之弘也，猶有慙德。

案莊子盜跖篇：『湯放其主，……其行乃甚可羞也！』季札重讓，故謂湯有『慙

德。』

如天之無不燾也，如地之無不載也。

案左傳燾作幬，古字通用。禮記中庸：『辟如天地之無不持載，無不覆幬。』鄭

注：『幬亦覆也。幬，或作燾。』即其比。莊子德充符篇：『夫天無不覆，地無

不載。』

雖甚盛德，無以加矣！

陳槃庵兄云：『雖，古與唯、惟字通（詳王引之經傳釋詞第八）。「雖甚盛德，」

猶云「唯甚盛德。」』

案雖猶是也，國語晉語一：『雖克與否，無以避罪。』雖亦是也（裴學海古書虛
字集釋三有說），與此同例。槃庵兄訓雖爲唯，唯亦是也。又左傳無作蔑，蔑亦
無也。

若有他樂，吾不敢觀。

集解：『服虔曰：「周用六代之樂，堯曰咸池，黃帝曰雲門，魯受四代，下周二
等，故不舞其二。季札知之，故曰：有他樂，吾不敢請。」

竹添光鴻云：『季札以韶樂德至盛無加，故云：雖有他樂，不敢請已。』（左氏
會箋襄二十九年。）

案竹添氏釋若爲雖，是也。（裴氏古書虛字集釋七亦有此說。）左傳觀作請。集
解引服虔注而無異辭，疑所據此文觀本作請。景祐本以下皆作觀，蓋涉上文『觀
止矣』而誤。

故晏子因陳桓子以納政與邑，是以免於欒、高之難。

案後漢書馮衍傳注引左傳，『納政與邑，』作『納邑與政。』與上文一律。並云：
『左氏魯昭公八年，欒、高作難，晏子無罪。』

說蘧瑗、史狗、史鰌、公子荊、公叔發、公子朝，

杜預云：史狗，史朝之子文子。史鰌，史魚。公叔發，公叔文子。

梁玉繩云：『公子朝，此與左傳同。而呂氏春秋召類篇注作公子鼂。或謂朝後通
於宣姜，懼而作亂，不應爲季札所悅，與伯玉、史魚輩竝稱君子。作鼂爲是。余
解之曰：「季札亦就當時言之，未可以後槪前。且鼂之爲人無所見，不知高誘何
據。安知非譌？若必欲求其人以易之，得毋公子朝乃公孫朝之誤乎？王孝廉曰：
鼂，或鼂之誤。即朝字。」

案呂氏春秋高注之公子鼂，畢沅新校正亦云：『此公子鼂，疑是鼂之訛，即朝
也。』又云：『公子朝通於宣姜，懼而作亂，不得爲賢。』疑即梁氏所稱或說也。

未有患也。

梁氏志疑據湖本未上有子字，云：一本無子字，是。

案黃善夫本未上亦衍子字。

而又可以畔乎？

索隱：『左傳曰：「而又何樂？」……』

考證：『決頤煊曰：「畔即般字，古字通用。爾雅釋詁：般，樂也。」錢大昕、梁玉繩說同。』

案左傳可作何，可猶何也。晏子春秋外篇重而異者第七：『夫何密近，不爲大利變。』治要引何作可，文子九守篇：『禍福之間，可足見也！』景宋本可作何。並可、何古通之證。

季札之初使，北過徐君。

考證：論衡祭意篇、藝文類聚（六十）無君字。

案書鈔一二二引此亦無君字，論衡書虛篇同。（新序節士篇載此事有君字。）

口弗敢言，

案御覽七七七引作『口雖弗言。』

還至徐，

案書鈔引還上有後字。

繫之徐君冢樹而去。

案書鈔引繫作挂，下無之字。藝文類聚六十、御覽三四二、四百三十、七七七引繫下皆無之字。新序作『帶徐君墓樹而去。』亦無之字。

尙誰予乎？

案御覽三四二引尙作當，古字通用；七七七引作『當誰與乎？』予、與古、今字。四百三十引予亦作與。論衡祭意篇作『尙誰爲乎？』爲亦猶與也。

始吾心已許之。

案書鈔引之下有也字。新序、論衡之下並有矣字，也猶矣也。

豈以死倍吾心哉？

案御覽三四二、四百三十、七七七引倍皆作背；論衡作負。倍、背、負，古並通用。釋名釋形體：『背，倍也。』釋姿容：『負，背也。』即其證。

七年，楚公子圍弑其王夾敖而代立。是爲靈王。

索隱：『……左傳曰：「楚公子圍將聘於鄭，未出竟，聞王有疾而還。入問王疾，縊而殺之。孫卿曰：『以冠纓絞之。』遂殺其子幕及平夏，葬王于郟，謂之

郟敖也。』」

　　案左昭元年傳夾敖作郟敖，郟、夾正、假字。索隱『孫卿曰：以冠纓絞之。』八
　　字，乃本左傳杜注，而雜廁於所引左傳中，殊覺不倫。下文『公子光客之。』索
　　隱引左傳，亦雜廁杜注。（疑此類本爲雙行小注，與所引左傳正文有別。）

必致季子。季子今逃位，則王餘眛後立。

　　案左昭二十七年傳孔疏引此季子二字不疊。

乃立王餘眛之子僚爲王。

　　集解：『吳越春秋曰：「王僚，夷眛子。」與史記同。』

　　案吳越春秋作『吳人立餘眛子州于　，號爲吳王僚也。』餘眛　，與集解引作夷眛
　　異。刺客列傳作『吳人乃立夷眛之子僚爲王　。』又案景祐本南宋補版、黃善夫
　　本、殿本集解，並在下文『公子光伐楚』集解所引徐廣注下。

復得王舟而還。

　　集解：『左傳曰：舟名餘皇。』

　　徐天祐云：亦曰『艅艎。』（吳越春秋王僚使公子光傳注。）

　　案左昭十七年傳作『獲其乘舟餘皇。杜注：『餘皇，舟名。』文選郭景純江賦：
　　『運艅艎。』注引左傳及杜注亦並作『艅艎。』又作『艅艎。』廣雅釋水：『艅
　　艎，舟也。』

公子光客之。

　　考證：楓山、三條本客作容。

　　案索隱：『是謂客禮以接待也。』則作客是。容蓋客之形誤。下文『光喜，乃客
　　伍子胥。』亦其證。

季子即不受國，

　　案即猶今也。呂后本紀：『即立齊王，則復爲呂氏。』齊悼惠王世家即作今，亦
　　二字同義之證。

即不傳季子，

　　案左昭二十七年傳疏引即作若，即猶若也。公羊襄二十九年傳作如，亦同義。

吳使公子光伐楚，敗楚師。迎楚故太子建母於居巢以歸。因北伐敗陳、蔡之師。

考證：據昭二十三年左傳，是役吳子自將，非使公子光伐。且敗楚及陳、蔡，與取建母二事也。建母在郹，亦非居巢也。

陳榮庵兄云：『「吳使公子光伐楚，」昭二十三年左傳作諸樊。俞樾曰：「左傳誤。」居巢，昭二十三年左傳作郹，吳越春秋吳太伯傳作郹。俞樾曰：「在郹，疑得其實。鄭字隸書或作鄁，故左傳誤爲郹。」詳曲園雜纂十八。』

案考證『且敗楚及陳、蔡』云云，本梁氏志疑。榮庵兄所稱吳越春秋吳太伯傳，當作王僚使公子光傳。

楚邊邑卑梁氏之處女，與吳邊邑之女爭桑。

考證：『趙翼曰：「伍子胥傳亦云：『兩女子爭桑。』而楚世家則曰：『吳邊邑卑梁，與楚邊邑小童爭桑。』一事也，而或云『女子；』或云『小童。』且吳世家則以卑梁屬楚；楚世家以卑梁屬吳。是文之失檢者。」張照說同。梁玉繩曰：「卑梁是吳邑，當依十二侯表及楚世家、伍子胥傳爲是。然此乃誤承呂氏春秋察微篇來，（吳越春秋同誤。）宜云：吳邊邑卑梁氏之處女，與楚邊邑之女爭桑。」』（考證引梁說有脫文，今補入。）

案吳越春秋王僚使公子光傳卑梁作脾梁，同。楚世家：『吳之邊邑卑梁，與楚邊邑鍾離小童爭桑。』御覽一六九引卑梁下有女字。（王念孫有說。）釋名釋長幼：『十五曰童。女子之未笄者亦稱之也。』則或云『女子；』或云『小童。』其義一也。楚辭天問王逸注：『楚邊邑之處女，與吳邊邑處女爭采桑於境上。』蓋亦本於呂氏春秋。

二女家怒相滅。兩國邊邑長聞之，

考證：『張文虎曰：類聚引「怒相滅，」作「相怒喧。」』

案藝文類聚八八引此作『二女家相怒，喧兩國邊邑。邊邑長聞之，』考證所引張說未備。

乃求勇士專諸，見之光。

索隱：專，或作剸。左傳作鱄設諸。

正義：『吳越春秋云：……胥因而相之，雄貌深目，侈口熊背。……』

案文選司馬相如子虛賦作剸諸，漢書司馬相如傳同。索隱謂左傳作鱄設諸，與左

昭二十年傳合。惟伍子胥列傳索隱云：『左傳謂之專設諸。』與此索隱作鱄異。
文選左太沖吳都賦李善注引左傳作鱄諸，潛夫論交際篇同。正義引吳越春秋云云
今本吳越春秋作『子胥因相其貌，碓顙而深目，虎膺而熊背。』

十二年多。楚平王卒。

　　索隱：『昭二十六年春秋經，書「楚子居卒。」是也。按十二諸侯年表及左傳，
　　合在僚十一年。』

　　考證：『梁玉繩曰：此〔言「十二年多」〕與刺客傳言「九年，」竝誤。』

　　案索隱云云，又見刺客列傳索隱；並云：『吳世家云「十二年，」此云「九年，」
　　竝誤。』即此梁說所本也。吳越春秋作『十二年多，』蓋承世家而誤。

十三年春，

　　考證：『十三年春，』當作『十二年夏。』

　　案考證說，本梁氏志疑。吳越春秋亦作『十三年春。』徐注：『似承世家之誤。』

使公子蓋餘、燭庸，

　　索隱：『春秋作掩餘；史記竝作蓋餘。義同而字異。或者謂太史公被腐刑，不欲
　　言掩也。賈逵及杜預并（原誤及）刺客傳皆云：「二公子王僚母弟。而昭二十三
　　年左傳曰：「光帥右，掩餘帥左。」杜注彼則云：「掩餘，吳王壽夢子。」又系
　　族譜亦云：「二公子竝壽夢子。」若依公羊僚爲壽夢子，則與系族譜合也。』

　　考證：『梁玉繩曰：「史公未嘗諱掩，如項羽紀「梁掩其口。」封禪書「方士皆
　　奄口。」李斯傳：「掩馳說之口。」彭越傳：「上使使掩梁王。」其他不及徧舉。
　　又何不欲言掩之有？刺客傳燭作屬，字相亂。吳越春秋庸作傭，字通用。』

　　陳槃庵兄云：蓋、奄一聲之轉，如商奄或作商蓋，是其例。詳吳毓江墨子校注耕
　　柱篇。

　　案蓋、掩古通，猶蓋、奄古通也。燭、屬並諧蜀聲，古亦通用。刺客傳：『使其
　　二弟公子蓋餘、屬庸，』索隱：『屬音燭。二子，僚之弟也。左傳作「掩餘、屬
　　庸。」（殿本改屬爲燭。）掩、蓋義同。屬、燭字相亂耳。』謂『屬音燭。』是
　　也。又謂『屬、燭字相亂。』（梁氏從之。）則非也。左傳本作燭庸，索隱引作
　　屬庸，則隨刺客傳正文改之也。（古人引書往往隨正文改字。）又案此文索隱，

『義同，』黃善夫本、殿本並誤『音同。』『或者』二字倒，者字屬上絕句。』杜
注彼則云，』並無『彼則』二字。

以兵圍楚之六、灊。

　集解：『杜預曰：灊，在盧江六縣西南。』

　考證：左傳無六字。

　案刺客列傳亦無六字，索隱：『〔灊〕音潛。』左傳正作潛，杜注同。集解引杜
　注作灊，隨此正文作灊改之也。十二諸侯年表、楚世家、吳越春秋闔閭內傳灊亦
　並作潛。

而兩公子將兵攻楚，楚絕其路。方今吳外困於楚，而內空無骨鯁之臣。

　考證：『左傳無「而兩公子」至「骨鯁之臣」四句二十七字，「母老子弱」句，
　直接「是無奈我何」句。崔適曰：「四句，當移上文『於是吳公子光曰』下，『兩
　公子』上而字衍。」』

　案刺客列傳作『而兩弟將兵伐楚，楚絕其後。方今吳外困於楚，而內空無骨鯁之
　臣。』左傳無此四句，史公蓋別有所本。（吳越春秋亦有此文，蓋直本於史記。）
　彼文『兩弟』上有而字，猶此文『兩公子』上有而字，而字非衍文也。

是無奈我何！

　案奈，左傳作若；刺客列傳、吳越春秋並作如。奈與若、如同義。

光伏甲士於窟室。

　集解：『杜預曰：掘地爲室也。』

　陳榮庵兄云：地室，古代遺俗，如夏，如殷，如周、秦、楚、鄭、越等均有可
　考。別詳專篇。

　案左傳窟作堀，注同。釋文：『堀，本又作窟，同。』日本舊鈔卷子本堀作掘，
　注同，與此集解引杜注合。窟，或堀字。吳越春秋作窌，堀、掘、窌古並通用。
　又刺客列傳、吳越春秋室下並有中字。

而謂王僚飲。

　索隱：謂，請也。本或作請也。

　案刺客列傳作『而具酒請王僚。』吳越春秋作『具酒而請王僚。』謂並作請。

公子光詳爲足疾，

　　索隱：『詳爲，』上音陽，下如字﹏……

　　案吳越春秋詳作佯，詳、佯古、今字。索隱云云，刺客列傳索隱同。黃善夫本、
　　殿本此文及刺客列傳索隱並作『詳音陽，爲如字。』

使專諸置匕首於炙魚之中以進食。

　　考證：『中井積德曰：「食字衍，左傳作『以進；』刺客傳作『而進之。』竝無
　　食字。」』

　　案吳越春秋作『使專諸置魚腸劍炙魚中進之。』此文作『以進食。』義自可通。
　　食字非衍，不必強同。越絕外傳紀寶劍亦云：『闔廬以魚腸之劍刺吳王僚。』

手匕首刺王僚。

　　陳榮庵兄云：『王引之曰：「家大人曰：『手，持也。檀弓：「子手弓而可。」
　　謂持弓也。又吳世家：「專諸手匕首刺王僚。」楚世家：「莊王自手旗，左右麾
　　軍。』義竝與持同。』」（經義述聞三一、手。）』

　　案詩小雅賓之初筵：『賓載手仇。』傳：『手，取也。』此文手，亦取也。（王
　　氏訓手爲持，義亦相近。）匕首在魚中，故云『取匕首刺王僚』也。越絕外傳記
　　寶劍作『引劍而刺之。』引亦取也。國語晉語八：『引黨以封己。』韋昭注：
　　『引，取也。』又案戰國策魏策四：『唐且曰：夫專諸之刺王僚也，彗星襲月。』
　　（博物志八：『專諸刺吳王僚，鷹擊殿上。』）

鈹交於匈。

　　集解：『賈逵曰：交專諸匈也。』

　　案左傳匈作胷，杜注：『交鱒諸胷。』本賈注。竹添光鴻云：『石經初刻胷作
　　匈。』與賈注作匈合。匈、胷正、俗字。吳越春秋亦作胸。

遂弑王僚。

　　案金樓子雜記篇上：『專諸學炙魚，香聞數里。王僚索魚炙。專諸持利鋼刀藏著
　　魚腹中。持刀戟者于後鈎專諸。而諸隱刀刺王僚乳，出徹後屏風。』所記不經，
　　然必有所本。姑錄之以廣異聞。

公子光竟代立爲王，是爲吳王闔廬。

考證：古鈔本、淩本無代字。

案黃善夫本、殿本亦並無代字。刺客傳、吳越春秋『代立』並作『自立。』御覽
一六九引廬作閭，楚世家、刺客列傳、吳越春秋皆同，古字通用。孫子列傳：
『以兵法見於吳王闔廬。』御覽二九六引廬亦作閭。

闔廬乃以專諸子爲卿。

案刺客列傳卿上有上字。（吳越春秋作『客卿，』恐非其舊。）

復位而待。

考證：『十三年春』以下，采昭二十七年左傳。又見伍子胥、刺客傳、呂氏春秋
論威篇。……

案呂氏春秋論威篇云：『夫兵有大要，知謀物之不謀之不禁也，則得之矣。專諸
是也。獨手舉劍，至而已矣。吳王一成。』略記專諸事，與此『十三年春』以下
無涉。

聞公子光弒王僚自立，

案吳越春秋弒作殺，疑存此文之舊。史記古本，弒多作殺。

楚封之於舒。

索隱：『左傳昭二十七年曰：「掩餘奔徐，燭庸奔鍾吾。」三十年經曰：「吳滅
徐，徐子奔楚。」左傳曰：「吳子使徐人執掩餘，使鍾吾人執燭庸。二公子奔
楚，楚子大封而定其徙。」無封舒之事。當是舒、徐字亂；又且疏略也。』

陳槃庵兄云：『舒，說文邑部作舒，玉篇引春秋同。徐，金文作郤。周禮秋官雍
氏鄭注：「征徐戎，」劉本作郤。齊世家：「田常執簡公于徐州，」左傳作舒州。
形近音同，故爾通用。』

案戰國策齊策一：『楚威王戰勝於徐州。』高誘注：『徐州，或作舒州。』釋名
釋州國：『徐州。徐，舒也。土氣舒緩也。』並舒、徐通用之證。

其孫伯嚭亡奔吳。

案吳越春秋闔閭內傳伯嚭作白喜；論衡逢遇篇作帛喜，並古字通用。

伐楚，取六與灊。

考證：『昭三十一年左傳云：「吳人伐夷、侵灊、六。」不云「取六與灊。」』

案楚世家作『取楚之六、灊，』伍子胥列傳作『取六與灊。』（考證本從北宋本灊作灄。）吳越春秋作『拔六與灊。』並與此合。

而擊之，大敗楚軍於豫章。

考證：楓山、三條本迎上有吳字。

案有吳字文意較明。楚世家作『吳大敗楚於豫章。』伍子胥列傳作『吳使伍員迎擊，大破楚軍於豫章。』吳越春秋作『吳使伍胥、孫武擊之，圍於豫章，……大破之。』皆有吳字。

始子之言郢未可入，今果如何？

案伍子胥列傳、吳越春秋並無之字，『如何』並作『何如。』果猶誠也。

王必欲大伐，

案必猶若也。

而吳兵遂入郢。子胥、伯嚭鞭平王之尸以報父讎。

梁玉繩云：鞭尸，非也。說在子胥傳。

案淮南子泰族篇：『闔廬伐楚，五戰入郢，燒高府之粟，破九龍之鍾。（賈子耳痺篇『九龍』作『十龍，』恐非。）鞭荆平王之墓，舍昭王之宮。』博物志八亦云：『子胥伐楚，燔其府庫，破其九龍之鍾。』蓋本淮南子。吳、楚世家及伍子胥列傳不載燒粟、破鍾事。

孔子相魯。

索隱：『定十年左傳曰：「夏，公會齊侯於祝其，實夾谷。孔丘相。犂彌言於齊侯曰：孔丘知禮而無勇。」是也。杜預以爲『相會儀也。而史遷孔子系家云：「攝行相事。」案左氏：「孔丘以公退，曰：士兵之。」又「使茲無還揖對。」是攝國相也。』

梁玉繩云：『相魯，』非也。說在孔子世家。

考證：『中井積德曰：孔子是會儀之相矣。太史公誤爲國相也。索隱牽合太甚！』

陳槃庵兄云：『攝國相說是。詳齊世家「景公害孔子相魯」條。』

案左傳『孔丘相。』杜注以爲會儀之相，此爲一說；索隱從孔子世家，以爲攝國相，此又一說。梁氏、中井並從杜義，（齊世家中井亦有說。）故以史記爲非。

齊世家云：『景公害孔丘相魯，懼其霸。』既言『懼其霸，』則是攝國相矣。陸
賈新語辨惑篇：『魯定公之時，與齊侯會於夾谷，孔子行相事。』家語相魯篇：
『定公與齊侯會於夾谷，孔子攝相事。』

越王句踐迎擊之檇李。

考證：楓山、三條本檇下有敗字。

案御覽三一一引檇李作雋李，檇、雋古通。文選謝靈運樂府會吟行李善注引越絕
書云：『子胥戰於雋李。』（今本越絕外傳計倪作就李。）亦同例。考證所云『檇
，』蓋『檇上』之誤。下文『敗之姑蘇，』當作『敗之檇李。』（詳下。）此
文檇李上如有敗字，則與下文複矣。楓、三本非也。

越使死士挑戰。

集解：『徐廣曰：「死、一作亶。越世家亦然。或者以爲人名氏乎？」』

考證：『左傳云：句踐患吳之整也，使死士再禽焉，不應。』

案死，一作亶。』亶疑襢之借字。（襢與袓同。）『襢士，』謂裸襢之士，不畏
死者也。考證引左傳，『不應』乃『不動』之誤。越世家考證引左傳亦誤。

三行造吳師，呼自剄。

集解：『左傳曰：使罪人三行，屬劍於頸。』

考證：『依左傳，「三行」上脫「使罪人」三字。王若虛曰：「案左氏，『死士』
與『罪人』是兩節，而遷混之，故義理不明。」』

案左傳云：『使罪人三行，』據上文集辭引賈逵注：『死士，死罪人也。』疑左
傳『罪人』二字乃涉賈注而衍。若本有『罪人』二字，則『死士』與『罪人』對
言，賈氏不致釋『死士』爲『死罪人』矣。此文『三行』上非有脫文也。（越世
家亦然。）又考證所稱王說，梁氏志疑已引之。

敗之姑蘇。

梁玉繩云：『史詮曰：衍姑蘇二字。』

案姑蘇乃檇李之誤，非衍文也。伍子胥列傳作『敗吳於姑蘇。』正義：『姑蘇當
作檇李，乃文誤也。左傳云：「戰檇李，傷將指，卒於陘。」是也。』越世家作
『吳師敗於檇李。』亦其明證。越絕外傳紀策考云：『昔者吳王夫差興師伐越，

敗兵就李。』就李即檇李，（越絕吳內傳、外傳計倪，檇李亦並作就李。）亦可
證作姑蘇之誤。說苑正諫篇亦誤作姑蘇。

吳王病傷而死。

　　集解：『越絕書曰：闔廬冢在吳縣昌門外，名曰虎丘。下池廣六十步，水深一丈
　　五尺。銅棺三重，澒池六尺，玉鳧之流、扁諸之劍三千，方員之口三千。槃郢、
　　魚腸之劍在焉。卒十餘萬人治之，取土臨湖，葬之三日，白虎居其上，故號曰虎
　　丘。』

　　案集解所引越絕書，見越絕外傳紀吳地傳。『銅棺』作『銅槨，』『澒池』作
　　『墳池，』（墳字恐誤。）『槃郢』作『時耗，』（恐非。）『白虎』上有而字，
　　『號曰』作『號爲，』曰、爲同義。（今本越絕書此文尚有脫誤，茲不贅。）又
　　案景祐本、黃善夫本、殿本集解，並在下文『三年乃報越』下，非。

闔廬使立太子夫差，謂曰：『爾而忘句踐殺汝父乎？』對曰：『不敢。

　　梁玉繩云：『索隱云：「此以爲闔廬謂夫差，夫差對闔廬。若左傳，則夫差對所
　　使之人也。」潯南云：「左傳：『夫差使人立庭謂己。』蓋闔廬已歿，夫差使人
　　問己耳。而史記何其不同也？」余謂是史誤。又而字衍。而即爾也。董份言「上
　　爾字呼之，下而字連下。」恐非。』

　　王念孫云：『「爾而忘句踐殺女父乎？」此當作「而忘句踐殺女父乎？」而即爾
　　也。定十四年左傳作「而忘越王之殺而父乎？」是其證。今作「爾而」者，後人
　　依伍子胥傳旁記爾字，因誤入正文也。董份謂「上爾字呼之，下而字連下。」則
　　從爲之辭耳。』

　　考證：爾，汝也。而字衍。伍子胥傳可證。

　　案伍子胥列傳亦以爲闔廬謂夫差，夫差對闔廬。疑史公別有所本。說苑正諫篇亦
　　與史記同。越世家云：『闔廬且死，告其子夫差曰：必毋忘越。』辭雖不同，仍
　　是闔廬謂夫差也。『爾而忘句踐殺汝父乎？』蓋本作『爾忘句踐殺汝父乎？』後
　　人依左傳旁記而字，因誤入正文也。史公以爾代而，伍子胥傳亦同例。說苑亦作
　　『爾忘句踐殺而父乎？』

三年乃報越王。夫差元年，

集解：『越絕書曰：太伯到夫差二十六代，且千歲。』

案舊本依左傳於越字絕句，王字屬下讀。集解引越絕書，見越絕外傳記吳地傳。代本作世，此唐人避太宗諱改。

以大夫伯嚭爲太宰。

索隱：左傳定四年，伯嚭爲太宰。當闔廬九年，非夫差代也。

案伍子胥傳：『夫差既立爲王，以伯嚭爲太宰。』（說苑同。）與此合。史公蓋別有所本。

二年，吳王悉精兵以伐越。

案說苑『二年』作『三年，』恐誤。孟子梁惠王篇僞孫奭疏引此，以字在悉字下。越世家作『悉發精兵擊越。』

敗之夫椒。

案伍子胥傳夫椒作夫湫，集解：『〔湫〕音椒。』梁玉繩云：『吳、越兩世家作夫椒，此作夫湫，蓋古通用。』是也。說苑亦作夫湫。

越王句踐乃以甲兵五千人棲於會稽。

索隱：鳥所止宿曰棲。……左傳作保；國語作棲。』

案伍子胥傳、說苑、越絕外傳記范伯棲字並同。越世家作『保棲於會稽。』文選賈誼鵩鳥賦注引棲上無保字，亦與此合；後漢書崔駰傳注引越世家保下無棲字，與左傳合。越絕請糴內傳作『保棲於會稽山上。』

使大夫種因吳太宰嚭而行成。請委國爲臣妾。

正義：『國語云：「越飾美女八人納太宰嚭，曰：子苟然，放越之罪。」成，平也。』

案正義引國語『子苟然，放越之罪。』然字當屬下讀，放蓋赦之誤。『子苟然赦越之罪。』猶言『子苟能赦越之罪』也。今本國語越語上云：『子苟赦越國之罪；又有美於此者，將進之。』苟下無能字，蓋淺人所刪。正義但引『子苟然放（赦）越之罪』一句，於義不備。似由不解然字之義也。伍子胥列傳：『能致汝二子則生，不能則死。』吳越春秋王僚使公子光傳『不能』作『不然。』即能、然同義之證。又案越世家正義：『吳越春秋云：「大夫種，姓文，名種，字子禽。」』

（考證：『沈家本曰：今吳越春秋未見是語。』）文選陸士衡豪士賦序注亦引吳
越春秋云：『文種者，本楚南郢人也。姓文，字少禽。』伍子胥傳正義：『高誘
云：大夫種，姓文氏，字子禽。楚之郢人。』

有虞思夏德。

考證：『張照曰：「按左傳，思是虞君名。此直作思念之思。」梁玉繩曰：「當
依傳衍『有夏德』三字。』

案『有夏德』三字似非衍文。此疑本作『有虞思思夏德，』謂有虞之君思思念夏
德也。今本誤不疊思字耳。

使人誘之，遂滅有過氏。

索隱：『左傳云：「使女艾諜澆，季杼誘豷。遂滅過、戈。」杜預曰：「諜，候
也。」』（考證本原脫『季杼誘豷』四字。）

案左傳杜注：『女艾，少康臣。豷，澆弟也。季杼，少康子后杼也。過，澆國
也。戈，豷國也。』黃善夫本、殿本索隱，傳上並無左字。又『過、戈』並作過
氏，與此正文合。疑是索隱本之舊。古人引書，往往改字以遷就正文也。

卒許越平。

考證：楓山、三條本越下有王字。

案楓、三本越下有王字，蓋涉上下文吳王字而衍。伍子胥傳、說苑並作『與越
平。』亦無王字。

七年，吳王夫差聞齊景公死，而大臣爭寵，新君弱，乃（原誤仍）興師北伐齊。

考證：『梁玉繩曰：是年，無伐齊事。伐齊在魯哀十年，當夫差十一年。且吳之
伐齊，因前年齊悼公與吳謀伐魯。既而齊與魯平，吳恨之，反與魯謀伐齊。其事
去齊景公之卒已四年矣。此及子胥傳同誤。而即以此為艾陵之役，則更誤矣。』
案年表伐齊，書在夫差十一年。吳越春秋夫差內傳亦云：『十一年，夫差北伐
齊。』說苑書年及紀事，與此及伍子胥傳同誤。

弔死問疾。

案記纂淵海五三引死作喪。

今越在心腹疾，

— 24 —

考證：楓山、三條本在作猶，與吳語合。

案楓、三本在作猶，在與猶同義。伍子胥傳作『今吳之有越，猶人之有腹心疾也。』亦其證。左哀十一年傳作『越在我心腹之疾也。』（舊讀『越在我』句，非。）吳越春秋作『越在心腹之病。』在並與猶同義。

而王不先，而務齊。

案伍子胥傳、說苑先下並有越字。

為騶伐魯。

索隱：『左傳騶作邾，聲相近自亂耳。杜預注左傳亦曰：「邾，今魯國騶縣是也。」騶，宜音邾。』

陳槃庵兄云：騶，載籍或作鄒，或作邾，或作朱，或作邾婁。金文作鼄，一作邾。曹姓，陸終之後。國于今山東鄒縣。別詳春秋大事表譔異邾國。）

案黃善夫本、殿本索隱，『聲相近自亂耳。』並作『騶、邾聲相近自亂耳。』且在『騶，宜音邾』句上。既云『騶、邾聲相亂。』則騶是邾之誤；又云：『騶，宜音邾。』則騶與邾通。是游移其辭矣。『音邾』是也。

十一年，復北伐齊。

索隱：依左氏，『十一年』合作『十二年』也。

案國語吳語：『十二年，遂伐齊。』韋昭注：『夫差十二年，魯哀十一年。』吳越春秋：『十二年，夫差復北伐齊。』徐注：『左傳哀公十一年：「公會吳子伐齊。」是為夫差十二年。與此書合。世家乃書之夫差十一年，誤也。』年表書在十二年，不誤。

吳王喜。唯子胥懼，曰：是弃吳也！

梁玉繩云：『淮南集辨惑曰：左傳「豪吳，」史改為弃，此何意邪？』

考證：楓山、三條本是下有天字，義長。

案吳語載子胥對夫差之言云：『夫天之所棄，必驟近其小喜。』越絕請糴內傳：『大夫種對（越王）曰：君王卑身重禮，以素忠為信，以請糴於吳。天若棄之，吳必許諾。』此文楓、三本是下有天字，是也。

越在腹心。

案上文『今越在腹心疾。』此文心下疑脫疾字，或脫『之疾』二字。在與猶同義。

越世家作『腹心之疾。』吳語、說苑並同。左傳作『心腹之疾。』伍子胥傳作

『腹心之病，』吳越春秋作『心腹之病。』疾猶病也。說文：『疾，病也。』

猶石田無所用。

案記纂淵海六五引猶下有獲字，左傳同。

且盤庚之誥：『有顚越勿遺。』商之以興（原誤與）。

集解：『徐廣曰：「一本作『盤庚之誥：「有顚之越之。」商之以興。』子胥傳：

「誥曰：『有顚越。』商之興。」』

考證：『中井積德曰：以上脫所字，子胥傳可證。集解引傳有脫文。』

案『商之以興，』猶云『商所以興。』（說苑作『是商所以興也。』）之猶所也，

以上未脫所字。顓頊本紀：『知民之急。』家語五帝德之作所，即之、所同義之

證。集解『有顚之越之。』景祐本南宋補版作『有之顚越。』之亦與所同義。又

集解節引子胥傳，無脫文。

子胥屬其子於齊鮑氏。

案越世家屬作託，義同。伍子胥傳鮑氏作鮑牧，考證：『鮑牧見殺已四年，左傳

但云鮑氏。』越世家、說苑、吳越春秋亦並云鮑氏。左傳鮑氏下更有『爲王孫

氏』四字。

抉吾眼置之吳東門，以觀越之滅吳也。

索隱：『此國語文。彼以抉爲辟，又云：「以手抉之。王愷曰：『孤不使大夫得

有見。』乃盛以鴟夷，投之江也。」』

梁玉繩云：『索隱謂國語「以抉爲辟。又云：以手抉之。」今本國語無其文，不

知何據。今本作「縣目。」』

陳槃庵兄云：『今天聖明道本國語吳語云：「將死，曰：以懸吾目於東門，以見

越之入。」與索隱所見本異。』

案今吳語『以懸吾目於東門，』未言抉，即言懸，於義不備。索隱云云，疑所見

本本作『辟（同闢）吾目，以手抉之，懸於東門。』今本或有脫誤耳。

齊鮑氏弑齊悼公。

索隱：『公名陽生。左傳哀十年曰：「吳伐齊南鄙，齊人殺悼公。」不言鮑氏。又鮑牧以哀八年爲悼公所殺，今言鮑氏，蓋其宗黨爾。……』

案伍子胥列傳亦云：『齊鮑氏殺其君悼公。』年表、齊世家、衞世家並云鮑子，田完世家則直云鮑牧。蓋鮑氏、鮑子，即鮑牧也。鮑牧哀八年爲悼公所殺，史記無其事，史公蓋別有所本。索隱泥於左傳所記，謂此鮑氏爲鮑牧之宗黨。不知田完世家明言『鮑牧弒悼公』也。（參看齊世家『鮑子弒悼公』條。）

十四年春，吳王北會諸侯於黃池。

案哀十三年春秋經，書在夏。

欲霸中國以全周室。

考證：楓山、三條本全作令。

案全乃令之形誤。伍子胥傳亦作令。

六月戊子，越王句踐伐吳。

考證：『梁玉繩曰：「『戊子，』左傳作『丙子，』此誤。」愚按楓山、三條本作「丙子。」』

案吳越春秋句踐伐吳外傳亦作『丙子。』

乙酉，越五千人與吳戰。

陳槃庵兄云：『梁玉繩曰：「陳氏（子龍）測議謂：外傳：范蠡、舌庸率師，沿海泝淮，以絕吳路。當起數道之師，不止五千人。考哀十三年左傳，是戰也，吳大夫王孫彌庸屬徒五千，史公必因此而誤。王孝廉云：或誤本外傳君子六千人；或誤以保會稽之甲楯五千而移於此。」』

案『五千人，』蓋本作『五萬人。』此傳寫之誤，非史公之誤也。越世家載此事，稱句踐『發習流二千人，敎士四萬人，君子六千人，諸御千人，伐吳。』合計爲四萬九千人，與五萬人近，是其明證。吳越春秋承越世家，稱句踐『發習流二千人，俊士四萬，君子六千，諸御千人，以乙酉與吳戰。』標明『乙酉，』則兼采此文。亦可證此『五千』爲『五萬』之誤。惟越世家云云，據左哀十七年傳及吳語，則爲吳、越戰笠澤事。本篇下文『十八年，越益彊。越王句踐率兵，使伐敗吳師於笠澤。』未記句踐率兵之多少。史公既述及笠澤事，當不致誤彼爲此。

　　蓋別有所本與？

虜吳太子友。

　　案越世家、伍子胥傳虜並作殺。左傳虜作獲，義同。吳越春秋作『遂虜殺太子。』

吳王與晉定公爭長。

　　案文選陳孔璋檄吳將校部曲文注引此文，又引史記云：『吳與晉人相遇黃池之
上，吳、晉爭強。晉人擊之，大敗吳師。越王聞之，襲吳。吳王聞之，去晉而
歸。與越戰，不勝。城門不守，遂圍王宮，而殺夫差。』乃越絕內傳陳成恆篇之
文。史記吳世家、晉世家、越世家、伍子胥傳皆無晉擊吳事，左傳、國語同。

趙鞅怒，將伐吳。

　　考證：『梁玉繩曰：案左傳，鞅與司馬寅之言，衹是爭長耳。非怒而欲伐吳也。』

　　案左傳：『趙鞅呼司馬寅曰：日旰矣！大事未成，二臣之罪也。建鼓整列，二臣
死之，長幼必可知也。』所謂『建鼓整列，二臣死之。』正『怒將伐吳』之狀
也。晉世家集解載徐廣注引此文，『將伐』作『將戰。』吳字屬下讀。

乃長晉定公。

　　考證：『梁玉繩曰：「案公羊哀十三年會黃池，傳曰：『吳主會也。』與外傳言
『吳公先歃，晉侯亞之』同。左傳云：『乃先晉人。』先吳于晉也。先儒謂經書
吳在下，是晉實先之，誤矣。史公於秦紀及晉、趙兩世家言『長吳，』而此言
『長晉。』共說一事，二文不同，何自岐也？以情勢揆之，晉人不競，不歷數
世。自宋之會，即爲楚所先。而況其能與吳爭乎？」李笠曰：「晉、趙世家言
『長吳，』此言『長晉』者，亦傳疑之例也。」』

陳槃庵兄云：『梁氏謂史文前後互岐，是也。左傳云「乃先晉人，」謂長晉人
耳。梁解爲「先吳于晉。」繆之甚也！舊籍辭各不同，姜炳璋曰：「傳云『晉人
先歃。』左氏據晉人之辭也。吳語云『吳公先歃。』外傳據吳人之辭也。經無明
文，竊以爲當從國語。」（詳讀左補義『哀十三年』條。）姜說蓋近是也。』

　　案姜說，蓋得左傳『先晉、』國語『先吳』不同之故。李笠說，則得史公『長
晉』、『長吳』兩說並存之故。凡史記記事互岐者，皆史公取材之慎，無所偏執。

孟眞師云：『史記是一部多見闕疑，並存異說之書。』（傅孟眞先生集中編戊史

記研究。）是矣。

於是乃使厚幣以與越平。

　　考證：『中井積德曰：「使下似脫一使字。」愚按古鈔本有。』

　　案伍子胥傳亦疊使字。

齊田常殺簡公。

　　考證：楓山、三條本殺下有『其君』二字。

　　案晉世家殺作弒，下亦有『其君』二字。

越王句踐率兵，使伐敗吳師於笠澤。

　　梁玉繩云：使字衍。

　　考證：『中井積德曰：「使字衍。」張文虎曰：「當復之譌。」』

　　案使字非衍；亦非復之譌。使猶以也。楚辭九章惜誦：『命咎繇使聽直。』王逸
　　注：『使，一作以。』（裴氏古書虛字集釋九有此例。）即其比。劉子九流篇：
　　『若以〔禮〕教行於大同，則邪偽萌生；使無爲化於成、康，則氛亂競起。』
　　以、使互文，明其義相同。

越王句踐復伐吳。

　　索隱：『哀十九年左傳曰：「越人侵楚，以誤吳也。」杜預曰：「誤吳，使不爲
　　備也。」無伐吳事。』

　　案黃善夫本、殿本索隱，左傳並作左氏。『誤吳，』猶『欺吳』也。呂氏春秋有
　　度篇：『有度而以聽，則不可欺矣。』高誘注：『欺，誤也。』

越王句踐欲遷吳王夫差於甬東。

　　集解：『韋昭曰：句章東海口外州也。』

　　案御覽六九、一七一、路史國名紀四引遷並作徙，義同。又案景祐本集解韋注
　　『海口』作『冹口。』御覽六九、路史引韋注『海口外州，』並作『溪口外洲。』
　　州、洲古通，吳語韋注、左哀二十二年傳杜注亦並作洲。

予百家居之。

　　案長短經七雄略注作『與百家君之。』予、與古通，居乃君之誤。越世家作『君
　　百家。』亦其證。越世家索隱：『國語云：「與之夫婦三百。」是也。』（吳語

　　　　　　　　　　　　　　　　　　　　　　　　　　　— 29 —

無『與之』二字。）吳越春秋句踐伐吳外傳云：『給君夫婦三百餘人。』
遂自剄死。

　　集解：『越絕書曰：夫差冢，在猶亭西卑猶位。越王使干戈人一壤土以葬之。近
太湖，去縣五十七里。』

　　索隱：『……猶亭，亭名。卑猶位三字，共爲地名。吳地記曰：「徐枕山，一名
卑猶山。」是。』

　　考證：『梁玉繩云：「左傳作縊；越世家云『自殺。』其義一也。而此言『自
剄；』越絕書、吳越春秋作『伏劍。』淮南道應、說苑正諫與此同。子胥傳又言
『越殺夫差。』竝小異。」孫詒讓曰：「集解『卑猶』當作『申酉。』『申酉』
正西方。此記墓所在方位。壤乃藪之俗也。」』

　　陳槃庵兄云：「漢魏叢書本越絕書「猶亭」作『猶高。』「卑猶位，」景祐監本、
宋蜀本集解猶下並有之字。「越王使，」同上本集解又越絕書使並作候；壤，同
上本越絕書作累；又「五十七里」無五字。』

　　案吳語亦云『自殺。』縊、『自剄、』『伏劍，』皆『自殺』也。呂氏春秋適威
篇云『自歾；』韓詩外傳十云『自喪，』亦並猶『自殺』也。夫差之『自殺，』
無異越王逼殺之，故子胥傳又言『越殺夫差。』越絕內傳陳成恆亦稱越王『殺夫
差。』又案集解猶亭，漢書叢書本越絕書作猶高，高蓋亭之誤。吳越春秋夫差內
傳徐注引越絕書仍作猶亭。集解『卑猶位。』黃善夫本猶下亦有之字。卑猶，山
名。越絕請糴內傳：『越王葬（夫差）於卑猶之山。』亦其證。孫詒讓〔越絕外
傳記吳地札迻〕謂『集解「卑猶」當作「申酉。」可備一說。集解『越王使，』
黃善夫本使亦作候。吳越春秋作使。孫氏謂『候當作使。』竊疑候有使義。集
解壤，越絕書作累，孫氏謂『累卽藪之借字，壤則藪之俗也。吳越春秋作隥，則
謬。』竊疑隥本作隄。隄，字或作隒。壤，或亦作隒。（古从土、从阜之字，往往
栢同。）壤易爲隒，復轉寫爲隥耳。集解『五十七里，』越絕書無五字，孫云：
『當依集解增五字。據索隱引〔越絕〕吳地記，卑猶山卽秦餘杭山。（毛本索隱誤
作徐杭山。今本吳地記亦缺誤。）上文云：「秦餘杭山者，去縣五十里。」則猶
亭不當止去縣十七里。』黃善夫本、殿本索隱，餘杭山亦並誤徐枕山。殿本索隱

卑猶山作卑猶位。蓋因上文索隱『卑猶位三字，共爲地名。』而改。

越王滅吳，誅太宰嚭。

徐天祐云：『吳世家曰：「越王滅吳，誅太宰嚭。」越世家亦曰：「越王乃葬吳王，而誅太宰嚭。」此書（吳越春秋）又云：「並誅其妻子。」則吳王之自殺也，嚭亦同時就誅矣。愚按越滅吳之後二年，是爲哀公二十四年，「公如越，將妻公而多與之地。季孫懼，因使太宰嚭而納賂焉。乃止。」然則吳之亡也，嚭遂臣越，夫固無恙也。史世家及此書所載，何其與左氏相戾也！且嚭貪而佞，至於亡國喪君，死有餘戮。越人既生之，又從而信任之，豈以其嘗私越，而不以其不忠爲罪邪？』（吳越春秋夫差內傳注。）

梁玉繩云：『左傳哀廿二年越滅吳，廿四年有太宰嚭，則未嘗誅也。故〔劉恕〕通鑑外紀云：「嚭入越亦用事，安得吳亡即誅哉？」故史記〔吳、越〕世家、〔伍子胥〕列傳及越絕、吳越春秋皆言誅嚭。呂氏春秋順民篇言「戮吳相。」似不足爲信。（越絕、吳越春秋言「幷戮其妻子。」）』

陳槃庵兄云：『孫志祖曰：「越初滅吳時，未必誅嚭，當在季孫納賂之後。史公特因滅吳而牽連書之爾。或曰：是時陳亦有太宰嚭，見禮記檀弓。然季孫因嚭而納賂於越，則不得謂是陳之太宰也。」』（讀書脞錄二、『太宰嚭』條。）

案左傳越滅吳，未嘗誅嚭；呂氏春秋順民篇則稱越王『禽夫差，戮吳相。』其說必有所本。史記及越絕、吳越春秋（二書晚出）相承，皆言誅嚭。此事傳聞有二，未可必以左傳爲是。孫志祖云云，乃調和之論，可備一解。

余讀春秋古文，乃知中國之虞，與荊蠻句吳兄弟也。

案王國維史記所謂古文說：『太史公修史記時所據古書，若五帝德、若帝繫姓、若諜記、若春秋歷譜諜、若國語、若春秋左氏傳、若孔子弟子籍，凡先秦六國遺書非當時寫本者，皆謂之古文。……吳太伯世家云：「余讀春秋古文，乃知中國之虞，與荊蠻句吳兄弟也。」此即據左氏傳宮之奇所云「太伯、虞仲，太王之昭」者以爲說。而謂之「春秋古文。」是太史公所見春秋左氏傳亦古文也。』（觀堂集林七。）

又何其閎覽博物君子也！

集解：『皇覽曰：延陵季子冢，在毗陵縣暨陽鄉，至今吏民皆祀之。』

陳槃庵兄云：『毗陵，今江蘇武進縣治。又太平寰宇記九二引注云：「季子冢在
毗陽西，孔子過之，題曰：延陵季子之墓。」文與今本多不同，且有脫佚。唯云
毗陽，當卽暨陽。』

案左昭元年傳：『晉侯聞子產之言，曰：博物君子也！』又案景祐本、黃善夫
本、殿本集解，『祀之』並作『祀事。』越絕外傳記吳地傳：『毗陵上湖中冢
者，延陵季子冢也。去縣七十里。上湖通上洲。季子冢，古名延陵墟。』

史記斠證卷三十二

齊太公世家第二

王　叔　岷

太公望呂尚者，東海上人。

　　案詩大雅大明及禮記檀弓上孔疏引太並作大，作大是故書。水經河水注、詩齊風

　　譜及禮記疏、孟子離婁篇僞孫奭疏引人下皆有也字。

佐禹平水土，

　　案水經濟水注引作『佐禹治水。』

虞、夏之際封於呂。

　　案詩齊風譜疏引虞上有於字。水經注引封上有受字。

申、呂或封枝庶，

　　案唐太宗帝範求賢篇注引枝作支，古字通用。

呂尚蓋嘗窮困，年老矣。

　　索隱：『譙周曰：呂望嘗屠牛於朝歌，賣飲於孟津。』

　　案游俠列傳正義引尉繚子云：『太公望行年七十，賣食棘津。』楚辭離騷：『呂

　　望之鼓刀兮，遭周文而得舉。』九章惜往日：『呂望屠於朝歌兮。』鶡冠子世兵

　　篇：『太公屠牛。』淮南子氾論篇：『太公之鼓刀。』脩務篇：『呂望鼓刀而入

　　周。』韓詩外傳七：『呂望行年五十，賣食棘津。年七十，屠於朝歌。九十，乃

　　爲天子師。』水經河水注引司馬遷亦云：『呂望行年五十，賣食棘津。七十，則

　　屠牛朝歌。行年九十，身爲帝師。』（今本史記無此文，疑所引乃外傳文也。）

　　列女傳辯通篇齊管妾婧傳：『昔者太公望，七十屠牛於朝歌市。八十爲天子師。

　　九十而封於齊。』淮南子說林篇高誘注：『呂望鼓刀、釣魚，年七十始學讀書。

　　九十爲文王作師。』又案索隱『賣飲於孟津。』黃善夫本、殿本飲並作飯。疑是

　　。孟津疑棘津之誤。

以漁釣奸周西伯。

正義：『奸音干。……「酈元曰：磻磎中有泉，謂之茲泉。泉水潭積。自成淵渚，即太公釣處。今人謂之凡谷。石壁深高，幽篁邃密，林澤秀阻，人跡罕及。東南隅有石室，蓋太公所居也。水次有磻石可釣處，即太公垂釣之所。其投竿跪餌，兩膝遺跡猶存。是有磻磎之稱也。……」』

考證：『張文虎曰：詩文王疏引奸作干，冊府元龜同。』

案殿本漁壞爲魚。水經河水注、文選張平子東京賦注、李蕭遠運命論注、後漢書崔駰傳注、帝範注、容齋五筆二引奸亦皆作干。太平廣記一三七引說苑（佚文）：『呂望釣於渭濱，獲鯉魚，剖腹得書，曰：呂望封於齊。』（正義所引較詳。亦略見論衡紀妖篇。）又案正義引酈元云云，殿本同。殿本考證云：『正義此條，訛脫殊甚！今俱考原文改正。』所改正者，與原文亦略有出入。黃善夫本作『酈元云：磻磎中有泉，謂之茲泉。積水爲潭，即太公釣處。今謂之凡谷。有石壁，深高幽邃，人跡罕及。東南隅有石室，蓋太公所居。水次盤石釣處，即太公垂釣之所。其投竿跪餌，兩膝遺跡猶存。是磻磎之稱也。……』文雖較略，亦自可通。蓋節引酈氏水經渭水注之文，非如考證所謂『訛脫殊甚』者也。

西伯將出獵，卜之。

案御覽八三一引獵作畋。文選班孟堅荅賓戲注引『卜之』作『占之。』又劉越石重贈盧諶詩注、東方曼倩非有先生論注、李蕭遠運命論注並引六韜云：『文王卜田，史扁爲卜。』御覽七二六引『史扁』作『史偏。』容齋五筆二引六韜作『文王將田，史編布卜。』宋書符瑞志亦云：『〔文〕王將畋，史徧卜之。』畋、田正、假字。偏、編、徧並諧扁聲，與扁古亦通用。

所獲非龍非影，

索隱：『徐廣音「勑知反。」餘本亦作螭字。』

梁玉繩云：『章懷注〔崔駰〕達旨引史云：非龍非螭。』

案初學記六引影亦作螭。說文：『螭，若龍而黃。北方謂之地螻。或云：無角曰螭。』影，或螭字。容齋五筆引後漢書崔駰達旨注螭作驪，恐非。

非虎非羆。

梁玉繩云：『章懷崔駰達旨注、李善班固答賓戲注、初學記卷六竝引史記作「非熊非羆。」（李注〔張衡東京賦〕引史作「非虎非羆。」蓋今本文選之譌。）……則知今本史記作「非虎非羆。」誤也。而容齋五筆據六韜第一篇文韜作「非虎非羆。」與史記合，以達旨所引史記爲疑。不知六韜是後人僞作，未可爲憑。況沈約竹書注及宋書符瑞志、藝文類聚六十六、李善注東方曼倩論、運命論、劉越石詩竝引六韜作「非熊非羆。」容齋所見六韜，當是譌本。然亦可證史記之誤，自宋已然。宋初猶未誤也。故唐人無能子文王說云：「西伯筮之，其繇曰：非熊非羆，天遺爾師。」御覽八百三十一卷引史作「非熊非羆。」至大紀則云「非龍非彲，非虎非熊」（岷案熊當作羆）矣。考古質疑謂「唐人避諱，改虎爲熊。」殊不然。（選注運命論引六韜又作「非熊非羆，非虎非狼。」曼倩論注同。與劉詩注異。）』

案劉子知人篇唐袁孝政注亦云：『非熊非羆，合得帝王師。』宋吳曾能改齋漫錄五云：『豫章漁父詩：「范蠡歸來思狡兔；呂翁何意兆非熊？」贈鄭交詩：「巖居大士是龍象；草堂丈人非熊羆。」按六韜、史記「非龍非彲，非虎非羆，」無熊字，恐豫章別有所本。』所引六韜、史記作『非虎非羆，』與容齋五筆合；與唐人所見六韜、史記作『非熊非羆』異。北宋景祐本此文已作『非虎非羆。』御覽八三一引此作『非熊非羆，』蓋據唐本。竊疑文選答賓戲注引此作『非熊非羆；』東京賦注又引作『非虎非羆。』或李善所見此文已有作熊、作虎不同之本，亦未可知。作虎者，未必今本文選之譌也。（又案御覽七二六引六韜作『非熊非羆，非虎非狼。』與文選非有先生論注、運命論注引同。）

於是周西伯獵，果遇太公於渭之陽。

案初學記、後漢書注引此並無周字。後漢書注引『於渭』作『渭水。』焦氏易林十六注引史記云：『西伯出獵，得呂望，年八十，釣於渭水。』（十二注引『八十』下有餘字。）蓋非史記之舊。

曰：『自吾先君太公曰：「當有聖人適周，周以興。」子眞是邪？吾太公望子久矣！』故號之曰太公望。

案帝範注引自作向。當猶將也。文選東京賦注引，無此三十五字，而有『文王勞

之，太公曰：「臣聞君子樂其志；小人樂其事。」』十九字。

載與俱歸，立爲師。

　　考證：『梁玉繩曰：詩齊風譜疏引世家作「立爲太師。」呂子長見篇注同。』
案文選東京賦注引載上有遂字。詩王風譜疏引『立爲師，』作『而立爲大師。』
大雅大明疏、禮記檀弓疏引師上亦並有大字。論語泰伯邢疏引師上有太字。作大
是故書。莊子田子方篇（稱太公爲臧丈人）作『以爲大師。』徐幹中論審大臣篇
作『以爲太師。』又案書鈔五二引史記齊世家云：『周文王得呂尚於磻磎，以爲
師，謂之太公。武王嗣位，號曰師尚父。成王即政，尊爲太師。』與今本齊世家
之文不類。而初學記十一、御覽二百六亦並引之，（又略見記纂淵海六八。）姑
識之以存疑。

呂尚亦曰：吾聞西伯賢；又善養老。盍往焉。

　　案『盍往焉。』詩大雅文王疏引往下有歸字。『盍往歸焉，』猶云『試往歸之。
』莊子讓王篇：『昔周之興，有士二人，處於孤竹，曰伯夷、叔齊。二人相謂曰
：吾聞西方有人，似有道者，試往觀焉。』『試往觀焉，』猶『試往歸之。』彼
文之試，此文之盍，其義一也。周本紀：『伯夷、叔齊在孤竹，聞西伯善養老，
盍往歸之。』『盍往歸之，』猶『試往歸之。』伯夷列傳：『於是伯夷、叔齊聞
西伯昌善養老，盍往歸焉。』『盍往歸焉，』猶『試往歸之。』並同此例。（說
互詳史記斠證導論及伯夷列傳斠證。）孟子離婁篇：『太公辟紂，居東海之濱，
聞文王作，興曰：盍興乎來！吾聞西伯善養老者。』（又見尚書大傳。）朱子集
注：『盍，何不也。』與史記諸盍字異義。

三人者，爲西伯求美女、奇物，獻之於紂，以贖西伯。西伯得以出，反國。

　　路史發揮二：『太史公……以爲「西伯昌囚羑里，尚隱滋泉，其臣閎夭、散宜生
、南宮括者，相與學訟於公。四子於是見西伯於羑里；而復相與求美女、文馬、
白狐、奇物以獻紂，而脫其囚。」』
　　案上文不言『尚隱滋泉，』惟呂氏春秋謹聽篇云：『太公釣於茲泉。』舊本茲作
滋，與路史合，古字通用。上文亦不言南宮括。惟類說九五引韓詩外傳、後漢書
史弼傳注引帝王世紀並言南宮括，帝王世紀云：『散宜生、南宮括、閎夭學乎呂

尙。』與路史所述合。此文不言『文馬、白狐。』惟周本紀、書鈔三一及藝文類
聚九三引太公六韜並言『文馬。』金樓子箴戒篇言『靑狐。』（參看殷本紀斠證
。）路史稱太史公云云，蓋綜合諸書之文，非史記之舊也。

其事多兵權與奇計。

　　正義：『六韜云：……此五行之府。……』

　　考證：楓山、三條本正義……府作符。

　　案府、符古通，漢書司馬遷傳：『修身者，智之府也。』文選司馬子長報任少卿
　　書府作符，文子九守篇守淸：『智者，心之府也。』治要引府作符，劉子履信篇
　　：『故言必有言，信之符也。』敦煌本符作府。』並其比。

故後世之言兵及周之陰權，皆宗太公爲本謀。

　　案漢書藝文志稱『太公二百三十七篇：謀八十一篇；言七十一篇；兵八十五篇。
　　』王應麟考證六云：『戰國策（秦策）：「蘇秦得太公陰符之謀。」隋志有太公
　　陰謀。』王先謙補注：『沈欽韓曰：「隋志太公陰謀一卷，（梁六卷。）太公陰
　　符鈐錄一卷，太公伏符陰陽謀一卷，舊唐志太公陰謀三卷，又陰謀三十六用一卷
　　。隋志太公金匱二卷，（舊唐志三卷。）太公兵法二卷，又兵法六卷。（梁有太
　　公雜兵書六卷。）又三宮兵法一卷。志云謀者，即太公之陰謀。言者，即太公金
　　匱。兵者，即太公兵法。」』

大作豐邑。

　　案御覽二百引豐作酆。豐、酆古、今字，周本紀已有說。

天下三分，其二歸周者，

　　案御覽引作『天下三分有其二。』疑因論語『三分天下有其二』（泰伯篇。）之
　　文而改。

師尙父

　　集解：『劉向別錄曰：「師之、尙之、父之，故曰師尙父。」父亦男子之美號也
　　。』

　　案劉向別錄云云，詩大明疏、論語泰伯疏引並同。

蒼兕、蒼兕，

索隱：『亦有本作「蒼雉。」按馬融曰：「主舟楫官名。」又王充曰：「蒼兕者，水獸九頭。今誓衆令急濟，故言蒼兕以懼之。」』

梁玉繩云：『此水獸，一身九頭，善覆人船。今本論衡是應篇作「蒼光，」誤。索隱引王充作「蒼兕。」又索隱云：「馬融云：『主舟楫官名。』有本作『蒼雉。』」亦非。』

案元本論衡作『倉兕。』藝文類聚九五、御覽三百七引並同；御覽八百九十、記纂淵海九八引論衡並作『蒼兕，』與索隱合。蒼、倉古通，光乃兕之誤。兕，俗兕字。參看田宗堯弟論衡校證。又案索隱『亦有本，』黃善夫本、殿本並作『本或作。』

諸侯不期而會者八百諸侯。

考證：『梁玉繩曰：〔下〕「諸侯」二字衍。』

案殷本紀作『諸侯叛殷會周者八百。』金樓子興王篇作『諸侯不期而會盟津者八百。』並無下『諸侯』二字。周本紀作『諸侯不期而會盟津者八百諸侯。』考證稱古鈔、楓、三、南本及藝文類聚引史皆無下『諸侯』二字，御覽八四、焦氏易林十六注引並同（參看周本紀斠證。）秦楚之際月表序作『不期而會孟津八百諸侯。』春秋繁露王道篇作『不期會於孟津之上者八百諸侯。』則並無上『諸侯』二字。

卜龜兆不吉，風雨暴至，羣公盡懼。唯太公彊之，勸武王。

梁玉繩云：『事亦見論衡卜筮篇。書泰誓疏曰：「太公六韜云：『卜戰，龜兆焦；筮，又不吉。太公曰：枯骨、朽蓍，不踰人矣。』彼言不吉者，六韜之書，後人所作。史記又采用六韜，好事者妄矜太公，非實事也。」……』

案書僞泰誓中疏引『盡懼』作『皆懼。』（誤爲周本紀文。）御覽七二六引六韜云：『文王問散宜生：「卜伐殷，吉乎？」鑽龜，龜不兆；祖行之日，雨輜至軫；行之日，幟折爲三。散宜生曰：「此凶！四不祥，不可舉事。」太公進曰：「非子之所知也。龜不兆，聖人生天地之間，承衰亂而起。龜者枯骨，蓍者朽草，不足以辨吉凶；祖行之日，雨輜至軫，是洗甲濯兵也；行之日，幟折爲三，此軍分爲三。如此，斬紂首之象。』

遂追斬紂。

　　梁玉繩云：斬紂，妄也。說在周紀。

　　案殷、周紀並言武王斬紂頭，古籍言斬紂者多矣。（參看殷本紀斠證。）斬一夫
　　紂，非弒君之比，未必妄也。

羣公奉明水，

　　索隱：『周本紀：「毛叔鄭奉明水」也。』

　　考證：『梁玉繩曰：周紀本逸書，此言「羣公，」誤。』

　　案此疑本作『羣公畢從。毛叔鄭奉明水，』今本脫五字，『羣公』二字不誤。周
　　書克殷解作『大卒之左羣臣畢從。毛伯鄭奉明水，』（之猶與也，左下疑脫右字
　　，『左右、羣臣』爲複語。）周本紀作『大卒之左右畢從。毛叔鄭奉明水，』（之
　　亦猶與也，參看周本紀斠證。）『羣公』猶言『羣臣』或『左右』耳。

師尚父謀居多。

　　案藝文類聚五一、御覽二百引此並作『太公之謀居多。』蓋與上文『太公之謀計
　　居多』句相亂也。

客寢甚安，殆非就國者也。

　　考證：御覽（一九五）引甚作處，『就國』之國作封。

　　案水經淄水注引國亦作封。（說苑權謀篇載鄭桓公就封事，作『今客之寢安，殆
　　非封也。』）

犂明至國。

　　索隱：『犂猶比也。一云：犂猶遲也。』

　　案景宋本白帖十四引犂作比，與索隱說合。能改齋漫錄十四引犂作黎；索隱：『
　　一云：犂猶遲也。』黎、犂、遲古並通用，呂后本紀：『犂明孝惠還。』（王念
　　孫云：明字後人所加。）日本延久古寫本犂作黎；漢書外戚傳作遲，即其比。

萊侯來伐，

　　考證：『中井積德曰：據下文，萊侯當作「萊人。」』

　　案白帖引此萊侯作『萊人。』

通商工之業，便魚鹽之利，而人民多歸齊。

案漢書地理志下：『太公以齊地負海，舄鹵，少五穀，而人民寡。酒勸以女工之業，通魚鹽之利，而人物輻湊。』

乃使召康公命太公曰，

案御覽二百引召作邵，古字通用。蕭相國世家：『召平者，故秦東陵侯。』文選阮嗣宗詠懷詩注、藝文類聚八七引召並作邵，即其比。

實得征之。

案左傳四年傳作『汝實征之。』御覽引此亦作『汝實征之。』疑據左傳改。

齊由此得征伐爲大國。

案藝文類聚五一引『爲大國，』作『大于諸國。』

子丁公呂伋立。

集解：『徐廣曰：一作及。』

案詩齊風譜疏引伋作汲。伋、汲並諧及聲，與及古並通用。

子癸公慈母立。

索隱：『系本作「廔公慈母。」譙周亦曰「祭公慈母」也。』

梁玉繩云：『索隱本作「祭公慈母。」又引世本作「酋公慈母。」（檀弓疏引世本作瘖。）又引譙周云「祭公慈。」（各本譌作慈心。）未知孰是。』

案祭疑癸之誤。黃善夫本、殿本索隱『廔公慈母，』並作『祭公慈母。』譙周所謂『祭公慈母，』並作『祭公慈心。』

子哀公不辰立。

索隱：系本作不臣；譙周亦作不辰。

梁玉繩云：世本作不臣；而竹書名昂。蓋有二名。臣字疑誤。

案臣蓋辰之形誤。

哀公時，紀侯譖之周，周烹哀公，

集解：『徐廣曰：周夷王。』

案詩譜序疏引烹作亨，並引莊四年公羊傳曰：『齊哀公亨乎周，紀侯譖之。』（今本同。）齊風譜疏引公羊傳亨作烹。亨、烹古、今字。周本紀正義引紀年，稱夷王『三年致諸侯，烹齊哀公於鼎。』（又見御覽八五。）

而立其弟靜。

　　案詩譜序疏引靜作靖，古字通用。秦本紀已有說。

因徙薄姑，都治臨菑。

　　梁玉繩云：『詩齊風〔譜〕疏云：「臨菑、營丘一地。（趙氏水經注釋廿六云：

　　太公始封之營丘，宜在北海營陵。迨獻公徙臨淄，取營丘舊名以號臨淄，猶晉稱

　　新田爲絳；楚稱郢爲郢耳。）應劭言『獻公自營丘徙臨菑，』是劭之謬。當云『

　　自薄姑徙臨菑』耳。齊世家，唯胡公一世居薄姑，以後復都臨菑也。」但烝民詩

　　，「仲山甫徂齊」傳，以齊去薄姑遷臨菑，在宣王之時，與世家書於獻公元年異

　　。孔疏謂「史記非實，所言未可信。毛公在馬遷之前，其言當有準據。」然則遷

　　臨菑者，非獻公矣。二說未定孰是。』

　　案齊風譜疏引菑作淄；疏文亦作淄。梁氏引疏文作菑，改就此文耳。菑、淄古通

　　，下文『晉兵遂圍臨菑。』年表菑作淄，亦其比。又梁氏『但烝民詩』云云數句

　　，亦本孔疏。

子成公脫立。

　　梁玉繩云：索隱引世本、譙周及年表，皆作說。齊風詩譜疏引世家政作說。則是

　　今本譌說爲脫耳。

　　考證：舊刻毛本脫作說，與年表及齊風譜疏引合。作說爲是。

　　案年表脫作說，索隱：『系家說作脫。』則作脫由來已久。說、脫古通，禮記少

　　儀：『排闔說屨於戶內者，一人而已矣。』釋文：『說，本又作脫。』即其證。

　　梁氏以脫爲說之譌，考證本之，非也。

子莊公購立。

　　索隱：劉氏音『神欲反。』系家及系本並作贖。

　　考證：『張文虎曰：單本無此索隱，蓋從年表移屬。』

　　案年表購作贖，索隱：『贖，劉氏音「神欲反。」系家及系本並作購。』此文索

　　隱，蓋後人從年表移屬；又妄改購爲贖耳。黃善夫本此文索隱，贖下更有『又上

　　「成公脫，」年表作說也。』十字。

子釐公祿甫立。

案詩齊風譜疏引甫作父，年表同，古字通用。下文管至父，書鈔七九引父作甫，
亦同例。

非我敵。

案爾雅釋詁：『敵，匹也。』左桓六年傳敵作耦，義同。

釐公同母弟夷仲年死。

案左莊八年傳、列子力命篇張湛注釐並作僖，古字通用。

紲無知秩服，

案日本舊鈔本左莊八年傳紲作黜，黜、紲正、假字。年表作貶，義同。說文：『
黜，貶下也。』

因拉殺魯桓公。

集解：『公羊傳曰：搚幹而殺之。』

正義：拉，音力合及。幹，脅也。

梁玉繩云：『左傳疏引此作「摺殺。」與魯世家同。』

案左桓十八年傳疏引此作『摺殺。』並云：『搚、摺、拉，音義同也。』魯世家
作『摺其脅。』無殺字。列女傳孽嬖篇魯桓文姜傳作『拉其脅而殺之。』詩齊風
南山疏引公羊〔莊元年〕傳搚亦作拉。

及瓜而代。

案書鈔引作『瓜時而代。』管子大匡篇作『及瓜時而來。』

遂獵沛丘。

索隱：左傳（莊八年）作貝丘也。

考證：『梁玉繩曰：貝、沛古以音近通借。』

案管子、論衡訂鬼篇亦並作貝丘。又案黃善夫本、殿本此文並無索隱。

傷足失屨。反而鞭主屨者茀三百。

正義：茀，主屨者也。

梁玉繩云：『傳云：「誅屨於徒人費，弗得，鞭之見血。」此以爲主屨者；又謂
鞭之三百，恐非也。費、茀古通，如魯幽公、晉穆侯皆名灒，而穆侯之名亦作費
，幽公之名亦作茀，可以互證。』

案論衡屨作履，與正義合。說文：『屨，履也。』作屨是故書。史公謂『鞭主屨者茀三百，』與左傳不合，蓋別有所本。管子茀亦作費，費、茀古通，梁說是也。中庸：『君子之道，費而隱。』釋文：『費，本又作拂。』費之通茀，猶費之通拂矣。

遂弒之，而無知自立為齊君。

案日本舊鈔本左傳弒作煞，列子力命篇注作殺。殺、煞正、俗字。疑此文故本亦作殺。

齊君無知游於雍林。

索隱：『亦有本作雍廩。賈逵曰：「渠丘大夫。」左傳云：「雍廩殺無知。」杜預曰：「雍廩，齊大夫。」此云「游雍林，雍林人嘗有怨無知，遂襲殺之。」蓋以雍林為邑名，其地有人殺無知。賈言「渠丘大夫」者，渠丘，邑名。雍林為渠丘大夫也。』

正義：按林、廩齊語輕重，隨音改異也。……

考證：『莊八年左傳云：「初，公孫無知虐於雍廩。」』（岷案廩，原引誤林。）

梁玉繩曰：「雍廩，人名。賈逵以為「渠丘大夫」者，因昭十一年左傳及楚語上，並有「齊渠丘實殺無知」之語。渠丘為雍廩邑，雍廩為人名益信。」』

案管子云：『公孫無知虐於雍廩，雍廩殺無知也。』雍廩為人名，與左傳合。雍諧雝（雝之隸變）聲，與雍古通。史公以雍林為地名，言之鑿鑿，疑別有所據。又案黃善夫本、殿本索隱，『亦有本，』並作『本亦作。』又並無『賈逵曰：渠丘大夫』七字，者下並無『渠丘，邑名』四字，而有蓋字。

故次弟糾奔魯。其母魯女也。管仲、召忽傅之。次弟小白奔莒，鮑叔傅之。

考證：『中井積德曰：「兩傅字，蓋後人揣量之言耳。且當時智者取奇貨而出，何必論官銜。左氏云：『奉公子。』蓋得其實也。」』

案治要引糾上有子字。左莊八年傳云：『鮑叔牙……奉公子小白出奔莒，亂作。管夷吾、召忽奉公子糾來奔。』（管子兩奉字同。）管晏列傳云：『鮑叔事齊公子小白，管仲事齊公子糾。』傅、奉、事，義並近。

小白母，衞女也。有寵於釐公。

　　案左昭十三年傳載叔向對韓宣子曰：『齊桓，衞姬之子也。有寵於僖公。』

射中小白帶鉤。

　　王國維云：『古革帶當用鉤，左氏僖二十四年傳：「齊桓公寘射鉤而使管仲相。」
　　史記齊太公世家云：「管仲射中小白帶鉤。」荀子禮論篇：「縉紳而無鉤帶。」
　　紳爲大帶，則鉤帶或指革帶。皆古帶用鉤之證。』（觀堂集林十八胡服考。）
　　案列子力命篇亦稱管仲『射中小白帶鉤。』國語齊語：『桓公曰：夫管夷吾射寡
　　人中鉤。』管子大匡篇：『管仲射桓公中鉤。』又云：『管仲射小白中鉤。』小
　　匡篇：『〔桓〕公曰：管夷吾親射寡人中鉤。』戰國策齊策六：『昔管仲射桓公
　　中鉤。』（又見魯仲連列傳。）並謂『帶鉤』也。

小白詳死。

　　案景祐本、黃善夫本、殿本詳並作佯，下同。詳、佯古、今字，本書習見。

已而載溫車中馳行。

　　案溫借爲輼，說文：『輼，臥車也。』

齊遺魯書曰，

　　案左莊九年傳作『鮑叔牙帥師來言曰。』齊語作『齊使者請曰。』管子小匡篇作
　　『公乃使鮑叔行成，曰。』管子大匡篇作：『而齊之使至，曰。』呂氏春秋贊能
　　篇作『於是乎使人告魯曰。』列子力命篇注作『齊告魯曰。』皆不言『遺魯書。』

弗忍誅。

　　案列子注誅上有加字。

將圍魯。

　　案列子注圍作滅。

卽高傒與叔牙足也。

　　案治要引卽作則，也作矣。管晏列傳正義引卽亦作則。卽猶則也。也猶矣也。黃
　　善夫本傒作傒，下同。傒，俗字。

君且欲霸王。

　　案列子力命篇且作如，義同。莊子人間世篇：『彼且爲嬰兒，亦與之爲嬰兒；彼
　　且爲無町畦，亦與之爲無町畦；彼且爲無崖，亦與之爲無崖。』三且字亦並與如

同義。

乃詳爲召管仲欲甘心。

　　案御覽六四四引詳作佯，心下有焉字。佯當作佯，金樓子說蕃篇作佯。

及堂阜而脫桎梏。

　　案御覽引脫下有之字。列子注脫下有其字，之猶其也。

二年，伐滅郯。

　　梁玉繩云：『徐廣謂「一作譚。」是也。（本當作鄲。）索隱謂「不當作郯字。」
　　（各本誤刻索隱郯字譌譚。）而不知是傳寫之譌，非史元文。郯乃別一國名，故
　　其後別見。』

　　案路史國名紀乙：『譚，子爵。齊桓二年滅之。（注：魯莊十年。）今齊之歷城
　　武德爲譚州，東南十里有故城。一作鄲，與郯異。（注：齊世家作「滅郯，」故
　　世以譚、郯爲一；而〔徐〕鉉以作譚爲非，皆誤。）』說文：『鄲，國也。齊桓公
　　之所滅。』段注：『詩、春秋、公、穀皆作譚。許書又無譚字，蓋許所據從邑。
　　齊世家譌作郯，可證司馬所據正作鄲。鄲、譚古、今字也。』朱駿聲通訓定聲云
　　：『譚，或談字。覃、炎雙聲。』談可作譚，則鄲亦可作郯。世家此文蓋本作鄲
　　，俗變爲郯。與別一國名之郯無涉也。

五年，伐魯，魯將師敗。魯莊公請獻遂邑以平。

　　考證：『楓山、三條本師作帥。中井積德曰：「將字疑衍。」梁玉繩曰：「齊桓
　　五年，爲魯莊十三年。桓公爲北杏之會，遂人不至，故滅之。無齊伐魯，及魯敗
　　獻邑事。滅遂亦與魯無涉。此及刺客傳同誤。」』

　　案『魯將，』謂曹沬。『魯將師敗，』謂曹沬之軍敗也。將字非衍。楓、三本師
　　作帥，非誤卽妄改。刺客列傳：『曹沬爲魯將，與齊戰，三敗北。魯莊公懼，乃
　　獻遂邑之地以和。』所載魯敗獻邑事同，史公蓋有所本，不得因與左傳不合，輒
　　以爲誤也。

桓公許，

　　案通鑑周紀二注引許下有之字。

魯將盟，曹沬以匕首劫桓公於壇上。

梁玉繩云：曹子之名，左、穀及人表、管子大匡皆作劌；呂覽貴信作劌；齊燕策
與史俱作沫。蓋聲近而字異耳。索隱於魯仲連傳作昧，疑譌。（刺客列傳志疑。）

考證：楓山、三條本無盟字，義長。

案將疑本作旣，涉上『魯將』字而誤也。楓、三本無盟字，蓋誤脫。刺客列傳作
『桓公與莊公旣盟於壇上，』可證。曹子之名（景祐本下文沫並誤沬），國語魯
語上、御覽四百三十引呂氏春秋（貴信篇）、新序雜事四、鹽鐵論論勇篇、後漢
書崔駰傳、劉子履信篇亦皆作劌。

夫劫許之；而倍信殺之。

集解；『徐廣曰：「一云：已許之；而背信殺劫也。」』

案夫，一本作已。夫猶已也。（此義前人未發。）而猶又也。（吳世家已有說。）
倍、背古、今字。下文『倍親以適君，』治要引倍作背，與此同例。

愈一小快耳。

考證：『岡白駒曰：愈讀曰偷，苟也。』

案俞讀曰偷，是也。惟不必訓爲苟。淮南子說林篇：『偷肥其體。』高誘注：『
偷，取也。』『偷一小快，』猶言『取一小快』耳。刺客列傳作『貪小利以自快
。』貪與偷義近。三國志魏志田疇傳：『偷快一時，無深計遠慮。』『偷快一時
，』猶此言『愈一小快，』皆非『深計遠慮』也。

於是遂與曹沫三敗所亡地於魯。

案刺客列傳作『於是桓公乃遂割魯侵地，曹沫三戰所亡地，盡復予魯。』齊策六
稱曹沫『三戰之所喪，一朝而反之。』（又見淮南子氾論篇、魯仲連列傳。）鹽
鐵論復古篇亦云：『曹沫棄三北之恥，而復侵地。』

諸侯會桓公於甄。而桓公於是始霸焉。

集解：『杜預曰：甄，衞地、今東郡甄城也。』

梁玉繩云：『甄與鄄通，竝音絹。田完世家：「趙攻甄。」亦卽鄄也。以會鄄爲
始霸，雖本於左氏，然未確。說在封禪書中。』

考證：莊十四年春秋經、年表、及左氏甄作鄄。

案新序雜事四甄亦作鄄。田完世家：『趙伐我，取甄。』（梁氏節引作『趙攻甄

。』）御覽一百六十引甄作鄄。』可證成梁說。又案莊十四年春秋經杜預注：『

鄄，衞地也。今東郡鄄城也。』集解引杜注鄄並作甄，依此正文改之也。（景祐

本集解甄城字作鄄，存杜注之舊，恐非集解之舊也。）

號敬仲。

考證：『中井積德曰：敬，謚也。仲，字也。何號之有！』

案田完世家作『謚曰敬仲。』（殿本、考證本謚並作諡，從俗改也。）號、謚古

亦通用，周禮春官職喪：『凡其喪祭，詔其號。』鄭司農云：『號，謂謚號。』

文選司馬長卿喻巴蜀檄：『身死無名，謚爲至愚。』李善注：『謚猶號也。』並

其證。謚敬字仲而連稱之，猶管夷吾謚敬字仲之稱敬仲，晏嬰謚平字仲之稱平仲

矣。

於是分溝，割燕君所至與燕。

案燕世家至下有地字，正義：『即齊桓公分溝，割燕君所至地與燕。』即本此文

，至下亦有地字。

命燕君復修召公之政。

案長短經臣行篇注命作令，管晏列傳同。命猶令也。

魯湣公母曰哀姜。

考證：『楓山、三條本母下有姊字。梁玉繩曰：魯世家依閔二年左傳，以湣公爲

哀姜娣叔姜所生，哀姜無子也。此以哀姜爲湣公母者，適母也。』

案左閔二年傳：『閔公，哀姜之娣叔姜之子也。』湣、閔古通，公羊傳、穀梁傳

、列女傳孽嬖傳魯莊哀姜傳、國語齊語韋昭注，湣亦皆作閔。楓、三本母下有姊

字，疑因叔姜爲哀姜娣而加。

桓公召哀姜殺之。

案公羊傳作『桓公召而縊殺之。』列女傳稱桓公『召哀姜酖而殺之。』

齊率諸侯城楚丘。

索隱：『……楚丘，在濟陰武城縣南，即今之衞南縣。』（『武城』二字原誤倒。）

案黃善夫本索隱作『楚丘，武城縣南。即今之衞南縣是也。』殿本索隱同，惟丘

作邱，正文同。（金樓子說蕃篇亦作邱。）蓋避孔子諱也。下文『會諸侯於葵丘

　　　　。』殿本丘亦作邱。

桓公與夫人蔡姬戲船中，

　　　　案黃善夫本船作舡，俗。

以夾輔周室。

　　　　案日本舊鈔本左僖四年傳夾作俠，夾、俠正、假字。『夾輔』複語，玄應一切經

　　　　音義十二引三蒼云：『夾，輔也。』

王祭不具。

　　　　梁玉繩云：史詮謂『湖本誤共爲具。』

　　　　案景祐本具字同。黃善夫本、殿本具並作共，蓋據左傳改。具非誤字。左傳釋文

　　　　：『共，本亦作供。』（日本舊鈔本、御覽八五引共並作供。）供、共正、假字

　　　　。供、具同義，爾雅釋詁：『供，具也。』

敢不共乎？

　　　　考證：楓山、三條本共作供。

　　　　案舊鈔本左傳及御覽引左傳亦並作供。

楚王使屈完將兵扞齊。

　　　　梁玉繩云：『傳云：「楚子使屈完如師。」以觀強弱也。此言「將兵扞齊，」非。』

　　　　案梁氏所謂『以觀強弱也。』本左傳杜注。

即楚方城以爲城，江漢以爲溝。

　　　　集解：『服虔曰：方城山，在漢南。』

　　　　考證：左傳『江漢』作『漢水。』

　　　　案文選王簡栖頭陁寺碑文注引溝作池，蓋據左傳改。左傳釋文：『「漢以爲池，」

　　　　本或作「漢水以爲池。」水，衍字。』詩商頌孔疏引服虔注：『方城，山也。漢

　　　　，水名。皆楚之隘塞耳。』是左傳本無水字矣。

陳袁濤塗詐齊，

　　　　案左傳、陳世家袁並作轅，古字通用，高祖本紀已有說。

周襄王使宰孔賜桓公文、武胙、彤弓矢、大路。

　　　　集解：『賈逵曰：大路，諸侯朝服之車，謂之金路。』

梁玉繩云：左傳無弓矢、大路之賜。此用外傳，而文又不同。

案齊語（卽外傳）有『大輅』之賞，而無『弓矢。』韋注引賈侍中（逵）注，兩路字亦並作輅。路、輅正、假字。管子小匡篇有『大路』之賞，亦無『弓矢。』

金樓子說蕃篇：『周襄王賜桓公文、武胙、彤弓、大輅。』本世家也。又案齊語注：『宰孔，周之公也。胙，祭肉也。』

命無拜。

考證：依左、國，拜上宜補下字。

案管子拜上亦有下字。

弟無行。

案記纂淵海五八引弟作第，殿本同。古字通用。晉世家作『君弟毋會。』（索隱：弟，但也。）黃善夫本、殿本弟亦並作第（索隱同）。國語晉語二作『君可無會也。』左僖九年傳作『可無會也。』竊疑弟（或第）與可同義。司馬相如列傳：『長卿！第俱如臨邛，從昆弟假貸，猶足爲生。』景祐本、漢書第並作弟。（索隱：『文穎曰：弟，且也。』黃善夫本、殿本弟並作第。正義：『第，但也。』）第（或弟）亦與可同義。

里克殺奚齊、卓子。

集解：『徐廣曰『史記卓多作悼。』

案晉世家卓作悼。魯世家：『晉里克殺其君奚齊、卓子。』集解：『徐廣曰：卓，一作悼。』秦本紀：『荀息立卓子。』集解：『徐廣曰：一作倬。』倬疑悼之誤，彼文斠證已有說。

於是桓公稱曰，

案記纂淵海四五引稱上有自字。

望熊山。

考證：楓山、三條本熊山作熊耳山。

案封禪書、漢書郊祀志並作『登熊耳山以望江漢。』

西伐大夏，

考證：大夏，國語作西吳，管子作西虞。

　　案吳、虞古通，釋名釋州國：『吳，虞也。』

至卑耳山而還。

　　考證：『卑耳，管子同。國語作辟耳。』

　　案卑、辟古通，（王念孫管子小匡篇雜志有說。）路史前紀九亦作辟耳。（似用管子文。）

寡人兵車之會三，乘車之會六。

　　梁玉繩云：三、六之數，與他處異。說在封禪書中。

　　案管子霸形篇三、六兩字互易。此梁氏封禪書志疑所未涉及者。

九合諸侯，一匡天下。

　　考證：『梁玉繩曰：「論語『九合，』朱子據春秋傳『糾合，』以爲古字通用，固是。而實則『九合，』猶左傳『夷于九縣；』公羊『叛者九國。』不必改九爲糾。九之爲言多也。丹鉛錄云：『九爲陽數之極，書傳稱九者，皆極言之。』此解甚愜。若必求以實之，則左傳之『九縣，』乃十一國；公羊之『九國，』惟屬叛命。何以言九？……」』

　　案封禪書『九合諸侯，』書鈔一三九引九作糾，可證成朱子說。素問三部九候論：『天地之至數，始於一，終於九焉。』九者極言其多，非實數，前賢多已言之。竊以爲九、一兩數並舉，亦見於古書，淮南子覽冥篇：『觀九鑽一。』司馬遷報任少卿書：『若九牛亡一毛。』又云：『是以腸一日而九廻。』蔡邕釋誨：『九河盈溢，非一垔所防。』僞古文尚書旅獒：『爲山九仞，功虧一簣。』凡此所謂九，皆非實數也。

昔三代受命，有何以異於此乎？

　　考證：『中井積德曰：「何字宜在有字之上，此恐傳寫之譌。」愚案有讀爲又。或云：「當作者，管子作：昔三代之受命者，其異於此乎？」』

　　案封禪書、郊祀志有並作亦；管子有作其。有、亦、其，義並同又。書周書洛誥：『我又卜瀍水東。』敦煌本又作亦，即亦、又同義之證。左僖二十三年傳：『其何以報君？』晉語四其作又，（此例見裴氏古書虛字集釋五。）即其、又同義之證。瀧川謂『有讀爲又。』是也。中井謂『何字宜在有字之上；』或云：『〔有〕

當作者，』並不得有字之義而妄說也。

臣陪臣安敢？

　　考證：『李笠曰：上臣字疑衍，周紀與左傳竝無。』

　　案左僖十二年傳、周本紀並作『臣，賤有司也。有天子之二守國、高在。若節春秋來承王命，何以禮焉？陪臣敢辭。』彼文有兩臣字。此乃約舉之辭，上臣字非衍。

易牙如何？

　　案大戴禮保傅篇、賈子新書胎教雜事篇、論衡自紀篇易皆作狄，古字通用。

殺子以適君，非人情。

　　案治要引殺下有其字，（與下文不一律。）情下有也字。引下文兩『非人情，』情下亦並有也字。

公曰：『豎刁如何？』對曰：『自宮以適君，非人情，難親。』

　　案景祐本南宋補版『豎刁』作『豎刀，』下同，當從之。作刁者俗。宋本管子戒篇、公羊僖十八年傳亦並作『豎刀。』左僖十七年傳、漢書古今人表並作『寺人貂。』玉篇：『刀，都高切；又丁幺切。又姓，俗作刁。』『丁幺切，』讀與貂同。景宋本世說新語言語篇：『時無豎刀，故不貽陶公話言。』劉孝標注：『呂氏春秋曰：「管仲病，桓公問曰：『子如不諱，誰代子相者？豎刀何如？』管仲曰：『自宮以事君，非人情，必不可用！』」』豎，俗豎·。刀字是。注引呂氏春秋，見知接篇。（舊本知接篇刀作刁，畢沅新校正本改作刀。）惟與史記文較合。

雍巫有寵於衛共姬。因宦者豎刁以厚獻於桓公。

　　集解：『賈逵曰：雍巫，雍人名巫，易牙字。』

　　索隱：賈逵以『雍巫』為易牙，未知何據。按管子有棠巫，恐與『雍巫』是一人也。

　　考證：雍、饔通。此人為掌食之官。左傳共姬作恭姬，『豎刁』作『寺人貂。』共、恭，刁、貂通。

　　案左傳杜注、孔疏並從賈說。巫為雍人，易牙善調味，此賈氏以『雍巫』為易牙

之故與？索隱云：『管子有棠巫，恐與「雍巫」是一人。』蓋雍人姓棠，名巫，字易牙也。今本管子小稱篇作堂巫，呂氏春秋知接篇、漢書人表並作常之巫。之爲語助，可略。棠、堂、常，並諧尙聲，故可通用。考證謂『此人爲掌食之官。』說本左傳孔疏。景刊唐石經本及重刊宋本左傳共姬並同。舊鈔本左傳作恭姬。『豎刁』當從景祐本南宋補版作豎刀，刀有貂音，已詳前條。

桓公尸在牀上六十七日，尸蟲出於戶。

案治要引尸作屍，大戴禮保傅篇盧辯注同。屍、尸正、假字。下文『枕公尸而哭。』御覽五四九引尸作屍，亦同例。左傳：『冬十月乙亥，齊桓公卒。……十二月乙亥，赴。辛巳夜，殯。』杜注：『六十七日乃殯也。』與此作『六十七日』合。大戴禮注亦同。說苑權謀篇、呂氏春秋貴公篇高誘注及淮南子精神篇高誘注，並作『六十日。』乃舉成數言之。管子戒篇作『七日；』小稱篇作『十一日。』並誤。

十二月乙亥，無詭立。乃棺赴。辛巳夜，斂殯。

考證：『十二月』以下，僖十八年左傳。左傳無斂字。

案考證『僖十八年，』八乃七之誤。大戴禮注亦無斂字。

孝公弟潘，因衞公子開方，殺孝公子而立潘。

考證：立下潘字疑衍，且與上文複。『因衞公子開方，』又見年表。

案文十四年春秋經疏引立下無潘字，考證說是。年表立下亦衍潘字。

十九年五月，昭公卒。

考證：昭公卒，春秋經傳在魯文十四年，『十九年』當作『二十年。』

案昭公卒，年表在二十年。此文梁氏志疑已云：『「十九」當作「二十。」』

十月，即墓上弒齊君舍。

考證：『左傳云：「秋七月乙卯夜，齊商人殺舍。」則「十月」當作「七月。」「即墓上，」史公別有所本。』

案梁氏志疑已云：『左傳作「七月乙卯，」則此十字乃傳寫之譌。』十蓋本作十，即七字。黃然偉弟云：『西漢七字寫作十。』

與丙戎之父獵，爭獲不勝。

梁玉繩云：『年表及衞世家作邴歜，與左傳、楚語同。而此作丙戎，水經淄水注作邴戎。蓋戎、歜音之轉。衞世家索隱謂「邴歜掌御戎車，故號邴戎。」不然也。』

案說苑復恩篇丙戎亦作邴歜，丙蓋邴之省。

庸職之妻美。

正義：國語及左傳作閻職。

考證：『錢大昕曰：「庸、閻聲相近，書：『毋若火始餤餤，』漢書作『庸庸。』」』案錢氏（史記考異）之說，梁氏志疑已引之；梁氏並云：『說苑復恩篇作庸織，蓋職、織以音同通借。』

長翟來。

案國語魯語下、左氏公羊穀梁文十一年傳、說苑辨物篇翟皆作狄，古字通用。

王子城父攻殺之。

案左氏、公羊穀梁傳年表城皆作成，古字通用。御覽三七七引公羊傳作城，與此合。

鄭伯降。已復國鄭伯。

考證：楓山、三條本國作圍。

案已猶『已而』也。（周本紀、秦始皇本紀、高祖本紀並有說。）鄭伯降後，楚師『退三十里，而許之平。』（詳左宣十二年傳、楚世家、鄭世家。亦見金樓子。公羊傳言『退舍七里。』）固未『復圍鄭伯』也。楓、三本國並作圍，蓋涉上文『圍鄭』而誤；或妄改。

郤克上，夫人笑之。

考證：『杜預曰：「跛而登階，故笑之也。」（岷案之字原脫。）杜蓋據穀梁傳。』案左宣十七年傳疏：『沈氏引穀梁傳云：「魯行父禿，晉郤克跛，衞孫良夫眇，曹公子首僂。」故婦人笑之。是以知郤克跛也。穀梁傳定本作「郤克眇，衞孫良夫跛。」』今本穀梁傳與定本同。考證謂『杜蓋據穀梁傳。』蓋指沈氏所引之穀梁傳而言。穀梁傳楊士勛疏云：『「郤克眇，」左氏以爲跛，今云眇者，公羊無說，未知二傳孰是。』左傳未明言跛，惟杜注云然耳。公羊成二年傳云：『晉郤

克與臧孫許同時而聘於齊，……或跛、或眇。』跛蓋謂郤克，（參看徐彥疏。）
亦與杜注合。晉世家作『郤克僂，而魯使蹇（猶跛）。』

與齊侯兵合靡笄下。

集解：『徐廣曰：靡，一作摩。』

案靡、摩古通，左傳釋文：『靡笄，如字。又音摩。』莊子馬蹄篇：『喜則交頸
相靡。』釋文引李頤注：『靡，摩也。』並其證。

遂復戰，戰齊疾。

考證：毛本不重戰字。

案考證說，本梁氏志疑。

丑父恐齊侯得，乃易處。頃公爲右。

案公羊傳：『逢丑父者，頃公之車右也。面目與頃公相似，衣服與頃公相似，代
頃公當左。』

克舍之。丑父遂得亡歸齊。

梁玉繩云：『左傳謂郤克免逢丑父；公羊曰「斮之。」史多從公羊；此獨用左氏
，蓋以公羊非實。』

案公羊傳稱郤克『斮逢丑父。』（徐疏引說文：斮，斬也。）蓋亦有所本。紀信
爲漢王誑楚爲王，項王燒殺紀信。（詳項羽本紀。）事正類此。史公此用左氏，
蓋取勸勵忠君之意與？

於是晉軍追齊至馬陵。

集解：『徐廣曰：一作陘。』

考證：陵作陘，是也。左傳作馬陘。馬陵非齊地。

案考證說，本梁氏志疑。

齊侯請以寶器謝。

正義：『左傳云：「賂以紀甗、玉磬。」按甗，玉甑也。齊伐紀得之，故曰紀。

鄭司農云：「甗，無底甑也。」』

案左傳杜注：『獻，玉甑。皆滅紀所得。』蓋正義釋『紀甗』所本。左傳孔疏：
『鄭眾注考工記云：甗，無底甑。』蓋正義引鄭注所本。

必得笑克者蕭桐叔子。

　　集解：『杜預曰：桐叔，蕭君之字。齊侯外祖父。子，女也。……。』

　　考證：左傳桐作同。

　　案御覽八百二引此桐亦作同，蓋據左傳改。杜注本作同叔，集解依此文改作桐叔。公羊穀梁傳『蕭桐叔子』並作『蕭同姪子。』晉世家叔子亦作『姪子。』公羊傳何休注：『蕭同，國名。姪子者，蕭同君姪娣之子。嫁於齊，生頃公。』同、桐古通，莊子在宥篇：『聞廣成子在於空同之上。』成玄英疏空同作空桐，即其比。據本篇下文『叔子，齊君母。』則蕭桐蓋國名，叔子蓋齊頃公母之字。杜注恐非。（參看晉世家考證引孫詒讓說。）又左氏公羊傳、晉世家子下並有『為質』二字。穀梁傳作『以蕭同姪子之母為質。』亦有『為質』二字。

其可乎？

　　案其猶豈也。

晉初置六卿。

　　梁玉繩云：『「六卿」乃「六軍」之誤，說在表。考成三年左傳疏，引世家作「六軍，」則唐初史記本元是軍字。』

　　案晉世家亦云：『晉初作六卿。』惟集解：『賈逵曰：初作六軍，僭王也。』是彼文集解本本作『六軍，』否則無緣引賈注矣。

晉景公不敢受。

　　案上文已言晉景公，則此晉字可略。左成三年傳疏引此無晉字。晉世家作『景公讓不敢。』亦無晉字。

齊令公子光質晉，十九年，立子光為太子，高厚傅之，令會諸侯，盟於鍾離。

　　梁玉繩云：光固『太子』也。本不應稱『公子，』而又何待十九年始立乎？

　　考證：襄元年左傳，『公子』作『太子。』

　　案年表『公子』亦作『太子，』是史公於此稱『太子』為『公子』矣。『十九年，立子光為太子。』似謂十九年子光尚立為太子。年表於十九年書『令太子光、高厚會諸侯鍾離。』則史公於此固不得謂光於十九年始立矣。

初，靈公取魯女，生子光以為太子。仲姬、戎姬。

　　　　　　　　　　　　　　　　　　　　　　　　　　　　── 55 ──

梁玉繩云：『董份謂「『太子』下卽著『仲姬、戎姬，』有脫字。」是也。考襄
十九年左傳云：「諸子（內官之號，杜注非。）仲子、戎子。」杜注曰：「二子
皆宋女。」則依上文「取魯女」之例，當脫「取宋女」三字；而二姬字又子之誤
。史詮謂「仲姬、戎姬不言取者，蒙上文。」徐孚遠謂「大意言旣立太子；又寵
仲姬、戎姬。」竝非。』

案左襄十九年傳取作娶，娶、取正、假字。下文『棠公死，崔杼取之。』列女傳
孽嬖篇齊東郭姜傳取作娶，『取東郭女生明。』左襄二十七年傳取作娶，並同例
。史公以『仲姬、戎姬，』代左傳之『諸子仲子、戎子。』似無脫誤。

執太子牙於句竇之丘，

案左傳竇作瀆，古字通用。

晉大夫欒盈奔齊，莊公厚客待之。晏子、田文子諫，公弗聽。

梁玉繩云：襄廿二年左傳，晏子諫納欒盈，弗聽。退告陳文子。而文子未嘗諫也
。此與田完世家同誤。又欒盈三見，年表、晉田完世家作逞，避惠帝諱也。此何
以書？』

案盈本作逞，下同。蓋後人據左傳改之也。晉世家亦作逞。梁氏所謂『年表、晉
田完世家作逞，』（考證引梁說略晉字。）晉下蓋脫世家二字。左傳文子未嘗諫
，而此及田完世家並言文子諫，史公蓋別有所本，不得遽以爲誤也。

欒盈敗齊兵，還取朝歌。

張以仁弟云：『「欒盈敗，齊兵還取朝歌。」考證從兵下斷句，非是。襄公二十
三年左傳，謂欒盈因齊之力入曲沃，欒盈後爲范鞅所敗。是年秋，齊伐晉，取朝
歌。如考證所讀，則取朝歌者欒盈也。安有是事乎！』

案晉世家云：『齊莊公聞逞敗，乃還取晉之朝歌去。』亦可證此文考證斷句之
非。

初，棠公妻好。

案左襄二十五年傳：『齊棠公之妻，東郭偃之姊也。東郭偃臣崔武子。』列女傳
孽嬖篇齊東郭姜傳：『齊東郭姜者，棠公之妻，齊崔杼御東郭偃之姊也，美而有
色。』

崔杼妻入室，與崔杼自閉戶不出。公擁柱而歌。

> 考證：『梁玉繩曰：此當依左傳作「姜與崔子自側戶出。」若「閉戶不出。」則公知有變，必不「拊楹而歌」矣。列女傳依史。』
>
> 案『自閉戶不出，』自猶即也。（莊子大宗師篇：『孟孫氏特覺人哭亦哭，是自其所以乃。』自亦與即同義。）『公擁柱而歌，』或正由知有變，因歌以求援也。列女傳作『東郭姜奔入戶而閉之，公推之，曰：「開余。」東郭姜曰：「老夫在此，未及收髮。」公曰：「余開崔子之疾也，不開？（梁端校注云：上開字當作問。）」崔子與姜自側戶出，閉門，聚衆鳴鼓。公恐，擁柱而歌。』上既云『東郭姜奔入戶而閉之。』下又云『崔子與姜自側戶出。』是兼依左傳及史矣。

宦者賈擧遮公從官而入閉門。

> 梁氏志疑所據湖本官作宮，云：『左傳作「止衆從者而入閉門。」則此當作「從官，」宮字誤。』
>
> 案左傳遮作止，義同。說文：『遮，遏也。』爾雅釋詁：『遏，止也。』黃善夫本官亦誤宮。

公登臺而請解。

> 考證：解，免也。
>
> 案左傳作『公登臺而請。』杜注：『請免也。』考證訓解爲免，是也。漢書孔光傳：『於法無已解。』師古注：『解，免也。』即解、免同義之證。

皆曰，

> 案列女傳作『崔氏之宰曰。』

陪臣爭趣有淫者。

> 集解：『徐廣曰：爭，一作扞。』
>
> 索隱：『左傳作「扞趣。」此爲「爭趣」者，是太史公變左氏之文。……』
>
> 梁玉繩云：『徐廣謂「爭，一作扞。」是。「扞趣」與左傳「干撖」同。惠氏左傳補注曰：「史記本作『扞趣，』後人改爲『爭趣、』非也。索隱如字解之，謂『史公變左氏之文。』眞屬妄說！」』
>
> 案左傳『干撖，』索隱引作『扞趣。』干之作扞，蓋依此文一作扞改之。撖之作

趣，蓋依此文作趣改之。干、扞古通，爾雅釋言：『干，扞也。』撤、趣並諧取聲，古亦通用。左傳釋文引說文云：『撤，夜戒有所擊也。』孔疏引作『夜戒守有所擊。』（有守字是。）

射中公股，公反墜。

　案列女傳股作踵。左傳墜作隊，隊、墜正、俗字。

若爲己死、己亡，非其私暱，誰敢任之？

　考證：楓山、三條本死下有爲字，與左傳合。

　案左傳、長短經懼誡篇注、容齋隨筆十三死下並有『而爲』二字，若、而互文，而猶若也。長短經注私作親，義同。

嬰所不獲唯忠於君利社稷者是從。

　考證：『左傳作「嬰所不唯忠於君利社稷者是與，有如上帝！」史不、唯間有獲字，「是與」改作「是從。」張文虎曰：「獲字疑衍，左傳無。」愚按「所不，」誓辭常語。「是從，」猶言「從若是人」與「有如上帝，」文異義合。』

　案淮南子精神篇高誘注、容齋隨筆亦並無獲字，蓋本左傳。此文獲字非衍，『是從』與左傳『是與』同義；非與左傳『有如上帝』義合。史公蓋增一獲字，而略去『有如上帝』四字。謂『嬰所不獲者，唯忠於君利社稷者是從耳。』死固非所計也。

景公元年，

　考證：『梁玉繩曰：元當作二。』

　案年表，在二年。當魯襄公二十七年。

崔杼生子成及彊。

　考證：楓山、三條本成作城。

　案列女傳成亦作城（下文作成），古字通用，說已見前。

成有罪。

　梁玉繩云：『襄廿七年傳曰：「成有疾而廢之。」此誤也。若果有罪，成安得「請老於崔」乎？』

　案列女傳罪亦作疾。書盤庚：『高后丕乃崇降罪疾。』『罪疾』複語，罪亦疾也

。此文疾之作罪，蓋存古義。非謂罪過也。

成請老於崔杼。

　　考證：『陳仁錫曰：「崔，邑名。杼字衍。左傳無杼字。」張文虎曰：「吳校刪
　　杼字。」』

　　案杼字涉下文『崔杼許之』而衍。列女傳作『成使人請崔邑以老。』亦其證。

使崔杼仇盧蒲嫳攻崔氏。

　　考證：左傳無『崔杼仇』三字。

　　案列女傳亦無『崔杼仇』三字。

崔杼毋歸，亦自殺。

　　索隱：毋，音無也。

　　梁玉繩云：『崔杼歸』，索隱本作『崔杼毋歸。』

　　王念孫云：『「崔杼歸，」歸上本有毋字，毋與無同。凡史記有無字多作毋。

　　索隱本出「崔杼毋歸」四字，注曰：「毋，音無。」襄二十七年左傳：「至則無
　　歸，乃縊。」呂氏春秋慎行篇：「崔杼歸，無歸。因而自絞也。」皆其證。宋本
　　毋作無，而刪去索隱「毋音無」之注；今本又脫無字。』

　　考證：楓山、三條本崔杼下有歸字。

　　案景祐本、黃善夫本並作『崔杼歸。』列女傳作『崔子歸。』殿本作『崔杼無歸
　　，』與此考證本作『崔杼毋歸，』並從索隱本也。楓、三本並作『崔杼歸，毋歸
　　。』與呂氏春秋合，左傳云：『嫳復命於崔子，且御而歸之。至則無歸矣。』亦
　　『崔杼歸，毋歸。』之意。

慶封爲相國，專權。

　　考證：『梁玉繩曰：「相國」之稱誤，是時無此官名。』

　　案國字疑衍。左傳作『慶封當國。』正謂其『爲相專權』也。

慶舍發甲圍慶封宮。

　　考證：『方苞曰：「圍慶封宮，」圍繞以爲衞也。』

　　案說文：『圍，守也。』『圍慶封宮，』猶言『守慶封宮。』方氏謂『圍繞以爲
　　衞。』說殊迂曲。圍繞字古作□，此非其義。

吳與之<u>朱方</u>。聚其族而居之，富於在<u>齊</u>。

　　案<u>吳世家</u>云：『吳予<u>慶封朱方</u>之縣，以爲奉邑；以女妻之，富於在<u>齊</u>。』

其秋，<u>齊</u>人徙葬<u>莊公</u>。僇<u>崔杼</u>尸於市以說衆。

　　考證：秋當作冬，<u>襄</u>二十八年<u>左傳</u>爲『十二月乙亥朔』事。

　　案考證說，本<u>梁氏志疑</u>。<u>左傳</u>僇作戮，戮、僇正、假字。

二十六年，獵<u>魯郊</u>，因入<u>魯</u>，與<u>晏嬰</u>俱問<u>魯</u>禮。

　　考證：<u>魯世家</u>、<u>孔子世家</u>、<u>年表</u>，竝載此事，而<u>左傳</u>無之。

　　案考證說，已詳<u>年表梁氏志疑</u>。

彗星見。

　　案<u>御覽</u>七引見作出。

刑罰恐弗勝。

　　考證：『<u>項羽紀</u>：「殺人如不能舉，刑人如恐不勝。」<u>韓非子難二</u>：『治亂之刑，如恐不勝，而姦尙不盡。』（尙，考證原誤當。）

　　案<u>左宣</u>十二年傳：『<u>董澤</u>之蒲，可勝旣乎？』<u>孔</u>疏：『重物不可舉者，謂之不勝；用之不可盡者，亦言不勝。史傳多有其事，今人無復此語，故少難解耳。』此文『刑罰恐弗勝，』猶云『刑罰恐不盡』也。<u>晏子春秋外篇</u>重而異者第七作『使民如將不勝。』猶云『使民如將不盡』也。考證引<u>項羽紀</u>及<u>韓非子難二</u>之『不勝，』亦並與『不盡』同義。（參看<u>項羽本紀斠證</u>。）

可禳否？

　　案<u>御覽</u>、<u>記纂淵海</u>五五引否並作乎，

與<u>魯定公</u>好會<u>夾谷</u>。

　　案<u>公羊穀梁定</u>十年傳夾並作頰，古字通用。

犂鉏曰，

　　<u>索隱</u>：且，卽餘反，卽<u>犂彌</u>也。

　　<u>梁玉繩</u>云：<u>索隱</u>本作<u>犂且</u>。

　　案<u>黃善夫</u>本<u>索隱</u>且作鉏，<u>殿</u>本同。是否<u>索隱</u>本之舊，未敢遽斷。<u>左定</u>十年傳作<u>犂彌</u>。

景公害孔丘相魯,懼其霸。

考證:『中井積德曰:據左傳,孔子相會儀耳,無爲國相之事。』

案既云『懼其霸,』則是孔子攝國相,非相會儀也。左傳:『孔丘相。』杜注:『相會儀也。』中井『據左傳』云云,乃據左傳杜注,不得言『據左傳』也。參看吳世家斠證。中井於吳世家亦有說。

是歲晏嬰卒。

考證:『梁玉繩曰:「是歲爲景公四十八年,嬰先景十年卒也。然說苑君道篇載景公謂弦章曰:『吾失晏子,於今十有七年。』則嬰又似非卒於是歲矣。」』

案景公之卒,下文及年表並書在五十八年,故梁氏云『嬰先景十年卒。』梁氏引說苑云云,又見晏子春秋外篇不合經術者第八。金巨山晏子春秋管見云:『外篇:「晏子沒後十有七年,景公飲諸大夫酒。」考史記齊世家,景公在位五十八年,晏子卒於景公之四十八年。則晏子沒後十有七年,已是簡公之二年。所稱十有七年,當是有誤。蓋齊景公之四十八年,即魯定公之十年,景公猶使晏子致魯地山陰數百社。山陰者,龜山之陰。即春秋所謂「齊人來歸鄆、讙、龜陰田」也。(岷案何休公羊傳注、王肅家語相魯篇注並以『龜、陰』爲二邑。)史記稱是年晏嬰卒,則晏子之卒,在使魯致地之後,距景公之卒十年。則非「十有七年」有誤;卽景公有誤矣。』惟說苑亦作景公,則景公未必誤。張純一晏子春秋校注云:『史記齊世家,景公四十八年晏子卒。後十年景公薨。此云「晏子沒十七年,景公飲諸大夫酒。」未知孰是。七或弋之形誤。』謂『七或弋之形誤。』立說甚巧,惟說苑亦作『十有七年,』則七未必弋之誤矣。錢穆先生先秦諸子繫年晏嬰卒年考云:『「晏子沒十有七年,景公飲諸大夫酒。」其說若可信,景公五十八年薨,晏子沒,至遲當在景公四十二年前。』(附見孔子適齊考)。惟『十有七年』之說,未必可信。晏嬰卒年,尚不能不存疑也。

范、中行反其君於晉。

考證:楓山、三條本行下有氏字。

案田完世家中行下亦有氏字。

景公寵妾芮姬生子荼。

　　　案公羊哀六年傳荼作舍，釋文：『舍，二傳作荼，音舒。』田完世家索隱亦云：

　　　　『「荼，」音舒；又如字。』

其母賤，無行。

　　　案『無行』一詞，史記累見。張儀列傳：『儀貧，無行。』淮陰侯列傳：『始爲

　　　布衣時，貧，無行。』集解引李奇云：『無善行。』是也。

是爲晏孺子。

　　　案左哀六年傳晏作安，晏諧安聲，古字通用。

八月，齊秉意茲。

　　　集解：『徐廣曰：「左傳：八月，齊邴意茲奔魯。」』

　　　梁玉繩云：『左傳曰：「邴意茲來奔。」秉、邴以音同通借也。史記攷要云：

　　　　「『邴意茲』缺『奔魯』之文；且在齊世家，而繫以齊，皆誤。」』

　　　案齊字蓋涉徐注而衍，茲下脫『奔魯』二字，攷要說是。梁氏謂『秉、邴以音同

　　　通借。』亦是。說苑建本篇：『老而好學，如炳燭之明。』記纂淵海五五引炳作

　　　秉，曹丕與吳質書：『古人思炳燭夜遊，良有以也。』李白春夜宴從弟桃花園序

　　　炳作秉。秉之通邴，猶秉之通炳矣。

悼公元年，齊伐魯，取讙、闡。

　　　考證：『梁玉繩云：「『元年，』當作『二年。』」哀八年左傳。年表亦係之「二

　　　年。」』

　　　案公羊穀梁傳亦並書在哀八年，正齊悼公二年也。公羊闡作僤，闡、僤並諧單聲

　　　，古字通用。

鮑子弒悼公。

　　　考證：『梁玉繩曰：「悼公之弒，左傳但云『齊人。』史公於秦紀依左傳：『齊

　　　人弒悼公。』齊人者，陳恆也。晏子春秋諫上篇明云：『田氏殺陽生。』乃此與

　　　吳衛世家、伍子胥傳、年表或云鮑子；或曰鮑氏。而田完世家直曰鮑叔。夫弒君

　　　大逆，何可輕誣？況牧既於前二年爲悼公所殺？」』

　　　案左哀八年傳載悼公殺鮑牧；哀十年傳書『齊人弒悼公。』證以晏子春秋諫上篇

所云『田氏殺陽生，』則『齊人』容是陳恆（卽田常），如梁說。史記無悼公殺

鮑牧事，蓋所據資料不同。吳世家書『鮑氏弒齊悼公。』伍子胥傳亦云鮑氏。此

及衛世家、年表又並云鮑子，田完世家則直云鮑牧。蓋鮑氏、鮑子，卽鮑牧也。

　（吳世家索隱泥於左傳，謂鮑氏爲鮑牧宗黨，未審。已詳彼篇斠證。）據此，則

秦本紀書『齊人弒悼公。』『齊人』當指鮑牧。與左傳所稱『齊人』爲陳恆者有

別。梁氏謂『秦紀依左傳。』恐不然也。史公存此異說，可證陳恆雖弒簡公；而

未弒悼公。正所謂弒君大逆，不可輕誣者與？

吳王夫差哭於軍門外三日。

　　考證：『竹添光鴻曰：三日哭於軍門之外，諸侯相臨之禮。

　　案吳世家亦云：『吳王聞之，哭於軍門外三日。』集解引服虔曰：『諸侯相臨之

　　禮。』卽竹添（左傳會箋）說所本。

齊人共立悼公子壬，是爲簡公。

　　集解：『徐廣曰：「年表云：簡公壬者，景公之子也。」』

　　考證：『……沈家本云：「今年表云：『齊鮑子殺悼公，齊人立其子任，爲簡公

　　。』與徐廣所言本異，豈後人據世家改邪？」』

　　案年表悼公四年，書『齊鮑子殺悼公，齊人立其子壬，爲簡公。』景祐本、黃善

　　夫本壬並作任，與沈氏所引合。任諧壬聲，古字通用。徐廣所見年表，『其子』

　　蓋作『景公子。』今本作『其子，』蓋後人據世家改，如沈說。考年表簡公四年

　　，書『田常殺簡公，立其弟驁，爲平公。』平公元年，書『齊平公驁元年，景公

　　子也。』平公爲景公子，又爲簡公弟，則簡公固亦景公子也。世家以簡公爲悼公

　　子；年表以簡公爲景公子，各有所本，不必強同。

監止有寵焉。

　　集解：『賈逵曰：闞止，子我也。』

　　索隱：『監，左傳作闞。音苦濫反。』

　　梁玉繩云：『「闞止有寵焉。」闞止，史皆作監止，故索隱本作監。而今本作闞

　　，乃後人依左傳改之。殊不知二字聲近義通，古人互用。封禪書：「蚩尤在東平

　　陸監鄉。」索隱：「監，音闞。」戰國策：「北至於闞。」魏世家作監。（韓策

亦作監止。）』

案景祐本、黃善夫本、殿本監皆作闞。田完世家作監。魏世家：『北至平監。』
集解引徐廣曰：『史記齊闞止作監字。』亦可證此作闞，乃後人依哀十四年左傳所
改。集解引賈氏左傳注，蓋亦本作監，與正文作監相合。（古人引書，往往改就
本文。）後人既改正文之監爲闞以合左傳，故又改集解之監爲闞耳。惟據太史公
自序：『田、闞爭寵。』集解：『徐廣曰：闞，一云監。』是徐氏所見史記監止
字亦有作闞字，與魏世家徐注抵牾。竊疑彼文之闞字，亦後人依左傳所改。既改
正文；又改徐注。蓋彼文本作『田、監爭寵。』徐注本作『監，一云闞。』所謂
『一云闞。』就左傳言之也。

子我夕。

　　考證：『人臣見於君，朝見謂之朝；暮見謂之夕。左傳昭十二年：『子革夕。』
　　杜云：「夕，莫見。」是也。』

　　案考證說，本竹添光鴻左傳會箋。

子我謂曰：

　　考證：楓山、三條本謂下有豹字。

　　案左傳作『謂之曰。』之即豹也。

成子兄弟四乘如公。

　　索隱：『按系本……廩丘子尙醫、茲子芒盈。……昭子是桓子之子。……非二人
　　共車也。……服、杜殊失也。』

　　正義：『杜預云：「……茲子盈……」田完世家云……』

　　案索隱引世本『廩丘子尙醫、茲子芒盈，』左傳孔疏引世本作『廩丘子鑿、茲芒
　　子盈。』杜注作『廩丘子意、茲芒子盈（日本舊鈔本作『茲子芒盈』）。』醫、
　　意古通，列子黃帝篇：『仲尼曰：譆！吾與若玩其文也久矣。』釋文：『譆，與
　　譩同。』後漢書方術郭玉傳：『醫之爲言意也。』並其證。鑿疑鑿之誤，黃善夫
　　本、殿本索隱醫並作鑿，鑿與醫同。又黃本、殿本索隱桓子並誤桓公，『共車』
　　並作『共乘，』（車字蓋誤。）『服、杜殊失也。』並作『服虔、杜預之失也。』
　　正義引杜注『茲子盈，』子上或子下蓋脫芒字。又『田完世家，』世字當譌。

田常執簡公於徐州。

索隱：俆，音舒。其字從人。……

梁玉繩云：『「田常執簡公於徐州。」此徐州與九州之徐別。索隱於齊魯兩世家云：「俆，音舒。其字從人。左氏作舒，說文作郐。」郡國志：「魯國薛縣，六國時曰徐州。」而一部史記，凡徐州無作俆者。蓋古字亻、彳偏旁通寫也。且舒與徐古亦通，易困卦：「來徐徐。」李鼎祚集解引子夏傳作荼，即古舒字。十二候表，魯昭公十二年，楚伐舒。即是伐徐。吳世家，闔廬三年，拔舒。即春秋昭三十年滅徐。竝徐與舒同之證。或以徐爲誤，未之考耳。』

案景祐本、黃善夫本、殿本俆並作徐（下同），索隱同。田完世家亦作徐。作俆，改從索隱所謂『其字從人』耳。（段玉裁說文解字俆字注引此已改作俆。）魯世家正文、注文考證本亦並改作俆。惟作俆，亦非史記之舊。六朝俗書，從彳之字往往寫從亻也。徐、舒古通，吳世家斠證亦有說。

田常乃立簡公弟鼇。

索隱：系本及譙周皆作敬，蓋誤也。

案敬疑敖之誤。鼇、敖古通，莊子外物篇：『夫不忍一世之傷，而鼇萬世之患。』釋文：『鼇，本亦作敖。』即其比。

子宣公積立。

考證：『梁玉繩曰：表名就帀，或有二名。』

案年表云：『齊宣公就匝元年。』集解：『本作積。』作積，與此合。是宣公有二名也。匝，俗帀字。梁氏引匝作帀，改俗從正也。

田會反廩丘。

考證：『梁玉繩曰：年表、田完世家，會反，在宣公五十一年，此書於康公元年。』

案梁氏並云：『或曰：錯文也。上文「子康公貸立，」當移此句下。』此說與年表、田完世家並合，可從。

田氏卒有齊國，爲齊威王，彊於天下。

考證：『中井積德曰：「威王是田和之孫，是文似混同。豈脫文邪？或曰：爲字

當作及。』

案爲猶及也。（此義前人未發。）此無脫文；亦無煩改字。司馬穰苴列傳：『至常曾孫和因自立。爲齊威王，用兵行威，大放穰苴之法，而諸侯朝齊。』彼文『爲齊威王，』猶云『及齊威王。』與此同例。前人不解爲字之義，而讀『至常曾孫和因自立爲齊威王』爲句，遂不可通。索隱且云：『按此文誤也，當云：田和自立。至其孫因齊，號爲齊威王。』不知彼文固無誤也。

其天性也。

案其猶是也。呂后本紀：『孝惠見問，迺知其戚夫人也。』御覽八七引其作是，卽其比。

出自第四十一本第一分（一九六九年三月）

史記斠證卷三十三

魯周公世家第三

王 叔 岷

周公旦者，周武王弟也。

案論語泰伯篇邢昺疏引『旦者』作『名旦。』恐非其舊；又引弟上有之字。御覽
一九九引弟上亦有之字。

東伐至盟津。

正義：盟作孟。

案盟、孟古通，夏殷本紀並有說。

封周公旦於少昊之虛曲阜。

考證：『定四年左傳云：命以伯禽，而封於少皞之虛。』

案御覽引昊作皞，與左傳同。昊（正作暴）、皞（正作暤）古通，禮記月令：『
其帝大皞。』釋文：『皞，亦作昊。』即其比。

是爲魯公。

考證：『中井積德曰：「是爲魯公」句，當在下文「代就封於魯」下，魯公宜指
伯禽。若周公未嘗以魯稱焉。』

施之勉先生札記云：『周公於武王之時，已受魯封。則當受封時，自稱魯公無
疑。新書傅職篇：「凡此其屬太傅之任也，古者魯周公職之。」此周公封魯，稱
爲魯公之證。』（大陸雜誌第三十三卷第一期。）

案公字疑涉上下文周公而衍。周本紀作『曰魯。』無公字。新書所稱『魯周公，
』與徑稱魯公有別。

太公、召公乃繆卜。

集解：『徐廣曰：古書穆字多作繆。』

考證：『查德基曰：案今書繆作穆。穆、繆，聲之轉耳。……』

案周本紀繆亦作穆。

周公於是乃自以爲質，設三壇。周公北面立，戴璧秉圭。

考證：『尙書質作功，戴作植。……質、贄通。或以爲「周、鄭交質」之質，疑非。查德基曰：「易林无妄之豶曰：『載璧秉珪。』載、戴通用。」』

施之勉云：『皮錫瑞曰：「江聲說：『質當讀如「周、鄭交質」之質，謂公以己爲質，質于三王以代武王也。』其說是也。史記正義曰：『自以贄幣告三王。』非是。」』

案尙書〔金縢〕質作功，功猶質也。爾雅釋詁：『功，質，成也。』功、質並訓成，則功亦可訓質矣。江氏謂『質當讀如「周、鄭交質」之質，』是也。質、贄古固通用，惟當以作質爲正。皮氏所引正義，見周本紀。（參看周本紀斠證。）尙書戴作植，孔疏引鄭玄云：『植，古置字。』戴亦有置義，戴猶載也，（查氏謂『載、戴通用。』是也。）禮書：『側載臭茝。』索隱：『載者，置也。』

勤勞阻疾。

集解：『徐廣曰：阻，一作淹。』

案阻與淹義近，枚乘七發：『雖有淹病滯疾，』『淹疾』猶『淹病，』亦猶『滯疾』矣。

是有負子之責於天。

索隱：『尙書負作丕。今此爲負者，則三王負於上天之責，故我當代之。鄭玄亦曰：丕讀曰負。』

考證：『查德基曰：「書正義引鄭玄云：『丕讀曰不。』小司馬引鄭玄云：『丕讀曰負。』（岷案原引誤作『負讀曰丕。』）疑轉寫之誤。……」』

案丕、負古通，莊子大宗師篇：『堪坏得之，以襲崑崙。』釋文：『堪坏，崔〔譔〕作邳；淮南作欽負。』（今本淮南子覽冥篇、齊俗篇並作鉗且，誤。）坏、邳之通負，猶丕之通負矣。屈翼鵬兄尙書釋義云：『負，荷也。猶保也。』是也。（說互詳拙著尙書斠證。）此文索隱未得負字之義。書釋文：『丕，鄭音不。』與書正義引鄭注合。索隱引鄭注作『丕讀曰負。』蓋偶失檢，恐非轉寫之誤也。

且巧能多材多藝，

考證：尙書『旦巧』作『予仁若考。』史公訓考爲巧，故以巧字易之。巧、考皆从丂聲，例得相通。

案考、巧古字通，王引之尙書述聞已有說。

無墜天之降葆命。

考證：尙書……葆作寶。

案寶、葆古通，留侯世家：『果見穀城山下黃石，取而葆祠之。』（御覽三一引葆作寶。）集解引徐廣曰：『史記珍寶字皆作葆。』

今我其卽命於元龜。

集解：『孔安國曰：就受三王之命於元龜，……』

案其猶則也。今孔傳『元龜』作『大龜。』

爾之許我，我以其璧與圭，歸以俟爾命。

考證：尙書『以其』倒。

案之猶若也。景祐本、殿本『以其』並作『其以，』與尙書合，是也。其猶則也。（裴學海古書虛字集釋五引尙書，訓其爲則。）

於是乃卽三王而卜，卜人皆曰：『吉。』發書視之信吉。

梁玉繩云：『「發書視之信吉。」〔方苞〕補正曰：六字衍。』

考證：『張文虎曰：「乃卜三龜，一習吉；啓籥見書，乃幷是吉。」蓋三龜一習吉；卜人之言，證之以兆書，果皆吉也。史依寫經文，而「發書」六字，與下文義複。疑是傍注誤混。』

案呂氏春秋禁塞篇：『下稱五伯名士之謀以信其事。』高誘注：『信，明也。』此文『發書視之信吉。』謂發書視之以明其吉也。下文『周公喜，開籥乃見書，遇吉。』義正相因，非重複也。方氏謂『發書視之信吉』六字爲衍文；張氏疑此六字是傍注誤混。並未審。

開籥乃見書，

案乃猶以也。春申君列傳：『何以保相印江東之封乎？』考證引楓山、三條本以並作乃，乃亦與以同義。

王其無害。

案其猶必也。漢書薛宣傳：『孔子曰：如有所譽，其有所試。』師古注：『論語
（衞靈公篇）載孔子之言也。所目言譽人者，必當試之以事。』訓其爲必，亦其
、必同義之證。

其後武王旣崩，成王少，在強葆之中。

　　索隱：『強葆』即『襁褓。』古字少，假借用之。

　　案周書明堂解：『武王崩，成王嗣，幼弱。』藝文類聚六引尸子：『昔者武王崩
　，成王少。』荀子儒效篇：『武王崩，成王幼。』（又見韓詩外傳七。）禮記文
王世子：『武王九十三而終，成王幼。』明堂位：『武王崩，成王幼弱。』淮南
子氾論篇：『武王崩，成王幼少。』皆不言『在強葆之中。』（周本紀、燕世家
、管蔡世家、宋世家亦然。）『強葆，』蒙恬列傳作『襁緥；』司馬相如列傳作
『繈褓；』大戴禮記保傅篇作『襁褓。』（賈子新書保傅篇同。）盧辯注：『武
王崩，成王十有三也。而云「在襁褓之中。」言其小。』強、繈並襁之借字。葆
，緥之借字。褓，俗字。說文：『襁，負兒衣。緥，小兒衣也。』

周公恐天下聞武王崩而畔，周公乃踐阼，代成王攝行政當國。

　　考證：……楓山、三條本畔下重周字。

　　案荀子儒效篇：『周公……惡天下之倍周也，』與楓、三本此文畔下有周字合。
（倍、畔同義。）惟周本紀作『周公恐諸侯畔，』畔下亦無周字。淮南子齊俗篇
：『武王旣歿，殷民叛之。周公踐東宮，履乘石，攝天子之位。』言『殷民叛之
。』與荀子、史記並不符。殷上疑脫恐字或惡字。（惡亦有恐義，說文：『畏，
惡也。』廣雅釋詁四：『畏，恐也。』）

周公將不利於成王。

　　考證：『金縢成王作『孺子。』陳仁錫曰：「成王未崩，以諡稱，史文誤也。」
梁玉繩曰：「改『孺子』爲成王，何意？豈忘成王見在邪？」』

　　案金樓子說蕃篇從尙書，作『公將不利孺子。』述當時人語，預以諡稱，史記中
此例甚多；經傳諸子亦然。（詳梁氏秦本紀志疑。）于省吾荀子（堯問篇）新證
云：『金文如成王、穆王、龏王、懿王等，均生稱諡號。』

周公乃告太公望、召公奭曰，

考證：『查德基曰：「金縢但言『告二公，』而不言太公、召公。考齊魯世家，
太公受封後即就國，不在王朝。書正義以爲時畢公爲太傅，是二公乃畢公、召公
，非太公。理或然與？」張文虎說同。』

施之勉云：『左傳襄十四年：「王使劉定公賜齊侯命曰：昔伯舅太公，右我先王，
股肱周室，師保萬民，世胙太師。」禮記檀弓上：「太公封於營丘，比及五世，
皆反葬於周。」鄭玄注云：「齊太公受封，留爲太師，死葬於周。」是則太公就
封於齊，復入爲太師也。上文云：「武王克殷二年，天下未集。武王有疾，不豫
。羣臣懼，太公、召公乃繆卜。周公曰：『未可以戚我先王。』周公於是乃自以
爲質。」是金縢所云「告二公，」乃太公、召公也。然則太公封於齊，亦如周公
、召公、康叔，仕於王朝。故管叔及其弟流言於國，周公得以告之耳。』

案檀弓云：『太公封於營丘，比及五世，皆反葬於周。』是太公就封於齊後，即
留於營丘，死後乃『反葬於周』也。鄭注言『太公受封，留爲太師。』（太原作
大。）與正文不符。孔疏：『知「留爲大師」者，案詩大雅云：「維師尚父。」
毛傳云：「師，大師也。」史記齊世家云：「大公望呂尚者，東海上人也。四嶽
之後。尚佐武王伐紂，爲大師。」』僅足以證太公曾爲太師；而不足以證太公就
封於齊後仍留王朝爲太師也。據魯世家此文『周公乃告太公望、召公奭，』及上
文『武王有疾，太公、召公繆卜。』則是太公雖封於齊，仍留仕王朝。鄭注所謂
『留爲大師，』蓋正由史記之文推知耳。（據左襄十四年傳云云，不足以推知。）

考齊世家：『太公至國脩政，……及周成王少時，管、蔡作亂，淮夷畔周。乃使
召康公命太公曰：東至海，西至河，南至穆陵，北至無棣，五侯九伯，實得征之
。』則此時太公固不在王朝也。或齊世家、魯世家各有所本與？金樓子此文作『
公謂召公，』不言太公。

我之所以弗辟而攝行政者，

正義：辟，音避。

案尚書釋文：『辟，馬、鄭音避。』即正義所本。

三王之憂勞天下久矣。

案淮南子脩務篇：『由此觀之，則聖人之憂勞百姓甚矣。』精神篇：『竭力而勞

— 199 —

萬民。』高誘注：『勞，憂也。』是『憂勞』爲複語。

周公戒伯禽曰，

　　案後漢書馬援傳注、陳元傳注引戒並作誡，韓詩外傳三同。誡、戒正、假字。

成王之叔父。

　　梁玉繩云：世家前後誤稱成王者四，（辨見秦紀。）獨此乃仍大傳洛誥篇、荀子堯問篇、韓詩外傳三。史公釆擇失檢爾。說苑載周公戒伯禽語，改作『今王之叔父。』君子韙之。（考證引在下文，有省略。）

　　案荀子作『成王之爲叔父，』韓詩外傳作『成王之叔父。』固史公所本；尚書大傳作『今王之爲叔父也。』乃說苑作『今王之叔父』所本，與此稱成王異，梁氏失檢。

我於天下亦不賤矣。

　　考證：『其子伯禽』以下，釆尚書大傳。

　　案『其子伯禽』以下，與韓詩外傳最合，乃史公所本也。

然我一沐三捉髮，一飯三吐哺，起以待士。

　　王念孫云：『此文當有二本，一本作「一飯三起；」一本作「一飯三吐哺。」而後人誤合之也。太平御覽人事部沐類、賢類、禮賢類、待士類，引此並作「一飯三起以待士。」而無「吐哺」二字，此一本作「三起」之證也。後漢書陳元傳注引作「一飯三吐哺以待士。」而無起字。此一本作「三吐哺」之證也。考諸書所記，言「三起」者，則不言「吐哺。」言「吐哺」者，則不言「三起。」今既言「吐哺，」而又言起，則詞意重沓。且一本作「三起。」者，本以「一飯三起」爲句。而「以待士」三字，則總承上二句言之。今作「一飯三吐哺起以待士。」則當斷「一飯三吐哺」爲句，而以起字屬下爲句，「起以待士。」斯爲不詞矣。』

　　考證：『呂覽謹聽篇云：「昔者禹一沐而三捉髮，一食而三起，以禮有道之士。」淮南子氾論篇亦爲夏禹事。梁玉繩曰：「吐、握之事，諸子所說，恐未必有之。黃氏日鈔云：『此形容之語，本無其事。』王濬南亦以爲妄。故呂覽謹聽、淮南氾論又屬之夏禹。鶡子上禹政篇有『禹一饋而七十起』語。」』（原引梁說有省略，據志疑補。）

案殿本捉作握，後漢書馬援傳注、陳元傳注、御覽三九五、四百二、四七四、四七五、記纂淵海六八引此捉皆作握。韓詩外傳、說苑敬愼篇並同。論衡書解篇：『周公一沐三握髮。』王褒聖主得賢臣頌：『昔周公躬吐、握之勞。』漢樂府古辭君子行：『周公下白屋，吐哺不及餐，一沐三握髮，後世稱聖賢。』抱朴子逸民篇：『夫周公大聖，以貴下賤。吐哺、握髮，懼於失人。』顏氏家訓風操篇：『昔者周公一沐三握髮，一飯三吐餐，以接白屋之士。』（事文類聚別集二七引餐作哺。）捉亦皆作握。（金樓子立言篇上亦云：所以一沐三握髮，一食三吐哺。）且皆以爲周公事。曹操短歌行亦云：『周公吐哺，天下歸心。』藝文類聚十一引帝王世紀：『伯禹……一沐三握髮，一飯三起。』（北堂書鈔十一握作捉。御覽八二起作『吐飡。』蓋一本作『三起；』一本作『三吐飡。』與王氏稱『此文有二本』同例。）敦煌本虞世南帝王略論：『伯禹……一沐三捉髮，一飯而三起。』（與王氏稱此文『一本作「三起」』同例。）並以之屬諸禹。劉子誡盈篇：『夏禹一饋而七起，周公一沐而三握。』（一本握下衍髮字。）則以之分屬禹與周公。梁氏引鬻子『禹一饋而七十起。』藝文類聚十一、御覽八二引並無十字，是也。

猶恐失天下之賢人。

案韓詩外傳、說苑並作『猶恐失天下之士。』後漢書馬援傳注引此『之賢人』作『士心也。』也字不必有。

愼無以國驕人。

案後漢書陳元傳注引『驕人』下有也字。韓詩外傳作『驕士也；』說苑作『驕士矣。』『矣』猶『也』也。

異母同穎。

索隱：『尙書曰「異畝，」此母，義竝通。』（此下疑脫爲字。）

案黃善夫本索隱作『尙書作畝，此爲母，義亦並通。』殿本索隱作『尙書母作畝，此爲母，義並通。』

嘉天子命，

索隱：『徐廣云：「一作魯。」魯字誤也。今書序作旅。史記「嘉天子命。」於

文亦得，何須作旅？』（末句作下原衍嘉字。）

　　梁玉繩云：嘉，一作魯。說在周紀。索隱本作『之命。』

　　案嘉，疑本作魯，涉下『作嘉禾』而誤也。周本紀作魯，可證。梁氏周本紀志疑，謂『作嘉，疑史公以意改之。』恐非。周本紀、書序命上並有之字，與此索隱本合。又案黃善夫本及殿本索隱並作『魯字誤。史意云「周公嘉天子命。」於文不必作魯。』

命之曰鴟鴞。

　　案尚書、毛詩序命並作名，廣雅釋詁三：『命，名也。』（據王念孫疏證本。）

周公之代成王治，南面倍依以朝諸侯。

　　集解：『禮記〔明堂位〕曰：「周公朝諸侯于明堂之位，天子負斧依南向而立。」

　　鄭玄曰：「……負之言倍也。斧依，爲斧文屏風於戶牖之間，周公於前立也。」』

　　案周書明堂解亦云：『周公……大朝諸侯明堂之位，天子負斧扆南面立。』（『天子』下舊衍『之位』二字。）淮南子齊俗篇：『周公……負扆而朝諸侯。』許慎注：『戶牖之間謂之扆。』氾論篇亦云：『周公……負扆而朝諸侯。』高誘注：『負，背也。扆，戶牖之間。言南面也。』倍、負、背，古並通用，重栞宋本禮記鄭注作『負之言背也。』依、扆古亦通用，禮記釋文：『依，本又作扆，同。』

乃七年後，還政成王。

　　考證：『書洛誥云：「惟周公誕保文王，受命惟七年。」（岷案『受命』二字當屬上讀。）尸子云：「昔者武王崩，成王少，周公旦踐東宮，履乘石，祀明堂，假爲天子七年。」韓非子難二：「周公旦假爲天子七年，成王壯，授之以政。」

　　禮記明堂位：「周公踐天子之位，七年致政於成王。」史公蓋本於此。又按明堂位云：「周公朝諸侯于明堂之位，天子負斧依，南鄉而立。」是定天子之所居耳，非曰周公自居其位也。「南面倍依」四字可刪。』

　　案周書明堂解亦稱周公『七年致位於成王。』又見淮南子齊俗篇（『致位』作『致政』）。韓詩外傳三：『周公踐天子之位七年。』又見說苑尊賢篇（踐作攝）。

　　考證引禮記明堂位云云，上文集解已引之，並引鄭注：『天子，周公也。』則『天子負斧依南鄉而立，』乃謂周公自居其位，與此稱周公『南面倍依以朝諸侯』

正合。

絇絇如畏然。

集解：『徐廣曰：「絇絇，」謹敬貌也。見三蒼，音窮窮。一本作「夔夔」也。』

案廣雅釋訓亦云：『絇絇（俗本作『絇絇』），謹敬也。』『夔夔』與『絇絇』

義符，孟子萬章篇引書曰：『夔夔齋栗。』趙歧注：『夔夔齋栗，敬愼戰懼貌。』

周公乃自揃其蚤，沈之河，

考證：『揃，翦也。蚤，蒙恬傳作爪。儀禮士喪禮：「蚤揃如他日。」鄭注‥「

蚤讀爲爪。」』（他上原脫如字。）

施之勉云：御覽三百七十引此揃作剪，蚤作爪。

案景宋本白帖九引揃作翦，蚤亦作爪。揃、翦古通。剪，俗字。蒙恬列傳之作於

，義同。

奸神命者，

案御覽三百七十引奸作干，古字通用，殷本紀已有說。

見周公禱書，乃泣反周公。

案御覽引禱上有之字，『反周公，』作『而歸周公。』

嚴恭敬，畏天命自度。

集解：『孔安國曰：用法度也。』

考證：古鈔本自作用。

案畏字當屬上絕句，『嚴恭敬畏，』四字平列。尙書周書無逸作『嚴恭寅畏，』

寅猶敬也。古鈔本自作用，與集解引孔傳合，自、用同義。

爲與小人。

考證：『李笠曰：爲，疑爰之誤。尙書作「爰暨小人。」』

施之勉云：『孫星衍曰：史公「爰暨」作「爲與」者，爰與爲相近。古文或作爲

字。』

案爲與爰同義，玉篇：『爰，爲也。』（參看裴氏古書虛字集釋二。）

作其即位，乃有亮闇，三年不言。

集解：『鄭玄曰：楣，謂之梁。闇，謂廬也。』

案作猶及也，王氏釋詞八有說。『亮闇，』尚書無逸及僞古文說命上、徐幹中論壽夭篇並作『亮陰；』論語憲問篇作『諒陰；』呂氏春秋重言篇、禮記喪服四制、御覽八三引帝王世紀並作『諒闇；』尚書大傳作『梁闇；』漢書五行志作『涼陰。』皆古字通用。禮記鄭注：『諒，古作梁。楣，謂之梁。闇，讀如鶉鶴之鶴。闇，謂廬也。廬有梁者，所謂柱楣也。』集解引鄭注：『楣，謂之梁。』景祐本梁作亮，與正文合，是也。古人引書，往往改就本文。若作梁，則與正文不符矣。

言乃讙。

　　考證：書讙作雍。……讙讀爲懽。

　　施之勉云：『鄭玄注坊記云：讙當爲歡，聲之誤也。』

　　案歡、讙正、假字，非聲誤。說文：『歡，喜樂也。懽，喜歎也。』歡與懽義略別。史公說雍爲讙，與禮記坊記合。家語正論解：『書云：高宗三年不言：言乃雍。』注：『雍，歡聲貌。』是王肅尚知雍有歡義也。

故高宗饗國五十五年。

　　梁玉繩云：尚書是『五十九年，』此誤也。而漢書五行志、劉向杜欽傳、隸釋、蔡邕石經、論衡無形異虛篇，皆作『百年，』師古王吉傳注從之，未知孰是。

　　案『五年』蓋本作『九年，』涉上五字而誤也。竹書紀年亦作『五十九年。』御覽引帝王世紀云：『享國五十有九年，年百歲。』則五十九年，蓋在位之年也。

周之官政未次序，

　　考證：楓山、三條本未下有『有』字。

　　案未猶無也，未下不必有『有』字。

周公卒後，秋未穫，

　　梁玉繩云：金縢之篇，今、古文皆有，而漢人所釋頗異。康成以爲公生前事，見豳風譜及箋；伏生以爲卒後事，見顏籀引大傳。（見漢書梅福傳、儒林傳。）……案越絕吳內傳、曹植怨歌行、徐幹中論智行篇、金樓子說蕃篇，皆以爲周公生前事。

暴風雷雨，

考證：『梁玉繩曰：「王孝廉云：『暴風雷雨，』書作『雷電以風。』故下文云『天乃雨。』今先雜入雨字，與下不相應。」』

案王引之尚書述聞云：『魯世家曰：「秋未穫，暴風雷雨。」論衡順鼓篇曰：「周成王之時，天下雷雨，偃禾拔木。」又感類篇曰：「金縢曰：秋大孰，未穫，天大雷雨以風。（今本「雷雨」作「雷電，」乃後人據古文改之。）」豳風伐柯箋曰：「成王既得雷雨大風之變，欲迎周公。」漢書梅福傳注引尚書大傳曰：「周公死，天乃雷雨以風。」又儒林傳注引大傳曰：「周公死，成王欲葬之於成周，天乃雷雨以風。」後漢書周舉傳注引洪範五行傳曰：「周公死，成王不圖大禮，故天大雷雨。」又張奐傳注引大傳曰：「周公薨，成王欲葬之於成周，天乃雷雨以風。」據諸書所述，則古文之「天大雷電以風，」今文作「雷雨」明矣。……魯世家言「暴風雷雨，」是用今文也。』此既用今文，則作『雷雨』不誤。下文『天乃雨，』雨蓋本作霽；或雨上本有止字，（說詳下。）不得援以證此文『雜入雨字』也。越絕書作『天暴風雨，』中論作『天乃雷電風雨，』亦並言雨。

天乃雨反風。

王引之尚書述聞云：『論衡感類篇曰：「天止雨反風。」琴操說周金縢曰：「天乃反風霽雨。」據此，則古文之「天乃雨，」今文當作「天乃霽。」雨止爲霽，故論衡以「止雨」代之也。蓋古文言「天大雷電，」而不言雨，故下文曰「天乃雨。」今文既言「天大雷雨，」則下文不得言「天乃雨」矣。魯世家曰「天乃雨，」顯與上文不合，蓋亦作「天乃霽，」而後人據古文改之也。』（節引。）

案論衡感類篇作『天止雨反風，』此文雨上疑本有止字，『天乃止雨反風，』與上文『暴風雷雨』正相應。今本無止字，後人據古文尚書妄刪之也。論衡順鼓篇作『遏雨止風。』遏亦止也。爾雅釋詁：『遏，止也。』（後漢書周舉傳注引五行傳作『而天立復風雨，』王引之以爲本作『復風止雨。』亦猶此文之本作『止雨反風』矣。）

凡大木所偃，盡起而築之。

集解：『徐廣曰：「築，拾也。」駰案馬融曰：「禾爲木所偃者，起其木，拾其下禾，乃無所失亡也。」』

案僞孔傳：『木有優，拔起而立之，築有其根。』（築下有字衍。）釋所爲有，

是也。高祖本紀：『廷中吏無所不狎侮。』所亦與有同義。釋名釋言語：『築，

堅實稱也。』『堅實』猶言固也。此謂『凡大木有偃仆者，皆扶起而固其根。』

上文已言『禾盡起，』此不必涉及禾。（集解引馬、徐注訓築爲拾，則築爲掇之

借字，阮元尚書校勘記有說；或爲叔之借字，朱駿聲說文通訓定聲有說。）

歲則大熟。

案黃善夫本、殿本熟並作熟，尚書同。熟、熟正、俗字。

魯公伯禽之初受封之魯，

案御覽六二三引初上無之字。

五月而報政周公。

案而猶遂也。趙世家：『三月餘而餓死沙丘宮。』列女傳孽嬖篇趙靈吳女傳而作

遂，范雎列傳：『平原君畏秦，且以爲然，而入秦見昭王。』文選陸韓卿奉答內

兄希叔詩注引而作遂。並而、遂同義之證。（參看拙著古書虛字新義十九『而』

條。）

及後聞伯禽報政遲，乃歎曰：嗚呼！魯後世其北面事齊矣！

梁玉繩云：『「報政」一事，呂氏春秋長見、韓詩外傳十、淮南齊俗、說苑政理

皆載之，而與此不同。事屬僞撰，不足信也。困學紀聞十一引說齋唐氏曰：「此

後世苟簡之說，非周公之言。遷不能辨其是否，從而筆之于書，使後人務速成之

功者，藉爲口實。其害豈小哉！」』

案其猶將也。『報政』事，漢書地理志亦載之，亦與此不同。（下文『平易近民

，民必歸之。』考證引呂氏春秋及困學紀聞云云，卽本梁氏此說。）

民不有近。

案有猶可也。張釋之列傳：『使其中有可欲者，雖錮南山猶有郤。』漢紀八『有

郤』作『可隙。』卽有、可同義之證。孟子荀卿列傳：『淳于髡久與處，時有得

善言。』有亦與可同義。（說互詳孟荀列傳斠證。）

峙爾芻茭、糗糧、楨餘，

集解：『馬融曰：楨餘，皆築具。楨在前，餘在兩傍。』

— 206 —

案爾雅釋詁：『峙，具也。』景祐本南宋補版榦作𣚦，集解同。（殿本亦作𣚦，集

解上榦字作𣚦，下榦字作幹。）𣚦乃榦之俗誤。黃善夫本作幹，集解同，亦俗。

魯公伯禽卒。

集解：『徐廣曰：「皇甫謐云：伯禽以成王元年封，四十六年康王十六年卒。」』

考證：『漢書律歷志云：「伯禽即位四十六年，康王十六年薨。」與皇甫謐合。』

案考證說，本梁氏志疑。梁氏並云：『竹書謂成王三十七年崩，禽父薨于康王十

九年。疑莫能定矣。（竹書薨年有誤。）』

子考公酋立。

索隱：系本作就；鄒誕本作遒。

梁玉繩云：漢志就、酋兩載，音義近。（左傳文十六年疏，毛本作酋公，譌。）

案酋、就古通，太玄經中：『酋酋大魁頤。』范望注：『酋，就也。』酋、遒古亦

通，詩大雅卷阿：『似先公酋矣。』毛傳：『酋，終也。』孔疏酋作遒，云：『「

遒，終。」釋詁文。彼遒作酋，音義同也。』又案黃善夫本及殿本索隱並無誕字。

煬公築茅闕門。

梁玉繩云：『徐廣謂「茅，一作第；又作夷。」恐非也。韓子外儲右上、說苑至

公言楚莊王立茅門之法，「煬公築茅闕門，」當亦其類。……』

考證：『洪頤煊曰：「古文雉、茅、夷三字通用。『茅門，』即春秋所謂『雉門

。』」孫詒讓曰：「『茅闕門，』即春秋定二年經之『雉門、兩觀』也。諸侯三

門，庫、雉、路。外朝在『雉門』外。」』

案茅、弟、夷三字形近易亂，易渙：『匪夷所思。』釋文引荀本夷作弟，莊子應

帝王篇：『因以爲弟靡。』列子黃帝篇弟作茅。（釋文引莊子亦作茅。）並其證

。此文當以作弟爲是。第又弟之變也。說文：『雉，古文作𨾊。』或省作弟。『

弟闕門』即『弟門，』亦即『雉門。』定二年春秋經：『夏五月壬辰，雉門及兩

觀災。』杜預注：『雉門，公宮之南門。』韓非子外儲說右上：『荆莊王有茅門

之法。』說苑至公篇：『楚莊王之時，太子車立於茅門之內。』『茅門』並當作

『弟門，』或『第門。』

子幽公宰立。

索隱：系本名圉。

梁玉繩云：左傳文十六年疏引世家作圉，蓋誤以爲世家也。

案黃善夫本及殿本索隱系並作世，蓋後人所改。索隱例諱世爲系。

幽公弟潰殺幽公而自立，是爲魏公。

集解：『徐廣曰：世本作微公。』

索隱：系本潰作弗，音沸。魏作微。且古書多用魏字作微，則太史公意亦不殊也。

梁玉繩云：『漢志潰、茀兩載，師古曰：「茀音弗。潰，古沸字。」余攷潰乃費之譌。左傳文十六年釋文引世家，毛本作費，而費與茀又通用，故齊有「徒人費，」而世家作茀也。至索隱引世本作弗，乃字之缺脫。若果名弗，則其後惠公安得名弗星乎？（索隱于此引世本作弗；于世表引作弗甚；又一本作弗其。譌之中又譌焉。）魏公，左傳文十六年疏引世家作微公。釋文云：「世本作微公。」而漢律厤志及集解、索隱引世本皆作微公，惟人表與史同。蓋微爲微之譌，但諡法無微。而小司馬謂「古書多用魏字作微，徧檢不得。殷本紀微子，小司馬亦云：「孔子家語：微，或作魏。讀從微音。」今家語無之。……』（魏公以下，見世表志疑。）

案潰、費、沸、弗，古並通用，晉世家：『子穆侯費王立。』索隱：『鄒誕生本作弗生；或作潰王。』鄭世家：『子悼公潰立。』索隱：『鄒本一作沸；一作弗；左傳作費。』並其證。此文潰非費之譌。惟潰，世本作弗，則其後惠公不得名弗湦。竊疑索隱『系本潰作弗，音沸。』本作『系本潰作沸，音弗。』若本作弗，則無庸音沸矣。詩魯頌譜疏引殺作弒，作殺是故書。魏公，世表索隱亦云：『系本作微公。』左傳疏引此文及釋文引世本並作微公。說文：『微，从系，微省聲。』則微、微固可通用，微恐非微之譌也。殷本紀索隱引孔子家語云：『微，或作魏。讀從微音。』疑是家語注文。古人引書，往往以注文爲正文。

子厲公擢立。

案左傳釋文引擢作躍。

獻公三十二年卒。

考證：『梁玉繩曰：獻公在位五十年。漢志作「五十年，」謂出世家也。』

案三疑五之誤，『五十年，』舉成數言之也。

子眞公濞立。

索隱：眞，音愼。本亦多作愼公。按衞亦有眞侯，可通也。濞，系本作摯；或作
鼻，音匹位反。鄒誕本作『愼公嚊。』

梁玉繩〔世表志疑〕云：『眞公，漢志、人表及世本皆作愼公。索隱亦云：「本
作愼。」則今本史作眞公，與詩譜序疏作貞公，竝誤。左傳文十六年疏及釋文引
世家作順公也。〔年表志疑云：〕愼公之名，漢書埶與嚊兩載。索隱引世本作摯；
或作鼻，（史記各本鼻字皆誤作䁗。）魯頌疏引世家又作偪，而今史記又作濞，
未知孰是。』

考證：『沈家本曰：左傳釋文引作順公，順、愼聲轉字通。』

案左傳釋文：『順公，一作愼公。』年表索隱：『系本作「愼公摯；」鄒誕本作
「愼公嚊。」』莊子列禦寇篇：『順於兵，故行有求。』釋文本順作愼，列子楊
朱篇：『愼耳目之觀聽。』釋文引一本愼作順，並愼、順古通之證。索隱『或作
鼻，』黃善夫本、殿本鼻並誤䁗。鄒本作嚊，與漢志記作嚊者合。

武公九年春，武公與長子括、少子戲，西朝周宣王。

考證：表作『十年，』國語無春字。

張以仁弟云：『年表魯武公十年下未載朝王之事。國語但作「魯武公以括與戲見
王，」未紀年。又周本紀云：「十二年，魯武公來朝。」宣王十二年，當魯武公十
年。周語謂宣王伐魯在三十二年。從魯懿公戲即位（即朝王之年）至伯御被伐，
前後共二十年（戲在位九年，爲伯御所弒。伯御在位十一年，爲宣王所誅），則
朝王之年，正宣王十二年。此當據本紀改爲「十年。」』

案考證說，本梁氏志疑。梁氏標『武公九年春；』及下文『夏，武公歸而卒。』
云：『表作「十年，」是也。此作「九年，」誤。而漢志妄稱世家作「二年，」
尤誤。春、夏二字，國語所無，未知何本。』此云『武公九年春，』下言『夏，
武公歸而卒。』是武公卒於在位之九年。而年表書武公在位凡十年。此梁氏所以
以此『九年』爲『十年』之誤也。竊疑此文『九年』本作『十年，』與周本紀、

年表並合。十之作九，涉上文『九年』字而誤耳。又案戲，世本名被。漢志兩記之。

欲立戲爲魯太子。

　　案治要引太作大。

令之不行，政之不立。

　　案上之字猶若也。下之字猶則也。以仁國語虛字集釋周語上有說。

行而不順，

　　案而猶如也。

誅之亦失；不誅亦失。

　　集解：『韋昭曰：誅之，誅王命；不誅，則王命廢。』

　　案景祐本集解之作是，屬下讀。周語韋注『王命廢』作『廢命。』

夏，武公歸而卒。

　　集解：『徐廣曰：「劉歆云：立二年。」』

　　考證：國語無夏字。

　　案考證說，已見前引梁氏志疑。劉歆謂武公『立二年，』與年表書武公在位十年異；而與漢志稱武公在位二年合。

懿公九年，

　　考證：漢律歷志同。國語無『九年』二字。

　　案年表書懿公在位九年。

懿公兄括之子伯御，

　　年表：『魯孝公稱元年，伯御立爲君。……伯御，武公孫。』梁玉繩云：『世家及漢書人表、律歷志以伯御爲懿公兄括之子。似伯御爲武公孫無疑。而韋昭國語注以伯御即括，莫定所從。表于是年以伯御爲武公孫；于十二年復以孝公爲伯御弟，夫孝公者，武公之子，而懿公之弟也。謂孝公爲伯御弟，則必以伯御爲武公子，頗有合于韋注。乃漢志以孝公爲伯御叔父；人表又曰「孝公，懿公子。」兩相歧異，俟折衷知者。（國語補音以韋注爲失。列女傳亦云：「括之子伯御。」』

　　考證：漢志作柏御。

　　案年表魯孝公十一年書『周宣王誅伯御，立其弟稱，是爲孝公。』則梁氏所謂表

『于十二年復以孝公爲伯御弟。』『十二年』乃『十一年』之誤。漢志伯御作柏
御，伯、柏古通，秦本紀：『昔伯翳爲舜主畜。』南宋重刊北宋監本伯作柏，卽
其比。

而問魯公子能道順諸侯者，

　集解：『徐廣曰：順，一作訓。』

　梁玉繩云：徐廣順作訓，是也。與國語合。二字古亦通用。

　案順、訓古通，宋世家：『于帝其順。』尚書洪範順作訓，卽其比。『道訓，』
複語。晉語六：『智子之道善矣。』韋注：『道，訓也。』爾雅釋詁：『訓，道
也。』道，古導字。

而咨於固實。

　考證：國語固作故，固、故古通。

　案考證說，本梁氏志疑。梁氏並云：『戰國趙策：「故不敢入于鄒。」魯仲連傳
作固。又趙策：「國有固籍。」』『固籍』猶『故籍』也。

子弗湟立。

　集解：『徐廣曰：表云弗生也。』

　索隱：系本作弗皇；年表作弗生。

　梁玉繩云：『集解、索隱皆引年表云弗生。而今本年表俱作弗湟，蓋後人依世家
改之爾。但惠公之名，諸處不同。弗生既與弗湟異；而漢志作皇；左傳疏從世本
作弗皇；陸氏釋文作不皇；文十六年疏及釋文引世家又作弗皇；皇王大紀又作沸
湟。余疑沸、不兩字，乃傳寫之誤。湟、皇兩字，亦屬譌文。當作弗湼爲是。湼
與生古通用，何以知之？周幽王名宮湼，（今作涅；或作湟，並非。）徐廣曰：
「一作生。」曹桓公名終生，孫檢曰：「一作終湼。」二名可互證。湼，音生。』
（年表志疑。）

　案弗湟，年表景祐本作弗湼，考證本同；黃善夫本作弗湟。殿本作弗生，蓋改從
此文集解、索隱所引也。梁氏稱『左傳（隱元年）陸氏釋文作不皇。』不與弗同，
不字非傳寫之誤。皇王大紀作沸湟，沸蓋本作弗，涉湟字而誤加水旁耳。湟爲湼
之譌，良是。皇蓋星之誤。湼、星、生古並通用。周本紀正義云：『湼，音生。』

又案殿本索隱弗生上有『孝公子』三字，非。

長庶子息，

　　考證：『梁玉繩曰：「息下缺姑字，今本脫之。魯頌疏、文十六年左傳疏及釋文、
　　穀梁首篇疏，竝引世家作息姑。」沈家本曰：「年表作息姑。」』

　　案梁氏謂『息下缺姑字，』並云：『漢志同脫。』年表索隱云：『系家名息。』
　　是所見此文本無姑字。左傳隱公疏及釋文並云：『隱公名息姑。』

生子允。

　　集解：『徐廣曰：一作軌。』

　　索隱：系本亦作軌也。

　　年表：『魯桓公允元年。』索隱：『一作兀，五忽反。』梁玉繩云：『桓公之名，
　　世家或稱允；或稱子允，蓋子字羨文。索隱謂「一作兀，」亦允字之譌。但左傳疏
　　依史記作允；而漢志及釋文皆從世本作軌。集解徐廣亦曰：「一作軌。」豈桓公
　　有二名歟？』

　　案左傳桓公疏稱世族譜允亦作軌。軌，疑本作𨒉，允、𨒉古通，說文：『𨒉，進
　　也。以本，从屮，允聲。易曰：𨒉升大吉。』今易升卦𨒉作允，即其證。世人習
　　見軌，罕見𨒉，故致誤耳。黃羡夫本及殿本索隱並作『一作兀，五忽反。』與年
　　表索隱合。梁氏謂兀爲允之譌，是也。允，或稱子允，子字可略，非羨文。

隱公五年，觀漁於棠。

　　集解：『杜預曰：高平方與縣北有武棠亭，魯侯觀漁臺也。』

　　案隱五年春秋經作『公矢魚于棠。』傳云：『公將如棠觀魚。』公羊穀梁傳及年
　　表並作『公觀魚于棠。』漁、魚古通。『矢魚』猶『射魚。』（此陳槃庵兄說。）
　　觀借爲貫，『貫魚』亦猶『射魚。』（此古層冰先生說。）參看槃庵兄古社會田
　　狩與祭祀之關係。（本所集刊第二十一本第一分。）又案集解武棠亭，左傳杜注
　　棠作唐，古字通用。論語子罕篇：『唐棣之華，偏其反而。』春秋繁露竹林篇引
　　唐作棠，（見阮元校勘記。）即其比。

八年，與鄭易天子之太山之邑祊及許田。

　　集解：『穀梁傳：祊者，鄭伯之所受命於天子，而祭泰山之邑也。……』

案公羊穀梁隱八年傳祊並作邴，古字通用。集解引穀梁傳作祊，改從此文也。隱
九年春秋經傳：『公會齊侯於防。』公羊傳防作邴。祊之通邴，猶防之通邴矣。

公子揮諂謂隱公曰，

案詩魯頌譜疏引揮作翬，古字通用。隱四年春秋經傳、年表、漢書人表、周本紀
正義亦皆作翬。

隱公欲遂立去子，子其圖之。請爲子殺隱公。

考證：『梁玉繩曰：生而稱諡，非也。當衍兩隱字。』

案生而稱諡，其例恆見，說已見前。

桓公元年，鄭以璧易天子之許田。

考證：『中井積德曰：「春秋書『鄭伯以璧假許田。』假字乃有意義也。今作易
字，太史公之意不可曉。」又曰：「太山之祊，冒以天子猶可。若夫許，是魯朝
宿之邑，何天子之有？周紀云：『許田，天子之用事太山田也。』與此合。蓋太
史公謬以許爲祊也。」』

施之勉云：『公羊桓元年傳云：「其言以璧假之何？易之也。易之，則其言假之
何？爲恭也。易爲爲恭，有天子存，則諸侯不得專地也。」繁露王道篇云：「鄭
、魯易地，」諱易言假。則太史公作易字之意，何謂不可曉邪？傳又云：「許田
者何？魯朝宿之邑也。諸侯時朝乎天子。天子之郊，諸侯皆有朝宿之邑焉。此魯
朝宿之邑也，則何爲謂之許田？諱取周田也。諱取周田，則何爲謂之許田？繫之
許也。曷爲繫之許？近許也。」然則「許田」實周田，不可謂之「天子之許田」
乎？』

案穀梁桓元年傳亦云：『「鄭伯以璧假許田。」假不言以，言以非假也。非假而
曰假，諱易地也。禮，天子在上，諸侯不得以地相與也。』春秋諱易言假，固有
意義；史公則不必有所諱，故徑言易耳。『許田，』是魯朝宿之邑，實即周田，
故可謂之『天子之許田。』然不可謂之『天子之用事太山田。』蓋祊乃鄭伯所受
命於天子而祭太山之邑也。周本紀以『許田』爲『天子之用事太山田。』蓋誤許
爲祊，索隱已辯其誤。惟本篇上文『八年，與鄭易天子之太山之邑祊及許田。』
鄭世家：『二十九年，莊公怒周弗禮，與魯易祊、許田。』（鄭莊公二十九年，

即魯隱公八年。）雖是年鄭歸魯祊，尚未易許田，（參看考證引梁說。）然史公固未誤許爲祊也。

十六年，會于曹，伐鄭，入厲公。

　　考證：『梁玉繩曰：入上缺謀字，蓋厲未入也。』

　　案伐上缺謀字，似非入上缺謀字也。左傳作『十六年春正月，會于曹，謀伐鄭也。』杜注：『前年冬，謀納厲公，不克；故復更謀。』即『謀伐鄭，入厲公』之意。年表伐上亦有謀字。

使公子彭生抱魯桓公，

　　案詩齊風南山疏引桓公下有『上車』二字，與下文『公死于車』相應，是也。齊世家作『使力士彭生抱上魯君車，』即謂『抱魯桓公上車』也。左桓十八年傳作『使公子彭生乘公。』（注：上車曰乘。）管子大匡篇作『使公子彭生乘魯侯。』列女傳孽嬖篇魯桓文姜傳作『使公子彭生抱而乘之。』亦可證此文當有『上車』二字。

不如殺以其屍與之。

　　索隱：屍，本亦作死字也。

　　考證：國語作屍。

　　案管子小匡篇亦作屍，屍、死正、假字。管子大匡篇載齊欲生得管仲，施伯勸魯君：『不如與之。』謂生與之也。與此及齊語、小匡篇並異。

齊人相管仲。

　　考證：『魯人』以下，采國語齊語。

　　案『魯人』以下，又見管子小匡篇。

孟女生子斑。

　　考證：春秋傳子斑作子般。

　　案斑，下文亦稱子斑；國語楚語下、新語至德篇、公羊穀梁莊三十二年傳、年表、列女傳孽嬖傳魯莊哀姜傳、漢書人表皆作子般。斑（俗辬字）、般古通。此文子字不當連斑字讀。

圉人犖自牆外與梁氏女戲。

考證：『左傳：「子般與女公子同往梁氏，視習雲祭之禮，犖與女公子戲。」與此異。』

案左傳云云，梁氏志疑已引之，並云：『于情事似不協。余舅氏陳大令樹華春秋經傳攷正曰：「左傳『女公子』句，疑有脫文。杜云：『女公子，子般妹。』亦屬臆解。史記似近情理。且『女公子』之稱，別無所見。」（諸侯之女稱「公子」則有之矣，見公羊莊元年傳。）』

生子開。

年表：『魯閔公開元年。』梁玉繩云：『索隱引世本、左傳疏引杜世族譜、及漢志、釋文皆作啟方。惟史避諱作開，蓋缺方字。當作開方。』

案左傳閔公疏：『杜譜云啟方，從世本文。』漢志、釋文之作啟方，蓋並從世本也。穀梁傳楊士勛疏：『魯世家閔公名開，世本作啟方，辟漢景帝諱，故改開也。』漢書人表『魯閔公啟。』無方字，與世家合。

慶父與哀姜私通，欲立哀姜娣子開。

梁玉繩云：此言慶父欲立開，妄也。乃哀姜欲立慶父耳。

考證：『中井積德曰：據左傳，慶父之私通，蓋在莊公卒之後。史記似失。』

施之勉云：據公羊莊二十七年傳、漢書五行志載劉向說，則慶父與哀姜私通，在莊公時，不在莊公卒後。左傳但言慶父通哀姜；公穀（劉向，穀梁家說也。）二家則謂夫人淫於二叔，史與左氏合也。史不誤，中說非是。（節引。）

案左閔二年傳、列女傳並言哀姜欲立慶父。本篇下文及齊世家同。惟哀姜欲立慶父為一事；慶父欲立開又為一事。此言慶父欲立開，與下文『慶父竟立莊公子開。』相應。（左傳但言『齊人立之。』）史公當有所本，不得輕以為妄也。又左傳：『共仲通於哀姜，哀姜欲立之。』（莊三十二年傳杜注：共仲，慶父。）載於閔公二年，慶父之私通，頗似在莊公卒後。驗以公、穀，則知其私通哀姜，由來久矣。列女傳稱『哀姜驕淫，通於二叔公子慶父、公子牙。』亦在莊公時。

慶父竟立莊公子開，是為湣公。

索隱：……春秋作閔公也。

考證：『「慶父竟」三字，史公以意補。中井積德曰：據閔二年左傳，立閔公非

慶父之爲，國人之爲也。』

案列女傳：『慶父與哀姜謀，遂殺子般於黨氏；立叔姜之子，是爲閔公。』稱慶
父，與此合。詩魯頌譜疏、左傳閔公疏、文十六年傳疏及釋文引此湣皆作閔，公
、穀、趙世家、列女傳、漢書人表咸同；漢志作慜。湣、閔、慜，古並通用。

哀姜與慶父謀，殺湣公而立慶公。

考證：『中井積德曰：「與慶父謀，」「立慶父。」是行文疎處。』

案謀字當屬下讀。列女傳稱哀姜『又與慶父謀殺閔公而立慶父。』與此合。

是爲釐公。釐公，亦莊公少子。

考證：『梁玉繩曰：釐乃閔之兄，恐非少子。』

案詩魯頌譜疏、左傳閔公疏、文十六年傳疏及釋文、穀梁僖公疏引此釐皆作僖。
國語魯語上、新語、公羊、列女傳咸同。釐、僖古通，作釐是故書。齊世家集解
引徐廣云：『史記僖字皆作釐。』年表魯釐公三十三年書『僖公薨。』僖字必後
人所改矣。公羊僖元年傳何休注：『僖公者，閔公庶兄。』左傳僖公疏亦稱僖公
『莊公之子，閔公庶兄。』（穀梁疏同。）釋文云：『莊公之子，閔公之兄。』
史公以釐公爲湣公之弟，（上文云『湣公弟申。』）故曰『釐公，亦莊公少子』
也。其說蓋有所本。（魯語韋注：『僖公，莊公之子。』亦不言『少子。』）

齊桓公聞哀姜與慶父亂以危魯，乃召之邾而殺之。

考證：『左傳云：「齊人取而殺之。」不云桓公。』

施之勉云：『公羊僖元年傳云：「桓公召而縊殺之。」穀梁僖元年傳云：「其不言
姜，爲齊桓諱殺同姓也。」新語至德篇云：「公子牙、慶父之屬，敗上下之序，
亂男女之別，繼位者無所定，逆亂者無所懼，於是齊桓公遣大夫高子立僖公，而
誅夫人。」是公、穀、新語皆以爲桓公殺哀姜矣。』

案齊世家：『桓公召哀姜殺之。』年表齊桓公二十七年，書『殺女弟魯莊公夫人
。』列女傳亦稱桓公『召哀姜酖而殺之。』

以汶陽、鄪封季友。

集解：『賈逵曰：汶陽、鄪，魯二邑。』

索隱：鄪，或作費，同。……』

考證：『僖元年左傳云：公賜季友汶陽之田及費。』

案左傳鄪作費，（下文『請囚於鄪。』『受鄪爲上卿。』左傳亦並作費。）集解
引賈注作鄪，改從此文也。黃善夫本、殿本索隱或並作今。

晉里克殺其君奚齊、卓子。

集解：『徐廣曰：卓，一作悼。』

案晉世家卓作悼，齊世家集解引徐廣云：『史記卓多作悼。』

魯敗翟于鹹，獲長翟喬如。

案左文十一年傳翟作狄，喬作僑，下同。公、穀翟亦並作狄，（魯語下、說苑辨
物篇長翟字亦並作狄。）古字通用。已詳周本紀及齊世家。喬、僑古亦通用，左
傳釋文：『僑，本作喬。』（日本舊鈔本作喬。）與此合。

富父終甥舂其喉，

集解：『服虔曰：舂猶衝。』

案左傳舂作捄，杜注：『捄猶衝也。』（本服注。）捄，俗舂字。

鄋瞞伐宋。

正義：『……仲尼云：汪罔氏之君，守封、禺之山，爲漆姓。在虞、夏、商爲汪
罔；周爲長翟。今謂之大人。』

案鄋，正作䣛。說文：『䣛，北方長狄國也。在夏爲防風氏；在殷爲汪芒氏。』
正義引仲尼云云，本孔子世家。漆，原作釐，說苑辨物篇同。漆蓋淶之誤，淶、
釐聲近字通。（阮元左傳校勘記、黃丕烈國語札記並有說。）又『在虞、夏』下
，當據說苑及說文補『爲防風』三字。（說文段注有說。）

齊王子城父獲其弟榮如，

案左氏、公、穀、年表城並作成，古字通用，齊世家已有說。

長妃齊女爲哀姜。

索隱：此哀非謚，蓋以哭而過市，國人哀之，謂之哀姜。故生稱哀，與上桓夫人
別也。

王念孫云：『長妃齊女哀姜。』索隱本哀姜上有爲字，於義爲長。

案景祐本、黃善夫本、殿本皆無爲字。此有爲字，從索隱本也。黃善夫本索隱證

作諡，當從之。（諡號字作諡，乃後人妄改。說文段注有說。）又黃本、殿本索
隱並無『故生稱哀，與上桓夫人別也。』十一字。

次妃敬嬴嬖愛，生子俀。

　　集解：『徐廣曰：一作倭。』

　　索隱：倭，晉人唯反。一作俀，音同。

　　年表：『魯宣公俀元年。』梁玉繩云：『漢志曰：「宣公倭。」左傳疏曰：「名
倭；或作接。」釋文曰：「名倭；一名接；又作委。」世家亦作倭，不見有別作
俀者。則此譌已。或問：「世家宣公名凡四見，湖本盡作俀。他本雖多作倭，而
于『生子俀』句下，皆作俀字。故徐廣云：『一作倭。』豈世家傳寫誤歟？」曰：
誤也。余有二證。左傳疏引世家名倭，其證一。索隱本引世家「生子倭」注云：
「一作俀。」其證二。蓋此字之誤，其來已久。徐廣所據史記本是俀字，遂以別
本作倭字注之；索隱所見本是倭字，因以別本作俀者注之也。倭音煨。順也。與
委通。俀音娞；音腿。弱也。音義迥殊。至所謂接者，又倭之譌耳。（委之與娞
，混寫已久。如餧作餒；屜作屧，皆是。）』

　　考證：楓山、三條本作俀。

　　施之勉云：景祐本、黃善夫本作俀。

　　案殿本亦作俀。公羊宣公楊疏引世家名倭，與左傳孔疏引合。俀乃倭之或體。黃
善夫本、殿本索隱並刪作『晉人唯反。』非。又案此以俀（宣公）爲文公之子，
左傳、年表及漢志皆同。而新序節士篇云：『魯宣公者，魯文公之弟也。』未知
何據。（金巨山新序管見亦有說。）

叔仲曰：不可。

　　考證：楓山、三條本無曰字。

　　案左文十八年傳亦無曰字。

宣公俀十二年，（十字原脫。）

　　案景祐本、黃善夫本俀並作倭。

使我殺適立庶失大援者，襄仲。

　　集解：『服虔曰：「援，助也。仲殺適立庶，……」杜預曰：「襄仲立宣公，南

通於楚。旣不固；又不能堅事齊、晉，故云：失大援。」』

考證：『楓山、三條本集解，曰下有「適謂子惡，齊外甥。」七字，仲下有「殺之」二字。』

案考證所謂『曰下，』當作『杜預曰』下，否則與上『服虔曰』之曰相亂也。左宣十八年傳杜注，正作『適謂子惡，齊外甥。襄仲殺之。』與楓、三本合。又『旣不固，』左傳注不下有能字，較長。

齊伐取我隆。

集解：左傳作龍。

案晉世家隆字同。索隱：『劉氏云：隆卽龍也。』

魯欲背晉合於楚。

考證：『張文虎曰：欲上魯字，舊刻作公。』

施之勉云：景祐本、黃善夫本並作魯。

案殿本亦作魯。年表作公（考證本誤以公字屬上絕句）。左成四年傳云：『公至自晉，欲求成于楚而叛晉。』與作公之本合。

其九月，太子卒。

索隱：『左傳云：胡女敬歸之子子野立，三月卒。』

考證：楓山、三條本索隱，立字在胡上。

案左襄三十一年傳立字亦在胡字上。

魯人立齊歸之子裯爲君。

索隱：『系本作稠。又徐廣云：「一作裯。」音紹也。』

考證：世家從左傳作裯；年表從世本作稠。

案左氏穀梁昭公疏引此裯並作稠，與世本及年表合。漢志、人表亦並作稠。索隱『又徐廣』云云，黃善夫本、殿本並作「徐廣作裯。裯音紹也。」徐廣下蓋脫『云一』兩字。

有母弟可立；不卽立長。

案可、卽互文，可猶卽也。左傳可與卽並作則，義亦同。

意不在戚。

中研院歷史語言研究所集刊論文類編（文獻考訂編）

案左傳戚作慼，慼、戚正、假字。

昭公三年，朝晉，至河。

　　考證：『春秋經傳係之昭二年。梁玉繩曰：三字譌，表在二年。』

　　案公、穀亦並在二年。

四年，楚靈王會諸侯於申，昭公稱病不往。

　　考證：昭四年春秋經傳。

　　案年表亦書昭公『稱病不會楚。』梁玉繩云：『左傳，楚子合諸侯于申，「公辭
　　以時祭；衞侯辭以疾。」表與世家皆言「公稱病。」蓋誤以衞爲魯也。』

八年，楚靈王就章華臺，召昭公。昭公往賀。

　　集解：『春秋云：七年三月，公如楚。』

　　考證：『梁玉繩曰：春秋在七年；此與表並誤書于八年。』

　　案公、穀亦並云：『七年三月，公如楚。』御覽八百二引賀作焉。

賜昭公寶器。已而悔，復詐取之。

　　集解：『服虔曰：大屈寶金，可以爲劍。一曰大屈，弓名。魯連書曰：楚子享魯
　　侯于章華，與之大曲之弓。既而悔之。』

　　案左昭七年傳疏：『賈逵曰：「大屈寶金，可以爲劍。大屈，金所生地名。」服
　　虔云：「一曰大屈，弓名。魯連書曰：楚子享魯侯於章華之臺，與大曲之弓。既
　　而悔之。』以『大屈寶金，可以爲劍』八字爲賈逵注，與集解引爲服虔注異。

齊景公與晏子狩竟。

　　考證：古鈔本竟作境。

　　案竟、境正、俗字。

二十五年春，鸜鵒來巢。

　　集解：『周禮曰：「鸜鵒不踰濟。」公羊傳曰：「非中國之禽也。宜穴而巢。」』
　　案年表誤書在二十四年。梁氏志疑有說。論衡遭虎篇：『魯昭公旦出，鸜鵒來巢
　　。』云『魯昭公旦出，』未知何據。鸜，或鴝字。說文：『鴝，鴝鵒也。』周禮
　　考工記賈公彥疏：『春秋昭二十五年：有鴝鵒來朝。』山海經中山經郭璞注：『傳
　　曰：鴝鵒來巢。』今本春秋經傳鴝並作鸜。集解引周禮（考工記）：『鸜鵒不踰

濟。』釋文本鸇作鷯，云：『徐（邈）、劉（昌宗）音權。公羊傳同。本又作鶺，左傳同。』公羊傳徐彥疏引運斗樞云：『有鸇鴳來巢于榆。』字亦作鶺。穀梁傳釋文亦云：『鶺，本又作鷯，音權。』說文段注云：『郭注山海經云：「鸇鴳，鳱鴳也。」按句、瞿音同。作鸇，音權者，語轉也。』（今本山海經中山經作『鸇鴳。』玄應一切經音義十八引作『鸇鴳。』）又案集解引公羊傳『宜穴而巢。』公羊傳而本作又，又猶而也。

季氏與郈氏鬭鷄。

集解：『徐廣曰：郈，一本作厚，世本亦然。』

案左傳釋文：『郈，音后。』郈、厚古通，下文之郈昭伯，漢書人表郈作厚，左襄十四年傳之厚成叔，呂氏春秋觀表篇厚作郈，並其比。（王引之左傳述聞謂『郈當作后，加邑蓋傳寫之誤。』其說恐泥。）

季氏芥鷄羽。郈氏金距。

集解：『服虔曰：「擣芥子播其鷄羽，可以坌郈氏鷄目。」杜預曰：「或云：以膠沙播之爲介鷄。」』

正義：介，甲也。

考證：『左傳芥作介。賈逵注左傳云：「介，甲也。」高誘注呂覽察微篇云：「介，甲也。」』

案呂氏春秋察微篇、淮南子人間篇季氏二字與郈氏二字並互易。世家與左傳合。左傳杜注：『擣芥子播其羽也。或曰：以膠沙播之爲介鷄。』孔疏：『杜此二解，一讀介爲芥，擣芥子爲末，播其鷄羽。賈逵云：「擣芥子爲末，播其鷄翼，可以坌郈氏鷄目。」是此說也。鄭衆云：「介，甲也。爲鷄著甲。」高誘注呂氏春秋云：「鎧著鷄頭。」杜又云「或曰，」不知誰說。「以膠沙播之，」亦不可解。蓋以膠塗鷄之足爪，然後以沙糝之，令其澀，得傷彼鷄也。以「郈氏爲金距」言之，則「著甲」是也。』疏所引賈注，與世家集解引服注同。即杜注前說所本。淮南子芥作介，許愼注：『介，以芥荣塗其鷄翅。』亦與賈、服說合。左傳釋文：『介，又作芥。』與世家作芥合。惟世家正義云：『介，甲也。』是所據本作介。芥與介甲字古蓋通用，釋爲『芥子、』『芥荣；』或說『以膠沙播之爲介鷄。』

並迂曲難通。鄭衆注：『介，甲也。爲雞著甲。』孔疏從之，是也。呂氏春秋高

誘注：『介，甲也。作小鎧著雞頭也。』與鄭注合。（蓋即世家正義所本。）考證

引左傳，誤以鄭注爲賈逵注。又案左傳、呂氏春秋、淮南子『金距』上皆有『爲

之』二字。

爲讒臧氏匿季氏。

　　梁氏志疑所據湖本爲作僞，云：『僞、爲古通。』

　　施之勉云：景祐本、黃善夫本爲作僞。

　　案殿本爲亦作僞。

戾曰：然救季氏。

　　考證：左傳然下有則。

　　案然字當絕句。『救季氏』三字，乃史公敍述之辭。左傳作『然則救諸？』四字

　　爲臧戾之言，與此有別。

子家曰：齊景公無信。

　　梁玉繩云：『史詮曰：「齊景公」當作「齊君。」』

　　案左傳作『齊君。』惟作『齊景公』亦不誤。生稱謚號，其例習見，說已詳前。

　　下文『六卿爲言曰：晉欲內昭公。』梁氏引史詮曰：『昭當作魯。』作昭亦不誤

　　，與此同例。

齊伐魯取鄆，

　　案公羊昭二十六年傳鄆作運，古字通用。

許齊臣高齕、子將粟五千庾。

　　索隱：一本子將上有貨字。子將，即梁丘據也。齕，音紇。子將家臣也。左傳子

　　將作子猶。

　　考證：『梁玉繩曰：「案左傳，高齕乃高齮之誤。子將乃子猶之誤。而子猶上脫

　　貨字，故索隱云：一本將上有貨字。』

　　施之勉云：『王引之曰：齊高齕，字齮。昭二十六年左傳之高齮，即史記魯世家

　　之高齕。』

　　案施氏引王說，見經義述聞春秋名字解詁上。王氏並云：『秦王齕，字齮。史記

秦本紀之王齕，即始皇本紀之王齮。說文：｜齕，齧也。齮（魚綺切），側齧也。
（側字據衆經音義卷十三引許慎說增。）』六國年表、呂不韋列傳王齕亦並作王
齮。齕、齮古通，秦本紀已有說。梁氏謂『高齕乃高齮之誤。』固非；王氏謂『
高齕，字齮。王齕，字齮。』亦未知何據。蓋由古人名與字相因之理推之與？子
將，梁丘據之字，左昭二十六年傳作子猶，將與猶同義，（裴學海古書虛字集釋
八有說。）將恐非猶之誤。又案索隱：『子將，即梁丘據也。齕，子將家臣也。』
本左傳杜注。

齊景公使人賜昭公書，自謂主君。

　　集解：『服虔曰：大夫稱主，比公於大夫，故稱主君。』

　　梁玉繩云：『左傳：「齊侯使高張唁公，稱主君。」杜注：「比公于大夫。」（集
　　解引服注同。）此云「自謂主君，」義亦得通。不必定依服、杜，而以爲非。（
　　岷案非字原脫。）「賜昭公書，不知何出。豈別有所據乎？徐氏測議曰：「梁丘
　　據等已入季氏賂，懼昭公復至齊欲納之，故令景公爲慢書也。」』

　　考證：史記自字宜刪。

　　案左昭二十九年傳疏：『傳稱「范宣子撫荀偃云：事吳敢不如事主。」「醫和謂趙
　　文子曰：主是謂矣。」如此之類，大夫稱主，傳文多矣。』稱昭公爲『主君，』
　　是比昭公於大夫，故『昭公恥之。』此文『自謂主君，』猶言『且稱主君。』與
　　左傳合。非謂齊景公『自稱主君』也。（年表作『曰主君。』曰猶稱也，亦與左傳
　　合。）自與且同義，非衍文。封禪書：『而上又上泰山，自有（同又）祕祠其巔
　　。』有亦與且同義。

怒而去乾侯。

　　考證：左傳去作如，自鄆如乾侯也。楓山、三條本去下有『復之』二字，當依訂。
　　案去與如同義，並猶往也。去下無脫文。年表作『復之乾侯。』之亦猶往也。楓
　　、三本去下有『復之』二字，（謂去鄆復之乾侯也。）疑據年表加。

魯人共立昭公弟宋爲君，是爲定公。

　　案公羊定公釋文：『何（休）以定公爲昭公子，與左氏異。』與世家亦異也。

趙簡子問史墨曰：『季氏亡乎？』對曰：『不亡。

考證：『梁玉繩曰：「案傳言『簡子問墨：季子出君而民服，諸侯與之。君死于外，莫之或罪？』此云問季氏亡，與傳相反。誤矣！」』

案左昭三十二年傳言『而莫之或罪也？』（梁引略而、也二字。）意謂當有人罪之也。與此『季氏亡乎？』義亦相因，非相反也。

季友有大功於魯。

案左傳杜注：『立僖公。』

至于文子、武子，

梁玉繩云：『史詮曰：湖本武子在文子上，誤也。』

案景祐本武子亦在文子上。

東門遂殺適立庶。

索隱：系本作遂；鄒誕本作秅。

案遂、秅、遂，古並通用。（遂·籀文作邌。）秦本紀之西乞術，晉世家術作秅；公羊文十二年傳作遂。術、秅、遂之相通，猶遂、秅、遂之相通矣。遂、術古亦通用也。（詩邶風日月：『報我不遂。』釋文：『遂，本亦作術。』即其證。）

十年，定公與齊景公會於夾谷，孔子行相事。

考證：『中井積德曰：孔子相會儀而已。此以為國相，謬也。……』

案公羊穀梁定十年傳夾並作頰，古字通用。是時孔子實『行相事。』所謂『相會儀，』乃杜預左傳注說。已詳吳世家及齊世家。

季桓子受齊女樂，孔子去。

集解：『孔安國曰：桓子使定公受齊女樂。……』

考證：論語微子篇。楓山、三條本集解，桓子下有『季孫斯也』四字。

案論語孔安國注桓子下有『季孫斯也』四字，與此楓、三本合。

子將立，是為哀公。

索隱：系本將作蔣也。

梁玉繩云：『人表於魯悼公下注云：「出公子。」是哀公亦有出公之稱，以孫于越故也。可補經、史所未及。』又云：『〔將，〕世本、漢志、釋文並作蔣。惟史作將，皇王大紀從史。疑二字古通，莊子天地篇將閭葂，音義曰：「一本作蔣」

也。』（年表志疑。）

　　案左傳哀公釋文：『哀公，名蔣。』穀梁楊疏：『公名蔣。』漢志作將，王先謙
　　補注：『官本將作蔣，是。』將、蔣古通，將非誤字。梁說是也。

伐齊至繒。

　　案哀七年春秋經傳繒作鄫，（釋文：鄫，本又作繒。）公羊傳同。古字通用。

八年，吳爲鄒伐魯。

　　正義：鄒作騶，見于陳世家。音邾，後同也。

　　考證：『春秋經：哀七年秋，公伐邾。入邾，以邾子益來。八年夏，歸邾子益于
　　邾。』

　　案鄒，公羊哀七、八年傳並作邾婁；穀梁傳、年表並作邾；吳世家作騶。鄒、邾
　　、騶，古皆通用。（參看吳世家斠證。）

齊伐我，取三邑。

　　年表『三邑』同。梁玉繩云：『春秋：「齊人取讙及闡。」齊世家同。而此與魯
　　世家作「三邑，」誤矣。』

　　案穀梁傳亦云：『齊人取讙及闡。』公羊傳作『齊人取讙及僤。』（闡、僤古通
　　，齊世家有說。）並是取二邑，與春秋經傳及齊世家合。

十一年，齊伐魯，季氏用冄有有功。

　　梁玉繩云：〔十二年，〕毛本作『十一年。』是。

　　考證：『張文虎曰：「『十一年，』從宋本、毛本，與左傳合。它本並作『十二
　　年。』」楓山、三條本亦作「十一年。」」

　　案景祐本作『十一年，』年表同。公羊穀梁傳亦並在十一年。黃善夫本已誤作『
　　十二年』矣。（殿本亦誤。）景祐本、黃本、殿本冄並作冉，左傳同，俗。

齊田常弒其君簡公於徐州

　　考證：……徐从人，左傳作舒。

　　案景祐本、黃善夫本、殿本徐並作徐，下文『楚伐我，取徐州。』徐亦作徐。徐
　　、舒古通，徐乃徐之俗變，六朝俗書往往如此。齊世家有說。

遇孟武伯於街。

　　索隱：『有本作衞者，非也。左傳：於孟氏之衢。』

　　王念孫云：『「遇孟武伯於衢，」衢本作街，此後人依左傳改之也。索隱本作街
　　，注云：「有本作衞者，非也。左傳：於孟氏之衢。」案街、衞字形相近，故街
　　誤爲衞。……爾雅：「四達謂之衢。」說文：「街，四通道也。」則街即是衢矣
　　。……』

　　案景祐本、黃善夫本、殿本街並作衢，此從索隱本作街，是也。索隱『有本作衞
　　者，』黃本、殿本並作『一本作衞。』

哀公如陘氏。

　　集解：『杜預曰：陘氏，即有山氏。』

　　考證：『梁玉繩曰：案傳作有陘氏，即有山氏也。此脫有字。』

　　施之勉云：『竹添光鴻曰：史記單稱陘氏，省文耳。』

　　案有，語助。可略。左哀二十七年杜注，亦本作有陘氏，集解因正文而略有字
　　也。

子寧立，是爲悼公。

　　梁玉繩云：悼公之名，此與世本俱作寧。而漢志曼、寧兩載，盍又名曼也。

　　案漢志悼公之名，曼、寧兩載。盍世本名曼；世家名寧也。惟六國年表索隱云：
　　『系本，悼公名寧。』與世家合。或誤曼爲寧與？

子顯立，是爲穆公。

　　索隱：系本顯作不衍。

　　梁玉繩云：漢志衍、顯竝載，索隱引世本又作不衍。

　　案詩大雅文王：『有周不顯。』傳：『不顯，顯也。』不，語助。不衍，亦即衍
　　也。故漢志不衍作衍。

是爲共公。

　　案漢志共作恭，古字通用。

子屯立。

　　梁玉繩云：漢志屯作毛，疑譌。猶漢書屯莫如之誤毛莫如也。見困學紀聞十二。

　　案屯，隸書、俗書並作乇。毛，隸書作乇。二形極近，往往相亂。漢志之毛，盍

— 226 —

本作乇，卽屯字也。

子叔立。

　　索隱：系本叔作旅。

　　梁玉繩云：漢志及索隱引世本皆作旅，疑叔字誤。

　　案旅，古文作𠙦。蓋𠙦誤爲朿，復易爲叔耳。

是爲文公。

　　索隱：『系本作湣公。鄒誕本亦同，仍云：系家或作文公。』

　　考證：漢書律歷志作緡公。

　　案年表集解引徐廣亦云：『〔文，〕一作湣。』漢志作緡，（非作緡。）師古注

　　　：『緡，讀與愍同。』文、湣亦並讀與愍同。漢書人表正作愍。

是爲頃公。

　　案景祐本、黃善夫本頃並作傾，（年表則並作頃。）下同。古字通用，詩周南卷

　　耳：『采采卷耳，不盈頃筐。』劉子專學篇頃作傾，卽其比。

楚頃王東徙于陳。

　　考證：『梁玉繩曰：「楚頃」下缺襄字。』

　　案頃，疑本作襄，涉上文頃字而誤也。楚世家正作楚襄王。漢書地理志作頃襄王

　　，與梁說合。

頃公亡，遷於卞邑，爲家人。

　　集解：『徐廣曰：卞，一作下。』

　　梁玉繩云：卞邑是也。各本世家皆譌作下，惟毛本作卞。餘說在六國表。

　　考證：『岡白駒曰：「家人，齊民也。韋昭云：庶人之家也。謂居家之人無官職

　　也。」梁玉繩曰：「卞邑是也。胡三省曰：『春秋：「夫人姜氏會齊侯于卞。」

　　卽其地。班志，卞縣屬魯郡。』」』

　　案景祐本、黃善夫本並作卞邑，不誤。通鑑秦紀一亦作卞。考證引梁說，見六國

　　表志疑。通鑑胡三省注：『家人，猶今所謂齊民也。』『齊民』猶言『庶人。』

　　史、漢中『家人，』多謂『庶人。』史記魏豹傳：『秦滅魏，遷咎爲家人。』漢

　　書『家人』作『庶人。』（王先謙補注云：義同。）齊悼惠王世家：『惠王與齊

王燕飲，亢禮如家人。』馮唐列傳：『夫士卒盡家人子。』（索隱：謂庶人之家子也。）儒林轅固生列傳：『此是家人言耳。』漢書郊祀志：『家人尚不欲絕種祀。』（師古注：家人，謂庶人之家也。）欒布傳：『彭越爲家人時。』（注：家人，猶言編戶之人也。）佞幸董賢傳：『此豈家人子所能堪邪？』（注：家人，猶言庶人也。）諸『家人』皆與『庶人』同旨。

魯起周公，至頃公凡三十四世。

梁玉繩云：『史不數伯御一代，故云「三十四世。」呂氏春秋長見、韓詩外傳十亦言魯「三十四世亡。」惟淮南齊俗訓作「三十二世，」則誤也。（氾論訓又誤作「三十六世。」）』

案漢書地理志亦稱魯『三十四世而爲楚所滅。』

甚矣魯道之衰也！

案文選李蕭遠運命論注引矣作哉，義同。

洙、泗之間，齗齗如也。

集解：『徐廣曰：「漢書地理志云：『魯濱洙、泗之間，其民涉渡，幼者扶老者而代其任。俗既薄，長者不自安，與幼者相讓。故曰：齗齗如也。』齗，魚斤反。東州語也。蓋幼者患苦長者，長者忿愧自守，故齗齗爭辭，所以爲道衰也。」』

索隱：『齗，音魚斤反。讀如論語「誾誾如也。」言魯道雖微，而洙、泗之間，尚誾誾如也。鄒誕生亦音銀。又作「斷斷，」如尚書讀。則「斷斷，」是專一之義。徐廣又引地理志，音五貈反。云：「齗齗，是鬭爭之貌。」故繁欽遂行賦云：「涉洙、泗而飲馬兮，恥少長之齗齗。」是也。今按下文云：「至于揖讓之禮則從矣。」魯尚有揖讓之風，如論語音誾爲得之也。』

梁玉繩云：『齗字，當依索隱音誾，作相讓解爲得。（一本作斷，乃以形近而譌。）與漢地理志及下文「揖讓」句皆協。徐廣以爭辯釋之，非也。惟其音誾，故字亦通作誾。文選李康運命論云：「誾誾洙、泗之上。」注引史記政作誾。小司馬舉繁欽遂行賦，未足爲徵。』

案漢志師古注：『齗齗，分辨之意也。』與此徐注合。文選注引此作『誾誾，』並引論語（鄉黨篇）孔安國注：『誾誾，中正之貌。』廣雅釋訓：『誾誾，敬也。』

『中正』與敬，義正相因。竊以爲此文『斷斷，』訓『爭辯，』承上『魯道衰』
而言，義自可通；斷借爲闉，『闉闉，』訓『中正，』訓敬，與下文『揖讓之禮
則從，』義亦相應。兩說並存可也。又案集解徐注引漢志云云，漢志濱本作瀕，
（瀕、濱古、今字。）渡本作度。（渡、度正、假字。）『扶老』下無者字，『
長者』作『長老，』（景祐本、黃善夫本、殿本集解亦並作『長老。』）『幼者
』作『幼少。』黃本、殿本索隱並無『斷，晉魚斤反。』五字。

至其揖讓之禮則從矣；而行事何其戾也！

案從與戾相對成義，禮記孔子閒居：『氣志既從。』鄭注：『從，順也。』淮南
子覽冥篇：『舉事戾蒼天。』高注：『戾，反也。』

史記斠證卷三十八

宋微子世家第八

王　叔　岷

微子開者，

　　索隱：『按尙書微子之命篇云：「命微子啓代殷後。」今此名開者，避漢景帝諱

　　也。』

　　案後漢書馮異傳注引此作：『微子名啓。』復開爲啓，非其舊也。書微子孔疏：

　　『微子名啓，世家作開，避漢景帝諱也。』蓋索隱所本。（索隱本於孔疏之例甚

　　多。）

殷帝乙之首子，而紂之庶兄也。

　　索隱：『按尙書亦以爲「殷王元子，」而是紂之兄。………』

　　案殷本紀：『帝乙長子曰微子啓。』（啓當諱開，梁氏志疑有說。）潛夫論志氏

　　姓篇：『帝乙元子微子開，紂之庶兄也。』孔子家語本姓解：『微子啓，帝乙之

　　元子，紂之庶兄。』『首子、』『元子、』『長子，』其義一也。

欲死之及去，

　　案及猶或也。

紂沈湎於酒，婦人是用。

　　梁玉繩云：『婦人是用，』微子篇無此句。

　　案『沈湎』複語，說文：『湎，沈於酒也。』荀子非十二子篇：『多少無法而流

　　湎然。』楊注：『湎，沈也。』書牧誓：『今商王受，惟婦言是用。』周本紀：

　　『今殷王紂，維婦人言是用。』衞世家：『酒之失，婦人是用。』

殷旣小大好草、竊、姦、宄。

　　考證：書『旣小大』作『罔不小大。』愚按楓山、三條本旣作無。旣當讀爲无，

无、無同。

　　案史公說微子『罔不』爲旣，旣猶皆也，（易旣濟王弼注：『旣濟者，以皆濟爲義
　　者也。』即其證。）與『罔不』同義。楓、三本旣作無，無蓋无之誤，无，古旣
　　字。无誤爲无，復易爲無耳。无、无異字，无、無同字。考證謂『无、無同。』
　　大謬！孫星衍尚書今古文注疏謂：『草、鈔通，廣雅釋言：鈔，掠也。』是也。
　　『殷旣小大好草、竊、姦、宄，』猶言『殷人小大皆好鈔、竊、姦、宄』耳。
　　廣雅釋詁四：『姦、宄，盜也。』『草、竊，』亦盜也。『草、竊、姦、宄，』
　　四字疊義，猶堯典『寇、賊、姦、宄』四字疊義也。

皆有罪辜，乃無維獲。

　　考證：書，維作常。

　　案『罪辜』複語，辜亦罪也。（詩小雅正月：『民之無辜。』鄭箋：『辜，罪
　　也。』）乃猶而也。書維作恆，非作常。維與惟同，猶即也。（淮陰侯列傳：『信
　　再拜，賀曰：惟信亦以爲大王不如也。』惟猶即也，與此同例。一本惟作雖，雖
　　亦猶即也。）此謂殷之小大、卿士皆有罪，而不即捕獲之也。

若涉水無津涯。

　　集解：『徐廣曰：「一作：陟水無舟航。」』

　　案『津涯』複語，呂氏春秋求人篇：『日出九津。』高注：『津，崖也。』涯與
　　崖同，莊子養生主篇：『吾生也有涯，而知也无涯。』釋文：『涯，本亦作崖。』
　　秋水篇：『兩涘渚崖之間不辯牛馬。』釋文：『崖，字又作涯。』並其證。又案
　　景祐本、殿本集解，陟並作涉，是也。『舟航，』亦複語，方言九：『舟，自關
　　而東或謂之航。』

我其發、出、往。

　　案禮記月令：『雷乃發聲。』鄭注：『發猶出也。』周髀算經上：『冬至夏至者，
　　日道發斂之所生也。』趙君卿注：『發猶往也。』『發、出、往，』三字疊義。
　　項羽本紀：『孤、特、獨立，而欲長存。』商君列傳：『作、爲、築冀闕宮庭
　　於咸陽。』漢書王莽傳：『府帑雖未能充，略、頗、稍給。』『孤、特、獨，』
　　『作、爲、築，』『略、頗、稍，』亦皆三字疊義，與此同例。

箕子者，紂親戚也。

　　索隱：『箕，國。子，爵也。司馬彪曰：「箕子，名胥餘。」馬融、王肅以箕子

　　爲紂之諸父；服虔、杜預以爲紂之庶兄。』

　　梁玉繩云：『書微子篇疏曰：「徧檢書傳，不見箕子之名。惟司馬彪注莊子云：

　　『箕子，名胥餘。』不知出何書。」考莊子大宗師篇釋文及文選非有先生論注，

　　竝引尸子云。』

　　案孟子梁惠王篇僞孫疏引『紂親戚也，』作『乃紂之親戚也。』路史後紀十二注

　　引紂下亦有之字。御覽七三九引『親戚』作『庶兄。』蓋意改。又案黃善夫本、

　　殿本索隱，並無『箕，國。子，爵也。』五字。索隱司馬彪以下，本書微子及左

　　僖十五年傳孔疏。莊子大宗師篇：『箕子胥餘，』釋文：『司馬云：「胥餘，箕

　　子名也。見尸子。」崔（譔）同。又云：「尸子曰：箕子胥餘，漆身爲厲，被髮

　　佯狂。」』（文選東方曼倩非有先生論引尸子，『漆身爲厲，』作『漆體而爲

　　厲。』）

彼爲象箸，必爲玉桮；爲桮，則必思遠方珍怪之物而御之矣。

　　王念孫云：『爲桮，』亦當作『爲玉桮。』此承上文言之，不當省玉字。羣書治

　　要引此正作『爲玉桮。』

　　考證：樂府詩集引史，下桮上有玉字。

　　案記纂淵海五二引桮作杯（治要引此亦作杯，俗），下杯字上亦有玉字。『爲玉

　　桮，』緊承『必爲玉桮』而言，王說是也。淮南子說山篇：『紂爲象箸而箕子

　　唏。』高誘注：『見象箸，則知復有玉杯；有玉杯，必有熊蹯、豹胎以極廣侈。』

　　高注之『有玉杯，』緊承『復有玉杯』而言，亦同此例。

不可振也。

　　考證：『紂始爲象箸』以下，本韓非子喻老篇、說林篇。

　　案韓非子說林篇無類此之文，考證失檢。

乃被髮詳狂而爲奴。

　　案景祐本、黃善夫本、殿本詳皆作佯，御覽三七三、五七七引並同。御覽七三九

　　引詳作陽，大戴禮保傳篇亦云：『箕子被髮陽狂。』陽、詳古通，佯，俗子。項

　　　　羽本紀已有說。

故傳之曰箕子操。

　　　　集解：『風俗通義曰：其道閉塞，………樂道而不改其操也。』

　　　　案集解引風俗通義，見聲音篇。今本『不改其操也，』作『不失其操者也。』

父子有骨肉，

　　　　案有猶如也。

於是武王乃釋微子，復其位如故。

　　　　案後漢書 馮異傳 注引微子作『其縛。』詩 周頌 振鷺孔疏：『微子自囚，以見武

　　　　王。武王使復其位，謂解釋其囚，使復臣位。』

汨陳其五行。

　　　　集解：『孔安國曰：汨，亂也。』

　　　　案汨訓亂，字當作汩，从水日聲。小爾雅 廣言：『汩，亂也。』（今本汩亦誤

　　　　汨。）書洪範汩亦誤汨。

鯀則殛死，

　　　　案則猶既也。循吏列傳：『文公曰：子則自以爲有罪；寡人亦有罪邪？』則亦與

　　　　既同義。（此義前人未發。）

天乃錫禹鴻範九等。

　　　　考證：楓山、三條本『九等』作『九疇。』

　　　　案史公以『九等』說洪範之『九疇。』楓、三本『九等』作『九疇。』葢據洪範

　　　　改之也。

不離于咎，

　　　　案洪範離作麗，古字通用，已詳孝文本紀。

而安而色，

　　　　案景祐本『而安』上衍人字。

既富方穀。

　　　　考證：楓山、三條本方作有。

　　　　案方猶有也，廣雅釋詁：『方，有也。』

毋偏毋頗，遵王之義。

　　梁玉繩云：『頗，普多反。而古儀、義二字通用，俱音莪。………匡謬正俗引書
　　作「遵王之誼。」音宜。（宜有何音，亦與頗協。）葢古義字皆誼，漢書猶然。
　　鄭仲師周禮春官肆師注云：「古者書儀但爲義，今時所謂義爲誼。」………楊子
　　太玄經曰：「陽氣汜施，不偏不頗。物與爭訟，各遵其儀。」政用洪範，可證
　　義、誼、儀三字之同也。』
　　考證：書，義作誼。
　　案洪範義字同，考證云『作誼，』本匡謬正俗所引也。誼乃誼之俗變。說文：
　　『誼，从言、宜，宜亦聲也。』又云：『宜，多省聲。（古文不省。）』段注：
　　『古音魚何切。』故與頗協。

王極之傅言，

　　考證：楓山、三條本傅作敷，下同，與書合。
　　案傅、敷古通，漢書文帝紀：『傅納昌言。』師古注：『傅讀曰敷。』即其證。
　　楓、三本此文傅作敷，下同。疑據洪範改。

是夷是訓，于帝其順。

　　考證：書夷作彝，順作訓。彝、夷通。訓作順，史義長。
　　案訓、順古亦通用，魯世家：『而問魯公子能道順諸侯者，』集解：『徐廣曰：
　　順，一作訓。』（國語周語上順作訓。）廣雅釋詁：『訓，順也。』並其證。考
　　證謂作順義長，疏矣！下文『是順是行。』考證：『書順作訓，史義長。』誤與
　　此同。

沈漸剛克。

　　索隱：尙書作『沈潛。』
　　正義：漸音潛。
　　案正義據洪範，漸音潛，是也。荀子 修身篇：『知慮漸深。』韓詩外傳二漸作
　　潛，亦二字通用之證。

其害于而家。

　　案其猶則也。仲尼弟子列傳：『其伐齊必矣。』越絕內傳 陳成恆篇其作則，亦

其、則同義之證。刺客列傳：『其破秦必矣。』其亦猶則也。

而子孫其逢吉。

王念孫云：『余友李氏成裕曰：「當讀至逢字句絕，與上文五從字、一同字，音韵正協。吉字別爲一句，與下文五吉字、二凶字，體例正合。」此說是也。「子孫」對身言之，逢對「康彊」言之，故馬融注曰：「逢，大也。」「子孫其逢，」猶言「其後必大」耳。逢之言豐也，淮南天文篇：「五穀豐昌，」史記天官書豐作逢，是古逢、豐聲義皆同也。』（尚書述聞。）

案李、王說是也。左閔元年傳：『畢萬之後必大。』（又見晉世家、魏世家、風俗通皇霸篇。）史通雜說上篇作『其後必大，』蓋即王說『其後必大』所本。荀子儒效篇：『逢衣淺帶。』（楊倞注：『逢，大也。淺帶，博帶也。韓詩外傳作『逢衣博帶。」』）淮南子氾論篇：『豐衣博帶。』一作逢，一作豐，亦逢、豐通用之證。

日時五者來備，

梁玉繩云：『困學紀聞二曰：「洪範：『五者來備，』史記云：『五是來備。』荀爽謂之『五鬷；』李雲謂之『五氏，』傳寫之差如此。」考今本史記皆作「五者，」李賢于後漢書荀、李兩傳皆引史記，一作「五者；」一作「五是，」蓋傳寫之譌。古是、氏本一字，吳志是儀傳：「孔融嘲氏字民無上，遂改爲是。」而鬷即是也。九經古義依釋詁以時爲是，謂漢儒讀經，連上文「日時五者來備」爲一句。王丈作後案從之，恐非。』

案考證本亦讀『日時五者來備』爲句，且訓時爲是，蓋從惠棟說。王應麟引史記，『五者』作『五是，』是蓋與者同義。檢裴氏古書虛字集釋九，亦有此說；並云：『後漢書荀爽傳引，作「五鬷來備。」以鬷代是，其誤殊甚！』所稱『來備，』乃『咸備』之譌，李賢注引此乃作『來備』也。

日治，

案後漢書荀爽傳注引治作乂，據洪範改，且避其父高宗諱也。爾雅釋詁：『乂，治也。』

日知，

案後漢書注引知作哲，據洪範改。方言一、說文並云：『哲，知也。』

曰舒，

　　考證：書舒作豫。說者以爲猶豫之義，與舒意同。

　　案洪範釋文：『豫，徐音舒。』孔疏：『鄭、王本豫作舒。鄭云：「舉遲也。」

　　王肅云：「舒，惰也。」』書鈔十五引洪範豫亦作舒，論衡寒溫篇同，咸與世家

　　合。豫、舒古通，五帝本紀：『貴而不舒。』大戴禮五帝德篇舒作豫，亦其比。

　　（說互詳尚書斠證。）

曰霧，

　　考證：書霧作蒙。

　　案書鈔引洪範蒙作霧，與世家合。

畯民用章，

　　考證：書畯作俊。

　　案書鈔十一引洪範俊作畯，與世家合。畯、俊古通，書多士：『俊民甸四方。』

　　君奭：『明我俊民。』敦煌本俊並作畯，並同此例。

則以風雨。

　　案論衡感虛篇引鴻範以作有，義同。

感宮室毀壞生禾黍。

　　案後漢書馮衍傳注、御覽五百七及八三八引感皆作咸，蓋故本如此。咸、感古

　　通，易咸象傳：『咸，感也。』（又見荀子大略篇。）左昭二十一年傳：『窕則

　　不咸。』釋文：『咸，本或作感。』並其證。藝文類聚八五引此感作見，恐非其

　　舊。（漢書伍被傳張晏注作『見麥及禾黍。』）

箕子傷之。欲哭則不可；欲泣爲其近婦人。乃作麥秀之詩以歌詠之。

　　梁玉繩云：『學齋佔畢云：「尚書大傳以爲微子，不知司馬何所據而與書傳牴牾

　　邪？」考淮南王傳作微子，與大傳同，似此誤俑箕子。然漢書伍被傳及張晏注、

　　水經淇水注竝作箕子。蓋所傳異辭，未知孰是。』

　　案詩大序孔疏、文選束廣微 補亡詩 李善注引世家並作微子。文選 左太沖 魏都賦

　　張載注亦云：『微子麥秀之歌。』漢紀十二、陶淵明讀史述九章箕子章則並作箕

子，與今世家合。

麥秀漸漸兮，禾黍油油。彼狡僮兮，不與我好兮。

　　索隱：漸漸，麥芒之狀。………油油者，禾黍之苗光悅貌。

　　梁玉繩云：『史詮謂好字叶許疾反，未知何出。詩羔裘云：「自我人究究，維子之好。」斯干云：「式相好矣，無相猶矣。」蓋好之叶音有上、有去，從無叶平聲者。史詮「許疾」之音，疑是「許候」之誤。至油字，本有「余救」一音。則當叶爲去聲。公羊定四年經：「盟于浩油。」釋文：「一音羊又反。油，又與釉同。」亦可互證。而其實古無平、仄之分也。但御覽五百七十引史作「不我好仇。」則不必叶而韻自合。豈今本史記譌易邪？而大傳載歌辭又各不同。今本大傳云：「麥秀蔪（蔪與漸，同音尖）兮，黍禾蠅蠅。彼狡童兮，不我好仇。」考文選洞簫賦注：「蠅蠅，游行貌。」然不得其韻。而思舊賦注引大傳云：「麥秀漸兮，黍禾暀暀。彼狡童兮，不我好。」（孫侍御云：暀音映，日輝也。與黍禾無涉，疑刻誤。選注引大傳，上尚有「又曰禾黍油油」六字，當在「不我好」之下，蓋記大傳別本作「油油」也。傳寫倒耳。）又漢書伍被傳注：「張晏曰：『箕子之歌曰：麥秀之漸漸兮，黍苗之繩繩兮。彼狡童兮，不與我好兮。』』張所引必是大傳，暀、繩字必譌。』

　　案文選補亡詩注引『麥秀』下、『禾黍』下並有之字。索隱：『漸漸，麥芒之狀。』漸，今本大傳作蔪。蔪、漸正、假字，文選枚叔七發：『麥秀蔪兮雉朝飛。』注：『宋玉笛賦曰：「黍秀蔪兮鳥華翼。」埤蒼曰：「蔪，麥芒也。」』『油油，』今本大傳作『蠅蠅，』文選思舊賦注引大傳作『暀暀，』漢書張晏注作『繩繩。』蠅、暀、繩，並諧黽聲，古蓋通用。暀，日輝也。則『暀暀』爲光輝貌，與索隱訓『油油』爲『光悅貌』之義合。（暀、繩非譌字。）史繩祖學齋佔畢二引大傳作『油油，』疑與世家文相亂也。詩王風黍離疏引世家『油油』下有兮字，僮作童。御覽五百七十引僮亦作童，（陶淵明讀史述同。）古字通用。『不與我好兮，』梁氏謂御覽引作『不我好仇。』疑與大傳文相亂，學齋佔畢引大傳亦作『不我好仇。』與今本大傳合。

成王少，

案文選王仲寶褚淵碑文注引少作幼。

乃命微子開代殷後，

　　案治要引此無開字。左僖六年傳疏引此亦無開字，後上有之字。御覽二百引代作

　　爲。

微子故能仁賢。

　　案文選注引作『微子以故而仁賢。』而猶能也。

甚戴愛之。

　　案文選注引作『甚欣戴之而愛焉。』恐非其舊。

是爲微仲。

　　案漢書人表作微中，仲、中古通。

丁公申卒，子湣公共立。

　　考證：『沈家本曰：表云「丁公弟。」與此異。』

　　案漢書人表湣作愍，家語本姓解作緡，左昭七年傳引家語作泯，並古字通用。三

　　代世表云『丁公弟，』疑本作『丁公子，』涉彼下文『湣公弟』之弟字而誤也。

湣公子鮒祀弒煬公而自立。

　　集解：『徐廣曰：鮒，一作魴。』

　　索隱：『徐云：「一本作魴。」譙周亦作魴祀。』

　　梁玉繩云：『徐廣鮒作魴，索隱引譙周亦作魴祀。未知二名孰是。考昭十七年左

　　傳：「魴也以其屬死之。」周禮春官太卜注引作鮒，疑古通借。僞家語作方祀，

　　脫其半耳。』

　　案鮒、魴雙聲，故古通用。魴諧方聲，與方葢亦通用。詩周南漢廣：『江之永

　　矣，不可方思。』傳：『方，泭也。』爾雅釋言：『舫，泭也。』鮒、魴、方之

　　相通，猶泭、舫、方之相通矣。詩商頌那疏引弒作殺，史記故本弒多作殺。下文

　　『遂弒煬公。』年表弒作殺，亦其例。

是爲穆公。

　　案鄭世家穆作繆，古字通用，公羊穀梁隱三年經、漢書人表亦並作繆。

先君宣公舍太子與夷而立我，我不敢忘。我死必立與夷也。

　　　　案書鈔四八引此略『我不敢忘』四字，『立我、』『我死，』兩我字並作『寡人，』

　　　　左隱三年傳諸我字亦皆作『寡人。』

於是穆公使馮出居于鄭。

　　　　案書鈔引『使馮』作『乃使公子馮。』

目而觀之。

　　　　集解：『服虔曰：目者，極視精不轉也。』

　　　　梁玉繩曰：『潯南集辨惑曰：「左氏『目逆而送之。』其言甚文。史乃云『目而

　　　　觀之。』不成語矣。服虔曰：『目者，極視精不轉也。』殆是妄說！」』

　　　　考證：『中井積德曰：目，目送之也。』

　　　　案服釋目為『極視精不轉，』未為妄說。陳丞相世家：『目之，欲殺平。』目，

　　　　亦謂極視精不轉也。中井釋目為『目送之，』乃據左傳曲說。又案殿本集解精作

　　　　睛，精、睛古、今字。

乃使人宣言國中曰：殤公即位十年耳，而十一戰。

　　　　梁玉繩云：『殤字誤，當省。史詮曰：「當作今君。」又口稱「十年，」而敍于

　　　　「九年，」亦非。』

　　　　考證：『董份曰：殤字當是死而諡者，今臣不宜稱，恐誤。即張敖傳稱高祖也。』

　　　　案稱殤公，史家追述，可以如此。下文叔瞻稱成王；張敖傳稱高祖，並此類也。

　　　　參看日知錄二十三。又口稱年數，往往略有出入，不必為塙數。

是歲，魯弒其君隱公。

　　　　梁玉繩云：『疏證曰：隱公弒于宋殤公八年，此敍在九年，誤。』

　　　　案魯隱公弒於十一年，當宋殤公八年，見年表。

子潛公捷立。

　　　　案莊十二年左傳、公羊傳、韓詩外傳八、新序 義勇篇皆作閔公，人表作慜公。

　　　　潛、閔、慜，古並通用。公羊捷作接，徐彥疏引賈氏云：『穀梁曰接。』今本穀

　　　　梁作捷。捷、接古通，漢志：『捷子二篇。』田完世家正義引作接子，即其比。

潛公與南宮萬獵，

　　　　案御覽七五四引萬上有長字，下同。左莊十一年傳、新序亦並有長字。左莊十二

年傳：『南宮萬奔陳，』釋文：『本或作長萬。長，衍字也。下亦然。』

始吾敬若，今若魯虜也。

案御覽引『敬若』下有注云：『若，汝。』（御覽所引史記注，大都爲集解之文。）又引『今若』作『今子，』疑與左傳文相亂。（左傳兩若字並作子。）

遂以局殺湣公于蒙澤。

梁玉繩云：『公羊云：「萬〔怒，〕搏閔公，絕其脰。」此言以局殺公，亦異。

魏徐幹中論法象篇：「宋敏碎首于棋局。」（愍與閔同，譌爲敏。）』

案外傳亦云：『宋萬怒，搏閔公，絕脰。』新序作『萬怒，遂搏閔公，頰齒落於口，絕吭而死。』

大夫仇牧聞之，以兵造公門。萬搏牧，牧齒著門闔死。

考證：『公羊云：「仇牧聞君弑，趨而至，遇之於門，手劍而叱之。萬臂摋仇牧，碎其首，齒著乎門闔。」亦微異。』

案涵芬樓景明翻宋本鶡冠子備知篇仇牧作裘牧，陸佃注引此文亦作裘牧，仇、裘古通，詩周南關雎：『君子好逑。』釋文：『逑，本亦作仇。』裘之通仇，猶逑之通仇矣。考證引公羊云云，外傳同。新序作『仇牧聞君死，趨而至，遇萬於門，擿劍而叱之。萬臂擊仇牧而殺之，齒著於門闔。』

公子禦說犇亳。

案左莊十二年傳、年表禦並作御，古字通用。

萬弟南宮牛，

梁玉繩云：『杜預以牛爲「萬之子。」此云「萬弟，」疑非。』

案杜預云：『牛，長萬之子也。』其注晚出，是非難定。子，或本作弟，涉彼正文兩『公子』字而誤，亦未可知。

太子茲甫讓其庶兄目夷爲嗣。

梁玉繩云：『說苑立節篇以目夷爲桓公後妻子襄公之庶弟，故襄公請立目夷曰：「臣爲相兄以佐之。」與經、史異，未知孰是。』

案左僖八年傳、年表、說苑立節篇茲甫並作茲父，甫、父古通。左傳云：『宋公疾，大子茲父固請曰：目夷長且仁，君其立之。』杜注：『目夷，茲父庶兄子魚

也。』與世家稱『庶兄目夷』正合。

襄公七年，宋地霣星如雨，與雨偕下。六鶂退蜚，風疾也。

　　梁玉繩云：『春秋莊七年：「夏四月辛卯，夜恆星不見。夜中星霣如雨。」（在
　　宋湣五年。）僖十六年：「春王正月戊申朔，隕石于宋五。是月，六鶂退飛過宋
　　都。」（在宋襄七年。）此誤書也。索隱欠明。漳南集辨惑曰：「星霣如雨，初
　　不指其在宋；且莊七年與僖十六年相去遠矣，安得併爲宋地同時之事乎？蓋見左
　　氏釋隕石爲隕星，故誤誌焉。而隕石之事反遺而不書，疏甚！」又曰：『如雨』
　　者，直言其狀之多若雨。後世史書五行志亦時有載此者。左氏乃謂『與雨偕下，』
　　杜預遂以如訓而，蓋失之矣。（公，穀作『似雨。』至史記則併舉之，愈謬！
　　（漢五行志：「成帝永始二年二月癸未，星霣如雨。』）』
　　考證：『李笠曰：案「與雨偕下」四字，疑後人旁注溷入。』
　　案莊七年春秋經霣作隕（日本舊鈔卷子本作霣），天官書、金樓子說藩篇並同。
　　隕、霣正、假字。『如雨，』何休公羊注：『明其狀似雨。』范寗穀梁注：『如，
　　而也。』范注與春秋經杜注同。公、穀正文非作『似雨，』王氏辨惑失檢。左莊
　　七年傳：『星隕如雨，與雨偕也。』（王氏誤引也爲下。）則世家『與雨偕下』
　　四字，似非後人旁注溷人。（金樓子作『與偕下，』脫雨字。）年表宋襄公七年
　　書『隕石五。六鶂退飛過宋都。』與左氏、公羊、穀梁僖十六年經傳並合。（公
　　羊隕作霣。）左氏孔疏、釋文並云：『鶂，或作鷁。』（日本舊鈔本正作鷁。）
　　公羊釋文本、穀梁釋文本及石經本並作鷁。漢書五行志下之下亦作『六鶂退飛。』
　　（說文鶂作䴈。）金樓子作『六鶂退飛。』鶂、鷁正、俗字。蜚、飛古、今字。

諸侯會宋公盟于盂。

　　考證：楓山、三條本公下無盟字，與左傳合。
　　案金樓子亦無盟字。

於是楚執宋襄公以伐宋。

　　案左僖二十一年傳、金樓子並無襄字。

襄公傷股。

　　案左僖二十二年傳、金樓子並無襄字。

何常言與？

> 集解：『徐廣曰：「一云：尚何言與？」』
>
> 案『何常』蓋本作『常何，』或誤倒；或淺人妄乙之也。常諧尚聲，與尚古通。
>
> 徐氏稱一本作『尚何言與？』與『常何言與』同義。

又何戰爲？

> 裴學海云：爲猶焉也，與乎字同義。（古書虛字集釋二。）
>
> 案爲猶乎也，周本紀：『吾所爭，周人所恥，何往爲？』項羽本紀：『如今人方
> 爲刀俎，我爲魚肉，何辭爲？』司馬穰苴列傳：『穰苴曰：何後期爲？』吳起列
> 傳：『人曰：子，卒也。而將軍自吮其疽，何哭爲？』屈原列傳：『何故懷瑾握
> 瑜，而自令見放爲？』諸爲字皆與乎同義。（參看項羽本紀斠證。）

叔瞻曰，

> 案左傳、國語晉語四、年表、鄭世家瞻皆作詹，古字通用。莊子讓王篇：『中山
> 公子牟謂瞻子曰，』呂氏春秋 審爲篇、淮南子 道應篇瞻並作詹，即其比。鄭世
> 家：『〔鄭〕文公弟叔詹。』晉語四韋注：『叔詹，鄭大夫。』

是年，晉公子重耳過宋，襄公以傷于楚，欲得晉援，厚禮重耳，以馬二十乘。

> 考證：『僖廿三年左傳。古鈔本乘下有「遺之」二字。梁玉繩曰：「案左傳，重
> 耳歷游諸國，惟自鄭至楚，及楚送諸秦，當在魯僖二十三年。過衞，在僖十八
> 年。餘皆追敍，莫定在何歲。此及晉世家，書過宋于宋襄公十三年傷泓之後，謂
> 國敗禮重耳，未確也。」』
>
> 案古鈔本乘下有『遺之』二字，是也。左僖二十三年傳作『贈之以馬二十乘。』
> 晉語四作『贈以馬二十乘。』亦即『以馬二十乘遺之』也。重耳過衞，在魯僖十
> 六年，梁氏謂『在僖十八年，』非。已詳衞世家斠證。

十四年夏，襄公病傷於泓而竟卒。

> 索隱：按春秋，戰于泓，在僖二十三年；重耳過宋及襄公卒，在二十四年。……
> 案春秋，戰于泓，在僖二十二年；重耳過宋及襄公卒，在僖二十三年。小司馬失
> 檢。

子成公王臣立。

考證：穀梁經王臣作壬臣。

案文七年穀梁經釋文：『壬臣，或作王臣。』

昭公弟鮑革，

梁玉繩云：『春秋經傳及年表，宋文公名鮑，不名鮑革。徐廣云：「一無革字。」是也。下文一稱公子鮑，一稱鮑革，衍革字。』

案漢書人表亦稱宋文公鮑，無革字。

聞文公定立，

案定猶已也。項羽本紀：『項梁聞陳王定死，』（又見高祖本紀。）定亦與已同義。（前釋彼文定爲必，釋已義較勝。）此義前人未發。

鄭命楚伐宋。

梁玉繩云：『左傳云：「鄭受命于楚伐宋。」則此是「楚命鄭伐宋，」傳寫倒耳。或曰：「命上缺受字；」或曰：「命下缺于字。」』

案左宣二年傳：『鄭公子歸生受命于楚伐宋。』阮元校勘記云：『釋文作「命于楚，」云：「本或作『受命于楚，』非也。」』日本舊鈔本亦作『命于楚，』據此，則世家命下蓋脫于字也。

其御羊羹不及，

集解：『左傳曰「御羊斟」也。』

案羹，疑本作斟，用羊字聯想而誤也。鄭世家亦作『御羊斟。』

宋以兵車百乘、文馬四百匹贖華元。

正義：『按文馬者，裝飾其馬。………又云：文馬，赤鬣縞身，目如黃金。』

考證：文馬，正義前說得之。

案書鈔三一引太公六韜云：『犬戎氏有文馬，毫毛朱鬣，目如黃金。』（又見藝文類聚九三。）則正義後說亦有所據。周本紀：『驪戎之文馬。』正義亦云：『按駿馬，赤鬣縞身，目如黃金。』

執楚使。

梁玉繩云：執當作殺。

考證：『中井積德曰：左傳曰「殺之，」此云執，亦誤。』

案年表、楚世家、金樓子說蕃篇執皆作殺。

楚以圍宋，五月不解。

　　梁氏年表志疑云：『春秋宣十四年：「九月，楚子圍宋。」十五年：「五月，宋
　　及楚平。」故杜注云：「在宋積九月。」呂氏春秋慎勢、行論兩篇述此事，亦謂
　　「莊王圍宋九月」也。表與宋楚二世家作「五月，」蓋因春秋有「五月」之文而
　　誤耳。』

　　案『五月』乃『九月』之誤，梁說是也。淮南子人閒篇：『楚攻宋，圍其城。』
　　許慎注：『楚莊王時，圍宋九月。』（清莊逵吉本『九月』誤『八月。』）亦其
　　證。

王問：城中何如？

　　案御覽四百三十引問下有曰字。公羊宣十五年傳、外傳二並作『莊王曰。』

誠哉言！我軍亦有二日糧。

　　考證：『楓山、三條本言上有是字，「二日」作「三日。」舊刻、毛本亦作「三
　　日。」梁玉繩曰：「二日，」公羊傳作「七日。」………』

　　案御覽引此與楓、三本同。景祐本、殿本『二日』亦並作『三日。』外傳二作
　　『七日，』與公羊傳合。

以信故，

　　案御覽引以下有其字。

子共公瑕立。

　　梁氏年表志疑云：春秋共公名固，而史俱作瑕，豈有二名歟？抑史誤也？

　　案漢書人表作『共公瑕，』與世家合。瑕、固古蓋通用，非有二名；亦非史誤
　　也。儀禮士冠禮：『永受胡福。』鄭注：『胡猶遐也。』瑕、遐並諧叚聲，固、
　　胡並諧古聲，瑕之通固，猶遐之通胡矣。

共公元年，華元善楚將子重，又善晉將欒書，兩盟晉、楚。

　　考證：『成十一年、十二年左傳。楓山、三條本「元年」作「九年，」與左傳
　　合。此傳寫之誤。梁玉繩曰：「此成十二年傳所云『華元合晉、楚之成，會于瑣
　　澤』也。」』

　　　案黄善夫本、殿本亦並作『九年。』九之作元，涉下華元字而誤。

華元爲右師，魚石爲左師。司馬唐山攻殺太子肥，欲殺華元，華元犇晉，魚石止之，
至河乃還。誅唐山。

　　　考證：『本成十五年左傳。梁玉繩曰：「案左傳：『司馬蕩澤弱公室，殺公子肥。
　　華元自罪身爲右師不能討澤，故出奔。魚石止之，乃反。因殺子山。』蕩澤一名
　　子山，經止書山，唐與蕩疑古通。杜注：『肥，文公子。』然則唐山無欲殺華元
　　之事，而肥亦非共公太子也。」』

　　　案唐、蕩古通，梁說是也。　文選 枚叔 七發：『浩唐之心。』李善 注：『唐猶蕩
　　也。』亦其證。漢書人表唐山作蕩子，（王氏補注引梁玉繩云：「蕩澤子山也。
　　見左文十六年、成十五年傳。表脫山字。」）子疑山之誤。

子景公頭曼立。

　　　索隱：音萬。

　　　梁玉繩云：『人表作兜欒，左傳作「太子欒，」與史異。考山海 大荒南經 驩頭
　　國，卽驩兜也。　則知兜、頭古通，而欒與曼聲相近。其所以或稱兜欒，或稱欒
　　者，呼之有單複耳。』

　　　案梁說是也。昭十六年公羊經：『楚子誘戎曼子殺之。』釋文：『戎曼，音蠻。
　　二傳作戎蠻。』欒、蠻並諧䜌聲，曼之通欒，猶曼之通蠻矣。又案釋文：『音
　　萬。』黄善夫本、殿本並作『按曼立音萬。』立字涉正文而衍。公羊釋文亦云：
　　『曼，又音萬。』

已復去。

　　　案已猶『已而』也。周本紀有說。

熒惑守心。心，宋之分野也。景公憂之。司星子韋曰：『可移於相。』景公曰：『相，
吾之股肱。』

　　　案此與楚昭王不願移赤雲之害於將相事相類，詳楚世家及左哀六年傳。

宋公子特攻殺太子而自立，是爲昭公。

　　　索隱：『〔特，〕昭公也。左傳作得。按左傳：「景公無子，取元公庶魯孫公孫周
　　之子得及啓，畜于公宫。及景公卒，先立啓，後立得，是爲昭公。」與此全乖，

未知太史公據何而爲此說。』

梁玉繩云：特乃得之誤，左哀廿六疏引世家作得，可證。但世家與左全乖，未知
史公據何爲說，孔仲達及小司馬已疑之。

考證：今本左傳〔德〕作得。

案德、得古通，厥例恆見。左哀二十六年傳疏引太作大，下同。作大是故書。漢
書人表：『宋昭公，景公子。』與世家亦異。又案索隱：『昭公也。左傳作德。』
黃善夫本、殿本並作『特，一作得。』索隱引左傳兩德字，黃本、殿本亦並作
得。與今左傳合。

糾父公子襹秦。

集解：『徐廣曰：襹音端。』

梁玉繩云：襹當從衣。

案景祐本、黃善夫本、殿本襹並作禑，從示，集解同，誤。左傳疏引此作襹，從
衣，不誤。

故昭公怨，殺太子而自立。

案左傳疏引殺上有賊字。

子辟公辟兵立。

集解：『徐廣曰：一云「辟公兵。」』

索隱：『按紀年作「桓侯璧兵。」則璧兵諡桓也。又莊子云：「桓侯行，未出城
門，其前驅呼辟，蒙人止之，後爲狂也。」司馬彪云：「呼辟，使人避道。蒙人
以桓侯名辟，而前驅呼辟，故爲狂也。」』

案辟公，六國年表、漢書人表並同。辟兵，徐氏引一本無辟字，蓋略去辟字，以
避名與諡復耳。(梁氏年表志疑以爲『呼之有單復。』恐非。)據索隱所引紀年、
莊子(佚文)及司馬彪注，則名辟兵是。(梁玉繩云：璧與辟通。)明陳耀文天中
記二四亦引莊子及司馬彪注，(本索隱。)『桓侯行，』作『宋桓公行。』(引
司馬彪注仍作桓侯。)

子剔成立。

索隱：『王邵按紀年云：宋易城肝廢其君辟而自立也。』

梁玉繩云：『剔成是易城之譌，（成、城古通。）因封地以爲號，而竝其諡、名失之。又據索隱引王邵案紀年云：「宋易城肝（三字各本譌作「剔成肝」）廢其君璧（與辟通）而自立。」則剔成非辟兵之子，明矣。』

案黃善夫本、殿本索隱，『易城肝』並作『剔成肝，』又辟並作璧。肝誠盱之誤，剔成與易城古蓋通用。剔諧易聲，詩魯頌泮水：『狄彼東南，』鄭箋：『狄當作剔。』而易牙亦作狄牙，（已詳齊世家。）是剔可通易矣。成、城古通，梁氏已言之。又世家以剔成爲辟兵之子，蓋有所據。漢書人表亦云：『宋剔成君，辟公子。』

君偃十一年，自立爲王。

考證：『偃死國亡，未必有諡。然國策、墨子、呂覽、新書俱以偃諡康王，而荀子王霸篇稱爲宋獻，楊倞注云：「國滅之後，其臣子各私爲諡，故不同。」則此與年表，皆失書偃諡。』

案考證說，本梁氏年表志疑。惟志疑新書作新序耳。新序，見雜事四；新書，見春秋篇。

齊湣王與魏、楚伐宋，殺王偃，遂滅宋而三分其地。

梁玉繩云：『湣王滅宋，未嘗與楚、魏共伐而三分其地。六國表及各世家皆不書，惟此有之。大事記以爲「魏得其梁、陳留，齊得其濟陰、東平，楚得其沛。」蓋據此也。………又考秦紀、年表及魏田完兩世家，言「王偃出亡，死于溫。」（策云：「逃倪侯之館，得病而死。」蓋館在溫地也。）則此云「殺王偃，」誤。………』

案漢書地理志下：『宋自微子二十餘世至景公，滅曹。滅曹後五世，亦爲齊、楚、魏所滅，參分其地。魏得其梁、陳留，齊得其濟陰、東平，楚得其沛。』謂齊、楚、魏滅宋參分其地，與此合。大事記云云，直本於地理志，非據此也。

殷有三仁焉。

集解：『何晏曰：「仁者愛人，三人行異，而同稱仁者，何也？以其俱在憂亂寧民也。」夏侯玄曰：微子，仁之窮也。箕子、比干，智之窮也。………而其歸一揆也。』

　　案集解引何 注云云，論語集解義疏本 以爲馬融 注，『稱仁』下無『者何也』三
字。十三經論語注疏本何注亦無『者何也』三字。『仁之窮也，』景祐本、黃善
夫本、殿本仁並誤仕。『智之窮也，』景祐本、黃本智並作志，古字通用。莊子
繕性篇：『人雖有知，無所用之。』書鈔一五引知（同智）作志，卽其比。『而
其歸一揆也。』景祐本、黃本『其歸』並作『歸其。』

修行仁義，

　　考證：楓山、三條本作『修仁行義。』

　　案景祐本亦作『修仁行義。』

史記斠證卷三十九

晉世家第九

王 叔 岷

晉唐叔虞者，

> 索隱：『……而唐有晉水，至子燮，改其國號曰晉侯。然晉初封於唐，故稱「晉唐叔虞」也。……』

> 景祐本、黃善夫本、殿本並無晉字。王念孫云：『唐上本有晉字，後人以晉、唐不當並稱，故刪去晉字也。今案昭元年左傳：「遷實沈于大夏，唐人是因，以服事夏、商，其季世曰唐叔虞。」杜注曰：「唐人之季世，其君曰叔虞。」下文「當武王邑姜方震大叔，夢帝謂己，余命而子曰虞。」注曰：「取唐君之名。」是唐人之季世與周武王子封於唐者，皆謂之唐叔虞。而武王子封於唐者，實爲晉之始祖，故言「晉唐叔虞」以別之。索隱本出「晉唐叔虞」四字，注曰：「晉初封於唐，故稱「晉唐叔虞。」則有晉字明矣。』

> 案王說是也，御覽一九九引此亦有晉字。論衡紀妖篇亦稱『晉唐叔虞。』漢書地理志下：『唐有晉水，及叔虞子燮，爲晉侯云。』即索隱『唐有晉水』云云所本。

而成王弟。

> 案御覽引弟上有之字，治要引弟下有也字。

初，武王與叔虞母會時，

> 集解：『左傳曰：邑姜方娠太叔。』

> 案左昭元年傳孔疏引與上有之字。左傳：『邑姜方震大叔，』釋文：『震，本又作娠。』與集解引作娠合。娠、震正、假字，鄭世家亦作娠。

夢天謂武王，

> 梁玉繩云：『昭元年傳云：「當武王邑姜方震大叔，夢帝謂己。」疏曰：「世家

謂此夢爲武王之夢。若是武王之夢，傳直云『武王方生大叔，』足矣。何以須言
『邑姜方震？』『邑姜方震，』而夢明是邑姜夢矣。安得以爲武王夢也？………
是馬遷妄言耳。」余謂世家之異于傳者，言虞母夢天謂武王，不言是武王之夢，
故御覽卷一引史作「叔虞母夢天謂武王。」（蓋節引之。）孔疏錯會世家文也。
鄭世家同傳。（漢志則云：「武王夢帝。」）』

案初學記一引史亦作『叔虞母夢天謂武王。』並可證孔疏錯會世家文。潛夫論夢
列篇亦同左傳。

余命女生子名虞。

考證：楓山、三條本虞下名上有爲字。

案考證『虞下名上』蓋『虞上名下』之誤。

文在其手曰虞。

考證：『王念孫曰：文上脫有字，當依左傳及鄭世家補。初學記、太平御覽引晉
世家皆有有字。』

張以仁弟札記：『朱駿聲 春秋左傳識小錄 云：「按虞字繁重，手文當似古文众
也。」其說蓋本左傳隱公元年正義「石經古文虞作众」而來。朱氏說文通訓定聲
及章炳麟小學答問亦並有此說。』

案景宋本白帖七引文上亦有有字。左隱元年傳孔疏：『石經古文虞作众，手文容
或似之。』是也。

故遂因命之曰虞。

案初學記、御覽一引此並無故字，白帖引此無故、因二字。（左傳、鄭世家並作
『遂以命之。』潛夫論作『因以爲名。』）故、遂、因，三字疊義，故可略其一，
或略其二。故猶因也，左隱元年傳：『莊公寤生，驚姜氏，故名曰寤生。』御覽
三六一引風俗通故作因；儀禮聘禮：『君與卿圖事，遂命使者。』鄭注：『遂猶
因也。』是故、遂並與因同義矣。

成王與叔虞戲，削桐葉爲珪，以與叔虞，曰：『以此封若。』史佚因請擇日立叔虞。

梁玉繩云：『呂氏春秋重言（作「梧葉」）、說苑君道（作「梧桐葉」），皆謂
周公請封叔虞，惟此作史佚。然其事非實，柳宗元曾辨其妄。故褚少孫續梁孝王

世家及漢地理志應劭注據韓詩，又以爲封應侯也。晉語：「叔向曰：唐叔射兕于
徒林，殪。以爲大甲，以封于晉。」則非翦桐之故。』

案『桐葉，』梁氏稱呂氏春秋作『梧葉。』漢書地理志上臣瓚注、水經澮水注、
續梁孝王世家正義引呂氏春秋並作『桐葉，』與世家合。（參看尹仲容呂氏春秋
校釋。）高誘呂氏春秋注：『周禮：侯執信圭七寸。』本周禮春官大宗伯典瑞及
考工記玉人。說文亦云：『侯執信圭七寸。』又云：『珪，古文圭，从玉。』
『以此封若，』藝文類聚五一、御覽一九九並引作『以唐封汝。』御覽一六三引
作『以是封汝。』又引史佚作周公，（恐非其舊。）與呂氏春秋、說苑並合。漢志
上應劭注引韓詩外傳、續梁孝王世家、御覽一九九引〔後漢圈稱〕陳留風俗傳、
魏志王肅傳，史佚皆作周公。御覽一五九、路史 後紀十注引韓詩外傳亦並作周
公；又並以爲封應侯。（水經注稱應劭引韓詩外傳同。）『因請擇日立叔虞。』
詩唐風譜疏、藝文類聚、初學記十、御覽一九九引因下皆有言字。

姓姬氏，字子于。

考證：『王若虛曰：「周紀自有姓氏，既云『武王子，』何必更言姓？且魯、衞、
管蔡等世家，類皆不著，而此獨著，何哉？」楓山本、三條本、宋本、毛本，于
作干。王引之曰：「古人名、字相應，于同迂，廣也。虞同吳，大也。作干，非
也。」』

案考證引王若虛（滹南集辨惑）說，本梁氏志疑；梁氏並云：『子于，毛集解本
作子干。』景祐本于誤子。黃善夫本、殿本于字並不誤。

唐叔子燮，是爲晉侯。

正義：『宗國都城記云：「唐叔虞之子燮父，徙居晉水傍。今幷理故唐城。唐者，
卽燮父所徙之處。其城南半入州，城中削爲坊。城牆北半見在。」毛詩譜云：
「叔虞子燮父，以堯墟南有晉水，改曰晉侯。」』

梁玉繩云：叔虞本封唐侯。燮父改國號爲晉，史不書，疏也！

案左昭元年傳釋文引燮作燮父，（孔疏引杜譜亦作燮父。）與正義引宗國都城記
及毛詩譜合。惟今本唐風譜無父字。又案殿本正義無『其城南半入州，城中削爲
坊，城牆北半見在』十七字。

晉侯子寧族，………成侯子福。

　　梁玉繩云：索隱引世本寧族作曼期，譙周作曼旗；又引世本福作輻，字形相近，

　　未知孰是。（毛本族作旅。）

　　案期、旗古通，左襄三十年傳『單公子愆期，』日本舊鈔本、石經本期並作旗，

　　禮記射義：『耄期稱道不亂。』釋文：『期，本又作旗。』論語述而篇巫馬期，

　　仲尼弟子列傳期作旗，皆其比。（毛本族作旅，旅乃族之形誤。）福、輻並諧畐

　　聲，古盍通用，莊子至樂篇：『名止於實，義設於適，是之謂條達而福持。』

　　戰國策魏策一：『坕四平，諸侯四通，條達輻湊。』（又見張儀列傳。）莊子之

　　『福持，』猶魏策之『輻湊』也。

自唐叔至靖侯五世，無其年數。

　　考證：『梁玉繩曰：靖侯當作厲侯，故云五世。』

　　案靖侯盍本作厲侯，涉上下文靖侯字而誤也。十二諸侯年表『靖侯宜臼十八年，』

　　索隱：『唐叔五代孫厲侯之子也。宋衷曰：唐叔已下五代無年紀。』是五世固爲

　　厲侯矣。

子釐侯司徒立。

　　案詩唐風譜疏、左桓二年傳疏引釐並作僖，下同，作釐是故書，齊世家已有說。

子獻侯籍立。

　　索隱：系本及譙周皆作蘇。

　　案籍疑蘇之誤，蘇，俗書作蒢，蒢誤爲藉，復易爲籍耳。（六朝俗書艹、𥫗不

　　分。）

子穆侯費王立。

　　索隱：鄒誕本作弗生，或作潰王，竝音祕。

　　年表費王作弗生，索隱：『系家名費生，或作潰生。系本名弗生，則生是穆公之

　　名。費、潰、弗不同爾。』（據黃善夫本。殿本爾作耳，同。）梁氏志疑云：『余

　　謂穆侯實名費生，王乃生字之譌，弗與潰乃費字之譌，竹書作費生也。』

　　考證：楓山、三條本王作生，與年表合，可從。索隱王字亦當作生。

　　案漢書人表穆作繆，古字通用。梁氏謂王乃生之誤，是也。惟弗與潰非費之譌，

費、弗、濆古字通用，魯世家已有說。

名自命也。物自定也。

　　考證：『韓非子主道篇云：「令名自命也。令事自定也。」揚權篇亦云：「名正
　　物定，名倚物徙。故聖人執一以靜，使名自命。令事自定。名自命也。物自定
　　也。」蓋「名自命也。物自定也。」後世刑名之言，師服無此語也。』

　　案治要引尸子分篇：『令名自正。令事自定。』又引申子大體篇：『名自正也。
　　事自定也。』史公以『名自命也。物自定也。』（物、事同義。）爲師服語，與
　　左桓二年傳雖殊，蓋別有所本。或即後世刑名之言所從出也。

封文侯弟成師于曲沃。

　　案唐風譜疏引『封文侯弟』作『封其叔父。』文義同。

晉大臣潘父弒其君昭侯，

　　案唐風譜疏引弒作殺；下文『曲沃莊伯弒其君晉孝侯于翼。』引弒亦作殺。年表
　　並同。作殺是故書。

孝侯八年，曲沃桓叔卒，子鱓代桓叔，是爲曲沃莊伯。

　　考證：年表『八年』作『九年。』

　　案年表書此事於晉孝侯九年。梁氏志疑云：『世家此事在孝侯八年，而此在九年
　　者，蓋表誤以昭侯七年爲孝侯元年，故所書之事，似誤在後一歲，而實非誤
　　也。』

孝侯十五年，曲沃莊伯弒其君晉孝侯于翼。

　　考證：年表作『十六年。』

　　案年表書此事于晉孝侯十六年。梁氏志疑云：『是年爲孝侯十五年，當魯惠公四
　　十五年。故左傳云：「惠之四十五年，莊伯弒孝侯。」晉世家云：「孝侯十五年，
　　莊伯弒其君孝侯于翼」也。此誤書孝侯之元于昭侯七年，遂妄稱孝侯在位十六年
　　爾。』

晉人復立孝侯子郄爲君，是爲鄂侯。

　　索隱：系本作郄。而他本亦有作都。

　　年表郄作邰，索隱：『有本邰作都者，誤。』梁氏志疑云：『左傳鄂侯爲孝侯弟。

表與世家俱作子，誤。邵字世家作郄，兩字從同，竝音隙。故詩唐風疏引世家作
邵也。索隱于此云：「有本作都者誤；于世家云：「他本作都。」而其引世家正
文亦作都，是自相戾矣！」

案漢書人表亦云：『晉鄂侯，孝侯子。』王氏補注引竹書亦云：『孝侯子。』則
作子、作弟，蓋傳聞之異矣。竹書郄亦作邵，郄乃邵之俗變；都又郄之誤也。又
案黃善夫本、殿本索隱，亦下並無有字。

鄂侯六年卒。曲沃莊伯聞晉鄂侯卒，乃興兵伐晉。周平王使虢公將兵伐曲沃莊伯，莊
伯走保曲沃。晉人共立鄂侯子光，是爲哀侯。

梁玉繩云：哀侯之立，鄂侯未卒。莊伯伐晉，不關鄂侯之卒與否也。俱說見表。
又使虢公伐曲沃者，乃是桓王，左傳及年表甚明。此以爲平王，大誤！而哀侯之
立，據左傳實出王命，此以爲晉人立之，亦非。

考證：『楓山、三條本平王作桓王，與年表、左傳合。此本誤。孔穎達曰：「案
隱五年左傳：『曲沃 莊伯伐翼，翼侯奔隨。 秋，王命虢公伐曲沃，而立哀侯于
翼。』六年傳曰：『翼九宗五正頃父之子嘉父，逆晉侯于隨，納諸鄂，晉人謂之
鄂侯。』則哀侯之立，鄂侯未卒，世家言卒，非也。」』

案竹書平王亦作桓王，云：『桓王二年，王使虢公伐晉之曲沃，晉鄂侯卒。曲沃
莊伯復攻晉，立鄂侯子光，是爲哀侯。』與世家及年表所記合。史公取材，往往
存異說，不得因與左傳不合，遽以爲非也。（梁氏年表志疑，謂年表與世家及竹
書並誤。）又考證所引孔穎達說，有脫誤，已據唐風譜疏補正。

小子元年，

梁玉繩云：『小子何以不書侯？此與下「晉小子之四年，曲沃武公誘召晉小子殺
之。」皆當有侯字。』

考證：左傳稱小子侯。

案漢書人表亦稱『晉小子侯。』

曲沃武公誘召晉小子殺之。

考證：『小子之，』當作『小子侯。』

案唐風譜疏引殺上有而字。又考證之字衍。

乃立晉哀侯弟緡爲晉侯。

　　案年表緡作湣，漢書人表作愍，緡、湣、愍，古並通用。（漢書王氏補注引梁玉
　　繩有說。）左桓八年傳阮氏校勘記云：『緡，石經作湣。顧炎武云：石經凡從民
　　字，皆改從氏，避諱省筆。』此文景祐本南宋補版緡亦作緡，下同。承唐人諱民
　　字省筆也。

於是盡併晉地而有之。

　　案唐風譜疏、左莊十六年傳疏引併並作幷，年表同。幷、併正、假字。廣雅釋言
　　：『幷，兼也。』

以至武公滅晉也，

　　案左傳疏引此無也字，疑涉上文諸也字而衍。

子獻公詭諸立。

　　案僖九年春秋經詭作佹，阮氏校勘記云：『纂圖本、監本、閔本、毛本佹作詭。』
　　朱熹楚辭後語一載荀子賦篇：『天下不治，請陳佹詩。』注云：『佹與詭同。』

獻公元年，周惠王弟頹攻惠王。

　　梁玉繩云：事在二年，非元年也。

　　案黃善夫本、殿本頹並作穨，二本年表亦作穨，景祐本同。（考證本年表作穨。）
　　頹乃穨之俗變，左莊十九年傳、國語周語上、竹書、漢書人表亦皆作頹。（參看
　　周本紀斠證。）

太子申生，其母齊桓公女也，曰齊姜，早死。

　　考證：『陳仁錫曰：「左傳：『獻公烝於齊姜，生秦穆夫人、及太子申生。』則
　　齊姜是武公之妾，武公末年，齊桓始立。不得以爲齊桓女也。」』
　　案陳說本左僖十五年傳疏。

申生同母女弟，爲秦穆公夫人。

　　梁玉繩云：『仁和景吏部江錦曰：「左傳僖十五年注云：『穆姬，申生姊。』疏
　　曰：『莊二十八年傳，先言穆姬，後言申生，知是姊也。』其實秦紀明言，秦穆
　　夫人，申生、夷吾姊，杜注蓋用秦紀。而此又稱『女弟，』豈不誤哉？」』
　　案『女弟』疑本作『女兄，』涉下『重耳母女弟』而誤也。（說文：姊，女兄

也。）列女傳賢明篇秦穆公姬傳亦云：『穆姬者，秦穆公之夫人，晉獻公之女，太子申生之同母姊。』又孽嬖篇晉獻驪姬傳：『獻公娶於齊，生秦穆夫人及太子申生。』亦先言穆姬，後言申生，知是申生之女兄矣。

重耳母，翟之狐氏女也。夷吾母，重耳母女弟也。

梁玉繩云：『莊廿八年傳：「大戎狐姬生重耳，（檀弓上疏引傳作犬戎，疑今本大字譌。晉語韋注亦云犬戎。）小戎子生夷吾。」注云：「大戎，唐叔子孫別在戎、狄者。小戎，允姓之戎。」此言二女是姊妹，蓋以大戎、小戎之稱而淆譌也。故仲達于僖十五年疏云：「虢射，惠公之舅。狐偃，文公之舅。二母不得為姊妹，馬遷之妄！」（錢詹事云：子亦姓也，謂子姓之戎。杜說不可信。）』

以仁云：『僖公十五年左傳孔疏之說，實本杜注及晉語。左僖十四年傳云：「虢射曰：皮之不存，毛將安傅？」杜注：「虢射，惠公舅也。」孔疏云：「晉語云：『秦饑，惠公命輸之粟。虢射請勿與，慶鄭請與之。公曰：「非鄭之所知也。」遂不與。秦侵晉，至于韓。公謂慶鄭曰：「寇深矣！奈何？」慶鄭曰：「非鄭之所知也，君其訊射也。」公曰：「舅所病也。」是虢射為惠公之舅也。」』

案孔疏：『虢射，惠公之舅。』本於杜注及晉語，良是。杜注亦有所本，世家下文『虢射曰，』集解引服虔曰：『虢射，惠公舅。』即其所本也。（杜注左傳，多本服說。）又國語晉語二：『狐偃曰：無卜焉。』韋注：『狐偃，重耳之舅，狐突之子子犯也。』左僖二十三年傳：『公子曰：所不與舅氏同心者，有如白水。』杜注：『子犯，重耳舅也。』則孔疏：『狐偃，文公之舅。』亦有所本矣。

獻公子八人，而太子申生、重耳、夷吾皆有賢行。

梁玉繩云：『傳曰：「獻公之子九人，」而云「八人？」何故？下文述介推語，固是九人也。惠公之失德，內外棄之。乃以為有賢行，與申生、重耳竝稱，毋乃非乎？』

考證：『張照曰：「左傳：『介之推曰：獻公之子九人。』」即下文敍子推語，亦曰「九人。」則八字乃九字之訛耳。』

以仁云：『張照云云，梁玉繩史記志疑及洪亮吉四史發伏並有此說，皆非。下文云：「二十五年，……驪姬弟生悼子。」則史公此謂「獻公子八人」者，蓋以斯

時悼子未生，而未計入也。敍子推之語，則並悼子數之，兩皆不誤。諸氏未察耳。』

案以仁說極是！左莊二十八年傳：『晉伐驪戎，驪戎男女以驪姬，歸生奚齊，其娣生卓子。』當晉獻公十一年。惟世家『驪姬生奚齊，』定在獻公十二年；『驪姬弟生悼子，』（悼、卓古通，詳下。）定在獻公二十五年。蓋別有所本。是時悼子未生，固不得云『獻公子九人』矣。

猶有令名。

集解：『王肅曰：雖去猶可有令名，何與其坐而及禍也！』

案左閔元年傳此下更有『與其及也』四字。世家無此四字，則集解引王注『何與其坐而及禍也』句無著矣。

今命之大，

梁玉繩云：毛本命作名。

考證：『左傳命作名。命、名通，上文云：魏，大名也。』

案風俗通皇霸篇命亦作名，廣雅釋詁三：『命，名也。』

不共是懼，

考證：共，左傳作供。

案左閔二年傳共字同，釋文：『共，音恭。本又作供。』日本舊鈔本作供。

里克謝病不從太子，

考證：『張文虎曰：宋本、毛本無「太子」二字，此衍。』

案景祐本南宋補版、黃善夫本並有『太子』二字。

乃使荀息以屈產之乘，

梁玉繩云：不言『垂棘之璧，』失之也。

案僖二年左氏公羊穀梁傳、韓非子十過篇、呂氏春秋權勳篇、淮南子人間篇、新序善謀篇皆以『垂棘之璧、屈產之乘』並言。此僅言『屈產之乘，』韓非子喻老篇則僅言『垂棘之璧。』

取其下陽，以歸。

考證：『中井積德曰：「以歸，不可曉。豈有缺誤邪？」愚按，以、已通，「已

歸」屬下文讀。』

案『以歸，』無缺誤；亦非屬下文讀。以猶而也，『取其下陽以歸』六字爲句。

廢適立庶。君必行之，妾自殺也。

案文選曹子建七哀詩注引適作嫡。適、嫡古、今字。必猶若也。

歸釐於君。

案釐，左僖四年傳作胙（杜注：胙，祭之酒肉），國語晉語二作福（韋注：福，
胙肉也），義並同。穀梁僖十年傳、列女傳晉獻驪姬傳亦並作福。

驪姬使人置毒藥胙中。居二日，獻公從獵來還，宰人上胙獻公。

梁玉繩云：『居二日，』傳作『六日。』二字譌。

以仁云：『左傳僖公四年謂：「公田，姬寘諸宮，六日。公至，毒而獻之。」國
語晉語二則謂：「公田，驪姬受福。乃寘鴆于酒，寘菫于肉。公至，召申生獻。」
置時之久暫與所獻之人皆不同。』

案列女傳作『公田不在，驪姬受福，乃寘鴆于酒，施毒于脯。公至，召申生將
胙。』（將猶奉也，獻也。周禮春官小宗伯：『凡祭祀賓客，以時將瓚果。』鄭
注：『將猶奉也。』廣雅釋言：『奉，獻也。』）蓋本晉語。穀梁傳作『君田而
不在，麗姬以酖爲酒，藥脯以毒獻。』（麗乃驪之省，莊子齊物論篇亦作麗。
鴆、酖正、假字。）謂麗姬獻，與左傳合。

其父而欲弑代之，況他人乎？

考證：『晉語「他人」作「國人。」韋昭云：「有父忍自殺之，況能愛國人乎？」
史公改作「他人，」蓋姬自道也。』

案其猶己也。列女傳『他人』亦作『國人。』晉語、列女傳並以此爲驪姬見申生
而哭泣之語。

若早自殺，

案若猶寧也。（裴氏古書虛字集釋七，有『如猶寧也』之說，惟不知若亦猶寧
也。）早當作蚤，史記故本早皆作蚤。

或謂太子曰，

案說苑立節篇作『公子重耳謂申生曰。』（下文或，亦作重耳。）列女傳作『太

傅李克曰。』

卽辭之，

　　案卽猶若也。

申生自殺於新城。

　　索隱：『國語云：申生乃雉經於新城廟。』

　　案列女傳亦稱申生『遂自經於新城廟。』穀梁傳作『刎脰而死。』說苑作『遂伏劍死。』

獻公使士蒍爲二公子築蒲、屈城，弗就。

　　梁玉繩云：『築城無弗就之理。僖五年傳云：不愼，寘薪焉。』

　　案『不愼，寘薪。』是雖就猶未就矣。

狐裘蒙茸，

　　集解：『服虔曰：蒙茸，以言亂貌。』

　　考證：『蒙茸，』左傳作『尨茸，』詩邶風作『蒙戎，』音義相通。……。』

　　案『蒙茸，』左僖五年傳作『尨茸，』釋文：『尨，又音蒙。茸，又音戎。』詩邶風旄丘作『蒙戎，』傳：『蒙戎，以言亂也。』蓋卽服注所本。

蒲人之宦者勃鞮，

　　集解：『韋昭云：伯楚，寺人披之字也。於文公時爲勃鞮也。』

　　考證：『梁玉繩云：「僖五年左傳：『寺人披伐蒲。』晉語同。此以爲「蒲人之宦者，」非也。又晉語（四）作「寺人勃鞮，」（竝見左僖廿五。）亦稱「奄楚，」亦稱伯楚。……」』

　　案漢書人表亦稱『寺人披。』晉語二、列女傳並稱『閽楚。』閽、奄古通。又案集解引韋注文公，今晉語注作懷公。

命重耳促自殺。

　　考證：『僖五年左傳，不言「促自殺。」晉語云：「令刺重耳。」』

　　案列女傳亦云『使刺重耳。』

重耳遂奔翟。

　　案年表翟作狄，晉語、列女傳並同，古字通用。世家下文亦作狄。

及其大夫井伯百里奚，以媵秦穆姬。

　　考證：『左傳無百里奚三字。梁玉繩曰：奚與井伯非一人；且奚不及虞難也。說
　　在秦紀。』

　　案世說新語德行篇注引楚國先賢傳云：『百里奚，字井伯，楚國人。』亦以奚與
　　井伯爲一人。

馬則吾馬；齒亦老矣！

　　案則猶猶也。（僖二年穀梁傳則下有猶字，『則猶，』複語。）亦猶已也。（公
　　羊傳亦下有已字，『亦已，』複語。）

冀芮曰，

　　案晉語韋注：『冀芮，晉大夫郤芮也。』左僖六年傳作郤芮。說文：『郤，晉大
　　夫叔虎邑也。』段注：『叔虎之子曰郤芮，以邑爲氏。』芮食邑於冀，故又稱冀
　　芮。

二十五年，晉伐翟。翟以重耳故，亦擊晉於齧桑。

　　梁玉繩云：『傳，晉伐狄，敗于采桑。在前年，說見表。是年乃狄擊晉，采桑是
　　晉敗狄處，非狄擊晉處。晉因重耳奔狄，故伐之。表所書甚明。狄之擊晉，報其
　　來伐，豈因重耳歟？史既誤書年數；又謂翟爲重耳擊晉；謂翟擊晉齧桑，皆誤。
　　而齧桑，即采桑。高氏地名考略云：「杜注：『平陽北屈縣西南有采桑津。』服
　　虔以爲翟地；索隱以爲衞地，俱非。顯王四十六年，諸侯執政，與秦相張儀會于
　　齧桑。徐廣曰：『在梁與彭城之間。』此又一齧桑。瓠子歌所云『齧桑浮兮淮、
　　泗』者也。」』

　　案『以重耳故』四字，疑本在『晉伐翟』下，年表獻公二十五年書『伐翟，以重
　　耳故。』可證也。高氏（士奇）所稱『顯王四十六年，諸侯執政，與秦相張儀會
　　于齧桑。』本楚世家及六國年表；所引徐注，見楚世家；引瓠子歌，見河渠書及
　　漢書溝洫志。

驪姬弟生悼子。

　　梁玉繩云：『春秋三傳，及史于秦紀、年表、齊世家等處皆作卓。此悼字誤。徐
　　廣于秦紀云：「一作倬。」古字通用。此或是倬字，傳寫譌悼耳。有謂悼爲諡者，

大謬！奚齊無諡，卓子安得諡？且未有名卓而諡悼者也。鶡冠子世賢篇卓襄王，
宋陸佃注：「卓當爲悼。」又是誤悼爲卓矣。』

案晉語一、竹書、列女傳悼亦並作卓。齊世家集解引徐廣云：『史記卓多作悼。』
則此作悼，當存史記之舊也。秦本紀徐注：『一作倬。』倬蓋悼之誤矣。卓、悼
古通，鶡冠子陸注：『卓當爲悼。』明卓、悼之可通，非謂卓爲悼之誤也。漢儒
至宋儒，凡言『某當爲某，字之誤也。』或『聲之誤也。』則是正其字之誤。如
但言『某當爲某。』大都明其字之可通；間或正其字之誤。（參看拙著斠讎學一
○六葉。）

宰孔曰：齊桓公益驕，

　　梁玉繩云：此當云齊侯。

　　考證：左傳齊桓公作齊侯。

　　案晉語亦作齊侯。史家記事，往往生稱諡，史記中此例甚多。（日知錄二十三有
　　說。）此云齊桓公，非誤。下文重耳稱『夫齊桓公好善，』（梁氏亦云：此當作
　　齊侯。）與此同例。

君弟毋會，

　　索隱：弟，但也。

　　案黃善夫本、殿本弟並作第，索隱同，古字通用。左僖九年傳、晉語弟並作可，
　　弟與可同義，齊世家已有說。

生者不愧。

　　正義：『國語云：……生人不慚。……』

　　案今晉語慚作媿，公羊僖十年傳作愧，愧與媿同。

邳鄭，

　　案左傳、晉語邳並作丕，秦本紀、年表並作丕。丕乃丕之隸變。邳諧丕聲，與丕
　　古通。

里克殺奚齊于喪次。

　　考證：楓山、三條本無次字。

　　案左傳無喪字，杜注：『次，喪寢。』

不如立<u>奚齊</u>弟<u>悼子</u>而傅之。

　　案<u>左傳</u>、<u>晉語</u>傅並作輔，古字通用。

<u>里克</u>弒<u>悼子</u>于朝。

　　集解：『<u>列女傳</u>曰：鞭殺<u>驪姬</u>于市。』

　　<u>梁玉繩</u>云：『<u>國語</u>云：「殺<u>驪姬</u>。」<u>列女傳</u>云：「鞭而殺之。」此本<u>左傳</u>，不言
　　姬死，亦疏。』

　　案<u>列女傳</u>云：『乃<u>戮驪姬</u>，鞭而殺之。於是<u>秦</u>立<u>夷吾</u>。』『於是』當作『於市，』
　　屬上絕句，集解所引可證。<u>王照圓列女傳</u>補注已有說，惟誤集解爲索隱耳。

詩所謂『白珪之玷，猶可磨也。斯言之玷，不可爲也。』

　　集解：『<u>杜預</u>曰：詩<u>大雅</u>。言此言之玷難治，甚於白珪。』

　　案<u>景祐</u>本、<u>黃善夫</u>本、殿本集解，玷並作缺，<u>左傳杜</u>注同。<u>阮氏</u>校勘記云：『<u>宋</u>
　　本缺作闕。<u>陳樹華</u>云：「<u>史記正義</u>引作玷字。」按<u>說文</u>：「刮，缺也。」引詩：
　　「白圭之刮。」』所稱<u>正義</u>，乃集解之誤。珪，古文圭。刮、玷古、今字。

卜曰：齒牙爲禍。

　　正義：『<u>國語</u>曰：「……史蘇卜之。……有蘇以妲已女焉。……」』

　　<u>梁玉繩</u>云：國語禍作猾。

　　案<u>史公</u>蓋以禍說猾。正義引<u>國語</u>云云，<u>晉語</u>一『卜之』作『占之，』（卜字疑因
　　正文『卜曰』而改，古人引書，往往依正文改字。）有蘇下有氏字。

使人迎公子<u>重耳</u>於<u>翟</u>，欲立之。

　　正義：『<u>國語</u>云：「<u>里克</u>及<u>邳鄭</u>使<u>屠岸夷</u>告公子<u>重耳</u>於<u>翟</u>，……」』

　　案正義引<u>國語</u>云云，<u>晉語</u>二<u>邳</u>本作丕，<u>翟</u>作作<u>狄</u>，此依世家改之也。<u>黃善夫</u>本、
　　殿本正義並在<u>翟</u>字下，又『<u>屠岸夷</u>告公子，』並誤作『<u>屠岸</u>迎<u>夷吾</u>公子。』（<u>晉</u>
　　<u>語韋</u>注：『<u>屠岸夷</u>，<u>晉</u>大夫也。』）

即得入，請以<u>晉河西</u>之地與<u>秦</u>。

　　<u>以仁</u>云：『<u>楊樹達詞詮</u>云：「卽，若也。」下文「君卽不起，」「子卽反國，」
　　卽皆訓若。』

　　案<u>金樓子</u>說蕃篇作『若得立，請割<u>晉</u>之<u>河西</u>八城予<u>秦</u>。』彼言若，此言卽，其義

一也。（秦本紀卽作誠，誠亦猶若也。）王氏釋詞八引此文，已訓卽爲若。下文

『卽不得已，』卽亦猶若也。

而奪之權。

　　案之猶其也。

微里子，寡人不得立。

　　案微猶非也。李斯列傳：『微趙君，幾爲丞相所賣！』微亦與非同義。

乃言爲此。

　　案爲猶如也。廉頗藺相如列傳：『吾所以爲此者，』刺客（豫讓）列傳：「然所

以爲此者，』『爲此』亦並猶『如此。』

於是邳鄭使謝秦，

　　案是借爲時。

君其祀無乃絕乎？

　　考證：『沈家本曰：君下其字疑衍。』

　　案左僖十年傳無其字。（裴氏古書虛字集釋五云：其猶之也。）

後十日。

　　集解：左傳曰『七日。』

　　梁玉繩云：左傳『七日，』此誤直其下耳。

　　案十，蓋本作十，卽古七字。後人不識，誤爲百、十字耳。

恭夫子更葬矣。

　　梁玉繩云：索隱本作『更喪。』

　　案漢書五行志中之上矣作兮，矣猶兮也。

昌乃在兄。

　　案五行志在下有其字。

遂殺邳鄭及里克、邳鄭之黨七輿大夫。

　　集解：『韋昭曰：七輿，申生下軍之衆大夫也。』

　　考證：『服虔曰：「上軍之輿士七人，屬申生者。」愚按，服、韋二說是。』

　　以仁云：『僖公十年左傳謂「殺丕鄭、祁舉及七輿大夫。」多一祁舉。』

　　案考證引服注，本左傳孔疏，惟『輿士』本作『輿帥。』服注言『上軍，』晉語
　　三韋注言『下軍，』則二說不同。左傳阮氏校勘記云：『「上軍之輿帥七人，」
　　陳樹華云：「上字當作下。」按閔二年傳云：「公將上軍，大子申生將下軍。」
　　陳樹華所訂是也。』陳說與韋注言『下軍』亦合。阮氏所稱『閔二年，』二乃元
　　之誤。（左傳杜注：祁舉，晉大夫。）

天菑流行，

　　案左僖十三年傳菑作災，下同。菑、災並巛之借字，說文：『巛，害也。』

救菑恤鄰，國之道也。

　　考證：楓山、三條本恤下有患字。

　　案恤下有患字，則讀『救菑恤患』爲句。鄰字屬下讀。

晉其可以逆天乎？遂伐之。

　　考證：『李笠曰：案「遂伐之，」亦虢射言，非謂惠公遂伐之也。觀下文自明。
　　遂上應有「不如」二字。』

　　案其猶豈也。秦本紀：『虢射曰：因其饑伐之。』亦可證此『遂伐之，』亦虢射
　　言。遂猶即也，遂上無煩增『不如』二字。

惠公用虢射謀，不與秦粟，而發兵且伐秦。秦大怒，亦發兵伐晉。

　　考證：僖十四年左傳、國語晉語，亦載虢射之語，與此異；且二書止言晉不與秦
　　粟，而不言晉、秦相伐，此疑誤。

　　案秦本紀所記與世家合，又見金樓子說蕃篇。考證說，本梁氏秦本紀志疑。

鄭不孫。

　　案左僖十五年傳釋文：『孫，音遜。』晉語孫正作遜，（黃丕烈札記：『補音作
　　孫。』孫、遜古、今字。下文『今重耳言不孫，』孫亦古遜字。

乃更令步陽御戎，

　　考證：左傳、國語陽作揚。

　　案陽、揚古通，釋名釋天：『陽，揚也。』詩小雅正月：『燎之方揚。』漢書谷
　　永傳引揚作陽，並其證。

惠公馬驚不行。

索隱：鷙，音竹二反。謂馬重而陷之於泥。

正義：『……韋昭曰：「濘，泥也。」……』

案說文：『𩢷，鷙馬重皃。』（段注本改鷙爲𩢷，从馬，埶聲。）即索隱『馬重』所本。金樓子鷙作𩢷，取絆𩢷義，亦通。（參看秦本紀斠證。）又案秦本紀正義引韋昭云：『濘，深泥也。』與晉語韋注同。此所引脫深字。

更令梁繇靡御，虢射爲右，輅秦繆公。

集解：『服虔曰：輅，迎也。』

索隱：輅，音五稼反。鄒誕音『五額反。』

考證：『左傳、國語皆云：「梁由靡御韓簡，輅秦公，將止之。」（岷案左傳秦公作秦伯。）無更御惠公之事，此誤。』

案繇，古由字。輅，索隱音『五稼反。』則讀爲訝，說文：『訝，相迎也。』與服注『輅，迎也。』合。考證說，本梁氏志疑。惟梁氏不言此誤，史公或別有所本也。

繆公壯士冒敗晉軍。晉軍敗，遂失秦繆公，反獲晉公以歸。

考證：呂氏春秋愛士篇。

案亦見韓詩外傳十、淮南子氾論篇、秦本紀、說苑復恩篇及金樓子。（參看秦本紀斠證。）

秦將以祀上帝。

考證：『梁玉繩曰：「祀上帝，」妄也。說在秦紀。』

案秦本紀亦稱『將以晉君祠上帝。』（祠、祀古通。）史公或別有所本。列女傳賢明篇秦穆公姬傳作『秦穆公曰：掃除先人之廟，寡人將以晉君見。』（說互詳秦本紀。）

小人懼失君亡親。

考證：『中井積德曰：「懼，當從左傳作悼。『失君亡親，』蓋既往之事矣。」愚按，晉語亦作悼。』

案既往之事，亦可言懼，無庸改爲悼。『懼失君亡親，』蓋爲失君亡親而懼也。

餽之七牢。

正義：餼音匱。一牛、一羊、一豕爲一牢。

案左傳、晉語、秦本紀餼並作饋，饋、餼正、假字。列女傳賢明篇秦穆公姬傳作『饋以七牢。』之猶以也，秦本紀已有說。又秦本紀集解引賈逵云：『牛一、羊一、豕一爲一牢。』即正義釋『一牢』所本。

欲使人殺重耳於狄，重耳聞之如齊。

考證：『梁玉繩曰：如齊求入，非爲惠公欲殺之故也。又事在惠公七年。』

案重耳如齊，在晉惠公七年，見年表。齊世家於齊桓公四十二年，書『是歲，晉公子重耳來。』亦當惠公七年。

梁伯卜之。

梁玉繩云：『左傳僖十七年，梁「卜招父與其子卜之。」非梁伯也。』

案梁伯疑本作招父，涉上梁伯字而誤也。

故名男爲圉，女爲妾。

案左僖十七年傳兩爲字並作曰，義同。

其衆數相驚曰：『秦寇至！』民恐惑，秦竟滅之。

考證：『僖十九年左傳。中井積德曰：據左傳，「寇至」者，梁伯脅民之言，此謬用也。』

案左傳載梁伯脅民之言曰：『某寇將至！』受脅者以爲寇眞至，故此云『其衆數相驚曰：秦寇至！』文意一貫，固非謬用矣。

君卽不起，病大夫輕更立他公子。

考證：『李笠曰：病猶患也。輕謂輕忽。言「君卽不起，患大夫輕忽己而更立他公子」也。』

案此謂『君若不起，患大夫輕易更立他公子』也。卽義同若，（以仁有說，已詳前。）輕謂輕易也。淮陰侯列傳：『則諸侯謂吾怯，而輕來伐我。』輕，亦謂輕易也，與此同例。

子圉遂亡歸晉。

以仁云：『下文謂重耳「居楚數月，而晉太子圉亡秦。」據年表，重耳之楚在僖公二十三年，卽晉惠公十四年。晉、宋世家皆謂重耳過宋在宋襄公傷于泓之後。

泓之役，在魯僖公二十二年十一月，亦即晉惠公十三年。重耳過宋，然後過鄭，
然後之楚。以路程計，之楚之年，似亦當在晉惠公十四年，則與年表相合。況重
耳「居楚數月，」子圉始亡秦。則子圉之亡秦，益不當在晉惠公十三年明甚。史
公二說參差，蓋前說本於左傳，後說取材於國語，不知二書之有出入也。』
案年表於惠公十三年書『大子圉質秦，亡歸。』與世家此文合。並本左僖二十二
年傳也。

今召之，

案左僖二十三年傳今作若，今猶若也。

有賢士五人，曰趙衰、狐偃、咎犯，文公舅也。賈佗、先軫、魏武子。

梁玉繩云：『景吏部曰：「五士，所說不同。僖廿三年左傳，數狐偃、趙衰、顚
頡、魏武子、司空季子為五，杜注云：『狐毛、賈佗皆從，而舉五人者，蓋賢而
有大功。』則既與世家異矣。昭十三年傳：『有士五人，子餘、子犯為腹心。魏
犨、賈佗為股肱。』杜氏據僖廿三年傳所數五人為注；又云：『稱五人而說四
士，佗又不在本數，蓋叔向所賢。』索隱于後文『五蛇為輔』曰：『狐偃、趙
衰、魏武子、司空季子及子推。舊云五臣，有先軫、顚頡，今恐二人非其數。』
呂氏春秋介立注，以衰、偃、佗、犨、推為五。則又與經、史異矣。國語止稱
狐、趙、賈三人。余謂當定狐偃、趙衰、賈佗、魏犨、胥臣為五士，（胥臣，即
司空季子。）杜言賈不在數，殊妄！內外傳明列之也。而傳數顚頡，頗不足據。
反國未幾，奸命被戮，豈曰能賢？從亡之臣，如狐毛、顚頡、舟僑、介推之徒，
其人甚衆，皆不得與五士比。而史數先軫，乃不考而誤書之爾。軫未嘗從亡，故
叔向云：『欒、郤、狐、先為內主』也。又此敍五人，不應夾敍狐偃獨詳，疑
『咎犯，文公舅也。』六字，是後人之注錯入本文。」』

考證：『梁玉繩曰：「『咎犯，文公舅也。』六字，是後人之注錯入本文。」愚
按楓山、三條本正無此六字。』

案景氏所稱『昭十三年傳：「有士五人，子餘、子犯為腹心，魏犨、賈佗為股
肱。」（杜注：子餘，趙衰。）及『叔向曰：「欒、郤、狐、先為內主。」』（亦
昭十三年傳文。杜注：謂欒枝、郤縠、狐突、先軫也。）亦見楚世家。考證引梁

說，乃梁氏引景氏之說。『咎犯，文公舅也。』六字，乃狐偃二字之注，（荀子臣道篇：『晉之咎犯。』楊注：『咎與舅同，晉文公之舅狐偃，犯其字也。』）疑是集解之文，誤入正文者。金樓子說蕃篇：『晉文公……賢士五人，曰趙衰、狐偃、咎犯、賈陀、先軫。』（陀、佗古通，下文『賈季曰』正義亦作陀。）即本此文。所據本『咎犯，文公舅也。』六字，蓋已竄入正文。惟不知咎犯即狐偃，僅刪『文公舅也』四字；又於先軫下妄刪魏武子三字，以合五人之數。誤之甚矣！世家下文『五蛇爲輔，』正義：『五蛇，趙衰、狐偃、賈佗、先軫、魏武子也。』亦本此文，不涉及『咎犯，文公舅也。』六字，是也。

獻公即位，重耳年二十一。

考證：『梁玉繩曰：「『二十一，』當作『二十二。』各本俱譌。史言文公二十二，獻公即位。四十三奔狄，六十二反國，卒時年七十。左、國言文公生十七年而亡，亡十九年而反，凡三十六年。卒時四十四。何不同若是？余謂信左、國不如信史記。奚以明之？其守蒲城也，二嬖曰：『疆埸無主，則啓戎心。若使重耳主蒲，可以懼戎。』依史記，文公守蒲城時年三十二，與『懼戎』之說政合。依左、國，但六齡爾，非適足以『啓戎心』乎？其戰城濮也，楚子曰：『天假之年而除其害。』依史記，文公戰城濮時，年六十六，與假年之說相符。依左、國，僅四十爾，年少于楚成，安得謂『天假之年』乎？」竹添光鴻曰：「文公奔蒲，正獻公滅虢膝秦穆姬之歲。姬係申生姊，必長於文公，如文公年四十三，豈穆姬及艾始嫁？而穆公致書公子，不宜稱爲『孺子』矣。或疑從左氏，則重耳居蒲止六歲，夷吾更少。不知莊二十八年夏，太子居曲沃，至二子之居蒲、屈，則其後日事也。傳統敍於是年爾。觀士蒍築蒲城云：『三年將尋師。』可見矣。」龜井昱曰：「左傳『天假之年，』受在外十九年，言其保身於奔竄中。」愚按，後說近是。』

以仁云：『梁玉繩云：「『二十一，』當作『二十二，』各本俱譌。」據年表，獻公以即位之次年爲元年。則獻公即位，重耳年二十一不誤。梁氏蓋誤以獻公即位之年爲其元年耳。梁玉繩又云：「依史記，文公守蒲城時年三十二，」其說亦誤。下文云：「獻公十三年，以驪姬故，重耳備蒲城守秦。」若獻公元年，重耳

年二十二，則獻公十三年，重耳年三十四矣。梁氏安得謂重耳時年三十二哉？（札記。）又趙世家云：『趙簡子疾，五日不知人，大夫皆懼。醫扁鵲視之。……扁鵲曰：「……在昔秦穆公嘗如此，七日而寤。寤之日告公孫支與子輿曰：『……帝告我：晉國將大亂，五世不安，其後將霸，未老而死。……』」』扁鵲列傳、風俗通義六國篇有完全相同之記載。可注意「其後將霸，未老而死」八字。將霸之後人，顯然指重耳。因下文接言「文公之霸。」如照晉世家說，重耳死時旣年已七十，怎可說是「未老而死？」如死時是四十四歲，如左、國所說，當然不成問題。』（詳晉文公年壽辨誤。）

　案以仁據年表，證此文『重耳年二十一』不誤，是也。惟下文『獻公十三年，』年表作『十二年，』梁氏並以爲『十一年』之誤，（詳下。）故云：『依史記，文公守蒲城時年三十二』也。以仁引趙世家云云，又見論衡紀妖篇。晉世家言文公二十一，獻公卽位。四十三奔狄，六十二反國，卒時年七十。雖與他篇抵牾，與左、國不合，竊疑亦有所本，非由臆測。蓋史公取材，往往兼存異說。定其是非，固有待於後人矣。

獻公十三年，以驪姬故，重耳備蒲城守秦。

　年表在十二年，梁氏志疑云：『左傳，三公子居鄙，在魯莊二十八年，當晉獻十一年。此作「十二，」與世家竝誤。

　考證：『中井積德曰：宜言「守蒲城備秦」也。』

　以仁云：『清儒郭嵩燾史記札記亦謂「備、守疑當互易。」』

　案年表書『重耳居蒲城，』在獻公十二年，乃以獻公卽位之次年爲元年計之。此云『獻公十三年，』蓋自獻公卽位之年計之。非有出入也。惟與左傳不合耳。『備蒲城守秦，』備、守二字當互易，中井、郭說並是。匈奴列傳：『緣邊亦各堅守以備胡寇。』可爲旁證。

不辭獻公而守蒲城。

　考證：『中井積德曰：守當作奔。』

　案左僖四年傳、年表並云：『重耳奔蒲。』此文守字，蓋本作奔，涉上文守字而誤也。

狄伐咎如。

　　集解：『賈逵曰：赤狄之別，隗姓。』

　　索隱：『赤狄之別種也，隗姓也。……』

　　考證：『梁玉繩云：左傳作廧咎如，此缺廧字。』

　　案左僖二十三年傳杜注：『廧咎如，赤狄之別種也。隗姓。』即索隱所本；而杜
　　注又本之賈注也。孔疏：『成二年：「晉郤克、衞孫良夫伐廧咎如。」傳曰：「討
　　赤狄之餘焉。」彼言「赤狄之餘，」知是赤狄之別種也。女曰叔隗、季隗，知是
　　隗姓也。』所稱『成二年，』二乃三之誤。

生伯儵、

　　正義：儵，直留反。

　　案景祐本、殿本儵並作鯈。音『直留反，』則作鯈是，儵乃鯈之形誤。莊子秋水
　　篇：『鯈魚出游從容。』道藏王元澤新傳本、林希逸口義本、覆宋本鯈皆誤儵，
　　亦同此例。

非以爲可用與，

　　索隱：與音余，諸本或作興。興，起也。非翟可用興起，故奔之也。

　　正義：興，起也。本作與字者誤也。

　　考證：『晉語作「非以翟爲榮，可以成事也。」與，相與成事也。索隱、正義本
　　與作興。』

　　案景祐本、黃善夫本、殿本與並作興。作興是，『可用興，』猶言『可以成。』
　　與晉語四言『可以成事』合。玄應一切經音義七引蒼頡篇：『用，以也。』晉語
　　楚語上：『其可興乎？』韋注：『興猶成也。』與無成義，考證：『與，相與成
　　事也。』曲說耳。又案黃本、殿本索隱並無『與音余，諸本或作興』八字。索隱
　　翟字，殿本作狄。（與正文一律。）考證引晉語翟字，晉語四本作狄。

以近易通，

　　考證：『岡白駒曰：通，達也。言自蒲奔狄，近而易至。』

　　案晉語通作達，韋注：『達，至也。』即岡說所本。

犁二十五年，

索隱：犂猶比也。

考證：『錢大昕曰：犂，遲也。猶言待也。』

案上文『待我二十五年，』此言『犂二十五年，』待、犂互用，犂猶待也。呂后本紀：『犂明，孝惠還。』集解引徐廣曰：『犂猶比也。』卽此索隱所本。比乃比及字，義亦猶待也。（參看王念孫呂后本紀雜志及廣雅疏證四上。）

過衞，衞文公不禮。

梁玉繩云：表依晉語，言重耳先適齊，後過衞，是也。此又從左氏，先衞後齊，似不合事情。

以仁云：『國語晉語四謂重耳從齊過衞，自衞過曹，與此異。史公葢本僖公二十三年左傳也。然年表於衞文公二十三年云：「重耳從齊過，無禮。」則其次序又與晉語同焉。史公兼採左傳、國語二書，文中每多淆亂，此其一例耳。』

案此稱重耳過衞，在晉惠公七年，當魯僖公十六年，亦卽衞文公十六年。下云：『去，過五鹿。……至齊。』與左僖二十三年傳合。是『過衞、』『至齊』在同一年。齊世家於齊桓公四十二年，稱『是歲，晉公子重耳來。』衞世家於衞文公十六年，稱『晉公子重耳過。』並當魯僖公十六年。亦重耳『過衞、『至齊』在同一年之證。年表於晉惠公七年（卽衞文公十六年）書『重耳聞管仲死，去翟之齊。』又於衞文公二十三年，書『重耳從齊過。』是重耳留齊七年。據晉語四，則重耳在齊一年，而齊桓公卒。（參看韋注。齊世家、衞世家並同。）桓公子孝公卽位，重耳『遂行，過衞。』是留齊僅二年。則年表言重耳先適齊，後過衞，雖與晉語合，而留齊之年實大異。葢又別有所本與？又案呂氏春秋上德篇稱重耳『去翟過衞，衞文公無禮焉。過五鹿。如齊。』先衞後齊，與左傳、世家並合。

趙衰曰：土者，有土也。君其拜受之。

梁玉繩云：以子犯爲趙衰，非。

考證：左傳、國語，爲子犯之言。

案趙衰，論衡紀妖篇作咎犯，元吾衍晉史乘野人與塊章作舅犯，並卽子犯也。世家作趙衰，恐別有所本。或趙衰、子犯並有類似之言也。

齊桓公厚禮，而以宗女妻之。

　　考證：『梁玉繩曰：傳言「桓公妻之，」是桓公之女，非「宗女」也。』

　　案齊世家亦作『桓公妻之。』晉語作『齊侯妻之，』韋注：『桓公以女妻之。』

重耳至齊二歲，而桓公卒。

　　案齊世家：『〔桓公〕四十二年，……晉公子重耳來，桓公妻之。四十三年，……
冬十月乙亥，齊桓公卒。』衞世家：『〔文公〕十六年，晉公子重耳過，無禮。
十七年，齊桓公卒。』與此稱『重耳至齊二歲，而桓公卒。』正合。晉語稱重耳
『適齊，齊侯妻之，甚善焉。……桓公卒。』韋注：『在齊一年，而桓公卒。』
就至齊之年言之，則爲『二歲，而桓公卒。』就在齊之年言之，則爲『一年，而
桓公卒。』其實一也。

豎刁等爲內亂。

　　案刁當作刀。刁，俗字。齊世家有說。

留齊凡五歲。

　　梁玉繩云：五乃三之誤。重耳以齊桓四十二年如齊。明年，桓公卒。又明年，爲
齊孝公元年，遂適衞，爲衞文公十八年，有邢、狄之難，故有不禮重耳之事。

　　案重耳以齊桓四十二年如齊，明年桓公卒，又明年遂適衞。其留齊實僅二年。據
年表，則重耳留齊七年，（已詳前。）此文稱『五歲，』五或爲七之誤與？五，
古文作乄，與七形近，往往相亂。又衞世家稱『〔文公〕十六年，晉公子重耳
過。』梁氏志疑以『十六年』爲『十八年』之誤，故此亦謂重耳『適衞，爲衞文
公十八年』也。實則衞世家之『十六年』不誤，已詳彼篇斠證。

咎犯曰：『事不成，犯肉腥臊，何足食！』乃止。

　　梁玉繩云：事不成，何以不足食，語見外傳。此所說不全。

　　考證：犯，疑臣之譌；或當作偃。

　　案犯，晉語作偃，此文疑本亦作偃，涉上咎犯字而誤也。御覽三七五引『乃止』
下有注云：『偃，咎犯名也。』

置璧其下。

　　案列女傳仁智篇曹僖氏妻傳下作上，恐非。晉語韋注：『置璧於飱下。』

去，過宋。宋襄公新困兵於楚，傷於泓。

梁玉繩云：過宋不在襄公傷泓之後，說在宋世家。

案年表宋襄公十三年，書『泓之戰，楚敗公。』十四年，書『公疾死，泓戰故。』

不書重耳過宋事。

鄭叔瞻諫其君曰，

梁玉繩云：瞻與詹同。而呂氏春秋又作被瞻。（務本、上德、務大篇。）

考證：左、國瞻作詹。

案年表、鄭世家瞻亦並作詹。晉史乘伐鄭章作被瞻，與呂氏春秋合。

鄭君曰：諸侯亡公子過此者衆，安可盡禮？

考證：『梁玉繩曰：此史公約國語文，而以曹共公之言爲鄭君，舛矣！』

案鄭世家亦以爲鄭文公之言。或曹共公、鄭文公並有類似之言也。

叔瞻曰：『君不禮，不如殺之。且後爲國患。』鄭君不聽。

考證：『叔瞻曰』以下，國語晉語。

案又見呂氏春秋上德篇、鄭世家、晉史乘。（與呂氏春秋尤合。）

趙衰曰：子亡在外十餘年，

梁玉繩云：國語作子犯之言。

案或子犯、趙衰並有類似之言也。

楚將子玉怒，

考證：『梁玉繩云：是畏之；非怒之也。』

案左傳杜注：『畏其志大。』蓋既怒之且畏之也。

繆公以宗女五人妻重耳，

梁玉繩云：宗女，非也。說在秦紀。

案稱『宗女』者，蓋諱言繆公女，疑本之秦紀，秦本紀已有說。（梁氏所稱秦
紀，乃秦本紀。）

重耳出亡凡十九歲而得入。

案左僖二十八年傳：『楚子……曰：晉侯在外十九年矣。』（又見晉世家下文。）

昭十三年傳：『叔向曰：我先君文公，亡十九年。』說苑復恩篇：『文公曰：吾
亡也十有九年矣。』皆與此稱『十九歲』合。晉史乘盟河章：『文公曰：吾亡也

十有三年矣。』乃本說苑，而妄改九爲三。

所不與子犯共者，

　　梁玉繩云：『陳大令樹華曰：「古人相與言，雖卑幼亦字尊長，故甥不嫌呼舅之
　　字。然左、國述重耳此誓，作『舅氏』也。至下文述文公之言曰：『偃說我毋失
　　信。』直呼舅名。古君臣之間似不然。蓋史公失檢處。」』

　　案晉史乘子犯亦作『舅氏。』說苑作『咎氏，』舅、咎古通，說已見前。

乃投璧河中，以與子犯盟。

　　考證：左、國無『與子犯盟』四字，蓋與河神盟，非與子犯盟也。

　　案說苑、晉史乘亦並不言『與子犯盟。』『與子犯盟，』卽是與子犯對河神爲盟
　　也。有何不可！

是時介子推從在船中，乃笑曰：『天實開公子，而子犯以爲己功，而要市爲君，固足
羞也！吾不忍與同位。』乃自隱。

　　梁玉繩云：此疑卽下文推讓賞從亡一段語，史公謬分之，附會爲此說耳。

　　案此文接在重耳『投璧河中，以與子犯盟。』之後，疑史公別有所本，非謬分下
　　文推讓賞從亡一段語也。說苑復恩篇作『介子推曰：獻公之子九人，唯君在耳。
　　天未絕晉，必將有主。主晉祀者，非君而何？唯二三子者以爲己力，不亦誣
　　乎！』與下文推讓賞從亡語尤合，惟亦接在重耳『沈璧而盟』之後。

是以賞從亡，

　　案御覽二百一引亡下有者字，與上文『賞從亡者』相應。左僖二十四年傳：『晉
　　侯賞從亡者。』亦有者字。

推亦不言祿，祿亦不及。

　　案玉燭寶典二引推下無亦字，左傳同。疑涉下亦字而衍。

猶曰是盜，

　　考證：左傳是作之。

　　案左傳作『猶謂之盜。』義同。

況貪天之功以爲己力乎？

　　考證：楓山、三條本力作功。

案力與功同義，國語晉語五：『子之力也夫！』韋注：『力，功也。』即其證。惟此文蓋本作『己力，』與上『二三子以爲己力』相應。楓、三本力作功，疑涉上功字而誤。

罪有甚焉。

考證：『王念孫曰：「有讀爲又。」愚按，左傳作又。』

案王氏雜志已云：『僖二十四年左傳作又。』說苑復恩篇亦作又。

介子推從者憐之，乃懸書公門，

案景祐本南宋補版憐作怜，俗。玉燭寶典引懸作縣，懸亦俗字。

曰：龍欲上天，五蛇爲輔。龍已升雲，四蛇各入其宇。一蛇獨怨，終不見處所。

梁玉繩云：龍蛇之歌，呂子介立、新序節士、說苑復恩竝載之，而其詞各異。不但與史有殊，蓋所傳不同耳。至呂子謂推「懸書公門；」新序謂推因酌酒陳詞，與「身隱焉文」之意不合，自是推從者爲之。（說苑又言舟之僑有此歌，恐誤記。）』

案玉燭寶典二引琴操載此事，謂介子綏（注云：推、綏聲相近也）書作龍蛇之歌，其歌詞又異。至如晉史乘謂推因酌酒陳詞，歌詞與新序全合，則是直本於新序耳。

使人召之，則亡。

案則猶已也。孟子公孫丑篇：『其子趨而往視之，苗則槁矣。』則亦與已同義。

遂求所在，

考證：楓山、三條本遂作逐。

案逐蓋遂之誤。說苑亦作遂。

以爲介推田，號曰介山。

案玉燭寶典引推上有子字，容齋三筆二引號作名，水經汾水注並同。

從亡賤臣壺叔，

梁玉繩云：壺叔，呂子當賞篇作陶狐，韓詩外傳三及說苑復恩作陶叔狐，古字通借也。（考證脫引末句。）

案晉史乘反國行賞章亦作陶叔狐。壺、狐古通，梁說是也。呂氏春秋下賢篇壺丘

子林，漢書人表壺作狐，（王氏漢書補注引錢大昭云：狐、壺古字通。）卽其比。

韓詩外傳三云：『陶叔狐謂咎犯曰：吾從而亡，十有一年。』說苑復恩篇作『十

有三年。』晉史乘作『十有二年。』

輔我以行，卒以成立。

案御覽六三三引行下有事字，卒下有我字。

晉人聞之，皆說。

案白帖十三引『皆說』作『大悅。』

趙衰曰：求霸莫如入王尊周。

梁玉繩云：左傳及年表皆作咎犯之言，此作趙衰，誤。

案趙衰，左僖二十五年傳作狐偃，新序 善謀篇、晉史乘 勤王章並同。年表作咎

犯，卽狐偃也。或亦世家別有所本，趙衰、狐偃並有類似之言邪？

周襄王賜晉河內陽樊之地。

考證：『梁玉繩曰：晉語，王賜以南陽之地，陽樊、溫、原、州、陘、絺、鉏、

欑茅凡八邑，此不具。左傳亦祇書其四。』

案金樓子說蕃篇亦作『周襄王賜晉河內陽樊之地。』本世家。新序、晉史乘並稱

王予文公『陽樊、溫、原、欑茅之田。』本左傳。

使狐偃將上軍，狐毛佐之。

梁玉繩云：『徐氏測議曰：狐偃讓于狐毛，狐毛將上軍，狐偃佐之。史記不備，

誤也。』

以仁云：『僖公二十七年左傳云：「使狐偃將上軍，讓於狐毛而佐之。」國語晉

語四亦云：「乃使狐毛將上軍，狐偃佐之。」是知狐偃爲狐毛之佐，非「狐毛佐

之」也。徐孚遠史記測義、洪亮吉四史發伏亦有此說。』

案狐偃與狐毛當互易，晉語云云，尤其明證。

命趙衰爲卿。

考證：『左傳云：「命趙衰爲卿，讓於欒枝、先軫，使欒枝將下軍，先軫佐之。」

愚按，左氏所謂「爲卿，」將使將下軍也。趙衰不受，以讓於欒枝、先軫。衰是

時未爲卿也。梁玉繩曰：「晉語，衰三命三辭，文公所謂『三讓不失義』也。此

不言衰辭卿，疏矣！」』

案卿下當補辭字。晉史乘亦言衰辭卿（本晉語）。

欒枝將下軍，

案欒枝上當補使字，左傳有使字，晉語、晉史乘並有『乃使』二字。

往伐。

梁玉繩云：伐曹、衞，在五年。此書于四年，非也。說見表。

案『往伐，』謂部署伐曹、衞耳。故於下文五年乃書『侵曹伐衞』也。年表亦同
此例。

還自河南度。

考證：左傳『河南』作『南河。』

案衞世家亦作『南河，』義同。

以其不用釐負羈言，而用美女乘軒者三百人也。

梁玉繩云：『「用美女」三字，誤增也。左通日：「豈史公以詩稱婉孌季女，而
遂傅會之邪？曹世家論不言美女，疑為衍文。」』

案曹世家贊正義引此『美女』上無用字，又云：『不用僖負羈言，乃美女三百人
乘軒車。』亦本此文，『美女』上亦無用字。蓋涉上用字而衍。

楚一言定三國，

考證：左傳言下有而字，此誤脫。

案晉語作『是楚一言而有三施。』亦有而字。

文公曰：昔在楚，約退三舍，可倍乎？

考證：『梁玉繩曰：「此乃史公約內外傳文。然是子犯之言，誤以為文公也。下
文公曰：『城濮之事，優說我，毋失信。』正指斯語。」』

案子犯說文公『毋失信，』故文公乃以斯語荅軍吏。左僖二十八年傳及晉語，則
是子犯荅軍吏之言，子犯未嘗說文公『毋失信』也。史公蓋別有所本矣。

天子使王子虎命晉侯為伯。

梁玉繩云：『左傳：「王命尹氏及王子虎內史叔興父策命晉侯為侯伯。」注云：
「尹氏、王子虎，皆卿士。叔興父，大夫也。三官命之，以寵晉。」此止言王子

虎，疏矣！』

案晉史乘襄王賜命章亦云：『王命尹氏及王子虎、內史叔興父策文公爲方伯。』

本左傳也。國語周語上：『襄王使太宰文公及內史興賜晉文公命。』（韋注：『太

宰文公，王卿士王子虎也。內史興，周內史叔興也。』左傳孔疏已引周語，略引

韋注。）未言尹氏。

賜大輅、彤弓、矢百、旅弓、矢千。

正義：旅音盧。

考證：『左傳作「賜之大輅之服，戎輅之服。彤弓一，彤矢百，旅弓、矢千。」梁

玉繩曰：此「大輅」下失書「戎輅，」又「彤弓」下缺一字，竝缺彤字。盍弓

一、矢百、弓十、矢千也。』（原引賜下無之字，兩『戎輅』並作『戎路，』非

其舊也。）

案晉史乘與左傳同。曹操短歌行稱晉文『受賜……彤弓、盧弓、矢千。』旅之作

盧，與正義音合。書文侯之命：『盧弓一，盧矢百。』（書鈔一二五兩引，並作

『盧弓、矢千。』）阮氏校勘記云：『古本盧並作旅。』左傳『旅弓、矢千，』

釋文：『旅，本或作旅字，非也。』日本舊鈔本旅正作旅。作旅是，旅乃俗字，

旅、盧並借爲玈，說文：『玈，齊謂黑爲玈。』徐鍇繫傳：『尚書曰「玈弓，」

借旅字。』段玉裁注：『經傳或借盧爲之；或借旅爲之。皆同音叚借也。旅弓、

旅矢，見尚書、左傳，俗字改作旅。』世家此文旅字，蓋亦本作旅矣。

秬鬯一卣、珪瓚，

考證：左傳無『珪瓚』二字。

案晉史乘亦無『珪瓚』二字，（新序亦不言『珪瓚。』）本左傳也。曹操短歌行

稱晉文『受賜珪瓚、秬鬯，』本世家也。

周作晉文侯命：『王若曰：父義和！

考證：『梁玉繩曰：「案尚書文侯之命，平王命晉文侯仇所作。乃以爲襄王命文

公重耳，舛矣！索隱已糾之。後儒俱以史爲誤，惟劉伯莊言『天子命晉，同此一

辭。』可哂之甚！依樣畫葫蘆，後世或然，三代時亦有印板文字邪？左傳載命辭

曰：『王謂叔父，敬服王命，以綏四國，糾逖王慝。』是重耳之策書也。豈忘檢

左傳乎？新序善謀篇同史誤。……」』

案晉史乘亦載命辭，與左傳同。屈萬里（翼鵬）兄尚書文侯之命著成的時代，曾標三義，以證世家之誤，（一）義和是晉文侯，晉文侯非晉文公；（二）文侯之命所表現的情勢，和晉文侯合，和晉文公不合；（一）文侯之命所記載的錫賜之物，和周襄王賜晉文公的不合。並斷定文侯之命著成時代，當在周平王十一年。文載中央研究院歷史語言研究所集刊第二十九本，可參。

繼予一人，永其在位。

考證：周書繼作績。

案書文侯之命作『有績，予一人永綏在位。』僞孔傳、孔疏並說績爲功，『有績』爲句。史公葢讀『有績予一人』爲句，（有爲語助。）說績爲繼，爾雅釋詁亦云：『績，繼也。』

晉焚楚軍，火數日不息。

考證：『梁玉繩曰：焚軍之言，史本韓詩外傳七，說苑亦有。葢因左傳「晉師三日館穀」而妄爲之說。』

案韓詩外傳七、說苑君道篇、晉史乘燒楚軍章，『數日』並作『三日。』

勝楚而君猶憂，何？

案何，一字句。孟嘗君列傳：『聞先生得錢，即以多具牛酒而燒券書，何？』與此同例。

吾聞能戰安者，唯聖人。是以懼！且子玉猶在，庸可喜乎？

考證：……『吾聞』以下十三字，史公以意補。子玉，左傳作得臣。（得臣，原誤得心。左傳杜注：『子玉，得臣。』

案韓詩外傳作『吾聞能以戰勝安者，惟聖人。若夫詐勝之徒，未嘗不危。吾是以憂也！』（又見說苑及晉史乘。）是世家『吾聞』以下十三字，乃據外傳補。

子玉之敗而歸，

案之猶旣也。鄭世家：『若之許我，已而背之。』左宣十五年傳上之字作旣，亦之、旣同義之證。

子玉自殺。

案左傳二十八年傳稱子玉『及連穀而死。』杜注：『至連穀，王無赦命，故自殺也。』與此合。宣十二年傳又云：『楚殺子玉。』楚世家亦云：『成王怒，誅子玉。』蓋由楚成王欲殺子玉，子玉乃自殺。無異成王殺之也。

晉侯度河，

　　考證：『張文虎曰：各本晉下脫侯字，毛本有。』

　　案景祐本作『晉侯渡河，』御覽六三三引同。殿本亦有侯字。渡、度正、假字，本書習見。

北歸國行賞，狐偃為首。或曰：『城濮之事，先軫之謀。』文公曰：『……奈何以一時之利，而加萬世功乎！是以先之。』

　　考證：韓非子難一、呂氏春秋義賞篇、淮南子人間訓及說苑權謀篇，亦載文公行賞事。而狐偃作雍季，先軫作舅犯，與此異。

　　案晉史乘伐楚章狐偃亦作雍季，先軫亦作舅犯。（本說苑權謀篇。）御覽引『萬世』下有之字，與上文『偃言萬世之功』一律。呂氏春秋義賞篇、淮南子人間篇亦並有之字。

孔子讀史記，至文公曰，

　　案『至文公，』當斷句。

先縠將右行，先蔑將左行。

　　考證：『梁玉繩曰：先縠卽彘季，晉景公時佐中軍，文公朝恐未得將右行，左傳作屠擊，是也。』

　　案屠擊之作先縠，疑因下句先蔑聯想而誤。

圍鄭，欲得叔瞻。叔瞻聞之，自殺。鄭持叔瞻告晉，晉曰：必得鄭君而甘心焉。

　　考證：『梁玉繩曰：「案晉語：『文公圍鄭，曰：「予我詹而師還。」鄭以詹與晉，詹有辭，乃弗殺，禮而歸之。鄭以詹為將軍。』則瞻未嘗自殺；晉亦無欲得鄭君語也。此及鄭世家並妄。」愚按，呂氏春秋上德篇所記，略同晉語。』

　　案晉史乘伐鄭章兼采晉語及呂氏春秋，亦與晉世家及鄭世家所記異。惟兩世家所記，亦必有所本，不得輕以為妄也。

而秦未為利。

　　　　案秦本紀爲作有，義同。

子襄公歡立。

　　　　案年表歡作驩，古字通用。

西乞秫、

　　　　案御覽三二三引秫作術，左僖三十三年傳、文十二年經傳、呂氏春秋悔過篇、秦
　　　　本紀皆同。古字通用，魯世家已有說。

秦果使孟明伐晉，

　　　　案御覽引孟明下有等字，秦本紀作『繆公於是復使孟明視等將兵伐晉。』亦有等
　　　　字。

臽季、

　　　　案左僖三十三年傳及文五年傳、晉語四及五、年表，臽皆作臼，古字通用，漢書
　　　　五行志：『王廢申后及太子宜臽，』列女傳孽嬖篇周幽褒姒傳臽作臼，亦其比。
　　　　晉語韋注：『臼季，胥臣。』

賈季曰，

　　　　正義：『賈季，韋昭云：「賈季，晉大夫狐偃之子射姑也。食采於賈，字季，名
　　　　陀。」世本云：「小狐射姑。」』

　　　　黃丕烈國語札記：『惠（棟）云：「賈佗別是一人，韋說非也。」丕烈案全祖望
　　　　經史問荅與惠同。』

　　　　以仁云：賈陀、賈季，實爲二人。文公六年左傳謂『狐姑射將中軍，』時賈陀正
　　　　爲大師。可爲明證。

　　　　案上文賈佗，正義：『佗音陀，即賈季，解在後。』以賈佗爲賈季，即本此所引
　　　　韋注而誤也。下文『趙盾廢賈季，』集解：『案左傳，此時賈他爲太師。』蓋亦
　　　　誤以賈他爲賈季也。（他乃佗之隸變。）

辰嬴賤，班在九人下。

　　　　俞正燮云：『左傳僖二十三年：「秦伯納女五人於重耳，懷嬴與焉。」懷嬴即辰
　　　　嬴也。左傳文六年云：「辰嬴嬖于二君。」又云：「辰嬴賤，班在九人。」蓋秦
　　　　致五人，辰嬴本居班末，文公雖嬖之，未嘗易其班也。辰嬴班在九人者，文嬴適

也。襄公之母偪姞在二，季隗在三，公子雍之母杜祁在四，辰嬴在九。此皆出于左傳。其四人，則左傳僖二十三年云：「初，文公至齊，齊桓公妻之。」又秦女三人，與齊姜四也。以序推之，齊姜在五，秦女三人亦媵也。其在六、七、八歟？史記晉世家云：「辰嬴班在九人下。」其以成公母周女，在九人中，辰嬴不與九人數歟？』（癸己存稿七『晉夫人』條。）

　　案『班在九人下，』猶言『班在九人末，』即辰嬴不在九，似非謂辰嬴不在九人中也。

趙盾廢賈季，以其殺陽處父。

　　案左文六年傳：『九月，賈季使續鞫居殺陽處父。』

秋，齊、宋、衞、鄭、曹、許君皆會趙盾，盟于扈。

　　考證：左傳衞下有陳，此譌脫。

　　案梁氏志疑巳云：『此失敍陳侯。』

秦亦取晉之郤。

　　索隱：『……左傳文十年：「……夏，秦伯伐晉取北徵。」北徵，即年表之徵。今云郤者，字誤也。徵音懲，亦馮翊之縣名。』

　　案年表晉靈公四年（即魯文公十年），書『秦取我北徵，』索隱：『徵音澄。蓋今之澄城也。』秦康公四年（亦魯文公十年），亦書『我伐晉取北徵。』並可證此郤當作徵。漢書地理志上，左馮翊，縣二十四，有徵。師古注：『徵音懲，即今之澄城縣是也。左傳所云「取北徵，」謂此地耳。』年表索隱，蓋本師古注，『音澄』當從師古注作『音懲，』（蓋涉下澄城字而誤。）且與世家索隱作『音懲』一律。又案世家索隱『之徵』二字，黃善夫本、殿本並作『所謂。』

使趙盾、趙穿、郤缺擊秦，大戰河曲，趙穿最有功。

　　梁玉繩云：文十二年河曲之戰，趙盾、郤缺、欒盾為上、中、下三軍將。而佐之者，荀林父、臾駢、胥甲也。趙穿雖卿，不在軍行，疑趙穿是欒盾之誤。又穿撓謀恃勇，幸逃不用命之討，而乃以為『最有功，』何哉？是役也，交綏而遁，亦不可言『大戰，』說在秦紀。

　　案既言『趙穿最有功，』則趙穿恐非欒盾之誤。史公或別有所本也。年表晉靈公

六年，書『與秦戰河曲，秦師遁。』不言『大戰。』秦康公六年，書『與我大戰河曲。』言『大戰，』與世家合。兩大國之軍出戰，雖交綏而遁，固亦不嫌言『大戰』矣。

乃詳令魏壽餘反晉降秦，

案秦本紀壽作讎，古字通用，梁氏志疑有說。

因執會以歸晉。

梁玉繩云：『傳曰：「魏人譟而還。」喜得士會也。不可言執。』

考證：『陳士龍曰：「按左傳：『壽餘履士會之足。』則先有約也，不得謂執。」』

案秦本紀云：『詐而得會，會遂歸晉。』此文『執會，』猶『得會』也。有何不可！

晉使趙盾以車八百乘平周亂，而立匡王。

索隱：『…………多恐是誤也。』

考證：『程一枝曰：年表「八百乘」下，有「納捷菑」三字，與左傳合，世家缺也。』

案考證引程說，已見梁氏志疑。索隱『多恐是誤也。』黃善夫本、殿本並作『恐此誤。』

鉏麑退歎曰，

案梁氏志疑所據湖本脫退字。

遂觸樹而死。

案公羊宣六年傳作『遂刎頸而死。』

餓人，示眯明也。

梁玉繩云：『索隱曰：「鄒誕生音示眯爲祁彌，即左傳之提彌明。蓋由音相近，字遂變耳。（人表、水經注作祁，與公羊傳同。釋文引左、續郡國志注一引史作祇。）又左氏桑下餓人是靈輒。示眯明是喉（當作搏）獒者，眯明鬪而死。今合二人爲一人，非也。」（史誤從呂覽報更篇來。水經注四亦誤從史。）』

案示眯明，公羊宣六年傳、漢書人表並作祁彌明，即鄒氏『音示眯爲祁彌』所本。左宣二年傳作提彌明，阮氏校勘記云：『釋文提作祇。』（左傳注疏本附釋

文作提，云：「本又作祇。」續郡國志一注引世家亦作祇彌明。史公合靈輒、示

眯明爲一人，梁氏謂『誤從呂覽報更篇來。』說苑復恩篇亦載此事，與呂覽合。

宦三年，

　　集解：『服虔曰：宦，宦學士也。』

　　考證：集解士，宋本作事，毛本作仕。

　　案集解『宦學士，』景祐本南宋補版作『官學事。』黃善夫本、殿本宦亦並作

官，此蓋改官爲宦。士、仕、事，古並通用，說文：『士，事也。』晏子春秋內

篇問下：『士者持祿，』墨子七患篇士作仕。即其證。又禮記曲禮上：『宦學事

師，』孔疏：『左傳宣二年：「趙盾見靈輒餓，問之，曰：宦三年矣。」服虔

曰：「宦，學也。」是學職事爲宦也。』所引服注，與此略異。

未知母之存不，願遺母。

　　梁玉繩云：『淮南集辨惑曰：存否且不知，顧安所遺乎？左傳有「今近焉」三

字，于理乃通。遷鹵莽而失之耳。』

　　案存否不知，而願遺母，愈以見其孝也。左傳有『今近焉』三字，去家雖近，亦

不知母之存否，史公略此三字，何鹵莽之有？又呂氏春秋作『臣有老母，將以遺

之。』說苑作『臣有老母，將以貢之。』

先縱嚻狗名敖。

　　集解：『何休曰：犬四尺曰敖。』

　　索隱：縱，足用反。又本作嗾，又作蹴，同。素后反。

　　案左傳縱作嗾，釋文：『嗾，素口反。說文云：使犬也。』今本說文作『使犬

聲。』左傳、公羊傳敖並作獒，何休注同。集解引何注作敖，隨此正文改之也。

獒、敖正、假字。說文：『獒，犬如（一作知）人心可使者。』又案黃善夫本、

殿本索隱又下並無本字，蹴並作就。

明亦因亡去。

　　案呂氏春秋、說苑並言餓人『鬭而死。』

盾昆弟將軍趙穿，

　　考證：『梁玉繩曰：「案『昆弟』二字非，左傳注：穿是趙夙庶孫，爲盾從父昆

弟之子。」』

案左文十二年傳注：『穿，趙夙庶孫。』孔疏引杜氏世族譜云：『穿，趙夙之孫，則是趙盾從父昆弟之子也。』宣二年傳注：『穿，趙盾之從父昆弟子。』疏亦引世族譜云：『盾是衰子，穿是夙孫，是穿爲盾之從父昆弟之子也。』梁氏所稱左傳注，蓋兼文十二年傳注及宣二年傳注引之也。

故爲殺易。

案殺字承上文『襲殺靈公』而言，景祐本南宋補版、黃善夫本、殿本殺並作弒，下文『趙盾殺其君，』『殺者趙穿，』殺亦並作弒，蓋皆後人所改，史記故本弒多作殺。（趙世家：『趙盾弒其君。』弒，故本蓋亦作殺，後人據左宣二年傳改之也。）又下文『陳大夫夏徵舒弒其君靈公。』年表弒作殺。

以視於朝。

案左傳視作示，古字通用。

反不誅國亂，

案左傳、趙世家誅並作討，說文：『誅，討也。』

出彊乃免。

案景祐本彊作壃，同。

子景公據立。

年表據字同，梁氏志疑云：『春秋景公名獳，此與世家皆作據，疑史誤。或曰：是二名也。』

案據，俗書作㩼，與獳形近，故獳誤爲據。恐非二名也。國語周語中韋注亦作獳。

鄭伯肉袒，與盟而去。

考證：左傳，『肉袒』下有『牽羊』二字。

案楚世家亦有『牽羊』二子。鄭世家有『擎羊』二字，考證：『擎，古牽字。楓山、三條本、毛本作牽。』（唐余知古渚宮舊事一，不言『牽羊。』）

凡來救鄭，不至不可。

案此當讀作『凡來，救鄭。不至，不可。』凡猶『大凡』也，高祖本紀：『凡吾

所以來，爲父老除害。』與此『凡來，救鄭。』句法同。

隨會曰，

　　梁玉繩曰：傳是士貞子。

　　案說苑尊賢篇作士貞伯，即士貞子也。左文十二年傳杜注：『貞子，士渥濁。』

　　禮記檀弓下：『我則隨武子乎！』鄭注：『武子，士會也。食邑於隨。』隨會即

　　士會，則士貞子之作隨會，或由士會聯想而相溷與？

伯宗謀曰，

　　正義：『世本：伯宗，伯州犁祖。』

　　以仁云：『成公十五年左傳：「伯州犁奔楚。」杜注：「伯宗之子。」國語晉語

　　五：「盍盍索士犁庇州犁焉？」韋注：「州犁，伯宗子伯州犁。」則伯宗乃伯宗

　　犁父而非其祖。』

　　案晉語五韋注：『伯宗，晉大夫，孫伯糾之子。』

乃使解揚紿爲救宋。

　　集解：『服虔曰：解揚，晉大夫。』

　　案景祐本揚作楊，下同。集解亦同。

卒致晉君言。

　　案梁氏志疑所據湖本致作至，云：『至當作致。』至、致古通。

楚欲殺之，或諫，乃歸解揚。

　　考證：左傳無『或諫』二字，歸當作釋。

　　案鄭世家云：『楚王諸弟皆諫王赦之。』（元吾衍楚史檮杌赦解揚章同。）即此

　　所謂『或諫』也。『乃歸解揚，』左宣十五年傳作『楚子舍之以歸。』舍猶釋也，

　　考證謂『歸當作釋。』蓋本左傳。惟歸字不必改，如改作釋，則解揚下尚當據左

　　傳補『以歸』二字，（或據鄭世家補『使歸』二字，）文意乃完矣。

使郤克於齊，齊頃公母從樓上觀而笑之。所以然者，郤克僂，而魯使蹇，衞使眇。故
齊亦令人如之以導客。

　　梁玉繩云：『案三傳與史所載各異，左氏曰：「帷婦人使觀之。」公羊云：「踊

　　于棓而窺客。」穀梁云：「處臺上而笑之。」史又云：「從樓上觀。」一異也。

穀梁云：「季孫行父禿，晉郤克眇，衞孫良夫跛，曹公子手僂。」公羊云：「郤
克、臧孫許或跛、或眇。」（杜預、韋昭云：郤子跛。）史又云：「郤克僂，魯使
蹇，衞使眇。」二異也。（穀梁曰季孫；公羊曰臧孫，魯不應一時使二卿聘齊，
亦異也。）公羊云：「使跛者迓跛者，使眇者迓眇者。」穀梁增二語云：「使禿
者御禿者，使僂者御僂者。」即史所云「如之以導客」耳。三傳之不同，或傳聞
異詞。史從傳出，乃復乖迕若是，何邪？」（考證亦引梁說，未備。）
　案齊世家云：『使夫人帷中而觀之，』與左氏言『帷婦人使觀之』合，與此言
『從樓上觀』亦異。公羊成元年傳徐疏：『一本云：臧孫許跛。』與此言『魯使
蹇』合。（說文：蹇，跛也。）左宣十七年傳孔疏，稱沈氏引穀梁傳云：『晉郤
克跛，衞孫良夫眇。』與此言『衞使眇』合。又案史通敘事篇：『若公羊稱「郤
克眇，季孫行父禿，孫良夫跛，齊使跛者逆跛者，禿者逆禿者，眇者逆眇者。」
蓋宜除「跛者」已下句，但云「各以其類逆。」必事加再述，則於文殊費，此爲
煩句也。』浦起龍史通通釋云：『公羊當作穀梁。』然與穀梁亦不全合。所謂
『各以其類逆。』蓋即本此『如之以導客』耳。
河伯視之。
　案記纂淵海五六引視作睨。
魏文子請老休，
　考證：宣十七年左傳，魏文子作范武子，即士會，此誤。
　以仁云：『晉語五亦作范武子。韋注云：「武子，晉正卿士會。」』
　案考證說，本梁氏志疑。梁氏並云：『魏文子是魏頡，在悼公朝，景公時尙無其
人。』
齊使太子彊爲質於晉。
　梁玉繩云：『太子』當作『公子。』
　案左宣十八年傳、齊世家『太子』並作『公子。』
晉乃使郤克、欒書、韓厥以兵車八百乘與魯、衞共伐齊。
　梁玉繩云：此失敍上軍佐士燮。
　案左成二年傳云：『士燮佐上軍。』（齊世家云：『士燮將上軍。』梁云：『將上

軍者苟庚也，時庚不出。』）晉語五韋注云：『欒，武子之子文子也。』又云：

『文子時佐上軍。』

傷困頃公。

　　梁玉繩云：傷字非。

　　考證：『中井積德曰：「據左傳，頃公無傷事。」愚按，公右乘逢丑父傷肱，此

　　誤合爲一。』

　　案呂氏春秋順民篇：『不足以傷吳。』高誘注：『傷，敗。』『傷困頃公。』猶

　　言『敗困頃公』耳。

頃公乃與其右易位，

　　案『其右，』逢丑父也。詳左氏、公羊成二年傳及齊世家。

齊使曰：蕭桐姪子，頃公母。頃公母猶晉君母。

　　考證：『陳仁錫曰：頃公，當作「寡君。」』

　　案梁玉繩亦云：『頃公，當作「寡君。」』左成二年傳作『寡君。』公羊傳、齊

　　世家並作齊君；穀梁傳作齊侯。此作頃公，亦史家記事，生可稱謚之例。不必改

　　作。

齊頃公如晉，欲上尊晉景公爲王。

　　梁玉繩云：尊王之說，妄也。辨在表中。

　　考證：齊侯朝晉，授玉耳。諸侯相朝，授玉，禮也。非尊爲王，史公誤。

　　案考證說，已詳梁氏年表志疑。

晉始作六卿。

　　集解：『賈逵曰：初作六軍，僭王也。』

　　梁玉繩云：『六卿』乃『六軍』之誤，說在表。

　　案『六卿』疑本作『六軍，』故集解引賈注以釋之。若本作『六卿，』則與賈注

　　無涉矣。左成三年傳云：『晉作六軍。』（齊世家考證亦引之。）孔疏引齊世家

　　亦云：『晉初置六軍。』

趙穿、

　　梁玉繩云：此乃韓穿之誤，左成三年可據。

案趙穿，疑本作韓穿，涉下『趙括、趙旃』字而誤也。

魯怒，去倍晉。

梁玉繩云：成四年傳，公欲叛晉，以季文子諫而止。此非實也。

案魯世家云：『魯欲背晉合於楚，或諫乃止。』與左傳合。年表亦云：『公欲倍晉合於楚。』此文去字，疑谷之俗變，（猶卻之作却。）谷又欲之壞字也。（谷亦可借爲欲。）

晉伐鄭，取氾。（考證本氾原誤汜。）

梁玉繩云：『氾下失祭字，說在表。』年表氾作范，志疑云：『成四年左傳：「取氾、祭。」杜注是一地，指成皋東氾水爲言。其實乃二邑。釋文云：「氾音凡；或音祀。祭，側界反。」此與晉世家竝脫祭字也。索隱本作氾，則范爲今本譌刻。』

考證：成四年左傳氾下有祭字，此與表同脫。氾音祀。（氾原誤汜，祀原誤紀。）案殿本氾作汜。考證謂此與表同脫祭字，本梁說。年表氾作范，考證本從索隱本作氾，並補索隱云：『氾音凡。』是也。

梁山崩，問伯宗。

考證：『梁山崩，』成五年左傳。又見公穀二傳。

案『梁山崩，』又見晉語。穀梁傳伯宗作伯尊，宗、尊古通，釋名釋宮室：『宗，尊也。』

立其太子壽曼爲君，是爲厲公。

考證：『……景公之名，春秋經傳作州蒲，釋文云：「本或作州滿。」州滿卽壽曼，曼、滿音相近，壽、州字相通。』

案考證所稱景公，乃厲公之誤。『春秋經傳』云云，本梁氏年表志疑。州蒲乃州滿之誤，梁氏亦有說。周語下韋注亦誤作州蒲。

射中楚共王目。

案晉語六、楚語上、韓非子飾邪篇、淮南子人間篇、說苑愼篇共皆作恭，御覽三八九引韓非子十過篇亦作恭（今本作共）。呂氏春秋權勳篇作龔（左成十六年傳引作共）。共、恭、龔，古並通用。

其侍者豎陽穀進酒，

　　梁玉繩云：內外傳、人表、及韓子十過、飾邪、說苑敬愼是『穀陽豎，』楚子反

內豎之名。此及楚世家云陽穀，似誤倒。然呂子權勳、淮南人間竝作陽穀也。

　　考證：『侍者、豎，』宜削其一。

　　以仁云：『豎謂童豎也。淮南人間篇：「豎陽穀奉酒而敬之。」注：「豎，小使

也。」是矣。則「侍者，豎」可並存。楚世家豎上亦有「從者」二字。』

　　案左成十六年傳孔疏引鄭玄云：『豎，未冠者之名。』楚語上：『使富都那豎贊

焉。』韋注：『豎，未冠者也。』是『侍者，豎』固不必削其一矣。陽穀之名，

史公蓋從呂氏春秋以存異耳。（淮南子亦從呂氏春秋。）

厲公多外嬖姬，歸，欲盡去羣大夫而立諸姬兄弟。寵姬兄曰胥童。

　　考證：『梁玉繩曰：「外嬖者，即胥童、陽夷五之屬，非婦人也。不聞胥童有妹

在公宮，豈因左傳厲公與婦人飲酒之言而誤歟？」中井積德曰：「外字疑衍，按

左傳云：『厲公侈，多外嬖。』據此外字非衍，而姬字類衍。然此以『諸姬兄弟』

爲文，則與左傳自不同。蓋後人不知，妄據左傳增外字耳。」愚按，中說是。厲

公殺三郤，納其室以分婦人。」可以知其多嬖姬也。』

　　案厲公多嬖姬爲一事；多外嬖又爲一事。此文『多外嬖姬，』姬字蓋涉下文兩姬

字而衍，外字非衍也。『外嬖』者，諸姬之兄弟，即胥童、夷陽五（梁氏誤爲陽

夷五）、長魚矯之屬，（詳左成十七年傳。）史公但舉其著者胥童而已。左傳稱

厲公『欲盡去羣大夫而立其左右。』（又見呂氏春秋驕恣篇。）彼云『左右，』

猶此云『諸姬兄弟，』非不同也。晉語韋注亦云：『厲公侈，多外嬖。反自鄢，

欲盡去羣大夫而立其左右，欲以胥童、夷羊五、長魚矯爲卿。』（羊、陽古通。）

實至召楚，

　　考證：楓山、三條本實下有郤字，與左傳合。

　　案左傳郤至二字在實字上。

願公試使人之周微考之。

　　考證：『中井積德曰：「人字疑衍，左傳云：嘗使諸周。」』

　　案晉語作『且今君若使之於周。』亦可證此衍人字。

果使郤至於周。

　　考證：果，疑當作公。

　　案作果自通，無煩改字。

欒書又使公子周見郤至。

　　考證：『中井積德曰：周是襄公之曾孫，不得稱「公子，」左傳稱孫周者得之。』
　　案晉語亦稱孫周。因其未立而稱『公子，』亦無不可。

八年，厲公獵，

　　考證：『梁玉繩曰：此事，左傳在成公十七年，爲晉厲七年。史誤以爲「八年」
　　耳。「八年」二字，當書于後「正月庚申」上。』

　　案晉厲公八年，當燕武公元年，燕世家云：『武公立，是歲，晉滅三郤大夫。』
　　與此節所述合。燕世家已有說。

公令胥童以兵八百人襲攻殺三郤。胥童因以劫欒書、中行偃于朝，曰：『不殺二子，
患必及公。』

　　考證：『梁玉繩曰：攻三郤不止胥童一人，蓋舉其居首者。若「不殺」「及公」
　　之言，乃長魚矯也。而以爲胥童語，非。』

　　案攻三郤固不止胥童一人。劫欒書、中行偃，左傳、世家並以爲胥童，晉語以爲
　　長魚矯，亦不止胥童一人也。韋注：『謂與胥童共脅之。』是矣。『不殺二子，
　　患必及公。』左傳、晉語並以爲長魚矯語。

厲公游匠驪氏。

　　集解：『賈逵曰：匠驪氏，晉外嬖大夫，在翼者。』

　　考證：『中井積德曰：集解外字當削。』

　　案左傳、晉語、呂氏春秋禁塞篇及驕恣篇驪皆作麗，麗乃驪之省。左傳阮氏校勘
　　記云：『盧文弨校本云：「大戴禮記保傅篇作匠黎。」案國語周語韋注引作酈。』
　　驪、黎、酈，古並通用。又晉語韋注：『匠麗氏，嬖大夫家。』左傳杜注：『匠
　　麗，嬖大夫家。』並可證此集解衍外字。

而使人迎公子周于周而立之，是爲悼公。

　　集解：『徐廣曰：上周，一作紃。』

案景祐本南宋補版、黃善夫本、殿本集解並在『公子周』下，作『徐廣曰：一作
紏。』

智罃迎公子周來至絳，刑雞，與大夫盟而立之。

　　梁玉繩云：內外傳迎悼公于京師者，荀罃、士魴也。迎悼公于清原者，諸大夫
　　也。此有脫誤。

　　案智罃即荀罃，父荀首食邑於智（亦作知），後爲智氏。迎公子周，史公僅書智
　　罃，蓋舉其爲首者而已。此云『刑雞，與大夫盟而立之，』與內外傳所謂『大夫
　　逆于清原，盟而入。』意亦相符。世家文較略耳，似無脫誤。

悼公周者，其大父捷。

　　案左成十七年傳疏引『大父』作『先祖父。』

賴宗廟大夫之靈，

　　考證：『宗廟』下『大夫』二字，疑衍。

　　案『大夫』二字，蓋涉上下文而衍。秦始皇本紀亦云：『賴宗廟之靈。』

悼公問羣臣可用者，祁侯舉解狐。

　　案呂氏春秋去私篇悼公誤平公（悼公子），祁侯作祁黃羊，高誘注：『黃羊，晉
　　大夫祁奚之字。』左襄三年傳、晉語七、說苑善說篇祁侯皆作祁奚，與高注合。
　　侯與奚同，秦本紀已有說。

外舉不隱仇，內舉不隱子。

　　考證：『襄二十年左傳：「叔向曰：祁大夫，外舉不棄讎，內舉不失親。」毛本
　　「隱仇」作「避仇。」』

　　案尸子仁意篇、韓非子說疑篇、呂氏春秋『隱仇』皆作『避讎。』讎與仇同，荀
　　子成相篇亦云：『外不避仇。』

悼公怒，或諫公。公卒賢絳，任之政。

　　考證：『以上襄三年左傳。左傳云：使佐新軍。』

　　案或，即羊舌赤，見左襄三年傳及晉語七。晉語亦云：『令之佐新軍。』

使和戎，戎大親附。

　　考證：『襄四年左傳。梁玉繩曰：魏絳和戎在四年，此牽連書于三年耳。』

　　案魏絳和戎，年表書于四年，當魯襄公四年。晉語則在五年，韋注：『悼公五
　年，魯襄公四年。』與年表異。

秦取我櫟。

　　梁玉繩云：秦敗晉于櫟，非取櫟也。疑取當作敗。

　　考證：年表取作敗，與左傳合。

　　案秦本紀景公十五年，書『敗晉兵於櫟。』亦可證此取字之誤。

平公元年，伐齊。

　　考證：『陳仁錫曰：「伐齊，左傳在三年。」愚按，年表同左傳。』

　　案梁氏志疑亦云：『伐齊，在三年。』齊世家伐齊在齊靈公二十七年，亦即晉平
　公三年。

齊靈公與戰靡下，齊師敗走。晏嬰曰：『君亦無勇，何不止戰？』

　　梁玉繩云：『徐廣云：「靡，一作歷。」索隱謂「即靡笄。」蓋歷下與靡下一耳。
　在今濟南府。然襄十八年左傳曰：「齊侯禦諸平陰。」在今東平州平陰縣。則此
　言靡下，似非。又齊未與晉交兵，不可言戰；而晏子亦未嘗勸戰也。此說在齊世
　家。』

　　案此言『戰靡下，』左傳則云『禦諸平陰；』此及齊世家並言『齊師敗，』左傳
　則齊與晉未交兵 ； 此及齊世家所載晏嬰語，與左傳亦有別 。 是史公蓋別有所本
　矣。

晉追，遂圍臨菑。

　　案年表菑作淄，古字通用，齊世家已有說。

東至膠，

　　考證：左傳膠作濰。

　　案梁氏志疑已云：『左傳云：東侵及濰。』

晉欒逞有罪，奔齊。

　　梁玉繩云：『欒懷子之奔齊，在平公七年，此書于六年，誤。蓋其奔楚在六年
　也。至懷子之名，年表及晉與田完世家竝作逞，避惠帝諱改。齊世家依春秋作
　盈，史公失檢耳。然古字實通借，余得一確證。昭廿三年春秋書沈子之名，公羊

作楹，穀梁作盈，（釋文云：本亦作逞。）左氏作逞。至說苑善說篇以爲樂達，明是欒逞之譌。又類篇逞字注云：「怡成切，人名，晉有欒逞。」集韻同。則逞仍讀若盈，故索隱于年表云「如字，」于田完世家云「音盈。」』

案春秋襄二十一年書『欒盈出奔楚。』即晉平公六年。晉語八，平公六年亦書『欒盈出奔楚。』左襄二十二年傳書『欒盈自楚適齊。』即晉平公七年。年表於晉平公七年亦書『欒逞奔齊。』晉語韋注：『欒盈在楚一年而奔齊。』亦即平公七年也。春秋昭二十三年書沈子之名，公羊作楹，（如梁說。）釋文已云：『左氏作逞，穀梁作盈。』

齊莊公微遣欒逞于曲沃，以兵隨之，齊兵上太行。

　　梁玉繩云：『襄廿三年傳，遣欒盈；與伐晉，登太行，判然兩事。此誤併爲一也。下文言「莊公聞逞敗，乃還。」亦非。』（考證移引在下文『以報臨菑之役也』下。）

　　案齊世家：『齊莊公使欒盈閒入晉曲沃爲內應，以兵隨之，上太行，入孟門。欒盈敗，齊兵還取朝歌。』與此及下文所述合，恐亦別有所本也。

逞敗走曲沃，曲沃攻逞，逞死。

　　考證：『梁玉繩曰：案傳，盈襲絳不克，奔曲沃。晉人圍曲沃，克之，殺盈，非曲沃攻之而死也。』

　　案『曲沃攻逞，』疑本作『晉人攻逞，』涉上曲沃字而誤也。

齊崔杼弒其君莊公。晉因齊亂，伐敗齊於高唐。

　　梁玉繩云：『年表亦云：「伐齊至高唐。」攷襄廿五年傳，晉伐齊，而齊弒莊公，說晉請成，晉受賂還。則晉未嘗與齊戰，不得言敗齊；且未嘗至高唐也。年表、世家同誤。』

　　案考證亦因襲梁說。然年表、世家所述既同，則不得輕以爲誤，蓋史公取材，多存異說，不爲經傳所囿也。

齊使晏嬰如晉，與叔嚮語。

　　梁玉繩云：此與趙世家皆載叔向與晏子語，乃史公依昭三年傳以意言之也。兩世家文各不同。

案左昭三年傳載叔向與晏子語甚詳，又見晏子春秋內篇問下。

二十二年，伐燕。

梁玉繩云：晉無伐燕事，說在表。

考證：據昭六年左傳，齊侯請晉伐燕，非晉伐燕也。此與表同誤。

案年表於晉平公二十二年，書『齊景公來，請伐燕。』於齊景公十二年（即晉平公二十二年），書『公如晉，請伐燕。』並與左傳合，則不得云『此與表同誤』矣。

昭公六年卒，六卿彊。

案年表與此同。左傳書於魯昭公十六年，亦即晉昭公六年。燕世家云：『平公立，晉公室卑，六卿始彊大。』則當晉頃公三年，較此及年表、左傳晚三年。

九年，魯季氏逐其君昭公，昭公居乾侯。

梁玉繩云：晉頃公九年，昭公孫于齊。至頃公十二年，乃居乾侯。此誤。

考證：昭公二十五年春秋經傳。……據左傳，昭公是年居鄆。晉頃公十二年乃居乾侯。史統言之也。

案魯昭公居乾侯，年表書在魯昭公二十八年，即晉頃公十二年，與春秋經傳合。此統書於頃公九年，梁氏以爲誤，是也。事差一年，可統言之。差數年，則不當統言之。考證謂『史統言之。』非也。又據年表，魯昭公二十五年，書『公出居鄆。』（梁氏志疑以『居鄆』爲『奔齊』之誤。）春秋經傳居鄆書在二十六年（魯世家同。）即晉頃公十年。考證失檢。

十二年，孔子相魯。

梁玉繩云：相魯，非也。說在孔子世家。

案晉定公十二年，當魯定公十年，是時孔子攝國相，不誤。吳世家已有說。

趙鞅使邯鄲大夫午，不信，欲殺午。

正義：趙鞅定十一年伐衞，衞懼，貢五百家，鞅置之邯鄲。今欲徙之晉陽，午許諾，歸告其父兄，父兄不許。倍言，是不信。

案正義『十一年，』一字衍。左定十三年傳杜注：『十年，趙鞅圍衞，衞人懼，貢五百家，鞅置之邯鄲。今欲徙著（一作置）晉陽。』定十三年傳：『午許諾，

歸告其父兄，父兄皆曰：不可。』並正義所本。又正文『不信，』趙世家云『倍
言。』又此正義『倍言』二字所本也。

韓不信、

考證：趙世家不信作不佞。

案趙世家韓不佞，正義：『韓簡子也。本作佞也。』『本作佞，』疑『本作信』
之誤，此文可證。

魏侈、

正義：即魏襄子。左傳作魏曼多，世本云魏襄子多也。

梁玉繩云：『魏襄子之名，春秋經傳作曼多，公羊作魏多，晉魏世家作侈，趙世
家作哆。左通曰：哀十三年曼多，公羊作多，與史索隱引系本合。古人二名，閒
稱一字，如晉重耳爲晉重，樂祁犂爲樂祁之屬。廣韻侈、哆並「尺氏切，」而集
韻多又音「章移切。」聲相近。又廣韻：「哆，丁可切。」與多亦近。集韻：「
哆，齒者切，或作侈。」音雖不同，亦通用之證，未得謂誤。（魏世家索隱，以
哆字誤，非。）如墨子所染篇桀臣推哆，人表作推侈，可見。（墨子明鬼篇亦作推
哆，晏子春秋、韓子、賈子並作侈，而呂氏春秋又作多，可互驗。）』

案梁氏引左通，謂侈、多、哆通用，是也。惟所稱『哀十三年，』哀乃定之誤，
『史索隱，』乃魏世家索隱。又所稱『墨子所染篇桀臣推哆，』抱朴子外篇良規
同。呂氏春秋簡選篇哆作移，（淮南子主術篇同。）不作多，梁氏失檢。

卒長吳。

集解：『徐廣曰：「吳世家說黃池之盟云：『趙鞅怒，將戰，吳乃長晉定公。』
左氏傳云：『乃先晉人。』外傳云：『吳公先歃，晉公次之。』」』

案徐注引吳世家『將戰，吳乃長晉定公。』今本吳世家戰作伐，『將伐吳』句。
又引外傳『晉公次之，』吳語本作『晉侯亞之。』吳越春秋夫差內傳作『晉侯次
之。』長吳之說較可信，參看吳世家斠證。

蚤死。

案景祐本、黃善夫本、殿本蚤並作早，作蚤是故書。

十八年，幽公淫婦人，夜竊出邑中，盜殺幽公。

　　　索隱：『紀年云：夫人秦嬴賊公於高寢之上。』

　　　考證：幽公止十年，史誤作十八年。

　　　案今本紀年作『大夫秦嬴。』考證說，本梁氏志疑。

是爲烈公。

　　　案人表作列侯，王氏補注云：『當作烈公，見晉世家。』列侯當作列公，列、烈

　　古通，無煩改字。人表又云：『晉孝公，列公子。』作列公，是也。

烈公十九年，周威烈王賜趙、韓、魏，皆命爲諸侯。

　　　梁玉繩云：事在十七年，此誤。

　　　考證：『陳仁錫曰：表在十七年。』

　　　案此事周本紀書於威烈王二十三年，即晉烈公十七年，亦可證此作『十九年』之

　　誤。

子孝公頎立。

　　　索隱：系本云孝公傾。紀年以孝公爲桓公，故韓子有晉桓侯。

　　　年表『魏文侯三十三，晉孝公傾元年。』梁氏志疑云：『晉此公之謚，史作孝

　　公，紀年作桓公。是有二謚也。而其名表與世本、紀年作傾，世家作頎，豈亦有

　　二名歟？（通鑑從表。大紀從世家。）』

　　　案今本韓子無晉桓侯，惟喩老篇有蔡桓侯，文選枚叔七發注引作晉桓侯，與索隱

　　合。景祐本、黃善夫本、殿本年表頎並作傾，（考證本改作頎。）竊疑頎乃傾之

　　形誤，恐非有二名也。

孝公九年，魏武侯初立，

　　　梁玉繩云：『九年』當作『七年。』

　　　考證：『陳仁錫曰：「九年，」史表作「七年。」』

　　　案魏武侯初立稱元，在其父文侯三十八年卒之次年，據魏世家亦當晉孝公七年。

十七年，孝公卒。

　　　索隱：『紀年云：「桓公二十年，趙成侯、韓共侯遷桓公於屯留。」已後更無晉

　　事。』

　　　梁氏年表志疑云：表作在位十五年，世家作十七年，竝史之誤。當依竹書作『二

十三年遷屯留』爲是。竹書於遷屯留後更無晉事矣。說見後。

案『十七年，』據表則當作『十五年。』蓋五，古文作✕，與七形近，往往相亂。（前已有說。）索隱引紀年『桓公二十年，』梁氏作『二十三年，』據今本紀年也。

子靜公俱酒立。是歲，齊威王元年也。

索隱：『系本云：靜公俱。』

梁玉繩云：『靜公之立，疑在周顯王九年，當齊威十九年，此謂立于齊威元年，與表在二年，俱誤。』年表魏武侯十年，書『晉靜公俱酒元年。』梁氏志疑云：『索隱引世本無酒字，當是。酒似不可爲名，人表名任伯也。又考竹書于烈王二年，書「晉桓公邑哀侯于鄭，（韓哀侯也。）于六年書「韓共侯、趙成侯遷晉桓公于屯留。」桓公即孝公，雖遷屯留，孝公未卒也，其卒不知在何時。竹書于顯王十年，有「鄭取屯留」之語，而靜公在位二年遷爲家人，則計其年數，疑孝公在位三十二年，當卒于顯王八年。靜公當立于顯王九年。大事記以桓公爲靖公，大誤！』

案御覽一九九引靜公作靖公，漢書人表同。上文『孝公卒』下，正義引世本云：『生靖公也。』字亦作靖，（與索隱引作靜異。）靜、靖古通，秦本紀已有說。

靜公二年，魏武侯、韓哀侯、趙敬侯滅晉後，而三分其地。

梁玉繩云：分地在晉孝公十七年。當齊威三年，至靜公絕祀時，乃奪其所遷之屯留一城耳。此亦誤。

孫詒讓云：『呂氏春秋審應覽：「昔出公之後聲氏爲晉公，拘於銅鞮。」聲氏，蓋即靜公也。（聲、靜古音相近，字通。）但世家不詳其所遷之地，而趙世家則云：「成侯十六年，與韓、魏分晉，封晉君以端氏。肅侯元年，又徙處屯留。」皆不云銅鞮。惟古文苑劉歆遂初賦云：「憐後君之寄寓兮，唁靖公於銅鞮。」（靜、靖字通。）是靜公亡國後，實有居銅鞮之事。西漢距戰國尙近，古籍遺文，閒出正史之外。劉賦與呂書符合，必有所本。』（札迻六。）

考證：『……是年晉雖分，而未絕封。大事記云：周安王二十六年所分者，絳與曲沃之地也。』

案文選陸士衡演連珠注引『滅晉』上並有共字，三作叅。考證說，本梁氏年表志疑。

至困約。

案『困約』猶『困窮。』禮記坊記：『小人貧斯約。』鄭注：『約猶窮也。』

悼公以後日衰，六卿專權。

梁玉繩云：『黃氏日鈔曰：悼公十四歲得國，一旦轉危爲安，功業赫然。漢昭帝流亞也。太史公例言「悼公以後日衰，」語焉不詳，悼公稱屈九原矣！』

朱東潤云：『悼公在位十五年，和戎伐秦，晉人復霸。平公嗣立，元年伐齊，遂圍臨菑，燒屠其郭中，東至膠，南至沂，齊皆城守；其後復因崔杼之亂，敗齊高唐。在位二十六年，未嘗有大失。贊稱「悼公以後日衰，」謬矣！』

案朱氏之說，蓋本黃震說而引申之。然史公所謂『悼公以後日衰』者，乃就『六卿專權』言之。悼、平之世，權漸專於六卿，外雖強盛，內日衰弱矣。若但就外強言之，則雖至平公之孫頃公時，尚能平王室亂，然此實六卿之力也。

出自第四十一本第三分（一九六九年九月）

史記斠證卷四十

楚世家第十

王叔岷

楚之先祖，出自帝顓頊高陽。

考證：『李笠曰：「祖字衍，秦本紀云：『秦之先，帝顓頊之苗裔。』越世家
云：『其先禹之苗裔。』趙世家云：趙氏之先，與秦共祖。』先卽先祖，此亦宜
與諸處一例。」』

案左僖二十六年傳孔疏引此，先下無祖字。風俗通皇霸篇、長短經七雄略注並同。

高陽生稱，稱生卷章，卷章生重黎。

正義：『帝繫云：「顓頊（原誤瑞）娶于騰塭氏女，生老童。」是爲楚先也。世
本云：「老童取根水氏之子，謂之驕福，產重黎及吳囘」也。』

梁玉繩云：『大戴禮帝繫、山海大荒西經及人表，竝謂「顓頊生老童。」韋昭注
鄭語從之。集解引譙周謂「老童卽卷章。」則卷章爲顓頊之子，此以爲孫，誤
矣。而不知其謬也。史言「高陽生稱，」甚是。禮祭法疏引春秋緯云：「顓頊傳
二十世。」（詩生民及左文十八疏作「九世。」）則高陽乃一代通稱。名稱者，
爲顓頊後世子孫所生，非顓頊之子，故史不曰「顓頊生稱，」而曰「高陽生稱」
耳。』

案大戴禮帝繫篇：『顓頊娶于滕氏，滕氏奔之子，謂之女祿氏，產老童。老童
娶于竭水氏，竭水氏之子，謂之高緺氏，產重黎及吳囘。』山海經大荒西經郭
璞注引世本：『顓頊娶于滕墳氏，（郝懿行箋疏本墳作墳。）謂之女祿，產老
童。老童娶于根水氏，謂之驕福，產重及黎。』正義引帝繫『騰塭氏，』今帝繫
作『滕氏奔，』騰、滕古通，詩小雅十月之交：『百川沸騰，』玉篇水部引騰作
滕，卽其比。塭蓋墳之誤，世本作『滕墳氏』可證。墳、奔古通，詩鄘風鶉之奔

奔：『鶉之奔奔。』禮記表記引奔作賁，墳諧賁聲，賁可通奔，墳亦可通奔矣。

正義引世本蟜禍，大荒西經注引作蟜福，帝繫作高緺，蟜、蟜並諧喬聲，古字通用。喬、高古亦通用，爾雅釋詁：『喬，高也。』卽其證。福蓋禍之形誤，禍、緺並諧咼聲，古字通用。又正義引世本，重黎爲一人，與大荒西經注引世本，重與黎爲二人異。

重黎爲帝嚳高辛居火正。

梁玉繩云：『左昭廿九年，蔡墨論社稷五祀，「少皞氏之叔曰重，爲句芒。（木正。）顓頊氏之子曰犁，爲祝融。（不言何帝使爲此官。）」鄭語：「黎爲高辛氏火正。」楚語：「顓頊（顓頊者，顓頊氏也。亦一代通號。）命南正重司天以屬神。火正黎司地以屬民。」山海大荒西經：「帝令重獻上天，令黎卬下地。」重與黎乃少皞、顓頊之後世子孫，當高陽時，爲南正、火正之官，歷至高辛，仍居此職。而黎又嘗以火正兼司天地，蓋重徙爲木正故耳。其後遂以重黎爲號，不關少皞之重，（韋注：『重黎，官名。楚之先爲此二官。』大紀云：「嚳使火正兼掌重職。」）是以楚語云：重黎世敍天地。」鄭語云：「荊，重黎之後。」大戴禮、世本、山海經皆云：「老童生重黎。」史公本之作楚世家及自序傳，非誤也。若以史爲誤，無論楚不應有二祖，而序司馬氏之先，豈有自誣其祖之理乎？書堯典、詩檜風、左傳疏及史索所說，並謬。』

案詩檜風譜疏、左僖二十六年傳疏、昭九年傳及十八年傳疏、宋吳曾能改齋漫錄一，引此居皆作氏。國語鄭語亦云：『黎爲高辛氏火正。』漢書地理志下同。又梁氏云：『大戴禮、世本、山海經皆云：老童生重黎。』考大荒西經云：『老童生重及黎。』注引世本亦云：『老童產重及黎。』（已詳上文。）梁氏失檢。惟世家上文『卷章生重黎』下，集解：『徐廣曰：「世本云：老童生重黎。」正義引世本亦云：『老童產重黎。』（已詳上文。）古人引書，往往隨正文改易。世家正文作重黎，故注文引世本亦作重黎；大荒西經正文作『重及黎。』故注文引世本亦作『重及黎。』世本究以重黎爲一人；或以重及黎爲二人，未敢遽斷也。

共工氏作亂，帝嚳使重黎誅之，而不盡。帝乃以庚寅日誅重黎，而以其弟吳回爲重黎後，復居火正，爲祝融。

梁玉繩云：『嚳誅重黎，史公之妄記也。初命之，而繼誅之，嚳是聖君，黎是功
臣，寧有此乎？路史後紀八云：「堲卒，帝嚳以回代之。」當是已。』
案史公此文，當有所本，恐非妄記。路史云云，未知何據，蓋爲帝嚳回護者之言
也。羅苹路史注云：『楚語及史記云：「共工作亂，帝嚳命祝融誅之，不盡。乃
以庚寅日誅之，而以弟回爲堲，復居火正祝融。」非也。』楚語無此文，蓋連類
及之。（楚語與楚世家爲類。）其以史記此文爲非，蓋囿於儒家傳統之見耳。

陸終生子六人，坼剖而產焉。

索隱：『系本云：陸終娶鬼方氏妹，曰女嬇。』

正義：陸終娶鬼方氏之妹謂之女嬇。產六子，孕而不毓，三年，啓其右脇，六人
出焉。

梁玉繩云：六子脅生，大戴禮、世本（見水經注廿二）皆載之。譙周以爲妄，而
干寶極辨其可信。通志氏族略、路史餘論從寶之說，廣引脅生者以爲之徵。然吾
從允南，蓋古雖聞有脅生之人，而不聞兩脅竝開，六子齊出者也。

王念孫云：『剖本作副，大雅生民篇：「不坼不副。」釋文：「副，孚逼反。」
正義曰：「坼、副皆裂也。」引曲禮「爲天子削瓜者副之，」是也。後人誤讀副
爲去聲，遂不得其解；又見集解有「簡狄胸剖生契」之語，因改副爲剖耳。說
文：「副，判也。籒文作疈。」太平御覽人事部引史記作「坼疈而生。」是其明
證矣。』
案景宋本白帖六引此作『陸終氏生六子，坼剖而生焉。』御覽三六一引作『陸終
生六子，坼疈而生焉。』大戴禮陸終下亦有氏字（詳下）。王氏據御覽謂此文『剖
本作副。』然白帖引此已作剖，則御覽所引疈字，疑習於大雅生民『不坼不副』
之句而改之耳。又案景祐本南宋補版無索隱。黃善夫本、殿本索隱引世本並作『
陸終娶鬼方氏之妹，謂之女嬇。』水經洧水注（廿二）引世本云：『陸終娶于鬼
方氏之妹，謂之女隤。（亦作潰。）是生六子，孕三年，啓其左脅，三人出焉
。破其右脅，三人出焉。』御覽三七一引世本，女隤作女嬇，音頹。漢書人表、
風俗通並作女潰。嬇、隤、潰並諧貴聲，古字通用。大戴禮云：『陸終氏娶于鬼
方氏，鬼方氏之妹，謂之女隤氏，產六子，孕而不粥，三年，啓其左脅，六人出

— 37 —

焉。』蓋正義所本，正義粥作毓，（御覽引世本作育。）古字通用。正義『右
脇，』疑『左脇』之誤。詩大雅生民疏引楚世家云：『陸終娶於鬼方氏　，曰女
隤。孕三年不乳，乃剖其左脇，獲三人焉。剖其右脇，獲三人焉。』蓋世本之文
也。

其長一曰昆吾。

集解：『世本曰：昆吾者，衞是也。』

索隱：『「長曰昆吾，」系本云：「其一曰樊，是爲昆吾。」……』

梁玉繩云：『長與一不宜連文，索隱本作「長曰；」左昭十二疏引作「一曰。」
蓋所見本有此異文，後人妄合寫之。又昆吾等六人，只季連稱名；餘或書國；或
書姓，例旣不齊矣。而六人興滅，惟參胡無後，或可不及。此外五人，鄭語所載
甚明。乃止敍昆吾、彭祖、季連，不及鄶、曹，何也？（鄭語注：「昆吾，陸終
第二子。」乃今本之譌，宋本韋注是「第一」字。）』

案左昭十八年傳疏引此作『其長曰昆吾。』無一字。大戴禮云：『其一曰樊，是
爲昆吾。』又云：『昆吾者，衞氏也。』（王聘珍解詁云：『氏讀曰昆，鄭注覲
禮云：古文是爲氏也。』）與集解及索隱引世本合。

二曰參胡。

集解：『世本曰：參胡者，韓是也。』

索隱：『系本云：二曰惠連，是爲參胡。……』

案大戴禮云：『其二曰惠連，是爲參胡。』又云：『參胡者，韓氏也。』與集解
及索隱引世本合。

三曰彭祖。

集解：『世本曰：彭祖者，彭城是也。』

索隱：『系本云：「三曰籛鏗，是爲彭祖。彭祖者，彭城是。」虞翻云　：「名
翦，爲彭姓，封於大彭。」』

案黃善夫本、殿本索隱並作『系本云：『三曰籛鏗，是爲彭祖。」虞翻所云　是
也。』大戴禮云：『其三曰籛，是爲彭祖。』又云：『彭祖者，彭氏也。』與集
解及索隱引世本合。水經獲水注亦引世本云：『陸終之子，其三曰籛，　是爲彭

祖，彭城是也。」

四曰會人。

　　集解：『世本曰：會人者，鄭是也。』

　　索隱：『系本云：「四曰求言，是爲鄶人，鄶人者，鄭是。」宋忠曰：「求言，
　　名也。妘姓所出鄶國也。」』

　　考證：帝繫會作鄶。

　　案鄭語韋注：『陸終第四子曰求言，爲妘姓，封於鄶。』詩檜風譜疏：『世本：
　　「會人，即檜之祖也。」故韋昭、服虔皆云：「檜是陸終第四子求言後。」』
　　會、鄶，檜古並通用。大戴禮云：『其四曰萊言，是爲云鄶人。』又云：『云鄶
　　人者，鄭氏也。』萊言與世本及韋、服注作求言異。竊疑作求言是，求誤爲來：
　　復易爲萊耳。求，隸書作求。來，隸書作来。故求、來往往相亂。云鄶人，云蓋
　　邧之省。

五曰曹姓。

　　集解：『世本曰：曹姓者，邾是也。』

　　索隱：『系本云：其五曰安，是爲曹姓。……』（原脫其字。）

　　案大戴禮云：『其五曰安，是爲曹姓。』又云：『曹姓者，邾是也。』與集解及
　　索隱引世本合。

六曰季連，芈姓，楚其後也。

　　索隱：『系本云：「六曰季連，是爲芈姓。季連者，楚是也。」宋忠曰：季連，
　　名也，芈姓，諸楚所出，楚之先。」……』（『楚是』下原脫也字。『所出』上
　　原脫『諸楚』二字。）

　　案左僖二十六年傳疏、昭十二年傳疏引此，並疊季連二字。『六曰季連』句。『
　　季連芈姓』句。大戴禮云：『其六曰季連，是爲芈姓。』（風俗通無姓字。）又
　　云：『季連者，楚是也。』與索隱引世本合。

季連生附沮，附沮生穴熊。

　　梁玉繩云：『裴引孫檢曰：「沮，一作祖。」帝繫作什祖、內熊。路史後紀八作
　　附敍，未知孰譌。』

考證：「附沮，」帝繫作付祖。

案附沮，漢魏叢書本大戴禮帝繫作付祖，梁氏所據帝繫作什祖，什蓋付之誤。附諧付聲，與付通用。沮、祖並諧且聲，古亦通用。路史作附敍，敍與沮、祖蓋亦聲近相通。穴熊，帝繫作內熊，內乃穴之誤。路史後紀八注引帝繫云：『附祖氏產穴熊。』可驗也。

弗能紀其世。

梁玉繩云：『史云：「弗能紀其世。」而杜注僖廿六年左傳，以鬻熊爲祝融之十二世孫，未知出何書。路史後紀八，謂「禹定荆州，季連居其地，生附敍，始封于熊。成王時，熊氏畔，乃復封繹于荆。」亦難考。』

案左僖廿六年傳疏：『自祝融至鬻熊，司馬遷不能紀其世，杜言「十二世，」不知出何書。』卽梁氏前說所本。

季連之苗裔曰鬻熊。

案御覽二百引裔作胤。書鈔四七引鬻作粥，下同，古字通用。太史公自序、漢書人表、潛夫論志氏姓篇亦皆作粥。

鬻熊子事文王，蚤卒。

梁玉繩云：『路史後紀八注，據鬻子書「九十見文王」之語，以史言「早卒」爲謬，非也。今鬻子是僞書，故有封康叔及三監曲阜事；而賈子修政載成王六歲往鬻子之家問道，恐亦難信。』

考證：藝文類聚引史無子字。

案書鈔、藝文類聚五一引此並作『鬻熊事周文王，早卒。』御覽二百引作『鬻子事周文王，早卒。』蚤、早古通，作蚤是故書，後同。御覽四百引史記云：『文王爲西伯，鬻熊者，爲文王師，有功於文王。』今本史記無此文，惟下文載楚熊通之言曰：『吾先鬻熊，文王之師也。』

熊繹當周成王之時，舉文、武勤勞之後嗣，而封熊繹於楚蠻。

梁玉繩云：『墨子非攻下篇：「楚熊麗始討雎山之間。」麗是繹祖，雎爲楚望。然則繹之前已建國楚也，成王蓋因而封之，非成王封繹始有國耳。（討疑是封。）』

案藝文類聚、御覽二百引而並作乃，義同。墨子『楚熊麗始討雎山之間。』日本
寶曆本討作封，（與梁說合。）吳毓江校注本從之，是也。吳氏並云：『潛夫論
志氏姓篇曰：「芈姓之裔熊嚴，成王封之於楚。」是又以熊嚴為楚始封之君，與
本書及史記均不同。』未知熊嚴是否熊麗之誤。然如為熊麗，似又不至成王時始
封矣。存疑。風俗通云：『成王舉文、武勳勞，而封熊繹於楚。』本世家也。

熊繹生熊艾，熊艾生熊䵣，熊䵣生熊勝，熊勝以弟熊楊為後。

梁玉繩云：『世表、人表艾作乂，古通用。而人表勝作盤，說見世表。䵣與楊，
世表作黮、作煬；人表作亶、作錫（索隱引別本同。）蓋俱以形聲相近，致所傳
異耳。又人表以盤為乂子，以錫為盤子，未知孰是。』又梁氏世表志疑云：『
楚熊勝，人表作熊盤，莫知何出。疑勝有二名。』

案人表艾字同，非作乂，梁氏失檢。人表勝作盤，疑勝誤為般，復易為盤耳，恐
非有二名也。

乃立其長子康為句亶王。

索隱：系本康作庸，亶作袓。

殿本考證：大戴禮帝繫作無康。

案世本康作庸，庸蓋康之誤。亶、袓古通，猶上文䵣亦作亶也。下文『後為熊毋
康，』集解引徐廣曰：『卽渠之長子。』是康卽毋康矣。毋與無同，世表亦作無
康。

中子紅為鄂王。

索隱：有本作藝經二字，音摰紅。從下文熊摰紅讀也，古史考及鄒氏、劉氏等無
音，藝經（藝，原誤摰），恐非也。

案下文『子熊摰紅立，索隱正義並云：『卽上鄂王紅也。世表作鷙紅，摰、鷙並
諧執聲，古字通用。此單稱紅，與大戴禮合。黃善夫本、殿本索隱並作『有本作
藝紅，音贄紅。從下文熊贄紅讀……藝紅，恐非也。』兩贄字並當作摰。

少子執疵為越章王。

索隱：系本無執字，越作就。

梁玉繩云：『大戴禮云：「其季之名為庇，為戚章王。」未知孰是。』

王念孫云：『大戴禮帝繫篇越章作戚章，索隱引世本作就章。戚字古聲與蹴相近，（說見唐韻正。）而蹴從就聲，「蹴然」或爲「蹙然，」「蹴舀」或爲「蹙舀」則作戚者是也。戚譌爲戉，（卽今斧鉞字。）故又譌爲越。猶甯戚之譌爲甯越矣。（見淮南道應篇。）』

考證：帝繫執疵作疪。

案大戴禮無執字，與世本合。景祐本南宋補版疵作疪，大戴禮同，梁氏稱大戴禮作庇，未知所據何本。考證稱大戴禮作疵，恐誤。

熊渠卒，子熊摯紅立。摯紅卒，其弟弒而代立，曰熊延。

梁玉繩云：『熊摯、熊紅，爲兄弟二人，皆熊渠子也。安得稱熊摯紅哉？考左傳僖廿六年，言「摯有疾，竄虁失楚。」疏曰：「世家無其事，不知摯是何君之嫡。何時封虁。鄭語孔晁注云：『熊繹玄孫摯有疾，楚人廢之，立其弟延。摯自弃于虁，子孫有功，王命爲虁子。』亦不知何據。」孔疏如此，今所傳韋昭國語注本于孔晁。但熊延繼紅而立，孔、韋兩注皆缺紅一代，惟韋改「繹玄孫」爲「繹六世孫，」與世家合。余疑熊渠有四子，長爲摯，次紅，次康，次執疵。世家稱「熊渠生子三人，」以康爲長子，紅爲中子，執疵爲少子，而不數摯者，必因廢疾竄處，不復齒之耳。熊延當卽執疵，旣代立而改名也。（譙周謂「熊渠卒，子熊翔立。」疑紅之改名。）史于世表、世家俱合摯、紅爲一人，殊誤。且旣云「紅卒，」則非弒矣。而云弒者，蓋弒其子，史有脫文耳。索隱欠明。』

考證：『梁玉繩曰：「史有脫文。」愚按，疑奪「子熊摯立」四字。但史曰弒左傳及孔韋鄭語注曰竄，曰廢，所傳異耳。』（節引。）

案史公蓋以熊摯紅卽熊紅，（如索隱、正義說。）與左傳及鄭語孔韋注所稱熊摯者爲一人。或單稱紅，或單稱摯，或合稱摯紅，非摯與紅爲兄弟二人也。今本人表旣有『楚摯紅，渠子。』復有「楚熊摯，渠子。」乃後人妄鈔史記及左傳，而不知其本爲一人也。（王氏補注引梁玉繩云：『楚摯紅，渠子。』當依繹史本作『楚熊渠，鬻子。』）世家之稱『熊渠生子三人，』以康爲長子，紅爲中子，執疵爲少子，乃本於大戴禮，熊渠非有四子也。依左傳及鄭語孔韋注，則世家『摯紅卒，』卒蓋疾之誤。（史於某立或某「代立」上，例書某卒，故致誤。）其弟

延因其疾，弒之而代立。世家曰弒；左傳曰竄；鄭語孔韋注曰廢，考證云：『所
傳異耳。』是也。惟依梁說，疑『摯紅卒』下，奪『子熊摯立』四字，則未必然
矣。又梁氏謂『熊延當卽執疵，旣代立而改名。』其說或然　。　竊疑執疵本作執
疵，（已詳前。）疵、延形近相亂，亦未可知。

熊勇十年卒，弟熊嚴為後。

案人表云：『楚熊嚴，勇子。』與此異。

次子叔堪，少子季徇。

殷本考證：鄭語作叔熊、季紃。

梁玉繩云：徇字疑紃之誤，說在十二侯表。

案潛夫論亦作叔熊、季紃。人表徇亦作紃，云：『楚熊紃，嚴弟。』王氏補注引
梁玉繩云：『鄭語作季紃，侯表、楚世家作熊徇。熊嚴少子，熊霜弟。紃、徇音
近通借。「嚴弟」當作「嚴子。」或曰「霜弟。」』謂『紃、徇音近通借』者是
也。

子熊咢立。

索隱：噩音鄂，亦作咢。

考證：表作鄂。

案黃善夫本、殷本索隱，並作『咢音鄂，亦作噩。』咢、鄂與噩，古並通用。（
莊子寓言篇：『使人乃以心服而不敢蘁。』日本古鈔卷子本蘁作遷。遷，俗遷
字，遷之通蘁，猶咢、鄂之通噩矣。）人表作咢，咢乃咢之俗變。

是為霄敖。

案年表索隱本作宵敖，云：『恐是霄字訛變為宵也。』人表亦作宵敖，則霄恐是
誤字。（參看年表志疑。）

子熊眴立，是為蚡冒。

梁玉繩云：『韓子和氏篇謂「厲王薨，武王卽位。」外儲說左上亦稱楚厲王。楚
辭東方朔七諫云：「遇厲、武之不察，羌兩足以畢斳。」是蚡冒謚厲王矣。史何
以不書？（後漢孔融傳注引韓子作武王、文王、成王。與今本異。藝文類聚引琴
操作懷王、平王，乃誤也。）陳彭年修梁顧野王玉篇眴作眴。（宣十二年左傳疏

引此作煦，疑是譌刻。）』

案梁氏稱『後漢孔融傳注引韓子作武王、文王、成王。』王先愼韓非子集解云：
『後漢書注引是，御覽三七二、六四八引作武王、文王、成王。』鄒陽列傳集解
引應劭注、高誘淮南子覽冥篇注亦作武王、文王、成王。』並與今本韓非子和氏
篇異。惟新序雜事五載卞和事，稱厲王薨，武王卽位。』與今本韓非子和氏篇
合，亦可證蚡冒諡厲王也。

蚡冒弟熊通，弒蚡冒子而代立，是爲楚武王。

梁玉繩云：『左文十六注云：「蚡冒，楚武王父。」疏曰：「劉炫云：『世家：
「蚡冒卒，弟熊達殺蚡冒子而代立。」則蚡冒是兄，不得爲父。』今知不然者，
世家多紕繆，與經傳異。杜非不見其文，但見而不用耳。劉以世家規杜，非也。』
又武王之名，各本史記皆作熊通，而杜世族譜、左文十六、宣十二、昭廿二疏及
釋文引世家，竝是熊達。桓二年疏不引世家，亦是熊達。蓋今本誤。漢地理志
淮南主術注俱作達也。（困學紀聞十一引史作達，宋本尚不誤。）』

案梁氏所稱『昭廿二疏，』二乃三之誤。左文十六年傳釋文引弒作殺，與劉炫所
引合。

二十三年，衞弒其君桓公。

梁玉繩云：事在武王二十二年。

案年表事在武王二十二年。春秋經傳書於隱四年；衞世家書於桓公十六年，並當
楚武王二十二年。

王室不聽，還報楚。

殿本刪楚字，云：監本作『還報楚。』宋本無楚字，今依宋本刪。

案黃善夫本無楚字。景祐本南宋補版有楚字，左桓二年傳疏引此亦有楚字，則作
『還報楚，』乃此文之舊矣。

子文王熊貲立，始都郢。

考證：『梁玉繩曰：「左桓二年疏，謂『漢地理志從史記，文王徙郢。』世本及
杜譜云：『武王徙郢。』未知孰是。春秋地名考略曰：『左昭二十三年，沈尹戌
曰：「若敖、蚡冒，至于武、文，猶不城郢。」則居郢并不始武王。疑數世經

營，至武、文始定耳。』」』

案左昭二十三年傳疏引楚世家云：『武王以上，未都於郢。』疑是此文佚注。唐余知古渚宮舊事一云：『熊渠之後數世，至文王熊貲始大，遂都郢。』本世家也。

虜蔡哀侯以歸。已而釋之。

考證：『管蔡世家云：「哀侯留九歲，死於楚。」與此異。』

案梁氏志疑已云：『蔡世家言留而不釋也。說在彼。』

是爲莊敖。

索隱：上音『側狀反。』

考證：『張文虎曰：年表索隱引世家作莊敖。此注音「側狀反，」是小司馬所見本作莊，而讀爲壯。今本作杜，蓋後人所改。』

案景祐本南宋補版、黃善夫本、殿本皆作杜敖，下同，人表亦作杜敖。考證本作莊敖，據年表索隱改之也。左莊十四年傳作堵敖，釋文：『史記作杜敖。』是史記古本自有作杜敖者，特小司馬所見本作莊耳。年表亦作堵敖，索隱本作杜敖，云：『堵、杜聲相近。』人表師古注亦云：『杜敖，即堵敖。』杜、堵古既通用，則作莊者非也。蓋由杜誤爲壯，復易爲莊耳。又案黃本、殿本索隱並作『杜作壯，側狀反。』索隱本正文既作莊，則不得云『杜作壯』矣，此後人改之也。

欲殺其弟熊惲。

索隱：惲，音紆粉反，左傳作頵，紆貧反。

案惲，文元年春春秋經、國語楚語下韋注並作頵，公羊、穀梁、春秋繁露滅國上篇作髡，古字通用。鄭世家：『成公卒，子惲立。』索隱：『惲，左傳作髡頑。』（左成十年傳。）穀梁襄七年傳作髡原，釋文：『髡，或作頵。』亦惲、髡、頵通用之證。

齊桓公以兵侵楚，至陘山。

考證：陘山，春秋經作作陘。

案齊世家亦無山字。

楚成王使將軍屈完以兵禦之。

　　考證：『左傳云：「使屈完如師。」蓋求盟也。與此異。』

　　案齊世家作『楚王使屈完將兵扞齊。』與此合。

二十二年，伐黃。

　　梁玉繩云：事在二十三年。

　　考證：伐黃，左傳及年表俱在二十三年。

　　案伐黃，春秋經傳皆在僖十一年，當楚成王二十三年。

襄公遂病創死。

　　梁玉繩云：宋襄公死于楚成王三十五年，此牽連書于三十四年。湖本創譌瘡。

　　案襄公死于楚成王三十五年，見年表。春秋經在僖二十三年，宋世家在襄公十四

　　年（年表同），並當楚成王三十五年。

三十九年，魯僖公來，請兵以伐齊。

　　梁玉繩云：九字當作八。

　　案事見僖二十六年春秋經傳，當楚成王三十八年。

夏，伐宋。

　　考證：『梁玉繩曰：此上缺書「三十九年。」但春秋圍宋在多。』

　　案上文『三十九年，』九乃八之誤，故梁氏謂『此上缺書「三十九年」也。年表

　　三十九年，書『使子玉伐宋。』春秋經傳在僖二十七年，宋世家在成公四年（年

　　表同），並當楚成王三十九年。

晉救宋。

　　考證：『梁玉繩曰：此上缺書「四十年。」』（『此上』原改作『「晉救」上。』）

　　案年表在四十年。春秋經傳在僖二十八年，宋世家在成公五年（年表同），並當

　　楚成王四十年。

成王怒，誅子玉。

　　案晉世家作『子玉自殺。』左宣十二年傳云：『楚殺子玉。』左僖二十八年傳稱

　　子玉『及連穀而死。』杜注：『至連穀王無赦命，故自殺也。』成王將殺子玉，

　　子玉乃自殺。則子玉之自殺，無異成王殺之矣。晉世家已有說。

君之齒未也，而又多內寵，紬乃亂也。

　　考證：紬，左傳作黜。言君之春秋尚富，而內嬖多，將來必有易樹之事，則亂從
之矣。

　　案列女傳節義篇楚成鄭瞀傳、渚宮舊事一紬亦並作黜，（下文「而紬太子商臣，」
左傳、渚宮舊事亦並作黜。）紬、黜古通，已詳殷本紀。考證『言君之春秋』云云，
本竹添光鴻文元年左傳箋。

後又欲立子職而紬太子商臣。

　　集解：『賈達曰：職，商臣庶弟也。』

　　案列女傳：『職，商臣庶弟也。』即賈注所本。

商臣聞而未審也。

　　案左傳、韓非子內儲說下審並作察，義同。

宜乎王之欲殺若而立職也。

　　左傳殺字同，若作女，王引之述聞云：『韓子（內儲說下）及史通（言語篇）作
廢，是也。上言「黜商臣，」下言「能事諸乎？」則此文本作「廢女而立職，」
明矣。若商臣被殺，又誰事王子職乎？列女傳節義傳載此事曰：「大子知王之欲
廢之也，遂興師圍王宮。」亦其一證也。若是殺字，則與上下文不合。自唐石經
始從誤本作殺，而史記楚世家亦作殺，則後人依左傳改之耳。』

　　竹添光鴻左傳箋云：『殺者㪎之省文，放也。孟子「殺三苗於三危。」尚書殺作
竄。是殺爲㪎之省文明矣。史記倉公傳：「望之殺然黃。」亦「㪎然」之意。
㪎，放散也。據此，則「殺女」即「廢女」也。』

　　案竹添謂『殺者㪎之省文，』是也。說文：「㪎，檼㪎散之也。』段注：「亦省
作殺，孟子曰：「殺三苗於三危，」即「㪎三苗」。也』孟子萬章篇之『殺三苗，』
（大戴禮五帝德篇同。）書堯典、淮南子俶務篇殺並作竄，五帝本紀作遷，殺、
竄、遷，與廢義並相近。左傳之『殺女，』韓非子、史通並作『廢女，』蓋以廢
說殺，非殺爲廢之誤也。世家此文之作殺，乃存左傳之舊，亦非後人依誤本左傳
所改也。

以其太子宮予潘崇。

　　考證：左傳『太子之宮，』作『爲太子之室。』室，家資也。（宮上之字衍。）

　　案宮、室同義，爾雅釋宮：『宮謂之室，室謂之宮。』年表宮作宅，亦同義。

六、蓼，皋陶之後。

　　梁玉繩云：蓼非皋陶後，說在陳杞世家。皋陶下缺庭堅二字。

　　考證：『文五年左傳：「秋，楚成大心滅六。多，楚公子燮滅蓼。臧文仲聞六與蓼滅，曰：「皋陶、庭堅，不祀忽諸。」蓋六，皋陶之後。蓼，庭堅之後。庭堅，八凱之一，與皋陶別人，史公合之爲一，誤。文十八年左傳杜注：「庭堅即皋陶字。」亦襲史公謬。』

　　案考證云云。本梁氏陳杞世家志疑。

子莊王侶立。

　　年表侶字同，梁氏志疑云：莊王之名，左氏及公羊春秋作旅，此與世家作侶，音相近也。穀梁又作呂。說文呂、膂本一字，旅即膂之省文。

　　案莊王之名，國語楚語上韋注亦作旅。

莊王即位、三年不出號令。

　　考證：『梁玉繩曰：文十六年左傳，莊王二年，嘗乘馹會師而滅庸矣。何言三年無令乎？』

　　案金樓子說蕃篇無『三年』二字。

伍舉入諫。

　　梁玉繩云：伍舉在康、靈之世，事莊王者，乃其父伍參，此與子胥傳同誤。何異說苑正諫篇言莊王以椒舉爲上客乎？然大鳥之諫，史誤以爲伍舉，（吳越春秋及大紀誤從史。）而韓子喻老篇稱『右司馬；』呂氏春秋重言篇作成公賈；新序雜事二作士慶，莫定所屬。

　　案諫武王者，此稱伍舉，下復有蘇從，金樓子同。說苑正諫篇則僅及蘇從。渚宮舊事一兩載此事，一作成公賈，本呂氏春秋；一作蘇從，本說苑。元吾衍楚史檮杌隱戲章作士慶，本新序。

莊王左抱鄭姬，右抱越女。

　　案『鄭姬，』吳越春秋王僚使公子光傳作『秦姬，』說苑、渚宮舊事並作『楊姬。

』又『越女，』渚宮舊事作『成女。』成蓋戊之誤。戊借爲越。

願有進隱。

　　案有猶得也，論語述而篇：『三人行，必有我師焉。』治要引有作得，孔子世家
　　同，即有、得同義之證。

三年不蜚、不鳴。

　　案御覽四五一引蜚作飛，下同。韓非子、呂氏春秋、吳越春秋、渚宮舊事一、楚史
　　檮杌亦皆作飛，蜚、飛古、今字。下文『有赤雲如鳥，夾日而蜚。』左哀六年傳、
　　說苑君道篇、列女傳節義篇楚昭越姬傳、渚宮舊事二蜚皆作飛，亦同此例。

三年不蜚，蜚將沖天。三年不鳴，鳴將驚人。

　　梁玉繩云：兩將字毛本作則。

　　案兩將字吳越春秋亦作則，韓非子、新序、楚史檮杌並作必，將、則、必、並同義。

所誅者數百人，所進者數百人，任伍舉、蘇從以政，國人大說。

　　考證：『韓非子喻老篇云：「所廢者十，所起者九，誅大臣五，舉處士六，而邦大
　　治。」呂覽重言：「所進者五人，所退者十人，羣臣大說。」與此不同。』（節
　　引。）

　　案說苑及渚宮舊事僅稱『授蘇從爲相。』吳越春秋則云：『用孫叔敖，任以國
　　政；』新序及楚史檮杌又謂『拜士慶以爲令尹，授之以相印。』亦並與此不同。
　　渚宮舊事一云：『所進者五十人，所却者五千人，羣臣大悅。』蓋本呂氏而妄增
　　進、却之人數也。

是歲，滅庸。

　　正義：今房州竹山縣是也。

　　考證：『梁玉繩曰：事在二年，非三年也。』

　　案滅庸，年表書於三年，與此合。春秋經傳在文十六年，亦當楚莊王三年也。又
　　案黃善夫本、殿本正義，今字並誤錯在縣字下。

六年，伐宋，獲五百乘。

　　梁玉繩云：『春秋宣元年：「楚侵陳，遂侵宋。」年表書之。此不言伐陳，脫也
　　。又獲乘，乃次年鄭受楚命伐宋事，亦非五百乘，實四百六十乘，此誤。』

案年表六年書『伐宋、陳，』此不言伐陳，史公記事往往互有詳略也。鄭受楚命伐宋事，見左宣二年傳。宋世家在文公四年，並當楚莊王七年。

遂至洛，

案年表洛作雒，左宣三年傳、秦本紀並同。作雒是故書，周本紀已有說。

周定王使王孫滿勞楚王，楚王問鼎小大輕重。

案世說新語排調篇注引勞上有迎字，『小大』作『大小，』左傳、楚史檮杌問鼎章亦並作『大小。』

子無阻九鼎，

考證：『馬驌曰：「問鼎亦窺鼎之漸，故王孫滿阻之甚力耳。至折鉤之語，恐是太史公所增。」……岡白駒曰：「無阻，猶勿恃也。」』

案考證引馬驌（繹史）說，本梁氏志疑。阻有恃義，岡說是也。左隱四年傳：『阻兵而安忍。』杜注釋『阻兵，』爲『恃兵，』卽其證。

其姦回昏亂，

案其猶若也，孝文本紀已有說。

周德雖衰，

案日本舊鈔本左宣三年傳周上有今字，上文『昔成王定鼎于郟鄏，』今與昔相對而言。

莊王乃復國陳後。

湖本『國陳』二字倒，梁玉繩云：毛本國字在陳上，是也。

考證：『古鈔本無後字，爲是。史公自敍云：「乃復國陳。」可證。』

案殿本『國陳』二字亦倒。景祐本、黃善夫本國字並在陳字上。左宣十一年傳作『乃復封陳。』亦無後字。

楚莊王圍鄭，

案記纂淵海七十引圍作伐，公羊宣十二年傳、楚史檮杌伐鄭章並同。（鄭世家作『伐圍鄭。』）

鄭伯肉袒、牽羊以逆。

案御覽三二四引逆作迎，義同。鄭世家亦作迎。

孤不天，

　　案御覽引孤下有實字，左宣十二年傳同。

君用懷怒，

　　案御覽引作『使君懷怒，』左傳同。鄭世家作『使君王懷怒。』

賓之南海，

　　考證：『錢大昕曰：賓讀曰擯。』

　　案記纂淵海引賓正作擯。

若以臣妾賜諸侯，

　　考證：若猶或也。

　　案左傳若作其，其亦猶或也。鄭世家若作及，及亦猶或也。（及與或同義，宋世
　　家已有說。）

必能信用其民。

　　考證：『竹添光鴻曰：猶云「必能誠信以用其國之民矣。」』

　　案信非『誠信』字，『信用』猶『任用』耳。荀子哀公篇：『明主任計不信怒，
　　闇主信怒不任計。』楊倞注：『信亦任也。』（郝懿行補注云：新序雜事五信作
　　任。）即信、任同義之證。

莊王自手旗，左右麾軍引兵去。三十里而舍。

　　王念孫云：『手，持也。逸周書克殷篇：「武王乃手大白以麾諸侯。」史記周紀
　　手作持。楚世家：「莊王自手旗左右麾軍。」義與持同。（經義述聞三十一通說
　　上。）
　　案此當讀『莊王自手旗左右麾軍』句，（如王讀。）『引兵去三十里而舍』句。
　　（金樓子說蕃篇作『引兵去三十里而避舍。』）公羊傳、楚史檮杌並云：『退舍七
　　里。』

圍宋五月，

　　梁玉繩云：『五月』乃『九月』之誤，說見表。

　　案『五月』當作『九月，』宋世家斠證亦有說。

子共王審立。

殿本考證：楚語作蒧。

考證：晉語審作蒧。

張以仁弟云：晉語乃楚語之誤。蒧，明道本國語作箴。

案國語晉語六、楚語上、韓非子飾邪篇、淮南子人間篇、說苑敬慎篇、吳越春秋吳王壽夢傳、渚宮舊事二共皆作恭，呂氏春秋權勳篇作龔，共、恭、龔，古並通用。晉語注：『恭王，楚莊王之子箴也，或作審。』楚語：『莊王使士亹傅太子箴。』（楚史檮杌士亹傅章同。）注：『審，恭王名也。』（黃丕烈札記云：『此當是「箴，或作審，恭王名也。」箴、審音相近，見鄭周禮羽人注。』竊疑韋氏所見正文箴作審，亦未可知。又楚語：『恭王有疾。』注：『恭王，太子審也。』

從者豎陽穀進酒，

梁玉繩云：穀陽作陽穀，說在晉世家。

案渚宮舊事二亦作穀陽。

王怒，射殺子反。

梁玉繩云：『成十六年春秋：「楚殺其大夫公子側。」據左傳，是子反自殺。而韓子十過、呂氏春秋權勳、淮南人間訓並云，共王斬之。左傳疏引呂子，云：「傳依簡牘本紀，彼采傳聞異辭。所說旣殊，其文亦異。」則此云「射殺，」殆亦傳聞異耳。』

考證：『中井積德曰：射字疑衍。』

案韓非子飾邪篇稱恭王『斬子反以爲大戮。』說苑敬慎篇稱恭王『誅子反以爲戮。』亦並與左傳異。此文射字，疑涉上『射中』字而衍。

子康王招立。

案景祐本、黃善夫本、殿本年表招字同，（考證本作昭。）梁氏志疑云：『康王之名，三傳春秋及國語注俱作昭，此與世家作招，古通。』蔡世家：『陳司徒招弒其君哀公。』索隱：『招，或作昭。』亦招、昭通用之證。

子員立，是爲郟敖。

索隱：員音雲，左傳作麇。

梁玉繩云：左氏春秋作麇，杜注作熊麇，索隱引左傳作麏，古字通。公、穀皆作

卷，此又作員，未詳。

　　案麇，或體作𪊍，非通用字。麇、卷、員，蓋聲近相通耳。吳世家、敦煌本蔡世

家、人表郟皆作夾，郟、夾正、假字，吳世家已有說。

絞而弒之。

　　集解：『荀卿曰：以冠纓絞之。』

　　案左昭元年傳作『縊而弒之。』（吳世家索隱引弒作殺。）杜注：『縊，絞也。

孫卿曰：以冠纓絞之。』（孔疏：孫卿姓荀，漢宣帝諱詢，故改爲孫也。）集解

引荀卿說，卽本杜注。杜注又本於戰國策楚策四，又見韓詩外傳四。亦見韓非子

姦劫弒臣篇，惟不以爲荀卿語。

遂殺其子莫及平夏。

　　梁玉繩云：各本幕譌脫爲莫，湖本平字誤爲句。

　　案左傳莫作幕。古字通用，非幕譌脫爲莫也。李將軍列傳：『莫府省約文書籍

事。』記纂淵海八十引莫作幕，（漢紀十一同。）卽其比。

而圍立，是爲靈王。

　　梁玉繩云：不書靈王改名虔，似疏。說在表。

　　案左傳：『楚靈王卽位，』注：『靈王，公子圍也。卽位，易名熊虔。』

周武王有盟津之誓。

　　案左昭四年傳盟作孟、釋文：『孟，本又作盟，音孟。』盟、孟古通，已詳夏本

紀及殷本紀。

康王有豐宮之朝。

　　案左傳豐作酆，豐、酆古、今字。

君其何用？

　　案其猶將也。

莫如楚共王庶子圍，

　　考證：『中井積德曰：莫當作無，左傳可徵，上文可例。』

　　案莫猶無也，古音無如莫。中井說疏甚！

於是靈王使弃疾殺之。

考證：『中井積德曰：「弃字疑衍，疾，速也。左傳作『使速殺之。』」愚按錢大昕說同。』

案弃字涉下文『公子弃疾』而衍，王念孫雜誌亦有說。

七年，就章華臺。

梁玉繩云：在六年，說見表。

案御覽一七七引史記曰：『楚靈王爲章華之臺。伍擧曰：昔楚莊王爲匏居之臺，高不過望國氛，大不過容宴豆。』乃楚語上之文，亦見吳越春秋王僚使公子光傳及渚宮舊事二。

八年，使公子弃疾將兵滅陳。

梁玉繩云：事在七年。

案世家及年表並在靈王八年，錯後一年。陳世家，在哀公三十四年，當楚靈王六年，又錯前一年。

召蔡侯，醉而殺之。使弃疾定蔡，因爲陳蔡公。

梁玉繩云：『昭十一年左傳云：「三月丙申，楚子伏甲饗蔡侯于申，醉而執之。四月丁巳，殺之。」則言醉殺蔡侯，非也。（年表志疑。）又左傳，爲蔡公者弃疾，爲陳公者穿封戌，在弃疾爲蔡公前，此誤。』

考證：『中井積德曰：「陳蔡」之陳，疑衍。』

案左傳雖書『四月丁巳，殺之。』亦由『三月丙申，醉而執之』之故。史公蓋略『執之』之文，逕書『醉而殺之』耳。蔡世家及年表並同此例，似不得以爲非也。（蔡世家已有說。）又陳字，年表無，蓋涉上文『將兵滅陳』而衍。

蓽露藍蔞，

集解：『徐廣曰：「蓽，一作暴。」駰案服虔曰：「……其蔞藍藍然也。」』

案左昭十二年傳作『篳路藍縷，』宣十二年傳亦云：『訓之以若敖、蚡冒之篳路藍縷。』方言三引左傳作『蓽路襤褸，『（云：「南楚，凡人貧衣被醜弊，或謂之襤褸。」左傳疏引作『楚謂凡人貧衣破醜敝爲藍縷。』）史通敍事篇引左傳作『蓽輅藍縷。』蓽與篳同，（六朝俗書从艸、从卝之字不分。）徐廣引一本作暴，蓋因露字聯想而誤。露、路、輅古並通用。『藍蔞』、『襤褸』、『籃縷』，古並通

用。抱朴子暢玄篇：『縕縷帶索，』（陶淵明飲酒詩二十首之九：『縕縷茅簷

下。』）釋滯篇：『帶索藍縷，』作『縕縷、』『藍縷，』古亦通用。說文：『

襤，楚謂無緣衣。』徐鍇繫傳：『春秋左氏傳曰：「蓽路襤縷」是。當以作『襤

縷』爲正。又案左宣十二年傳疏引服虔云：『言其縷破藍藍然。』世家集解引縷

作簍，各隨正文引之也。

靈王喜曰：析父善言古事焉。

　　考證：以上本昭十二年左傳，而誤以子革爲析父；又刪去析父規子革語，謂王喜

　　析父善言古事，訛謬亦甚！

　　案考證說，本梁氏志疑。

遇其故鋗人。

　　殿本考證：吳語鋗作涓。

　　案國語吳語作『涓人疇，』韋注：『疇，名也。』鋗、涓並諧肙聲，古字通用。

　　通鑑周紀三，赧王三年：『古之人君，有以千金使涓人求千里馬者。』注引師古

　　曰：『涓，潔也。言其在中主知潔清灑掃之事，蓋王之親舊左右也。』

芋尹申無宇之子申亥，

　　梁玉繩云：『芋尹，』芋譌芊，說見表。

　　案『芋尹，』黃善夫本、殿本並誤『芊尹，』景祐本不誤。景祐本、黃本、殿本

　　年表亦並誤『芊尹，』考證本改作『芋尹。』

遇王饑於釐澤。

　　梁玉繩云：左傳、吳語作『棘闈。』

　　案吳語注：『棘，楚邑。闈，門也。』

國人每夜驚，曰：『靈王入矣！』乙卯夜，弃疾使船人從江上走呼曰‥『靈王至矣！

』國人愈驚！

　　梁玉繩云：『二靈字當衍。傳云：「弃疾使周走而呼，」謂周呼于國中也。此小

　　異。史記考異曰：「古文周爲䚡，或省爲舟，故史公譌爲船人之說，非其實也。

　　詩：『舟人之子，』鄭康成云：『當作周。』考工記：『作舟以行水，』注：『

　　故書作周。』二文恒相亂。」』

　　　　案史記記事，生稱謚，其例習見，二靈字非衍。（日知錄二十三有說。）左昭十

三年傳：『弃疾使周走而呼，』周借爲舟，周下疑本有人字，史公說『周人』爲

『船人。』後人不知周、舟古通，遂刪周下人字耳。左襄二十三年之華周，說苑

立節篇作華舟，亦周、舟通用之證。

抱而入，再拜壓紐。

　　　　考證：楓山、三條本、宋本，『抱而入，再拜，』作『抱其上而拜。』

　　　　案景祐本、黃善夫本仍作『抱而入，再拜，』與考證所稱宋本異。

賓須無、

　　　　考證：古鈔本須作胥。

　　　　案胥、須古通，孟子萬章篇：『帝將胥天下而遷之焉。』趙岐注：『胥，須也。

』即其證。

有先大夫子餘、子犯，以爲腹心。

　　　　正義：子餘，趙衰。子犯，狐偃也。

　　　　案正義云云，本左傳杜注。

平王二年，使費無忌如秦，爲太子建取婦。

　　　　梁玉繩云：事在六年，說見秦紀。

　　　　案景祐本、黃善夫本、殿本取並作娶，（娶、取正、假字。）與下文一律。吳越

春秋王僚使公子光傳亦作娶。

生熊珍。

　　　　年表珍字同，梁氏志疑云：『三傳春秋及子胥傳謂昭王名軫，則此與世家作珍，

誤矣。但昭二十六年傳云：「太子壬弱。」杜注：「壬，昭王也。」豈有二名與

？』

　　　　案楚語下韋注亦作軫。珍、軫並諧㐱聲，古蓋通用。吳越春秋作珍，與世家及年

表合。據左昭二十六年傳，昭王初名壬。竹添光鴻箋：『哀六年云：「楚子軫

卒。」是昭王名軫。靈王初名圍，即位改虔；平王初名棄疾，即位改居。則昭王

亦即位改軫矣。』

是時，伍奢爲太子太傅，無忌爲少傅。

梁玉繩云：子胥傳同。左傳是奢為師，無極為少師也。

　　案吳越春秋與世家及子胥傳亦同。

亦不能無望於王。

　　案望借為謹，說文：『謹，責望也。』

於是王遂囚伍奢，而召其二子，而告以免父死。

　　考證：『中井積德曰：「『而召』至『父死』十一字，當為衍文。」張文虎說
　　同。』

　　案伍子胥傳、吳越春秋並無『而召』至『父死』十一字。

乃令司馬奮揚召太子建，欲誅之。太子聞之，亡奔宋。

　　梁玉繩云：傳言王使奮揚殺建，奮揚遺之。此異。

　　案伍子胥傳稱平王『使城父司馬奮揚往殺太子，行未至，奮揚使人先告太子：「
　　太子急去！不然，將誅！」太子建亡奔宋。』又見吳越春秋。『太子急去！不
　　然，將誅！』即傳所謂奮揚遺之也。世家略遺之之語耳。

不殺者為楚國患。

　　案伍子胥傳、吳越春秋者並作且，者猶且也（此義前人未發。）（吳昌瑩經詞衍
　　釋九云：『者猶之也。』未審。）

於是王使使謂奢：『能致二子則生，不能將死。』

　　案伍子胥傳、吳越春秋奢下並有曰字，將並作則，將猶則也。

伍胥彎弓屬矢，

　　案伍子胥傳作『貫弓執矢。』（吳越春秋王僚使公子光傳、諸宮舊事二並同。）

　　索隱：『劉氏音貫為彎。貫，謂滿張弓。』吳越春秋夫差內傳作『貫弓接矢。』

　　彎、貫古通，屬、執、接，義並近。越絕荊平王內傳作『介胄轂弓。』廣雅釋詁

　　一：『轂，張也。』

何以召其子為？

　　案為猶乎也。

初，吳之邊邑卑梁與楚邊邑鍾離小童爭桑。

　　考證：『王念孫曰：「太平御覽引此卑梁下有女字，是也。吳世家云：『楚邊邑

卑梁氏之處女與吳之邊邑之女爭桑。』伍子胥傳亦云：『兩女子爭桑。』呂氏春
秋察微篇亦曰：『楚邊邑卑梁處女。』」（原未引呂氏春秋以下，今補。）梁玉
繩曰：「諸處皆言是『女子，』獨此改稱『小童，』恐非。」』

案吳越春秋王僚使公子光傳云：『楚之邊邑脾梁之女與吳邊邑處女蠶，爭界上之
桑。』楚、吳二字與此互易，與吳世家合，並本呂氏春秋察微篇。彼言『脾梁之
女，』（脾諧卑聲，與卑通用。）亦可證此卑梁下本有女字。楚辭天問王逸注亦
云：『楚邊邑之處女與吳邊邑處女爭采桑於境上。』又釋名釋長幼：『十五曰
童。女子之未笄者亦稱之也。』則諸處皆言『女子，』此改稱『小童，』義亦相
符。吳世家已有說。

滅卑梁人。

　　案御覽一六九引作『楚伐卑梁人。』

楚王聞之，怒，

　　案御覽引怒上有大字。

殺伍奢子父與郤宛。

　　考證：『張文虎曰：游、王、柯、凌本，父作尙。』
　　案殿本父亦作尙。

吳三公子奔楚。

　　集解：『昭三十年：「二公子奔楚。公子掩餘奔徐，公子燭庸奔鍾離。」此言「
　　三公子，」非也。』

　　梁玉繩云：『二公子』誤作三，集解非之矣。

　　考證本改集解爲索隱，云：『古鈔本三作二。愚按年表亦作二。又按「昭三十
　　年」云云索隱，各本作集解，今從索隱單本。又按據左傳，昭二十七年：「掩餘
　　奔徐，燭庸奔鍾吾。」三十年：「吳子使執之，二公子奔楚。楚子大封，而定其
　　徙。」索隱不備。』

　　案『昭三十年』云云，景祐集解本，已是集解之文。考證本從索隱單本，改集解
　　爲索隱，是否未敢遽斷。考證所稱古鈔本，岷未見，未知何時本。如『昭三十
　　』云云，原爲集解之文，則古鈔本當在裴駰所見本之前，故『二公子』未誤作三

。如出於裴氏所見本之後，則作『二公子，』乃據集解之說所改者也。景祐本、黃善夫本、殿本、考證本年表亦皆誤作『三公子。』考證云：『年表作二，』蓋指湖本，亦據此文集解之說所改者也。又集解之鍾離，當從左傳作鍾吾，杜注：『鍾吾，小國。』吳世家『楚封之於舒』下索隱云：『左傳昭二十七年曰：掩餘奔徐，燭庸奔鍾吾。』引作鍾吾，是也。此文集解統引昭二十七年傳之文於三十年，非。若原為索隱之文，似不致與吳世家索隱所引不合。

吳伐取楚之六、潛。

案吳世家、刺客列傳潛並作灊，北宋本伍子胥傳亦作灊（據考證本引），古字通用，參看吳世家斠證。

辱平王之墓，以伍子胥故也。

考證：『辱平王之墓，』本於定五年穀梁傳、呂氏春秋首時篇、賈子新書耳痺篇、淮南子泰族篇，左氏不載。

案考證說，已詳梁氏伍子胥傳志疑。

夾漢水陣。

案吳世家、伍子胥傳陣並作陳（本字作敶），當從之。陣，俗字。

昭王亡也，至雲夢。

考證：『李笠曰：也，疑即亡字之複衍。』

案吳世家、伍子胥傳並無也字，蓋涉下文『其王也』而衍。

雲夢不知其王也，射傷王。

考證：『梁玉繩曰：「案傳：『以戈擊王，王孫由于以背受之，中肩。』非『射傷王』也。」』

案左定四年傳云：『盜攻之，以戈擊王，…………』伍子胥傳云：『盜擊王。』吳越春秋闔閭內傳云：『羣盜攻之，以戈擊王頭，大夫尹固隱王，以背受之，中肩。』此文雲夢下疑脫盜字。『射傷王，』與諸處皆不合，或別有所本與？

王從臣子綦，

考證：『左傳、國語子綦作子期。左傳云：「子期似王，」杜注云：「子期，昭王兄公子結也。」』

案列女傳節義篇楚昭越姬傳、人表、吳越春秋、渚宮舊事亦皆作子期，綦、期古
通，陳世家已有說。楚語上韋注：『子期，楚平王之子，子西之弟公子結也。』

昭王亡不在隨。

考證：『陳仁錫曰：昭王當作楚王。』

案昭王不必作楚王，此亦史記記事生稱謚之例也。（前已有說。）

使申包胥請救於秦。

考證：申包胥，國策作『棼冒勃蘇。』…………

案申包胥，國策楚策一作『棼冒勃蘇。』渚宮舊事三同。困學紀聞六云：『「棼
冒勃蘇，」即申包胥也。豈棼冒之裔，楚之同姓歟？』吳師道國策補注亦云：『
棼冒即蚡冒，勃蘇、包胥聲近，豈蚡冒之裔歟？』

九月，歸入郢。

考證：『梁玉繩曰：左傳「九月」作「十月。」』

案吳世家作『九月，』與此合。

吳復伐楚，取番。

年表楚昭王十二年，書『吳伐我番。』梁氏志疑云：『定六年左傳：「吳敗楚舟
師，獲潘子臣、小惟子及大夫七人。」而無「伐番」事。蓋史公以「獲潘子臣」
爲「伐番」也。此與吳表及吳楚世家、伍子胥傳書「取番，」同誤。索隱彌縫其
說，以「子臣爲番邑大夫。」妄甚！或云：「即指繁陽之敗也。（子期所將陵
師。）番與繁，音婆。」』

案左定六年傳既稱『吳大子終纍敗楚舟師，』又稱『子期又以陵師敗于繁揚。』
（注：陵師，陸軍。）番與繁並音婆，古字通用。史公所謂『伐番、』『取
番，』蓋指繁揚之敗，非誤以『獲潘子臣』爲『伐番』也。梁氏後說蓋是。（梁
氏所引索隱以『子臣爲番邑大夫。』見吳世家。）吳越春秋作『拔番，』本史
記。

孔子相魯。

梁玉繩云：相魯之誤，說在孔子世家。

案相魯非誤，吳世家已有說。

十月，昭王病於軍中。

　　梁玉繩云：『十月』乃『七月』之譌。

　　考證：左傳『十月』作『七月』。

　　案十，蓋本作一，即古七字。

昭王問周太史，

　　案說苑君道篇作『昭王患之，使人乘驛東而問諸太史州黎。』

太史曰：是害於楚王。

　　梁玉繩云：楚字衍。

　　案楚字涉上文楚昭王而衍。左傳、楚宮舊事二並作『其當王身乎！』說苑作『將
　　虐於王身！』列女傳楚昭越姬傳作『是害王身！』皆無楚字。

然可移於將相。

　　考證：左傳『將相，』作『令尹司馬。』

　　案說苑、渚宮舊事亦並作『令尹司馬。』猶言『相將』也。

昭王曰：『將相，孤之股肱也。今移禍，庸去是身乎？』

　　考證：『岡白駒曰：「庸，焉也。股肱之禍，即身之禍也。」愚按左傳作「除腹
　　心之疾，而寘諸股肱，何益？」』

　　案庸猶豈也。渚宮舊事作『除腹心之疾，而置之股肱，何益？』本左傳。昭王不
　　願移赤雲之害於將相，與宋景公不願移熒惑之害於相，其事相類。宋世家已有
　　說。參看呂氏春秋制樂篇、淮南子道應篇、宋世家、新序雜事四及論衡變虛篇。

卜而河爲祟。

　　考證：左傳卜上有『初，昭王有疾』五字，而作曰。

　　案說苑作『楚昭王有疾，卜之曰：河爲祟。』家語正論解作『楚昭王有疾，卜曰
　　：河神爲祟。』世家上文已言『昭王病於軍中，』故此不復言『昭王有疾』也。

讓其弟公子申爲王，不可；又讓次弟公子結，亦不可；乃又讓次弟公子閭。

　　梁玉繩云：『哀六年左傳注：『三公子皆昭王兄。』此誤弟。

　　案國語楚語下韋注亦云：『子西，昭王之庶兄，令尹公子申也。』惟史記在前，
　　以三公子爲昭王弟，恐別有所本。列女傳作『讓位於三弟。』與世家合。人表『公

子閭作『公子閭，』王氏補注引梁玉繩云：『葢譌字。』

以廣王意也。

　　案廣猶寬也，賈生列傳：『乃爲賦以自廣。』索隱：『案姚氏云：廣猶寬也。』
　　與此同例。

伏師閉塗，

　　集解：『徐廣曰：塗，一作壁。』
　　案列女傳塗作壁。

迎越女之子章立之。

　　案列女傳『越女』作『越姬，』云：『楚昭越姬者，越王句踐之女，楚昭王之姬
　　也。』（又見渚宮舊事，『越姬』作『越姒。』）

惠王從者屈固，負王亡走昭王夫人宮。

　　考證：負王者，左傳作圉公陽。
　　案考證說，本梁氏伍子胥傳志疑。

白公自立爲王。

　　考證：白公未嘗爲王。
　　案考證說，本梁氏志疑。

與共攻白公，殺之。

　　梁玉繩云：『傳云：「白公奔山而縊。」非殺之也。』
　　案楚語下稱葉公『帥方城之外，以入殺白公。』與此合。伍子胥傳稱白公『亡走
　　山中自殺。』年表亦云：『白公自殺。』並與左傳合。

是歲也，滅陳而縣之。

　　集解：『徐廣曰：惠王之十年。』
　　梁玉繩云：『是歲』二字，史敍于八年。徐廣謂爲十年，而不知陳於惠王十一年
　　滅也。
　　案滅陳，年表在十年，卽徐說所本。

是時，越已滅吳，而不能正江、淮北。楚東侵，廣地至泗上。

　　正義：『江、淮北，』謂廣陵縣徐、泗等州是也。

考證：『越世家亦云：以淮上地與楚，與魯泗東方百里。』

案御覽一六九引楚下有乃字。考證說，本梁氏志疑。梁氏並引顧氏大事表云：『「泗上，」張守節謂「廣陵徐、泗等州。」則今揚、淮以及徐州、泗州之地，皆弃與楚。余閱吳越春秋有云：「越既平吳，北渡淮，會齊、晉諸侯，徙都于琅邪。」竹書云：「晉出公七年，越徙都琅邪。」水經注云：「琅邪，越句踐之故都也。」越絕云：「句踐平吳，霸關東，從琅邪起觀臺，周七里以望東海。」諸書所載，較若畫一。案春秋時琅邪，今山東沂州府。越徙都，事不見于左傳、國語。然史云，越弃江、淮以北。徵之左傳，他事多不含。據傳，哀二十二年：「越滅吳。」二十七年，越使后庸來正邾、魯之界，公與盟平陽。後哀公欲以越伐魯，而去季氏。公又嘗如越。曾子居武城，有越寇，見于孟子。武城，今沂州費縣西南九十里。季氏之私邑亦在費，與琅邪之說相合。夫越既滅吳，與齊、晉諸侯會于徐州，（徐本薛地，今爲兗州府滕縣）天子致胙，方欲正邾、魯山東諸侯之侵界，豈其弃江、淮不事？且既弃以予楚矣，如后庸使命之往來及出兵侵魯，豈反假道于楚邪？又范蠡既雪會稽之恥，變姓名寓于陶。陶爲今曹州府曹縣。先時吳屢伐齊、魯。沂、曹之邊地，吳蓋略而有之。哀八年：「吳伐魯，入武城。武城人或有田于吳竟，拘鄫人之漚菅者。及吳師至，拘者道以伐武城。」觀此，則沂州之地，久已爲吳之錯壤。越滅吳，因有其地。則其遷都琅邪，蓋盡吳之境與北方諸侯爭衡，豈有反弃江、淮之地，以資勍敵之楚邪？且卽如史所云，越自句踐以後，五世至無疆，中間嘗欲伐齊。齊舊與吳接境，與越之故土遠隔江、淮。若句踐弃江、淮以北，則其後世必不能復拓有吳境，與齊遠不相及，無緣有伐齊之事。則史記之自相矛盾，更較然矣！』

子簡王中立。

正義：中音仲。

案年表中作仲。

子悼王熊疑立。

考證：年表熊疑作類。

案悼王蓋有疑、類二名，梁氏年表志疑已言之。

三晉來伐楚，至乘丘而還。

正義：『年表云：「三晉公子伐我，至乘丘。」誤也。已解在年表中。』

年表作『三晉來伐我，至桑丘。』梁氏志疑云：『桑丘乃燕地，楚肅王元年，齊伐燕，取桑丘。可證。楚安得有桑丘之地乎？當依世家作乘丘。（通鑑注亦從之。）蓋楚取之于魯耳。乘與桑形近致譌。但世家正義曰：「年表云：『三晉公子伐我，至乘丘。』誤也。已解在年表中。」今本年表無正義，當是傳寫脫失。然所引年表與今年不同，而反以乘丘爲誤，亦不可解。得毋謂桑作乘邪？』

案乘丘，年表誤作桑丘，梁說是也。漢志陰陽家有乘丘子五篇，劉子九流篇乘丘作桑丘，亦乘、桑相亂之例。

四年，楚伐周。

考證：年表周作鄭，此誤。

案梁氏志疑已引大事記云：『以鄭爲周，字之證也。』通鑑周紀一安王四年（亦即楚悼王四年）書『楚圍鄭。』亦可證此周字之誤。

三晉伐楚，敗我大梁、榆關。

考證：『呂祖謙曰：大梁，魏地。不知楚追三晉之師至于是歟？或者楚伐魏，而韓、趙救之，世家誤以爲三晉伐楚歟？』

案考證引呂（大事記）說，本梁氏志疑。

周天子賀秦獻公。

梁玉繩云：『「周天子賀秦獻王，」案評林：「余有丁曰：秦無獻王，乃公也。」攷越絕，謂獻公爲元王。蓋秦稱王之後追尊之，特史不應書耳。』

考證：『秦紀云：「獻公二十一年，與晉戰於石門，斬首六萬，天子賀以黼黻。」張文虎曰：「游、凌本公誤王。」』

案景祐本、黃善夫本已作獻公，上下文多王字，故游、凌本公誤王耳。非史原書獻王也。年表秦獻公二十一年亦云：『與晉戰石門，斬首六萬，天子賀。』

田盼子不用也。

年表盼字同，梁氏志疑云：『盼當作朌，即世家朌子。國策、紀年亦多譌作盼。（索隱于魏、田完兩世家引紀年作朌。）』

考證：『齊世家：「齊威王謂梁王曰：吾臣有盼子者，使守高唐，則趙人不敢東漁於河。」』

案黃善夫本、殿本田完世家並作盼子，考證本同。此文考證引齊世家（卽田完世家）作盼子，從別本也。又考證引齊世家云云，亦見韓詩外傳十，惟齊威王誤宣王耳（梁氏志疑有說）。

而用申紀。

梁玉繩云：國策紀作縛。

案戰國策秦策四高誘注：『申縛，齊將也。』

大臣不附，

考證：楓山本附作與。

案戰國策齊策一附亦作與，與、附義近。

復搏其士卒以與王遇。

索隱：搏音膊，亦有作附讀。戰國策作整。

王念孫云：『膊、附二音皆非也。搏當爲摶，字之誤也。摶與專同，田完世家：「韓馮摶三國之兵，」集解：「徐廣曰：摶音專。專，猶幷合制領之謂也。」吳王濞傳：「燕王摶胡衆入蕭關。」索隱曰：「摶音專。專，謂專統領胡兵。」此言「摶其士卒以與王遇。」意亦同也。齊策作「整其士卒。」整與摶意亦相近。作搏，則非其指矣。』

考證：『張文虎曰：宋本及舊刻正作摶。』

案景祐本作摶，黃善夫本作搏。摶，俗書作𢱬，故誤爲搏耳。

人有遺其舍人一卮酒者，

案景宋本白帖四引遺作賜，齊策二、長短經七雄略篇注並同。

而後成人奪之酒而飲之，

案白帖引『奪之』作『奪其，』齊策，長短經注並同。之猶其也。

蛇固無足，

案白帖引固作本，義同。

冠之上不可以加矣。

索隱：冠音官。（考證本脫索隱。）

　　案齊策冠正作官。

今又移兵而攻齊，

　　案白帖引兵作師。

此爲蛇爲足之說也。

　　案白帖引『爲蛇』作『畫蛇。』

此持滿之術也。

　　案管子形勢篇：『持滿者與天。』（又見越世家。）荀子宥坐篇：『子路曰：敢
　　問持滿有道乎？』（又見韓詩外傳三、說苑敬愼篇、家語三恕篇。）術猶道也。

蘇秦約從山東六國，共攻秦。

　　考證：『梁玉繩曰：是時蘇秦已死四年，約六國者李兌也。國策甚明，此誤。古
　　史及西溪叢語已糾之。』

　　案蘇秦，疑本作李兌。因上文言張儀，傳寫者遂聯想及蘇秦而致誤耳。

雖儀之所甚願爲門闌之廝者，亦無先大王。

　　案秦策二雖作唯，下文『雖儀之所甚憎者，亦無先齊王。』秦策雖亦作唯。唯、
　　雖古通，並與即同義。（淮陰侯列傳：『惟信亦以爲大王不如也。』惟，漢書作
　　唯，長短經霸圖篇注作雖，惟、唯、雖，亦並與即同義。）卷子本玉篇广部引闌
　　作蘭，並云：『廣雅〔釋詁一〕：「廝，使也。」字書：「廝，役也。」野王案，
　　謂賤役也。』闌、蘭正、假字，說文：『闌，門遮也。』

西德於秦，

　　案張儀列傳德作益，益猶助也。秦策二：『於是出私金以益公賞。』高注：『益，
　　助也。』

宣言吾復得吾商、於之地。

　　案秦策高注：『宣，徧也。』（爾雅釋言同。）

秦之所爲重王者，

　　案秦策、張儀傳、通鑑周紀三爲並作以，義同。

夫秦又何重孤國哉？

考證：楓山、三條本又作有。

案有猶又也。秦策姚宏注，稱曾（鞏）、錢（藻）、劉（敞）諸本又亦作有。

則兩國之兵必至。

索隱：兩國，韓、魏也。

殿本考證：『顧炎武曰：此兩國，即謂秦、齊也。索隱以爲韓、魏，非。』

案秦策高注：『兩國，秦與齊也。』即顧說所本。

佯醉墜車。

案景祐本、黃善夫本、殿本佯皆作詳，張儀傳、通鑑並同。御覽四九四引張儀傳
作陽。陽、詳古通，佯，俗字。項羽本紀已有說。

乃使勇士宋遺北辱齊王。

梁玉繩云：『秦策言楚王「使勇士往詈齊王，」張儀傳言「使勇士至宋，借宋之
符北罵齊王。」無宋遺姓名。史蓋別有所據。漢書人表有宋遺，列第五等。』

案通鑑作『乃使勇士宋遺，借宋之符北罵齊王。』蓋兼采世家及張儀傳之文。

廣袤六里。

案一切經音義八三引『廣袤』二字倒，並引說文云：南北曰袤，東西曰廣。』

是我亡於秦，取償於齊也。

索隱：謂失商、於之地。

殿本考證：『徐學遠曰：索隱之言非也，謂賂以名都故也。若商、於，乃虛約
耳，不爲亡地。』

考證：『中井積德曰：「亡下脫地，張儀傳作：出地於秦。」愚按，策同史文。』

案通鑑亡下亦有地字。惟無地字，亦通。

秦亦發兵擊之。

考證：『秦欲伐齊』以下，采齊策。

案考證所謂齊策，乃秦策之誤。

乃悉國兵復襲秦。

案屈原列傳、通鑑悉下並有發字，文意較究。楚世家作『又復益發兵而襲秦。』

亦有發字。惟鄭世家：『晉方悉國兵以救宋，』（又見說苑奉使篇。）伍子胥傳：

『悉國中武力以發齊。』（又見說苑正諫篇。）悉下並無發字，與此同例。

韓、魏聞楚之困，乃南襲楚，至於鄧。

　　梁玉繩云：魏字衍，此誤仍秦策。是年乃韓襲楚，無魏襲楚事。

　　案秦策四：『韓、魏聞楚之困，乃南襲至鄧。』卽此文所本。韓世家：『〔韓宣惠王〕二十一年，與秦共攻楚。』年表韓宣惠王二十一年，亦書『秦助我攻楚。』（梁氏志疑謂『秦助我，』爲『我助秦』之誤。）是年爲魏哀王七年，魏世家、年表俱無魏襲楚事，惟屈原傳云：『魏襲楚至鄧。』梁氏志疑云：『魏當作韓，說在楚世家。』（考證已引。）以此文兼言韓、魏證之，竊疑屈原傳魏上脫韓字，魏非韓之誤。魏韓兩世家及年表並無魏襲楚事，史公記事，往往詳略互見也。通鑑作『韓、魏聞楚之困，南襲楚至鄧。』從秦策及此文，蓋是。

秦使使約復與楚親，分漢中之半以和楚。

　　考證：『梁玉繩曰：此與屈原傳同。而張儀傳，又依國策言秦欲以武關外易黔中地，未定所從。』

　　案通鑑作『秦惠王使人告楚懷王，請以武關之外易黔中地。』從國策及張儀傳也。

以美人聘楚王，以宮中善歌者爲之媵。楚王重地。

　　案靳尙與鄭袖語，不必稱楚王，兩楚字可略。張儀傳作『以美女聘楚，以宮中善歌謳者爲媵。楚王重地尊秦。』（『聘楚』當作『聘王。』）考證引梁玉繩云：『案此乃靳尙對鄭袖語，不應稱楚王。………………蓋史公仍國策，未及改之。』此兩稱楚王，亦仍國策。通鑑云：『將以上庸六縣及美女贖之，王重地尊秦。』王上無楚字，是也。

二十六年，齊湣王欲爲從長。

　　索隱：『按下文始言「二十四年，」又更有「二十六年，」則此錯云「二十六年，」衍字也。當是二十年事。又徐廣推校二十年取武遂，二十三年歸武遂，則此必二十年、二十一年事乎？』

　　考證：『「二十六年，」各本作「二十年，」今依索隱本。王念孫曰：「正文本作『二十六年，』小司馬以爲當作『二十年，』今本依改；而又於注首加『俗本

或作二十六年，』甚謬！」梁玉繩曰：「此事在懷王二十六年秦復取韓武遂之時，舊本作二十六年，甚是。……』

案景祐本、黃善夫本、殿本『二十六年，』並作『二十年。』黃本、殿本索隱按上並有『俗本或作二十六年』句，考證本從索隱本作『二十六年，』又從王說刪索隱『俗本或作二十六年』句，是也。黃本、殿本索隱前『則此』下無錯字，末句『則此』下無必字，『事乎』上有之字。又下文『而合齊以善韓』下，集解引徐廣曰：『懷王之二十二年，秦拔宜陽，取武遂；二十三年，秦復歸韓武遂。然則已非二十年事矣。』卽此索隱稱徐說所本。（索隱『二十年取武遂，』『二十』下當補二字。）徐氏旣云『然則已非二十年事，』是所見此文已作二十矣。

兵銼監田。

案銼與挫通，廣雅釋詁一：『挫，折也。『淮南子兵略篇：『兵挫地削，』卽用挫字。

不足以刷恥。

案刷借爲𢴶，下同。說文：『𢴶，拭也。』（段注本改拭爲飾，飾、拭古、今字。）亦多借雪爲之。秦本紀已有說。

以先王墓在平陽。

案通鑑注引『先王』下有之字。

以韓公子眛爲齊相也。

正義：眛，莫葛反，後同。

案景祐本、殿本眛並作眛，殿本正義同。黃善夫本作眛。音『莫葛反，』則字當作眛，眛、眛、眛，皆誤字。

楚往迎婦。

梁玉繩云：『六國表云：「秦來迎婦。」屈原傳云：「秦昭王與楚婚，」則是秦迎歸于楚，非楚迎婦于秦也。此誤。楚迎秦女，前有楚宣王十三年，後有頃襄王七年，非懷王二十四年事也。』

案『楚往』蓋『往楚』之誤倒。

殺楚將唐眛，取我重丘而去。

梁玉繩云：眛當作眛。又諸處皆無取重丘之事，此妄也。重丘，說在秦紀。

考證：『眛當作眯，又作蔑。重丘，此及田完世家、樂毅傳同。秦本紀作方城、荀子議兵篇云：「兵殆乎垂沙，唐蔑死。」呂覽處方篇：「齊使章子與韓、魏攻荆，荆使唐蔑將兵應之，夾沘而軍。章子夜襲之，斬蔑於是水之上。」重丘，蓋在沘水之上。』

案眛，當從梁說作眯，眯、蔑古通，商君書弱民篇亦作蔑。漢書人表作蕄，蔑、蕄正、俗字。秦本紀已有說。考證重丘云云，本秦本紀梁氏志疑『共攻楚方城，取唐眛。』條。

大破楚，楚軍死者二萬。

案秦本紀正義引『破楚』下有軍字。通鑑作『大破楚師。』又『二萬』作『三萬。』三字恐誤。

使兵侵君王之邊。

案通鑑注：『謂戰重丘，取襄城。』

寡人與楚接境壤界。

案『境壤界，』三字疊義，呂氏春秋懷寵篇：『故兵入於敵之境，』高注：『境，壤。』贊能篇：『至齊境。』注：『境，界也。』即其證。通鑑作『寡人與楚接境，』三字疊義，故可略其二。

朝章臺如蕃臣，

考證：蕃讀爲藩。

案通鑑蕃作藩。

齊湣王謂其相曰：不若留太子以求楚之淮北。

梁玉繩云：國策作蘇子之言。

考證：『齊策，齊湣王作蘇秦，「其相」作薛公，淮北作下東邑。高誘注：「薛公，田嬰。下東邑，楚東邑，近齊也。」愚按，是時蘇秦、田嬰死已久，史公以意改。下東邑即淮北。』

案通鑑作『齊湣王召羣臣謀之，或曰：不若留太子以求楚之淮北。』以爲或人之言，不從齊策三作蘇秦，蓋由蘇秦其時死已久也。考證三稱『下東邑，』邑皆國之誤。通鑑注，謂淮北『即楚所謂下東國。』

郢中立王，

　　案齊策高注：『郢，楚都也。』

或曰，

　　梁玉繩云：國策作蘇子之言。

　　案通鑑作『其人曰，』承彼上文『或曰』而言，則『其人曰，』亦卽『或曰』

　　矣。

予我下東國。

　　考證：予讀曰與。

　　案齊策予作與。

乃告于秦曰。

　　案梁氏志疑所據湖本秦作齊，涉上齊王字而誤。

斬首五萬。

　　案水經丹水注引首作衆，恐非。史記例言『斬首。』

如悲親戚。

　　案『親戚，』謂『父母。』如書堯典言『如喪考妣，』（又見吳越春秋越王無余

　　外傳。）堯本紀言『如喪父母』也。鄭世家記子產卒，『鄭人皆哭泣悲之，如亡

　　親戚。』『親戚』亦謂『父母』也

秦使白起伐韓於伊闕，大勝，斬首二十四萬。

　　梁氏志疑所據湖本闕誤闗，云：『此失不書魏，說在表。闗字疑當作闕。」年表

　　韓釐王三年，書『秦敗我伊闕，二十四萬。』梁氏云：『秦紀及穰侯傳竝言『秦

　　敗韓、魏伊闕，斬首二十四萬。（秦表伊闕上似脫韓、魏二字。）乃合韓、魏兩

　　國之兵言也。此表與楚、魏、韓三世家，各言「二十四萬，」失其實矣。』

　　案白起傳作『白起爲左更，攻韓、魏於伊闕，斬首二十四萬。』亦合韓、魏兩國

　　之兵言之。通鑑周紀四亦稱白起敗魏師、韓師於伊闕，斬首二十四萬。』御覽三

　　一一引此『二十四萬』作『三十四萬，』與諸處皆不合，蓋誤。

秦乃遺楚王書曰，

　　案御覽引遺作與。

頃襄王聞，召而問之。

　　案御覽九一四引作『王聞而召之問焉。』王上葢略『頃襄』二字。御覽八三二引
　　春秋後語作『王聞之，召而問焉。』

小臣之好射鶀鴈羅鷩。

　　考證：『中井積德曰：羅，疑亦鳥名。』
　　案御覽引春秋後語『小臣』作『外臣。』羅借爲離，今字作鸝。春秋後語鷩作
　　籠，下同。蓋誤以羅爲網羅字，因妄改鷩爲籠耳。不知『好射鶀鴈羅籠』之不可
　　通也。

何足爲大王道也？

　　案御覽引也作哉，引春秋後語亦作哉。

所弋非直此也。

　　考證：直，特也。
　　案御覽引直作特。

故秦、魏、燕、趙者，鶀鴈也。齊、魯、韓、衞者，靑首也。

　　索隱：亦小鳧有靑首者。
　　案御覽引春秋後語故作夫，義同。又引此文索隱作『靑首，小鳧有靑者。』黃善
　　夫本、殿本索隱亦並無亦字。

騶、費、郯、邳者，羅鷩也。

　　王念孫云：『郯、費、郯、邳者，羅鷩也。』郯本作騶，古多以騶爲郯字。索隱
　　本出「騶、費」二字，注曰：「郯、祕二音。」今本改騶爲郯，則小司馬無庸作
　　音矣。下文「塞郯、魯之心。」孟子傳：「孟軻，郯人也。」索隱本並作騶
　　。』
　　案景祐本、黃善夫本、殿本騶並作郯，御覽引同；又引春秋後語亦作郯。考證本
　　此文改從索隱本作騶，下文『塞郯、魯之心，』孟子傳：『孟軻，郯人也。』亦
　　並改從索隱本作騶。

外其餘則不足射者。

　　案『外其餘』爲複語，外猶『其餘』也。御覽引者作也，引春秋後語亦作也，義

同。

以王何取。

　　案御覽引以作唯，引春秋後語亦作唯，義同。

以勇士爲繳。

　　案御覽引此無以字，引春秋後語亦無以字。

其樂非特朝昔之樂也。

　　索隱：昔猶夕也。

　　梁玉繩云：『「非特朝夕之樂也。」索隱本作「朝昔。」注云：「昔猶夕也。」
　　（各本注亦譌倒。）則今本誤作「朝夕。」下文徐廣所引別本異文並非，索隱引
　　亦非。』

　　案景祐本、黃善夫本、殿本昔並作夕，御覽引同。又春秋後語亦作夕。考證本從
　　索隱本改作昔，是也。黃善夫本、殿本索隱並作『夕猶昔也。』蓋由後人已改正
　　文之昔爲夕，復改索隱以就之耳。若正文本作夕，何待注乎？

膺擊郯國，

　　考證：『橫田惟孝曰：膺，胸前也。蓋郯當大梁前。』

　　案『膺擊，』複語。膺亦擊也。孟子滕文公篇：『魯頌曰：戎狄是膺。』趙岐注
　　：『膺，擊也。』

碆新繳，

　　索隱：碆作磻，音播。

　　案卷子本玉篇石部：『碆，野王案，亦磻字也。』說文：『磻，以石箸惟繳也。
　　』楚策四：『被磻磻，引微繳，折清風而抎矣。』新序雜事二磻作波，磻、波
　　正、假字。

擊趙而顧病。

　　案景祐本、黃善夫本、殿本並無而字。

膺擊韓、魏。

　　索隱：謂韓、魏當秦之前，故云『膺擊。』俗本作鷹，非。

　　考證：『膺，胸也。索隱可從。橫田惟孝曰：擊當作繫。』

— 73 —

案膺作鷹，固非；擊亦不當作繫。擊非攻擊字，擊猶當也，『膺擊韓、魏，』猶
云『胸當韓、魏』耳。齊策一：『車轂擊，』高注：『擊，相當。』

勢有地利。

案有猶又也。王念孫晉世家雜志有說。

尚有報萬乘。

案『尚有』猶『尚猶，』張儀傳：『而親昆弟同父母，尚有爭錢財。』亦同此
例。（有、猶同義，詳拙著古書虛字新義『六、有』條。）

楚欲與齊、韓連和伐秦。

考證：『呂祖謙曰：是時齊止餘兩城，爲燕所圍。何暇與楚連和伐秦？蓋所載不
能無少差也。』

案考證引呂（大事記）說，本梁氏志疑。（梁氏引『少差』作『小差。』）

周王赧使武公謂楚相昭子曰。

案長短經七雄略篇注『周王赧』作『周赧王。』

乃圖周，則無之。

案乃猶若也。

夫一周爲二十晉。

正義：言周王之國，其地雖小，諸侯尊之，故敵二十晉也。

案正義釋『爲』爲『敵，』是也。孟子離婁篇：『仁，不可爲衆也？國君好仁，
天下無敵。』爲與敵相應成義，爲猶敵也，（裴氏古書虛字集釋二：『爲猶當
也，爲「敵當」之義。』）與此同例。

雖無攻之，名爲弒君。

考證：『中井積德曰：「疑有錯誤。」愚按，通鑑作「雖然攻之者。」』
案雖猶惟也，『雖無攻之，名爲弒君。』言『惟無攻之，攻之則名爲弒君』也。
戰國策楚策一：『雖無出兵甲，席卷常山之險，折天下之脊，天下後服者先亡。
』（又見張儀列傳。王引之釋詞三云：『言秦惟無出兵，出兵則天下不能當也。
』是也。）與此句法同。長短經注作『雖攻之，不足以尊名。』通鑑作『雖然攻

之者，名爲弑君。』並不得其義而妄改也。『雖無』一詞，亦作『唯無；』或作
『唯莫。』留侯世家：『楚唯無彊，六國立者復橈而從之。』言『楚唯無彊，彊
則六國立者復橈而從之』也。（參看釋詞三。）莊子知北遊篇：『汝唯莫必，無
乎逃物。』言『汝唯無必，必則無乎逃物』也。（參看拙著斠讎學八十七葉。）並
與此句法同。中井、瀧川二氏，並未達此文之義。（此類句法，習見於西漢前。
至東漢，則不復略字。）

見祭器在焉。

　　案長短經注見作則。

夫虎肉臊，其兵利身，人猶攻之也。

　　案通鑑其作而，義同；又注引劉伯莊曰：『虎之爪牙，如兵之利刃在身。其肉雖
　　臊，而人猶攻之者，以其皮之所在也。』

必萬於虎矣。

　　王念孫云：『「必萬之於虎，」索隱本作「必萬於虎矣。」於義爲長。』

　　考證：『必萬於虎矣。』各本作『必萬之於虎。』今從索隱本。

　　案考證本從索隱本，蓋本王說也。景祐本南宋補版、黃善夫本、殿本皆作『必萬
　　之於虎。』之字涉上下文而衍，虎下又脫矣字耳。

今子將以欲誅殘天下之共主。

　　案以字疑涉上文兩『足以』字而衍。通鑑無『將以』二字。

吞三翮六翼，

　　索隱：翮，亦作鬲，同。音歷。

　　正義：『翮誤，當作鬲，音歷。爾雅云：「附耳外謂之釴，款足謂之鬲。」』

　　案翮借爲鬲，翮非誤字。蔡澤傳集解引爾雅云：『款足者謂之鬲。』（今本爾雅
　　釋器同。）索隱：『款者，空也。』鬲，或鬲字。翼借爲釴。

周書曰：欲起無先。

　　案莊子刻意篇：『不爲福先，不爲禍始，感而後應，迫而後動，不得已而後
　　起。』

秦將白起拔我西陵。

　　考證：『梁玉繩曰：此缺拔鄢、鄧，說見秦紀。』

　　案通鑑作『秦白起伐楚，取鄢、鄧、西陵。』與梁說合，秦本紀已有說。

復與秦平，而入太子爲質於秦。楚使左徒侍太子於秦。

　　正義：左徒，官名。爾時黃歇爲左徒，侍太子於秦也。

　　案春申君列傳：『楚使歇與太子完入質於秦。』通鑑周紀五作『楚以左徒黃歇侍
　　太子完爲質於秦。』合世家、列傳言之也。通鑑注：『左徒，楚官名。史記正義
　　曰：蓋今在左右拾遺補闕之類。』所引正義，見屈原列傳，今本無『補闕』二
　　字。

太子熊元代立。

　　索隱：系本元作完。

　　案春申君傳、通鑑元亦並作完，已見上文。春申君傳索隱亦作完。

六年，秦圍邯鄲，趙告急楚，楚遣將軍景陽救趙。

　　梁玉繩云：救趙者，春申君也。六國表及春申傳可據，此誤。蓋因前十五年，
　　齊、韓、魏共伐燕，燕請救于楚，楚王使景陽將而救之，見國策。史緣此致誤。
　　故頃襄二十七年不書景陽，而反誤救燕爲伐燕也。

　　案上文頃襄二十七年，稱『使三萬人助三晉伐燕，』與燕策三稱楚使景陽救燕，
　　大異！史公蓋別有所本。燕策言救燕，此言救趙，亦顯爲二事，史公無緣致誤。
　　年表及屈原傳言救趙者春申君，此言救趙者景陽，蓋二人同救趙，彼此可以互證
　　也。

秦王趙政立。

　　梁玉繩云：政當作正，說在秦紀。

　　案梁說，參看秦本紀斠證。

楚東徙都壽春，命曰郢。

　　案御覽一六九引作『楚考烈王自陳徙都壽春，號之曰郢。』蓋有所增改。

子幽王悍立。

年表桿作悼，梁氏志疑云：『幽王之名，世家及國策吳注引史作悍。此與列女傳作悼。索隱作捍，高祖紀索隱又作擇，未知孰是。』

案年表、列女傳孽嬖篇楚考李后傳悍並作悼，悼蓋悍之誤。春申君傳索隱作捍，捍、悍古通，莊子大宗師篇：『我則悍矣。』釋文：『悍，本亦作捍。』卽其比。高祖紀索隱悍作擇，擇蓋又捍之誤也。

李園殺春申君。

考證：李園殺春申君，見楚策、春申君傳。

案亦詳列女傳及通鑑秦策一。

九年，秦滅韓。

梁玉繩云：事在幽王八年。

考證：『張照曰：「韓世家正義曰：『亡在秦始皇帝十七年。』是年在楚幽之八年。」』

案秦滅韓，在楚幽王八年，見年表。韓世家，韓亡在韓王安九年，亦卽楚幽王八年。秦始皇本紀，滅韓在始皇十七年，（通鑑同。）亦與表合。

同母弟猶代立，是爲哀王。哀王立二月餘，哀王庶兄負芻之徒，襲殺哀王，

年表猶作郝，梁氏志疑云：『世家郝作猶，列女傳亦作猶，豈有二名歟？史與策稱哀王。而呂氏春秋至忠篇有莊哀王，高誘注謂「考烈王之子。」乃誘之誤也。莊哀王，說苑立節篇作楚莊王。（御覽四百十七卷引呂作莊襄王，亦誤。八百九十卷固作楚莊王。）』又云：『列女傳以負芻爲考烈王弟，未知孰是。越絕記地作楚王成，蓋二名。』

考證：……………………列女傳以哀王爲考烈王遺腹子，以負芻爲考烈王弟，與史所言異。

案通鑑猶亦作郝。列女傳稱『考烈王遺腹子猶立，是爲哀王。』呂氏春秋至忠篇高注：『荆莊哀王，考烈王之子。』似本於列女傳。（御覽四一七引呂作莊襄王，襄乃哀之誤。渚官舊事一、楚史檮杌射兕章並作莊王，與御覽八百九十所引及說苑合。）考證列女傳云云，梁端列女傳校注亦有說。

亡十餘城。

　　梁玉繩云：餘字衍，表作『十城』也。

　　案表作『十城，』舉成數言之。

四年，秦將王翦破我軍於蘄，而殺將軍項燕。五年，秦將王翦、蒙武遂破楚國，虜楚王負芻。

　　考證：『張照曰：秦始皇本紀作「二十三年虜荊王，二十四年項燕自殺。」』案年表及蒙恬傳並言『始皇二十三年（即楚王負芻四年）殺項燕，二十四年虜楚王負芻。』（通鑑同。）與世家合。王翦傳亦以虜楚王在殺項燕之後。獨秦始皇本紀言『二十三年虜荊王，二十四年項燕自殺。』誤也。（參看秦始皇本紀梁氏志疑及斠證。）始皇本紀稱『項燕自殺，』與他處言『殺項燕，』亦不合。項羽本紀亦云：『楚將項燕，爲秦將王翦所戮者也。』

滅楚，名爲楚郡云。

　　梁玉繩云：『此言始皇諱楚，故滅去楚之名，而于楚地置郡耳。集解：『孫檢曰：秦虜楚王負芻，滅去楚名，以楚地爲三郡。」所說甚明。（三郡，乃南郡、九江、會稽。胡三省言「九江、會稽、鄣。」非。秦郡中無鄣也。）後人誤讀此文，遂謂世家之失。殊不知秦避莊襄王名，改楚爲荊，豈有置楚郡之理！況三十六郡元無楚郡乎？胡三省謂「滅楚時暫置；大事記引孫檢語，以「三郡」爲「秦郡；」路史後紀八注謂「始皇名爲秦郡，」竝妄也。余因攷負芻既滅，尚有昌平君爲荊王；項氏立義帝；又南夷君長以百數，更有滇王賜王印。凡此，皆當附之世家。』

　　考證：『錢大昕曰：『秦始皇父名楚，故始皇本紀稱楚爲荊。滅楚之後，未嘗置楚郡也。孫氏謂『滅去楚名，』蓋得其實。楚郡之楚，當是衍文。……………」愚按，王鳴盛、梁玉繩亦以楚字爲衍，其說萋是。名字亦當衍。』

　　案焦氏易林十注引『名爲楚郡云，』作『以其地置楚郡，』通鑑同，蓋非其舊。梁、錢二氏並從孫檢說，讀『滅楚名』句。錢氏且以楚郡之楚爲衍文。（梁氏未以楚爲衍文。）考景祐本孫檢注，『三郡』作『秦郡，』與大事記引孫注作『秦

郡』合。路史注稱『秦郡，』亦有所本，並不得輕以爲妄也。（王鳴盛商榷亦輕
以作『秦郡』爲非。）竊疑此文本作『滅楚，目爲秦郡云。』目，古以字。名乃
目之誤。秦之作楚，則涉上文而誤也。

志小天下。

　　案孟子盡心篇稱孔子『登太山而小天下。』

及餓死于申亥之家。

　　考證：『左傳曰縊，不曰餓。』（餓，原誤饑。）

　　以仁云：吳語亦曰縊死。

　　案靈王之自縊，由於飢不得食，故亦可謂之『餓死。』年表書『靈王自殺，』就
縊死言之也。

出自第四十二本第一分（一九七一年三月）

史記斠證卷四十一

越王句踐世家第十一

王 叔 岷

越王句踐，其先禹之苗裔。

正義：『吳越春秋云：禹周行天下，還歸大越，……至少康，恐禹迹宗廟祭祀之絕，乃封其庶子於越，號曰無餘。』

案越絕外傳記地傳：『昔者，越之先君無餘，乃禹之世，別封於越，以守禹冢。』正義引吳越春秋，見越王無余外傳。惟『還歸』作『歸還。』『恐禹迹宗廟祭祀之絕，』作『恐禹祭之絕祀。』無餘作無余，餘、余古通。

文身斷髮：

案御覽一九九引作『斷髮文身。』

後二十餘世至於允常。

梁玉繩云：漢志謂『二十世至句踐，』吳越春秋作十餘世。又吳越春秋允常作元常，路史以允爲非。

考證：『錢大昕曰：少康至桀十一傳，殷湯至紂三十傳，周武王至敬王又二十五傳，而越之世止二十餘，理所必無也。』

案越絕書：『越王夫鐔以上至無餘，久遠世不可紀也。夫鐔子允常，允常子句踐。』吳越春秋闔閭內傳及越王無余外傳並作元常。又據錢說，則漢志謂『二十世至句踐，』吳越春秋作十餘世，並非矣。

而相怨伐。

王念孫云：『怨伐』二字，義不相屬。諸書亦無以『怨伐』連文者，伐字蓋因下文而誤衍也。文選鵩鳥賦注引此無伐字。

考證：『王念孫曰：御覽引無伐字。』

案胡克家重刻宋淳熙本文選鵩鳥賦注引此『怨伐』二字同。考異云：『袁本、茶陵本無伐字。』考證所稱御覽，乃『鵩鳥賦注』之誤。

越王句踐使死士挑戰，三行至吳陳，呼而自剄。吳師觀之，越因襲擊吳師，吳師敗於檇李。

梁玉繩云：定十四年左傳，死士之往禽；與罪人之挑戰，兩事也。史混并之，說在吳世家。

考證：『左傳云：「句踐患吳之整也，使死士再禽焉，不應；使罪人三行屬劍於頸，而辭曰：『二君有治，臣奸旗鼓，不敏於君之行前，不敢逃刑，敢歸死。』遂自剄也。師屬之目，越子因而伐之，大敗之。」蓋死士之往禽；與罪人呼而自剄，兩事也。史混并之。公羊傳檇李作醉李。……檇音醉。』

案梁氏所謂『說在吳世家，』蓋吳世家志疑引淳南集辨惑有此說，亦即吳世家考證所引王若虛說也。吳世家集解引左傳賈逵注：『死士，死罪人也。』左傳：『使死士再禽焉，不動（考誤誤動為應）。使罪人三行屬劍於頸。』『罪人』二字疑涉賈注而衍。若本有『罪人』二字，則『死士』與『罪人』對言，賈氏不致釋『死士』為『死罪人』矣。『使三行屬劍於頸，』仍是使死士，本為一事，非史混并之也。檇李　，御覽三一一引吳世家、文選謝靈運會吟行注引越絕書並作雋李，漢書地理志下亦作雋李，師古注：『雋音醉，字本作檇，其旁從木。』王氏補注引錢坫曰：『會稽郡下作就李，即今醉李也。』越絕吳內傳、外傳紀策考、外傳計倪亦並作就李。（參看吳世家斠證。）

臣聞：兵者，凶器也。戰者，逆德也。

考證：越語戰作勇。

案呂氏春秋論威篇：『凡兵，天下之凶器也。勇，天下之凶德也。』亦以兵，勇對文。

悉發精兵擊越。

案文選李少卿荅蘇武書注引兵作卒。

敗之夫椒。

索隱：椒音焦，本又作湫。

考證：『錢大昕云：湫、椒，聲相近，伍子胥傳作夫湫。楚大夫椒舉，漢書作湫舉。』（夫湫原誤夫椒。）

案說苑正諫篇亦作夫湫。

吳王追而圍之。

案後漢書崔駰傳注引王作師。

越王謂范蠡曰：

徐天祐云：『呂氏春秋高誘解：「范蠡，楚三戶人也。字少伯。」又太史公素王妙論曰：「范蠡，本南陽人。」列僊傳云：「徐人。」』（吳越春秋句踐入臣外傳注。）

案越絕外傳紀策考云：『范蠡，其始居楚也，生於宛橐，或伍戶之虛。其爲結僮之時，一癡一醒，時人盡以爲狂。然獨有聖賢之明，人莫可與語。以內視若盲，反聽若聾。大夫種入其縣，知有賢者，未覩所在，求邑中，不得。其邑人以爲狂夫多賢士，衆賤有君子。汎求之焉，得蠡而悅。乃從官屬問治之術，蠡修衣冠，有頃而出。進退揖讓，君子之容。終日而語，疾陳霸王之道。』與正義引會稽典錄略同。俞樾云：『伍戶當作三戶，』（曲園雜纂。）是也。 三之作伍， 涉彼上文伍胥字而誤。世家下文『范蠡事越王句踐，』正義引吳越春秋云：『蠡字少伯，乃楚宛三戶人也。』（意林引（楊泉）物理論亦云：『范蠡，字少伯，楚三戶人也。』）徐天祐引太史公素王妙論及列僊傳云云，本下文集解。

持滿者與天，定傾者與人。

正義：『越絕云：天道盈而不溢，盛而不驕。』

案管子形勢篇：『持滿者與天，安危者與人。』『安危』猶『定傾』也。正義引越絕云云，亦見國語越語下。

節事者以地。

索隱：國語以作與，此作以，亦與義也。

考證：『中井積德曰：「以地」之以，作與爲優。』

案以猶與也，索隱說是。燕世家：『然誠得賢士以共國，』治要引以作與，亦其

— 181 —

比。又黃善夫本、殿本索隱，此下並無作字。

而身與之市。

　　案越語而作又，而猶又也。

乃令大夫種行成於吳。

　　索隱：『大夫，官。種，名也。一曰：「大夫，姓。猶司馬、司徒之比。」蓋非
　　也。』

　　正義：『吳越春秋云：大夫種，姓文，名種，字子禽。荊平王時，爲宛令，之三
　　戶之里，范蠡從犬竇蹲而吠之。……乃下車拜，蠡不爲禮。』

　　案後漢書注引令作命，義同，吳世家索隱：『大夫，官也。種，名也。吳越春秋
　　以爲種姓文，而劉氏云：「姓大夫，」非也。』伍子胥傳索隱：『劉氏云：「大
　　夫，姓。種，名。」非也。按今吳南有文種埭，則種，姓文，爲大夫官也。』則
　　此索隱所稱『一曰，』卽『劉氏曰，』蓋劉伯莊之言也。文選陸士衡豪士賦序注
　　亦引吳越春秋云：『文種者，本楚南郢人也。姓文，字少禽。』正義引少禽作子
　　禽，少疑子之誤，子、少草書形近也。劉子知人篇：范蠡吠於犬竇，文種聞而籵
　　之。』卽本吳越春秋。

於是句踐乃以美女寶器，令種閒獻吳太宰嚭。

　　索隱：『國語云：越飾美女八人，使大夫種遺太宰嚭。』

　　案國語越語上作『越人飾美女八人，納之太宰嚭。』黃善夫本、　殿本索隱『八
　　人』並作『二人，』與越語不合。

悉五千人觸戰。

　　案黃善夫本脫悉字。

若將赦之。

　　考證：將字疑因下文衍。

　　案將非衍文，將猶能也，與下『將許』字異義。說苑敬愼篇：『涓涓不壅，將成
　　江河。』劉子愼隟篇將作能，卽將、能同義之證。此義前人未發。

何遽不爲福乎？

　　張以仁弟云：『何遽，』義猶豈也。謂『豈不爲福乎？』經傳釋詞有說。

案淮南子人間篇：『此何遽不爲福乎？』（王氏雜志不下補能字。）

坐臥卽仰膽，飲食亦嘗膽也。

考證：楓山、三條本無『飲食亦嘗膽也』六字。

案御覽三七六引『坐臥卽仰膽，』作『臥卽仰飲膽。』亦無『飲食亦嘗膽也』六字。

女忘會稽之恥邪？

案御覽、記纂淵海七四引邪並作乎。

身自耕作，夫人自織，食不加肉，衣不重采。

案呂氏春秋順民篇亦稱越王『身親耕而食，妻親織而衣，味禁珍，衣禁襲。（高注：襲，重。）』

振貧弔死，

集解：『徐廣曰：弔，一作葬。』

梁玉繩云：徐廣弔作葬，是卽越語所云『必哭泣葬埋之如其子』也。

考證：楓山、三條本振作賑。

案記纂淵海引振亦作賑，振、賑正、俗字。徐氏稱『弔，一作葬。』與越語所云『於是葬死者』合。又吳語：『（越）王曰：死者吾葬之。』

塡撫國家，

索隱：塡音鎭。

王念孫云：『「鎭撫國家，」鎭本作塡，古多以塡爲「鎭撫」字。索隱本出「塡撫」二字，注曰：「鎭音。」今改塡爲鎭，而刪去其音，妄矣！

考證：各本塡作鎭，今從索隱本。

案考證本從索隱本改鎭爲塡，兼補索隱（倒『鎭音』爲『音鎭』），蓋從王說也。

景祐本及御覽四百八十引此文，已改塡作鎭矣。

而使范蠡與大夫柘稽行成爲質於吳，二歲而吳歸蠡。句踐自會稽歸。

梁玉繩云：國語、韓子、越絕、吳越春秋皆言句踐與范蠡親身入臣于吳，三年遣歸。史誤也。

案書鈔一一六引史記：『越與吳戰於會稽，不勝，范蠡爲吳所虜，後吳放歸。』

　　　　與此言范蠡事亦不合。

拊循其士民，

　　　案文選李少卿苔蘇武書注引拊作撫，拊、撫古、今字。說文：『拊，揗也。』揗

　　　　、循亦古、今字。

欲用以報吳。

　　　考證：凌本欲上衍『士民』二字。

　　　案景祐本南宋補版、黃善夫本、殿本欲上亦並衍『士民』二字。

大夫逢同諫，

　　　梁玉繩云：逢，姓也。越絕作馮，吳越春秋作扶。

　　　案越絕請糴內傳仍作逢同，外傳記范伯、德序外傳記並作馮同。吳越春秋句踐入

　　　臣外傳、句踐歸國外傳並作扶同。逢、馮、扶，古並通用。

今乃復殷給，

　　　案『殷給』猶『殷足，』淮南子本經篇：『古者，上求薄而民用給。』高注：『

　　　　給，足。』

且鷙鳥之擊也，必匿其形。

　　　考證：『六韜：鷙鳥將擊，卑飛斂翼。』

　　　案之，六韜作將，之猶將也。吳越春秋句踐歸國外傳，『鷙鳥將搏，必卑飛戢

　　　翼。』唐羅隱兩同書敬慢篇：『鷙鳥將擊，必先以卑。』之亦並作將。

今夫吳兵加齊、晉，怨深於楚、越。

　　　考證：加兵齊、晉，結怨楚、越。

　　　案吳越春秋作『臣聞吳王兵彊於齊、晉，而怨結於楚。』此文『兵加齊、晉，』

　　　猶『兵彊於齊、晉，』考證釋爲『加兵齊、晉，』非也。楚辭七諫怨世：『馬蘭

　　　踸踔而日加。』王逸注：『加，盛也。』茂盛爲加；彊盛亦爲加。

必淫自矜。

　　　案爾雅釋詁：『淫，大也。』

子胥諫曰：未可。

　　　考證：楓山、三條本無『未可』二字。

案吳世家、伍子胥列傳亦並無『未可』二字。呂氏春秋知化篇、說苑正諫篇未並
作不，義同。

齊與吳，疥癬也。

考證：『凌稚隆曰：癬，息淺切，與癬同。』

以仁云：『與猶於也。謂齊之於吳，猶疥癬也。呂覽知化篇作「夫齊之於吳也，
疥癬之病也。」可參證。此說見於吳昌瑩經詞衍釋，惟吳氏誤呂覽「夫齊之於吳
也，」爲「齊於吳。」』

案國語吳語、說苑癬並作癬，與呂氏春秋合。越絕請糴內傳載太宰嚭對吳王曰：
『越在我，猶疥癬。』與子胥之見相反。

虜齊高、國以歸。

索隱：國惠子、高昭子。

梁玉繩云：哀十一年左傳，艾陵之戰，吳敗高無丕，獲國書。魯歸國子之元於齊
。是吳但虜國子，非並獲高子也。

考證本『虜齊高、國』句，『以歸』句，云：以、已通。

案舊讀皆以『虜齊高、國以歸』爲句，以猶而也。考證本分爲二句，訓以爲已，
有意立異耳。考證本索隱在『高、國』下，當存索隱本之舊，此或爲考證本從國
字絕句之由。不知古本三家注解釋某一、二字，大都在某一、二字之下，不在句
末也。

讓子胥。子胥曰：『王毋喜！』王怒，子胥欲自殺，王聞而止之。

考證：『吳語云：「吳王還自伐齊，乃訊申胥。申胥曰：『天之所棄，必驟近其
小喜，而遠其大憂。今王天祿亟至，是吳命之短也。員不忍見王之親爲越之禽
也。員請先死。』遂自殺。」哀十一年左傳云：「反役，吳王使賜子胥屬鏤以
死。」皆不言吳王止子胥自殺。

以仁云：考證所引吳語、左傳，並有省約，非二書原文如此。

案呂氏春秋稱子胥『乃自殺，』伍子胥傳稱子胥『乃自剄死，』說苑稱子胥『乃
自刺殺。』皆不言吳王止子胥自殺。吳世家、越絕書、吳越春秋亦皆無吳王止子
胥自殺之文。然此篇下文乃稱吳王『使人賜子胥屬鏤劍以自殺。』故此遂有『子

胥欲自殺，王聞而止之。』之文耳。正可以補其他記載所略也。

請試嘗之貸粟，以卜其事。

　　案『貸粟』二字當屬下讀。長短經釣情篇貸上有乃字。『乃貸粟以卜其事。』乃
　　史公敘事之辭。

王遂與之，

　　案遂猶竟也。

子胥言曰，

　　案長短經無言字。

吳其墟乎！

　　案長短經乎作矣，義同。

聞其託子於鮑氏，

　　案記纂淵海七三引「其託」二字倒。左哀十一年傳、吳世家、伍子胥傳、說苑皆
　　作『屬其子。』屬猶託也。

必取吾眼置吳東門，以觀越兵入也。

　　梁玉繩云：『此不言鴟夷投江事，缺也。抉目非實事，說在吳世家。而荀子宥坐
　　又云：「子胥磔姑蘇東門外。」吳越春秋又作「斷其頭置高樓上。」蓋皆屬傳聞
　　之異。（論衡書虛、命義、刺孟，又言吳烹之。）』
　　案鴟夷投江事，已詳伍子胥傳，故吳楚世家並略之耳。說苑雜言篇亦有『子胥抉
　　目』之文，梁說於吳世家未涉及。

居三年，句踐召范蠡曰：吳已殺子胥，導諛者衆，可乎？

　　考證：『杭世駿曰：「『三年』當作『二年。』據左傳，殺子胥後至會黃池，首
　　尾三年，下云：『明年春，會黃池。』合此二年，始足三年之數。』王念孫曰：
　　「『導諛』即『謟諛』也。或作『道諛。』莊子天地篇『道諛之人』是也。又
　　云：『謂己道人。謂己諛人。』『道人』即『謟人』也。」』
　　案考證引杭（疏證）說，本梁氏志疑。吳越春秋句踐伐吳外傳『導諛』作『道
　　諛。』

對曰：未可。

考證：『句踐召范蠡』以下，據吳語。

案吳語無類此之文。惟越語下云：『王召范蠡而問焉，曰：「……今申胥驟諫其王，王怒而殺之，其可乎？」對曰：「……王姑待之。」』與此略同。

至明年春，吳王北會諸侯於黃池。

考證：『梁玉繩曰：案春秋，在夏。』

案吳世家、吳越春秋並作春，與此合。

惟獨老弱與太子留守。

索隱：據左氏傳，太子名友。

案太子名友，亦見吳世家。

乃發習流二千人。

梁玉繩云：『乃發習流二千。』索隱本句下有人字，是也。

考證：人字各本脫，今依索隱本補。

案考證本依索隱本補人字，從梁說也。吳越春秋亦有人字。

敎士四萬人。

案吳越春秋『敎士』作『俊士。』

君子六千人，

索隱：『國語：王以私卒君子六千人。』

案索隱引國語吳語以證此文，惟吳語所記，乃吳、越戰笠澤事，當魯哀公十七年（參看左哀十七年傳。）亦卽吳王夫差十八年。（參看吳世家。）而此文所記，在吳王北會諸侯於黃池時。黃池之會，爲吳王十四年，（參看吳世家及年表。）明非一事矣。吳越春秋於句踐十五年（卽吳王十四年）記越伐吳，稱句踐發『君子六千。』本此文：又於句踐二十一年（當作『十九年，』徐天祐有說。卽吳王十八年）復記越伐吳，稱句踐『躬率君子之軍六千人，』本吳語。正以爲二事也。

遂殺吳太子。

案殺，左哀十三年傳作獲，吳世家作虜，並不言殺。伍子胥傳作『襲殺，』吳越春秋作『虜殺。』

乃使人厚禮以請成越。

　　王念孫云：文選荅蘇武書注引此作『請成於越。』今脫於字。

　　案吳越春秋成下亦有於字，下文『請成越王，』成下亦有於字。

越遂復棲吳王於姑蘇之山。

　　案文選鵩鳥賦注引此無復字，疑涉上文『越復伐吳』而衍。吳越春秋亦無復字，

　　姑蘇作姑胥，蘇、胥古通。

吳王使公孫雄

　　考證：『梁玉繩曰：王孫雄，國語今本作王孫雄，宋本作雒。越絕、吳越春秋作

　　王孫駱，音同而通用。墨子所染、說苑雜言竝作雒。呂氏春秋當染篇作雄，而困

　　學紀聞六引呂是王孫雒，則雄字誤。韓子說疑作頛，蓋雒之譌也。

　　案越絕請糴內傳及外傳記吳王占夢、吳越春秋夫差內傳及句踐伐吳外傳皆作王孫

　　駱。駱、雒古通，秦本紀亦有說。雄爲雒之誤，漢書人表之雒陶，陶淵明集聖賢

　　羣輔錄上雒作雄，亦其比。頛亦雒之誤，漢書佞幸韓嫣傳：『子增封龍雒侯。』

　　師古注：『雒，字或作頛。』亦其比。考證引梁說，首『王孫雄』三字，志疑原

　　無。

意者亦欲如會稽之赦孤臣之罪乎！

　　考證：楓山、三條本亦下無欲字。愚按，欲字衍，赦上奪事字。

　　案異日越王棲於會稽，吳王赦之；今日吳王棲於姑蘇之山，亦欲越王赦之，而不

　　敢必，故曰『意者亦欲如會稽之赦孤臣之罪乎！』『意者』猶『或者，』楓、三

　　本脫欲字，欲字非衍，赦上尤不必意增事字。

謀之二十二年，

　　案吳越春秋作『謀之二十餘年。』據吳世家，夫差二年敗越，越王以甲兵五千人

　　棲於會稽，卽謀報吳，至夫差二十三年，越王滅吳，正二十二年。越語下作『夫

　　十年謀之，』十上疑脫二字，『二十年，』舉成數言之也。左哀元年傳載伍員之

　　言曰：『越十年生聚，而十年教訓，二十年之外，吳其爲沼乎？』亦其證。

且夫天與弗取，反受其咎。

　　案意林引太公金匱：『且天與不取，反受其咎。』

吾不忍其使者。

　　案越語、吳越春秋其上並有對字。

君百家。

　　索隱：『國語云：「與之夫婦三百。」是也。』

　　案索隱引國語，見吳語，本無『與之』二字。吳越春秋作『給君夫婦三百餘人。
　　（互詳吳世家斠證。）

遂自殺。

　　案吳語、越絕請糴內傳亦並云『自殺。』左哀二十二年傳云縊，呂氏春秋適威篇
　　云『自殺，』韓詩外傳十云『自喪，』淮南子道應篇、吳世家並云『自刭，』說
　　苑正諫篇云『自刎，』越絕外傳記吳王占夢、吳越春秋並云『伏劍，』皆猶『自
　　殺』也。伍子胥傳、越絕內傳陳成恆又並稱越王『殺夫差，』蓋夫差之『自殺，
　　乃由越王逼殺之，故亦可謂越王殺之也。（參看吳世家斠證。）

乃蔽其面，曰：吾無面以見子胥也！

　　正義：『……越絕云：「吳王曰：『聞命矣！以三寸帛幎吾兩目，……』越王則
　　解綏以幎其目，遂伏劍而死。」……』

　　案呂氏春秋知化篇：『夫差將死，曰：「死者如有知也，吾何面以見子胥於地下
　　？」乃為幎，以冒而（舊誤面）死。』（高注：『冒，覆面也。』說苑正諫篇『
　　為幎』作『蒙絮。』）焦氏易林三及九注並引史記云：『夫差曰：「吾無以見子
　　胥！」為幎，冒乃死。』所引蓋呂氏春秋文。正義引越絕，見外傳記吳王占夢，
　　惟兩幎字作冥，幎，冥正、假字。小爾雅廣服：『大巾謂之幎。』又黃善夫本、
　　殿本正義，並在『蔽其面』下。考證本在曰字下，非。

而誅太宰嚭。

　　梁玉繩云：誅嚭，說在吳世家。

　　案誅嚭，吳世家斠證亦有說。

與齊、晉諸侯會於徐州。

　　考證：『沈家本曰：「吳越春秋注引索隱曰：徐音舒。徐州，齊邑薛縣是也。其
　　字從人，左氏作舒。」』

案齊世家：『田常執簡公于徐州。』索隱：『徐晉舒，其字從人，左氏作舒。』

田完世家：『田氏之徒，追執簡公于徐州。』索隱：『徐晉舒。徐州，齊邑薛縣

是也。』吳越春秋徐注所引索隱，葢合齊世家及田完世家之索隱引之。齊世家正

文及索隱，考證本改徐爲徐，從索隱『其字從人』之說也。六朝俗書，從彳之字

往往寫從亻，故作徐，亦非史記之舊。齊世家已有說。徐、舒古通，吳世家已有

說。

命爲伯。

案文選盧子諒贈劉琨詩注引命上有九字。周禮春官大宗伯：『九命作伯。』注引

鄭司農云：『長諸侯，爲方伯。』

以淮上地與楚，……與魯泗東方百里。

梁玉繩云：越棄淮、泗之論，似非實，說在楚世家。

案吳越春秋亦云：『以淮上地與楚，………與魯泗東方百里。』葢信從世家之說

也。

范蠡遂去。

案文選鄒陽獄中上書自明一首注引遂作乃，乃猶遂也。

蜚鳥盡，良弓藏。狡兔死，走狗烹。

集解：『徐廣曰：狡，一作郊。』

考證：『……文子上德篇：「狡兔得而獵犬烹，高鳥盡而良弓藏。」淮南子說林

篇：「狡兔得而獵狗烹，高鳥盡而良弩藏。」……』

案論衡骨相篇蜚作飛，蜚、飛古、今字。淮陰侯列傳：『狡兔死。良狗亨。』索

隱本狡作郊，云：『郊音狡，狡，猾也。吳越春秋作「郊兔。」』與此徐注所稱

『一作郊』之本合。（下文『逐狡兔。』集解引徐注亦云：『狡，一作郊。』惟

今本吳越春秋夫差內傳及句踐伐吳外傳並作『狡兔，』葢後人所改也。又考證引

文子上德篇云云，乃鈔襲淮南子說林篇之文，文子乃魏、晉時僞書。

越王爲人長頸烏喙。

案景祐本、黃善夫本、殿本烏並作鳥，吳越春秋句踐伐吳外傳、論衡、抱朴子淸

鑒篇皆同。意林引范子：『計然曰：越王爲人鳥喙。』字亦作鳥。長短經察相篇

作烏，與此本合。劉子命相篇：『越王句踐長頸鳥喙，』明程榮漢魏叢書本、清

王謨重刻漢魏叢書本、王灝刻畿輔叢書本鳥並作烏。蓋由烏、鳥形近，故相亂

耳。

可與共患難，不可與共樂。

案記纂淵海八七引樂上有安字，長短經注同。『安樂』與『患難』對言，是也。

吳越春秋樂上有處字，『處樂』猶『安樂，』淮南子脩務篇：『不違啓處。』高

誘注：『處，安。』卽其證。論衡樂上有榮字，『榮樂』與『患難』亦對言。

子敎寡人伐吳七術。

正義：『越絕云九術。一曰，尊天事鬼。……三曰，貴糴粟槀，……以熒其志。

……以盡其財，以疲其力。六曰，貴其諛臣，……而備器利。九曰，堅甲利兵，

以承其弊。』

案正義引越絕，見內經九術。『尊天事鬼，』今本作『尊天地，事鬼神。』『以

熒其志，』作『以爲勞其志。』（爲字衍，勞乃熒之誤。）『以盡其財，以疲其

力，』無兩以字。『貴其諛臣，』貴誤遺，『備器』下脫利字。『堅甲利兵，』

作『堅屬甲兵。』利、屬古通，秦始皇本紀已有說。又正義『貴糴粟槀，』黃善

夫本、殿本貴並誤遺。『以熒其志，』殿本考證云：『熒猶惑也，作榮者非。』

熒、榮古通，釋名釋言語：『榮猶熒也。』卽其證。作榮者亦未爲非也。

句踐卒。

索隱：『紀年云：……於粵子句踐卒，是爲鼫與。』

案『於粵子，』今本紀年粵作越，下同，古字通用。

子王鼫與立。

索隱：『……按紀年云：於粵子句踐卒，是鼫與。次鹿郢立，六年卒。』

考證：鼫與，哀二十年左傳作適郢，吳越春秋名興夷，越絕作與夷。

案考證說，已詳殿本考證及梁氏志疑。黃善夫本、殿本索隱並無『是鼫與』三

字，蓋涉上文所引紀年而衍。又今紀年但云『鹿郢卒，』不云『六年。』

王不壽卒。

索隱：『紀年云：不壽立十年見殺。……』

案今紀年書『不壽見殺，』不云『十年。』

王翳卒，子王之侯立。

　　索隱：『紀年云：………吳人立子錯枝爲君。明年，大夫寺區定粵亂，立無余
　　之。……』

　　考證：『梁玉繩曰：「莊子讓王篇言『越三世殺君，王子搜逃乎丹穴，不肯出。
　　』音義曰：『搜，淮南作翳。』呂氏春秋貴生篇亦引此事，高誘注云：『越王翳
　　也。』而審己篇有『越王授，』注謂『句踐五世孫。』名號旣異，代系多乖，莫
　　可詳究。」』

　　案莊子讓王篇云云，論衡命祿篇搜亦作翳，搜乃授之隸變，呂氏春秋審己篇作
　　授，授疑授之形誤。（拙著莊子校釋五有說。）俞樾莊子平議云：『釋文云：「
　　搜，淮南子作翳。」然翳之前無三世弒君之事。史記越世家索隱，以搜爲翳之子無
　　顓。據竹書紀年，翳爲其子所弒。越人殺其子，立無余。又見弒，而立無顓。是
　　無顓以前，三君皆不善終。則王子搜是無顓之異名無疑矣。淮南子蓋傳聞之誤，
　　當據索隱訂正。』論衡及呂氏春秋貴生篇高注，並以搜爲翳，（吳志虞翻傳、抱
　　朴子逸民篇並同，梁氏志疑已引之。）蓋承淮南子之誤也。又索隱『子錯枝，』
　　黃善夫本子作孚，與今紀年合，是也。『無余之，』今紀年脫之字。

子王無彊立。

　　案紀年，越絕外傳記地傳彊並作疆，古字通用。（御覽三六六引此作殭，恐
　　誤。）

當楚威王之時，越北伐齊，齊威王使人說越王曰，

　　考證：『梁玉繩曰：楚威不與齊威同時，當作齊宣王。……』

　　案梁說是也，齊宣王之作齊威王，卽涉上文楚威王而誤。三國志魏志王凌毌丘儉
　　諸葛誕鄧艾鍾會傳評引此已誤作齊威王矣。

圖越之所爲不伐楚者。

　　案爲猶以也。

不至頓双接兵，

　　案『頓双』猶『壞双。』左襄四年傳：『甲兵不頓。』杜注：『頓，壞也。』

商、於、析、酈、

正義：酈音擲。

案黃善夫本、殿本正義擲並作攤。殿本考證云：『酈字無攤音，疑攤字之誤。』

宗、胡之地，

索隱：宗胡，邑名。胡姓之宗，因以名邑。

梁玉繩云：『宋胡之地。』宋字今本之誤。索隱本宗胡，是也。

考證：『各本宗作宋，今從索隱本。中井積德曰：宗胡，疑是兩地。』

案景祐本、黃善夫本、殿本並作宋胡，黃本、殿本索隱宗胡上並有『宋胡作宗胡』五字，蓋由正文宗誤宋，乃加此五字耳，考證本從索隱本宋作宗，蓋依梁說；又以宗、胡爲二地，從中井說也。

吾不貴其用智之如目見豪毛而不見其睫也。

王念孫云：『此文本作「吾患其用智之如目，見豪毛而不自見其睫也。」祇因患誤作貴，後人不得其解，遂於貴上加不字耳。（太平御覽引此已誤。）大戴禮曾子立事篇：「旣知之，患其不能行也；旣能行之，患其不能以讓也。」今本作「貴其能以讓也。」此亦是患誤作貴，後人因刪去不字也。或增不字；或刪不字，皆由不知貴爲患之誤耳。「不自見其睫，」今本脫自字，太平御覽人事都七引此有自字。下文曰：「今王知晉之失計，而不自知越之過。」則有自字明矣。韓子喻老篇：「杜子見楚莊王曰：臣患王之智如目也，（今本患上有愚字，卽患字之誤而衍者。又脫王字。）能見百步之外，而不能自見其睫。」語意正與此同。』

考證：『不貴』二字自通，不必改。十八字爲一句。

案考證謂『不貴』二字不必改，是也。三國志魏志注引此作『吾不貴其用智之如目，目見毫毛而不自見其睫也。』亦可證今本『而不』下脫自字。一切經音義六、四六、四九、五五、御覽三六六（卽人事都七）、記纂淵海五四、五六引豪皆作毫，豪、毫正、俗字。一切經音義六、四六、五五引睫皆作睞，睞、睫亦正、俗字。

非其馬汗之力也。

考證：宋本、游本其作有。

案有猶其也。（吳昌瑩經詞衍釋三有說。）惟景祐本、黃善夫本仍作其。

後七世，至閩君搖，佐諸侯平秦。漢高帝復以搖爲越王，以奉越後。東越閩君，皆其後也。

　　　考證：『閩越傳亦云：無諸及搖皆句踐後。』

案考證說，本梁氏志疑。惟所稱閩越傳，閩當作東，漢書乃作閩。

爲書辭句踐曰，

　　　考證：『越語云：「反至五湖，范蠡辭於王曰：君王勉之，臣不復入越國矣。」據此，則范蠡與越王對語，非贈書。』

案吳越春秋句踐伐吳外傳亦是范蠡與越王對語。

臣聞主憂臣勞，主辱臣死。

　　　案吳越春秋句踐陰謀外傳：『越王仰天歎曰：孤聞主憂臣辱，主辱臣死。』越絕外傳計倪亦載越王之言曰：『夫主憂臣辱，主辱臣死。』『臣辱』與范蠡言『臣勞』略異。

今旣以雪恥，

　　　案『旣以』複語，以猶已也。雪借爲㓟，謂拭除也。秦本紀已有說。

乃裝其輕寶珠玉，

　　　案御覽八百四引裝作載，

於是句踐表會稽山，以爲范蠡奉邑。

　　　索隱：『國語云：乃環會稽三百里，以爲范蠡之地。』

　　　梁玉繩云：『蠡已去越，何「奉邑」之有！國語云：「環會稽三百里，以爲范蠡地。」不言「奉邑」也。越絕言「封蠡之子于苦竹城，」吳越春秋言「封蠡妻子百里之地。」』

　　　案蠡已去越，此謂『表會稽山爲范蠡奉邑，』乃爲蠡之妻子耳，非直爲蠡也。越語所云『環會稽三百里，以爲范蠡地。』亦此意。參驗越絕、吳越春秋所言，當可知也。又索隱所引國語，今本越語無乃、之二字。

范蠡浮海出齊，變姓名，自謂鴟夷子皮。

　　　正義：『吳王誅子胥，盛鴟夷子皮，棄之江中，蠡旣去越，比之子胥，自號鴟夷

子皮……韓子云：鴟夷子皮事田成子，去齊之燕，子皮從之。』

案初學記十八、御覽四七一引『姓名』並作『名姓。』焦氏易林一及十注引謂並作號，與正義合。貨殖列傳亦稱范蠡『變名易姓，適齊，爲鴟夷子皮。』索隱：『案韓子云：「鴟夷子皮事田成子，成子去齊之燕　，　子皮乃從之也。」蓋范蠡也。』此文正義及彼文索隱所引韓子，見說林上篇，本作『鴟夷子皮事田成子，田成子去齊，走而之燕，鴟夷子皮負傳而從。』索隱以韓子所稱之鴟夷子皮爲范蠡，正義或亦以爲范蠡，而未明言。考田成子（名常，謚成）之門，實有鴟夷子皮其人，然此鴟夷子皮，非范蠡也。墨子非儒下篇：『孔丘乃恚怒於景公與晏子，乃樹鴟夷子皮於田常之門。』淮南子氾論篇：『昔者齊簡公釋其國家之柄，而專任大臣將相，攝威擅勢，私門成黨，而公道不行，故使陳成常（陳與田古通，今本常上衍田字，王氏雜志有說）、鴟夷子皮得成其難。』又說苑臣術篇載鴟夷子皮與田常論『君死不死，君亡不亡。」之事甚詳；指武篇載鴟夷子皮與田常攻宰我事，咸可證田成子之門，實有鴟夷子皮其人。然錢大昕云：『田常弒君之年，越未滅吳，范蠡何由入齊。』（十駕齋養新錄十二。）不知此鴟夷子皮，實非范蠡也。說苑臣術篇又云：『鴟夷子皮日侍於屈春，損頗爲友，二人者之智，足以爲令尹。不敢專其智，而委之屈春。』是鴟夷子皮爲人，足智而謙讓。范蠡與之相似。蠡去越適齊，蓋以鴟夷子皮自比　，　因以爲號云。然則正義所云『比之子胥，』恐不然矣。

苦身勠力，父子治產。

案御覽四七一引勠作務，產作生。

致產數十萬。

考證：柯、凌本十作千。

案御覽引作『致錢數千萬。』景祐本、黃善夫本、殿本十亦並作千，是。

齊人聞其賢，以爲相。范蠡喟然嘆曰：居家則致千金，居官則至卿相，此布衣之極也！久受尊名不祥。

考證：『凌稚隆曰：淮南子言簡公專任宰相，故使田常、鴟夷子皮得成其難。史稱蠡自謂鴟夷子皮，爲齊相。然則蠡相齊之後，又爲田常謀，事成，乃去耳。』

案李斯列傳：『李斯喟然而歎曰：當今人臣之位，無居臣上者。可謂富貴極矣！

物極則衰，吾未知所稅駕也。』斯能知此，而不能如范蠡之超然隱退，終至腰斬

咸陽市，惜哉！凌氏所稱淮南子，見氾論篇。惟彼鴟夷子皮非范蠡，已詳上文。

以分與知友鄉黨。

　　案御覽引與作于，義同；又引友作交，交，隸書作友，與友形近，往往相亂。

於是自謂陶朱公。

　　考證：『秦策：「蔡澤曰：范蠡超然避世，長爲陶朱公。』

　　案秦策云云，又見蔡澤傳。

復約要父子耕畜，廢居候時。

　　正義：廢，停也。居，貯也。停賤物，貴而賣之也。

　　案御覽引作『復約身又耕畜，勞居候時。』恐非。正義釋廢、居爲一義，平準書

　　：『廢居居邑。』索隱引劉氏云：『廢，出賣。居，停蓄也。』廢與居義相反，

　　其說較優。

而朱公中男殺人，

　　案藝文類聚五二、御覽六五二引男並作子，渚官舊事二同。（長短經是非篇作男

　　，御覽五一四引亦作男。）

告其少子往視之，

　　考證：藝文類聚引告作使。

　　案御覽六五二引告亦作使，長短經同，記纂淵海四一引作令。

乃裝黃金千溢，

　　案藝文類聚、御覽五一四引溢並作鎰，長短經、渚官舊事並同。溢、　鎰古、　今

　　字。

朱公不聽。

　　案藝文類聚、御覽六五二引聽並作許。

爲一封書，遺故所善莊生。

　　案藝文類聚引作『乃爲一封書及金，令遺故所善莊生。』御覽六五二引書下亦有

　　『及金，令』三字。下文『長男發書，進千金，』與比相應，此自當書及金兼言之。

莊生家負郭，披藜藋到門，

　　考證：『中統、游、柯、凌本藋作藿。岡白駒曰：周圍藜藿以給朝夕。』

　案考證本原以莊生二字屬上絕句，非，渚宮舊事藋亦作藿，藿乃藋之誤。仲尼弟
　子列傳：『排藜藋，入窮閻。』王念孫云：『「藜藋」當爲「藜藋（徒弔反），
　」字之誤也。藋，即今所謂「灰藋」也。爾雅：「拜，蔏藋。」郭注曰：「蔏藋
　似藜。」「藜藋」皆生於不治之地，其高過人，必排之而後得進，故言排。越世
　家曰：「莊生家負郭，披藜藋到門。」彼言「披藜藋，」此言「排藜藋，」其義
　一也。若藋爲豆葉，豆之高不及三尺，斯不可言排矣。凡書傳言「藜藿」者，皆
　謂採以供食，與言「藜藋」者異義，不可比而同之也。』岡氏忽略此文披字，據
　誤本作『藜藿』爲說，自不足取矣。

居甚貧。然長男發書進千金，如其父言。

　　考證：『張文虎曰：然字涉下文而衍。』

　案長男見莊生居甚貧，進千金，似嫌多。然因父言在先，故仍發書、進千金也。
　然字緊承上文而言，非涉下文而衍。渚宮舊事亦有然字。

卽弟出，

　案弟猶但也，命令之詞。

不過莊生而私留，

　案渚宮舊事過作顧。

非有意受也。

　案記纂淵海五七引受下有之字。

有如病不宿誠，

　　正義：宿猶預也。

　　考證：『宿誠』二字屬上句，言急死不能預告之也。

　案『有如』複語，有猶如也。周勃世家：『有如卒，子當代。』裴學海云：『「
　有如」是複語，猶言「設如」也。』（古書虛字集釋二。）與此同例。正義訓宿
　爲預，是也。淮陰侯列傳：『樵蘇後爨，師不宿飽。』『宿飽』猶『預飽』，與
　此宿字同義。渚宮舊事誠作戒，古字通用。玉篇：『誡，告也。』此謂『設如病

不及預告』也。

言某星宿某，

　　案藝文類聚、御覽並引作『曰：某星犯某宿。』渚宮舊事言亦作曰。

獨以德爲可以除之。

　　案爲猶乃也。藝文類聚引除作報，下文『王言欲以修德報之。』與此報字相應。

生休矣。

　　案渚言舊事作『先生休矣。』生，猶言『先生。』儒林列傳：『言禮，自魯高堂
　　生。』索隱：『言生者，自漢以來，儒者皆號生，亦「先生」省字呼之耳。』世
　　家此文，必遠有所本，則『先生』之省稱生，由來久矣。蘇秦列傳：『甚矣，齊
　　之爲蘇生報仇也。』集解引徐廣曰：『生，一作先。』生，亦猶言『先生。』先
　　，亦猶言『先生。』彼文亦必遠有所本。（『先生』古可單稱生或先，參看鼂錯
　　傳『學申、商刑名於軹張恢先所，』考證引王鳴盛（史記商榷）說。俞正燮癸巳
　　存稿四『先生釋義』條，論之尤詳。惟並未涉及世家此文及蘇秦傳之文。）

封三錢之府。

　　集解：『……古者有母權子……』

　　案渚宮舊事封上有入字。景祐本、黃善夫本、殿本集解，權並作平，與國語周語
　　下韋注合。

何以也？

　　考證：楓山、三條本以下有知。

　　案有知字是。渚宮舊事作『何以知之？』也與之同義。

初爲事弟，

　　案記纂淵海五七引作『初爲求免弟。』文非其舊，意則相同。

長男即自入室取金持去，獨自歡幸。

　　考證：楓山、三條本男下無即字，自下無歡字。

　　案即字不可無。渚宮舊事亦無歡字。獨猶特也。

莊生羞爲兒子所賣。

　　案藝文類聚、御覽羞並作恥。

其家多持金錢賂王左右。

　　案御覽引持作將，無錢字，將猶持也，（外戚世家：『扶將出門，』漢書將作持
　　卽其比。）渚宮舊事亦無錢字。

故王非能恤楚國而赦，乃以朱公子故也。

　　案御覽引赦上有恩字，朱公上有陶字。

明日遂下赦令。

　　案御覽引遂作乃，遂猶乃也。

長男竟持其弟喪歸至。

　　案藝文類聚引持作載。歸字屬上絕句。至，一字句。考證本以『歸至』連讀，非
　　也。

彼非不愛其弟，

　　案御覽五一四引弟下有也字。

是少與我俱見苦爲生難。

　　考證：御覽引『見苦』二字倒。

　　案『是少與我俱』絕句。景宋本御覽五一四引『見苦』二字未倒。

故輕弃之。

　　考證：凌本弃譌去。

　　案黃善夫本、殿本弃並作去，義同。

前日吾所爲欲遣少子，

　　案爲猶以也。（御覽引爲上有以字，非。）

吾日夜固以望其喪之來也！

　　考證：楓山、三條本夜作者，以作已。

　　案楓、三本夜作者，葢涉上文『無足悲者』而誤。御覽引以亦作已。

漸九川，

　　集解：『徐廣曰：漸者，亦引進通導之意也。字或宜然。』

　　案徐釋漸爲『引進通導，』漸借爲趣，說文：『趣，進也。』夏本紀：『道九
　　川，』（道、導古、今字。）道與趣義亦相近。

諸夏艾安。

　　　案艾借爲乂，說文：『乂，治也。』

號稱霸王。

　　　集解：『徐廣曰：一作主。』

　　　案此本前文『號稱霸王』言之，則王不當作主。據此，則項羽之『號爲霸王。』

　　　（項羽本紀贊。）亦有所本矣。

史記斠證卷四十二

鄭世家第十二

王　叔　岷

鄭桓公友者，周厲王少子，而宣王庶弟也。

梁玉繩云：『「庶弟」誤，當依年表作「母弟。」漢地理志亦作「母弟。」鄭詩譜從之，是也。詩疏曰：「世家、年表同出馬遷，而自乖異。」紀年稱桓公爲「王子多父，」蓋其字。』

考證：『愚按左傳云：「鄭有厲、宣之親。」以厲王之子而兼云宣王，桓公明是宣王母弟。此云「庶弟，」傳寫之誤。』

案長短經運命篇注引厲王下有之字，國語鄭語韋注同。『庶弟，』鄭詩緇衣釋文亦作『母弟。』又鄭詩譜孔疏：『僖二十四年左傳曰：「鄭有厲、宣之親。」以厲王之子，而兼云宣王，明是其母弟也。服虔、杜預皆云「母弟。」』考證云云，卽本孔疏。

於是桓公問太史伯曰，

案長短經注引問下有於字。鄭語、漢書地理志下亦並有於字，惟並無太字，下同。水經洧水注作『問于史伯曰，』于猶於也，亦無太字，下同。

王室多故，

案鄭語韋注：『故猶難也。』水經注故正作難。

獨雒之東土，

案長短經七雄略注獨下有有字。

公誠請居之，

案長短經七雄略注『誠請』作『請試，』此疑本作『公試請居之。』下文『公誠居之，』則進一層言之也。試之作誠，試，誠形近，又涉下文而誤耳。

後成王封叔虞于唐。

　　集解：「徐廣曰：「晉世家曰……………字子于。」

　　索隱：『…………據此系家下文云：…………當武王邑姜方娠大叔，夢天帝命而
子曰虞，與之唐。及生，有文在手曰虞，遂以名之。…………』（天下原脫帝字。）
案黃善夫本、殿本集解，子于並作子干，干字誤，晉世家有說。索隱引下文云
云，今各本娠作娠，帝上無天字，手作掌，名作命。廣雅釋詁三：『命，名也。
』（命，今本誤今，王念孫疏證有說。）參看下文。

其地阻險，以此有德，與周衰竝，亦必興矣。

　　考證：『岡白駒曰：以此有德子孫，與周季衰德者竝，其勢必興矣。』
　　案『其地阻險，以此有德。』（以猶與也。）單承上文唐（晉）而言。『與周衰
竝，亦必興矣。』竝字當屬下讀，『竝亦必興矣，』兼上文『齊、秦、晉、楚』言
之。長短經運命篇注引與作若，必上無亦字（鄭語云：『若周衰，其必興矣。』其指
楚而言。）與猶若也，『亦必』複語，亦猶必也，故可略其一。『與周衰，竝亦必興
矣。』謂『若周衰，則齊、秦、晉、楚竝必興也。』（參看拙著古書虛字新義
〔七、亦〕條。）岡氏斷句既誤，釋義自乖。考證從之，非也。

而虢、鄶果獻十邑。

　　集解：『虞翻曰：十邑，謂虢、鄶、鄢、蔽、補、丹、依、畴、歷、莘也。』
　　索隱：『國語云：「太史伯曰：若克二邑，鄢、蔽、補、丹、依、畴、歷、莘，
君之土也。」虞翻注，皆依國語爲說。』
　　殿本考證：『集解，監本訛丹爲舟，訛莘爲華。索隱「皆依國語爲說，」說，監
本訛作記。』

　　案漢書地理志鄶作會，師古注：『會讀曰鄶，字或作檜。』會、鄶、檜，古並通
用，楚世家已有說。集解引虞翻云云，重雕宋明道本鄭語韋注作「十邑，謂虢、
鄶、鄔、蔽、補、舟、依、柔、歷、莘也。』丹之作舟，莘之作華，與殿本考證所
稱監本合。景祐本、黃善夫本集解莘亦作華。索隱引國語『若克二邑』下云云，
明道本鄭語作『鄔、弊、補、舟、依、駛、歷、華，君之土也。』黃丕烈札記
云：『鄔，舊音作鄢，音偃。弊，舊音作蔽。舟，別本作丹。駛，舊音作畴，詩

譜作疇。華，別本作莘。』鄔與鄢、舟與丹、華與莘，並形近相亂。蔽之作弊，
弊乃俗字。睭之作緜，葢古通用。詩譜作疇，疑睭之誤。又索隱『虞翻注，皆依
國語爲說。』黃善夫本注作註，無皆字，說亦作記。

犬戎殺幽王於驪山下，

　　案文選潘安仁西征賦注引驪作酈，古字通用。

生太子寤生，生之難。

　　梁玉繩云：『焦竑筆乘云：「寤當作逜，逆也。產子首先出者爲順，足先出者爲
　　逆。莊公逆生、故驚姜氏。胡元滿說。」余弟左通申而證之曰：「爾雅：『逜，
　　寤也。』胡說本之。漢書敍傳：『上聖寤而後拔。』文選寤作迕，與逜通。」』
　　朱駿聲云：『寤借爲牾，左隱元傳：「莊公寤生。」按足先見，逆生也。』（說
　　文通訓定聲。）

　　考證：寤讀爲牾。牾，逆也。莊公逆生，史所謂『生之難』也。（節錄。）
　　案梁氏所引筆乘，見筆乘續集五，胡元滿，胡乃吳之誤。朱氏謂『寤借爲牾，』
　　是也。說文：『牾，逆也。』（段注本改逆爲屰，云：屰，不順也。）焦氏謂『
　　寤當作逜，』梁履繩左通謂『迕與逜通，』逜、迕並遻之或體，遻亦借爲牾。考
　　證謂『寤讀爲牾，』牾乃牾之俗誤。

莊公曰：武姜欲之。

　　考證：『左傳武姜作姜氏。梁玉繩曰：姜氏現存，而稱武姜，可乎？』
　　案史記生稱謚，其例習見。（參看日知錄二十三。）

段出走鄢。

　　梁玉繩云：『正義曰：「鄢音烏古反。舊作鄔，音偃。」然則唐時史記有作鄔者
　　矣。葢字形相近，音得轉呼，觀左傳釋文可見。（昭廿七、八年。）』
　　案鄢、鄔相亂，觀上文『而虢、鄶果獻十邑』條亦可見。

誓言曰，

　　考證：左傳誓下無言字。
　　案左傳『誓言』作『誓之，』非誓下無言字也。言疑之之誤，言、之草書形近易
　　亂、墨子尚賢下篇：『今也天下言士君子，皆欲富貴而惡貧賤。』言亦之之誤，

（王念孫雜志有說。）與此同例。

宋繆公卒。

案隱三年春秋經、年表、宋世家繆皆作穆，古字通用。下文鄭繆公，年表繆亦作
穆。

三十三年，宋殺孔父。

梁玉繩云：事在三十四年。

考證：桓二年春秋經傳。愚按，何不記弒殤公？據表在三十四年，與春秋合。

案年表及宋世家已記弒殤公，故此略之。又據宋世家，殺孔父在宋殤公十年，亦
當鄭莊公三十四年。

莊公與祭仲、高渠彌發兵自救。

索隱：彌，一作眯，竝名卑反。（彌上原衍『一作』二字。）

梁玉繩云：左傳曼伯、祭仲爲二拒，原繁、高渠彌以中軍奉公，此不具。

案高渠彌，阮元左傳校勘記云：『秦本紀作高渠眯』。彌、眯古通，梁氏志疑於
秦本紀已有說。又索隱『竝名卑反，』黃善夫本、殿本並作『並音迷。』非其舊
也。

祝瞻射中王臂。

索隱：左氏作祝聃。（氏，原誤傳。）

錢大昕云：『瞻當作瞻，說文：「瞻，垂耳也。」與聃音義相近。左氏云「中肩
，」此云「中臂，」傳聞異辭。』

梁玉繩云：祝瞻，瞻乃瞻之譌，即聃也。

案景祐本南宋補版、黃善夫本、殿本瞻並誤瞻，考證本作聃，從錢、梁說改也。
黃本、殿本索隱聃並作聃，重栞宋本左桓五年傳同。聃、聃正、俗字。

次弟子亹也。

案漢書人表亹作亹，同。

公使娶鄧女，

案鄭詩譜疏引『鄧女』作鄧曼，左桓十一年傳同。杜注：『曼，鄧姓。』

生厲公突。

案鄭詩譜疏引作『生公子突。』引左傳同。（今左傳作『生厲公。』）

九月辛亥，忽出奔衞。

考證：左傳『辛亥』作『丁亥。』

案考證說，本殿本考證。梁氏志疑亦云：『桓十一年傳是「丁亥。」左通曰：「庚辰年九月，乙亥朔，癸卯晦。無辛亥，史誤。」』

陰使其壻雍糾欲殺祭仲。

考證：左傳無欲字，此疑衍。『其壻』二字亦贅。

案左桓十五年傳作『使其壻雍糾殺之，將享諸郊。』此有『其壻』二字，本左傳。然下文已云：『糾妻，祭仲女也。』（左傳不言『祭仲女也。』）則此『其壻』二字誠可略。此不言『將享諸郊，』故殺上增欲字。欲猶將也，非衍文。國語齊語：『此非欲戮之也，欲用其政也。』管子小匡篇、魯世家下欲字並作將，卽欲、將同義之證。

因櫟人殺其大夫單伯。

索隱：依左傳，作檀伯。檀伯，鄭守櫟大夫。事在桓十五年。此文誤爲單伯者，蓋亦有所因也。按魯莊公十四年，厲公自櫟侵鄭事，與周單伯會齊師伐宋相連，故誤耳。

考證：『洪頤煊曰：單、亶古字多通用，單伯卽檀伯也。與魯莊十四年單伯會齊師伐宋事無涉。』

案洪氏云云，錢大昕考異、梁氏志疑亦並有說。

射殺昭公於野。

考證：射殺之說，未知所本。

案考證說，本梁氏志疑。

子亹曰：齊彊而厲公居櫟，卽不往，是率諸侯伐我內厲公。

考證：『陳仁錫曰：「厲公當作子突。」王念孫曰：「是當爲且字之誤。卽，若也。言我若不往，則齊且率諸侯伐我，而納厲公也。」』

案梁氏志疑亦云：『兩厲公當作子突。』惟生稱謚，史記習見，不必改。裴學海云：『是猶且也，讀書襍志謂是爲且之誤，未允。』（古書虛字集釋九。）

往何遽必辱？

考證：遽、渠通，『何遽』猶『如何。』

案『何遽』複語，遽亦何也。『往何遽必辱？』猶言『往何必辱？』王氏釋詞五有說。

高渠彌亡歸。歸與祭仲謀，召子亹弟公子嬰於陳而立之，是爲鄭子。

索隱：左氏以鄭子名子儀，此云嬰，蓋別有所見。（氏原誤傳。）

梁玉繩云：『桓十八年傳云：「轘高渠彌，祭仲立鄭子。」此誤以子儀爲嬰，說在表。』

案左傳杜注：『車裂曰轘。鄭子，昭公弟子儀也。』鄭詩譜疏引世家嬰作儀。

齊襄公使彭生醉拉殺魯桓公。

案齊世家亦云『拉殺魯桓公。』集解引公羊傳曰：『搚幹而殺之。』（正義：幹，脅也。）魯世家云：『摺其脅。』列女傳孽嬖篇魯桓文姜傳作『拉其脅而殺之。』詩齊風南山疏引公羊傳搚亦作拉。搚，或拹字。說文：『拹，摺也。一曰，拉也。』（參看齊世家料證）。

使人誘劫鄭大夫甫假，

王念孫云：『甫瑕，瑕本作假，索隱本出甫假二字，注曰：「左傳作傅瑕。此本多假借，亦依字讀。」是史記本作假，不得以左傳改之也。瑕、假聲相近，故字亦相通，淮南精神篇：「審乎無瑕，」莊子德充符篇瑕作假，檀弓公肩假，漢書古今人表作公肩瑕，是其證。』

梁玉繩云：以傅爲甫，字省耳。故論中甫瑕兩見，索隱本作甫假。

考證：各本假作瑕，蓋後人依左傳改。今從索隱本。

案景祐本南宋補版、黃善夫本、殿本並作甫瑕，考證本從索隱本作甫假，本王、梁說也。漢書人表作傅瑕，與左傳合。

乃舍之。

考證：左傳舍作赦。

案舍、赦古通，爾雅釋詁：『赦，舍也。』

遂自殺。

　　　　案左莊十四年傳作『乃縊而死。』

燕、衞與周惠王弟穨伐王，王出奔溫，立弟穨爲王。

　　　　梁玉繩云：穨乃莊子，僖王弟，惠王叔父，此誤。王不奔溫，已說在表。

　　　　案景祐本南宋補版、黃善夫本、殿本穨並作頹，頹卽穨之俗變，周本紀已有說。

　　　　周本紀、年表、燕世家皆言『惠王奔溫。』與此合；左莊十九年傳則以爲子頹。

　　　　梁氏燕世家志疑有說，斠證亦有說。

子文公踕立。

　　　　梁玉繩云：文公之名，左穀春秋及高注呂子上德、韋注晉語竝作捷，年表同。公

　　　　羊作接，人表作椄。葢捷、接古字通用，而手與木旁，古亦通寫也。惟此作踕爲

　　　　譌。其所以誤者，踕字同踕跣形相近耳。

　　　　案爾雅釋詁：『接，捷也。』捷、接古固通用；竊疑踕、捷　並諧疌聲　，古亦通

　　　　用，踕非誤字。

與亡凡二十八年。

　　　　考證：『梁玉繩曰：八當作七。』

　　　　案上文：『厲公初立四歲，亡居櫟。居櫟十七歲復入，立七歲。』正『二十八

　　　　年，』則八字不誤，年表亦可證。

文公之賤妾曰燕姞，

　　　　案左宣三年傳、潛夫論志氏姓篇之並作有，之猶有也。商君列傳：『而爲其男女

　　　　之別，』（爲猶使也。）孟子荀卿列傳：『阿之呼子焉。』之亦並與有同義。

夢天與之蘭。

　　　　案潛夫論天作神。

文公弟叔詹，

　　　　案叔詹，韓非子喻老篇、宋世家、晉世家皆作叔瞻，詹、瞻古通，宋世家已有說

　　　　。晉語四韋注：『叔詹，鄭大夫。』呂氏春秋務本、上德、務大並作被瞻，（元

　　　　吾衍晉史乘伐鄭章同。）晉世家已有說。

使卽反國，

　　　　考證：楓山、三條本卽作得。

案即猶得也。春申君列傳：『太子得立，其事秦必重。』長短經七雄略注得作即，此即、得同義之證。（此義前人未發。）

已而反與蒍。

考證：左傳與作即。

案左傳二十四年傳作『師還，又即蒍。』此文當讀『已而反』句。『與蒍』句。『已而反，』謂鄭師還也。與、即義近。

而惠王不賜厲公爵祿。

索隱：『此言「爵祿，」與左氏說異。左傳云：「鄭伯享王，王以后之鞶鑑與之。虢公請器，王予之爵。」則爵，酒器。是太史公與丘明說別也。』

案祿字疑後人因爵字聯想而誤增，恐非史公以酒器之爵爲「爵祿」也。索隱：『爵，酒器。』本左傳杜注。又索隱『是太史公與丘明說別也。』十字，黃善夫本、殿本並作『非爵祿也。故曰與左氏說異。』十一字。

冬，翟攻伐襄王。

考證：僖二十四年左傳。冬當作秋。

案考證說，本梁氏志疑。（殿本考證亦云：考左傳，事在秋。）

初，鄭文公有三夫人，寵子五人，皆以罪蚤死。

梁玉繩云：宣三年傳，文公娶江，又娶蘇，報叔父子儀之妃陳嬀，則非三夫人也。五子中，二人以罪見殺，一人早卒，一人爲楚酖死，其一子瑕見存，文公惡之。則非五人俱有寵也；亦非皆以罪早死也。

案五子中，子華、子臧見殺，兪彌早卒，士酖死，子瑕見存，並詳左宣三年傳。惟史公謂五子皆以罪早死，或別有所據與？

公怒，溉逐羣公子。

集解：『徐廣曰：溉，一作瑕。』

索隱：音蔇，左傳作瑕。

梁氏志疑『公怒溉』句。云：『徐云：溉，一作瑕。」是也。即子瑕。』

考證：『中井積德曰：「溉，既之煩文。「沈家本曰：」按五帝本紀：『溉執中。』集解引徐廣曰：『古既字作水旁。』此溉字，亦應讀爲既。既者何？盡也

案呂氏春秋悔過篇載此事，所偁賈人爲弦高、奚施二人。淮南子人間篇爲弦高、

蹇他二人，許愼注：『蹇他，弦高之黨。』蹇他，疑卽奚施也。（參看斠證導論

及秦本紀斠證。）

二十一年，與宋華元伐鄭。

　　梁玉繩云：宣二年傳，鄭公子歸生受命于楚伐宋，宋華元、樂呂禦之而獲。非宋

　　伐鄭也。與字尤誤！

　　考證：『張文虎曰：此句有誤。』

　　案與字疑涉下文『不與』字而衍。

晉使趙穿以兵伐鄭。

　　考證：『梁玉繩曰：穿當作盾。』

　　案趙穿，左宣二年傳作趙盾，魯宣公二年，當鄭繆公二十一年，與世家合。年表

　　亦作趙盾，惟書於鄭穆公（穆、繆古通）二十年，恐誤。

子家、子公將朝靈公。

　　案左宣四年傳、說苑復恩篇子公並作『公子宋。』左傳杜注：『宋，子公也。』

必食異物。

　　案左傳、說苑物並作味。

染其指。

　　集解：『左傳曰：染指於鼎。』

　　案說苑亦作『染指於鼎。』

必以賢，則去疾不肖；必以順，則公子堅長。

　　案兩必字並與若同義。下文『必去繆氏，』（左宣四年傳作『若將亡之。』）必

　　亦與若同義。

子家卒，國人復逐其族。以其弒靈公也。

　　梁玉繩云：不言『斲子家之棺，』而但言『逐族，』失輕重矣。

　　考證：宣十一年左傳。

　　案左宣十年傳稱鄭人『斲子家之棺，而逐其族。』史公不言『斲子家之棺，』正

　　見其所重者在『逐族』耳。考證所偁『宣十一年，』乃『十年』之誤。

　　　　　　　　　　　　　　　　　　　　　　　　　　　　　　　　—209—

○怒字句，旣字屬下『逐羣公子』讀。言『盡逐羣公子』也。」愚按，中、沈二說是。』

案徐氏謂『溉，一作瑕。』蓋指左傳言之。非謂此文溉，一本作瑕也。上文『寵子五人，皆以罪蚤死。』子瑕當在其中，若此作『公怒瑕，』則不可通矣。當讀『公怒』句，溉字屬下讀，史記古本旣作溉，正義論字例云：『旣字作溉。』亦其驗也。又索隱瑆字，黃善夫本、殿本並作旣。

不敢謂叔詹言。

王念孫云：謂猶與也，言『不敢與叔詹言之也。』（釋詞二。）

考證：古鈔本無言字，可從。

案此文如原無言字，則謂猶告也。禮記表記：『瑕不謂矣。』鄭注：『謂猶告也。』

乃自殺。鄭人以詹尸與晉。

考證：事見晉語及呂覽上德篇。但叔詹未嘗自殺，說在晉世家。

案考證『但叔詹』云云，本梁氏志疑。事又見晉史乘伐鄭章，（本呂氏春秋。）亦未言自殺，晉世家有說。

乃使人私於秦，

案人，謂燭之武。見左傳三十年傳。

遂許晉與盟，卒而立子蘭爲太子。

考證：『楓山、三條本卒作平。梁玉繩曰：「『卒而』當作『而卒。』」中井積德曰：「而字疑衍。」』

以仁云：郭嵩燾史記札記亦謂『而字衍文。』

案楓、三本卒作平，則平字屬上絕句，然亦甚牽強，平蓋卒之形誤。『卒而』不當作『而卒；』而字亦無緣致衍。『卒而』猶『終於』也。唐景龍碑本老子二十三章：『故從事而道者，道德之；同於德者，德德之。』而、於互文，秦本紀：『亡鄭厚晉，於晉爲得矣，而秦未有利。』而、於亦互文（此例本劉德漢弟史記虛字集釋七），明其義相同。

逢鄭賈人弦高，詐以十二牛勞軍。

鄭襄公肉袒掔羊以迎。

　　考證：掔，古牽字。楓山、三條本、毛本作牽。

　　案左宣十二年傳、楚世家、元吾衍楚史檮杌克鄭章掔亦皆作牽。

使君王懷怒以及獘邑。

　　案景祐本南宋補版、黃善夫本、殿本獘並作弊，左傳、楚世家並作敝。敝、獘古
　　通。弊，俗獘字。此改俗從正耳。

君王遷之江南，及以賜諸侯。

　　案左傳及作其，楚世家及作若。及、其、若，並與或同義。宋世家：『欲死之及
　　去，未能自決。』及亦與或同義，彼文有說，此義前人未發。（參看楚世家斠
　　證。）

若君王不忘厲、宣王、桓、武公，

　　考證：『杜預曰：周厲王、宣王，鄭之所自出也。鄭桓公、武公，始封之賢君
　　也。』

　　案考證引杜注云云，本楚世家集解。

莊王爲卻三十里而後舍。

　　案公羊傳、楚史檮杌並作『退舍七里。』楚世家已有說。

自郢至此，士大夫亦久勞矣！今得國舍之，何如？

　　考證：『公羊傳云：「將軍子重諫曰：南郢之與楚相去數千里。……………」』

　　案考證引公羊傳云云，楚乃鄭之誤。公羊傳何休注：『南郢，楚都，不能二千
　　里。言數千里者，欲深感莊王，使納其言』。

莊王曰：所爲伐，伐不服也；今已服，尚何求乎？

　　梁玉繩云：『溙南集辨惑曰：楚世家本左氏。鄭世家云云，二者果孰是？』

　　案『所爲伐，』爲猶以也。楚世家載楚莊王圍鄭事，本左氏。（『莊王自手旗左
　　右麾軍』句，亦本公羊傳。）鄭世家則兼採公羊傳。然此『莊王曰』云云，與
　　公羊傳亦大異，或又別有所本。鄭世家所記較詳，可以補楚世家之未備。文無抵
　　牾，不得云『二者果孰是』也。

宋告急于晉，晉景公欲發兵救宋。

案說苑奉使篇、楚史檮杌赦解揚章，晉字並不疊。

乃求壯士，得霍人解揚，字子虎。

考證：『梁玉繩曰：「左傳無『求壯士』之文，亦不言其里與字，史必別有據。

故說苑奉使篇曰：「解揚，字子虎，霍人，後世言霍虎。」』

案黃善夫本揚作楊，景祐本晉世家同。漢書人表作陽。揚、楊、陽、古並通用。

釋名釋天：『陽，揚也。』廣雅釋言：『楊，揚也。』莊子山木篇：『陽子之

宋，』韓非子說林上篇、列子黃帝篇陽並作楊。卽其證。說苑奉使篇云：『乃求

壯士，得霍人解楊，字子虎。』楚史檮杌同，與此文合。梁氏引說苑，『霍人』

二字在子虎之下，非其舊也。

鄭與楚親，乃執解揚而獻楚。

案說苑、楚史檮杌鄭下並有新字，獻下並有之字。左宣十五年傳獻下有諸字，

諸，之並與於同義。

於是楚登解揚樓車，

案說苑、楚史檮杌登並作乘，揚下並有以字。登、乘同義，楚辭九章涉江：『乘

鄂渚而反顧兮，』王逸注：『乘，登也。』

令呼宋，

案說苑、楚史檮杌並作『令呼宋使降。』左傳作『使呼宋人而告之。』『而告之

，』亦謂『使降』也。

晉兵今至矣。

裴學海云：今猶將也，左傳宣十五年作『晉師悉起將至矣。』（古書虛字集釋五

。）

案戰國策燕策一：『天下必以王爲能市馬，馬今至矣。』（又見新序雜事三。）

御覽八九四引史記今作將，亦今、將同義之證。（裴氏亦引燕策，惟未得御覽引

史記爲證。）

將殺之。

案說苑、楚史檮杌殺並作烹。

有死無隕。

案說苑、楚史檮杌並作『雖死無二。』有猶雖也，司馬相如報卓文君書：『五味
雖甘，寧先稻黍；五色有燦，而不掩韋布。』雖、有互文，明其義相同。左傳隕
作實，隕、實正、假字。

若之許我，

案左傳之作既，之猶既也。晉世家：『子玉之敗而歸。』之亦與既同義，彼文已
有說。

顧謂楚軍曰：爲人臣，無忘盡忠得死者！

案說苑、楚史檮杌軍並作君，忠下並有而字。君字疑涉上文『吾君』字而誤。

子悼公澧立。

索隱：劉音祕。鄒本一作沸，一作弗，左傳作費，音扶味反。

梁玉繩云：澧乃費之譌，說在表。

案澧非誤字，澧、費、弗，古並通用。魯世家已有說。

鄔公惡鄭於楚。

案說文繫傳十二引鄭下有伯字，左成五年傳同。

悼公使弟睔於楚自訟，訟不直，楚囚睔。

索隱：公遜反。

案漢書人表睔作綸，睔、綸並諧侖聲，古蓋通用。又黃善夫本、殿本索隱並作『
睔，音公遜反。』在『自訟』下。此刪『睔音』二字、移在『囚睔』下，非。若
索隱本作『公遜反。』則當在上文『弟睔』下。

楚共王曰：鄭成公孤有德焉。

梁玉繩云：『史詮謂「鄭成公當作鄭伯。」是也。但考成九年傳：「楚重賂求
鄭，」何德之有！蓋妄仍囚睔、歸睔來。』

案此言『鄭成公，』亦史記生稱謚之例，（日知錄二十三已有說。）不必改作鄭
伯。上文囚睔、歸睔，及此『有德』云云，史公必有所本。因與左傳不合，梁氏
並以爲妄，蓋迷信經傳之過也！

晉悼公伐鄭，兵於洧上。

正義：『韓詩外傳云：鄭俗，二月桃花水出時，會於溱、洧水上，以自祓除。』

考證：『左傳云：「晉韓厥、荀偃，帥諸侯之師伐鄭，入其郛，敗其徒兵於洧
上。」據此，「鄭兵」二字連讀；或云：兵上脫觀字。』（引左傳『徒兵』下，
原脫『於洧上』。三字。）

案考證本『鄭兵』二字連讀，左傳（襄元年）既云『晉韓厥、荀偃帥諸侯之師伐
鄭，』則此自當讀『晉悼公伐鄭』爲句。如以『鄭兵』二字連讀，則伐當作敗，
乃與左傳『敗其徒兵於洧上』合。或云『兵上脫觀字。』尤爲臆說。又正義引韓
詩外傳云云，（御覽五九、八八六引外傳亦有類此之文。）不見於今本外傳。趙
善詒韓詩外傳佚文考，謂此「非外傳文，乃溱洧篇內傳之誤也。」

子懽立，

索隱：懽，紆粉反。左傳作髡頑。

梁玉繩云：當作髡頑，說在表。

考證：『中井積德曰：索隱左傳，宜作春秋。』

案黃善夫本、殿本索隱，髡頑並作髡原。考成十年左傳、襄七年春秋經並作髡
頑，則作髡頑是。索隱所稱左傳不誤，中井但見襄七年春秋經作髡頑，遂謂『索
隱左傳宜作春秋』耳。穀梁襄七年傳作髡原，釋文：『髡，或作頯。』懽、髡、
頯，古並通用，楚世家已有說。公羊襄七年傳亦作髡原，惟徐彥疏稱正文作髡
頑，云：『正本作頑字，亦有一本作原字，非也。』頑、原古亦通用，非誤字。

使廚人藥殺釐公。

梁玉繩云：『左傳襄七年：「子駟使賊夜弒僖公，」年表同。而此云，使廚人藥
殺之，疑誤。』

案景祐本南宋補版、黃善夫本、殿本廚並作厨，俗。梁氏引左傳云云，日本舊鈔
本弒作殺，與此合。此云『使廚人藥殺釐公，』可證左傳、年表所謂賊者，廚人
也。殺（或弒）者，藥殺也。史公必有所本，不當輕以爲誤。

相子駟欲自立爲君，公子子孔使尉止殺相子駟而代之，子孔又欲自立。

考證：『宋本「公子」下不重子字。梁玉繩曰：案子駟、子孔，何嘗欲自立爲君
？子孔特知尉止等作亂而不言耳。亦何嘗使尉止殺子駟？誤讀左傳，遂成乖越！
與表言「子孔作亂，子產攻之。」同妄！』（考證引梁說，本在下文『而相鄭簡公』

下，非其舊也。）

案景祐本南宋補版、黃善夫本『公子』下並重子字。此文所述，及年表言『子孔作亂，子產攻之。』並與左襄十年傳所記不符，史公蓋別有所本。此類史料，彌足珍貴。梁氏乃以爲『誤讀左傳，遂成乖越。』何視史公之淺也！

子䭁爲不可，誅之。今又效之，是亂無息時也！

考證：楓山、三條本爲上有所。

案爲與今相應，爲猶已也。主父列傳：『不得旋踵，而身爲禽矣。』長短經懼誡篇注爲作已，卽爲、已同義之證。秦始皇本紀：『忠言未卒於口，而身爲戮沒矣。』爲亦與已同義。此義前人未發。（參看秦始皇本紀斠證。）考證引楓、三本爲上有所字，蓋不得其義而妄增。

當武王邑姜方娠大叔，

王念孫云：『上文「成王封叔虞于唐。」索隱引此「娠大叔，」作「動大叔。」是史記舊本本作動。而今本作娠者，後人不解動字之義；又以左傳作震，震與娠通，故改爲娠也。今案娠、震，皆動也。爾雅：「娠、震，動也。」郭注曰：「娠猶震也。」說文：「娠，女妊身動也。春秋傳曰：后緡方娠。（哀元年。）」漢書高帝紀：「已而有娠，」應劭曰：「娠，動。懷任之意。左傳曰：邑姜方娠。（昭元年。）」今左傳作震。大雅生民篇：「載震載夙，」毛傳曰：「震，動也。」正義曰：「動，謂懷任而身動也。」是娠、震皆動也。周本紀曰：「身動如孕者。」是也。凡史公述尚書、春秋傳，多以詁訓之字相代。此言「方動大叔，」亦是以動代震也。至小司馬述本書之文，例不以詁訓之字相代。若本書作震，小司馬無緣改爲動也。後人不知古訓，而輒改爲娠，失史公之意矣。』

案左昭元年傳、潛夫論夢列篇娠並作震。左傳釋文：『震，本又作娠。』晉世家集解引左傳正作娠，娠、震正、假字。（晉世家斠證有說。）王氏謂此文娠本作動，容或然也。惟謂『小司馬述本書之文，例不以詁訓之字相代。』則恐不然。卽如下文『遂以命之，』上文『成王封叔虞于唐』索隱，引命作名，豈非以詁訓之字相代邪？又王氏謂史公述尚書、春秋傳，多以詁訓之字相代。』實則凡史公所述及之古籍，大都以詁訓之字相代，非僅尚書、春秋傳而已。此誠大可注意之

問題！世有賢達，儻能本此問題而撰史記之訓詁學一部，誠研究史記之又一大貢
獻也！

夢帝謂己，

集解：『賈逵曰：帝，天也。己，武王也。』

案上文索隱引此帝上有天字，（考證本索隱脫帝字。）疑據賈注增。晉世家帝作
天，己作武王，卽賈注所本。

乃與之唐。

吳昌瑩云：『乃猶將也，左昭元年傳曰：將與之唐。』（經詞衍釋六。）

案吳說是也，項羽本紀：『漢王乃封侯公爲平國君。』乃亦與將同義，彼文已有
說。潛夫論作『而與之唐。』而亦與將同義，此義前人未發。

有文在其掌曰虞。

案上文索隱引此掌作手，左傳、潛夫論、論衡紀妖篇及書解篇亦皆作手。

遂以命之。

案上文索隱引此命作名，潛夫論亦作名，義同。

昔金天氏有裔子曰昧，

考證：裔子，季子。非遠孫。

案景祐本南宋補版、黃善夫本、殿本裔並作裒。裔，亦作裔，裒乃裒之俗誤。考
證釋『裔子，』本竹添光鴻左傳會箋說。

臺駘能業其官。

案業讀爲劓，方言六、廣雅釋詁二並云：『劓，續也。』『能業其官，』謂『能
繼續其官守』也。俞樾羣經平議二十七春秋左傳三有說。

山川之神，則水旱之菑榮之。

集解：『服虔曰：榮，爲營攢，用幣也。若有水旱，則榮祭山川之神以祈福也。』

案左傳杜注：『有水旱之災，則榮祭山川之神若臺駘者。周禮：「四曰榮。」祭
爲營攢，用幣以祈福祥。』孔疏：『賈逵以爲「營攢、用幣，」杜依用之。臨時
營其地，立攢表，用幣告之，以祈福祥也。攢，聚也。聚草木爲祭處耳。』所稱
賈注『營攢、用幣，』與集解引服注同。則杜注又兼依用服注矣。

平公及叔嚮曰：

　　案晉世家叔嚮字同，左傳、楚世家並作叔向。古多借鄉爲向，嚮乃鄉、向二字之

　　合體。

六年，鄭火，公欲禳之。子產曰：不如修德。

　　考證：『鄭火，昭十八年春秋經傳。梁玉繩曰：「案左傳，此卽鄭人欲用裨竈禳

　　火之事，非公欲禳之也。又表書于四年，乃裨竈請禳火之事，亦曰「不如修德。

　　」皆史公意測言之，非子產有是語。』

　　案鄭簡公六年，當魯昭公十八年。年表於簡公六年書火，是也。而又於四年書『

　　火，欲禳之。子產曰：不如修德。』則四年所書，明是六年之錯簡矣。考證本年

　　表書於五年，亦非。又世家及年表記子產語，史公當有所本，恐非意測言之也。

子獻公蠆立。

　　殿本考證：公羊作䗪。

　　案漢書人表蠆作禹，王氏補注云：『疑禹誤。』

如亡親戚。

　　案『親戚，』謂父母。書堯典：『如喪考妣，』堯本紀：『如喪父母。』並與此

　　文同義。楚世家記懷王卒，『楚人皆憐之，如悲親戚。』『親戚』亦謂『父母』

　　也。（說互詳楚世家斠證。）

子產者，鄭成公少子也。

　　梁玉繩云：子產者，子國之子也。子國者，穆公之子也。而成公者，穆公之孫也

　　。此誤。

　　案成公爲穆公之孫，子產亦穆公之孫。則成公、子產乃兄、弟也。竊疑此文『少

　　子』本作『少弟，』上下文多子字。故弟誤爲子耳。惟金樓子雜記篇上已云：『

　　鄭世家云：「子產，鄭成公子。」而實子國之子也。』則此文之誤久矣！

孔子嘗過鄭，與子產如兄弟云。及聞子產死，孔子爲泣，曰：『古之遺愛也！』兄事

子產。

　　梁玉繩云：『濰南集辨惑曰：既云「如兄弟，」何必復言「兄事？」兼已死之後

　　及其次第，亦不應爾。』

考證：『張文虎曰：「兄事子產」四字，與上文複。蓋後人旁注誤混，宜刪。』
案景宋本白帖六、記纂淵海七三引『兄事子產』四字，並在『與子產如兄弟』下
，蓋存此文之舊。『兄事子產，』正以申述『與子產如兄弟』之義。四字誤錯在
下文『古之遺愛也』也下，遂生王若虛、張文虎二氏之臆說矣。

二十二年，楚惠王滅陳。

梁玉繩云：事在聲公二十四年。

殿本考證：『哀十七年左傳：「楚滅陳。是年於聲公爲二十三年。』

案殿本考證說是。年表陳湣公二十三年，書『楚滅陳。』梁氏志疑云：『滅陳，
在後一年。』後一年，即鄭聲公二十三年也。楚世家：『是歲也，滅陳而縣之。
』梁氏云：『陳于惠王十一年滅。』楚惠王十一年，亦即鄭聲公二十三年。則梁
氏於此，不得云『事在聲公二十四年。』四字蓋傳刻之誤矣。

三十七年，聲公卒，子哀公易立。

集解：『年表云：三十八年。』

梁玉繩云：十二侯表、六國表，皆作『三十八年。』

案六國表『鄭聲公卒。』索隱：『三十七年卒，子哀公易立。』本世家此文也。
當作『三十八年』爲是。

鄭人弒哀公而立聲公弟丑，是爲共公。

案年表失書共公，梁氏志疑有說。漢書人表亦無共公。

共公三年，

考證：『梁玉繩曰：案事在二年。』

案景祐本南宋補版作『二年。』

鄭人立幽公弟駘，是爲繻公。

集解：『年表云：「鄭立幽公子駘。」繻，或作繾。』

考證：『梁玉繩曰：弟字誤，年表是子也。』

案弟疑本作子，涉上文『聲公弟』而誤也。漢書人表繻作繾。梁氏年表志疑云：
『諡法無繾；亦不聞有繻，疑是繆字之譌。』

二十五年，鄭君殺其相子陽。

考證：『淮南子氾論篇云：「鄭子陽剛毅而好罰。其於罰也，執而無赦。舍人有折弓者，畏罪恐誅，則因獵狗之驚，以殺子陽。此剛猛之所致也。」呂覽首時、適威所記略同。列子說符篇云：「民作難而殺子陽。」而此曰：「鄭君殺子陽。』楚世家曰：「楚伐鄭，鄭殺子陽。」似繻公殺之以說于楚也。所傳不同。』案君字疑涉下文而衍。年表於韓烈侯二年(即鄭繻公二十五年)，書『鄭殺其相駟子陽。』於楚悼王四年(亦即鄭繻公二十五年)，書『鄭人殺子陽。』並不言鄭君。莊子讓王篇：『民果作難而殺子陽。』（又見呂氏春秋觀世篇、新序節士篇，並無而字。）高士傳中：『鄭人殺子陽。』通鑑周紀一：『鄭人殺其相駟子陽。』（注：鄭穆公之子騑，字子駟，古者以王父之字為氏，字陽，其後也。）亦皆不言鄭君。又據年表楚悼王四年所書『圍鄭，鄭人殺子陽。』則楚世家所云『鄭殺子陽，』仍是指『鄭人。』考證以為『似繻公殺之以說于楚。』蓋不然矣。

而立幽公弟乙為君，是為鄭君。

集解：『徐廣曰：「一本云：『立幽公弟乙陽為君，是為康公。』六國年表云：『立幽公子騟。』又以鄭君陽為鄭康公乙。班固云：『鄭康公乙，為韓所滅。』」』

梁玉繩云：『年表、人表稱鄭康公，則乙雖國滅，未嘗無諡也。徐廣曰：「一本云，立幽公弟乙陽為君，是為康公。」陽字衍。』

案徐注『幽公弟乙陽，』陽字涉正文子陽而衍；『鄭君陽，』陽當作乙，涉正文子陽而誤；引班固云云，見漢書人表。

并其國。

案御覽一九九引國作地。

語有之：以權利合者，權利盡而交疏。

案莊子山木篇：『夫以利合者，迫窮禍患害相棄也。』

甫瑕雖以劫殺鄭子，內厲公，厲公終背而殺之。

案戰國策秦策三：『大夫種為越王……以禽勁吳，成霸功，句踐終棓而殺之。』（又見蔡澤列傳，棓作負。）即此語意所本。彼文棓，蓋本作掊，六朝俗書，从才之字往往書从木。掊與倍同，詩大雅蕩：『曾是掊克，』孔疏：『掊即倍也。』

卽其證。倍、背、負，古並通用。魯世家：『南面倍依以朝諸侯。』淮南子氾論篇倍作負，高誘注：『負，背也。』卽其證。（參看王念孫戰國策雜志。）

史 記 斠 證 卷 六 十 四

司 馬 穰 苴 列 傳 第 四

王 叔 岷

晉伐阿、甄，

　　索隱：『地理志云，甄城縣，屬濟陰也。』

　　案御覽二九六引甄作鄄，（甄、鄄古通，齊世家已有說。）並有注云：『阿，今
　　濟陽郡東阿縣。鄄，音絹。今濮陽郡鄄城縣。』疑是集解所引徐廣注。 漢濟陰
　　郡，晉改濟陽郡。通典一四九甄亦作鄄，有注，與御覽引者同。

武能威敵。

　　案書鈔五一引威作却。

景公召穰苴與語兵事，大說之，以爲將軍。

　　案書鈔引召作詔，『將軍』作『軍師。』召、詔正、假字。通典將下無軍字。

將兵扞燕、晉之師。

　　案書鈔六三引『扞燕、晉』作『捍禦燕、晉。』捍與扞同。

君擢之閭伍之中，

　　案記纂淵海五十、七一引伍並作里，七一有注云：『里，一作伍。』

國之所尊，以監軍，乃可。

考證：楓山、三條本國下有中字。藝文類聚之字作中。

案『國之所尊，』通典作『國中所重者。』尊、重同義。御覽引此尊下亦有者
字。藝文類聚五九引監作臨，義同。

日中會於軍門。

案藝文類聚、御覽二百四十引會字並在日字上。

夕時莊賈乃至。

案藝文類聚引夕作暮，通典同。

何後期爲？

案爲猶乎也。項羽本紀已有說。

將受命之日，則忘其家；臨軍約束，則忘其親；援枹鼓之急，則忘其身。

索隱：援枹，上音爰，下音孚。

案御覽二九六引枹作桴，通典同。枹、桴正、假字。說文：『枹，擊鼓杖也。』
（段注本改杖爲柄。）尉繚子武議篇：『將受命之日，忘其家；張軍宿野，忘其
親；援枹而鼓，忘其身。』（說苑指武篇亦有類此之文。）又單本索隱無『援枹』
二字，且在正文『援枹』下。黃善夫本、殿本索隱並作『援音爰，枹音浮。』單
本是。

何謂相送乎？

考證：『岡白駒曰：有何說而相送乎？』

案謂猶爲也。岡說非。

軍法，期而後至者，云何？

考證：三條本無至字。

施之勉云：藝文類聚五十九、通典一百四十九引，無至字。

案通典載此文，非引也。

於是遂斬莊賈以徇三軍。三軍之士皆振慄。

案徇，正作徇。說文：『徇，行示也。司馬法：斬以徇。』（高祖本紀已有說。）

治要引『於是遂斬莊賈以徇』爲句，『三軍』二字不疊，通典同。藝文類聚、御

覽二百四十、二九六引振皆作震，古字通用。通典亦作震。

久之。

案御覽二百四十引久作服。

問軍正曰：『軍中不馳。今使者馳，云何？』正曰：『當斬。』

考證：『楓山、三條本作「今使者馳三軍，何至？對曰：當斬。」張文虎引北宋

本云：「馳三軍，法何？正曰：當斬。」』

施之勉云：『北宋景祐監本作「馳三軍，法何？正曰：當斬。」「法何」下注

云：「一本『問軍正曰：軍中不馳。今使者馳，云何？』」』

案白帖十五引正作吏。絳侯世家：『將軍約，軍中不得驅馳。』施氏所稱『北宋

景祐監本，』乃景祐監本南宋補版也。

穰苴曰：『君之使，不可殺之。』乃斬其僕、車之左駙、馬之左驂，以徇三軍。

索隱：按謂斬其使者之僕及車之左駙。駙當作軵，竝音附。謂車循外立木，承重

較之材。又斬其馬之左驂，以御者在左故也。

施氏札記讀『乃斬其僕車之左駙』爲句，云：『黃善夫本索隱：「謂斬其使者僕

車之左駙，又斬馬之左驂。」殿本索隱同。是未斬使者之僕，但斬僕車之左駙，

及馬之左驂也。此不可不正。』

案白帖引殺作戮，『左駙』作『右駙。』考證本索隱，乃據單本索隱。黃善夫

本、殿本索隱，多刪略改竄，不可輕信。如此文黃本、殿本索隱『謂斬其使者僕

車之左駙，』蓋僕上略之字，僕下略及字耳。不當據之以爲未斬使者之僕也。

問疾醫藥，

案記纂淵海八十引醫作尋。

最比其羸弱者。

正義：比音卑必耳反。

考證：『張文虎曰：正義「卑必」二字，當衍其一。』

案比猶親也。周禮夏官大司馬：『比小事大。』鄭注：『比猶親。』黃善夫本、

殿本正義，並作『比作卑，必耳反。』或所見本比有作卑者與？卑亦借爲比。

度水而解。

　　考證：羣書治要度下有易字。

　　案治要引作『渡易水而解。』渡、度正、假字。

至常曾孫和，因自立爲齊威王。

　　索隱：按此文誤也。當云：「田和自立，至其孫因齊，號爲齊威王。」故系家云

「田和自立號太公，其孫因齊號爲威王。」

　　梁玉繩云：『此乃傳寫譌倒，當云：「至常曾孫和自立。因爲齊威王。」因是威

王名。索隱知此文之誤，而所說則非也。』

　　案此文無誤，當讀『至常曾孫和因自立』爲句。『爲齊威王』四字，與下文相屬

成義。爲猶及也。齊世家：『爲齊威王，彊於天下。』爲亦與及同義。（此義前

人未發。）彼文有說。

齊威王使大夫追論古者司馬兵法，而附穰苴於其中。

　　考證：漢書藝文志禮類，軍禮司馬法百五十五篇。

　　案文選左太沖詠史詩注、後漢書孔融傳注引『司馬』下並無兵字。左桓五年傳孔

疏引中下有『凡一百五十篇』六字，疑據漢志所增，漢志言『百五十五篇，』孔

疏舉成數耳。

閎廓深遠，

　　案白帖引廓作闊，義同。

亦少褒矣。

　　案『少褒』猶言『稍夸。』淮南子主術篇：『一人被之而不褒。』高注：『褒，

　　大也。』廣雅釋詁一：『夸，大也。』則褒亦可訓夸矣。

世既多司馬兵法，以故不論。著穰苴之列傳焉。

　　案焉猶云也，句末語助。孟子荀卿列傳：『世多有其書，故不論。論其傳云。』

（今本論字誤不疊，彼文有說。）與此文例同。彼文句末云字，此文句末焉字，

其義一也。

出自第四十二本第四分（一九七一年十二月）

史記斠證卷四十七

孔子世家第十七

王　叔　岷

索隱：孔子非有諸侯之位，而亦稱系家者，以是聖人爲敎化之主；又代有賢哲，故稱系家焉。

正義：孔子無侯伯之位，而稱世家者，太史公以『孔子布衣，傳十餘世，學者宗之。自天子王侯，中國言六藝者，宗於夫子。可謂至聖。』故爲世家。

案正義本世家贊，以證史公列孔子於世家之旨，甚是。索隱所云『聖人爲敎化之主；又代有賢哲，故稱系家。』亦卽此意。此世家，惟孔子足以當之。與公侯以位而列世家者異義。黃善夫本、殿本索隱，首句『孔子非有諸侯之位』上，更有『敎化之主，吾之師也。爲帝王之儀表，示人倫之準的。自子思以下，代有哲人。繼世象賢，誠可仰同列國。前史旣定，吾無閒然。又』四十八字。（『繼世』，世字當譌作代。）末句『故稱系家焉。』故下並有亦字。正義兩『世家』，世字並當譌作系，此後人改之也。

孔子生魯昌平鄉陬邑。

集解：『孔安國曰：陬，孔子父叔梁紇所治邑。』

索隱：陬是邑名。昌平，鄉號。孔子居魯之鄒邑昌平鄉之闕里也。

考證：『襄十年左傳云：「郰人紇。」字從取。論語八佾篇云：「鄹人之子。」字從聚，而其從邑則一也。說文：「郰，魯下邑，孔子之鄉。」亦不從阜。下文亦作郰。…………』

蔣建侯孔子世家考：據索隱，則史記鄉、邑倒置也。（蔣伯潛諸子通考上編諸子人物考。）

3320　　　　　　中研院歷史語言研究所集刊論文類編（文獻考訂編）

案索隱先釋陬，後釋昌平，葢所見本本作『陬邑昌平鄉。』蔣說疑是。左襄十年
傳：『郰人紇』，阮元校勘記引惠棟云：『鄭元引作郰，論語同。說文曰：郰，
魯下邑，孔子鄉。』左襄十七年傳：『郰叔紇』，（禮記檀弓鄭注：『孔子之父
郰叔梁。』）字亦从邑。潛夫論志氏姓篇：『叔梁紇爲郰大夫，故曰郰叔紇。』
陬與郰同，古从邑之字，亦往往从阜。（如鄰之作隣，鄾之作隖。）取、聚古通，
（莊子天運篇：『取弟子遊居寢臥其下。』覆宋本取作聚，卽其比。）故郰又作
鄹。又論語『鄹人之子，』孔安國注：『鄹，孔子父叔紇所治邑。』集解引孔注
鄹作陬，從此正文改之也。殿本索隱，鄹邑作陬邑，是。

其先宋人也。曰孔防叔。

索隱：『家語：…………勝生正考父，考父生孔父嘉。…………畏華氏之逼而奔
魯。…………』

梁玉繩云：『孔子六代祖孔父嘉，別爲公族，故其後以孔爲氏。則敍孔子先世，
當始孔父嘉，不得始防叔，其所以始防叔者，豈緣防叔始奔魯之故歟？而孔氏之
奔魯，實非防叔始。潛夫論志氏姓云：「防叔爲華氏所偪，出奔魯，爲防大夫。」
此本于世本，見商頌及左穀桓元二疏、禮儒行、孝經疏。家語本姓、唐書世系表
七十五下，皆仍其說。夫孔父爲華督所殺，則孔氏應卽避難出奔，奚待三世而後
適魯？何孟春謂「防叔避亂，當在湣公末年，南宮萬弒湣公、殺華督國亂之日。」
亦非也。汪氏增訂四書大全曰：「方督之見殺，是天假手于萬，以雪孔氏戴天之
大恥，何爲反避之他國乎？惟杜注昭七年傳云：『孔父嘉爲宋督所殺，其子奔
魯。』最爲明確。路史後紀十從之。是始奔魯者，乃孔子五代祖木金父，防叔之
祖也。」』

案詩商頌那序孔疏引世本云：『正考甫生孔父嘉，爲宋司馬，華督殺之而絕其世。
其子木金父降爲士。木金父生祁父。祁父生防叔，爲華氏所偪，奔魯，爲防大
夫，故曰防叔。』是華督殺孔父嘉爲一事；防叔爲華氏所偪而奔魯又爲一事。防
叔之奔魯，非爲孔父嘉爲華督所殺也。孔父嘉爲華督所殺，世本但言『其子木金
父降爲士，』未言木金父奔魯。史公敍孔子先世，始於防叔，葢正由防叔始奔魯
之故。乃本於世本也。後漢書孔融傳注：『史記曰：「魯大夫孟釐子曰：孔丘，

聖人之後，滅於宋。」服虔注曰：「聖人，謂商湯也。孔子六代祖孔父嘉，爲宋
華督所殺，其子奔魯也。」』所引史記，見世家下文。所引服注『孔子六代祖』
云云，卽左昭七年傳杜注所本。（世家下文集解亦引杜注，『宋督』作『宋華督
』是也。）又索隱引家語云云，今本家語本姓解考父作考甫，（父、甫古通。）
畏作避，偪作禍。

絯與顏氏女野合而生孔子。

　　索隱：『家語云：「梁絯娶魯之施氏，生九女。其妾生孟皮，病足。乃求婚於顏
　　氏，徵在從父命爲婚。」其文甚明。今此云「野合」者，蓋謂梁絯老而徵在少，
　　非當壯室初笄之禮，故云「野合。」謂不合禮儀。故論語云：「野哉由也！」又
　　「先進於禮樂，野人也。」皆言野者，是不合禮耳。』

　　正義：『…………故家語云：「梁絯娶魯施氏女，生九女。乃求婚於顏氏。顏氏
　　有三女，小女徵在。」據此，婚過六十四矣。』

　　案禮記檀弓上鄭注：『孔子之父郰叔梁絯，與顏氏之女徵在野合而生孔子。』孔
　　疏：『鄭用世家之文，故注言「野合」不備於禮也。若論語云：「先進於禮樂，
　　野人也。」及「野哉由也！」非謂草野而合也。…………家語云：「叔梁絯年餘
　　七十，無妻。顏父有三女，顏父謂其三女曰：『郰大夫身長七尺，武力絕倫。年
　　餘七十，誰能與之爲妻？』二女莫對。徵在進曰：『從父所制，將何問焉？』父
　　曰：『卽爾能矣。』遂以妻之。爲妻而生孔子。三歲而叔梁絯卒。」…………今
　　鄭云『叔梁絯與顏氏之女徵在野合。』於家語文義亦無殊。何者？七十之男，始
　　取徵在，灼然不能備禮，亦名「野合。」』所引家語，（『七尺，』御覽五四一
　　引作『九尺，』是。）與今本本姓解頗有出入。索隱釋『野合』之義，及兩引論
　　語之文，蓋並本於孔疏。正義稱叔梁絯『婚過六十四，』與家語謂『叔梁絯年餘
　　七十』，亦相近。今本家語云：『伯夏生叔梁絯，曰：「雖有九女，是無子。」
　　其妾生孟皮，孟皮一字伯尼，有足病。於是乃求婚於顏氏。…………』據索隱、
　　正義所引，叔梁絯下當有脫文，『有足病，』當作『病足。』御覽五四一引作『
　　伯夏生叔梁絯，叔梁絯娶於魯施氏，生女九人，無男，叔梁絯曰：「雖有九女，
　　是無子也。」乃求婚於顏氏。…………』是今本家語叔梁絯下脫十七字也。家語

晚出僞書，固不足以佐證史記，姑據之以比驗索隱、正義之說耳。

禱於尼丘，得孔子。

案上言『紇與顏氏女野合而生孔子，』爲一傳說；此言『禱於尼丘得孔子，』又爲一傳說。史公並存之耳。禮記檀弓疏引論語緯撰考云：『叔梁紇與徵在禱尼丘山，感黑龍之精，以生仲尼。』又藝文類聚八八引春秋演孔圖（俗圖字）云：『孔子母徵在，遊大冢之陂。睡夢黑帝使請與交，語曰：「女乳必於空桑之中。」覺則若感，生丘於空桑之中。』（又見御覽九五五、孔子集語曾子第二十、路史前紀三、說郛卷六讀子隨識。）古代多聖賢受天瑞命而生之傳說，此不可信，而可注意者也。

魯襄公二十二年而孔子生。

考證：左氏春秋不書孔子之生，公、穀俱書于襄公二十一年。然公羊書『十有一月，孔子生。』于是年之末；穀梁書『庚子，孔子生。』于十月之後。微有不同。而史獨稱二十二年生。從公、穀者，賈逵、服虔、索隱、外記、黃氏日抄及宋濂孔子生卒歲月辨、崔述洙泗考信錄之類也；從史記者，杜注左傳、拾遺記、博物志、古史、大紀、路史、朱子論語序說、通鑑前編、通鑑輯覽、黃宗羲南雷文約、梁玉繩史記志疑、崔適史記探源之類也。

案考證說，本梁氏志疑。惟於『從公、穀者，』增賈逵、服虔及崔述洙泗考信錄；於『從史記者，』增通鑑輯覽、梁玉繩史記志疑、崔適史記探源而已。又所稱』公羊書「十有一月，」志疑月下有『庚子』二字，所稱『博物志，』志疑博上有續字，考證並脫。

生而首上圩頂，故因名曰丘云。

梁玉繩云：『索隱謂「圩音烏，窳也，故孔子頂如反宇。」「反宇」二字，見白虎通聖人篇。（姓名篇亦云：「孔子首類尼丘山。」蓋中低而四旁高，如屋宇之反。）而論衡骨相篇作「反羽。」宏明集牟子理惑論作「反頨。」』（考證所引未備。）

考證：『中井積德曰：圩是汙下之義，非取宇義。』

案論衡講瑞篇亦云：『孔子反宇。』骨相篇作『反羽。』牟融理惑論云：『仲尼

反頯。』羽乃頯之省。『說文：『頯，頭妍也。从頁，𦖥省聲。讀若𦖥。』繫
傳：『書傳多言「孔子反宇。」作此頯字。云：頭頂四崖峻起，象尼丘山。』段
注：『此當「紕延切。」篇、韵「王矩」一切，蓋有認爲「羽聲」者耳。廣韵注
云：「孔子頭也。」又附會以爲「孔子圩頂」之圩。』路史後紀十：『生而頯頂，
故名丘。』注：『頯蓋圩字，坳貌。故世本、史記、家譜皆作「圩頂。」』此卽
附會之說也。路史注又云：『緯書言「孔子反宇。」世本云：「反首張面，言頂
上窳也。」』白虎通姓名篇：『孔子首類魯國尼丘山，故名爲丘。』孔子集語曾
子第二十引演孔圖亦云：『首類尼丘山，故以爲名。』又左桓六年傳疏引此圩作
汙，與中井『汙下』之說合。

丘生而叔梁紇死。

　　索隱：『家語云：生三歲而梁紇死。』

　　案禮記檀弓：『孔子少孤。』疏引家語：『三歲而叔梁紇卒。』今本本姓解同。
　　索隱引卒作死，依此正文改之也。孔叢子陳士義篇亦云：『孔子少孤。』

由是孔子疑其父墓處，母諱之也。

　　正義：梁紇在時，徵在旣少，不能敎□其的處。

　　梁玉繩云：『古者墓而不墳，故疑其處。檀弓疏云：「謂不委曲適知柩之所在，
不是全不知墓去處也。」則安得言「母諱之」乎？索隱亦以史言母諱爲非，而撰
出「徵在少寡，不從送葬」之說，殊屬臆解。鄭注檀弓，以爲「徵在野合而生孔
子，恥焉，不告。」尤謬！（莊子盜跖篇曰：「孔子不見母。」釋文云：「未詳。」
蓋妄也！）』

　　考證『由是』以下，史公欲爲下文地，以意補之，檀弓不載。

　　案檀弓稱孔子『不知其墓。』則史公謂『孔子疑其父墓處，』非以意補矣。鄭注
檀弓，『徵在野合而生孔子，恥焉，不告。』梁氏以爲謬。岷以爲『恥焉，不
告。』蓋正符史公所謂『母諱之』之意也。又正義敎下蓋闕以字，敎猶告也。呂
氏春秋貴公篇：『願仲父之敎寡人也。』高注：『敎猶告也。』

孔子要絰。

　　索隱：『家語：「孔子之母喪，旣練而見，不非之也。」…………』

案索隱引家語，見曲禮子夏問篇，『之母喪，』作『有母喪。』之猶有也。又黃
善夫本、殿本索隱，並在下文『非敢饗子也』下。

孔丘，聖人之後。

集解：『服虔曰：聖人謂商湯。』

案後漢書孔融傳注引此文，並引服虔云：『聖人，謂商湯也。孔子六代祖孔父
嘉，爲宋華督所殺，其子奔魯也。』即下文『滅於宋，』集解引杜注云云所本。
上文已有說。

其祖弗父何始有宋而嗣讓厲公。

考證：『張文虎曰：「左傳作『以有宋而授厲公。』史蓋以讓字代授字，聲誤爲
嗣，而後人或又兩存之也。始字疑卽以字之誤。」李笠曰：「宋本無讓字，是
也。」』

案左傳始作以，義同。始非誤字，家語觀周篇亦作始。（裴氏古書虛字集釋九有
『始猶以也』之說。）景祐本、黃善夫本皆以『嗣讓』連文，李氏謂『宋本無讓
字，』未知所據。讓字非衍，嗣字蓋涉上文『誠其嗣』而衍耳。

三命茲益恭。

考證：一命爲士，再命爲大夫，三命爲卿。茲、滋通。

案蔡邕銘論茲作滋。家語觀周篇王肅注：『考父士一命，大夫再命，卿三命是
也。』（大上原衍其字。）

一命而僂，再命而傴，三命而俯。

考證：『杜預曰：俯恭於傴，傴恭於僂。』

案家語王注：『傴恭於僂，俯恭於傴。』蓋杜注所本。

亦莫敢余侮。

集解：『杜預曰：其恭如是，人亦不敢侮慢。』

考證：『李笠曰：「家語觀周篇作『亦莫余敢侮。』此『敢余』二字疑誤倒。詩：
『莫我敢承。』句法同。」』

案左昭七年傳亦作『亦莫余敢侮。』家語注：『以其恭如此，故人亦莫之侮。』
蓋杜注所本。

饘於是，粥於是，以餬余口。

　　集解：『杜預曰：於是鼎中爲饘粥。饘粥，餬屬。言至儉也。』

　　案左傳粥作鬻，杜注同。粥乃鬻之省。家語注：『饘，糜也。爲糜粥於此鼎，言

　　至儉也。』杜注亦略本之。

吾聞聖人之後，雖不當世，必有達者。

　　考證：『左傳作「臧孫紇有言曰：聖人有明德者，若不當世，其後必有達人。」

　　…………』

　　案家語作『臧孫紇有言：聖人之後，若不當世，則必有明君而達者焉。』蓋兼采

　　左傳、史記之文。左傳、家語雖作若，義同。

懿子與魯人南宮敬叔往學禮焉。

　　索隱：左傳及系本，敬叔與懿子皆孟僖子之子，不應更言『魯人，』亦太史公之

　　疏耳。

　　考證：『魯大夫孟釐子』以下，本昭七年傳。

　　案上文『魯大夫孟釐子病且死』以下，載孟釐子誡其嗣懿子師事孔子之辭，末云：

　　『吾卽沒，若必師之。』而左傳所載，則爲孟僖子將死，告其大夫之辭，末云：

　　『我若獲沒，必屬說與何忌於夫子，使事之而學禮焉，以定其位。』（杜注：說，

　　南宮敬叔。何忌，孟懿子。皆僖子之子也。）是世家之文，非全本於左傳。其稱

　　『魯人南宮敬叔，』蓋不以敬叔爲孟釐子之子，當別有所本，非太史公之疏也。

季武子卒，平子代立。

　　梁玉繩云：『平子，乃武子之孫，悼子之子也。或疑此爲誤，殊不然。左昭十二

　　年傳：『季悼子卒。」疏云：「悼子卒，不書經，其卒當在武子前。平子以孫繼

　　祖，武子卒後，卽平子立。」又昭二十五年傳：「政在季氏三世。」注云：「文

　　子、武子、平子。」皆足證史之不謬。…………』

　　案左昭十二年傳：『季悼子之卒也，』杜注：『悼子，季武子之子，平子父也。』

　　則武子卒，平子立，固是以孫繼祖矣。

嘗爲季氏史，料量平。

　　索隱：『有本作「委吏。」按趙岐曰：「委吏，主委積、倉庫之吏。」』

梁玉繩云：『索隱云：「一本作『委吏，』」是也。與孟子合。朱子序說亦從
之。』

考證：『張文虎曰：史，宋本、王本作史，它本竝作吏。孟子疏引作「委氏吏。」
…………』

案史字，梁氏所據湖本、殿本並同。非僅張氏所稱宋本、王本而已。孟子萬章篇
僞孫奭疏引此作『嘗爲委氏史，而料量平。』張氏謂引作『委氏吏，』未知據何
本。此文蓋本作『嘗爲委吏，而料量平。』又索隱引趙注『倉庫，』孟子趙注本
作『倉庚。』

嘗爲司職吏，而畜蕃息。

案景祐本吏誤史，孟子疏引『蕃息』二字倒。『蕃息，』復語。左僖二十三年傳：
『男女同姓，其生不蕃。』杜注：『蕃，息也。』

由是爲司空。已而去魯，斥乎齊，逐乎宋、衞，困於陳、蔡之間。於是反魯。

考證：『崔適曰：「由是爲司空」五字，下文「由中都宰爲司空」之重文。「已
而去魯，」至「於是反魯」二十一字，及下文「魯復善待，由是反魯」八字，皆
定公十四年，去魯後至反魯之總結，重衍於此也。』

案下文『魯復善待，由是反魯』八字，『魯復善待』四字，蓋本在此文『於是反
魯』下，『由是反魯』四字，乃『於是反魯』重而衍者。『由是爲司空。已而去
魯，斥乎齊，逐乎宋、衞，困於陳、蔡之間。於是反魯，魯復善待。』三十字，
乃總敍孔子以後事。

孔子長九尺有六寸。

案家語困誓篇稱孔子『其長九尺有六寸。』（又見長短經察相篇注。）抱朴子袪
惑篇：『仲尼長九尺六寸。』蓋並本世家。御覽三七七引春秋演孔圖云：『孔子
長十尺，大九圍。』

請與孔子適周。

索隱：『………… 「甚矣，道之難行也！」…………』

案索隱引莊子『行也，』今本莊子天運篇作『明邪。』明字蓋誤，邪與也同義，
拙著莊子校釋二有說。

俱適周，問禮。蓋見老子云。

　　案老子列傳：『孔子適周，將問禮於老子。』索隱：『大戴記亦云然。』今大戴

　　記無孔子問禮於老子之文。

辭去，而老子送之，曰：吾聞富貴者送人以財，仁人者送人以言。

　　索隱：莊周財作軒。

　　考證：『荀子大略篇云：「曾子行，晏子從於郊，曰：嬰聞之，君子贈人以言，

　　庶人贈人以財。嬰貧無財，請假於君子，贈君以言。」晏子春秋內篇雜上亦載此

　　事，但財作軒，與老子言全同。』

　　案藝文類聚三一、景宋本白帖八引仁下並無人字，家語觀周篇同。記纂淵海八三

　　引『仁人者，』作『貧賤者。』恐非其舊。索隱稱『莊周財作軒。』今本莊子無

　　此文。考證引荀子大略篇云云，（『贈君』乃『贈君子』之誤。）說苑雜言篇亦

　　載其事，晏子春秋雜上篇：『曾子將行，晏子送之，曰：君子贈人以軒，不若

　　以言。』以軒、言對言，則與老子言不全同。說苑以財、言對言，乃與老子言同

　　耳。褚少孫補滑稽列傳亦云：『君子相送以言，小人相送以財。』

竊仁人之號。

　　集解：『王肅曰：謙言竊仁者之名。』

　　案藝文類聚引人作者，家語同。殿本集解者作人。今本家語此文無王注。

送子以言曰，

　　案藝文類聚引送上有請字，家語同。

聰明深察而近於死者，好議人者也。

　　考證：家語觀周篇議上有譏字。

　　案白帖引聰上有夫字，夫猶凡也。（家語聰上有『凡當今之士』五字。）藝文類

　　聚二三及二九、初學記十八、御覽四八九引家語議上皆無譏字，（楊簡中學弟家

　　語校證有說。）與世家合。

博辯廣大危其身者，發人之惡者也。

　　考證：大，家語一本作達，一本作遠。

　　案御覽三百九十引『博辯廣大危其身者，』作『博辨宏大而危其身者，』四八九

引家語同。（衛中家語校證云：藝文類聚二九、初學記十八、御覽四八九引家語俱作『博辯宏大而危其身者。』）辯、辨古通。今本家語作『博辯宏達而危其身。』白帖引世家『廣大』亦作『宏達。』考證稱家語達，一本作遠。遠葢達之誤。又家語發上有好字。

孔子自周反于魯，弟子稍益進焉。

　　案莊子山木篇稱孔子聞子桑霅之言而歸，『弟子无挹於前，其愛益加進。』

陵轢中國。

　　案魏其武安侯列傳：『淩轢宗室。』正義：『淩轢，謂蹈踐之。』陵、淩古通。

昔秦穆公國小處辟，其霸何也？

　　案說苑尊賢篇、家語賢君篇辟並作僻（下同），其並作而。辟、僻古通，其、而同義。下文『其志大，』說苑其亦作而。

行中正。

　　考證：家語賢君篇作『〔而〕其政中。其舉也果，其謀也和。法無私而令不愉。』案說苑作『而其政中。其舉果，其謀和。其令不偷。』即家語所本。愉、偷古通，家語王注：『愉宜為偷。偷，苟且也。』

身舉五羖，爵之大夫。

　　案事又詳秦本紀及商君列傳。

起纍紲之中。

　　索隱：家語無此一句，孟子以為不然之言也。

　　考證：『論語公冶長篇：「雖在縲絏之中，」注：「縲，黑索也。絏，攣也。」古者獄中以黑索拘攣罪人，百里奚食牛，未嘗在獄。』

　　案秦本紀稱『百里傒亡秦走宛，楚鄙人執之…………繆公釋其囚。』故此云『起纍紲之中』也。說苑『纍紲』作『係縲。』說文：『纍，一曰，大索也。』纍、縲正、俗字。論語之『縲絏，』皇侃義疏本、釋文本絏並作紲，與此合。阮元校勘記云：『唐人避太宗諱改作絏。』

而季平子與郈昭伯以鬥雞故，得罪魯昭公。

　　考證：『梁玉繩曰：「案左傳，昭伯怨平子，故勸昭公伐季子。昭伯何曾得罪昭

公？此誤說。」中井積德曰：「故字下疑脫『相惡』等字。不然，以字當在與
上。」』

案平子與昭伯鬥雞事，詳左昭二十五年傳、呂氏春秋察微篇、淮南子人間篇及魯
世家。審此文之意，蓋謂平子得罪於昭公。何以得罪於昭公？與昭伯以鬥雞故
也。此非誤說；亦無脫誤。平子因鬥雞事，侵郈氏，囚臧氏老，臧、郈氏以難告
昭公。（參看魯世家。）是平子得罪於昭公矣。

齊處昭公乾侯。

梁玉繩云：『余有丁曰：乾侯，晉地。晉人以居公者。齊處公于鄆，非乾侯
也。』

案齊處公于鄆，見昭二十六年春秋經傳及魯世家。晉居公于乾侯，見昭二十八年
春秋經傳及魯世家。此乾侯當作鄆。

其後頃之。

考證：『李笠曰：「案『其後』下用『頃之』二字，駢累不可爲訓。家語六本篇：
『久之有頃，乃蘇。』與此同也。平準書：『初先是。』鄭世家：『初往年。』
竝視此。」』（六本原誤古本。）

案古人自多複語，平準書：『天下大抵無慮皆鑄金錢矣。』『大抵』與『無慮』，
複語也。莊子列傳：『大抵率寓言也。』『大抵』與率，亦複語也。家語『久之
有頃，乃蘇。』本說苑建本篇，（又見韓詩外傳八。）今本說苑無『久之』二
字，疑後人刪之也。李氏所引鄭世家『初往年，』彼文『往年』二字，乃涉彼下
文而衍，（考證引張文虎有說。）非駢累之例。又所引平準書『初先是，』本作
『初先是往十餘歲。』非僅初與『先是』駢累爲義，初與『先是』及往，皆駢累
爲義也。

君君，臣臣，父父，子子。

集解：『孔安國曰：當此之時，陳恆制齊，君不君，臣不臣，故以此對也。』
案論語顏淵篇孔注，『臣不臣』下，更有『父不父，子不子。』六字，與正文尤
爲密合。

政在節財。

考證：尚書大傳、說苑政理『節財』作『節用，』家語辨政同。

案家語辯政篇亦作『節財。』

景公說，將欲以尼谿田封孔子。晏嬰進曰，

梁玉繩云：嬰，賢者也。與孔子友善，沮封尼谿，必無之事。孔鮒詰墨已言之。先儒亦歷辨其誣。索隱謂『此說出晏子及墨子。』蓋本墨子非儒謗聖之言，後人羼入晏子春秋耳。呂覽高義、說苑立節載『孔子見齊景公，景公致廩丘以爲養，孔子辭不受，遂行。』據此，益徵晏嬰阻封之非實。後夾谷之會，史言晏子與有謀焉，亦妄！

案墨子非儒下篇、晏子春秋外篇不合經術者第八並無將字，『將欲，』複語。欲亦將也。淮南子氾論篇：『孔子辭廩丘。』蓋本呂覽。

夫儒者滑稽，而不可軌法。

考證：『…………愚按，史樗里子傳云「滑稽多辯。」孟荀列傳：「猾稽亂俗。」…………猾、滑通。』

案孟荀列傳：『猾稽亂俗。』景祐本、殿本猾並作滑。滑、猾正、俗字，非通用字。

考證於孟荀列傳亦誤云：『猾、滑通。』『軌法，』複語。漢書卜式傳：『不軌之臣。』師古注：『軌亦法也。』

倨傲自順，不可以爲下。

考證：『倨傲，』墨子作『浩居。』

案孔叢子詰墨篇引墨子亦作『浩居。』孫詒讓墨子閒詁云：『盧（文紹）云：晏子外篇作「浩裾。」王制云：「喪祭用不足曰暴，有餘曰浩。」鄭注云：「浩猶饒也。」居、裾並倨之叚字。家語三恕篇云：「浩裾者則不親。」王肅注云：「浩裾，簡略不恭之貌。」大戴禮記文王官人篇云：「自順而不讓。」又云：「有道而自順。」孔廣森云：「自順，謂順非也。」』史公蓋以『倨傲』說墨子「浩居。』浩卽傲之借子，居卽倨之借字（如孫說。）家語三恕篇：『浩倨者則不親。』（朱駿聲說文通訓定聲云：浩借爲傲。）孫氏引倨作裾，未知所據何本。『爲下』猶『治下，』小爾雅廣詁：『爲，治也。』下文『爲俗、』『爲國，』爲，並與治同義。

崇喪遂哀，

　　考證：墨子作『宗喪循哀。』

　　案孔叢子引墨子作『崇喪遂哀。』孫氏墨子閒詁云：『宗、崇字通，詩周頌烈文
鄭箋云：「崇，厚也。」書盤庚僞孔傳云：「崇，重也。」循，史記、孔叢作
遂，晏子作「久喪道哀。」王（念孫）云：「循、遂一聲之轉，遂哀，謂哀而不
止也。三年問曰：三年之喪，二十五日而畢，若駟之過隙。然而遂之，則是無窮
也。」』書牧誓：『是崇是長。』漢書谷永傳引崇作宗，即宗、崇通用之證。晏子
『道哀，』道乃遁之誤，遁與循同。王氏雜志有說。

破產厚葬。

　　案孝文本紀：『厚葬以破業。』鹽鐵論論誹篇：『原葬以傷業。』

今孔子盛容飾，繁登降之禮、趨詳之節。（原誤以繁字屬上絕句。）

　　考證：墨子作『孔丘盛容脩飾以蠱世，弦歌鼓舞以聚徒，繁登降之禮以示儀，務
趨翔之節以觀衆。』晏子略同墨子。詳、翔音同義通。

　　案晏子作『今孔丘盛聲樂以侈世，飾弦歌鼓舞以聚徒，繁登降之禮、趨翔之節以
觀衆。』『盛聲樂以侈世，』與彼下文『盛爲聲樂以淫愚其民』義複。當從墨子
作『盛容脩飾以侈世，』與下句『弦歌鼓舞以聚徒』相耦。今本飾字誤錯在下句
『弦歌鼓舞』上，『容脩』之作『聲樂，』又涉彼上文『聲樂繁充』而誤也。史
記作『盛容飾，』亦不言『聲樂。』（說已詳晏子春秋斠證。）

累世不能殫其學，當年不能究其禮。

　　考證：墨子作『累壽不能盡其學，當年不能行其禮。』晏子『累壽』作『兼
壽，』學作敎。…………（下『累壽』原誤『累世。』）

　　案孫氏墨子閒詁云：『抱朴子外篇省煩引墨子作「累世不能盡其學，當年不能究
其事。」』晏子學作敎，義同。廣雅釋詁四：『學，敎也。』太史公自序亦云：
『累世不能通其學，當年不能究其禮。』揚雄法言寡見篇引作『當年不能極其
變，終身不能究其業。』

後景公敬見孔子，不問其禮。

　　考證：『景公說』以下，采墨子非儒、晏子春秋外篇。

案考證謂『景公說』以下，采墨子非儒，是也；惟兼言采晏子春秋外篇，則非。
蓋今本晏子春秋之有此文，乃後人鈔襲墨子非儒篇而羼入者。上文引梁氏已有說。
奉子以季氏，

　　索隱…………謂奉待孔子如魯季氏之職。…………
　　案論語微子篇以作若，以猶若也。索隱釋以爲如，亦同。劉子言苑篇：『謂牧、
　　圉以桀、紂，艴然而怒。』以亦與若（或如）同義。
齊大夫欲害孔子，

　　考證：『中井積德曰：「欲害，」恐失實，蓋不便之耳。欲字或衍。』
　　案欲字無緣而衍，欲猶將也。
定公立五年夏，季平子卒，桓子嗣立。

　　案景祐本提行。國語魯語下韋注：『桓子，魯政鄉季平子之子斯也。』
季桓子穿井，得土缶，中若羊。

　　索隱：『家語云：「桓子穿井於費，得物如土缶，其中有羊焉。」是也。』
　　考證：『魯語作「獲如土缶，其中有羊焉。」李笠曰：「若字疑當作有。」』
　　案國語魯語下、說苑辨物篇、家語辯物篇、搜神記十二『若羊』皆作『有羊，』
　　若猶有也。封禪書：『權火舉而祠，若火煇然屬天焉。』漢紀八若作有，亦若、
　　有同義之證。（此義前人未發。）漢書五行志中之下引史記『中若羊，』作『中
　　得蟲若羊。』『得蟲』二字，蓋淺人不明若字之義而妄加也。家語辯物篇：『季
　　桓子穿井，獲如土缶，其中有羊焉。』（四部叢刊景明翻宋本『土缶』誤『玉
　　缶。』）索隱引井下有『於費』二字，乃據彼下文所加也。又白帖十引韓詩外傳
　　云：『魯哀公穿井，得土羊。』（初學記七、御覽九百二引『土羊』並作『玉
　　羊。』賴炎元學弟韓詩外傳考徵八、韓詩外傳佚文考，引證甚詳。）
木石之怪夔、罔閬。

　　集解：『韋昭曰：「木石，謂山也。或云：「夔，一足。越人謂之山繰也。」或
　　言獨足。魍魎，山精，好學人聲而迷惑人也。」』
　　索隱：夔音逵，閬音兩。家語作『魍魎。』
　　考證：『　國語「罔閬」作「蝄蜽。」中井積德曰：「木石」如字，注錯誤。』

案莊子達生篇：『山有夔。』（釋文引司馬彪注：夔，狀如鼓，而一足。）說文：『蛧蝄，山川之精物也。國語曰：木右之怪夔、蛧蝄。』則集解引韋注『木石，謂山也。』以山統言『木石，』亦非誤。索隱引家語『罔閬』作『魍魎，』（博物志一同。）今家語作『蛧蝄，』搜神記同。說苑作『罔兩。』當以作『蛧蝄』為正。段玉裁說文注：『周禮（方相氏）作「方良，」左傳（宣三年）作「罔兩，」孔子世家作「罔閬。」俗作「魍魎。」』又作『罔浪。』莊子齊物論：『罔兩問景，』釋文引崔譔本作『罔浪。』又集解引韋注『好學人聲，』今國語注作『傚人聲。』傚上蓋脫好字。

水之怪龍、罔象。

案莊子達生篇：『水有罔象。』意林引王逸正論：『水之精曰罔象。』廣雅釋天：『水神謂之冈象。』冈，古罔字。

土之怪墳羊。

集解：『唐固曰：墳羊，雌雄未成者也。』

案重雕明道本國語『墳羊』作『羵羊，』唐注同（又唐注未作不，義同。）說苑、家語、王逸正論亦皆作『羵羊。』搜神記作『賁羊。』御覽一八九引說苑作『羒羊。』藝文類聚九四引家語作『墳羊，』與世家合。說文：『羒，牡羊也。』（據段注本。段注：『國語：土之怪羵羊。』）墳、羒、賁，並羒之借字。羵，俗字。廣雅釋天：『土神謂之羵羊。』

吳伐越，墮會稽，得骨，節專車。

索隱：吳伐越，在魯哀元年。

梁玉繩云：『余有丁謂「吳伐越，事在哀公元年。今載于定公五年，此時吳未墮會稽，安得獲骨之事？」明鄧以讚史記詊曰：「此當在『吳敗越會稽』下，誤置此。」』

案後漢書儒林傳注引墮作隳，說苑辨物篇、家語辯物篇並同。說文：『隓，敗城阜曰隓。墮，篆文。』段注：『墮，隸變作墮，俗作隳。』國語魯語下韋注：『墮，壞也。吳王夫差敗越於夫椒，越王句踐棲于會稽，吳圍而壞之。在魯哀元年。』索隱及余氏『吳伐越，在魯哀元年。』之說，蓋本韋注。

吳使使問仲尼。

　　考證：國語作『吳子使來好聘，且問之仲尼。』（原引脫之字。）

　　案家語作『吳子使來聘於魯，且問之孔子。』本國語也。

仲尼曰：禹致羣神於會稽山。

　　集解：『韋昭曰：羣神，謂主山川之君，為羣神之主，故謂之神也。』

　　梁玉繩云：此事見國語。然禹未嘗會諸侯于會稽，此外傳之妄假託仲尼語耳。說
在夏紀中。『羣神，』文十一年傳疏引國語，及說苑、家語、博物志並作『羣
臣。』

　　案後漢書儒林傳注、記纂淵海六二引此『羣神』並作『羣臣。』然集解既引韋注
以釋『羣神，』是所據本必作『羣神』矣。書偽益稷疏、文選張平子思玄賦注、
初學記十九、御覽三七五及六一二引國語亦皆作『羣臣。』（張以仁弟國語斠證
鄭良樹弟國語校證並有說。）然韋注既釋『羣神』之義，是所據國語必作『羣
神』矣。博物志八『羣神』作『諸侯。』據下文『山川之靈（今本誤神），足以
綱紀天下，其守為神。』集解引王肅曰：『守山川之祀者為神，謂諸侯也。』則
『羣神、』『羣臣、』『諸侯，』其義一也。然作『羣神，』蓋國語、史記之舊
矣。梁氏夏本紀志疑云：『左傳哀七年：「禹合諸侯于塗山，」非會稽也。梁
任昉述異記：「禹會塗山，防風氏後至，禹誅之。」可與左傳證國語會稽之
誣。』家語：『昔禹致羣臣於會稽之山。』黼中校證云：『藝文類聚八引作「禹
會羣臣於塗山。」可為梁說之證。（夏本紀考證，於禹巡狩葬會稽之事有辯，其說
本於梁氏。）

防風氏復至，

　　案齊世家正義防作房，古字通用。

其節專車，此為大矣。

　　考證：楓山、三條本節上有骨字，與魯語、說苑合。

　　案御覽三七七引家語亦作『其骨節專車。』（今本脫節字。）任昉述異記上作：
『其長三丈，其骨頭專車。』記纂淵海引矣作也，水經淮水注引國語亦作也，也
猶矣也。

山川之神，足以綱紀天下，其守爲神。

　　集解：『韋昭曰：足以綱紀天下…………』

　　考證：國語足上神字作靈，史誤。

　　案說苑、家語亦並作『山川之靈。』又『綱紀』並作『紀綱，』國語亦作『紀
　　綱，』韋注同。（良樹國語校證云：楚辭補注引『紀綱』作『綱紀。』）

社稷爲公侯。

　　考證：國語『社稷』下有『之守』二字。（守，原誤主。）

　　案家語『社稷』下亦有『之守』二字。

汪罔氏之君，守封、禺之山。

　　集解：『封，封山。禺，禺山…………』

　　考證：國語汪罔作汪芒，禺作隅。

　　案說苑、家語汪罔亦並作汪芒，說文嵎字下同。御覽六一二引國語作汪茫，說文
　　鄻字下同。御覽三七七引家語作汪罔，與世家合。罔、芒、茫，古並通用。說苑、
　　家語禺並作嵎，說文同。重雕明道本國語亦作嵎，韋注同。良樹校證云：『史記
　　封禪書索隱、御覽一七〇引嵎並作禺。』則與世家合。嵎、隅正、假字。禺乃嵎
　　之省。（參看以仁國語斠證。）

爲釐姓。

　　考證：『梁玉繩曰：「魯語作『漆姓，」說苑、家語、杜注文十一傳同。』黃丕
　　烈曰：「漆當作淶。」』

　　案魯世家正義釐亦作漆，漆葢淶之誤，淶、釐聲近字通，阮元左傳校勘記亦有
　　說。說苑作釐，與世家同，梁氏失檢。

在虞、夏、商爲汪罔，爲周爲長翟。

　　案說苑夏下有『爲防風氏』四字。說文：『鄻，北方長狄國也。在夏爲防風氏，
　　在殷爲汪茫氏。』段注本改茫爲芒，云：『國語本作「在虞、夏爲防風氏，在商
　　爲汪芒氏。」爲說苑、說文、王肅家語所本。今國語及孔子世家皆奪數字耳。』
　　據段說，則世家此文夏下葢脫『爲防風，在』四字。惟景明翻宋本家語作『在
　　虞、夏、商爲汪芒氏，於周爲長翟氏。』與國語、史記並合，與說苑、說文並

　　　　　　　　　　　　　　　　　　　　　　　　　　　　　　　　— 31 —

異。黃丕烈國語札記引鈕樹玉說與段說略同，亦疑國語脫『爲防風氏』四字。黃氏云：『孔子世家亦無「爲防風氏，」據國語正文及韋解，詳此句不當有。說文及說苑蓋別有出，宜各依本書。』國語、左氏公羊穀梁文十一年傳、說苑長翟皆作長狄，翟、狄古通，周本紀、齊世家已有說。據國語及韋注、左傳杜注，長狄人，長三丈。公羊傳何注則云：『蓋長百尺。』穀梁傳范注又云：『五丈四尺。』楊疏引春秋考異郵云：『〔長狄〕兄弟三人，長各百尺。』御覽三七七引同，與何注合。御覽又引尚書洪範五行傳云：『長狄之人，蓋五丈餘也。』與范注合。皆浮誇之說，姑錄之以廣異聞。

僬僥氏三尺，短之至也。

案說文：『僥，南方有焦僥人，長三尺，短之極也。』段注：『見魯語。焦，魯語作僬，以說文及山海經證之，則从人非是。⋯⋯⋯⋯海外南經曰：「焦僥國，在三首東。」大荒南經曰：「有小人，名曰焦僥之國。」』荀子富國篇、淮南子墬形篇、家語僬亦皆作焦。淮南子高注：『焦僥，短人之國，長不滿三尺。』列子湯問篇：『從中州以東四十萬里得僬僥國，人長一尺五寸。』（王重民校釋，疑『東四十』本作『西三十。』）張湛注：『事見詩含神霧。』御覽七百九十引外國圖：『從喙水南曰僬僥，其人長尺六寸。』

於是吳客曰：善哉，聖人！

考證：國語無此九字。

案家語亦無此九字。

公山不狃止之。

集解：『孔安國曰：不狃，爲季氏宰。』

索隱：『狃，女九反。鄒氏云：「一作蹂。」論語作弗擾。』

王引之云：魯公山不狃，字子洩，定五年左傳。不狃，論語陽貨篇作弗擾，擾，假借字也。古音狃與擾同。（春秋名字解詁上。）

案論語作弗擾，孔注同。（家語相魯篇亦作弗擾。）阮元校勘記云：皇（侃）本、高麗本弗作不，注同。』與世家及集解合。惟集解引孔注擾作狃，則依此正文改之也。索隱引鄒云：『一作蹂。』蹂、狃古亦通用，說文：『蹂，篆文狃。』爾

雅釋獸『其迹厹，』釋文：『厹，字林或作狃。』卽其證。

遂執季桓子。

　　梁玉繩云：定八年傳，陽虎將殺季氏于蒲圃，非執之也。囚季在定五年，前此矣。（考證已引梁說，惟有改竄。）

　　案上文『陽虎因囚桓子，與盟而醳之。』（正義：醳音釋。）旣已釋之，則此復言『執季桓子，』亦不抵牾；且此言執之，與左傳言將殺之，義亦相因。梁說泥矣。

孔子循道彌久，

　　考證：古鈔本、楓山、三條本循作脩。

　　案脩字義勝，上文『『孔子不仕，退而脩詩、書、禮、樂。』亦所謂『脩道』也。脩、循隸書形近，往往相亂。

曰：蓋周文、武起豐、鎬而王。今費雖小，儻庶幾乎？（雖，原誤難。）

　　索隱：檢家語及孔氏之書，竝無此言。故桓譚亦以爲誣也。

　　梁玉繩云：『史記疑問曰：遷以孔子欲費與不狃爲可以文、武乎？是從叛也。何妄之甚！』

　　案史公此文，必有所本。孔子志在拯世救溺，容有此言。欲效文、武起豐、鎬，非以不狃爲可以文、武也。鄙儒小拘，難免以爲誣妄矣！

豈徒哉？

　　案論語陽貨篇皇侃義疏：『徒，空也。』

定公以孔子爲中都宰，一年，四方皆則之。

　　索隱：『家語作「西方，」王肅云：「魯國近東，故西方諸侯皆取法則焉。」

　　案家語相魯篇作『西方，』王注『近東』作『在東，」無取、焉二字。李白武昌宰韓君去思頌碑：『仲尼，大聖也，宰中都而四方取則。』作『四方，』蓋本世家。

齊大夫黎鉏言於公曰，

　　案殿本黎鉏作犂鉏，齊世家同。索隱本齊世家作犂且，云：『卽犂彌也。』左定十年傳作犂彌。（參看齊世家斠證。）

孔子攝相事。

考證：『定十年左傳云：「夏，公會齊侯于祝其，實夾谷。孔丘相。」崔述曰：
「傳所謂相者，謂相禮也，非相國也。相國者治一國之政。相禮者但襄一時之
禮，與國政無涉也。此蓋史記誤以相爲相國之相；又因傳有犂彌欲以兵刦魯侯之
事，而遂以會時之策爲在國之謀，而不知其謬也！…………』

案左傳『孔丘相。』杜注：『相會儀也。』卽崔氏『相禮』之說所本。（吳齊魯三世
家，考證引中井積德亦有本杜注之說。）不知『相會儀，』爲一說；『攝相
事，』又爲一說。在國之謀固定於相，會時之策又何嘗不可決於相邪？齊世家載
此事，並云：『景公害孔丘相魯，懼其霸。』明是『攝相事』矣。吳世家索隱云：
『杜預以爲「相會儀」也。而史遷孔子系家云：「攝行相事。」案左氏：「孔丘
以公退，曰：士兵之！」又「使茲無還揖對。」是攝國相也。』是能不泥於杜注
者矣。陸賈新語辨惑篇：『魯定公之時，與齊侯會於夾谷，孔子行相事。』家語
相魯篇：『定公與齊侯會于夾谷，孔子攝相事。』並與史記合。（參看吳世家斠
證。）

請奏四方之樂。

案白帖十八引『四方』作『四夷。』

於是旍旄羽袚、矛戟劍撥，鼓噪而至。

索隱：家語作『萊人以兵鼓噪，劫定公。』…………撥音伐，謂大楯也。

案白帖引旍作旌，噪作譟。旌、旍正、俗字。譟、噪正、俗字。家語亦作譟，索
隱引作噪，依此正文改之也。索隱釋撥爲『大楯，』撥乃瞂之借字，說文：『瞂，
盾也。』楯乃盾之借字。

歷階而登，

索隱：「…………王肅云：歷階，登階不聚足。』

案今本家語無王注。

舉袂而言曰，

考證：穀梁無『舉袂』二字。

— 34 —

　　案新語、家語亦並無『舉袂』二字。白帖引而作大。

則左右視晏子與景公。

　　考證：晏子與會，三傳不錄。

　　案晏子與會，新語、家語亦不錄。然史公當有所本。

景公心作，麾而去之。

　　考證：『穀梁云：「孔子歷階而上，不盡一等，而視歸乎齊侯，曰：『兩君合好
　　，夷狄之民，何爲來爲？命司馬止之！』齊侯逡巡而謝曰：『寡人之過也！』退
　　而屬其二三大夫曰：『夫人率其君與之行古人之道；二三子獨率我而入夷狄之俗
　　，何爲？』」愚按，史公本左、穀二傳，而舖張失實。』（原引『一等』誤『一
　　階。』）

　　案白帖引麾上有乃字。新語亦云：『孔子歷階而上，不盡一等而立。謂齊侯曰：
　　「兩君合好，以禮相率，以樂相化。臣聞嘉樂不野合，犧象之薦不下堂。夷狄之
　　民何求爲？命司馬請止之！」定公曰：「諾！」齊侯逡巡而避席曰：「寡人之過
　　也！」退而自責大夫。』史公所記，與穀梁、新語比觀。亦未見舖張失實。（考
　　證鋪作舖，俗。）

優倡侏儒爲戲而前。

　　案家語而作於，而猶於也。

匹夫而熒惑諸侯者，罪當誅。

　　索隱：謂經營而惑亂也。家語作『熒侮。』（『熒侮』原誤『營侮。』）

　　考證：『中井積德曰：「熒，迷也。無經營之義。」愚按，莊子人間世篇：「而
　　目將熒之。」注：「使之眼眩。」齊物論篇：「是黃帝之所聽熒也。」釋文：「
　　熒，疑惑也。」』

　　案黃善夫本索隱，謂上有『營惑』二字，（殿本有『熒惑』二字，熒當作營。）
　　是索隱本『熒惑』作『營惑。』營非『經營』字，營、熒並借爲鎣，說文：『鎣
　　，惑也。』（段注本疊鎣字。）莊子人間世篇：『而目將熒之。』釋文引向秀、
　　崔譔本熒並作營，亦同此例。考證引齊物論篇釋文云云，乃釋文所引司馬彪注。

有司加法焉。手足異處。

周中孚云：『左氏成二年經，有曹公子首，公、穀首皆作手。案首、手二字古相通，儀禮士喪禮：「魚左手進鬐。」鄭注：「古文首爲手。」左氏宣三年傳：「見其手。」釋文：「一作首。」穀梁定十年傳：「首足異處。」史記孔子世家作「手足。」漢書古今人表上下有斲手，說文攴部作斲首。』（鄭堂札記五。）

俞正燮云：『穀梁云：「齊人使優施舞於魯君之幕下，孔子曰：『笑君者，罪當死！』使司馬行法焉，首足異門而出。」孔子世家云：「倡優侏儒爲戲而前，孔子曰：『匹夫熒惑諸侯者，罪當誅。』有司加法焉，首足異處。齊侯懼而動。」陸賈新語云：「優施舞於魯公之幕下，孔子曰：『君辱，臣當死。』使司馬行法，斬焉。首足異門而出。齊人瞿然而恐。」後漢張升傳：「守外黃令，趣明威戮。曰：『昔孔子暫相，誅齊之侏儒，手足異門而出。故能威震強國，反其侵地。』後升以誅死。」此四引孔子之事，乃委巷窮儒悁螫之心無所泄，造此莠言，上誣聖人，不可訓也！優人笑惑乃其職，於禮宜却之，放法不得死；且魯豈當殺齊優？實其說，是行不義而殺不辜，齊人怒而魯君不返也。』（癸巳存稿十四。）

考證：『穀梁云：「罷會，齊人使優施舞於魯君之幕下，孔子…………………使司馬行法焉，首足異門而出。」愚按，據此則倡優侏儒爲戲而前，在會罷之後。史公易以「有頃」二字，不當。左氏亦不載，其事有無，未可知。「手足異處，」腰斬之刑，與穀梁「首足異門，」亦異。

案『手足，』穀梁傳、新語並作『首足。』（公羊傳何注同。）周氏謂『首、手二字古相通，』是也。惟稱『左氏宣三年傳，』三乃二之誤。俞氏引孔子世家『首足，』乃『手足』之誤；引新語『優施，』本作『優旃，』旃乃秦始皇時人，後歸漢。（詳滑稽列傳。）則新語作『優旃，』非也。俞氏蓋從穀梁傳改旃爲施耳。新語云：『罷會，齊人使優旃儛於魯公之幕下。』與穀梁傳言『罷會』合。史公作『有頃，』（家語同。）或別有所本。作『罷會，』則優倡侏儒戲於前，乃餘興，雖失禮猶可恕。作『有頃，』則在兩君好會之時，齊侯戲弄魯君之意甚著，此不可忍也。然斬之則似太過耳。

景公懼而動。

案動猶驚也。文選宋玉高唐賦：『使人心動。』李注：『動，驚也。』

告其羣臣曰：魯以君子之道輔其君，而子獨以夷狄之道敎寡人，使得罪於魯君，爲之奈何？

考證：據穀梁傳，景公此言在初以兵劫魯侯之時，文見上注。

案獨猶乃也。新語稱齊侯『退而自責大夫。』亦在初以兵劫魯侯之時。家語責羣臣之言，則在『齊侯歸』後，從世家也。

君子有過，則謝以質；小人有過，則謝以文。

梁玉繩云：一本質作實，與下句對，當是也。然公羊定十年注作質。

案質、實同義，實與文相對；質與文亦相對也。公羊傳注引此已作質，則一本質作實，蓋後人依下文『則謝以實』改之也。下文『則謝以實，』考證本已從張文虎說改實爲質矣。論語子張篇：『小人之過也必文。』又云：『君子之過也，如日月之食焉。過也，人皆見之。更也，人皆仰之。』

於是齊侯乃歸所侵魯之鄆、汶陽、龜陰之田，以謝過。』

集解：『服虔曰：三田，汶陽田也。龜，山名。陰之田，得其田不得其山也。』

考證：『梁玉繩曰：「案春秋：『齊歸鄆、讙、龜陰田。』杜、服以爲三邑，何休以爲四邑。此以汶陽易讙，誤。疑鄆字誤倒在汶陽上，又脫讙字。三田皆汶陽田也。故孔子使茲無還對齊曰：『而不反我汶陽之田，吾以共命者亦如之。』………………」』

案春秋：『齊人來歸鄆、讙、龜陰田。』（公羊鄆作運，古字通用。）又見漢書五行志中之上。何休以爲四邑，由誤以『龜、陰』爲二邑也。然新語已云『乃歸魯四邑之侵地』矣。以諸書驗之，世家此文汶陽，疑本作讙，涉集解而誤爲汶陽耳。集解引服注：『三田，汶陽田也。』（索隱亦云：『三田皆在汶陽。』）正以釋『鄆、讙、龜陰之田』之義。若正文本作『鄆、汶陽、龜陰之田。』則與集解不符矣。（與索隱亦不符。）家語云：『乃歸所侵魯之四邑及汶陽之田。』（王注：四邑，鄆、讙、龜、陰也。洙有汶陽之田，本魯界。）既誤以『鄆、讙、龜、陰』爲四邑，又別出『汶陽之田，』愈滋惑亂！

定公十三年夏，孔子言於定公曰：『臣無藏甲，大夫無百雉之城。』使仲由爲季氏宰，將墮三都。

梁玉繩云：『余有丁云：「定公十二年墮郈、墮費，史誤以爲十三年。」余說
是。』

考證：『「十三年，」當作「十二年，」字之誤也。定十二年公羊傳云：「孔子
行乎季孫，三月不違，曰：『家不藏甲，邑無百雉之城。』於是帥師墮郈，帥師
墮費。」左氏、穀梁經傳，亦繫之於定十二年。「家不藏甲，邑無百雉之城。」
亦孔子言之於季孫，非言於定公。

案『十三年，』疑本作『十二年，』涉下『三都』字而誤也。魯世家作『十二
年。』『家不藏甲，邑無百雉之城。』家語以爲孔子言於定公，本世家也。

公與三子入於季氏之宮，

集解：『服虔曰：三子，季孫、孟孫、叔孫也。』

案家語『三子』作『季孫、叔孫、孟孫。』

入及公側。

集解：『服虔曰：人有入及公之臺側。』

考證：『左傳文同。俞樾曰：「入當作矢。襄二十三年左傳：『矢及君屋。』與
此文同例。」』

案史記、左傳入字並同。據集解所引服注，入字亦不誤。俞氏據襄二十三年左
傳，以證入當作矢。彼與此所記明爲二事，不得援彼以改此也。家語作『及臺
側。』與服注言『臺側』合。

十二月，公圍成，弗克。

考證：『梁玉繩曰：圍成，事在定公十二年多孔子去魯後。此與魯世家誤書於十
三年孔子去之前。』

案魯世家書於十二年孔子去之前，非書於十三年也。

由大司寇行攝相事。

考證：『崔適曰：「『行踊，』當依魯世家訂爲『攝行。』攝，周語也。列子『
周公攝天子之政，』是也。行，漢語也。漢書『御史大夫張湯行丞相事，』是
也。『攝行』者，以漢語釋周語。豈當躋行於攝上乎？」梁玉繩曰：「攝相者，
乃儐相會盟之事。蓋孔子自相夾谷，後遂以司寇而攝行人之職。乃史公以當國爲

相，故於秦紀及吳齊晉楚魏世家、伍子胥傳，直書『孔子相魯。』豈不誤哉！魯之

相，季氏尸之，孔子安得攝乎？然其誤非始史公，晏子春秋外篇：『孔子聖相，』

荀子宥坐云：『孔子爲魯攝相。』宋薛據孔子集語引尹文子云：『孔子爲魯相。』

史妄仍之。」愚按，史以相爲當國，固非；梁氏以爲行人，亦非。』

案左定十二年傳孔疏、吳世家索隱、御覽四六七、論語先進篇邢疏、孟子告子篇

僞孫疏及朱子集注引『行攝』皆作『攝行。』家語始誅篇、朱子論語序說並同。

崔氏訂『行攝』爲『攝行，』是也。惟魯世家定公十年述夾谷之會，稱『孔子行

相事。』定公十二年則未言孔子『攝行相事』。魯世家述周公時，稱周公『攝行

政當國。』（又見周本紀。）崔氏所云『當依魯世家訂爲「攝行，」或指此與？

又崔氏引列子『周公攝天子之政，』見楊朱篇。惟列子乃僞書，其言雖有所本，

據以證攝爲周語，殊難置信。何不舉荀子宥坐篇『孔子爲魯攝相』以爲證邪？（

梁氏已引。）梁氏云：『攝相者，乃儐相會盟之事。』乃本左定十年傳杜注。杜

注僅可備一說，已詳上文及吳世家斠證。夾谷之會，孔子攝相事，乃暫相以應會

盟之變耳。此云『攝行相事，』則是代季氏當國爲政矣。下文『齊人聞而懼，曰：

孔子爲政必霸。』正其驗也。晏子春秋、荀子及尹文子皆稱孔子爲相，（孔叢子詰

墨篇引墨子亦云：『孔子相魯。』）梁氏並不之信，且云：『王充有孔子爲相國

之說，（見論衡自紀。）而經史問答六力辨孔子以卿當國。余未敢以爲然。』何

蔽於左傳杜注之深也！

門人曰，

　　案家語『門人』作仲由。御覽四六七引『門人』下有『怃之』二字。

不曰樂其以貴下人乎？

　　案『以貴下人，』謂『以貴而謙下於人』也。左宣十二年傳：『其君能下人，必

　　能信用其民矣。』（又見楚世家。）論語顏淵篇：『慮以下人。』並與此『下人』

　　同義。御覽引此作『非樂其貴，然喜下人得吾也。」然猶乃也。『下人』猶『下

　　民。』

於是誅魯大夫亂政者少正卯。

　　梁玉繩云：史本于荀子宥坐。（王制疏引史云：『七日而誅少正卯。』史無『七

日』二字，疏乃引尹文子也。）孔子集語及宋高似孫子略竝引尹文子，稱仲尼誅少正卯。其後如淮南汜論、說苑指武、白虎通誅伐篇引韓詩內傳、論衡講瑞、定賢、後書李膺傳皆述之。然昔賢多議其妄。………………

案禮記王制孔疏引史記：『孔子爲魯司寇，七日而誅少正卯。』梁氏以爲『疏乃引尹文子。』今尹文子大道下篇作『孔丘攝魯相，七日而誅少正卯。』與疏所引略異。荀子宥坐篇：『孔子爲魯攝相，朝七日而誅少正卯。』說苑指武篇：『孔子爲魯司寇，七日而誅少正卯於東觀之下。』淮南子汜論篇『孔子誅少正卯，而魯國之邪塞。』高注：『少正，官。卯，其名也。魯之諂人。孔子相魯七日，誅之於東觀之下。』漢書劉向傳『孔子有兩觀之誅。』應劭注：『少正卯，姦人之雄。故孔子攝司寇，七日誅之於兩觀之下。』家語亦云：『孔子爲魯司寇，…………………於是朝政七日而誅亂政大夫少正卯，戮之于兩觀之下。』皆言『七日。』又新語輔政篇：『仲尼誅少正卯。』

粥羔豚者弗飾賈。

考證：『「粥羔豚」以下，采荀子儒效篇。洪頤煊曰：「荀子儒效篇：『仲尼將爲司寇，魯之鬻牛馬者不豫賈。』循吏傳：『子產爲相，市不豫賈。』淮南子覽冥篇：『黃帝治天下，市不豫賈。』『豫賈』卽『飾賈』也。」愚按，買、價同。「〔弗〕飾價，」不增價也。』

案白帖十二引粥作鬻，粥乃鬻之省。記纂淵海六十引賈作價，買、價古、今字。淮南子泰族篇：『孔子爲魯司寇，道不拾遺，市不豫買。』（今本市下衍買字，王念孫云：『市不豫買，』謂市之鬻物者不高其價以相詿豫。）新序雜事一：『孔子將爲魯司寇…………………魯之鬻馬牛不豫買。』（又見雜事五。）說苑反質篇：『有徒師沼治魏，而市無預買。』豫、預正、俗字。家語相魯篇：『及孔子之爲政也，…………………三月，則鬻牛馬者不儲價，賣羊豚者不加飾。』（王引之云：『儲與奢古聲相近，說文：「奢，張也。」爾雅：「侜張，誑也。」』見荀子雜志。）『豫買、』『儲價、』與此文『飾買，』並猶『詿價』也。平津侯列傳：『夫以三公爲布被，誠飾詐欲以釣名。』『飾詐，』複語。飾亦詐也。詐猶詿也。

男女行者別於塗，塗不拾遺。

　　考證：采呂氏春秋樂成篇。

　　案白帖引下塗字作路。呂氏春秋樂成篇：『孔子始用於魯，…………用三年

　　，男子行乎塗右，女子行乎塗左。財物之遺者，民莫之舉。』『三年，』當從孔

　　叢子陳士義篇作『三月，』世家上文及家語上文亦並作『三月。』

四方之客至乎邑者，不求有司，

　　集解：『王肅曰：有司常供其職，客求而有在也。』

　　案家語王注『客求而有在也，』作『客不求而有司存焉。』彼注客下衍不字，此

　　注有下脫司字。『在也』猶『存焉。』

皆予之以歸。

　　索隱：家語作『皆如歸。』

　　考證：以上添使字看。

　　案「予」與「與」同，與猶使也。（莊子人間世篇：『與之爲有方，則危吾身。』

　　與亦猶使也。）家語以作如，以猶如也。『皆予之以歸，』猶言『皆使之如歸』

　　耳。以上固不必添使字看也。

齊人聞而懼，曰：孔子爲政必霸。霸則吾地近焉。

　　案韓非子內儲說下篇、長短經昏智篇『齊人』並作『齊景公。』論語微子篇邢疏引

　　聞下有之字。長短經必上有魯字。宋薛據孔子集語曾子篇引霸作伯，古字通用。

我之爲先并矣。

　　吳昌瑩云：之猶則也。（經詞衍釋九。）

　　案之猶必也。伯夷列傳索隱：『行善未必福，行惡未必禍。』黃善夫本、殿本必

　　並作之，之亦與必同義。（此義前人未發。）孔子集語引『之爲』作『爲之，』

　　盍不得其義而妄乙也。

盍致地焉？

　　案盍，何不也。（劉德漢學弟史記虛字集釋四亦有說。）焉猶乎也。

犂鉏曰，

　　考證：韓非子內儲說下犂鉏作黎且。

案長短經、路史發揮四並作犂且。犂與黎、鉏與且，並古字通用。亦即左定十年傳之犂彌也。（參看上文。）公羊定十四年傳徐疏引此作犂鋤，鋤蓋鉏之誤。鋤，俗鉏字。（御覽五六八引此作梨鋤，梨與犂、黎古亦通用，然此作梨，恐是犂之誤。）

於是選齊國中女子好者八十人，皆衣文衣而舞康樂。

考證：韓非子作『女樂六。』

案御覽五六八引『女子好者』作『女樂好音。』恐非其舊。家語子路初見篇『文衣』作『文飾。』長短經作『文繡之衣。』韓非子『女樂六，』御覽四七八引作『女樂二八，』王先慎集解本從之，六乃『二八』二字之誤合。

文馬三十駟，遺魯君。

案家語作『四十駟。』（王注：駟，四馬也。）四疑本作三，涉彼注文四字而誤也。孔子集語引遺上有以字。

陳女樂文馬於魯城南高門外。

案御覽引高作皋，皋乃臯之俗。臯、高古通，釋名釋親屬：『高，臯也。』禮記明堂位：『天子臯門。』鄭注：『臯之言高也。』

如致膰乎大夫。

集解：『王肅曰：膰，祭肉。』

案孟子告子篇僞孫疏引『膰乎』作『燔于，』（朱子集注引乎亦作于，乎猶于也。）引下文膰亦作燔，儀禮特牲饋食禮賈疏引下文同，與孟子合。本字作繙，說文：『繙，宗廟火孰肉。』燔，借字。膰，俗字。又孟子疏引王肅曰：『燔，祭肉也。』家語燔本作膰。

三日不聽政；郊又不致膰俎於大夫。孔子遂行。

案孔子集語引『三日不聽政，』作『三日不朝。』蓋與論語微子篇作『三日不朝』相亂。御覽三六七引夫下有注云：『膰音煩。』儀禮疏引『孔子遂行，』作孔子不稅冕而行。』蓋與孟子稱孔子『不稅冕而行』相亂。御覽五六八引『孔子遂行』下有注云：『論語曰：齊人歸女樂，季桓子受之，三日不朝，孔子遂行。』見論語微子篇。

而師已送曰，

案孔子集語引作『師已送之，曰。』

彼婦之口，可以出走。彼婦之謁，可以死敗。

案論語微子篇疏引兩婦字下並有人字，說苑、家語並同。長短經上婦字下亦有人字。

蓋優哉游哉，維以卒歲。

集解：『王肅曰：言仕不遇也。故且優游以終歲。』

考證：家語無蓋字，維作聊。

案孔子集語引此亦作『優哉游哉，聊以卒歲。』蓋與家語文相亂也。詩小雅采菽亦云：『優哉游哉。』又今本家語注仕作士，無『故且』二字。仕、士古通。

孔子遂適衞，主於子路妻兄顏濁鄒家。

索隱：『孟子曰：「孔子於衞主顏讎由，彌子之妻，與子路之妻兄弟也。」今此云，濁鄒是子路之妻兄，所說不同。』

梁玉繩云：『後文正義，濁、鄒音卓、聚，蓋誤認爲顏涿聚。涿聚父子仕齊，于衞之濁鄒何涉？濁鄒卽讎由，孟子疏言之極明。（朱子序說從之。）索隱謂此與孟子所說不同，其實兩說無殊。讎由、濁鄒，音近傳別耳。孔叢記義言「讎由善事親，後以非罪執，子路請贖焉，二三子納金于子路。或謂孔子曰：『受人之金，以贖其私昵，義乎？』子曰：『貧取于友，非義而何？』」可爲子路妻兄之證。且讎由是子路妻兄，便是彌子瑕妻兄。瑕見主其妻兄之家，遂邀孔子來主，亦非無因。而濁鄒緣孔子主于家，受業爲弟子，理固宜然。至涿聚是齊人，呂子魯師，淮南氾論言其爲梁父大盜，學于孔子，爲齊忠臣。（氾論涿作噣，譌。）涿聚名庚，其子名晉，見左哀廿三、廿七傳。漢書人表毛本作顏燭鄒，繹史本同。各本作濁鄒，（師古曰：「卽顏涿聚子也。」子字衍。）攷韓子十過有顏涿聚諫田成子游海事，說苑正諫作顏燭趨，晏子外篇言景公使燭鄒主鳥，韓詩外傳九作顏鄧聚，（鄧字譌，有本作斸。）說苑正諫亦載其事，作燭雛，（集韻、類篇又作濁雛，雛音聚。）竝因形聲相狀，通借用字也。』

俞樾云：『國朝劉書年經說云：「史記言『孔子適衞，主子路妻兄顏濁鄒家。』

索隱謂與孟子不合。余謂史公以顏濁鄒爲子路妻兄，正據孟子此文，非別采自他書。古葢讀『彌子之妻與子路之妻兄弟也』爲一句，言雞由爲二妻之兄弟也。觀小司馬云云，知後世誤讀，自唐已然。」按依此解之，則孟子與史記合；且可知彌子之妻、子路之妻，並顏氏也。此說可從。『（茶香室續鈔卷三。）

案孟子萬章篇疏：『顏雞由，卽濁鄒也。爲衞大夫。』此顏濁鄒爲衞大夫。下文顏濁鄒，卽涿聚，（正義濁、鄒音卓、聚，不誤。）乃齊人，學于孔子者。故云：『如顏濁鄒之徒，頗受業者甚衆。』而此但云孔子『主于子路妻兄顏濁鄒家。』未云濁鄒受業爲弟子，明此顏濁鄒，與下文顏涿鄒非一人。梁氏所云：『濁鄒緣孔子主于家，受業爲弟子，理固宜然。』乃想當然耳。又梁氏所謂『雞由是子路妻兄，便是彌子瑕妻兄。』葢亦讀孟子『彌子之妻與子路之妻兄弟也』爲一句，與劉書年說合。

衞人亦致粟六萬。

案文選李蕭遠運命論注引致作置。

去衞，將適陳，過匡。

考證：『梁玉繩曰：「論語『畏匡』句下，梁皇侃義疏本孔安國『在陣絕糧』注，以爲宋地名。葢據莊子秋水篇『孔子游匡，宋人圍之』也。但宋雖有地名承匡，而此時未至宋。況莊子釋文引司馬云：『宋當作衞，』固與史合。……」』案淮南子主術篇稱孔子『圍於匡，』高注：『匡，宋邑也。今陳留襄邑西匡亭是也。』世家下文『匡人於是遂止孔子，』索隱：『匡，宋邑也。』亦並本莊子秋水篇。家語困誓篇：『孔子之宋，匡人簡子以甲士圍之。』亦以匡爲宋邑。又莊子成玄英疏：『宋當爲衞，字之誤也。匡，衞邑也。』葢本司馬彪注，亦與史合。

顏刻爲僕。

梁玉繩云：『論語注：「包咸曰：陽虎曾暴于匡，夫子弟子顏剋，時又與虎俱行。後剋爲夫子御，至于匡，匡人相與共識剋。又夫子容貌與虎相似，故以兵圍之。」莊子秋水篇釋文同。足解此史「顏刻爲僕」一段不明處。（琴操作顏淵，非。）葢不說刻與虎俱，則其事未晰也。正義引琴操略同。但檀弓「死而不弔者三，」疏引世家云：「陽虎嘗侵暴于匡，時又孔子弟子顏刻爲陽虎御車。後孔子

亦使刻御車，從匡過。孔子與陽虎相似，故匡人謂孔子爲陽虎，因圍欲殺之。」
非但言刻爲虎御，與諸說異；且與世家文不同。疑孔疏誤。疏以微服避桓魋，嫁
其詞以爲媚悅匡人，其妄可知！所謂匡人者，韓詩外傳六、說苑雜言、家語困誓
稱「匡簡子將殺陽貨，孔子似之，帶甲圍孔子舍」也。』

考證：弟子列傳有顏高，字子驕，蓋同人。

案論語（子罕篇）包咸注云云，莊子秋水篇成疏亦略同。重栞宋本論語邢疏引世
家顏刻作顏尅，（包注亦作顏尅。）尅與剋同，與刻古通。莊子人間世篇：『剋
核太至，則必有不肖之心應之。』陳碧虛音義本剋作刻，道藏成玄英疏本、覆宋
本並作尅，亦同例。檀弓疏引世家云云，蓋本於論語包注，而略有潤色。因世家
亦載其事，遂徑稱爲世家文耳。古人引書，如二書或數書同載之事，往往標較早
或所重之書名，此類是也。考證稱顏刻、顏高爲同人，弟子列傳梁氏志疑有說。

昔吾入此，由彼缺也。

正義：『琴操云：…………顏刻擧策指匡穿垣，…………有知孔子聖人，
自解也。』

案論語疏引昔下有日字。正義引琴操，顏刻黃善夫本、殿本並作顏淵，此從梁說
　　（詳上）改之也。又『有知』黃本、殿本並作『乃知，』有字誤。

孔子狀類陽虎。

案論語疏引狀下有貌字。

孔子使從者爲甯武子臣於衞，然後得去。

索隱：『家語：「子路彈劍而歌，孔子和之，曲三終，匡人解圍而去。」

梁玉繩云：『匡圍之解，琴操謂因暴風擊仆軍士之故，固屬妄談。韓詩外傳六、
說苑雜言、家語困誓皆謂歌終釋難；而莊子秋水謂匡人知非陽虎，請辭而退；禮
疏引世家謂孔子自說解圍，又各不同，未知孰是。獨史謂從者臣甯武子，然後得
去。則尤可怪！困學紀聞十一引胡致堂曰：「穆公末，武子之子相已與孫良夫將
兵侵齊，武子非老則卒矣。穆公卒，歷定公、獻公，（閻注：甯氏滅于獻公手。）
凡三十七年。至靈公三十八年而孔子來，使有兩武子則可。若猶兪也，其年當百
有五六十矣，何子長之疏也！」毛氏奇齡四書索解曰：「武子仕衞，在僖公年。

歷文、宣、成、襄、昭五公，而後至定之十二年。是在甯武時，孔子未生。在孔子畏匡時，則甯氏族滅已久。其間相去實百五六十年，而謂爲其臣解難，直笑話也！」』

蔣建侯孔子世家考：史記探原疑甯武子爲孔文子之誤。

案甯武子仕衞時，孔子未生。而此云『孔子使從者爲甯武子臣於衞，』史公決不致疏漏至此！崔適探原疑爲孔文子之誤，孔文子名圉，事衞靈公、出公。（左哀十一年傳及衞世家，並載文子問兵於孔子事。）於時雖合，而孔文子何緣誤爲甯武子，亦殊難解。或由甯武子爲孔子所稱，（論語公冶長篇。）傳寫者因聯想而致誤與？又索隱引家語（困誓篇）『彈劍，』今本作『彈琴。』『解圍而去，』今本作『解甲而罷。』

不得已而見之。（原脫而字。）

案論語雍也篇孔注：『孔子見之者，欲因以說靈公，使行治道也。』此所謂『不得已』也。

夫人在絺帷中。孔子入門，北面稽首。夫人自帷中再拜，環珮玉聲璆然。

考證：愚按藝文類聚引典略絺作錦，玉作之。

案書鈔一三二引典略云：『孔子反衞，見夫人，在錦帷中。孔子北面稽首，夫人自帷中再拜，環珮之聲鏘然。』孔廣陶校注：『初學記廿五引典略無末句。類聚六十八引鏘作璆，餘同。』考證稱『藝文類聚引典略絺作錦，玉作之。』蓋本孔說。然類聚六十八實未引典略也。書鈔一三二引世家此文『再拜』作『而拜，』『玉聲璆然』作『之聲鏘然（與典略合）。』疑玉本作之，涉『環珮』偏旁而誤也。御覽七百引此『再拜』亦作『而拜。』

吾鄉爲弗見。見之禮答焉。

索隱：上見如字。下見音賢徧反，去聲。言我不爲相見之禮，現而答之。

考證：『見如字。岡白駒曰：「不得已而見之，不可不答禮。」…………』棄爲猶將也。兩見字並如字。『見之』句。『禮答焉』句。謂吾鄉將不見。既而見之，夫人以禮答拜也。

靈公與夫人同車，宦者雍渠參乘出，使孔子爲次乘，招搖市過之。

索隱：家語作『遊過市。』

梁玉繩云：『示兒編曰：聖人方以季桓子受女樂而去魯。適衞而又爲靈公、南子
驂乘，不知子長何所本而云然！』

考證：『孟子但云癰疽，不云「宦者。」衞策云：「衞靈公近癰疽、彌子瑕，二
人者專君之勢以蔽左右。」俞樾曰：「說苑作雍睢，史記作雍渠，韓非子作雍
鉏。雍，饔人之官。疽，名也。」』

案記纂淵海六八引孟子（萬章篇）作離疽，趙策作雍疽，（雍乃離之隸變。）文
選司馬子長報任少卿書：『昔衞靈公與雍渠同載，孔子適陳。』（漢書司馬遷傳
無同字。）作雍渠，與世家同；惟言『適陳，』與世家下文言『過曹』異。又文
選注引家語云：『孔子居衞，月餘，靈公與夫人同車出，令宦者雍渠參乘，使孔
子爲次乘，遊過市。孔子曰：「吾未見好德如好色！」於是恥之，去衞過曹。與
世家此文及下文合。惟今本家語無此文。索隱所引家語『遊過市，』與文選注引
同。

於是醜之。

案文選注引家語醜作恥，義同。莊子讓王篇：『君子之無恥也若此乎？』呂氏春
秋愼人篇恥作醜，亦其證。下文『是吾醜也。』『是有國者之醜也。』醜亦與恥
同義。

去衞過曹。

案孟子萬章篇疏引去作自。

宋司馬桓魋欲殺孔子，拔其樹。

考證：『莊子天運篇：「師金曰：今而夫子亦取先王已陳芻狗，取弟子遊居寢臥
其下，故伐樹於宋，削迹於衞，窮於商、周，是非其夢邪？圍於陳、蔡之間，七
日不火食，死生相與鄰，是非其眯邪？」此史公桓魋拔樹之說所本。

案考證引莊子天運篇『是非其夢邪』下，成疏云：『「伐樹於宋」者，孔子曾遊
於宋，與門人講說於大樹之下。司馬桓魋欲殺夫子，夫子去。後桓魋惡其坐處，
因伐樹焉。』卽本世家文以印證莊子也。（家語困誓篇『伐樹於宋，』王注：『
孔子與弟子行禮於大樹之下，桓魋欲害之，故先伐其樹焉。』亦本世家文。）莊

子山木篇載孔子之言曰：『吾再逐於魯，伐樹於宋，削迹於衛，窮於商、周，圍於陳、蔡之間。』漁父篇亦載孔子之言曰：『丘再逐於魯，削迹於衛，伐樹於宋，圍於陳、蔡。』讓王篇載子路、子貢之言曰：『夫子再逐於魯，削迹於衛，伐樹於宋，窮於商、周，圍於陳、蔡。』（又見呂氏春秋慎人篇、風俗通窮通篇。）禮記檀弓孔疏引世家此文『拔其樹，』作『伐夫子所過之樹，削夫子所過之迹。』儒行疏亦引世家云：『伐樹於宋，削迹於衛。』蓋並與莊子文相亂也。

孔子去，弟子曰：可以速矣！

　　案文選李蕭遠運命論注引孔子下無去字，速下有行字，於文爲長。疑去字本在速字下，今本誤錯在上文耳。去與行同義。

孔子曰：天生德於予，桓魋其如予何！

　　考證：『孔子曰，』論語述而篇。

　　案淮南子主術篇高注：『孔子曰：天生德於予，匡人其如予何！』則是孔子圍於匡時語，與論語、世家並不合。

孔子獨立郭東門，鄭人或謂子貢曰，

　　索隱：『家語：姑布子卿謂子貢曰。』

　　案索隱引家語云云，長短經察相篇注同。今本家語困誓篇作『或人謂子貢曰。』（白虎通壽命章作『或謂子貢曰，』論衡骨相篇作『或問子貢曰。』咸與世家合。）外傳九『或人』亦作『姑布子卿。』

其顙似堯，

　　索隱：『家語云：河目而隆顙，其顙似堯。』

　　案索隱引家語云云，今本家語脫而字，（王注：河目，上下匡平而長。）下顙字作頭。白虎通、論衡、長短經注亦並作『其頭似堯。』外傳作『得堯之顙。』

其項類皋陶，其肩類子產。

　　案外傳作『舜之目，禹之頸，皋陶之喙。』

然自要以下，不及禹三寸。纍纍若喪家之狗。

　　集解：『王肅曰：「喪家之狗，主人哀荒，不見飲食，故纍然而不得意。孔子生於亂世，道不得行，故纍然，不得志之貌也。」韓詩外傳曰：「喪家之狗，既斂

而槨，有席而祭，顧望無人也。」』

考證：『或云：「喪，失也。」非是。禮記：「喪容纍纍。」：……………要、

腰通。』

案白虎通、論衡、抱朴子袪惑篇、長短經要皆作腰，要、腰正、俗子。『纍纍，

』趙世家正義引作『儽然，』外傳作『羸乎，』白虎通作『僓僓，』（說文繫傳

十五引白虎通作『儽儽。』）論衡作『儽儽，』（儽乃儽之俗省。）家語作『纍

然，』文選潘安仁寡婦賦注引家語作「僓乎，」說文繫傳十五引作『儽儽，』焦

氏易林十六注引作『累累，』（累乃纍之俗省。）長短經注作『儽然。』文選寡婦

賦注引禮記（玉藻）：『喪容僓僓，』並引鄭注：『僓，羸貌。』（今本禮記正

文、注文並作纍。）淮南子俶眞篇：『孔、墨之弟子，皆以仁義之術教導於世，

然而不免於僓。』王念孫雜志云：『「不免於僓，」謂躬行仁義而不免於疲也。

僓之言羸也。廣雅曰：「傫傫，疲也。」說文曰：「儽，垂皃。」亦疲憊之意。

玉藻：「喪容纍纍，」鄭注曰：「纍纍，羸憊貌也。」王褒洞簫賦曰：『桀、跙

、鶚、博儛以頓顇。」儽、僓、傫、纍，並字異而義同。』僓、纍並儽之借字，

儽乃儽之俗變。（段注說文，以傫爲正，改儽爲儽，非也。）又集解引王注，今

本家語注『喪家』下脫之字，『飲食』作『飯食。』（衡中云：劉世珩影宋蜀本

、毛氏汲古閣本並作『飲食。』）『不得志，』志作意。集解引外傳，今本外傳

『有席』作『布器，』有乃布之誤。

形狀末也，

　　梁玉繩云：白虎通、論衡、家語末皆作未，史詮謂字之譌。

　　考證：古鈔本、楓山、三條本末作未，義長。

　　案景祐本末亦作未，景明翻宋本家語同。末猶未也，經傳釋詞十有說。論語子罕

篇：『未之思也夫！』釋文：『未，或作末者，非。』作末，亦猶未也。

而謂似喪家之狗，

　　考證：『張文虎曰：而下舊刻有謂字，各本脫。』

　　案宋本如景祐本、黃善夫本並無謂字，記纂淵海六八引同。白虎通、論衡、家語

亦皆無謂字。

吳王夫差伐陳，取三邑而去。

考證：『梁玉繩曰：吳無取三邑事，哀元年傳及年表可證。』

案陳世家亦云：『吳王夫差伐陳，取三邑而去。』史公葢別有所本，詳彼文斠證。

蔡遷于吳。

考證：『梁玉繩曰：蔡下缺請字。』

案左哀元年傳：『蔡於是乎請遷于吳。』卽梁說所本。

吳敗越王句踐會稽。

梁玉繩云：『鄧以讚曰：前骨節事，當在此下。不然，入此吳敗越，無謂矣。且吳未嘗再墮會稽也。』

案下文載『有隼集于陳廷而死』事，國語魯語下、說苑辨物篇、家語辯物篇『吳伐越，墮會稽』下，述骨節事畢，繼之以『有隼集于陳廷而死』事，可爲鄧說之證。

有隼集于陳廷而死。

案後漢書儒林傳注，記纂淵海六二引廷並作庭，魯語、家語並同，古字通用。

陳潛公使使問仲尼，

案漢書五行志下之上潛作閔，古字通用。

隼來遠矣！此肅慎之矢也。

案魯語、說苑、漢書、家語隼下皆有之字。記纂淵海引肅慎下有氏字，魯語、說苑、家語亦皆有氏字。

通道九夷百蠻。

集解：『王肅曰…………百蠻，夷狄之百種。』

案記纂淵海引『百蠻』作『八蠻。』據集解，則原作『百蠻』矣。詩大雅下武孔疏、藝文類聚六十、御覽三四九、六一二、九二六引魯語，『百蠻』亦皆作『八蠻。』以仁云：『葢因僞古文旅獒作『八蠻』而誤。』（參看以仁國語斠證及良樹國語校證。）

使各以其方賄來貢，使無忘職業。

集解：『王肅曰：各以其方面所有之財賄而來貢。』

案漢書賕作物。說苑『使無』作『思無，』思猶使也。孟子公孫丑篇：『思以一
豪挫於人，若撻之於市朝。』又云：『推惡惡之心，思與鄉人立，其冠不正，望
望然去之。』兩思字亦並與使同義。（此義前人未發。吳昌瑩經詞衍釋八云：『
思，詞之惟也。』未審。）家語『使無』作『而無，』竊疑而亦與使同義，姑待
他證。又今家語無王注。

配虞胡公，而封諸陳。

　　案魯語韋注：『胡公，舜後，虞遏父之子胡公滿也。』左襄二十五年傳遏父作閼
　　父，遏、閼古通。

分異姓以遠方職，使無忘服。

　　集解：『王肅曰：使無忘服從於王也。』

　　考證：國語職下有貢字。

　　案說苑、家語職下亦並有貢字。又今家語無王注。

孔子居陳三歲，

　　案孟子萬章篇疏引居作在。

孔子曰，

　　案孟子疏引曰上有遂字。

會公叔氏以蒲畔。

　　案御覽四九六引畔作叛，家語困誓篇同，古字通用。

弟子有公良孺者，

　　案家語七十二弟子解孺作儒，古字通用。段本說文：『孺，一曰輸孺也。輸孺，
　　尙小也。』注：『荀子修身篇：「偸儒憚事。」「偸儒」即「輸孺。」』是孺、
　　儒通用之證。

命也已！

　　案家語困誓篇已作夫，義同。

吾與夫子再罹難，寧鬬而死。鬬甚疾，蒲人懼。

　　索隱：『家語云：「寧我鬬死。挺劍而合衆，將與之戰，蒲人懼。」是也。』
　　案家語將當作疾，乃與世家合。

其男子有死之志，

　　集解：『王肅曰：公叔氏欲以蒲適他國，而男子欲死之，不樂適他。』

　　案今家語王注欲下脫以字，而作故，義同。末句『適他』作『適也。』也字是。

婦人有保西河之志。

　　集解：『王肅曰：婦人恐懼，欲保西河，無戰意也。』

　　案今家語既無『婦人有保西河之志』句，亦無王注。裴氏所見本未脫也。

然不伐蒲。

　　案然猶乃也。

苟有用我者，朞月而已；三年有成。

　　集解：『孔安國曰：…………必三年乃有成也。』

　　梁玉繩云：『朞月而已。』一本有『可也』二字。

　　案論語子路篇『而已』下有『可也』二字。敦煌本論語作『朞月而已矣。』又論語孔注成下有功字。

佛肸畔，使人召孔子。

　　崔述云：『佛肸之畔，乃趙襄子時事。韓詩外傳云：「趙簡子薨，未葬，而中牟畔之。葬五日，襄子興師而攻之。」新序云：「趙之中牟畔，趙襄子率師伐之，遂滅知氏、幷代，爲天下彊。」列女傳亦以爲襄子。襄子立於魯哀公之二十年，孔子卒已五年矣。佛肸安得有召孔子事乎？』（洙泗考信錄二。）

　　案漢書人表佛肸作茀肸，師古注：『卽佛肸也。茀音弗。』崔氏引外傳云云，又見淮南子道應篇。世家本於論語陽貨篇。據世家及論語孔安國注，則佛肸叛，爲趙簡子時事，與外傳、淮南子、新序、列女傳以爲襄子（簡子之子）時事者不同。

涅而不淄。

　　案論語淄作緇，古字通用。文選謝靈運過始寧墅詩注引論語作淄。

我豈匏瓜也哉？焉能繫而不食。

　　劉恭冕云：『皇（侃）疏載一通云：「匏瓜，星名也。言人有才智，宜佐時理務，爲人所用。豈得如匏瓜係天而不可食耶？」黃震日鈔云：「臨川應抑之天文圖

，有匏瓜星。其下注引論語，正指星而言，蓋星有匏瓜之名，徒繫於天而不可食，正與『維南有箕，不可簸揚；維此有斗，不可挹酒漿。』同義。」今案匏瓜，星名。見史記天官書。此義亦通。』（補劉寶楠論語正義。）

俞樾云：『食當訓爲用，易井：「初六，井泥不食。」李鼎祚集解引虞注曰：「食，用也。」又國策衞策：「食高麗也。」老子：「而貴食母。」高誘、河上公注竝曰：「食，用也。」是食之訓用，乃古義也。國語魯語曰：「夫苦匏不材於人。」然則匏瓜乃無用於人之物，故孔子言「吾非匏瓜，安能繫於一處而不爲世用乎？」』（論語平議。）

案廣雅釋草：『匏，瓠也。』王念孫疏證云：『說文：「匏，瓠也。」瓠有甘苦二種，瓠甘者葉亦甘，瓠苦者葉亦苦。甘者可食，苦者不可食。』若以匏瓜爲星名，則誠不可食矣。（匏瓜，星名。亦見漢書天文志。）『繫而不食，』卽以喻無用，不必訓食爲用。魯語下：『夫苦匏不材於人；共濟而已。』韋注：『材若裁也。「不裁於人，」不可食也；「共濟而已，」佩匏可以渡水也。』是匏亦有用於人矣。俞氏謂『匏瓜乃無用於人之物，』未顧及下句耳。

孔子學鼓琴師襄子。

梁玉繩曰：『索隱據家語辨樂，以師襄子卽論語「擊磬襄，」而家語本於韓詩外傳五，元無「擊磬爲官」之言，蓋王肅妄增耳。淮南主術師襄注：「魯樂太師。」此高誘之誤。肅豈仍其說歟？四書釋地又續云：「孔子在衞，年五十九，時學鼓琴師襄子。與論語曰襄者，自別一人。論語之襄，乃魯伶官，以擊磬爲職。當未入海前，豈容抽身至衞，俾孔子從之學乎？注本家語，非。」然則高誘、王肅以二襄同名，合爲一人，殊謬！索隱妄引爲徵，朱子集註亦誤從之也。余疑師襄子必列子湯問篇之師襄，（鄒衍一語，猶上文夏革對湯稱師曠，記事者潤益之。）漢書人表二襄判列爲兩人。但孔子不應五十九始學琴，余有丁引歷聘紀年記：「孔子二十九歲，適衞學琴。」亦無據。（文選七發：「師堂操暢。」李善注引韓詩外傳作「師堂子京。」堂、襄音近，子京其字。初學記十六云：「韓詩爲師堂子。」）』

案論語微子篇之『擊磬襄，』乃魯伶官；師襄子爲衞樂師，自不當混爲一人。梁

氏疑師襄子必列子湯問篇之師襄，惟列子偽書，載師文從師襄學琴事，恐亦因孔子學琴於師襄子事而傅會；非僅師襄『鄒衍之吹律』一語爲記事者所潤益而已。韓詩外傳五之師襄子，文選注、初學記並引作師堂子，今本堂作襄，或後人據世家及家語改之耳。

未得其數也。

案廣雅釋言：『數，術也。』孟子告子篇：『今夫弈之爲數，小數也。』趙岐注：『數，技也。』技亦術也。

有閒，曰：有所穆然深思焉；有所怡然高望而遠志焉。

考證：『張文虎曰：「曰字涉上而衍，家語無。」「有所」下，添孔子二字看，家語有。』

案景明翻宋本家語作『有閒，曰：孔子有所謬然思焉；有所睪然高望而遠眺。』張氏謂家語無曰字，蓋據明吳勉學刊本。有曰字是，此師襄子之言也。惟家語曰下孔字，乃涉彼上文孔子而衍。御覽五七七引家語作『子有所繆然深思焉。』無孔字，是也。外傳作『有閒，曰：邈然遠望，洋洋也！翼翼乎！…………』則是孔子之言。穆、謬、繆，古並通用。文選東方曼倩非有先生論：『於是吳王穆然，』注：『穆猶默，靜思貌。』

幾然而長，

集解：『徐廣曰：「詩云：頎而長兮。」』

索隱：『幾與注頎，竝音祈。家語無此四字。』

案詩衞風碩人疏、齊風猗嗟疏、記纂淵海五三引幾皆作頎，頎、幾正、假字。家語『幾然而長，』作『頎而長。』注：『頎，長貌。』王肅既有注，是家語原有此文。而索隱云：『家語無此四字。』或今本家語『頎而長』三字及王注，並後人所竄入者邪？

眼如望羊，

集解：『王肅曰：望羊，望羊視也。』

案今家語注作『望羊，遠視也。』釋名釋姿容：『望佯，佯，陽也，言陽氣在上，舉頭高，似若望之然也。』『望羊』與『望佯』同，佯乃俗字。

如王四國。

　　梁玉繩云：一本如上有心字。

　　案殿本如上有心字。外傳作『以王天下，』以猶如也。

而聞竇鳴犢、舜華之死也，

　　集解；『徐廣曰：或作「鳴鐸、竇犨；」又作「竇鳴犢、舜華」也。』

　　索隱：『家語云：「聞趙簡子殺竇犨鳴犢及舜華。」國語云：「鳴鐸竇犨。」則竇犨字鳴犢，聲轉字異，或作鳴鐸。慶華當作舜華，諸說皆同。』

　　洪邁云：『漢書劉輔傳：「谷永等上書曰：趙簡子殺其大夫鳴犢，孔子臨河而還。」張晏注曰：「簡子欲分晉國，故先殺鳴竇，又聘孔子。孔子聞其死，至河而還也。」顏師古曰：「戰國策說二人姓名云『鳴犢、鐸犨。』而史記及古今人表並以為『鳴犢、竇犨。』蓋鐸、犢及竇，其聲相近，故有不同耳。今永等指鳴犢一人，不論竇犨也。」韓退之將歸操亦云：「孔子之趙，聞殺鳴犢作。」予按今本史記孔子世家，乃以為竇鳴犢、舜華。說苑權謀篇云：「晉有澤鳴、犢犨。」其不同如此。』（容齋四筆二。）

　　梁玉繩云：竇其姓，鳴犢其字，而其名曰犨。以為二人者誤。別詳余所著人表考。

　　考證：『王引之曰：「當作『聞鳴犢、竇犨之死。』蓋鳴犢一人也，竇犨又一人也。漢書人表以鳴犢、竇犨二人並列。孔叢子記問篇：『夫子及河，聞鳴犢與竇犨之見殺也，迴輿而旋。』皆本於史記，而不及舜華。」』

　　案禮記檀弓疏引此作『而聞殺竇鳴犢與舜華也。』梁氏以竇犨鳴犢為一人；王氏謂竇犨、鳴犢為二人，言各有據。梁氏之說，原於索隱。世家既稱竇鳴犢，則史公蓋亦以竇犨鳴犢為一人，稱其字不稱其名耳。漢書師古注云：『史記及古今人表並以為『鳴犢、竇犨。』蓋因古今人表列鳴犢、竇犨為二人，遂聯類及之。（古人引書往往如此。）非史記本作『鳴犢、竇犨』也。徐注『或作「鳴鐸、竇犨。」』與索隱所引國語合。蓋即指國語而言。惟今本晉語九，竇犨上無鳴鐸二字。（黃丕烈札記有說。）師古注引國策『鳴犢、鐸犨，』不見於今本。說苑權謀篇作『澤鳴、犢犨，』疑本作『鳴澤、犢犨，』國語可證；或本作『鳴犢、澤

— 55 —

氂，』國策可證。今本澤字在鳴字上，必誤。澤、鐸古通，晉語九尹鐸，趙策一作尹澤，卽其比。索隱云：『慶華當作舜華，』似所見正文舜本作慶。舜，古亦作𢍰，因誤爲慶與？

子貢趨而進。

　　案記纂淵海五二引趨作趍，古字通用。

趙簡子未得志之時，

　　梁玉繩云：『史詮曰：當作趙孟。』

　　案生稱謚，史記習見，（日知錄二十三有說。）說苑、家語並從此作趙簡子。

丘聞之也，刳胎殺夭，則麒麟不至郊。竭澤涸漁，則蛟龍不合陰陽。覆巢毀卵，則鳳皇不翔。

　　考證：『…………齊策，趙人諒毅謂秦昭王曰：臣聞之，有覆巢毀卵，而鳳凰不翔。刳胎焚夭，而麒麟不至。』

　　案尸子明堂篇：『覆巢破卵，則鳳皇不至焉。刳胎焚夭，則麒麟不往焉。竭澤漉魚，則神龍不下焉。』淮南子本經篇：『刳胎殺夭，麒麟不游。覆巢毀卵，鳳凰不翔。』考證所稱齊策，乃趙策之誤。見趙策四。

君子諱傷其類也。

　　案家語諱作違，注：『違，去也。違，或爲諱也。』『或爲諱，』蓋指世家而言。

尙知辟之，

　　案記纂淵海引辟作避，家語同。作辟是故書。

乃還息乎陬鄉，作爲陬操以哀之。

　　集解：『王肅曰：陬操，琴曲名也。』

　　索隱：此陬鄉，非魯之陬邑。家語云『作槃操』也。

　　梁玉繩云：家語作槃操，殆取考槃之義與？

　　案家語云：『作槃琴以哀之。』注：『槃操，琴曲名也。』據注，則正文槃琴本作槃操，明吳勉學本琴作操，是也。（衞中校證有說。）此文索隱亦可證。集解引王注作陬操，蓋依此正文改之也。孔叢子記問篇稱孔子『之衞，息鄹，（鄹與

阪同。）遂爲操曰：『周道衰微，禮樂陵遲。文、武旣墜，吾將焉歸？周遊天下，

靡邦可依。鳳鳥不識。珍寶梟鴟。眷然顧之，慘然心悲！巾車命駕，將適唐都。

黃河洋洋，攸攸之魚。臨津不濟，還轅息鄹，傷予道窮，哀彼無辜。翺翔于衞，

復我舊廬。從吾所好，其樂只且。』蓋後人僞託。詩衞風考槃，乃詠賢者退處自

樂之詩，梁氏謂『槃操殆取考槃之義，』容或然也。

而反乎衞，入主蘧伯玉家。

　　考證：『中井積德曰：入當作又。』

　　案禮記檀弓疏引而作又，而猶又也。入不必作又。

軍旅之事，未之學也。

　　集解：『鄭玄曰：萬二千人爲軍，五百人爲旅。軍旅末事，本未立，不可敎以末

　　也。』

　　案論語衞靈公篇鄭注，『二千』下有『五百』二字，『末也』作『末事也。』周

　　禮夏官司馬：『萬有二千五百人爲軍，五百人爲旅。』卽鄭注所本。集解『二千

　　』下脫『五百』二字。

災必於桓、釐乎！

　　集解：『服虔曰…………知其必桓、僖也。』

　　案周禮春官司服賈疏引此作『桓、僖災。』蓋由左哀三年傳有『桓、僖災』一語

　　而相亂也。景祐本南宋補版、黃善夫本集解，必並作加。

我卽死，

　　案卽猶若也，王氏釋詞八有說。

欲召仲尼。

　　案記纂淵海六八引欲作將，義同。

吾黨之小子狂簡，斐然成章，吾不知所以裁之。

　　集解：『孔安國曰：…………吾黨之小子，狂者進取於大道，妄穿鑿以成章，不

　　知所以裁制。當歸以裁耳。』

　　考證：…………楓山、三條本章下無吾字，與論語合。

　　案『吾不知所以裁之，』吾字涉上文『吾黨』字而衍。此謂小子不知所以裁之，

非孔子自謂不知所以裁之也。楓、三本並無吾字，與論語公冶長篇合，是也。孔
注亦可證。又皇疏本論語孔注，『進取』作『進趣，』章上有文字，『裁耳』作
『裁制之耳。』

蔡昭公將如吳，

　　梁玉繩云：此及下兩昭公，皆作昭侯。

　　案左哀四年傳、管蔡世家、年表，昭公皆作昭侯。（考證本管蔡世家侯誤公。）

公孫翩射殺昭公。

　　案管蔡世家翩作利，翩蓋字利也。彼文斠證有說。

彼執輿者爲誰？

　　案論語微子篇彼作夫，史公說夫爲彼也。

悠悠者天下皆是也。

　　集解：『孔安國曰：悠悠者，周流之貌也。…………』

　　考證：論語『悠悠』作『滔滔。』

　　案論語微子篇孔注，『悠悠』亦作『滔滔。』阮元校勘記云：『釋文出「滔滔，
　　」云：「鄭本作『悠悠。』」案史記孔子世家亦作「悠悠。」文選晉記總論注引
　　孔注云：「悠悠者，周流之貌也。」鄭作「悠悠，」亦从古論。今注中仍作「滔
　　滔，」當是何晏从魯論妄改。』

耰而不輟。

　　集解：『鄭玄曰：耰，覆種也。………………不以津告也。』（考證本耰，原誤
　　擾。）

　　案論語耰字同，阮元云：『漢石經耰作櫌，說文亦引作櫌。』敦煌何晏集解本耰
　　亦作櫌，鄭注同。櫌、耰古、今字。景祐本南宋補版、黃善夫本、殿本集解，『告
　　也』並作『告者，』者、也同義。

天下有道，丘不與易也。

　　集解：『何晏曰：凡天下有道者，丘皆不與易也。……………』

　　考證：『朱熹曰：天下若已平治，則我無用變易之。…………』

　　案『丘不與易也，』對桀溺所謂『而誰以易之』而言，也猶之也。朱注是，何注

非。皇疏本何注，是孔安國注。

遇荷篠丈人。

　　集解：『包氏曰：丈人，老者。篠，草器名也。』

　　案論語包注『草器』作『竹器。』阮元云：『竹乃艸字之訛。』

丈人曰：四體不勤，五穀不分，孰爲夫子？

　　集解：『包氏曰：「丈人曰：不勤勞四體、分植五穀，誰爲夫子而索也？」』

　　考證：『朱熹曰：「五穀不分，」猶言「不辨菽麥。」』

　　案爾雅釋詁：『勤，勞也。』（說文同。）論語釋文引鄭注：『分猶理。』皇疏
　　：『分，播種也。』與包注『分植』義並合。朱注『「五穀不分，」猶言「不辨
　　菽麥。」』孔子豈不辨菽麥者邪？又論語包注。『分植』作『不分殖，』（植、
　　殖古通。）『索也』作『索之邪。』

吳伐陳，楚救陳。

　　集解：『徐廣曰：哀公四年也。』

　　考證：『梁玉繩曰：集解誤哀公六年爲四年。』

　　案吳伐陳，楚救陳，見哀六年春秋經傳。據楚陳吳三表及陳楚兩世家，皆當哀公
　　六年。

陳、蔡大夫謀曰：孔子賢者，所刺譏皆中諸侯之疾。

　　案孔子集語六藝篇引蔡下有之字。御覽四百二引疾作病，乃家語在厄篇之文。

於是乃相與發徒役圍孔子於野，不得行，絕糧。

　　梁玉繩云：『朱子序說云：「是時陳、蔡臣服于楚 ， 若楚王來聘孔子，陳、蔡
　　大夫安敢圍之？據論語，絕糧當在去衞之時。」（謂蔡服楚，微有不合。）經史
　　問答云：「當時楚與陳睦，而蔡全屬吳，遷于州來，與陳遠。且陳事楚，蔡事吳，
　　則讎國矣。安得二國之大夫合謀乎？且哀公六年，吳志在滅陳，楚昭至誓死以救
　　之，陳之仇楚何如？感楚何如？而敢圍其所用之人乎？乃知陳、蔡兵圍之說，蓋
　　史記之妄。而絕糧則以陳之被兵，孔注可信。」（孔安國論語注，謂絕糧乃孔子初
　　次適陳時事。）然則楚昭之聘，亦爲虛語。（說在後。）而孔子危于陳、蔡，孟

子以爲「無上下之交。」必去之惟恐不及，所云「可速則速」也。乃自定十五年
至哀六年，徘徊陳、蔡，一至再至，無乃非「危邦不入，亂邦不居』之義乎？未
證當時情事若何，參考無由，深所難曉。（江氏永謂「絕糧當在哀四年，孔子自
陳如蔡時，指故地上蔡言之，與遷于州來之蔡無涉。」非也。）』

案禮記檀弓疏引『絕糧』下有『乏食七日』四字，疑據他書所加。孔子圍於陳、
蔡事，莊子天運、山木、讓王三篇及荀子宥坐篇，皆云『七日不火食。』呂氏春
秋愼人篇作『七日不嘗食。』（風俗通窮通篇食作粒。）韓詩外傳七作『七日不
食。』說苑雜言篇兩載此事，一稱『絕糧……及至七日。』一云『七日不食。』
家語在厄篇亦兩載此事，一云『絕糧七日，』一云『七日不食。』困誓篇亦云『
絕糧七日。』墨子非儒篇則云『十日。』十蓋本作十，卽古七字。墨子斠證有說
。（又梁氏引全祖望經史問答說，考證亦引之。惟誤以梁氏所謂『楚昭之聘，亦
爲虛語。』爲全氏語。）

從者病，莫能興。

　　案孔子集語引病作皆，或病上原有皆字。家語在厄篇作『從者皆病。』

子貢色作。

　　案孔子集語『色作』二字倒。

吾何爲於此？

　　案於猶如也。

夫子蓋少貶焉？

　　梁玉繩云：史詮謂『蓋乃盍字之譌。』是也，家語在厄作盍。

　　考證：蓋、盍通。

　　案孔子集語蓋亦作盍，古字通用。義猶『何不』也。

夫道旣已大脩而不用，

　　案夫猶如也，下文『夫名不正，則言不順。』呂后本紀：『夫全社稷，定劉氏之後，
　　君亦不如臣。』魏世家：『夫君欲利，則大夫欲利。』淮陰侯列傳：『夫以交友
　　言之，則不如張耳之與成安君者也。』諸夫字亦皆與如同義。

於是使子貢至楚，楚昭王興師迎孔子，然後得免。昭王將以書社地七百里封孔子。楚

令尹子西曰。

　　索隱：……………………則書社者，書其社之人名於籍。葢以七百里書社之人封孔子
　　也。

　　梁玉繩云：『經史問答曰：「是時楚昭王在陳，何必使子貢如楚。而楚果迎孔子，
　　信宿可至，孔子何以終不得一見楚昭？（古史謂孔子曾見昭王，無據。）而其
　　所迎之兵，中道而聞子西之沮，又竟棄孔子而去。皆情理之必無者；且楚昭旋卒
　　于陳，則孔子又嘗入楚乎？」朱子序說曰：「書社地七百里，恐無此理。」司馬
　　氏史剟曰：「子西，楚之賢令尹也。楚國賴之，亡而復存。其言豈容鄙淺如是哉
　　？」余合考之，知孔子未嘗入楚，但至葉耳。而子西未嘗沮孔子，昭王未嘗迎孔子
　　欲封之，并未嘗聘孔子。夫昭王軍于城父，方師旅不遑，何暇脩禮賢之事。子西
　　卽嫉媢，何不沮于徵聘之時？而乃沮于議封之日，益足見此段之全虛矣！前賢歷
　　辨其誣，皆確不可易。又朱子語錄云：「昭王之招無此事，鄒、魯間陋儒尊孔子
　　之意如此。」』

　　考證：『……………………又按古書但云書社幾十幾百，而無云書社地幾十里幾百
　　里者。史文地字、里字當刪。崔述曰：史記誤以「書社」爲地名，因加里於「七
　　百」之下耳。』

　　案孔子集語曾子篇引『書社』下無地字，索隱『以七百里書社之人封孔子，』似
　　所據本亦無地字。則史公固未誤『書社』爲地名矣。說苑雜言篇無地字及里字。

楚令尹子西曰。

　　案孔子集語引子西下有『謂楚王』三字，與說苑合。疑據說苑所加也。

王之將率有如子路者乎？

　　案文選李蕭遠運命論注引率作帥，古字通用。

號爲子男五十里。

　　案文選注、孔子集語引此並無號字。

今孔丘述三五之法，

　　考證：『三五，三皇五帝也。張文虎曰：「宋本『三五，』各本誤『三王。』」

　　梁玉繩曰：「文選班固東都賦：『事勤乎三五，』劉琨勸進表：『三五以降，』

王融曲水詩序：『邁三五而不追，』袁宏三國名臣序贊：『三五迭隆，』及李康運
命論：『仲尼見忌于子西，』李善注竝引史作『三五之法。』則今本譌也。」愚
按，古鈔本、楓山本亦作「三五。」』

案孔子集語引此作『今孔子述三王之法。』丘之作子，避聖諱也。宋本如景祐本
南宋補版、黃善夫本『三五』亦並作『三王。』

則楚安得世世堂堂方數千里乎？

案文選運命論注引『堂堂』二字作土。

今孔丘得據土壤，

案說苑作『今以孔子之賢，而有書社七百里之地。』可迻注此文。

往者不可諫兮，

案論語微子篇漢石經、皇疏本、高麗本兮皆作也，（阮元校勘記有說。）義同。

已而已而！今之從政者殆而！

集解：『孔安國曰：言「已而」者，言世亂已甚，不可復治也。………』

案三而字並句末歎詞，與乎同義。裴氏古書虛字集釋七有說。又論語皇疏本孔注
『已而』上無言字，是也。集解所引，涉下文衍言字。

於是孔子自楚反乎衞。

案禮記檀弓疏引乎作于。

而魯哀公六年也。

案而猶即也，燕世家有說。

吳與魯會繒，徵百牢。

索隱：『…………………周禮：「上公九牢，侯伯七牢，子男五牢。」………
……。』

案哀七年春秋經傳繒並作鄫，釋文：『鄫，本又作繒。』繒、鄫古通，魯世家已
有說。又索隱引周禮（大行人）云云，本左傳孔疏。

子路曰：衞君待子而爲政，

梁玉繩曰：『論語有冉有、子貢以夷、齊問孔子事。古史曰：前此三年，（當作『
四年，』其時爲哀七年。）季康子召冉有矣。後此五年，冉有爲魯帥師敗齊于清

矣。今冉有在衛　，　豈自魯來見孔子歟？哀公七年，子貢在魯，爲季氏說吳太宰
嚭。豈今歲自衛反魯歟？子路與冉有同爲季氏家臣。旣而仕衛孔氏以死。豈與孔子
皆歸于魯，復自魯仕衛歟？傳記脫略，無所考證矣。』

　　案上文『衛君欲得孔子爲政，』此言『衛君待子而爲政，』待猶得也。晏子春秋
　　諫下篇：『其折骨決皮可立得也。』日本翻刻黃之寀本得作待，說苑雜言篇：『
　　處常待終。』家語六本篇、列子天瑞篇待並作得。卽待、得通用之證。（昔年岷
　　撰晏子春秋斠證從王念孫雜志說，撰列子補正從王重民校釋說，以得爲待之誤，
　　未審。裴氏古書虛字集釋六有『得猶待也』之說，得可訓待，待亦可訓得矣。）

何其正也？

　　案此對孔子『必也正名乎』而言，其猶必也。魯世家：『周公入賀武王曰：王其
　　無害。』其亦與必同義，彼文斠證有說。

禮樂不興，則刑罰不中。

　　集解：『孔安國曰：禮以安上，樂以移風。…………』
　　案集解引孔安國，論語皇疏本作『苞氏，』（阮氏校勘記有說。）卽『包氏』也
　　。

刑罰不中，則民無所錯手足矣。

　　案後漢書梁統傳：『孔子曰：刑罰不衷，則人無所厝手足。』（注：厝，置也。
　　）中、衷正、假字。民之作人，唐人避太宗諱改。錯、厝並措之借字，說文：『
　　措，置也。』皇疏本論語正作措。（阮氏校勘記引毛本亦作措。）

夫君子爲之必可名，言之必可行。

　　集解：『王肅曰：所名之事，必可得明言。所言之事，必可得遵行者。』
　　案論語夫作故，義同。又『爲之必可名，』作『名之必可言也。』故王注云『所
　　名之事，必可得明言。』集解旣引王注，或正文『爲之必可名』下，本有『名之
　　必可言』五字與？否則與所引王注不相應矣。

與齊戰於郎，

　　考證：『崔適曰：「哀十一年左傳『戰于郎，』作『戰于郊，』未知孰是。」愚
　　按，左傳是。郊，近郊也。』

案左傳杜注：『郊，地名。』疑世家是。郊葢郎之誤也。

求之至於此道，雖累千社，夫子不利也。

考證：『中井積德曰：「此道」句，上下疑有脫文。』

案至上疑脫不字。至猶當也，荀子正論篇：『不知逆順之理、小大至不至之變者也。』楊注：『「至不至，」猶言「當不當」也。』卽其證。此猶其也。『求之不至於此道，』猶言『求之不當於其道』耳。上文『昭王將以書社地七百里封孔子』下，索隱引此文『夫子』上有而字。

則毋以小人固之，

案周禮夏官序官：『掌固。』鄭注：『固，國所依阻者也。』固有阻義，『毋以小人固之，』猶言『毋以小人阻之』耳。孟子梁惠王篇：『嬖人有臧倉者沮君。』沮卽阻之借字，與此文固字同義。

而衞孔文子將攻太叔。

集解：『左傳曰：太叔名疾。』

案家語正論解亦云『太叔疾。』本左哀十一年傳也。

仲尼辭不知。退而命載而行。

考證：『左傳云：「胡簋之事，則嘗學之矣；甲兵之事，未之聞也。」…………………』

案考證引左傳云云，又見家語，惟胡作簠。左傳杜注：『胡、簋，禮器名。夏曰胡，周曰簋。』說文：『簋，黍稷圜器也。簠，黍稷方器也。』

鳥能擇木，木豈能擇鳥乎？

案左傳、家語能並作則，則猶能也。（參看裴氏古書虛字集釋八。）潘岳楊荊州誄亦云：『鳥則擇木。』

會季康子逐公華、公賓、公林以幣迎孔子。

梁玉繩云：左哀十一年疏引史逐作使。據冉求『毋以小人固之』一語。則逐字近之；而康子實未嘗用孔子，則使字是。未定孰從。（江氏永謂世家誤使爲逐，康子豈能遽逐小人哉！）

案逐葢本作使，正由冉求有『毋以小人固之』一語，後人乃改使爲逐耳。

季康子問政，曰：舉直錯諸枉，則枉者直。

　　集解：『包氏曰：錯，置也。舉正直之人用之，廢置邪枉之人。』

　　梁玉繩云：『汪繩祖曰：「史蓋以對哀公之言爲告康子；而謬以告樊遲之語爲答問政。故索隱譏『史公撮論語爲文，而失事實』也。」』

　　案此是否撮論語爲文；或別有所據，未敢遽斷。又集解『舉正直之人用之，』論語爲政篇皇疏本包注作『舉用正直之人，』與下句『廢置邪枉之人，』相儷。

苟子之不欲，

　　案論語顏淵篇『苟子之不欲，』阮氏校勘記云：『皇本、高麗本無之字。』之，語助，故可略。不猶無也，（皇疏釋『不欲』爲『無欲。』）『苟子之不欲，』猶言『苟子無欲』耳。

樂其可知也。

　　考證：古鈔也作已。

　　案論語八佾篇皇疏本也下有已字，『也已』複語，義同。

始作翕如。縱之，純如。皦如。（『皦如』二字，原誤錯在縱字上。）

　　考證：論語三如字下有也字，縱作從。

　　案阮氏稱後漢書班固傳注引論語從作縱，卷子本玉篇系部引論語亦作縱，並與世家同。

古者詩三千餘篇。及至孔子，去其重；取可施於禮義。

　　案詩譜序疏引詩下有本字，取下有其字，義下有者字。論衡正說篇：『詩經舊時亦數千篇，孔子刪去復重，正而存三百篇。』所謂『刪去復重，』（復與複通。）即此『去其重』之意。既曰『去其重，』雖去猶未去也。此猶劉向荀子敍錄云：『臣向所校讎中孫卿書，凡三百二十二篇，以相校，除復重二百九十篇，定箸三十二篇。』雖存十之一，但所去乃重複者，雖去猶未去也。詩三千餘篇，其重複者必甚多。孔子先去其重複者；再取其可施於禮義者存之，其所去者實不多。而孔穎達云：『史記云：「古者詩三千餘篇，孔子去其重，取三百五篇。」蓋馬遷之謬耳。』（左襄二十九年傳疏。）又云：『詩三百者，孔子定之。孔子所錄，不容十分去九，馬遷言「古詩三千餘篇。」未可信也。』（詩譜序疏。）蓋

未留意『去其重』之意耳。後儒誤解『詩三千餘篇』爲各不相同之三千餘篇者多矣！

關雎之亂，以爲風始。

　　正義：『亂，理也。………………毛萇云：「……………愼固幽深，若雎鳩之有別。…………」…………』

　　考證：『中井積德曰：「之亂」二字當削。』

　　案御覽五百七十引此作『關雎以爲風之始。」無「之亂」二字。惟正義已釋亂字，是所據本已作『關雎之亂』矣。劉子適才篇：『關雎興於鳥，而爲風之首，美其摯而有別也。』（又見淮南子泰族篇、家語好生篇，文略異。下引劉子亦然。）又正義引毛傳『雎鳩，』今作『關雎。』

鹿鳴爲小雅始。

　　案劉子：『鹿鳴興於獸，而爲雅之端，嘉其得食而相呼也。』

孔子晚而喜易，序、彖、繫、象、說卦、文言。

　　梁玉繩云：孔子作彖、象、繫各上下篇，及文言、序卦、說卦、雜卦，謂之十翼。此錯敍而不及雜卦，何也？

　　屈翼鵬兄云：『十翼相傳爲孔子所作；至歐陽修易童子問始疑繫辭、文言、說卦而下，非聖人之言。按，十翼之名，始見於易緯乾鑿度。緯書出於哀、平之際，十翼之名，蓋卽產生於是時或稍前未久也。何以言之？史記謂「孔子晚而喜易，序、彖、繫、象、說卦、文言。」正義以序爲序卦，其說良是。蓋史公所見之易傳僅六種，而無雜卦一篇。此與法言問神篇「易損其一」，及論衡謝短、正說兩篇所稱宣帝時得逸易一篇之說正合。可知宣帝以前，易傳僅存九篇，自不得有十翼之名也。彖、象兩傳，文辭簡直，於十翼中爲較古之作品。象傳雖未見於先秦之書，而荀子大略篇說咸卦，則極似咸象傳。然彖傳已以陰陽說卦（見泰、否二卦），象傳已以陰陽說爻（見乾、坤等卦），此戰國以來所有之現象，孔子時尚無此習。又艮象傳云：「君子以思不出其位。」此語又見於論語，爲曾子之言。崔東壁（洙泗考信錄）曾據此，以爲象傳之作，必當在曾子以後，其說甚諦。然則彖、象兩傳。皆非孔子所作。其著成時代，疑當在戰國之世也。繫辭、文言兩

傳，皆有「子曰」云云，明非孔子所自著。兩傳又充滿陰陽之說，乃戰國以來之風氣。且自孟子始言「仁義，」而兩傳亦屢言之。是知繫辭傳及文言傳之著成，當在陰陽家及孟子以後。（以上略本梁任公說，見古書眞僞及其年代。）而史記太史公自序，曾引繫辭傳「天下同歸而殊塗」一語；春秋繁露基義篇，曾引文言傳「履霜堅冰，蓋言遜也」二語。史公受易於其父談，談受易於楊何，楊何乃田和之再傳弟子。是知史記所謂「序、彖、繫、象、說卦、文言」諸篇，乃田何所傳。然則繫辭、文言二者，蓋亦先秦之作品也。說卦傳言「帝出乎震」云云，已受五德終始說之影響，自當在鄒衍之時或其後。序卦傳記諸卦之序，語多淺鄙，後人疑之者尤多。然汲冢所出卦下易經一篇，似說卦而略（見晉書束皙傳）。明戰國晚年，說易者已有此類作品。淮南子繆稱篇曾引序卦「剝之不可遂盡也，故受之以復」二語，是序卦傳已傳布於西漢初年。據史記，此二者亦皆田何所傳。殆皆戰國晚年人所作也。惟雜卦之篇，不見於西漢及前人所徵引，其爲河內女子所獻者無疑（說見漢石經周易殘字集證）。河內女子所獻泰誓，與先秦諸書所引者不相應，馬融曾疑其僞。然則此雜卦之篇，蓋亦漢人所爲，而託諸河內女子，以售其欺耳。』（古籍導讀下編三、周易『十翼著成之時代。』）

案田完世家贊亦云：『孔子晚而喜易。』（考證有說。）惟此『孔子晚而喜易，』與下『序、彖、繫、象、說卦、文言。』文意不貫。記纂淵海六二引此喜作著，『孔子晚而著易序、彖、繫、象、說卦、文言。』十四字爲句，文意粲然明白。喜蓋著之形誤；或後人據田完世家所改者與？然序、彖、繫、象、說卦、文言，固非孔子所著者也。（北堂書鈔九八、藝文類聚五五引此已作『喜易，』記纂淵海雖南宋類書，所引古籍，往往有一二字絕佳，與其他類書所引迥異，如引此文喜作著是也。）

讀易，韋編三絕。

梁玉繩云：『抱朴子袪惑篇：「有古強者，云：『孔子嘗勸我讀易，曰：此良書也。丘竊好之。韋編三絕，鐵撾三折，今乃大悟！』」困學紀聞十云：「鐵撾，見于此。撾，一作檛。方士寓言也。」而薛據集語引史記曰：「孔子讀易，韋編三絕，鐵撾三折，漆書三滅。」御覽六百十六同。豈後人刪之歟？』

案北堂書鈔九八亦引孔子世家云：『孔子晚喜易，讀之，韋編三絕，鐵擿三折，漆書三滅。』

假我數年，若是，我於易則彬彬矣。

梁玉繩云：此與論語異，似非孔子之言。

錢穆先生云：『論語：「子曰：加我數年，五十以學易，可以無大過矣。」此條解者，從來不一。易乾鑿度云：「孔子占易，得旅，息志停讀，五十，究作十翼。」田藝蘅留青日札云：「此言『五十，』即乾鑿度之『五十』也。」是謂孔子以五十之年學易也。世家云：「孔子晚而喜易，序彖、繫、象、說卦、文言。讀易，韋編三絕，曰：假我數年，若是，我於易則彬彬矣。」或云：「古五字如七，孔子晚而好易，或是此語。」是謂孔子以七十之年學易也。俞樾續論語駢枝云：「此當以『加我數年』為一句。『五十』為一句。『以學易』為一句。『五十』二字，承『加我數年』而言，言或五、或十也。」是亦取世家「晚而喜易」之說，而略變之也。今按，惠棟論語古義云：「魯論易為亦，君子愛日以學，及時而成。五十而學，斯為晚矣。然，秉燭之明，尚可寡過。此聖人之謙辭也。」陳鱣論語古訓云：「『五十以學』者，即『蘧伯玉行年五十而知四十九年之非』意也。『亦可以無大過矣』者，即『欲寡其過』意也。」毛奇齡論語稽古篇云：「古者四十強仕，五十服官政，六十則不親學矣。」通觀諸說，魯論為是。又正義曰：「此章孔子言其學易年也。『加我數年，』方至五十，謂四十七時也。」林春溥曰：「正義以為『四十七時』語，嘗疑其無據，及讀史記，『孔子四十七歲，以陽虎叛，不仕。退修詩、書、禮、樂，弟子彌衆。』乃知斯語之非妄。」（林說，見開卷偶得卷六。）今按，孔子以五十一出宰中都，其前皆不仕，正義「四十七時」語，殆為近是。惟古者無六經之目，易不與詩、書、禮、樂同科，孔子實未嘗傳易。今十傳皆不出孔子，世家亦但言「孔子四十七，不仕，而修詩、書、禮、樂。」並不及易。而正義謂「言其學易之年。」明為誤矣！世家又謂「孔子晚而喜易，序易傳。」蓋皆不足信。』（先秦諸子繫年卷一『孔子五十學易辨。』）

案十翼非孔子所作，孔子未嘗傳易為一事；孔子曾否讀易又為一事。未嘗傳易，

未足以證孔子未嘗讀易也。世家上文稱孔子『修詩、書、禮、樂，』雖不及易；又稱孔子『讀易，』是及易矣。易卦、爻辭當作於西周初葉，（翼鵬兄古籍導讀下編有說。）則孔子讀易，自屬可能。然世家此文，實本於論語述而篇。史公說加爲假，是也；說『五十以學，易可以無大過矣。』爲『若是，我於易則彬彬矣。』是讀『五十以學易』爲句，則可商榷矣。論語釋文云：『易，如字。魯讀易爲亦，今從古。』錢先生詳徵衆說，從魯論，是也。從魯論讀易爲亦，亦字自當屬下讀；從古論作易，易字亦當屬下讀。易猶亦也。荀子儒效篇：『抑亦變化矣。』元本、明沈津百家類纂本、清百子全書本亦並作易，黃帝內經素問氣厥論篇：『謂之食亦。』王冰注：『亦，易也。』又骨空論篇：『易髓無空，』注：易，亦也。』列子黃帝篇：『二者亦知。』張湛注：『亦當作易。』（殷敬順釋文引一本亦作易。）皆易、亦二字通用之證。（論語斠理亦有說。）

身通六藝者七十有二人。

　　梁玉繩云：弟子不止此數，說在弟子傳。

　　考證：『仲尼弟子列傳云：「受業身通者七十有七人。」與此異。…………』案漢書地理志下稱孔子『弟子受業而通七十有七人。』蓋本仲尼弟子列傳。弟子傳所載弟子，實七十七人。則世家不得云『七十有二人。』二疑本作七，蓋由古書稱孔子弟子七十二人者多；（詳弟子傳梁氏志疑。）且七十二又爲古人習用之數，傳寫者因妄改七爲二耳。弟子傳『七十有七人，』索隱云：『孔子家語亦有七十七人。唯文翁孔廟圖作「七十二人。」』不云世家作『七十有二人，』疑所見此文七未改爲二也。

如顏濁鄒之徒，頗受業者甚衆。

　　正義：濁音卓，鄒音聚。顏濁鄒非七十二人數也。

　　考證，顏濁鄒，孔子始游衞時所主，見上文。

案顏濁鄒雖非七十二人數，而曾受業於孔子，呂氏春秋尊師篇：『顏涿聚，梁父之大盜也。學於孔子。』淮南子氾論篇：『夫顏啄聚，梁父之大盜也。而爲齊忠臣。』（今本啄誤喙，王念孫雜志有說。）又見劉子妄瑕篇，啄聚作濁鄒，與世家合。並古字通用。此顏濁鄒爲齊人。考證以爲『孔子始游衞時所主，』乃本梁

氏志疑說。（詳上文。）上文顏濁鄒，卽顏讎由，爲衞大夫。孔子雖主於其家，未聞受業爲弟子，與此非一人也。上文有說。

所愼：齊、戰、疾。

集解：『何晏曰：此三者，人所不能愼，而夫子愼也。』

案集解所引何注，論語述而篇作孔安國注。

子罕言利與命與仁。

史繩祖云：『論語謂「子罕言利，與命與仁。」古注及諸家皆以爲三者子所希言，余獨疑之。利者，固聖人深恥而不言也。雖孟子猶言「何必曰利？」況孔聖乎！故魯論中止言「放於利而行，多怨。」及「小人喻於利。」之外，深斥之而無言焉。至如命與仁，則自乾坤之元，孔子文言已釋爲「體仁」矣。又曰「乾道變化，各正性命。」曷嘗不言？且考諸魯論二十篇，問答言仁，凡五十三條。張南軒已集爲「洙泗言仁，」斷之曰言矣。又命字亦非一，如「道之將行，命也；道之將廢，命也。公伯寮其如命何！」又曰「亡之，命也夫！」又曰「五十知天命。」又曰「死生有命。」又曰「不幸短命。」又曰「不知命，無以爲君子。」是豈不言哉？蓋子罕言者，獨利而已。當以此句作一義；曰命曰仁，皆平日所深與，此句別作一義。與者，許也。論語中與字自作兩義，如「吾與點也，」「吾無行而不與二三子者，」又「與其進也，」「與其潔也，」「吾非斯人之徒與而誰與，」「義之與比，」「丘不與易也，」「吾不與也。」等字，皆其比也。當以理推之。』（學齋佔畢一『與命與仁別句』條。）

雷寶蘅云：『客曰：「如『子罕言利與命與仁。』可見天命云云，非孔子所言。此言確否？」余曰：「『子罕言利與命與仁。』講家誤解。雙流劉氏止唐曰：『與者，示之詳也。』是孔子利雖罕言，而命與仁，且詳言之矣。論語答門人問仁處尤多。至孔子言命，曰『五十而知天命，』曰『畏天命，』曰『不知命，無以爲君子也。』云云，隨處皆言之，何謂罕言？後儒誤解，致令大道塵封！」』（中國文化探源第三章『致知。』）

楊希枚先生云：『雷氏此條論「子罕」句讀，顯然正確。其說或卽從史繩祖說。此文應讀作「子罕言利；與命，與仁。」意卽孔子贊言仁、命，而罕言利。與字

爲動詞，即「贊譽、」「許與」之與或譽。』（民主評論第六卷第二十四期，論
語子罕章句問題評斷。）

張以仁弟云：』白氏六帖卷八「仁第二十四」云：「仁者天下之表。…………仁
親以爲寶。…………與仁。（原注：子罕言利，與命與仁。）又「命第三十二」
云：「樂天知命。…………不知命，五十而知天命，與命與仁。（原注：子罕言
利。）是樂天亦顯以「子罕言利」爲句；而以「與命，與仁」之與字爲許與之
意。然則後世誤解，當不外震於太史公之名，而盲從其外戚世家「孔子罕稱命，
蓋難言之也。」之誤說，』（以仁鈔示。）

案論語中，里仁篇言『放於利而行，多怨。』及『小人喻於利。』之外，憲問
篇：『見利忘義。』堯曰篇：『子曰：因民之所利而利之。』亦並言利。惟言利
仍極少。言命則頗多；言仁尤多。（以仁曾云：論語中有一百九仁字。）故此文
應讀作『子罕言利；與命，與仁。』至兩與字之義，釋爲『許與、』『贊譽，』
似尙可商；（皇疏已釋與爲『許與』之與，惟仍以罕字貫利、命、仁三者言之。）
釋爲『示之詳，』亦無據。竊以爲與當讀爲舉，（呂后本紀：『蒼天舉直。』集
解引徐廣曰：『舉，一作與。』即二字通用之證。）舉猶言也。禮記雜記下：『
過而舉君之諱則起。』鄭注：『舉猶言也。』即其證。『與命，與仁』者，『言
命，言仁』也。孔子罕言利；而言命，言仁。上用言字，下用兩與字，文義相
同。偶檢路史發揮五大籠說云：『命者，安亂禦妄之正理也。論語二十篇，終之
以「不知命。」而今之君子皆曰「孔子不言命。」夫命孔子之所與也，曷不言
哉！』又有注云：『「與命，與仁。」豈不言仁？』謂孔子言命，言仁，是也。
（論語斠理亦有說。）

不憤不啓。舉一隅不以三隅反，則弗復也。

集解：『鄭玄曰：孔子與人言，必待其人心憤憤，口悱悱，乃後啓發爲說之。如
此則識思之深也。說則舉一端以語之，其人不思其類，則不重教也。

考證：『梁玉繩曰：「不悱不發」一句，何以刪之？啓字何以不避諱？』

案論語述而篇鄭注：『孔子與人言，必待其人心憤憤，口悱悱，乃後啓發爲說
之。』乃釋『不憤不啓，不悱不發』二句。集解既引鄭注，則此文『不憤不啓』下，

疑原有『不悱不發』句，於義乃備。今本誤脫之耳。啓字蓋本譌作開，後人據論語復開爲啓也。舉與「弗復」對言，舉與復同義，禮記雜記：『過而舉君之諱則起。』鄭注。『舉猶言也。』（已見前條。）哀公問：『然後言其喪算。』鄭注：『言，語也。』（孔疏：『言，猶示語也。』廣雅釋詁一：『復，語也。』『舉一隅不以三隅反，則弗復也。』猶言『語一隅不以三隅反，則不語也。』又論語皇疏本鄭注，『說之』作『之說，』『一端』作『一隅。』他本鄭注亦作『一隅。』

恂恂似不能言者。

　　索隱：有本作『逡逡。』音七旬反。

　　案廣雅釋訓：『恂恂，敬也。』王念孫疏證云：『論語鄉黨篇：「恂恂如也。似不能言者。」史記孔子世家「恂恂似不能言者。」索隱云：「或本作『逡逡。』」李將軍傳云：「悛悛如鄙人，口不能道辭。」卷一云：「悛，敬也。」漢祝睦後碑云：「鄉黨逡逡。」劉脩碑云：「其於鄉黨，遜遜如也。」竝字異而義同。』李將軍傳贊之『悛悛，』索隱引漢書作『恂恂。』

辯辯言：唯謹爾。

　　集解：『鄭玄曰：唯辯而謹敬也。』

　　索隱：論語作『便便。』

　　案辯、便古通，五帝本紀：『便程東作。』索隱引尚書大傳便作辯，卽其比。又集解『唯辯，』（殿本唯誤推。）論語皇疏本鄭注作『雖辨，』（他本鄭注唯亦作雖。）竝古字通用。

誾誾如也。

　　集解：孔安國曰：中正之貌也。』

　　案說文：『誾，和說而諍也。』段注：『論語鄉黨孔注：「誾誾，中正皃。」「誾誾」爲「中正」者，謂「和悅而諍，」柔剛得中也。言居門中，亦有「中正」之意。』

侃侃如也。

　　集解：『孔安國曰：和樂貌。』

說文：『侃，剛直也。』段注：『論語鄉黨：「與下大夫言，侃侃如也。」孔曰：

「侃侃，和樂皃也。」蓋謂卽「衎衎」之叚借字。』（誾字下，段注亦有說。）爾

雅釋詁：『衎，樂也』

君召使儐，

集解：『鄭玄曰：有賓客使迎之也。』

案論語儐作擯，釋文云：『本又作儐。』與世家合。說文：『儐，導也。擯，儐

或从手。』『有賓客使迎之，』所謂導也。

三人行，必得我師。

王念孫云：『三人行，』本作『我三人行。』今本無我字者，後人依俗本論語刪

之也。（何晏注、皇侃義疏、經典釋文、唐石經、邢昺疏，皆有我字。說見石經

考文提要。）集解引何注『言我三人行，』則史記原文亦有我字，當補入。

考證：論語述而篇。邢疏、朱注本得作有。…………

案論語本作『我三人行，』阮氏校勘記、馮登府石經補考亦並有說。論語『必

得，』釋文云：『本或作「必有。」』王符潛夫論德化篇引論語亦作『必有。』

有猶得也。漢書武帝紀：『三人並行，厥有我師。』（又見漢紀十二。）得亦作

有。

使人歌，善，則使復之。

案論語作『子與人歌，而善，必使反之。』（而猶如也。）史公說與爲使，必爲

則。最得其義。（莊子人間世篇：『與之爲有方，則危吾身。』與亦猶使也。）

夫子之文章，可得聞也。

集解：『何晏曰：章，明。文，彩。形質著見，可以耳目循也。』

考證：楓山、三條本，集解『見可』下有得字。

案集解『文彩形質著見。』當爲一句。論語公冶長篇皇疏本何注，可下有得字。

與楓、三本合。

蔑由也已。

考證：論語蔑作末。

案蔑、末並與無同義，左襄二十九年傳：『其蔑以加於此矣。』吳世家蔑作無。

　　小爾雅廣詁：『末，無也。』

達巷黨人童子曰，

　　梁玉繩云：『「童子」二字，不知何據而增之。考有以「達巷黨人」爲項橐者，
　孟康注漢書董仲舒傳是也。有謂項橐是孔子師者，乃戰國秦策甘羅語，甘茂傳述
　之。新序五：「齊閭丘卬曰：秦項橐，七歲爲聖人師。」（以爲秦人，何也？）
　淮南說林云：「項託使嬰兒矜。」脩務云：「項託七歲爲孔子師。」顏氏家訓歸
　心云：「項橐、顏囘短折。」宏明集正誣論云：「顏、項夙夭。」抱朴子微旨云：
　「愚人以項託、伯牛輩，謂天地之不能辨臧否。」論衡實知云：「項託七歲敎孔
　子。」以爲「學人見其幼成早就，稱之過度。七歲，是必十歲。敎孔子，是必孔
　子問之。」其實此事妄傳，猶說蒲衣八歲，舜讓以天下也。（見莊子應帝王釋文
　引尸子。）明黃瑜雙槐歲抄，載「保定府西北四十五里滿城縣之南門，有先聖大
　王祠，神姓項，名託。周末魯人，年八歲，孔子見而奇之。十歲而亡，時人尸祝
　之，號小兒神。」眞無稽之談。』

　　考證：『論語無「童子」二字。中井積德曰：此疑衍。』

　　案『童子』二字，史公必有所本。據漢書孟康注，『童子』卽項橐，亦必有所承。
　淮南子說林篇高注：『項託年七歲，窮難孔子，而爲之作師。』（橐、託古通。）
　玉燭寶典四引嵇康高士傳則云：『大項橐與孔子俱學於老子。』（甘茂列傳索隱
　云：尊其道德，故云「大項橐。」）梁氏所引新序閭丘卬，卬，原作卭。又黃瑜
　雙槐歲抄，稱「項託，周末魯人」云云，本圖經。天中記二五引圖經云：『橐，
　魯人，十歲而亡，時人尸而祝之，號小兒神。』

牢曰：『子云：不試故藝。』

　　集解：『鄭玄曰：牢者，弟子子牢也。…………我不見用，故多伎藝也。』

　　考證：『邢昺曰：「家語弟子篇云，琴牢，衛人也。字子開，一字子張。」愚按，
　牢必其名。但家語王肅僞撰，不足據。論語云下有吾字。楓山、三條本，集解「
　故多」下有能字。』

　　案論語邢疏引家語，『一字子張，』本無子字。（今家語七十二弟子解亦無子字。）
　阮氏校勘記引浦鏜云：『張上脫子字。』蓋考證引作子張所本。莊子大宗師篇有

琴張，孔子以爲『遊方之外者。』則非孔子弟子。惟莊子往往假託孔子弟子以立

言，未可必信也。又論語皇疏本鄭注多下有能字，與楓、三本合。

叔孫氏車子鉏商獲獸。

　　集解：『服虔曰：車子，微者也。鉏商，名也。』

　　索隱：春秋傳及家語竝云『車子鉏商。』而服虔以子爲姓，非也。今以車子爲主

車。車士，微者之人也。人微故略其姓，則子非姓也。

　　正義：『鉏音鋤。服虔云：「車，車士，微者也。子，姓。鋤商，名。」按姓鉏

（原誤鋤），名商。車子，御車之人也。』

　　王引之云：『杜注曰：「車子，微者。鉏商，名。」（孔叢子記問篇：「叔孫氏

之車子曰鉏商。」蓋襲用杜注也。）正義引服虔曰：「車，車士，微者也。子，

姓。鉏商，名。」又引家語曰：「叔孫氏之車士曰子鉏商。（王肅曰：車士，將

車者也。子，姓。鉏商，名。）」服以車爲車士，是也。元和姓纂「殷湯子姓，」

引風俗通義曰：「左傳有子鉏商。」蓋亦謂車爲車士，故以子屬下讀。是服說長

於杜矣。而未盡也。春秋時，婦人稱姓，男子則稱氏族。以子爲姓，非也。今案

子鉏，蓋其氏。商，其名也。傳凡言子儀克、子越椒之類，上二字皆字也。子服

何、子人九之類，上二字皆以先世之字爲氏也。成十六年及哀五年傳皆有「公子

鉏，」定八年傳有「籍邱子鉏。」是春秋時多以鉏爲名字。今此子鉏知非字者，

古人名字相應，鉏與商不相應故也。廣韻鉏字注曰：「又姓，左傳有鉏麑。」則

春秋時有以鉏爲氏者。漢書古今人表有子鉏商，是子屬下讀之明證也。易林訟之

同人：「子鉏執麟，春秋作經。」蔡邕麟頌：「庶士子鉏，獲諸西狩。」是子鉏

連讀之明證也。』（左傳述聞。）

　　俞樾云：『服虔釋〔車〕爲車士，車士卽謂之車，猶甲士卽謂之甲，公羊閔二年

傳：「桓公使高子將南陽之甲。」是其例也。王肅以爲「將車者，」失其義矣。

至子鉏商三字，服虔以子爲其姓，則亦非是。古婦人稱姓，男子稱氏族，未有男

子而稱姓者也。此傳以子鉏商連文，子鉏二字，或字、或氏，未可知也。（左傳

平議。）

　　案古人名與字相應，子鉏商，蓋字子鉏名商也。說文：『商人七十而耡。』（段

注本據孟子滕文公篇改商爲殷。）集韻去聲上御第九引說文同，並云：『鉏，或作鉏。』朱駿聲說文通訓定聲謂『字从耒，卽鉏字之或體。』疑春秋時已有『商人七十而鉏』之說，則字子鉏名商，或取義於此與？正義引服注，與左傳孔疏所引同，是也。集解所引服注，乃杜注。蓋誤杜預爲服虔耳。左傳孔疏引家語云：『叔孫氏之車士曰子鉏商。』今本家語辯物篇同。而索隱引家語云：『車子鉏商。』蓋因引春秋傳作『車子鉏商，』而連類及之耳。（古人引書往往如此。）非所據與今本異也。又集解鉏商上，景祐本衍姓子。索隱『今以車子爲主車車士，』（殿本『主車』誤『主軍。』）當爲一句。考證本斷句非。

陳槃庵兄云：『「車」字可屬上讀作「車子」。蓋車子者，車中執役之士，舊籍中如云「舟子」（毛詩邶風匏有苦葉篇「招招舟子」。左氏會箋、史記會注考證並如此說）、「炊家子」、「家人子」之類，是其比也。抑「車子」一辭，兩漢間習見，如漢簡云「高同車子」，「黃小子車子」，文選繁休伯與魏文帝牋云「薛訪車子」是。然則孔叢子記問篇作「叔孫氏之車子曰鉏商」（古微書本論語摘衰聖同）者，其辭亦有所受之，不爲肊說，蓋可知也。至于「鉏商」，鉏蓋其氏，商其名。春秋晉有鉏麑，以鉏爲氏，是亦其例（以上說，拙譔漢簡膡義「壹、車子車父車卒」條嘗論之，文載清華學報新二卷二期）。』案此解義勝。正義『姓鋤、名商』（鋤當作鉏）之說，可得明證。承槃庵兄鈔示，亟補錄於此。

曰：河不出圖，雒不出書，吾已矣夫！

梁玉繩云：『論語曰：「鳳鳥不至，河不出圖。」此豈別見本乎？』

案管子小匡篇：『昔人之受命者，龍龜假。河出圖，雒出書。』

及西狩見麟，曰：吾道窮矣！

集解：『何休曰：麟者，太平之獸，聖人之類也；時得而死，此天亦告夫子將歿之證。故云爾。』

考證：楓山、三條本集解，獸作符。

案公羊哀十四年傳、春秋繁露隨本消息篇、朱子論語序說見皆作獲，見疑尋之壞字。尋，古得字。得猶獲也。又集解『太平之獸，』景祐本獸誤狩。（涉正文而誤。）公羊傳何注獸作符，與楓、三本合。『將歿之證，』公羊傳注作『將沒之

徵。』歿、沒古通，證、徵同義。

謂柳下惠、少連，降志辱身矣。

　　梁玉繩云：此下缺『言中倫，行中慮』六字。

　　案謂猶如也，下文『謂虞仲、夷逸，』亦同例。矣下當據論語微子篇補『言中倫，行中慮』六字。否則柳下惠、少連無可取矣。

隱居放言。

　　考證：『放言，任意而言。後漢書陳寔傳論：「放言爲高。」李注云：「放肆其言，不拘節制也。」』

　　案考證引後漢書云云，本劉寶楠論語正義。

行中清，廢中權。

　　集解：『馬融曰：清，純絜也。遭世亂，自廢弃以免患，合於權也。』

　　考證：論語行作身，此義長。

　　案論語行作身，皇疏引江熙云：『超然出於塵埃之表，身中清也。晦明以遠害，發動中權也。』『超然出於塵埃之表，』亦可謂『行中清』矣。江氏釋廢爲『發動，』與鄭注異義。廢、發古通，莊子列禦寇篇：『先生既來，曾不發藥乎？』釋文引司馬彪本發作廢，貨殖列傳：『廢著鬻財於曹、衞之間，』漢書廢作發，並其證。又集解絜字，黃善夫本作潔，殿本作潔，論語馬注亦作潔。絜、潔古、今字。潔乃潔之俗省。

弗乎？弗乎？君子病沒世而名不稱焉。

　　案弗猶非也。論語衞靈公篇病作疾，（伯夷列傳同。）何注：『疾猶病也。』

乃因史記作春秋。上至隱公，

　　梁玉繩云：『日知錄四云：「春秋不始于隱公，晉韓宣子聘魯，觀書于太史氏，見易象與魯春秋，曰：『周禮盡在魯矣！』（左昭二。）蓋必起自伯禽，以洎中世。自隱公以下，世道衰微，史失其官，于是孔子懼而脩之。然則自惠公以上之春秋，固孔子所善而從之者。惜其書不存。」』

　　案『乃因史記作春秋，』文選司馬子長報任少卿書注引作『乃約魯史而作春秋。』約當作因，蓋涉世家下文『約其文辭』而誤引也。漢書司馬遷傳贊亦云：『孔子

因魯史記而作春秋。』

據魯、親周、故殷，運之三代。

梁玉繩云：『正義訓殷爲中，言春秋「中運夏、殷、周之事。」非也。史詮曰：「據魯者，以魯爲據也。親周者，以周爲親也。故殷者，以殷爲故也。言春秋之作，兼魯、周、殷三代之法而運之也。」康成云：「春秋從殷之質。」是也。正義謬。（史記考異謂即春秋公羊家王魯、親周、故宋、黜杞之說，與史詮相發。）』

考證：『春秋繁露三代改制質文篇云：「春秋應天作新主之事，絀夏、親周、故宋。」…………阮元曰：「董子、史記『親周，』皆『新周』之誤。」…………』案明程榮漢魏叢書本董子『親周』作『新周。』惟親非誤字，親、新古通，書金縢：『惟朕小子其新逆。』釋文引馬融本新作親，即其比。

故吳、楚之君自稱王，而春秋貶之曰子。

考證：『中井積德曰：吳、楚稱子，稱其本爵也。非貶。』

案『貶之曰子，』乃對『自稱王』而言，亦無不可。史通稱謂篇：『昔夫子修春秋，吳、楚稱王，而仍舊曰子。此則褒貶之大體，爲前修之楷式也。』

後有王者，舉而開之。

考證：古鈔本、楓山、三條本開作關。

案作關，蓋此文之舊。佞幸列傳：『公卿皆因關說。』索隱：『按關，訓通也。』『舉而關之，』猶言『舉而通之。』關，俗書作閞，與開往往相亂；或淺人不明關字之義，而改爲開耳。

弗獨有也。

案有猶專也。禮記坊記：『父母在，不敢有其身。』鄭注：『有猶專也。』

子夏之徒，不能贊一辭。

梁玉繩云：『困學紀聞六云：「曹子建與楊德祖書『游、夏之徒，』注引史記：『子游、子夏之徒。』今本無子游二字。」余考薛據集語引史亦無子游。而文選楊答臨淄侯牋注引史，又作「子夏之徒。」』

案史通惑經篇引此作『游、夏之徒，』惟一本游作子。景宋本白帖二六引此，子

夏亦作『游、夏。』又贊作揩。曹植與楊德祖書贊亦作揩。翁元圻困學紀聞六注

引春秋說題辭云：『孔子作春秋一萬八千字，九月而書成，以授游、夏。游、夏

之徒，不能改一字。』

後世知丘者以春秋，而罪丘者亦以春秋。

　　案孟子滕文公篇兩以字並作惟，史公說惟爲以，是也。

太山壞乎？梁柱摧乎？哲人萎乎？

　　考證：禮記三乎字上有其字，柱作木。

　　案禮記檀弓作『泰山其頹乎？梁木其壞乎？哲人其萎乎？』非三乎字上有其字也。

　　家語終記解與禮記同。三其字並與殆同義。

因以涕下。

　　考證：禮記無此四字。

　　案家語亦無此四字。

周人於西階。

　　考證：古鈔本『周人』下有殯字。

　　案禮記、家語『周人』下亦並有殯字。（景明翻宋本家語脫『周人』二字。）

殷人兩柱間。昨暮予夢坐兩柱之間，予殆殷人也。（殆，原誤始。）

　　考證：『中井積德曰：生不得當楹間尊位，故知死耳。柱，檀弓作楹，此避惠帝

　　諱。』

　　案家語柱亦作楹，史公蓋說楹爲柱耳，恐非避惠帝諱也，漢不諱嫌名。

孔子年七十三，以魯哀公十六年四月己丑卒。

　　索隱：若孔子以魯襄二十一年生，至哀十六年爲七十三。若襄二十二年生，則孔

　　子年七十二。………

　　梁玉繩云：『史公依春秋作己丑日。杜注云：「四月十八日乙丑，無己丑，己丑

　　，五月十二日，日月必有誤。」經史問答四曰：「問：『史記、孔叢皆作己丑，與

　　左氏合。則恐是杜長曆之譌。吳程以大衍曆推之，乃四月十一日，不知誰是。』

　　答：『前二年五月庚申朔，是左氏所紀。下距是年四月，中間當有一閏，以庚申朔

　　遞推之，是年四月朔爲戊申，是四月十八日乙丑也。若四月十一日，乃戊午。杜

氏似不謬』」（宋濂亦云：戊申朔。）』

殿本考證：考年表，自襄公二十年庚戌，至哀公十六年壬戌，正七十三年。若自襄二十一年己酉至壬戌，則七十四矣。索隱不知如何計算。

考證：杜氏自據其所推定長曆，周、魯置閏不同，杜注未足爲據。說詳于崔氏洙泗考信錄。

案焦氏易林十晬之恆云：『孟巳乙丑，哀呼尼父。明德訖終，亂害滋起。』（注：乙當爲己，哀公十六年四月己丑孔子卒。）稱孔子終於乙丑，與杜注合。若據公羊、穀梁傳，孔子以魯襄二十一年生，至哀十六年卒，爲七十四歲。洙泗考信錄亦有說。

哀公誄之曰，

梁玉繩云：『學齋佔畢曰：「宣聖之誄，檀弓與左氏異。世家與左氏同。而漢書五行志又與史異。大聖人之誄，尚紛紛異同如此，況其下者乎？」（周禮太祝注引春秋傳「不弔」作「不淑。」路史發揮五以誄集詩言爲疑。）』

案左傳、世家所載宣聖之誄，亦見家語。又孔子集語曾子篇引國語亦有此誄，蓋誤左傳爲國語耳。

旻天不弔，

集解：『王肅曰：弔，善也。』

竹添光鴻云：後漢書東平憲王傳注、文選陸太丘碑文注，引左傳皆作『昊天。』周禮注鄭司農引作『閔天不淑。』（左傳會箋三十。）

考證：漢書五行志旻作昊。

案左傳杜注：『仁覆閔下，故稱旻天。』釋旻爲閔，與周禮先鄭注引旻作閔合。家語旻亦作昊，疑與小雅節南山『不弔昊天』之文相亂。家語王注：『弔，善也。』蓋以弔爲淑。與周禮注引弔作淑合。弔、淑古通，爾雅釋詁：『淑，善也。』

俾屏余一人以在位，煢煢余在疚。

竹添光鴻云：『煢煢，』詩作『嬛嬛，』蓋古字相通。

案左傳杜注：『屏，蔽也。』周禮注引左傳『煢煢』亦作『嬛嬛。』

嗚呼哀哉，尼父！毋自律！

　　考證：左傳毋作無，下有所字。

　　案家語『嗚呼』作『於乎，』（黼中云：何孟春本於作嗚。）古字通用。『毋自
　　律，』白帖引毋作無，同。日本舊鈔本左傳作『無所自律。』（竹添光鴻云：所
　　字宋本無。）所猶以也。文子上義篇：『智者無所施其策，勇者無所錯其威。』
　　劉子貴農篇所並作以，卽其證。（此義前人未發，詳拙著古書虛字新義『三四、
　　所』條。）周禮注、孔子集語引左傳並作『無自律。』家語同。

君其不沒於魯乎？

　　案家語君作公，黼中云：『何本公作君。』君、公古通，爾雅釋詁：『公，君也
　　。』其猶殆也。

夫子之言曰，

　　案家語之作有，黼中云：『何本有作之。』之猶有也。

名失則愆。

　　案家語愆作愬，下同。黼中云：『何本愬作愆，下同。愬，俗愆字。』說文：『
　　愆，過也。』

失禮爲昏，失所爲愆。

　　索隱：左傳及家語皆云『失志爲昏，失禮爲愬。』與此不同也。

　　梁玉繩云：『失志爲昏，失所爲愆。』索隱本作『失禮爲昏，失所爲愬。』又引
　　左傳、家語作『失禮爲愬。』竝非。

　　考證：漢書五行志作『失志爲昏，失所謂愆。』

　　案『失禮爲昏，』景祐本南宋補版、黃善夫本、殿本禮皆作志，考證本從索隱本
　　作禮，非。『失所爲愆，』左傳、家語所字並同。索隱引左傳、家語所並作禮，
　　誤。五行志『爲愆』作『謂愆，』謂、爲古通。又黃本、殿本索隱並作『左傳及
　　家語文皆同。』非其舊也。

孔子葬魯城北泗上。

　　集解：『皇覽曰：孔子冢，去城一里，……冢塋中樹以百數，皆異種，魯人世世
　　無能名其樹者。民傳言孔子弟子異國人，各持其方樹來種之。其樹柞、枌、雒離

、安貴、五味、麏檀之樹。孔子塋中不生荆棘及刺人草。』

索隱：雗離，各離二音，又音落藜。藜是草名也。安貴，香名，出西域。五味，藥草也。…………

案說文：『楷，楷木也。孔子冢蓋樹之者。』繫傳：『史記注：「孔子卒，弟子各持其鄉土之樹來種，魯人世世無能名其樹者。」又曰：「孔子冢上特多楷樹。其域中不生荆棘刺人艸。」』（段注：楷亦方樹之一。）』廣韻上平聲皆第十四注引（晉郭義恭）廣志亦云：『孔子冢上特多楷樹。』集解引皇覽所舉方樹無楷。水經泗水注亦引皇覽云：『弟子各以四方奇木來植，故多諸異樹，不生棘木刺草。』金樓子志怪篇：『孔子冢在魯城北，塋中樹以百數，皆異種。魯人世世無能名者。傳言孔子弟子既皆異國之人，各持其國樹來種之。孔子塋中，至今不生荆棘草木。』蓋本皇覽。又集解「安貴，」景祐本南宋補版、黃善夫本、殿本並作『女貞，』孟子滕文公篇僞孫奭疏引皇覽同。索隱云云，黃本、殿本並作『離音藜。藜，草名也。女貞，一作安貴，香名，出西域。五味，藥草名。』非其舊也。蓋由後人改集解之『安貴』爲『女貞，』遂又改竄索隱耳。

唯子貢廬於冢上。

索隱：『按家語無上字。且禮云：「適墓不登壠。」豈合廬於冢上乎？蓋上者，亦是邊側之義。』

梁玉繩云：『四書釋地續曰：「廬于冢上，」總不若孟子「築室于場」佳。築室處在今孔墓之右十數步，戶東向。』

案上字疑涉上『泗上』而衍，家語尚存其舊。

弟子及魯人往從冢而家者，百有餘室。因命曰孔里。

案水經泗水注引譙周云：『孔子死後，魯人就冢次而居者，百有餘家。命曰孔里。』此譙氏古史考之文，本於世家者也。

而諸儒亦講禮、鄉飲、大射於孔子冢。孔子冢大一頃。

考證：『閻若璩曰：「『諸儒講禮、鄉飲、大射于孔子家，』誤寫作冢。此家字，與贊曰『以時習禮其家』合。」愚按，鄉飲、大射，豈可於冢上行之乎？閻說得之。』

案考證從閻氏（四書釋地續）說，本梁氏志疑。家、冢形近，又涉上文諸冢字而誤耳。『孔子冢大一頃，』景祐本冢作家，書鈔一三九引同。冢亦家之誤。

故所居堂、弟子內，後世因廟，藏孔子衣、冠、琴、車、書。

　　索隱：謂孔子所居之堂，其弟子之中，孔子沒後，後代因廟，藏夫子平生衣、冠、琴、書於壽堂中。

　　梁玉繩云：『「故所居堂弟子內，」索隱所說非也。方氏補正曰：「當作『故弟子所居堂內。』傳寫誤倒。」』

　　考證：『內，弟子所居之室也。漢書鼂錯傳：「家有一堂二內。」張晏云：「二內，二房也。」索隱非是。』

　　案『故所居堂、弟子內，』謂故孔子所居之堂，弟子所居之室也。考證得內字之義。書鈔引因下有『爲之』二字，孔子下有之字。記纂淵海六五引此無車字，索隱亦不言車。

以太牢祠焉。

　　案記纂淵海引祠作祀，古字通用。

孔子生鯉，字伯魚。

　　索隱：『按家語：孔子年十九，娶於宋之丌官氏之女，一歲而生伯魚。伯魚之生，魯昭公使人遺之鯉魚，夫子榮君之賜，因以名其子也。』

　　案索隱丌官氏，黃善夫本丌作上。景明翻宋本家語本姓解丌作亓，吳勉學本作幷，左桓六年傳疏引家語亦作幷。阮氏校勘記云：『監本、毛本幷作开，宋本作弁，段玉裁云：作幷，與漢禮器碑合。』丌、亓、开，皆幷之壞字；作上，則後人臆改者矣。御覽九三五引風俗通云：『伯魚之生，適有饋孔子魚者，嘉以爲瑞，故名鯉，字伯魚。』未言魯昭公饋魚。

伯魚生伋，字子思，年六十二。

　　梁玉繩云：王肅家語後序從史作『六十二。』攷伯魚先夫子五年卒，則夫子卒時，子思當不甚幼。而孟子、檀弓竝稱子思在魯穆公時，故漢藝文志云『子思爲繆公師』也。夫子沒于哀公十六年，歷悼公、元公至穆公即位之歲，已七十年。（哀廿七、悼三十七、元二十一。）安得子思年止六十二乎？毛氏四書賸言，載王草堂復禮辨史記『六十二』是『八十二』之誤，曲阜孔農部繼汾闕里文獻考亦云

然。當不謬也。劉恕外記卷未，據孔叢記問篇子思、孔子問答；與抗志篇『子思居衞，魯穆公卒』之言，以子思年壽爲疑。而不知孔叢僞書，自不足信。通考二百九引書錄題解及餘多敍錄廿六俱辨之。通鑑書『子思言苟辯于衞侯，』在周安王廿五年，亦誤信孔叢爾。（見居衞篇。）

考證：昔人以『六十二』爲『八十二』之誤，亦無確證。

案孟子萬章篇、檀弓並稱子思在魯穆公時，當可據信。孔子卒時，子思不甚幼。假定子思彼時僅十時，（卽伯魚四十六歲始生子思。）則卒於穆公三年爲八十二歲。王、孔八十二之說，雖無確據，自較合理。假定子思卒於穆公十三年，（魯世家：穆公三十三年卒。）則爲九十二歲。竊疑世家『六十二』本作『九十二，』（王肅所見本已誤。）九與六形近，或以此致誤與？

嘗困於宋，子思作中庸。

正義：中庸一卷，在禮記中。又作子思子八卷，爲魯穆公師。

兪正燮云：『孔子世家云：「子思作中庸。」禮中庸正義引鄭目錄云：「名曰中庸者，以其記中和之爲用也。庸，用也。孔子之孫子思伋作之，以昭明聖祖之德。」按中庸釋文，一本「載山嶽而不重，」今云「載華、嶽而不重。」爾雅釋山云：「河南華，河西嶽。」不是子思之文，當是西漢博士所改也。』（癸巳存稿二『中庸、大學』條。）

馮友蘭云：小戴禮記中之中庸，相傳爲孔子之孫子思所作。史記孔子世家謂：『子思作中庸。』荀子非十二子篇以子思、孟軻爲一派。今小戴禮記中，中庸所說義理，亦實與孟子之學說爲一類。則似此篇實爲子思所作。然小戴禮記中之中庸，有『今天下車同軌，書同文，行同倫』之言，所說乃秦、漢統一中國後之景象。中庸中又有『載華、嶽而不重』之言，亦似非魯人之語。且所論命、性、誠明諸點，皆較孟子爲詳明，似就孟子之學說，加以發揮者。則此篇又似秦、漢時孟子一派之儒者所作。（中國哲學史第一篇第十四章（八、中庸）。）

案孔叢子居衞篇亦稱子思撰中庸。『載華、嶽而不重』句，釋文引一本『華、嶽』作『山嶽。』兪氏謂作『華、嶽，』當是西漢博士所改。則此固不足以證中庸之晚出矣。左隱元年傳：『天子七月而葬，同軌畢至。』管子君臣上篇：『天子

出令於天下，諸侯受命於天子。…………………書同名，車同軌，此至正也。』名
與文同義，猶言字也。又管子山至數篇：『昔者周人有天下，諸侯賓服，名教通
於天下。』名，亦卽文字。名與教並通於天下，亦卽『書同文（或名），行同倫
』矣。則中庸言『車同軌，書同文，行同倫。』亦不足以證其晚出也。（詳陳槃
庵兄中庸今釋別記，載大陸雜誌第四卷第四期。）淮南子齊俗篇：『率性而行謂
之道。得其天性謂之德。』本於中庸『天命之謂性，率性之謂道。』則中庸此二
語亦非晚出。中庸葢子思所作，經後儒改竄附益，自所難免。今傳先秦之書，大
都如此。又漢志：『子思二十三篇。』王氏補注引王應麟云：『隋唐志子思子七
卷。』與正義言八卷異。

子思生白，

案漢書孔光傳白作帛，王氏補注引宋祁曰：『帛，禮記作白，漢書作帛，古字通
用。』

子上生求，字子家。

梁玉繩云：後序，子家名傲，後名永。宋史儒林孔宜傳，名永。

案漢書求字同，永疑求之形誤。宋史作永，從後序也。

子家生箕，字子京。

考證：『史記桃源鈔云：「正義本子京作子眞。」梁玉繩云：「漢書孔光傳，子
京作子眞，後序作于直，名樅。」』

案京疑眞之誤。京，隸書作京。眞，隸書作眞。形近相亂耳。直亦眞之誤，莊子
田子方篇：『吾所學者眞土梗耳。』釋文本眞作直，卽二字相亂之例。

子高生子愼。

考證：『梁玉繩曰：孔光傳作順，………愼、順古通。………』

案尙書序孔疏引愼上無子字，下同，與漢書合。

爲陳王涉博士，死于陳下。

考證：『梁玉繩曰：「史漢儒林傳及鹽鐵論毀學篇云：鮒與涉俱死。………」』

案尙書序疏引此無王字，漢書同。鹽鐵論襃賢篇：『孔甲爲涉博士，卒俱死陳。
』梁氏誤襃賢爲毀學。

遷爲長沙太守。

　　梁玉繩云：長沙是時爲封國，不應有『太守。』孔光傳及唐表、後序皆作『太傅
　　，』則史誤也。

　　考證：『楓山、三條本云：正義守作傅。

　　案『太守』葢本作『太傅　，』涉下文『臨淮太守』而誤也。正義守作傅，尙存其
　　舊。

忠生武，武生延年及安國。

　　考證：『梁玉繩曰：「孔光傳：『忠生武及安國，武生延年。』後序：『季中生
　　武及子國（安國字）。』唐表：『忠二子武、安國，武生延年。』則史以安國爲
　　武子，誤也。闕里考云：『武字子威。』

　　案安國如爲武之子，則是孔子十一世孫。故尙書序疏云：『孔子世家云，安國是
　　孔子十一世孫。』論語序邢疏亦云：『世家，安國孔子十一世孫。』據孔光傳、
　　後序、唐表，安國是忠之子，則爲孔子十世孫。敦煌本尙書目錄（伯目二五四九）
　　，卷末有孔安國小傳：『孔國，字子國。又曰孔安國，漢武帝皆爲臨淮太守，孔
　　子十世孫。』稱孔國，未知何據，恐晚出。稱『孔子十世孫，』則與孔光傳、後
　　序、唐表合。是也。去秋陳鐵凡兄據此小傳撰文以證史公之誤，且以質於岷。岷
　　以爲史公記事，固有紕繆。然史公曾從安國受學，決不致誤安國爲忠之孫，武之
　　子。此文葢本作『忠生武及安國，武生延年。』與孔光傳、後序、唐表及敦煌本
　　尙書序卷末小傳皆合。『及安國』三字，葢傳鈔誤倒在『武生延年』下耳。孔穎
　　達、邢昺並未留意及此，遂以爲世家云『安國是孔子十一世孫。』後人亦紛紛以
　　史公爲誤矣！

安國生卬，卬生驩。

　　梁氏志疑所據湖本卬作邛，云：邛乃卬之譌。

　　案景祐本、黃善夫本、殿本卬皆作邛。考證本作卬，從梁說改也。孔叢子敍世篇
　　作子印；又驩作仲驩。

詩有之：高山仰止，景行行止。

　　王念孫云：『宋本「行止」作「行之。」王應麟詩考引此亦作「行之。」今本仍

作「行止」者，後人依詩文改之也。案小雅車舝釋文曰：「『仰止，』本或作『仰之。』」又表記引詩「高山仰止，景行行止，」釋文曰：「『仰止，』本或作『仰之。』『行止，』詩作『行之。』」是陸本毛詩上句作止，下句作之也。詩正義曰：「仰之、行之，」則上下句皆作之，未可輒據今本毛詩以改史記也。三王世家載武帝制曰：「高山仰之，景行嚮之，朕甚慕焉。」雖嚮與行異文，而上下句亦皆作之。』

梁玉繩云：『王應麟詩考引史作「景行行之。」而今史記本與詩同。惟禮表記釋文云：「『行止，』詩作『行之。』」與詩又不合。補三王世家云：「高山仰之，景行嚮之。」』

案兩止字當從王說作之，管子九守篇：『高山仰之，不可極也。』亦可證作『仰止』之誤。景祐本『行止』作『行之，』黃善夫本之已誤止。之、止篆文、隸書形並相近，故致誤耳。淮南子說山篇：『故高山仰止，景行行止，鄉者其人。』高注：『言有高山，我仰而止之。人有大行，我則而行之，故曰：鄉者其人。』兩止字蓋本亦作之，注：『我仰而止之，』文不成義，蓋本作『我止而仰之。』『我止而仰之，』『我則而行之。』正以釋『仰之、』『行之』之義也。（參看淮南子斠證。）

然心鄉往之。

考證：鄉、嚮同。

案鄉借爲向，嚮乃鄉、向二字合書之俗字也。

余讀孔氏書，

案記纂淵海六五引孔氏作孔子。

余祗廻留之。

索隱：祗，敬也。言祗敬遲囘，不能去之。有本亦作『低囘。』義亦通。

考證：『張文虎曰：「索隱本作『祗廻，』凌本作『祗囘。』各本作『低囘。』」愚按，「低囘，」猶「徘徊」也。』

案景祐本、黃善夫本並作『低囘。』記纂淵海引同。殿本作『祗囘。』廻，俗迴字。迴與囘同。又索隱兩囘字，黃善夫本、殿本並作廻。

當時則榮，

　　案記纂淵海五五引時作世。

自天子王侯中國言六藝者，折中於夫子。

　　案記纂淵海六五引『折中』作『折衷，』中、衷正、假字。漢書貢禹傳：『四海
　　之內，天下之君，微孔子之言，無所折中。』師古注：『折，斷也。非孔子之言
　　，則無以爲中也。』

　　　　　　　　　　　　　　　　　　　　一九七一年一月二十五日脫藁。

出自第四十三本第一分（一九七一年三月）

史記斠證卷四十八

陳涉世家第十八

王　叔　岷

索隱：…………以其首事也。…………歷歲不永，…………

正義：…………爲世家者，以唱始起兵滅秦，雖不終享，亦世家之道也。

案索隱『以其首事也，』黃善夫本、殿本並作『爲首事故也。』當從之。『歷歲』黃本作『曆年，』歷、曆正、俗字。殿本歲亦作年。正義兩世字，當譌作系，葢後人改之也。

陳勝者，陽城人也。

索隱：『韋昭云：「屬潁川。」地理志云，屬汝南。不同者，按郡縣之名，隨代分割。葢陽城舊屬汝南，史遷云，今爲汝陰，後又分隸潁川。韋昭據以爲說，故其不同，他皆放此。』

錢大昕云：『索隱「史遷云，今爲汝陰。」句疑有譌。漢書地理志，潁川、汝南皆有陽城縣。而汝南之陽城，則爲侯國，宗室劉德所封。傳三世，至王莽敗而國除。故後漢志有潁川之陽城，無汝南之陽城，非本隸汝南而後分隸潁川也。小司馬讀史不子細如此，何怪後人！』

案索隱『韋昭云』下，黃善夫本、殿本並有陽城二字。『史遷云，今爲汝陰。』謂『史遷云陽城，今爲汝陰』也。上文已言陽城，故云下略陽城二字，句無譌。

嘗與人傭耕。

考證：『顏師古曰：「與人，與人俱也。」張文虎曰：「宋本、毛本傭作庸，與字類合，下同。」愚按，古鈔本亦作庸。』

案文選丘希範與陳伯之書注引與作爲，傭作庸（下同）。與猶爲也。南宋重刊北

宋監本傭亦作庸，古字通用。黃善夫本下文傭亦作庸。

輟耕之壟上，悵恨久之。

　　考證：楓山本恨作悵。

案藝文類聚二六引上之字作於，恨亦作悵。之、於同義。

傭者笑而應曰：

　　案藝文類聚、文選注引應下並有之字。

若爲傭耕，何富貴也？

　　案御覽八二二引此作『子爲人傭耕，何富貴耶？』耶乃邪之俗變。藝文類聚引也
作乎。也、邪、乎，皆同義。

陳涉太息曰：嗟乎，燕雀安知鴻鵠之志哉！

　　考證：『愚按呂氏春秋長利篇：使燕雀爲鴻鵠鳳皇慮，則必不得矣。』

案御覽九一六、九二二引『太息』並作歎，藝文類聚引安作焉，義同。考證引呂
氏春秋云云，本沈欽韓漢書疏證，王先謙漢書陳勝傳補注已引之。呂氏春秋『燕
雀』本作『燕爵，』雀、爵正、假字。

發閭左。．

　　索隱：…………富者役盡，兼取貧弱者也。

案通鑑秦紀二注引鼂錯曰：『秦以謫發戍，先發吏有謫及贅壻買人；後以嘗有市
籍者；又後以大父母嘗有市籍者。後入閭，取其左。』本漢書鼂錯傳，『大父
母』下脫『父母』二字。又索隱『兼取貧弱者也，』黃善夫本、殿本並作『兼取
貧弱者而發之者也。』通鑑注引作『兼取貧弱而發之也。』考證本有脫文。

失期，法皆斬。

　　考證：古鈔本、楓山、三條本皆下有當字，與漢書合。

案有當字是，漢紀一作『失期，法當斬，』長短經霸圖篇注作『失期當斬，』皆
有當字。『失期，法皆當斬。』與下文『失期當斬』相應。漢書此文作『失期法
斬，』下文作『皆已失期，當斬。』考證失檢。

今或聞無罪，二世殺之。百姓多聞其賢，未知其死也。

　　索隱：…………直是扶蘇爲二世所殺，而百姓未知，故欲詐自稱之也。

案漢書師古注：『此言我聞二世已殺扶蘇矣，而百姓皆未知之，故勝、廣舉事，詐自稱扶蘇耳。』即索隱所本。黃善夫本、殿本索隱稱下並無之字。

或以爲亡。

案漢書亡作在。御覽二九五引史記亡亦作在，所引實漢書文也。

爲天下唱，宜多應者。

索隱：『漢書作倡。倡，謂先也。說文云：倡，首也。』

案唱、倡正、假字。說文：『唱，導也。倡，樂也。』索隱引說文『倡，首也。』當作『唱，道也。』道、導古、今字。又御覽引者下有注云：『謂首號令。』乃漢書師古注。

足下事皆成有功。然足下卜之鬼乎？

案御覽引此下有注云：『卜者云：「事成有功，然須假託鬼神乃可興起耳。」故勝、廣曉其意，則爲魚書、狐鳴以威眾也。』乃漢書師古注，今本『興起』作『暴起，』『其意』作『此意，』末句也作耳。

卒買魚烹食，得魚腹中書，固以怪之矣。

考證：漢書以作已，以、已通。

案殿本烹作亨，漢書同，師古注：『亨，音普庚反。』讀亨爲烹也。漢紀以亦作已。

又閒令吳廣之次近所旁叢祠中，

王念孫云：索隱本無近字，近即所字之誤而衍者也。『次所，』謂戍卒止次之所也。其旁有叢祠，故曰『次所旁叢祠。』加一近字，則文不成義矣。漢書亦無近字。（考證亦引王說，有改竄。）

梁玉繩云：『盧學士曰：「次所」即「近旁」也。二字複出，政如「逡巡遁逃」之比。漢書無近字，有旁字。宋子京音「步浪反。」恐亦未然。』

案『次近，』複語，廣雅釋詁三：『次，近也。』『之次近所，』猶言『往近處。』次與近同義，故漢書略近字。索隱本無近字，蓋從漢書刪之也。御覽引注云：『閒，謂竊令人行也。』乃漢書師古注所引鄭氏注：（索隱亦引之。）又云：『密於廣所次舍處旁側叢祠中爲之。叢，謂草木之岑蔚者也。祠，神祠也。』

乃師古注。今本『草木』下脫之字。

夜篝火，

　　集解：『徐廣曰：或作帶也。篝者，籠也。音溝。

　　索隱：『篝音溝。漢書作構。郭璞云：「篝，籠。」是也。』

　　案篝，徐注：『或作帶。』帶疑篝之誤，篝亦借爲篝。褚少孫補龜策列傳：『卽
　　以篝燭此也。』集解引徐廣曰：『篝，籠也。蓋然火而籠罩其上也。音溝。陳涉
　　世家曰：「夜篝火」也。』（黃善夫本、殿本正文、注文篝並作篝，俗。）篝與
　　篝同。漢書作構，漢紀同，構蓋篝之省。索隱引漢書作構，構乃構之俗。又索隱
　　黃本、殿本並無『篝音溝』三字，構下並有火字。

皆指目陳勝。

　　考證：愚按，漢書陳勝作『勝、廣，』非是。

　　案漢書衍廣字，王氏補注引劉奉世、王念孫並有說。

將尉醉，

　　索隱：『將尉，官也。漢舊儀：大縣二人，………』

　　案黃善夫本、殿本索隱並無將字，二並作三，通鑑注引同。二乃三之誤。

尉劍挺，

　　索隱：『徐廣云：「挺，奪也。」按奪卽脫也。說文云：「挺，拔也。」案謂尉
　　拔劍，而廣因奪之，故得殺尉。』

　　案黃善夫本、殿本索隱並無『徐廣云：挺，奪也。』六字，『奪卽脫也，』並誤
　　作『脫卽奪也。』漢書師古注：『尉劍自拔出，廣因奪取之。』卽索隱『案謂』
　　云云所本。

藉弟令毋斬，而戍死者固十六七。

　　集解：『服虔曰：「藉，假也。弟，次弟也。」…………』

　　案黃善夫本、殿本弟並作第，注同。長短經注亦作第，第與弟同。漢書服注作
　　『藉猶借也。弟，使也。』與集解所引服注異。弟當訓使，『弟令，』複語，可
　　略其一，通鑑『藉弟令』作『假令，』義同。亦卽『假使』也。容齋隨筆七引十
　　作什，漢書、通鑑並同，古字通用。

死卽舉大名耳。

　　　案舉猶揚也。小爾雅廣言：『揚，舉也。』

王侯將相，

　　　案漢書、長短經注『王侯』並作『侯王。』

從民欲也。

　　　考證：漢書欲作望。

　　　案欲、望義近，項羽本紀：『從民所望也。』御覽三七九引望作欲，亦同此例。

攻大澤鄉，

　　　考證：漢書鄉下有『拔之』二字。

　　　案通鑑鄉下亦有『拔之』二字。

行收兵，

　　　案行猶因也，項羽本紀斠證有說。

陳守令皆不在。

　　　梁玉繩云：『索隱曰：「張晏云：『郡守、縣令皆不在。』非也。〔地理志〕秦
　　　無陳郡，陳止是縣。則守非官，與下『守丞』同。皆，衍字。」劉攽曰：「衍皆
　　　字，守非正官，權守者耳。」胡三省曰：「秦郡置守、尉、監，縣置令、丞、
　　　尉。原父以爲『權守，』良是。蓋令下缺尉字。」余謂下言「守丞，」必陳尉守
　　　之。而陳縣不應一時令、丞俱無正官，疑皆卽守令之名。』

　　　案皆非衍字；亦非守令之名。張晏謂『郡守、縣令皆不在。』（考證本縣作及。）
　　　是也。陳是秦郡，漢書地理志，秦無陳郡，未足據。參看秦始皇本紀斠證引王國
　　　維秦郡考。

獨守丞與戰譙門中。

　　　索隱：蓋謂陳縣之城門，一名『麗譙，』故曰『譙門中。』非上譙縣之門也。譙
　　　縣守，前已下故也。

　　　案莊子徐无鬼篇：『君亦必无盛鶴列於麗譙之間。』釋文：『司馬（彪）郭、
　　　　（象）、李（頤）皆云：樓觀名也。』索隱『一名「麗譙」』以下，本漢書師古
　　　注。師古注並云：『譙門，謂門上爲高樓以望者耳。譙，亦呼爲巢。所謂「巢

車」者，亦於兵車之上爲樓以望敵也。譙、巢聲相近，本一物也。』左成十六年

傳：『楚子登巢車以望晉軍。』釋文：『巢，說文作轈，云：兵車高如巢以望敵

也。』（孔疏引說文作『轈，兵高車加巢以望敵也。』與今本說文同。）

號令召三老豪傑與皆來會計事。

考證『漢傳無令字，是。…………』

案令非衍字，『號令，』複語，故可略其一。呂氏春秋懷寵篇：『先發聲出號。』

高注：『號，令。』殿本傑作桀，下同，漢書亦作桀。傑、桀正、假字。『與

皆，』亦複語。與讀爲舉，左宣十七年傳：『舉言羣臣不信。』杜注：『舉，皆

也。』

伐無道，誅暴秦；復立楚國之社稷。功宜爲王。

案史記及漢書張耳陳餘列傳、長短經時宜篇功下並有德字，於義較備。『伐無

道，誅暴秦，』功也；『復立楚國之社稷，』德也。

諸郡縣苦秦吏者，

案通鑑吏作法。

乃以吳叔爲假王，

案通鑑注：『吳廣字叔。』

吳廣圍榮陽。

案廣當作叔，乃與上下文一律。

以上蔡人房君蔡賜爲上柱國。

索隱：房，邑也。…………

案通鑑注引索隱也作名。並云：『上柱國，楚爵之尊者。』

事春申君。

案漢書應劭注：『楚相黃歇。』

西擊秦，行收兵至關，車千乘，卒數十萬，至戲軍焉。

梁玉繩云：『西擊，』擊下缺秦字，當依漢書增。

考證：『擊下秦字，依楓山、三條本增，漢書亦有。漢書「數十萬」作「十萬，」

王先和曰：「漢書張耳陳餘、劉向傳並云：『周文將卒百萬。』史記淮南王安傳

云：『周章之兵百二十萬。』蓋是當時號稱之數，不如陳涉傳爲得其實。』」

案『西擊』下，史記及漢書張耳陳餘列傳、通鑑亦並有擊字。史記及漢書張耳陳
餘列傳並云：『使吳廣、周文將卒百萬。』則『百萬』乃兼二人所將之卒稱之。
漢紀云：『以周文爲將軍，眾十餘萬。西至戲水，蓋百二十萬矣。』稱周文『眾
十餘萬，』與漢書陳勝傳稱『十萬』較近；稱『百二十萬，』則諸將將卒之總數
也。淮南王安列傳云：『陳勝、吳廣無立錐之地，…………西至於戲，而兵百二
十萬。』（又見漢書伍被傳。）非謂周章之兵百二十萬』也。惟漢書劉向傳云：
『周章百萬之師。』證以他處，『百萬之師』固非周章一人所將矣。秦始皇本紀
云：『陳涉所遣周章等將西至戲，兵數十萬。』與世家稱『數十萬』合。然亦非
謂周章一人所將之卒也。考證所引王先和說，本王氏漢書補注。

秦令少府章邯免酈山徒人，奴產子生，

索隱：『按漢書無生字。小顏云：猶今言家產奴也。』

案漢書、漢紀、通鑑酈皆作驪，古字通用。重刊北宋監本、黃善夫本、殿本皆無
生字，通鑑同，是也。又黃本、殿本索隱並無『按漢書無生字』六字。漢書小顏
注產作生，通鑑注引同。

悉發以擊楚大軍，盡敗之。

考證：『漢書作「擊楚軍，大敗之。」中井積德曰：大字疑衍。』

案大字蓋後人據漢書旁記字誤入正文者。通鑑作『擊楚軍，大敗之。』從漢書
也。『盡敗』與『大敗』義近。

止次曹陽二三月。

考證：『漢書「二三月」作「二月餘。」…………葉德輝曰：「史記月表；『二
世元年九月，周文兵至戲敗走。二年十月，周文死。』漢書陳勝傳『二月餘，』
與表合。史記作『二三月，』亦約計之。秦以十月爲歲首，九月至十一月，凡三
月也。」』

案通鑑秦紀三亦作『二月餘，』從漢書也。考證引葉氏說，本王氏漢書補注。
『二年十月，』十下脫一字。

周文自剄。

　　　　集解：『徐廣曰：十一月也。』

　　　　索隱：『越系家：「句踐使罪人三行屬劍於頸，曰：『不敢逃刑。』乃自剄。」』

　　　　案徐注，本月表。索隱引越系家云云，乃左定十四年傳文。越世家作『越王句踐
　　　　使死士挑戰，三行至吳陳，呼而自剄。』與左傳有別。兩書同載一事，文則據較
　　　　早之書，書名則稱其所重之書。古人引書，往往類此。

張耳、召騷爲左右丞相。

　　　　考證：『顏師古曰：召讀曰邵。』

　　　　案張耳陳餘列傳、通鑑召並作邵。

陳王怒，

　　　　考證：楓山、三條本王下有勝字。

　　　　案漢書作『勝怒。』

柱國曰，

　　　　考證：『柱國，』即『房君蔡賜。』張耳傳作『相國房君。』

　　　　案漢書張耳陳餘傳亦作『相國房君。』王氏補注引周壽昌云：『當造亂時，官無
　　　　定制。柱國、相國，從其尊者稱之。』漢紀作『柱國房君賜。』通鑑秦紀二作
　　　　『柱國房君。』

此生一秦也。不如因而立之。

　　　　案張耳陳餘傳生上有又字，立作賀。漢紀生上有復字，立亦作賀。漢書張耳陳餘
　　　　傳、通鑑立亦並作賀。

而封耳子張敖爲成都君。

　　　　梁玉繩云：『而封其子張敖爲成都君，』其字乃耳之譌，張耳子也。

　　　　案重刊北宋監本、黃善夫本、殿本耳皆誤其。考證本作耳，從梁說改也。張耳陳
　　　　餘傳、漢書陳勝傳、通鑑皆作『封張耳子敖爲成都君。』漢書張耳陳餘傳作『封
　　　　耳子敖爲成都君。』又梁說所本也。

不敢制趙。

　　　　案史記及漢書張耳陳餘傳、通鑑不上並有必字。

趙乘秦之獘，

考證：古鈔本『乘秦』下有楚字，與漢書合。

案漢書作『趙承秦、楚之敝，』漢紀作『趙承秦、楚之弊，』通鑑作『趙乘秦、楚之敝。』乘、承正、假字。重刊北宋監本獘作獘，黃善夫本、殿本並作弊，與漢紀合。獘乃獘之誤（犬誤爲大），弊又獘之變也（大變爲廾）。獘、敝並疲之借字。秦始皇本紀已有說。

欲立魏後故甯陵君咎爲魏王。

集解：『應劭曰：魏之諸公子名咎，…………』

案漢紀作『故魏公子咎。』通鑑作『故魏公子甯陵君咎。』

周章軍已破矣。

考證：『服虔曰：周章乃周文。』

案漢書服注乃本作卽，通鑑秦紀三注亦云：『周章卽周文。』

不如少遺兵，

索隱：按遺，謂留餘也。

梁玉繩云：『不如少遺兵，』遺乃遺之譌，留也。索隱本是遺字，與漢書同。

考證：各本遺作遺，今依索隱本，漢書亦作遺。

案考證本依索隱本遺作遺，從梁說也。通鑑亦作遺。黃善夫本、殿本索隱並作『遺作遺，遺謂留餘也。』蓋由正文遺誤遺，後人乃於索隱加『遺作遺』三字耳。

因相與矯王令，

考證：古鈔本、楓山、三條本令作命。

案漢紀令亦作命。

銍人伍徐，

梁玉繩云：『徐廣云：徐，一作逢。』是。漢書作五逢。

王引之云：『徐與逢聲不相近，徐當爲徐，字之誤也。說文：「徐，讀若蠡。」徐與逢聲相近，故字相通。趙氏雲崧廿二史劄記，謂漢書改徐爲逢，非也。』

案王說是也，通鑑徐亦作逢，下同。

陵人秦嘉，

考證：陵，漢書作淩。項羽本紀集解，引陳涉世家作廣陵。

案通鑑作『陳人秦嘉。』注：『陳當作淩，陳勝傳作「淩人秦嘉。」』陳乃陵之
誤，陵、淩、凌，古並通用。項羽本紀集解引此作廣陵，乃誤增一廣字，梁氏志
疑（卷六）有說。

將兵圍東海守慶于郯。

梁玉繩云：『漢志，東海郡高帝始置。秦無此郡，何以有守？錢大昭曰：「守
慶，疑是人姓名。廣韻：守，亦姓，出姓苑。」』

案東海，蓋秦郡，故有守。守非姓。上文『陳守令皆不在，』陳爲秦郡，與此同
例。漢志，東海郡高帝始置，當亦有據。然史記在前，信漢志不如信史記也。參
看王國維秦郡考。

陳王出監戰，

案漢書監作臨，義同。說文：『監，臨下也。』又云：『臨，監臨也。』（段注
本監下刪臨字。）王氏漢書補注，疑臨爲監之形誤，未審。

臘月，

索隱：『…………顏游秦云：「按史記表：『二世二年十月，誅葛嬰。十一月，
周文死。十二月，陳涉死。』是也。」…………』

案漢書顏注，二世作胡亥，『是也』上有『瓚說』二字。通鑑注引同。殿本索隱
『是也』上亦有『瓚說』二字。

陳王故涓人將軍呂臣，

考證：『顏師古曰：「涓，潔也。涓人，主潔除之人。」沈欽韓曰：「吳語：
『楚靈王呼涓人疇。』呂覽淫辭篇：『荊柱國莊伯，使涓人取冠。』楚有此冠舊
矣。」』

案漢紀涓上有中字。通鑑周紀三注：『春秋以來，諸侯之國有涓人。秦、漢之間
有中涓。師古曰：涓，潔也。言其在中主知潔清灑掃之事，蓋王之親舊左右
也。』所引師古注較詳。沈氏引吳語云云，又見楚世家，『涓人』作『銷人，』
涓、銷古通，（楚世家已有說。）又考證引沈說，本王氏漢書補注。

車裂留以徇。

案師古注：『徇，行示也。以示衆爲戒徇。』徇，正作狥，說文：『狥，行示也。司馬法：斬以狥。』

田儋誅殺公孫慶。

考證：漢書無誅字。

案通鑑亦無誅字。廣雅釋詁一：『誅，殺也。』『誅殺，』複語，故可略其一。

收兵復聚。

考證：『漢書收作徼。如淳注：「徼，要也。」愚按，史義長。』

案通鑑收亦作徼，注引如淳曰：『徼，要也。徼散卒復明聚也。』徼與收義近。

鄱盜當陽君黥布之兵相收，

考證：漢書鄱上有與字，收作遇。

案漢書作『與番盜英布相遇。』（師古注：番，卽番陽縣也。於番爲盜，故曰『番盜。』其後番字改作鄱。）通鑑作『與番盜黥布相遇。』從漢書也。黥布列傳：『黥布者，六人也。姓英氏。…………坐法黥。』

復擊秦左右校，

考證：漢書復作攻。

案通鑑復亦作攻。

扣宮門，

案漢書、漢紀扣並作叩，扣借爲敂，說文：『敂，擊也。』叩，俗字。

夥頤！涉之爲王，沈沈者！

梁玉繩云：『說文繫傳𥢶字注引史曰：「𥢶乎！涉之爲王，黕黕者也！」孫侍御云：「『沈沈，』劉伯莊云『猶談談。』又作『潭潭，』韓昌黎詩『潭潭府中居。』是也。作黕無義，繫傳多誤字，不足據。』王孝廉云：「幽遠則黑，作黕字亦通。」』

案漢書無頤字，蓋因下文『夥涉爲王，』但言夥而刪之。王氏補注引周壽昌云：『說文繫傳𥢶字注引史曰：「𥢶乎！涉之爲王，黕黕者也！」𥢶卽夥，亦無頤字。但夥訓多，用爲驚訝之辭，無頤字則音義俱未足。頤與眙音同，西都賦：「猶愕眙而不能階。」李注：「眙，驚貌。」今楚人乍見物之盛多者，驚呼曰

「阿噎！」俗轉作「呵呀！」皆此音也。從史記有頤字是。』說文繫傳引『沈沈』作『默默』，葢以沈爲默之借字，非誤引也。繫傳引書，往往類此。

楚人謂多爲夥。

　　考證：『周壽昌曰：「方言：『凡物盛多謂之寇；齊宋之郊、楚魏之際曰夥。』非獨楚語然矣。」』

　　案說文：『夥，齊謂多也。』段注：『方言曰：「凡物盛多，齊宋之郊、楚魏之際曰夥。」許疑字下曰：「讀若楚人名多夥。」此云齊語，皆本方言也。史記曰：「楚人謂多爲夥。」陳勝楚人，在楚言楚也。』考證引周說，本王氏漢書補注。

顓妄言輕威。

　　案漢書顓作專。顓、專古、今字。

由是無親陳王者。

　　索隱：『顧氏引孔叢子云：「陳勝爲王，妻之父兄往焉，勝以眾賓待之。妻父怒云：『怙强而傲長者，不能久焉。』不辭而去。」是其事類也。』

　　案索隱顧氏引孔叢子云云，見孔叢子獨治篇。黃善夫本、殿本索隱『怙强』並作『怙號。』今孔叢子作『怙亂僭號，』通鑑同。

陳王以朱房爲中正，

　　考證：漢書作朱防。

　　案通鑑亦作朱防，房、防並諧方聲，古字通用。

主司羣臣。

　　案王氏漢書補注云：『司讀曰伺。』

爲陳涉置守冢三十家碭，至今血食。

　　梁玉繩云：史、漢高紀皆言『予守冢十家。』此誤。

　　考證：『…………吳仁傑曰：「史通云：『陳涉世家稱其「子孫至今血食。」漢書涉傳乃具載遷文。即如是，豈陳氏苗裔，祚流東京乎？』余案高帝詔楚隱王亡後，其與守冢十家。則勝固已亡後矣。世家初不著『子孫』兩字，不知劉知幾何以言之？句踐表會稽山以爲范蠡奉邑，事正類此。葢使尸而祝之耳。」』

案漢紀四『三十家』作『一家，』一乃十之誤，高祖本紀有說。『血食』者，受
犧牲之祭享也。祭享而曰『血食，』此初民『茹毛飲血』風俗之遺。詳燕世家引
陳槃庵兄說。考證引吳說，本王氏漢書補注。吳氏引史通云云，見史通因習篇。
史通引書，往往有增省改易，其引世家『子孫至今血食，』蓋以『至今血食，』
乃就陳涉子孫而言，故於至上增『子孫』二字耳。

褚先生曰，

梁玉繩云：『史公以過秦論上篇爲世家論，漢書仍之。褚生妄爲增換，而凌氏不
攷，低刻一字以別於正文，誤矣！徐廣曰：「一作太史公。」』裴駰案：「班固
奏事云：『太史遷取賈誼過秦上下篇以爲秦始皇本紀、陳涉世家贊文。』然則言
『褚先生』者非也。」索隱曰：「徐廣、裴駰據所見別本及班固奏事，皆云合作
『太史公。』今據此，是褚先生述史記，加此贊首『地形險阻』數句，然後始稱
賈生之言，因卽改『太史公』之目，而自題己位號也。」』

余嘉錫太史公書亡篇考（十篇外褚先生所續第十四）云：『〔集解、索隱〕二說
不同，未知孰是。考漢書取史記陳涉世家、項羽本紀合爲一傳，卽用兩篇太史公
語以爲之贊，而逕自「昔賈生之過秦」起，無「地形險阻，所以爲因也。」數
句。疑因其非太史公語，故削去之。則索隱之說，似爲有理。然班固於史遷書多
所增省改易，未可執此以爲據。徐廣、裴駰既未之言，小司馬特就「褚先生」三
字望文生義。無徵不信，莫如闕疑。』

案殿本亦低刻一字以別於正文。據漢書『贊曰：昔賈生之過秦曰，』應劭注：
『賈生書有過秦二篇，言秦之過。此第一篇也。司馬遷取以爲贊，班固因之。』
則『地形險阻，』至『豈不然哉』數句，是否爲褚少孫所增，雖未敢塙斷；而下
文自『吾聞賈生之稱曰』起，至篇末，必本爲太史公贊文，當無可疑。又據風俗
通皇霸篇：『謹按戰國策、太史公記：『秦孝公據殽、函之固，』云云。稱戰國
策有此文，未知何據；稱太史公記有此文，蓋卽本世家『吾聞賈生之稱曰』以下
之文而言。則所謂『吾聞，』必太史公所聞，而非褚先生所聞矣。

秦孝公據殽、函之固，

案賈誼新書過秦上殽作嶔，下同。漢紀二、藝文類聚十一引過秦亦並作嶔。殽、

黮古、今字。

君臣固守以窺周室。

　　案風俗通『固守』作『戮力。』秦始皇本紀贊、漢書以並作而，義同。（參看秦
　　始皇本紀斠證，下同。）

修守戰之備，

　　案新書、文選、藝文類聚備並作具，義同。

外連衡而鬭諸侯。

　　案漢紀衡作橫，義同。

於是秦人拱手而取西河之外。

　　梁玉繩云：秦惠文王八年，魏入河西地于秦。孝公時安得至西河之外乎？商君傳
　　有『魏惠王割河西地獻秦以和』之語，並誤。（秦始皇本紀志疑。）
　　案『取西河之外，』蓋取河西部分之地，此誇言之耳。王氏漢書補注引沈欽韓
　　云：『齊策：「蘇代說閔王曰：衞鞅見魏王（云云），魏王大恐，按兵於國，而
　　東次於齊。當是時，秦王垂拱而受西河之外。」此惠成王之世也。然其地猶未盡
　　入秦，世家：「襄王五年，予秦西河之地。（秦惠王八年。）」秦策：「楚攻
　　魏，張儀謂秦王曰：『不如與魏以勁之。』魏戰勝威王，兵罷敝，恐畏秦，獻西
　　河之外。」此卽襄王獻地之由也。』沈氏引魏世家『予秦西河之地，』西河，
　　本作河西。考證：『河西，卽西河之外。』

因遺策，

　　案始皇紀贊策作冊（殿本作策），古字通用。

收要害之郡。

　　考證：賈誼新書收上有北字。
　　案收上缺北字，始皇紀贊梁氏志疑已有說。李斯列傳稱惠王時『北收上郡。』卽
　　所謂『北收要害之郡』也。

約從連衡，兼韓、魏、燕、趙、宋、衞、中山之眾。

　　梁玉繩云：此與賈子、漢書、文選皆不言齊、楚兩國，當是脫耳。
　　考證：新書、始皇紀、漢書，並『連衡』作『離衡，』此誤。燕下脫『楚、齊』

二字。

案張溥漢魏百三家集賈長沙集過秦論上『連衡』亦作『離衡。』文選作『離橫，』同。李善注：『言諸侯結約爲從，欲以分離秦橫也。』是也。始皇紀贊、賈長沙集燕下並有『楚、齊』二字，據下文兩言『九國之師，』又云：『陳涉之位，非尊於齊、楚、燕、趙、韓、魏、宋、衞、中山之君。』則有『楚、齊』二字是。（參看王念孫漢書雜志。藝文類聚引燕下有楚字，脫『齊、趙』二字。）

齊明、周最、陳軫、邵滑、樓緩、翟景、蘇厲、樂毅之徒通其意。

正義：〔最〕音聚。邵作昭。

案重刊北宋監本、黃善夫本、殿本最並作最，新書、始皇紀贊、漢書、文選、賈長沙集皆同。音聚，則字當作最。（古書最字多誤爲最。）始皇紀贊邵作昭，與正義云『作昭』合。新書、漢書、風俗通、文選、賈長沙集邵皆作召。邵、昭並諧召聲，與召通用。

吳起、孫臏、帶他、兒良、王廖、田忌、廉頗、趙奢之倫制其兵。

案新書、始皇紀贊、漢書倫並作朋，義近。

仰關而攻秦。

索隱：仰，字亦作印，竝音仰。謂秦地形高，故竝仰向關門而攻秦。有作叩字，非也。

案漢書師古注：『秦之地形高，而諸侯之兵欲攻關中者，皆仰嚮，故云「仰關」也。今流俗書本仰字作叩，非也。』卽索隱『謂秦地形高』云云所本。始皇紀贊、文選、賈長沙集仰並作叩，叩乃印之誤，印、仰古、今字。王氏漢書雜志有說。王先謙云：『叩，擊也。於義亦通。新書潭本作「扣關，」與叩同。』作叩雖通，惟旣言『攻秦，』則不必言『叩關。』新書潭本作『扣關，』蓋由印誤爲叩，復易爲扣耳。

遁逃而不敢進。

梁玉繩云：『當作「逡遁，」說在紀。管子戒篇：「蹙然逡遁，」司馬相如傳上林賦：「逡巡避席。」文選東都賦：「逡巡降階，」漢書趙飛燕傳：「逡巡固讓。」四條紀中未及。』

案新書子彙本『遁逃』作『逡遁，』新書漢魏叢書本、漢紀並作『逡巡。』『逡遁』與『逡巡』同。始皇紀贊作『逡巡遁逃，』賈長沙集同。考證：『治要無「遁逃」二字。』御覽三百八引無『逡巡』二字。蓋一本作『逡巡；』一本作『遁逃，』傳寫誤合之耳。風俗通、文選、藝文類聚皆作『遁逃，』與世家合，蓋不誤。漢書作『遁巡，』師古注：『流俗書本巡字誤作逃。』竊疑作『遁逃，』乃漢書之舊，本於世家也。『遁巡』一詞，他書無徵。沈欽韓疏證以爲『師古所妄改。』此師古所據本之誤，非妄改也。

於是從散約敗，爭割地而賂秦。

　　考證：始皇紀、新書、文選敗作解。

　　案漢紀、賈長沙集敗亦並作解。始皇紀贊賂作奉。

流血漂櫓，

　　索隱：『說文云：櫓，大楯也。』

　　考證：始皇紀、漢書作鹵。

　　案賈長沙集櫓亦作鹵。鹵乃樐之省，樐與櫓同，說文：『櫓，大盾也。樐，或从鹵。』（參看漢書補注引錢大昭說。）索隱引作『大楯，』盾、楯正、假字。

分裂山河，彊國請服，

　　案始皇紀贊、賈長沙集『山河』並作『河山，』文選亦作『河山，』又服作伏。

　　新書、漢紀服亦並作伏，古字通用。

施及孝文王、莊襄王，享國之日淺，

　　考證：新書、始皇紀無之字。

　　案始皇紀贊、賈長沙集施並作延，義同。賈長沙集亦無之字。

及至始皇，奮六世之餘烈，振長策而御宇內，

　　案始皇紀贊始皇作秦王，奮作續，風俗通奮作承，振作抗。

吞二周而亡諸侯，

　　梁玉繩云：『吞二周，』此非始皇也。說在紀。

　　案秦昭王五十一年滅西周，（年表誤在五十二年。）莊襄王元年滅東周，詳秦本紀。則吞二周，乃始皇之曾祖與父。（參看始皇紀贊梁氏引吳枋宜齋野乘說。）

惟始皇『奮六世之餘烈，』則以其曾祖與父『吞二周』之功歸之，亦無不可。此與始皇紀稱始皇『滅二周』同旨。

執敲朴以鞭笞天下，

　　索隱：『臣瓚云：短曰敲，長曰朴。』

　　案始皇紀贊『敲朴』作『箠拊。』集解引徐廣云：『一作「槁朴。」』索隱：『賈本論作「槁朴。」』今新書作『敲朴，』與世家合。敲、槁正、假字。重刊北宋監本朴作扑，漢書、文選、藝文類聚、賈長沙集皆同。文選注引臣瓚注亦作扑。扑、朴正、假字。（扑，說文作攴。）

威振四海。

　　案漢書振作震，下文『餘威振於殊俗。』漢書振亦作震，文選同。振、震古通。
　　（王氏漢書補注引錢大昭有說。）

南取百越之地，

　　案新書、漢書越並作粵，下同。漢紀此越字亦作粵，古字通用。

俛首係頸，

　　案漢書、漢紀俛並作頫，師古注：『古俯字。』俛與頫同，說文：『頫，低頭也。俛，頫或从人免。』俯，俗字。

而守藩籬。

　　案重刊北宋監本藩作蕃，文選同。藩、蕃正、假字。

上亦不敢貫弓而報怨。

　　考證：新書、始皇紀、漢書、文選貫作彎。

　　案新書、始皇紀贊、漢書、文選，皆無亦字。藝文類聚、賈長沙集亦並無亦字，貫亦並作彎。貫、彎古通。

於是廢先王之道，燔百家之言，

　　案漢紀道作典，燔作焚。漢書、賈長沙集燔亦並作焚。

銷鋒鍉，鑄以爲金人十二。

　　集解：『徐廣曰：〔鍉〕一作鏑。』

　　索隱：各重千石，坐高二丈，號曰翁仲。

考證：始皇紀『銷鋒鍉鑄』作『銷鋒鑄鐻。』

案『銷鋒鍉，』新書子彙本、秦楚之際月表序、御覽八六引始皇紀贊鍉並作鏑，與徐注『一作鏑』合。漢書師古注：『鍉與鏑同，卽箭鏃也。』『銷鋒鍉鑄』賈長沙集亦作『銷鋒鑄鐻。』主父列傳載嚴安上書云：『銷其兵，鑄以爲鍾虡。』虡乃虡之省，鐻與虡同。說文：『虡，鍾鼓之柎也。飾爲猛獸。从虎异象形，其下足。鐻，虡或从金豦。虡，篆文虡。』（據段注本。）又索隱『坐高二丈，』漢書師古注引三輔黃圖作『三丈。』索隱翁仲，師古注作公仲。王先謙云：『公、翁字同。』

以弱天下之民。

考證：始皇紀『天下』作『黔首。』

案始皇紀贊『天下』作『黔首，』疑涉上文『以愚黔首』而誤。彼文有說。

然後踐華爲城，因河爲池。

案始皇紀贊踐作斬，池作津。集解引徐廣云：『斬，一作踐。』踐、斬正、假字。踐謂依循也。

據億丈之城，臨不測之谿以爲固。

案漢紀城作峻，谿作深。漢書谿作川，王先謙云：『新書作淵。』漢魏叢書本新書作谿。『不測』猶『無極，』莊子在宥篇：『彼其物无測，而人皆以爲有極。』測、極互文，其義一也。

陳利兵而誰何？

索隱：音呵，亦何字。猶今巡更問何誰？

顧炎武云：『詩：「室人交徧摧我。」韓詩作讗。玉篇作讙，丁囘切。謫也。六韜：「今我壘上，誰何不絕。」史記、賈誼過秦論：「陳利兵而誰何？」誰、讙同。何、呵同。』（日知錄三十二。）

案『誰何，』複語。漢書師古注：『問之爲誰，又云何人。其義一也。』是也。索隱本何作呵，云：『音何，亦何字。猶今巡更問何誰。』考證本正文未從索隱本作呵，因改索隱『音何』爲『音呵』耳。黃善夫本、殿本索隱僅存『猶今巡更問何誰也』一句。

始皇之心，

案始皇紀贊始皇作秦王。下文『始皇旣沒，』亦作秦王。

材能不及中人。

案『中人，』上文『甿隷之人，』兩人字複。新書漢魏叢書本、漢書、文選、賈
長沙集皆作『中庸，』記纂淵海五九引始皇紀贊同。王氏漢書補注引文選注云：
『方言曰：「庸，賤稱也。」言不及中等、庸人也。』

非有仲尼、墨翟之賢，陶朱、猗頓之富也。

案漢書賢作知，無也字。也字疑涉上文『徒也』字而衍。新書、始皇紀贊、文
選、賈長沙集亦皆無也字。文選李注：『史記曰：「范蠡之陶爲朱公。以爲陶天
下之中，皆諸侯四通、貨物所交易也。乃治產，積十九年之間，三致千金。」孔
叢子曰：「猗頓，魯之窮士也。耕則常飢，桑則常寒。聞朱公富，往而問術焉。
公告之曰：『子欲速富，當畜五牸。』乃適河東，大畜牛羊于猗氏之南，其滋息
不可計。以興富猗氏，故曰猗頓也。」』所引史記，見貨殖列傳。孔叢子，見陳
士義篇，今本河東作西河。

俛仰仟佰之中，

索隱：『「仟佰，謂千人百人之長也。音千百。漢書作阡陌。…………』
案新書作『而俛起阡陌之中。』（王氏漢書補注云：新書潭本作『佴起。』）始皇
紀贊作『而倔起什伯之中。』漢書作『而免起阡佰之中。』（師古注：免字或作
俛。）文選作『俛起阡陌之中。』賈長沙集作『而倔起阡陌之中。』倔與屈同。
廣雅釋言：『免，隤也。』俛、倔、免，義並相符。仰，當從各處作起，因俛字
聯想而誤也。『仟佰，』重刊北宋監本、黃善夫本並作『阡陌。』當從始皇紀贊作
『什伯，』（記纂淵海五九引始皇紀贊作『阡陌，』非。）索隱當作『什佰，謂
十人百人之長也。音十百。』『什佰，』承上文『遷徙之徒』言之，即陳涉爲屯
長時事也。王氏漢書雜志有說。）

轉而攻秦。

梁玉繩云：『而轉攻秦，』而字當在轉下。
案重刊北宋監本、黃善夫本、殿本皆作『而轉，』考證本從梁說乙正也。新書、

漢書、文選、藝文類聚、賈長沙集皆作『轉而，』記纂淵海引始皇紀贊同。漢紀
作『轉斷而。』咸可證作『而轉』之誤倒。

天下雲會響應，

　　案新書作『天下雲合而響應。』漢紀會亦作合。御覽八六引始皇紀贊、文選並作
　　『天下雲集而響應。』（今本始皇紀贊無而字。）賈長沙集會亦作集。會、合、
　　集，並同義。漢書作『天下雲合嚮應。』師古注：『嚮讀曰響。』

贏糧而景從。

　　案新書漢魏叢書本、漢紀、文選贏並作嬴。莊子庚桑楚篇：『南榮趎贏糧七日
　　七夜，』釋文引方言云：『贏，儋也。』今本方言七贏作攍。贏、嬴並與攍通，
　　廣雅釋詁三：『攍，擔也。』儋、擔正、俗字。

山東豪俊，遂並起而亡秦族矣！

　　案新書、漢紀俊並作傑。藝文類聚並作蜂。項羽本紀贊：『豪傑蠭起，』御覽八
　　七引蠭作蜂。蜂，俗蠭字。

且天下非小弱也，

　　案重刊北宋監本且下有夫字，新書、始皇紀贊、文選、藝文類聚、賈長沙集皆
　　同。

非尊於齊、楚、燕、趙、韓、魏、宋、衞、中山之君也。

　　案漢書『非尊』作『不齒。』新書非亦作不，義同。

且耰棘矜，

　　索隱：鉏耰，謂鉏木也。……………棘，戟也。
　　考證：且作鉏。
　　案重刊北宋監本、黃善夫本、殿本且並作鉏，與索隱合。新書、始皇紀贊、漢
　　新、賈長沙集亦皆作鉏。文選、藝文類聚並作鋤。鉏、且正、假子。鋤，俗字。
　　漢書服虔注：『耰，鉏柄也。以鉏柄及棘作矛矜也。』師古注；『棘，戟也。矜
　　與槿同。』槿，俗字。王氏補注引王念孫云：『方言：「矜謂之杖。」「棘矜，」
　　謂伐棘以爲杖也。淮南兵略篇：「陳涉伐橄棗而爲矜。」義與此同。「伐棘爲矜，」
　　卽上文所云「斬木爲兵」也。師古以棘爲戟，非也。下文「鉤戟長鎩，」乃始言

戟耳。』索隱『棘，戟也。』即承師古注而誤。

非銛於句戟長鎩也。

　　案新書作『不銛於鉤戟長鎩也。』王氏漢書補注稱新書建本作『不敵於鉤戟長鎩也。』
　　漢書同，惟無也字。始皇紀贊銛作鈂，集解引徐廣曰：『鈂，一作銛。』鈂與銛
　　同。廣雅釋詁二：『銛，利也。』文選、藝文類聚、賈長沙集句亦皆作鉤，古字
　　通用。

適戍之眾，非儔於九國之師也。

　　考證：儔作抗。

　　案新書、藝文類聚適並作讁，儔並作抗。文選適作適，儔亦作抗。李注引通俗文
　　云：『罰罪曰讁。』適、讁古通，讁乃適、謫二子合書之俗字。始皇紀贊、賈長
　　沙集儔亦並作抗。漢書『非儔』作『不亢。』師古注：『亢，當也。讀與抗同。』

非及鄉時之士也。

　　案新書、漢書、文選、藝文類聚、賈長沙集鄉並作曩，治要引始皇紀贊作向。
　　鄉、向並借爲曏，曏、曩同義。爾雅釋言：『曩，曏也。』漢書師古注：『曩，
　　昔也。』

功業相反也。

　　案新書漢魏叢書本、漢書也上並有何字。（參看始皇紀贊考證。）無何字較勝。
　　文選、藝文類聚、賈長沙集皆無也字。

嘗試使山東之國，與陳涉度長絜大，

　　案『嘗試，』本複語。惟新書、始皇紀贊、漢書、文選、藝文類聚、賈長沙集皆
　　無嘗字，疑因試字聯想而衍。漢書師古注：『絜，謂圍束之也。』絜與挈通，廣
　　雅釋詁三：『挈，束也。』藝文類聚絜作契，契亦與挈通，王念孫廣雅疏證云：
　　『邶風擊鼓篇：「死生契闊，」韓詩云：「契闊，約束也。」契猶挈也。』

然而秦以區區之地，

　　案新書、始皇紀贊、漢書、文選、藝文類聚、賈長沙集皆無而字，疑涉上文『而
　　語』字而衍。

抑八州而朝同列，

　　索隱：謂秦強而抑八州使朝已也。漢書作『招八州。』亦通也。

　　案新書、始皇紀贊、文選、藝文類聚、通鑑漢紀一、賈長沙集抑 亦 皆 作招。文
　　選注：『鄧展曰：「招猶舉也。」蘇林曰：「招音翹。」』乃鄧、蘇漢書注也。
　　王氏漢書補注云：『新書招作序，始皇紀、文選同。』王氏所據新書，爲建本及
　　潭本。然始皇紀〔贊〕及文選固不作序也。

然後以六合爲家，

　　案始皇紀贊、漢書後並作后。作后是故書，正義論字例所謂『後字作后』是也。

一夫作難而七廟墮，

　　案漢書師古注：『墮，毀也。音火規反。』通鑑注：『墮讀曰隳。記〔王制〕：
　　天子七廟，三昭三穆，與太祖之廟而七。』御覽八六引始皇紀贊、漢紀、文選、
　　藝文類聚墮皆作隳，隳卽墮之俗變。

爲天下笑者，

　　案藝文類聚笑上有之字，之猶所也。

仁義不施，

　　索隱：施，式豉反。言秦虎狼之國，其仁義不施及於天下，故亡也。

　　案索隱本『仁義』作『仁心。』索隱『其仁義不施及於天下，』黃善夫本、殿本
　　『仁義』亦並作『仁心，』是也。若作『仁義，』則無以證索隱本之作『仁心』
　　矣。漢書、通鑑義並作誼，誼、義古、今字，亦正、假字也。

出自第四十三本第一分（一九七一年三月）

史記斠證卷四十九

外戚世家第十九

王　叔　岷

索隱：…………漢書則編之列傳之中；王隱則謂之爲紀，…………

案黃善夫本、殿本索隱，中上並無之字，紀上並無爲字。

及繼體守文之君，

索隱：…………守文，猶守法也。…………

案漢書董仲舒傳武帝制云：『守文之君。』外戚傳師古注：『守文，言遵成法。』
又黃善夫本、殿本索隱並作『守文者，猶法也。』猶下蓋脫守字。

夏之興也以塗山，

索隱：『大戴云：禹娶塗山氏之女，謂之僑。僑產啓。』

案索隱引大戴云云，今本大戴禮帝繫篇作『禹娶于塗山氏之子，謂之女憍氏，產
啓。』（一本疊『塗山氏』三字。）夏本紀正義引帝繫作『禹娶塗山氏之子，謂
之女憍，是生啓。』與今本較合。僑、憍古通。黃善夫本索隱大戴下有禮字，殿
本脫『大戴云』三字。

而桀之放也以末喜。

索隱：『國語：「桀伐有施，有施人以妹喜女焉。」韋昭云：「有施氏女，姓
喜。」』

案景宋本白帖十一引放作亡。漢書以作用，義同。御覽一三五引『以末喜』作
『用妹喜，』所引乃漢書文也。（惟漢書妹本作末，古字通用。）兩書同見之
文，文雖據較晚之書，書名則稱較早之書，類書引書，往往類此。又索隱妹喜，
黃善夫本、殿本並作末喜，依正文改之也。索隱韋昭云云，黃本、殿本並作「有

施，喜姓之國。末喜，其女也。』與國語晉語一合，惟韋注末本作妹耳。

殷之興也以有娀，

　　索隱：『韋昭云：「契母簡狄，有娀國女。」音嵩。』

　　案漢書有娀下有『又有娀』三字，王先謙補注云：『官本又作及，南監本同。』
　　御覽引史記亦有『及有娀』三字，所引爲漢書文甚明。（引下文亦皆與漢書合，
　　不贅擧。）漢書師古注：『有娀，國名。其女簡狄，吞燕卵而生卨，爲殷始祖。
　　有娀氏女，湯妃也。娀音嵩。娀音詵。』索隱『音嵩，』卽本師古注。黃善夫本
　　索隱作『有娀，國名。其女簡狄，吞燕卵而生契。故詩云：「天命𤣥鳥，降而生
　　商。」是也。』有娀至『生契』十四字，亦本師古注。（師古注契作卨，古契
　　字。）殷本索隱與黃本同，惟『𤣥鳥』作『玄鳥，』與詩商頌玄鳥合。毛傳：
　　『玄鳥，𤣥也。』

紂之殺也嬖妲己。

　　索隱：『國語：殷辛伐有蘇氏，…………』

　　案白帖引殺作亡，漢書作滅。黃善夫本、殷本索隱並無氏字，與晉語合。

周之興也以姜原，

　　索隱‥『系本云：「帝嚳上妃有邰之女曰姜原。」…………』

　　案漢書原作嫄，藝文類聚十五、御覽一三五引世本並同。原、嫄古通，周本紀已
　　有說。

而幽王之禽也淫於襃姒。（襃，原誤褒。索隱同。）

　　索隱：『國語曰：「幽王伐有襃，有襃人以襃姒女焉。」…………』

　　案白帖引禽作亡。重刊北宋監本、黃善夫本、殷本襃並作褒，同。黃本、殷本索
　　隱亦並作褒，晉語同。單行本索隱『有襃人，』無有字。重雕明道本晉語同，有
　　有字是。（參看張以仁弟國語斠證及鄭良樹弟國語校證。）

詩始關雎，書美『釐降，』

　　案藝文類聚十五引始作首，美作敍。（疑所引係漢書文。）漢書始亦作首。

春秋譏不親迎。

　　索隱：『按公羊：紀裂繻來逆女。何以書？譏也。譏不親迎也。』

案索隱裂繻，隱二年公羊經本作裂繒，阮氏校勘記云：『左氏作裂繻，惠棟云：「古繒與繻同音。」黃善夫本、殿本索隱並作『公羊：「紀裂繻來逆女。傳曰：外逆女不書，此何以書？譏也。何譏爾？始不親迎也。」』與公羊經傳合。（殿本『譏也』句無也字，與公羊尤合。）

夫婦之際，人道之大倫也。

　　考證：楓山、三條本『夫婦』上有『陰陽』二字。

　　案下文『陰陽之變，萬物之統也。』以『陰陽』喻夫婦，此文『夫婦』上不當贅『陰陽』二字。楓、三本有『陰陽』二字，蓋涉下文而衍。藝文類聚引婦作妻，書鈔二三引漢書同。

唯婚姻爲兢兢，

　　案漢書婚作昏。婚、昏正、假字。

可不愼與？

　　索隱：以言若樂聲調，能令四時和。而陰陽變，則能生萬物。…………

　　案黃善夫本、殿本索隱並疊『陰陽變』三字，非。

無如命何！

　　案漢書無作末，師古注：『末，無也。』

君不能得之於臣，父不能得之於子。況卑下乎？

　　索隱：以言夫婦親愛之情，雖君父之尊，而不奪臣子所愛好，使移其本意。…………

　　案鶡冠子天則篇：『父不能得之於子，而君弗能得之於臣。』又漢書師古注：言雖君父之尊，不能奪其所好，而移其本意。』即索隱所本。

或不能成子姓。

　　索隱：『按鄭玄注禮記云：「姓者，生也。子姓，謂衆孫也。」…………』

　　案禮記喪大記『卿大夫父兄子姓立于東方，』鄭注：『子姓，謂衆子孫也。姓之言生也。』索隱所引鄭注，孫上脫子字。古謂子孫曰姓；或曰『子姓。』王引之經義述聞五毛詩麟之趾『振振公姓、振振公族』條，有說甚詳。又黃善夫本、殿本索隱並略『生也』二字。

孔子罕稱命，

　　考證：『論語子罕篇：「子罕言利與命與仁。」史公以稱字易言字。論語「罕
　　言」字管到利、命、仁三字。說既見孔子世家。』
　　案論語『子罕言利與命與仁，』史公蓋以『罕言』二字，兼管利、命、仁三者言
　　之。前儒注釋，大都如此。然論語中言利之文固少；言命、言仁之例則頗多。此
　　當讀『子罕言利』句。『與命與仁』句。與猶言也，謂孔子罕言利；而言命、言
　　仁也。說詳孔子世家。

惡能識乎性命哉？

　　索隱：上音烏。惡，猶於何也。
　　案漢書師古注：『惡音烏，謂於何也。』即索隱所本。又索隱本在『惡能』二字
　　下，故云『上音烏。』若移在哉字下，則言『上音烏，』不可通矣。黃善夫本、
　　殿本索隱並在哉字下，作『惡音烏，猶於何也。』

太史公曰：秦以前尚略矣。

　　梁氏志疑據湖本，云：『太史公曰』四字，常與上連寫，不提行。』
　　案重刊北宋監本、黃善夫本、殿本『太史公曰，』皆提行。考證本不提行，從梁
　　說也。

呂娥姁爲高祖正后，

　　索隱：呂后字，音況羽反。按漢書，呂后名雉。
　　案說文繫傳二四引史記云：『呂娥姁，呂后也。』蓋本此文。黃善夫本、殿本索
　　隱，並作『娥姁，呂后字。』按漢書小顏云：「呂后，名雉，字娥姁。」』所稱小
　　顏云云，與漢書高后紀師古注合。

及晚節色衰愛弛，而戚夫人有寵。

　　索隱：『漢書云：得定陶戚姬。』
　　案重刊北宋監本、黃善夫本弛並作弛，俗。呂后本紀亦云：『得定陶戚姬。』

呂后夷戚氏，

　　考證：各本呂后作呂氏，今從宋、中統、游、毛本。
　　案重刊北宋監本作呂后，黃善夫本仍作呂氏。

呂太后以重親故，欲其生子萬方。

　　　考證：『周壽昌曰：張后為帝姊之女，以配帝，故云「重親。」』

　　　案莊子達生篇：『覆郤萬方陳乎前，』周本紀：『幽王欲其笑萬方。』並與此
　　　『萬方』同旨。考證引周說，本王氏漢書補注。（後引周說、何焯說、沈欽韓
　　　說，亦皆本漢書補注。）

唯獨置孝惠皇后居北宮，

　　　索隱：按宮在未央北，故曰『北宮。』

　　　案漢書師古注：『北宮，在未央宮之北。』即索隱所本。

薄太后父吳人，

　　　案重刊北宋監本、黃善夫本、殿本皆提行，漢書同。

而薄父死山陰，

　　　索隱：…………薄父冢，在會稽縣西北檇山上，今猶有兆域。檇，音莊沿反。

　　　案黃善夫本、殿本索隱，檇並誤檿。

心獨喜。

　　　案獨猶特也，高祖本紀：『高祖乃心獨喜。』亦同例。

因背漢而畔中立。

　　　考證：漢書外戚傳無畔字，此疑衍。

　　　案畔子蓋即背子之異文而竄入者。

漢王坐河南宮成皋臺。

　　　案漢書『漢王』下有『四年』二字。

此兩美人相與笑薄姬初時約。

　　　案漢書人下有侍字『『此兩美人侍』句。

兩人具以實告漢王，漢王心慘然。

　　　案漢書具作俱，漢王二字不疊。具、俱古通。

是日召而幸之。

　　　案漢書而作欲，欲猶而也。刺客列傳：『夫行危欲求安，造禍而求福。』欲、而
　　　互文，記纂淵海五八引欲作而，即欲、而同義之證。此義前人未發。

昨暮夜妾夢蒼龍據吾腹。

　　案御覽三七一引此作『昨夜夢蒼龍據妾腹，』漢書作『昨萛夢龍據妾胸。』『暮
　　夜，』複語，故可略其一。廣雅釋詁四：『暮、夜也。』萛、暮正、俗字。

吾爲女遂成之。

　　案御覽引此無遂子，漢書同。『遂成，』複語，故可略其一。國語晉語三：『置而
　　不遂。』韋注：『遂，成也。』

是爲代王。

　　案御覽七二九引此下有注云：『卽文帝也。』

諸御幸姬戚夫人之屬，

　　案漢書無御字。『御幸，』複語，故可略其一。文選張平子思玄賦：『斥西施而
　　弗御兮，』舊注：『御，幸也。』

吏奉守冢，

　　考證：『漢書吏作使，梁玉繩曰：此脫其旁耳。』
　　案吏、使古通，吏子非脫人旁也。下文『請其主遣宦者吏，』記纂淵海五八引吏
　　作使，左襄三十年傳：『吏走問諸朝，』釋文：『吏，一本作使。』並二字通用
　　之證。

早失父母。

　　考證：古鈔本、楓山、三條本無母字，與漢書合。
　　案漢書早作蚤，存史記之舊。正義論字例所謂『早字作蚤』是也。下文凡『蚤
　　卒、』『蚤死、』『蚤言』字，重刊北宋監本、黃善夫本、殿本蚤皆作早，亦非
　　其舊矣。母子葢涉上文『母家』字而衍。

薄太后後文帝二年，以孝景帝前二年崩，葬南陵。

　　索隱：…………按今在長安東滻水東東原上。…………
　　案漢書師古注：『言文帝崩後二歲，太后乃崩。』黃善夫本、殿本索隱『滻水東
　　東原，』東子並誤不疊。

以呂后會葬長陵，故特自起陵。

　　考證：楓山、三條本以作由。會，古鈔本、楓、三本、漢書作合。依文例，此

誤。

案漢書以作用，以、由、用，並同義。上文及呂后本紀集解引皇甫謐亦並云：
『合葬長陵。』會、合同義。重刊北宋監本特誤時。

竇太后，趙之清河觀津人也。

索隱：『按皇甫謐云：名猗房。』

案重刊北宋監本、黃善夫本、殿本皆提行，漢書同。御覽三九六引三輔決錄云：
『文帝竇后，名猗。』王氏漢書補注引周壽昌云：『初學記四引世王傳曰：竇氏
少小頭禿，不爲家人所齒。遇七月七日夜，人皆看織女，獨不許后出。有光照
室，爲后之瑞。』竇氏乃竇后之誤。御覽三一亦引世王傳（原脫王字）云：『竇
后少小頭禿，不爲家人所齒。遇七夕，人皆看織女，獨不許后出，乃有神光照
室，爲后之瑞。』文略異。

請其主遣宦者吏，必置我籍趙之伍中。

正義：謂宦者爲吏，主發遣宮人也。

考證：籍，名簿也。

案『請其主遣宦者吏，』漢紀七作『賂主者吏。』漢書師古注：『「主遣宦者
吏，」謂宦者爲吏，而主發遣宮人者也。籍，謂名簿也。』卽正義及考證所本。

而代王王后生四男。

梁玉繩云：景紀作『三男，』疑四字非。觀後『十四男』誤『十三男，』可見。

考證：〔四男，〕漢書外戚傳同。

案漢紀作『四子，』亦與此合。

及代王立爲帝，

考證：『張文虎曰：中統、游、王、柯本，及作後。淩引一本亦作後。漢書作
及。』

案黃善夫本、殿本及亦並作後。

女嫖爲長公主。

考證：『中井積德曰：「此宜稱館陶公主。」愚按，漢書作「館陶長公主。」顏
師古注：「年最長，故謂長公主。」…………』

案通鑑漢紀八注：『嫖，文帝女，景帝之姊。師古曰：「年最長，故謂之長公主。」余謂帝女，稱公主。帝之姊妹，稱長公主。』從通鑑注，則嫖此時不宜稱『長公主』矣。此從後稱之與？

竇皇后親蚤卒，葬觀津。

索隱：『按摯虞注決錄云：竇太后父，少遭秦亂，隱身漁釣，墜泉而死。景帝立，太后遣使者塡父所墜淵，起大墳於觀津城南，人閭號曰「竇氏青山」也。

梁玉繩云：唐書世系表及竇建德傳，言后親名充。水經濁漳水注稱竇少翁，蓋是其字。（舊本誤作少消。）而舊唐書建德傳作竇青，寰宇記引隋圖經亦作青。則因人名山。言充者非也。

案漢書補注引沈欽韓云：『御覽三百九十六，三輔決錄曰：「文帝竇后，名漪，清河觀津人。父遭秦之亂，隱身漁釣，墜淵而卒。景帝卽位，后登尊號，遣使者更塡父所墜淵，而築起大墳，觀津城南青山是也。」案唐書竇建德傳：「建德遣使往觀津，祠竇青之墓，置守冢二十家。」誤以青爲竇父名。』所稱『名漪，』乃『名猗』之誤。梁氏據舊唐書及寰宇記，以后父名青爲是，沈氏未得寰宇記印證，故以爲非耳。索隱『墜淵，』當避唐高祖諱作『墜泉，』與上『墜泉而死』同例。蓋後人復泉爲淵耳。黃善夫本、殿本『號曰』並作『號爲，』義同。

竇皇后兄竇長君，弟曰竇廣國，字少君。

梁玉繩云：少君書名，而長君不書名，何也？索隱引決錄，名建。

案藝文類聚三五引長君、廣國上並無竇字，漢書、漢紀並同。御覽四八八引長君上亦無竇字。

爲人所略賣。

案記纂淵海七一引略作掠，論衡吉驗篇同。略、掠古、今字。

傳十餘家，

案傳，謂轉賣也。論衡傳下增賣字。呂氏春秋必已篇：『人倫之傳則不然。』高注：『傳猶轉。』

爲其主入山作炭。

考證：古鈔本、三條本主下有人字，與漢書合。

案御覽八七一引主下亦有人字，論衡同。

寒臥岸下百餘人。

　　考證：『…………張燧曰：「『臥岸下，』論衡吉驗篇作『臥炭下。』」………
　　…』

　　案『寒臥岸下，』論衡吉驗篇作『暮寒臥炭下，』下文『岸崩，』岸亦作炭。刺孟
　　篇兩岸字亦並作炭。

盡壓殺臥者。

　　案漢書壓作厭，厭、壓古、今字。

自卜數日，當爲侯。

　　考證：『周壽昌曰：「劉敞云：『日當作曰。』案劉說是也。…………」愚按，
　　古鈔本、楓山、三條本日作曰。』

　　案重刊北宋監本日亦作曰。

從其家之長安。

　　索隱：…………而皆往長安也。

　　案黃善夫本、殿本索隱，長安下並有『爲居』二字。

雖小，識其縣名及姓；又常與其姊採桑墮。

　　考證：常讀爲嘗。楓山本小作少。…………

　　案漢書小作少，常作嘗。

丏沐沐我，

　　案漢書丏作匄，匄、丏正、俗字。

乃厚賜田宅金錢，封公昆弟，家於長安。

　　索隱：『按公亦祖也。謂皇后同祖之昆弟。如竇嬰，卽皇后之兄子之比，亦得家
　　於長安。故劉氏云：「公昆弟，」謂廣國等。』

　　梁玉繩曰：『索隱謂「公亦祖也，」以「公昆弟」爲「同祖昆弟。」此解似非。

　　方氏補正曰：「『封公』二字疑衍。或曰：田宅金錢，皆封公家所有以予之。賜
　　脩成君，亦曰『公田百頃』也。」』

　　考證：『中井積德曰：「『封公昆弟，』難通。長安少君未得封，而從兄弟先得

　　　　　　　　　　　　　　　　　　　　　　　　　　　—119—

封，無此理也。劉註亦強解。班史削此句，是也。蓋衍文云。」愚按，楓山、三
條本封作令。方苞以「封公」二字爲衍文，方說近是。』

案公，蓋稱廣國。既見其姊，姊爲皇后，故稱廣國爲公。史公行文，往往如此。
『封公昆弟，』卽『封廣國昆弟。』劉氏云『「公昆弟，」謂廣國等。』蓋此意
也。此統後事言之。楓、三本封作令，『令公昆弟家於長安』爲句，於義爲長。
蓋下文言廣國封侯。長君早死，其子乃封侯耳。通鑑漢紀五作『與兄長君家於長
安。』

命乃且縣此兩人。

　　案漢紀無乃字，『乃且，』複語，故可略其一。乃與且，義並猶將也。（乃、將
　　同義，項羽本紀有說。）

於是乃選長者、士之有節行者與居。

　　考證：漢書刪士字。

　　案『長者，』與『士之有節行者』並列。漢書作『於是選長者之有節行者與居。』
　　之猶與也，『長者，』與『有節行者』亦並列。通鑑刪『長者』二字，非。

不敢以尊貴驕人。

　　案漢書尊作富。魏公子列傳亦云：『不敢以其富貴驕士。』

任俠自喜。

　　案漢書『自喜』作『喜士，』兩得。太史公自序亦稱竇嬰『賢而喜士。』魏其侯
　　列傳稱嬰『喜賓客；』又載孝景帝曰：『魏其者，沾沾自喜耳。』（又見漢書竇
　　嬰傳。）

竇太后好黃帝、老子言。

　　案封禪書稱『竇太后治黃、老言。』（又見武帝本紀。）儒林列傳亦云：『竇太
　　后好黃、老之術。』

竇太后後孝景帝六歲，建元六年崩。

　　索隱：是當武帝建元六年，此文是也。而漢書作元光，誤。

　　案漢書師古注：『武紀：「建元六年，太皇太后崩。」此傳云：「後景帝六歲，」
　　是也。而以建元爲元光，則是參錯。』卽索隱所本。

遺詔盡以東宮金錢財物，賜長公主嫖。

　　正義：東宮，太后宮。

　　案漢書師古注：『東宮，太后所居。』卽正義所本。

王太后，槐里人。

　　案重刊北宋監本、黃善夫本、殿本皆提行，漢書同。

生男曰信與兩女，

　　考證：漢書無曰字。

　　案通鑑漢紀八亦無曰字。

因欲奇兩女，

　　考證：『奇，漢書作倚，非也。高祖紀：「呂媼怒呂公曰：公始常欲奇此女與貴

　　人，漢書外戚傳：「霍顯謂淳于衍曰：將軍素愛小女成君，欲奇貴之。」字法語

　　意正同。奇，顯異也。說詳高祖紀。』

　　案漢書奇作倚，古字通用。荀子脩身篇：『倚魁之行，』儒效篇：『倚物怪變，』

　　楊注並云：『倚，奇也。』卽其明證。考證以漢書作倚爲非，且引高祖紀及漢書

　　外戚傳爲證，乃本王氏漢書補注說。

金氏怒，不肯。予決。

　　考證：漢書外戚傳予作與，可 從。『不肯』句 。『與訣』句 。訣，別 也。

　　案漢書予作與，古字通用。通鑑注：『予讀曰與。決，別也。』是也。考證兩訣

　　字，當從正文作決。

男女在身時，

　　案御覽三九七引在作任 ，漢紀、御覽八八引漢武故事 並作姙。在 葢 任 之誤。

　　姙，俗妊字。妊、任正、假字。『任身，』複語。廣雅釋詁四：『妊、身，傎

　　也。』身、傎古、今字，高祖本紀有說。

兒姁生四男。

　　索隱：謂廣川王越、膠東王寄、清河王乘、常山王舜也。

　　案五宗世家：『王夫人兒姁子曰越、寄、乘、舜。』漢書師古注：『謂廣川惠王

　　越、膠東康王寄、清河哀王乘、常山憲王舜。』卽索隱所本。黃善夫本、殿本索

隱乘並誤舜，舜並誤憲。

皇后毋子，

　　案漢書毋作無，同。重刊北宋監本毋誤母。

欲予爲妃。

　　考證：予，予太子也。

　　案漢書作『欲與太子爲妃。』

長公主欲予王夫人，

　　考證：『張文虎曰：疑「夫人」下脫男字。』

　　案通鑑作『長公主欲與王夫人男徹。』

景帝以故望之。

　　索隱：望，猶責望。謂恨之也。

　　案望借爲䜈，說文：『䜈，責望也。』

心嗛之，

　　索隱：嗛音銜，銜謂恨也。

　　案漢書嗛作銜。說文：『嗛，口有所銜也。』繫傳：『史記書銜恨字如此。』佞
　　幸列傳：『太后由此嗛嬃。』集解引徐廣云：『嗛，讀與銜同。漢書作銜字。』
　　正同此例。

又有曩者所夢日符。

　　梁玉繩云：『漢書有作耳，是也。師古曰：耳常聽聞而記之。』

　　案通鑑從史記作有。

陰使人趣大臣，

　　考證：『李慈銘曰：「大臣，」當作「大行。」』

　　案通鑑『大臣』作『大行。』

大行奏事畢，

　　梁玉繩云：景帝中六年始改『典客』爲『大行』，此時未也。漢書畢作文。

　　案孝景本紀：『中六年，更命典客爲大行。』王氏漢書補注云：『百官表：「典
　　客，景帝中六年更名大行令。」此景帝七年事，尚不稱「大行。」此從後追言

之。』通鑑注已以爲追書。

景帝十三男。一男爲帝，十二男皆爲王。

　　梁玉繩云：『十三男，』當作『十四男。』『十二男，』當作『十三男。』

　　案五宗世家：『孝景皇帝子，凡十三人爲王。』漢書有景十三王傳。

以元朔四年崩。

　　梁玉繩云：『四年』當作『三年。』

　　考證：『四年』漢書作『三年，』與武紀合。此誤。

　　案通鑑『四年』亦作『三年。』考證說，本漢書補注引官本考證。

衞皇后，字子夫。

　　案重刊北宋監本、黃善夫本、殿本皆提行，漢書同。

武帝祓霸上，還。

　　集解：『徐廣曰：三月上巳，臨水祓除，謂之禊。…………』

　　案一切經音義八五引祓作禊，引徐注『上巳』下有日字，『祓除』下有『不祥』

　　二字。文選張平子南都賦注、潘安仁閑居賦注引祓亦並作禊，又霸並作灞，霸、

　　灞古、今字。

軒中得幸。

　　案御覽三七三引幸下更有『頭解，上見其髮鬢，悅之。』九字。

卽貴無相忘。

　　案卽猶若也。

武帝擇宮人不中用者，斥出歸之。

　　案秦始皇本紀：『始皇大怒曰：吾前收天下書不中用者，盡去之。』則俗語『不

　　中用』，已習用於秦、漢間矣。（參看困學紀聞十九及閻若璩注。）

初，上爲太子時，娶長公主女爲妃。立爲帝，妃立爲皇后，姓陳氏。

　　索隱：…………傳至父午，…………

　　案藝文類聚十六引漢武故事云：『初，武帝爲太子時，長公主欲以女配帝。時帝

　　尙小，長公主指女問帝曰：「得阿嬌好不？」帝曰：「若得阿嬌，以金屋貯之。」

　　主大喜，乃以配帝，是曰陳皇后。阿嬌，后字也。』御覽八八亦引漢武故事云：

『武帝年四歲，立爲膠東王。數歲，長主抱著其膝上，問曰：「兒欲得婦不？」膠東王曰：「欲得婦。」長主指左右長御百餘人，皆云「不用。」末指其女問曰：「阿嬌好不？」於是乃笑對曰：「好！若得阿嬌作婦，當作金屋貯之也。」長主大悅！乃苦要上，遂定婚焉。』（沈欽韓漢書疏證引御覽文較略。）黃善夫本、殿本索隱，並無父字。

陳皇后挾婦人媚道，其事頗覺。於是廢陳皇后。

梁玉繩云：『索隱曰：「皇后廢居長門宮，司馬相如爲作頌以奏，皇后復親幸。作頌，信有之；復幸，恐非實也。」明張伯起譚輅曰：「陳后買賦一事，千古以爲美談。予謂此事所必無，以武帝之明察，能讀子虛而知美，則非不知文者。儻讀長門，獨不能辨其非后筆邪？究所從來，死有餘罪矣。相如何利百金取酒，而冒爲之哉！當是相如知后失寵，擬作此賦，一時好事者添爲此說耳。」日知錄十九曰：「陳皇后復幸，本無其事。長門賦乃後人託名之作。相如以元狩五年卒，安得言『孝武皇帝』哉？復幸之云，政如馬融長笛賦所謂『屈平適樂國，介推遷受祿』也。」（下文「求子」二語，乃追敍前事。）』

考證：『張照曰：「陳后復幸之說不虛，但不復其位耳。觀下文『求子』云云，非復幸於帝，亦何求之有！」崔適曰：「『陳皇后求子』句上，當有初字。不謂廢後也。」愚按，張說是。』

案御覽八八引桓子新論云：『歌兒衞子夫因幸愛重，乃陰求陳皇后過惡而廢退之。』則陳皇后媚道事覺，乃衞子夫發之也。又下文『陳皇后求子』云云，承『平陽公主曰：用無子故廢耳。』而言，自是追述前事。不得以爲復幸之證。張照說非也。王氏漢書補注引沈欽韓云：『文選長門賦序：「陳皇后在長門宮，愁悶悲思，聞蜀郡成都司馬相如，天下工爲文。奉黃金百金，爲相如、文君取酒。而相如爲文以悟主上，陳皇后復得親幸。」案末云「復得親幸」者，著述之體，皆著其效驗，說苑、國策皆然。』

以軍功封冠軍侯。

索隱：子夫姊少兒之子去病封也。地理志，冠軍，屬河陽。』

考證：『張文虎曰：宋本、中統、游、毛本，封作爲。』

案重刊北宋監本封作爲，（黃善夫本作封。）漢書同。

號驃騎將軍。

案玉篇：『驃，驍勇也。漢有「驃將軍。」』驃無『驍勇』義，漢書外戚傳、霍
去病傳驃並作票，通鑑漢紀十一同。驃騎列傳：『以冠軍侯去病爲驃騎將軍。』
集解引徐廣云：『驃，一亦作剽。』驃、票、剽，並僄或僄之借字，說文僄、僄
並訓輕，引申有『驍勇』義。荀子議兵篇：『輕利僄遬，』（禮書僄作剽。）楊
注：『僄亦輕也。或當爲「嫖姚」之嫖。嫖，驍勇也。』

衞氏枝屬以軍功起家，

案漢書枝作支，支、枝古、今字。

趙之王夫人幸，

索隱：生齊王閎。

案黃善夫本、殿本索隱並作『名閎。』且並在下文『有子，爲齊王。』下。

而中山李夫人有寵，

索隱：生昌邑哀王髆。（髆，原誤髆。）

案黃善夫本、殿本索隱並作『名髆。』且並在下文『爲昌邑王』下。髆、髆並諧
尃聲，古字通用。

有男一人，爲昌邑王。

梁玉繩云：『李夫人之子髆，以天漢四年六月封昌邑王，漢表、傳並書之。其封
在李夫人卒後，非史所及載。則此句似後人增入者。但漢外戚傳述李夫人病篤之
言曰：「願以王及兄弟爲託。」武帝亦云：「一見我屬託王及兄弟。」豈先虛
號，爲王年幼畜于宮中，至天漢四年始封昌邑邪？』

案漢書武帝紀云：『天漢四年夏四月，立皇子髆爲昌邑王。』王氏補注云：『表
作「六月乙丑，」荀紀、通鑑從紀。』昌邑哀王傳云：『昌邑哀王髆，天漢四年
立。』未紀月。漢紀十四亦載武帝與李夫人言『囑託兄弟』事。

李夫人蚤卒。

索隱：『…………漢書云：「帝悼之，李少翁致其形，帝爲作賦。」此史記以爲
王夫人最寵，武帝悼惜。新論亦同史記爲「王夫人。」』

　　案史記封禪書、孝武本紀並以爲『王夫人。』封禪書索隱亦云：『漢書作「李夫
人」卒，帝悼之，李少翁致其形，帝爲作賦。」此云「王夫人，」新論亦同。未
詳。』孝武本紀集解引桓譚新論云：『武帝有所愛幸姬王夫人，窈窕好容，質性
嬛佞。』惟文選潘安仁悼亡詩注引新論作『武帝所幸李夫人死，方士李少君言能
致其神。』非僅王夫人作李夫人，且誤李少翁爲李少君矣。（參看孝武本紀斠
證。）又索隱形字，漢書本作神。黃善夫本、殿本索隱並略『此史記』以下二十
四字。

號協律。

　　考證：『梁玉繩曰：「『協律』下疑脫『都尉』二字。續律厤志云：武帝正樂，
置協律之官。」愚按，以其爲協律都尉，號曰協律。史文自通。』
　　案佞幸列傳云：『延年佩二千石印，號協聲律。』亦可證此不必有『都尉』二
字。

兄弟皆坐姦族。

　　梁玉繩云：『佞幸傳亦云：「延年與中人亂，誅。」但延年先已坐法腐刑，不得
言「與中人亂。」…………徐廣于佞幸傳曰：「一云：坐弟季與中人亂。」漢外
戚、佞幸二傳亦曰：「延年坐其弟季亂後宮，族。」則此爲誤也。』
　　案佞幸列傳稱延年『久之，寢與中人亂。』寢上蓋脫弟字，漢書作『久之，延年
弟季與中人亂。』可證。弟坐姦而族，兄亦隨之。卽此『兄弟皆坐姦族。』之
意，與漢書外戚、佞幸二傳所云『延年坐其弟季亂後宮，族。』同旨，此文無
誤。

他姬子二人，

　　案黃善夫本提行。重刊北宋監本亦提行，惟與上行末一字相接。

非王侯有土之士女，

　　案黃善夫本、殿本『士女』並倒作『女士。』

褚先生曰，

　　正義：疑此元、成之閒褚少孫續之也。
　　張照云：按正義文，則是張守節時，尙無『褚先生曰』四字，故有此注。此四字

後人所加。

案重刊北宋監本、黃善夫本並頂格提行。下文既有『褚先生曰』贊文，則此誠不

必有『褚先生曰』四字。蓋由正義云『元、成間褚少孫續之。』後人乃加此四字

耳。

王太后在民間時所生子女者，

集解：『徐廣曰：名俗。』

考證：『張文虎曰：御覽引子作一，正與上史文「生一女矣。」相應。』

案書鈔八二、御覽五三九引子並作一。漢書外戚傳云：『皇太后微時所謂金王孫

生女俗，在民間。』（通鑑漢紀八亦云：生女俗。）

王太后獨在。

考證：古鈔本獨作猶。

案獨與猶同義。淮陰侯列傳：『將軍受詔擊齊；而漢獨發閒使下齊。』獨亦與猶

同義。

承閒白言，

案御覽引作『乘閒而言曰。』承、乘古通。書鈔一三九引『白言』作『白帝曰。』

扶持出門。

考證：古鈔本持作將，與漢書合。

案持、將古通，莊子秋水篇：『將甲者進，』釋文引一本將作持，韓詩外傳一：

『挈瓵持蔬，』新序節士篇持作將。並其比。

武帝下車泣曰：嚄！

案重刊北宋監本嚄作獲。文選宋玉風賦：『咶齰嗽獲』，李注：『聲類曰：「嚄，

大喚也。」獲與嚄古字通。』說文：『謋，大聲也。』繫傳引世家嚄作謋。（說

文無嚄字。）

顧曰：謁太后。

案書鈔八二、一三九引謁並作見。

奉錢千萬，

案御覽引奉作賜。書鈔八二引千下有餘字。

以賜姊。

案御覽引賜作奉。

於是召平陽主、南宮主、林慮主三人，

案林慮當作隆慮，此後人避東漢殤帝諱改。參看上文『次爲林慮公主，』考證引梁說。

因號曰脩成君。

案書鈔四八引曰作爲，義同。

衞子夫立爲皇后，

案黃善夫本、殿本並提行。

四子。長子伉爲侯世子。侯世子常侍中貴幸。其三弟皆封爲侯。

張照云：按衞將軍傳，靑三子。伉爲宜春侯，不疑爲陰安侯，登爲發干侯。伉坐法失侯，靑卒，乃嗣長平侯。此云『四子』者，但見一門四侯，則伉居長，自當嗣侯。餘三侯自各爲一弟。而不知伉之一封一爵也。此褚先生之誤，索隱亦只注三侯，而於四子、三弟之說，略不置辨。

案漢書衞靑傳載靑三子封侯事，與衞將軍傳同。伉之一封一爵，褚先生恐不致於不知。其四子、三弟之說，或別有所據也。

生女無怒。

案藝文類聚五一引無作勿，義同。

當用列侯尙主。

案重刊北宋監本當作甞。甞，或嘗字。當、嘗並諧尙聲，古字通用。

富貴振動天下，

案上言『貴震天下。』振、震古通。

褚先生曰：丈夫龍變。

案重刊北宋監本、黃善夫本、殿本皆提行。

武帝時，幸夫人尹婕妤。

案重刊北宋監本、黃善夫本、殿本並提行。漢書『婕妤』作』倢伃，』（初學記＋引作『婕妤。』）師古注：『倢，言接幸於上也。伃，美稱也。字或從女，其音

同耳。』說文：『倢，伎也。』段注：『廣雅曰：「倢，疾也。」玉篇曰：「詩云：『征夫倢倢，』『倢倢，』樂事也。本亦作捷。」按「倢妤，」婦官也。亦作「婕妤，」蓋取敏捷而又安舒與？』玉篇引詩，見大雅烝民。今本『倢倢』作『捷捷。』

邢夫人號娙娥。

　　索隱：『…………說文云：「娙，長也、好也。」許愼云：「秦、晉之間，謂好爲娙。」又方言曰：「美貌謂之娥。」…………』

　　案說文：『娙，長好也。』又云：『秦、晉之間，謂好曰娙娥。』與索隱所引微異。殿本索隱，說文下有『解字』二字，『謂之娥，』娥上有娙字。黃善夫本亦有娙字，惟方言二無娙字。

容華秩比二千石。

　　案漢書容作傛，（初學記引作容。）師古注：『「傛傛」猶言「奕奕」也。便習之意也。』傛諧容聲，與容古通。說文：『傛，一曰華。』段注：『華上當本有傛字，淺者刪之。「傛華，」亦婦官。』

尹夫人與邢夫人同時竝幸，

　　案藝文類聚十八、初學記十、御覽一四四引此，皆無與字。

有詔不得相見。

　　案藝文類聚、御覽三百八十引有上並有武帝二字。

從御者數十人，

　　考證：御覽引從作徒。

　　案御覽一四四引從作徒，徒乃從之形誤。三百八十引此不誤。

尹夫人前見之曰，

　　考證：古鈔本無前字，與類聚所引合。

　　案初學記、御覽一四四及三百八十引此，亦皆無前字，蓋涉上『來前』字而衍。

何以言之？

　　案初學記、御覽三百八十引言並作知。

視其身貌形狀，

王念孫云：古書無以『身貌』二字連文者。身當爲體，俗書作軆，因脫其右半耳。藝文類聚人部、初學記中宮部、太平御覽皇親部、人事部，引此並作『體貌。』（宋玉登徒子好色賦：『體貌閑麗。』漢書五行志曰：『體貌不恭。』）

考證：古鈔本、楓山、三條本身作體。

案體，俗書亦作軆，因壞爲身耳。御覽一四四（皇親部）引『身貌形狀』作『形貌體狀。』形、體二字當互易。

於是帝乃詔使邢夫人衣故衣獨身來前。

案藝文類聚、初學記、御覽一四四引乃並作有，有與又同，乃猶又也。（乃、又同義，項羽本紀有說。）御覽三百八十引此乃亦作有，無使字，疊『邢夫人』三字。『於是帝有詔邢夫人』句。『邢夫人衣故衣獨身來前』句。恐非其舊。

此眞是也！

案藝文類聚、初學記、御覽一四四及三百八十引此，並作『眞是矣！』也、矣同義。

諺曰，

案藝文類聚引諺作唁，俗字也。

褚先生曰：浴不必江海，

案黃善夫本、殿本並提行。

士不必賢世，

考證：『中井積德曰：世疑當作聖。』

案『賢世，』猶『賢於世。』謂爲世所賢也。無煩改字。列子天瑞篇：『又有人鍾賢世，』（鍾借爲重。）與此『賢世』同旨。

女無美惡，入室見妒。士無賢不肖，入朝見嫉。

考證：『鄒陽獄中書：「女無美惡，居宮見妒。士無賢不肖，入朝見嫉。」史倉公傳贊嫉作疾。』

案考證引鄒陽獄中書『居宮見妒，』史記、漢書鄒陽傳並作『入宮見妒，』與此尤合。文選居亦作入。妒、妬正、俗字。

鉤弋夫人，

索隱：『按夫人姓趙，河閒人。漢書云：「⋯⋯⋯⋯天子乃使使召之。⋯⋯⋯⋯手卽時伸，由是幸，⋯⋯⋯⋯」⋯⋯⋯⋯漢武故事云：「宮在直城門南。」廟記云：「⋯⋯⋯⋯不可記名也。」』

案重刊北宋監本、黃善夫本、殿本皆提行，漢書同。黃本、殿本索隱，並略『按夫人姓趙，河間人。』八字。『乃使使，』乃並作巫。（漢書同。）『手卽』下並無時字。『由是』下並有得字。（漢書、漢紀十五亦並有得字。）『漢武故事』上並有『黃圖云：鉤弋宮，在城外。』九字。（漢書師古注亦云：『黃圖：鉤弋宮，在城外。』）『直城門，』並無城字。（師古注引漢武故事亦無城字。）『記名』並作『記其名。』

姓趙氏。

索隱：漢書⋯⋯⋯⋯

案黃善夫本、殿本索隱，並無漢書二字。

昭帝是也。

考證：類聚引作『卽昭帝也。』

案御覽一三六引作『卽昭帝也。』藝文類聚似未引此文。

武帝年七十，乃生昭帝。昭帝立時，年五歲耳。

集解：『武帝崩年，正七十。昭帝年八歲耳。』

索隱：『按徐廣依漢書，以武帝年七十崩，崩時昭帝年八歲。此褚先生之記。漢書云：「元始三年昭帝生。」誤也。按元始當爲太始。』

案漢紀十六亦稱『〔孝昭〕皇帝戊辰卽位，年八歲。』黃善夫本、殿本索隱，並略『按徐廣』至『年八歲』二十字。『昭帝生』並作『生昭帝。』（漢書同。）『誤也』並作『又誤。』『當爲』並作『當作。』

上居甘泉宮，召畫工圖畫周公負成王也。

案御覽六四三引居作幸，召作命。

於是左右羣臣知武帝意欲立少子也。

案御覽七百五十引武帝作上。也下有注云：『少子，卽昭帝也。』一三六、六四三引此並無也字。

引持去，送掖庭獄！

　　案御覽一三六引持作將，古字通用，前已有說。初學記二十引庭作廷，亦古字通
　　用。通鑑漢紀十四注：『掖庭，屬少府，有祕獄。凡宮人有罪者下之。』

趣行，

　　案御覽引趣作趣，古字通用。說文：『趣，疾也。』廣雅釋詁一：『趣，疾也。』

夫人死雲陽宮。

　　索隱：『漢武故事云：既殯，香聞十里，上疑非常人。發棺視之，無尸，衣履存
　　焉。』

　　案御覽引漢武故事作『既殯，香聞十餘里，因葬雲陵。上哀悼之；又疑非常人。
　　發冢室棺，無尸，唯履存焉。』黃善夫本、殿本索隱，並無『視之』二字。書鈔
　　二三引史記云：『發冢無屍。』（屍、尸正、假字。）乃漢武故事文也。

使者夜持棺往葬之。

　　正義：『…………孝武帝鉤弋趙婕妤，昭帝之母，齊人，姓趙。少好清靜，六年
　　臥病，右手捲，飲食少。望氣者云：「東北有貴人，推而得之。」召到，姿色甚
　　佳。武帝持其手，伸之得玉鉤。後生昭帝。武帝末年，殺夫人，殯之，而尸香一
　　日。昭帝更葬之，棺但存絲履也。宮記云：「武帝思之，爲起通靈臺於甘泉。常
　　有一青鳥集臺上，往來，至宣帝時乃止。」』

　　案列仙傳下鉤翼夫人傳：『鉤翼夫人者，齊人也。姓趙，少時好清靜，病臥六
　　年，右手拳屈，飲食少。望氣者云：「東北有貴人氣，推而得之。」召到，姿色
　　甚偉。武帝披其手，得一玉鉤，而手尋展。遂幸而生昭帝。後武帝害之，殯，尸
　　不冷，而香一月間。（御覽一三六引作『數月。』）後昭帝即位，更葬之。棺內
　　但有絲履，故名其宮曰鉤翼。後避諱改爲弋。』即正義所本。正義『貴人』下蓋
　　脫氣字，『一日』當作『一月。』又御覽一三六引漢武故事，稱武帝『爲起通
　　靈臺於甘泉。常有一青鳥集臺上，往來，至宣帝時乃止。』與正義所引宮記合。

人言且立其子，何去其母乎？

　　考證：古鈔本何下有爲字。

　　案御覽引言下有『以爲』二字，何下亦有爲字。

往古國家所以亂也，

　　案御覽六四三引也作者，義同。

其母無不譴死。

　　案御覽一三六引無作莫，莫猶無也。古音無如莫。

豈可謂非賢聖哉？昭然遠見，爲後世計慮。固非淺聞愚儒之所及也！謚爲武，豈虛
哉？

　　梁玉繩云：『贊武帝譴死鉤弋爲賢聖，雖立言之體，究非人情。宋朱翌猗覺寮雜
　　記云：「不問有罪無罪，一切殺之，此與桀、紂何異？乃以爲聖，何哉？」潯南
　　集君事實辨曰：「母子，天倫也。立其子，必殺其母，是母乃子之賊，而子乃母
　　之累。生子皆譴死，後宮誰敢舉子者？非惟不仁；抑亦不智！末流至元魏，以此
　　爲定制。椒庭憂恐，皆祈祝不願生冢嫡。有輒相勸，爲自安計。讀之令人慘然！
　　武帝此舉可爲法哉？而帝自以爲明；史臣又從而贊譽之，何其怪也！』

　　考證：『黃震曰：按爲武帝生子者，其母無不譴死。褚先生贊其爲「聖賢，」雖
　　曰有感之言，亦豈人情也哉？』

　　余嘉錫太史公書亡篇考（十篇外褚先生所續第十四）云‥『褚先生稱武帝殺生子
　　之母爲「昭然遠見。」蓋爲王氏五族擅權，有激而發。與建元以來侯者年表末譏
　　王稚君（元后之父）「未聞有知略廣宣於國家」同意。黃東發以爲「有感之言，」
　　是也。』

　　案少孫贊武帝爲『賢聖，』乃就其『昭然遠見』而言。正義引謚法云：『剛彊直
　　理曰武。克定禍亂曰武。』武帝之譴死鉤弋，誠可謂武矣。然其殘忍，亦自可
　　見。審『固非淺聞愚儒之所及』一語，似有譏諷意。

史記斠證卷五十

楚元王世家第二十

王　叔　岷

楚元王劉交者。高祖之同母少弟也。

集解：『徐廣曰：一作父。』

索隱：按漢書作『同父。』言『同父』者，以明異母也。

梁玉繩云：『趙太常云：言「同母」以別于異母則可；言「同父」以明異母不可。夫父而何異同之見哉？』

考證：『作「同母」者。同母弟，猶曰母弟，父母共同也。朝錯對景帝語：「高祖庶弟元王。」見吳王傳。疑是後人依漢書改。崔適曰：「『同母』者。別於異母同父之稱，如魯隱之於桓公，齊桓之於子糾，異母也。『同父』者，別於異父同母之稱，如武帝之於修成君，田蚡之於王信，異父也。異父同母須言，同父異母不須言也。同父同母，須言『同母。』同父異母，不須言『同父』也。漢高無異父兄弟，何須別言『同父？』帝與元王同母，則伯與仲，其前母所生歟？』

案漢書作『同父少弟，』王氏補注引周壽昌云：『朝錯對景帝語，稱「高祖庶弟元王。」見吳王傳。』既稱『庶弟，』則言『同父，』自是『以明異母。』『同父少弟，』即『庶弟』也。世家作『同母少弟，』與吳王濞傳鼂錯對景帝語，稱『高祖庶弟元王。』不合。（鼂，古朝字。考證引鼂錯作朝錯，鈔襲王氏引周說。）竊疑『同母』本作『異母，』因聯想而誤異爲同耳。稱『異母少弟，』與漢書稱『同父少弟』合；與史記、漢書吳王濞傳稱『庶弟』亦合。高祖與元王異母，則與伯及仲蓋同母所生與？又重刊北宋監本，徐注在『同母』下，是也。（否則一上當有母字。）黃善夫本集解、索隱並在『同母』下。漢書師古注：『言「同父，」知其異母。』即索隱釋『同父』所本。

長兄伯，伯蚤卒。

案漢紀三伯字不疊。

始高祖微時，嘗辟事，時時與賓客過巨嫂食。

　　索隱：『漢書作丘，應劭云：「丘，姓也。」孟康云：「丘，空也。兄亡，空有嫂也。」今此作巨，巨，大也。謂長嫂也。劉氏云：「巨，一作丘。」』

　　案御覽八六一引微作少。書鈔一四四引『過巨嫂食，』作『至丘嫂食。』御覽引巨亦作丘，疑據漢書改。丘非姓；訓空，亦未得。漢書張晏注：『丘，大也。長嫂稱也。』師古注：『史記丘字作巨，丘、巨皆大也。』是也。丘、巨雙聲，古通用。黃善夫本、殿本索隱並略『漢書音丘』四字。『劉氏云：巨，一作丘。』七字，殿本移在『應劭云』上。

嫂厭叔。叔與客來。

　　案書鈔、御覽引此，叔字並不疊，漢書同。『嫂厭叔與客來』為句。

嫂詳為羹盡，櫟釜。

　　索隱：櫟音歷。謂以杓歷釜旁，使有聲。漢書作轑，音勞。

　　考證：『楓山、三條本釜下有邊字。錢大昕曰：櫟、轑聲近。』（轑，原引誤櫟。）

　　案書鈔、御覽引詳並作佯，漢書、漢紀並作陽。詳、陽古通。佯，俗字。漢書櫟作轑，服虔注：『音勞，轑，櫟也。』師古注：『以勺櫟釜令為聲也。櫟音洛，又音歷。』並索隱所本。櫟、轑並轢之借字。漢紀作刮，轑、刮皆可作聲。朱駿聲說文通訓定聲，謂『櫟、轢並借為撩，按撈取作聲也。』（撩、撈正、俗字。）撈取似不能作聲也。御覽引釜下有邊字，與楓、三本合。索隱云：『歷釜旁，』似所據本亦有邊字，蓋以旁釋邊也。

為其母不長者耳。

　　案不猶非也。淮陰侯列傳：『〔鍾離眜〕乃罵信曰：公非長者！』

於是乃封其子信為羹頡侯。

　　索隱‥『羹頡，』爵號耳，非縣邑名。以其『櫟釜』故也。

　　正義：『括地志云：「羹頡山，在嬀州懷戎縣東南十五里。」按高祖取其山名為侯號者，怨故也。』

案宋趙與旹賓退錄八云：『漢高帝封兄子信爲羹頡侯。雖以其母「轑釜」之故，
然按括地志，實有羹頡山，在嬀州懷戎縣東南十五里。注史記者失不引此。顏師
古注漢書，但云「頡音戛，言其母戛羹釜也。」小司馬索隱，又直謂「爵號耳，
非縣邑名。」皆弗深考也！』括地志云云，正義已引之，趙氏忽之耳。御覽引『
羹頡侯，』作『頡羹侯。』據師古注，所見漢書似亦作『頡羹侯。』王氏補注引
宋祁云：『當作「頡羹。」』蓋以此也。如原作『頡羹，』自是爵號，非縣名矣。
惟王氏云：『〔羹頡〕索隱謂是「爵號，非縣名。」案侯國無非縣者，小司馬誤
也。宋氏以爲「當作『頡羹，』」荀悅漢紀竟改爲「刮羹，」此則不長者之尤！
高帝大度雅懷，或不如此淺陋耳。』實則，即取山名爲侯號以寓怨，已失大度之
風矣！

而王次兄仲於代。

　　集解：『徐廣曰：次兄者，喜字仲，以六年立爲代王，其年罷。卒，諡頃王。有
　　子曰濞。』

　　考證：『漢書高帝紀云：「六年正月，立兄宜信侯喜爲代王。七年十二月，匈奴
　　攻代，代王喜弃國自歸雒陽，赦爲合陽侯。」史高祖紀、功臣表、諸侯王表，與
　　此集解皆誤。說在高祖紀。』（原引雒陽，雒誤頷。合陽，陽誤信。）

　　案考證引漢書高帝紀云云，又見漢紀及通鑑漢紀三。高祖本紀、諸侯王表、功臣
　　表、吳王濞傳所記皆有誤。參看高祖本紀梁氏志疑及斠證。集解引徐注『其年罷
　　，』其當作七。

乃以弟交爲楚王，都彭城。即位二十三年卒。

　　索隱：『漢書云：「楚王，王薛郡、東海、彭城三十六縣」也。』

　　考證：『梁玉繩曰：「案漢傳，元王好書多藝，與魯穆生、白生、申公俱受詩浮
　　丘伯。世有元王詩。諸子多賢，天子尊寵元王子比皇子。當與河間獻王竝號賢藩
　　。而史公槪不之及，僅敍在位年數，不亦疏乎？又高帝初封交爲文信君，此亦失
　　書。』

　　案漢紀稱交『好讀書，有才藝。從上征伐，有功。立交爲楚王。』通鑑亦稱高帝
　　『以薛郡、東海、彭城三十六縣立弟文信君交爲楚王。』並本漢書楚元王傳。又

漢書儒林傳云：『申公，魯人也。少與楚元王交俱事齊人浮丘伯受詩。』

子夷王郢立。

　　索隱：漢書名郢客。

　　梁玉繩云：夷王名郢客，說見諸侯王表。又漢傳言元王太子辟非先卒，故以郢客嗣。此亦缺。

　　案諸侯王表『孝文前二，楚夷王郢元年。』梁氏志疑云：『夷王名郢客，此與文紀、元王世家及史漢儒林傳，竝誤脫客字。餘俱作郢客。』儒林傳索隱單行本引漢書儒林傳亦作郢客。惟據師古注：『郢即郢客也。』是漢書儒林傳原無客字。（黃善夫本、殿本索隱俱無客字，並云：『郢即郢客。』蓋本師古注。）竊以爲夷王本名郢客，省稱郢耳。恐非脫客字也。

王戊立二十年多，坐爲薄太后服私姦，削東海郡。

　　梁玉繩云：『戊二十年夏四月，薄太后崩。則多字誤也。又考楚所王者，薛、東海、彭城三郡，此云「削東海，」漢書云「削東海、薛郡。」未知孰是。或謂「漢書高紀，以碭、薛、郯三郡封交，而元王傳作薛、東海、彭城。紀、傳不同，疑交封四郡。」曰：「不然，高紀誤也。郯即東海郡，碭爲梁國，地理志甚明。時以封彭越，楚王安得有之！」

　　考證：薄太后崩，在二十年夏四月。此云多，蓋削郡之時也。

　　案漢書楚元王傳無多字。薄太后崩於景帝二年夏四月，史漢景帝紀、漢紀九、通鑑漢紀七所載皆同。亦即戊二十年夏四月也。獨此云多。梁氏以爲誤；考證以爲「削郡之時。』考史、漢吳王濞傳，並稱景帝『三年多，楚王朝。鼂錯因言：「楚王戊往年爲薄太后服，私姦服舍。請誅之。」詔赦，罰削東海郡。』（與漢書元王傳言『削東海、薛郡』異。）則削東海郡，在戊二十一年多矣。此文『二十』下蓋脫一字，多字不誤。

春，戊與吳王合謀反。

　　考證：『梁玉繩曰：春上缺年，或曰「明年：」或曰「二十一年。」』

　　案諸侯王表書戊『二十一年反。』史漢景帝紀、吳王濞傳、漢紀九述吳、楚七國反，皆在景帝三年春正月。（通鑑漢紀八述戊削東海郡及謀反事，並在景帝三年

春正月。）上文『二十年多，』當作『二十一年多。』則此文春上不必有『明年
；』或『二十一年』等字。漢書楚元王傳作『二十一年春，』蓋由彼上文『削東
海郡，』書在『二十年』也。

楚王戊自殺。

　　梁玉繩云：『漢五行志引劉向云：「戊與吳王謀反，兵敗，走丹徒，爲越人所斬
　　，墮死于水。」是戊與濞同死越也。劉奉世以向爲誤。』

　　案史漢吳王濞傳、漢書楚元王傳、漢紀九皆稱戊自殺。漢書五行志（中之下）引
　　劉向云云，王氏補注引劉奉世曰：『死於丹徒者，吳王濞耳。向說誤。』梁氏引
　　奉世說未備。吳王濞走丹徒，爲越人所斬。見史漢吳王濞傳、漢紀及通鑑漢紀八
　　。察劉向之意，或謂走丹徒，爲越人所斬者　是吳王濞也；墮死于水者，楚王戊也
　　。戊是否與濞同死於越，意亦不明。

襄王立十四年卒。

　　梁玉繩云：『十四』一作『十二，』說在諸侯王表。

　　案諸侯王表『元鼎三、楚節王純元年。』梁氏志疑云：『純以元鼎三年立。純父
　　襄王以元鼎二年薨，在位十四年。史年表、世家，漢書元王傳如是。漢表獨以襄
　　王爲十二年。薨于元狩六年，純以元鼎元年嗣。』王氏漢書補注云：『表作「十
　　二年，」依表計之，「十二年」是，四字誤。』然如依史表計之，則『十四年』
　　是，二字誤矣。史表、世家、漢書元王傳皆作『十四年，』則『十四年』自較可
　　信也。

王純立。地節二年中，人上書告楚王謀反，王自殺。國除入漢，爲彭城郡。

　　集解：『徐廣曰：純立十七年卒，謚節王。…………』

　　正義：『漢書云：「王純嗣十六年，子延壽嗣。與趙何齊謀反，延壽自殺。立三
　　十二年，國除。」與此不同。地節是宣帝年號，去天漢四年二十九年，仍隔昭帝
　　世。言「到地節二年」以下者，蓋褚先生誤也。』

　　考證：『古鈔本、楓山、三條本無「王純立」三字，下有到字。………』

　　余嘉錫太史公書亡篇考（十篇外褚先生所續第十四）云：『此固明是後人所續。
　　然集解、索隱皆不言出於褚先生，守節安從知之？殆與其言十篇皆褚所補者，同

一臆度耳。』

案諸侯王表志疑云：『純在位十六年。徐廣云「十七，」誤。』漢書表、傳皆云『純十六年薨。』可證徐說之誤。審正義『言「到地節二年」以下者，』蓋所據正文地節上有到字，與古鈔本、楓、三本合。

趙王劉遂者，

案重刊北宋監本、黃善夫本、殿本皆提行。

幽王以憂死，故爲幽。

考證：楓山本幽下有王字。幽王憂死，詳見呂后紀。

案此釋幽王所以諡幽也。楓本幽下有王字，涉上文而衍。幽王憂死，又詳漢書高五王傳。又孝文本紀、高五王傳『憂死』並作『幽死，』義亦相近。

大臣誅諸呂呂祿等，乃立幽王子遂爲趙王。

梁玉繩云：遂乃文帝所立，豈大臣立之乎？此與呂后紀同誤。

案遂乃文帝所立，見史漢文帝紀、漢書高五王傳、漢紀七及通鑑漢紀五。參看呂后紀梁氏志疑。或文帝之立遂，乃循大臣之意與？

立遂弟辟彊。

索隱：音壁強二音；又音闢疆。

案漢書元王傳師古注：『辟音必亦反，彊音居良反：又辟讀曰闢，彊讀曰疆。』即索隱所本。

以爲文王。

梁玉繩云：以當作是。

考證：『中井積德曰：以當作是，班史可徵。』

案以猶是也，無煩改字。秦始皇本紀：『盧生等吾尊賜之甚厚。今乃誹謗我，以重吾不德也。』以亦與是同義，彼文有說。

坐晁錯以適削趙王常山之郡，

考證：『中井積德曰：班史無坐字、王字、之字，此竝衍。』

案坐、王、之三字非衍文，漢書高五王傳略此三字耳。通鑑漢紀八：『戊因坐削地事，遂與吳通謀。』此則謂遂因坐削地事，遂與吳、楚合謀也。（參看下文。）

又黃善夫本、殿本黽並作𪓵，俗。

發兵屯其西界，欲待吳與俱西。

考證：楓山、三條本屯作往。漢書吳下有楚字。

案楓、三本屯作往，往蓋住之誤。漢書、通鑑屯並作住。通鑑吳下亦有楚字。

相距七月。

考證：『梁玉繩曰：案史漢景紀、絳侯、梁孝王世家，周勃、文三王傳，七國以正月反，三月滅。此及高五王傳作「七月，」誤。酈商、吳濞傳作「十月，」更誤。趙雖後下，不能相距如是之久也。』

案七國以正月反，三月滅。漢紀九所載亦同。酈商、吳濞傳作『十月，』十蓋本作十，卽古七字。與此及高五王傳合。通鑑本酈商傳，亦作『七月。』

國之將興，

案之猶若也。下文『國之將亡，』亦同例。

使楚王戊毋刑申公，邁其言，

索隱：漢書，申公名培，王戊胥靡之。

考證：『漢書楚元王傳：戊與吳通謀，申公、白公諫，不聽，胥靡之。』

案漢書元王傳未稱申公之名。索隱所引漢書，蓋本儒林傳。漢書儒林傳，又本之史記儒林傳也。如史公不於儒林傳言『戊胥靡申公，』則此言『戊毋刑申公，』為無據矣。索隱引漢書而不引史記，未知何故。或以為史記儒林傳所記，乃後人據漢書竄入者邪？然此未可必也。戊胥靡申公，亦見漢紀及通鑑。

趙任防與先生，

考證：『崔適曰：案贊語有引、有論。引出傳外，如樂毅傳「始齊之蒯通及主父偃，讀樂毅之報燕王書，未嘗不廢書而泣也。」是也。論據傳文，如商君傳「刑公子虔，欺魏將卬，不師趙良之言。」是也。此數語豈似引乎？論也。論則必據傳文，申公、防與先生之事，必世家所已言，故贊及之。今脫去爾。』

案贊有引、有論。崔氏謂『引出傳外；論據傳文。』然有時論亦出傳外，如管晏列傳贊：『方晏子伏莊公尸，哭之成禮，然後去。豈所謂「見義不為，無勇」者邪？』其論卽非據傳文也。儒林傳已載戊與申公事，故此贊據以立論，防與先生

　　　　事已佚，原載於世家；或附見他傳，則未敢遽斷也。

非質有其內，惡能用之哉！

　　　　考證：『岡白駒曰：非身有德，不能知賢人；賢人亦不就。』

　　　　案質謂德性也。此慨內無德性者，不能用賢人也。

甚矣，安危在出令，存亡在所任！

　　　　考證：『中井積德曰：「『甚矣』二字疑衍；不然，此下有脫文也。」愚按，主
　　　　父偃傳引周書云：「安危在出令，存亡在所用。」周書王佩解：「存亡在所用，
　　　　離合在出命。」』

　　　　案『甚矣』二字，就下二句慨乎言之。非衍；上亦無脫文。考證引周書王佩解云
　　　　云，本沈欽韓說。漢書主父偃傳王氏補注已引之。

出自第四十三本第二分（一九七一年六月）

史記斠證卷五十一

荊燕世家第二十一

王 叔 岷

荊王劉賈者，諸劉，不知其何屬。

集解：『漢書：賈，高帝從父兄。』

索隱：『按注引漢書云：「賈，高祖從父兄。」則班固或別有所見也。』

錢大昕云：宗室王例不書姓。劉賈、劉澤獨書姓，衍文。（漢書考異。王氏補注已引之。）

梁玉繩云：『錢唐張孝廉雲敬曰：漢書賈傳及楚元王傳，言賈為「高帝從父兄，」諸侯王表作「從父弟。」雖兄、弟小異，然可補史缺。』

考證：『張文虎曰：「舊刻本賈下有者字，與下文『燕王劉澤者，』書法一例。各本者字在下句『諸劉』下，誤也。索隱本無。」愚按，古鈔本、楓山、三條本同舊刻本。』

案重刊北宋監本者字在劉賈下。漢紀二、通鑑漢紀三並稱賈為高祖『從兄。』從漢書賈傳及楚元王傳也。黃善夫本、殿本索隱並無『云：賈，高祖從父兄。』七字，蓋由已見於集解而略之。

劉賈為將軍，定塞地。

索隱：賈將兵定塞地。塞，即桃林之塞。（定，原誤之。）

案漢書師古注：『司馬欣之國也。』黃善夫本、殿本索隱並略『賈將兵定塞地。塞』七字。

使劉賈將二萬人，騎數百，渡白馬津，入楚地。

殿本考證：高紀此事在漢三年，項羽本紀與此俱作『漢四年。』

案漢書高紀、漢紀二、通鑑漢紀二，此事亦皆在漢三年。

賈輒壁，不肯與戰。

考證：『王念孫曰：「『壁不肯與戰，』謂築壘而守之，不肯與戰也。吳王濞
傳：『條侯壁不肯戰。』是其證。漢書改壁作避，非。」』（『不肯』下原引脫
與字，『改壁』原誤『改辟。』）

案考證引王說，本王先謙漢書補注。惟王氏本謂『避本作壁，後人改壁爲避。』
考證改引爲『漢書改壁爲避，』豈王氏之意哉！竊疑漢書避本作辟，辟乃壁之借
字。後人不識，妄改爲避耳。左昭十三年傳杜注：『欲築壘壁，以示後人。』釋
文本壁作辟，云：『本亦作壁。』（見阮氏校勘記。）卽辟、壁通用之證。

漢五年，漢王追項籍至固陵。使劉賈南渡淮，圍壽春。

殿本考證：高紀在四年。

案項羽本紀、漢書高帝紀、新序善謀下篇、通鑑漢紀三皆在五年。高紀在四年，
非。

使人閒招楚大司馬周殷。

案漢書補注引王念孫云：『後書鄧禹傳注：「閒，私也。」謂使人私招之也。』
黥布列傳、漢書高帝紀及英布傳『閒招』皆作誘，通鑑本之。私招卽所謂誘矣。
高祖本紀作『乃使使者召大司馬周殷。』召上疑脫閒字，召、招古通。

皆會垓下。

案漢書垓作陔，古字通用。孝武本紀：『壇三垓。』卷子本玉篇阜部引垓作陔，
卽其比。

欲王同姓以鎭天下。

案漢書鎭作塡，師古注：『塡，音竹刃反。』讀爲鎭也。通鑑亦作塡，注：『塡
與鎭同。』後贊：『塡江、淮之間。』漢書塡作鎭，亦同例。

王淮東五十二城。

梁玉繩云：漢書高紀作『五十三城。』

考證：『漢書高紀作「東陽郡、鄣郡、吳郡五十三縣。」吳王濞傳云：「王三郡
五十三城。」卽賈舊封也。史記二字當作三。』

案漢紀三、通鑑亦並作『五十三縣。』世家下文稱『吳王王故荊地。』漢書吳王

濞傳：『王三郡五十三城。』王氏補注引宋祁云：『故東陽郡、鄣郡、吳郡，卽賈舊封。』考證云云，本荆王傳王氏補注。補注又略本宋說。

高祖弟交爲楚王，王淮西三十六城。

考證：『漢書高紀云：以碭郡、薛郡、郯郡三十六縣立弟文信君交爲楚王。』

案漢書楚元王傳：『立交爲楚王，王薛郡、東海、彭城三十六縣。』梁玉繩云：『漢書高紀以碭、薛、郯三郡封交，而元王傳作「薛、東海、彭城。」紀、傳不同。高紀誤也。郯卽東海郡，碭爲梁國，地理志甚明。時以封彭越，楚王安得有之！』（楚元王世家志疑。）通鑑亦稱『以薛郡、東海、彭城三十六縣立弟文信君交爲楚王。』

因立子肥爲齊王。

案高祖本紀云：『子肥爲齊王，王七十餘城。』新序亦稱齊悼惠王（肥）『封國七十餘城。』齊悼惠王世家云：『立肥爲齊王，食七十城。』（漢書齊悼惠王傳作『七十餘城。』）漢書高帝紀云：『以膠東、膠西、臨淄、濟北、博陽、城陽郡七十三縣立子肥爲齊王。』吳王濞傳云：『孽子悼惠王王齊七十二城。』王氏補注引錢大昕云：『高紀，封齊王「七十三縣，」此云「七十二，」或彼文誤也。』竊疑『七十二』乃『七十三』之誤，通鑑亦作『七十三縣。』漢紀云：『長庶子肥爲齊王，王七十縣。』『七十城，』或『七十縣，』並擧成數言之也。

燕王劉澤者，諸劉遠屬也。

集解：『漢書曰：澤，高祖從祖昆弟。』

索隱：『按注引漢書云：「高祖從祖昆弟。」又楚漢春秋………』

梁玉繩云：『張孝廉曰：「功臣表亦云：『與高祖疏屬劉氏。』索隱引楚漢春秋稱爲『宗家，似疏遠矣。』然漢表言『澤爲帝從昆弟。』本傳言『高祖從祖昆弟。』孟堅當必有所見，可補史缺。」而方望溪補正，謂「禮，小功爲遠兄弟。記曰：『絕族無移服，親者屬也。』族未絕，故曰屬。古書無一字泛設。」據方氏解，則從祖兄弟，正是疏屬。』

案通鑑漢紀五：『澤者，高祖從祖昆弟也。』本漢書。御覽一百五十引集解，高祖作高帝。黃善夫本、殿本索隱，並略『按注引漢書云：「高祖從祖昆弟。」又』

十三字。

爲營陵侯。

　　案御覽引爲上有封字。

齊人田生游乏資，

　　集解：『晉灼曰：「楚漢春秋：田子春。」』

　　案漢書晉注引楚漢春秋，田作字。

以畫干營陵侯澤。

　　集解：『服虔曰：「以計畫干之也。」文穎曰：「以工畫得寵也。」』

　　索隱：畫，一音計畫之畫；又音圖畫之畫。兩家義並通也。（計，原誤樹。）

　　殿本考證：『黃氏日抄曰：田生所干劉澤之畫，即明年所施於張子卿之計。曰「

　　弗與」云者，弗與我施行所畫，促之之辭爾。澤，劉氏也。而王諸呂乃出其計，

　　其罪大矣！故太史公之贊曰：「劉澤之王，權激呂氏。」而釋之者弗察，講畫爲

　　「工畫，」謂與爲「黨與。」夫於干劉澤不言其所畫，而於干張子卿言之，文法

　　之相爲先後如此，而釋之者弗能察。故夫史遷之文深遠矣！』（『故夫，』複

　　語。）

　　考證：畫音獲。

　　案畫謂計畫，服釋、黃說是也。淮陰侯列傳：『數以策干項羽，』策猶畫也。漢

　　書干作奸，王氏補注云：『奸、干通用。』黃善夫本、殿本索隱，並略『畫，一

　　音計畫之畫；又音圖畫之畫。』十三字，『兩家』下並有之字。殿本考證引黃

　　說，『權激』乃『權激』之誤。又漢書師古注：『畫音獲。』即考證所本。

用金二百斤爲田生壽。

　　案御覽引金字在斤字下。漢紀六作『以三百金爲田生壽。』用、以同義。

弗與矣？

　　集解：『孟康曰：「與，黨與。言不復與我爲與也。」文穎曰：「不得與汝相

　　知。」』

　　考證：『中井積德曰：「弗與矣。」咎其不我助之詞。』

　　案諸說皆未得『弗與矣』之義。黃氏日抄釋『弗與』爲『弗與我施行所畫。』於

義較勝。與有謀義，論語述而篇：『唯我與爾有是夫！』釋文：『或云：與，謀也。』『弗與矣？』猶言『不謀乎？』矣爲疑詞。又集解『不得，』漢書文穎注作『不復。』

今其子求事呂后所幸大謁者張子卿。

集解：『徐廣曰：「名澤。」駰案如淳曰：「闇人也。」』

正義：張子卿，漢書作澤卿，音釋。高后紀、周勃傳作釋。子卿，字也。

案漢紀六呂后作『太后，』子卿作釋卿。御覽引此呂下有太字，張下無子字，漢書亦無子字，（通鑑漢紀五同。）王氏補注引宋祁云：『南本、浙本並作張澤卿。』與正義所引合。惟漢書高后紀作張釋卿，與正義云『作釋』異。惠景侯表、漢書匈奴傳並作張澤。呂后紀、漢書恩澤侯表並作張釋。（通鑑漢紀四、五並同。）蓋張名澤，字子卿，或略子字。或合稱澤卿。澤，亦作釋。則古字通用。參看呂后紀梁氏志疑及斠證。又漢書如淳注『闇人』作『奄人。』闇、奄古通。

田生盛帷帳共具，

考證：楓山、三條本無盛字。

案漢書亦無盛字。

皆高祖一切功臣。

索隱：按此『一·切』猶『一例，』同時也。非如他『一切』訓『權時』也。

案李斯列傳：『請一切逐客。』索隱亦云：『「一切」猶「一例。」言切者，譬若利刀之割，一運斤無不斷者。解漢書者，以「一切」爲「權時」義，亦未爲得也。』漢書平帝紀：『一切滿秩如眞。』師古注：『「一切」者，權時之事，非經常也。猶如以刀切物，苟取整齊，不顧長短縱橫，故言「一切。」他皆放此。』索隱所謂『「一切」訓「權時，」』即指師古注。

今呂氏雅故本推轂高帝就天下，

集解：『如淳曰：「呂公知高祖相貴，以女妻之，推轂使爲長者。」……。』

考證：『王先謙曰：雅，常也。故，舊也。猶言平昔。指諸呂平昔本助成帝業，非謂呂公。』

案『雅、故、本，』三字疊義，高祖本紀：『雍齒雅不欲屬沛公。』集解：『服虔曰：雅，故也。』左昭十三年傳：『蔓成然故事蔡公。』杜注：『故猶舊也。』周禮地官大司徒：『以本俗六安萬民。』鄭注：『本猶舊也。』項羽本紀：『孤、特、獨立，』宋世家：『我其發、出、往，』晉世家：『故、遂、因命之曰虞，』楚世家：『寡人與楚接境、壤、界。』皆史記三字疊義之例也。

又親戚太后之重。

案漢書又下有『有』字。

太后欲立呂產爲呂王王代。

梁玉繩云：是時爲高后七年，乃劉澤王琅邪，呂祿王趙之時也。趙王友幽死，呂后令代王徙王趙，代王不從，遂封呂祿爲趙王。則知呂后初意欲以代王祿也。此文當作『太后欲立呂祿爲王王代。』呂字衍。〔下文『大臣請立呂產爲呂王，』當作〕『大臣請立呂祿爲趙王。』呂字譌。兩呂產當作呂祿。下文『田生說張卿曰：呂產王也。』亦誤以祿爲產。蓋產已于六年爲呂王，不待是時議立；且呂之初王，乃呂台，非呂產。呂本王濟南，非王代。通鑑考異及劉攽于漢書高后紀俱不知此文之誤，而爲之說。

案漢紀作『太后欲王諸呂。』

何不風大臣以聞太后。

案御覽引風作諷，下同。漢書師古注：『風讀曰諷，其下亦同。』漢紀風亦作諷。

萬戶侯亦卿之有。

案御覽引此無之字，漢紀同。

大臣請立呂產爲呂王。

案漢紀作『諸呂已爲王。』

太后賜張卿千斤金。

考證：『李笠曰：漢書荊燕吳傳無斤字，當據改。漢制以黃金一斤爲一金。』

案漢書略斤字耳，斤非衍文。漢紀作『金千斤。』

呂產王也，諸大臣未大服。

案漢紀作『呂氏之王也，大臣未服。』通鑑『呂產王也，』作『諸呂之王也。』
與漢紀較合。御覽引此服上亦無大字。

今營陵侯澤諸劉，

梁玉繩云：劉下缺長字，漢書有。

案御覽引此劉下有長字，漢紀亦有。通鑑作『諸劉最長。』齊悼惠王世家云：『
澤於劉氏最爲長年。』漢書齊王傳同。（亦見通鑑漢紀五。）

獨此尙觖望。

索隱：觖音決。又音企。

案漢紀尙作常，常諧尙聲，與尙古通。漢書師古注亦云：『觖音決。』黃善夫
本、殿本索隱，『又音企，』並作『又音窺睡反。』盧綰列傳：『爲羣臣觖望。』
索隱：『服虔音決。「觖望，」猶「怨望」也。又音企。』淮南子繆稱篇：『自
視猶觖如也。』許愼注：『觖，不滿也。』『觖望，』謂不滿而怨望耳。

列十餘縣王之。

考證：楓山、三條本列作裂，與漢書合。

案御覽引此列亦作裂，漢紀同，古字通用。

彼得王，喜去。諸呂王益固矣。

案御覽引去作於，漢書同。『彼得王喜』句，『於諸呂王益固矣』句。（漢紀作
『彼喜而去。諸呂王益固矣。』）

乃引兵與齊王合謀西。

索隱：…………使祝午劫琅邪王至齊，…………太史公聞疑傳疑，…………

梁玉繩云：集解及師古注、司馬氏通鑑，並從史漢呂后紀、齊王傳，以此言『合
謀』爲誤，是也。索隱引劉氏謂『燕、齊兩史，各言其主立功之迹。太史公聞疑
傳疑，遂各記之。』

案漢紀云：『齊王令人誘琅邪王，欲令興二國兵。琅邪王既至，因留之。悉發琅
邪王兵，以中尉魏勃爲將軍，并將之。』亦不言『合謀。』索隱引劉說，蓋是。
黃善夫本索隱劫作結，結蓋給之誤。漢書師古注作給，卽索隱所本。則作劫，乃
後人所改矣。黃本、殿本索隱聞並誤間，並脫『傳疑』二字。

聞漢遣灌將軍屯滎陽，

　　　考證：楓、三本屯下有兵字。

　　　案史漢灌嬰傳並云：『屯兵滎陽。』

遂跳驅至長安。

　　　案跳借爲逃，項羽本紀：『漢王逃。』高祖本紀逃作跳，索隱：『如淳曰：「跳
　　　，走也。」晉灼按：「劉澤傳：跳驅至長安。」』漢書高帝紀如淳注，跳下尚有
　　　『音逃』二字。是跳、逃古通之驗矣。

傳子嘉，爲康王。

　　　案漢書云：『子康王嘉嗣，九年薨。』王氏補注：『宋祁曰：「『九年，』當作
　　　『二十六年。』史記年表、漢表皆同。」錢大昭曰：「自文三至景五年，正合『二
　　　十六年』之數，此作『九年，』誤。」』通鑑漢紀十注：『傳子康王嘉，文帝九
　　　年嘉薨。』亦誤。

定國有所欲誅殺臣肥如令郢人。

　　　案通鑑注：『肥如，燕之屬縣。燕國除，入漢，屬遼西郡。』

郢人昆弟復上書，具言定國陰事。

　　　考證：『王先謙曰：主父偃亦發定國陰事，見偃傳。』

　　　案通鑑作『郢人兄弟上書告之；主父偃從中發其事。』兼采史漢主父偃傳言之
　　　也。

定國自殺，國除爲郡。

　　　案漢書云：『定國自殺，立四十二年，國除。』補注：『宋祁曰：「『四十二
　　　年，』當作『二十四年。』」周壽昌曰：「表作『二十四年。』」錢大昭曰：「
　　　高后七年至元朔二年，凡五十四年，表、傳俱誤。」』通鑑注亦云：『立四十二
　　　年。』承漢傳之誤也。

劉澤之王，權激呂氏。

　　　索隱：按謂田子春欲王劉澤，先使張卿說封呂產。乃恐以大臣軮望，澤卒得王。
　　　故爲權激諸呂也。

　　　案漢書晉灼注：『田生欲王劉澤，先使張卿說封呂產。恐其大臣軮望，澤卒得王。

故云以「權激呂氏」也。』即索隱所本。晉注『恐其，』索隱作『恐以，』其猶

以也。（漢書補注引宋祁曰：『注文「恐其，」當作「恐以。」』其、以同義，

無煩改字。）

豈不爲偉乎？

案索隱單行本乎作哉，漢書同。

出自第四十三本第二分（一九七一年六月）

史 記 斠 證 卷 五 十 二

齊悼惠王世家第二十二

王 叔 岷

其母外婦也。

案漢書高五王傳師古注：『謂與旁通者。』王氏補注引沈欽韓云：『小雅：「求
爾新特。」傳：「新特，外昏也。」列女傳賢明篇：「宋鮑蘇仕衛，三年而娶外
妻。」「外婦」與「外昏、」「外妻」同義。』

食七十城。

梁玉繩云：漢書高紀，封肥『七十三縣。』荆燕吳傳作『七十二城。』高五王傳
作『七十餘城。』即史高紀、吳濞傳亦云『七十餘城。』此與曹相國世家及漢書
參傳言『七十城』者，舉大數耳。

案新序善謀下篇亦稱齊悼惠王『封國七十餘城。』漢紀三作『七十縣。』通鑑漢
紀三作『七十三縣，』本漢書高紀也。漢書吳王濞傳作『七十二城，』『七十二
』疑『七十三』之誤，荆燕世家有說。

諸民能齊言者，皆予齊王。

索隱：『……………………一云：此時人多流亡，故使齊言者皆還齊王。』

案漢書高五王傳孟康注：『此時流移，故使齊言者還齊也。』補注云：『索隱引
孟說『此時人多流亡，』移、亡，一也。「人多」二字不可少。』通鑑注引孟注
作『此時民流移，故使能齊言者還齊也。』民下脫多字。

如家人之禮。

案『家人』猶『庶人，』魯世家有說。

呂太后怒，且誅齊王。

考證：欲以鴆酒殺之，事詳呂后紀。

案欲以鴆酒殺之，亦詳新序善謀篇、漢書高五王傳、漢紀五、通鑑漢紀四。

乃用其內史勳計，

　　考證：史呂紀、漢高五王傳，勳作士，必是其名，而未知孰是。

　　案漢書師古注：『內史，王官。士者，其名也。』呂后紀梁氏志疑云：『蓋士其
　　姓，勳其名。』（參看彼文斠證。）

悼惠王卽位十三年，以惠帝六年卒。子襄立，是爲哀王。哀王元年，孝惠帝崩。

　　梁玉繩云：高五王傳以哀王立于孝惠六年，誤。

　　案世家亦以哀王立于孝惠六年，明年乃稱元年。漢書高五王傳云：『齊哀王襄，
　　在孝惠六年嗣立。明年，惠帝崩。』與世家合。（諸侯王表『哀王襄元年，』亦
　　書在孝惠七年，卽帝崩之年。）

高后立其兄子酈侯呂台爲呂王。

　　集解：『徐廣曰：酈，一作鄜。』

　　梁玉繩云：徐廣作鄜，是。說在呂后紀。

　　案功臣表索隱亦云：『酈，一作鄜。』漢書恩澤侯表、高五王傳並作鄜侯。呂后
　　紀有說。

哀王八年，高后割齊琅邪郡，立營陵侯劉澤爲琅邪王。其明年，趙王友入朝，幽死于
邸。

　　考證：『張燈曰：「齊哀王八年，乃高后七年也。漢書，劉澤爲琅邪王及趙王幽
　　死，竝在高后七年。本紀、傳、年表竝同。此言『明年，』誤也。」梁玉繩曰：
　　「漢傳改『是歲。』」

　　案「漢紀六，趙王幽死及劉澤爲琅邪王，亦並在高后七年。通鑑漢紀五同。『其
　　明年，』明字衍。『其年』猶『是年，』亦猶『是歲。』或作『其歲，』孝文本
　　紀：『其歲，新垣平事覺。』卽其例也。

忿劉氏不得職，

　　案御覽八二二引職作勢。

嘗入侍高后燕飲。

　　案御覽七六四、八二二引嘗並作常，金樓子說蕃篇同，古字通用。本書習見。初
　　學記二六、御覽八四三引燕並作宴，御覽八二二引作讌。宴，燕正、假字。讌、

俗字。

高后令朱虛侯劉章爲酒吏。

　　案初學記引吏作史。漢書補注引沈欽韓云：『吏當作史，賓之初筵云：「或立之
監；或佐之史。」』

章進飲歌舞。

　　考證：漢書無飲字。

　　案金樓子亦無飲字。

請爲太后言耕田歌。

　　考證：漢書無歌字。

　　案金樓子亦無歌字。漢紀『耕田歌，』作『歸田歌。』

顧而父知田耳。

　　索隱：顧猶念也……………

　　案顧猶特也，不當釋念。漢書師古注：『顧，念也。』即索隱所本。

試爲我言田。

　　案御覽七六四、八二二引田下並有意字，漢書、金樓子並同。漢書補注云：『史
記作「試爲我言田。」不須加意字。此意字即下文章字誤衍。』其說非也。蓋呂
后笑章不知田，故令章試言田之意耳。

深耕概種，立苗欲疏。非其種者，鋤而去之！

　　案孟子梁惠王篇：『深耕易耨。』說文：『概，稱也。』漢紀上種字作植，下種
字作類，義並同。

諸呂有一人醉亡酒。

　　考證：『顏師古曰：避酒而逃去。』

　　案書鈔一四八引『醉亡酒，』作『先醉酒者。』酒上蓋脫亡字。考證『逃去，』漢
書顏注本作『逃亡，』通鑑注引同。

而還報曰，

　　案初學記二六引而作乃，白帖五引報作白，義並同。

臣謹行法斬之。

考證：古鈔本、楓、三本、御覽引，行下有軍字，與漢書合。

案初學記、白帖引此，行下亦並有軍字。考證所稱御覽，蓋卷八四三。惟八四三未引此句。

太后、左右皆大驚！

案御覽八四三引『太后』下有與字。（漢紀『太后』下有『及諸』二字。）

劉氏爲益疆。

考證：漢書無益字。

案漢紀、金樓子亦並無益字。

乃與其舅父駟鈞、

索隱：舅謂舅父、猶姨稱姨母。

案索隱『舅謂舅父，』趙與旹賓退錄八引作『舅父謂舅。』並云：『舅父』二字甚新，人少用者。』孝文本紀亦云：『齊王舅父駟鈞。』

非有漢虎符驗也。

梁玉繩云：『文帝紀：「二年九月，初爲銅虎符。」而據此文，則呂后時已有虎符矣。胡三省曾疑之。大事記云：「虎符用銅，始于文帝。」當是也。』

考證：『胡三省曰：「史記文帝紀：『三年九月，初與郡國守相爲銅虎符。』既有初字，則前乎文帝之時，當未有銅虎符也。召平、魏勃事，在三年之前，何緣有虎符發兵？」愚按，信陵君傳：「得虎符奪晉鄙軍。」以虎符爲兵符，不初於文帝三年，胡說甚拘！且魏勃但云「虎符，」不云「銅虎符，。」』

案以虎符爲兵符，非始於文帝。王國維有秦新郪虎符跋，斷爲秦幷天下前二三十年物，亦其證。王氏又有秦陽陵虎符跋，此爲銅虎符，與漢制虎符不合，王氏據其金錯篆文，斷爲秦相李斯所書。（詳觀集雖林十五。）則虎符用銅，亦非始於文帝矣。文帝紀稱『二年九月，初與郡國守相爲銅虎符』者，此蓋漢代虎符用銅之始，非虎符用銅之始也。考證引通鑑胡注，本王氏漢書補注。兩『三年』並『二年』之誤；考證按語所稱『文帝三年，』亦當作『二年。』

勃請爲君將兵衞衞王。

考證：…………………愚按，疑衍一衞字。

案通鑑刪一衞字。

勃旣將兵，使圍相府。

案漢書作『勃旣將，目兵圍相府。』使猶以也。使、以同義，吳世家有說。通鑑
使作遂。

西馳見齊王。

梁玉繩云：『史詮曰：「『西馳』當作『洒馳，』」是也。傳寫譌脫耳』

考證：古鈔本西作迺，與漢書合。楓、三本作便。

案漢書作『洒馳，』迺，洒之俗變。楓、三本作便，洒猶便也。

齊王與魏勃等，因留琅邪王。而使祝午盡發琅邪國，而幷將其兵。

考證：『荊燕世家云‥「呂太后崩，琅邪王劉澤曰：『帝少，諸呂用事，劉氏孤
弱。』乃引兵與齊王合謀西。」與此異。』

案通鑑亦云：『齊王因留琅邪王，而使祝午盡發琅邪國兵，幷將之。』考異云：
『史記澤世家、漢書傳，皆以爲澤與齊王合謀，蓋誤。今從史記呂后本紀、齊王
世家、漢書呂后紀、齊王傳。』澤世家索隱引劉氏（伯莊）說，則以爲『燕、齊
兩史，各言其主立功之迹。太史公聞疑傳疑，遂各紀之。』此說最有見地。是言
澤與齊王合謀，亦非誤也。（參看荊燕世家斠證。）

西攻呂國之濟南。

案通鑑注：『濟南本屬齊，元年割以封呂台。台卒，產嗣封。』

分齊國爲四。

索隱：謂濟南、琅邪、城陽、幷齊爲四也。

案漢書師古注：『本自齊國，更分爲濟南、琅邪、城陽，凡爲四也。』即索隱所
本。

上惑亂不聽。

案漢書惑作或。古多借或爲惑。

固恃大臣諸將。

梁玉繩云：五王傳恃作待，竝通。

案恃、待並諧寺聲，古通用。呂氏春秋無義篇：『不窮奚待？』高注：『待，恃

也。』卽其證。不得云『竝通』也。

矯制以令天下，

　　案漢書矯作撟，師古注：『撟，託也。託天子之制詔也。撟音矯。』說文矯下云
　　：『一曰，撟，擅也。』段注：『擅，專也。凡矯詔當用此字。』

今寡人率兵入誅不當爲王者。

　　案呂后紀、高五王傳並無今字，疑涉上文『今諸呂』而衍。

相國呂產乃遣大將軍灌嬰東擊之。

　　案呂后紀、高五王傳、漢紀、通鑑呂產下皆有等字。『呂產等，』蓋兼上將軍呂
　　祿言之。灌嬰列傳作『上將軍呂祿等，』漢書灌嬰傳作『呂祿等，』並可證。

朱虛侯與太尉勃、丞相平等誅之。

　　考證：楓、三本侯下有章字。

　　案高五王傳侯下亦有章字。

而琅邪王及大臣曰：齊王母家駟鈞惡戾，

　　案御覽一百五十引及上有澤字。漢紀『惡戾』作『暴戾，』義同。孟子告子篇：
　　『凶歲子弟多暴。』趙注：『暴，惡也。』

方以呂氏故，

　　案漢書方作訪，師古注：『訪猶方也。』廣雅釋詁一：『方，始也。』

豈暇先言大人而後救火乎？

　　考證：漢書『大人』作『丈人。』

　　案通鑑『大人』亦作『丈人。』

股戰而栗，

　　案通鑑注：『栗與慄同。』栗、慄古、今字。

灌將軍熟視，

　　案漢書熟作孰，孰、熟古、今字。史記故本蓋亦作孰，淮陰侯列傳：『於是信孰
　　視之。』卽其例。

妄庸人耳！

　　索隱：按『妄庸，』謂凡妄庸劣之人也。

吳昌瑩云：妄，轉語詞也。索隱訓『凡妄庸劣之人，』誤。（經詞衍釋十。）

案妄猶乃也。索隱釋妄爲『凡妄，』亦可備一解。商君列傳：『子之客，妄人耳！』『妄人，』亦凡妄之人也。

乃常獨早夜埽齊相舍人門外。

案重刊北宋監本、黃善夫本、殿本埽並作掃，下同。御覽四八四引亦作掃。埽、掃正、俗字。

以爲物而伺之，得勃。

案漢書伺作司，司、伺古、今字。御覽引得上有獨字，疑涉上文『常獨』字而衍。

故爲子埽，

案藝文類聚三五引埽下有門字。

於是舍人見勃。

案御覽引勃作之。

益封朱虛侯、東牟侯各二千戶。

案孝文本紀云：『朱虛侯劉章、襄平侯通、東牟侯劉興居邑各二千戶，金千斤。』漢書文帝紀作『朱虛侯章、襄平侯通邑各二千戶，金千斤，』漢紀七亦作『朱虛侯章、襄平侯通二千戶，金千斤。』雖不言東牟侯，而戶下並有『金千斤』三字。漢書高五王傳作『益封朱虛侯、東牟侯各二千戶，黃金千斤。』與世家不言襄平侯雖同，而戶下有『黃金千金』四字，則可補世家所略矣。

太子側立。

梁玉繩云：側當作則。

考證：年表、漢書側作則，此誤。

案通鑑漢紀七側亦作則。側諧則聲，與則古蓋通用。莊子列禦寇篇：『醉之似酒，而觀其則。』釋文本則作側，卽其比。

後二年，孝文帝盡封齊悼惠王子罷軍等七人，皆爲列侯。

梁玉繩云：『後二年，』誤。五王傳作『明年，』是也。七人乃十人，此與惠景侯表作九人，同誤。漢紀、傳亦誤仍爲七人。

考證：『錢大昕曰：「孝文帝盡封齊悼惠王子罷軍等七人，皆爲列侯。」漢書高五王傳同。按漢書王子侯表，……………「七人」蓋「十人」之譌。』

案『明年，』卽孝文四年。惠景侯袁、漢書文帝紀、王子侯表、漢紀七孝文封齊悼惠王子等，皆在四年，可證世家作『後二年』之誤。『十人』之誤作『七人，』則由七，古作十，與十往往相亂也。漢紀亦誤爲『七人。』

欲與齊。

考證：『顏師古曰：與之同反。』

案漢紀九『與齊』作『連齊，』與猶連也。顏說迂曲。

三國兵共圍齊。

梁玉繩云：上明言『膠西、膠東、菑川、濟南發兵應吳、楚，欲與齊，而齊城守不聽。』則圍齊之兵固四國也。乃此以下歷言『三國，』豈非脫誤？張晏護其說，以三國爲『膠西、菑川、濟南，』不知膠東王是時何在哉？吳濞傳始亦言四國攻臨菑；末復言三國圍齊不能下，以三國爲『膠西、膠東、菑川，』則是時濟南王又安在邪？漢書襲史元文，故同其誤。

案漢紀九稱『濟南、膠東、淄川三國兵共圍齊，』（淄、菑古通。）不言膠西。通鑑漢紀八前言『膠西王、膠東王與菑川、濟南共攻齊，圍臨菑。』後復言『三國兵圍臨菑，』以三國爲『膠西、膠東、菑川。』前後不符，本吳濞傳也。竊疑『三國』本作『三國，』說文：『三，籀文四。』三誤爲三，後人於『膠西、膠東、菑川、濟南』四國，或略濟南（如吳濞傳）；或略膠西（如漢紀九）；或略膠東（如張晏說），以實三國之數矣。儀禮覲禮：『四享。』鄭注：『四當爲三，古書作三、四，或皆積畫，字相似，由此誤也。』卽四、三相亂之例。

吾兵今破吳、楚矣。

案今猶將也。

及其大臣乃復勸王毋下三國。

案漢書、通鑑並無及字。

漢將欒布、平陽侯等至齊，

索隱：按表，平陽侯是簡侯曹奇也。

案漢書補注引齊召南云：『索隱云：「案表是曹奇，」是也。奇薨於景帝四年，
則救齊擊破三國兵，乃奇未薨前一年事耳。』

齊孝王懼，乃飲藥自殺。

梁玉繩云：『吳濞傳云：「齊王悔約自殺，」在吳舉兵未敗之先，與漢書枚乘傳
言齊王殺身以滅其迹。』政合。枚叔當時人；且諫書不應虛說，則此敍孝王自殺
事在亂平之後，誤也。劉攽、劉奉世反疑諫書非眞，殊不然矣。』

案吳濞傳『齊王後悔，飲藥自殺畔約。』漢書吳濞傳改作『齊王後悔，背約城守
。』（考證有說。）通鑑漢紀八從之。蓋不信齊王自殺在吳舉兵未敗之先也。世
家敍齊王自殺在亂平之後，漢書高五王傳、漢紀並同，通鑑亦從之。驗以枚乘諫
書，則史記吳濞傳所記爲是。史公取材，往往兼存異說，所以可貴矣。

續齊後。

梁玉繩云：『漢書鄒陽傳云：「齊王自殺，不得立嗣。「劉奉世曰：「蓋嘗有爲
此議者耳。」』

案漢書鄒陽傳云：『齊王自殺，不得立嗣。濟北王亦欲自殺，幸全其妻子。』
『不得立嗣，』不當作而，涉彼上文『城守不行』而誤也。蓋齊孝王雖自殺，其子
壽猶得立爲齊王。故濟北王欲效孝王之自殺，冀得全其妻子。若孝王自殺，不得
立嗣，則濟北王何必欲效其自殺邪？漢紀九作『而得立嗣，』正可證漢書之誤。
劉氏乃據已誤之文曲爲之說，何足據哉！

齊懿王立二十二年卒。

案諸侯王表亦書『二十二年卒，』當孝武帝元光三年。漢書諸侯王表、高五王傳
並書『二十三年薨。』則當元光四年。

子次景立。

梁玉繩云：景乃昌之譌。

殿本考證：年表作次昌。

考證：年表、漢書次景作次昌，此誤。

案漢書諸侯王表、高五王傳、漢紀十二、通鑑漢紀十景皆作昌。

脩成君有女名娥，太后欲嫁之於諸侯。

張照云：『褚先生補外戚世家云：「脩成君女一人。」徐廣以爲嫁淮南者也。年表，齊厲王以元朔二年薨。徐甲謀請娥事，自在是年以前。而淮南傳謝歸脩成君女，在元朔三、五間。蓋娥嫁齊不售；嫁淮南又離絕也。』

案主父偃傳、漢紀、通鑑，齊厲王以元朔二年自殺。（漢書主父偃傳稱『元朔中。』）張氏謂『甲謀請娥事，在是年以前。』是也。

郎事成，

案郎猶若也。（劉德漢學弟史記虛字集釋亦有說。）

急乃爲宦者，入事漢，無補益。

梁玉繩云：『徐廣急作及，五王傳作「及爲宦者，」則似急與及音近致譌，乃與及形近誤添也。而孫侍御云：「急乃爲宦者，」言徐甲貧窘無聊，乃自刑而爲宦者耳。非有譌字，五王傳非。』

考證：急當作及，涉下文乃字重衍。漢書無補字。

案『急乃爲宦者，』乃字涉下文『乃欲』字而衍。『急爲宦者，』猶『及爲宦者。』釋名釋言語：『急，及也。』急非誤字；亦非『貧窘』義。漢書有補字，考證失檢。

事浸潯，不得聞於夫子。

正義：『浸潯』二音，一音尋；又音淫。『浸潯，』猶漸潤澤也。

梁玉繩云：『不得聞於夫子，』不字衍。

考證：『漢書無「不得」二字。中井積德曰：此疑衍。』

案漢書『浸潯』作『寖淫，』師古注：『寖，古浸字也。「寖淫，」猶言漸染也。』不疑而之誤。

頃王二十八年卒。

考證：『梁玉繩曰：八字乃六字之譌脫。』（原引缺脫字。）

案年表及漢書表傳皆作『二十六年。』

惠王十一年卒。

考證：漢書傳表亦作『十一年。』史表作七年，』誤。……………

案漢書高五王傳：『子惠王武嗣，十一年薨。』補注引宋祁云：『越本作「十年

　　　。」』史表作『七年，』七蓋十之誤，七，古作十，與十往往相亂，前已有說。

至建始三年，十五歲，卒。

　　　正義：建始，成帝年號。從建始四年，上至天漢四年，六十七矣。蓋褚先生次
　　　之。

　　　案余嘉錫太史公書亡篇考（褚先生所續第十四）云：『正義以爲蓋出於褚先生。
　　　蓋者，疑詞也。然則非有所據矣。』

故紬其功。

　　　案漢書紬作黜，古字通用，殷本紀有說。

使棘蒲侯柴將軍，

　　　考證：史文紀作陳武，漢文紀作柴武，史漢兩表，皆作陳武。蓋棘蒲侯有二姓
　　　也。

　　　案漢紀七、通鑑漢紀六亦並作柴武。棘蒲侯有二姓，漢書文帝紀臣瓚注有說。（
　　　參看孝文本紀斠證。）

後十二年，

　　　考證：『梁玉繩曰：二乃三之譌。』

　　　案濟北王自殺，在文帝三年，後十三年乃至文帝十六年也。

志堅守，不與諸侯合謀。

　　　梁玉繩云：濟北王志因其郎中令劫守，不得發兵耳。見吳濞傳。此言非實。

　　　案濟北王志因其郎中令劫守，不得發兵。亦見通鑑漢紀八。旣不發兵，則惟有堅
　　　守其城矣。此言『志堅守，』當亦非虛。漢書云：『濟北王志，吳、楚反時，初
　　　亦與通謀；後堅守不發兵。』漢紀九亦云：『濟北王志亦初與諸侯通謀；後乃堅
　　　守。』並與此言『堅守』合。旣『堅守，』則『不與諸侯合謀』矣。

濟南王辟光，

　　　正義：辟音璧。

　　　案漢書師古注：『辟音璧。』卽正義所本。

以勒侯孝文帝十六年爲濟南王。

　　　索隱：勒，漢書作扐，竝音力。地理志，縣名。屬平原也。

梁玉繩云：勒乃枳之譌文，五王傳作扐。

案殿本諸侯王表勒作扐，（景祐本、黃善夫本並作初，初蓋枳之誤。通鑑漢紀七

同。漢書王子侯表、地理志並作枳。六朝俗書，从木从才之字，往往相亂。漢書

高五王傳服虔注：『扐音勒。扐，平原縣也。』扐（或枳）、勒同音通用，則勒

非誤字矣。

以武城侯文帝十六年爲菑川王。

梁玉繩云：當作南城，說在惠景侯表。

案諸侯王表武城侯同。漢書表傳城並作成，通鑑同。王氏補注：『史表成作城，

通用字。案東海南城縣，武帝封城陽共王子貞，卽魯武城也。晉爲南武城。賢蓋

封此。後改南城耳。』

志亦齊悼惠王子。

梁氏志疑所據湖本亦作以，云：『史詮曰：亦作以，非也。』

案黃善夫本亦亦作以，涉下文『以安都侯』而誤。

三十六年卒。

考證：漢傳作「三十五年。」

案漢表亦作『三十五年。』

子尚立，是爲孝王。五年卒。

考證：漢傳作考王。

案漢表亦作考王，蓋是。考王之子橫，乃爲孝王，見漢表傳。又漢表『五年』作

『六年。』王氏補注云：『作「五年」誤。』據漢表，〔元帝〕初元三年考王尚

嗣，至永光四年孝王橫嗣。則尚正立六年而卒也。

至建始三年，十一歲卒。

正義：亦褚少孫次之。

梁玉繩云：『是爲頃王』下四十四字，後人妄續：且年數、諡法多誤也。

考證：『……………陳仁錫曰：「『是爲頃王』至『十一歲卒』四十四字，亦

褚生所續者。」……………』

案『是爲頃王』下四十四字，正義以爲褚少孫所次，陳說亦同，並無據。如爲褚

生所續，則年數、謚法或不致誤如此。梁氏以爲『後人妄續，』較塙。

以昌平侯文帝十六年爲膠西王。

　　考證：『梁玉繩云：當作平昌，此作昌平，誤。史漢侯表、列傳、世家及水經注

　　廿六，可證。正義誤以上谷昌平言之。』

　　案通鑑昌平亦作平昌。

以塡萬民之心。

　　案漢書師古注：『塡，音竹刃反。』讀爲鎭也。

出自第四十三本第二分（一九七一年六月）

史記斠證卷五十三

蕭相國世家第二十三

王　叔　岷

蕭相國何者，沛豐人也。

　　索隱：『按春秋緯：蕭何感昂精而生，典獄制律。』

　　案初學記一引春秋佐助期云：『漢相蕭何長七尺八寸，昂星精生。』御覽五亦引
　　春秋佐助期云：『蕭何稟昂星而生。』

以文無害

　　集解：『漢書音義曰：「『文無害，』有文無所枉害也。律，有無害都吏，如今
　　言公平吏。」一曰：「『無害』者，如言『無比。』」陳留閒語也。』

　　案漢書蕭何傳無作毋，同。蘇林注：『「毋害，」若言「無比」也。』即集解『
　　一曰』云云所本，蘇氏陳留外黃人。又漢書注『一曰：害，勝也。無能勝害之者
　　。』（之上害字疑衍。）害訓勝，則害讀爲蓋，『無蓋，』言無能蓋過之者。亦即無
　　能勝之者。與『無比』之義亦符。

　　槃庵兄云：『昔徐甗氏亦有此說。其言曰：「害與蓋通，音近相叚借之字。掩蓋
　　爲蓋字正意。其叚借爲傷害之害者，孟子『謟蓋都君咸我績』，當作謟害解；書
　　『鰥寡無蓋』，當作無害解，是也。傷害爲害字正義。其叚借爲掩蓋之蓋者，此
　　（蕭何傳）之『文無害』、酷吏傳之『極知禹無害』、張湯傳之『以湯爲無害』，
　　皆言人無能掩蓋之。此之謂轉注假借」（讀書雜釋卷十二文毋害條）。案此解亦佳。漢
　　書文帝紀：「遣都吏循行」。顏注引如淳曰：「律說，都吏，今督郵是也。閑惠
　　（同慧）曉事，即爲文毋害都吏」；桓譚新論：「作健曉惠，文史無害，縣廷之士
　　」（意林三引）；論衡謝短篇：「夫儒生能說一經，自謂通大道，以驕文吏；文吏
　　曉簿書，自謂文無害，以戲儒生」。是漢人說文毋害，本有閑慧通曉之義，與漢
　　書音義之所謂「無比」者合。楊樹達曰：「文無害是一事，蓋言能爲文書無疵病。

緣官書貴於周密，稍有罅隙，即可僨事。王莽傳載莽孫宗刻印三，莽按驗，宗自殺。莽下令云：『刻銅印三，文意甚害，不知厭足，窺欲非望』。文意甚害者，正文毋害之反，即今言語有疵病之謂。不知厭足，窺欲非望，正其文害之所在也」（漢書窺管卷四葉二四〇）。案文吏「閑惠曉事」，則文自無疵病矣。若曰閑惠曉事止於文無疵病而已，斯繆已。文無疵病，豈得謂之「無比」？謂之「作健曉惠」者邪！楊氏此解，葢所謂徒得其半者也。』

何數以吏事護高祖。

　　案廣雅釋詁二：『護，助也。』

常左右之。

　　考證：漢書『左右』作佑。

　　案詩商頌長發：『實左右商王。』傳：『左右，助也。』『左右，』俗作『佐佑，』複語，故漢書略其一。

高祖以吏繇咸陽。

　　案高祖本紀：『高祖常繇咸陽。』集解引應劭云：『繇，役也。』（據殿本，參看彼文斠證。）

吏皆送奉錢三，何獨以五。

　　張照云：『李奇曰：「或三百；或五百。索隱則謂時有當百錢。疑皆非也。文明曰「奉錢，」則是就其本奉十之三爲贈，而何獨以奉十之五耳。』

　　俞正燮云：『「奉錢」疑是「賵錢」之名。集解，李奇以三爲「三百，」五爲「五百。」索隱引劉伯莊云：「時錢有重者，一當百也。」今檢蘇秦傳：『自洛陽之燕，貸百錢爲資。及得富貴，以百金償之。」平準書云：「秦錢重難用。」又云：「銅錢識曰半兩，重如其文。」然則沛吏人以半兩十二銖之錢奉之，集之，可得半兩十二銖之錢百，與蘇秦路資相符；益以己資，敷用矣。韓信傳云：「賜亭長百錢。」則秦半兩十二銖錢，與漢興三銖楡莢錢，無明文也。』（癸巳存稿七，『錢三錢五解』條。）

　　案『奉錢』葢『賵錢』之類，俞說較勝。孟子公孫丑篇：『予將有遠行，行者必以贐，辭曰「餽贐，」予何爲不受？』趙注：『贐，送行者贈賄之禮也。』高祖

　　將縏咸陽，故吏送路資。『送奉錢，』蓋即『餽臕』之類矣。

諸將皆爭走金帛財物之府分之。

　　索隱：走音奏，奏者趣向之。

　　案漢書師古注：『走謂趣向之。走音奏。』即索隱所本。

何獨先入收秦丞相御史律令圖書藏之。

　　梁玉繩云：『漢書高紀言「何收秦丞相府圖籍文書。」則知漢書誤脫「御史律令
　　，」而此誤脫「文書。」此所謂「圖書，」即「圖籍」也。方回續古今考云：「
　　何收丞相御史圖籍文書。博士官所職，不遑收取，致爲項羽所焚，而後天下無副
　　本！」圖，謂繪畫山川形勢、器物制度、族姓元委、星辰度數。籍，謂官吏版簿
　　戶口生齒百凡之數。律與令，則前王後王之刑法。文書，則二帝三王以來政事議
　　論，見于孔子之所刪定著作。戰國以來，百家迭興，大率龐駁不純。去非取是，
　　在乎擇耳。據此，則漢初諸書，自有正本未盡燬于秦、楚之火也。而後儒紛然者
　　，何哉？』

　　案殿本入誤人。漢書藏作臧，臧、藏古、今字。漢紀二云：『何獨悉收秦圖書。』
　　通鑑漢紀一云：『蕭何獨先入收秦丞相府圖籍藏之。』並不言『御史律令』及『文
　　書。』蓋但言『圖書』或『圖籍，』自可包括『御史律令』及『文書。』故或言
　　『御史律令圖書，』（如世家及漢書蕭何傳。）而不言『文書；』或言『圖籍文書，』
　　（如漢書高紀。）而不言『御史律令。』亦各有詳略耳，非有脫文也。下文『以何具
　　得秦圖書也。』即統此『律令圖書』言之。（亦可統『文書』言之。）『圖籍、』『律
　　令、』『文書，』分言之其義自別。亦可統謂之『圖籍』或『圖書』也。

漢王所以具知天下阨塞、

　　作重刊北宋監本、黃善夫本、殿本阨皆作阸，文選潘安仁西征賦注引同。通鑑亦
　　作阸。阸乃阨之俗變。

以何具得秦圖書也。

　　案漢書無具字，疑涉上『具知』字而衍。

何進言韓信，

　　梁玉繩云：此處漢書有蕭何勸漢王王漢中一節，似不可缺。

案漢紀、通鑑亦並有蕭何勸漢王王漢中一節。

填撫諭告，

案漢書師古注：『填，音竹刃反。』（官本）讀爲鎭也。

何守關中，

考證：楓、三本何上有令字。

案通鑑作『命蕭何守關中。』命猶令也。

卽不及奏上，

案卽猶若也，下文『君卽百歲後，』亦同例。（劉德漢學弟史記虛字集釋亦有說）。

關中事，計戶口，

考證：『中井積德曰：「『關中事』三字，疑衍，班史無之。」愚按，下文誤入。』

案通鑑作『計關中戶口。』葢經改定。

上以此專屬任何關中事。

案漢書專作剸，師古注：『剸，讀與專同。』

漢王與項羽相距京、索之間，

案後漢書寇恂傳注距作拒，距、拒古、今字。下文『夫上與楚相距五歲，』御覽六三三引距作拒，亦同例。

王暴衣露葢，

案漢書王上有今字，後漢書注王上有『今君』二字。

有疑君心也。

案御覽五一四引也作焉，義同。

旣殺項羽，定天下，

案御覽六三三引旣作已，下下有『卽皇帝位』四字。漢書作『已殺項羽，卽皇帝位。』無『定天下』三字。

封爲酇侯。

集解：『…………孫檢曰：「有二縣，音、字多亂。其屬沛郡者音嵯，屬南陽者音讚。按茂陵書：『蕭何國在南陽。』宜呼讚，今多呼嵯。嵯，舊字作酇，今皆

作酇，所由亂也。」』

索隱：『鄒氏云：「屬沛郡音嵯。屬南陽音贊。又臣瓚按茂陵書：「蕭何國在南陽。」則字當音贊。今多呼爲嵯也。⋯⋯⋯⋯⋯太康地理志云：「⋯⋯⋯⋯晉武帝又曰順陽郡也。』

殿本考證：『資暇錄曰：「漢相蕭何封爲酇侯，舉代呼爲嵯。有呼贊者，則反掩口而啶。深可訝也！鄒氏分明云：『屬沛郡者音嵯，屬南陽者音贊。』又茂陵書云：『蕭何國在南陽。』合二家之說，音贊不音嵯，明矣。司馬貞誠知音贊，不能痛爲指揮將來，而但云『字當音贊。今多呼爲嵯。』遂使後學見今呼爲嵯字，咸曰『且宜從衆。』是誤也。」』

案集解酇字，殿本作鄼。鄼、酇並酇之誤。屬沛郡者音嵯，其字當作酇。屬南陽者音讚（或贊），其字當作酇。此屬南陽，則作酇音讚爲是。酇、酇乃二字二音，非酇既音嵯，又音讚也。黃善夫本、殿本索隱，末句『又曰』並作『改曰。』

所食邑多。

案漢書作『食邑八千戶。』通鑑漢紀三多上有獨字，注云：『班書功臣表，蕭何封酇八千戶。而曹參封平陽，張良封留，皆萬戶。宜不得言何封邑獨多。蓋參以十二月甲申封，何以正月丙午封。功臣言何居上，其意不能平者，特同日受封樊、酈、絳、灌諸人耳。張良亦以丙午封，諸人言何，而不言良者，蓋高祖先使良自擇齊三萬戶，而良止受留萬戶，故不敢言也。』

顧反居臣等上，

考證：『「顧反」二字一意，反也。與田完世家「顧反聽命於韓，」同例。漢書蕭何傳刪反字。』

案漢書師古注：『顧猶反也。』即考證所本。『顧反』爲複語；顧亦可訓乃，田完世家有說。漢紀作『今居臣等上，』今亦猶乃也。

夫獵，追殺獸兎者狗也。

案漢書、漢紀並無兎字。下文亦不言兎。

而發蹤指示獸處者人也。

考證：『⋯⋯⋯⋯⋯何焯曰：漢書「發蹤」作「發縱。」洪景伯隸釋，引漢碑

多以縱爲蹤。』

案漢紀、通鑑蹤亦並作縱，下同。通鑑注：『師古曰：「『發縱，』謂解緤而放之也。『指示，』以手指示之。今俗言『放狗。』縱，子用翻。而讀者乃爲蹤蹟之蹤，非也。書本皆不爲蹤字。自有逐蹤之狗，不待人發也。」洪氏隸釋曰：「元祐中，洛州治河堤，得漢北海淳于長夏君碑，其辭有曰：『紹縱先軌。』又北軍中候郭仲奇碑云：『有山甫之縱。』又云：『徽縱顯。』又司隸校尉魯峻碑云：『比縱豹、產。』又圉令趙君碑云：『羨其縱。』外黃令高彪碑云：『莫與比縱。』皆以縱爲蹤。蕭何傳：『發縱指示獸處。』顏師古注云：『書本皆不爲蹤字。讀者乃爲蹤蹟之蹤，非也。』據此數碑，則漢人固多借用。顏氏之注，殆未然也。」』漢人既多以縱爲蹤，則世家故本，蹤葢亦作縱矣。

今諸君徒能得走獸耳。

梁玉繩云：『漢書作「走得獸。」刊誤補遺曰：「走得獸」者，謂其追而殺之。「得走獸，」則乖本旨矣。』

考證：漢書『得走獸』作『走得獸。』愚按，走字屬獸不屬人，史文爲長。』

案漢紀亦作『走得獸。』『走得獸，』承上文『追殺獸兔者狗也。』言之。（漢紀上文作『追得獸者狗也。』文意尤明。）世家『得走』乃『走得』之誤倒耳。考證以『史文爲長，』殊不然矣。

及奏位次，

考證：『齊召南曰：十八侯位次，定於此時。』

案通鑑本漢書功臣表，作『詔定元功十八人位次。』注引師古云：『謂蕭何、曹參、張敖、周勃、樊噲、酈商、奚涓、夏侯嬰、灌嬰、傅寬、靳歙、王陵、陳武、王吸、薛歐、周昌、丁復、蟲達，自第一至十八也。』史記功臣表索隱引姚氏亦云：『蕭何第一，曹參二，張敖三，周勃四，樊噲五，酈商六，奚涓七，夏侯嬰八，灌嬰九，傅寬十，靳歙十一，王陵十二，陳武十三，王吸十四，薛歐十五，周昌十六，丁復十七，蟲逢十八，史記與漢表同。』黃善夫本、殿本索隱，蟲逢並作蟲達，與漢表及師古注合。

上已橈功臣，

案殿本橈作撓，御覽引同。橈、撓正、假字。

關內侯鄂君

索隱：按功臣表，鄂君卽鄂千秋，封安平侯。

案漢傳、漢紀、通鑑，鄂君皆作鄂千秋。

此特一時之事。

案御覽引『之事』作『之利耳。』漢紀、通鑑事下亦並有耳字。

常失軍亡衆，逃身遁者數矣。

考證：漢書逃作跳，與凌雅隆所引一本合。

案御覽引常作嘗。漢紀、通鑑逃亦作跳，通鑑注引師古云：『謂輕身走出也。』逃、跳正、假字。高祖本紀：『漢王跳，』集解引徐廣云；『音逃。』跳亦借爲逃也。（參看彼文斠證）

蕭何第一，曹參次之。

考證：楓、三本第上、次上、並有當字。

案漢書第上亦有當字。

於是乃令蕭何賜帶劍履上殿，入朝不趨。

王念孫云：蕭何下脫去『第一』二字，當依漢書、漢紀補。上文是羣臣以爲曹參位次當居第一，而高祖及鄂千秋皆以爲蕭何當第一。此處若不言『蕭何第一，』則上文全無收束矣。『蕭何第一』爲一事；『賜帶劍履』云云，又爲一事。太平御覽治道部引史記，正作『乃令蕭何第一。』

考證：楓、三本賜下有『第一』二字。

案王氏謂『蕭何下脫去「第一」二字。』是也。考證引楓、三本，『第一』二字在賜字下，當在賜字上。漢紀作『於是令何爲第一。』

於是因鄂君故所食關內侯邑，封爲安平侯。

集解：『徐廣曰：以謁者從定諸侯有功，秩擧蕭何功，故因侯二千戶。封九年卒。至玄孫但，坐與淮南王安通，弃市，國除。

案漢書、漢紀邑下並有『二千戶』三字。徐注云云，本漢書功臣表。惟漢表秩作秋，『故因』作『因故。』秩蓋秋之誤。史表秩亦作秋，『安通』作『女陵通。』

悉封何父子兄弟十餘人，

　　考證：『漢書「父子」作「父母。」梁玉繩曰：漢書是。』

　　案漢紀『父子』亦作『父母。』

使拜丞相何爲相國，

　　考證：『齊召南曰：……………何爲丞相，在十一年淮陰既誅之後。漢公卿表列
　　於九年，誤也。

　　案考證引齊說，本王氏漢書補注。『何爲丞相，』乃『何爲相國』之誤。『何爲
　　相國，』漢紀四亦在十一年。通鑑漢紀四則在九年，從漢公卿表也。

召平獨弔。

　　考證：『顏師古曰：召讀曰邵。（曰，原引誤爲。）

　　案文選阮嗣宗詠懷詩注、藝文類聚八七、御覽九七八、記纂淵海九二引召皆作邵
　　，漢紀、水經渭水下並同。阮籍采薪者歌：『邵平封東陵，』陶潛飲酒二十首之
　　一：『邵生瓜田中，』杜甫舍弟觀自藍田迎妻子到江陵喜寄三首之三：『爲圃須
　　似邵平瓜，』過南岳入洞庭湖：『邵平元入漢。』亦皆作邵。

秦破爲布衣。

　　案藝文類聚引破作『滅後。』

種瓜於長安城東。

　　案藝文類聚、御覽、記纂淵海引此並無於字，漢書同。

瓜美。

　　考證：藝文類聚引史，瓜下有『五色甚』三字。

　　案藝文類聚引瓜下有『有五色甚』四字，考證失檢。阮籍詠懷詩亦稱東陵瓜『五
　　色曜朝日。』

故世俗謂之東陵瓜。

　　案藝文類聚引此無俗字，水經注同。御覽、記纂淵海引此並作『故世謂東陵瓜，
　　』漢書同。又藝文類聚引此畢，並云：『又云靑門瓜。靑門，東陵也。』

從召平以爲名也。

　　案漢書作『從召平始也。』文選注引世家亦作『從邵平始也。』蓋與漢書文相亂

耳。

非被矢石之事，

　　考證：漢書事作難。

　　案漢紀亦作難。

疑君心矣。

　　考證：『漢書疑上有有字，此當據補。上文云：數使使勞苦君者，有疑君心也。

　　』（苦下原脫君字。）

　　案漢紀疑上亦有有字。

則上心說。

　　考證：心疑必訛，漢書刪『則上心說』四字。

　　案漢紀亦無『則上心說』四字。心字不誤。

漢十二年秋，黥布反。

　　梁玉繩云：『十二』乃『十一』之譌文。

　　案漢傳作『其秋，黥布反。』『其秋，』即十一年秋也。史漢高紀、黥布傳、漢

　　紀、通鑑，載黥布反，皆在十一年。

上所爲數問君者，

　　案漢書爲作謂，爲、謂並與以同義。

今君胡不多買田地，賤貰貸以自汙。（買，原誤貰。）

　　案漢書、漢紀貸並作貣，借貸字當以作貣爲正。

上書言相國賤彊買民田宅數千萬。

　　考證：漢書萬作人，義異。

　　案漢書、漢紀『賤彊』二字倒。漢紀萬亦作人，『數千人』三字在書字下。

夫相國乃利民。

　　考證：『利民，』謂奪民所有以自利。

　　案漢書夫作今，今猶夫也。王氏補注：『謂奪民所有以爲利。』即考證所本。

上林中多空地，弃。願令民得入田。

　　正義：言上林苑中空地虛棄，不如令民得入田之。

考證『李笠曰：「地棄」疑誤倒，文選李陵答蘇子卿書注引史記，正作「上林中多空棄地。」』

案重刊北宋監本、黃善夫本、殿本弃皆作棄，（弃，古棄字。）漢書作『空地，棄。』與世家同。正義云云，所據本棄字亦在地字下。文選注引作『空棄地。』恐非其舊。御覽一九六引田下有『苑中』二字。又正義民字當譌作人，蓋後人復人爲民耳。

乃爲請吾苑！

案御覽引爲下有民字，下文亦作『爲民請吾苑。』漢紀爲下有人字，人蓋本作民，唐人避太宗諱改之也。

有惡自與。

案下文索隱：『按上文，李斯歸惡而自予，』是所據此文與作予，漢書、容齋隨筆十六亦並予，古字通用。

陛下自將而往。

案御覽引作『上自擊之。』漢紀『陛下』亦作上。

相國守關中，搖足則關以西非陛下有也。

案漢書、漢紀、通鑑皆疊關中二字。

李斯之分過，

索隱：按上文，李斯歸惡而自予，是分過。

案漢書、漢紀李斯上並有夫字，夫猶彼也。又黃善夫本、殿本索隱並略『按上文』三字。

高帝不懌。

考證：帝不欲何布德於民，故繫治之。而衞尉之言正，不能不勉從，故不懌。

案考證云云，本王氏漢書補注。

是日，使使持節赦出相國。

案御覽引作『於是使持節赦出何。』使字當疊。漢書『相國』亦作何。世家蓋本作『相國，』與上文一律。

高帝曰：相國休矣！相國爲民請苑，

案御覽引高帝作上，請下有吾字，漢書越本同。（參看王氏補注。）

而相國爲賢相。

　　案御覽引『賢相』作『賢耳。』耳上疑脫相字。

何素不與曹參相能。

　　案能猶善也，萬石列傳：『有姊能鼓琴。』御覽五一七引能作善，呂氏春秋蕩兵

　　篇：『能用之則爲福，不能用之則爲禍。』（今本上能作善，據高誘注改。）　亢倉子兵

　　道篇能作善，並其證。

必居窮處。

　　案漢書窮下有僻字，（師古注：僻讀曰僻。）　漢紀五、通鑑亦並有僻字。

錄錄未有奇節。

　　索隱：錄音祿。

　　考證：『……………愚按，老子：「不欲錄錄如玉，珞珞如石。」晏子諫篇：

　　「錄錄彊食。」史記平原君傳：「公等錄錄，所謂因人成事者也。」後漢書禰衡

　　傳：「大兒孔文舉，小兒楊德祖，餘子碌碌不足數。」其義皆同。』

　　案老子：『不欲琭琭如玉，』朱謙之校釋云：『「琭琭，」景福本作「涤涤，」

　　嚴遵、傅奕本作「碌碌。」』敦煌唐天寶鈔本作『祿祿。』無作『錄錄』者，考

　　證所引蓋誤。容齋三筆十三云：『今人用「碌碌」字，本出老子。云：「不欲碌

　　碌如玉，落落如石。」孫愐唐韻引此句、及王弼別本，以爲「琭琭。」然又爲「

　　錄錄，」「娽娽、」「鹿鹿、」「陸陸、」「祿祿。」凡七字。史記：「毛遂云

　　：公等錄錄，因人成事。」唐韻以爲「娽娽。」漢書蕭何贊云：「錄錄未有奇節

　　。」顏師古注：「『錄錄』猶『鹿鹿，』言在凡庶之中也。」馬援傳：「今更共

　　陸陸。」莊子漁父篇：「祿祿而受變於俗。」後生或不盡知。』所引史記（平原君

　　傳）　云云，藝文類聚七三、御覽四百八十、記纂淵海六八引『錄錄』皆作『碌碌

　　。』後漢書馬援傳云云，李賢注：『「陸陸」猶「碌碌」也。』莊子漁父篇云云

　　，釋文引司馬彪本『祿祿』作『錄錄。』當以作『娽娽』爲正。說文：『娽，隨

　　從也。』平原君傳索隱引王劭云：『錄，借字耳。又說文云：錄錄，隨從之貌。

　　』引說文『錄錄，』乃『娽娽』之誤。碌、琭、鹿、陸、祿、涤諸字，亦皆娽之

借字。

何謹守管籥。

　　考證：楓、三本何作信。

　　案漢書謹上有信字。

因民之疾奉法，順流與之更始。

　　梁玉繩云：此以疾字爲句。而漢書奉作秦，班馬異同本史亦作秦。則奉爲譌字，
　　當以法字句絕。

　　考證：古鈔本、楓本、班馬異同本奉作秦，與漢書合。

　　案奉乃秦之誤，法字句絕是。莊子盜跖篇：『與天下更始。』

淮陰、黥布等皆以誅滅，

　　考證：古鈔本以作已，通。

　　案記纂淵海五八引以亦作已，漢書同。

與閎夭、散宜生等爭烈矣。

　　梁玉繩云：『攷要云：蕭何開國之元臣，保全名位。少之者，概以秦之刀筆吏；
　　譽之者，謂與閎夭、散宜生等爭烈。皆非確論。宋儒陳氏，以何有相國之器，而
　　擬以狐偃、趙衰。得之矣。（又有說在李斯傳。）』

　　案史公贊蕭何之勳，『與閎夭、散宜生等爭烈。』亦不爲過。贊韓信之勳云：『
　　可以比周、召、太公之徒。』其視信自較何爲高矣。惜信不能學道謙讓，致夷滅
　　宗族耳。

— 554 —

史記斠證卷五十四

曹相國世家第二十四

王 叔 岷

案重刊北宋監本、黃善夫本並作『曹參世家。』功臣表索隱（單行本）亦稱『曹參系家。』（譌世爲系。）與史公自序稱『曹相國世家』不符。

平陽侯曹參者，

索隱：『…………春秋緯及博物志竝云：參，字敬伯。』

梁玉繩云：『博物志：「參，字敬伯。」班彪譏史公云：「蕭、曹、陳平、董仲舒，竝時之人，不記其字。」又史記攷異曰：「蕭、曹皆以相國終，故目錄皆云相國，與陳丞相、張丞相一例。篇首參不稱相國而相侯，此義例之疏也。」』

案後漢書班彪傳王先謙集解引周壽昌云：『如韓信、樊噲、張蒼、周昌，即竝時之李廣、賈誼，亦皆未有字也。蓋古人稱名，字不甚顯；或前已遺之，無從補載。』博物志（卷四）云『參，字敬伯。』蓋本春秋緯。此可備考，未必可信。至如蕭、曹皆以相國終，而篇首參稱侯不稱相國者，疑史公有意抑之。蓋參攻城野戰之功雖多，因與韓信俱；相國之績雖美，乃守蕭何法。觀後論贊，可知史公之微旨矣。此義例之變，非疏也。

擊秦司馬尼軍碭東，

梁氏志疑據湖本尼作尼，云：『尼乃尼之譌，說在高紀。』

考證：漢書作司馬欣，誤。

案重刊北宋監本尼亦誤尼。黃善夫本、殿本並作尼，亦誤。參看高祖本紀斠證。漢書尼作欣，補注引齊召南說及高紀梁氏志疑，並以欣爲誤。

取碭、狐父。

集解：『徐廣曰：「伍被曰：吳濞敗於狐父。」』

案徐注引伍被云云，本淮南列傳。（又見漢書伍被傳。）

北救阿。

索隱：按阿，即東阿也。時章邯圍田榮於東阿也。

王念孫云：『「北救東阿，」阿上本無東字，此後人依漢書加之也。東阿故城，在今陽穀縣東北，本戰國時阿邑，田完世家所謂齊威王烹阿大夫者也。漢始置東阿縣，故史記中或謂之阿；或謂之東阿。索隱本出「北救阿」三字，注云：「阿，即東阿也。」正義曰：「今濟州東阿也。」則正文內無東字甚明。今本既加東字，又刪去注內「阿，即東阿也。」五字，其失甚矣。絳侯世家：「擊秦軍阿下，」亦不稱東阿。』

案重刊北宋監本、黃善夫本、殿本阿上皆有東字。又黃本、殿本索隱並刪『按阿，即東阿也。』六字。

沛公與項羽引而東。

考證：古鈔本、楓、三本，引下有兵字，與漢書合。

案史記項羽本紀、漢書項籍傳、史漢高紀，引下亦皆有兵字。

其後從攻東郡尉軍，破之成武南。擊王離軍成陽南，復攻之杠里，大破之。

案漢書王氏補注云：『據高紀，破成陽、杠里，在秦二年後九月。破成武，在三年十月。樊噲傳先成武，後杠里，與此同。』

案通鑑秦紀三，破成陽、杠里，在秦二世二年後九月。破成武，在三年十月。本漢書高紀。（漢書、通鑑成陽並誤陽城，參看高祖本紀勘證。）史記高紀破成陽、杠里，誤在秦二世三年。秦楚之際月表破成武，在三年十月，與漢書高紀合。史記樊噲傳先成武，後杠里，與世家、漢書蕭傳及樊傳皆同。

擊趙賁軍，

索隱：賁音奔。

案漢書師古注：『賁音奔。』即索隱所本。

西擊秦將楊熊軍於曲遇，

正義：曲，丘羽反。

案漢書師古注：『曲，音丘羽反。』即正義所本。

遷爲執珪。

　　集解：『…………如淳曰：「呂氏春秋：『得伍員者執珪。』古爵名。」』
　　案如淳引呂氏春秋云云，見異寶篇。（又見史記伍子胥列傳。）本作『得五員者爵執
　　圭。』漢書如淳注伍員亦作五員，王氏補注：『官本五作伍，案漢書伍姓皆作
　　五。其作伍者，後人改之。』珪，古文圭。

又夜擊其北，秦軍大敗。

　　考證：漢書無秦字，破下有之字，義異。
　　案漢書蕭傳作『又夜擊其北軍，大破之。』文略異，義略同。史記高紀作『又戰
　　其北，大破之。』與漢書蕭傳文較合。漢書高紀作『又戰其北，秦兵大敗。』
　　（通鑑同。）與世家文較合。

雍、斄，

　　索隱：斄音胎。
　　案漢書蘇林注：『斄音胎。』卽索隱所本。

擊三秦軍壤東及高櫟，

　　索隱：櫟音歷。
　　正義：音歷。
　　案漢書師古注：『櫟音歷。』卽索隱、正義所本。

東取咸陽，更名曰新城。

　　索隱：按漢書，高帝元年，咸陽名新城。武帝改名曰渭城。
　　案漢書地理志上：『咸陽，高帝元年更名新城。武帝元鼎三年更名渭城。』索隱
　　咸陽下疑脫更字。

參將兵守景陵二十日。

　　梁玉繩云：漢傳作『二十三日。』
　　案漢傳三字，疑涉彼下文『三秦』字而衍。

賜食邑於寧秦。

　　集解：『蘇林曰：今華陰。』
　　案漢書補注：『地理志：寧秦，高帝八年更名華陰。』

柱天侯反於衍氏。

　　索隱：『天柱侯，不知其誰封。衍氏，魏邑。地理志云，天柱，在廬江潛縣。』

　　梁玉繩云『：柱天侯，史記攷異曰：「小司馬本作天柱侯，故引廬江潛縣之天柱以實之。」陽湖洪編修亮吉云：「此夸大之詞，猶後書齊武王傳柱天都尉、柱天大將軍，賈綜傳柱天將軍也。」』

　　殿本考證：『戹林曰：「柱天侯，亦猶建成侯、奉春君之類。假以徽稱，不必指其食邑；且漢書地理志：『廬江澍縣，天柱山在南。』復非『柱天』也。是時，王武反外黃，程處反燕，柱天侯反衍氏，服虔云：『皆漢將。』則漢王所封也。漢元年廬江屬楚，又安得以楚地封其將軍哉？」』

　　案小司馬本作『天柱侯，』黃善夫本、殿本索隱、天柱並作『柱天，』蓋後人因所見正文作『柱天』而妄乙之耳。周嬰戹林以為地理志『天柱山，』與此言『柱天』不合。不知小司馬本之作天柱也。漢元年廬江屬楚，高帝豫以楚地為己有，而封其將軍，亦無不可。又索隱潛縣，地理志作澍縣，潛、澍古通，吳世家已有說。

別與韓信東攻魏將軍孫遫軍東張，

　　梁玉繩云：『東攻魏將軍孫遫，』水經注引漢書作『魏將孫林遫。』與今本異。

　　索隱本作『鄡孫遫，』又別。

　　案索隱單行本出『鄡孫遫』三字，云：『音速。』下又出『鄡東』二字釋之。孫遫上有鄡字，蓋涉下『鄡東』字而衍，非所據本有別也。

生得魏王豹，

　　案月表、漢書高紀，虜豹並在二年九月，魏豹傳集解引徐廣注、通鑑漢紀一並同；淮陰侯列傳、漢紀二，虜豹並在二年八月。上文『高祖三年，』梁氏謂『三當作二。』是已。（參看高祖本紀勘證。）

因從韓信擊趙相國夏說軍於鄡東，大破之，斬夏說。

　　考證：『陳餘傳：「餘為代王，留傅趙王，而使夏說以相國守代。」淮陰侯傳：「破代兵，禽夏說。」注：「李奇云：夏說，代相也。」「趙相國，」當作「代相國。」』（留下原衍為字。）

案漢書亦誤作『趙相國。』考證說，本漢書補注。破代兵，禽夏說，淮陰侯傳在

二年後九月，通鑑同。漢書韓信傳亦在二年。漢紀在三年冬十月，恐誤。

韓信與故常山王張耳引兵下井陘，擊成安君。

　　考證：陳餘。

　　案高祖本紀、張耳陳餘列傳，事並在三年。漢書高紀、漢紀、通鑑漢紀二，皆在

　　三年冬十月。（漢書張耳陳餘傳在二年，非。）漢傳『成安君』下有陳餘二字。漢紀、通

　　鑑亦並稱『成安君陳餘。』

乃引兵詣敖倉漢王之所。

　　考證：敖倉，在滎陽西北。

　　案項羽本紀集解引瓚曰：『敖，地名。在滎陽西北山上，臨河，有大倉。』高祖

　　本紀正義引孟康注同；又引太康地理志云：『秦建敖倉於成皋。』

參以右丞相屬韓信。

　　案漢書右作左。漢紀三，參爲左丞相，在四年春二月信立爲齊王時。

遂取臨菑，

　　案漢書、通鑑菑並作淄，古字通用。

虜其將軍周蘭。

　　案高祖本紀周蘭，集解引徐廣曰：『蘭，一作簡。』

得故齊王田廣相田光，

　　考證：『梁玉繩曰：田儋、灌嬰傳，皆言嬰得光。』

　　案通鑑亦言嬰得光。是時參、嬰並隸於信，故敍功兼及二人。而其實得田光者嬰

　　也。（參看上文『虜其將軍周蘭，』考證引張照說。）

以高祖六年，

　　案漢書無以字。

食邑平陽萬六百三十戶。

　　梁玉繩云：史漢表是『萬六百戶，』此誤多三十戶。表據侯籍可信也。

　　案漢傳從此，亦多三十戶。

南至蘄，還定竹邑、相、蕭、留。

考證：楓、三本定下有蘄字。

案既言『南至蘄，』不得云『還定蘄。』且漢書師古注：『四縣名。』謂竹邑、相、蕭、留四縣也。若定下更有蘄字，則是五縣矣。楓、三本定下有蘄字，葢涉上蘄字而衍，不足據。

齊七十城。

考證：『…………錢大昕曰：「吳王濞傳：『悼惠王王齊七十二城。』高五王傳亦云：『食七十餘城。』此云『七十』者，舉大數也。」』

案考證引錢說，本漢傳補注。齊悼惠王世家云：『七十城，』漢紀云：『七十縣，』並與此及漢傳言『七十』合。漢書高紀云：『七十三縣，』通鑑漢紀三同。漢書吳王濞傳作『七十二城，』二疑三之誤。史記高紀、新序善謀篇並云：『七十餘域，』與漢書高五王傳合。（參看荊燕世家及齊悼惠王世家斠證。）

參盡召長老諸生，

案漢書、漢紀五生並作『先生，』義同。（參看越世家斠證。）

聞膠西有葢公，

案漢書師古注：『葢，音古盍反。』

參於是避正堂舍葢公焉。

案御覽四百四引作『乃避正堂舍葢公而師之。』乃猶『於是』也。或所據本葢公下有『而師之』三字。漢紀亦云：『參乃師葢公。』高士傳作『乃避正堂舍之、師事之。』

齊國安集，

案御覽引作『齊國大治。』（漢紀同。）恐非其舊。高士傳作『齊果大治。』

告舍人：趣治行！吾將入相。

案漢紀『舍人』下有曰字，將作且。漢書、容齊隨筆二將亦並作且，義同。通鑑漢紀四注：『師古曰；「舍人，猶言家人也。一曰私屬官，主家事者也。」余據戰國時，蘇秦使舍人資送張儀入秦，李斯爲呂不韋舍人，謂爲私屬官，可也。以爲主家事，則拘矣。』（漢書補注亦引通鑑胡注，有誤字。）竊以爲既曰『私屬官，』則亦兼主家事也。

夫獄、市者，所以并容也。今君擾之，姦人安所容也？吾是以先之。

　　集解：『漢書音義曰：「夫獄、市，兼受善惡。若窮極，姦人無所容竄。………
　　……此其效也。老子曰：『我無爲而民自化，我好靜而民自正。』參欲以道化其
　　本，不欲擾其末。」』

　　案『今君擾之，』今猶若也。集解所引，乃孟康漢書音義。漢書師古注亦引之，
　　惟『姦人』下脫『無所容竄』四字。『此其效也，』長短經適變篇注效作弊。又
　　師古注：『老子云：「我無爲，民自化。我好靜，民自正。」參欲以道化爲本，
　　不欲擾其末也。』蓋本孟康音義。音義『爲本』作『其本，』爲、其同義。

及爲將相，有卻。

　　案漢書作『及爲宰相，有隙。』宰字恐誤。（參看王氏補注。）漢紀作『及爲齊相，
　　有隙。』隙、卻正、假字。御覽四百十引此卻亦作隙，通鑑漢紀四同。

舉事無所變更。

　　案漢書師古注：『舉，皆也。言凡事皆無變改。』

擇郡國吏木詘於文辭、重厚長者，

　　正義：詘、訥同，求物反。謂辭寡也。又音羣勿反。擊木之聲無餘響也。言擇吏
　　老文辭、重厚長者，若擊木，質樸無餘音也。

　　考證：古鈔本詘作訥，與漢書合。…………正義依桃源鈔補，文有譌脫。

　　案重刊北宋監本詘作拙。詘、拙並當從古鈔本作訥，通鑑亦作訥。蓋訥誤爲詘，
　　復易爲拙耳。論語子路篇：『剛、毅、木、訥，近仁。』王肅注：「木，質樸
　　也。」朱駿聲說文通訓定聲引之，謂木借爲樸，是也。正義『若擊木，質樸無餘
　　音也。』說殊迂曲。又正義字句似無譌脫。

卿大夫已下吏及賓客，見參不事事，

　　考證：『中井積德曰：「不事事，」即下文「不治事」矣。』

　　案御覽四九七引已作以，通鑑同。漢書亦作目。呂氏春秋魯師篇：『事五穀，』
　　高注：『事，治也。』中井謂『不事事』即『不治事，』是也。

閒之欲有所言，復飲之，醉而後去。終莫得開說，以爲常。

　　考證：古鈔本、楓、三本有下無所字，與漢書合。開作關。

案漢書『閒之』作『度之。』王氏補注云：『「閒之，」猶言「頃之」也。此謂揣度之。』『度之』猶言『度其。』古鈔本、楓、三本開作關，義不可通。關乃開之誤。開、關俗書形近，往往相亂。

從吏惡之，

　　考證：漢書惡作患。

　　案惡、患同義，呂氏春秋安死篇：『非惡其勞也。』高注：『惡猶患也。』廣雅釋詁三：『患，惡也。』

乃反取酒張坐飲，

　　案御覽八四三引乃上有參字。

參子窋爲中大夫。

　　索隱：窋，音張律反。

　　案漢書師古注：『窋，音張律反。』即索隱所本。

與窋胡治乎？

　　集解：『如淳曰：猶言「用窋爲治？」』

　　裴學海云：與猶於也。（古書虛字集釋一。）

　　案敦煌漢書殘卷如淳注，治下有乎字。

乃者我使諫君也！

　　案漢書師古注：『乃者，』猶言『曩者。』

陛下自察聖武，孰與高帝？

　　案漢紀『聖武』作『聖德』。『孰與』猶『何如，』下同。

法令既明。

　　考證：楓、三本明下有具字。

　　案漢書明下亦有具字。漢紀作『法令既具。』

出入三年，卒。

　　考證：『梁玉繩曰：「三年」乃「四年」之誤，參自惠帝二年爲相國，至五年卒也。』

　　案參自惠帝二年七月爲相國，至五年八月卒。（見史漢表、漢書惠帝紀、漢紀、通鑑。）

　　史公蓋計實年，故曰『三年。』漢書、通鑑並從之。

顜若畫一。

　　集解：顜，音古項反。一音較。

　　索隱：『覯，漢書作講，故文穎云：「講，一作較。」按訓直；又訓明。言法明直若畫一也。覯音講，亦作顜。小顏云：「講，和也。畫一，言其法整齊也。」』

　　王念孫云：『集韻上聲三：「講、顜，古項切。明也，和也，直也。史記：『顜若畫一。』或作覯。通作講。」又入聲四：「覺、顜，訖岳切。明也，和也。史記：『顜若畫一。』或作覯。通作較。」集韻兩引史記竝云「或作覯。」與小司馬本同。而說文、玉篇、廣韻皆無顜字。則顜卽覯之譌也。（集韻同。）凡從見之字，隸書或譌從頁，（周官大宗伯：「殷覜曰視。」今俗本譌作顟。）故覯譌作顜。顜從冓聲而讀若港。猶講從冓聲而讀若港也。覯從冓聲而讀若角。猶斠從冓聲而讀若角也。漢書一本作較，較與覯聲亦相近。』

　　梁玉繩云：『顜當作斠，說文曰：「平斗斛也。」與月令「角斗甬」之角同。漢書作講，文穎曰：「或作較。」通鑑作較。宋書武帝紀封宋公策云：「較若畫一。」較亦有角音。而索隱謂「又作覯。」』

　　案藝文類聚十九、御覽四六五引覯並作講，蓋與漢書作講相亂。記纂淵海三六、七十、七三引漢書講皆作較，漢紀同。與文穎所稱或本合。顜爲覯之譌變，王說是。覯、講、較，並斠之借字。（參看漢書補注引錢大昭說。）『斠若畫一，』猶言『平而畫一。』（若、而同義，經傳釋詞七有說。）平則無偏私，畫一則不煩擾。通鑑注：『「較若，」猶今言「較然」也。』則與訓明之說合。（廣雅釋詁四亦云：『較，明也。』）索隱引小顏云云，今漢書師古注言下無『其法』二字。黃善夫本、殿本索隱，並作『漢書顜作講，畫訓直（畫當作按）；又訓明。言法明直若畫一也。講，亦作覯。小顏云：「講（殿本作覯，非），和也。畫一，言其法整齊也。」』與單行本頗異。王念孫云：『今本史記覯譌作顜，故注文亦有改竄。』是也。梁氏云『索隱謂「又作覯。」』卽據改竄之索隱，且易亦爲又。

載其清靜，民以寧一。

　　考證：『藝文類聚引淨作靜，與漢書合…………梁玉繩云：「上言『畫一，』則

此不得謂『寧一，』漢傳作壹；荀紀作讙。』愚按，一、失、壹，韻。』

案御覽引淨亦作靜，古字通用。漢紀以作因，義同。通鑑一亦作壹，從漢傳也。

史記故本一多作壹，漢傳或存此文之舊。

平陽侯窋，高后時爲御史大夫。孝文帝立，免爲侯。

梁玉繩云：名臣、百官兩表，皆于高后八年書『御史大夫張蒼。』則文帝未立，
窋已免官明矣。攷窋以高后四年爲御史大夫，八年免。史漢呂后紀八年九月（今本
作『八月，』誤。）稱『窋行御史大夫事。』後九月，代邸羣臣上議即曰『御史大夫張
蒼，』不列窋名。是窋之免官，必在八月以後。特大臣誅諸呂之際，變起倉卒，
窋尚守故官。蒼之繼窋，當亦在九月。其涖官在後九月耳。此以窋免于文帝立
後，劉攽又言呂后紀誤，俱非。

案漢紀六於高后八年云：『淮南丞相張蒼爲御史大夫。』亦可證文帝未立，窋已
免官矣。（考證於此亦有說，全本梁氏志疑。）

子時代侯。

考證：侯名多異，說在功臣表。

案考證說，本梁氏志疑。

時尚平陽公主。

梁玉繩云：當作『陽信公主。』

案漢書衞青傳：『平陽侯曹壽尚武帝姊陽信長公主。』史記衞將軍列傳集解引徐
廣曰：『曹參曾孫平陽夷侯時，尚武帝姊平陽公主。』索隱引如淳云：『本陽信
長公主，爲平陽侯所尚，故稱平陽公主。』索隱又云：『系家及功臣表，時或作
疇，漢書作壽，並文字殘缺，故不同也。』功臣表索隱單行本時又作時，梁氏
以作時爲是。

征和二年中，宗坐太子死，國除。

殿本考證：征和出天漢之限，豈又褚先生所續乎？年表亦同。

考證：『征和二年』以下十二字，後人妄增，當刪。

案漢傳稱『宗有罪，完爲城旦。』漢表亦稱『宗征和二年，坐與中人姦，闌入宮
掖門，入財贖，完爲城旦。』補注引錢大昭云：『世家：「宗坐太子死，國除。」

五行志：「征和二年四月，巫蠱事興，宗下獄死。」與此異。』蓋世家、史表、

五行志爲一說；漢傳、漢表又爲一說。考證云云，本梁氏志疑。梁氏謂世家此文

爲『後人妄增，』史表梁氏亦有說，是也。殿本考證疑爲褚先生所續，無據。

參爲漢相國，清靜極言合道。

　　案長短經適變篇注引作『參爲漢相，清淨寡欲，言合道意。』

然百姓離秦之酷後，

　　案考證本後字屬下爲句，非。長短經注引後作擾。

出自第四十三本第四分（一九七一年十二月）

史記斠證卷五十五

留侯世家第二十五

王　叔　岷

案高祖本紀索隱引此作『張良系家。』（譌世爲系。）御覽一四七引此亦作『張良世家。』與史公自序稱『留侯世家』不符。

留侯張良者，其先韓人也。

索隱：『按王符、皇甫謐並以良爲韓之公族，姬姓也。秦索賊急，乃改姓名。而韓先有張去疾及張譴，恐非良之先代。』

正義：『按張氏譜云：「良，張仲三十代孫。仲見毛詩。張老十七代孫。老見春秋及禮記。王符、皇甫謐並云：「良當爲韓公族，姬姓也。秦逐賊急，乃改姓名。」其言謬矣。』

梁玉繩云：荀子臣道篇以韓之張去疾爲纂臣，楊注謂『去疾，張良之祖。』恐不然。（見下文『大父開地』條。）

殿本考證：『困學紀聞曰：「張良，張仲三十代孫，張老十七代孫。張氏譜云：仲見詩，老見春秋、禮記。」』

案索隱、正義引王符云云，見潛夫論志氏姓篇。惟『乃改姓名，』今本作『良乃變姓爲張。』是未改名也。據世家下文『秦皇帝大怒，大索天下，求賊甚急，爲張良故也。良乃更名姓。』（漢書張良傳無『爲張良故也』五字。）則張良固本姓張名良矣。正義引張氏譜云云，或有所傅會。然追溯良本姓張，非變姓，則可信也。荀子臣道篇：『韓之張去疾，可謂纂臣也。』楊注：『葢張良之祖。漢書：良，其先韓人，大父開地。』葢乃疑詞，楊氏明引漢書，良之大父開地，（世家同。）故未敢必去疾爲良之祖也。索隱所稱張譴，見韓非子說林上篇，云：『張譴相韓。』張良之先雖爲韓人，然無由證張去疾及張譴爲良之先代。故索隱云『恐非良之先

代』也。

相韓昭侯、宣惠王、襄哀王。父平，相釐王、悼惠王。

　　索隱：韓系家及系本，竝作桓惠王。

　　梁玉繩云：昭侯諡昭釐，兩字諡也。宣惠王諡宣，一字諡也。說在六國表。至襄
　　之爲襄哀，桓惠之爲悼惠，則未知孰是。

　　案莊子讓王篇昭侯作昭僖侯，淮南子要略篇、孔叢子論勢篇並作昭釐侯，僖、釐
　　古通，厥例習見。六國表、韓世家、漢書人表、通鑑周紀三襄哀王皆作襄王。漢
　　書補注引錢大昭云：『〔悼惠王，〕人表作桓惠王。』六國表、通鑑周紀四亦並
　　作桓惠王。（參看韓世家斠證。）

未宦事韓。

　　梁玉繩云：『宋祁曰：宦，疑是嘗字。』

　　案宦字不誤，說苑復恩篇、漢書亦並作宦。（漢魏叢書本說苑亦誤官。）漢書補注：「錢
　　大昭曰：「閩本宦作嘗。」淩稚隆云：「一本未下有嘗字。」』閩本嘗下葢脫宦
　　字耳。

良家僮三百人。

　　案說苑僮作童，童、僮正、假字。說文：『僮，未冠也。』又云：『男有辠曰
　　奴，奴曰童。』段注：『說文僮、童之訓，與後人所用正相反。』此文說苑作
　　童，則與說文相符矣。

悉以家財求客刺秦王，爲韓報仇。

　　案潛夫論云：『良散家貲千萬，爲韓報讎。』

東見倉海君，

　　案御覽三八六引倉作滄，說苑同。古字通用。

重百二十斤。

　　案御覽三五七引百上有一字。

良與客狙擊秦皇帝博浪沙中。

　　案書鈔一五、御覽七四、七六三引博上皆有於字，說苑、潛夫論、後漢書馮衍傳
　　注亦皆有於字。漢書浪作狼，師古注：『狼音浪。』秦始皇本紀亦作狼，御覽八

六、八七六引狼並作浪。（參看彼文斠證。）

誤中副車。

　　案書鈔、御覽七四、四八一引皆作『中其副車。』

良乃更名姓，亡匿下邳。

　　案御覽三八六引『名姓』作『姓名，』匿下有於字。說苑、論衡紀妖篇、世家上
　　文索隱及正義引王符〔潛夫論〕、皇甫謐〔高士傳？〕，『名姓』亦皆作『姓名。』潛
　　夫論匿下亦有於字。高士傳中云：『張良易姓爲長。』不足據。

良嘗閒從容。

　　索隱：嘗訓經也。閒，閑字也。從容，閒暇也。……

　　案論衡『嘗閒』作『常閑，』與索隱說合。索隱『嘗訓經，』經猶常也。左宣十
　　二年傳：『政有經矣。』杜注：『經，常也。』閒、閑古通，當以作閒爲正。閒
　　與『從容』爲複語，（莊子列傳：『大抵率寓言也。』『大抵』與率爲複語，亦同例。）　義並猶
　　閒暇也。左昭五年傳：『閒而以師討焉。』注：『閒，閑暇也。』（日本舊鈔本。）

步游下邳圯上。

　　索隱：『李奇云：「下邳人謂橋爲圯，音怡。」文穎曰：「沂水上橋也。」應劭
　　云：「沂水之上也。」姚察見史記本有作土旁者，乃引今會稽東湖大橋名爲靈
　　圯。……」

　　案書鈔一二九及一三六、御覽七三引步皆作出。說文：『圯，東楚謂橋。』段
　　注：『史漢「張良嘗閒從容步游下邳汜上。」服虔曰：「汜音頤，楚人謂橋爲
　　汜。」按字當作圯，史漢叚汜爲之，故服子愼讀如頤也。或云：「姚察見史記本
　　有从土旁者，應劭曰『汜水之上。』謂窮瀆無水之上也。則應說从水作汜爲合，
　　與从土訓橋異。」』說文汜下云：『一曰：汜，窮瀆也。』段注：『釋丘曰：
　　「窮瀆，汜。」郭云：「水無所通者。」漢書：「張良閒從容步游下邳汜上。」
　　服虔讀爲圯，音頤。楚人謂橋曰汜。此漢人易字之例也。應劭曰：。「汜水之上」
　　此不易字，謂窮瀆無水之上也。下文「直墮其履汜下，良下取履。」其爲無水之
　　瀆了然。史記本亦作汜，小司馬云：「姚察見史記有作土旁者。」云有，則知史
　　記不皆作土旁也。』世家圯字，今本漢書同。服虔注：『圯音頤，楚人謂橋曰

圯。』段氏引史、漢改圯爲汜，引服注圯字亦改爲汜。王念孫漢書雜志亦同，云：『今本汜作圯，乃張伾所改，劉攽、宋祁已辯之。』並云：『文穎曰：「沂水上橋也。」案水經沂水注：「沂水於下邳縣北西流，分爲二水。一水逕城東屈從縣南注泗，謂之小沂水。水上有橋，徐、泗間以爲圯。昔張子房遇黃石公于圯上，卽此處也。據此，則文穎以汜爲「沂水上橋，」是也。』竊以爲文穎所據本蓋作『沂上，』似非以汜爲『沂水上橋』也。索隱引應注：『沂水之上也。』是應所據本亦作『沂上。』（今本漢書應注沂作汜，蓋後人所改。）高士傳作『沂水圯上。』可與應、文說互證。論衡紀妖篇作『泗上。』（自然篇作『泗水之上。』）據水經注，小沂水注泗，然『沂上』不得云『泗上』也。漢書敍傳：『張良受書於邳沂。』晉灼注：『沂，崖也。下邳水之崖也。』宋祁引韋昭本沂作垠，王念孫雜志云：『汜、垠語之轉，作沂者借字。』王先謙補注則從晉說，云：『沂與圻通，圻又與垠同，垠字本訓崖岸。』竊以爲沂卽沂水，『邳沂，』謂下邳沂水上耳。綜上所述，史記舊有作汜、作圯兩本；漢書舊有作汜、作沂兩本。御覽引史記『圯上』下有注云：『楚人謂橋爲圯，圯音怡。』蓋漢書服注（汜已改爲圯）。惟服注『音怡』本作『音頤，』李奇注乃作『音怡。』又索隱『李奇云』下，黃善夫本、殿本並衍上字。文注沂水，殿本誤『汜水。』應注沂水，黃本、殿本並誤『圯水。』

直墮其履圯下。

　　索隱：『崔浩云：「直猶故也。」亦恐不然。直猶正也，謂至良所，正墮其履也。』

　　王念孫云：老父墮其履於橋下，而使良取之，欲以觀其能忍與否耳。如小司馬說，則是墮履出於無意，失其指矣。但崔浩訓直爲故，望文生義，於古亦無據。案直之言特也，謂特墮其履於橋下，而使良取之也。……直與特古同聲而通用。案索隱訓直爲正，固非。（吳昌瑩經詞衍釋六云：『直，正也。謂正爾也。』蓋誤從索隱說。）高士傳直作故，則與崔說合。王氏訓直爲特，（又見經傳釋詞六。）故亦猶特也，（裴學海古書虛字集釋五有說。）王氏未深思耳。又圯字王氏雜志作汜，云：『今本及漢書張良傳汜字皆作圯，乃後人所改。』史記舊有作汜、作圯兩本，則圯固不必改作

汜矣。

良愕然，欲毆之。

　　索隱：毆音烏后反。

　　考證：……漢書毆作歐，擊也。

　　案重刊北宋監本愕作鄂，鄂、愕古、今字。黃善夫本毆作歐，索隱同。與漢書

　　合。一切經音義八十引此亦作歐。又十八引此作毆，論衡同。歐、毆並毆之借

　　字，說文：『毆，捶毄物也。』（又云：毆，相擊中也。）考證訓歐爲擊，本師古注。

父曰：『履我。』良業爲取履，因長跪履之。

　　考證：漢書刪『父曰：「履我。」良業爲取履，』九字。

　　案論衡、高士傳亦並無『父曰：「履我。」良業爲取履，』九字。書鈔一三六引

　　『跪履』作『跪而進，』漢紀同。御覽六九七引履亦作進，漢書、論衡、高士傳

　　並同。又七三引履作授，恐非其舊。

良殊大驚！隨目之。

　　案論衡無殊字，高士傳無大字。文選張平子西京賦：『超殊榛。』薛綜注：『殊

　　猶大也。』『殊大，』複語，故可略其一。漢書、論衡、高士傳並無『隨目之』

　　三字。

父去里所，復還。

　　集解：『徐廣曰：「一曰：爲其老，強忍，下取履，因進之。父以足受，笑而

　　去。良殊大驚！父去里所，復還。」』

　　案漢書師古注：『行一里許而還來。』訓所爲許，是也。經詞衍釋九：『所猶許

　　也。』即本師古注。又徐注『一曰』云云，蓋本漢書。世家文較詳，亦較佳。

與我會此。

　　案漢書、論衡、高士傳會並作期，義同。說文：『期，會也。』

良因怪之。跪曰：『諾。』

　　案高士傳因作愈，跪上有復字。

去。曰：後五日早會。

　　案漢書、論衡去下並無曰字，下同。（高士傳無『去曰』二字。）

良夜未半往。

　　梁玉繩云：漢傳無未字，是。

　　案高士傳亦無未字。論衡有未字，本世家。

出一編書，

　　集解：『徐廣曰：編，一作篇。』

　　案御覽五一引編作篇，論衡同。

讀此則爲王者師矣！

　　案藝文類聚六、御覽三一、三三、五一引此皆作是，漢書、論衡、高士傳、白帖
　　十五咸同。又論衡王作帝。文選傅季友爲宋公修張良廟敎注、李蕭遠運命論注並
　　引河圖云：『黃石公謂張良曰：讀此爲劉帝師。』

濟北穀城山下黃石，即我矣。

　　案藝文類聚、御覽三一、三三、五一引矣皆作也，義同。論衡亦作也。漢書作
　　已，義亦同。困學紀聞二十：『黃石公記云：「黃石，鎭星之精也。黃者，鎭星
　　色也。石者，星質也。」』原注：『見太平御覽六。』今本御覽無『黃者』以下十
　　一字。

項伯常殺人，

　　考證：伯下常，慶長本作嘗，與漢書合。

　　案殿本常亦作嘗。重刊北宋監本、黃善夫本並作甞，嘗或字。

沛公拜良爲廐將。

　　案重刊北宋監本廐作廏，漢書同。廏、廐正、俗字。通鑑秦紀三注：『廐將，葢
　　掌馬。』

故遂從之。不去見景駒。

　　梁玉繩云：漢書無『見景駒』三字，乃班氏改正史記之失也。班於高紀言『沛公
　　道得張良，遂與俱見景駒。』是補史缺。葢良亦見駒，但自此決意從沛公耳。
　　案漢紀作『故遂屬焉。』無『不去見景駒』五字。通鑑作『故遂罷不去，沛公與
　　良俱見景駒。』葢本漢書高紀。梁氏云云，漢書補注引齊召南亦有說。竊疑世家
　　此文，見上脫俱字。『故遂從之不去』句，『俱見景駒』句，與漢書高紀合。

以良爲韓申徒。

　　集解：『徐廣曰：卽「司徒」耳。但語音訛轉，故字亦隨改。』

　　考證：『「申徒」漢書作「司徒 。」周壽昌曰：「楚漢春秋作『信都 。』信卽

　　申，都徒音近而轉耳。」』

　　案漢紀、通鑑『申徒』亦並作『司徒。』漢書功臣表作『申都。』師古注：『楚

　　漢春秋作「信都。」古信、申同字。』周氏引楚漢春秋，本師古注也。

往來爲游兵潁川。（原脫爲字。）

　　案通鑑注：『潁川，故韓地。秦置郡。』

沛公欲以兵二萬人擊秦嶢下軍。

　　案御覽二八三引以下無兵字，嶢下有關字，漢書、長短經攻心篇並同。

未可輕。

　　案御覽引輕下有也字，漢紀、長短經霸圖篇注及攻心篇並同。

益爲張旗幟諸山上，

　　案御覽引益下無爲字，山下有之字，長短經攻心篇同。爲字蓋涉下文『爲疑兵』

　　而衍。史漢高紀、漢傳、漢紀、長短經霸圖篇注、通鑑皆無爲字。又漢書高紀、

　　通鑑諸並作於，義同。

令酈食其持重寶啗秦將。

　　案高紀酈食其作酈生，下更有陸賈二字 。漢書高紀、 通鑑亦並云『酈食其、陸

　　賈。』蓋以食其爲主，故陸賈之名可略（高紀有說。）又長短經攻心篇、御覽引此下

　　並有注云：『貪而忽名，可貨以賂。』疑是集解佚文。

秦將果畔，欲連和俱西襲咸陽。

　　案漢書、漢紀、長短經霸圖篇注及攻心篇、通鑑皆無畔字，果字屬下讀。

恐士卒不從。

　　案御覽引恐字在不字上，漢書、漢紀、長短經攻心篇皆同。

不如因其解擊之。

　　正義：解，佳怪反。怠慢也。

　　案御覽引『解擊之，』作『懈怠擊之。』通鑑同。據正義，則此文本無怠字。漢

紀、長短經霸圖篇注、攻心篇解亦並作懈。漢書師古注：『解讀曰懈。』

沛公乃引兵擊秦軍，大破之。

　　案御覽引之字在擊字下。『沛公乃引兵擊之』句。『秦軍大破』句。

逐北至藍田，

　　梁玉繩云：逐乃逐字之譌。

　　考證：漢書逐作逐，此傳寫之誤。

　　案漢傳補注引周壽昌云：『逐，史記作逐，以北爲南北之北。此以北爲敗北之北
也。』漢書高紀、漢紀、通鑑皆從史記作逐。

狗馬重寶，

　　案初學記十八引重作珍，漢紀二同。

樊噲諫沛公出舍，沛公不聽。

　　集解：『徐廣曰：一本「噲諫曰：『沛公欲有天下邪？將欲爲富家翁邪？』沛公
曰：『吾欲有天下。』噲曰：『今臣從入秦宮，所觀宮室帷帳珠玉重寶鐘鼓之
飾，奇物不可勝數。入其後宮，美人婦女以千數。此皆秦所以亡天下也。願沛公
急還霸上，無留宮中！』沛公不聽。」』

　　梁玉繩云：徐廣載別本噲諫辭一段，當改入之。此諫與排闥數言，同出于忠讜。
史氏所宜書。疑是後人從漢傳妄裁之也。

　　考證：愚按，通鑑揭之正文。

　　案通鑑漢紀一作『樊噲諫曰：「沛公欲有天下耶？將爲富家翁耶？願急還霸上，
無留宮中！」沛公不聽。』略從別本。

故沛公得至此。夫爲天下除殘賊，

　　案御覽四五一引夫作矣，屬上絕句。

此所謂助桀爲虐！

　　考證：……楓、三本虐作桀，藝文類聚引史虐下有也字。

　　案楓、三本虐作桀，涉上桀字而誤，不足據。漢紀二虐下亦有也字。

且忠言逆耳利於行，毒藥苦口利於病。

　　考證：家語六本篇。又見說苑正諫篇。藝文類聚、初學記引史毒作良，與家語、

說苑合，行、病韻。……

案御覽引毒亦作良。韓非子外儲說左上篇：『夫良藥苦於口，而智者勸而飲之。知其入而已己疾也。忠言拂於耳，而明主聽之。知其可以致功也。』與此作『良藥』之本合。淮南列傳：『毒藥苦於口，利於病。忠言逆於耳，利於行。』與此作『毒藥』之本合。又越絕外傳計倪篇：『古人云：苦藥利病，苦 (一作忠) 言利行。』鹽鐵論國病篇：『夫藥酒苦於口，而利於病。忠言逆於耳，而利於行。』

沛公乃還軍霸上。

案藝文類聚二四、初學記、御覽引霸皆作灞，下文『皆送至灞上，』字亦作灞。作霸是故書。高祖本紀有說。

爲將奈何？

考證：漢書將作之。

案項羽本紀將亦作之，之猶將也。下文『上乃憂曰：爲之奈何？』新序善謀篇之作將，裴學海云：『之猶將也。』(古書虛字集釋九。) 亦同此例。(之、將同義，越世家亦有說。)

鯫生敎我，

集解：『徐廣曰：「呂靜曰：鯫，魚也。音此垢反。」』

索隱：『呂靜云：「鯫，魚也。謂小魚也。音此垢反。」臣瓚按楚漢春秋：「鯫生：本姓解。」』

正義：鯫，小魚也。比雜小人也。

考證：「漢書注引臣瓚云：「楚漢春秋：鯫，姓。」與索隱異。釋草云：「菆，小葉。」此云『鯫，小魚。』是菆、鯫皆有小義。正義解爲「小人，」得之。』案項羽本紀集解：『駰案服虔曰：「鯫，音淺鯫。小人貌也。」瓚曰：「楚漢春秋：「鯫，姓也。」』服注『小人貌，』(漢傳服注脫貌字。) 蓋此正義『比雜小人』所本。瓚注，亦與此索隱所引異。高祖本紀索隱云：『按楚漢春秋云：「解先生云：遣守函谷，無內項王。」而張良系家云：「鯫生說我。」則「鯫生」是「小生，」卽「解生。」』與此所稱臣瓚引楚漢春秋合。(參看項羽本紀斠證。) 項羽紀、史漢高紀、漢傳敎皆作說，與高紀索隱引此文合。又殿本此文無集解。索隱

「呂靜云：䰲，魚也。謂小魚也。晉此垢反。」黃本、殿本並作『䰲，謂小魚
也。晉趨勾反。』非其舊也。

沛公默然。良久，

考證：『良久』二字，見沛公沈思之狀，而漢書刪之。

案項羽本紀亦無『良久』二字，通鑑同。

今爲柰何？

案爲猶將也。

結賓婚。

考證：『漢書無賓字。中井積德曰：賓蓋結爲友之義，與婚別項。』

案項羽本紀作『約爲婚姻，』通鑑同。亦不言賓。『結賓婚，』謂結爲賓客婚姻
耳。秦始皇本紀附秦記云：『賓婚未得盡相勞。』亦以『賓婚』連文。

漢王賜良金百溢，珠二斗。

案黃善夫本、殿本溢並作鎰，通鑑同。漢書補注引錢大昭云：『溢，古鎰字。』
御覽八百二引珠上有白字。

漢王之國，良送至褒中，遣良歸韓。

梁玉繩云：『漢書高紀云：「張良辭歸韓，漢王送至褒中。」則此所言非也。漢
書亦仍世家之誤，故紀、傳駁。』

案漢王將之國，張良將歸韓。彼此互送，至褒中而別。故世家、漢傳謂『良送至
褒中，』漢書高紀謂『漢王送至褒中，』正見君臣情義之篤，非記事駁也。長短
經霸圖篇注、通鑑並稱『漢王之國，張長送至褒中。』本世家及漢傳。

王何不燒絕棧道，

正義：棧道，閣道也。

案漢書師古注：『棧道，閣道也。』即正義所本。

行燒絕棧道。

考證：『顏師古曰：且行且燒，所過之處，皆燒之也。』

案長短經注行作因，行猶因也。師古未得行字之義。項羽本紀：『行收兵，復入
保成皋。』孝文本紀：『長未到處所，行病死。』夏侯嬰傳：『漢王怒，行欲斬

娶者十餘。』諸行字，義皆同因。（參看項羽本紀斠證。）

項王不遣成之國。

　　考證：楓山本遣下無成字。

　　案項羽本紀作『不使之國，』漢書項籍傳作『不遣就國，』並無成字。通鑑作
　　『不遣之國，』亦無成字。

良說項王曰：『漢王燒絕棧道，無還心矣。』乃以齊王田榮反書告項王。

　　考證：『中井積德曰••據項羽本紀，張良自韓遺項羽書云云，與此同，非面說。
　　又項羽本紀及班史，遺是書在漢王定三秦之後，曰「漢王失職，欲得關中，如約
　　卽止，不敢東。」此蓋謬。』

　　案漢紀、通鑑亦並稱『張良遺項羽書，』（羽，一作王。）且遺書亦並在漢王定三秦
　　之後。長短經霸圖篇注亦稱『張良遺項羽書。』下文『漢王亦已還定三秦矣。』
　　雖在遺書之後，然乃追述之辭，與項羽本紀、班史（及漢紀、通鑑）所記，似非抵
　　牾。

楚彙將，與項王有郤。

　　案重刊北宋監本、黃善夫本、殿本彙皆作枭，後同。枭乃彙之隸省。漢書、通鑑
　　彙亦並作枭，郤並作隙。郤，俗郤字。隙、郤正、假字。

卽欲捐之，

　　案卽猶若也。

未嘗特將也。

　　案通鑑注：『未嘗獨將兵也。』

與酈食其謀橈楚權。

　　案重刊北宋監本橈作撓，書鈔一三一、御覽六八三及七百六十引此並同，橈、撓
　　正、假字。新序善謀篇、漢紀、長短經時宜篇亦皆作撓，下同。

昔湯伐桀，封其後於杞。

　　考證：『夏本紀云：「湯封夏之後，至於周封於杞也。」與此異。』

　　案考證引夏本紀，至下衍於字。彼文考證引梁玉繩云：『禹後封杞，卽湯封之。
　　武王特因其舊封重命之耳。大戴禮少閒篇云：「湯放移桀，遷姒姓于杞。」史公

於留侯世家亦述酈生之言：「湯伐桀，封其後於杞。」而此乃謂周封夏後于杞，

何哉？』竊以爲夏本紀所謂『湯封夏之後，至周封於杞。』蓋即『湯封夏之後於

杞，至周仍封於杞』之意。與大戴禮及留侯世家所述無異。

陛下誠能復立六國後世，

考證：『梁玉繩曰：「天子稱陛下，自秦始也。然是時漢王未即天子位，而酈食

其、張良凡稱陛下者十五，非也。」周壽昌曰：「陛下之稱，史臣追書之。」』

案漢紀『陛下』作『大王，』下同。

此其君臣百姓，

案『此其，』複語，此亦其也。

具以酈生語告。曰：於子房何如？

王念孫云：『「具以酈生語告於子房。曰：何如？」當從宋本作「具以酈生語

告」句。「曰」句。「於子房何如」句。「於子房何如」者，猶言「子房以爲何

如」也。………叔孫通傳：「二世召博士諸儒生問曰：楚戍卒攻蘄入陳，於公如

何？）（漢書作『於公何如？』）吳王濞傳：「上問袁盎曰：今吳、楚反，於公何如？」

皆謂公以爲何如也。語意正與此同。漢書張良傳作「具以酈生計告良。曰：於子

房何如？」新序善謀篇作「具以食其言告之。曰：其於子房意何如？」皆其明證

矣。後人不解「於子房何如」之語，遂移「於子房」三字於告字之下，而讀「具

以酈生語告於子房」爲一句。不知稱子房者，乃高祖之語。若史公記事之詞，則

當稱張良，不當稱子房也。弗思甚矣！』

案重刊北宋監本作『具以酈生語告。曰：於子房何如？』黃善夫本已妄移『於子

房』三字於告字之下矣。

臣請藉前箸爲大王籌之。

案一切經音義十八及六八、御覽六八三及七百六十引藉皆作借，新序、漢書、漢

紀、通鑑皆同。藉、借古、今字。漢紀箸作筯，俗。

武王入殷，表商容之閭，釋箕子之拘，封比干之墓。

王念孫云：『「釋箕子之拘，」本作「式箕子之門。」今本式作釋，門作拘者，

後人據禮記、逸周書、荀子及東晉古文尚書改之也。不知他書作「釋箕子之囚，」

此獨作「式箕子之門。」呂氏春秋愼大篇曰：「武王封比干之墓，靖箕子之宮，
（高注：清淨其宮以異之。）表商容之閭。士過者趨，車過者下。」淮南道應篇曰：「武
王封比干之墓，表商容之閭，柴箕子之門。（高注：柴護之。）」二書說武王禮箕子之
事，與此文相近也。下文曰：「今陛下能封聖人之墓，表賢者之閭，式智者之門
乎？」「封聖人之墓，」即「封比干之墓。」「表賢者之閭，」即「表商容之
閭。」「式智者之門，」即「式箕子之門。」若作「釋箕子之拘，」則與下文不
合矣。（徐廣音義曰：「釋，一作式。拘，一作囚。」案「拘，一作囚。」當爲「拘，一作門。」蓋徐
氏所見有二本，一作「釋箕子之拘」；一作「式箕子之門」也。今本則又改門爲囚矣。而「釋，一作式。」
式字尚未改。則古本猶可考見也。）漢書張良傳、新序善謀篇竝作「式箕子之門。」（師
古曰：「式亦表也。一說至其門而撫車式，所以敬之。」）』
案王氏謂『釋箕子之拘，』本作『式箕子之門。』是也。惟漢書作『式箕子門。』
新序作『軾箕子之門。』（式、軾古通，殷本紀有說。）王說未明。徐注『拘，一作囚。』
王氏謂『當爲「拘，一作門。」』亦是也。非僅他書多作『釋箕子之囚，』即史
記殷周本紀、樂書亦然。故後人妄改徐注之門爲囚耳。

以賜貧窮。

案周本紀、齊世家賜竝作振，漢紀、金樓子興王篇、長短經時宜篇皆作賑。振、
賑正、俗字。（參看周本紀斠證。）

倒置干戈，

考證：置，楓山本作冒。漢書、新序作載。
案禮記樂記、樂書、家語辯樂篇、敦煌本帝王略論、長短經、通鑑，置亦皆作
載。

今陛下能偃武行文，

案僞古文尙書武成、長短經行竝作修，義同。

示以無所爲。

案『示以』蓋『以示』之誤倒，上下文可照。新序作『以示，』當從之。

放牛桃林之陰，

考證：古鈔本、楓山本陰作壚，漢書作野。

案周本紀隱作𡊁，𡊁、壚正、俗字。漢書作壄，壄乃壄之俗誤。壄，古文野。漢
紀作埜，埜乃壄之省。禮記樂記、韓詩外傳三、樂書、書僞武成、長短經皆作
野。

陛下與誰取天下乎？

　　考證：漢書、新序『與誰』作『誰與』。

　　案漢紀、通鑑亦並作『誰與。』

且夫楚唯無彊：六國立者復橈而從之。

　　集解：『漢書音義曰：唯當使楚無彊；彊則六國弱從之。』

　　索隱：『按荀悅漢紀說此事云：「獨可使楚無彊；若彊則六國立者屈橈而從之。」
　　又韋昭云：「今無彊楚者；言六國立，必復屈橈從楚。」是二說意同也。』

　　考證‥『「楚唯無彊，」倒語。猶言「唯無彊於楚。」與孟子「晉國天下無彊
　　焉」同一字法。韋解得之。李笠曰：「從猶赴。言天下唯楚最強，若立六國者，
　　是復令其折橈而赴楚也。」』

　　案考證說及所引李說，並未得此文之義。『唯無』一詞，古書習見。義猶今語
『除非不。』此謂『楚除非不彊；彊則六國立者復橈而從之』也。先秦至東漢初
期，此類句法，『六國』上『彊則』二字可省。『唯無』亦作『雖無，』楚世家：
『雖無攻之；名爲弒君。』謂『除非不攻之；攻之則名爲弒君』也。東漢初期以
前，名上『攻之則』三字可省。張儀列傳：『雖無出甲；席卷常山之險，必折天
下之脊。』（又見戰國策楚策一。）王念孫云：『雖讀曰唯，此承上文言秦兵之彊如
是。是「唯無出甲；出甲則席卷常山，而折天下之脊」也。不更言「出甲」者，
蒙上而省也。留侯世家曰：「楚唯無彊；六國立者復橈而從之。」莊子人間世
篇：「若唯無詔；王公必將乘人而鬬其捷。」語意並與此同。』王氏雖未釋『雖
無』或『唯無』之義，而謂此類句法省字，是也。世家此文省『彊則』二字，漢
書猶存其舊。至於東漢晚期，則不復省字，如集解引〔服虔〕漢書音義云：『唯當
使楚無彊；彊則六國弱從之。』『六國』上不省『彊則』二字。索隱引荀悅漢紀
云：『獨可使楚無彊；若彊則六國立者屈橈而從之。』『六國』上不省『若彊則』
三字。（今本漢紀作『且楚唯無強，六國復橈而從之。』蓋後人據漢書所改。）句法演變之迹，

粲然明白。周法高君上古語法札記云：『「唯無」爲假設之詞，用法和若、如、苟相似。』（中央研究院歷史語言研究所集刊第二十二本。）立說雖新，然驗以服、荀二氏之說，則此類句法演變之迹，無從解答矣。又集解『弱從之，』漢書服注弱下有而字，長短經注、通鑑注引並同。黃善夫本、殷本索隱，漢紀下並脫說字。『言六國立，』言並作若。『二說』下並有之字。

陛下焉得而臣之？

　　考證：『王若虛曰：張良八難，古今以爲美談。竊疑此論甚疎。夫桀、紂已滅，然後湯、武封其後。而良云「度能制桀之死命，」「得紂之頭。」豈封于未滅之前邪？且湯、武所以封之者，重絕人之世耳，非以計其利害也。奈何其以項籍之命爲比哉？酈生所以說帝者，特欲係衆人之心，庶幾畔楚而附漢耳。非使封諸項氏也。奈何其以湯、武之事勢相較哉？湯、武雖殊時，事理何異？「制死命」與「得其頭」，亦何以分列爲兩節？「表商容之閭，釋箕子之拘，封比干之墓。」此本三事，而並之者，以其一體也。至于「倒置干戈，」「歸馬，」「放牛，」獨非一體乎？而復析之爲三，何哉？班氏頗見其非，乃並湯、武爲一，而但云「度能制其死命，」豈以「死命」字不屬桀、紂，而屬其後歟？然終與項籍事不類也。既以湯、武爲一事，故又分「楚唯無彊」以下爲第八節。蓋二書已自參差矣。八難之目，安知無誤邪？』

　　案考證引王（滹南集辨惑）說，本梁氏志疑。張良八難，漢紀、通鑑亦並湯、武爲一；又分『楚唯無彊』以下爲第八難。長短經第一難與史記合，略去第二難。第三難以下，與漢書、漢紀、通鑑合。新序則全本史記；然今本史記此文，與新序字句亦頗有出入。甚且所謂『偃武行文，』乃出於書僞武成。蓋又經東晉以後人之竄亂矣。

豎儒幾敗而公事！

　　索隱：………幾者，殆近也。『而公，』高祖自謂也。漢書作『乃公，』乃亦汝也。

　　考證：楓、三本『而公』作『乃公，』與漢書、新序合。

　　案書鈔一三一引『而公』亦作『乃公。』漢紀、史通言語篇並同。御覽六八三引

此作『廼公。』廼，俗迺字。漢書作『迺公。』迺，古乃字。據索隱，則此文蓋
本作『而公。』黃善夫本、殿本索隱幾下並無者字，又並無『乃亦汝也』句。

令趣銷印。

案書鈔引令作命，義同。

其秋，漢王追楚至陽夏南，戰不利而壁固陵，諸侯期不至。

考證：『梁玉繩曰：事在五年十月。此云四年之秋，誤。』（原引未備。）

案漢傳『其秋』作『五年冬，』項羽本紀、漢書項籍傳、新序事並在五年。漢書
高帝紀、漢紀三、通鑑漢紀三皆在五年冬十月。高祖本紀、淮陰侯列傳則並在四
年，與此同誤。

漢六年正月，封功臣。

考證：『梁玉繩曰：侯表及漢書高紀，封功臣在十二月。』

案通鑑封功臣，亦在十二月。新序、漢紀並在正月，與世家合。

運籌策帷帳中，決勝千里外，

考證：『張文虎曰：「中統、游、毛本帳作幄。」愚按漢書亦作幄。』

案一切經音義十八引上句作『運籌策於帷帳之中。』御覽七百引此作『運籌帷幄
之中，決勝千里之外。』漢書高紀、書鈔四七引漢書張良傳、漢紀、通鑑皆同。
太史公自序、新序、長短經大體篇帳亦並作幄。（參看高祖本紀斠證。）

六年上巳，封大功臣二十餘人。

梁玉繩云：『史詮曰：重出「六年」二字，漢書削之，是。』

案通鑑亦無『六年』二字，從漢書也。漢紀無『六年上巳』四字。

上在雒陽南宮，

案御覽二九五引上作帝，下同。帝王略論上亦作帝。（新序作高皇帝，惟下文仍作上。）
史通暗惑篇引在作自。

從復道望見諸將往往相與坐沙中語。

集解：『如淳曰：復音複。……』

案史通、御覽七四及二九五引復皆作複，漢紀、通鑑並同。殿本復亦作複，因妄
改集解『復音複，』作『複音復。』複尚須音復邪？御覽二九五引望作遙。漢書

『相與坐沙中語，』作『數人偶語。』漢紀但作『聚語』二字，帝王略論作『偶
語』二字。偶猶聚也。

以此屬取天下。

　　考證：楓山本以爲與。

　　以仁云：新序以亦作與，取作定。

　　案漢書以亦作與，義同。

今陛下爲天子，而所封，皆蕭、曹故人所親愛。

　　案新序、漢書爲上並有已字。人下所字作及。

皆生平所仇怨。

　　案史通引史、漢並作『皆平生仇忌。』（史記生下原當有所字。）新序、漢紀『生平』
　　亦並作『平生。』忌與怨同義，詩大雅瞻仰：『維予胥忌。』傳：『忌，怨也。』

恐又見疑平生過失及誅，故即相聚謀反耳。

　　考證：『劉知幾曰：「羣小聚謀，俟問方對。若高祖不問，竟欲無言邪？且諸將
　　圖亂，密言臺上，猶懼覺知。羣議沙中，何無避忌？然則複道之望，坐沙而語，
　　是敷衍妄益耳。」李維楨曰：「沙中之人，怏怏不平，見于詞色，未必謀反。但
　　留侯爲弭亂計，故權辭以對耳。」茅坤曰：「沙中偶語，未必謀反也。謀反乃族
　　滅事，豈野而謀者？子房特假此恐喝高帝。及急封雍齒，則羣疑定矣。」』

　　案御覽引『恐又』作『又恐，』漢書、漢紀並同。考證引劉、李、茅諸說，本梁
　　氏志疑。

雍齒與我故，數嘗窘辱我。

　　考證：『漢書作「與我有故怨。」王念孫曰：「『有故，』即『有怨。』漢書怨
　　字衍。」楓山本嘗作常。』

　　案御覽引此作『雍齒與我有故怨，數常窘辱我。』有字當據補，怨字當刪。王念
　　孫云：『呂氏春秋精諭篇：「齊桓公與管仲謀伐莒，退朝而入，莒姬望見君，下
　　堂再拜，請莒君之罪。公曰：吾與莒無故，子曷爲請？」「無故」即「無怨」
　　也。史記作「雍齒與我故。」文選幽通賦注、御覽居處部二十三引漢書並作「雍
　　齒與我有故。」新序善謀篇同。皆無怨字。』（漢書雜志。）其說是也。惟王氏未證

今本世家此文故上脫有字耳。

封雍齒爲什方侯。

　　考證：『錢大昕曰：漢功臣表作汁防。』

　　案御覽引什方作什邡。功臣表作汁邡，集解引如淳曰：『汁音什，邡音方。』

雍齒尙爲侯，

　　案御覽引尙作且，義同。新序、漢書、漢紀、帝王略論亦皆作且。

東有成臯，西有殽、黽，

　　案黃善夫本、殿本成並作城，古字通用。白帖三引『殽、黽』作『崤、澠，』長
　　短經霸圖篇注同。新序作『肴、澠。』殽、崤、肴，黽與澠，並古字通用。漢
　　紀、通鑑黽亦並作澠。

倍河向伊、雒。其固亦足恃。

　　案白帖引倍作背，恃下有也字。漢紀、長短經注並同。漢書倍亦作背，古字通
　　用。通鑑恃下亦有也字。

北有胡、苑之利。

　　考證：新序善謀篇苑作宛。宛，大宛也。中統、游本亦作宛。

　　案漢紀、長短經注苑亦並作宛。

東制諸侯。

　　案殿本東誤專。

西給京師。

　　案漢紀、長短經注西上並有『足以』二字。

留侯性多病，即道引不食穀。

　　集解：『漢書音義曰：服辟穀之藥，而靜居行氣。』

　　案漢書補注引周壽昌云：『性猶生也；亦猶體也。』言『性猶生，』是。不必更
　　言『猶體。』『性多病，』猶『生多病，』亦卽『素多病。』漢紀、通鑑性並作
　　素。御覽七三八引病作疾，道作導，新序同。御覽八三七引道亦作導。漢書孟康
　　注：『道讀曰導。』集解引漢書音義，卽孟康注也。

留侯善畫計筴，

案御覽一四七、通鑑漢紀四考異引筴並作策，新序同。筴乃策之隸變。

呂后乃使建成侯呂澤劫留侯，

　　梁玉繩云：『史詮謂「誤以釋之爲澤，」是也。蓋建成侯名釋之，周呂侯名澤。

　　此文之誤，因澤、釋字通，而又脫之字耳。通鑑考異云：「澤當是釋之。」史詮

　　所本。下呂澤同誤。』

　　案新序、漢書並承世家誤作呂澤，下同。下文『乃說建成侯曰，』通鑑侯下增

　　『呂釋之』三字。『呂澤立夜見呂后，』通鑑改澤爲釋之。

骨肉之間，

　　案御覽引骨上有此字。

顧上有不能致者，天下有四人。

　　索隱：『四人，四皓也。謂東園公、綺里季、夏黃公、甪里先生。按陳留志云：

　　園公，姓庾，字宣明。……甪里先生，河內軹人。……一曰用里先生。」又孔安

　　國秘記作祿里。……』

　　正義：『……周樹洞曆云：「甪里先生名術，字元道，太伯之後。京師號霸上先

　　生。」……□□俗云，是吳人。今太湖中洞庭山西有□□名祿里村，是。漢書外

　　傳云：「秦聘之，逃匿南山，歌曰：商洛深谷，咸□□夷。曄曄紫芝，可以療

　　飢。駟馬高蓋，其憂甚大。富貴而畏人，其如貧賤而樂肆志。」…………用，音

　　祿。』

　　考證：『張文虎曰：「中統、游本用作角，今從索隱單本、凌本，下同。」……

　　正義依桃源抄補，文多譌脫。……』

　　案藝文類聚十六引『四人』上有商山二字。御覽四七四引史記云：『四皓隱商洛

　　山。』疑非史記文。黃善夫本索隱甪皆作角，作角是。李濟翁資暇集上云：『漢

　　四皓，其一曰角里。角音祿。今多以覺音呼，乖也。是以魏子及孔氏秘記、荀氏

　　漢紀，慮將來之誤，直書祿里，可得而明也。……稍留心爲學者，則妄穿鑿云：

　　音祿之角字與音覺之角字，點畫有分別處。』蓋音祿，則多妄減筆作用也。（參

　　看下文『甪里先生』條。）索隱『姓庾，』黃善夫本、殿本並作『姓唐，通鑑注引同。

　　抱朴子至理篇引孔安國秘記云：『良本師四皓角里先生、綺里季之徒。』與索隱

及資暇集引作祿里異。今漢紀作甪里，與資暇集引作祿里亦異。范成大吳郡志人物門云：『前漢角里先生，吳人。史記正義引周樹洞歷云：「姓周，名術，字元道，太伯之後。漢高帝時，與東園公、綺里季、夏黃公俱出，定太子，號四皓。」史記正義：「角里先生，一號霸上先生。」又云：「今太湖中洞庭山西南中有祿里村，是。」』（參看錢大昕十駕齋養新錄六。）所引正義，今本已佚。而與考證據桃源抄所補略同。正義周樹，當依吳郡志所引作周樹，論衡超奇篇稱『會稽周長生作洞歷十篇。』孫詒讓札迻云：『長生名樹。北堂書鈔七十三引謝承後漢書有周樹傳。正義『有□□祿里村，』蓋缺『地名』二字。高士傳載四皓歌曰：『莫莫高山，深谷逶迤。曄曄紫芝，可以療飢。唐、虞世遠，吾將何歸？駟馬高蓋，其憂甚大！富貴之畏人，不如貧賤之肆志。』（御覽一六八引皇甫謐帝王世紀，亦載四皓歌前六句。）正義『咸□□夷，』所缺兩字，夷上疑是逶字，『逶夷』與『逶迤』同。『暐暐紫芝，』『暐暐』與『曄曄』義符，然頗疑係『曄曄』之形誤。『其如貧賤而樂肆志。』其當作不，涉上『其憂』字而誤也。

皆以為上慢侮人，故逃匿山中，義不為漢臣。

　考證：楓、山本義作議。

　案通鑑考異引慢作嫚，漢書同。嫚、慢正、假字。下文『四人皆曰：陛下輕士善罵，臣等義不受辱，故恐而亡匿。』與此文相應。楓、山本義作議，古字通用。莊子齊物論篇：『有倫有義。』釋文引崔譔本義作議，即其比。

太子將兵，有功，則位不益太子；無功還，則從此受禍矣。

　案上既言『太子將兵，』則『不益』下不必更有『太子』二字，蓋涉上文而衍。新序、漢書、漢紀、通鑑『不益』下皆無『太子』二字；又『無功』下皆無還字。

皆嘗與上定天下梟將也。

　案御覽一四七引梟作驍。驍、梟正、假字。

上曰：終不使不肖子居愛子之上！

　考證：古鈔本、楓、三本無曰字，與漢書、新序合。……

　案漢書補注云：『官本終上有曰字。』

今諸將皆陛下故等夷,

    案新序夷作倫,義同。

無異使羊將狼。

    案御覽引狼下有也字,與上文一律。

上雖病,彊載輜車,臥而護之。

    正義:輜車,衣車也。護,謂監護諸將也。

    案新序、漢書、漢紀病並作疾。師古注:『輜車,衣車也。護,謂監領諸將。』

    即正義所本。卷子本玉篇言部引此文,野王云:『謂監護經略之也。』

於是呂澤立夜見呂后。

    考證:『李笠曰:……漢傳夜上無立字。』

    案漢書補注引宋祁云:『浙本夜上有立字。』

吾惟豎子固不足遣,而公自行耳!

    考證:……漢書『而公』作『乃公。』

    案漢書師古注:『惟,思也。』竊謂惟猶以也。莊子德充符篇:『吾唯不知務而

    輕用吾身,吾是以亡足。』唯亦猶以也。唯與惟同。新序固作故,(古字通用。)

    『而公』作『乃公。』漢書乃作迺。

於是上自將兵而東。羣臣居守,皆送至灞上。留侯病,自彊起至曲郵,見上,曰,

    考證:『沈欽韓曰:「御覽三百九十四,楚漢春秋曰:『淮南王布反,上自擊

    之。張良居守,上體不安,臥輜車中。留侯走,東追上,簪墮被髮及輜車,排戶

    曰:下即弃天下,欲以王葬乎?以布衣葬乎?……』……」』

    案新序、漢書、通鑑灞皆作霸。考證引沈說,『臥輜車中』下,御覽尚有『行三

    四里』四字。『下即弃天下,』本作『陛下即弃天下,』即猶若也。

令太子爲將軍,監關中兵。

    考證:『漢書高紀云:以三萬人軍霸上。』

    案御覽三九三引兵作軍。考證說,本漢書補注。

子房雖病,

    案御覽一四七、三九三引病並作疾,新序、漢書並同。

漢十二年，上從擊破布軍歸，疾益甚，愈欲易太子。

　　梁玉繩云：周昌相趙，而趙堯乃爲御史大夫。徐廣據百官表，謂堯爲御史大夫在
　　十年。則太子位已定，安得十二年尙欲易太子乎？通鑑書于十年，復考其異，是
　　也。

　　案御覽一四七引布下無軍字，漢書、通鑑並同。上欲廢太子，周昌固爭；及昌相
　　趙，趙堯代昌爲御史大夫。漢紀亦載於十年。惟言太子位定，則在十二年。

上詳許之。

　　考證：詳、佯通，漢書作陽。

　　案御覽引詳作佯，新序同。詳、陽古通。佯，俗字。

四人從太子。

　　考證：古鈔本、楓、三本，人下有者字，與漢書、新序合。可從。

　　案御覽引此人下亦有者字，朱熹楚辭後語一同。

鬚眉皓白，

　　案藝文類聚十六引『鬚眉』作『眉鬚。』御覽三八三引作『鬚眉，』新序同。漢
　　書、楚辭後語鬚並作須，須、鬚正、俗字。漢紀此下有『故謂之四皓』五字。師
　　古注：『所以謂之四皓。』卽本漢紀。

衣冠甚偉。

　　案後漢書馮衍傳注引楚漢春秋云：『四人冠偉冠，佩銀環，衣服甚鮮。』

各言名姓。

　　考證：『陳仁錫曰：「宋本『名姓』作『姓名。』」愚按漢書、新序作「其姓
　　名。」』

　　案漢紀、楚辭後語亦並作『姓名。』

東園公、甪里先生、綺里季、夏黃公。

　　梁玉繩云：『索隱引陳留志、崔周世譜、四八目，載園公等姓名及字。師古王貢
　　等傳注云：「四皓無姓名可稱。蓋隱居之人，匿迹遠害，不自標顯，祕其氏族。
　　故史傳無得而詳。後代皇甫謐、圈稱之徒，及諸地理書說，兢爲四人施安姓氏，
　　自相錯互，語又不經，今竝棄略，一無取焉。」顏注是也。又有以園爲圈者，東

觀餘論據漢世石刻作圈，以圈是冊牘傳寫之差。匡謬正俗辨之曰：「圈稱陳留風
俗傳自序云：『圈公之後。』四皓有園公，非圈公。」又有以綺里季夏爲一人，
黃公爲一人者，見周密齊東野語。而後書康成傳，孔融即稱夏黃公。周密列引諸
書以證綺里季夏之非。又有以角里之角當作兩點下用者，見宋史儒林傳。而用無
其字。路史發揮四皓辨已言其誤矣。（湖本及他本皆譌甪字，非也。）

　　案重刊北宋監本、黃善夫本用並作角，御覽一四七、三八三引並同。新序亦作
　　角，是也。角里之角，作甪或甪，並誤。俞正變癸巳存稿三『書難字後』條亦有
　　說。

臣等義不受辱，

　　案御覽一四七引受作爲。

竊聞太子爲人，

　　案漢書、漢紀、楚辭後語竊並作今。

上曰：『煩公幸卒調護太子。』四人爲壽已畢，起去，上目送之。

　　案書鈔六五引外戚世家云：『漢高祖以商山四皓爲太子太師。』今本外戚世家無
　　此文，與留侯世家所載亦不符。

難動矣！呂后眞而主矣！

　　梁玉繩云：『此語可疑。高帝豈預知有呂氏稱制之事乎？御覽百四十七引此文
　　云「呂后子眞貳主矣！」』

　　案藝文類聚引難下有可字。景宋本御覽引下句作『呂后子眞而主矣！』梁氏所據
　　貳字誤。

爲我楚舞，吾爲若楚歌。

　　案西京雜記一云：『高帝戚夫人，善鼓瑟擊筑。帝常擁夫人倚瑟而絃歌，畢，每
　　泣下流漣。夫人善爲翹袖折腰之舞，歌出塞、入塞、望歸之曲。侍婢數百皆習
　　之，後宮齊首高唱。聲入雲霄。』

鴻鵠高飛，一舉千里。羽翮已就，橫絕四海；橫絕四海，當可奈何！雖有矰繳，尚安
所施？

　　苪泮林云：『史通云：「劉氏初興，書惟陸賈而已。子長述楚、漢之事，專據此

書。然觀遷之所載，往往與舊不同。如高祖之長歌鴻鵠，非惟文句有別，遂乃事理皆殊。」鴻鵠歌，史述於留侯世家。而史通云「非惟文句有別，遂乃事理皆殊。則遷所載，與舊不同，今無可考。』（梅瑞軒逸書，楚漢春秋疑義『鴻鵠歌』條。）

案殷本鵠誤鳸。漢書、楚辭後語『羽翮』並作『羽翼，』『當可』並作『又可。』記纂淵海七八引史記同，蓋與漢書文相亂也。白帖二九引此歌作『鴻鵠高飛兮，一舉千里。羽翮已成就兮，橫絕四海。橫絕四海兮，無奈何！雖有矰繳兮，安所施？』文句有別，或以楚漢春秋文爲史記邪？漢書補注引沈欽韓云：『意林：「尸子曰：鴻鵠之鷇，羽翼未全，而有四海之心。」』陳涉世家索隱亦引尸子此文。楚辭九歌雲中君：『橫四海兮焉窮！』

戚夫人噓唏流涕，上起去，罷酒。竟不易太子者，留侯本招此四人之力也！

案白帖引噓作歔（無唏字）。漢書、楚辭後語『噓唏』並作『歔欷，』『唏噓』乃借字。抱朴子逸民篇云：『漢高帝雖細行多闕，不涉典藝。然其弘曠恢廓，善恕多容，不繫近累，蓋豁如也。雖飢渴四皓，而不逼也。及太子卑辭致之，以爲羽翼，便敬德矯情，惜其大者。發黃鵠之悲歌，杜婉妾之覦覬。其珍賢貴隱，如此之大也！宜其以布衣而君四海，其度量蓋有過人者矣！』

出奇計馬邑下。

集解：『徐廣曰：「一云：出奇計下馬邑。」』

考證：漢書作『下馬邑。』

案考證說，本梁氏志疑。梁氏並云：『續古今考謂是出奇計于馬邑之下，以「下馬邑」爲非。似不然。』

不愛萬全之資，爲韓報讎彊秦，天下振動。

案白帖七引資作用，振作震。漢書、漢紀三振亦並作震，古字通用。

今以三寸舌，爲帝者師。

案御覽三六七引寸下有之字。藝文類聚十七引者下有之字。

願棄人間事，欲從赤松子游耳。

索隱‥『列仙傳：神農時雨師也。能入火自燒。崑崙山上隨風雨上下也。』

考證：……索隱『自燒』上，楓、三本有不字。

案抱朴子至理篇引作『吾將棄人間之事，以從赤松游耳。』淮南子齊俗篇許愼注：『赤誦子，上谷人也。病癘入山，導引輕擧。』赤誦子卽赤松子。又黃善夫本、殿本索隱，『列仙傳』並作『赤松子，』非其舊也。『能入火自燒，』今本列仙傳上同。張淏雲谷雜記二引列仙傳作『能入火不燒。』與楓、三本有不字合。

乃學辟穀道引輕身。

集解：「徐廣曰：「一云：乃學道引欲輕擧也。」」

考證：楓山本道作導。漢書作『乃學道輕擧。』『道引』卽『導引』。……案文選陸士衡漢高祖功臣頌注引道亦作導。白帖引此作『乃學辟穀道引，欲求輕擧也。』與徐氏所稱一本較合。漢書作『迺學道，欲輕擧。』（考證所引脫欲字。）師古注：『道，謂仙道。』漢紀作『乃學道，不食穀。』道，亦謂仙道。與史記言『道引』異。

人生一世閒，如白駒過隙，何至自苦如此乎？

正義：『莊子曰：「野馬者，塵埃也。」按遠望空中，埃塵隨風，飄疾如野羣奔。白馬亦塵埃也。……』

考證：『白駒，白馬也。隙，閒隙也。語又見魏豹傳，正義非。沈欽韓曰：「莊子知北遊篇：人生天地之間，若白駒之過郤。」』

案一切經音義三一引『如白駒過隙，』作『若白駒之過隙。』卷子本玉篇阜部引駒下亦有之字，漢書同。莊子知北遊篇成玄英疏：『白駒，駿馬也。亦言日也。』釋文：『白駒，或云：日也。』漢書魏豹傳：『人生一世閒，如白駒過隙。』師古注：『白駒，謂日景也。』王氏補注引沈欽韓云：『莊子盜跖篇：「忽然無異騏驥之馳過隙也。」墨子兼愛篇：『人之生乎地上之無幾何也，譬猶駟馳而過郤也。』據此，則謂馬也。』李斯列傳：『夫人生居世閒也。譬猶騁六驥過決隙也。』亦以馬爲喩。『何至』猶『何乃，』樊噲傳：『大王今日至聽小人之言，與沛公有隙。』至亦與乃同義。（考證從至字絕句，非也。）此義前人未發。又正義『如野羣奔，』野下蓋脫馬字。

後八年卒，諡爲文成侯。

考證：『梁玉繩云：漢傳八作六，考表，良以高帝六年封，卒于呂后二年，在位十六年，則當是「九年。」史、漢俱誤。』

案下文徐廣注亦云：『文成侯立，十六年卒。』漢紀五、通鑑漢紀四並於孝惠六年書『張良薨。』則良在位十三年，與漢傳云『後六歲薨』合。據功臣表，良卒於呂后二年，如以實歲計之，則良在位十五年，此云『後八年卒，』亦不誤。

子不疑代侯。

集解：『徐廣曰：文成侯立，十六年卒，子不疑代立。十年，坐與門大夫吉謀殺楚內史，當死，贖爲城旦，國除。』

案徐注稱不疑『坐與門大夫』云云，本功臣表。今表『大夫』下無吉字，漢表同。

從高帝過濟北，

考證：『張文虎曰：宋本、毛本帝作祖。』

案重刊北宋監本、黃善夫本帝字並同。論衡紀妖篇帝作祖。

果見穀城山下黃石，取而葆祠之。

集解：『徐廣曰：史記珍寶字，皆作葆。』

案藝文類聚六、御覽三三及五一引見皆作得，『而葆』並作『寶而。』漢書、論衡、漢紀見亦皆作得。既言得，下又言取，於義殊贅，作見較勝。初學記四、御覽三一引葆亦並作寶，漢書同。據徐注，則作葆乃史記之舊。書金縢：『無墜天之降寶命，』魯世家寶作葆，亦其驗也。

留侯死，幷葬黃石冢。

王念孫云：『幷葬黃石』下不當有冢字，此涉下文『上冢』而誤衍也。漢書作『幷葬黃石。』藝文類聚地部、太平御覽時序部膢類及地部，引史記亦作『幷葬黃石。』初學記歲時部引作『幷黃石葬。』御覽時序部伏類引作『幷黃石葬之。』皆無冢字。

案留侯上疑脫及字，藝文類聚、御覽三三及五一並引作『及死，』（漢紀作『及薨。』）蓋略留侯二字。論衡正作『及留侯死。』漢書作『及良死，）亦其證。王氏謂冢字誤衍，是也。論衡作『幷葬黃石，』漢紀作『與石幷葬，』亦其證。御覽三

三（即時序部臟類）引作『葬黃石，』非作『并葬黃石。』

每上冢伏臘祠黃石。

　　案御覽三三引石下有焉字。

然言有物。

　　索隱：按物，謂精怪及藥物也。

　　案孝武本紀：『常自謂七十能使物、卻老。』集解：『如淳曰：「物，鬼物也。」
　　瓚曰：「物，藥物也。」』索隱釋物爲『精怪，』即『鬼物』也。與彼文物字同
　　義；又釋爲『藥物，』蓋本臣瓚注。『藥物，』或謂草木之怪與？

至如留侯所見老父予書，亦可怪矣！

　　案困學紀聞二十：『東坡以圯上老人爲隱君子。』翁元圻注云：『東坡留侯論
　　曰：「子房受書於圯上之老人也，其事甚怪。然亦安知其非秦之世有隱君子，出
　　而試之。觀其所以微見其意者，皆聖賢相與警戒之義。世人不察，以爲鬼物，亦
　　已過矣！」』

高祖離困者數矣。

　　考證：漢書『離困』作『數離困阨。』

　　案漢書『離困』作『離困阨，』不當出數字。

決勝千里外，

　　案重刊北宋監本外上有之字。高祖本紀作『決勝於千里之外。』（漢書高紀無於字。）

余以爲其人計魁梧奇偉。

　　集解：『應劭曰：魁梧，丘虛壯大之意。』

　　索隱：『蘇林云：「梧音忤。」……小顏云：「言其可驚悟。」』

　　案漢書補注引王念孫云：『師古以梧爲「驚悟，」則義與魁大不相屬，故又加一
　　可字以增成其義。其失也鑿矣！今案「魁梧」皆大也。梧之言吳也，方言：
　　「吳，大也。」後書臧洪傳：「洪體貌魁梧。」李注：「梧音吾。」蓋舊有此
　　讀。「魁梧奇偉，」四字平列。魁與梧同義，奇與偉同義。應劭以「魁梧」爲
　　「邱虛壯大之意，」是也。』廣雅釋詁一：『魁，大也。』說文：『偉，奇也。』
　　又殿本索隱『音忤』作『音悟，』（疑據漢書蘇注改。）『驚悟』下有『於人』二字。

　　黃善夫本『驚悟』下亦有『於人』二字。

至見其圖，狀貌如婦人好女。

　　案論衡實知篇：『太史公之見張良，觀宣室之畫也。』史通論贊篇：『太史公曰：觀張良貌，如美婦人耳。』蓋引此文大意。漢書、漢紀三『好女』並作『女子。』記纂淵海五五引世家亦作『女子，』恐非其舊。

蓋孔子曰：以貌取人，失之子羽。

　　索隱：『……又韓子曰：「子羽有君子之容，而行不稱其貌。」與史記文相反。』案韓子顯學篇：『澹臺子羽，君子之容也。仲尼幾而取之。與處久，而行不稱其貌。』索隱節引二句。仲尼弟子列傳：『孔子聞之，曰………以貌取人，失之子羽。』索隱：『按家語：「子羽有君子之容，而行不勝其貌。」……今此孔子云「以貌取人，失之子羽。」與家語正相反。』（索隱單本。）所引家語，見子路初見篇，文全同。黃善夫本、殿本此文索隱，韓子並作家語。蓋後人據仲尼弟子列傳索隱改之，家語『不勝，』韓子作『不稱。』則此索隱所引，明是韓子文矣。又索隱『相反，』黃本、殿本並妄改作『同也。』明是相反，何言同邪？

史 記 斠 證 卷 五 十 六

陳 丞 相 世 家 第 二 十 六

王 叔 岷

少時家貧，好讀書。

　　考證：『論贊云：少時，本好黃帝、老子之術。』

　　案漢書『好讀書』下，補『治黃帝、老子之術』七字。

平爲人長美色。

　　考證：『王念孫云：當從漢書作「長大美色。」御覽引史記亦有大字。

　　案莊子盜跖篇：『生而長大，美好無雙。』淮陰侯列傳：『若雖長大，好帶刀劍
　　。』亦並以『長大』連文。

人或謂陳平曰：『貧，何食而肥若是？』其嫂嫉平之不視家生產，

　　考證：楓、三本或上無人字，平下無曰字，嫉作疾。

　　案御覽八五三引此與楓、三本同。漢書平下亦無曰字，嫉亦作疾。嫉、疾正、
　　假字。景祐本嫂作娵（後同），俗。漢書視作親，王氏補注云：『不親，言不親身
　　治家事。史記親作視，字近而訛。』王氏當云『不親家生產，言不親身治家事。』

亦食糠覈耳。

　　集解：『徐廣曰：「覈音核。」駰案孟康曰‥「麥糠中不破者也。」晉灼曰：「
　　覈音紇。京師謂鑫屑爲紇頭。」』

　　案景祐本、黃善夫本、殿本正文、集解糠並作穅，御覽引同。漢書正文注文亦並
　　作穅，俗。列子力命篇釋文引『穅覈』作『糠籺。』（引孟注穅亦作穅。）。籺乃
　　籺之省。籺，俗籺字。說文：『籺，稃也。稃，舂　粟不潰也。』玄應衆經音義
　　二二云：『籺，又作籺。堅米也。謂米之堅鞭舂擣不破者也。今關中謂麥屑堅者
　　爲籺頭。亦此也。籺乃籺之省，籺乃籺之省。說文：『籺，麥堅也。』段注：『
　　謂麥之堅者也。史、漢皆云：「亦食穅覈耳。」孟康曰：「覈，麥糠中不破者也

。」晉灼曰：「麧音紇，京師人謂鼺屑爲紇頭。」按廣韵引漢書「食穅麧，」爲是。孟注、晉音皆是麧字，後人妄改漢書耳。麧在沒韵，覈在麥韵，音不同也。孟注與許說合。』今漢書作覈，段氏以爲後人妄改，葢後人依史記改之也。據徐注『覈音核，』則史記舊本作覈。列子釋文引史記作糠，葢後人所改；或所引乃漢書文，古人引書，兩書同見之文，往往標較早書名，其例習見。又御覽引集解，中下有之字。

可娶妻，富人莫肯與者。

　　案白帖六引可作欲，人作者，與下無者字。漢書作『富人莫與者，』補注引宋祁云：『浙本作「莫肯與。」』亦無者字。

張負女孫，

　　案白帖引女上有『有』字，漢書同。

邑中有喪，平貧侍喪，以先往後罷爲助。

　　案漢書有下有大字。莊子大宗師篇：『子桑戶死，未葬，孔子聞之，使子貢往侍事焉。』成玄英疏：『令供給喪事，將迎賓客。』平之侍喪，亦此類也。

然門外多有長者車轍。

　　索隱：一作軌。

　　案書鈔一三九引轍作軌。

吾欲以女孫予陳平。

　　案白帖引此無孫字，予作妻。漢書越本亦無孫字，（補注引宋祁有說。）與下文單稱女合。

平貧不事事。

　　案白帖引『事事』作『產業，』葢引大意。

『人固有好美如陳平而長貧賤者乎？』卒與女。爲平貧，乃假貸幣以聘。

　　案白帖引長作肯，卒作遂，爲作妻，『遂與女妻平』句，與猶以也。貧，一字句。

事兄伯如事父，事嫂如母。

　　集解：兄伯已逐其婦，此嫂疑後娶也。

　　張照云：司馬遷特載陳平兄伯逐婦事，專爲下文盜嫂語明其誣耳。『事兄伯如父，

事嫂如母，』固是訓辭，連類而及，不必有嫂乃云然。裴駰必求其嫂以實之，亦鑿矣。

考證：楓，三本……父上無事字。

案記纂淵海四十引父上無事字，與楓，三本合。又景祐本、黃善夫本集解已並作以。

齎用益饒，

案漢書齎作貲，古字通用。周禮天官掌皮：『歲終則會其財齎。』鄭注：『鄭司農云：齎，或作貲。』卽其比。

里中社，平爲宰。

案通鑑漢紀一注：『孔穎達曰：「按祭法曰：『大夫以下，成羣立社，曰置社。』注云：『大夫不得特立社與民族居。百家以上，則共立一社。今時里社是也。』如鄭此言，則周之政法，百家以上得立社。其秦、漢以來，雖非大夫，民二十五家以上，則得立社。故云今之里社。』師古曰：「宰，主切割肉也。」』

分肉食甚均。父老曰，

考證：『食音嗣。藝文類聚，白氏六帖引史記無食，「父老」上有里字，與漢書合。……』

案御覽四二九引此亦無食字，（記纂淵海二引同。）父上亦有里字。漢紀二、玉燭寶典八，通鑑亦皆無食字。

善！陳孺子之爲宰。

案御覽引善下有哉字。

亦如是肉矣。

案御覽引是作此，漢書、漢紀亦並作此。

賜金二十溢。

案御覽八百九引此作『賜金三十鎰。』殿本溢亦作鎰，通鑑同。溢、鎰古、今字。

漢王攻下殷王。

考證‥『王念孫曰：御覽引此無王字，漢書亦無王字，涉上文殷王而誤衍也。「攻下殷」者，謂攻下殷國。』

案考證引王說，御覽上當補引『殷下不當有王字』句，文意乃明。通鑑殷下亦無

王字。

而平身閒行，杖劍亡，渡河。

案通鑑平作挺。書鈔一三七引杖作仗，河作水。杖、仗正、俗字。

船人見其美丈夫獨行，疑其亡將，要中當有金玉寶器。

考證：古鈔本、楓、三本要作腰，與類聚所引合。

案書鈔引船作舟。御覽三四二引要亦作腰，俗。

目之，

案宋世家：『目而觀之。』集解引服虔曰：『目者，極視精不轉也。』（殿本精作睛，精、睛古、今字。彼文斠證有說。）

乃解衣，躶而佐刺船。

案書鈔引躶作裸，漢書作臝（下同）。莊子田子方篇：『解衣槃礴臝。』字亦作臝。

裸與臝同，說文：『臝，袒也，裸，臝或从果。』（段注本改袒爲但。） 躶、臝並俗字。

平等七人俱進賜食。

考證：漢書『七人』作『十人。』

案漢書十，蓋本作十，即古七字。

諸將盡讙。

索隱：讙，譁也。音懽，又音喧。漢書作『皆怨。』

考證：今本漢書作『盡讙。』荀悅漢紀作『皆怒。』

案說文：『讙，譁也。』讙、喧古、今字。索隱所引漢書，疑漢紀之誤。今本漢紀誤怨爲怒耳。

反使監護軍長者。

考證：『王念孫曰：「長者，」諸將自謂。猶言使之監護我等也。「監護」下不當有軍字，漢書、漢紀皆無軍字。』

案通鑑『監護』下亦無軍字。

絳侯、灌嬰等咸讒陳平曰，

考證：絳侯，周勃也。漢書『絳侯、灌嬰』作『絳、灌。』

案通鑑絳侯作周勃。書鈔六四引此『絳侯、灌嬰』作『絳、灌，』疑以漢書爲史

記也。引下文亦與漢書較合。

其中未必有也。

　　案劉子新論妄瑕篇有下有『可用』二字。

盜其嫂。

　　案漢書師古注：『盜猶私也。』漢紀盜下有姪字，『盜姪，』複語，義同。

歸楚不中。

　　案御覽六百三十引中作忠。忠、中正、假字。

陛下所問者行也。

　　案長短經論士篇問作聞，聞、問正、假字。絳侯、灌嬰等讒陳平於漢王，故曰陛
　　下所聞』也。禮記檀弓篇：『問喪於夫子乎？』釋文：『問，或作聞。』晏子春
　　秋內篇雜上：『曾子以聞孔子。』家語子貢問篇聞作問，莊子天地篇：『願聞聖
　　治。』釋文：『聞，本或依司馬（彪）本作問。』並問、聞通用之證。漢紀聞作
　　知，聞亦有知義，呂氏春秋異寶篇：『名不可得而聞。』高注：『聞，知也。』

今有尾生：孝已之行，而無益於勝負之數。

　　考證：『顏師古曰：「尾生，古之信士。一說即微生高。」沈欽韓曰‥『語本蘇
　　秦謂燕王。』』

　　案今猶即也。莊子盜跖篇：『尾生與婦人期於梁下，女子不來，水至不去，抱梁
　　柱而死。』釋文：『尾生，一本作微生。戰國策作尾生高，高誘以爲魯人。尾生
　　，即論語公冶長篇微生高。戰國策燕策一，一作尾生；一作尾生高。漢書人表亦
　　作尾生高。（師古注：即微生高也。）高誘淮南子氾論篇注云：『尾生，魯人。』沈氏
　　謂『語本蘇秦謂燕王，』惟燕策一及蘇秦列傳所載蘇秦謂燕王語，乃以曾參、尾
　　生並稱；燕策一又載蘇代謂燕昭王語，以曾參、孝已與尾生高並稱，與此較合也
　　。

楚、漢相距，

　　考證：漢書楚上有今字，與上文複，蓋衍。

　　案長短經楚上亦有今字，此今字與上文今字異義，非衍。

顧其計誠足以利國家不耳。

案通鑑注：『不讀曰否。』漢書、長短經並無不字。漢紀作『顧其計誠足以益國耳。』劉子新論作『誠足以利國耳。』亦並無不字。

且盜嫂受金，又何足疑乎？

考證：楓山本何作安。漢書無且字。

案長短經亦無且字，何亦作安，乎作哉。通鑑亦無且字，漢書何亦作安。

漢王召讓平曰：先生事魏不中遂。

考證：古鈔本，楓、三本無中字，與漢書合。遂字屬上讀。愚按，『中遂，』衍其一字。

案書鈔引讓作問，漢書同。漢書師古注：『遂猶竟也。』通鑑無遂字。此文蓋本作『先生事魏不遂。』中字疑後人據上文『歸楚不中』而妄加。

故去事項王。

案此當讀『故去』句。『事項王』句。猶項羽本紀『去學劍。』當讀『去』句。『學劍』句也。

其所任愛，非諸項即妻之昆弟。

案酈生列傳，食其亦謂項王『非項氏莫得用事。』

顧大王用之。

考證：『王念孫曰：顧，當依漢書作願。』

案書鈔引此顧亦作願，通鑑同。

金具在。

考證：『漢書金上補「大王所賜」四字。中井積德曰：「時平已聞無知之語，故漢王不詰金事。而平直以金事為對，又曰『金具在，』所受於諸將之金。班史謬上增『大王所賜』四字，大失之！』

案書鈔引此金上亦有『大王賜』三字。平所受乃諸將之金，然諸將之金亦得之於漢王，故曰『大王賜金』與？

厚賜拜為護軍中尉。

案御覽引賜下有平字，『厚賜平』句。

陳平曰：項王為人，恭敬愛人。士之廉節好禮者多歸之。至於行功爵邑，重之。

考證：『楓、三本曰下項上有然字。御覽引史記，行下有賞字。漢書功下有賞字。顏師古曰：重之，言愛惜之。』

案御覽二百九十引此曰下亦有然字，行下有賞字。賞字當從漢書在功字下，長短經量才篇注功下亦有賞字。御覽引『重之』下有注云：『言愛惜之。』乃師古注也。淮陰侯列傳，韓信言項王爲人有云：『項王見人，恭敬慈愛，言語嘔嘔。人有疾病，涕泣分食飲。至使人有功當封爵者，印刓敝忍不能予。』與陳平所論相符。

今大王慢而少禮，士廉潔者不來。

案漢書、長短經注慢並作嫚，士下並有之字。嫚慢正、假字。上文士下亦有之字。

士之頑鈍嗜利無恥者，亦多歸漢。

集解：『如淳曰：頑鈍，猶無廉隅。』

案漢書鈍作頓（如注同），嗜作耆。師古注：『頓讀曰鈍，耆讀曰嗜。』一切經音義七八引如注史記云：『頑鈍，猶無廉愧也。』並引蒼頡篇：『鈍亦頑也。』

誠各去其兩短，襲其兩長，天下指麾則定矣。

考證：襲，重也。漢書作集。

案御覽引誠上有王字，則作可，義同。（孝武本紀有說。）襲與去對言，襲猶取也。文選陸士衡五等諸侯論：『新都襲漢，』李善注：『襲猶取也。』長短經注襲作集，與漢書合。集亦猶取也。廣雅釋詁一：『集，取也。』

然大王恣侮人。

考證：『張文虎曰：「中統、游本及凌引一本恣作資。」愚按漢書亦作資，顏師古曰：「資謂天性也。」』

案恣、資正、假字。集韻去聲上至第六：『恣，說文：「縱也。」秦刻石文作資。』即恣、資通用之證。師古注『資謂天資，』望文生訓。

彼項王骨鯁之臣亞父、鍾離眛、龍且、周殷之屬，

考證：『眛字，漢書從目。顏師古曰：眛，莫葛反。其字從本末之末。』

案御覽二九二引項王下有『有』字，亞父上有以字，亞父下有范增二字。以猶如

也。漢書補注：『官本綆作繮。』繮、綆正、假字。景祐本眛作眜　（下文作眜）

，漢書作眛，長短經霸圖篇注作末，下並同。眛、眜、眛，並眛之誤。末乃眛之

省。汲古閣本漢書高帝紀作眛，是也。（參看高帝紀補注引錢大昕說。）　考證所引師古

注，乃師古高紀注。

意忌信讒。

　　考證：『王先謙曰：意，疑也。』

　　案『意忌』二字平列，意者，疑也。平津侯列傳：『弘爲人意忌，』酷吏列傳：

　　湯雖文深意忌，』並同此例。王念孫雜志有說。

然而終不得裂地而王。

　　案長短經注得作能，王作封。能、得同義。

項羽果意，不信鍾離眛等。

　　考證：意，疑也。

　　案御覽引作『項王果疑之，』漢書同。漢紀作『項王疑之。』長短經注作『項王

　　果疑。』此文項羽當作項王，乃與上下文一律。意字則仍其舊。

漢王爲太牢具舉進，見楚使，

　　案御覽引此下有注云：『舉鼎俎而來也。』乃漢書師古注。

卽詳驚曰，

　　案御覽引詳作佯，長短經注、通鑑並同。漢書作陽。陽、詳古通。佯，俗字。下

　　文『乃佯遷陵爲帝太傅。』黃善夫本、殿本佯並作詳，漢書作陽，亦同此例。

乃項王使。

　　案御覽引使下有也字，漢書、長短經注並同。

更以惡草具進楚使。

　　集解：『漢書音義曰：草，粗也。』

　　朱駿聲云：『草借爲粗，范雎蔡澤傳：『使舍食草具。』索隱：「謂麤食草菜之

　　饌具也。」非。漢書郊祀志：「草改㬱服色事。」注：「粗也。賈誼傳：「酒草

　　具其儀法。」注：「粗也。」粗、草雙聲。』（說文通訓定聲。）

　　案『惡草具，』長短經注作『惡具，』項羽本紀作『惡食，』義並同。『惡草，』

複語，故可略其一。『惡草』猶『惡粗，』惡亦粗也。國語齊語：『惡金以鑄鉏夷斤斸。』韋注：『惡，麤也。』麤、粗古通。漢書服虔注：『去肴肉，更以惡草之具。』補注引宋祁云：『浙本作「菜草之具。」』御覽引世家此文有注云：『去肉，更草菜之具。』蓋服注也。范雎傳索隱『謂簠食草菜之饌具。』（麤，俗麤字。）即本服注。

亞父欲急攻下滎陽城。

　　案御覽引攻作擊，漢書、漢紀、長短經注亦皆作擊。

乃怒曰，

　　案御覽引乃下有大字，項羽本紀、漢書並同。

願請骸骨歸。

　　案御覽引請作賜，項羽本紀、長短經注、通鑑亦皆作賜。

疽發背而死。

　　考證：『顏師古曰：疽，癰瘡也。音千余反。』

　　案御覽引此下有注云：『疽，癰創也。音千餘切。』乃師古注也。創、瘡正、俗字。餘，俗亦省作余。

陳平乃與漢王從城西門夜出去。

　　考證：夜字與上文複，漢書刪。

　　案項羽本紀、漢紀、通鑑亦皆無夜字。

陳平躡漢王。

　　集解：『漢書音義曰：躡，謂躡漢王足。』

　　案淮陰侯列傳、漢書韓信傳並作『躡漢王足。』集解所引，乃孟康音義。

諸將曰：亟發兵阬豎子耳！

　　案漢紀三、通鑑漢紀三、容齋三筆四，曰上並有皆字。黥布列傳：『上召諸將問曰：「布反，爲之奈何？」皆曰：「發兵擊之，阬豎子耳！」』（又見漢書英布傳。）

有知之者乎？

　　案漢書、長短經霸圖篇注並作『人有聞知者乎？』『聞知，』複語，聞有知義，前已有說。

陛下精兵孰與楚？

　　考證：古鈔本、楓、三本『精兵』作『兵精，』與漢書合。

　　案漢紀『精兵』作『用兵之精。』漢書師古注：『與，如也。』

陛下將用兵有能過韓信者乎？

　　案漢書、漢紀、長短經注，過皆作敵。過疑本作適，適、過形近，又涉上『不能
　　過』而誤也。敵、適正、假字。絳侯周勃世家：『與戰卻適，』漢書適作敵，正
　　同此例。

上因隨以行。

　　案『上因隨以行，』猶言『上因行。』『因、隨、以』三字疊義。長短經注作『
　　上因遂行。』『因遂，』複語，亦同義。

行未至陳，

　　考證：漢書行下奪未字。

　　案考證說，本漢書補注。

戰勝剋敵，

　　案御覽六百三十引剋作尅，漢書、漢紀、通鑑並作克。尅乃剋之變，克、剋正、
　　俗字。

卒至平城，

　　案文選李少卿答蘇武書注引卒作猝，義同。戰國策西周策：『尶由卒亡，』樗里
　　子列傳卒作猝，亦其比。

高帝用陳平奇計。

　　案文選注引奇作祕，漢書高帝紀、帝王略論、通鑑亦皆作祕。

其計祕，世莫得聞。

　　集解：『桓譚新論：「……彼陳平必言漢有好麗美女，爲道其容貌天下無有。今
　　困急，已馳使歸迎取，欲進與單于。單于見此人，必大愛好之。愛之則閼氏日以
　　遠疏。不如及其未到，令漢得脫去。……」按漢書音義應劭說此事，大旨與桓論
　　略同。不知是應全取桓論；或別有所聞乎？今觀桓論，似本無說。』

　　梁玉繩云：案韓王信、夏侯嬰、匈奴等傳，則漢之所以動閼氏解圍者，止於重賂

而已。烏有所謂奇祕之計哉？史公造爲此言，遂使桓譚（集解引新論）、應劭（漢書高

紀注）　意測以美女動之。不惟鄙陋可羞；亦誣陳平甚矣！

　　案集解引新論云云，藝文類聚十八、白帖七、御覽三八一皆略引之。漢書高紀應

　　注，謂『陳平使畫工圖美女，間遣人遺閼氏。』與新論不全合，蓋別有所本也。

　　高紀師古注：『桓譚以意測之，事當然耳。非紀傳所說也。』所謂『事當然，』

　　甚是。蓋閎夭之徒，尚獻美女於紂，以赦西伯之囚。（詳殷、周本紀。）則陳平進美女

　　之計，以解高帝之圍，亦大有可能也。

今見五千戶。

　　考證：楓、三本千下有餘字。

　　案漢書千下亦有餘字。

凡六出奇計，輒益封。凡六益封。奇計或頗祕，世莫能聞也。

　　考證：古鈔本、楓山本能作得。

　　案景祐本能亦作得，記纂淵海五二引同。上文亦云：『世莫得聞。』能與得同義

　　，前已有說。平六出奇計，史、漢並同。後世如劉子知人篇，亦稱陳平『吐六奇。

　　』妄瑕篇亦云：『高祖棄陳平之小眚，採六奇之大謀。』然如文選陸士衡漢高祖

　　功臣頌云：『奇謀六奮，嘉慮四迴。』李善注：』漢書曰：」陳平凡六出奇計，

　　或頗祕之，世莫得聞。」宋仲子法言注曰：張良爲高祖畫計六；陳平出奇第四，

　　皆權謀，非正也。」然機之言，有符仲子之說，未詳相承而誤；或別有所憑也。

　　』機所謂『奇謀六奮，』是否指張良；『嘉慮四迴，』是否指陳平，固未敢必。

　　而仲子所言，則甚明塙。此誠異聞也，姑識之。

人有短惡噲者，

　　考證：楓、三本噲上有樊字。

　　案通鑑漢紀四噲上亦有樊字。

且又乃呂后弟呂嬃之夫。

　　案漢書無且、乃二字，通鑑無乃字。『且又乃』三字疊義，故可略其二，或略其

　　一。

平恐呂太后及呂嬃讒怒，

考證：楓山本無怒字。

案讒謂呂領，（通鑑謂平『畏呂領讒之於太后。』）怒謂呂太后，怒字不可無。（漢書脫讒字。）

曰：傳教孝惠。

梁玉繩云：『史詮曰：當作「皇帝。」』

考證：『李笠曰：曰字疑衍。』

案曰字非衍；孝惠亦不必作『皇帝。』生稱諡，史記習見。（參看日知錄二十三『生稱諡』條。）漢書作『曰傳教帝。』曰疑曰之誤；或後人所改。

孝惠帝六年，相國曹參卒。

梁玉繩云：參以孝惠五年八月卒，此與漢書參傳誤作六年。

案參薨，漢書惠帝紀、漢紀五、通鑑漢紀四，皆書在孝惠五年八月。漢書功臣表書參於高祖『六年十二月甲申封，十二年薨。』亦當孝惠五年。

王陵者，故沛人。

案漢書此下別爲王陵傳。

及高祖起沛，入至咸陽。陵亦自聚黨數千人，居南陽，不肯從沛公。及漢王之還攻項籍，陵乃以兵屬漢。

梁玉繩云：王陵歸漢甚早，非攻籍時始從。而又何不肯從高帝之有！……辨見功臣表中。

案續列女傳王陵母傳作『及高祖起沛，陵亦聚黨數千，以兵屬漢王。』是陵之歸漢，在高祖起沛時。與功臣表言『以客從起豐』合。惟『客從，』似不得『聚黨數千』也。漢書表、傳、漢紀二、通鑑漢紀一所記陵歸漢之時，則與世家合。

陵母既私送使者，

案既猶『既而』也。續列女傳作『既而。』

謹事漢王。漢王長者也，無以老妾故持二心。

案續列女傳謹作善，持作懷，義並近。漢書、通鑑謹亦並作善。

七年而卒。

案漢書七作十。十葢本作十，古七字也。

非治事，

案漢書非作不，義同。

面質呂頻於陳平，

 正義：質，對也。

 案漢書師古注：『質，對也。』即正義所本。

顧君與我何如耳。

 正義：顧，念思也。

 案顧猶但也。漢書師古注：『顧，念也。』即正義所本。乃望文生訓。

乃謝病。

 考證：『張文虎曰：王、柯、凌本，「謝病」作「病謝。」』

 案黃善夫本、殿本亦並作『病謝。』

高祖時，

 考證：古鈔本、楓山本，高祖作『皇帝，』與漢書合。

 案漢書高祖作高帝，補注引宋祁曰：『別本帝上有皇字。』是別本漢書高祖作高

 皇帝也。

賜平金千斤。

 考證：『梁玉繩曰：史、漢孝文紀，「千斤」作「二千金。」』

 案漢紀七作『三千金。』三疑二之誤。

勃謝曰：不知。

 考證：楓山本謝下無曰字。

 案漢書、通鑑五亦並無曰字。

於是上亦問左丞相平。

 案漢紀亦作以，亦、以並與又同義。

平曰：有主者。

 考證：漢書曰下有各字。

 案漢書補注：『宋祁曰：「越本無各字。」王念孫曰：「景祐本亦無各字。北堂書

 鈔政術部下、藝文類聚職官部一、御覽職官部二引此皆無各字。史記亦無。」』

陛下即問決獄，

案即猶若也。下文『且陛下即問長安中盜賊數，』即亦猶若也。

平謝曰：主臣。

案容齋四筆十二云：『漢文帝問陳平決獄、錢穀，平謝曰：「主臣。」史記、漢書皆同。張晏曰：「若今人謝曰『惶恐』也。」文穎曰：「惶恐之辭，猶今言『死罪』也。」晉灼曰：「主，擊也。臣，服也。言其擊服皇恐之辭。」馬融龍虎賦曰：「勇怯見之，莫不主臣。」正用此意。文選載梁任昉奏彈曹景宗，先敍其罪；然後繼之曰「景宗即主臣。」仍繼之曰「謹案某官臣景宗。」又彈劉整，亦曰「整即主臣。」齊沈約彈王源文亦然。李善捨漢、史所書，而引王隱晉書庾純自劾，以謂「然以主爲句，則臣當下讀。」殊爲非是。不知所謂「某人即主。」有何義哉？』

下育萬物之宜。

考證：漢書育作遂。

案漢紀、長短經量才篇注、通鑑育亦皆作遂，義同。孝文本紀有說。

陳平專爲一丞相。

考證：漢書無一字。

案孝文本紀、通鑑亦並無一字。漢紀作『轉爲右丞相。』專、轉古通，右字衍。

漢書補注引周壽昌云：『此後無左右。』

子何代侯。二十三年，

梁玉繩云：『三十三年，』何爲侯二十三年，傳寫謬也。

考證：『張文虎曰：「二十三年，」宋本「三十一年。」毛本「二十一年。」他本作「三十三年，」竝誤。今依梁氏志疑改，與表合。』

案景祐本、黃善夫本、殿本亦並誤作『三十三年。』

始，陳平曰：我多陰謀，是道家之所禁。吾世即廢，亦已矣。終不能復起，以吾多陰禍也！

案弘明集十三晉郗超奉法要云：『陳平亦云：我多陰謀，子孫不昌。』蓋引大意。唐无能子范蠡篇：『范蠡與大夫種謀曰：吾聞陰謀人者，其禍必復。』

然其後曾孫陳掌，以衞氏親貴戚，願得續封陳氏。然終不得。

集解：『徐廣曰：陳掌者，衞青之子壻。』

殿本考證：『衞將軍傳但云『青姊少兒與掌通。』徐注或有錯誤。』

案漢書『其後』上無然字，疑涉下然字而衍。漢書霍去病傳：『及衞皇后尊，少兒更爲詹事陳掌妻。』亦可證陳掌非衞青之子壻。

然平竟自脫。

案漢書脫作免，義同。

出自第四十三本第四分(一九七一年十二月)

史記斠證卷五十七

絳侯周勃世家第二十七

王 叔 岷

勃以織薄曲爲生。

　　索隱：『謂勃本以織蠶薄爲生業也。韋昭云：「北方謂薄爲曲。」許愼注淮南云：
　　「曲，葦薄也。」……』

　　案漢書周勃傳師古注亦引許愼云：『葦薄爲曲也。』乃許氏淮南子時則篇『具挾
　　曲筥筐』注，（今本挾誤樸，王念孫雜誌有說。）參看陶方琦淮南許注異同詁。說文：『
　　曲，或說：曲，蠶薄也。』又『苗，蠶薄也。』段注：『豳風毛傳曰：「豫畜萑
　　葦，可以爲曲也。」曲與苗同。字亦作籧，廣雅釋器：『籧謂之薄。』

常爲人吹簫給喪事。

　　集解：『如淳曰：以樂喪家，若俳優。」瓚曰：「吹簫以樂喪賓，若樂人也。」』
　　索隱：『左傳：「歌虞殯。」猶今挽歌類也。歌者或有簫管。』

　　俞正燮云：『漢書勃傳注，師古用瓚說。今案索隱言是也。簫非編簫，乃短簫。
　　亦謂之鼓吹，謂簫之簧鼓以吹之。自是秦、漢喪儀，非關樂賓。喪事行車，用短
　　簫以節行止。又以人死，使人勿惡，非爲樂賓。其別爲樂賓，則自漢桓寬、如
　　淳、臣瓚時已然。桓寬鹽鐵論國病云：「送死殫家。」散不足云：「俗因人之喪
　　以求酒肉，與小坐而責辦歌舞伎戲。」』（癸巳存稿十一。）

　　案世說新語任誕篇注引此，『給喪事』作『樂喪。』蓋據如淳、臣瓚注改之。
　　（古人引書，往往據注文改正文。）劉子妄瑕篇：『周勃俳優之任。』亦本如注。殿本瓚
　　注『喪賓』作『喪殯。』殯、賓正、假字。（漢書補注以作殯爲是，未達假借之旨。）索
　　隱所引左傳，見哀十一年。

高祖之爲沛公初起，勃以中涓從攻胡陵，下方與。

案書鈔五七引史記云：『樊噲、周勃，並爲高祖舍人也。』孔廣陶校注云：『絳
侯世家則但言爲中涓，不言爲舍人。』據樊噲列傳：『高祖爲沛公，以噲爲舍
人。』書鈔稱周勃亦爲高祖舍人，蓋連類及之耳。

與戰却適，

　　集解：駰案適，漢書作敵。

　　案集解，景祐本南宋補版、黃善夫本、考證本並脫，據殿本補。敵、適正、假
　　字。

下下邑，先登，賜爵五大夫。攻蒙、虞，取之。

　　索隱：蒙、虞，二縣名。地理志，屬梁國。

　　考證：漢書作『蘭、虞，』非是。

　　案漢書蒙作蘭，補注引齊召南云：『據地理志，梁國即秦碭郡也。下邑、蒙、虞
　　三縣，俱屬梁國，此文蘭應作蒙。』

擊秦軍阿下，破之。追至濮陽，下甄城。

　　案漢書甄作鄄，補注引齊召南云：『史鄄作甄，鄄、阿地近濮陽，史記是。』甄
　　乃鄄之借字。

攻張，

　　集解：『漢書音義曰：攻壽張。』

　　索隱：地理志，東郡壽良縣，光武改曰壽張。

　　梁玉繩云：『漢傳敘地名多異，如蒙之爲蘭，甄城之爲鄄城，張之爲壽張，恐
　　非。光武改東郡壽良縣爲壽張，而史不言壽良者，方輿紀要云：山東壽張縣南有
　　張城也。』

　　案漢書作『改壽張。』集解『音義』二字疑衍。漢書補注云：『壽張當作壽良，
　　東郡縣。後漢光武以叔父名良，諱改壽張。此作壽張，後人所改。史記作「攻
　　張，」又脫壽字。』據梁說，則史記未脫壽字。又索隱單本、黃善夫本、殿本，
　　壽良並作壽梁，良、梁古通，梁孝王世家：『北獵良山，』漢書良作梁，即其
　　比。

攻東郡尉於城武，

考證：漢書城武作成武。

案曹相國世家亦作成武，城、成古通，其例習見。

攻槐里、好畤，最。

集解：『如淳曰：於將率之中功爲最。』

案漢書補注引沈欽韓云：『商子境內篇：陷隊之士，其先入者舉爲最。其後入者舉爲殿。』（商子最下原有啓字，殿上原有最字，沈引刪之。）惟殿、最字。當作冣。冣，古聚字。說文：『冣，積也。』引申有多、上義。段注：『凡云殿、冣者，皆當作从冖字。韋昭云：「第上爲冣，極下爲殿。」孫檢云：「上功曰冣，下功曰殿。」漢書周勃傳曰：「攻槐里、好畤，冣。」又曰：「擊趙賁、內史保於咸陽，冣。」又曰：「攻上邽，東守嶢關，擊項籍，攻曲遇，最。」樊噲傳曰：「攻趙賁，下郿、槐里、柳中、咸陽，灌廢丘，冣。」此皆殿、冣之冣。張晏曰：「冣，功第一也。」如淳曰：「於將帥之中功爲冣也。」』今史記、漢書正文、注文，此諸冣字，皆譌爲最。當從段說訂正。

擊盜巴軍，

考證：『漢書盜巴作益己，漢書訐林云：二字筆畫相似，未辨孰是。』

案考證說，本梁氏志疑。竊疑盜巴乃益己之形誤。

因東定楚地泗川、東海郡。

梁玉繩云：『川當作水，說在高紀。淩氏云：「一本作水。」未見。』

考證：淩引一本泗川作泗水，與漢書合。

案淩氏所稱一本，或即指漢書也。史、漢功臣表亦並作泗水。

賜與潁陽侯共食鍾離。

正義：『括地志云：潁陰故城，在陳州南頓縣西北。……』

梁玉繩云：陽乃陰字之譌，謂灌嬰也。然預稱侯，非。

考證：正義本、淩引一本潁陽作潁陰，與漢書合。

案灌嬰預稱侯，乃史公追書耳，漢書本之。淩引一本潁陽作潁陰，蓋亦指漢書也。正義潁陰，黃善夫本、殿本並誤潁陽。又漢紀三亦誤書『灌嬰爲潁陽侯。』

擊反者燕王臧荼，

　　張照云：馬遷書反者燕王臧荼及韓王信。皆以明韓信輩之不反。至本傳，則從國
史所書，俾兩不相掩。

　　案張說可參，然未可必。如必謂史公於此寓韓信不反之意，則樊噲傳書噲『從高
祖攻反燕王臧荼，』及『攻反韓王信』間，即書『楚王韓信反。』又當何說邪？
蓋史公記事亦時有詳略耳。

食絳八千一百八十戶。

　　梁玉繩云：戶口此多八十，說在表。漢傳『一百，』有本作『二百。』誤。

　　案史、漢功臣表並作『八千一百戶。』與世家稱『一百』同。則漢傳作『二百』
之本固誤矣。

降下霍人。

　　索隱：『蕭該云：「左傳：『以偪陽子歸，納諸霍人。』杜預云：『晉邑也。』
字或作靃。」』

　　正義：『……按樊噲列傳作靃人，其音亦同。』

　　案索隱所稱左傳，見襄十年。正義所稱樊噲傳，今本靃人作霍人。霍乃靃之俗
省。

所將卒斬猻將軍乘馬絺。

　　梁玉繩云：乘馬，姓。絺，名也。漢傳名降。

　　案漢傳名降，疑是。世家降作絺，蓋涉上下文猻字而誤。（景祐本上下文猻並作猻，
俗。）

丞相箕肆、將勳。

　　梁玉繩云：漢傳肆作肄，古通。下文高肆作高肄，可見。至勳之作博，索隱以為
漢書字誤。徐廣謂『箕，一作糞。勳，一作尃，一作轉。』亦誤也。

　　案勳，疑本作熏；或勳壞為熏，因形近而誤為尃。尃、轉古通，因復有作轉之本
矣。尃、專俗書往往相亂，專、博古通，故漢書又誤為博矣。

因復擊猻靈邱，破之，斬猻。

　　案高祖本紀稱樊噲『斬陳猻當城，』陳猻傳（附見韓信盧綰列傳）稱樊噲『斬猻於靈
丘。』與此及漢書稱周勃斬猻異。蓋周勃斬猻，樊噲亦豫其事也。水經注十三、

通鑑漢紀四並稱周勃『斬陳豨於當城。』靈丘、當城並代郡縣名。（參看高祖本紀梁氏
志疑及斠證。）

得豨丞相程縱，將軍陳武，

　　梁玉繩云：酈商傳以爲商得程縱，何也？又此陳武，乃陳豨將，別是一人。非棘
　　蒲侯。

　　案此言勃得程縱，酈商傳稱商得程縱，蓋商亦豫其事也。

御史大夫施，屠渾都。

　　索隱：『施，名也。屠，滅之也。地理志，渾都縣，屬上谷。一云：御史大夫姓
　　施屠，名渾都。』

　　案索隱所稱『一云，』乃漢書師古注。梁玉繩云：『渾都，即上谷軍都縣。而施
　　乃絀御史大夫名。師古謂「姓施屠，名渾都。」非。』

定上谷十二縣，

　　梁玉繩云：『定上谷十一縣，』一本作『十二縣，』是。與漢書合。

　　考證：凌本『十二縣』譌『十一縣。』

　　案殿本亦譌『十一縣。』景祐本、黃善夫本並作『十二縣。』

遼西、遼東二十九縣。

　　梁玉繩云：漢傳無遼西，非。遼東止十八縣也。

　　案漢書補注引錢大昭云：『案地理志，遼西縣十四，遼東縣十八，合之得三十二
　　縣。較絳侯所定者多三縣，後又有析置者耳。且下云「定郡五，」若無遼西，止
　　四郡矣。當從史記爲是。』

最從高帝，

　　索隱：最，都凡也。謂總舉其從高祖攻戰克獲之數也。

　　案漢書師古注：『最者，凡也。總言其攻戰克獲之數。』即索隱所本。最訓凡，
　　字當作冣。說文：『冣，積也。』引申有都凡義。段注：『漢書周勃傳曰：「冣
　　從高帝」云云，師古云：「冣，凡也。」又衞青霍去病傳曰：「冣大將軍青凡七
　　出」云云，文法正同此。』漢書正文、注文諸冣字皆譌爲最，段氏改爲冣，是
　　也。史記衞將軍驃騎列傳：『最大將軍青凡七出擊匈奴。』（索隱：〔最，〕謂凡計也。）

最亦當作𠀤。

勃爲人木彊敦厚，高帝以爲可屬大事。

案高祖本紀：『上曰：周勃重厚少文。然安劉氏者，必勃也。可令爲太尉。』御
覽四六四引世家此文，作『周勃爲人木強少文，然可屬大事。』蓋兼高紀文引之。
張丞相列傳贊：『周昌，木彊人也。』正義：『言其質直掘強，如木石然。』（
本漢書師古注。）木借爲樸，（朱駿聲說文通訓定聲有說。）釋『木彊』爲『質直掘強，』
已得其義；又贅『如木石然』四字，則是望文生訓矣。

每召諸生說士，

梁玉繩云：漢傳士作事。

案漢書補注所據汲古閣本作士，補注云：『錢大昭曰：「士，南監本、閩本竝作
事。」先謙曰：「官本作事。」』士、事古通，說文：『士，事也。』論語述而
篇：『雖執鞭之士，吾亦爲之。』鹽鐵論貧富篇引士作事，並其證。

趣爲我語。

案漢書師古注：『趣讀曰促，謂令速言也。』

孝惠帝六年，置太尉官。

集解：『徐廣曰：功臣表及將相表，皆高后四年始置太尉。』

案漢傳與世家同。補注引齊召南云：『案傳此文與公卿表同。蓋用史記世家，而
不取史記功臣、將相二表也。』漢紀五，於孝惠六年書『置太尉官。』亦與世家
同。

而君受厚賞、處尊位以寵。

案孝文本紀而作今，而猶今也。（此義前人未發，呂后本紀有說。）

乃謝，請歸相印。

案孝文本紀、陳丞相世家、漢紀七、通鑑漢紀五，謝下皆有病字。

歲餘丞相平卒。

考證：『梁玉繩曰：勃以元年八月免相，平於二年十月薨。中間止隔一月，安得
言「歲餘」哉？當是「月餘」之誤。』

案『歲餘』疑本作『月餘，』涉下文『歲餘』字而誤也。

每河東守、尉行縣至絳，

　　　案通鑑漢紀六注：『行縣，循行屬縣也。』循借爲巡。

其後人有上書告勃欲反，下廷尉。

　　　集解：『徐廣曰：文帝四年時。』

　　　案世說新語規箴篇注引『下廷尉，』作『文帝下之廷尉。』恐非其舊。漢書文帝

　　　紀、漢紀七、通鑑漢紀六載此事，並在文帝四年。

逮捕勃治之。

　　　案書鈔四五引勃下有『繫獄』二字。

勃以千金與獄吏，獄吏乃書牘背示之。

　　　案記纂淵海七一引與作賄，『吏乃』上無獄字。五五引『吏乃』上亦無獄字，御

　　　覽六四三引同。漢紀、通鑑亦同。

勃之益封受賜，盡以予薄昭。

　　　梁玉繩云：『劉辰翁曰：「封不可予。」（漢書缺「受賜」二字。）』

　　　考證：予所賜之金也。

　　　案予謂予所受賜。所受之賜非僅金而已。

太后亦以爲無反事。

　　　案御覽六四三引爲作勃，通鑑爲下有勃字。

太后以冒絮提文帝。

　　　案冒借爲冃，說文：『冃，小兒蠻夷頭衣也。』繫傳：「史記云：「薄太后以冒

　　　絮提文帝」是也。今作帽。』絮借爲帤，孫詒讓云：『方言云：「大巾，陳、潁

　　　之間謂之帤。」說文云：「帤，巾帤也。」玉篇云：「帤，大巾也。」史記絳侯

　　　世家云：「太后以冒絮提文帝。」集解：「晉灼云：巴蜀異物志，謂頭上巾爲冒

　　　絮。」』（札迻十。）

不以此時反。

　　　案御覽八一九引作『此時不反。』漢紀作『此時猶不反。』

顧欲反邪？

　　　案漢紀顧作乃，義同。御覽引邪作也，義同。

吏事方驗而出之。

王念孫云：此當作『吏方驗而出之。』不當有事字。蓋古文事字作𡊨，與吏相似，故吏誤爲事。今本作『吏事』者，一本作吏；一本作事，而後人誤合之耳。漢書周勃傳無事字。

案通鑑、容齋隨筆二亦並無事字。

絳侯既出，曰：吾嘗將百萬軍，然，安知獄吏之貴乎！

案漢書作『勃既出，曰：吾嘗將百萬軍，然，安知獄吏之貴也！』補注：『官本無然字。』世說新語規箴篇注引史記作『勃既出，歎曰：吾常將百萬之軍，安知獄吏之爲貴也！』與漢書較合。（漢紀作『勃出，曰：吾常將百萬衆於北軍，安研獄吏之貴哉！』亦與漢書較合。）初學記二十引史記亦無然字，乎亦作也。御覽六四三引乎亦作也。

不相中。

案中猶得也。封禪書：『而康后有淫行，與王不相中。』索隱引三蒼云：『中，得也。』

封爲條侯。

集解：『徐廣曰：「表皆作脩字。」駰案服虔曰：「脩音條。」』

案今本史記功臣表作條。漢表作脩，師古注：『脩讀曰條。』脩、脩古通。黃善夫本、殿本集解，脩皆作蓨，非其舊也。

條侯亞夫自未侯爲河內守時，

案御覽七二九引守上有太字（四八六引無太字），漢紀九同。據上文言『河內守，』則此文原無太字。

君後三歲而侯，侯八歲爲將相。

裴學海云：『而、爲互文，而猶爲也。』（古書虛字集釋七。）

案漢紀而作爲。

持國秉貴重矣。

考證：『梁玉繩曰：野客叢書依蔡澤傳，疑秉下脫政字。恐非。秉即柄也。』

案漢書、論衡骨相篇並作『持國秉。』可證秉下無脫文。御覽四八六引秉作柄。

許負指其口曰：有從理入口，此餓死法也。

案御覽引曰字在此字上，論衡同。論衡、漢紀從並作縱，古字通用。劉子命相篇：『亞夫縱理，許負見於餓死。』

祝茲侯徐厲爲將軍，軍棘門。

梁玉繩云：當作『松茲侯徐悼，』非祝非厲也。亦說在文紀中。

考證：『祝茲侯徐厲，』當作『松茲侯徐悍，』說在文紀。

案祝茲侯當作松茲侯，梁說是，考證本之。惟徐厲不當作徐悼，文帝後六年爲將軍軍棘門者，實是徐厲，非其子徐悼。亦非徐悍，悍是別一人。詳文紀梁氏志疑及斠證。

將以下，

案藝文類聚五九、御覽二九六引以並作軍，疑以上本有軍字。漢紀八作『大將軍以下。』大字衍。

彀弓弩持滿。

索隱：彀者張也。

案漢書師古注：『彀，張也。』即索隱所本。

軍中聞將軍令，不聞天子之詔。

考證：類聚、御覽引史，中下有但字。

案漢紀中下亦有但字，子下無之字。藝文類聚、御覽引史記子下亦並無之字。

將軍約，軍中不得驅馳。

案御覽引約下有束字。記纂淵海八十引『驅馳』作『馳驅。』司馬穰苴列傳：『軍中不馳。』

於是天子乃按轡徐行至營。

考證：古鈔本營上有中字，與漢書合。

案漢紀營上亦有中字。御覽引史記營上有『軍中』二字，軍字涉上下文而衍。

介胄之士不拜。

案越絕荆平王內傳：『子胥介胄彀弓出見使者，謝曰：介胄之士固不拜矣。』

改容式車。

索隱：軾者，車前橫木。若上有敬，則俯身而憑之。

案索隱云云，是所據本式作軾。御覽引此式亦作軾，古字通用。

文帝曰：嗟乎！此眞將軍矣！

　　案趙世家載姑布子卿稱趙簡子之子毋卹，亦曰：『此眞將軍矣！』

其將固可襲而虜也。

　　案記纂淵海引虜作取。

卽有緩急，

　　案卽猶若也。緩與急義相反，二字連用，僅取急義。『卽有緩急，』猶言『若有
　　急』耳。孝文本紀：『生子不生男，有緩急非有益也。』『緩急』連文，亦僅取
　　急義。

東擊吳、楚，因自請上曰：楚兵剽輕，難與爭鋒。

　　梁玉繩云：吳王傳『剽輕』諸語，出鄧都尉；此云亞夫自請于上。漢書兩傳亦仍
　　史異。師古以爲未知孰是；索隱謂問鄧都尉得其實。又漢傳有趙涉遮說亞夫霸上
　　事，此不載，何也？

　　案吳王傳載鄧都尉爲亞夫畫策語，與此亞夫自請於上語相近。二說並是，並得其
　　實。蓋亞夫用鄧都尉策，因自請於上也。長短經覇圖篇注載此事，鄧都尉爲亞夫
　　畫策之後，繼之以亞夫自請於上。合而記之，最爲有識。吳王傳考證引趙翼云：
　　『據本傳，以梁委吳之計，亞夫至雒陽後遇鄧都尉始定也。而周勃世家則謂亞夫
　　初受命，卽請於上………是此策亞夫未出長安，早定於胸中，不待至雒問鄧都尉
　　矣。』據世家稱亞夫『東擊吳、楚，因自請上。』是否卽在長安，似未可定。卽
　　在長安已有決策，至雒陽（吳王傳本作淮陽）復虛心問父故客鄧都尉，而鄧畫策與亞
　　夫所見相同，亦無足怪。此當合世家與傳文觀之，不當以爲岐異也。漢書周勃、
　　吳王兩傳，並仍史記之舊，是矣。

願以梁委之，其糧道，乃可制。

　　索隱：謂以梁委之於吳，使吳兵不得過也。亦有作餧者，亦通。

　　案長短經注委作餧，制下有也字。委、餧正、假字。廣雅釋詁一：『委，棄也。』
　　（李牧傳：『以數千人委之。』索隱：『委，謂棄之。』）漢書制下亦有也字。

梁日使使請太尉。

考證：楓、三本梁下有王字。

案漢書、長短經注『梁日』並作『梁王。』

吳兵乏糧，饑，數欲挑戰。

考證：古鈔本、三條本吳下有楚字，與漢書合。漢書無欲字。

案長短經注吳下亦有楚字。漢紀九有楚字而脫吳字。漢書、長短經注『數欲挑戰，』並作『欲退，數挑戰。』疑存史記之舊。『數挑戰，』乃與下文『終不出』相應。今本欲字既錯在數字上，又脫退字耳。吳王傳作『數挑戰，』上無『欲退』二字，通鑑漢紀八同。

太尉終臥不起。

考證：漢書終作堅。

案漢書補注引宋祁云：『浙本堅作終。』與史記合。漢紀、通鑑終並作堅。

吳兵既饑，乃引而去。

案漢書兵作楚。漢紀兵亦作楚，引下有兵字，長短經注同。通鑑作『吳、楚士卒多饑死叛散，乃引而去。』亦兼言『吳、楚。』

降其兵。

案漢書兵作縣。

丞相固爭之，不得。

案漢書得作待，補注：『官本作得。』得、待古通，孔子世家：』衞君欲得孔子為政。子路曰：衞君待子而為政，子將奚先？』上言得，下言待，待猶得也。

如南皮章武侯，

案漢書、通鑑並無侯字。

人主各以時行耳。

正義：『人主』作『人生。』

考證：楓、三本『人主』作『人生。』正義『人主』上疑脫漢書二字。。

案景祐本亦作『人生。』漢書、漢紀、通鑑皆同。正義作上疑脫一字。

死後乃封其子彭祖頋得侯。

索隱：『許慎注淮南子云：頋，反也。』

　　考證：『李笠曰：封字衍，漢傳無。』

案封字非衍，漢書刪封字耳。『死後乃封其子彭祖』句。『顧得侯』句。漢書師古注亦云：『顧，反也。』通鑑作『死後，其子彭祖顧得侯。』刪『乃封』二字，則顧當訓乃。漢紀作『及死，其子彭祖乃侯。』亦無『乃封』二字，顧正作乃。

吾甚恨之！

　　考證：『王念孫曰：恨，悔也。……』

案王說是。淮陰侯列傳：『信方斬，曰：吾悔不用蒯通之計！』下文『呂后曰：「信言：恨不用蒯通計！」』上言悔，下言恨，其義一也。戰國策秦第四：『此講之悔也。』高誘注：『悔，恨也。』亦二字同義之證。

景帝曰：『請得與丞相議之。』丞相議之。

　　考證：『漢書削「丞相議之」四字。崔適曰：「『丞相議之』四字重言，必是衍文。」愚按「請得與丞相議之，」記言之文；「丞相議之，」記事之文。崔說誤。』

案考證說是。惟漢書『議之』作『計之。』補注引宋祁云：『景本「計之」字下，又有「與丞相計之」五字。』通鑑作『帝曰：「請得與丞相議之。」上與丞相議。』並與史記合。則此重『丞相議之』四字，自非衍文矣。

其後匈奴王徐盧等五人降。

　　梁玉繩云：『「五人」乃「七人」之誤，說在景紀。此人姓唯徐名盧，似脫唯字。說在惠景侯表。（考證引梁說未備。）

案漢書師古注：『功臣表云，唯徐盧。』五，古文作×，與七形近，往往相亂。孝景本紀梁氏志疑云：『史漢表，中三年，以匈奴王降者七人。安陵侯于軍、垣侯賜、遒侯李隆彊、容城侯徐盧、易侯僕黜、范陽侯范代、翕侯邯鄲，此七人為匈奴王同，來降同，封侯同。其不同者，只安陵以十一月封，餘六侯以正月封，（史漢表誤作十二月。）故紀書封侯在春。』通鑑『五人』作『六人，』注：『徐盧容城侯、賜桓侯、陸彊遒侯、僕黜易侯、范代范陽侯、邯鄲翕侯。』蓋僅計正月封之六侯也。垣侯之作桓侯，隆彊之作陸彊，乃本漢表。

則何以責人臣不守節者乎？

　　案則猶將也。漢書則作卽，卽亦猶將也。（吳昌瑩經詞衍釋八有說。）

又不置櫡，條侯心不平。顧謂尙席取櫡。

　　索隱：……櫡音筯，漢書作箸。……

　　案御覽七百六十、八四七引櫡並作箸，漢紀、通鑑亦並作箸。櫡與箸同。筯，俗
　　字。

此不足君所乎？

　　梁玉繩云：一本此下有非字，漢傳亦有。

　　考證‥『張文虎曰：毛本作「此非不足君所乎？」凌引一本同。漢傳有非字。』
　　案景祐本、殿本此下亦並有非字，通鑑同。御覽七百六十引此下有豈字。八四七
　　引所下有食字。

條侯免冠謝，上起。

　　考證：漢書作『免冠謝，上曰起。』此上字下，蓋脫曰字。

　　案漢書、通鑑並作『免冠謝上，上曰起。』

曰：此快快者，非少主臣也。

　　考證：『沈欽韓曰：「御覽八十八引漢武故事曰：『時太子在側，亞夫失意，有
　　怒色。太子視之不輟，亞夫于是起。帝曰：「爾何故視此耶？」對曰：「此人面
　　畏，必能作賊。」帝笑曰：「此快快，非少主臣也。」』」』
　　案漢書、通鑑快並作鞅，快、鞅正、假字，說文：『快，不服，懟也。』（秦始皇
　　本紀已有說。）考證引沈說，本漢書補注。惟沈引御覽有脫誤。景宋本御覽『怒色』
　　作『怨色，』『視此』下有人字，『面畏』作『可畏，』『笑曰』下有因字，『
　　少主』下有之字。當補正。

取庸苦之，

　　案『取庸』一詞，古籍習見。漢書景帝紀：『吏發民，若取庸采黃金珠玉者，坐
　　臧爲盜。』韋昭注：『取庸，用其資以顧庸。』『顧庸』卽『雇傭。』商君書墾
　　令篇：『無得取庸，則大夫家長不建繕。』韓非子外儲說右上：『取庸作者進美
　　羮。』淮南子繆稱篇：『取庸而強飯之，莫之愛也。』皆同此例。『取庸』亦作

『聚庸，』管子地數篇：『北海之衆，毋得聚庸而煮鹽。』取、聚古通，莊子天運篇：『取弟子遊居寢臥其下。』覆宋本取作聚，卽其比。（參看拙著劉子集證去情篇引孫楷第說。）

怒而上變告子。

　　考證：漢書怒作怨。

　　案論衡骨相篇、通鑑怒亦並作怨。

書旣聞上，上下吏。

　　案漢書、通鑑上字並不疊。

夫人止之。

　　案漢書、漢紀、通鑑夫上皆有其字。

嘔血而死。

　　案漢書、漢紀、通鑑嘔作歐，歐、嘔正、俗字。

十三年，爲太子太傅，坐酎金不善。元鼎五年，有罪，國除。

　　正義：坐酎金不善，皆在元鼎五年。金旣不善；□有罪國除。史記□□，以語顚倒，所以先儒致疑。……

　　案正義『有罪』上所闕，疑是復字。史記下所闕，疑是『云云』二字。

鄙樸人也。

　　案莊子漁父篇：『而樸鄙之心至今未去。』日本舊鈔本『樸鄙』作『鄙樸。』

雖伊尹、周公，何以加哉？

　　梁玉繩云：以伊、周比絳侯，不倫。說在李斯傳。

　　案史公以伊、周比絳侯，乃就絳侯處伊、周之任而言，亦無不可。漢書贊亦稱絳侯『爲漢伊、周。』師古注：『處伊尹、周公之任。』是也。

穰苴曷有加焉？

　　案有猶以也。

出自第四十三本第四分（一九七一年十二月）

史記斠證卷五十八

梁孝王世家第二十八

王 叔 岷

雖知非至言。

　　案漢書梁孝王傳補注：『至，誠直也。』至借爲質，『質言，』即誠直之言。商君列傳：『至言，實也。』亦同例。莊子天道篇：『天地之平，而道德之至。』刻意篇至作質，即至、質古通之證。

然心內喜，太后亦然。其春，吳、楚、齊、趙七國反。

　　考證：楓、三本其下春上有言字，屬上讀。

　　案後褚先生續世家載此事，云：『太后喜說。』魏其侯列傳云：『太后驩。』並與此『太后亦然』同旨。楓、三本此文其下春上有言字，蓋涉上文『非至言』而衍。考證讀『太后亦然其言』爲句，非也。漢書、通鑑漢紀八亦並作『太后亦然。』

而梁所破殺虜略，與漢中分。

　　集解：『漢書音義曰：梁所虜吳、楚之捷，略與漢等。』

　　考證：略字屬下句，取也。漢書刪破字，略字屬下讀。

　　案集解所引漢書音義，乃孟康音義。王氏補注云：『廣雅釋詁：「略，取也。」史記貨殖傳：「秦破趙，遷卓氏，卓氏見虜略。」魏志呂布傳注引英雄記：「呂布與遇、奉二軍向壽春水陸並進，所過虜略。」是皆「虜略」連文，孟康以略字屬下文，非也。史記世家作「梁所破殺虜略，與漢中分。」則句讀益明。裴駰彼注又引孟注立訓，疏矣！』韓長孺列傳：『匈奴虜略千餘人，』亦以『虜略』連文。

其後梁最親有功。

案通鑑漢紀八注：『梁王以母弟之親，又有破吳、楚之功。』

於是孝王築東苑，方三百餘里。

　　正義：『括地志云：兔園，在宋州宋城縣東南十里。』

　　案御覽一五九引圖經云：『梁王有修竹園，園中竹木，天下之選。集諸方游士各為賦，故館有枚、鄒之號。又有鴈鶩池，周廻四里，亦梁王所鑿。又有清泠池，有釣臺，謂之清泠臺。』『清冷』蓋『清泠』之誤。又正義『兔園，』黃善夫本、殿本並作『苑園。』兔字誤。

為複道，自宮連屬於平臺，三十餘里。

　　案御覽一五九引為上有又字，於作諸，諸、於同義。漢書複作復（御覽一五九引作復），古字通用。殿本『三十』作『五十，』恐誤。御覽引漢書作『四十，』疑亦非。

出從千乘萬騎。

　　案漢書、通鑑並無出字，（漢紀九無『出從』二字。）

出言蹕，入言警。

　　索隱：『漢舊儀云：皇帝輦動稱警。出殿則傳蹕，止人清道。言出入者，互文耳。入亦有蹕。』

　　案漢書、漢紀出、入二字互易。韓長孺傳、漢紀、通鑑蹕皆作蹕，蹕與蹕同，說文：『蹕，止行也。』漢書師古注：『言出入者，互文耳。出亦有蹕。漢儀注：「皇帝輦動，左右侍帷幄者稱警，出殿則傳蹕，止人清道也。」』即索隱所本。『出亦有蹕，』索隱改作『入亦有蹕。』蓋由世家正文云『出言蹕』耳。

招延四方豪桀，

　　案殿本桀作傑，傑、桀正、假字。

自山以東游說之士，莫不畢至。齊人羊勝、公孫詭、鄒陽之屬。

　　案西京雜記四稱『梁孝王游於忘憂之館，集諸游士，各使為賦。』所載為賦諸士，有枚乘、路喬、公孫詭、鄒陽、公孫乘、羊勝、韓安國之屬。通鑑亦云：『如吳人枚乘、嚴忌，齊人羊勝、公孫詭、鄒陽，蜀人司馬相如之屬，皆從之游。』（注：嚴忌本姓莊，漢書避明帝諱改為嚴。）

公孫詭多奇邪計。

　　案漢紀作『公孫詭、羊勝多奇邪計。』通鑑亦云：『勝、詭多奇邪計。』

乘輿駟馬迎梁王於關下。

　　考證：『張文虎曰：淩本關譌闕。』

　　案通鑑乘上有以字。殿本關亦譌闕。

梁之侍中郎謁者，著籍引，出入天子殿門。

　　正義：著，竹略反。

　　考證：『王先謙曰：百官表，諸侯有謁車郎。』

　　案漢書師古注：『著，音竹略反。』即正義所本。考證『謁車』乃『謁者』之
　　誤。

與漢宦官無異。

　　考證：『張文虎曰：疑衍宦字。』

　　案漢紀無宦字，『宦官，』複語，宦亦官也。故可略其一。漢書作『宦官，』與
　　世家合，宦字非衍。

有所關說於景帝。

　　索隱：『……一云：關者隔也。引事而關隔其說，不得行也。』

　　考證：『佞幸傳序：「公卿皆因關說。」索隱云：「關，通也。……」中井積德
　　曰：「關，與關白之關同。……」』

　　案朱駿聲云：『索隱：「關，隔也。」佞幸傳：「公卿皆因關說。」索隱：「通
　　也。」按事不覿面，相隔而由中人以通達謂之關。』（說文通訓定聲。）漢書補注亦引
　　佞幸傳及索隱，訓關爲通。考證說，蓋直本於補注。中井謂『關與關白之關
　　同。』補注亦有說。

竇太后議格。

　　考證：議，諸本作義。今從淩所引一本。漢書作議。

　　案殿本亦作議，通鑑同。義、議古通，留侯世家已有說。

乃與羊勝、公孫詭之屬。

　　考證：漢書屬下有謀字，此疑脫。

案通鑑作『乃與羊勝、公孫詭謀。』亦有謀字。考證說，本梁氏志疑。

逐其賊未得也。於是天子意梁王。

　　索隱：謂意疑梁刺之。

　　考證：『李笠曰：下云「逐賊，果梁使之。」此逐字卽涉下文誤衍。漢書無王字。』

　　案漢書、通鑑並無『逐其』二字。李氏謂此逐字誤衍，是也。漢書師古注：意，疑也。』卽索隱『意疑』所本。漢紀意正作疑。索隱『謂意疑梁刺之。』似所據本梁下本無王字。通鑑亦無王字。

覆按梁，

　　案漢書、通鑑梁下並有事字。

梁相軒丘豹、

　　正義：姓軒丘，名豹也。

　　案漢書師古注：『姓軒丘，名豹。』卽正義所本。補注引錢大昭云：『楚文王世子食采於軒丘，因以爲氏。見廣韻。』

上由此怨望於梁王。

　　案望借爲䏿，說文：『䏿，責望也。』『怨望』連文，本書習見。殷本紀有說。

乃使韓安國因長公主謝罪太后，然後得釋。

　　考證：『歸有光曰：按安國傳。因長公主謝太后事在前，非爲勝、詭事。疑世家誤也。』

　　案考證引歸說，本殿本考證。通鑑注：『長公主，卽館陶長公主嫖。』

不同車輦矣。

　　案漢書、通鑑不下並有與字。

復朝。

　　考證：楓、三本朝上有入字。

　　案漢書亦作『復入朝。』

北獵良山。

　　索隱：漢書作梁山。

　　案漢紀良亦作梁。良、梁同音，古字通用。絳侯世家有說。

六月中，病熱。六日卒。

　　考證：史漢兩紀，梁孝王以景帝中六年四月薨。

　　案漢書補注：『「六月」當作「五月，」據史漢表，孝王支子四王皆以五月立。
　　則孝王薨非六月，明矣。』竊以爲『六月』當從史漢景紀作『四月。』通鑑亦作
　　『四月。』蓋孝王四月薨，故支子四王以五月立也。漢紀孝王薨在四月，立孝王
　　子爲王在五月，可證。史漢景紀、通鑑立孝王子爲王同在四月，則孝王薨固不得
　　在六月；亦不當在五月矣。（說互詳景紀斠證。）

孝王慈孝，

　　案『慈孝，』複語，慈亦孝也。國語齊語：『慈孝於父母。』莊子漁父篇：『事
　　親則慈孝。』並同此例。（參看王念孫廣雅疏證十下。）

爲帝加壹飱。

　　案景祐本飱作飡，漢書、通鑑並作餐。飡乃飱之俗省。飱，或餐字。

梁孝王長子買爲梁王，

　　案西京雜記四買作賈。

梁平王襄。

　　梁玉繩云：此下凡稱王襄之諡，皆衍。又此句當與上文連接，各本誤提行寫。

　　案景祐本此句與上文連接。

有罍樽，

　　案漢書『罍樽』作『罍尊。』說文：『櫑，龜目酒尊，刻木作雲雷象。罍，櫑或
　　从缶。罍，籀文櫑，从缶回。』（漢書師古注：『罍，古雷字。』非。）繫傳引史記此文
　　作『櫑尊。』尊、樽正、俗字。

任王后絕欲得之。

　　案漢書補注：『後書吳良傳注：絕猶極也。』伍子胥列傳：『平王遂自取秦女，
　　而絕愛幸之。』絕亦猶極也。

平王襄及任王后遮止閉門，李太后與爭門，措指。

　　索隱：『措音迮，側格反。漢書王陵傳：「迫迮前隊。」皆作此字。說文云：

「迫，笮也。」謂爲門扉所笮。』

考證：措讀爲笮。笮，壓迫也。門扉猝閉，而指未出，爲所迫壓。

案景祐本閉作閅，俗。漢書『措指』下更有『太后啼譟』四字。補注引索隱說，
並云：『陵傳無此語，說文：「笮，迫也。」誤倒。』考證云云，亦本補注。

李太后亦私與食官長及郎中尹霸等士通亂。

正義：張先生舊本有士字，先生疑是衍字，又不敢除，故以朱大點其字中心。今
按食官長及郎中尹霸等是士人，太后與通亂。其義亦通也。

梁玉繩云：『此句傳寫有誤，當云「與食官長及郎中尹霸、士通等亂。」宮乃官
之譌。尹霸、士通二人姓名，正義非。』

考證：『張文虎曰：「舊刻官，與漢書合。各本作宮。」愚按古鈔本亦作官。沈
家本曰：「士字衍，正義曲爲之說，非也。漢書無。」』

案景祐本、黃善夫本、梁氏所據湖本官皆誤宮。殿本不誤。正義稱『張先生舊本
有士字，』則士字恐非衍。漢書蓋刪士字耳。正義說可參，未可遽以爲非也。梁
氏倒其文，以士通爲人姓名，無據。又正義『食官長，』黃本誤『候宮長。』

睢陽人類犴反者，

索隱：……反字或作友。

案漢書補注引宋祁云：『浙本犴反作犴友。』與索隱稱『或作友』合。

而與淮陽太守客出同車。

考證：淮陽郡與梁接壤。漢書作睢陽，誤。睢陽梁都，無太守。

案漢書淮陽作『睢陽，』涉彼上文睢陽字而誤。考證云云，本漢書補注引劉攽及
錢大昕說。

執反親戚。

案『執反親戚，』猶言『執反父母。』古人往往稱父母爲親戚，舜本紀：『事舜
親戚，』亦同此例。

時丞相以下見知之。

考證：『張文虎云：中統、游、淩本見作具。』

案殿本見亦作具，漢書同。

濟川王明者，

　　案景祐本、黃善夫本、殿本皆提行。

漢有司請誅，天子弗忍誅。

　　案漢書忍下無誅字，疑涉上誅字而衍。下文『漢有司請誅，上不忍。』與此句法
　　同。

濟東王彭離者，

　　案景祐本、黃善夫本、殿本皆提行。

山陽哀王定者，

　　案景祐本、黃善夫本、殿本皆提行。

濟陰哀王不識者，

　　案景祐本、黃善夫本、殿本皆提行。

故能植其財貨，

　　考證：植、殖通。

　　案漢書植作殖。

褚先生曰，

　　案景祐本、黃善夫本並不低格提行。

大臣不時正言其不可狀。

　　考證：洞本時作特，愚按當作特。

　　案各本皆作時，時字於義自通，不必作特。

阿意治小，私說意以受賞賜。

　　考證：二意字，其一有誤。

　　案周禮地官旅師：『凡新甿之治，皆聽之。』鄭注：『治，謂有所求乞也。』
　　說，古悅字。此謂『阿意求小，私悅太后之意以受賞賜』也。二意字無誤。

於是乃封小弟以應縣。

　　索隱：此說與晉系家不同；事與封叔虞同。彼云封唐，此云封應，應亦成王之
　　弟，或別有所見，故不同。

　　正義：『……呂氏春秋云：「成王戲削桐葉爲圭，以封叔虞。」』非應侯也。又汲

篆古文云，殷時已有應國。非成王所造也。』

案漢書地理志上應劭注、御覽一五九、路史後紀十注引韓詩外傳，皆云封應，與此合。漢志臣瓚注：『呂氏春秋曰：「成王以戲授桐葉爲圭，以封叔虞。」非應侯也。汲郡古文，殷時已自有〔應〕國，非成王之所造也。』即正義所本。所引呂氏春秋，見重言篇，今本桐作梧。（參看晉世家斠證。）

孝經曰：『非法不言，非道不行。』此聖人之法言也。

案孝經卿大夫章：『非先王之法言不敢道，非先王之德行不敢行。是故非法不言，非道不行。』唐玄宗注：『法言，謂禮法之言。』莊子人間世篇兩稱『法言，』成玄英疏釋爲『格言。』

用梁孝王爲寄。

考證：孝字衍。

案孝字非衍，生稱謚，史記習見。日知錄二十三有說。

梁王即終，

案即猶若也。

小不忍害大義狀報太后。

案論語衞靈公篇：『小不忍則亂大謀。』

而梁王聞其義出於袁盎諸大臣所，

考證：楓、三本、毛本、凌引一本，義作議。

案景祐本、殿本義亦並作議。義、議古通，前已有說。

言梁王不知也。造爲之者，獨其幸臣羊勝、公孫詭之屬爲之耳。

考證：言字恐衍。

案言字非衍，言猶於也。（裴氏古書虛字集釋五有例。）獨猶乃也。

少見之人，如從管中闚天也。

案莊子秋水篇：『是直用管闚天，不亦小乎！』

史記斠證卷五十九

五宗世家第二十九

王 叔 岷

闕于。

索隱：闕音遏，漢書無于字。

考證：『梁玉繩曰：史漢紀、表、傳俱云「臨江哀王闕，」無于字。乃此兩書臨江之名皆作闕于，蓋誤也。

案漢紀九、通鑑漢紀七亦並無于字。

河閒獻王德，

案景祐本、黃善夫本、殿本皆提行，漢書景十三王傳同。

好儒學，被服造次，必於儒者。山東諸儒多從之游。

索隱：『………按小顏云：被服，言常居處其中也。造次，謂所向所行皆法於儒者。』

梁玉繩云：『陳大令曰：漢代賢王，河閒稱首。脩學好古，表章六經。且毛公治詩，貫公傳左氏，獻王皆以爲博士，竝當時不立于學官者。其後毛詩獨存，左氏盛行，實自獻王發之。史俱不言，何疏略也！古稱宗藩之賢曰閒、平。謂河閒王及後漢東平憲王蒼。』

考證：楓山本之作而。

案論語里仁篇：『造次必於是。』漢書之亦作而，義同。通鑑漢紀十注：『師古曰：「被服，言常居處其中也。造次，謂所向必行也。」余謂被服者，言以儒術衣被其身也。』（『被服』義，漢書補注以胡注爲是。）所引師古注，『造次』云云，今本漢書注同，與索隱所引異。（補注以索隱爲是。）

子剛王基代立，十二年卒。

　　　梁玉繩云：基，一作塉，說見表。

　　　考證：楓山本『十二年』作『十三年。』

　　　案剛王基立於元朔四年，卒於元鼎三年，正十二年。史漢表、漢傳皆作『十二

　　　年，』則楓本作『十三年，』誤。

子頃王授代立，

　　　索隱：漢書云，授謚頃，音傾也。

　　　梁玉繩云：頃王二字衍，說見表。

　　　考證：頃王授薨於天漢三年，頃王二字，後人所加。索隱所見本未誤。

　　　案史表『元鼎四，頃王授元年。』梁氏志疑云：『授薨於天漢四年，當稱「今

　　　王。」漢表授作綏，一本作緩，皆傳寫謔耳。』漢表：『元鼎四年，頃王嗣，十

　　　七年薨。』補注：『孝王天漢四年嗣，此以三年薨，乃十六年也。七字誤。』

　　　（漢傳補注亦有說。）梁氏謂『授薨於天漢四年，』就十七年而言也。考證稱『薨於

　　　天漢三年，本漢書補注，就十六年而言也；稱『頃王二字，後人所加。』本梁

　　　說。索隱單本出『頃王授代立』五字，是所見本有頃王二字。漢書師古注：『頃

　　　音傾。』又索隱『音傾』所本也。

臨江哀王閼于，

　　　案考證本臨字上空一格。景祐本、黃善夫本、殿本皆提行，漢書同。

臨江閔王榮，

　　　案考證本臨字上空一格。景祐本、黃善夫本、殿本皆提行，漢書同。

四年，坐侵廟壖垣爲宮。

　　　梁氏史表志疑云：『臨江王榮無四年，表與五宗世家謂榮以四年自殺，誤也。知

　　　者，史景紀曰：「中二年三月，召臨江王來，即死中尉府中。」漢書景紀曰：

　　　二年三月，臨江王榮坐侵太宗廟地，徵詣中尉自殺。」諸侯王表曰：「榮立三年

　　　自殺。」景十三王傳曰：「爲臨江王三歲自殺。」』

　　　案史表於臨江王四年，書『坐侵廟壖垣爲宮自殺，』當景帝中三年。惟臨江王無

　　　四年，則其『坐侵廟壖垣爲宮自殺，』自當在三年。亦即景帝中二年。漢紀九、

　　　通鑑漢紀八載此事並在景帝中二年，是也。

榮行，祖於江陵北門。

　　案世說新語言語篇注引盛弘之荆州記云：『荆州城臨漢江，臨江王所治。王被

　　徵，出城北門，而車軸折。父老泣曰：「吾王去不還矣！」從此不開北門。』水

　　經江水注二載此事，亦云：『自此北門不開。蓋由榮非理終也。』

詣中尉府簿。

　　考證：漢書簿上有對字，此脫。

　　案史漢酷吏郅都傳簿上亦並有對字，（通鑑同。）師古注：『簿者，獄辭之文書

　　也。』

右三國本王，皆栗姬之子也。（姬，原誤皆。）

　　案考證本右字上空一格，與景祐本合。黃善夫本提行，上空二格。殿本亦提行，

　　上空三格。

魯共王餘，

　　案考證本魯字上空一格有半。景祐本、黃善夫本、殿本皆提行，漢書同。

晚節嗇，

　　正義：晚節，猶言末年時。嗇，貪惏也。（貪，原誤貧。）

　　案漢書嗇作遴，師古注：『晚節，猶言末時也。遴與㐸同，猶言貪嗇也。』遴乃

　　㐸之借字。㐸，俗作㤸，亦作惏。正義云云，本師古注。

江都易王非，

　　案考證本江字上空兩格。黃善夫本、殿本並提行，漢書同。

有材力，

　　考證：古鈔本、楓山本力作氣，與漢書合。

　　案金樓子說蕃篇力亦作氣。

治吳故國。

　　考證：漢書『吳故』二字倒。

　　案金樓子『吳故』二字亦倒。

招四方豪桀，

　　案殿本桀作傑，傑、桀正、假字。

建又盡與其姊弟姦。

　　　考證：『梁玉繩曰：「姊弟」乃「女弟」之誤。盡字衍。』

　　　案漢紀十三、通鑑漢紀十一亦並作『女弟。』

膠西于王端，

　　　案考證本膠字上空一格。景祐本、黃善夫本、殿本皆提行，漢書同。

以孝景前三年，

　　　考證：『中井積德曰：以字疑衍。』

　　　案漢書無以字。

病之數月。

　　　案之猶至也。詩鄘風柏舟：『之死矢靡他。』毛傳：『之，至也。』

而有愛幸少年爲郎爲郎者。頃之與後宮亂。

　　　考證：『中井積德曰：兩「爲郎，」疑衍其一。』

　　　案『而有愛幸少年爲郎』句。『爲郎者』三字屬下讀。兩『爲郎，』非衍其一。
漢書作『有所愛幸少年，目爲郎。郎與後宮亂。』兩郎字，卽本於史記兩『爲
郎，』而略兩爲字耳。

端心慍，遂爲無訾省。

　　　集解：『蘇林曰：爲無所訾錄，無所省錄。』

　　　正義：『顏師古云：訾，財也。省，視也。言不能視錄資財。』

　　　考證：『沈欽韓曰：「……呂覽知度篇：『訾功丈而知人數矣。』注：『訾，相
也。……』」愚按，膠西王聞國削心慍，遂置國事於不問耳。』

　　　案『訾省，』複語。呂覽高注：『訾，相也。』（如沈引。）爾雅釋詁：『相，視
也。』省亦視也。（如師古注。）『無訾省，』謂不視事耳。又集解云云，今本漢書
蘇注無『無所訾錄』四字。正義云云，今本漢書師古注『言不能視錄資財，』作
『言不視訾財也。』（師古以訾爲資，作訾蓋其舊。）

終不得收徒。

　　　案師古注：『不收，又不徙置他處。』

從一門出游。

　　考證：漢書游作入。

　　案考證說，本梁氏志疑。

相二千石往者，

　　案景祐本脫相字。

彊足以距諫，智足以飾非。

　　考證：『殷本紀：「帝紂知足以距諫，言足以飾非。」距、拒通。』

　　案莊子盜跖篇稱盜跖『強足以距敵，辯足以飾非。』荀子宥坐篇稱少正卯『言談
　　足以飾邪營衆 ， 強足以反是獨立 。 』汲黯列傳稱張湯『智足以拒諫，詐足以飾
　　非。』距、拒古、今字。

右三國本王，

　　案考證本右字上空一格。景祐本右字上空二格。黃善夫本提行，上空二格。殿本
　　提行，上空三格。

趙王彭祖，

　　案考證本趙字上空一格。景祐本、黃善夫本、殿本並提行，漢書同。

而心刻深。

　　索隱：謂刻害深無仁恩也。

　　案戰國策秦策一：『刻深寡恩。』高誘注：『刻，急也。寡，少也。深，重也。
　　言少恩仁也。』索隱深下疑有脫文，或脫重字。

彭祖衣皁布衣自行迎，

　　案『皁布衣，』賤者之服。漢書補注引王念孫有說。

多設疑事，以作動之。

　　考證：『作動，』使困惑聳動也。漢書作『詐動，』義異。

　　案漢書蓋以詐說作也。作、詐古通，莊子盜跖篇：『爾作言造語，』御覽六八四
　　引作作詐，即其比。

使使卽縣爲買人權會。

　　集解：『韋昭曰：平會兩家買賣之賈也。……』

　　索隱：……會音儈，古外反。謂爲買專權買賣之賈，儈以取利，若今之和市矣。

　　韋昭則訓榷爲平，其注解亦得。

　　　　考證：『王先謙曰：……韋注買讀曰價。』

　　　　案景宋本白帖二四引韋注作『平儈兩家買賣之價。』與索隱『會音儈，』及王說
　　　　『買讀曰價，』並合。（王說本作『買者之買讀曰價。』考證有改易。）又索隱『和市，』
　　　　黄善夫本、殿本並誤『知市。』

入多於國經租稅。

　　　　索隱：經者常也。謂王家入，多於國家常納之租稅也。

　　　　殿本考證：『徐孚遠曰：索隱不明。謂王專榷會之利，故市租之入，反多於田租
　　　　也。』

　　　　案黄善夫本、殿本索隱並無者字。

彭祖不好治宮室禨祥，

　　　　集解：『服虔曰：求福也。』

　　　　索隱：『……列子云：「荊人鬼，越人禨。」謂楚信鬼神，而越信禨祥也。』
　　　　案索隱引列子，見說符篇。今本荊作楚。漢書師古注：『禨，鬼俗也。字或作
　　　　戀。淮南子曰：「荊人鬼，越人戀。」禨祥，總謂鬼神之事也。服說失之。』所
　　　　引淮南子，見人閒篇。今本戀作禨。呂氏春秋異寶篇亦云：『荊人畏鬼，而越人
　　　　信禨。』

與其女及同產姊姦。

　　　　梁玉繩云：女下缺弟字。

　　　　案漢書女下有弟字。

中山靖王勝，

　　　　案考證本中字上空一格。景祐本、黄善夫本、殿本皆提行，漢書同。

勝爲人樂酒好內，有子枝屬百二十餘人。

　　　　梁玉繩云：『百二十餘人，』幷其孫數之，非必皆其子耳。而漢書無『枝屬』二
　　　　字。

　　　　案漢書師古注：『好內，耽於妻妾也。』補注引周壽昌曰：『左傳：齊侯好內。』
　　　　所稱左傳，見僖十七年。齊世家亦云：『桓公好內。』集解引服虔云：『內，婦

官也。』

趙王亦非之曰，

> 考證：楓山本無『非之』二字。
>
> 案漢書亦無『非之』二字。

子昆侈代爲中山王。

> 考證：楓山本代作嗣。
>
> 案漢書代亦作嗣。

右二國本王，

> 案考證本右字上空一格，景祐本不空格。黃善夫本提行 ， 上空二格 。 殿本亦提
> 行，上空三格。

長沙定王發，

> 案考證本長字上空一格。景祐本、黃善夫本、殿本皆提行，漢書同。

程姬有所辟，

> 案御覽四九七引辟作避，漢書、漢紀十二並同，習見通用字。

遂有身。

> 案御覽引身作娠，義同。

已乃覺非程姬也。及生子，因命曰發。

> 考證：『「命曰發，」取諸發寤之義。上文云：「已乃覺非程姬，」覺卽發也。』
>
> 案已猶『已而』也。（周本紀有說。）考證說，本漢書補注。

用皇子爲長沙王，以其母微無寵，故王卑濕貧國。

> 集解：『應劭曰：「景帝後二年，諸王來朝。有詔更前稱壽歌舞，定王但張袖小
> 舉手，左右笑其拙。上怪問之。對曰：『臣國小地狹，不足廻旋。』帝以武陵、
> 零陵、桂陽屬焉。」』
>
> 梁玉繩云：『御覽五百七十四誤以劭說爲史本文。經史問答云：「是妄言也。武
> 陵、桂陽竝未嘗屬長沙，而零陵至武帝始置郡。安得如劭所言？」』
>
> 考證：『王先謙曰：史表景帝後二年，不書定王來朝。疑應氏誤記。』
>
> 案景宋本御覽五七四引應劭說，未誤爲史本文 。 惟『二年』作『三年 ，』『來

朝』作『來日，』無零陵二字。漢書應注『屬焉』作『益焉。』史表景帝後二年

或三年，並不書定王來朝。應說當別有所據，恐非誤記。

子鮒鮈立爲長沙王。

　　案漢書師古注：『鮒音附，鮈音劬。字或作胕胊，其音同耳。』補注：『表作胕

　　胊。』

右一國本王，

　　案考證本右字上空一格有半，景祐本空一格。黃善夫本提行，上空二格。殿本亦

　　提行，上空三格。

廣川惠王越，

　　案考證本廣字上空一格。景祐本、黃善夫本、殿本皆提行，漢書同。

十二年卒。

　　考證：漢傳『十二年』作『十三年，』誤。

　　案考證說，本漢書補注。

齊有幸臣桑距。

　　考證：漢傳作乘距。

　　案考證說，本梁氏志疑。竊疑乘乃桑之誤，漢志陰陽家：『乘丘子五篇。』補注

　　引葉德輝云：『邵思姓解二引漢志作桑丘。』劉子九流篇亦作桑丘。彼文乘亦桑

　　之誤也。（參昬拙著劉子集證卷十。）

膠東康王寄，

　　案考證本膠字上空一格。景祐本、黃善夫本、殿本皆提行，漢書同。

私作樓車鏃矢戰守備，

　　索隱：『左傳云：「登樓車以窺宋人。」……』

　　案左宣十五年傳：『登諸樓車，使呼宋人而告之。』索隱所引，非其舊也。

辭出之。

　　案漢書補注引周壽昌云：『「出之，」出其罪也。出猶脫也。觀後王未被議，徒

　　以意自傷而死，可證。』

寄於上最親，

正義：寄母王夫人，即王皇后之妹，於上爲從母。故寄於諸兄弟最爲親愛也。

案漢書師古注：『寄母王夫人，即王皇后之妹，於上爲從母。故寄於諸兄弟之中

又更親也。』即正義所本。

於是上問寄有長子者名賢，

梁玉繩云：問字乃聞之譌。

考證：古鈔本、楓山本問作聞，與漢書合。

案問、聞古本通用，（陳丞相世家有說。）惟此作問，葢聞之誤。

乃以賢爲膠東王，奉康王嗣。

考證：古鈔本、楓山本嗣作祀，與漢書合。

案嗣葢祠之誤，祠、祀古通。漢紀十三稱寄『發病死，不敢置祠。後上立寄長子，

賢爲王。』『置祠』猶『置祀』也。

六安王慶，以元狩二年，用膠東康王子爲六安王。

考證：楓山本『二年』作『三年。』

案漢紀亦書於元狩三年。

清河哀王乘，

案考證本清字上空一格。景祐本、黃夫善本、殿本皆提行，漢書同。

常山憲王舜，

案考證本常字上空一格。景祐本、黃夫善本、殿本皆提行，漢書同。

所幸姬生子平、子商。王后希得幸。

考證：各本王上重王字。楓、三本、毛本無，與漢書合，今從之。

案漢紀商作裔，恐非。景祐本亦不重王字。

憲王雅不以長子棁爲人數。

考證：愚按，人，子也。

案漢書人作子，補注引蘇輿云：『言不齒於諸子之數也。』此作『人數，』謂不

齒於人之數也。』漢書改人爲子，非以子說人，考證非。莊子達生篇：『比於

人數。』即史公『人數』二字所本。

天子遣大行騫，

索隱：按謂是張騫。

案漢書師古注：『張騫也。』即索隱所本。

吏求捕勃太急。使人致擊笞掠；擅出漢所疑囚者。

考證：古鈔本、楓山本急下有勃字，人下有急字，當依正。勃使人急致擊笞掠漢吏；又擅出漢所疑囚也。

案『擊笞掠，』三字疊義。說文：『笞，擊也。』禮記月令：『毋肆掠。』鄭注：『掠，謂捶治人。』（廣雅釋詁三：『捶，擊也。』）是掠亦擊也。漢書補注：『疑讀曰擬，漢所擬罪之囚也。』據古鈔本及楓本，此謂『吏求捕諸證左於勃太急。勃因使人急往擊吏；且擅出漢所擬罪之囚也。』漢書作『吏求捕。勃使人致擊笞掠；擅出漢所疑囚。』義亦相符。

上以脩素無行，使梲陷之罪。

考證：『岡白駒曰：之字，指王后。』

案之猶以也。漢書補注：『言脩平日妬媚不善事憲王，致梲得陷以罪。』是也。

眞定王平，元鼎四年用常山憲王子爲眞定王。

案考證本眞字上空半格。景祐本、黃善夫本、殿本皆提行，漢書同。漢表、漢紀、通鑑十二『四年』並作『三年。』四字疑涉下文『元鼎四年』而誤。

泗水思王商，以元鼎四年，用常山憲王子爲泗水王。

考證：『張文虎曰：「各本常山下衍王字，毛本無。」』

案景祐本、殿本常山下亦並無王字。

右四國本王，

案考證本右字上空一格，與景祐本合。黃善夫本提行，上空二格。殿本亦提行，上空三格。

漢爲置二千石。

案書鈔七十引漢作盡，疑漢下本有盡字。

奪之權。

案之猶其也。項羽本紀：『稍奪之權。』亦同例。

出自第四十三本第四分（一九七一年十二月）

史記斠證卷六十

三王世家第三十

王叔岷

梁玉繩云：史缺三王世家，褚生從長老好故事者，取廷議封策補之。論亦僞託。
…………又自序傳稱『三子之王，文辭可觀。』以三策爲武帝自製，故漢書武紀
特書『初作誥』也。乃以褚所補者，與五子傳校之，字句之間，多有同異。豈史
臣秉筆敢於竄易邪？抑褚生所編不盡依元本邪？至其疏解，不但有失史裁，辭亦
蕪淺，與五子傳戾，不足論已。

考證：『王鳴盛曰：「三王世家，武帝之子。所載，直取請封三王之疏及三封策
錄之，與他王敍述迥異。則遷特漫爾鈔錄，猶待潤色，未成之筆也。…………而
褚少孫附記云：『傳中稱三王世家，文辭可觀。求其世家，終不能得。竊從長老
好故事者，取其封策書，編列其事而傳之，令後世得觀賢主之指意。』亦似少孫
補之。」愚按柯維騏云：「太史公書原缺三王世家，獨其贊語尚存，故褚先生取
廷臣之議及封策書補之。」柯說近是。』

余嘉錫太史公書亡篇考云：王氏既知此篇之敍述與他王迥異，而不信褚先生之自
言，必欲歸之太史公，不知何意。夫以史公發憤著書，成一家之言，將以藏之名
山，傳之其人。書成後，久之而後卒。顧猶有漫爾鈔錄，留待潤色者乎？且何不
加以潤色，使成完書，而便亟亟焉作自序也？此其爲說，殆不可通矣。

案王氏以今本三王世家歸之太史公，其說固謬；然又據褚少孫附記，謂『亦似少
孫補之。』是亦未堅持前說矣。孟眞師云：『三王世家之來源，褚先生自說之，
其文云：「臣幸得以文學爲侍郎，…………而解說之。」乃今本三王世家，竟有
「太史公曰」一段；且謂「燕、齊之事，無足釆者。」爲此僞者，眞不通之至！
子長著書之時，三王年少，無世可紀，無事可錄，故但取其策文。今乃曰其事無

足采者，是眞不知子長爲何時人，三王當何年封矣！ （三王當元狩六年封。）』

（史記研究，十篇有錄無書說敍。）此說最爲有力。柯氏謂史公三王世家獨存贊語，失於

不考耳。梁氏以爲僞託，是也。

大司馬臣去病，

　　索隱：霍去病也。

　　案黃善夫本、殿本索隱，並作『姓霍。』

誠見陛下憂勞天下，哀憐百姓，以自忘。

　　案戰國策齊策六：『寡人憂勞百姓。』淮南子脩務篇：『聖人之憂勞百姓甚矣。

　　』魯世家：『三王之憂勞天下久矣。』『憂勞，』複語，魯世家已有說。『哀

　　憐』亦複語，方言一：『憐，哀也。』（說文同。）『自忘，』猶言『忘身』也。

臣竊不勝犬馬心，

　　案史通點煩篇引心上有之字，下同。文選曹子建上責躬應詔詩表注引下文亦同。

下御史書到。言。

　　考證：到字，句。言，書中所云也。下文所記卽是。

　　案『下御史』句。『書到言』句。『書到言』一語，亦累見於居延漢簡，又見於

　　漢孔廟百石卒史碑。（詳勞貞一兄孔廟百石卒史碑考，本所集刊第十四本。）

太常臣充，

　　索隱：葢趙充也。

　　考證：『梁玉繩曰：元狩六年兪侯欒賁爲太常，而曰「太常臣充，」索隱云趙

　　充，未知所出。』

　　余嘉錫云：『索隱曰：「葢趙充也。」（三家注索隱直作趙充，此據單行本索隱卷十六。）

　　趙充不知何人，葢者疑之之辭，未可爲據。漢書百官公卿表：「元狩六年，兪侯

　　欒賁爲太常，坐犧牲不如令免。元鼎元年，葢侯王信爲太常。」考外戚恩澤侯

　　表：「葢靖侯王信以皇后兄侯。中五年（景帝）五月封，二十五年薨。元光三年，

　　頃侯充嗣。」元光當從史記作元狩，始與王信立二十五年合。頃侯充，史記作侯

　　偃，葢卽一人。王信以元狩二年薨，下距元鼎元年已五年，安得尚爲太常乎？王

　　先謙補注引王先恭說，據三王世家，謂王信當作王充，而移入元狩六年之下，其

　　說確不可易。葢兪侯欒賁免後，王充卽繼爲太常，故得於六年三月與莊靑翟、張
　　湯等奏請立三王。』

　　案索隱『葢趙充也，』未敢必其爲趙充。黃善夫本、殿本索隱，並略葢、也二
　　字，失其旨矣。余氏據王先恭說，以充爲王充，是也。

大司馬去病上疏曰，

　　案史通引馬下有臣字，與上文合。

陛下恭讓不卹，

　　案殿本卹作恤，史通引同，與上文合。卹當從卩作卹。卹、恤古通。莊子德充符
　　篇：『寡人卹焉。』文選司馬子長報任少卿書注引卹作恤，卹亦當作卹。

唯願陛下幸察。

　　考證：『中井積德曰：唯下願字，疑衍。』

　　案願字葢涉上『願陛下』而衍。史通引此無願字，與上文作『唯陛下幸察』合。

臣謹與中二千石、二千石臣賀等議，

　　考證：『陳仁錫曰：古本議下有曰字。』

　　案史通引議下有曰字。

愚憃而不逮事。

　　案史通引憃作惷，浦起龍通釋：『史作憃，音義同。』『愚惷，』複語，說文：
　　『惷，愚也。』

請立皇子臣閎、

　　集解：『徐廣曰：一作閼。』

　　案閼葢閎之誤。閼，俗書作開，與閎形近，故致誤耳。

且天非爲君生民也。

　　索隱：『左傳曰：「天生蒸民，立君以司牧之。」…………』

　　案索隱所引，乃襄十四年左傳，本作『天生民而立之君，使司牧之。』又黃善夫
　　本、殿本索隱，並無左字。

卽股肱何勸？

　　集解：『徐廣曰：一作敦，一作勗，一作觀也。』

案勗乃勖之俗誤。勸、敦、勖，並同義。說文：『勸，勉也。勖，勉也。』爾雅釋詁：『敦，勉也。』勸、觀正、假字，書君奭：『割申勸寧王之德。』禮記緇衣引勸作觀，即勸、觀通用之證。

續蕭文終之後于酇。

索隱：蕭何諡文終也。按蕭何初封沛之酇，音贊。後其子續封南陽之酇，音嵯。

張照云：按年表，酇廢而紹以筑陽，筑陽廢而紹以武陽，武陽廢而紹以酇。索隱于年表及蕭相國世家俱只辦音贊之非音嵯，並無續封南陽應音嵯之酇之說。此處所云，不知何本；且紹封筑陽改武陽，亦俱未注明。

案索隱『沛之酇，』酇當作鄼，『音贊、』『音嵯，』贊、嵯二字當互易。蓋沛之鄼音嵯，南陽之酇音贊也。參看蕭相國世家斠證。功臣表梁氏志疑云：『以南陽酇音嵯者，則周禮酒正疏及釋文也。以沛酇音贊者，文穎何傳注也。』蓋即索隱『音贊、』『音嵯』之說所本而誤者矣。

高山仰之，景行嚮之。

考證：詩小雅車舝篇，『仰之』作『仰止。』『嚮之』作『行止。』

案詩兩止字並當作之，之、止篆文、隸書形並相近，故致誤耳。詳孔子世家斠證。

春秋三等。

集解：『鄭玄曰：春秋變周之文，從殷之質，合伯、子、男以為一。則殷爵三等者，公、侯、伯也。』

案余嘉錫云：『集解引鄭注，乃禮記王制篇鄭注之文。而鄭注則用春秋公羊家說也。』

以賞元戎。

集解：『詩云：「元戎十乘，以先啓行。」…………』

案集解引詩，見小雅六月。

而家皇子為列侯。

索隱：時諸王稱國，列侯稱家也。故云『家皇子，』為尊卑失序。

考證：『張文虎曰：王、柯、凌本脫正文七字及注二十字。』

案黃善夫本亦脫正文七字及注二十字。殿本但脫注二十字。

臣青翟臣湯等竊伏執計之，

案景佑本南宋補版、黃善夫本、殿本執皆作熟，俗。此改俗從正耳。

太子少傅臣安行宗正事，

考證：『張文虎曰：凌本少誤太。』

案黃善夫本、殿本少亦並誤太。

六年

集解：『徐廣曰：一云元狩。』

案漢書武五子傳、漢紀十三並云『元狩六年。』通鑑漢紀十二亦載在元狩六年。

丞書從事下當用者，如律令。

考證：古鈔本丞作承，屬下讀。

案『承書從事下當用者』一語，亦見於漢簡。王國維敦煌漢簡跋二引世家此文，並云：『丞當作承，「承書從事下當用者，」乃漢時公文常用語。三王世家、孔廟置百石卒史碑、無極山碑，並有此文。猶後世所謂「主者施行」也。』（觀堂集林十四。）其說是也。惟丞亦非誤字，丞、承古通，酷吏張湯列傳：『於是丞上指，』漢書丞作承，（考證有說。）藝文類聚四五引風俗通（文）云：『丞者，承也。』並其證。

維六年四月乙巳，

案考證本維字上空一格。黃善夫本提行。殿本亦提行，惟與上行末一字相接。

於戲，

索隱：『於戲，』音『嗚呼。』

案漢書作『烏呼，』漢紀作『嗚呼，』並同。

朕承祖考，

考證：漢書『祖考』作『天序。』

案漢紀亦作『天序。』

維稽古，

考證：〔漢書〕維作惟。

　　案漢紀作『唯崇稽古。』維、惟、唯，習見通用字。

恭朕之詔。

　　案漢書恭作共，師古注：『共讀曰恭。』漢紀作龔，龔亦借爲恭。

俾君子怠。

　　案漢書補注引曾廣鈞云：『公羊傳：「俾君子易怠。」』此蓋承用其文。

厥有愆不臧，

　　考證：漢書愆作愆。臧，善也。

　　案說文：『愆，過也。』愆、愆正、俗字。漢書師古注：『臧，善也。』

保國艾民，可不敬與？

　　考證：『漢書艾作乂，顏師古曰：乂，治也。與讀曰歟。』

　　案艾、乂並借爲㣟，說文：『㣟，治也。』漢紀艾作有，『保國有民，』保、有

　　互文，禮記哀公問：『不能愛人，不能有其身。』鄭注：『有猶保也。』又漢紀

　　『敬與』作『愼歟，』敬、愼同義。詩周頌閔予小子：『夙夜敬止。』鄭箋：『

　　敬，愼也。』

王其戒之！

　　案漢紀作『王其勖哉！』哉猶之也。

右齊王策。

　　案考證本右字上空一格，與景祐本合。黃善夫本提行，上空二格。殿本亦提行，

　　上空三格。

維六年四月乙巳，

　　案考證本維字上空一格。景祐本、黃善夫本、殿本皆提行。

於戲，

　　案漢書作『嗚呼。』後廣陵王策『於戲，』漢書亦作『嗚呼。』

葷粥氏，虐老獸心。

　　索隱：『按匈奴傳曰：「其國貴壯賤老。壯者食肥美，老者食其餘。」是「虐

　　老」也。』

　　案漢書葷粥作薰鬻，葷、薰古通，粥乃鬻之省。匈奴傳云：『壯者食肥美，老者

食其餘。貴壯健，賤老弱。』索隱所引，非其舊也。

加以姦巧邊萌。

　　索隱：『「邊甿，」韋昭云：「甿，民也。」…………』

　　案漢書萌作甿，古字通用。索隱所據本亦作甿。惟黃善夫本、殿本索隱，『邊
　　甿，』並作『萌，一作甿。』蓋因正文作萌而改之，失索隱本之舊矣。

三十有二君皆來，

　　集解：『張晏曰：時所獲三十二帥也。』

　　索隱：漢書君作帥。

　　案集解不云『漢書君作帥，』而徑引張晏注，疑所據本君本作帥。又集解帥字，
　　景祐本、黃善夫本並誤師。索隱帥字，黃本、殿本亦並誤師。

北州以綏。

　　集解：『臣瓚曰：綏，安也。』

　　案漢書綏作妥，（孟康注：古綏字。）臣瓚注：『妥，安也。』集解引妥作綏，就本
　　書正文作綏改之也。古人引書，往往如此。王氏漢書補注據集解所引瓚說，云：
　　　『是瓚說本亦作綏。』誤矣。

毋俷德。

　　集解：『徐廣曰：俷，一作菲。』

　　王念孫云：『「俷德」本作「菲德，」徐廣音義本作「菲，一作俷。」今本菲作
　　俷，俷作菲者，皆後人依下文褚先生語改之也。索隱本出「無菲德」三字，注
　　曰：「蘇林云：『菲，廢也。』本亦作俷。俷，敗也。孔文祥云：『菲，薄也。』
　　漢書作棐。」今改正文作俷，則與索隱本「亦作俷」之語不合。且正文本作菲，
　　故孔文祥訓爲薄。若作俷，則當訓爲敗，訓爲背，不得訓爲薄矣。又下文褚先生
　　曰：「誠燕王以無俷德。」索隱曰：「案上策云：『作菲德。』下云：『勿使王
　　背德也。』則俷當音『扶味反。』」據此，則下文自作俷，此文自作菲。不得據
　　彼以改此，明矣。』

　　案此文俷本作菲，王說是也。漢書作棐，服虔注：『棐，薄也。』菲、棐正、假
　　字。索隱引漢書蘇林注：『菲，廢也。』菲蓋本作棐，依此正文改爲菲也。又下

文索隱『案上策云：作菲德。』作乃毋之誤。

毋乃廢備。

　　考證：漢書『乃廢』作『廢乃，』乃，汝也。

　　案漢書『乃廢』作『迺廢，』非作『廢乃。』

王其戒之。

　　集解：『徐廣曰：立三十年自殺，國除。』

　　考證：『沈家本曰：漢書「立三十八年而誅，國除。」集解奪八字。』

　　案景祐本集解『三十』下有八字。

右燕王策。

　　案考證本右字上空一格，與景祐本合。黃善夫本提行，上空二格。殿本亦提行

　　上空三格。

維六年四月乙巳，

　　案考證本維字上空一格。景祐本、黃善夫本、殿本皆提行。

楊州保疆。

　　集解：『徐廣曰：一作壃。』

　　考證：漢書楊作揚。

　　案殿本楊亦作揚，後同。壃與疆同，後贊：『故王者疆土建國，』景祐本、黃善

　　夫本疆並作壃，亦其比。漢書疆作壃，古字通用，越王句踐世家有說。

毋侗好軼，

　　集解：『應劭曰：無好逸游之事。』

　　索隱：『褚先生解云：無好軼樂馳騁弋獵。』

　　考證：侗，無知識也。軼，各本作佚，漢書作逸。

　　案漢書作『毋桐好逸。』補注引王念孫云：『三王世家作「毋侗好佚。」（佚與逸

　　同。）褚釋曰：「毋長好佚樂馳騁弋獵。」是侗訓爲長也（侗爲長久之長，亦爲長大之長，

　　論衡齊世篇：「上世之人，侗長佼好。」是也。）作桐者，叚借字耳。（侗與桐古字通，揚子學行

　　篇「桐子之命，」宋咸曰：「桐當爲侗。」）侗之爲長，乃漢人常訓，故應注但言「無好逸

　　游，」而不釋桐字。』考證釋侗爲『無知識，』亦通。莊子山木篇：『侗乎其无

識』釋文：『佋乎，無知貌。』軼、佚、逸，古並通用。此作軼，從索隱本也。惟索隱引褚解軼字，今本褚解作佚（詳後）。

右廣陵王策。

案考證本右字上空一格，與景祐本合。黃善夫本提行，上空二格。殿本亦提行，上空三格。

褚先生曰，

案考證本提行，上空一格，殿本同。景祐本、黃善夫本亦並提行，上不空格。

傳中稱三王世家，文辭可觀。

考證：『張文虎曰：各本傳上有列字，宋本、毛本無。』

案景祐本、黃善夫本傳上並有列字。是宋本亦有列字者矣。

簡之參差長短，皆有意。

案說文繫傳四引作『其冊或長或短，皆有意義。』蓋有改竄。今本此文意下或脫義字。

謹論次其眞草詔書，編于左方，令覽者自通其意而解說之。

案余嘉錫云：『此褚先生語，在所作三王世家之後，則詔書在其右方。而云「編於左方」者，蓋因詔書文章爾雅，人莫能知。故就其眞草所載之文辭而解釋之於左方。自「所謂受此土者」以下，至「勿使因輕以倍義也；」又自「故誡之曰：董粥氏無有孝行」以下，至「勿使上背德也。」即褚先生論次之語也。覽者觀其所釋，則自能通知詔書之意而解說之矣。』

王夫人者，

案孟眞師云：『此篇「王夫人者」以下，不知又是何人所補。然此實是漢世掌故及傳說之混合，與禮、樂諸書有意作偽者不同也。』又景祐本、黃善夫本並提行。殿本亦提行，上空一格。

春秋大傳曰：天子之國有泰社。東方青，南方赤，西方白，北方黑，上方黃。故將封於東方者取青土，封於南方者取赤土，封於西方者取白土，封於北方者取黑土，封於上方者取黃土。各取其色物，裹以白茅，封以爲社。

考證：春秋大傳未詳…………

案白虎通社稷章亦引春秋傳云：『天子有太社焉。東方青色，南方赤色，西方白色，北方黑色，上冒以黃土。故將封東方諸侯〔取〕青土，苴以白茅，謹敬潔清也。』世家此文『裹以白茅，』黃善夫本、殿本裹並誤裏。

傳曰：青采出於藍，而質青於藍者，教使然也。

案教，疑當作染。劉子崇學篇：『青出於藍，而青於藍，染使然也。』是其證。

無俾德。

索隱：『本亦作肥。案上策云：「作菲德。」下云：「勿使王背德也。」則肥當音「扶味反。」亦音匪。』

案索隱所稱『本亦作肥，』肥葢俾之壞字。『作菲德，』作乃毋之誤，上文已有說。『則肥，』肥當作俾，王念孫所引改作俾，已見上文。殿本此文無索隱，亦不見於索隱單本。』

以意御之而已。

考證：古鈔本、楓、三本意作德。

案意葢悳之誤。悳，古德字。

無長好佚樂馳騁弋獵淫康，

考證：楓山本無下無長字。

案上文索隱引此略長字，佚作軼。楓本無長字，疑據索隱刪之也。

盡以封廣陵王胥四子。

案此謂『盡封廣陵王胥四子』也。以，語助。

我欲與廣陵王共發兵，立廣陵王爲上。

考證：『立，各本作云。錢泰吉曰：「云，立字之譌。」與古鈔本、楓山本合。今改從。劉氏百衲宋本，毛本，作「云云立」三字。

案景祐本亦作『云云立，』衍兩云字。殿本作『云立，』衍一云字。黃善夫本立誤云。

傳曰：蓬生麻中，不扶自直。

考證：『張照曰：「『蓬生麻中』二語，見荀子勸學篇。下文今本荀子所無。」

愚按荀子自作而。大戴禮曾子制言篇：「蓬生麻中，不扶自直。白沙在泥，與之

皆黑。」尙書洪範孔疏，引荀子有下二句。』

案荀子自作而，而與自同義，記纂淵海六六引而作自。考證說，本王念孫荀子雜

志。

白沙在泥中，與之皆黑者，

王念孫云：泥上中字，涉上文而衍。（荀子雜志。）

案藝文類聚八二引曾子 作『白沙在泥 ，與之皆黑。』（意林引泥作涅。）說苑說叢

（亦作談叢）篇作『白沙入泥 ，與之皆黑。』泥下並無中字。論衡率性篇作『白沙

入緇，不練自黑。』（程材篇練作染。）亦無中字。

土地敎化使之然也。

案敎字義隔。

燕土墝埆，

案墨子親士篇：『墝埆者，其地不育。』淮南子原道篇：『田者爭處墝埆。』說

文『墝埆』作『磽确。』段注：『墝埆，謂多石瘠薄。』

勿使上背德也。

考證：『張文虎曰：「上乃王之誤，前文『佻德』下索隱引此作『王背德。』宋

本作比，蓋北字之譌。北卽背字。」愚按凌本、毛本作背，古鈔本、楓山本作比

。』

案前文索隱引此上作王 ，疑易上爲王 。索隱引書往往有改易也。景祐本背亦作

比，比乃北之誤，張說是。

言非禮儀不得在於側也。

案前文索隱單本引於作其，（黃善夫本、殿本索隱並作於。）義同。

而太子不幸薨，未有所立。

案考證本脫『未有所立』四字。

會武帝崩，

考證：劉氏百衲宋本，武帝上有孝字。

案景祐本亦作『孝武帝。』

我安得弟在者。

　　索隱：…………太中、宗正人臣之職，又亦當如此。（太，原誤大。）

　　案索隱『又亦當如此，』黃善夫本、殿本並作『亦當使燕喻之。』

公卿使大臣，

　　考證：古鈔本、楓、三本無使子。

　　案景祐本亦無使字。

偕往使燕風喻之。

　　索隱：…………皆往使治燕王也。

　　案索隱燕王，索隱單本、黃善夫本並誤廣陵。殿本作燕王，附考證云：『燕王，
　　監本訛作廣陵，今改正。』

問王欲發兵。

　　考證：古鈔本、楓、三本問作聞。

　　案聞、問古通，陳丞相世家有說。

今昭帝始立，

　　考證：『陳仁錫曰：昭帝當作「皇帝。」』

　　案史家記事，往往生稱諡。日知錄二十三有說。

無敢所阿。

　　案所猶有也。高祖本紀：『廷中吏，無所不狎侮。』所亦與有同義。（彼文劄證有
　　說。）書金縢：『凡大木所偃，盡起而築之。』偽孔傳：『木有偃，拔起而立之。』
　　釋所爲有，是所、有同義之驗矣。

傳曰：蘭根與白芷，漸之滫中，君子不近，庶人不服者，所以漸然也。

　　殿本考證：『蘭根與白芷，漸之滫中。』

　　荀子勸學篇作『蘭槐之根，是爲芷。其漸之滫。』

　　考證：『…………淮南子人間訓高誘注云：「滫，臭汁也。」…………』
　　案『漸之滫中，』卷子本玉篇水部引漸作浸，義同。淮南子人間篇：『申茶杜
　　茝，美人之所懷服也，及漸之於滫，則不能保其芳矣。』（許慎注：『滫，臭汁也。』
　　非高誘注。）卷子本玉篇引漸亦作浸。晏子春秋內篇雜上：『今夫蘭木，三年而
　　成。湛之苦酒，則君子不近，庶人不佩。』湛與浸古通，與漸亦同義。佩與服亦

同義。

立燕故太子建爲廣陽王。

正義：『括地志云：廣陽故城，今在幽州良鄉縣東北三十七里。』

考證：『張文虎曰：正義廣陽，各本誤廣陵，今從館本。』

案黃善夫本正義，廣陽亦不誤。

出自第四十三本第四分（一九七一年十二月）

史記斠證卷六十二

管晏列傳第二

王　叔　岷

管仲夷吾者，潁上人也。

　　梁玉繩云：『說苑尊賢云：「管仲，故成陰之狗盜也。」成陰即高密，與潁上
　　異。又夷吾謚敬仲，似當書之。』

　　考證：『沈濤曰：「國語：『昔管仲有言，』注云：『敬仲，夷吾之字也。』又
　　云：『齊桓親舉管敬子，』注云：『敬子，管子之謚。』二注不同。案管夷吾字
　　仲，故桓公稱爲仲父。後人因其謚敬，遂稱之爲管敬仲。非字敬仲，而謚敬子
　　也。韋注字字，恐是謚字之誤。又晏子春秋內篇作管文仲，亦當敬仲傳寫之誤。
　　汪中遂以爲字敬而謚文，非也。」……』

　　案劉向管子敍錄亦云：『管子者，潁上人也。』說苑稱『管仲，故成陰之狗盜。』
　　蓋管仲曾在成陰爲狗盜，非即成陰人也。管夷吾字仲，謚敬，而國語韋注云：
　　『敬仲，夷吾之字也。』蓋字可連謚稱之，猶號亦可連謚稱之也。田完字仲，謚
　　敬，而齊世家云：『陳厲公子完，號敬仲。』是其驗矣。管敬仲，晏子春秋作管
　　文仲，文蓋敬之壞字，孫星衍音義有說。

少時常與鮑叔牙游。

　　考證：『常與』之常，楓山、三條本作嘗。

　　案帝範求賢篇注引常作嘗，下同。管子敍錄亦作嘗。

管仲貧困，常欺鮑叔。鮑叔終善遇之，不以爲言。

　　索隱：『呂氏春秋：管仲與鮑叔同賈南陽。及分財利，而管仲嘗欺鮑叔，多自
　　取。鮑叔知其有母而貧，不以爲貪也。』

　　案帝範注引欺下有陵字，恐非其舊。索隱引呂氏春秋（佚文）云云，蓋下文『管
　　仲曰』下數句所本。又黃善夫本、殿本索隱，『有母』下並無『而貧』二字。

已而鮑叔事齊公子小白，管仲事公子糾。

　　考證：『鮑叔事齊公子小白』以下，采莊八年、九年左傳。左傳事作奉。

　　案事又詳管子大匡及小匡篇、齊世家、列子力命篇。大匡篇及列子事亦並作奉，
　　義同。

管仲既用，任政於齊。

　　正義：『管子云：「相齊以九惠之教：一曰老，二曰慈，三曰孤，四曰疾，五曰
　　獨，六曰病，七曰通，八曰賑，九曰絕也。」』

　　案管子入國篇：『入國四旬五行九惠之教：一曰老老，二曰慈幼，三四恤孤，四
　　曰養疾，五曰合獨，六曰問疾，七曰通窮，八曰振困，九曰接絕。』（振、賑
　　正、俗字。）正義所引，有刪省。

九合諸侯，一匡天下，

　　案九借為糾，封禪書：『九合諸侯，』書鈔一三九引九作糾，左僖二十六年傳：
　　『桓公是以糾合諸侯，』晏子春秋內篇問上稱桓公『糾合兄弟，』（蘇輿校注：
　　謂兄弟之國。）皆其證。又九、一兩數並舉，亦習見於古書。參看齊世家斠證。

吾始困時，嘗與鮑叔賈。

　　考證：楓山、三條本賈下有南陽二字。

　　案上文索隱引呂氏春秋云：『管仲與鮑叔同賈南陽，』與楓、三本有南陽二字
　　合。說苑復恩篇亦云：『管仲曰：吾嘗與鮑子負販於南陽。』

分財利，多自與，鮑叔不以我為貪。

　　案說苑云：『鮑子嘗與我臨財分貨，吾自取多者三，鮑子不以我為貪。』吳越春
　　秋句踐陰謀外傳稱管仲『有貪分之毀。』徐幹中論審大臣篇稱管夷吾『與之分財
　　取多，人皆謂之不廉。』蓋惟鮑叔不以管仲為貪也。

知時有利不利也。

　　案管子絞錄時作吾，依史記上下文例，時當作我。作時，則與下文『知我不遭
　　時』義複矣。

吾嘗三仕三見逐於君，鮑叔不以我為不肖，知我不遭時也。

　　案說苑云：『鮑子嘗與我有所說王者，而三不見聽，鮑子不以我為不肖，知我之

不遇明君也。』（盧文紹拾補云：王，疑主。）與此略近。

吾嘗三戰三走，鮑叔不以我爲怯。

案御覽四百九引『三戰三走，』作『爲君三戰三北。』三二三引走亦作北。列子
力命篇、焦氏易林五注並同。（草堂詩箋七引列子北作走。）中論云：『昔管夷
吾嘗三戰而皆北，人皆謂之無勇。』蓋惟鮑叔不以管仲爲怯也。

公子糾敗，召忽死之。吾幽囚受辱，鮑叔不以我爲無恥。知我不羞小節，而恥功名不
顯于天下也。

案管子大匡篇：『鮑叔曰：夫夷吾之不死糾也，爲欲定齊國之社稷也。』說苑善
說篇載孔子之言曰：『召忽死之，管子不死。管子者，天子之佐，諸侯之相也。
死之則不免爲溝中之瘠，不死則功復用於天下。』家語致思篇亦載孔子之言曰：
『管仲不死束縛，而立功名。』魯仲連列傳仲連遺燕將書有云：『管子不恥身在
縲紲之中，而恥天下之不治；不恥不死公子糾，而恥威之不信於諸侯。』淮南子
氾論篇：『管仲輔公子糾而不能遂，不可謂智；遁逃奔走，不死其難，不可謂
勇；束縛桎梏，不諱其恥，不可謂貞。當此三行者，布衣弗友，人君弗臣。然而
管仲免於累紲之中，立齊國之政，九合諸侯，一匡天下。使管仲出死捐軀，不顧
後圖，豈有此霸功哉？』說林篇：『管子以小辱成大榮。』

生我者父母，知我者鮑子也！

考證：『管仲曰』以下，采列子力命篇。（考證原在下文『以身下之』下，非。）
案後漢書隗囂傳：『管仲曰：生我者父母，成我者鮑子。』蓋改知爲成。御覽四
百九引鮑子作鮑叔，管子敍錄、列子、焦氏易林注皆同。記纂淵海七十兩引此
文，一引亦作鮑叔。初學記十八引韓詩外傳佚文云：『管仲曰：生我者父母，知
我者鮑子！』（又見册府元龜八八一、事文類聚別集二八、合璧事類續集五十、
天中記二十。）蓋史公所本。自上文『管仲曰：吾始困時，』至此『知我者鮑子
也。』史公蓋兼采呂氏春秋（上文索隱所引）、韓詩外傳之文，潤色而成。考證
謂『采列子力命篇。』不知今本列子，出於東晉，力命篇『管仲曰』云云，乃僞
託者鈔襲管晏列傳，非史公采自列子也。劉向管子敍錄有此文，亦本於管晏列
傳。（說苑復恩篇，文略異。參看斠證導論『史實探索。』）

以身下之。

考證：楓山、三條本以作已。

案楓、三本以作已，疑己之誤。管子敍錄作『而己下之。』

有封邑者十餘世。

索隱：『按系本云：「莊仲山產敬仲夷吾，……啓方產成子孺，孺產莊子盧，……武產景子耐涉，耐涉產徵。」凡十代。系譜同。』

殿本考證：『王懋曰：此十餘世，是言鮑叔，而索隱所注，似言管氏，不知何故。』

案黃善夫本、殿本索隱，系本並作世本，小司馬當譯世字，蓋後人復系爲世耳。索隱單本莊仲下無山字，兩孺字並作豫，耐涉作能涉，（耐、能古通。）『耐涉產徵，』作『涉產帶，』『十代』作『九代，』（蓋自『敬仲夷吾』計之。）無『系譜同』三字。黃本亦無『系譜同』三字。殿本系譜，作世譜，非其舊也。

天下不多管仲之賢，而多鮑叔能知人也！

案治要引『天下』二字作世，疑涉上『十餘世』而誤。甘茂傳：『天下不以多張子，而以賢先王。』（本秦策二。）與此句法同，亦用『天下』二字。呂氏春秋贊能篇：『管子治齊國，舉事有功，桓公必先賞鮑叔，曰：使齊國得管子者，鮑叔也！』是桓公已多鮑叔之能知人矣。韓詩外傳七：『子貢問大臣。子曰：「齊有鮑叔，鄭有子皮。」子貢曰：「否，齊有管仲，鄭有東里子產。」孔子曰：「〔仲、〕產薦也。」子貢曰：「然則薦賢賢於賢？」曰：「知賢，智也。推賢仁也。引賢，義也。有此三者，又何加焉？」』（又見說苑臣術篇、家語賢君篇劉子薦賢篇。）是孔子亦多鮑叔之能知人也。莊子徐无鬼篇，管仲謂鮑叔爲人：『一聞人之過，終身不忘。』（又見管子戒篇、呂氏春秋貴公篇、列子力命篇。）

鮑叔之量，如斯之隘也。獨於管仲，寬弘之至。此其尤足多者矣！

管仲既任政相齊，

正義：『國語曰：……寬和惠民，不若也。……忠惠可結於百姓，不若也。……使百姓皆加勇，不若也。』

案正義引國語云云，見齊語。齊語『忠惠』本作『忠信，』當從之。信之作惠，

涉上『惠民』字而誤也。管子小匡篇、韓詩外傳十並有此文，亦作『忠信。』殿

本正義在上文『而多鮑叔能知人也』下，是也。惟『加勇』下衍猛字。

故其稱曰：

索隱：…………故略舉其要。

案黃善夫本索隱，『故略舉其要，』作『今舉其大略。』殿本作『今舉其大略

也。』

倉廩實而知禮節，衣食足而知榮辱。

考證：二而字，管子作則。

案而、則同義。論衡治期篇：『傳曰：倉廩實民知禮節，衣食足民知榮辱。』兩

民字，或亦有據。

下令如流水之原，

案管子牧民篇如作於，義同。

其爲政也，善因禍而爲福，轉敗而爲功。

案戰國策燕策一：『聖人之制事也，轉禍而爲福，因敗而爲功。』（又見蘇秦列

傳。）又云：『知者之舉事也，轉禍而爲福，因敗而成功者也。』（亦見蘇秦

傳。）賈誼新書壹通篇：『善爲天下者，因禍而爲福，轉敗而爲功。』

愼權衡。

考證：『徐孚遠曰：權衡，鈞石之類。蓋與民取平之義。』

案考證引徐說，本殿本考證。

桓公實怒少姬，南襲蔡。

索隱：按怒蕩舟之姬，歸而未絕，蔡人嫁之。

案事又詳韓非子外儲說左上、齊世家及管蔡世家。索隱云云，則本左僖三年傳。

又黃善夫本、殿本索隱並在『少姬』下，『按怒蕩舟之姬，』並作『謂怒蕩舟。

責包茅不入貢於周室。

考證：楓山、三條本包作菁。

案穀梁僖四年傳、韓非子外儲說左上，包亦並作菁。齊世家集解引賈逵云：『包

茅，菁茅，包匭之也。以供祭祀。』

桓公欲背曹沬之約，

　　索隱：沬音昧，亦音末。左傳作曹劌。

　　案國語魯語上、穀梁莊十三年傳、管子大匡篇、新序雜事四、漢書人表、鹽鐵論論勇篇、後漢書崔駰傳、劉子履信篇，亦皆作曹劌。（參看齊世家斠證。）又黃善夫本、殿本索隱，昧並作妹，並無『亦音末』三字。

管仲因而信之。

　　考證：『蘇轍曰：此三說皆非也。…………皆不可信。』

　　案考證引蘇古史說，本梁氏志疑。

有三歸、反坫。

　　正義：三歸，三姓女也，婦人謂嫁曰歸。

　　郭嵩燾札記云：『正義所云，本何晏論語注。禮，諸侯始娶，同姓之國以娣姪媵。一娶三姓女，於禮未聞。考說苑以爲臺名，至金仁山氏始據以爲算法，固爲近之，而不能詳其義。此蓋管子九府輕重之法，當就管子書求之。山至數篇曰：「則民之三有歸於上矣。」「三歸」之名，實本於此。輕重乙篇曰：「與民量其重，計其贏。民得其十，君得其三。」其書所載計民之利而歸之公，有十倍百倍侈大言之者，而以三爲率。輕重諸篇屢見焉。是所謂「三歸」者，市租之常例之歸之公者也。桓公既霸，遂以賞管仲，漢書地理志、食貨志並云：「桓公用管仲，設輕重以富民，在陪臣而取三歸。」其言較然明顯。韓非子云：「使子有三歸之家，」說苑作「賞之市租。」「三歸」之爲市租，漢世儒者猶能明之。此一證也。晏子春秋『辭三歸之賞，』而云「厚受賞以傷國民之義。」其取之民無疑也。此又一證也。』

　　案正義云云，本論語八佾篇何晏集解所引包咸注。『三歸』之義，包氏以爲三姓女；據韓非子外儲說左下篇，則是家有三處；據說苑善說篇，則是臺名；（參看考證。）據說苑尊賢篇，則是市租。（郭氏云『說苑作「賞之市租。」』賞乃賜之誤。）驗以管子本書，則市租之義較勝矣。

管仲卒，

　　正義：『說苑云：……………………亦不能使其君南面而稱伯。』

　　案正義引說苑云云，見尊賢篇。今本『稱伯』作『霸矣。』伯、霸古通，霸上疑

　　脫稱字。

後百餘年而有晏子焉。

　　考證：『孫效曾曰：齊世家管仲卒于齊桓公四十一年，………………史公謂後百

　　餘年者誤矣。』

　　案考證引孫說，本梁氏志疑。

晏平仲嬰者，萊之夷維人也。

　　集解：『劉向別錄曰：萊者，今東萊地也。』

　　索隱：名嬰，平謚，仲字。

　　案景祐本、黃善夫本、殿本皆提行。論語公冶長篇『晏平仲善與人交，』何晏集

　　解引周生烈云：『晏姓，平謚，名嬰也。』與索隱言『平謚』合。仲乃其字，劉

　　向晏子春秋敍錄、漢志諸子略儒家晏子八篇自注，並云‥『名嬰，謚平仲。』所

　　謂『謚平仲，』連字稱之也。猶管夷吾字仲，謚敬，亦可稱『謚敬仲』矣。集解

　　引劉向別錄，與晏子春秋敍錄同。世說新語言語篇注引劉向別錄云：『晏平仲名

　　嬰，東萊夷維人。』蓋兼列傳之文引之。

事齊靈公、莊公、景公，

　　索隱：按世家及系本，……

　　案索隱世家，世字當譌作系。黃善夫本、殿本世家並作世本，尤非。

以節儉力行重於齊。既相齊，食不重肉，妾不衣帛。

　　案禮記雜記下：『孔子曰：管仲鏤簋而朱紘，旅樹而反坫，山節而藻梲，賢大夫

　　也。而難爲上也。晏平仲祀其先人，豚肩不揜豆，賢大夫也，而難爲下也。』孔

　　叢子詰墨篇：『孔子曰：靈公汙，而晏子事之以潔；莊公怯，而晏子事之以勇；

　　景公侈，而晏子事之以儉。晏子，君子也。』晏子春秋內篇雜下：『梁丘據見晏

　　子中食，而肉不足。』

君語及之，即危言；語不及之，即危行。國有道，即順命；無道，即衡命。

　　考證：『羣書治要引，三即字作則。「不及」下無之字。………………中井積

德曰：「曰危言，則危行在其中；曰危行，則言之不危可知。是自文法。」李笠曰：「衡，古通橫。……………」』

案治要引四卽字皆作則，考證失檢。（記纂淵海四六引『卽危言、』『卽順命、』『卽衡命，』三卽字並作則。）廣雅釋詁一：『危，正也。』『危言』猶『正言，』『危行』猶『正行。』（參看王念孫廣雅疏證及錢坫論語後錄引孫星衍說。）中井之說，故弄玄虛，不知所云。大戴禮衞將軍文子篇：『有道順君，無道橫命，晏平仲之行也。』

越石父賢，在縲紲中。

正義：『晏子春秋云：「晏子之晉至中牟，覩獘冠反裘，負薪息於途側。…………
……」按與此文小異也。』

梁玉繩云：『晏子春秋雜篇載此事，謂石父爲中牟之僕，不言在縲紲，故正義云「與此文小異。」但下文曰：「其書不論，論其軼事。」則贖石父，不在晏子春秋中，乃後人集錄而異其詞也。（呂氏觀世、新序節士七亦載此事。）』（考證亦引梁說，未備。）

考證：『愚按，呂氏春秋云：「晏子之晉，見反裘負芻息於塗者。以爲君子也。使人問焉，曰：『曷爲而至此？』對曰：『齊人累之，名爲越石父。』」所謂「累之」者，言以負累作僕，義與晏子春秋同。史公解累爲「縲紲，」非也。』案新序節士篇父作甫，古字通用。書鈔三九引在下有於字，白帖十三引中上有之字。御覽四百十、四七四引此亦並作『在於縲紲之中。』論語公冶長篇：『雖在縲紲之中，非其罪也。』縲，正作纍。說文：『纍，大索也。』又云：『紲，系也。』考證所引呂氏春秋（觀世篇）『齊人累之。』高誘注：『累之，累然有罪。』畢沅新校正：『累，新序節士篇作纍，卽史記所云「在縲紲中」也。』石父蓋罪人而爲僕者耳。又正義『負薪，』今本晏子春秋內篇雜上作『負芻。』新序同。

遭之塗，解左驂贖之，載歸。

案白帖十二引遭作遇，載下有與字。御覽四七四引遭亦作遇。書鈔引『遭之』下有陰字。呂氏春秋、新序載下並有『而與』二字。（晏子春秋作『因載而與之皆

歸。』）

入閨。

案書鈔、白帖七、御覽四百十、四七四引閨皆作門。

晏子慠然！攝衣冠謝曰，

案書鈔、白帖十二、御覽四七四引慠皆作懼，記纂淵海七四引作瞿。莊子天運篇釋文，以慠爲懼之古文。懼、瞿並借爲䁂，說文：『䁂，舉目驚䁂然也。』白帖十二引『謝曰』作『以謝之曰。』卷七引謝下亦有之字。又黃善夫本、殿本『慠然』下並有正義云：『慠，牀縛反。』考證本移在下文『何子求絕之速也？』下，非也。

何子求絕之速也？

案書鈔引『何子』作『子何，』晏子春秋同。

石父曰，

案書鈔引石父上有越字，晏子春秋、呂氏春秋、新序皆同。

吾聞君子詘於不知己，而信於知己者。

索隱：信讀曰申，古周禮皆然也。

案書鈔、白帖十二引詘並作屈，信並作申。晏子春秋信亦作申。御覽四百十引詘亦作屈，信作伸，呂氏春秋同。詘、屈古通，周本紀已有說。信、申亦古通，釋名釋言語：『信，申也。』申、伸古、今字。白帖十：『越石父曰：君子伸於知己，屈於不知己。』似亦本史記而倒其文。意林二引呂氏春秋：『周旦云：君子屈於不知己，而伸於知己。』今本呂氏春秋惟觀世篇越石父有此語。又黃善夫本、殿本索隱『古周禮皆然也。』並無古、也二字。

方吾在縲紲中，

案御覽引中上有之字。

夫子既已感寤而贖我，

考證：三條本、百衲宋本、凌本，已作以。

案景祐本、黃善夫本、殿本已亦皆作以。書鈔、記纂淵海引寤並作悟，悟、寤正，假字。

晏子於是延入爲上客。

　　案書鈔引入作之，白帖七引客作賓。

擁大蓋，

　　考證：『中井積德曰：大蓋，車蓋也。擁，居車蓋側也。』

　　施之勉札記云：『爾雅釋言：「舁，載也。」疏引謝氏曰：「舁，字又作擁。」

　　是「擁大蓋，」載大蓋也。說苑臣術篇：「翟黃乘軒車，載華蓋。」「擁大蓋」

　　之擁，與「載華蓋」之載，義實相同。中說非也。』

　　案擁乃攟之隸變，攟、舁古通，義猶載也。施說是。

意氣揚揚，

　　案御覽三七七引『揚揚』作『陽陽。』列女傳賢明篇齊相御妻傳作『洋洋，』梁

　　端校注云：『王風疏作「陽陽。」』揚、陽、洋，古並通用。

晏子長不滿六尺，

　　考證：列女傳『六尺』作『七尺。』

　　案記纂淵海八一引『六尺』作『七尺。』列女傳作『三尺，』（王照圓補注云：

　　三當作五。）考證云『七尺，』未知所據何本。

其後夫自抑損。

　　案白帖六引『其後』作『是日，』恐非其舊。

晏子薦以爲大夫。

　　集解：『皇覽曰：晏子冢在臨菑城南菑水南，桓公冢西北。』

　　正義：『注皇覽云：…………乃管仲冢也。』

　　考證：愚按，集解、正義，諸本有錯誤。今依張氏札記移正。

　　案景祐本集解，在上文『妾是以求去也』下。黃善夫本、殿本正義，並錯在上文

　　『晏子憮然』下，殿本皇覽上又刪注字。

吾讀管氏牧民、山高、乘馬、輕重、九府，

　　正義：『七略云：管子十八篇，在法家。』

　　考證：管子八十六篇，今本亡其十篇，而其目猶存。

　　蔣建侯云：『漢志諸子略道家有筦子八十六篇。今本管子前有劉向敍錄曰：「所

校中管子書三百八十九篇，太中大夫卜圭書二十七篇，臣富參書四十一篇，射聲
校尉立書十一篇，太史書九十六篇，凡中外書五百六十四篇。以校，除複重四百
八十四篇，定箸八十六篇。」是劉向校定者本爲八十六篇也。然史記管晏列傳贊
正義曰：「管子十八篇，在法家。」篇數與敍錄及漢志相去懸殊，家別亦異漢志，
何也。晁公武郡齋讀書志嘗言管子今亡十篇，十篇者，謀失、正言、封禪、言
昭、修身、問霸、牧民解、問乘馬、輕重丙、輕重庚也。嚴可均鐵橋漫稿言梁、
隋時已亡十篇，宋時又亡王言篇。故今本管子，此十一篇亦均有目無書。』（蔣
伯潛諸子通考下編諸子著述考第九章管子考。）

案御覽四七二引太史公素王妙論云：『管子設輕重、九府，行伊尹之術，則桓公
以霸。』貨殖列傳亦稱管子『設輕重、九府，則桓公以霸。』正義：『管子云輕
重，謂錢也。夫治民有輕重之法。周有大府、玉府、內府、外府、泉府、天府、
職內、職金、職幣，皆掌財幣之官，故云九府也。』管子劉向校定本及漢志並爲
八十六篇，正義引七略云十八篇者誤。今本管子亡十一篇，考證云亡其十篇者誤。

及晏子春秋。

索隱：按嬰所著書，名晏子春秋。今其書有七篇，故下云『其書世多有』也。

正義：『七略云：晏子春秋七篇，在儒家。』

蔣建侯云：『漢志諸子略儒家首列晏子八篇。劉向敍錄曰：「臣向所校中書晏子
十一篇，…………太史書五篇，臣向書一篇，參書十三篇，凡中外書三十篇，爲
八百三十八章。除複重二十二篇，六百二十三章，定著八篇，二百十五章。其
書，六篇皆合六經之義；又有複重，文辭頗異，不敢遺失，復列以爲一篇；又有
頗不合經術，似非晏子言，疑後世辯士所爲者，亦不敢失，復以爲一篇，凡八
篇。」是漢志所錄，即劉向校定本也。今存本亦八篇。隋志、唐志均作七卷，崇文
總目作十四卷者，孫星衍晏子春秋序謂「後人以篇爲卷，又合雜上下篇爲一卷，
則爲七卷。」是也。七卷各分上下，故又爲十四卷耳。史記本傳贊正義曰：「七
略云：晏子春秋七篇，在儒家。」…………疑正義所引乃七錄，字誤作「七略」
者。則孫氏所云「合雜上下二篇爲一卷，」殆始於阮孝緒乎？』（諸子通考下編
諸子著述考第五章晏子考。）

案孔叢子執節篇：『魯之史記曰春秋，晏子之書亦曰春秋。』晏子春秋劉向校定
本、漢志及今本皆八篇，正義引七略云七篇，七疑本作八，涉上七略字而誤也。
蔣氏疑正義所引乃七錄，夫上文管子書正義引七略，此文晏子書何遂引七錄乎？
又索隱『七篇，』索隱單本、黃善夫本、殿本並作『七十篇，』皆誤。

至其書世多有之，是以不論。

劉知幾云：太史公撰孔子世家，多採論語舊說。至管晏列傳，則不取其本書，以
爲時俗所有，故不復更載也。案論語行於講肆，列於學官，重加編列，秖覺煩
費。如管、晏者，諸子雜家，經史外事，棄而不錄，實杜異聞。夫以可除而不
除，宜取而不取，以斯著述，未覩厥義。

案管子、晏子書，世既多有，人所習知。則雖不錄，亦未杜異聞。司馬穰苴列傳
贊：『世既多司馬兵法，以故不論。』孫子吳起列傳贊：『吳起兵法世多有，故
弗論。』並同此例。孔子至聖，撰孔子世家，宜詳而不宜略。多採論語，固不得
以爲煩費也。

論其軼事。

案『軼事，』謂上文越石父及晏子御者二事。此二事乃晏子春秋所無，而並見於
今本晏子春秋雜上篇。石父事梁氏以爲『後人集錄，』（詳前。）御者事亦後人
所竄入者矣。

語曰：將順其美，匡救其惡。

考證：『語曰，』孝經文。將讀爲獎。

案將借爲將，說文：『將，扶也。』段注：『凡言「將順其美，」當作「將
順。」』鄭玄詩譜序：『論功頌德，所以將順其美。刺過譏失，所以匡救其惡。』
故上下能相親也。

案管子敍錄引『親也』作『親愛。』

方晏子伏莊公尸，哭之成禮，然後去。

考證：左傳襄二十五年。

案事又詳呂氏春秋知分篇、外傳一、齊世家、新序義勇篇。

豈所謂『見義不爲無勇』者邪？

　　案淮南子精神篇：『晏子與崔杼盟，臨死地而不易其義。』

此所謂『進思盡忠，退思補過』者哉！

　　考證：『進思』二句，亦孝經文。

　　案左宣十二年傳：『林父之事君也，進思盡忠，退思補過，社稷之衞也。』

假令晏子而在，余雖爲之執鞭，所忻慕焉。

　　案而與猶同義。白帖八引忻作欣，欣、忻正、假字。論語述而篇：『富而可求
　　也，雖執鞭之士，吾亦爲之。』

史記斠證卷六十三

老子韓非列傳第三

王　叔　岷

考證：『張文虎曰：「凌本題『老莊申韓傳，』非也。今依索隱、北宋、毛本，與史公自序合。王、柯本題『申不害韓非列傳。』別行注云：『開元二十三年，勑昇老子、莊子爲列傳首，故申、韓爲此卷。』案昇老子　，已見正義。此亦合刻者所記。」』

案黃善夫本題『申不害韓非列傳。』別行小注云：『開元二十三年，勑昇老子、莊子爲列傳首，故申、韓爲此卷。』蓋王　、柯本所本。殿本題『老莊申韓列傳，』蓋本凌本。昇老子，或並昇老子、莊子爲列傳首，已詳伯夷列傳斠證。莊子天下篇述道術淵源及諸子流派，已以老聃、莊周相連。淮南子要略篇：『考驗乎老、莊之術。』劉殿爵先生以爲老、莊並擧之始。（讀淮南鴻烈解校記。）史公以老、莊合傳，兼及申、韓。揚雄法言脩身篇：『誦韓、莊之書。』以韓、莊並稱，問道篇：『莊周、申、韓不乖寡聖人而漸諸篇。』以莊、申、韓並擧，蓋本於史記與？

老子者，

正義：『朱韜玉札及神仙傳云：……又玄妙內篇云：……玄妙玉女夢流星入口而有娠，七十二年而生老子。又上元經云：李母晝夜見五色珠，大如彈丸，自天下，因吞之，即有娠。……』

張照云：按漢武惑于神仙方士，並宗老子，故司馬遷著老子傳，著其鄉里，詳考其子孫，以明老子者亦人耳。非所謂乘雲氣，御飛龍，不可方物者。故一則曰『老子，隱君子也。』再則曰『老子，隱君子也。』良史心苦矣，正義翻引神仙荒唐謬悠之論以爲史注，夏蟲不可語冰，有如是！

孟眞師云：『禮記曾子問鄭注：「老聃者，古壽考者之號也。與孔子同時。」老非氏、非地，壽考者皆可稱之，如今北方稱「老頭子。」儋、聃、老萊子，三名混而爲一，恐正由此稱之不爲專名。』

案正義引神仙荒唐謬悠之論以爲注，蓋由唐宗老子故耳。路史後紀七注引玄妙內篇云：『老子母無壻。』劉子命相篇：老子感火星。』此並荒誕之說。然可與正義所引參驗者也。敦煌本成玄英老子開題亦引上元經云：『李母畫臥，見五色珠，大如彈丸，自天而下，因而吞之，遂即有胎。』正義所引，『畫夜』乃『畫臥』之誤。

楚苦縣厲鄉曲仁里人也。

集解：『地理志曰：苦縣屬陳國。』

梁玉繩云：禮曾子問疏引史作『陳國苦縣。』豈據別本乎？

考證：『淮南修務訓云：「南榮疇南見老聃，」高誘注：「老聃，老子，字伯陽。楚苦縣賴鄉曲里人。今陳國東瀨鄉有祠存。…………」愚按，厲、賴、瀨音通。』

孟眞師云：苦縣之名始於何時，不可知。苦邑未必始于秦、漢，然苦縣之名，容是秦滅楚爲郡後改從秦制者也。楚稱九縣，仍是大名，郡縣未分小大。苦在漢屬淮陽，淮陽時爲國，時爲郡。東漢改爲陳郡，蓋故陳地也。（見漢書地理志陳分野節。）史記十二諸侯年表。敬王四十一年，即魯哀公十六年，楚惠王十年，陳湣公二十三年，楚滅陳，其年孔子卒。故如老子是楚人，則老子乃戰國人，不當與孔子同時。老子如與孔子同時，乃苦之老子，非楚人也。又漢人稱楚，每括故楚諸郡，不專指彭城等七縣。太史公蓋以漢之楚稱加諸春秋末戰國初人耳。

蔣建侯云：苦縣故城，在今河南省鹿邑縣東十里。（諸子通考上編諸子人物考，第七章老子傳考。）

案『楚苦縣，』禮記孔疏引作『陳國苦縣。』疑據集解而改，（古人引書，往往據注文改正文。）恐非據別本也。又孔疏引厲作賴，考證引淮南子高注賴鄉，景宋本賴作瀨，厲、賴、瀨，古並通用。論語子張篇：『未信，則以爲厲己也。』釋文：『厲，鄭讀爲賴。』南越列傳：『爲戈船、下厲將軍。』集解引徐廣曰；

『厲，一作瀨。』並其證。後漢書桓帝紀注引曲下無仁字，與淮南子注合。（考證於下文『姓李氏』下引後漢書注作『曲仁里，』增仁字，非其舊也。）

名耳，字耼，姓李氏。

梁氏志疑據湖本作『姓李氏，名耳，字伯陽，謚曰耼。』云：『索隱本及後書桓帝紀注引史〔姓李氏〕三字，並在「名耳，字耼」之下，今本誤在上也。老子是號，生即晧然，故號老子。（見三國葛孝先道德經序。）耳其名，（神仙傳名重耳。）耼其字，（呂覽不二、重言兩篇作老耼。）非字伯陽。字而曰謚者，讀若王襃賦「謚爲洞簫」之謚，非謚法也。（說在孟嘗君傳。）葢伯陽父乃周幽王大夫，見國語，不得以老子當之。又墨子所染、呂氏春秋當染並稱「舜染于許由、伯陽，」則別一人，並非幽王時之伯陽父，乃高誘注呂，于當染篇以伯陽爲老子，舜師之。（呂本味篇：「堯、舜得伯陽、續耳」也。）而於重言篇以老耼爲論三川竭之伯陽，孔子師之。（周紀集解引唐固亦云：伯陽甫，老子也。）豈不謬哉！但索隱本作「名耳，字耼。」無「伯陽謚曰」四字，與後書桓紀延熹八年注引史合。並引許愼云：「耼，耳漫也。」故名耳，字耼。有本字伯陽，非正。老子號伯陽父，此傳不稱。則是後人惑于神仙家之傅會，妄竄史文。隸釋老子銘、神仙傳、抱朴子雜應、唐書宗室表、通志氏族略四、路史後紀七、並仍其誤耳。至路史載老子初名元祿，（注謂出集眞錄。）酉陽玉格言老子具三十六號，七十二名，又有九名。俱屬荒怪，儒者所不道。』

考證：『索隱本、各本作「字伯陽，謚曰耼。」「姓李氏，」各本在「曲仁里人也」下。後漢書桓帝紀章懷注引史記曰：「老子者，楚苦縣厲鄉曲仁里人也。名耳，字耼，姓李氏。」史記原本葢如此，陸德明音義註老子兩處，亦引史記曰：「字耼。」引河上公曰：「字伯陽。」不謂史記之語。老子匹夫耳，固無謚也，「字伯陽，謚曰耼」數字，葢後人所增益。姚鼐老子章義序、王念孫讀書志辯之太詳，今依改。』

孟眞師云：『梁說是也。惟謂「老子生即晧然，」恐仍是魏、晉以來神仙家之說，陸德明亦采此。葢唐代尊老子，此說在當時爲定論矣。』又云：「姓氏之別，在春秋末未泯，戰國末始大亂，說詳顧亭林原姓篇。太史公心中是敍說一春秋

末人，而曰姓某氏，蓋姓氏之別，<u>戰國漢儒</u>多未察，<u>太史公</u>有所謂<u>軒轅氏</u>、<u>高陽氏</u>者，自近儒考證學之精辨衡之，疏陋多矣！（<u>論語</u>稱<u>夏</u>曰<u>夏后氏</u>，稱<u>殷</u>曰<u>殷人</u>，蓋<u>殷</u>雖失王，有<u>宋</u>存焉。<u>夏</u>則無一線紹述之國，<u>杞</u>一別支而已。必當時列國大夫族氏中有自稱出自<u>夏后</u>者，遂有<u>夏后氏</u>之稱。固與<u>夏氏</u>甚不同義。如<u>顧氏</u>所考，王室國君均有姓無氏也。』

案<u>索隱</u>單本作『名<u>耳</u>，字<u>聃</u>，姓<u>李氏</u>。』各本作『姓<u>李氏</u>，名<u>耳</u>，字<u>伯陽</u>，謚曰<u>聃</u>。』（<u>志疑</u>、<u>考證</u>引謚並作諡，聃並作耼。 謚、 聃並俗字 。）<u>考證</u>本<u>姚</u>、<u>王</u>說，定此文作『名<u>耳</u>，字<u>聃</u>，姓<u>李氏</u>。』是也。惟謂<u>索隱</u>本亦作『字<u>伯陽</u>，謚曰<u>聃</u>。』則失檢。『謚曰<u>聃</u>，』猶言『號曰<u>聃</u>。』非謚法也，<u>梁</u>說是，<u>考證</u>未達謚字之義。<u>索隱</u>引<u>許慎</u>云：『<u>聃</u>，耳曼也。』今本<u>說文</u>同。<u>梁氏</u>引<u>索隱</u>曼誤漫。<u>說文段注</u>：『<u>史記老子列傳</u>曰：「名<u>耳</u>，字<u>聃</u>。」今本<u>史記</u>作「名<u>耳</u>，字<u>伯陽</u>，謚曰<u>聃</u>。」淺人妄改者也。與<u>姚</u>、<u>王</u>、<u>梁</u>說合。又<u>論語</u>述而篇<u>邢</u>疏引<u>王弼</u>云：『<u>老子</u>者，<u>楚苦縣厲鄉曲仁里</u>人也。姓<u>李氏</u>，名<u>耳</u>，字<u>伯陽</u>，謚曰<u>聃</u>。<u>周</u>守藏室之史也。』與今各本<u>史記</u>此節之文全合。如<u>王</u>說本於<u>史記</u>，則今本此節之文，其改竄由來久矣。

<u>周</u>守藏室之史也。

　　<u>索隱</u>：『……又<u>張蒼傳</u>：「<u>老子</u>為柱下史。」蓋即藏室之柱下，因以為官名。』
　　<u>考證</u>：『<u>錢大昕</u>曰：<u>張蒼傳</u>但云「<u>秦</u>時為御史，主柱下方書。」未嘗及<u>老子</u>。一本作「<u>張湯傳</u>，」尤誤。』
　　案<u>莊子</u>天道篇：『<u>周</u>之徵藏史有<u>老聃</u>者。』<u>列仙傳</u>：『<u>老子</u>，姓<u>李</u>名<u>耳</u>。…………為<u>周</u>柱下史。』一切經音義九五<u>老聃</u>下引<u>史記</u>亦云：『姓<u>李</u>，名<u>耳</u>。為<u>周</u>柱下史。』所引蓋<u>列仙傳</u>文也。又<u>黃善夫</u>本 、 殿本<u>索隱</u> ， 『<u>張蒼傳</u>』並誤『<u>張湯傳</u>。』

<u>孔子</u>適<u>周</u>，將問禮於<u>老子</u>。

　　<u>索隱</u>：<u>大戴記</u>亦云然。

案<u>御覽</u>三百九十、<u>記纂淵海</u>四三引此並無將字。<u>大戴記</u>未記<u>孔子</u>問禮於<u>老子</u>事。僅<u>曾子</u>制言上篇有『良賈深藏如虛，君子有盛教如無。』二句，與列傳下文『良

— 18 —

賈深藏若虛，君子盛德容貌若愚。』二句相合。則索隱『大戴記亦云然。』六

字，似當移在下文『若愚』之下矣。

老子曰，

　　梁玉繩云：老子答孔子問禮之言，與孔子世家異。『驕氣多欲，態色淫志。』亦

　　非所以語孔子，當依世家爲近實。

　　孟眞師云：孔子世家……與此處所敍絕異。此葢道家紬儒學之言；彼乃儒家自認

　　之說，故分存之也。

　　案莊子山木篇載太公任謂孔子『飾知以驚愚，修身以明汙，昭昭乎若揭日月而

　　行。』與老子語孔子『驕氣多欲，態色淫志。』義亦相近。其事固非實，其爲學

　　老、莊者抑孔子之言則實也。抱朴子塞難篇據此老子戒孔子之言，謂『仲尼不免

　　於俗情。』豈其然乎？

其人與骨皆已朽矣。

　　案蔡夢弼杜工部草堂詩箋補遺六引莊子云：『其人與骨皆已朽矣。』不見於今

　　本。或誤以史記爲莊子與？

且君子得其時則駕；不得其時，則蓬累而行。

　　正義：蓬，沙磧上轉蓬也。累，轉行貌也。……

　　朱駿聲云：『累借爲雷，史記：「蓬累而行。」正義：「轉行貌也。」』（說文

　　通訓定聲。）

　　案雷乃靁之省，說文：『靁，从雨，晶象回轉形。』釋名釋天：『雷，硍也。如

　　轉物有所硍雷之聲也。』是雷有轉義，故朱氏云『累借爲雷』耳。黃帝本紀：

　　『是爲嫘祖。』索隱：『一曰雷祖。』御覽一三五引作累祖。即累、雷古通之證。

　　藝文類聚八八引莊子云：『君子之居世也，得時則義行，失時則鵲起。』（御覽

　　九二一引義作蟻。）

良賈深藏若虛，君子盛德容貌若愚。

　　考證：『虛、愚韻。大戴禮曾子制言上篇：「良賈深藏如虛，君子有盛德，容貌

　　如無。」葢古有此語。』

　　案困學紀聞五：『大戴禮記曾子制言篇曰：「良賈深藏如虛，君子有盛敎如無。

與史記老子之言略同。』考證所引大戴禮，衍『容貌』二字。

去子之驕氣與多欲，態色與淫志。

　　正義：姿態之容色，與淫欲之志，……。

　　案態非姿態字，淫非淫欲字。態、淫與驕、多義近，『態色與淫志，』猶言『矜色與侈志』耳。

孔子去謂弟子曰：鳥吾知其能飛，

　　案『孔子去』絕句。白帖二九引飛作翔。

走者可以爲罔，游者可以爲綸，飛者可以爲矰。至於龍吾不能知，其乘風雲而上天。吾今日見老子，其猶龍邪？

　　考證：『莊子天運篇云：「孔子見老耼歸，三日不談。弟子問曰：『夫子見老耼，亦將何規哉？』孔子曰：『吾乃今於是乎見龍。龍合而成體，散而成章，乘乎雲氣，而養乎陰陽。予口張而不能嗋，予又何規老耼哉！』」太平御覽六百十七引莊子曰云云，「孔子曰：吾與汝處〔於〕魯之時，人用意如飛鴻者，吾走狗〔而〕逐之；用意如井魚者，吾爲鉤繳以投之；吾今見龍」云云，「余口張不能嗋，舌出不能縮，又何規哉！」史公蓋本於此。』

　　案『至於龍吾不能知，』白帖七引吾上有也字，吾下有則字。論衡龍虛篇吾上亦有也字。『其猶龍邪。』老子開題、白帖、記纂淵海四三引邪皆作乎，論衡同。

　　藝文類聚九六引莊子云：『孔子見老耼歸，三日不談。弟子問曰：「夫子見老耼，何規哉！」子曰：「人用意如飛鴻者，爲弓弩射之；如遊鹿者，走狗而逐之；若游魚者，鉤繳以投之。吾今見龍，合而成體，散而成章。余口張不能嗋，舌出不能言。」』御覽六一七所引較詳。今本莊子天運篇『孔子曰』下有脫文。淮南子兵略篇：『爲麋鹿者，則可以罝罘設也；爲魚鼈者，則可以罔罟取也；爲鴻鵠者，則可以矰繳加也。』與史公此文，並本於莊子。又考證『莊子天運篇云，』至『又何規哉！』本因學紀聞十，惟脫於、而二字耳。

迺遂去，至關。

　　案『迺遂，』複語，迺猶遂也。文選孫興公遊天臺山賦注引至上有西字。

關令尹喜曰：子將隱矣，彊爲我著書。

孟眞師云：關尹、老聃，莊子天下篇並稱之，蓋一派也。其書在漢志所著錄者久
佚，今傳本乃唐、宋所爲，宋濂以來，辯之已詳。

案藝文類聚二七引此文云：『關令尹喜曰：「子將隱矣。」喜與老子俱之流沙之
西。』『喜與老子俱之流沙之西』句，乃列仙傳文，下文集解引之。

於是老子迺著書上下篇，

案文選注引篇上有二字。

莫知其所終。

孟眞師云：此爲後來化胡諸說所依據，太史公如此言，彼時道家已雜神仙矣。
（淮南子一書可見。）

案莊子寓言篇：『莫知其所終。』

或曰：老萊子，亦楚人也。著書十五篇，言道家之用，與孔子同時云。

王應麟云：『大戴禮云：「德恭而行信，終日言，不在悔尤之內。貧而能樂。蓋
老萊子之行也。」戰國策云：「不聞老萊子之教孔子事君乎？示之其齒之堅也。
六十而盡，相靡也。」』（漢藝文志考證六。）

考證：『梁玉繩曰：「老萊子與老聃判然二人，弟子傳序分別言之。而此忽疑爲
一人。路史因附會其詞云：『老子邑于苦之賴，賴乃萊也。故又曰老萊子。』何
其誕哉！漢藝文志：『老萊子十六篇。』」』

孟眞師云：莊子外物篇舉孔子問禮事，即明稱老萊子。

案仲尼弟子列傳序：『孔子之所嚴事，於周則老子，於楚老萊子。』明爲二人。
而於此引或說，疑老萊子卽老子。史公撰史，信以傳信，疑以傳疑，正此類也。
莊子外物篇載老萊子戒孔子之言，與老子答孔子問禮之言相似，此亦老萊子疑卽
老子之由也。文選遊天臺山賦注引劉向別錄云：『老萊子，古之壽者。』漢志
『老萊子十六篇。』注云：『楚人，與孔子同時。』蓋本史記。王氏引大戴禮，
見衞將軍文子篇（今本文略異）；引戰國策，見楚策四。

蓋老子百有六十餘歲；或言二百餘歲，以其脩道而養壽也。

梁玉繩云：索隱本有字在『六十』下。

孟眞師云：黃、老之學，原在陰謀術數及無爲之論，雜神仙後始有此說。

案『養壽』猶『長壽。』大戴禮夏小正：『五月，時有養日。十月，時有養夜。』傳並云：『養，長也。』左昭二十年傳：『私欲養求。』杜注：『養、長也。』並養、長同義之證。

而史記周太史儋見秦獻公，曰：始秦與周合，合五百歲而離，離七十歲而霸王者出焉。

索隱：『按周秦二本紀竝云：「始周與秦國合而別，別五百載又合。合七十歲而霸王者出。」然與此傳離合正反，尋其意義，亦竝不相違也。』

梁玉繩云：『合七十歲而霸王者出焉。』此語四見，似當以『七十歲』爲定。說在周紀。

殿本考證：『合七十歲而霸王者出焉。』周本紀、封禪書云『合十七歲；』秦本紀云『七十七歲。』

考證：『此語史記四見，張文虎曰：「各本作『始秦與周合而離，離五百歲而復合，合七十歲而霸王者出焉。』毛本『七十』下有餘字。王氏雜志云：『此後人依周秦本紀改。索隱云：「紀與此傳相反。」若此，則何反之有！』今依雜志所引宋本改。」愚按，劉氏百衲宋本與各本同，與雜志所引宋本異。史記桃源抄云：「博士家本作『合五百歲而離，離十七歲而霸王者出焉。』」亦與諸本異。』

孟眞師云：此所謂史記，當是秦史記。彼時秦早有王天下之心，故箕子抱祭器適周之說，有擬之者矣。

案黃善夫本、梁氏所據湖本、殿本皆作『始秦與周合而離，離五百歲而復合，合七十歲而霸王者出焉。』景祐本作『始秦與周合，合五百歲而離，離七十歲而霸王者出焉。』與王氏雜志所引宋本合。索隱引周秦本紀『七十歲，』今本周、秦本紀並異，作『七十歲』近塙，漢書郊祀志作『七十年。』參看周本紀斠證。

或曰：『儋即老子。』或曰：『非也。』世莫知其然否。

案周本紀索隱引老子下有耳字。封禪書：『周太史儋，』索隱：『孟康云：「即老子也。」韋昭案：「年表，儋在孔子後百餘年，非老耼也。」』儋之混爲老耼，蓋由儋與瞻古通，瞻與耼音義並近也。山海經大荒北經：『有儋耳之國。』

一切經音義八五、八八引儋並作瞻。（歐纈芳女弟山海經校證有說。）說文：
『瞻，耳垂也。』又云：『聃，耳曼也。』（蔣建侯亦有類此之說。）又論語述而
篇邢疏引世本云：『〔彭祖，〕姓籛，名鏗，在商爲守藏史，在周爲柱下史，年
八百歲。一云：即老子也。』據此，則老耼非僅與老萊子、太史儋相混而已。

老子之子名宗，宗爲魏將，封于段干。

梁玉繩云：老子卒於敬王初年，而其子仕魏，最少亦百餘歲。宗復如是長年乎？
唐表以宗爲耼之後，較史爲實。又神仙傳引史，段干無干字，葢脫失耳。（唐表
謂『宗字尊祖，封于段，爲干木大夫。』則妄也。）

案通鑑周紀一注引唐人志氏族云：『李耳，字伯陽，一字聃。其後有李宗，魏封
於段，爲干木大夫。』葢唐表（新唐書宗室世系表上）所本。抱朴子對俗篇云：
『伯陽有子名宗，仕魏爲將軍，有功封於段干。』則本史記也。

注子宮，宮玄孫假。

考證：『梁玉繩曰：神仙傳引史，宮作言，假作瑕。

案假、瑕古通，鄭世家已有說。

世之學老子者，則絀儒學。儒學亦絀老子。

索隱：按絀音黜。黜退而後之也。

孟眞師云：老子、儒學之爭，文、景、武世最烈，轅固生幾以致死（見儒林傳）。
武帝初年竇嬰、田蚡、王臧、趙綰皆以儒術爲竇太后所罷。及武帝實秉政，用公
孫弘、董仲舒言，黃、老微矣！談先黃、老而後六經，遷則儒家。然述父學，故
于孔氏、儒家之上下，但以『道不同不相爲謀』了之耳。

案索隱『絀音黜。』史記例以絀爲黜，殷本紀：『旣絀夏命（書湯誥序絀作
黜）。』周本紀：『王絀翟后（國語周語中絀作黜）。』封禪書：『於是上絀
偃、霸（漢志絀作黜）。』楚世家：『絀乃亂也（左文元年傳絀作黜）。』衞世
家：『桓公絀之（年表絀作黜，疑後人所改）。』齊悼惠王世家：『故絀其功
（漢書高五王傳絀作黜）。』春申君列傳：『絀攻取之心（長短經七雄略注絀作
黜）。』太史公自序：『絀聰明（考證：漢書黜作黜）。』皆其證。

李耳無爲自化，清靜自正。

索隱：此太史公因其行事，於當篇之末結以此言，亦是贊也。……此是昔人所評老耼之德，故太史公於此引以記之。

正義：此都結老子之教也。……

梁玉繩云：『杭太史疏證引南昌萬承蒼云：「此二句是敍傳中語，誤入于此。」（注謂史公稱「昔人所評，」非也。）』

蔣建侯云：『太史公自序曰：「李耳無爲自化，淸靜自正；韓非揣事情，循勢理，作老子韓非列傳第三。」此處末十字與上文不銜接，且亦非結語。疑讀史記者，偶摘自序中語附記，因而誤入正文者。』

案萬說是，蔣說蓋本之。索隱、正義所據本，並已誤入此十字矣。

莊子者，蒙人也。

集解：『地理志，蒙縣屬梁國。』

索隱：『地理志，蒙縣屬梁國。劉向別錄云：宋之蒙人也。』

閻若璩云：『莊周史稱爲「蒙人。」劉向別錄云：「宋之蒙人也。」今歸德府商邱縣南二十里有蒙城，即周之本邑。朱子謂「莊子自是楚人，當時南方多異端」者，非。』（四書釋地又續。）

梁玉繩云：『高誘呂子必己注云：〔莊子，〕宋之蒙人。』

案景祐本南宋補版『莊子韓非列傳第三』始此。黃善夫本、殿本並提行。日本高山寺舊鈔本莊子天下篇末郭象後語引此『蒙人也，』作『守蒙縣人也。』守乃宋之誤，（狩野直喜校勘記引武內義雄莊子考云：守當作宋。）是史公本以莊子爲宋之蒙人。淮南子脩務篇高注：『莊子，名周，宋蒙縣人。』高士傳中：『莊周者，宋之蒙人也。』書鈔九七引〔北齊〕劉晝（原誤畫）莊周傳云：『宋之蒙縣人。』皆與史記合。莊子列禦寇篇：『宋人有曹商者，爲宋王使秦。………反於宋，見莊子。』是莊子爲宋人，莊子本書已可證之。韓非子難三篇云：『宋人語曰：一雀過羿，羿必得之，則羿誣矣。以天下爲之羅，則雀不失矣。』所引乃莊子庚桑楚篇文，而稱爲『宋人語，』宋人即指莊子矣。張衡髑髏賦云：『吾宋人也，姓莊名周。』亦以莊子爲宋人。蒙本宋地，據集解、索隱引漢書地理志，是蒙屬漢之梁國也。黃善夫本、殿本索隱，並無『地理志，蒙縣屬梁國』八字，蓋

— 24 —

因已見於集解而略之耳。

名周。

蔣建侯云：『莊子名周，見莊子齊物論、外物、天下諸篇，學者無異說。字則不
見於先秦諸書。成玄英莊子疏曰：「字子休。」不知何據。釋文敍錄自注曰：
「太史公云：字子休。」史記本傳中並無此語。（諸子通考上編諸子人物考，第
八章莊子傳考。）

案莊子名周，又見莊子山木篇。釋文敍錄自注既引太史公云：『字子休。』則此
『名周』下，或本有『字子休』三字。越世家索隱稱莊周爲子休，稱其字也。蔣
氏引成玄英莊子疏，乃成氏莊子疏之序。

周嘗爲蒙漆園吏。

正義：『括地志云：「漆園故城，在曹州冤句縣北十七里。」此云莊周爲漆園吏，
即此，按其城古屬蒙縣。

閻若璩云：冤句城在今曹州西南界下。曹州，春秋之曹國，爲宋景公滅於魯哀公
八年，地故爲宋有。莊周故亦宋之官也。（四書釋地又續。）

考證：『中井積德曰：「蒙有漆園，周爲之吏，督漆事也。」愚按，漆園非地
名，中說可從。……』

施之勉札記云：『御覽一百九十七，史記曰：「梁有漆園，楚有橘柚園。」中說
是也。』

案郭象莊子後語引此作『嘗爲漆園史。』嘗、曾同義，史乃吏之誤。文選郭景純
遊仙詩注引此亦無周字。漆園、莊周時或非地名，因周曾於此爲吏，後人遂以爲
地名耳。御覽一九七引史記云云，不類史記文，蓋史記舊注。類書引書，往往以
注文爲正文。

與梁惠王、齊宣王同時。

考證：莊子與惠施交游。施爲梁惠王相，及于襄王世，與齊宣王同時。

孟眞師云：如此，則亦孟子同時人。

案朱子語類一二五：『問：「莊子、孟子同時，何不一相遇？又不聞相道及，如
何？」曰：「莊子當時，也無人宗之，他只在僻處自說。然亦止是楊朱之學。但

— 25 —

楊氏說得大了，故孟子力排之。』』又『問：「孟子與莊子同時否？」曰：「莊
子後得幾年，然亦不爭多。」或云：「莊子都不說著孟子一句。」曰：「孟子平
生足跡，只是齊、魯、滕、宋、大梁之間，不曾過大梁之南。莊子自是楚人，想
見聲聞不相及。」』

案莊子逍遙遊篇：『惠子謂莊子曰：魏王貽我大瓠之種。』釋文引司馬彪注云；
『惠子，姓惠名施，爲梁相。魏王，梁惠王也。』秋水篇：『惠子相梁，』釋
文：『相梁惠王。』達生篇：『紀省子爲王養鬥雞。』釋文引司馬彪云：『王，
齊王也。』白帖二九引王上有宣字，記纂淵海五五、六二引王上並有齊宣二字，
是也。此蓋莊子記當時事也。（僞列子黃帝篇作周宣王，非。）山木篇：『莊子
衣大布而補之，正緳繫履而過魏王。』釋文引司馬彪云：『魏王，惠王也。』莊
子、惠子、孟子，皆與梁惠王、齊宣王同時。呂氏春秋淫辭篇高注：『惠施，宋
人也。』莊子、惠子並宋人，常相辯難。而莊子、孟子不一相遇；又不相道及，
正由莊子『只在僻處自說。』朱子此解極是。至於謂莊子是楚人，與孟子聲聞不
相及，則未審。莊子非楚人，前引閻若璩說已辯之矣。朱子謂莊子『止是楊朱之
學，』亦非。楊朱爲我，莊子忘我，其學迥異。逍遙遊篇：『至人無己。』齊物
論篇；『子綦曰：今者吾喪我，汝知之乎？』在宥篇：『大同而無己。』天地
篇：『忘乎物，忘乎天，其名爲忘己。』秋水篇：『大人無己。』所謂『無己、』
『喪我、』『忘己，』皆猶『忘我』也。大宗師篇所謂『坐忘，』亦即『忘我』
之境。莊子豈是楊朱之學邪！錢穆先生莊子纂箋序云：『莊氏要爲爲我之學。』
蓋本朱說。馮友蘭中國哲學史云：『莊子之學爲楊朱之學之更進步者。』（第十
章『莊子及道家中之莊學。』）亦本朱說而引申之。其了解莊子，仍未超出楊朱
之外也。特附論於此。

然其要本歸於老子之言。

孟眞師云：老、莊不同，天下篇自言之。陰謀術數之學，莊書中俱無之。莊書中
有敷衍道德五千言之旨者；亦有直引五千言中文句者。（如『故曰：魚不可脫於
淵，國之利器不可以示人。』）然莊書不純，不能遽以此實其爲老子之學也。子
長之時，莊非顯學，傳其書者，恐須託黃、老以自重，故子長所見多爲比附老氏

者。

案『要本，』複語，本亦要也，可略其一。司馬相如列傳贊：『然其要歸引
之節儉。』（『歸引，』複語，引亦歸也。說詳彼文。）言要不言本，是其驗
矣。朱子語類：『問：老子與莊子似是兩般說話。』曰：「莊子於篇末自說破
矣。」』老、莊之書，皆所以明道，然其基本觀念不同。老子云：『道之為物，
惟恍惟惚。』既言『恍惚，』則未全脫迹象。而莊子云：『若有真宰，而不得其
朕。』是超絕迹象矣。老子云：『有物混成，先天地生。』莊子知北遊篇則云
『有先天地生者物邪？物物者非物。』老、莊立論重點亦不同，老子偏重人事，莊
子偏重天道。老子偏重外王，莊子偏重內聖。又老子重生，故言『長生久視之
道。』莊子則外生死。（在宥篇言長生，讓王篇言重生，皆非莊子本旨，學莊之
徒之言也。）亦較老子超脫。惟莊書中於老子最為尊崇，莊子固是宗老者。特莊
子之學不為老子所限耳。漢志歸莊子於道家，所謂家，為一學派。然莊子之學，
『萬物畢羅，莫足以歸。』（莊子天下篇。）實不宜以一學派限之。因其要本歸
於老子，則亦強歸之於道家耳。

大抵率寓言也。

索隱：『大抵』猶『大略』也。其書十餘萬言，率皆立主客，使之相對語，故云
『偶言。』又音寓，寓，寄也。……故莊子有寓言篇。

考證：『三條本寓作偶。……張文虎曰：依索隱，則所據本史文寓作偶。今單本
亦作寓，蓋後人改之。』

案『大抵』與『率』為複語，義並猶『大略』也。索隱原本寓作偶，三條本存其
舊，寓、偶正、假字。索隱後說『音寓，』並稱『莊子有寓言篇。』是也。莊子
寓言篇云：『寓言十九。』（天下篇：『以寓言為廣。』）正所謂『大抵率寓言
也。』

作漁父、盜跖、胠篋，以詆訿孔子之徒；以明老子之術。

孟真師云：今本莊子，西晉人向秀所注，郭象竊之，附以秋水諸篇之注，而題為
郭象注者（見晉書）。此本以外者，今並不存，但有甚少類書等所引可輯耳。子
長所舉諸篇，在今本莊子中，居外篇、雜篇之列。而子長當時竟特舉之，蓋今本
莊子乃魏、晉間人觀念所定。太史公時，老氏紬儒學，儒學紬老氏，故此數篇獨

重。

案莊子原爲若干篇，不得而知。漢志及呂氏春秋必已篇高注，並稱莊子五十二篇。釋文敍錄稱晉司馬彪、孟氏注莊子，亦五十二篇。是否漢人所見五十二篇之舊，已無可考。劉晝莊周傳稱莊周『著內外五十二篇。』承漢人說，或據司馬、孟氏注本爲說，亦無可徵。今本莊子三十三篇，乃郭象刪定之本。世說新語文學篇，已謂郭象竊向秀莊子注，岷曾廣輯向注，與郭注比驗，郭注實多因襲向注；然亦能述而廣之，以自成義。（詳拙著莊子向郭注異同考，國立中央圖書館館刊第一卷第四號。）至於郭本以外之莊子佚文，岷曾於古注、類書及其他古籍中輯存約一百六十條，（詳莊子校釋附錄一及莊子校釋後記。尚有未錄入者二條。）史公所舉漁父、盜跖，並在今本雜篇，（盜跖篇在後。）乃詆訿孔子之徒者；所舉胠篋，在今本外篇，乃明老子之術者。

畏累虛、亢桑子之屬，皆空語，無事實。

索隱：『按莊子，畏累虛，篇名也。即老聃弟子畏累。鄒氏畏，音於鬼反。累音壘。……郭象云：「今東萊也。」亢音庚。亢桑子，王劭本作庚桑。……』

正義：『莊子云：「庚桑楚者，老子弟子，北居畏累之山。」成瑛云：「山在魯。」亦云：「在深州。」……』

考證：『莊子庚桑楚篇云：「老聃之役有庚桑楚者，偏得老聃之道，以〔北〕居畏壘之山。」……畏壘，山名。索隱以爲篇名，誤。』

孟眞師云：『司馬貞云：「按莊子，畏累虛，篇名也。即老聃弟子畏累。」今本無此篇。僅庚桑楚云云，此與司馬子正所見不合矣。是子正猶及見與向、郭本不同之莊子也。』

案索隱既明云『畏累虛，篇名也。』是所據莊子如此。惟正義引莊子，已以畏累爲山名，小司馬與張氏同爲唐開元中人，索隱所據，何以獨異？且索隱既引郭注『今東萊也。』以釋畏累，何以又以畏累爲老聃弟子？此不可解者也。竊疑索隱『按莊子，畏累虛，篇名也。即老聃弟子畏累。』乃經後人妄改；或涉正文而誤。蓋本作『按莊子，亢桑，篇名也。即老聃弟子亢桑。』今本莊子庚桑楚，釋文本、日本高山寺舊鈔卷子本並無楚字，『庚桑』與『亢桑』同。索隱：『亢音庚。』

是也。又列子仲尼篇：『老聃之弟子有亢倉子者。』（釋文：『亢倉』音『庚桑。』）唐王士元有亢倉子。『亢倉』亦與『亢桑』同。

然善屬書離辭，

正義：屬音燭。『離辭，』猶分析其辭句也。

案離借爲摛，廣雅釋詁四：『摛，舒也。』王念孫疏證云：『史記：「善屬書離辭。」離與摛同，謂舒辭也。正義云：「猶分析其辭句。」失之。』

用剽剝儒、墨。

正義：剽，猶攻擊也。

案『剽剝，』複語，剝亦猶攻擊也。剽借爲摽，說文：『摽，擊也。』（說文通訓定聲有說。）剝借爲攴，說文：『攴，小擊也。』莊子齊物論篇：『道隱於小成，言隱於榮華。故有儒、墨之是非。以是其所非，而非其所是。』在宥篇：「下有桀、跖，上有曾、史，而儒、墨畢起。於是乎喜怒相疑，愚知相欺，善否相非，誕信相譏，而天下衰矣！』天運篇：『禹之治天下，使民心變，人有心而兵有順，殺盜非殺人，自爲種而天下耳。是以天下大駭，儒、墨皆起！』皆所謂『剽剝儒、墨』者也。

其言洸洋自恣以適己。

索隱：『洸洋，』音『汪羊』二音。……

案文選馬季長長笛賦注、謝靈運遊赤石進帆海詩注引洸並作汪。莊子天下篇稱莊周『以謬悠之說，荒唐之言，无端崖之辭，時恣縱而不儻，不以觭見之也。』成玄英疏儻作黨，（趙諫議本亦作黨，古字通用。）釋黨爲『偏黨，』觭爲『觭介。』是莊子之言雖『洸洋自恣，』而不流於偏黨、觭介。史公於贊文中稱『莊子散道德放論，要亦歸之自然。』正此義也。

故自王公大人不能器之。

案高士傳能作得，義同。論語爲政篇：『君子不器。』皇疏：『器者，給用之物也。』『王公大人不能器之，』謂『王公大人不得器用之』也。

楚威王聞莊周賢。

案藝文類聚八三、御覽四七四引韓詩外傳，楚威王並作楚襄王。（參看賴炎元學

弟韓詩外傳考徵八、韓詩外傳佚文考。）

雖欲爲孤豚，

　　考證：愚按，莊子列禦寇篇『孤豚』作『孤犢，』義長。

　　案御覽四七四引韓詩外傳亦作『孤犢。』

終身不仕，以快吾志焉。

　　正義：『莊子云：「莊子釣於濮水之上，楚王使大夫往，曰：『願以境內累。』
　　莊子持竿不顧。……曰：『往矣！吾將曳尾於塗中。』」與此傳不同也。』

　　梁玉繩云：正義據莊子秋水篇假神龜以辭楚聘事，謂與此傳異。殊不知犧牛之
　　喻，史公是用列禦寇篇，特語有詳略耳。

　　考證：『正義所引，莊子秋水篇文，列御寇篇又云：「或聘於莊子，莊子應其使
　　曰：子見夫犧牛乎？衣以文繡，食以芻菽。及其牽而入於太廟，雖欲爲孤犢，其
　　可得乎！」史公蓋合二事爲一。……』

　　案考證謂『史公蓋合二事爲一。』是也。高士傳並載秋水、列禦寇二篇文，惟不
　　以爲一事。莊子秋水篇『楚王使大夫往，』釋文引司馬彪云：『楚王，威王也，
　　成玄英疏：『楚王，楚威王也。』高士傳楚王作楚威王，蓋皆本於史記。莊子列
　　禦寇篇『或聘於莊子，』白帖二九引作『楚王聘莊周。』亦可證秋水、列禦寇二
　　篇所載爲一事也。

申不害者，京人也。

　　孟眞師云：『左傳隱元年：「請京，使居之，謂之京城大叔。」或申子鄭之京人
　　也。』

　　蔣伯潛云：『高誘呂氏春秋任數篇注曰：申不害，鄭之京人。』（諸子通考上編
　　諸子人物考第十章申韓傳考。）

　　案景祐本南宋補版、殿本並提行。黃善夫本『申不害韓非列傳第三』始此。意林
　　二引劉向云：『申子，名不害。』

學術以干韓昭侯。

　　索隱：按術，即刑名之法術也。（卽，原誤則。）

　　考證：『戰國策韓策云：「魏之圍邯鄲也，申不害始合於韓王。」依年表，周顯

王元年，韓滅鄭。十六年，魏圍趙邯鄲。十八年，申不害相韓。三十二年，申不
害卒。申子出處可概見也。

施之勉云：按年表，周烈王元年，韓滅鄭。考證以爲在顯王元年，誤。又年表，
周顯王十五年，魏圍趙邯鄲。十六年，魏拔邯鄲。是魏圍趙邯鄲在十五年也。考
證以爲在十六年，亦誤。

案通鑑周紀二作『學黃老、刑名以干昭侯。』蓋以術兼『黃老、刑名』言之，較
索隱僅言『刑名』爲備。下文『申子之學，本於黃老，而主刑名。』可證。又黃
善夫本、殿本索隱，並略按、之、也三字。

十五年，終申子之身，國治兵彊，無侵韓者。

蔣建侯云：六國年表，韓昭侯八年，申不害相；二十二年，申不害卒。恰爲十五
年。

案韓世家亦稱昭侯『八年，申不害相韓，脩術行道，國內以治，諸侯不來侵伐。
二十二年，申不害死。』

申子之學，本於黃老，而主刑名。

考證：『老子書中無黃帝文字。至列子、莊子、好稱黃帝，於是遂有黃老之稱。
王鳴盛云：「刑非刑罰之刑，與形同，古字通用。刑名，猶言名實。故其論云：
『申子卑卑，施之於名實。』商君列傳：『少好刑名之學。』義同。」……羣書
治要引申子大體篇云：「……故善爲主者，倚於愚，立於不盈，設於不敢，藏於
無事，竄端匿疏，示天下無爲，是以近者親之，遠者懷之。示人有餘者人奪之，
示人不足者人與之。剛者折，危者覆。動者搖，靜者安。名自正也。事自定也。
是以有道者自名而正之，隨事而定之也。」申子名實之學，本於老聃可知也。』

孟眞師云：黃老一說，恐漢初始有之。孟子論楊墨，莊子天下篇、韓非顯學篇、
以及呂覽，均不及此詞。蓋申實刑名之學，漢世述之者自附于黃、老，故子長見
其『原於道德之意。』

案莊子中所稱黃帝，與老子無關。今本列子出於東晉，所載黃帝之言，偶有與老
子相合或相似者，如天瑞篇：『黃帝書曰：谷神不死，是謂玄牝。玄牝之門，是
謂天地之根。綿綿若存，用之不勤。』亦見老子六章；又『黃帝書曰：無動不生

無而生有。』老子四十章云：『有生於無。』此類黃帝之言，或出自戰國。漢志
有黃帝君臣十篇，注云：『起六國時，與老子相似也。』黃老之言相似，故漢初
遂以黃老並稱。黃帝有君臣十篇，申子亦有君臣篇（詳後）。治要引申子大體篇
云云，又頗與老子相似。（如考證說。）則『申子之學，本於黃老。』蓋信而有
徵矣。『刑名』有二義，一為循名責實，此申子之刑名也；一為信賞必罰，此商
鞅之刑名也。韓非子定法篇：『申不害言術，而公孫鞅為法。術者，因任而授
官，循名而責實，操殺生之柄，課羣臣之能者也。此人主之所執也。法者，憲令
著於官府，刑罰必於民心。賞存乎慎法，而罰加乎姦令者也。此臣之所師也。』
申、商並好刑名，而申重名實；商重賞罰，其義自不同矣。下文集解引新序云：
「申子之書，言人主當執術無刑，因循以督責臣下，其責深刻，故號曰術。商鞅
所為書，號曰法。皆曰刑名。』亦可證申、商刑名之不同。漢書元帝紀：『日刑
名繩下。』晉灼注：『刑，刑家。名，名家也。』師古注：『晉說非也。劉向別
錄云：申子學號刑名。刑名者，以名責實，尊君卑臣，崇上抑下。宣帝好觀其君
臣篇。（御覽二二一引七略亦云：孝宣皇帝重申不害君臣篇。）劉向釋申子之刑
名，為『以名責實。』是也。晉灼謂『刑，刑家。名，名家。』乃泛釋之，非專
就申子之刑名而言，亦未為非。惟當云『刑名，刑家及名家。』不當刑、名分
釋。刑家，如商鞅之徒之刑名；名家如申子之徒之刑名。漢志列申子於法家，而
名家尹文之徒亦重循名責實，故申子亦可列入名家也。又莊子天道篇亦累言刑
名，如云：『禮法度數，刑名比詳，治之末也。』（刑，本亦作形，古字通用，
如王鳴盛說。）蓋亦循名責實之刑名矣。

著書二篇，號曰申子。

集解：『劉向別錄曰：今民間所有上下二篇，中書六篇，皆合二篇，已備，過太
史公所記。』

索隱：今人間有上下二篇，又有中書六篇，其篇中之言皆含上下二篇，是書已
備，過於太史公所記也。

正義：『阮孝緒七略云：申子三篇也。』

梁玉繩云：『漢志：「申子六篇。」故集解引劉向別錄云：今備，過太史公所記

也。』

案漢志王氏補注引沈欽韓云：『隋志：「梁有申子三卷，亡。」新舊唐志仍列之。』意林亦稱『申子三卷。』正義所稱七略，乃七錄之誤，下同。又黃善夫本、殿本並無索隱，蓋因已見於集解而略之也。

韓非者，韓之諸公子也。

案景祐本南宋補版、黃善夫本、殿本皆提行。漢志：『韓子五十五篇。』注：『名非，韓諸公子。』漢書武帝紀應劭注：『韓非，韓諸公子。非，名也。』

喜刑名法術之學。

案後漢書馮衍傳注引喜字作『亦好』二字。御覽六三五引喜亦作好。

而其歸本於黃老。

索隱：『按劉氏云：「黃老之法，不尚繁華，清簡無爲，君臣自正。韓非之論，詆訾浮淫，法制無私，而名實相稱。故曰：歸於黃老。」斯未爲得其本旨。今按韓子書有解老、喻老二篇，是大抵亦崇黃老之學。』

孟眞師云：如可據今本韓子論，韓子乃歸於陰謀權術之黃老耳。

案索隱單本作『其大歸本於黃老。』據劉氏（伯莊）注，則劉所見本似作『而其本歸於黃老。』劉氏之說，驗諸解老、喻老二篇，亦略相符。似未遠離本旨也。又老子三十六章：『將欲翕之，必固張之。將欲弱之，必固強之。………將欲奪之，必固與之。』及『魚不可脫於淵，國之利器不可以示人。』極似陰謀權術之言，喻老篇已引述之矣。御覽四五九引韓子佚文云：『天下有至貴，而非勢位也；有至富，而非金玉也；有至壽，而非千歲也。愿恕反性，則貴矣；適情知足，則富矣；明生死之分，則壽矣。』此說頗符老、莊之旨。

非見韓之削弱，數以書諫韓王，韓王不能用。

案文選馬季長長笛賦注、司馬子長報任少卿書注引削並作稍，削、稍正、假字；又引『韓王不能用，』並無韓字，通鑑秦紀一亦無韓字。

於是韓非疾治國不務脩明其法制，執勢以御其臣下。

考證：楓山、三條本制作術，無『執勢』二字。北宋、舊刻本勢作契，誤。

案景祐本南宋補版勢原作契，復改刻作勢。韓非子姦劫弒臣篇：『人主無法術以

御其臣，雖長年而美材，大臣猶將得勢，擅事主斷，而各爲其私急。』
以爲儒者用文亂法。

　　案御覽引用作以，義同。韓非子五蠹篇、游俠列傳亦並作以。

今者所養非所用。

　　索隱……非勇悍忠鯁，

　　案黃善夫本、殿本索隱，鯁並作梗，『忠鯁』字正作骾，鯁、梗並借字。

觀往者得失之變，

　　正義：………令國削弱，故觀往古有國之君，則得失之變異，………（令，原誤
　　今。）

　　考證：正義則字衍。

　　案黃善夫本正義削作消，義同。釋名釋言語：『消，削也。』又正義則字非衍，
　　考證以『有國之君』連下讀，故以則字爲衍耳。

故作孤憤、五蠹、內外儲、說林、說難十餘萬言。

　　索隱：……孤憤，憤孤直不容於時也。五蠹，蠹政之事有五也。內外儲，按韓子
　　有內儲、外儲篇。內儲，言明君執術以制臣下。制之在己，故曰內也。外儲，言
　　明君觀聽臣下之言行，……

　　正義：內外儲，□□□□。……

　　案通鑑『十餘萬言』上增『五十六篇』四字，六字恐誤。今傳韓非子五十五篇，
　　漢志同。通鑑注引索隱，『孤憤』下，『五蠹』下、『內外儲』下，皆有者字。
　　『按韓子有內儲、外儲篇，』作『韓非子有內外儲說篇。』下文『內儲』下、
　　『外儲』下，亦並有者字。黃善夫本、殿本索隱，『按韓子有內儲、外儲篇，』並
　　作『按韓子有內外儲說篇。』（與通鑑注所引較合。）『制之在己，』制並誤
　　利。正義『內外儲』下所缺四字，疑是『內儲、外儲。』

然韓非知說之難，爲說難書甚具。終死於秦，不能自脫。

　　案御覽四百六十引戰國策云：『韓非知說之難，爲說難書。』（鮑刻本改戰國策
　　爲史記，下同。）通鑑引揚子法言（問明篇）云：『或問：「韓非作說難之書，
　　而卒死乎說難，敢問何反也？」曰：「說難，蓋其所以死乎！」曰：「何也？」

　　— 34 —

〔曰：〕「君子以禮動，以義止。合則進，否則退。確乎不憂其不合也。夫說人
而憂其不合，則亦無所不至矣。」或曰：「非憂說之不合，非邪？」曰：「說不
由道，憂也。由道而不合，非憂也。」』陶淵明讀史述九章韓非章：『巧行居
災，忮辨召患。哀矣韓生，竟死說難！』

又非吾辯之能明吾意之難也。

　　正義：能分明吾意以說之，亦又未爲難也。尙非甚難。

　　考證：辯，口辯之辯。能上各本有難字，楓山、三條本、及韓子皆無，蓋衍字也
　　。今刪。

　　案辯，辯說之辯。景祐本南宋補版、黃善夫本、殿本、梁氏志疑所據湖本，能上
　　皆有難字。梁氏及盧文弨韓非子拾補並以爲衍文。審正義『能分明吾意以說之，
　　亦又未爲難也。』所據本能上似未衍難字。

凡說之難，

　　案長短經釣情篇引韓子作『夫說之難也，』凡、夫同義。據所引下文驗之，似亦
　　兼采史記。（長短經引兩書同見之文，往往不拘於一書。）

而說之以厚利，

　　案而猶如也。下文『而說之，』亦同例。

所說實爲厚利，而顯爲名高者也。而說之以名高，則陽收其身，而實疏之。

　　案御覽引戰國策有此文，『而實』下有數字。

若說之以厚利，則陰用其言，而顯弃其身。此之不可不知也。

　　考證：楓山、三條本說上無若字，『此之』作『此難，』韓子作『此說之難。』
　　案御覽引戰國策有此文，說上亦無若字。禮記檀弓下孔疏引『而顯弃其身，』作
　　『而顯棄之。』韓子『此之不可不知也，』作『此不可不察也。』（長短經釣情
　　篇注，此下亦無之字。）考證謂『此之』韓子作『此說之難，』失檢。（下文
　　『草野而倨侮』下，韓子乃作『此說之難，不可不知也。』史記同。）

語以泄敗。

　　案殿本語作而，御覽四六二引韓子語作亦（王先愼韓非子集解有說），而、亦同
　　義。

而語及其所匿之事，

案長短經語作說。

貴人有過端，而說者明言善議以推其惡者，則身危。

考證：『……梁玉繩曰：「此條當在後文『貴人得計』一條上，以類從也。傳寫錯耳。」愚按，梁氏蓋依韓子訂正。』

案長短經無則字；又此條在後文『貴人得計』一條上，與韓子合。

夫貴人得計，

案韓子、長短經並無夫字。

彼顯有所出事，廼自以爲也故。說者與知焉，則身危。

王念孫云：『此當以「廼自以爲也故」爲句。「說者與知焉」爲句。爲，成也。也讀爲他，「他故，」他事也。謂人主顯有所出事，而實自以成其他事，此唯恐人之知其謀也。而說者與知之，則身必危。韓子說難篇作「彼顯有所出事，而乃以成他故。說者不徒知所出而已矣，又知其所以爲，如此者身危。」是其明證矣。他字古或通作也，墨子備城門篇：「城上皆無得有室，若也可依匿者，盡除去之。」也與他同。賈子脩政語篇：「是以明主之於言也，必自也聽之，必自也擇之，必自也聚之，必自也藏之，必自也行之。」說苑君道篇「自也」皆作「自他，」他，字本作佗。他之通作也，猶佗之通作它耳。索隱、正義皆讀「廼自以爲也」絕句，失之。』

梁玉繩云：『此條當在前文「語及其所匿之事」一條下。又韓子也作他，故字絕句。此譌也字。方氏補正曰：當作他，如晉欲伐陸渾之戎，而假于祭洛也。』

考證：楓山、三條本爲上有有字。

案楓、三本爲上有有字，疑因讀『廼自以爲也』絕句而妄加；或涉上『顯有』字而衍，不足據。也非他之譌字，王氏謂『也讀爲他，他字古或通作也。』是也。梁氏謂『此條當在前文「語及其所匿之事」一條下，』依韓子爲說。長短經未引此條，疑所據本此條亦本不在此也。

與之論細人，則以爲粥權。

索隱：按韓非子『粥權』作『賣重，』……

考證：愚按，『細人，』愚不肖之人。言與論愚不肖之人，則以爲毀人短賣己長也。『鬻權』韓子作『賣重，』義長。

案景祐本南宋補版、黃善夫本、殿本粥皆作鬻，粥乃鬻之省。考證本作粥，從索隱本也。長短經亦作粥。史公葢以『鬻權』說韓子之『賣重，』賣非買賣字，賣乃衟之省，說文：『衟，俉也。讀若育。』又云：『俉，行且賣也。街，俉或从玄。』賣、鬻正、假字，亦古、今字。廣雅釋詁三：『權，重也。』王念孫疏證云：『漢書律歷志云：「權，重也。」韓子說難篇：「與之論細人，則以爲賣重。」史記「賣重」作「鬻權。」』是『鬻權』即『賣重』之義，考證謂作『賣重』義長，疏矣！

徑省其辭，則不知而屈之。

索隱：按謂人主意在文華，而說者但徑捷省略其辭，則以說者爲無知，而見屈辱也。

考證：屈，韓子作拙。

案韓子則下有『以爲』二字。索隱：『則以說者爲無知而見屈辱也。』似所據此文亦作『則以爲不知而屈之。』韓子屈作拙，史公葢以屈說拙耳。屈、拙並諧出聲，故可通用。

汎濫博文，則多而久之。

俞正燮云：『韓非說難云：「米鹽博辨，」史記作「氾濫博文。」』案墨子非命云：「吾嘗米鹽數天下書。」史記天官書云：「淩雜米鹽。」亦有「米鹽」字。漢書循吏黃霸傳云：「米鹽靡密。」注云：「米鹽，雜而且細也。」酷吏咸宣傳云：「其治米鹽。」注云：「米鹽，細雜也。」』（癸巳存稿七『米鹽』條。）

考證：愚按，『久之，』韓子作『交之。』交，雜也。索隱本、楓、三本作文，文，浮辭也。二者皆通。

案史公以『氾濫博文，』說韓子『米鹽博辯。』（辯，一作辨，古通。）索隱單本久字同，考證謂索隱本作文，未知何據。楓、三本久作文，與上文『博文』字複。久、文並當從韓子作交，交猶殽也。廣雅釋詁一：『殽，雜也。』釋詁三；

『穀，亂也。』莊子刻意篇：『不與物交，淡之至也。』淮南子原道篇交作穀，（今本穀誤散，王念孫雜志有說。）即交、穀通用之證。『多而交之，』謂其說多而雜亂耳。交，隷作友，因誤爲文。久又友之壞字也。顧廣圻韓非子識誤云：『交、久二文皆誤，當作史。本書難言篇：「捷敏辯給，繁於文采，則見以爲史。』王先愼集解從顧說。不知難言篇自作史，說難篇自作交，不必強同。史記本說難篇，自當作交也。

此說之難，不可不知也。

　　考證：楓山、三條本無『說之難』三字。

　　案長短經亦無『說之難』三字。

在知飾所說之所敬，

　　考證：韓子敬作矜，義長。

　　案史公蓋說矜爲敬耳。孟子公孫丑篇：『使諸大夫國人皆有所矜式。』趙岐注：『矜，敬也。』亦矜、敬同義之證。考證謂作矜義長，疏矣！

而滅其所醜。

　　考證：醜、愧通，韓子作恥。

　　案韓子醜作恥，義同。莊子讓王篇：『君子之无恥也若此乎？』呂氏春秋愼人篇恥作醜，亦同例。不必云『醜、愧通。』

彼自知其計，

　　考證：『岡白駒曰：知音智。』

　　案韓子知作智。

則毋以其敵怒之。

　　考證：韓子敵作謫，敵、謫通。

　　案陶鴻慶讀韓子札記云：『方言：「謫，過也。」史記作敵，敵亦謫之叚字。』

則毋以其難概之。

　　案釋名釋言語：『難，憚也。人所忌憚也。』概借爲慨，禮記檀弓下：『慨焉如不及，』鄭注：『慨，憊貌。』，『毋以其難概之，』謂無以其所忌憚困憊之也。

規異事與同計，譽異人與同行者，則以飾之無傷也。

考證：……古鈔本之作其，與韓子合。

案陶鴻慶云：『「異事、」「異人，」猶言「他事、」「他人。」』之與其同義。

大忠無所拂悟，

考證：……愚按，悟、牾通。

案王氏雜志易悟爲牾，牾，悟正、假字、揚雄法言淵騫篇：『陳平之無悟，』悟亦借爲牾。

知盡之難也。

集解：徐廣曰：知，一作得。難，一作辭。』

索隱：『……按徐廣曰：「知，一作得。難，一作辭。」今按韓子作「得盡之辭也。」』

梁玉繩云：『徐廣云：「知，一作得。難，一作辭。」是也。韓子作「得盡之辭。」』

考證：『知盡之難也，』當依韓子作『而得盡辭也。』索隱誤引。

案今本韓子作『而得盡辭也。』盡下當依索隱補之字，非誤引。御覽四二六引韓子作『而得盡其辭也。』之猶其也。徐注云云，葢本韓子言之。此文難字，誠當從韓子作辭。知則不必從韓子作得，史公葢以知說得耳。淮南子說山篇：『魄曰：吾聞得之矣。』高注：『得猶知也。』亦得、知同義之證。又黃善夫本、殿本索隱，並無『按徐廣曰：「知，一作得。難，一作辭。」今按』十四字，葢因徐注已見於集解而略之。

得曠日彌久，

考證：韓子得作夫，義長。

案『得曠日彌久，』緊承上文『知盡之辭也』而言。韓子作『夫曠日離久，』在下文『此非能仕之所恥也』下，與此有別，不得云『作夫義長』也。

迺明計利害以致其功，直指是非以飾其身。以此相持，此說之成也。

案陶鴻慶云：『飾讀爲飭。』長短經注飾正作飭。御覽四百六十引戰國策亦云：

『計利害以致其功，直指是非以飾其身。以此相持，說之成也。』（致，原誤難。成，原誤氏。）

伊尹爲庖，<u>百里奚</u>爲虜。

　　正義：『<u>晉世家</u>云：襲滅<u>虞公</u>，及大夫<u>百里</u>以媵<u>秦穆姬</u>也。』

　　考證：<u>楓山</u>、<u>三條</u>本，正義滅下有虜字。……

　　案<u>楚辭九章惜往日</u>：『聞<u>百里</u>之爲虜兮，<u>伊尹</u>烹於庖厨。』<u>晉世家</u>云：『遂襲滅<u>虞</u>，虜<u>虞公</u>及其大夫<u>井伯</u><u>百里奚</u>，以媵<u>秦穆姬</u>。』<u>楓</u>、<u>三</u>本正義滅下有虜字，是。惟正義『<u>晉世家</u>，』世字當譌作系。

則非能仕之所設也。

　　索隱：按<u>韓子</u>作『非能士之所恥也。』

　　<u>梁玉繩</u>云：<u>韓子</u>作『能士之所恥。』是也。

　　考證：<u>韓子</u>則上有『今以吾言爲宰虜，而可以聽用而振世。』十五字，當依補。仕、士通。設，當從<u>韓子</u>作恥。

　　案<u>韓子</u>作『今以吾言爲宰虜，而可以聽用而振世，此非能仕之所恥也。』（索隱引仕作士，古字通用，如考證說。）此上十五字，蓋<u>史公</u>略之，不必據補。『此非能仕之所恥也，』此作『則非能仕之所設也。』此、則同義，恥無緣誤爲設。竊疑此文本作『則能仕之所設也。』猶言『此能士之所行也。』與<u>韓子</u>作『此非能仕之所恥也，』義亦相符，則下非字，蓋淺人據<u>韓子</u>妄加者耳。

且有盜。

　　案<u>白帖</u>二八引且作將，義同。<u>韓子</u>亦作將。

其鄰人之父亦云。

　　案<u>白帖</u>引『亦云』作『亦言之。』

暮而果大亡其財。其家甚知其子，而疑鄰人之父。

　　考證：<u>楓山</u>、<u>三條</u>本財下有物字，家下無甚字。

　　案<u>白帖</u>引作『後果大亡財物。其家甚知其子，乃疑鄰人之父盜之。』財下有物字，與<u>楓</u>、<u>三</u>本合。<u>長短經</u>家下無甚字，亦與<u>楓</u>、<u>三</u>本合。

昔者<u>鄭武公</u>之伐<u>胡</u>，

— 40 —

正義：『世本云：胡，歸姓也。』

考證：『太田方曰：鄭武公，周宣王之庶兄，桓公友之子。』

施之勉云：世家，鄭桓公友，周厲王少子，宣王庶弟。武公掘突，桓公子。是武公不得爲宣王庶兄也。太田大謬！

樊廣兄云：『陳杞世家索隱、路史國名紀六引世本並云：「胡國歸姓。」案襄三十一年左傳：「立胡女敬歸之子子野。」又「立敬歸之娣齊歸之子公子裯。」春秋時婦女以姓稱，則胡國有歸姓者，可無疑也。定十五年爲楚所滅之胡，葢亦是歸姓。考傳云：「吳之入楚也，胡子盡俘楚邑之近胡者。楚既定，胡子豹又不事楚，曰：『存亡有命，事楚何爲？多取費焉。』二月，楚滅胡。」而路史以爲姬姓，國名紀五：「胡，子爵，楚滅之。姬國也。（注：「哀六〔？〕，平王二十六年，鄭伐胡，武公曰：胡，兄弟之國也。）」梁玉繩辨之曰：「胡有二國，韓非子說難云：鄭武公滅胡，稱胡爲兄弟之國，姬姓也。襄卅一傳言，胡女敬歸，歸姓也。此胡（胡子豹）葢歸姓之國。史韓非傳正義以鄭滅者爲歸姓，路史國名紀五以楚滅者爲姬姓，並非。」（古今人表考八。）竹添光鴻亦曰：「路史乃據韓非說難篇鄭武公謂胡爲兄弟之國語，遂以爲姬姓。夫胡既爲武公襲滅，春秋時何得復見？葢鄭所滅者姬姓胡，楚所滅者歸姓胡也。」（左氏會箋襄二十八年。）今案姬姓之胡不得重出現于春秋之世，竹添氏說是也。乃雷學淇氏以爲「胡至春秋時尚存，」因謂「韓非之說乃戰國游詞矜尚詐偽者爲之，非事實也。」（竹書義證二十八晉文侯十八年條。）此又不然。胡自有姬姓與歸姓之別。彼一胡，此亦一胡，雷氏固未之察也。』（春秋大事表列國爵姓及存滅表譔異續編〔二〕、本所集刊第三十一本。）

案此胡乃姬姓，非歸姓。正義引世本，與此無涉。（又世本，正義當譌世作系。）施氏引鄭世家『宣王庶弟，』當作『母弟。』彼文梁氏志疑，及斠證並有說。國語鄭語韋注：『桓公，周厲王之少子，宣王之弟。』又云：『桓公之子武公。』亦可證太田方之誤。

胡，兄弟之國也。

考證：『太田方曰：「張儀傳云：『秦、楚聚婦嫁女，長爲兄弟之國。』是雖非

同姓，娶嫁相謂曰『兄弟之國也。』……」』

施之勉云：『爾雅釋親：「母與妻之黨爲兄弟。」郝疏：「『大司徒，三曰聯兄弟。』鄭注：『兄弟，昏姻嫁娶也。』賈疏：『兄弟之名，施於外親爲正。』」武公以其女妻胡君，昏姻之故，所以鄭與胡爲兄弟之國也。』

案胡與鄭並姬姓國，故武公曰『胡，兄弟之國也。』太田方、施氏並未解此，故但就昏姻嫁娶言之耳。

昔者彌子瑕見愛於衞君，

案韓子『見愛』作『有寵。』史公說『有寵』爲『見愛，』極是。下文『見憎於主，則罪當而加疏。』韓子見作有，史公亦說有爲見也。莊子人間世篇：『不爲社，且幾有翦乎！』有亦與見同義。此義前人未發。

罪至刖。

考證：韓子無至字。

案說苑雜言篇亦無至字。

人聞往夜告之。

考證：韓子聞作閒。……

案文選陸韓卿中山王孺子妾歌注引韓子閒作閒，（王先愼集解本從之。）說苑亦作聞，並與史記合。

彌子瑕矯駕君車而出。

案說苑矯作擅，以擅說矯也。

忘其口而念我。

案韓子、說苑口下並有味字。

是嘗矯駕吾車，

考證：楓山、三條本是下有故字。

案韓子是下有固字，藝文類聚八六引固作故，與楓、三本合，固、故古通。說苑是下亦有故字。

愛憎之至變也。

案說苑至作生。

— 42 —

夫龍之爲蟲也，

考證：『大戴禮易本命篇：「有鱗之蟲三百六十，而蛟龍爲之長。」韓子蟲作

虫，誤。』

施之勉云：『段玉裁曰：古虫、蟲不分，故以蟲諧聲之字，多省作虫，如融、赨

是也。』

案考證引大戴禮云云，已見錢大昕考異。文選袁彦伯三國名臣序贊注引韓子虫作

蟲。

然其喉下有逆鱗徑尺。人有嬰之，則必殺人。人主亦有逆鱗。

考證：『嬰猶觸也。燕策：「鞠武謂燕太子丹曰：柰何以見陵之怨，欲批其逆鱗

哉！」「逆鱗，」當時常語，不始於韓子。』

案韓子注：『嬰，觸。』考證引燕策云云，又見刺客荆軻傳。

人或傳其書至秦。秦王見孤憤、五蠹之書，曰：『嗟乎，寡人得見此人與之游，死不

恨矣！

考證：『………司馬相如傳：「上讀子虛賦而善之，曰：『朕獨不得與此人同時

哉？』楊得意曰：『臣邑人司馬相如自言爲此賦。』」慕悅之情相似。』

孟眞師云：『此所記恰與子長報任少卿書所云「韓非囚秦，說難、孤憤」相誖，

彼是此必非。今本五蠹、孤憤、說難等篇，皆無囚秦之跡可指。大約報任少卿書

所云，正亦子長發憤之詞耳。（呂覽成書，懸金國門，決非遷蜀後事。）』

案意林一引劉向云：『秦始皇重韓非書，曰：寡人得與此人遊，死不恨矣！』論

衡佚文篇：『韓非之書傳在秦庭，始皇歎曰：獨不得與此人同時！』自紀篇：

『秦始皇讀韓非之書，嘆曰：猶獨不得此人同時！』（猶字疑獨字之誤而衍者。）

皆本於史記。文心雕龍知音篇：『昔儲說始出，子虛初成，秦皇、漢武，恨不同

時。』考證稱司馬相如傳云云，或得文心雕龍之啓發與？又史公自序及報任少卿

書並云：『不韋遷蜀，世傳呂覽；韓非囚秦，說難、孤憤。』前賢多據韓非傳及

呂不韋傳以證其誤。惟錢穆先生據呂覽安死篇，謂『呂書確有成於遷蜀之後，並

有成於不韋之身後者。』（先秦諸子繫年，一五九、呂不韋著書攷自注。）此說

卽可信，而呂覽全書，大都成於不韋相秦時，則無可疑。竊以爲史公自序及報任

少卿書云云，蓋謂『不韋雖遷於蜀，而世傳其呂覽；韓非雖囚於秦，而世傳其說難、孤憤。』二人自有不朽者存焉。非謂不韋遷蜀之後，始作呂覽；韓非囚秦之後，始作說難、孤憤也。如此解釋，則與韓非、不韋兩傳所述不相抵牾。惜岷此說，已無從質正於孟眞師矣！

李斯曰：『此韓非之所著書也。』秦因急攻韓。

考證：『韓世家云：「韓王安五年，秦攻韓急，使韓非使秦，秦留非，因殺之。」依表，秦始皇十三年』。

施之勉云：『始皇紀：「十四年，韓非使秦，秦用李斯謀，留非，非死雲陽。」六國表：「始皇帝十四年，韓使非來，我殺非。」是非使秦在十三年，歸則在十四年也。』

案韓王安五年，即秦始皇十三年。依韓世家，則非之使秦、死於秦，並在始皇十三年。依紀、表，則非之使秦、死於秦，並在始皇十四年。通鑑亦並在始皇十四年。

李斯、姚賈害之、毀之曰：

案此當讀『李斯、姚賈害之』絕句。『毀之曰』絕句。害猶妬也。屈原列傳：『上官大夫與之同列，爭寵，而心害其能。』王逸離騷序『心害』作『妬害，』（後漢書崔寔傳注亦作『妬害。」）『妬害，』複語，害亦妬也。齊世家：『景公害孔子相魯。」田完世家：『田常心害監止。』吳起列傳：『公叔爲相，尚魏公主而害吳起。』害亦皆與妬同義。通鑑作『李斯嫉之。』嫉亦妬也。廣雅釋詁一：『嫉，妬也。』論衡禍虛篇：『李斯妬同才，幽殺韓非於秦。』

非終爲韓，不爲秦。此人之情也。

梁玉繩云：『漢書藝文志攷證引沙隨程氏曰：「非書有存韓篇，故李斯言『非終爲韓，不爲秦。』後人誤以范雎書厠其間，乃有擧韓之論。通鑑謂非欲覆宗國，則非也。」』

蔣建侯云：韓非子有存韓篇，勸秦王勿滅韓。不忘祖國，誠爲人情。今本又有初見秦篇，乃勸秦王伐韓，故通鑑斥其欲覆祖國。不知此乃張儀初見秦王之言，見戰國策秦策。（王應麟漢志考證謂是范雎之書，亦誤。）後乃厠入韓非子中耳。

案『此人之情也。』治要、文選報任少卿書注引，並無之字。通鑑同。韓子有初見秦篇，驗以秦策一，乃張儀說秦王之言。黃丕烈戰國策札記云：『吳氏補曰：「誤，當作韓非。」丕烈案，此當各依本書，劉向次第在此，而高注云：「秦惠王。」詳其意，皆不以爲韓非也。』而沙隨程氏又以爲范睢書，當不致誤張儀說爲范睢書，或亦有所據，故王應麟引之，而未以爲非也。

使自殺。

案治要引自上有早字，通鑑同。

秦王後悔之。使人赦之，非已死矣。

考證：楓山、三條本悔下無之字。

案治要引悔下亦無之字，通鑑同。意林引劉向云：『始皇悔。』亦無之字。文選注引非上有而字。

而不能自脫耳！

案記纂淵海六一引而下有卒字。

老子所貴道，虛無因應，變化於無爲。

考證：楓山、三條本道下有德字。

案此但就道言之，道下不必贅德字。楓、三本道下有德字，疑涉下『散道德』而衍。文選嵇叔夜雜詩注引『變化於無爲，』作『變化無方。』

故著書辭，稱微妙難識。

案老子十五章：『古之善爲士者，微妙玄通，深不可識。』

莊子散道德放論，要亦歸之自然。

考證：『方苞曰：散，推衍也。推衍老子所論道德之意而放言也。』

案之猶於也。莊子推衍老子所謂道德之意而放論，則莊子之學自不爲老子所限。惟放論則易失自然。史公稱莊子放論而歸於自然，此其特識。近世治莊學者。大都僅見及莊子之放論而已！

申子卑卑，

集解：自勉勵之意也。

索隱：『劉氏云：卑卑，自勉勵之意也。』

考證：『中井積德曰：卑卑，卑近之意。』

孟眞師云：言其專致綜核名實之小數也。

施之勉云：『集解、索隱是，中說非也。詩大雅棫樸：「勉勉我王。」孔疏：
「勉勉然勤行善道不倦之我王。」「卑卑，」即「勉勉。」聲相轉耳。』

案孟眞師說，與中井說義近。意林二引劉向謂申子之學，『急刻無恩，非霸王之
事。』『急刻無恩，』乃韓子之學。施之於申子，則言之太過。惟申子之學，實
『非霸王之事，』正所謂卑卑小數也。施氏但從集解、索隱之說，所見未備。又
黃善夫本、殿本並無索隱，蓋因與集解同義而略之。

其極慘礉少恩，皆原於道德之意。

集解：礉，胡革反。用法慘急，而鞫礉深刻。

索隱：慘，七感反。礉，胡革反。按謂用法慘急，而鞫礉深刻也。

孟眞師云：『刻薄寡恩，而皆原於道德之意。此甚可思之辭也。「道德」一詞，
儒用之爲積極名詞，道用之爲中性名詞。故儒不談凶德，而道談盜者之道。韓文
公云：「道與德爲虛位，仁與義是定名。」此非儒者說，五千文中之說耳。刑名
比附於道德五千言，韓子書中亦存解老、喻老，雖「其極慘礉，」仍是開端於五
千文中。故曰「皆原於道德之意。」』

案『慘礉，』即『急刻』之意。蘇軾韓非論引礉作覈。礉，或覈字。集韻入聲下
麥第二十一云：『覈，或从石。』景祐本南宋補版、黃善夫本及殿本集解，胡上
皆無礉字，（惟殿本胡上有『馴案』二字。）且皆在正文『慘礉』下。單本索隱
亦在正文『慘礉』下，『慘，七感反。礉，胡革反。』慘作上，礉作下。又黃本
、殿本並略索隱。

而老子深遠矣！

案老子六十五章：『玄德深矣、遠矣！』（唐景龍碑本及鈔本、天寶鈔本皆無兩
矣字。）史公論老、莊、申、韓四人之學，特稱『老子深遠。』岷以爲申、韓固
不足與老子比。而莊子之學不爲老子所限，（詳前莊子傳『然其要本歸於老子之
言』條。）實較老子爲深遠。　日本舊鈔本莊子天下篇述關尹，老聃之道術畢，
云：『雖未至於極，關尹，老聃乎，古之博大眞人哉！』下文述莊子之道術，稱

其『芒乎昧乎，未之盡者。』此莊子之學深遠於老子之明證。惟『雖未至於極』
句，（陳碧虛闕誤引江南李氏本、文如海本並無於字。）今傳各本皆作『可謂
至極。』蓋唐人崇老子者所改。（據成玄英疏：『關尹、老子，古之大聖，窮微
極妙。』疑卽成氏所改。）史公旣謂『莊子散道德放論，』是已知莊子之學不爲
老子所限矣，而復云『老子深遠。』蓋因漢初崇黃、老之故與？

出自第四十四本第一分（一九七三年三月）

史記斠證卷六十五

孫子吳起列傳第五

王 叔 岷

孫子武者，齊人也。

> 梁玉繩云：吳越春秋闔閭內傳以武爲吳人，漢書人表稱『吳孫武，』藝文志曰
> 『吳孫子。』攷唐表孫氏世系，陳無宇之子書，伐莒有功，賜姓孫，生憑，字起
> 宗。生武，字長卿，奔吳。子明，食采富春，爲富春人。長卿之字，惟見此。
> 案書鈔一三九、治要引此並無子字。畢以珣孫子敍錄云：『孫子本齊人，後奔
> 吳，故吳越春秋謂之吳人也。鄧名世姓氏辨證書曰：「齊敬仲五世孫書，爲齊大
> 夫。伐莒有功，景公賜姓孫氏，食菜於樂安。生馮，馮爲齊卿。馮生武，武字長
> 卿。以田、鮑四族謀作亂，奔吳爲將軍。」是也。』

以兵法見於吳王闔廬，

> 案御覽二九六引廬作閭，下同。通典一四九亦作閭。廬、閭古通，吳世家已有
> 說。

子之十三篇，

> 梁玉繩云：『漢志，孫子八十二篇。正義引七錄云：「孫子兵法三卷，十三篇爲
> 上卷，又有中、下二卷。」此言十三篇，何歟？困學紀聞十曰：「杜牧注孫子序
> 云：『孫武著書數十萬言，魏武削其繁剩，筆其精切，凡十三篇，因注解之。』
> 攷史本傳，非筆削爲十三篇也。」豈專指其上卷乎？通考二百廿一引葉水心曰：
> 「疑昔所謂篇者，特章次之比。」』
> 案孫詒讓札迻十云：『漢藝文志兵權謀家，吳孫子兵法八十一篇，圖九卷。史
> 記：「孫武以兵法見於吳王闔閭，闔閭曰：子之十三篇，吾盡觀之矣。」與今
> 本同。畢以珣孫子敍錄，謂十三篇在八十一篇內。是也。呂氏春秋上德篇高注

云：「孫武，吳王闔閭之將也。兵法五千言是也。」今宋本曹注孫子，凡五千九百一十三字。高蓋舉成數言之。』

可以小試勒兵乎？

案治要引此無以字，通典同。

出宮中美女，

考證：楓山、三條本女作人。

施之勉云：景祐監本女作人。通典一百四十九、御覽二百九十六、通志八十八同。

案治要、記纂淵海八十引女亦並作人。施氏所稱景祐監本，乃景祐監本南宋補版。

約束旣布，乃設鐵鉞，卽三令五申之。

考證：治要鉞下無卽字。

案御覽引布作畢。文選張平子東京賦注引鉞下亦無卽字。

復三令五申，而鼓之左。

考證：治要作『三令而五申，鼓之左。』

案治要引作『復三令而五申之，鼓之左。』

趣使使下令，

索隱：趣音促，謂急也。下使，音色吏反。（原誤移在下文『願勿斬也』下。）

案治要、御覽引此使字並不疊。吳越春秋闔閭內傳、通典並同。黃善夫本、殿本索隱，並無謂、下二字。單本索隱在『趣使使』下，作『上音促，趣謂急也。下音色吏反。』疑所據本使字原亦不疊。

遂斬隊長二人以徇，

正義：徇，行示也。

案徇正作狥，說文：『狥，行示也。』又案御覽三九一引史記云：『吳王問孫子兵法。孫子曰：「願得大王寵姬二人，以爲軍陣長。」吳王曰：「諾。」使二夫人爲軍隊長，各將一隊。令宮女三百，被甲而立，告以兵法，令隨鼓進退。令曰：「聞一鼓皆莊，二鼓操兵，三鼓皆爲戰形。」於是宮女皆掩口而笑。孫子操枹擊鼓，三令五申，其笑如故。孫子怒，目如明星，聲如駭虎。髮上衝冠，纓旁絕

縲。顧謂執法曰：「取鐵鑕，引夫人斬之。」』與此節之文不類。乃吳越春秋闔

閭內傳之文，然亦略有出入。特附識於此。

無敢出聲。

　　考證：治要聲下有者字。

　　案御覽二九六引聲下亦有者字，通典同。

兵既整齊，王可試下觀之。

　　考證：楓山本、三條本王下無可字。

　　案治要引既作已，吳越春秋同。通典亦無可字。

於是闔廬知孫子能用兵，卒以爲將，西破彊楚入郢，

　　考證：治要兵下有也字。楓山本、三條本無彊字。

　　案舊本治要引『能用兵』作『能也，』無『用兵』二字。又治要亦無彊字。

後百餘歲有孫臏，

　　案御覽三四八引臏下有注云：『音牝。』

臏生阿、鄄之間，臏亦孫武之後世子孫也。

　　梁玉繩云：『唐表云：「武生明，明生臏。」蓋明雖食采富春，未久仍反齊，故

　　史云「臏生阿、鄄之間。」漢志亦稱曰「齊孫子」也。至呂覽不二注云：「孫

　　臏，楚人。」恐非。』

　　考證：楓山、三條本無『子孫』二字。

　　案文選賈誼過秦論注引鄄作甄，無『世子孫』三字。鄄、甄古通，齊世家已有

　　說。姓氏書辨證，稱「武三子，馳、明、敵。明食采於富春，自是世爲富春人。

　　明生臏。』史、漢皆以臏爲齊人，梁氏謂『明雖食采於富春，未久仍反齊。』容

　　或然也。

孫臏嘗與龐涓俱學兵法。

　　案文選司馬子長報任少卿書注、後漢書孔融傳注、御覽六四八引此皆無嘗字，通

　　鑑周紀二同。

乃陰使召孫臏，臏至。

　　考證：楓山、三條本使下有人字。

　　　　案文選報任少卿書注引使下亦有人字。御覽引至作到。

則以法刑斷其兩足而黥之，欲隱勿見。

　　　　考證：楓山、三條本隱下有而字。

　　　　案御覽引『法刑』作『刑法，』隱下亦有而字。

齊將田忌善而客待之。

　　　　考證：楓山、三條本無而字。

　　　　案文選注引此亦無而字。

孫子見其馬足不甚相遠，馬有上中下輩。

　　　　考證：楓山、三條本遠下無馬字。

　　　　案文選枚叔七發注引遠下亦無馬字。

君弟重射，

　　　　索隱：弟，但也。重射，謂好射也。

　　　　案黃善夫本、殿本索隱，但並作且，並無謂字。考證本且作但，從單本索隱也。

　　　　助字辨略四云：『「君第重射，」此第字，但也，且也。索隱止訓爲且，義不備

　　　　矣。』所據本弟作第，第與弟同。謂『索隱止訓爲且，』未檢及單本索隱耳。又

　　　　索隱『重射，謂好射也。』當移在上文『馳逐重射』下。

今以君之下駟與彼上駟，取君上駟與彼中駟，取君中駟與彼下駟。

　　　　案三與字，義猶敵也。王念孫漢書雜志高祖紀有說。史記高紀考證亦引之。白帖

　　　　九引此三與字皆作當，當亦敵也。

遂以爲師。

　　　　考證：楓山、三條本無遂字。

　　　　案書鈔一三九、後漢書注引此亦並無遂字。

於是乃以田忌爲將，

　　　　案御覽四四八引以作使。

坐爲計謀。

　　　　考證：『楓山、三條本無坐字。王念孫曰：文選注引此坐作主。』

　　　　案書鈔引此作『爲其計謀。』長短經格形篇亦無坐字。

夫解雜亂紛糾者不控捲。

　　索隱：『雜亂紛糾，』按謂事之雜亂紛糾擊架也。『不控捲，』按謂解雜亂紛糾者，當善以手解之，不可控捲而擊之。捲卽拳也。」

　　案說文：『控，引也。』長短經捲作拳，與索隱說合。拳、捲正、假字。通鑑捲亦作拳，注引索隱作『謂事之雜亂紛糾也。解雜亂紛糾者，當善以手解之，不可控拳而擊之。』黃善夫本、殿本索隱並同。惟『控拳』作『控捲。』索隱既云『捲猶拳也。』是『控拳』本作『控捲』矣。通鑑注又云：『余謂雜亂紛糾者，謂人鬪者耳，非事也。』岷以爲雜亂紛糾，謂爭執也，不必言鬪。言鬪，則與下文『救鬪者』複矣。引拳以解爭執，則爭執愈甚。故解爭執者不引拳也。御覽二八二引戰國策亦云：『夫解雜亂紛糺者不控捲。』（糺，俗糾字。）捲下有注云：『丘員切。』

救鬪者不搏撠。

　　索隱：博戟二音。按謂救鬪者，當善撝解之，無以手助。相搏撠，則其怒益熾矣。按撠，以手戟刺人。

　　考證：『余有丁曰：「撠義當爲擊，非矛戟也。」………………』

　　案黃善夫本、殿本索隱，『博戟二音，』並作『音搏戟。』（搏乃博之誤。）下並無按字。『按撠，以手戟刺人。』並作『按撠，謂以手持撠刺人也。』通鑑注引索隱，『博戟二音，』作『搏撠，音博戟。』末句作『按撠，謂以手持撠以刺人也。』並云：『余謂索隱之說善矣。但以撠爲持撠以刺人，則非也。撠如漢書「撠太后掖」之撠，師古曰：「撠，謂拘持之也。」毛晃曰：「索持曰搏，拘持曰撠。」』謂撠如漢書『撠太后掖』之撠，是也。（惟五行志中之上『太后』本作『高后。』）王引之云：『說文曰：「𢪛，持也。讀若戟。」又曰：「撠，戟持也。」哀二十五年左傳曰··「褚師出，公戟其手。」史記：「救鬪者不搏撠。」𢪛、撠、戟，字異而義同。』（戰國策雜志楚策。）又御覽引戰國策：『救鬪者不搏撠。』撠下有注云：『音戟。』

批亢擣虛，

　　索隱：…………亢者，敵人相亢拒也。………………此當是古語。…………

……

考證：『張文虎曰：「御覽引此文，有注云：亢音剛，又音坑。人喉也。」…』

案王引之云：『「批亢擣虛，」是謂批其亢，擣其虛。（日知錄曰：亢與劉敬傳「搤其肮」之肮同，謂喉嚨也。）』（淮南子雜志說林篇。）以亢爲肮，與御覽三六八引此文之注合。張氏所稱御覽注『音坑，』本作『音抗。』又黃善夫本、殿本索隱，『亢者』二字並作言，『古語』並作『舊語。』通鑑注引索隱『亢者』作『亢言。』

則自爲解耳。

案白帖十三引則作而。

今梁、趙相攻，

案御覽二八二引戰國策梁作魏。

老弱罷於內。

案長短經、通鑑罷並作疲，疲、罷正、假字。

大破梁軍。

案文選報任少卿書注引梁作魏。

後十三歲。

索隱：『王劭紀年云：「梁惠王十七年，齊田忌敗梁于桂陵。至二十七年十二月，齊田朌敗梁於馬陵。」計相去無十三歲。』

考證：『各本「十三」作「十五，」今從索隱本。桂陵役，齊威二十六年，魏惠十八年。馬陵役，齊宣二年，魏惠三十年。相去正十三年。梁玉繩曰：「小司馬引紀年，謂無十三歲，非也。」』

施之勉魏遷大梁不在惠王十九年云：『王劭紀年云：「梁惠王十七年，齊田忌敗梁於桂陵。」孫子云：「批亢擣虛，疾走大梁。」則惠王十七年戰於桂陵時，魏都已在大梁矣。』

案各本作『後十五年，』考證本從索隱本作『後十三歲，』依梁說也。黃善夫本索隱『無十三歲，』作『無十五歲，』蓋因正文三誤爲五，乃改索隱三爲五以強合之耳。又魏世家明言惠王『三十一年，徙治大梁。』參看上文『疾走大梁，』

考證引錢大昕說。）則惠王十七年，魏都尙未在大梁也。商君列傳索隱云：『紀年曰：「梁惠王二十九年，秦衞鞅伐梁西鄙。」則徙大梁，在惠王之二十九年也。』亦可證惠王十七年，尙未都大梁。惟魏世家集解引紀年云：『梁惠成王九年四月甲寅，徙都大梁。』（索隱及梁氏志疑皆謂紀年有誤。）『九年』上葢脫『二十』二字，（或脫『廿』字。）商君傳索隱引紀年可證也。又此文黃善夫本、殿本索隱，『紀年』上並有按字，是也。又『紀年』下並無云字。

去韓而歸齊。軍既已過而西矣。

考證：『徐孚遠曰：「已過而西者，……………」閻若璩曰：「此句不可解，……………」錢大昕曰：「閻氏因上文已云直抵大梁，……………」』

案舊皆以『去韓而歸』爲句。考證以齊字屬上絕句，從錢說也。惟所引徐、閻、錢諸說，並本梁氏志疑。

素悍勇而輕齊。

案通典一五三素下有皆字。

兵法：百里而趣利者，蹶上將。

案長短經變通篇作『兵法曰：百里而趣利者，蹶上將軍。』通典趣亦作趣，將下亦有軍字，並有注云：『蹶，紀劣反。』御覽四四八引趣作走，下文『五十里而趣利者，』通典趣亦作走。趣、趨正、假字。走猶趨也。說文『走，趨也。』

又明日爲三萬竈。

考證‥『張文虎曰：中統、舊刻、游、毛本，三作二。御覽引或作三，或作二。』

施之勉云：景祐監本三作二，通典一百五十三同。

案景祐監本南宋補版三作二，非景祐監本作二也。後漢書孔融傳注、記纂淵海六十及八十引三亦並作二，長短經、通鑑、容齋隨筆十三皆同。御覽一八六引作三，四四八引作二。書鈔一一六亦引作三。

龐涓行三日，

案御覽一八六引行作經，義同。孟子盡心篇：『經德不同。』趙注：『經，行也。』

我固知齊軍怯。

考證：楓山、三條本軍作卒。

案書鈔引作『吾故知齊卒怯也。』固、故古通，其例習見。後漢書注、御覽四四八引軍亦並作卒，通典同。御覽一八六引軍作人。長短經『軍怯』作『卒怯也。』與書鈔引合。有也字是，淮陰侯列傳：『固知信怯也。』與此句法同。

入吾地三日，士卒亡者過半矣。

案書鈔引地作境，過作大。

乃弃其步軍，與其輕銳，

考證：楓山、三條本軍作兵。

案後漢書注引軍作兵，長短經、通典並同。御覽四四八引軍亦作兵，銳作輓，下有注云：『亡辨反。』

倍日幷行逐之。

案書鈔引作『倍道追之。』蓋改日爲道，改逐爲追。通典有注云：『幷，畢正反。』通鑑注：『幷行，兼程而行也。倍日，一日行兩日之程，亦兼程也。』

孫子度其行暮當至馬陵。

考證：類聚、御覽引史記度作量。

案書鈔一一六、一二五、藝文類聚六十、御覽四四八引度皆作量，皆無行字。御覽二百九十、三四八、八六八、記纂淵海五三引度亦皆作量。行字疑涉上『幷行』字而衍。長短經，容齋隨筆亦並無行字。

馬陵道狹，而旁多阻隘。

考證：御覽隘作險。

案景祐本南宋補版狹作陜，書鈔一二五引作峽。通鑑作陿。當以作陜爲正，狹、峽、陿，並俗字。書鈔一一六、後漢書注引『阻隘』並作『險阻。』御覽二百九十、三四八、四四八、記纂淵海五三引皆作『阻險。』長短經作險，蓋略阻字。

乃斫大樹，白而書之，

案書鈔一二五、記纂淵海引斫並作砍。(記纂淵海引下文斫亦作砍。)書鈔一一六引『白而』作『而白。』

龐涓死于此樹之下。

　　案書鈔一一六、記纂淵海引此並作『龐涓死此樹下。』長短經、通鑑並同。後漢
　　書注引樹作木。

期曰：暮見火舉而俱發。

　　案書鈔一一六、後漢書注、記纂淵海引曰皆作日，通鑑、容齋隨筆並同，日字屬
　　下讀。御覽二百九十、記纂淵海引舉並作起。

龐涓果夜至斫木下。

　　案書鈔、御覽二百九十引木並作樹。

乃鑽火燭之。

　　考證：類聚鑽作舉。

　　案景宋本藝文類聚仍作鑽，後漢書注引作攢。鑽借爲儹，或借爲酇。攢，俗字。
　　說文『儹，冣也。』又云：『酇，聚也。』冣、聚古、今字。

讀其書，未畢，齊軍萬弩俱發。

　　案書鈔一一六、一二五、後漢書注、御覽二百九十、三四八、記纂淵海引讀下皆
　　無其字，長短經、通典並同。御覽四四八引俱作共。

龐涓自知智窮兵敗，乃自剄。

　　梁玉繩云：齊策言禽，此言『自剄。』恐皆非實。年表、世家俱云『殺龐涓。』
　　葢弩射殺之也。

　　考證：御覽剄作刎。

　　案御覽四四八引智作計。書鈔一一六、一二五、藝文類聚、御覽二百九十、記纂
　　淵海引剄皆作刎。通典同。

遂成豎子之名！

　　索隱，豎子，謂孫臏。

　　案長短經作『果成豎子之名也！』遂、果並與竟同義。後漢書注引名下有矣字。
　　矣、也同義。又黃善夫本、殿本索隱並無孫字。

吳起者，衛人也。

　　案景祐本南宋補版、黃善夫本、殿本皆提行。

吳起取齊女爲妻，

　　案御覽五百二十引吳作以。白帖六、記纂淵海四五引取並作娶。娶、取正、假字，其例習見。

遂殺其妻以明不與齊也。

　　梁玉繩云：韓子外儲說右上，有吳起令妻織組，因幅狹出妻事。此言殺妻求將，蓋兩事也。爲起妻者，不亦難乎！

　　案白帖六、十五引遂並作乃，義同。（秦本紀已有說。）御覽二七五引與作爲，義同。

而東出衞郭門，與其母訣，

　　案御覽四八九引門下有外字。藝文類聚三三、白帖八引訣並作別。御覽五一八引作決。決、訣古、今字。

齧臂而盟，曰：起不爲卿相，不復入衞。

　　案藝文類聚引臂作指。白帖八引『臂而』作『指爲，』而、爲同義。白帖七引『不復入衞，』作『不須却入衞門也。』御覽三六九引衞下亦有門字，五一八引衞下有也字。

起終不歸。

　　案白帖八引起上有『聞母死』三字。

以事魯君，魯君疑之。

　　梁玉繩云：『評林：「董份曰：魯人惡之者，必惡之于君也。不宜用『魯君』字。」義門讀書記曰：」二魯字衍。」』

　　案二魯字疑本作吾，涉上下文魯字而誤也。

然用兵，

　　考證：楓山、三條本用上有其字。

　　案御覽二七二、二七五、三八九引此用上皆有其字。記纂淵海八十引用上有善字。劉子妄瑕篇作『然其善用兵。』

行不騎乘。

　　案御覽二百八十引此作『暑不張蓋。』淮南子兵略篇：『古之善將者，暑不張

蓋。』尉繚子戰威篇亦稱將『暑不張蓋。』御覽三九三引此『騎乘』作『乘騎。』

親裹贏糧。

考證：羣書治要引史無贏字。楓山、三條本及藝文類聚無裹字。愚按，贏當作
贏，卽裹字。二字當衍其一。

施之勉云：『莊子胠篋篇：『贏糧而趣之。』淮南脩務訓：「申包胥贏糧跣足。」
（戰國策作「棼冒勃蘇贏糧潛行。」）「贏糧」二字連文。釋文及高注皆云：「贏，
裹也。」「裹贏」兩字一義。如詩天保篇「俾爾單厚，」「單厚」一義；「俾爾
多益，」「多益」一義。古書中兩字一義者往往有之。（據古書疑義舉例說。）
贏不當作贏。裹與贏，均非衍字。考證非。』

案『裹贏，』複語，義同，施說是。惟所引莊子，趣本作趨；所引淮南子，足乃
走之誤。

卒有病疽者，起爲吮之。

案楊泉物理論引疽作癰，並云：『吳起吮瘡者之膿，積恩以感下也。』（意林
五。）書鈔一一五、御覽七四二引疽亦並作癰。項羽本紀正義引崔浩云：『疽，
附骨癰也。』書鈔引吮下有嗽字，『吮嗽，』複語，嗽，或欶字。說文：『欶，
吮也。』起之殺妻求將，固是薄行；吮疽感下，亦非仁心。

何哭爲？

案爲猶乎也。項羽本紀已有說。

非然也。

案治要引非作不，義同。

遂死於敵。

案治要引遂上有而字。白帖十五引遂作而，疑略遂字。『而遂，』複語，義同。
（參看拙著古書虛字新義，十九『而』條及二九『遂』條。）

吳公今又吮其子，妾不知其死所矣！（吮下原脫其子。）

考證：楓山、三條本、羣書治要，『其子』作『此子。』所作處。

案白帖、御覽引『其子』亦並作『此子。』韓非子外儲說左上篇作『是子。』義
並同。書鈔、白帖引矣並作也，義同。

顧而謂吳起曰：美哉乎！山河之固，此魏國之寶也。

　　考證：臺書治要哉下無乎字。

　　案文選張孟陽劍閣銘注引曰上有笑字。孫子荊爲石仲容與孫皓書注、白帖十六、記纂淵海七引哉下皆無乎字，通鑑同。『哉乎，』複語，故可略其一。爲石仲容與孫皓書注引『山河』作『河山，』戰國策魏策一、說苑貴德篇並同。白帖引此下有乃字。

在德不在險。

　　梁玉繩云：舟中之對，史與國策異。豈別有所本乎？

　　案法言寡見篇險作固。

左洞庭右彭蠡，

　　案治要引右上有而字。文選左太沖魏都賦注、劍閣銘注引右上亦並有而字，彭蠡下並有『恃此險也』四字。魏策作『左彭蠡之波，右洞庭之水，文山在其南，而衡山在其北。恃此險也。』亦有『恃此險也』四字。

禹滅之。

　　梁玉繩云：禹未嘗滅三苗，尙書及諸子皆無其說，豈誤以竄遷分北遏絕之事爲禹邪？國策作『禹放逐之。』（魏策左、右二字互易，五帝紀注有解。）

　　案治要、書僞大禹謨孔疏、白帖引禹上皆有而字，說苑同。魏策作『而禹放逐之。』亦有而字。御覽六六引禹作舜。戰國策秦策一：『舜伐三苗。』

湯放之。

　　案治要、白帖引湯上並有而字。魏策作『而湯伐之。』亦有而字。

修政不德，

　　案白帖引作『不修德政。』

由此觀之，

　　案白帖引觀作言。

舟中之人，盡爲敵國也。

　　集解：『楊子法言曰：美哉言乎！使起之用兵每若斯，則太公何以加諸？』

　　考證：楓山本、三條本、治要舟作船，敵上無爲字。索隱引法言寡見篇。

案文選爲石仲容與孫皓書注引舟上有則字。說苑作『船中之人，盡敵國也。』與楓、三本及治要引合。通鑑亦無爲字。集解所引法言，今本實見篇兵上脫用字。考證所稱索隱，乃集解之誤。

武侯曰：善。

案白帖引善下有哉字。

卽封吳起爲西河守，

張照云：『徐孚遠曰：「前旣爲西河守矣，此又云，蓋雜引而未刪正。」照按，徐說非也。「武侯曰：『善。』卽封吳起。」蓋加以封耳。下乃云「爲西河守，甚有聲名。」而不得爲相。今並作一句讀，遂疑此句重出。』

考證‥『……………梁玉繩曰：「守不可言封；且起已守西河，『卽封』二字衍。」愚按梁說爲長，此句屬下。』

案『卽封』二字，無緣致衍。張照以『卽封吳起』爲句，謂加以封也。其說較勝。

魏置相，相田文，

索隱：按呂氏春秋作商文。

梁玉繩云：此本呂覽執一篇，而言各不同，未曉所以。

案呂覽執一篇田文旣作商文，而言又各不同，則此似非全本呂覽也。通鑑注：『此田文，非齊之田文。』齊之田文，乃孟嘗君也。

子孰與起？文曰：不如子。

案與、如互文，與猶如也。下同。

韓、趙賓從。

案爾雅釋詁：『賓，服也。』

此三者，子皆出吾下。

考證：『此三者子，』各本作『此子三者，』今從楓山本。王念孫曰：「此子三者，」漢書朱浮傳注引此作「此三者子，」通鑑周紀、呂氏春秋執一篇亦同。』案敦煌春秋後語殘卷作『此三功者，子皆出吾下。』亦可證各本之誤。

屬之於子乎？屬之於我乎？

案呂氏春秋、春秋後語、通鑑皆無兩於字。

公叔爲相。

　　索隱：韓之公族。

　　梁玉繩云：『公叔，即魏公叔痤。索隱以爲「韓之公族。」妄也，但魏策有痤戰
勝澮北，辭賞田以讓起後一篇，吳師道曰：「痤以計疑起于武侯，起去之楚。澮
北之戰，乃歸功于起之餘敎，而使其嗣受賞，何其前後之戾邪？」余謂讓功必非
公叔痤，國策誤耳。』

　　考證：『張照曰：按戰國策，公叔，疑爲魏公叔痤，非韓公族也。公叔痤爲魏
將，而與韓、趙戰澮北，禽樂祚，賞田百萬祿之，反走再拜而辭，以讓吳起之
後。則非害起者也。此與國策參差不同。（原移引在下文『武侯疑之而弗信也』
下。）

　　案公叔痤能薦公孫鞅於魏惠王，（詳呂氏春秋長見篇、魏策一及商君列傳。）則
痤亦是知人者。吳起深見重於文侯及武侯，痤爲相雖妒害之；起既去楚，痤妒害
之心已消，澮北戰勝，能讓賞於起之後，誠有足多者。史記與魏策一所記，本爲
二事。雖參差不同，魏策未必誤也。

尚魏公主而害吳起。

　　案宋高承事物紀原一：『春秋公羊傳曰：「天子嫁女于諸侯，至尊不自主婚。必
使同姓者主之，謂之公主。」蓋周事也。史記曰：「公叔相魏，尚魏公主。」文
侯時也。蓋僭天子之女也。』所稱文侯，乃武侯之誤。此武侯時事。害猶妒也，
韓非列傳已有說。

吳起爲人，節廉而自喜名也。

　　考證：『楓山、三條本無名字。王念孫曰：「御覽引此無名字，可從。『自喜，』
猶『自好』也。孟嘗君傳贊：『好客自喜。』田叔傳：『爲人刻廉自喜。』鄭當
時傳：『以任俠自喜。』皆其證。」』

　　案春秋後語、通鑑並無『名也』二字。

君因先與武侯言，

　　考證：『梁玉繩曰：此及下三稱武侯，誤。史詮謂俱當作魏侯。』

　　案生稱謐，史記習見，日知錄二十三有說。通鑑武侯作君，有意改之也。

而侯之國小，又與彊秦壤界。

　　考證：楓山、三條本壤作接。

　　案春秋後語侯作君，『壤界』作『接壤。』通鑑侯亦作君。

臣竊恐起之無留心也。

　　案御覽一五二引起上有吳字，春秋後語亦作吳起。

武侯卽曰，

　　案卽猶若也。

起有留心，則必受之；無留心，則必辭矣。

　　案御覽引此無之、矣二字，春秋後語同。

武侯疑之而弗信也。

　　考證：『呂氏春秋先見篇云：「吳起治西河之外，王錯譖之於魏武侯，武侯使人召之。吳起至於岸門，止車而望西河，泣數行而下。其僕謂吳起曰：「竊觀公之意，視釋天下若釋躧。今去西河而泣，何也？」吳起抿泣而應之曰：「子不識。君知我，而使我畢能西河，可以王。今君聽讒人之議，而不知我。西河之爲秦取不久矣！」又見觀表篇。依此，則譖吳起者王錯，非公叔。』

　　案御覽引弗作不，通鑑作未。弗、不並與未同義。此記公叔計去吳起；呂氏春秋記王錯譖去吳起。則吳起之去，蓋有二因。當分別觀之。考證謂「譖吳起者王錯，非公叔。』是混二事爲一事矣。又考證所稱呂氏春秋先見篇，先乃長之誤。

卽之楚。

　　案文選何平叔景福殿賦注引之作如，春秋後語同。

以撫養戰鬬之士。

　　案白帖十二引撫作拊，拊、撫古、今字。

破馳說之言從橫者。

　　案通鑑『馳說』作『遊說，』義同。

諸侯患楚之彊。故楚之貴戚，盡欲害吳起。

　　梁玉繩云：諸侯患楚彊；何以楚貴戚欲害起，敍事欠明。當參蔡澤傳及呂氏春秋

— 63 —

貴卒、淮南道應觀之。

案上文『南平百越，北並陳、蔡，卻三晉，西伐秦。』即諸侯患楚彊之故，已甚明白。上文『捐不急之官，廢公族疏遠者。』貴戚欲害起之故，亦略見端倪。呂氏春秋貴卒篇稱起『令貴人往實廣虛之地，皆甚苦之。』則貴戚欲害起之故愈著耳。

及悼王死，宗室大臣作亂而攻吳起。

案渚宮舊事二周代中云：『及悼王薨，魯陽公騏期及陽城君殺王母闕姬而攻起。』吳起走之王尸而伏之。擊起之徒，因射刺吳起，並中悼王。

梁玉繩云：呂氏春秋言起『拔矢而走，伏尸插矢。』謂拔人所射之矢插王尸也。與此小異。

案劉子貴速篇：『昔吳起相楚，貴族攻之，起欲討讎，而插矢王屍。』本呂氏春秋也。

然行之於楚，以刻暴少恩亡其軀。

朱東潤云：以傳文較之，『明法審令，捐不急之官，廢公族疏遠者，以撫養戰鬬之士。』無所謂刻暴少恩也。（史記考索『史贊質疑』章。）

案『刻暴』猶『刻薄。』漢書宣帝紀：『為取暴室嗇夫許廣漢女。』師古注：『暴室，或云薄室，薄亦暴也。』即暴、薄古通之證。又據上文『明法審令』云云，則起之『刻暴少恩』不太著，然不能以為無所謂刻暴少恩也。據韓非子和氏篇，起教楚王『使封君之子孫，三世而收爵祿。絕滅百吏之祿秩，損不急之枝官，以奉選練之士。』則可謂『刻暴少恩』矣。

史 記 斠 證 卷 六 十 六

伍 子 胥 列 傳 第 六

王 叔 岷

伍子胥者，

案呂氏春秋異寶篇、漢書人表伍並作五，（王氏漢書補注云：官本作伍。）古字
通用。

其先曰伍舉，以直諫事楚莊王，有顯。

梁玉繩云：伍參之子是舉，伍舉之子是奢。事莊王者參，事靈王者舉。安得伍舉
諫莊王？其誤已說在楚世家中。疑此處莊乃靈之錯文。

考證：『楓山、三條本顯下有名字。…………………張照曰：「按舉直諫，見楚世
家，左氏無之。左氏載直諫者伍參也。」愚按伍舉當作伍參，史之錯文，說已在
楚世家。』

案伍舉乃伍參之誤，莊王非靈王之誤也。吳越春秋王僚使公子光傳、金樓子說蕃
篇並誤從史記作伍舉。（參看楚世家斠證。）楓、三本顯下有名字，疑涉下『有
名於楚』而衍。

使伍奢為太傅，費無忌為少傅。

索隱：按左傳作費無極。

梁玉繩云：太傅、少傅，與左傳異，說在楚世家。

考證：……………極、忌，聲之緩急。左傳作奢為師，無極為少師。

案楚世家索隱：『極、忌聲相近。』梁氏志疑：『左傳是奢為師，無極為少師。』
並考證所本。國語楚語下韋注、劉子傷讒篇無忌亦並作無極。

生子軫。

案年表、楚世家、吳越春秋軫皆作珍，軫、珍並諧㐱聲，古葢通用。楚世家有說。

而太子立殺已。

　　考證：三條本已下有也字。

　　案吳越春秋作『而太子立當害己也。』亦有也字。

不能無怨望。

　　案望借爲諲，說文 ：『諲，責望也。』『怨望』連文，本書習見。殷本紀已有說。下文『其怨望，』『乃反怨望。』『常鞅鞅怨望。』皆同此例。

自太子居城父，將兵，外交諸侯。且欲入爲亂矣。

　　考證：『「自太子」之自，楓山本、三條本作且。中井積德曰 ：「且欲，」猶「將欲」也。』

　　案『自太子』之自，楓、三本作且，楚世家同，自猶且也。『且欲』之且，吳越春秋作將，中井說得之。

平王乃召其太傅伍奢考問之。

　　案吳越春秋考作按，義同。

員爲人剛戾忍詢，

　　索隱：『鄒氏云：一作詬，罵也。音詬。』

　　案詢與詬同，說文：『詬，謑詬，恥也。詢，詬或从句。』（段注本刪恥字。）

　　莊子讓王篇：『強力忍垢，』（釋文引司馬彪注：垢，辱也。）御覽四二四引垢作詬，呂氏春秋離俗篇作詢（高注：詢，辱也）。詬、垢正、假字。（參看趙世家『爲能忍詢』條。）

以雪父之恥。

　　案雪借爲㕞，說文：『㕞，拭也。』（段注本改拭爲飾，飾、拭古、今字。）秦本紀有說。）

而不往。

　　案而猶如也。

謂員可去矣。

考證：楓山本、三條本作『員可去矣。』義長。

案謂猶惟也。楚世家作『子其行矣。』其猶可也。

伍胥貫弓執矢嚮使者。

　　索隱：劉氏音貫爲彎。……………

案楚世家貫作彎，古字通用。秦始皇本紀贊、楚世家並有說。

伍胥遂亡。聞太子建之在宋，往從之。

　　梁玉繩云：子胥亡楚，至吳而已。乃此言其歷宋、鄭、晉，而與太子俱。不知何
　　據。（考證移引在下文『鄭定公與子產誅殺太子建』下。）

案左昭二十年傳、吳世家、楚世家並載子胥亡楚至吳而已。吳越春秋言其歷宋、
鄭、晉而與太子俱。本此傳也。呂氏春秋異寶篇言其歷鄭、許而如吳（渚宮舊事
二周代中本之。）越絕荊平王內傳言其奔鄭後即奔吳。

宋有華氏之亂。

　　索隱：春秋昭二十年，宋華亥、向寧、華定，與君爭而出奔。是也。

案春秋昭二十年：『宋華亥、向寧、華定出奔陳。』杜注：『與君爭而出。』索
隱云云，兼本經文、注文也。

太子能爲我內應，

　　案能猶若也。蘇秦列傳：『子能以燕伐齊，則寡人舉國委子。』范雎列傳：『公
　　能出我，必厚謝公。』兩能字亦並與若同義，此義前人未發。（參看拙著古書虛
　　字新義十八『能』條。）

事未會。會自私欲殺其從者。

　　案吳越春秋上會字作成，義同。周禮天官食醫：『凡會膳食之宜，』鄭注：『會，
　　成也。』下會字猶適也。『自私，』複語，自亦私也。

鄭定公與子產誅殺太子建。

　　考證：『梁玉繩云：鄭殺建，不知何時。而子產卒于定之八年，即建奔鄭之歲。
　　恐未是子產誅之。』

　　蓋楚語下韋注，但云：『鄭人殺之。』

昭關欲執之。

考證：關下疑脫吏字。

案吳越春秋昭關作『關吏。』

爵執珪。豈徒百金劍邪？

案後漢書寇恂傳注引珪作圭，呂氏春秋同，高注：『周禮：「侯執信圭。」言爵之爲侯也。」珪，古文圭字。吳越春秋珪亦作圭，徒作圖。記纂淵海七引此徒亦作圖。又案御覽三四二引史記云：『伍員奔吳，舡人濟之。員感其德，解寶劍賜之。舡人曰：子達吳，勿相忘。劍則不敢以當。』與此節之文不類。吳越春秋有漁父謂子胥『富貴莫相忘』之語。

吳王僚方用事，公子光爲將。

梁玉繩云：『「吳王僚方用事公子光爲將。」此作一句讀。湖本誤以「用事」爲句。或曰：「衍事字。」』

考證：『用事，』猶曰『好事』也。

案此當從事字絕句。惟『用事，』謂『當政。』非猶『好事』也。趙世家：『太后用事。』（本趙策四。）齊悼惠王世家：『高后用事。』范雎列傳：『今臣聞秦太后、穰侯用事。』（本秦策三。）皆同此例。

楚平王以其邊邑鍾離與吳邊邑卑梁氏俱蠶，兩女子爭桑相攻。

考證：『恩田仲任曰：「楚世家、十二諸侯年表與此同。吳世家云：「楚邊邑卑梁氏之處女，與吳邊邑之女爭桑。」蓋吳世家誤。』（與下原脫吳字。）

案卑梁是吳邑，吳世家以爲楚邑，（吳越春秋作脾梁，亦以爲楚邑。）乃本於呂氏春秋察微篇，彼文梁氏志疑有說。（參看吳楚兩世家斠證。）

乃進專諸於公子光。

索隱：左傳謂之專設諸。

案索隱專當作鱄，左昭二十年傳作鱄設諸。吳世家索隱云：『左傳作鱄設諸。』是也。文選左太沖吳都賦注引左傳作鱄諸，潛夫論交際篇同。（參看吳世家斠證。）

退而與太子建之子勝耕於野。

考證：伍子胥說吳王以下，采昭二十年左傳。但左傳不言勝事。

施之勉云，左傳哀十六年，有『其（楚太子建）子曰勝，在吳』之語。

案御覽八二二引與下有故字，之下有孤字。

五年而楚平王卒。

梁玉繩云：『五年』乃『三年』之誤。自吳滅巢，至是時三年也。若自子胥奔吳
數之，則七年矣。

案昭二十四年春秋經：『吳滅巢。』昭二十六年春秋經：『楚子居卒。』是自吳
滅巢至楚平王卒，正三年。年表亦可證。如據吳世家，吳王僚『九年，公子光伐
楚，拔居巢。十二年冬，楚平王卒。』則是四年。惟彼『十二年，』索隱已云
『合在僚十一年』矣。楚世家稱平王『十年，公子光攻楚，遂滅居巢。十三年，
平王卒。』亦是四年，惟彼『十年，』考證引沈家本已云『表在十一年，與春秋
合』矣。又如梁後說，『若自子胥奔吳數之，則七年。』竊疑此『五年』乃『七
年』之誤。五，古文作×，與七往往相亂也。

使二公子將兵往襲楚。

考證：『二公子，公子掩餘，公子燭庸。杜預云：皆王僚母弟。』

案吳世家作『使公子蓋餘、燭庸以兵圍楚之六、灊。』刺客列傳作『使其二弟公
子蓋餘、屬庸將兵圍楚之灊。』掩與蓋，燭與屬，並古字通用。吳世家有說。

楚誅其大臣郤宛、伯州犂。

案文選劉孝標廣絕交論注引楚下有之字。左定四年傳作『楚之殺郤宛也，』亦有
之字。

伯州犂之孫伯嚭，亡奔吳。

索隱：按州犂，伯宗子也。郤宛，州犂子也。伯嚭，郤宛子。嚭音喜。伯氏別姓
郤。

案論衡逢遇篇伯嚭作帛喜，吳越春秋闔閭內傳作白喜，並古字通用，吳世家有
說。索隱云云，本集解引徐注，惟徐注未云『嚭音喜。』（徐注郤作郄。郤、郄
正、俗字。）黃善夫本、殿本並無索隱，蓋因已見於徐注而略之。

前王僚所遣二公子將兵伐楚者。

索隱：公子燭庸及蓋餘也。

考證：索隱葢餘，當作掩餘。

施之勉云：左傳作掩餘。吳世家作葢餘，吳越春秋亦作葢餘。

案刺客列傳亦作葢餘，已詳上文。索隱云云，當在上文『使二公子將兵往襲楚』下。

取六與灊。

集解：六，古國，皐陶之後所封。灊縣有天柱山。

索隱：六，古國也。皐陶之後所封。灊縣有天柱山。

考證：北宋本灊，各本作灒。愚按昭三十一年左傳作灒。

案景祐本南宋補版灊亦作灒，集解同。年表、楚世家、吳越春秋亦皆作灒。灊、灒古通，吳世家有說。索隱灊字，單本作灒（正文同），考證本依北宋本正文改爲灊耳。黃善夫本、殿本並無索隱，葢因與集解同而略之。

六年，楚昭王使公子囊瓦將兵伐吳。

索隱：按左氏，楚公子貞，字子囊。其孫名瓦，字子常。此言公子，又兼稱囊瓦，葢誤。

梁玉繩云：『事在七年，說見表。集解曰：「左傳，楚公子貞，字子囊。其孫名瓦，字子常。此言公子，又兼稱囊瓦，誤。」史詮曰「『公子』當作『公孫。』稱囊瓦者，孫以祖父字爲氏也。」史詮本于徐天祐吳越春秋闔閭內傳注。』

案索隱云云，本於集解，黃善夫本、殿本並略之。下文『子常敗走奔鄭。』集解『子常，公孫瓦。』索隱：『公孫瓦也。』黃本、殿本並無索隱，亦同此例。

今果何如？

案果猶誠也，吳世家有說。

王必欲大伐之，

案必猶若也，吳世家有說。

與楚夾漢水而陳。

案吳越春秋而作爲，義同。

己卯，楚昭王出奔。

考證：『己卯』上奪『十一月』三字。

案考證說，本楚世家梁氏志疑。

我殺其子，

案楚世家我上有今字。

王子蓁匿王，

考證：左傳子蓁作子期。……………

案楚世家王下有『從臣』二字。國語楚語上、列女傳節義篇楚昭越姬傳、漢書人表、吳越春秋、渚宮舊事二子蓁皆作子期，蓁、期古通，陳杞世家、楚世家、並有說。

乃掘楚平王墓，出其尸，鞭之三百。

梁玉繩云：『此事左氏、公羊所不載。其見于穀梁定四年傳者，但言「撻平王之墓。」撻墓與鞭尸迥異。而范注引鄭嗣云：「鞭其君之尸。」法言重黎篇云：「鞭尸藉館。」論衡定賢云：「鞭笞平王尸。」索隱述贊云：「鞭尸雪恥。」吳越春秋闔閭內傳又從而甚之曰：「出其尸，左足履腹，右手抉目。」凡此俱本于史吳世家及此傳，何其妄也！……………攷呂覽首時、淮南泰族、賈子耳痺、說苑奉使（有掘冢語，亦非）、漢書五行志下下、越絕平王內傳、吳內傳、外傳紀策攷、敍外傳記，並稱鞭墳、笞墓。則鞭尸之妄審矣。史于年表、楚世家、季布傳，亦止謂鞭墓，而吳世家、子胥傳忽變爲鞭尸之說，何歟？……………（公羊注疏引春秋說文云：「墮平王之墓，鞭平王之尸，血流至踝。」攷平王至是，卒已十一年。冢中枯骨，尚流血乎？尤妄也！）』

案御覽五四九引尸作屍，（下文『乃取子胥尸，』亦引作屍。）吳越春秋同。屍、尸正、假字。史公於年表、楚世家、季布傳謂鞭墓；而吳世家及此傳言鞭屍，蓋各有所本，信以傳信，疑以傳疑也。公羊定四年傳何注，稱『子胥墮平王之墓。』徐疏：『春秋說文也。彼文又云：「鞭平王之尸，血流至踝。」此注不言之者，省文也。』何注之不言鞭尸流血，蓋以爲不足信耳。

人衆者勝天。

案逸周書文傳解：『人強勝天。』

今子故平王之臣，

　　　案吳越春秋無今字，疑涉下『今至』字而衍。

此豈其無天道之極乎？

　　　案此猶言『此殆無天道之極乎？』『豈其，』複語，義與殆同。（吳越春秋作
　　　『豈道之極乎？』道上當補無字。）

吾日莫途遠，吾故倒行而逆施之。

　　　索隱：…………………前途尙遠，而日勢已莫。………………

　　　吳曾云：『史記伍子胥傳：「子胥曰：日暮途遠，吾故倒行而逆施之。」西漢主父
　　　偃傳亦曰：「吾日暮，故倒行而逆施之。」余按吳越春秋乃云：「日夕途遠，吾
　　　故倒行逆旅之于道也。」乃知施字即旅字，施字于道無義。國語曰：「晉陽處父
　　　過甯，舍于逆旅。」潘岳上客舍議亦引語曰：「許由辭帝堯之命，而舍于逆
　　　旅。」魏武帝詩曰：「逆旅整設，以通賈商。」乃知逆施可于事言之，至于道路
　　　無義也。當有識者訂之。』（能改齋漫錄三。）

　　　龔頤正云：『史記：「伍子胥傳：吾日暮途遠，吾故倒行而逆施之。」主父偃
　　　曰：「吾日暮，故倒行逆施之。」（芥隱筆記。）

　　　案景祐本南宋補版、黃善夫本、殿本『莫途』皆作『暮塗。』黃本、殿本索隱莫
　　　亦作暮。莫、暮正、俗字。路途字正作涂。塗，俗字。途，尤俗。御覽三九四引
　　　此正文及索隱莫亦並作暮，引索隱途作塗。吳、龔二氏引主父偃云云，並據漢書
　　　主父偃傳。（今本逆上無而字，與龔引合。）史記主父偃傳作『吾日暮途遠，故倒
　　　行暴施之。』暴與逆義近。漢書師古注：『暮，言年齒老也。倒行逆施，謂不遵
　　　常理。』是也。吳越春秋載子胥語作『日暮路遠，倒行而逆施之於道也。』道猶
　　　理也。『倒行而逆施之於道，』正謂不遵常理也。吳氏所據吳越春秋『逆施』作
　　　『逆旅，』而以道爲道路字。是『倒行逆旅之于道，』謂『倒行旅舍之于道
　　　路。』成何語意邪？旅乃施之誤字，史、漢之文，並其明證。吳氏蓋未深思耳！

於是申包胥走秦告急，求救於秦，秦不許。包胥立於秦廷。

　　　案後漢書郅惲傳注引史記云：『申包胥走秦求救，晝夜馳驅，足踵蹠絞，
　　　足，鵠立秦庭。』與此文頗有出入，而與吳越春秋所述較合，其文云：『申包胥
　　　知不可，乃之於秦，求救楚。晝馳夜驅，足腫蹠劈，裂裳裹膝，鶴倚，哭於秦

庭。』鵠、鶴古多混用，莊子駢拇篇：『鶴脛雖長，斷之則悲。』書鈔九九引鶴
作鵠，天運篇：『夫鵠不日浴而白。』釋文：『鵠，本又作鶴。』並其比。又
『秦廷，』淮南子脩務篇、說苑至公篇廷亦並作庭，古字通用。

乃遣車五百乘，救楚擊吳。

　　案左定五年傳：『秦子蒲、子虎帥車五百乘以救楚。』（又見吳越春秋。）即此
　　『五百乘』所本，戰國策楚策一：『遂出革車千乘，卒萬人，屬之子滿與子
　　虎。』（又見渚宮舊事三。）滿乃蒲之誤。淮南子脩務篇：『秦王乃發車千乘，
　　步卒七萬，屬之子虎。』（大戴禮保傳篇盧辯注，『七萬』誤『十萬。』）高
　　注：『傳曰：「率車五百乘以救楚。」凡三萬七千五百人。此云「千乘，步卒七
　　萬。」不合也。』楚策云『千乘，卒萬人。』亦不合。

敗吳兵於稷。

　　集解：稷丘，地名，在郊外。
　　索隱：『按左傳作稷丘，杜預云：稷丘，地名，在郊外。』
　　案集解不云『左傳作稷丘，而逕云『稷丘，地名。』似所舉正文稷下有丘字。
　　（楚世家無丘字。）黃善夫本、殿本索隱並無『杜預云：稷丘，地名，在郊外。』
　　十字，蓋因與集解同而略之。

後二歲，闔廬使太子夫差將兵伐楚，取番。

　　集解：音普寒反，又音婆。
　　索隱：音普寒反，又音婆。蓋鄱陽也。
　　梁玉繩云：『二歲』當作『一歲。』夫差當作終纍。取番之誤，說見表。
　　案左定六年傳：『吳大子終纍敗楚舟師。』（杜注：終纍，闔廬子，夫差兄也。）
　　又云：『子期又以陵師敗于繁揚。』番與繁並音婆，古字通用。史公所謂『取
　　番，』蓋指繁揚之敗，似非誤。參看楚世家斠證。又黃善夫本、殿本索隱，並略
　　『音普寒反，又音婆。』七字。

孔子相魯。

　　梁玉繩云：相魯，誤也。說在孔子世家。
　　案相魯非誤，吳世家已有說。

後四年，伐越。越王句踐迎擊，敗吳于姑蘇。

　　正義：『姑蘇當作檇李，乃文誤也。左傳云：「戰檇李，傷將指，卒於陘。」是

　　也。解在吳世家。』

　　梁氏志疑所據湖本『四年』作『五年，』云：『「五年」當作「四年，」姑蘇，

　　正義謂檇李之誤，是也。說在吳世家。

　　考證：『「四年」各本作「五年，」今從楓山本、三條本。錢泰吉曰：吳世家無

　　此條正義，下文夫湫條同。』

　　案景祐本、黃善夫本、殿本『四年』皆作『五年，』蓋聯想之誤。越世家姑蘇作

　　檇李，正義說是。詳吳世家斠證。正義所云『解在吳世家。』見吳世家『報姑蘇

　　也』下。下文夫湫條，正義：『太湖中椒山也。解在吳世家。』見吳世家『敗之

　　夫椒』下。吳世家兩處正義，諸本皆佚，考證本據桃源抄補之。既已補之，則於

　　此不必引錢泰吉說；引錢說，則必須說明。

棲於會稽之上。

　　考證：『中井積德曰：「會稽之上，」謂會稽山之上也。……………』

　　案越絕請羅內傳作『保棲於會稽山上。』（吳世家有說。）說苑正諫篇之亦作

　　山。

使大夫種厚幣遺吳太宰嚭以請和，

　　索隱：『劉氏云：「大夫姓，種名。」非也。按今吳南有文種墟。則種，姓文，

　　爲大夫官也。』

　　正義：『高誘云：大夫種，姓文氏，字子禽，楚之郢人。』

　　案吳世家索隱亦云：『大夫，官也。種，名也。吳越春秋以爲種姓文，而劉氏云

　　「姓大夫。」非也。』正義引高說，乃呂氏春秋尊師篇高注，今本禽上無子字。

　　越世家正義引吳越春秋云：『大夫種，姓文，名種，字子禽。』文選陸士衡豪士

　　賦序注亦引吳越春秋，子禽作少禽。少蓋子之誤，子、少草書形近易亂也。（參

　　看吳世家斠證。）

今王不滅，

　　案吳世家、越世家並無王字。

其後五年，而吳王聞齊景公死，而大臣爭寵，新君弱，乃興師北伐齊。

　　梁玉繩云：此傳敍吳伐齊事之誤，說在吳世家。蓋『其後五年，』當作『其後九
　　年。』即左傳哀十年郳之役，然非因景公死故也。

　　案吳世家、說苑吳王上並無而字，疑涉下『而大臣』而衍。年表伐齊，書在夫差
　　十一年。吳越春秋夫差內傳亦云：『十一年，夫差北伐齊。』即當魯哀公十年。
　　據下文，此所謂伐齊，即艾陵之役，非郳之役。吳世家同。據左傳，則艾陵之役
　　在魯哀公十一年。說苑書年及紀事，全本此傳。（參看吳世家斠證。）

句踐食不重味，

　　案吳世家此下有『衣不重采』四字。越世家亦稱句踐『食不加肉，衣不重采。』
　　呂氏春秋順民篇稱其『味禁珍，衣禁襲。』高注：『襲，重。』（越世家有說。）

大敗齊師於艾陵。遂威郰、魯之君以歸。

　　梁氏志疑所據湖本威作滅，云：『滅字，一本作威。此二句疑在下文「吳王既誅
　　子胥，遂伐齊。」之下。孫侍御曰：「吳世家敗齊艾陵後，有『爲郰伐魯，至，
　　與魯盟而去。』事。則滅字疑盟字之誤。」鍾山札記云：「『遂滅郰』爲句。郰
　　即邾也。『魯其君，』虜郰君也。魯、虜古通用。白虎通王者不臣章引韓詩內傳
　　云：『魯臣者亡。』」據札記，本文之字當作其，似曲。』

　　考證：『威，凌本、殿本作滅。今從百衲宋本、毛本。…………錢大昕曰：
　　「魯當作虜，音之譌也。左氏傳：邾子無道，吳子使太宰子餘討之，囚諸樓臺。」
　　愚按盧、錢氏所據之本作滅字，故有此說。但吳子囚邾子，左傳在哀八年，與艾
　　陵役無交涉，作威爲是。』

　　案景祐本、黃善夫本並作威，作滅之本晚出。蓋由威誤爲威，復易爲滅耳。作威
　　是。『遂威郰、魯之君以歸，』說苑作『遂與郰、魯之君會以歸。』蓋大敗齊師
　　之後，與郰、魯之君會，正所以威之也。

其後四年，吳王將北伐齊，越王句踐用子貢之謀，乃率其衆以助吳。

　　梁玉繩云：『四年』當作『一年。』子貢無說越事，說在弟子傳。

　　考證：左傳，吳敗齊艾陵，及子胥諫王、屬子、賜死事，繫于哀十一年，其後無
　　伐齊事。國語吳語，亦以艾陵役爲夫差十二年事，正與左傳合。史公分爲兩事，

繫之『其後五年、』『其後四年，』何也？

案梁氏謂『四年』當作『一年，』蓋以上文所述當爲鄒之役。則後一年爲艾陵之役。即魯哀十一年，夫差十二年也。惟史公既以艾陵之役屬之前一年，（魯哀十年。）則此『四年』改作『一年，』亦與左傳不合。子貢說越事，仲尼弟子列傳載之甚詳，前賢咸以爲妄。竊疑子貢或有說越事，其說蓋已失傳，後人因以縱橫捭闔之說傅會之。史公好奇，因采之入傳耳。

吳王信用嚭之計。

案說苑、吳越春秋夫差內傳並無吳字。

且盤庚之誥曰：有顚越不恭，劓殄滅之，俾無遺育。無使易種于茲邑。

王引之云：『育讀爲胄，古育、胄同聲通用。說文：「胄，允也。」「無遺育，」即「無遺胄。」劓爲斷割之通稱，「劓殄」二字連讀。「劓殄」猶言「刑殄。」』（尙書述聞。）

張以仁弟云：左傳引盤庚文，有上有其字，劓上有則字，無『之俾』二字，『無使』作『無俾。』而盤庚原文則作『有不吉不迪，顚越不恭，暫遇姦宄，我乃劓殄滅之，無遺育。無俾易種于茲新邑。』均與此有異。

案『俾無遺育，』書、左傳並無俾字，疑下句使字之異文而竄入者。王氏謂『育讀爲胄，劓爲斷割之通稱。』並是。惟『劓殄滅』三字當連讀，『殄滅，』複語，殄亦滅也。『劓殄滅之，』猶言『刑滅之』耳。說文：『胄，胤也。』王氏引胤作允，避淸世宗諱也。

若不然，後將悔之，無及。

案白帖二八引作『不滅越，後雖悔之，不可食已。』（有注云：『食，消也。已，止也。』）將與雖同義，國語吳語將亦作雖。此義前人未發。

吾數見王，王不用。吾今見吳之亡矣！

裴學海云：今猶將也。（古書虛字集釋五。）

案說苑、吳越春秋用上並有我字。淮陰侯列傳：『信度何等已數言上，上不我用。』（通鑑漢紀一兩上字並作王。）與此句法同。

乃屬其子于齊鮑牧。

梁玉繩云：屬于鮑氏也。若鮑牧，則已見殺四年矣。

考證：左傳但云鮑氏。

案下文作鮑氏，越世家、說苑、吳越春秋亦皆云鮑氏。（吳世家有說。）

因讒曰，

案記纂淵海五十引讒作譖，義同。說文：『讒，譖也。』

王卒伐之，而有大功。

梁玉繩云：此蓋指夫差十一年伐齊師鄎之役，齊弑悼公赴師，故以爲大功，而譖其海上之敗。非指戰艾陵也。

案上文子胥諫吳王伐齊，『吳王不聽，伐齊，大敗齊師於艾陵。』則此所云『大功，』自是指艾陵之役。梁氏謂指鄎之役，乃就左傳言之也。

而今王又復伐齊，

考證：楓山本、三條本今上無而字。

案說苑亦無而字。

因輟謝詳病不行。

考證：詳，各本作佯。今從北宋、中統、舊刻、游本。

案景祐本南宋補版、黃善夫本、殿本皆作詳。說苑作佯，俗。

常鞅鞅怨望。

案說苑『鞅鞅』作『怏怏，』怏、鞅正、假字，秦始皇本紀有說。

微子之言，

案微猶無也。

欲分吳國予我。我顧不敢望也。

案越世家國下有半字。顧猶固也。

必樹吾墓上以梓，令可以爲器。

正義：『……………左傳云：樹吾墓檟，檟可材也，吳其亡乎！』

考證：『伍子胥諫』以下，本哀十一年左傳。太宰嚭之讒，子胥之歎，史公以意敷衍。

案記纂淵海四二引樹作植。御覽九五八引令作梓，承上梓字。與左傳作檟，承上

榰字同例。又太宰嚭之讒，子胥之歎，史公當別有所本，非以意衍也。考證往往臆斷如此！

而抉吾眼縣吳東門之上，以觀越寇之入滅吳也。

　　王念孫云：『縣本作著（張略反），此後人依吳語改之也。華嚴經音義上引廣雅曰：「置，著也。」是著與置同義。吳世家曰：「抉吾眼，置之吳東門。」越世家曰：「取吾眼，置吳東門。」此曰：「抉吾眼，著吾東門之上。」其義一也。說苑正諫篇曰：「抉吾眼，著之吳東門。」語即本於史記。呂氏春秋知化篇亦曰：「抉其目，著之東門。」後人據吳語改著爲縣，不知吳語自作縣，史記、呂覽、說苑自作著也。匡謬正俗八引史記作「抉吾目，著於東門。」藝文類聚人部、初學記、太平御覽人事部，引史記並作「抉吾眼，著吳東門之上。」此皆其明證矣。』

　　考證：楓山、三條本縣作著。

　　案記纂淵海四二引縣作掛，賈子耳痹篇同。吳越春秋云：『掛吾目於門。』御覽、記纂淵海九五引寇並作兵，越世家同。

乃自剄死。

　　案初學記十七引剄下有而字。吳越春秋作『遂伏劍而死。』

盛以鴟夷革，浮之江中。

　　集解：『應劭曰：取馬革爲鴟夷⋯⋯⋯⋯』

　　考證：『吳語云：「王慍曰：『孤不使大夫得有見也。』乃使取申胥之尸，盛以鴟鴺，而投之於江。」無革字。此革字疑衍。』（原引江上脫於字。）

　　案文選鄒陽獄中上書自明注、劉孝標辯命論注引革上並有之字。吳越春秋作『盛以鴟夷之器，』亦有之字。後漢書寇恂傳注引此無革字，蓋依吳語刪之，非此文之舊。論衡書虛篇革作橐，說文：『橐，囊也。』革，謂革囊也。御覽七六一引浮上有而字，文選枚叔七發注引『浮之江中，』作『投之於江。』疑與吳語相亂。論衡亦作『投之於江。』文選辯命論注、後漢書注。『江中』上並有於字，吳越春秋作『投之於江中。』

吳人憐之，爲立祠於江上，因命曰胥山。

梁玉繩云：『集解：「張晏曰：胥山，在太湖邊，去江不遠百里，故云江上。」
晏說本于晉張勃吳錄，見水經注四十卷。而正義曰：「吳地記云：『胥山太湖邊
胥湖東岸，山西臨胥湖，山有古葬胥二王廟。』案其廟不干子胥事，太史誤矣。
張注又非。」日知錄三十一曰：「史記，吳王既殺子胥，吳人爲立祠于江上，號
胥山。水經注（沔水）引虞氏曰：『松江北去吳國五十里，江側有丞、胥二山，
山各有廟。魯哀公十三年，越使二大夫疇無餘、謳陽等伐吳，吳人敗之，獲二大
夫。大夫死，故立廟于山上，號丞、胥二王。胥山上今有壇石，長老云：胥神所
治也。』一以爲子胥；一以爲越大夫，今蘇州城之西南門曰胥門。陸廣微吳地記
云：『本伍子胥宅，因名。』非也。趙樞生曰：『吳越春秋，吳王夫差將與齊
戰，道出胥門，因過姑胥之臺。則子胥未死已名爲胥門。』愚攷左傳，哀公十一
年艾陵之戰，胥門巢將上軍，蓋居此門，而以爲氏者。如東門遂、桐門右師之
類。則是門之名，又必在夫差以前矣。姑胥山，不可知其所始。字亦作姑蘇，古
胥、蘇二字多通用。」顧氏此辨，與正義相發。』

案藝文類聚七九、文選七發注引命並作名，義同。說苑、水經漸水注亦並作名。

吳王既誅伍子胥，遂伐齊。

梁玉繩云：此以胥死在戰艾陵前，與內外傳、呂子知化及吳越二世家異，蓋誤
也。吳越春秋夫差內傳十二、十三兩年所書岐出。

案吳越世家及此傳，胥死皆在戰艾陵後。此所謂『伐齊，』乃因齊鮑氏殺悼公
事，吳齊兩世家並同。

齊鮑氏殺其君悼公，而立陽生。吳王欲討其賊，不勝而去。

考證：『梁玉繩曰：「齊鮑氏其君」以下，疑當在前「益疏子胥之謀」句上，庶
于左傳情事相協。此及吳世家敍伐齊事，多倒亂失實。而悼公即陽生，此又誤
說。當是「殺其君悼公而立壬」也。至弒悼公，非出鮑氏，已辨在齊世家中。』
案此及吳世家敍伐齊事，多與左傳不協，似當分別觀之。史公或別有所據也。
『立陽生，』蓋本作『立壬。』年表書『齊鮑子殺悼公，齊人立其子壬。』齊世
家：『齊人共立悼公子壬。』並其證。壬之作陽生，蓋因悼公即陽生，傳寫者聯
想而致誤耳。至殺悼公，此傳及年表、吳齊衞田完諸世家，或云鮑氏，或云鮑

子，或云鮑牧。鮑氏、鮑子，即鮑牧也。蓋史公所據資料如此，亦當與左傳分別

觀之。齊世家有說。

其後二年，吳王召魯、衞之君，會之橐皋。

考證：『梁玉繩曰：「『二年』當作『一年，』戰艾陵之明年也。」哀十二年春

秋經傳。』

案會橐皋，年表、吳世家並書在十三年，即魯哀十二年。艾陵之役，據此傳及吳

世家，史公蓋世家史公蓋屬之十一年（魯哀十年）。故此云『其後二年』也。

越王句踐襲殺吳太子，

索隱：左傳，太子名友。

案太子名友，亦見吳世家及吳越春秋。

殺王夫差，而誅太宰嚭。

梁玉繩云：殺夫差與誅伯嚭，說在吳世家。

考證：依左傳，太宰嚭吳亡後二年猶在。史公因滅吳牽連書之。

案吳越世家亦並言『誅太宰嚭。』呂氏春秋順民篇稱越王『戮吳相。』或即史公

所本。考證『史公牽連書之』之說，本孫志祖讀書脞錄二。參看吳世家斠證。

楚惠王欲召勝歸楚。⋯⋯⋯⋯⋯⋯

考證：『梁玉繩曰：召勝者子西，不聽諫者亦子西，而以為惠王，誤矣。

案左哀十六年傳、國語楚語、楚世家，召勝者皆子西（年表同），不聽諫者亦皆

子西。此以為楚惠王，或子西之召勝，乃惠王示意者與？

白公歸楚三年，而吳誅子西。

梁玉繩云：白公歸楚，不知何年。而年表及楚世家妄謂在敬王三十三年，已辨在

表。即如此說，則此當作『歸楚四年。』蓋吳誅子胥，在敬王三十六年，夫差十

二年也。

案白公歸楚，年表及楚世家定在敬王三十三年，蓋有所據，恐非妄。吳誅子胥，

梁氏謂『在敬王三十六年，夫差十二年。』乃據左傳為說。若據此傳及年表，則

在敬王三十五年，夫差十一年也。

歸楚五年，請伐鄭。

考證：『梁玉繩曰：晉伐鄭，在魯哀公十五年，周敬王四十年。即依史記，乃自公歸楚八年，非五年也。』

施之勉云：楚世家，白公勝歸楚，在惠王二年。（魯哀八年，周敬王三十三年。）請令尹子西伐鄭，在惠王六年。（魯哀十二年，周敬王三十七年。）二年至六年，五年也。此不誤，梁說非。

案晉伐鄭，梁氏謂『在魯哀公十五年，周敬王四十年。』乃依魯哀十五年春秋經爲說。依年表及楚世家，則在白公歸楚之五年也。梁氏謂『依史記，乃自公歸楚八年。』蓋謂依年表，白公歸楚定在敬王三十三年，（楚惠二年。）至敬王四十年，（楚惠九年。）正八年，合於春秋經晉伐鄭之年也。仍是執著春秋經爲說。

其後四歲，

考證：『梁玉繩曰：四當作一，晉伐鄭之明年，白公作亂也。』

施之勉云：楚世家，白公勝請伐鄭，在惠王六年。年表，白公勝殺令尹子西，攻惠王，在惠王十年。此自六年請伐鄭數之，至十年，是後四歲也。四，不當作一。梁說非。

案梁氏乃據左哀十六年傳爲說。

不殺王不可。

案上不字義與非同。

乃劫之王如高府。

考證：『王念孫曰：「劫下本無之字，左傳曰：『白公以王如高府。』楚世家曰：『因劫惠王，置之高府。』此曰：『乃劫王如高府。』其義一也。劫下不當有之字。」』

案之字無緣致衍，之猶其也。史記多以之爲其。

石乞從者屈固，

集解：『徐廣曰：一作「惠王從者屈固。」楚世家亦云「王從者。」』

索隱：『按徐廣曰：「一作『惠王從者屈固。』」蓋此本爲得。而左傳云：「石乞尹門。圉公陽穴宮，負王以入昭夫人之宮。」則公陽是楚之大夫，王之從者也。』

　　考證：『中井積德曰：公陽是圉之名。賤者，非大夫。』

　　施之勉云：『中說非也。廣韻八語：圉，又姓，左傳有大夫圉公陽。』

　　案石乞，當從一本及楚世家作惠王，涉上文石乞而誤耳。廣韻謂圉公陽爲大夫，
　　與索隱合。左哀十六年傳杜注：『公陽，楚大夫也。』即索隱、廣韻所本。黃善
　　夫本、殿本索隱，並略『按徐廣曰：一作「惠王從者屈固。」』十二字。

亡走昭夫人之宮。

　　索隱：昭王夫人，即惠王母，越女也。

　　案楚世家昭下有王字。索隱云云，本楚世家集解引服虔注。黃善夫本、殿本索隱
　　『越女也，』並作『乃越女是也。』

亡走山中自殺。

　　正義：『左傳云：白公奔縊。』

　　案縊即自殺也。年表亦云：『白公自殺。』楚語則稱葉公『帥方城之外，以入殺
　　白公。』楚世家亦稱『葉公來救楚，楚惠王之徒，與共攻白公，殺之。』（說互
　　詳楚世家。）韓詩外傳十，謂殺白公者，乃楚王左司馬申鳴。（渚宮舊事二本
　　之。）亦見說苑立節篇及御覽四一七引新序，並以申鳴爲楚王相。

怨毒之於人甚矣哉！

　　案戰國策趙策一：『怨毒積惡（趙世家惡作怒）。』

向令伍子胥從奢俱死，何異螻蟻！

　　考證：楓山本、三條本無向字。

　　案向字不可無，『向令』猶『假令。』漢書司馬遷傳：『假令僕伏法受誅，若九
　　牛亡一毛，與螻螘何異！』文選報任少卿書螘作蟻，與此同，俗。

史記斠證卷六十七

仲尼弟子列傳第七

王　叔　岷

孔子曰受業身通者七十有七人。

　　索隱：孔子家語亦有七十七人。唯文翁孔廟圖作七十二人。

　　考證：『孔子葢無此語，曰字宜改爲「弟子。」鄭環曰：「宋大觀四年·議禮局言，史記弟子傳曰：『受業身通六藝者七十有七人。』據此，今本脫『六藝』二字。」梁玉繩曰：「案弟子之數，有作七十人者，孟子云：『七十子。』呂氏春秋遇合篇：『達徒七十人。』淮南子泰族及要略訓俱言『七十。』漢書藝文志序、楚元王傳所稱『七十子喪而大義乖，』是已；有作七十二人者，孔子世家、文翁禮殿圖、後書蔡邕傳鴻都畫像、水經注八漢魯峻冢壁象、魏書李平傳學堂圖，皆七十二人。顏氏家訓誡兵篇所稱『仲尼門徒升堂者七十二，』是已；有作七十七人者，此傳及漢地理志是已。孔子家語七十二弟子解實七十七人。今本脫顏何，止七十六，其數無定，難以臆斷。」……』

　　案曰字疑本作『弟子』二字，因『孔子曰』爲習見語，傳寫者因致誤耳。漢書地理志下稱孔子『弟子受業而通者七十有七人。』即本此文，『弟子』二字不誤。『受業，』即指受六藝。『受業身通，』猶言『身通六藝。』故孔子世家言『身通六藝，』『身通』上不再贅『受業』二字。宋大觀四年議禮局稱此文作『受業身通六藝，』『六藝』二字，乃與孔子世家之文相亂而竄入者，非此文脫『六藝』二字也。弟子之數，韓子五蠹篇稱『七十人。』伯夷列傳、儒林列傳、貨殖列傳亦皆稱『七十子。』）漢書貨殖傳、鹽鐵論殊俗篇並同，論衡率性篇亦稱『七十之徒。』）漢書藝文志序師古注：『七十子，謂弟子達者七十二人，舉其成

數，故言七十。』劉向戰國策敍錄稱『七十二人，皆天下之俊。』新序雜事一稱
『七十二人，自遠方至。』陶淵明讀史述九章，有七十二弟子章。皇侃論語義
疏敍云：『達者七十有二。』皆與孔子世家言『七十有二人』合。惟此傳所載弟
子，實七十七人。世家既非如伯夷傳、儒林傳、貨殖傳之舉成數，則不當云『七
十有二人，』與此傳不符，竊疑世家本作『七十有七人，』因古書稱孔子弟子七
十二人者多；且七十二又爲古人習用之數，傳寫者遂妄改爲『七十有二人』耳。
此傳索隱稱『孔子家語亦有七十七人。唯文翁孔廟圖作七十二人。』不云世家
作『七十有二人，』似所據世家下七字未改爲二也。（世家亦有說。）又漢書儒
林傳師古注：『七十子，謂弟子〔達〕者七十七人也。稱七十者，但言其成數
也。』謂『七十七人，』與此傳合。

德行：顏淵、閔子騫、冄伯牛、仲弓；政事：冄有、季路；言語：宰我、子貢；
　　索隱：論語，一曰『德行；』二曰『言語；』三曰『政事；』四曰『文學。』今
　　此文，『政事』在『言語』上，是其記有異也。
　　案世說新語，德行第一；言語第二；政事第三；文學第四。即依論語先進篇次
　　第。抱朴子文行篇：『德行者，本也。文章者，末也。故四科之序，文不居
　　上。』『德行』爲人生之本，（皇侃疏。）固當居首。『政事』爲治國之要，誠
　　重於『言語。』史公以『政事』繼『德行』之後，於義爲優。劉寶楠論語正義
　　云：『弟子傳，先『政事』於『言語，』當出古論。』兩冄字，景祐本南宋補版、
　　黃善夫本、殿本皆作冉，後同。論語亦作冉，冄、冉正、俗字。

師也辟。
　　集解：『馬融曰：子張才過人，失於邪辟文過。』
　　施之勉云：『武億曰：「按墨子『再拜便僻，』是『便僻』與『再拜』連文。即
　　漢書何武傳『坐舉方正，召見所舉者，槃辟雅拜。』注：『服虔曰：行禮容拜
　　也。』儒林傳注：『蘇林曰：張氏不知經，但能盤辟爲禮容。』盤亦便之轉。」
　　故子張之辟，朱子集注：「便辟也。謂習於禮容，少誠實也。」深得其解。』
　　案景祐本南宋補版、黃善夫本、殿本正文、集解辟皆作僻。論語先進篇皇疏本、
　　高麗本正文、注文亦並作僻。（阮元校勘記有說。）辟、僻古通，晏子春秋外篇重

而異者第七：『再拜便僻，』說苑政理篇僻作辟，亦其比。施說本劉氏論語正義。劉氏並駁馬注云：『「邪僻文過，」乃小人怙惡之行，不可以儗子張。』又論語馬注於作在，義同。

由也喭。

考證：『王弼曰：喭，剛猛也。』

案論語喭字同，阮氏校勘記云：『書無逸正義引作諺。說文有諺無喭，喭乃諺之俗字。』朱駿聲說文通訓定聲云：『諺，字亦作喭，叚借爲悍。論語：『由也喭。」王弼注：「剛強也。」』皇疏及邢疏引王注『剛強』並作『剛猛，』是。

回也屢空。賜不受命，而貨殖焉。億則屢中。

正義：意音億。

考證：正義本億作意。

案『屢空』猶『數窮。』伯夷列傳有說。阮氏論語校勘記云：『皇本、高麗本億作憶，注同。億、憶皆意之俗字。』

於衞蘧伯玉，

集解：『大戴禮云：外寬而內直，自娛於隱括之中，直己而不直人。汲汲於仁，以善自終。蓋蘧伯玉之行。』

索隱：『按大戴禮又云：外寬而內直，自娛於隱括之中，直己而不直人，汲汲于仁，以善存亡。蓋蘧伯玉之行也。』

梁玉繩云：『經史問答四曰：伯玉年齒，固有可疑者。獻公之出，當襄公十四年，又八年孔子始生。伯玉必名德已重，然後孫甯思引以共事。蓋最少亦三十矣。歷襄、昭、定至哀公元年，（當作『二年。』）孔子至衞主于其家，上距孫甯逐君之歲六十有六年，（當作『六十七』。』）伯玉當在九齡已外。而史魚猶以尸諫而引之，南子聞其車聲而識之。伯玉即如此長年，必不如此固位。竊意近關再出，不知何人之事，而誤屬之伯玉。以是時伯玉未必從政也。左氏以九十餘歲老人尚見于策者，一爲吳季子，一爲齊鮑文子，皆可疑。而伯玉尤甚。』

考證：集解、索隱所引大戴禮衞將軍文子篇，今本娛作設，『汲汲于仁，以善存亡。』作『以善存，亡汲汲。』

案景祐本南宋補版、黃善夫本集解，並無『大戴禮云』四字，殿本僅無云字。下文『於齊晏平仲』下及『柳下惠』下集解，亦並無『大戴禮云』四字。殿本亦僅無云字。三處集解，與大戴禮衞將軍文子篇及家語弟子行篇並有關，蓋非專本一書，故未標舉書名。後人見與索隱引大戴禮之文略同，因妄增『大戴禮云』四字或『大戴禮』三字耳。集解、索隱『隱括，』家語同。今本大戴禮作『隱栝，』隱乃隩之借字，括乃栝之借字，說文隩、栝互訓。集解『汲汲於仁，以善自終。』家語同。景祐本南宋補版作『以善存，亡汲汲。』與今本大戴禮合。（王聘珍大戴禮記解詁：『易孔疏云：「存，謂保其終也。」亡，無也。』）黃本、殿本並略索隱。下文集解、索隱同見之文，黃本、殿本亦並略索隱。

於齊晏平仲，

　　集解：『大戴禮云：…………無道衡命，…………』

　　案集解衡字，家語同。今本大戴禮作橫，義同。

於楚老萊子，

　　索隱：『大戴禮又云：德恭而行信，終日言不在悔尤之內，貧而樂也。蓋老萊子之行也。』

　　案黃善夫本、殿本索隱，並作『大戴禮云：蹈忠而行信。終日言，不在尤之內。國無道，處賤不悶，貧而能樂。蓋老萊子之行。』與家語同。今本大戴禮尤上亦無悔字，內下有『在尤之外』四字。

於鄭子產，於魯孟公綽，

　　考證：『昭二十年左傳：「子產卒，仲尼聞之，出涕曰：古之遺愛也！」孔子時年三十。論語亦屢稱子產，而未聞其嚴事之。梁氏志疑引張孝廉云：「以公綽爲孔子所嚴事，恐未然。」』

　　案鄭世家稱孔子『兄事子產。』論語憲問篇：『子曰：孟公綽爲趙、魏老則優，不可以爲滕、薛大夫。』又曰：『公綽之不欲。』公綽之才性不高，但無欲而已，孔子嚴事之，似可疑。梁氏志疑又云：『呂氏春秋當染篇云：「孔子學于孟蘇、夔靖叔。」未詳其人，史何以不及。』蓋孟、蘇二人誠非孔子所嚴事者，故史公不及之耳。

數稱臧文仲、柳下惠、

　　集解：『大戴禮云：孝恭慈仁，允德圖義，約貨去怨，蓋柳下惠之行。』

　　考證：『梁玉繩曰：孔子屢貶文仲，何嘗稱之？不當與柳下惠並舉。』

　　案文仲疑武仲之誤，左襄二十三年傳、論語憲問篇孔子稱『臧武仲之智。』王安
石伍子胥廟銘：『孔子論古之士大夫，若管夷吾、臧武仲之屬，苟志於善，而有
補於當世者，咸不廢也。』稱臧武仲，是也。集解引大戴禮『孝恭慈仁，允德圖
義，』今本大戴禮作『孝子慈幼，允德稟義。』而家語作『孝恭慈仁，允德圖
義。』則與集解同。蓋集解此二句，乃本家語。家語『約貨去怨』下，有『輕財
不匱』四字，集解無之，則又本於大戴禮。故集解云云，實兼本家語與大戴禮之
文，其上不當冠以『大戴禮云』四字，或『大戴禮』三字明矣。

銅鞮伯華、介山子然，孔子皆後之，不並世。

　　集解：『大戴禮曰：「孔子云：國家有道，其言足以興；國家無道，其默足以
容。蓋銅鞮伯華之所行。…………」』

　　考證：『…………張文虎曰：案據索隱，是集解於蘧伯玉以下諸人竝未引大戴
記，故索隱引以補之。而不及銅鞮、介山二條者，以裴氏已引也。今各本於蘧伯
玉、晏平仲、柳下惠三人，徑依大戴禮補，則索隱之文複，故刪去索隱。而各條
又失注『大戴禮』三字。乃老萊子下又獨存索隱，此皆坊刻以意去取，無從論其
是非也。傳本已久，不能刪削，今仍其舊，而依單本補入索隱，以質讀者。……
……』

　　案集解引大戴禮云云，今本大戴禮興作生，銅鞮作桐提，（蓋依此正文作銅鞮而
改之。）行上無所字。此文銅鞮伯華、介山子然，集解已引大戴禮之文，故索隱
不復引大戴禮，張說是。惟上文蘧伯玉、晏平仲、柳下惠三人下集解，本無『大
戴禮云』四字，或『大戴禮』三字。細審其文，乃兼本大戴禮及家語。索隱則專
引大戴禮以證之耳。其有『大戴禮云』四字，『或大戴禮』三字者，乃據索隱妄
增，前已有說。又凡集解、索隱並見之文，黃善夫本以下皆略去索隱以避複，非
僅上文三處而已。

顏回者，魯人也。字子淵。少孔子三十歲。

梁玉繩云：弟子先後之次，當依論語，或以齒爲序，如『子路、曾晳、冉有、公西華侍。』是也；或以德爲序，如『顏淵、季路侍。』是也。史殊錯雜，與家語又不同。惟德行四賢無改耳。

考證：『史不書回死之年，索隱及文選辨命論注引家語，並作三十二。則今家語作三十一，誤也。但回少孔子三十歲，回死之時，孔子年六十二，當魯哀五年。而哀六年，方有陳、蔡之厄。回何以死乎？又孔子二十生伯魚，三十一回生。伯魚五十而卒，則顏子亦當四十。而論語言伯魚先顏淵死，伯魚五十，孔子年六十九，是回先伯魚死矣。閻氏四書釋地〔又續〕曰：「『回少孔子三十歲。』『三十』下脫七字，蓋生于魯昭公二十八年丁亥，卒于哀公十二年戊午，方合三十二歲之數。是年，伯魚亦卒，在前。」此本薛應旂甲子會紀，頗爲明確。列子力命篇「壽四八。」可證。時孔子六十九歲。有棺無槨之言，政指見在事也。』……案景祐本南宋補版、黃善夫本殿本皆提行。下每一弟子，黃本、殿本亦皆提行。景祐本前三十五弟子中（有南宋補版），僅公晳哀誤不提行。後四十二弟子，自冉季起，或提行；或空格。考證說，本梁氏志疑。『四書釋地』下脫『又續』二字。

孔子曰：賢哉回也！

集解：『衞瓘曰：非大賢樂道，不能若此，故以稱之。』

索隱：衞瓘，字伯玉，晉大保。亦注論語，故裴引之。

案皇侃論語義疏敍，稱江熙所集論語十三家注，有晉大保河東衞瓘，字伯玉。

用之則行，捨之則藏，唯我與爾有是夫！

集解：『欒肇曰：用己而後行，…………』

正義：肇字永初，高平人，晉尙書郎。…………

案皇侃論語義疏敍，稱江熙所集論語十三家注，有晉廣陵大守高平欒肇，字永初。

回年二十九，髮盡白，蚤死。

索隱：『按家語亦云：「年二十九而髮白，三十二而死。」…………』

梁玉繩云：御覽三百六十六引史，『髮盡白』下有『齒早落』三字。但後書順帝

紀陽嘉元年注，及鄧禹傳注俱引史文，與今本同。史不書回死之年，索隱及文選辨命論注引家語，竝作『三十二。』則今家語作『三十一，』誤也。

案梁氏所稱御覽三百六十六，乃三百六十八之誤。論衡書虛篇：『或言顏淵與孔子俱上魯太山，…………下而顏淵髮白，齒落，遂以病死。』御覽引此文『髮盡白』下有『齒早落』三字，似亦可據。索隱引家語『三十二而死。』今本家語作『三十一早死。』明何孟春注本『三十一』作『三十二。』（楊衎中弟校證有說。後稱何注本家語，皆據衎中說。）疑據索隱改正。世說新語汰侈篇注、事文類聚前集五一、合璧事類前集六三引家語亦皆作『三十二。』公羊哀十四年傳徐疏：『弟子傳云：顏淵少孔子三十歲，三十二而卒。』『三十二而卒』五字，蓋誤記家語之文也。顏淵卒年，舊說紛紜，大抵以三十二較可信。參看伯夷列傳斠證。

自吾有回，門人益親。

考證：『尚書大傳云：「…………孔子曰：…………自吾得回也，門人加親。…………」』

案考證引尚書大傳云云，又見孔叢子論書篇。此文『有回，』尚書大傳、孔叢子並作『得回。』有、得同義。公羊哀十四年傳引家語有亦作得。

閔損，字子騫，少孔子十五歲。

集解：『鄭玄曰：「孔子弟子目錄云：魯人。」』

索隱：『家語亦云：魯人，少孔子十五歲。』

梁玉繩云：『弟子目錄云：「魯人。」此缺，家語有之。今家語作「少五十歲。」乃傳寫之譌。索隱所引家語可證。』

案集解鄭玄下曰字疑衍。何注本家語作『少孔子十五歲。』蓋據索隱改正。

孝哉閔子騫，人不閒於其父母昆弟之言。

考證：『中井積德曰：論語中無名閔子騫者，豈以字行乎？』

案容齋三筆十二『閔子不名』條云：『論語所記孔子與人語及門弟子，並對其人問答，皆斥其名，未有稱字者。雖顏、冉高弟，亦曰回、曰雍。唯至閔子，獨云子騫，終此書無損名。昔賢謂論語出於曾子、有子之門人。予意亦出於閔氏，觀

所言閔子侍側之辭，與冉有、子貢、子路不同，則可見矣。』論語中不稱子騫名，雖未必卽可證論語亦出於閔氏，然誠可注意者也。

如有復我者，

　　考證：此閔子辭費宰，一時拒使者之言。如上當有曰字。

　　案考證說，本梁氏志疑。惟梁氏疑此句上脫『故曰』二字耳。

冉耕，字伯牛。

　　梁玉繩云：『白水碑作百牛，古字通。鄭云「魯人，」此缺。年無考。（朱氏考云：「聖門志、闕里廣志稱伯牛少孔子七歲，不審何據。」）』

　　施之勉云：孔子弟子題名碑伯牛作百牛。

　　案伯、百古通，秦本紀：『使百里傒子孟明視，』淮南子人閒篇許注百作伯，亦其比。穀梁僖三十三年傳：『百里子與蹇叔子諫曰，』釋文：『百里子，如字。或作伯，誤也。』以作伯爲誤，未達通假之義。

伯牛有惡疾。

　　考證：論語無惡字。

　　案論衡禍虛篇亦無惡字。（白虎通壽命章、家語並有惡字。）劉寶楠云：『淮南子精神訓：「伯牛爲厲。」說文：「癘，惡疾也。」厲卽癘省。』（論語雍也篇正義。）論語邢疏引淮南子云：『伯牛癩。』癘、厲正、假字。癩，俗字。

冉雍，字仲弓。

　　梁玉繩云：『鄭云：「魯人。」索隱引家語云：「伯牛之宗族，少孔子二十九歲。」此失書。（荀子非相注，以子弓爲仲弓。）』

　　施之勉云：『沈濤曰：「論衡自紀篇云：『鯀惡禹聖，叟頑舜神。伯牛寢疾，仲弓潔全。顏路庸固，回傑超倫。』是以仲弓爲伯牛子，當必古論語家相傳舊說。」』

　　案荀子非相篇：『子弓短。』楊注：『子弓，蓋仲弓也。』王先謙集解引俞樾云：『仲弓稱子弓，猶季路稱子路耳。子路也、子弓也，其字也。曰季、曰仲，至五十而加以伯仲也。』沈氏引論衡云云，劉寶楠論語正義亦引之，並云：『以伯牛爲仲弓父，必有所本。』沈氏以爲『古論語家相傳舊說，』容或然也。

仲弓問政。孔子曰：出門如見大賓，使民如承大祭。

集解：『孔安國曰：莫尙乎敬。』

考證：論語政作仁。集解，楓、三本曰下有『仁之道』三字。

案論語顏淵篇：『仲弓問仁，』劉氏正義云：『史記作「仲弓問政。「馮氏登府異文考證以爲古論。然前後章皆是問仁，不應此爲問政。史記誤也。』審孔子所答，作『問政』較長。論語作『問仁，』或正由彼文前後章皆是問仁而致誤耳。又論語皇疏本、邢疏本孔注，曰下並有『爲仁之道』四字。

在邦無怨，

梁玉繩云：『史詮曰：避諱，邦當作國。』

案邦蓋本作國，後人依論語復國爲邦耳。

雍也可使南面。

集解：『包氏曰：可使南面，言任諸侯之治。』

案包氏似釋便爲任。廣雅釋詁一：『任，使也。』則使亦可訓任矣。皇疏本包注作『可使南面者，言任諸侯，可使治國政也。』治上使字疑衍。

犂牛之子騂且角。雖欲勿用，山川其舍諸！

集解：『何晏曰：犂，雜文。騂，赤色也。角者，角周正，中犧牲。雖欲以其所生犂而不用，山川寧肯舍之乎？…………』

劉寶楠云：『皇疏載一說：「犂，或音犁。謂耕牛也。」說文：「㹥，耕也。耕，㹥也。」互相訓。犂牛，卽是耕牛。』

俞樾云：『角周正，而但謂之角，則不詞也。但謂之角，無以知其周正與否。猶但謂毛，無以知其爲雜文爲純色也。然則角者何？曰：角者別於童牛而言之耳。禮記王制曰：「祭天地之牛，角繭栗。宗廟之牛，角握。」是角以小爲貴。乃用犢貴誠之義也。然童牛無角，猶未可用。此云「犂牛之子，」疑若童牛然，故必言角，以明可用。曰騂，則有其材矣；曰「且角，」則及其時矣。故曰「雖欲勿用，山川其舍諸。」』（論語平議。竹添光鴻論語會箋亦引之。）

案劉氏引皇疏『謂耕牛也。』牛乃犂之誤。俞氏駁何注『角周正』之說，審何注『角者，角周正，中犧牲。』似謂角長至周正之時，可用爲犧牲。非謂角卽『角

周正』之義也。

冉求：字子有。

　　梁玉繩云：『鄭云：「魯人。」左傳一稱有子。』

　　案禮記檀弓上孔疏引仲尼弟子傳：『冉有，名求，魯人也。』蓋非此文之舊。梁
　　氏稱左傳，見左哀十一年傳。杜注：『有子，冉求也。』

季康子問孔子曰：『冉求仁乎？』曰：『千室之邑，百乘之家，求也可使治其賦。仁
則吾不知也。』復問：『子路仁乎？』孔子對曰：『如求。』

　　梁玉繩云：『翟教授曰：問由、求者、孟武伯也。而由、求兩傳皆誤作季康子。
　　又孔子答，仲由可使治千乘之賦；冉求可爲宰，事各不同。仲由傳，依論語載
　　之。而此乃曰「求可使治賦，」曰「如求。」何也？』

　　案『季康子問，』論語作『孟武伯問。』劉寶楠謂史記『當出古論。』孔子答，
　　此與論語參差，或亦出古論。

求問曰：聞斯行諸？

　　集解：『包氏曰：賑窮救乏之事也。』

　　施之勉云：『錢大昕曰：「曲禮：『父母存，不許友以死，不有私財。』檀弓：
　　『未仕者不敢稅人。如稅人，則以父兄之命。』注：『不專家財也。』白虎通
　　云：『朋友之道，親存不得行者二：不許友以其身；不得專通財之恩。友饑，則
　　白之於父兄。父兄許之，乃稱父兄與之。不與即止。故論語曰：有父兄在，如之
　　何其聞斯行之！』包咸謂『賑窮救乏』之事，蓋出於此。」』

　　案施氏引錢說，本劉氏論語正義。劉氏並云：『義事多端，注必指「賑窮救乏」
　　者，舉所重言之。』

問同而荅異。

　　梁玉繩云：『史詮云：宋本無此五字。』

　　施之勉云：景祐本、黃善夫本並有『問同而荅異』五字。

　　案殿本荅作答。景祐本、黃本並作荅，施氏失檢。古對答字多从艸。

仲由，字子路。卞人也。

　　索隱：『家語，一字季路。亦云是「卞人」也。』

梁玉繩云：論語一字季路；左傳一稱季子。

案上文稱季路，本論語先進篇。左哀十四年傳稱季路。（淮南子精神篇、鹽鐵論殊路篇亦並稱季路。）十五年傳稱季子，杜注：『季子，子路也。』今本家語不云『一字季路。』卞作弁。弁、卞正、俗字。

子路性鄙，好勇力，志伉直，冠雄雞，佩猳豚，陵暴孔子。

考證：『洪頤煊曰：「莊子盜跖篇：『使子路去其危冠，解其長劍，而受敎於子。』…………」』

施之勉云：『論衡率性篇：世稱子路無恆之庸人，未入孔門時，戴雞佩豚，勇猛無禮。聞誦讀之聲，搖雞奮豚，揚脣吻之音，聒聖賢之耳，惡至甚矣！孔子引而敎之，漸積磨礪，闚道牖進，猛氣消捐，驕節屈折，卒能政事，序在四科。斯蓋變性使惡爲善之明效也。』

案論語公冶長篇：『子曰：由也好勇過我。』（又見本傳下文。）景祐本、黃善夫本、殿本猳皆作豭，藝文類聚九一、九四引此並同。（白帖二九、記纂淵海九八引此並作猳。）猳、豭正、俗字。方言八：『豬，北燕、朝鮮之間謂之豭。』郭注：『獢云豭斗也。』抱朴子勖學篇：『昔仲由冠鷄帶狱，韘珥鳴蟬，杖劍而見，拔刃而舞。盛稱南山之勁竹，欲任掘強之自然。仲尼善誘，染以德敎，遂成升堂之生，而登四科之哲。』莊子盜跖篇釋文引李頤注：『子路好勇，冠似雄雞形，背負猳斗，用表己強也。』施氏引論衡『闚道牖進，』闚，宋本作闖。道，原作導。闖乃闚之誤，劉盼遂集解有說。

孔子設禮，稍誘子路。

案藝文類聚九一、御覽九一八引此並作『孔子乃設禮義稍誘之。』（藝文類聚九四引此與今本同。）

子路後儒服委質，因門人請爲弟子。

索隱：『按服虔注左氏云：古者始仕，必先書其名於策，委死之質於君，然後爲臣。示必死節於其君也。』

考證：質讀爲贄，音之利反。集解誤。…………

施之勉云：此索隱也。考證作集解，誤。贄、質疊韻爲訓，故贄亦作質。

案左傳二十三年傳：『策名委質。』國語晉語九韋注：『質，贄也。言委贄於
君，書名於册，示必死也。』與服注合，質、贄古通。

義之爲上。君子好勇而無義則亂。

　　集解：『李充曰：旣稱君子，不職爲亂階也。若君親失道，國家昏亂，其於赴患
致命而不知正顧義者，則亦陷乎爲亂，而受不義之責也。』

　　索隱：按充字弘度，晉中書侍郎，亦作論語解。

　　案論語陽貨篇之作以，義同；又『則亂』作『爲亂。』則、爲亦同義。皇侃論語
義疏敍，稱江熙所集論語十三家注，有晉中書郎江夏李充，字弘度。論語此文義
疏亦引李注。

子路有聞，未之能行，唯恐有聞。

　　考證：論語子路篇。

　　施之勉云：論語公冶長篇。

　　案下『有聞』猶『又聞。』（劉德漢學弟史記虛字集釋有說。）

若由也，不得其死然。

　　考證：然猶焉。

　　案考證說，本經傳釋詞七。

與衣狐貉者立，

　　案景祐本、黃善夫本、殿本貉皆作狢，俗。

季康子問：仲由仁乎？

　　梁玉繩云：孟武伯誤爲季康子。

　　案劉寶楠以爲史記出古論，上文已引其說。

子路喜從游。

　　考證：從游，從孔子遊也。

　　案莊子德充符篇：『魯有兀者王駘，從之遊者與仲尼相若。』即此『從游』二字
所本。游、遊古、今字。

子路爲蒲大夫，

　　案文選曹大家東征賦注引蒲下有邑字。

初，衞靈公有寵姬曰南子。

　　考證：『梁玉繩曰：南子是夫人，非寵姬也。且稱妾爲姬，亦非當時語。』

　　案南子是靈公夫人，見左定十四年傳、衞世家、列女傳孽嬖篇衞二亂女傳。

靈公太子蕢聵得過南子，

　　考證：左傳及衞世家蕢作蒯，此疑誤。

　　案景祐本太作大，左傳同，作大是故書。列女傳、家語曲禮子夏問篇蕢亦並作

　　蒯，古字通用，（衞世家已有說。）此非誤。下文『而蕢聵入立』以下諸蕢字，

　　御覽一七七引皆作蒯，亦其證。惟作蕢乃本傳之舊。

方孔悝作亂，

　　索隱：按左傳，蒯聵入孔悝家，悝母伯姬劫悝於廁，強與之盟，而立蒯聵。非悝

　　本心自作亂也。

　　案衞世家、列女傳所載，並與左傳合。黃善夫本、殿本索隱，並在上文『蕢聵乃

　　與孔悝作亂』下。

謂子路曰：出公去矣。

　　梁玉繩云：『史詮曰：出公當作衞君。』

　　案出公不必作衞君，生稱謚，史記習見，日知錄二十三有說。

子羔卒去。

　　案左傳、衞世家卒並作遂，遂猶卒也。陳丞相世家：『卒至平城。』文選李少卿

　　答蘇武書注引卒作遂，樗里子列傳：『仇猶遂亡。』戰國策西周策遂作卒，並

　　遂、卒同義之證。

有使者入城，城門開，子路隨而入。

　　考證：『翟灝曰：「左傳云：『有使者出，乃入。』此言『使者入，』不合。且

　　門乃孔悝家之門，非城門也。」』

　　案『入城』疑本作『出城，』涉下『而入』字而誤。隨猶因也。衞世家作『有使

　　者出，子路乃得入。』與左傳合。考證引翟說，本梁氏志疑。

子路曰：君焉用孔悝，請得而殺之。

　　考證：『徐孚遠曰：「此語與左傳異。陳子龍曰：子路救悝而來，豈應出此語？

固知左氏爲當矣。」』

案考證引徐說，本梁氏志疑。

蕢瞶懼乃下。石乞、壺黶攻子路。

梁玉繩云：壺黶，衞世家作盂黶，與左傳同。此作壺，人表作狐黶，御覽仇讎部同人表。而戟部作于字，目部又作狐黶。通志氏族略三作盂黶、壺黶，（盂氏、壺氏。）文選辨命論注作盂厭。蓋于乃盂之省，壺、狐古通，盂、壺音近，遂通作狐。盂則盂之譌，通志不足信也。

案此當讀『蕢瞶懼』爲句。『乃下』二字屬下讀。衞世家考證本斷句不誤。梁氏稱『文選辨命論注作盂厭，』胡氏重刻宋淳熙本文選注（引左傳）作盂黶。黶與黶同。黶、厭古通，禮記大學：『見君子，而后厭然揜其不善而著其善。』鄭注：『厭讀爲黶。』即其證。

遂結纓而死。

案淮南子精神篇：『季路菹於衞。』（詮言篇季路作子路。）論衡禍虛篇：『子路菹醢。』鹽鐵論殊路篇：『子路…………身菹於衞。』菹與菹同。淮南子高注：『季路死，衞人醢之以爲醬，故曰菹。』

惡言不聞於耳。

案孔子集語公父文伯篇引作『而惡言不入於耳。』

宰予，字子我。

集解：『鄭玄曰：魯人。』

索隱：『家語亦云：魯人。』

梁玉繩云：鄭云『魯人。』年無攷。論語、孟子亦稱宰我。

案論語公冶長篇稱宰予，陽貨篇稱宰我。孟子公孫丑篇亦稱宰我。黃善夫本、殿本並略索隱。

鑽燧改火。

集解：『馬融曰：「周書月令有更火之文：『春取榆柳之火，夏取棗杏之火，季夏取桑柘之火，秋取柞楢之火，冬取槐檀之火。』一年之中，鑽火各異木，故曰改火。」』

考證：『伊藤維楨曰：本文明是一年一改火，而非四時各變化。則不可專據周禮以解也。』

施之勉云：『周禮司爟：「掌行火之政令，四時變國火，以救時疾。」管子禁藏篇：「鑽燧易火，所以去茲毒也。」注：「四時易火，至春則取楡柳之火。凡此皆去時滋長之毒。馬注是也，伊藤說非。』

案施氏引周禮、管子云云，本論語邢疏及劉寶楠正義。周禮夏官司爟鄭注：『鄭司農說以鄹子曰：春取楡柳之火，夏取棗杏之火，季夏取桑柘之火，秋取柞楢之火，冬取槐檀之火。』（論語邢疏已引之。）鄹子云云，與馬注引周書全同，蓋其說亦本於周書也。（周禮賈疏有說。）論語皇疏云：『改火者年有四時。四時所鑽之木不同。若一年，則鑽之一周，變改已遍也。』此說可解伊藤之惑。又伊藤所稱周禮，乃周書之誤。

君子居喪，食旨不甘，聞樂不樂。

案孝經喪親章：『孝子之喪親也，…………聞樂不樂，食旨不甘。』（參看劉氏論語正義。）

天下之通義也。

案論語、禮記三年問義並作喪。

宰予晝寢。

考證：『晝寢，有四義。皇侃云：「寢，眠也。宰予惰學而晝眠也。」朱子從之是一義。梁武帝改晝爲畫，以爲繪畫寢室，韓昌黎筆解從之。是又一義。劉原父以寢爲內寢，卽曲禮所謂「晝居於內。」是一義。翟晴江論語考異，讀畫若「今女畫」之畫，讀寢若「兵寢刑措」之寢，以爲休息。是又一義。皇說最穩。

施之勉云：『江聲曰：「說文：『晝，日之出入，與夜爲界。』是日出後爲晝，凡人雞鳴而起，宰我日出後，尙寢寐未起，故責之。」是又一義也。』

案孔子好學，臨沒不休。（論衡別通篇。）子貢之倦於學，（荀子大略篇、家語困誓篇、列子天瑞篇。）宰我之當晝而眠，並孔子之所惡責者。又筆解，李習之作，韓愈有評語，劉氏論語正義稱『韓、李筆解，』是。考證徑稱『韓昌黎筆解，』非也。施氏引江聲說，本論語正義。

端木賜，衞人，字子貢。

　　梁玉繩云：索隱本引史木作沐，疑古字借用。

　　考證：『…………錢大昕云：「古人名字必相應，說文：『贛，賜也。貢，獻功也。』則端木之字，當爲子贛。」』（本梁氏志疑。）

　　案景宋本世說新語汰侈篇引『衞人』二字在子貢下。說文：『贛，賜也。』繫傳：『故端木賜字子贛也。』白虎通姓名章：『聞名卽知其字，聞字卽知其名，若名賜字子貢。』子貢原必作子贛矣。

子貢利口巧辭，孔子常黜其辯。

　　案御覽四六三引黜作絀，作絀是故書，史記例以絀爲黜，老子列傳有說。淮南子人閒篇：『人或問孔子曰：「子貢何如人也？」曰：「辯人也。」』（又見論衡定賢篇。）說苑雜言篇孔子謂『賜能敏而不能屈。』（家語六本篇屈作詘，古字通用。）列子仲尼篇作『賜能辯而不能訥。』義同。

瑚璉也。

　　集解：『包氏曰：瑚璉，黍稷器。夏曰瑚，殷曰璉。…………』

　　施之勉云：『皇侃論語疏：「禮記云：『夏之四璉，殷之六瑚。』今云夏瑚殷璉，講者皆云是誤也。」邢昺論語疏：「案明堂位說四代之器云：『有虞氏之兩敦，夏后氏之四璉，殷之六瑚，周之八簋。』如記文，則夏器名璉，殷器名瑚。而包咸、鄭玄等注論語，賈、服、杜等注左傳，皆云『夏曰瑚。』或別有所據；或相從而誤也。」』

　　案邢昺論語疏云云，本左哀十一年傳孔疏。段玉裁說文槤字注引孔疏，並云：『此非相從而誤，漢人所據戴記不同也。』

陳子禽問子貢曰…………

　　考證：論語子張篇，陳子禽作衞公孫朝。

　　案劉氏論語正義云：『史記弟子傳，此章爲陳子禽問子貢，葢涉下章而誤。』惟下章旣云『又問曰，』則此章明是陳子禽問矣。或史公所據爲古論與？

其諸異乎人之求之也。

　　案諸猶乃也。公羊桓六年傳：『其諸以病桓與？』僖二十四年傳：『其諸此之謂

與？』宣五年傳：『其諸爲其雙雙而俱至者與？』諸皆與乃同義。此義前人未發。（參看拙著古書虛字新義。）

不如貧而樂道，富而好禮。

集解：『鄭玄曰：樂，謂志於道。不以貧爲憂苦也。』

阮元論語校勘記云：皇本、高麗本樂下有道字。下二節孔疏及皇、邢兩疏亦有道字。（參看洪頤煊讀書叢錄七、劉氏論語正義。）

考證：論語學而篇。邢疏、朱註樂下無道字，蓋依鄭本。日本諸舊本與史合。楓、三本禮下有『者也』二字。

施之勉云；敦煌本論語樂下有道字。今本論語禮下有『者也』二字。

案鄭注『樂，謂志於道。』是所據論語樂下無道字。敦煌皇本樂下亦無道字。下文皇疏『云「未若貧而樂道者。」』敦煌本亦無道字。（參看拙著論語斠理。）

施氏所稱敦煌本論語，乃何晏集解殘卷，見羅振玉貞松堂西陲秘籍叢殘。

田常欲作亂於齊，

案御覽四百六十、四六一、四六三引作皆作爲，越絕內傳陳成恆篇、家語屈節解、長短經懼誠篇咸同。

子貢請行，

案御覽四六三引行作出，越絕書、吳越春秋夫差內傳並同。

其城薄以卑，其地狹以泄。

索隱：按越絕書，其泄字作淺。

王念孫云：『泄字於義無取，下文「地廣以深，」深與淺正相對。則作淺者是也。吳越春秋夫差內傳亦作淺。蓋泄或作洩，形與淺相近，淺誤爲洩，又誤爲泄耳。又案地可言廣狹，不可言深淺。地當爲池，字之誤也。上言城，故下言池。池有廣狹深淺，故此言「狹以淺，」下言「廣以深」也。越絕書、吳越春秋竝作池字。』

案索隱引越絕書，僅云『泄字作淺，』而不云『地字作池。』疑所據此文地本作池也。古書往往以城、池對舉，孟子公孫丑篇：『城非不高也，池非不深也。』荀子議兵篇：『高城深池，不可以爲固。』（又見韓詩外傳四、淮南子兵略篇、

禮書。）並可證今本此文地字之誤。

夫上驕則恣，

　　考證：『張文虎曰：上疑當作主，涉上文而誤。』

　　施之勉云：越絕書亦作上。

　　案吳越春秋、長短經上字並同，非誤。

伐吳不勝，

　　案長短經吳下有而字，而猶如也。

加誅兩而移。

　　案越絕書、吳越春秋、長短經懼誡篇注皆無兩字。

有報我心。

　　案越絕書、吳越春秋、家語、長短經注心上皆有之字。

越之勁不過魯，吳之彊不過齊。

　　案勁、彊互文，勁亦彊也。越絕書、吳越春秋勁並作彊。

且王必惡越，

　　索隱：惡猶畏惡也。

　　案必猶若也。越絕書、吳越春秋惡並作畏。黃善夫本、殿本索隱，畏下並無惡

　　字。

大夫何以儼然辱而臨之？

　　案家語、長短經注以並作足，足猶以也。劉子大質篇：『生苟背道，不以爲利；

　　死必合義，不足爲害。』以、足互文，其義相同。（此義前人未發。）

有報人之意，使人知之，

　　考證：『中井積德曰：「意下疑脫而字。」愚按家語、國策皆有而字。』

　　案越絕書、吳越春秋亦並作『而使人知之。』

痛入於骨髓。日夜焦脣乾舌，

　　案記纂淵海七二引入下無於字。淮陰侯列傳亦有『痛入骨髓』一語。呂氏春秋順

　　民篇稱越王句踐『焦脣乾肺。』

子胥以諫死。

索隱：『王劭按：家語、越絕並無此五字。是時子胥未死。』

案今本家語有『申胥以諫死』五字，王注：『申胥，伍子胥也。』

以徼其志。

集解：『王肅曰：激射其志。』

考證：『李笠曰：「家語屈節絕作『以邀其志。』王肅注云：『邀激其志。』」』

案長短經注徼作激，乃本家語。激、徼正、假字。據集解所引王注，是家語邀本作激。今本正文、注文並作邀，蓋後人所改。邀，俗徼字。

其伐齊必矣。

案越絕書、長短經注其並作則，義同。宋世家已有說。（家語其上有則字，其字衍。）

良矛二。

案越絕書、吳越春秋矛並作馬。

國爲虛莽。

索隱：有本作棘，恐誤也。

案莊子人間世篇：『國爲虛厲。』釋文引李頤注：『居宅無人曰虛。』越絕書莽作棘，與索隱所稱一本合。

鈇屈盧之矛，步光之劒。

索隱：『鈇音膚，斧也。劉氏云：「一本無此字。」屈盧，矛名。』

施之勉云：『黃善夫本、凌本鈇作鈌，索隱鈇亦作鈌，音映。王駿觀曰：「鈌無斧解，博雅云：『鈌音決，取也。』義爲得之。」又按越絕卷八，「屈盧」作「物盧，」「物盧」上有杖字，「步光」上有帶字。又卷十，「屈盧之矛，」作「屈盧之弓，」「屈盧」上有杖字，「步光」上有撫字。』

案殿本鈇亦作鈌，索隱：『鈌音鈌，謂斧也。』惟索隱單本已作鈇音膚；景祐本亦作鈌，則作鈌音決，必後人所改者矣。鈇疑扶之借字，越絕外傳記地傳（卷八）及記吳王占夢（卷十）並作杖，扶與杖義近。御覽三四七引此無鈇字，矛作弓。越絕內傳陳成恆、吳越春秋亦並無鈇字，與劉氏所稱一本合。

不義。

　　案越絕內傳陳成恆、吳越春秋義並作仁。

獲七將軍之兵而不歸。

　　考證：『梁玉繩曰：左傳，吳獲國書五人，何云「獲七將軍？」』

　　案左哀十一年傳：『獲國書、公孫夏、閭丘明、陳書、東郭書；革車八百乘，甲
　　首三千。』（國語吳語韋注引首作盾。）明是五人。此文七乃五之誤，五，古文
　　作×，與七往往相亂。之猶與也。

與晉人相遇黃池之上。

　　考證：『張文虎曰：索隱本無「之上」二字。』

　　案家語、長短經注並無『之上』二字。索隱單本標舉正文，往往不舉全句，所據
　　此文是否無『之上』二字，未敢遽斷。越絕書本此文已有『之上』二字。

故子貢一出，存魯亂齊，破吳彊晉，而霸越。

　　考證：『張文虎曰：據下「五國各有變，」索隱舊本無此十五字。』

　　施之勉云：『墨子非儒篇：「孔子歸於魯，有頃閒，齊將伐魯，告子貢曰：『賜
　　乎，舉大事於今日之時矣！』乃遣子貢之齊，因南郭惠子以見田常，勸之伐吳，
　　以救國、高、鮑、晏，使無得害田常之亂。勸越伐吳。三年之內，齊、吳破國之
　　難，伏尸以言術數，孔某之誅也。」然則此起於墨者，因子貢之善於辭令而託
　　之以詆諆孔子之徒耳。』

　　案御覽四六一引出下有說字。據下文『五國各有變，』索隱：『……………故
　　云：子貢一出，存魯亂齊，破吳彊晉而霸越。』明引此文子貢下十五字，而張氏
　　謂『索隱舊本無此十五字。』殊不可解。墨子非儒篇云云，孫詒讓閒詁引弟子傳
　　之文爲證，因以啟施氏之說耳。

子貢好廢舉，與時轉貨賷。

　　集解：廢舉，謂停貯也。與時，謂逐時也。夫物賤，則買而停貯。值貴，即逐時
　　轉易貨，賣取資利也。

　　索隱：『按家語貨作化，王肅曰：「廢舉，謂買賤賣貴也。轉化，謂隨時轉貨以
　　殖其資也。」劉氏云：「廢，謂物貴而賣之。舉，謂物賤而收買之。轉貨，謂轉

貴收賤也。」』

梁玉繩云：『孫侍講曰：「子貢列言語之科，故造爲歷說齊、晉、吳、越事，直似儀、秦一流人。又因論語有貨殖之言，故謂其『好廢舉轉貨，』幷列之貨殖傳云：『子贛廢著鬻財，最爲饒益。』班漢仍史，是以爲陶朱、猗頓一流人。子貢聞性道，傳一貫，顏、曾比。柰何以此誣之！史通雜說篇、困學紀聞七竝糾之矣。」』

考證：『……………洪頤煊曰：「貨殖傳云：『廢著鬻財於曹、魯之間。』集解：『徐廣曰：著猶居也。』此『廢舉』當作『廢居，』越世家：『陶朱公廢居候時，轉物逐什一之利，』平準書：『廢居居邑，』集解：『徐廣曰：廢居者，貯畜之名也。』「中井積德曰：「廢，居也。舉，發也。轉，通也。」愚按中說較長，不必改「廢舉」爲「廢居」。』

案『廢舉，』貨殖列傳徐廣注引作『廢居，』（見集解。）與越世家、平準書合。貨殖傳作『廢著，』漢書作『發貯，』廢乃發之借字，舉、居並貯之借字。謂發買之，貯積之也。索隱引王、劉說並是。（參看貨殖傳考證引李笠說。）集解『廢舉，謂停貯也。』以『廢舉』爲一義，非也。洪氏謂『「廢舉」當作「廢居，」』未達假借之義。中井謂『廢，居也。舉，發也。』適得其反。子貢聞性道，傳一貫，固與顏、曾比。其好廢舉，似陶朱、猗頓一流人，亦未爲卑。史公記之，正可與論語貨殖之言印證。以爲誣者，迂儒之見耳。

不能匿人之過。

案記纂淵海五五引作『不能隱人之惡。』

常相魯、衞。

梁玉繩云：此事無攷，與稱『孔子相魯』同。蓋子貢仕于魯、衞也。

案梁氏釋『相魯、衞』爲『仕于魯、衞。』是也。『孔子相魯，』則是攝國相，（吳世家及孔子世家並有說。）與此不同。

言偃，吳人，字子游，少孔子四十五歲。

索隱：『家語云：「魯人。」…………』

梁玉繩云：偃，說文作㫃，旌旗之游也。觀其字子游，則名當爲㫃。今作偃者，

豈改篆爲隸時，始因聲借用歟？檀弓稱叔氏四十五歲，似當依家語作三十五爲是。古人三、四兩字皆積畫爲之，最易譌誤。

案說文：『扴，旌旗之游。讀若偃。古人名扴，字子游。』段注：『晉有籍偃、荀偃、鄭有公子偃、駟偃、孔子弟子有言偃。皆字游。今之經傳皆變作偃，偃行而扴廢矣。』扴、偃正、假字，如梁說。御覽一百八十引此『吳人』下有也字。禮記禮運孔疏引此作『魯人也。』（阮氏校勘記引齊召南云：『「魯人」當作「吳人，」今常熟縣卽子游故里。』）蓋與家語相亂。大戴禮衞將軍文子篇盧注亦云：『言偃，魯人也。』本家語。『四十五歲，』家語作『三十五歲，』衞中校證云：『何注本作「四十五歲，」與史記合。』蓋依史記改之耳。

卜商，字子夏。

集解：『家語云：「衞人。」鄭玄曰：「溫國卜商。」』

施之勉云：『陳玉澍曰：「今本史記不言何國人，家語以爲衞人；鄭康成則云『溫國卜商。』……溫爲晉地，子夏在春秋時爲晉人。三家分晉，溫屬魏，故子夏又爲魏人。文選李蕭遠運命論：『子夏升堂而未入於室，退老於家，魏文侯師之。』正謂魏爲其家所在。禮記檀弓上正義引仲尼弟子列傳：『子夏，姓卜，名商，魏人也。』復云：『子夏，魏人，居西河之上。』然則唐本史記有『魏人也』三字，而今本脫之。鄭氏云『溫國卜商。』與史記『魏人』之說正合。」』

案大戴禮注：『卜商，衞人。』蓋本家語。家語衞當作魏，莊子說劍篇：『晉、衞爲脊。』今本衞作魏，（參看拙著莊子校釋五。）亦二字相亂之例。檀弓正義引弟子傳云云，岷亦檢及。『魏人也』三字，是否弟子傳之文，未敢墣斷。因正義引弟子傳，往往與家語弟子解之文相亂。竊疑『魏人也』三字，或爲家語之文。孔氏所見『衞人』作『魏人』耳。

美目盼兮。

案黃善夫本、殷本盼並誤盻，論語八佾篇阮氏校勘記云、『說文：「盼，詩曰：『美目盼兮，』從目，分聲。盻，恨視也。從目，兮聲。」音義迥別。』

繪事後素。

集解：『鄭玄曰：繪，畫文也。凡畫繪，先布衆色；然後以素分布其間，以成其文。…………』

案論語朱注：『素，粉地，畫之質也。後素，後於素也。謂先以粉地爲質，而後施五采。』其義與鄭相反，而較優。劉子言苑篇：『畫以摹形，故先質後文。』可證成朱說。

禮後乎！

集解：『何晏曰：孔言「繪事後素，」子夏聞而解知以素喻禮。故曰「禮後乎！」』

施之勉云：『張森楷曰：按此事以繪事喻禮，非以素喻禮，平叔說誤。』

案集解所引何注，乃何氏集解孔安國注，『孔言』本作『孔子言，』當補子字。『以素喻禮，』與鄭釋『後素』之義符合；若據朱注，則是以『繪事喻禮』也。

然則師愈與？

案何晏注：愈猶勝也。

汝爲君子儒，無爲小人儒。

集解：『何晏曰：君子之儒，將以明道。…………』

案集解所引何注，論語雍也篇皇疏本作馬融注，邢疏本作孔安國注。『之儒』本作『爲儒，』之猶爲也。

爲魏文侯師。

正義：文侯都安邑。孔子卒後。子夏敎於西河之上，文侯師事之，咨問國政焉。

案子夏爲魏文侯師，參看魏世家梁氏志疑及斠證。正義『孔子卒後』云云，本家語。

顓孫師，陳人，字子張。

劉寶楠云：『梁玉繩古今人表考：「鄭目錄，謂陽城人。縣固屬陳也。而呂氏春秋魯師云：『子張，魯之鄙家。』考通志氏族略，顓孫氏出陳公子顓孫。左昭二十五年：『顓孫來奔。』張蓋其後，故又爲魯人。」』（參看本傳梁氏志疑。）

考證：『姚範曰：「左傳襄二十八年：『顓孫自齊來奔。』子張疑其後也。」』

案劉氏引梁說『左昭二十五年，』考證引姚說『左傳襄二十八年，』並『左莊二

十二年傳』之誤。（梁說原未誤。）抱朴子勖學篇：『子張鄙人。』呂氏春秋人
作家，家猶人也。

他日從在陳、蔡閒困，問行。

　　梁玉繩云：『孔子厄陳、蔡，年六十三。子張少孔子四十八歲，則是時子張才十
　　五歲，恐未必從行也。又淮南集辨惑曰：子張問行，孔子語以忠信篤敬，此平居
　　所講明，史謂因陳、蔡之困而發，何所據邪？』

　　考證：『張文虎曰：北宋、淩本困譌因。』

　　施之勉云：景祐本作困，不誤。

　　案翟灝論語考異亦以子張時年少爲疑，劉氏正義有說。黃善夫本、殿本困字並
　　同。淮南集云『史謂因陳、蔡之困而發，』是所據本亦作困矣。史公既明言『從
　　在陳、蔡閒困，問行。』是必有所本。忠信篤敬，困厄時尤當講明也。

在輿，則見其倚於衡。

　　案論語衡下有也字，與上文句法一律。

字子輿。

　　梁玉繩云：白水碑，子輿作子與。宋本家語亦作與。或輿或與，疑莫能定。

　　案輿、與正、假字，莊子逍遙遊篇：『吾聞言於接輿，』大宗師篇子輿，釋文並
　　云：『輿，本又作與，音餘。』卽二字通用之證。

孔子以爲能通孝道。

　　正義：『韓詩外傳云：「曾子曰：吾嘗仕爲吏，祿不過鍾釜，尙猶欣欣而喜者，
　　非以爲多也。樂道養親也。親沒之後，吾嘗南遊於越，得尊官，堂高九仞，榱題
　　三尺，𨎥轂百乘。然猶北向而泣者，非爲賤也，悲不見吾親也。」』

　　殿本考證：『正義「𨎥轂百乘。」𨎥，韓詩外傳作轉。』

　　案正義引外傳云云，今本外傳七文略異。𨎥，今本作轉，𨎥蓋俗戾字，文選潘安
　　仁射雉賦：『戾翳旋把，』徐爰注：『戾，轉也。』又莊子寓言篇：『曾子再仕
　　而心再化，曰：吾及親仕，三釜而心樂；後仕三千鍾而不洎，吾心悲。』

故授之業，作孝經。

　　梁玉繩云：『史公蓋以孝經爲孔子作，故漢藝文志云：「孝經者，孔子爲曾子陳

孝道也。」…………而困學紀聞七，載胡致堂、晁氏、馮氏說曰：「首章云『仲尼居。』則非孔子所著矣。當是曾子門弟子類而成書，疑成于子思之手。」』

考證：『呂覽察微篇引孝經云：「高而不危，所以長守貴也；滿而不溢，所以長守富也。富貴不離其身，然後能保其社禝，而和其民人。」孝行篇云：「愛其親，不敢惡人；敬其親，不敢慢人。愛敬盡於親，光耀加於百姓，究於四海，此天子之孝也。」其文與今本孝經略同。呂覽成於秦始皇八年，則孝經之行既久矣。…………姚際恆古今僞書考疑之，以爲是書來歷出於漢儒，不惟非孔子作，併非周、秦之言也。其說妄甚！』

蔣建侯曾子考云：『呂氏春秋察微篇「孝經曰」云云，此諸侯章語也。高誘呂氏春秋注不釋孝經爲何書，疑「孝經曰」三字，乃讀者旁注，後乃誤入正文者。呂氏春秋孝行篇「故愛其親」云云，與孝經天子章同。但無「孝經曰」三字。同是一書，同引孝經，何以一明言，一不明言乎？故此二節，乃作孝經者襲呂氏春秋，非呂氏春秋引孝經也。』

案「授之業，作孝經。」似謂孔子授業於曾子，曾子因作孝經。史公之意，蓋非謂孔子作孝經也。然孝經首章云：『仲尼居，曾子侍。』徑稱孔子之字，又稱曾參爲曾子，則前賢疑是曾子門弟子類而成書，不爲無見。據呂覽察微篇已明引孝經之文，則孝經固出於戰國，傳至漢儒，又難免有所潤色附益耳。蔣氏因呂覽察微篇高注不釋孝經爲何書，遂疑『孝經曰』三字，乃讀者旁注誤入正文者，不知孝經已盛傳於漢末，書名何待釋乎？又呂覽孝行篇云云，與孝經天子章合。而未明引孝經，亦未可斷言孝經天子章云云，乃襲自呂覽。蓋呂覽用陳言，大都不明言所出也。

澹臺滅明，

正義：『……………注水經云：「……………蛟死，乃投璧於河，三投而即躍出，乃毀璧而去，亦無怪意。」…………』

案正義引水經〔河水〕注，今本『蛟死』下有『波休』二字，『亦無怪意，』作『示無吝意。』

少孔子三十九歲。（三，原誤二。）

梁玉繩云：『家語云：「少四十九歲。」與史異。』

案何注本家語作『少孔子三十九歲，』蓋依史記改。

孔子以爲材薄。

案白帖七引材作才，家語同，古字通用。

既已受業，退而修行。

梁玉繩云：案論語，滅明未事孔子而已修行，此非也。

案殿本『退而』二字誤倒。

名施乎諸侯。

案白帖引施作振。

失之宰予。

案白帖引予作我，史通品藻篇同。

宓不齊，字子賤。

梁玉繩云：『顏氏家訓書證篇曰：「張楫曰：『虙，今伏羲氏也。』孟康漢書古文注亦云：『虙，今伏。』而皇甫謐云：『伏羲，或謂之宓羲。』諸經史緯候無宓羲之號，虙字從虍，音呼。宓字從宀，音鼏。下俱爲必，末世傳寫，遂誤以虙爲宓。而帝王世紀因誤更立名耳。孔子弟子虙子賤，即虙羲之後。俗字亦作宓，或復加山。今兗州永明郡城，東門有子賤碑，漢世所立，云：『濟南伏生，即子賤之後。』是知虙之與伏，古來通字。誤以爲宓，較可知矣。」據顏所辨，則子賤之姓，久誤爲宓。故淮南泰族、家語弟子解竝作宓子。但考史籍中，伏字多有作宓者，如漢書律厤志、藝文志作宓戲，百官表、人表作宓羲，揚雄傳作宓犧。而藝文志宓子即子賤，師古皆音伏。又韓子難言、呂氏春秋具備，察賢竝作宓子賤。蓋古借，宓爲虙之省文，不定是誤。因宓本音密，遂轉誤爲密。今俗直讀子賤之姓作密音，豈不謬乎！………又考戰國策趙策，馮忌稱服子，淮南齊俗作宓子，（道藏本是宓字，俗本譌密。）又知宓與服亦通。益可證宓之當讀伏音也。子賤，淮南道應稱季子，文選潘尼贈河陽詩稱虙生。』

考證：虙、伏、宓、密古通用，顏說泥。說詳于梁氏志疑。

案御覽一五九引宓作虙，與顏氏家訓合。宓、虙古同音通用，宓非虙之省文，梁

說非。梁氏稱家語弟子解作宓，道藏本淮南齊俗作宓，考四部叢刊景明翻宋本家
語作宓（論語公冶長篇邢疏引家語亦作宓），不誤。漢魏叢書本、莊逵吉校本淮
南齊俗篇並作宓，道藏本誤密，梁氏失檢。又梁氏謂『子賤，淮南道應稱季子。』
治要引道應篇作宓子，季乃孚之誤，孚、宓聲近相通，王念孫雜志有說，考證據
梁說謂『宓、伏、虙、密古通用，』不知密乃誤字，蓋未細閱梁說耳。

少孔子三十歲。

索隱：『家語云：「魯人，字子賤，少孔子四十九歲。」此云「三十，」不
同。』

梁氏志疑所據湖本作『少孔子四十九歲。』云：『索隱引家語作「少孔子四十九
歲。」與史同。今所傳毛本家語無九字。索隱引史作「三十，」竝誤。又各本史
記改索隱元文曰「家語：『少孔子三十歲。』此云『四十九，』不同。」妄
也。』

考證：』張文虎曰：各本「三十歲」作「四十九歲。」蓋後人依家語改。今據索
隱本。』

案景祐本南宋補版、黃善夫本、殿本皆作『少孔子四十九歲。』索隱所據本作
『三十歲，』張氏從之，是也。黃本、殿本索隱並作『家語：「少孔子三十
歲。」此云「四十九，」不同。』則正文、索隱並亂矣。何注本家語作『三十
歲，』蓋又依已亂之索隱改之也。

魯無君子，斯焉取斯！

考證：漢藝文志儒家，有宓子十五篇。

施之勉云：漢書藝文志，儒家，宓子十六篇。

案『斯焉取斯！』猶言『則安得此！』

子賤爲單父宰，

正義：『說苑云：宓子賤理單父，彈琴，身不下堂，單父理。巫馬期以星出，以
星入，而單父亦理。…………』

案說苑政理篇三理字皆作治，呂氏春秋察賢篇、韓詩外傳二並同。正義引作理，
避唐高宗諱改之也。

此國有賢不齊者五人。

　　索隱：『按家語云：「不齊所父事者三人，所兄事者五人，所友者十一人。」不
同也。』

　　梁玉繩云：此言與家語辨政篇無異，說苑政理亦言之。而索隱以爲與家語不同，
何也？

　　案御覽引此作『〔此〕國有賢者。賢不齊者五人，』此僅言『賢不齊者五人，』
與家語所云自不同，而梁氏以爲無異，何也？又家語云云，亦見韓詩外傳八，
（考證有說。）惟『十一人』作『十有二人。』

原憲，字子思。

　　索隱：『鄭玄云：「魯人。」家語云：「宋人，少孔子三十六歲。」』

　　梁玉繩云：家語云『宋人，』鄭云「魯人。」當以鄭爲信。

　　案高士傳上亦云『宋人。』黃善夫本、殿本索隱，並略『鄭玄云：魯人。』五字。

可以爲仁乎？

　　考證：論語乎作矣，與顓孫師傳『何如斯可謂之達矣？』矣字同。史公彼仍舊
文，此改易，何也？

　　案史公說矣爲乎耳。顓孫師傳矣字，亦與乎同義。史公說此不說彼，似疏。

原憲遂亡在草澤中。

　　索隱：『家語云：隱居衞。』

　　案莊子讓王篇、韓詩外傳一、新序節士篇、高士傳皆云：『原憲居魯。』御覽四
百三引子思子亦云：『原憲處魯。』

終身恥其言之過也。

　　考證：本莊子讓王篇。…………又見韓詩外傳一、新序雜事。

　　案又見御覽引子思子、世說新語言語篇注引家語（疑所引乃莊子之文）、高士
傳。考證所稱新序雜事，乃新序節士之誤。

公冶長，齊人，字子長。

　　梁玉繩云：『釋文引家語：「長，字子張。」又引范甯云：「名芝，字子長。」
　　（皇侃疏亦引范：名芝。）索隱引家語：「名萇，字子長。」又引范甯云：「字

子芝。」所說不同。今本家語同史記。白水碑云：「字子之。」關中金石記曰：
「以芝爲名，非也。古芝與之同字。」又家語本論語孔注作「魯人。」未知孰
是。年無考。（後書靈帝紀、董白后紀，靈帝父名萇，而河間王開傳作長。晉
志，范陽國長鄉縣，魏志作萇鄉。蓋萇、長古通。）』

案論語公冶長篇邢疏引家語：『公冶長，魯人，字子長。』今本家語同。論語釋
文引家語作『字子張。』長、張古亦通用，莊子山木篇：『攬蔓其枝，而王長其
間。』釋文：『長，本又作張。』卽其比。

雖在累紲之中，非其罪也。

考證：楓、三本累作縲，與論語合。

案作累，蓋此文之舊。卷子本玉篇系部引論語亦作累。劉寶楠云：『說文無縲
字，纍下云：「一曰，大索也。」縲與纍同。史記此文作累，累乃纍之省。』是
也。莊子外物篇：『夫揭竿累，』釋文：『累，本亦作纍。』累亦纍之省。

南宮括，字子容。

索隱：家語作南宮綯。…………

考證：『梁玉繩曰：論語作适，又稱南容。檀弓作南宮綯，家語作南宮韜。蓋南
容有二名。括與适，綯與韜，字之通也。…………』

案論語憲問篇，南宮适，釋文：『适，本又作括。』與此合。公冶長篇王肅注：
南宮綯，魯人也，字子容。』邢疏：『此家語弟子篇文也。』與索隱引家語作南
宮綯合。大戴禮衞將軍文子篇亦作南宮綯。

羿善射，奡盪舟。

劉寶楠云：『說文羽部：「羿，羽之羿風，亦古諸侯也。一曰射師。從羽开
聲。」弓部：「䮓，帝嚳射官，夏少康滅之。從弓幵聲。論語曰：䮓善抶。」案
䮓、羿一字，今作羿，隸體省變。許所引論語，當出安國古文。吳仁傑兩漢刊誤
補遺：「陶唐、夏后氏各有一羿，孟子書『逢蒙學射於羿，思天下惟羿爲愈己，
乃殺羿。』此堯時羿也。寒浞虞羿于田，殺而亨之。此有窮后羿也。二人俱舊爲
射官，又皆不得其死，故世或以爲一人，正自不然。而奡亦非所謂澆者，奡在
禹、稷之前，與堯時羿並世。書稱『毋若丹朱、傲，惟慢遊是好。傲虐是作，罔

水行舟，朋淫于家。』按此上文云『丹朱傲，』下又云『傲虐，』傲雖凶德，一言足以盡之，何至申言之乎？陸德明于『丹朱、傲』云：『字又作奡。』乃知丹朱、奡爲兩人名。『朋淫』云者，指此兩人言之。南宮适言『奡盪舟，』則『罔水行舟』之事。奡在禹前，故禹舉之以戒舜；南宮适舉之，亦先羿、奡而後禹、稷也。案如吳說，是以論語之羿，即堯時羿也。』

案吳氏以羿爲堯時羿，論語皇疏：『古有一人名羿，而善能射，故云「羿善射。」淮南子云：「堯時有十日並出，草木燋枯，堯命羿令射之，中其九日，日中烏皆死焉。」』（引淮南子，見本經篇，文有異。）或即吳說所本。書〔皋陶謨〕『丹朱、傲，』治要引傲亦作奡。（昔年岷撰尙書斠證，未以傲爲人名。）吳氏謂『奡盪舟，』即『罔水行舟』之事，其說甚巧。奡多力，缺水處亦能盪行其舟，故曰『罔水行舟。』舊注以爲『陸地行舟，』泥矣。

上德哉若人！

集解：』孔安國曰：賤不義而貴有德。…………』

考證：論語上作尙。

案上、尙古通，其例習見。景祐本南宋補版、黃善夫本、殿本集解皆無有字。

國有道，不廢。國無道，免於刑戮。

集解：『孔安國曰：不廢，言見任用。』

案莊子人間世篇，楚狂接輿遊孔子之門，曰：『天下有道，聖人成焉。天下無道，聖人生焉。方今之時，僅免刑焉。』又集解引孔注，論語作王肅注。

三復白珪之言。

集解：『孔安國曰：「詩云：白珪之玷，尙可磨也。…………」』

案論語珪作圭，孔注同，與詩〔大雅抑〕合。珪，古文圭。大戴禮亦作圭。

公晳哀，字季次。

索隱：家語作公晳克。

梁氏所據湖本晳作皙，云：『索隱引家語作公晳剋，一本作克。而今家語作公析哀。蓋公晳，氏也。古晳、皙通寫，而析與皙通，左傳蛾析、鄧析，釋文作蛾皙、鹽鐵論疾貪作鄧皙。隸釋樊敏碑：『皙爲韓、魏，』俱可互證。剋即克字，

疑哀之譌文。家語季次作季沈，以游俠傳徵之，則季沈誤已。家語云：「齊人。」年無考。』

王引之云：『王氏南陔曰：「哀當爲衰，左氏桓二年傳：『皆有等衰。』杜注：『衰，殺也。』襄二十五年傳：『自是以衰。』注：『衰，差降。』昭三十二年傳：『遲速衰序。』注：『衰，差也。序，次也。』管子地員篇：『凡彼草物，有十二衰。』淮南子說山篇：『上有三衰，下有九殺。』皆謂等差也。有等差，即有次第。故古人名衰字季次矣。淮南氾論篇：『季襄、陳仲子立節抗行，』高注：『季襄，魯人，孔子弟子。』季襄即季次，襄與次名字不相應，襄亦衰之譌。」（家語作公晳克，克亦衰之譌。衰誤爲哀，哀又誤爲克。）』（春秋名字解詁上。）

案索隱單本、景祐本晳並作哲，黃善夫本正文、索隱亦並作哲。何注本家語作『公晳克，』（簡中校證有說。）蓋依索隱改，不知克乃誤字也。季次，游俠列傳、漢書人表並同。家語作季沈，沈，俗書作沉，與次形近而誤耳。

唯季次未嘗仕。

索隱：『家語云：「未嘗屈節爲人臣，故子特賞歎之。」亦見游俠傳也。』（子，原誤字。）

案今本家語作『未嘗屈節人臣，孔子特歎貴之。』何注本節下補爲字，貴蓋賞之誤。索隱所引，子上蓋脫孔字。游俠傳云：『季次、原憲，終身空室蓬戶，褐衣疏食不厭。』

曾蒧，字晳。

集解：『音點。孔安國曰：晳，曾參父。』

索隱：『音點。又音其炎反。家語云：曾點，字子晳，曾參之父。』

梁氏所據湖本晳作哲，云：『蒧即點字。家語云：「字子晳。此脫子字。白水碑作子晳，蓋哲、晳皆古省文通借。但曾點之字當從析，下白。相承誤從日耳。』

王引之云：『曾箴，字晳。奚容箴，字子晳。（竝仲尼弟子傳。曾箴，今本作曾蒧，誤。說文、玉篇、廣韻俱無蒧字。惟集韻有此字，音多忝切。蓋據誤本史記也。）箴讀爲纖，（玉篇：纖，之林切。又音緘。）說文：『纖，雖皙而黑也。

古人名驟字晳。」曾箴之箴，論語先進篇作點，說文：「點，小黑也。」驟與
點、占同聲而通用。』

段玉裁云：『仲尼弟子列傳：「曾葴，字晳。奚若箴，字子晳。」又「狄黑，字
晳。」葴、箴皆驟之省。論語，曾晳名點，則同音叚借字也。』（說文驟字注。）
案禮記檀弓下孔疏引葴作箴，與王說合。論語先進篇釋文引葴作葴，與段注合。
箴、葴並驟之借字，不必定作箴。箴字則俗人固點諧占聲而妄改也。晳，景祐本
作晳，集解同；黃善夫本作晳，集解同；殿本作晳，集解同。皆當作晳為正。又
黃本、殿本並無索隱。

春服既成，冠者五六人，童子六七人，浴乎沂，風乎舞雩，詠而歸。

集解：『徐廣曰：一作饋。』

案論語釋文：『歸，鄭本作饋，謂酒食也。』阮氏校勘記云：『論衡明雩篇
作「詠而饋。」』並與徐氏所稱一本合。玉燭寶典三引論語亦作饋，並引鄭注
云：『暮春者，季春。所制征衣服，衣服已成，謂雩祭之服。雩者，祀上公，祈
穀實，四月龍星見而為之，故季春成其服。五六七者，雩祭儛者之數。風晞儛雩
者，浴沂，於水上自潔清，身晞而衣此服以儛雩，且詠而饋之禮。』兩晞字當作
睎，（說文：睎，乾也。）餘尚有誤，句讀亦頗難定。然此乃鄭氏佚注，固極可
珍者也。

顏無繇，字路。路者顏回父。

索隱：『家語云：「顏由，字路，回之父也。……少孔子六歲。」』

梁玉繩云：家語少無字，繇作由，字之通也。而索隱引家語「字路，」與史同。
今本皆作季路。

考證：『張文虎曰：索隱本無「路者顏」三字。』

案索隱本無『路者顏』三字，與所引家語合。御覽四八四引『路者顏回父，』作
『顏淵父也。』

請孔子車以葬。

集解：『孔安國曰：賣以作椁。』

案論語『以葬』作『以為之椁，』與下文『以為之椁』相應。御覽引集解，賣下

　　有車字。

材不材，

　　案御覽引材作才，論語同。

不可以徒行。

　　案御覽引作『不可徒行也。』論語邢疏本同。

商瞿，魯人，字子木。少孔子二十九歲。

　　索隱：『家語云：「瞿年三十八，無子，母欲更娶室。孔子曰：『瞿過四十，當
　　有五丈夫子。』果然。瞿謂梁鱣：『勿娶。吾恐子或晚生，非妻之過也。』」』

　　梁玉繩云：『楊愼丹鉛錄云：「世本、石室圖作商瞿上。宋景文公成都先賢贊以
　　爲蜀人。路史及輿地紀，瞿上城在雙流。」此說殊不足信。又雙流縣東有商瞿祠
　　墓，疑出後人附會。蓋孔門弟子無自蜀來者。且其時蜀道亦未通。師古儒林傳注
　　云：「商瞿，姓也。」誤以爲複姓。』

　　案儒林列傳索隱：『商姓，瞿名。瞿音劬。』黃本、殿本此文並無索隱。梁氏引
　　丹鉛錄云云，見丹鉛續錄三『蜀志遺事』條。

瞿傳楚人馯臂子弘。

　　索隱：『馯，徐廣音韓。鄒誕生音汗。按儒林傳、荀卿子及漢書，皆云，馯臂字
　　子弓。今此獨作弘，蓋誤耳。應劭云：子弓，是子夏門人。』

　　王引之云：『楚馯臂，字子弓。（仲尼弟子傳。）弓讀爲肱，古字弓與肱通，鄉
　　射禮：「矦道五十弓。」鄭注云：「今文弓爲肱。」昭三十一年春秋：「邾黑肱
　　以濫來奔。」公羊作黑弓。』

　　考證：『張文虎曰：弘當作厷，厷即肱字。名臂，故字子厷。諸書作弓者，同音
　　假借。』

　　案索隱所稱儒林傳，乃漢書儒林傳。（史記儒林傳無此文。）荀卿子，見非十二
　　子篇。王氏稱弟子傳作子弓，弓當作弘，蓋誤漢書儒林傳爲史記弟子傳也。張氏
　　謂『弘當作厷，』弘不必作厷，說文：『弘，从弓，厶聲。厶，古文肱字。』
　　（段注本肱作厷，同。）弘、弓、肱，古並通用。又黃本、殿本並無索隱。

弘傳江東人矯子庸疵。

索隱：儒林傳及系本皆作蟜。疵，音自移反。疵字或作庛。蟜是姓，疵名也。字子肩。然蟜姓，魯莊公族也。禮記，蟜固見季武子，蓋魯人。史儒林傳皆云魯人，獨此云『江東人。』蓋亦誤耳。儒林傳云，馯臂江東人，橋疵楚人也。

正義：『漢書作橋疵，云魯人。顏師古云：橋疵，字子庸。』

案索隱三稱儒林傳，皆漢書儒林傳也。矯、蟜、橋，皆諧喬聲，古字通用。『字子肩，』肩蓋庸之形誤。『史儒林傳，』史字衍。『橋疵楚人，』楚乃魯之誤。

正義兩疵字，黃本、殿本並作庛，與今本漢書合。又黃本、殿本並無索隱。

疵傳燕人周子家豎。

索隱：周豎字子家，有本作林。

案黃本、殿本並無索隱。

豎傳淳于人光子乘羽。

索隱：淳于，縣名，在北海。光羽，字子乘。

案黃本、殿本並無索隱。

羽傳齊人田子莊何。

索隱：田何，字子莊。

正義：『儒林傳云：田何字子莊。』

案漢書儒林傳作『田何子裝，』王氏補注引齊召南云：『史記作子莊，班氏當以避明帝諱而改曰裝耳。』又黃本、殿本並無索隱。

何傳東武人王子中同。

索隱：王同，字子中。

正義：漢書作王同，字子仲。

案漢書作『王同子中，』師古注：『中讀曰仲。』史記儒林傳乃作子仲。又黃本、殿本並無索隱，正義並無書字。

同傳菑川人楊何。

索隱：『自商瞿傳易，至楊何，凡八代相傳。儒林傳：何字叔元。』

案黃本、殿本並無索隱。

高柴，字子羔。少孔子三十歲。子羔長不盈五尺。

索隱：『鄭玄云：「衞人。」家語：「齊人，高氏之別族。長不盈六尺，狀貌甚惡。」此傳作「五尺，」誤也。』

考證：檀弓上疏引史作子臯，哀十七年左傳稱季羔，檀弓兩稱子臯，一稱季子臯，羔、臯古通用。論語釋文引家語作子高，蓋以羔、高音同通用而譌，字與氏不應同也。今本家語作子羔。盈字失避諱。

案考證說，本梁氏志疑。梁氏並云：『檀弓上下疏兩引史云：「鄭人。」今本無。家語作「少孔子四十歲，」與史異。』大戴禮衞將軍文子篇注：『高柴，齊人也。』與家語合。又黃本、殿本並無索隱。

子路使子羔爲費郈宰。

正義：『括地志云：鄆州宿縣二十三里郈亭。』

梁玉繩云：郈字衍。

考證：『論語及楓、三本無郈字，此衍。沈濤曰：「史記費字衍文，蓋古本論語作『郈宰，』不作『費宰。』論衡藝增篇正作『郈宰，』可見漢以前本皆如是也。正義但釋郈，不釋費，可見所據本無此字。」存參。』

案梁云『郈字衍，』蓋據論語爲說。楓、三本此文無郈字，疑依論語刪之也。沈氏云云，劉氏論語正義引戴望亦有說。此文蓋本作『爲郈宰，』存古論語之舊。後人據今本論語於郈旁注費字，因溷入正文耳。

漆彫開，字子開。

索隱：『鄭玄云：「魯人。」家語云：「蔡人，字子若，少孔子十一歲。」又云：「習尙書，不樂仕。孔子曰：『可以仕矣。』對曰：『吾斯之未能信』」…
……』

考證：『漆雕氏之名字，多有不同。漢藝文志及人表作名啓，家語作字子若，白水碑作字子脩。藝文志考證云：「名啓，字子開。史避景帝諱也。」然則子若、子脩皆誤耳。』

案景祐本南宋補版、殿本彫並作雕，古字通用。考證說，本梁氏志疑。又黃本、殿本並無索隱。

孔子說。

集解：『鄭玄曰：善其志道深。』

案論語皇疏本鄭注，善作喜，是。

公伯繚，字子周。

集解：『馬融曰：魯人。』

索隱：『馬融云：「魯人。」家語無公伯繚，而有申繚子周。而譙周云：「疑公
伯繚是譖愬之人，孔子不責，而云『其如命何！』非弟子之流也。」今亦列比在
七十二賢之數，葢太史公誤。且繚亦作遼也。』

梁氏所據湖本繚作僚，云、『僚，論語作寮，而索隱謂「亦作遼。」古通用字。
見隸釋楊君后門頌及楊統碑。惟索隱引史作繚，與今本異，豈又以音同借用歟？
其年無攷。然僚有愬子路一事，先儒之依史者，祇馬融一人，其注論語云：「魯
人，弟子也。」朱氏攷力主其說，謂未可以一眚掩生平。而索隱引古史考云：
「非弟子之流。」後賢皆黜之。廣韻注亦但稱魯大夫，不言是弟子。困學紀聞七
曰：「公伯寮非孔子弟子，乃季氏之黨。致堂胡氏之說當矣。家語不列其名氏，
葢自史記失之。」至明嘉靖時，始罷其配食。（見明史禮志。）然則史公所見弟
子籍，詎有竄入邪？（朱氏攷謂文翁圖有。）』

案景祐本南宋補版、黃善夫本、殿本繚皆作僚。論語邢疏引此作寮，依彼正文改
之也；又引此子周下有『魯人』二字，葢依此集解所加也。史公所見弟子籍有公
伯繚，當非竄入。後儒多不信，皆由泥於愬子路一事耳。又黃本、殿本並無索
隱。

司馬耕，字子牛。

索隱：『家語云：「宋人，字子牛。」……』

正義：『孔安國曰：「牛，宋人，弟子司馬犂也。」家語云：「宋桓魋之弟也」
魋爲宋司馬，故牛以司馬爲氏。』

梁玉繩云：輟耕錄載張孟兼弟子章句作司馬黎耕。孔注作司馬犂，葢子牛有二
名。年無攷。

殿本考證：家語耕上有黎字。

案論語孔注『弟子司馬犂，』阮氏校勘記云：『釋文出馬犂，云：「史記作秏。」

竝云：「字牛。」』與今本作耕異。毛氏汲古閣本及劉世珩影宋蜀本家語並作司馬耕，（黃中校證有說。）無黎字。疑一本作耕，一本作黎，誤合之則爲司馬黎耕耳。秒（隸變作利）、犁、黎，古並通用。釋名釋用器：『犁，利也。』莊子大宗師篇子犁，文選賈誼鵩鳥賦注引作子黎，即其證。考證所補正義兩魁字，並魖之誤。又黃本、殿本並無索隱。

樊須，字子遲，少孔子三十六歲。

索隱：『家語云：魯人也。』

梁玉繩云：『鄭云：「齊人。」家語云：「魯人。」未知孰是。又家語作「少孔子四十六歲。』恐誤。索隱引史作「字遲，」疑亦脫子字。而白水碑分樊須、樊遲爲二人，謂須字子達，遲字子綏。單文孤證，未知何據。關中金石記以爲非是。王孝廉曰：「以論語學稼章證之，則作兩人者，其誤顯然」』

施之勉云：『鍾懷曰：「家語，樊遲少孔子四十六歲。史記，少孔子三十六歲。當以家語爲是。樊遲事於經傳不多載，惟左氏春秋淸之役一見而已；『季孫曰：「須也弱。」有子曰：「就用命焉。」』以曲禮二十曰弱例之，樊遲之齒尙少。孔子卒於哀公十六年，三刻踰溝乃十一年事，孔子年已七十一矣。遲若少孔子三十六歲，則其時正三十五歲。旣壯之人，尙得謂弱乎？」』

案左哀十一年傳杜注：『樊遲，魯人，孔子弟子樊須。』以爲魯人，與家語合。左傳『季孫曰：須也弱，』鍾氏據之以證家語『少孔子四十六歲』爲是，是也。家語稱須『弱，仕於季氏。』本左傳。古書作三、四，或皆積畫，往往致誤，（儀禮覲禮鄭注。）史公此文蓋本作『三十六歲』也。又黃本、殿本並無索隱。

襁負其子而至矣。焉用稼！

集解：『包氏曰：……負子之器曰襁。』

案今本論語包注，『負子之器，』作『負者以器。』者字誤，以猶之也。皇疏作『負子以器。』

有若少孔子四十三歲。

索隱：『家語云：「魯人，字子有，少孔子三十三歲。』今此傳云「四十二歲，」不知傳誤；又所見不同也。』

正義：『家語云：「魯人，字有，少孔子三十三歲。」不同。』

梁氏所據湖本無四字，云：『家語云：「魯人，字子有。」索隱曰：「家語『少孔子三十三歲，』此傳『四十二歲。』（據檀弓上疏，二字乃三之譌。）」而今史記作「十三，」家語作「三十六。」雖有舛誤，何不同若是？觀弟子欲立爲師一事，有若之年與孔子當不甚遠，「十三歲」是。』

考證：『張文虎曰：各本脫四字，今依北宋本、毛本。索隱注作「四十二，」未知孰誤。」愚按楓、三本作「四十三歲。」』

施之勉云：景祐本『作四十三歲。』論語學而篇疏亦作『四十三歲。』

案黃本、殿本並無四字。施氏謂『景祐本作「四十三歲。」乃景祐本南宋補版也。索隱稱『此傳云「四十二歲，」二乃三之誤，梁說是。正義引家語『字有，』有上蓋脫子字。索隱、正義並引家語『少孔子三十三歲，』蓋唐人所見舊本如此。何注本作『少孔子十三歲，』依史記作『十三歲』之本改之也。又黃本、殿本並無索隱。

孔子既沒，

案史通暗惑篇引沒作歿，歿、沒正、假字。

有若狀似孔子，弟子相與共立爲師。

梁玉繩云：『困學紀聞七曰：「此太史公采雜說之謬。孟子『有若似聖人。』朱子云：『蓋其言行氣象有似之者，如檀弓有若言似夫子之類。』豈貌之似哉！」容齋隨筆曰：「門人所傳者道也。豈應以狀貌之似而師之乎？」日知錄十四曰：「孟子不曰『有若似孔子，』而曰『有若似聖人。』史乃云『有若狀似孔子，』謬甚！」』

案白帖七、二六、容齋隨筆十五引有若上皆有以字。孟子滕文公篇作『以有若似聖人，』亦有以字。狀，謂氣象也。『相與、共，』複語，猶留侯世家『閒、從容。』莊子傳『大抵、率』之類。

他日，弟子進問曰：昔夫子當行，使弟子持雨具，

梁玉繩云：問雨具事，此云『弟子，』而家語作『巫馬施。』論衡明雩作子路，皆因事屬無稽，故言各不同耳。

案當猶將也，家語當作將，『雨具』作葢。

俾滂沱矣。

集解：『毛傳曰：畢，噣也。月離陰星則雨。』

考證：楓、三本俾作雨。

案楓、三本俾作雨，與詩不符，葢涉集解雨字而誤。論衡明雩篇引詩俾作比，古字通用。禮記樂記：『克順克俾。』鄭注：『俾當爲比，聲之誤也。』俾乃比之借字，（說文通訓定聲有說。）非誤字。

商瞿年長無子，其母爲取室。

正義：『中備曰：……九二，甲寅木爲世。六五，景子水爲應。世生外象，生象來爻，生互內象，艮別子，應有五子，一子短命。……』

錢大昕云：此注譌舛難讀，今以意推衍之。外卦艮土，內卦乾金，外象生內象也。子水爲世，寅木爲應，應生世也。內乾爲父，外艮爲子。純陽之卦，內象本艮一陽，變乾三陽，外象艮一陽，凡得五陽爻，故生五丈夫子。內艮一陽不見，故一子短命。（史記考異。）

孫詒讓云：『釋湛然止觀輔行記弘決云：「孔子有三備卜經，上知天文，中知人事，下知地理。」（素問通評虛實論王冰注云：「形度具三備經。」又調經論注云：「循三備法，通計身形，以施分寸。」疑亦即指三備人事篇中有人身形法也。又史記孔子弟子傳正義引易中備，孔子爲商瞿筮，當有五丈夫子。亦即三備中篇之文。惠棟易漢學謂是辨終備，非也。）隋書經籍志有易三備三卷，即此書。』（札迻一。）

案正義『六五，景子水爲應。』黃本、殿本六並誤立，子並誤行。錢氏考異云：『立當作六，「景行」當作「景子，」景即丙字。』三備，又稱易三備、周易三備、三備經。分上中下備各一卷，葢六朝人依託。此書殆亡於明末，巴黎國立圖書館藏敦煌唐咸通鈔本三備殘卷，陳槃庵兄有解題，（史語所集刊第十本。）云：『正義所引不見於中備殘卷，葢逸文也。』中備非辨終備，槃庵兄論證甚詳。

敢問夫子何以知此？

案史通暗惑篇引此作之，義同。

有子默然無以應。弟子起曰：有子避之，此非子之座也。

　　考證：『蘇轍曰：「月宿畢，而雨不應；商瞿四十而生五子，此卜祝之事，……
　　……」宋祁曰：「此鄹、魯間野人語耳。……」洪邁曰：「此兩事殆近於星曆卜
　　祝之學，……」

　　案弘明集八釋僧順釋三破論，『弟子』作曾參。史通引座作坐，坐、座正、俗
　　字。考證引蘇、宋、洪諸說，本梁氏志疑。

巫馬施，字子旗。

　　索隱：『鄭玄云：「魯人。」家語云：「陳人，字子期。」』

　　梁玉繩云：『家語作「字子期，」此作旗者，說文：「施，旗也。」故齊變施，
　　字子旗。而期與旗古通，左昭十三「令尹子旗，」楚語下作子期，定四傳子期，
　　呂覽高義注作子旗，戰國秦策「中期推琴，」史魏世家作中旗。皆其驗也。』

　　考證：論語作巫馬期。

　　案四部叢刊本家語作巫馬期，與論語合。（礩中云：劉本、毛本並作『巫馬施』
　　與史記合。）『字子旗，』記纂淵海五十引旗作期，與家語合。又黃本、殿本並
　　無索隱。

陳司敗

　　案左文十年傳杜注：『陳、楚名司寇爲司敗。』（劉氏論語正義誤爲左文十一年
　　傳注。）論語邢疏亦以『司敗』爲『司寇。』

魯君而知禮，

　　案而猶如也。

臣不可言君親之惡，

　　案記纂淵海引『臣不可言』作『臣子不可以言。』

梁鱣，字叔魚，少孔子二十九歲。

　　索隱；『家語云：「齊人，字叔魚」也。』

　　梁玉繩云：『集解：「鱣，一作鯉。」魯峻壁、白水碑作「字子魚。」又家語
　　云：「少孔子三十九歲。」均疑莫能定也。』

　　案何注本家語作『少孔子二十九歲。』蓋改從史記也。又黃本、殿本並無索隱。

顏幸，字子柳，少孔子四十六歲。

　　索隱：『家語云：「顏幸，字柳。」按禮記有顏柳，或此人。家語云：「少三十

　　六歲，」與鄭玄同。』

　　梁玉繩云：『考毛本家語作「顏幸，字子柳。」宋本作辛，宋史禮志亦作辛。白

　　水碑作幸，疑幸字誤。至宋潛說友咸淳臨安志作韋，恐亦以形近致謬。而唐志、

　　通典、通考俱作顏柳，蓋從檀弓、人表，誤以字為氏也。若白水碑云：「字子

　　爐，」恐非。字書無爐字。又索隱引家語云：「少孔子三十六歲。」而今本家語

　　與史同。未知孰是。』

　　王引之云：『錢氏廣伯曰：「幸乃辛之譌，柳當讀為邜。」引之案明金蟠本家語

　　正作顏辛。洪邁隸續釋魯峻石壁殘畫象顏子柳云：「考孔子家語、史記七十子

　　傳，顏子柳，名辛。」則所見弟子傳辛字尚不誤。』（春秋名字解詁下。）

　　案段玉裁說文柳字注，亦以幸為辛之譌。柳乃栁之隸變。索隱引家語云：『少

　　〔孔子〕三十六歲。』蓋唐時舊本如此。今本家語作『少孔子四十六歲，』疑後

　　人依史記改之也。又黃本、殿本並無索隱。

丑孺，字子魯。

　　索隱：『家語，字子魯，魯人。」作丑孺。』

　　梁玉繩云：『集解云：「魯，一作曾。」考索隱引家語，字子魯，魯人。作冉

　　儒。而今所見家語作「孺，字子魚。」唐志、通考真宗詔竝作儒，白水碑作「冉

　　儒，字子曾。」疑孺為儒之譌，而魚與曾為魯之譌也。』

　　案丑孺，今本家語孺作儒，古字通用。下文『公良孺，』家語孺作儒，亦同例。

　　索隱引家語子魯，疑本作子魚，與今本家語合。若作子魯，則與史記合，無煩重

　　舉。索隱丑孺，當從梁氏所引作丑儒，（梁引丑作冉，俗。）與今本家語合。

　　（梁氏稱今家語作孺，未知所據何本。）若作丑孺，則與史記合，亦無煩重舉。

　　又黃本、殿本並無索隱。

少孔子五十歲。

　　案景祐本、黃本、殿本皆有集解云：『家語曰：魯人。』考證本缺。

曹邺，字子循。少孔子五十歲。

　　索隱，家語同。

　　梁玉繩云：史與家語不著曹子何地人。朱氏弟子攷、闕里文獻攷，據宋封上蔡
侯，定爲蔡人。未知確否？

　　案索隱單本無『字子循』三字，而云『家語同。』是家語本作『曹邺，少孔子五
十歲』也。何注本家語，曹邺下有『蔡人，字子循。』五字，『蔡人』二字，疑
亦據宋封上蔡侯所補。『字子循』三字，則依史記所加也。又黃本、殿本並無索
隱。

伯虔，字子析。

　　索隱：家語作『伯處，字子皙。』皆轉寫字誤，未知適從。

　　正義：『家語云：子哲。』

　　梁玉繩云：『索隱引史作子折。又曰：「家語作『伯處，字子皙。』」正義引家語
作子哲。攷今家語「伯虔，字揩。」與索隱、正義所說又別。古史作子折，白水
碑作子哲。余謂伯子實名虔，宜字子折。析其變文也。古木旁與手旁通用。哲、
皙二字，因與折同音通借。（白水碑書「十哲」爲「十折」）處與揩乃譌耳。朱
氏攷云：「史記、家語不著何地人，咸湻臨安志云：『魯人。』宋思陵贊曰：
『有虔子析，全魯之彥。』當必有所本。」』

　　殿本考證：虔，家語作處。

　　施之勉云：今本家語作『字揩。』景祐本作子折，黃善夫本正義作『字子哲。』
孔子弟子題名碑作子哲。

　　案今各本家語伯虔與史同。殿本考證引家語虔作處，疑據索隱所引改之也。何注
本家語作『伯虔，魯人，字子揩。』『魯人』二字，葢據他書所補，揩字亦譌。
梁氏引家語子皙，與索隱單本合。考證本皙作哲，恐誤。又黃本、殿本並無索
隱。黃本正義作子皙，（非作『字子皙。』）殿本作子哲。

公孫龍，字子石，少孔子五十三歲。

　　索隱：家語或作寵，又云韹，七十子圖非韹也。按字子石，則韹或非謬。鄭玄云
『楚人，』家語『衞人。』然莊子所云堅白之談，則其人也。

　　梁玉繩云：攷寵、龍古通，而各處無作韹者。疑相承譌脫，抑省文通借。白水

碑作公孫龍石矣。鄭云『楚人，』家語作『衞人。』唐、宋封爵從鄭氏。

殿本考證：『顧炎武曰：「按漢書注：『公孫龍，趙人。』爲堅白異同之說者，與平原君同時，去夫子近二百年，殆非也。且云「少孔子五十三歲，則當田常伐魯之年，僅十三四歲爾。而曰子張、子石請行，豈甘羅、外黃舍人兒之比乎？』案何注本、毛氏汲古閣本、劉世珩影宋蜀本家語皆作公孫龍，（衞中有說。）疑據史記所改。龍、寵並竉之借字。白水碑作『公孫龍石，』則竉字誤分爲『龍石』二字耳。莊子秋水篇稱公孫龍『合同異，離堅白。』即索隱『莊子所云堅白之談』所本。然彼乃趙人，（釋文引司馬彪注、成玄英疏並云『趙人。』）與此孔子弟子無涉也。又黃本、殿本並無索隱。

自子石已右三十五人，顯有年名，及受業，聞見于書傳。其四十有二人，無年，及不見書傳者，紀于左。

索隱：……當此三人數，皆互有也。如文翁圖所記，又有林放、蘧伯玉、申棖、申堂，俱是後人所見增益，於今殆不可考。

考證：『楓、三本顯作頗，……梁玉繩曰：三十五人中，無年者十二人，不見書傳者五人。……』

施之勉云：景祐本顯作頗，見上無聞字。

案王應麟漢藝文志攷證四引已作以。（誤爲索隱文。）顯字當從景祐本、楓、三本作頗，頗猶多也，（南越列傳：『且番禺負山險，阻南海，東西數千里，頗有中國人相輔。』頗亦與多同義。）三十五人中，無年者十二人，不見書傳者五人，（如梁說。）正見其多有年，及見于書傳者也。黃本、殿本索隱，數上並有之字，今上並無於字，漢藝文志攷證引同，又引申堂作申棠，堂、棠古通。

丗季，字子產。

集解：『鄭玄曰：魯人。』

索隱：『家語：丗季，字產。』

正義：『家語云：丗季，字子產。』

梁玉繩云：『索隱引家語云：「字產。」今本與史同。唐志作冉季產。闕里文獻攷云：「或作子達。」』

王引之云：『此本作「㐭季產，」「字子」二字，則後人據家語增之也。單行索隱本出「㐭季產」三字，注云：「家語：㐭季，字產。」正義曰：「家語云：㐭季，字子產。」是家語以產爲字，不與史記同。史記原文，無「字子」二字明矣。唐書禮樂志作「㐭季產，」本於史記也。㐭季產者，㐭其氏，季其字，產其名也。左氏春秋僖十六年：「公子季友卒。」正義曰：「季是其字，友是其名」猶如仲逐、叔肸之類，皆名字雙舉。」是其例也。家語改爲「㐭季，字產。」大誤！古人無以伯、仲、叔季、爲名者。惟杜預注左傳，謂「祭仲足，名仲，字仲足。」他人無此謬也。』

案王氏謂『此本作「㐭季產，」』是也。若本作『㐭季，字子產。』則與家語同，正義無煩更引家語矣。（索隱引家語，蓋略子字。）何注本家語作『㐭季，魯人，字子產。』『魯人』二字，蓋據鄭注所加。又黃本、殿本並無索隱。

公祖句茲，字子之。

　　索隱：句音鉤。

　　梁玉繩云：家語無句字，白水碑作『公祖句，字茲之。』朱氏攷及闕里攷俱云『魯人。』

　　案何注本家語作『公祖茲，魯人，字子之。』又黃本、殿本並無索隱。

秦祖，字子南。

　　集解：『鄭玄曰：秦人。』

　　索隱：『家語：字子南。』

　　考證：『梁玉繩曰：索隱本無子字。』

　　施之勉云：『朱駿聲曰：「祖，叚借爲楚，史記弟子傳：秦祖，字子南。」』

　　案朱氏謂祖借爲楚，乃本王引之說。王氏春秋名字解詁下云：『祖讀爲楚，聲近假借也。秦祖字子南。猶游楚字子南也。』索隱引家語『字子南。』可證所據正文本無子字。若有子字，則與家語同，無煩更引家語矣。何注本家語，秦祖下有『秦人』二字，蓋據鄭注所加。又黃本、殿本並無索隱。

漆雕哆，字子斂。

　　集解：『鄭玄曰：魯人。』

索隱：『哆，赤者反。家語：字子斂。』

梁玉繩云：『唐志作「漆雕斂，」魯峻壁作「求子斂，」洪氏曰：「求字是桼字之省文。」』

案家語哆作侈，古字通用，晉魏世家之魏侈，趙世家作魏哆，即其比。（參看晉世家梁氏志疑。）索隱引家語『字子斂，』疑所據正文本無子字，若作子斂，則與家語同，無煩更引家語矣。唐志作『漆雕斂，』無子字，或即本史記也。何注本家語，『漆雕侈』下有『魯人』二字，蓋據鄭注所加。又黃本、殿本並無索隱。

顏高，字子驕。

索隱：『家語：「名產。」孔子在衞，南子招夫子爲次過市時，產爲御也。』

梁玉繩云：『顏子之名字，索隱引家語，名產。通典，字子精。孔子世家、漢書人表及今家語竝作顏刻。包咸論語注及莊子秋水釋文竝作尅。論語釋文又云：「或作亥。」蓋尅、刻古通，亥即刻字脫其半。名產，字子精，或顏名字有二，亦未可知。而此所書名高，似誤。左傳定八年，陽州之役，有顏高，弓六鈞，傳觀之。顏氏家訓誡兵云：「春秋之世，顏高、顏鳴、顏羽之徒，皆一鬭夫耳。」顏氏爲魯望族，不應同族同名，一時有二高。自史誤以刻爲高，王厚齋遂謂陽州之顏高，即弟子顏驕，故困學紀聞六云：「古者文武同方，冉有用矛，樊遲爲右，有若與微虎之宵攻，則顏高以挽強名，無足怪。」此說殊謬。家語謂「少孔子五十歲，」是生于定九年，其非定八年斃陽州之顏高明甚。而經史問答六，謂陽州是別一顏高，亦非也。……』（考證亦引梁說，有刪省。）

王引之云：『史記孔子世家、漢書古今人表皆作顏刻。案高乃亳之譌，（亳，隸作克。）亳、刻同聲，古字通用。（說文：「亳，象屋下刻木之形。」大雅雲漢箋曰：「克當作刻。」）論語憲問篇：「克伐怨欲。」馬注曰：「克，好勝人也。」意與驕相近，故字子驕。』

朱駿聲云：刻叚借爲高，魯顏刻，字子驕。史記弟子傳正作高。刻、高雙聲。（說文通訓定聲。）

案梁氏謂「顏刻，莊子秋水釋文作尅。」乃釋文所引司馬彪注。莊子成疏亦作

剋。剋、刻古固通用，論語釋文云：「或作亥。」刻諧亥聲，亥、刻疑古亦通用。如從王說，則此文顏高，高乃克之誤。如從朱說，則刻、高雙聲，無煩改字。此顏高即顏刻，然非陽州之役之顏高，經史問答之說，似未可非。又索隱次下蓋脫乘字，孔子世家、家語及此文正義，皆作『次乘。』黃本、殿本並無索隱。

漆雕徒父。

索隱：『家語：「字固」也。』

梁玉繩云：『索隱引家語「字固，」今家語名從，字子文。白水碑作「漆雕期」宋高宗贊作「字子期。」闕里攷云：「或字子有，或作子友。」未審孰是。蓋魯人也。」

案今家語作『漆雕從，字子文。』徒、從形近，往往相亂，下文『壤駟赤，字子徒。』今家語徒作從，即其比。父、文形近，亦往往相亂，鶡冠子環流篇：『命者，絜己之文者也。』陸佃注：『文，一作父。』即其比。何注本家語，『漆雕從』下有『魯人』二字。闕里攷謂『或字子有，或作子友。」有、友古通，論語學而篇：『有朋自遠方來，』釋文：『有，或作友。』即其比。又黃本、殿本並無索隱。

壤駟赤，字子徒。

集解：『鄭玄曰：秦人。』

索隱：『家語「字子徒」者。』

梁玉繩云：『索隱本無子字，而引家語作子徒，則今家語作「穰（與壤同）駟赤，字子從」者，誤也。廣韻：「壤駟，複姓。」』

案壤、穰古通，莊子庚桑楚篇：『畏壘大壤。』釋文：『壤，本亦作穰。』即其比。何注本家語，『穰駟赤』下有『秦人』二字，蓋據鄭注所加。又黃本、殿本並無索隱。

商澤。

索隱：『家語：字季。』

梁玉繩云：『索隱本作「石高澤，」引家語「字季。」集解引家語作子季，而各

處無作石高澤者。今家語作『字子秀。』」莫定孰是。朱氏玟云：「魯人。」』

案索隱本作『石高澤，』石字蓋涉下文『石作蜀』而衍，高蓋商之形誤。何注本

家語，商澤下有『魯人』二字。據集解、索隱所引家語，則今家語『字子秀，』

秀蓋季之誤。又黃本、殿本並無索隱。

石作蜀，字子明。

索隱：家語同。

梁玉繩云：『石作，複姓，見廣韻及通志。闕里玟謂古本家語作「石之蜀，」非

也。索隱本無子字，又云「家語同。」而今本竝作子明，（今家語譌石爲右。）

未詳何地人。宋高宗贊：「秦人。」』

案四部叢刊本家語作『石子蜀，字子明。』何注本蜀下有『成紀人』三字。石子

蜀當作石作蜀，（影宋蜀本、毛本家語並作『右作蜀，』右當爲石之誤，籲中有

說。）子字蓋涉下子明字而誤。又黃本、殿本並無索隱。

任不齊，字選。

集解：『鄭玄曰：楚人。』

索隱：『家語：「字子選」也。』

案何注本家語：『任不齊』下有『楚人』二字，蓋據鄭注所加。又黃本、殿本並

無索隱。

公良孺，字子正。

索隱：家語作『良儒，陳人，字子正。賢而有勇，孔子周遊，常以家車五乘從孔

子。』……鄒誕本作『公襄儒。』（『從孔子』下原衍遊字。）

正義：……語在三十五人中。今在四十二人數，……

梁玉繩云：公襄爲公良之譌，公良，複姓。今家語與史同。（宋眞宗孔廟碑：孺

字子幼，魯人。）

案家語孺作儒，古字通用，上文及孔子世家並有說。索隱引家語云云，今家語

『周遊』作『周行，』從下無孔子二字。遊、行同義，戰國策秦策四：『王貲臣

萬金而遊，』高注：『遊，行。』即其證。正義『四十二人，』黃本、殿本四並

誤三。又黃本、殿本並無索隱。

　舊處，字子里。

　　集解：『鄭玄曰：齊人。』

　　索隱：家語同也。

　　梁玉繩云：索隱本及家語無子字，今家語作石處，朱氏攷以石爲誤。（宋本家語
　　及張孟兼作里之。）

　　案何注本家語作『后處，齊人，字里之。』石之作后，葢據史記及索隱所引而
　　改。『齊人』二字，葢據鄭注所加。又黃本、殿本並無索隱。

秦冄，字開。

　　正義：家語無此人。……

　　梁玉繩云：『通攷、眞宗詔作秦甯，白水碑作秦寮，疑莫能定。又通典作子開，
　　未詳何地人。宋高宗贊：蔡人。』

　　王引之云：『冄讀爲聃，冄、聃古字通，定四年左傳聃季，史記管蔡世家、衞康
　　叔世家並作冄季。說文：「聃，耳曼也。」名聃字開，與名輒字張同義。』

　　施之勉云：孔子弟子題名碑作秦寮開。

　　案冄字不誤，如王說。冄，俗作冉。甯，俗作寗。冉與寗下半同，或以此而誤爲
　　甯與？甯與寧古通，寧與寮相近，或以此更誤爲寮與？又黃本、殿本正義、家語
　　下並衍云字。

公夏首，字乘。

　　集解：『鄭玄曰：魯人。』

　　索隱：家語同也。

　　梁玉繩云：索隱謂『家語同。』而今家語作『公夏守，字子乘。』疑首字誤。乃
　　唐宋志竝作首，通典作守。通攷於唐之封作守，宋之封作首，豈古以音同借用
　　邪？

　　考證：楓本首作守。

　　案首、守同音通用，梁氏後說是也。何注本家語，『公夏守』下有『魯人』二
　　字，葢據鄭注所加。又黃本、殿本並無索隱。

奚容箴，字子晳。

索隱：家語同也。

正義：齊人。

梁氏志疑箋作箴，云：『索隱謂「家語同。」今家語作「奚箴，字子楷。」攷奚容，複姓，今家語脫容字。箴乃葴之譌，即點字。宋史咸淳詔作「奚容點，」是已。而所以譌爲箴者，因葴通作䓋（音緘），遂省借用之。說文言「古人名䜪字晢」，可證。（古史亦云：字晢。）楷字之誤，猶伯子折之譌揩也。奚容子與曾子父同名字。闕里攷云：「魯人。」』

案箋當作箴，晢當作晳。景祐本、黃善夫本箴並作箴。四部叢刊本家語作『奚葴，字子偕。』葴當作葴，偕亦晳字轉寫之誤。箴、葴並䜪之借字，䜪、點古通，箴、葴並俗人因點諧占聲而妄改。梁氏謂『箴乃葴之譌。』非也。又引說文『字晢，』古史『字晢，』並『字晳』之誤。（參看前『曾葴字晳』條。）何注本家語奚葴下有『魯人』二字。又黃本、殿本並無索隱。

公肩定，字子中。

集解：『鄭玄曰：「魯人。」或曰：「晉人。」』

索隱：家語同也。

梁氏所據湖本肩作堅，云：『索隱引史記、家語作「公肩定，字中。」（通典引史亦作肩。）與今本別。蓋堅字誤已。今家語作「公賓，字子仲。」通志作『公齊定，』並誤。公肩，複姓也。闕里攷：「或曰：齊人。」余謂禮記，魯有公肩假，鄭注是。』

考證：『今家語作「公肩定，字子仲，」張文虎曰：「毛本肩，他本作堅。」愚按楓、三本作「公肩定，字子仲，」與索隱合。』

案景祐本肩字同。黃善夫本、殿本並作堅。（殿本考證：家語作肩。）索隱本作『公肩定，字中。』與楓、三本作『公肩定，字子仲。』不合。四部叢刊本家語作『公肩，字子仲。』（考證所引家語衍定字）。中、仲古通，其例習見。何注本家語公肩誤公有，下有『魯人』二字，蓋據鄭注所加。又黃本、殿本並無索隱。

顏祖，字襄。

索隱：家語無此人。

正義：魯人。

梁玉繩云：家語作『顏相，字子襄。』未知孰是。

王引之云：『祖讀爲菹，（祖、菹皆從且得聲。）襄讀爲齏，（齏從釀聲，釀從襄聲。）聲近假借也。廣雅：「齏，菹也。」菹與菹同。說文：「齏，菜也。」廣韻云：「齏菜爲菹。」菹亦與菹同。齏之言釀也，鄭注內則說菹云：「釀菜而柔之以醯，殺腥肉及其氣。」釋名云：「菹，阻也。生釀之，遂使阻於寒溫之間，不得爛也。」或曰：「祖讀爲坦，襄讀爲壤，方言：『坁、坦，（郭音疸。）場也。（場，郭音傷。）梁、宋之間，蚍蜉犁鼠之場謂之坁，螻場謂之坦。』郭注云：『螻、蛄螻也。其糞名坦。』隱三年穀梁傳疏：『壤，徐邈音傷。麋信云：齊、魯之間，謂鑿地出土、鼠作穴出土皆曰壤。』壤即場也。」』

孫志祖云：『史記弟子列傳七十七人，索隱云：「家語數同。」今本家語脫去顏何一人，故止七十六人。或謂史記「顏祖，字襄。」索隱曰：「家語無此人也。」今本家語有「顏相，字子襄。」若據索隱增顏何而去顏相，知仍七十六人矣。不與史記數同也。嘗以詢之許周生：云：「索隱『家語無此人也，』乃『家語：字子襄』之譌，因下鄡單而誤爾。史記索隱單行本頗有誤字，不當據此遂生異說。」』（讀書脞錄續編三。）

施之勉云『鄭環曰：「家語：顏相，字子襄。」按襄有輔相之義，名與字皆當從家語。』

案祖字襄，名與字相因，如王說。家語作『相，字子襄。』名與字亦相因，如鄭說。下文『鄡單，字子家。』索隱：『家語無此人也。』此文索隱亦作『家語無此人也，』許氏謂『乃家語：「字子襄」之譌，因下鄡單而誤。』說似可信。若然，則索隱所據家語，顏祖與史記同。今家語作顏相，相葢祖之形誤，或後人不明祖、襄名、字相因之義而改之耳。何注本家語，顏相下有『魯人』二字，葢據正義所加。又黃本、殿本並無索隱。

鄡單，字子家。

索隱：『鄡，音苦堯反。單音善，則單名。徐廣云：「一作鄚單。鉅鹿有鄡縣，

太原有鄡縣。」家語無此人也。』

梁玉繩云：『徐廣曰：「一云鄡單。」葢鄡字誤，以邑爲氏，疑是晉人。家語所謂「縣亶，字子象」者。縣爲鄡之譌，卽鄡字。單、亶古通，（索隱引家語作縣豐，廣韻注作縣亶父，竝非。）而象乃象之譌，魯峻碑作子象也。困學紀聞七，謂「唐、宋封爵皆不及，」因疑檀弓之縣子爲亶，大謬！縣子自名瑣，豈可混而一之？唐贈單銅鞮伯，宋贈聊城侯，何云未及？緣不知鄡單之卽縣亶故耳。何孟春遂欲請贈縣亶爵號，列諸從祀，說在餘冬敍錄。而朱氏竟依廣韻注，以縣亶父次爲孔子門人，皆未細覈也。』

案說文：『鄡，鉅鹿縣也。』漢書地理志上鄡作䢵，此文徐注：『一作鄡單。』鄡疑鄡之誤。家語作縣亶，梁氏謂縣爲鄡之譌，葢鄡譌爲縣，復易爲縣耳。（王應麟漢藝文志攷證四引家語作縣豐，豐字與索隱所引同誤。）何注本家語，縣亶下有『魯人』二字。又黃本、殿本並無索隱。

句井疆。

集解：『鄭玄曰：衞人。』

梁玉繩云：『句子之名，廣韻、通志無井字。闕里攷謂「字子界。」或云：「闕里舊志：字子野。山東志：字子孟。」恐皆不可信。』

案通志二八引此作句彊，彊、疆古通，越世家已有說。四部叢刊本家語作『句井彊，字子彊。』何注本家語作『句井疆，衞人，字子界。』『衞人』二字，葢據鄭注所加。

罕父黑，字子索。』

索隱：家語作『罕父黑，字索。』

梁玉繩云：『索隱引家語作「罕父黑，字索。」而今家語作「宰父黑，字子索。」罕乃宰之譌。廣韻父字注作宰父也。明瞿九思孔廟禮樂攷曰：「宰父，出魯郡，爲複姓。通志、萬姓譜皆無罕父氏，古人多以官爲氏，宰父，卽宰氏、右宰氏之類。史記誤。』

案四部叢刊本家語作『宰父黑，字子黑。』何注本家語作『宰父黑，魯人，字子黑。』又黃本、殿本並無索隱。

秦商，字子丕。

集解：『鄭玄曰：楚人。』

索隱：『家語：魯人，字丕慈，少孔子四歲。其父菫與孔子父紇俱以力聞也。』

正義：『家語云：魯人，字丕茲。』

梁玉繩云：『商即左傳秦菫父之子丕茲也。釋文云：「一本作泰不茲。」泰、秦字相似而譌，丕與不同。索隱引家語作丕慈，正義引作丕茲，而今家語作不慈，古亦通用。春秋僖四年、五年公孫茲，廿三年宋公茲父，公羊俱作慈，可證。史記誤倒其文，而譌茲爲子耳。鄭云：「楚人，」家語云：「魯人。」言魯者是。又家語云：「少孔子四歲。」朱氏㢼曰：「高郵夏氏弟子記略及闕里廣志皆云：『商少孔子四十歲。』然秦子父菫父，偪陽之役與叔梁紇俱以力聞，宜與孔子生年相近。今據家語舊聞、曁史記索隱、蘇氏古史正之。」』

考證：『襄十一年左傳云：「孟獻子以秦菫父爲右，生秦丕茲，事仲尼。」丕茲即商。』

施之勉云：『襄十一年左傳釋文：一本作不茲。』

案子丕葢本作丕子，傳寫誤倒，或淺人妄乙之也。子與慈、茲，古並通用。禮記樂記：『易直子諒之心，』（又見樂書。）韓詩外傳子作慈，（據朱熹說，見朱子語類八七，禮四、小戴禮。今本外傳無此文。）淮南子天文篇：『子者，茲也。』即其證。子非誤字。索隱『其父菫』下，今本家語有父字，與左傳作菫父合。考證、施氏所稱左傳，『十一年，』並『十年』之誤。又黃本、殿本並無索隱。

申黨，字周。

索隱：『家語有申繢，字周。論語有申棖，鄭玄云：「申棖，魯人，弟子也。」葢申堂是棖不疑，以棖、堂聲相近。上又有公伯繚，亦字周。家語則無伯繚，是史記述伯繚一人者也。』

正義：魯人。

梁玉繩云：『申子之名，史作黨，索隱本作堂，引家語作繢，而今家語作續，論語釋文、邢疏引史作棠，引鄭康成注及家語作續，困學紀聞七引家語作續，朱氏

攷引禮殿圖作儻（與黨同），而實即論語之申棖也。攷古庚、陽合韻，棖從長得聲，故棖、棠、堂三字通用。詩鄭風：「俟我乎堂。」箋云：「堂當爲棖。」隸續王政碑：「申棠之欲。」左定五傳「堂谿氏，」吳越春秋二、劉晝新論愼言、廣韻注並作棠，…………均足爲驗。而黨、儻兩字，乃傳寫之譌。（困學紀聞以黨爲傳寫誤。）蓋申子有棖、續二名，續通作續，左昭元年：「遠續禹功，」文選三國名臣序及五等論注俱引作遠續…………，可以取證。而縜、續兩字，亦傳寫譌耳。（盧學士文弨論語釋文攷證云：「說文以賡爲古續字，是續即賡，與棖聲相近。」此又一說，亦通。）又論語釋文、邢疏及索隱，皆引家語「字周。」則今家語作子周，是妄增爲雙字。白水碑、咸淳臨安志作子續，則因名續而誤也。…………論語注：「包曰：魯人。」』

王引之云：『黨與周皆朋輩相親密之義。（廣雅：「黨，比也。」雜記鄭注：「黨猶親也。」文十八年左傳杜注：「周，密也。」離騷王注：「周，合也。」）文十八年左傳：「頑囂不友，是與比周。」「比周」猶「比黨」也。儒行曰：「讒諂之民，有比黨而危之者。」是也。齊策：「夫從人朋黨比周，莫不以從爲可。」荀子臣道篇：「朋黨比周，以環主圖私爲務。」』（春秋名字解詁上。）

劉寶楠云：『棖，或作棠，或作堂。或作黨，或作儻…………諸字皆由音近通用。莫知其何者爲正。困學紀聞獨以黨爲傳寫之訛，梁氏玉繩漢書古今人表攷，亦以儻爲訛，皆未必然也。…………錢氏大昕養新錄謂「古文賡、續同聲，家語申續，蓋讀如庚，與棠音亦不遠。今本家語作續，則傳寫誤也。」盧氏文弨釋文攷證略同。梁氏人表攷云：「鄭作申續，必有所據。續與續通，縜、續兩字，乃傳寫之譌。」諸說皆依鄭注作續。臧氏庸拜經日記：「徐鯤曰：『史記索隱引家語作縜，據字周義，疑縜爲得之。』庸案徐說是也。索隱於「公伯僚字周」下云：「家語無公伯僚，而有申子周。』又於「申棠字周」下云：「家語有『申縜，字周。』」又史記正義於「公伯僚字周」下云：「家語有『申縜，字周。』」然則司馬貞、張守節所見家語並作申縜。蓋家語無公伯僚及申堂，王肅僞造申縜一人，以當申堂、公伯僚二人。因二人名姓雖異，而字周則同，爲足以相混也。論語音義及家語作申續，乃縜字形近之譌，王伯厚所見本作續，今本作續，此又續

字之轉誤。論語音義引鄭云：「葢孔子弟子申續。」此續字乃後人據誤本家語所
改。當本作申堂，鄭正據仲尼弟子列傳也。索隱曰：「申堂，字周。論語有申棖
，鄭玄云：『申棖，魯人，弟子也。』葢申堂是棖不疑。以棖、堂聲相近。」案
小司馬此言，正據鄭注論語以申棖爲申堂，故云然也。」案臧說甚辨，當可依
據。』（論語公冶長篇正義。）

　　案黨、儻、棖、棠、堂，皆聲近通用。黨、儻非誤字，劉說是，梁說非。依王
說，『黨與周皆朋輩相親密之義。』則黨是正字。論語釋文、邢疏引鄭注及家語
作續。續與棖、棠（及黨、儻、堂）諸字，亦聲近相通。盧、錢說並是。四部叢
刊本家語作續（何注本同），與困學紀聞所引合。續與續通，梁說是。作續，乃
續之形誤。司馬貞、張守節所見家語並作繚，疑淺人不明續字之音義而妄改。臧
氏謂鄭注申續，『續字乃後人據誤本家語所改。』其說迂曲。正義以申黨爲魯人，
葢本論語包注。何注本家語，申續下有『魯人』二字，葢據包注及正義所加。論
語申棖，釋文、邢疏並引鄭注：『葢孔子弟子申續，』不云『魯人。』索隱引鄭
注有『魯人』二字，疑與包注相亂耳。又黃本、殿本並無索隱。

顏之僕，字叔。

　　集解：『鄭玄曰：魯人。』

　　索隱：家語並同。

　　梁玉繩云：家語及白水碑作子叔。

　　案何注本家語僕下有『魯人』二字，葢據鄭注所加。

榮旂，字子祈。

　　索隱：『家語：「榮祈，字子顏」也。』

　　梁氏所據湖本祈作祺，云：『索隱本直作榮子祺，引家語云：「榮祈，字子顏。」
今家語作「榮祈，字子祺。」葢旂爲祈之誤。而祺之爲顏，或亦傳寫譌耳。闕里
攷引家語作榮祁，古史作榮析，通典、通考作子期，（眞宗詔作榮期。）唐志作
榮子旗，並誤。朱氏攷云：「魯人。」』

　　王氏春秋名字解詁下所據本祈作祺，云：『祺讀爲旗，唐書禮樂志正作榮子旗。
春官司常：「掌九旗之物名，交龍爲旂。」爾雅曰：「有鈴曰旂。」』

考證：楓本祈作旗。

施之勉云：景祐本、黃善夫本祈作祺。

案殿本祈亦作祺，與家語合。索隱引家語作顏，蓋涉上文『顏之僕』而誤。名
旅，則字當作子旗，祈、祺、期，皆旗之借字。若從家語名祈，則字當作子祺。
闕里玫引家語作榮祁，古史作榮析，祁、析並祈之誤。何注本家語榮祈下有『魯
人』二字。又黃本、殿本並無索隱。

縣成，字子祺。

集解：『鄭玄曰：魯人。』

索隱：家語作子謀也。

梁玉繩云：通志氏族略三引風俗通作『縣成父，』索隱引家語作子謀，今家語作
子橫，魯峻壁作子期，白水碑作子旗。似謀字是也。

案上文『榮旅，字子祈，』景祐本、黃本、殿本祈皆作祺，此文子祺，當從索隱所
引家語作子謀。』涉上文祺字而誤也。誤為子祺，故復有作子期、子旗者矣。今
本家語作子橫，蓋由謀誤為祺，復誤為橫耳。何注本家語縣成（縣原作懸，俗）
下有『魯人』二字，蓋據鄭注所加。又黃本，殿本並無索隱。

左人郢，字行。

集解：『鄭玄曰：魯人。』

索隱：家語同也。

考證：『梁玉繩曰：今家語作「左郢，字子行。」誤也。廣韻注、通志言「左人，
複姓，出魯郡。」故鄭云「魯人。」』

案今家語左下蓋脫人字，何注本左郢下有『魯人』二字，蓋據鄭注所加。又黃
本、殿本並無索隱。

燕伋，字思。

索隱：家語同也。

梁玉繩云：『索隱本作「字恩。」謂「家語同。」而今家語「字子思。」蓋恩為
譌寫，此又缺子字也，白水碑是子思，闕里玫曰：「魯人。」（宋高宗贊：「秦
人。」』

王引之云：『燕級，字思。（仲尼弟子傳單行索隱本。）魯孔伋，字子思。（孔
子世家。）級與伋，皆急字之假借也。桓十六年左傳急子，邶風新臺序作伋。）
急者憂恐迫切之意，莊子天地篇：「汲汲然惟恐其似己也。」汲與急通。淮南繆
稱篇：『伋於不知己者，不自知也。』高注曰：「伋，急也。」是急爲憂恐也。
思亦憂也。（說見上。）故名急，字子思。』

案索隱單本作『燕級，字恩。』梁氏謂『恩爲譌寫。』王氏所引，徑改恩爲思，
是也。四部叢刊本家語作『燕級，字子思。』何注本作『燕伋，秦人，字子思。』
『秦人』二字，疑據宋高宗贊所加。又黃本、殿本並無索隱。

鄭國，字子徒。

索隱：『家語：「薛邦，字徒。」史記作國，而家語爾邦者，蓋避漢祖諱而改。
鄭與薛，字誤也。』

梁玉繩云：『索隱引家語「字徒。」則今本作子從誤。猶壞瓢子徒之譌子從也。
惟家語，以鄭國爲莘邦，索隱云：「作國者，避高祖諱。薛、鄭字誤。」夫改邦
作國，禮所宜然。而鄭、莘二姓，莫知誰誤。索隱殊欠分明。以白水碑及古史證
之，似莘爲誤。（白水碑作鄭虎從，又未識何據。）而瞿九思曰：「史易邦爲
國，又以莘國音近，不便讀。復展轉更易，遂至移邦字右旁于姓，而易莘爲鄭。」
則又似鄭爲誤。俟攷。至朱氏依張孟兼章句，以爲兩人。恐難信。朱云：「魯
人。」』

案鄭國，當從家語作薛國。上下文集解多引鄭玄注，薛之作鄭，蓋涉集解鄭字而
誤耳。瞿氏說薛易爲鄭之故，極迂曲！何注本家語，薛邦下有『魯人』二字。
又黃本、殿本並無索隱。

秦非，字子之。

集解：『鄭玄曰：魯人。』

案何注本家語，秦非下有『魯人』二字，蓋據鄭注所加。

施之常，字子恆。

梁玉繩云：『恆，何以不諱？唐志、通典無之字。白水碑作施常思，豈又單字思
乎？朱氏攷云：魯人。』

案四部叢刊本家語恆作常。如存史記之舊，則此文恆原譌作常。惟索隱單本『秦非，字子之。施之常，字子恆。顏噲，字子聲。步叔乘，字子車。顏之僕，字叔。』云：『家語竝同。』乃總上下文與家語同者言之。則小司馬所見家語此文仍作子恆。何注本家語作『施之常，魯人，字子恆。』

顏噲，字子聲。

集解：『鄭玄曰：魯人。』

梁玉繩云：白水碑作會。

案噲與會通，說文：『噲，咽也。』段注：『噲者，會也。聲氣所會也。』何注本家語，顏噲下有『魯人』二字，蓋據鄭注所加。

步叔乘，字子車。

集解：『鄭玄曰：齊人。』

梁玉繩云：白水碑作『款乘，字子季。』未知何據。但諸書竝從史作步叔氏，誤也。廣韻注作少叔氏。有太叔、仲叔，即有少叔。朱氏辨之矣。

案何注本家語，『步叔乘』下有『齊人』二字，蓋據鄭注所加。

原亢籍。

集解：『家語曰：名亢，字籍。』

索隱：『家語：名亢，字籍。』

梁玉繩云：『文當云「字籍。」史脫之。索隱引家語與史同。而今家語作「原抗，字子籍。」朱氏攷引家語作忼，正義：「亢又作㝕，仁勇反。」竝誤也。原子，必原思之族，當是魯人。』

殿本考證：亢，家語作忼，或作桃。

王引之云：『集解引家語曰：「名亢，字籍。」案亢，字也。籍，名也。稱亢籍者，文十一年左傳正義曰：「古人連言名字者，皆先字後名。」家語非也。籍亦鵲之假借，字亢者，爾雅曰：「亢，鳥嚨。」』

案景祐本集解亢作抗，影宋蜀本、毛本家語並同（衢中有說）。四部叢刊本家語作桃，朱氏及殿本考證稱家語作忼，桃、忼並抗之誤。正義稱『亢作㝕，』㝕乃亢之誤。王氏謂『亢字，籍名。』是也。亢乃抗之借字，說文：『抗，扞也。』

籍乃箬之借字，說文：『箬，刺也。』字與名義正相因。何注本家語作『原亢，魯人，字子籍。』又黃本、殿本並無索隱。

樂歇，字子聲。

　　索隱：家語同也。

　　正義：魯人。

　　梁玉繩云：『索隱云：「家語同。」而通典作樂頎，朱氏疑即左傳定十二年之樂頎，豈三名皆誤歟？再攷。』

　　殿本考證：歇，家語作欣。

　　王引之云：『氣逆之聲曰歇，說文：欬，屰气（同「逆氣」）也。』

　　案如王說，則作歇是。影宋蜀本家語亦作歇。何注本家語作『樂欣，魯人，字子聲。』『魯人』二字，蓋據正義所加。又黃本、殿本並無索隱。

廉絜，字庸。

　　集解：『鄭玄曰：衞人。』

　　索隱：家語同也。

　　考證：『梁玉繩曰：索隱本作子庸，今家語作子曹，譌也。』

　　案今家語作『廉潔，字子曹。』絜、潔古、今字。何注本家語，廉潔下有『衞人』二字，蓋據鄭注所加。又黃本、殿本並無索隱。

叔仲會，字子期。

　　集解：『鄭玄曰：晉人。』

　　索隱：『鄭玄云：「晉人。」家語：「魯人。少孔子五十四歲，與孔璇年相比。二孺子俱執筆，迭侍於夫子。孟武伯見而訪之。」是也。』

　　正義：魯人，少孔子五十四歲，與孔璇年相比，二孺子俱執筆，迭侍於夫子。孟武伯見而訪之。」是也。』

　　梁玉繩云：『白水碑稱「欵仲會，」與少叔乘之稱欵乘同，不得其解。魯峻壁作「字子其，」古通用。隸續武梁畫象以樊於期爲於其，可證。鄭云「晉人，」家語「魯人。」據其孺子時，執筆侍孔子，則魯人爲信也。又索隱引家語云：「少孔子五十四歲。」而今本作「少四十，」未知孰是。』

殿本考證：『朱彝尊云：「魯峻石壁畫像云：少孔子五十歲。」』

考證…………今家語『五十四歲』作「五十歲。」』

案景祐本、黃本、殿本『晉人』皆作『魯人。』據索隱所引鄭注，則原作『晉人。』索隱引家語『少孔子五十四歲，』梁氏謂今本作『少四十。』四乃五之誤。何注本家語作『少孔子五十四歲，』改從索隱所引也。索隱『二孺子俱執筆，迭侍於夫子。孟武伯見而訪之。』家語本作『每孺子之執筆記事於夫子，二人迭侍左右。孟武伯見孔子而問曰：「此二孺子之幼也，於學豈能識於壯哉？」孔子曰：「然。少成則若性也，習慣若自然也。」』索隱乃約引其文，而何注本家語亦改從索隱，則非矣。考證所補正義云云，與索隱同，疑是索隱之文而誤爲正義者。

顏何，字冄。

索隱：『家語：字稱。』

梁玉繩云：『顏氏家訓誡兵篇稱『仲尼門徒七十二，顏氏居八。」蓋據史傳言之也。（此外有顏濁鄒、顏涿聚，又有顏子思，則不止八顏矣。）索隱謂史記與家語皆七十七人。而今家語止七十六，細校少顏何一人。然索隱于顏何下引家語云：「字稱。」方悟是今本之缺，而又以知顏何字稱，不字冄。史記傳寫脫其半。白水碑亦誤作冄也。』

王引之云：『古冄字或省作冄，秦冄字開是也。（說見下卷。）冄與儋通，史記老聃傳「或曰：儋即老子。」是也。說文：「何，儋也。儋，何也。」故名何字儋。』（春秋名字解詁上。）

案如王說，則冄非誤字。如梁說，則冄疑是冄之壞字，冄壞爲冄。復易爲冄耳。（景祐本、黃本、殿本、梁氏志疑所據湖本皆作冄。）說文：『何，儋也。冄，并舉也。』（廣雅釋詁一：『檐，舉也。』儋、檐正、假字，俗作擔。）義亦相因。索隱引家語作稱，冄、稱正、假字。

狄黑，字皙。

索隱：家語同。

梁氏所據湖本皙作晳，云：『家語：字皙之，衞人。」白水碑狄作炉，（音義未

詳。）宋史志、咸淔詔黑作墨，不但其字之單雙不同　，即姓名亦異。疑莫能明也。』

王引之云：『說文：「皙，人色白也。」皙與黑相對爲文。』

考證：今本家語作『字皙之。』

案白水碑狄作炉，炉疑乑之誤，古金文易或作乑。（契文或作乑。）狄、易古通，殷本紀已有說。宋史志、咸淔詔黑作墨，義同。廣雅釋器：『墨，黑也。』景祐本皙作皙，黃本、殷本並作皙，四部叢刊本家語作皙之（下無『僑人』二字），皆當以作皙爲正。何注本家語作『狄黑，僑人，字皙之。』皙亦當作皙。（參看前『曾蒧，字皙』條。）考證引家語作『字皙之，』改皙爲皙耳。又黃本、殷本索隱並作『家語載本各異。』非其舊也。

邦巽，字子斂。

集解：『鄭玄曰：魯人。』

梁氏所據湖本邦作邽，云：『索隱本作邦巽，又云：「家語巽作選，字子斂。文翁圖作國選，葢避漢諱改。劉氏作邦巽，音圭，所見各異。」因攺今家語與今史傳同。白水碑作「邦巽，字子欽。」通典、通攷、宋史志竝作邦巽，疑欽爲斂之譌，選爲巽之譌，邦及國爲邦之譌。葢巽與斂字義協也。後人傳寫，以邦與邦字相近，而易邦爲邦，又或取邦與國義相當，而轉邦爲國，均未可知。索隱不足全信。瞿九思反欲更邦巽爲邦選，未免一孔之見。』

王氏雜志所據本邦亦作邦，云：『索隱本邦作邦，云：「家語巽作選，字子斂。文翁圖作國選，葢亦由避諱改之。劉氏作邦巽，邦音圭，所見各異也。」作邦者是也。古本若非邦字，何以避諱作國，廣韻：「邦，國也。又姓，出何氏姓苑。」而邦字下不云是姓。然則古無邦姓，不得作邦明矣。至唐初始誤爲邦，故劉伯莊音圭，而通典禮十三、唐書禮樂志及宋倉頡碑陰，幷仍其誤。索隱謂「家語巽作選，」而不云「邦作邦，」則家語亦作邦可知。今本家語作邦者，後人以誤本史記改之也。』又王氏春秋名字解詁上云：『說文曰：「巽，具也。」又曰：「僎，具也。」字亦作選，齊語曰：「牛馬選具。」是也。（廣雅：具，備也。）斂亦具也，荀子非十二子篇：「斂然聖王之文章具焉。佛然平世之法起焉。」楊倞

注曰：「斂然，聚集之貌。佛讀爲勃，勃然，興起貌。」案佛然爲興起，則斂然
爲具備矣。斂之言僉也，檢也。方言曰：「僉，皆也。」爾雅曰：「檢，同也。」
是具備之義也。巽與斂皆有具備之義，故名巽字子斂。或曰：「巽之言選。選，
擇取也。斂，收取也。義相因也。』

考證：楓、三本作邦選。

施之勉云：『唐寫本隸古定尙書，盤庚「邦伯師長，」作「邦柏師丒。」說命：
「惟君萬邦，」作「惟君万邦。」「建邦設都，」作「建邦設都。」微子：「天
毒降災荒殷邦，」作「天毒降及㾌殷邦。」是邦卽邦字也。羅振玉曰：「邦，篆
文作𨛜，从𡴦聲。古金文多从㞢。毛公鼎、子邦父甗、陳侯午敦則作𨛜，从㞢。
今隸或作邦。史記孔子弟子傳有邦巽，他書亦作國巽，則知邦確爲邦字。」又
曰：「史記索隱作邦巽，文翁石室圖作國選，宋高宗七十二弟子象贊作亦邦巽。
玉案邦卽邦別字。（原注：見魏崔敬邕墓誌及隋甯贊碑。）文翁圖作國，辟漢諱
改，又字子欽，（按孔子弟子題名碑：字子欽。）史記及高宗撰象贊均作子斂。
家語作子歛。」』

案邦巽，景祐本、黃本、殿本亦皆作邦巽。邦，古金文或作𨛜，隸變作邦，與音
圭之邦相亂，故邦巽遂多作邦巽者耳。此傳葢本作國巽，當譁邦爲國也。文翁圖
作國選，楓、三本及家語巽亦並作選，（影宋蜀本家語作巽。）巽、選古通，王
說是。子斂，弟子題名碑、白水碑並作子欽，家語作子歛，欽、歛葢並斂之誤。
何注本家語，邦選下有『魯人』二字，葢據鄭注所加。

孔忠。

索隱：『家語云：忠字子蔑，孔子兄之子也。』

梁玉繩云：古史作孔弗，通攷作孔忠，竝誤。

考證：楓、三本作孔思，今本家語作孔弗。

案影宋蜀本、毛本家語並作孔忠，（衢中有說。）與索隱合。黃本、殿本並無索
隱。

公西輿如，字子上。

索隱：家語同。

梁玉繩云：『索隱謂史與家語同，而今家語作公西與，白水碑同。唐志、通典作與如，通攷作舉如，古史作公西輿，當以輿如為定。古與、輿二字，每以形近而誤。如汝南縣平輿，王翱傳譌平與。左傳襄二年正輿子，十年伯輿，三十一展輿，釋文又作與，成十一伯與，昭十四庚與，釋文亦作輿也。朱氏攷云：「齊人。」闕里攷云：「魯人。」以公西華證之，則魯人是。』

王氏春秋名字解詁上輿如作與如，云：『臧氏西成曰：「今本史記作輿如者，譌字也。唐六典載孔子弟子，本之史記，作與如。通典（禮十三）及宋本家語弟子篇亦作與如。（案唐書禮樂志亦作與如，家語無如字。）說文：『舁，共舉也。從臼，從廾。與，黨與也。從舁，從与。』是與字本有舉上之義。」引之謂舉字古通作與，地官師氏：「王舉則從。」鄭注曰：『故書舉為與。』禮運篇：「選賢與能。」即大戴禮王言篇之「選賢舉能」也。上與尚同，廣雅曰：「尚，舉也」韓子外儲說篇：「舉燭者，尚明也。」是舉與尚同意。故舉如，字子上。漢孔宙碑陰「張上，字仲舉。」亦此意也。如，語詞也。長孫僑如、焚如、榮如、籍如、魯季孫意如、越臯如，皆以如為語詞。』

案梁氏以作輿如為是，臧、王二氏以作與如為是，實則輿、與古通，前「曾參，字子輿」條已有說。梁氏所舉諸例，亦可驗之，非因形近而誤也。臧氏謂『與字本有舉上之義。』王氏謂『舉字古通作與。』不知輿亦有舉義，釋名釋車、廣雅釋詁一並云：『輿，舉也。』則輿非誤字明矣。何注本家語，『公西與』下有『魯人』二字。又黃本、殿本索隱並作『家語載亦同此。』非其舊也。

公西箴，字子上。

集解：『鄭玄曰：魯人。』

索隱：『公西箴，字子上。』家語作子尚也。

梁氏所據湖本箴作蒧，云：『蒧乃蒧之譌。宋史志、咸澅詔作點也。索隱、通攷誤作箴，毛本家語誤作蒧，唐志誤作蒧。家語「字子尚，」與上同，詩：「上愼旃哉！」可證。』

考證：『今本家語作蒧，史記桃源鈔云：正義本作箴。』

案景祐本、黃本箴並作蒧，殿本作蒧。何注本家語亦作蒧，四部叢刊本家語作蒧，

減乃滅之俗省。箴、葴、減，並黬之借字，黬、點古通，故宋史志、咸淖詔又作點。箴字乃俗人妄改。（參看前曾葴及奚容葴兩條。）何注本家語，『公西葴』下有『魯人』二字，葢據鄭注所加。又黃本、殿本索隱並無『公西箴，字子上。』六字。

弟子籍出孔氏古文。

案王國維史記所謂古文說：『此「孔氏古文，」非謂壁中書，乃謂孔氏所傳舊籍，而謂之古文，是孔子弟子籍，亦古文也。』

並次爲篇。

案爲猶於也。

出自第四十四本第二分（一九七三年三月）

史記斠證卷六十八

商君列傳第八

王 叔 岷

商君者，衞之諸庶孽子也。

　王氏雜志所據本孽下有公字，云：『公字後人所加，玉藻：「公子曰臣孽。」是
「公子」即爲「孽子。」既言「諸庶孽子，」則無庸更言「公子，」呂不韋傳
曰：「子楚，秦諸庶孽孫。」亦不言「諸庶孽公孫」也。文選西征賦、長笛賦
注，引此皆無公字。』

　考證：各本孽下有公字，今從楓山、三條本。

　案景祐本、黃善夫本、殿本孽下皆有公字，蓋涉下文『公孫氏』而衍。世說新語
言語篇注引戰國策云：『衞鞅，衞諸庶孽子也。名鞅，姓公孫氏，少好刑名學，
爲秦孝公相，封於商。』（今本戰國策無此文，疑所引乃史記文。）孽下無公
字，亦可證此文本無公字也。

鞅少好刑名之學。

　案韓非子定法篇：『申不害言術，而公孫鞅爲法。術者，因任而授官，循名而責
實。操殺生之柄，課羣臣之能者也。此人主之所執也。法者，憲令著於官府，刑
罰必於民心，賞存乎愼法，而罰加乎姦令者也。此臣之所師也。』申不害之學，
亦主刑名。其刑名之學，爲循名責實之學。公孫鞅刑名之學，則爲信賞必罰之
學。二者有別，已詳申不害傳（附見老子韓非列傳）。漢書藝文志：『尸子二十
篇。』自注：『名佼，魯人，秦相商君師之。』史公未記商君師。

事魏相公叔痤，

　索隱：公叔，氏。痤，名也。痤，音在戈反。

　梁氏所據湖本痤作座，云：『索隱：「座，音在戈反。」魏策及呂氏春秋長見作
痤，蓋古通用。春秋襄廿六年「宋世子痤，」穀梁作座，魏策、魏世家范痤，漢

　　書人表作座，六國表「赧王三年，楚景座，」韓世家徐廣作痤，隸釋孟郁脩堯廟
　　碑跋云：「广之類多從广也。」』

　　考證：「痤，各本作座，今從殿本。

　　案帝範務農篇注引事上有始字。景祐本、黃善夫本痤並作座。黃本索隱亦作座，
　　與索隱單本合。座乃痤之隸省，趙世家已有說。戰國策秦策一高注亦作座。

為中庶子。

　　考證：『岡白駒曰：自戰國以來，大夫之家，有中庶子，有舍人。』

　　案岡說，本通鑑周紀二注。

魏惠王親往問病，

　　考證：楓山、三條本無親字。

　　案呂氏春秋、魏策一、通鑑亦皆無親字。

有如不可諱，

　　案『有如，』複語，有亦如也。魏策作『卽不可諱，』秦策注作『若疾不諱，』
　　卽與如、若並同義。通鑑『有如』作『如有，』蓋誤以有為有無字，而妄倒其文
　　耳。越王句踐世家：『有如病，不宿誡，』魏世家：『有如痤死，趙不予王
　　地，』又『有如彊秦亦將襲趙之欲，』『有如，』皆複語，與此同例。（參看越
　　世家及魏世家斠證。）

痤之中庶子公孫鞅。

　　索隱：『戰國策云：衞庶子也。』

　　案魏策作『御庶子。』（考證上文引梁氏有說。）索隱衞字，當從索隱單本及黃
　　善夫本作御，衞乃御之誤。考證本從殿本作衞，疏矣！

願王舉國而聽之。

　　案呂氏春秋、魏策舉並作以，舉猶以也。下文『欲令寡人以國聽公孫鞅也。』與
　　此相應，舉亦作以，明其義相同。此義前人未發。

王卽不聽用鞅，必殺之，無令出境。

　　吳昌瑩云：卽，若也。（經詞衍釋八。）

　　案秦策注卽作若。呂氏春秋、魏策卽並作為，為亦猶若也。（王氏經傳釋詞二

云：『爲猶如也。』義同。）必猶則也。國語晉語四：『公子（重耳）過鄭，鄭
文公亦不禮焉。………叔詹曰：若不禮焉，則請殺之。』（又見呂氏春秋上德
篇、晉世家及鄭世家。）彼文之若，此文之郎；彼文之則，此文之必，並同義。
下文『當殺之，』與此『必殺之』相應，當亦與則同義。呂氏春秋有度篇：『諸
能治天下者，固必通乎性命之情。通乎性命之情者，當無私矣。』（據尹仲容校
釋本，云：舊本不重『通乎性命之情』六字，據孫人和引書鈔三七補。）當亦猶
則也。此義前人未發。

汝可疾去矣！

　　案通鑑可以必，可與必同義。劉子法術篇：『苟利於人，不必法古；苟周於事，
　　不可循舊。』（今本『苟周』誤『必害。』淮南子氾論篇、文子上義篇『不可』
　　並作『不必。』）必、可互文，可猶必也。此義前人未發。

欲令寡人以國聽公孫鞅也。

　　案通鑑此下補『旣又勸寡人殺之。』七字，文意較完。

將修繆公之業。

　　案莊子山木篇：『脩先君之業。』

孝公時時睡，弗聽。

　　考證：楓、三本不重時字，聽作應，御覽亦作應。

　　案御覽六二三引此作『孝公時睡，弗應。』與楓、三本全合。

子之客妄人耳！

　　案孟子離婁篇：『此亦妄人也。』魏公子列傳：『公子妄人耳！』

而未用也。

　　案御覽引用作甚。

汝客善，可與語矣。

　　案御覽引善作盍，俗盍字，屬下讀。惟『汝客善，』與上文『孝公善之』相應，
　　於義爲長。盍疑善之形誤。

吾說公以霸道，其意欲用之矣。誠復見我，我知之矣。

　　考證：『王若虛曰：「皇降而帝，帝降而王，名號之異耳。堯、舜揖讓，湯、武征
　　誅，世變之殊耳。若夫其道則未嘗不一，而商鞅乃謂初以帝道，再以王道。魏徵

亦云：『行帝道而帝，行王道而王。』鄭厚又云：「王道備而常德銷。』皆淺陋

之見也。」愚按帝之與王，號異聖一，韓昌黎已言之矣。孟子云：「以德行仁者

王，以力假仁者霸。」王之與霸，截然有別，不可不知。』

案論衡逢遇篇：『商鞅三說秦孝公，前二說不聽，後一說用者，前二帝、王之

論，後一霸者之議也。夫持帝、王之論，說霸者之主，雖精見距。更調霸說，雖

麤見受。何則？精遇孝公所不得，麤遇孝公所欲行也。』商鞅實精於霸者之議，

宜夫孝公復見與語，數日不厭矣。考證引王說（潘南集辨惑），本梁氏志疑。桓譚

新論云：『三皇以道治，五帝以德化，三王由仁義，五霸用權智。無制令刑罰

謂之皇，有制令無刑罰謂之帝，賞善誅惡、諸侯朝謂之王，興兵衆、約盟誓謂

之霸。』（意林三引。）言皇、帝、王、霸之別甚明，此固非淺陋之見也。

吾說君以帝、王之道比三代。

索隱：說音稅，下同。『比三，』比者頻也。謂頻三見孝公言帝、王之道也。

比，音必耳反。

正義：比，必寐反。說者以五帝、三王之事比至孝公，以三代帝、王之道方

興。…………

考證：楓、三本『帝、王之道比三代，』作『五帝、三王比三。』司馬貞所見之

本亦同，故出『比三』二字，解比爲頻。愚按今本得之，比猶竝也，與下文『比

德於殷、周』之比同。

案長短經臣行篇注吾上有始字。『帝、王之道比三代，』索隱本無代字，與楓、

三本合，然非作『五帝、三王比三』也。正義云云，是所據本『比三』下有代字，

『比三代，』與下文『及其身』對言，比猶及也。蓋帝、王之道，須及三代乃可

成，即下文所謂『侍數十百年以成帝、王』也。彊國之術，則及其身可成耳。如

考證說，則『比三代，』謂比擬夏、殷、周三代，與下文『比德於殷、周』相

應。又黃善夫本、殿本並無索隱。

安能邑邑待數十百年以成帝王乎？

案御覽引『以成帝王乎？』作『而成王道之業乎？』以、而同義，『王道』當作

『帝、王，』與上文相應。

然亦難以比德於殷、周矣。

　　案吳起說魏武侯，知恃險不如德；商鞅說秦孝公，知彊國之術難比德於殷、周，

然二子皆以刻薄少恩亡其軀，蓋其天性非好德者也。

孝公旣用商鞅，鞅欲變法，恐天下議己。

　　考證：『王念孫曰：「欲上鞅字，因上文而衍。此言孝公欲從鞅之言而變法，恐

天下議己。非謂鞅恐天下議己也。故鞅有『疑事無功』之諫。商子更法篇：『孝

公曰：「今吾欲變法以治，更禮以敎百姓，恐天下議我也。」公孫鞅曰：「疑行

無成，疑事無功。」』云云，是其明證矣。新序善謀篇同。」』

　　案欲上鞅字非衍，『恐天下議己，』謂孝公恐天下議己，非謂商鞅恐天下議己也。

長短經適變篇注：『秦孝公用衞鞅，鞅欲變法，孝公恐天下議己。』卽本此文。

欲上有鞅字，正存此文之舊。『恐天下議己』上增孝公二字，正得此文之義。此

文與商子、新序所載，意亦相符。

疑行無名，疑事無功。

　　考證：商君書『無名』作『無成。』

　　案商君書名作成，（御覽四九六引成作名，趙世家有說。）義同。廣雅釋詁三；

『名，成也。』王念孫疏證：『廣韻引春秋說題辭云：名，成也。』名、功互

文，猶成、功互文。功亦成也，爾雅釋詁：『功，成也。』

且夫有高人之行者，固見非于世。有獨知之慮者，必見敖于民。

　　梁玉繩云：『索隱本引商君書，謂「非作負，敖作驚。」（各本史記中索隱作

訾，非。）而今本商子作「必見非于世，」「因見毀于民。」與索隱所引不同。

考後漢書馮衍傳引此文云：「有高人之行，負非于世。有獨見之慮，見訾于人。」

李賢注曰：「語見史記商君傳。訾猶惡也。史記訾作疑。」又與今本史記不同。

（新序善謀作『見訾。』）』

　　案固、必互文，固猶必也。（今本商君書『因見毀于民，』因乃固之誤。）帝範

務農篇注引敖作傲，敖、傲、驚、訾，古皆通用。意林引商君書作『夫有高人之

行，見非於世。有獨知之明，見怨於人。』（人本作民，避唐太宗諱改。）與索

隱所引亦異。新序善謀篇作『且夫有高人之行者，固負非於世。有獨知之慮者，

必見警於民。』『見非』作『負非，』與後漢書馮衍傳引此文同。長短經注作
『夫有高人之行，固見非於世。有獨智之慮者，必見贄於人。』（智與知同，人字
亦避諱改。）『見敖，』作『見贄，』與後漢書馮衍傳引此文同。（長短經懼誡篇載
後漢書馮衍傳文，『負非』上、『見贄』上並有必字。）又戰國策趙策二：『夫有高
世之功者，必負遺俗之累。有獨知之慮者，必被庶人之怨。』趙世家作「夫有高
世之功者，負遺俗之累。有獨智之慮者，任驁民之怨。驁字與索隱引商君書同。
越絕外傳記范伯篇：『易曰：有高世之材，必有負俗之累。有至智之明者，必被
衆庶之議。』意林五引唐子：『夫士有高世之名，必有負俗之累。有絕羣之節，
必嬰謗嗤之患。』（參看趙世家斠證。）

知者見於未萌。

案趙世家：『智者覩未形。』萌、形同義。文選司馬長卿上書諫獵注引太公金匱
云：『明者見兆於未萌，智者避危於无形。』（又見阮元瑜爲曹公作書與孫權注
引六韜及司馬相如列傳。）萌、形互文，其義一也。

民不可與慮始，而可與樂成。

案商君書、新序成下並有功字。管子法法篇：『民未嘗可與慮始，而可與樂成
功。』呂氏春秋樂成篇：『民不可與慮化舉始，而可以樂成功。』亦並有功字。
長短經注、通鑑則並無功字。文選劉子駿移書讓太常博士注引太公金匱云：『夫
人可以樂成，難以慮始。』褚少孫補滑稽列傳：『〔西門〕豹曰：民可以樂成，
不可與慮始。』鹽鐵論結和篇；『民可與觀成，不可與圖始。』史通邑里篇：
『語曰：難與慮始，可與樂成。』亦皆無功字。

論至德者，不和於俗。成大功者，不謀於衆。

案越絕外傳紀：『成大功者，不拘於俗。論大道者，不合於衆。』（亦引易
文。）

是以聖人苟可以彊國，不法其故。

索隱：…………則不必要須法於故事也。

案新序彊作治。淮南子氾論篇：『苟利於民，不必法古。』（又見文子上義篇、
劉子法術篇。）故、古同義，爾雅釋詁：『古，故也。』說文同。又索隱單本

『要須』作『須要，』通鑑注引同。

甘龍曰，

> 索隱：孝公之臣，甘姓，龍名也。甘氏，出春秋時甘昭公王子帶後。
>
> 案通鑑注引索隱，『甘氏』作『甘姓』，『王子帶後，』作『子帶』之後。』黃善夫本、殿本索隱，亦並作『子帶』之後。『子帶』上當有王字，左僖二十四年傳：『甘昭公有寵於惠后，』杜注：『甘昭公，王子帶也。食邑於甘，河南縣西南有甘水也。』

因民而教，不勞而成功，緣法而治者，吏習而民安之。

> 考證：商君書更法、新序善謀，敎下不上有者字。
>
> 案記纂淵海四五引此文敎下亦有者字。商君書作『因民而教者，不勞而功成。據法而治者，吏習而民安。』新序同（惟安下有之字）。此文『成功』疑『功成』之誤倒，據、緣同義。景宋本白帖十三引此文治下無者字。長短經注作『因人而教，不勞而功成。緣法而理，吏習而人安。』蓋本史記。（民之作人，避唐太宗諱改。治之作理，避唐高宗諱改。）『成功』亦作『功成，』治下亦無者字。

常人安於故俗，學者溺於所聞。

> 案新序『故俗』作『所習，』義同，淮南子說山篇：『所先後上下不可不審。』記纂淵海五九引所作故，（鄭良樹學弟淮南子斠理有說。）說文：『俗，習也。』卽其證。長短經注『故俗』作『習俗，』趙策同。故與習亦同義，莊子秋水篇：『將忘子之故。』達生篇：『吾始乎故，』兩故字亦猶習也。（劉師培莊子校補有說。）鹽鐵論遵道篇：『庸人安其故，而愚者果所聞。』果與溺義近。

以此兩者居官守法可也，非所與論於法之外也。

> 案白帖引此作『若然者，居官守法可也，非所以論彊國利人之術也。』（人蓋本作民，避太宗諱改。）恐非此文之舊。惟『所與』作『所以，』義同。趙策與亦作以。

三代不同禮而王，五伯不同法而霸。

> 案商君書、新序禮並作道，作禮義長，下文亦以法、禮對言。

智者作法，愚者制焉。賢者更禮，不肖者拘焉。

案淮南子氾論篇：『夫聖人作法，而萬物制焉。賢者立禮，而不肖者拘焉。』
（劉文典集解云：『萬物，』羣書治要引作『萬民。』）高注：『制猶從也。拘
猶檢也。』

便國不法古。

案商君書、新序法並作必。（明秦四麟本商君書作『不必法古。』）趙世家亦作
『不必古，』惟彼文必下當有法字，斠證有說。

故湯、武不循古而王，

索隱：商君書作『脩古。』

案今本商君書作『循古。』脩乃循之誤，循、脩隸書形近，往往相亂。長短經注
循亦誤脩。

而循禮者不足多。

案白帖引『不足多』作『未足多也。』新序同，不、未同義。趙策、趙世家、淮
南子亦皆作『未足多也。』

以衞鞅爲左庶長。

考證：愚按左庶長，秦第十二爵。

案秦本紀集解引漢書（百官公卿表）所載秦爵二十級之名，云：『十，左庶長。』
今本漢書同。（師古注：庶長，言爲衆列之長也。）是左庶長，乃秦第十爵，
非第十二爵也。

令民爲什伍，而相牧司連坐。

索隱：牧司，謂相糾發也。一家有罪，而九家連舉發。…………

考證：『牧，各本作收，今從索隱本。王引之曰：「收當爲牧，字之誤也。方言
曰：『監、牧，察也。』鄭注周官禁殺戮曰：『司猶察也。』凡相禁察謂之『牧
司，』……索隱本作『牧司。』」』（末句考證未引司字，今補。）

案景祐本、黃善夫本、殿本皆作『收司，』黃本、殿本索隱同。通鑑注引索隱亦作
『收司。』長短經適變篇注：『商君之法，皆令爲什伍而相司牧。』即本此文，收
作牧，與索隱單本合。朱駿聲說文通訓定聲云：『收，叚借爲糾，實爲督，商君
傳：「而相收司連坐。」索隱；「收司，謂相糾發也。」』乃據誤本爲說，說雖可

通，非其舊也。韓非子和氏篇：『商君敎秦孝公以連什伍，設告坐之法。』淮南
子泰族篇：『商鞅爲秦立相坐之法，而百姓怨矣。』又索隱，單本謂作爲，而作
則，義並同。通鑑注引索隱而亦作則。

不告姦者腰斬。

　　案後漢書馮衍傳注引腰作要，要、腰正、俗字。

有軍功者，各以率受上爵。

　　梁玉繩云：『史詮曰：湖本率（音律）作卒，誤。』

　　案景祐本率亦誤卒。軍功最者，乃得受上爵。『各以率受上爵，』義不可通，上
　　字涉上文『二男以上』而衍，卷子本玉篇㪷部引此正無上字。

大小僇力本業，耕織致粟多者復其身。

　　案白帖二二引僇作勠，勠、僇正、假字，說文：『勠，幷力也。』漢書高帝紀上
　　：『復勿租稅二歲。』師古注：『復者，除其賦役也。』此文『復其身，』謂除
　　其徭役耳。

事末利及怠而貧者，舉以爲收孥。

　　索隱：末，謂工商也。……則糾舉而收錄其妻子，……蓋其法特重於古也。

　　案黃善夫本、殿本索隱，末下並有利字，則並作卽，古下並有制字。通鑑注引索
　　隱，末下亦有利字。並云：『秦法，一人有罪，收其室家。至漢文帝元年，始除
　　收孥相坐法。』

宗室非有軍功，論不得爲屬籍。

　　案通鑑胡注，論字屬上絕句，云：『論，議也。有戰功之可論也。屬籍，宗屬之
　　籍也。』讀『宗室非有軍功論』爲句，則有與以同義，論猶論量也。呂氏春秋論
　　人篇：『此賢主之所以論人也。』高注：『論猶論量也。』

明尊卑爵秩等級，各以差次。名田宅臣妾衣服，以家次。

　　考證：『通典注：名田，占田也。各立限，不使過制，如漢時王侯公主皆得名
　　田，吏民名田毋過三十頃是也。』

　　案漢書食貨志上：『限民名田，以澹不足。』師古注：『名田，占田也。各爲立
　　限，不使富者過制，則貧弱之家可足也。』卽通典注所本。惟此名字，總冒『田宅

臣妾衣服』而言，猶上文明字總冒『尊卑爵秩等級』而言，不當以『名田』二字連讀。明、名互文，名猶明也。釋名釋言語：『名，明也。』莊子山木篇：『道流而不明居，得行而不名處。』（郭象誤以居字屬下讀。）明、名互文，與此同例。長短經注『臣妾』作『妻妾。』

復曰：

案白帖十三引復下有令字。

輒予五十金，以明不欺。卒下令。

考證：『韓非子內儲篇云：「吳起之爲西河守，倚一車轅於此門之外，而令之曰：『有能徙此南門之外者，賜之上田上宅。』人莫之徙也。及有徙之者，旋賜之如令。……」事又見呂覽愼小篇。……』（末令字，原誤初。）

案白帖十四引輒作遂，明作示。十三引『不欺』下有『其法』二字。容齋四筆六云：『商鞅變秦法，恐民不信，乃募民徙三丈之木而予五十金。有一人徙之，輒予金。乃下令。吳起治西河，欲諭其信於民，夜置表於南門之外，令於邑中曰：「有人能償表者，仕之長大夫。」民相謂曰：「此必不信！」有一人曰：「試往償表，不得賞而已，何傷？」往償表來謁吳起，起仕之長大夫。自是之後，民信起之賞罰。予謂鞅本魏人，其徙木示信，蓋以効起，而起之事不傳。』『吳起治西河』云云，本呂氏春秋愼小篇。『鞅本魏人。』魏乃衞之誤。劉子履信篇：『吳起不虧移轅之賞。』巴黎敦煌本『移轅』作『移表。』『移轅，』本韓非子內儲說上。『移表，』則本呂氏春秋。又記纂淵海四九引史記：『吳起欲伐秦，恐士卒軍人不信，乃埋一車轅於市東門，書：「有能移此轅置西門者，給田宅百畝，黃金百金。」有一人來移，卽賜之。於是召募人伐秦，遂克。』今本史記無此文，雖言移轅事，與韓非子所載亦不盡合。

言初令之不便者以千數。

索隱：謂鞅新變之法令爲初令。

正義：初令，謂鞅之新法。

案御覽六三七引『言初』作『初言，』與下文『秦民初言令不便者』合。惟索隱、正義所據本已並以『初令』連文，則御覽所引，恐不足據。通鑑『初令』作

『新令，』本索隱、正義說也。

於是太子犯法，

案爾雅釋詁：『時，是也。』此文是猶時也。

刑其傅公子虔，黥其師公孫賈。

考證：後劓公子虔，則此時不知施何刑。

案秦策一云：『黥、劓其傅。』（統後劓公子虔而言。）秦本紀云：『黥其傅、師。』是於公子虔亦施黥刑矣。如公子虔、公孫賈同施黥刑，則此不必分別言之。後贊文稱鞅『及得用，刑公子虔』。不言黥，與此合。

秦人皆趨令。

案人本作民，（下文『秦人富彊。』亦同例。）此唐人避太宗諱改之也。御覽六四八引人作民，（復人爲民也。）趨作隨，說文：『隨，從也。』趨字義勝，謂民從令之速也。

行之十年，

考證：『中井積德曰：據秦紀，「十年」當作「七年，」是變法七歲，當孝公卽位之十年，而以鞅爲大良造也。

案十葢本作十，古七字也。

民勇於公戰，怯於私鬭。

案范雎列傳，雎見秦昭王，稱大王之國，⋯⋯民怯於私鬭，而勇於公戰。』此商鞅治秦之遺效也。

於是以鞅爲大良造。

索隱：卽大上造也。秦之第十六爵名也。今云『良造』者，或後變其名耳。

案秦本紀稱孝公「十年，衞鞅爲大良造。」又見六國年表。漢書百官公卿表上所載秦爵，『十六，大上造。』通鑑注：『索隱曰：「大良造，卽大上造。」余謂大良造，大上造之良者也。』岷謂良、上義近，故大良造卽大上造耳。

將兵圍魏安邑，降之。

考證：』顧炎武曰：「下文『魏遂去安邑，徙都大梁。』乃是自安邑徙都之事耳。安邑，魏都，其王在焉。豈得圍而便降？」秦本紀，昭王二十一年，魏獻安邑。已降，於五十年之後，何煩再獻乎？」梁玉繩曰：「安邑，當作固陵，說在

秦紀。」』

案考證引顧說，本殿本考證。安邑當作固陵，梁說是。梁氏於秦本紀據表及魏世家，謂『固陵之役，必圍在秦孝十年，而降在十一年。』通鑑於周顯王十八年書秦衞鞅圍魏固陽，降之。』亦當秦孝十一年。

作爲築冀闕宮庭於咸陽。

梁玉繩云：『董份曰：「既云「作爲，」又云築，何也？恐有衍字。」王孝廉曰：「疑是『築冀闕，作爲宮庭於咸陽。』」』

案「作、爲、築，」三字疊義，無衍字。（通鑑略『作爲』二字。）史記中三字疊義之例甚多，項羽本記：『孤、特、獨立，而欲長存。』宋世家：『我其發、出、往。』晉世家：『故、遂、因命之曰虞。』楚世家：『寡人與楚接境、壤、界。』燕王世家：『今呂氏雅、故、本推轂高帝就天下。』五宗世家：『使人致擊、笞、掠。』皆其驗也。秦本紀作『作爲咸陽，築冀闕。』王氏疑此是『築冀闕，作爲宮庭於咸陽。』即本秦本紀爲說，非此文之舊也。

而集小都鄉邑聚爲縣。

王念孫云：『都大而縣小，不得言集都爲縣。都即鄉字之誤而衍者也。秦本紀曰：「并諸小鄉聚，集爲大縣。」六國表曰：「初聚小邑爲三十大縣。」皆無都字。』

案都非鄉字之誤而衍者。『小都』乃『都小』之誤倒；或淺人妄乙。都讀爲諸，爾雅釋地：『宋有孟諸，』夏本紀作明都，即都、諸通用之證。『集都小鄉邑聚爲縣，』猶言『集諸小鄉邑聚爲縣。』秦本紀：『并諸小鄉聚，集爲大縣。』（通鑑同。）彼文言諸，此文言都，其義一也。

爲田開阡陌封疆，

正義：南北曰阡，東西曰陌。

案秦本紀亦稱鞅『爲田開阡陌。』御覽七百五十引〔唐江本一〕一位筭法云：『按司馬遷史記云：自秦孝公時，商鞅獻三術，內一開道阡陌，以五尺爲步，二百四十步爲畝。』今本史記無此文。又秦本紀索隱、文選潘安仁藉田賦注並引風俗通云：『南北曰阡，東西曰陌。』即此正義所本。

平斗桶權衡丈尺。

　　集解：『鄭玄曰：桶音勇，今之斛也。』

　　考證：『恩田仲任曰：「說文：『桶，木方器，受六斗。』古通作甬。」』

　　案禮記月令：『角斗甬。』呂氏春秋仲春紀甬作桶，桶、甬正、假字。月令鄭注：『甬，今斛也。』不言『音勇。』景祐本、黃善夫本、殿本集解皆無桶字，且皆在正文桶字下。（舊本集解位置，皆緊接在解釋某字之下，故無須標明釋某字。）恩田氏引說文『受六斗，』斗本作升，升乃什之誤，什即斗之隸變，說文序所謂『人持十爲斗』是也。

天子致胙於孝公，

　　梁玉繩云：案紀、表，胙當作伯。

　　案『天子致胙，』爲孝公二年事，詳秦本紀及六國年表。此云『天子致胙於孝公，』在『爲田開阡陌封疆』之後。『爲田開阡陌封疆，』在孝公十二年。亦詳紀、表。（通鑑在周顯王十九年，亦當孝公十二年。）則『致胙』當作『致伯，』紀、表皆作『致伯。』（初學記九引帝王世紀作『天子命爲伯。』）在孝公十九年，即周顯王二十六年。周本紀稱顯王『二十六年，周致伯於秦孝公。』六國年表顯王二十六年，亦云『致伯秦。』（通鑑顯王二十六年，書『王致伯于秦。』）則此文『致胙』必『致伯』之誤矣。（參看秦本紀斠證。）

魏居嶺阨之西，都安邑。

　　索隱：蓋即安邑之東，山領險阨之地。即今蒲州之中條已東，連汾晉之嶮嶃也。

　　考證：三條本嶺作領。

　　案索隱單本嶺亦作領，領、嶺古、今字。長短經七雄略篇注作『魏居嶺阨之閒，西都安邑。』又黃善夫本、殿本索隱，蓋下並無即字，領並作嶺，也上並有是字。通鑑注引索隱，蓋下亦無即字，『之東』作『以東，』（之、以同義。）領亦作嶺，『已東』作『以東，』也上有『皆其地』三字。

利則西侵秦，病則東收地。

　　案侵、收對言，收猶守也，呂氏春秋論文篇：『不可收也。』高注：『收，守也。』范雎列傳：『利則出攻，不利則入守。』此文之收，猶彼文之守矣。

此帝、王之業也。

　　案此實霸業也，美其名曰『帝、王之業』耳。

魏使公子卬將而擊之。

　　正義：卬，五郎反。

　　案正義讀卬爲昂，劉子履信篇卬正作昂，下同。卬、昂古、今字。

吾始與公子驩，

　　案白帖十五引始作往。

可與公子面相見盟，樂飲而罷兵，

　　案白帖引盟上有會字，則讀『可與公子面相見』句，『會盟樂飲而罷兵』句。

而衞鞅伏甲士而襲虜魏公子卬。

　　案白帖引士作兵。襲上而字與以同義，呂氏春秋無義篇作『以取公子卬。』

乃使使割河西之地，獻於秦以和。

　　梁玉繩云：魏惠王獻河西在後，說在始皇紀論中。

　　考證：『秦紀：「惠文王八年，魏納河西地。」則事在商鞅死後。史將言其功，故併及後事。』

　　案始皇本紀論，稱秦孝公時，『秦人拱手而取西河之外。』梁氏志疑云：『秦惠文王八年，魏入河西地于秦，孝公時安得至西河之外乎？商君傳有「魏惠王割河西地獻秦以和」之語，竝誤。』峴謂始皇本紀論之『取西河之外，』乃取西河以外部分之地；此文『割河西之地，』乃割河西部分之地，並誇大其辭耳。如此解，則兩文無誤；且不必言『併及後事。』

徙都大梁。

　　索隱：『紀年曰：「梁惠王二十九年，秦衞鞅伐梁西鄙。」則徙大梁，在惠王之二十九年也。』

　　案魏世家稱惠王『三十一年，徙治大梁。』集解引紀年云：『梁惠成王九年四月甲寅，徙都大梁。』與此索隱所引紀年作『二十九年』異。梁氏志疑謂『九年、』『二十九年』並誤。通鑑於周顯王二十九年，書『徙都大梁。』亦當惠王三十一年。

寡人恨不用公叔痤之言也！

　　案恨，悔也。絳侯世家王氏雜志有說。淮陰侯世傳：『信方斬，曰：吾悔不用蒯

　　通之計！』下文『呂后曰：「信言：恨不用蒯通計！」』上言悔，下言恨，其義

　　一也。

秦封之於、商十五邑，

　　案帝範務農篇注引『於、商』作『商、於，』通鑑同。據下文『君尚將貪商、於

　　之地，』則作『商、於』是。鹽鐵論非鞅篇：『孝公大說，封之於商、安之地，方

　　五百里。』盧文弨拾補云：『安，或作於。』安、於古通，說文：『於，象古文

　　烏省。』是於、烏同字。呂氏春秋明理篇：『烏聞至樂！』高注：『烏，安也。』

　　於之通安，猶烏之通安矣。

商君相秦十年，

　　索隱：『戰國策云：「孝公行商君法十八年而死。」與此文不同者。案此直云「相

　　秦十年」耳，而戰國策乃云「行商君法十八年，」葢連其未作相之年耳。』

　　考證：『梁玉繩曰：鞅以孝公元年入秦，三年變法，五年爲左庶長，十年爲大良

　　造，廿二年封商君，廿四年孝公卒、鞅死。則「十年」以何者爲始？索隱引秦策

　　作「十八年，」亦不合。（今本國策脫十字。）疑當作「二十年，」自爲左庶長

　　數之也。』

　　案秦策：『孝公行之八年，疾且不起。』姚氏本之下有校語云：『一本下有十

　　字。』作『十八年，』與索隱所引合。此作『十年，』通鑑注：『顯王十七年，

　　秦以商鞅爲大良造；十九，商鞅徙秦都咸陽，廢井田，開阡陌，平權量；二十一

　　年，更賦稅法，爲相當在是年，至今年十年矣。』可備一說。鹽鐵論云：『夫商

　　君起布衣，自魏入秦，期年而相之。』期年而相，則至孝公廿四年，已相秦廿三

　　年矣，最不足據。

宗室貴戚多怨望者，

　　案望借爲謹，說文：『謹，責望也。』『怨望』連文，義猶『怨責，』本書習

　　見，已詳殷本紀。

推賢而戴者進，聚不肖而王者退。

考證：『崔適曰：「王字不可解，疑誤。」愚按斷章取義，崔說拘。』

案『戴者，』謂爲民所尊奉者。國語晉語五：『然而民不能戴其上久矣。』韋注：『戴，奉也。』謂尊奉也。王猶正也，法言先知篇：『四國是王。』李軌注：『王，正。』漢書劉向傳：『羣枉盛則正士消。』『王者』猶言『正士』耳。逸周書史記解：『邪人進則賢良日蔽而遠。』荀子致仕篇：『口行相反，而欲賢者之至、不肖者之退也，不亦難乎！』主父偃傳嚴安上書有云：『爲智巧權利者進，篤厚忠信者退。』

非其位而居之曰貪位，非其名而有之曰貪名。

案兩其字並讀爲己。

趙良曰：反聽之謂聰。內視之謂明。自勝之謂強。

考證：『楓、三本「反聽」作「外聽。」…………韓非子外儲篇引申子曰：「獨視者謂明。獨聽者謂聰。能獨斷者可以爲天下主。」語似而意反。』

案長短經是非篇引老子云：『反聽之謂聰。內視之謂明。自勝之謂強。』與趙良語全同，惟今本老子無此文。韓非子喻老篇引老子：『自見之謂明，』亦不見於今本，『自見』與『內視』同義；又引老子：『自勝之謂強，』與今本三十三章『自勝者強』句略同；與長短經所引末句全同。抱朴子論仙、辨問二篇並云：『內視、反聽。』至理篇：『反聽而後所聞徹。內視而後見無朕。』釋滯篇：『內視於無形之域。反聽乎至寂之中。』似並本於老子。（互詳老子疏義。）此文楓、三本『反聽』作『外聽，』大謬！韓非子引申子云云，與此文無涉。

虞舜有言曰：自卑也尙矣！

案禮記表記：『君子雖自卑，而民敬尊之。』

君不若道虞舜之道，

考證：『若道』之道，由也。

案禮記禮器：『苟無忠信之人，則禮不虛道。』鄭注：『道猶由也，從也。』秦始皇本紀：『道九原，抵雲陽。』說苑反質篇道作從。此文『若道』猶言『若從』耳。

而爲其男女之別。

案爲猶使也，韓世家：『公又爲秦求質子於楚，』爲亦猶使也。（彼文有說。）
之猶有也，鄭世家：『文公之賤妾曰燕姞，』左宣三年傳之作有，孔子世家：『夫
子之言曰，』家語終記篇之作有，（彼文並有說。）並同此例。

營如魯、衞矣。

　　案小爾雅廣詁：『營，治也。』

子觀我治秦也，孰與五羖大夫賢？

　　考證：百里奚自賣以五羖羊之皮，爲人養牛。秦穆公舉以爲相，秦人謂之五羖大
　　夫。』

　　案長短經是非篇子下有之字，賢下有乎字。殿本治誤視。與猶如也，本書習見。
　　考證云云，本通鑑注。

千羊之皮，不如一狐之掖。千人之諾諾，不如一士之諤諤。武王諤諤以昌，殷紂墨墨
以亡。

　　考證：『掖讀爲腋，墨讀爲嘿。諤諤，謇直也。掖、諤，昌、亡韻。趙世家：
　　「趙簡子曰：吾聞千羊之皮，不如一狐之腋。諸大夫朝，徒聞唯唯，不聞周舍之
　　諤諤。」說苑正諫篇：「孔子曰：武王諤諤而昌，紂嘿嘿而亡。」蓋古有此語，
　　趙良稱之也。』

　　案宋龔頤正芥隱筆記引掖作腋，『諤諤』作『咢咢，』記纂淵海五八引掖亦作
　　腋。說文：『亦，人之臂亦也。』亦、掖正、假字。腋，俗字。考證引趙世家云
　　云，『諤諤』本作『咢咢，』文選韋孟諷諫詩注引作『咢咢，』陸士衡辯亡論注
　　引作『諤諤。』咢、諤古、今字。咢，借字。（趙世家有說。）韓詩外傳七：『簡
　　子曰：「昔者吾友周舍有言曰：『千羊之皮，不若一狐之腋。眾人諾諾，不若一
　　士之諤諤。』昔者商紂默默而亡，武王諤諤而昌。」』（又見新序雜事一，『默
　　默』作『昏昏，』義同。）外傳十：『故曰：有諤諤爭臣者其國昌，有默默諛臣
　　者其國亡。』此文『默默』作『墨墨，』後漢書郅惲傳注引作『嘿嘿，』與說苑
　　合。嘿與默同。默、墨古通，楚辭九章懷沙：『孔靜幽默，』屈原列傳默作墨，
　　即其比。又家語六本篇：『孔子曰：湯、武以諤諤而昌，桀、紂以唯唯而亡。』

至言，實也。

案至借爲質，莊子天道篇：『天地之平，而道德之至。』刻意篇至作質，蘇秦列
傳：『已得講於魏，至公子延。』楓山、三條本至並作質，（考證有說。）卽
至、質古通之證。梁孝王世家：『雖知非至言，然心內喜。』漢書梁孝王傳王氏
補注：『至，誠直也。』彼文至亦借爲質，『質言，』卽誠直之言，與此同例。
（彼文斠證亦有說。）

夫五羖大夫，荆之鄙人也。

正義：百里傒，南陽宛人，屬楚，故云荆。

考證：『梁玉繩曰：百里奚，虞人，非荆人。正義謂「宛人，」亦非。』

案通鑑注：『孟子：「百里奚，虞人也。以食牛干秦穆公。」今曰「荆之鄙人。」
按史記：「晉滅虞，執百里傒，爲秦繆公夫人媵。百里傒亡秦走宛，楚鄙人執
之，繆公以五羖羊皮贖之，以爲上大夫。」傒，讀與奚同。繆，讀與穆同。』所
引孟子，見萬章篇；史記，見秦本紀。百里奚本虞人，趙良謂其『荆之鄙人，』
就其在楚而言。正義謂其『宛人，』就其在楚之宛而言。

聞秦繆公之賢，

案御覽四七四引作『聞穆公好賢。』長短經亦無秦字，後漢書蔡邕傳注引繆亦作
穆，通鑑同。

自粥於秦客，被褐食牛。

案後漢書注引粥作鬻，被作衣。孟子、長短經粥亦並作鬻。御覽引被作披。粥
乃鬻之省。被、衣、披，皆同義。長短經食作飯，淮南子氾論篇亦云：『百里奚
之飯牛。』食、飯同義。

期年繆公知之。

案後漢書注引年下有『而後』二字。文選司馬子長報任少卿書注引『知之』作
『知其賢。』

舉之牛口之下，

案淮南子云：『興于牛領之下。』廣雅釋詁一：『興，舉也。』

秦國莫敢望焉。

案御覽引『望焉』作『毀也。』望借爲謍，說文：『謍，責望也。』責與毀義

近。焉、也同義。

相秦六七年，而東伐鄭，三置晉國之君，

　　　考證：『梁玉繩曰：「奚之爲相，未知的在秦穆何年。然以伐鄭、楚三置晉君言

　　　之，則首尾已二十年，何云『六七年』也？」愚按困學紀聞亦疑之。』

　　　案而猶乃也，此似謂奚相秦六七年，乃伐鄭、三置晉君、一救荆禍（下文），此

　　　皆六七年後之事也。又『伐鄭，』通鑑注：『謂左傳僖三十年，與晉圍鄭也。』

一救荆國之禍。

　　　索隱：『案六國年表：「穆公二十八年，會晉、救楚、朝周。是也。」』

　　　考證：『救荆國之禍，未詳。梁玉繩曰：「救，謂救晉。」錢大昕曰：「秦穆公

　　　之時，楚未有禍，秦亦無救楚事。趙良所謂救荆禍者，即指城濮之役也。謂宋有

　　　荆禍而秦救之，非謂荆有禍也。」愚按此說亦未得。』

　　　案黃善夫本、殿本索隱並作『十二諸侯年表：「穆公二十八年，會晉、救楚、朝

　　　周。」此云「救荆，」未詳。』穆公時事，不應列在六國年表，作「十二諸侯年

　　　表，」是也。通鑑注引索隱亦作『十二諸侯年表；』又引『救楚』作『伐楚，』

　　　並與十二諸侯年表合。若年表本作『救楚，』則索隱不得謂『此云「救荆」未詳』

　　　矣。又通鑑注：『余按左傳，晉既敗楚于城濮；又敗秦于殽，穆公使鬬克歸楚求

　　　成。所謂救荆禍，蓋指此也。此亦可備一說。

暑不張蓋。

　　　案淮南子兵略篇，稱古之善將者，亦『暑不張蓋。』

不從車乘，

　　　案御覽二百四引從作驅。

五羖大夫死，秦國男女流涕。

　　　案書鈔引死字作『初亡也』三字。文選任彥昇齊竟陵文宣王行狀注引女下有『莫

　　　不』二字。

童子不歌謠，舂者不相杵。

　　　正義：『曲禮：不舂不相。』

　　　案賈誼新書春秋篇，稱鄭穆公死，亦『傲童不謳歌，舂築者不相杵。』（書鈔三

五引傲作遨。）又正義春上衍不字。

今君之見秦王也，因嬖人景監以爲主，非所以爲名也。

　　案孟子萬章篇：『萬章問曰：「或謂孔子於衞主癰疽，於齊主侍人瘠環，有諸乎？」孟子曰：否，不然也。……孔子進以禮，退以義。』商鞅主嬖人景監，是進不以禮也。

刑、黥太子之師、傅。

　　案『師、傅』蓋『傅、師』之誤倒。刑謂傅，黥謂師也。上文『刑其傅公子虔，黥其師公孫賈，』先言傅，後言師，卽其證。秦本紀：『黥其傅、師，』考證引楓、三本『傅、師』並作『師、傅，』誤與此同。（參看彼文斠證。）

是積怨畜禍也。

　　案積、畜互文，畜借爲蓄，說文：『蓄，積也。』下文『畜百姓之怨，』通鑑注：『畜讀曰蓄。』與此同例。

敎之化民也深於命。民之效上也捷於令。

　　考證：二句蓋古語。命、令韻。命、令二字，異文同意。

　　案淮南子主術篇：『行不言之敎。』高注：『敎，令也。』命、令互文，命亦令也。效謂效力也。景祐本、黃善夫本、殿本效皆作効，俗。二句非古語，謂『敎令之化民，較敎令所期者爲深。民之效力於上，較法令所期者爲速。』舊注皆未達其義。

相鼠有體，人而無禮。人而無禮，何不遄死！

　　案上而字義與乃同，下而字義與如同。何，詩本作胡。史公以詁訓字代之耳。

公子虔杜門不出，

　　案晉語一：『狐突杜門不出。』

詩曰：得人者興，失人者崩。

　　考證：『逸詩，興、崩韻。或云：詩當作書。』

　　案通鑑注：『逸詩也。』考證稱『詩當作書。』古人詩、書亦通稱，孫詒讓札迻三於秦策三有說，考證於范雎列傳已引之。文選東方曼倩荅客難：『得士者強，失士者亡。』（又見褚少孫補滑稽列傳。）注引孔叢子云：『子思謂曾子曰：此

乃得士則昌，失亡則亡之秋也。』又揚子雲解嘲注引春秋保乾圖云：『得士則

安，失士則危。』吳越春秋句踐陰謀外傳：『傳曰：失士者亡，得士者昌。』

多力而駢脅者爲驂乘，

案文選左太沖吳都賦劉淵林注引此無爲字，驂作參。驂、參古通，其例習見。

持矛而操闟戟者，

集解：『徐廣曰：戟，一作憀。屈盧之勁矛，干將之雄戟。』

索隱：闟，亦作鈒，同。⋯⋯⋯⋯⋯

正義：『顧野王云：「錟也。」⋯⋯⋯⋯釋名云「戟，格也。旁有格。」』

梁玉繩云：『徐廣云：「一作：憀屈盧之勁矛，干將之雄戟。」與文選吳都賦注

引史同。蓋異本也。』

考證：『中井積德曰：「集解憀、撩同，取持也。鈒，小矛也。」梁玉繩曰：

「文選吳都賦注引史亦作：憀屈盧之勁矛，干將之雄戟。」』

案索隱稱『闟，一作鈒，同。』說文：『鈒，錟也。錟，小矛也。』文選張平子

東京賦：『闟戟轇輵。』薛綜注：『闟，錟也。』可證闟與鈒同。玉篇金部亦

云：『鈒，錟也。』此文正義引顧野王云『錟也。』疑所據正文闟作鈒。玉篇門

部云：『闟，戟名。』若正義所據正文作闟，則與所引顧說不合。通鑑注引正義，

『錟也』上有矛字，則是訓矛爲錟，玉篇無此訓。又引正義『旁有格，』格上有

枝字，與釋名釋兵合。文選吳都賦李善注引史記：『趙良曰：屈盧之勁矛，干將

之雄戟。』與徐注所稱一本同，惟未引憀字。考證未檢文選注，而改竄梁說，疏

矣！梁氏所據湖本徐注『一作：憀屈盧之勁矛，干將之雄戟。』景祐本、黃善夫

本、殿本皆同。考證本『一作』上妄增戟字，又讀『一作憀』爲句，大謬！憀借

爲撩，與持、操義近，中井說是。

尚將欲延年益壽乎？則何不歸十五都？

裴學海云：將，猶也。則猶今也。（古書虛字集釋八。）

案『將欲，』複語，將亦欲也。廣雅釋詁一：『將，欲也。』列子說符篇：『楊

布怒，將扑之。』白孔六帖九八引將作欲，並其證。下文『君尚將貪商、於之

富，』將亦與欲同義。

秦國之所以收君者，豈其微哉？

索隱：『謂鞅於秦無仁恩，故秦國之所以收錄鞅者，其效甚明。故云「豈其微哉？」』

考證：『中井積德曰：「收，捕也。」愚按，微，少也，輕也。言秦國收君，必不以輕罪也。死在目前。』

案說文：「收，捕也。」『豈其，』複語，其亦豈也。微，少也。此謂『秦國之所以收捕君者，豈少哉？』下文『太子立，公子虔之徒，告商君欲反，發吏捕商君。』正可證收捕商君者之不少也。索隱、考證並未得『豈其微哉』之義。通鑑注：『微，少也。趙良言「豈少？」蓋謂太子與其師傅，將挾怨而殺之也。』此說得之。

亡，可翹足而待！

案文選陳孔璋檄吳將校部曲文注引新序（佚文）云：『趙良謂商君曰：君亡，可翹足而待也！』高祖本紀酈將軍（商）亦云：『亡，可翹足而待也！』

客舍人不知其是商君也。

考證：各本人上無舍字，今依楓、三本補。

案文選潘安仁西征賦注引此無『客舍』二字。

曰：商君之法，舍人無驗者坐之。

案白帖三引法作令。呂氏春秋無義篇高注引戰國策云：『鞅欲歸魏，秦人曰：商君之法，急不得出也。』今本國策無此文。惟秦策一高注：『商君懼誅，欲之魏，商人禁之，曰：商君之法，急不得出。』而不言其本於國策。

爲法之敝，一至此哉！

案文選注引作『爲法之獘，一至於此哉！』鹽鐵論非鞅篇作『爲政之弊，至於斯極也！』獎乃獘之誤，弊又獘之變，（秦始皇本紀有說。）敝、獘古通。一猶乃也，淮南子道應篇：『伯樂喟然太息曰：一至此乎！』（列子說符篇至下有於字。）滑稽列傳：『王曰：寡人之過，一至此乎！』（左昭二十九年傳孔疏引至下有於字。）一，亦並與乃同義。

去之魏，魏人怨其欺公子卬而破魏師，弗受。

梁玉繩云：『呂氏春秋無義篇云：「秦惠王疑公孫鞅，欲加罪，鞅以其私屬與母歸魏，襄庇不受。」（襄庇，今本作疵，古广、扩多通。竹書顯王廿五年有穰庇，疑即此人。竹書一本作庇；一本作疵，恐皆譌。別有說，在十二侯表莊王八年，及建元侯表順梁侯下。）曰：以君之反公子卬也。」注：「惠王殺鞅，車裂之。何得以其私屬與母歸魏而不見受乎？公子卬家何不取而殺之？推此言之，復歸魏，妄矣！」孫侍御曰：「合呂子、史記觀之，蓋實有走魏事。呂氏去商君時尤近，似非妄也。」』

案孫氏謂商鞅『實有走魏事，』是也。秦策：『商君歸，還。』謂其歸魏不得而還秦也。高注：『魏以其譎公子卬而沒其軍，魏人怨而不納。』與史記所記合。

遂內秦。

案通鑑內下有之字。注云：『內讀曰納。』內、納古、今字。

殺之於鄭黽池。

集解：『徐廣曰：黽，或作彭。』

案御覽六四五引黽作澠，黽、澠古、今字。水經穀水注：『黽池，亦或謂之彭池。故徐廣音義曰：「黽，或作彭。」』六國年表，秦孝公二十四年，『孝公薨，商君反，死彤地。』彤地乃彭池之誤，梁氏志疑有說。

秦惠王車裂商君以徇，

案韓非子和氏篇：『商君車裂於秦。』（秦策一亦稱『惠王車裂之。』）問田篇：『吳起支解而商君車裂。』難言篇亦稱吳起『卒枝解於楚。』（秦策三亦稱吳起『卒支解。』蔡澤傳支作枝，古字通用。）韓詩外傳一：『吳起峭刑而車裂，商鞅峻法而支解。』淮南子繆稱篇亦云：『商君立法而支解，吳起刻削而車裂。』古書於商鞅或言『車裂，』或言『支解。』於吳起亦同。蓋『車裂』亦『支解』之刑也。

商君其天資刻薄人也！

考證：其字疑因下文衍。

案其猶乃也，非衍文。莊子寓言篇：『惡乎其所適？惡乎其所不適？』魏世家：『奈何其同之哉？』三其字亦皆與乃同義。（魏世家有說。）

跡其欲干孝公以帝王術，挾持浮說，非其質矣。

　　考證：古鈔本、三條本質作實。

　　案跡猶尋也，謂推究也。後漢書儒林傳論：『跡衰敝之所由致，』李賢注：『跡
　猶尋也。』古鈔本、三本質作實，義同。論語雍也篇：『質勝文則野。』皇疏：
　『質，實也。』戰國策魏策一：『夫事秦，必割地效質。』蘇秦列傳質作實，並
　其證。

余嘗讀商君開塞、耕戰書，

　　索隱：按商君書，開，謂刑嚴峻則政化開。塞，謂布恩賞則政化塞。其意本於嚴
　刑少恩。又爲田開阡陌，及言斬敵首賜爵，是耕戰書也。

　　正義：商君書有農戰篇，有開塞篇。五卷，三十六篇。開，謂峻法嚴刑，政化開
　行也。塞，謂布恩則政化杜塞也。耕，謂開阡陌封疆則農爲耕也。戰，謂斬敵首
　等級賜爵，則士卒勇於公戰也。』

　　考證：『漢志云：「商君書二十九篇。」隋志云：「商君書五卷。」新唐志作商
　子。正義曰「三十六篇」者，不知何本。今本二十六篇，佚其二篇。第三爲農
　戰，史公所謂耕戰，或斥此篇。開塞亦篇名，第七。晁公武曰：「司馬貞葢未見
　鞅書，妄爲之說耳。今考其書開塞篇，謂『道塞久矣，今欲開之，必刑九而賞
　一。刑用於將過，則大邪不生。賞施於告姦，則細過不失。大邪不生，細過不
　失，則國治矣。』……」』

　　案索隱之釋『開塞、耕戰，』乃就全書言之，故非僅與開塞篇之義不合；卽與農
　戰篇之義亦不符。如謂其『未見鞅書，妄爲之說。』則未必然。此猶正義已明云
　『商君書有農戰篇、有開塞篇，』而其釋『開塞、耕戰，』仍就全書言之，而與
　索隱之義頗合也。葢商君書誠有開塞篇，而史公所謂『耕戰，』是否卽指農戰
　篇，誠未可必。此索隱、正義之所以就全書釋『開塞、耕戰』者與？淮南子泰族
　篇：『商鞅之啓塞，』許愼注：『啓之以利，塞之以禁，商鞅之術也。』『啓塞』
　卽『開塞，』許注亦就全書言之也。又正義所云『三十六篇，』三疑二之誤。

卒受惡名於秦，有以也夫！

　　集解：『新序論曰：「秦孝公保崤、函之固，……周室歸籍，……

弃灰於道者被刑。…………庶幾霸王之佐哉！』

索隱：『新序是劉歆所撰，其中論商君，故裴氏引之。藉音胙，字合作胙，誤爲藉耳。按本紀，「周歸文、武胙於孝公」者是也。說苑云：「秦法，弃灰於道者刑。」是其事也。』

考證：索隱劉歆，當作劉向。

案詩邶風旄丘：『必有以也。』集解引新序云云，長短經臣行篇亦引之，（文較略，略有出入。）作『劉向曰，』可證索隱劉歆之誤。王應麟漢藝文志考證已謂索隱『誤以向爲歆。』『又歸籍，』索隱單本、殿本籍並作藉。籍、藉古音與胙同，（詳顧炎武唐韻正。）故與胙通用，非誤字，齊策四：『天子受籍，』籍亦借爲胙，孫詒讓札迻三有說。索隱「弃灰於道者刑，」單本刑上有『有』字。

李斯列傳：『商君之法，刑弃灰於道者。』亦其事也。

史記斠證卷六十九

蘇秦列傳第九

王　叔　岷

蘇秦者，東周雒陽人也。東事師於齊，而習之於鬼谷先生。

　　案御覽四六三引史記云：『蘇秦初與張儀俱事鬼谷先生，十一年皆通六藝，經營百家之言。鬼谷先生弟子五百餘人，爲之土窟，窟深二丈，先生曰：「有能獨下說窟中使我泣出者，則能分人主之地。」久，蘇秦下說窟中，鬼谷先生泣下沾衿；次張儀下說窟中，亦泣。先生曰：「蘇秦詞說與張儀一體也。」』三八七引史記云：『蘇秦說鬼谷先生，淚下沾襟。』論衡答佞篇：『傳曰：蘇秦、張儀從橫，習之鬼谷先生，掘地爲坑，曰：「下說令我泣出，則耐分人君之地。」蘇秦下說，鬼谷先生泣下沾襟。』似卽本於史記。惟今本史記無此文，是否此節佚文，未敢遽斷。（說互詳斠證導論。）又意林二引鬼谷子序云：『周時有豪士隱者，居鬼谷，自號鬼谷先生，無鄉里族姓名字。』文選郭景純遊仙詩注亦引鬼谷子序云：『周時有豪士，隱於鬼谷者，自號鬼谷子。』御覽五百十引袁淑眞隱傳云：『鬼谷先生，不知何許人也。隱居鬼谷山，因以爲號。蘇秦、張儀師之。』

出游數歲，大困而歸。

　　索隱：按戰國策，此語在說秦王之後。

　　考證：『梁玉繩曰：史置於說秦王前，誤也。』

　　施之勉云：『御覽七百二十六引春秋後語曰：「蘇秦事鬼谷子，學終，辭歸，道乏困，行以燕人蠱卜傳說自給，各解臧獲之袈。」注：「燕人用蠱卜，秦託此以取資自給，傳會事以爲詞說。臧獲役人，解其衣袈，以賞其怪說之言也。」此與史合，史公不誤。』

案白帖六引『大困而歸，』作『顯頓而歸。』（記纂淵海四十、七四並引作『窮困歸。』）御覽所引春秋後語，『傳說』乃『傅說』之誤，注文可證。又春秋後語晚出，謂秦『學終辭歸，道乏困。』雖在說秦王之前，僅可謂與史記合，不能據以定史記此文之是非。

兄弟嫂妹妻妾竊皆笑之。

案秦策：『妻不下紝，嫂不爲炊，父母不與言。』不云秦有妾。此文妾字疑衍，下文『蘇秦之昆弟妻嫂，側目不敢仰視，』亦不言秦有妾。白帖、御覽五一七、記纂淵海七四引此皆無妾字。又御覽、記纂淵海四十、七四引此『笑之』下並有『不爲下機』四字，白帖引此妻下無『妾竊皆笑之』五字，而有『不下機，嫂不爲炊』七字，蓋皆雜引秦策之文。類書引書往往如此。

雖多亦奚以爲！於是得周書陰符，伏而讀之。

考證：『張文虎曰：「依索隱本，上文『出其書徧觀之』六字，『當在雖多亦奚以爲』下，今本錯簡。」愚按秦策，「周書陰符，」作「太公陰符之謀。」』

案論語子路篇：『雖多亦奚以爲！』索隱單本先釋上文『夫士業已屈首受書，』次釋『徧觀之，』（考證本徧誤偏。）復次釋『得周書陰符。』故張氏謂『上文「出其書徧觀之」六字，當在「雖多亦奚以爲」下』也。岷謂索隱所據本，上文『出其書徧觀之』六字，蓋在此文『於是』二字下。秦策云：『乃夜發書，陳篋數十，得太公陰符之謀，伏而誦之。』御覽六一六引春秋後語作『於是夜發書篋數十，得周書陰符，伏而讀之。』乃猶『於是』也。以此例之，則舊本史記蓋作『於是出其書徧觀之，得周書陰符，伏而讀之』矣。又秦策『伏而誦之』下云：『簡練以爲揣摩，讀書欲睡，引錐自刺其股，血流至足。』（集解引足作踵。）春秋後語『伏而讀之』下云：『欲睡，引錐刺其股，血流至踝。』考御覽六一一引史記云：『蘇秦，洛陽人，與魏人張儀同師事鬼谷先生。讀書至睡，秦輒引錐刺股，血流至踝。』（三七二亦引史記云：『蘇秦握錐自厲，流血至踝。』）竊疑所引『至睡，秦輒引錐刺股，血流至踝』十二字，本在此文『伏而讀之』下，今本誤脫之也。

期年以出揣摩，

案奏策作『碁年揣摩成。』『以出』猶『已成，』趙世家：『事有所出，而功有

所止。』（今本出、止二字互易，彼文斠證有說。）正義：『出猶成也。』

求說周顯王，

梁玉繩云：周室微弱，何可爲藉？策亦無秦說周事，恐妄。

案秦爲東周雒陽人，其求說周顯王，恐非妄。史公記其事，當有所據。此可以補

策之未備；或策本有其事，今本佚之耳。

秦，四塞之國，被山帶渭，東有關、河，

正義；…………………南山及武關、嶢關。…………………江，渭岷江，渭州隴山之西

南流入蜀，…………………

考證：『張文虎曰：「…………………南下有脫文，當云『南有某山』云云。………

…………渭州上疑脫「西從」二字。」愚按楓、三本正義，…………「江，渭

岷江。」作「江，謂岷江。」…………』

施之勉云：『正義「江，渭岷江。」黃善夫本作「江，謂岷江。」』

案御覽一六四引河下有『之險』二字。高祖本紀：『秦，形勝之國，帶河、山之

險。』劉敬列傳：『秦地被山帶河，四塞以爲固。』又殿本正義，『南山』作

南有南山，』『江，渭岷江。』渭亦作謂。渭州上有從字。

西有漢中，南有巴、蜀，北有代、馬。

考證：『楓、三本無「南有」二字。…………………梁玉繩曰：「國策云：『西有

巴、蜀、漢中之利，南有巫山、黔中之限。』此殆非也。而是時諸郡未屬秦，未

知蘇子何以稱也。」』

案御覽引此作『西有漢中、巴、蜀、北有代、馬之利。』無『南有』二字，與楓、

三本及秦策並合。酇侯世家稱關中『南有巴、蜀之饒，北有胡、苑之利。』（苑，

一作宛，古字通用，參看彼文斠證。）與此作『南有巴、蜀』之本合。

以秦士民之眾，兵法之敎。可以吞天下，稱帝而治。

考證：楓、三本無『以秦士民之眾，兵法之敎』十字，而下無治字，秦策有。

案秦策作『以大王之賢，士民之眾，車騎之用，兵法之敎，可以幷諸侯，吞天

下，稱帝而治。』

去游燕。歲餘而後得見說燕文侯，

　　　案去，一字句。『游燕，』二字句。此猶項羽本紀『去學劍，』當讀去，一字
　　　句。『學劍，』二字句也。燕世家、通鑑周紀二，文侯並作文公，侯、公通稱，
　　　古籍不拘，燕世家有說。

南有嘑沱、易水，

　　　正義：嘑沱，出代州繁畤縣東，⋯⋯⋯⋯⋯⋯
　　　案御覽一六二引嘑作呼，燕策一、長短經七雄略並同，（下文亦同。）嘑、呼
　　　古、今字。黃善夫本、殿本正義嘑亦並作呼。

地方二千餘里。

　　　案燕策同，黃丕烈札記云：『餘，鮑本無，史記有。』御覽引史記亦無餘字。

車六百乘，騎六千匹，粟支數年。

　　　索隱：『按戰國策：車七百乘，粟支十年。』
　　　梁玉繩云：國策作『車七百乘，粟支二年。』而二字譌，索隱引作『十年。』
　　　案姚本燕策作『粟支十年，』與索隱引合。鮑本十作二，黃氏札記亦以爲誤。

民雖不佃作，

　　　案燕策、長短經佃並作田，古字通用。詩齊風甫田：『無田甫田。』孔疏：『上
　　　田，謂墾耕。』釋文：『無田，音佃。』此文『佃作』猶『耕作』也。

以趙之爲蔽其南也。

　　　案一切經音義四一引史記云：『蔽，障也。』疑是此文之注。

秦、趙相獘，

　　　考證：獘讀爲敝，策作敝。
　　　案姚本策獘作弊，弊乃獘之俗變，獘爲獘之或體。

過代、上谷。

　　　案長短經有注云：『今易州也。』

則燕國必無患矣。

　　　案長短經患作事。

卽因說趙肅侯

索隱：『按世本云：蕭侯名語。』

考證：各本索隱語作言，今從楓、三本。趙世家（索隱）亦引世本作語。

案通鑑注引索隱云：『蕭侯名語。』亦可證此索隱作言之誤。

天下卿相人臣，及布衣之士，

考證：楓、三本『人臣』作『人君。』及下有至字。

案下言『皆願奉敎陳忠，』則此自當作『人臣。』楓、三本臣作君，涉上下文君字而誤。趙策二亦作『人臣。』又及作乃，下有至字。吳昌瑩經詞衍釋五、六，有及、乃同義之說。惟二字形近亦易亂。

奉陽君妬；君而不任事。

王念孫云：『奉陽君妬』句，『君而』當爲『而君，』言奉陽君旣妬賢；而君又不任事也。趙策作『奉陽君妬，大王不得任事。』是其證。

考證：楓、三本妬下君字作賢，無而字。

案王氏謂『奉陽君妬』句，是也。惟『君而』不當作『而君，』而猶又也，『君而不任事，』猶言『君又不任事。』吳世家：『季歷賢；而有聖子昌。』御覽四二三引而作又，越世家：『卑辭厚禮以遺之，不許；而身與之市。』國語越語下而作又，孔子世家：『而反乎衞，入主蘧伯玉家。』禮記檀弓孔疏引而作又，皆而、又同義之證。楓、三本此文作『奉陽君妬賢，不任事。』謂『奉陽君妬賢，』是也。『不任事，』亦屬之奉陽君，則非矣。

竊爲君計者，

案趙策、長短經並無者字。

且無庸有事於民也。

考證：楓、三本有下無『事於』二字。策作『請無庸有爲也。』

案楓、三本作『且無庸有民也。』義不可通。若無『事於』二字，則當從趙策作『請無庸有爲也。』長短經作『且無庸有事民爲也。』事下盍略於字。

擇交而得，則民安。擇交而不得，則民終身不安。

案兩而字並與如同義。

故夫謀人之主，

案『故夫，』複語，夫亦故也。亦作『夫故，』莊子應帝王篇：『而以道與世
亢，必信。夫故使人得而相汝。』（又見列子黃帝篇。）即其例。

請別白黑所以異，陰陽而已矣。

　　索隱：『按戰國策云：「請屏左右，白言所以異陰陽。」其說異此。然則「別白
黑」者，蘇秦言，已今論趙國之利，必使分明有如白黑分別，陰陽殊異也。』

　　考證：『請別白黑所以異』句。『白黑』猶言『利害，』『陰陽，』暗斥從橫。
案考證本異字絕句，則『陰陽而已矣』句，語意不明。此當讀『請別白黑』句。
『所以異陰陽而已矣』句。別、異互文，異亦別也。所猶若也。此謂『請別白
黑，若以別陰陽而已矣。』索隱說近之。又索隱引國策『白言，』今本趙策白誤
曰。（黃氏札記有說。）索隱『已今，』已蓋己之誤。

燕必致旃裘狗馬之地，

　　考證：『旃裘，』策作『氈裘。』旃、氈通。

案長短經旃亦作氈，氈、旃正、假字。

韓弱則效宜陽。宜陽效，則上郡絕。

　　正義：宜陽，即韓城也。在洛州西，韓大郡也。上郡，在同州西北。言韓弱，與
秦宜陽城，則上郡路絕矣。

　　考證：宜陽，韓地。故城，在今河南宜陽縣東。上郡，今陝西膚施縣等地，與宜
陽相去遠，疑當作上黨，上黨，今山西長治縣等地，與宜陽隔河連近。

　　施之勉云：『考證是，正義非也。張儀傳，說楚王曰：「秦下甲據宜陽，韓之上
地不通。」又說韓王曰：「秦下甲據宜陽，斷韓之上地。」則此上郡，即儀傳之
上地，皆謂韓上黨之地。楊倞注荀子議兵篇云：「上地，上黨之地。」釋名釋州
國：「上黨，黨，所也。在山上，其所最高，故曰上也。」是上郡，謂在上地之
郡耳。』

　　案張儀傳，儀說楚王之上地，正義云：『上郡之地。』說韓王之上地，敦煌本春
秋後語作上黨。是韓之上郡，亦稱上地，亦即上黨矣。考證『上郡，今陝西膚施
縣等地。』誤以為魏、秦之上郡，（魏世家：『襄王七年，魏盡入上郡于秦。』
又見年表。）故云『疑當作上黨。』不知此文之上郡即上黨，施氏乃以考證為

是，何哉？

則趙氏自操兵，

> 案長短經無氏字，趙策作『則趙自銷鑠。』亦無氏字。

據衞取卷，

> 索隱：『………按戰國策云：取淇。』

> 正義：………言秦守衞得卷，則齊必來朝秦。

> 梁玉繩云：策無卷字，疑衍。

> 考證：『各本卷上有淇字，楓、三本無，今從之。王念孫曰：「淇字後人〔據趙策〕加之，史作『取卷，』策作『取淇。』索隱本出『據衞取卷，』正義言『守衞得卷，』則史無淇字明矣。」…………』

> 案王說是，梁說非。長短經卷上亦衍淇字。又黃善夫本、殿本索隱，『取淇』下並有『無卷字』三字，乃後人妄加，王氏亦有說。

趙地方二千餘里，

> 梁玉繩云：策作『三千里。』

> 案姚本趙策作『二千里。』黃氏札記云：『二，鮑本作三。』二字是，長短經亦作二。御覽一六一引此無餘字，與策合。

北有燕國。

> 案長短經、容齋四筆三並無國字。

秦之所害於天下者莫如趙，

> 考證：策所下有畏字。

> 案趙策所下有畏字，葢涉上下文畏字而衍。害猶患也，淮南子脩務篇：『時多疹病毒傷之害。』（今本疹誤疾，王氏雜志有說。）高注：『害，患也。』

然而秦不敢舉兵伐趙者，何也？

> 考證：楓、三本無『何也』二字。

> 案趙策、長短經伐上並有而字，而猶以也。通鑑亦無『何也』二字。

稍蠶食之，

> 案趙策、長短經並疊稍字。

臣聞堯無三夫之分，舜無咫尺之地，以有天下。禹無百人之聚，以王諸侯。

　　梁玉繩云：『路史後紀十一注曰：「堯發于諸侯，而蘇秦云：『堯無三夫之分，
　　舜無咫尺之地，禹無百人之聚。』淮南子云：『堯無百夫之郭，舜無植錐之地。
　　（淮南氾論『百夫』作『百戶，』植作置。）禹無十人之眾。』作文者之常蔽。」

　　吳注趙策曰：「此說士無據之詞。且舜本帝後，有國于虞，其側微特在下爾。禹
　　乃崇伯鯀子，亦有國土者。枚乘書：『舜無立錐之地，禹無十戶之聚。』李善注
　　引韓子，皆此類。（見韓子安危篇。）』

　　案趙策與史同。韓非子安危篇：『舜無置錐之地於後世，而德結。』枚乘上諫吳
　　王書：『舜无立錐之地，以有天下。禹無十戶之聚，以王諸侯。』淮南子氾論
　　篇：『堯無百戶之郭，舜無置錐之地，以有天下。禹無十人之眾，………以王諸
　　侯。』宋本置作植，（古字通用。）與路史注引合。眾字當從趙策、枚書及史記
　　作聚。舜本紀：『一年而所居成聚。』正義：『聚，謂村落也。』

湯、武之士不過三千，車不過三百乘，卒不過三萬。

　　王念孫云：『趙策作「湯、武之卒不過三千人，（後漢書鄧禹傳注引趙策卒作
　　士。）車不過三百乘。」無「卒不過三萬」句。案卒卽士也，既云「士不過三
　　千，」不當又云「卒不過三萬。」蓋史記本作「湯、武之土不過百里。（卽所謂
　　「湯以七十里，文王以百里。」）車不過三百乘，卒不過三千。（卽所謂「革車
　　三百乘，虎賁三千人。」）與趙策小異。文選枚乘諫吳王書：「湯、武之土不過
　　百里。」李善注引史記蘇秦說趙王曰：「湯、武之土不過百里。」是其證。後人
　　據趙策，改「土不過百里」爲「士不過三千，」又改下文之「三千」爲「三萬，」
　　斯爲謬矣！（「卒不過三千，」言其少也。若作「三萬，」則非其指矣。下文蘇
　　秦說魏王亦云：「武王卒三千人。」）』

　　梁玉繩云：『湯、武之士不過三千，』下文『武王卒三千人。』竝非。說在周
　　紀。』

　　案書牧誓序：『武王戎車三百兩，虎賁三百人。』周本紀作『虎賁三千人，』
　　（孟子盡心篇同。）梁氏以爲周紀之『三千人，』及此文之『三千、』下文之『三
　　千人，』皆當依書序以『三百人』爲斷。不知此文『湯、武之士不過三千，』乃

『湯、武之土不過百里』之誤。（王校極是。）而下文『武王卒三千人，』千亦

不當作百。葢虎賁爲士卒之勇者，虎賁三百人，乃士卒三千人中之勇者，當分別

觀之。至於周本紀之『虎賁三千人，』千自當作百，（孟子同。）彼文考證引何焯

已有說矣。

豈揜於衆人之言，

　　案殿本揜作掩，趙策、長短經並同，（鮑彪注：掩猶蔽。）古字通用。淮南子天

　　文篇：『掩茂之歲。』高注：『掩，蔽。』氾論篇：『而民得以揜形御寒。』高

　　注：『揜，蔽。』

今西面而事之，見臣於秦。夫破人之與破於人也，臣人之與臣於人也，豈可同日而論

哉！

　　王念孫云：『「今西面而事之，見臣於秦。夫破人之與見破於人也，臣人之與見

　　臣於人也，豈可同日而論哉！」下兩見字，皆涉上見字而衍。索隱本出「臣人之

　　與臣於人」七字，注曰：「臣人，謂己爲彼臣也。臣於人，謂使彼臣己也。」（案

　　索隱誤解，當從正義。）正義曰：「破人，謂破敵也。破於人，謂被敵破。臣人，

　　謂己得人爲臣。臣於人，謂己事他人。」則無兩見字明矣。趙策亦無兩見字。』

　　考證：各本與下破上，與下臣上，竝有見字。是涉上見字而衍。索隱本、趙策

　　無，今削。』

　　案考證本刪兩見字，即本王說。索隱、正義所據本並無下兩見字，與趙策合。惟

　　長短經載此文，已作『夫破人之與見破於人，臣人之與見臣於人也。』有兩見

　　字。小司馬、張守節、趙蕤同爲唐玄宗時人。則彼時所傳，已有兩不同之本矣。

　　莊子山木篇：『有人者累，見有於人者憂。』與此文見字用法同。見猶被也。

夫衡人者，

　　正義：衡音橫。

　　案趙策衡作橫，下同。通鑑注：『衡人，說客之連橫者。』

聽竽瑟之音。

　　案長短經瑟作笙。鮑本趙策作『聽竽笙琴瑟之音。』

前有樓闕軒轅，

考證：『顧炎武曰：「軒轅，當作軒縣。周禮小胥：「正樂縣之位。王宮縣，諸侯軒縣。」注：「謂軒縣者闕其南面。」愚按軒轅，猶言輿車也。』

施之勉云：『此處不言輿車。鮑彪曰：「天文志：『權軒轅，象後宮。』此言美人之所處也。」』

案說文轅、輈互訓，朱駿聲通訓定聲云：『大車左右兩木直而平者謂之轅。小車居中一木曲而上者謂之輈，故亦曰軒轅，謂其穹隆而高也。小爾雅廣言：輈，輿也。』上文已言『高臺榭，美宮室。』則此『樓闕軒轅，』不必更言居處；且此承『衡人』言之，尤不當言『美人之所處。』『樓闕』猶『樓觀，』『軒轅』謂『高車。』『樓闕軒轅，』蓋高車之有樓觀者。考證引顧說，本殿本考證，亦見梁氏志疑。

後有長姣美人。

索隱：『說文云：姣，美也。』

案說文：『姣，好也。』索隱美疑本作好，涉正文美字而誤耳。

是故夫衡人日夜務以秦權恐愒諸侯，

集解：愒，音呼曷反。

索隱：愒，許曷反，謂相恐脅也。鄒氏愒音憩，其意疏。

案『是故、夫，』複語，夫亦『是故』也。趙策、長短經並無夫字。通鑑『是故』作『是以，』下亦無夫字。『恐愒，』複語，愒亦恐也。趙策作猲，黃氏札記云：『鮑改猲爲喝，吳氏正曰：愒、喝通，見齊策。』齊策一：『恫疑虛猲，』高注：『猲，喘息懼貌。』鮑本亦改猲爲喝，本傳下文同。愒、猲並喝之借字。又通鑑注引索隱反作翻，下更有『又呼曷翻』四字，『其意疏，』作『義疎。』索隱『許曷反』下，蓋本有『又呼曷反』四字，因集解已言『音呼曷反，』後人遂略之耳。黃善夫本、殿本索隱，『其意疏，』亦並作『義疎。』疏、疎正、俗字。

故願大王孰計之也。

案趙策、長短經並無故字，蓋涉上下文而衍。

故尊主廣地彊兵之計，臣得陳忠於前矣。

案計字疑涉上下文而衍，長短經無計字，臣字屬上讀，於義爲長。

以從親以畔秦。

　案趙策、長短經並無上以字。通鑑上以字作爲，以猶爲也。

今天下之將相會於洹水之上，通質，刳白馬而盟。

　案趙策、長短經刳並作刑。張儀列傳亦云：『刑白馬以盟洹水之上，以相堅也。』

齊出銳師而佐之，

　考證：『策，而作以。中井積德曰：據文例，當作以。』

　施之勉云：『王念孫曰：「而猶以也。荀子成相篇曰：『子胥進諫不聽，刳而獨

　鹿棄之江。』言刳以屬鏤之劍而棄之江也。而與以同義，故二字可以互用。」』

　案長短經而亦作以。而、以同義，其例習見。施氏引王說，不應引『而與以同

　義，故二字可以互用。』二句。王氏釋詞一及七，於而、以互用之例舉證甚詳，

　此文及荀子云云，非而、以互用之例也。

韓守城皋，

　考證：策，城皋作成皋。

　案殿本亦作成皋，長短經同。城、成古通，本書習見。

魏塞其道，

　案長短經其下有糧字。

齊涉渤海，

　案景祐本、黃善夫本、殿本渤皆作勃。正作郭。說文：『郭，郭海地。』勃，借

　字。渤，俗字。長短經有注云：『今滄州也。』

齊涉清河，

　案長短經有注云：『今貝州也。』

六國從親以賓秦，

　索隱：謂六國之軍共爲合從相親，獨以秦爲賓而共伐之。

　張照云：賓字國策作擯。若索隱之意，則竟以爲主賓之賓。既以爲賓，未聞伐賓

　之義。

　考證：策，賓作儐，與擯同。

案賓，趙策姚本作擯，鮑本作儐。擯爲儐之或體，通鑑亦作擯。賓、擯古通，下文『其次必長賓之。』索隱：『賓爲擯。』亦同此例。

立國日淺，

案趙策立作莅，古字通用。呂氏春秋重言篇：『荊莊王立政三年。』（今本脫政字。）韓非子喻老篇立作莅，淮南子氾論篇：『然而立政者，不能廢法而治民。』御覽二七一引立作莅，並其比。本字作埭，說文：『埭，臨也。』

黃金千溢，

索隱：戰國策作『萬溢。』一溢爲一金，則二十兩曰一溢，爲米二升。鄭玄以一溢爲二十四分之一，其說異也。

案索隱單本溢字、及索隱前三溢字皆作鎰，景祐本、黃善夫本、殿本亦皆作鎰，御覽四六一引同。溢、鎰古、今字。今本趙策作『千鎰。』黃本索隱作『按一鎰，一金也。鄭玄云：「一溢二十四分之一。」其說各異。』殿本云作曰，下鎰字作鎰，餘同。

以約諸侯。

案御覽引約作游，游，謂游說。孟子盡心篇：『孟子謂宋句踐曰：子好遊乎？吾語子遊。』（朱注：遊，遊說也。）莊子外物篇：『我且南遊吳越之王，』（一本遊下有說字，蓋後人所加。昔年岷撰校釋時，謂今本脫說字，未審。）呂不韋列傳：『不韋雖貧，請以千金爲子西游。』皆與此游字同旨。

取魏之雕陰，

梁玉繩云：秦、魏雕陰之戰，在蘇子約從後五年，當秦惠王之八年，此敍于約從前，甚誤。

考證：雕陰之戰，秦紀在惠文王七年，年表係之其五年，魏世家爲襄王五年事，年代不合，而共在蘇秦約從之後。此敍于約前，甚誤。說又在秦紀及魏世家。

案雕陰之戰，秦本紀梁氏志疑亦云：『宜依魏世家在襄五年，當惠文八年爲是。』秦惠文八年，即周顯王三十九年。通鑑雕陰之戰在顯王三十六年，當秦惠文五年，從年表也。

於是說韓惠宣王曰，

梁玉繩云：惠字衍，說見表。

考證：索隱本宣上無惠字。

案長短經亦無惠字。

韓北有鞏、成皋之固，

考證：策，鞏下有洛字。

案長短經鞏下亦有洛字。

西有宜陽、商阪之塞，

集解：『徐廣曰：商，一作常。』

考證：策，商阪作常阪。

案商、常古通，廣雅釋詁一：『商，常也。』淮南子繆稱篇：『老子學商容，』
文子上德篇商容作常樅，並其證。（參看王念孫廣雅疏證。）

地方九百餘里。

案韓策一作『地方千里。』

天下之彊弓勁弩皆從韓出。谿子、少府、時力、距來者，皆射六百步之外。

集解：『許愼云：「南方谿子蠻夷柘弩，皆善材。」韓有谿子弩，又有少府所造
二種之弩。案時力者，謂作之得時，力倍於常，故名時力也。距來者，謂弩勢勁
利，足以距來敵也。』

索隱：韓又有少府所造時力、距來二種之弩。按時力者，謂作之得時，則力倍於
常，故有時力也。距來者，謂以弩勢勁利，足以距於來敵也。其名並見淮南子。

正義：少府、時力、距來者，皆弩名。具於淮南子。…………

王念孫云：『索隱曰：「距來者，謂弩勢勁利，足以距於來敵也。」（單行本如
是，今本史記，此數語誤入集解內，荀子注引此不誤。）案小司馬緣文生義，非
也。「距來」當爲「距黍，」黍、來隸書相近，故黍譌爲來。韓策作「距來，」
亦後人依史記改之。藝文類聚軍器部、初學記武部、太平御覽兵部竝引廣雅曰：
「繁弱、鉅黍，弓也。」荀子性惡篇曰：「繁弱、鉅黍，古之良弓也。」（楊倞
注：「黍當爲來，」即惑於小司馬之說。）」時力、距黍，」皆疊韻字，故荀子、
廣雅竝作「鉅黍。」文選閑居賦：「谿子巨黍，異絫同機。」李善注引史記作

「巨黍。」距、鉅、巨，古竝通用。』

案淮南子俶眞篇：『谿子之弩，』高注：『谿子，爲弩所出國名也。或曰：谿，蠻夷也。以柘桑爲弩，因曰谿子之弩也。』『或曰』云云，即許愼注，（陶方琦淮南許注異同詁有說。）惟與集解所引略異。御覽三四八（兵部）引廣雅云：『谿子，弩。』（王氏已收入廣雅疏證。）『谿子、少府、時力、距來，』皆弩名。『距來』爲『距黍』之誤，王說是。索隱『故有時力也，』有，當從集解作名。『謂以弩勢勁利，』黃善夫本、殿本並無以字，（王引同。）與集解合，荀子注引作『言弓弩勢勁。』又索隱『按時力者，謂作之得時，則力倍於常，故有時力也。距來者，謂以弩勢勁利，足以距於來敵也。』黃本、殿本並無此三十五字。蓋以已見於集解而略之。王氏謂『索隱「距來者，謂弩勢勁利，足以距於來敵也。」今本此數語誤入集解內。』不知索隱此數語乃本於集解也。（索隱本於集解之說甚多。）

遠者括蔽洞胷，近者鏑弇心。

考證：『括當作銛，鏃之似鈹者。韓子五蠹篇：「鐵銛距者及乎敵，鎧甲不堅者傷乎體。」「蔽洞」不與下弇字對，疑衍其一字。鏑亦矢鋒也。策作「遠者達胸，近者掩心。」掩、弇同。遠、近，謂射之所及也。』

案長短經無蔽字，弇亦作掩。洞借爲迵，與韓策作達同義。說文：『迵，迵达也。』达即達字。（今本达誤迭，段氏注、朱氏通訓定聲並有說。）弇、掩古通，文選張平子東京賦：「掩觀九隩。」薛綜注：『掩猶及也。』

韓卒之劍戟，皆出於冥山。

集解：『徐廣曰：「莊子云：『南行至郢，北面不見冥山。』」駰案司馬彪曰：冥山，在朔州北。」』

索隱：『莊子云：「南行至郢，北面而不見冥山。」司馬彪云：「冥山，在朔州北。」郭象云：「冥山在乎太極。」李軌云：「在韓國。」』

案御覽一五九、三五二引此並無卒字，長短經同。集解引莊子，見天運篇。索隱引郭注，『太極』乃『北極』之誤。又索隱『莊子云』至『在朔州北』二十四字，黃善夫本、殿本並略之，蓋因已見於集解也。

棠谿、墨陽、

　　索隱：『淮南子云：「服劍者貴於剡利，而不期於墨陽、莫邪。」則墨陽，匠
　　名。』

　　正義：墨陽，地名也。‥‥‥‥‥‥

　　案御覽一五九引棠作堂，古字通用。楚辭九歎怨思：『執棠谿目制蓬兮。』王逸
　　注：『棠谿，利劍也。』索隱引淮南子云云，見脩務篇。高注：『墨陽、莫邪，
　　美劍名也。』

龍淵、太阿，

　　索隱：『按吳越春秋：「楚王令風胡子請吳干將、越歐冶作劍二，其一曰龍泉，
　　二曰太阿。」‥‥‥‥‥‥』

　　案索隱『龍泉』吳越春秋本作『龍淵，』（又見越絕外傳記寶劍篇。）避高祖諱
　　改之也。又索隱『按吳越春秋』至『二曰太阿』三十字，黃善夫本、殿本並略
　　之。

皆陸斷牛馬，水截鵠鴈。

　　案韓策『牛馬』作『馬牛。』景祐本南宋補版截作戳，戳、截正、俗字。斷、戳
　　互文，說文：『戳，斷也。』東方朔荅騾騎難：『干將莫邪，天下之利劍也，水
　　斷鵠鴈，陸斷馬牛。』

當敵則斬堅甲鐵幕，

　　索隱：『按戰國策云：「當敵則斬甲盾鞏鍪鐵幕也。」鄒誕：「幕，一作陌。」
　　劉云：「謂以鐵爲臂脛之衣，言其劍利能斬之也。」』

　　殿本考證：『徐孚遠曰：「鐵幕，」疑是障面，劉言「臂脛之衣，」是重言甲，
　　恐非也。』

　　考證：『中井積德曰：「鐵幕」即「鐵盾，」其排列如帳幕，故名焉。‥‥‥』
　　案『堅甲』以護身，『鐵幕』以護臂脛，劉說似亦可取。韓策既言盾，復言『鐵
　　幕，』明非一物。中井謂『「鐵幕」即「鐵盾，」』則與言盾複矣。黃善夫本、
　　殿本索隱，斬下並有堅字，幕下並無也字，與今韓策合。又鄒誕下並有云字，幕
　　並作莫，幕、莫古通。殿本陌誤貊，幕、陌音近，古亦通用。

蹠勁弩，

　　案通鑑注：『蹠，踏也。史記正義曰：欲放弩者皆坐，舉足踏弩，材手引湊機，
　　然後發之。』

交臂而服。

　　案韓策、長短經服下並有焉字，焉猶之也。

大王事秦，秦必求宜陽、成皋。

　　案長短經作『大王無事秦；事秦，必求宜陽、成皋。』

今茲效之，明年又復求割地。

　　案茲、年互文，茲猶年也。呂氏春秋任地篇：『今茲美禾。』高注：『茲，年也。』

與，則無地以給之。

　　案韓策、長短經與下並有之字。

且大王之地有盡，

　　案韓策、長短經且下並有夫字，『且夫，』複語，夫亦且也。（吳昌瑩經詞衍釋
　　十，有『夫猶且也』之說。）

臣聞鄙諺曰：寧為雞口，無為牛後。

　　索隱：『按戰國策云：「寧為雞尸，不為牛從。」延篤注云：「尸，雞中主也。
　　從，謂牛子也。」言寧為雞中之主，不為牛之從後也。』

　　梁玉繩云：『顏氏家訓書證，謂當作「雞尸、牛從。」引延篤國策注云：「尸，雞
　　中主。從，牛子。」索隱及宋羅願爾雅翼釋獸、沈括筆談竝言之，然非也。餘
　　多愨錄云：「口、後韻叶，如『寧為秋霜，無為檻羊』之類，古語自如此。」』
　　案御覽八九八引『諺曰』作『語云，』今韓策諺亦作語，口、後二字與此傳同。
　　文選阮元瑜為曹公作書與孫權一首云：『昔蘇秦說韓，羞以牛後。』（作『牛後，』
　　與此傳合。）注：『戰國策：「臣聞鄙諺曰：寧為雞尸，不為牛從。」延叔堅注
　　曰：「尸，雞中主也。從，牛子也。」從，或作後，非也。』引韓策語作諺，與
　　今本此傳合。據顏氏家訓、索隱、文選注，則韓策故本，口、後二字必作尸、從
　　矣。

今西面交臂而臣事秦，何異於牛後乎？

案韓策今下有『大王』二字，長短經今下有王字。文選注引韓策，今下無『大王』二字，『牛後』作『牛從。』

南有鴻溝、陳、汝南、許、郾、昆陽、召陵、舞陽、新都、新郪，

索隱：郾，……………戰國策作鄢。按地理志，潁川有許、郾二縣，又有傿陵縣，故所稱惑也。傿音焉。…………按新郪卽郪丘，章帝以封殷後於宋。新都屬南陽。按戰國策直云新郪，無新都二字。

案御覽一五八引春秋後語，郾字、新都二字並與此同。又召陵作邵陵，召、邵古通，魏策一亦作邵陵。索隱『又有傿陵縣，故所稱惑也。傿音焉。』黃善夫本、殿本並作『又有鄢陵縣，鄢、郾不同，必有一誤。鄢音焉。』鄢與傿同。又『章帝以封殷後於宋，』（本前志應劭注。）黃本、殿本並作『章帝建初四年，徙封殷後宋公於此，更名宋。』（本後志。）

無胥，

考證：策，無胥作無疎。

案春秋後語亦作無疏。疎，俗疏字。胥、疏古通，左宣十四年傳：『車及於蒲胥之市，』呂氏春秋行論篇胥作疏。莊子應帝王篇：『胥易技係，』釋文引司馬彪注：『胥，疏也。』並其證。（王氏荀子雜志儒效篇有說。）

然而田舍廬廡之數，曾無所芻牧。

案通鑑注：『數，七欲翻，密也。』所猶處也。長短經作『曾無芻牧之地，』與『曾無所芻牧』同旨。（魏策作『曾無所芻牧牛馬之地。』所字乃後人據史記妄加。）

輷輷殷殷，

正義：殷音隱。

案卷子本玉篇車部引『輷輷』作『軥軥，』（春秋後語同。）云：『倉頡篇：「軥軥，聲也。」聲類：「亦轟字也。」』一切經音義十七引『輷輷』亦作『軥軥，』引蒼頡篇（蒼、倉古通）作『轟轟，聲也。』說文：『轟，轟轟，羣車聲也。』（據段注本。）廣雅釋訓：『輷輷、輀輀，聲也。』輷、軥並與轟同，殷與輀同。

然衡人怳王，

　　正義：怳音邮，誘也。

　　案怳借爲訹，說文：『訹，誘也。』賈生列傳：『怳迫之徒兮，』集解引孟康

　　曰：『怳，爲利所誘怳也。』怳亦訹之借，段氏說文注有說。

王，天下之賢王也。

　　考證：楓山、三條、寬永本，『賢王』作『賢主，』與策合。

　　案景祐本亦作『賢主，』長短經同。

臣聞越王句踐戰敝卒三千人，

　　案魏策、長短經並無人字。

蒼頭二十萬，

　　考證：『桃源抄云：正義蒼作倉。』

　　案長短經蒼亦作倉。

此其過越王句踐、武王遠矣！

　　案『此其，』複語，其亦此也。長短經略其字。下文『此其君欲得，』『此其，』

　　亦複語。

必割地以效實。

　　考證：策『效實』作『效質，』史義爲長。……

　　案魏策實作質，姚校云：『劉作實。』作實者，據史記改之耳。史公說質爲實，

　　質、實同義，商君列傳已有說。

偷取一時之功，

　　考證：楓、三本『一時』作『一旦，』與策合。

　　案長短經亦作『一旦。』

周書曰：緜緜不絕，蔓蔓柰何！豪氂不伐，將用斧柯。

　　考證：『周書和寤解，武王之言。………梁玉繩曰：此語亦見姜子守土、賈子審

　　微、說苑敬慎、家語觀周，皆與策、史小異。是爲金人之銘，路史後紀據金匱，

　　謂黃帝所作也。』

　　案家語觀周篇王注：『綿綿，細微。』綿，俗緜字。殿本氂作釐，記纂淵海五二

引同，長短經亦作釐，古字通用。禮記經解：『差若豪氂，』釋文：『氂，本又

作釐。』卽其比。意林一引太公六韜云：『涓涓不塞，將成江河。兩葉不去，將

用斧柯。』亦類似古語。路史據金匱，謂黃帝所作，妄也，又考證『周書和寤

解，武王之言。』亦本梁說。

專心幷力壹意，

案魏策、長短經並無『壹意』二字。

在大王之詔詔之。

考證：楓、三本不重詔字，與策合……

案長短經亦不重詔字。

北有勃海，

案御覽一百六十引勃作渤，下同。齊策一、文選左太沖蜀都賦劉淵臨注、長短經

皆同。渤，俗字。前已有說。通鑑下文亦作渤。

三軍之良，五家之兵，

索隱：『按高誘注戰國策云：五家卽五國也。』

考證：『王維禎曰：五家之兵，管仲之制也。高誘註缺明。』

案御覽引三作齊，齊策同。考證引王說，本殿本考證。

進如鋒矢，戰如雷霆，解如風雨。

索隱：『按戰國策作「疾如錐矢。」高誘曰：「錐矢，小矢，喻徑疾也。」呂氏

春秋曰：「所貴錐矢者，爲應聲而至。」』

案淮南子脩務篇：『蓋聞子發之戰，進如激矢，合如雷電，解如風雨。』兵略

篇：『疾如錐矢，合如雷電，解如風雨。』許慎注『錐，金鏃箭羽之矢也。』王

氏雜志云：『錐當爲鏃，注內「箭羽」當爲「翦羽，」皆字之誤也。爾雅：「金

鏃翦羽謂之鏃。（說文同。方言曰：箭，江、淮之間謂之鏃。）是其明證矣。齊

策：「疾如錐矢，戰如雷電，解如風雨。」文與此同。則「錐矢」亦是「鏃矢」

之誤。高注以「錐矢」爲「小矢，」非也。史記蘇秦傳又誤作「鋒矢。」索隱引

呂氏春秋貴卒篇「所爲貴錐矢者，爲其應聲而至。」今本呂氏春秋誤作「鏃

矢。」』考日本古鈔卷子本淮南子兵略篇，錐正作鏃，注內『箭羽』正作『翦

羽。』可證成王說。而此文之『鋒矢，』齊策之『錐矢，』並『鏃矢』之誤，亦當據王說訂正。

未嘗倍泰山、

　　案通鑑注：『倍與背同，鄉倍之倍也。』

臨菑之中七萬戶，

　　案齊策、通鑑菑並作淄，下同，古字通用。御覽一百六十、四七一、七五四引下文亦皆作淄。

不下戶三男子，

　　考證：戶字當在不字上，策一本無不字，亦通。

　　案不字疑涉下文『不待發』而衍。齊策無不字是。

蹋鞠者。

　　集解：『劉向別錄曰：「蹴鞠者，傳言黃帝所作。或曰：起戰國之時，蹋鞠兵勢也。所以練武士知有材也。皆因嬉戲而講練之。」……』

　　索隱：『別錄注云：蹴踘，促六反，蹴亦蹋也」……』

　　案御覽四七一引『蹋鞠』作『蹴踘，』長短經同。七五四引蹋亦作蹴。齊策作『蹵踘，』黃氏札記云：『踘，鮑本作鞠。』通鑑作『闞鞠，』注云：『史記作「蹋鞠，」以皮爲之，實之以毛，蹵蹋而戲。』（本漢書枚皋傳師古注，皮作韋，毛作物。）蹋、蹵正、俗字。闞，借字。說文：『鞠，蹋鞠也。』鞠、踘正、俗字。御覽七五四亦引劉向別錄云：『蹴鞠者，傳言黃帝所作。或曰：起戰國時，記黃帝蹴鞠兵勢也。所以練武士知有才也。今軍事無事，得使蹴鞠，有書二十五篇。』『軍事』盖『軍士』之誤。

臨菑之塗，車轂擊，人肩摩，

　　案論衡藝增篇塗作中，摩作磨，摩、磨古通，趙世家已有說。御覽七百引塗作眾，引擊上、摩上並有相字。

舉袂成幕，

　　案論衡袂作袖，義同。文選左太沖吳都賦李注引幕作帳。

家殷人足，志高氣揚。

　　案御覽一百六十引作『家給人足，志氣高揚。』長短經下句亦作『志氣高揚。』

且夫韓、魏之所以重畏秦者，爲與秦接境壤界也。

　　考證：『策無「境壤」二字。中井積德曰：壤亦界也，吳起傳「與強秦壤界，」
　　是也。此重疊言之耳。』

　　案齊策、長短經並無重字。通鑑無界字。『境、壤、界，』三字疊義，楚世家：
　　『寡人與楚接境、壤、界，』與此同例。（參看彼文斠證。）

而戰勝存亡之機決矣。

　　考證：『胡三省曰：「『而戰』句，勝下當有負字。」愚按「戰勝」當作「勝
　　敗。」』

　　案長短經『戰勝』同，疑當作『勝負。』

韓、魏戰而勝秦，則兵半折，四境不守；戰而不勝，則國已危亡隨其後。是故韓、魏
之所以重與秦戰，而輕爲之臣也。

　　考證：『故讀爲固。或云：當衍。』

　　施之勉云：『王引之曰：「故猶則也，齊策曰：『韓、魏戰而勝秦，則兵半折，
　　四境不守。戰而不勝，以亡隨其後。是故韓、魏之所以重與秦戰，而輕爲之臣
　　也。」『是故，』『是則』也。」』

　　案『戰而勝秦，』『戰而不勝，』兩而字並與如同義。王氏釋『是故』爲『是
　　則，』固當；故亦猶乃也，（劉淇助字辨略有此義。）『是故』猶『此乃，』淮
　　陰侯列傳：『此乃信所以去也。』與此句法同。

徑乎亢父之險，

　　案長短經、通鑑徑並作經，義同，釋名釋典藝：『經，徑也。』（廣雅釋言同。）
　　水經瓠子河注乎作于。

騎不得比行。

　　案齊策比作並，義同。

是故恫疑虛喝，驕矜而不敢進。

　　索隱：『恫疑，上音通，一音洞，恐懼也。猲，本一作喝，竝呼葛反。高誘曰：
　　「虛猲，喘息懼貌也。」劉氏云：「秦自疑懼，不敢進兵，虛作恐怯之詞，以脅

韓、魏也。」』

王引之云：『索隱以恫爲恐懼，是也。疑亦恐也，雜記曰：『五十不致毀，六十不毀，七十飲酒食肉，皆爲疑死。」鄭注：「疑猶恐也。」荀子宥坐篇：「其赴百仞之谷不懼。」大戴禮勸學篇懼作疑。』（詳太史公自序雜志。）

考證：策，『驕矜』作『高躍。』

案索隱本喝作猲，齊策同，黃氏札記云：『鮑改猲爲喝。』喝、猲正、假字，前已有說。索隱引齊策高注：『虛猲，喘息懼貌也。』（通鑑注引同，今本高注無虛字。）『恫、疑、虛、喝，』四字疊義，皆恐懼也。索隱『猲，本一作喝。』黃善夫本、殿本並作『喝，本亦作猲。』蓋因正文作喝而改之，不知索隱本本作猲也。通鑑注引劉注，『恐怯』作『恐猲。』考證說，本殿本考證。

夫不深料秦之無奈齊何，

考證：楓、三本何下有也字，與策合。

案長短經何下亦有也字。

而欲西面而事之。

案齊策、長短經事上並無而字。

王，天下之賢王也。

考證：楓、三本『賢王』作『賢主。』

案景祐本亦作『賢主，』御覽三百三十引春秋後語、長短經並同。

東有夏州、海陽，

集解：『徐廣曰：「楚考烈王元年，秦取夏州。」駰案左傳：「楚莊王伐陳，鄉取一人焉以歸，謂之夏州。」而注者不說夏州所在，車胤撰桓溫集云：「夏口城上數里，有洲名夏州。」「東有夏州，」謂此也。』

考證：夏州，在今湖南夏口縣。

施之勉云：『湖南，當是湖北之譌也。臧勵龢曰：夏州，在今湖北夏口縣北。春秋時，楚莊王入陳，鄉取一人以歸，謂之夏州。蘇秦說楚威王曰「楚有夏州，」即楚莊王處陳人之所。』

案徐注云云，本六國年表。裴氏引左傳，見宣十一年。施氏引臧說，即本裴說。

北有陘塞、郇陽，

> 集解：『徐廣曰：……一本「北有汾陘之塞」也。』

> 考證：陘塞，策作「汾陘之塞。」……

> 案徐氏所稱一本，蓋就楚策言之。春秋後語陘塞作汾陰，陰蓋陘之誤。

地方五千餘里，

> 案通鑑五作六，恐誤。御覽一六七引此作『五千里，』楚策、春秋後語、容齋續
> 筆二皆同。

則諸侯莫不西面而朝於章臺之下矣。

> 案楚策西作南，黃氏札記云：『鮑改南爲西。』長短經一本亦作南。

大王不從，

> 王念孫云：『大王不從』下脫親字，當依楚策補。（從，卽容反。）

> 案長短經從下亦有親字。

臣聞治之其未亂也，爲之其未有也。

> 案老子六十四章：『爲之於未有，治之於未亂。』其猶於也。

患至而后憂之，

> 梁氏所據湖本而作其，云：『策作「而後，」是。』

> 考證：王、柯、凌本而誤其，策亦作而。（凌本卽湖本。）

> 案景祐本、黃善夫本、殿本皆作而，長短經同。其、而本同義，然此而字作其，
> 則涉上兩其字而誤也。

則韓、魏、齊、燕、趙、衞之妙音美人，必充後宮。燕、代橐駝良馬，必實外廄。

> 考證：李斯諫逐客書似用此語。

> 案初學記二九引『韓、魏、齊、燕、趙、衞』作『韓、齊、燕、趙、鄭、衞。』
> 楚語駝作他，黃氏札記云：『鮑本作駞。』他乃佗之隸變，（說文：佗，負何
> 也。）駝、駞並俗字。匈奴列傳：『其奇畜則橐駞，』說文繫傳十五引『橐駞』
> 作『橐佗，』云：『今俗譌誤謂之駱駝，非是。』李斯列傳：『鄭、衞之女，不
> 充後宮。而駿良駃騠，不實外廄。』

恐反人以入於秦。

案『反人，』謂背謀之人。

諸侯各發使送之甚眾，疑於王者。

　　索隱：疑作擬讀。

　　梁氏所據湖本疑作擬，云：『索隱本作疑。』

　　考證：楓、三本作『其眾疑於王者』。據桃源抄，正義本作『卒有疑於王者。』
各本疑作擬，恐誤，今訂。疑讀如字，索隱非是。『甚眾、』『其眾，』兩通。

……

　　案景祐本、黃善夫本、殿本疑皆作擬，御覽四百七十、五一七、記纂淵海四十、
七四引咸同，通鑑亦作擬。如從楓、三本，『甚眾』作『其眾，』屬下讀；或從
正義本疑上有『卒有』二字，則疑並讀如字。如從索隱本，『甚眾』二字屬上絕
句，則『疑於王者，』疑讀爲擬，亦未爲不可。

何前倨而後恭也？

　　案文選劉孝標廣絕交論注、御覽五一七、記纂淵海四十引倨皆作踞，踞乃蹲居俗
字，借爲倨，說文：『倨，不遜也。』

嫂委蛇蒲服，以面掩地而謝曰，

　　正義：『「蒲服」猶「匍匐，」「以面掩地而謝」者，若蛇行，以面掩地而進。
劉伯莊云：「蛇，謂曲也。按本作『委蛇』者，非也。」』

　　考證：正義本『委蛇』作『蛇行，』與策合。

　　案文選注引『委蛇』作『逶迤，』同。文選司馬相如上林賦：『紆餘委蛇，』五
臣本作『逶迤，』劉良注：『紆餘逶迤，屈曲貌。』後漢書荀爽傳論：『道固委
迤，』注：『逶迤，曲也。』正義本『委蛇』作『蛇行，』與劉本亦合。劉云：
『蛇，謂曲也。』『委蛇，』正狀其曲行，則作『委蛇，』亦不誤矣。御覽引『
蒲服』作『匍匐。』

見季子位高金多也。

　　集解：『譙周曰：蘇秦，字季子。』

　　索隱：按其嫂呼小叔爲季子耳，未必卽其字。允南卽以爲字，未之得也。

　　案篇首『蘇秦者，東周雒陽人也。』索隱：『蘇秦，字季子。』蓋本譙說。而此

復以譙說爲非，何也？惟『呼小叔爲季子，』此說固較勝。

且使我有雒陽負郭田二頃，

　　案且猶若也，吳氏經詞衍釋八有說。

於是散千金以賜宗族朋友。

　　案御覽四七六引『朋友』作『貧友。』

貸百錢爲資。及得富貴，以百金償之。

　　考證：北宋本貸下有人字。藝文類聚無『得富』二字。

　　案景祐本貸下有人字，與考證所稱北宋本合。御覽四七九引『及得富貴，』作
　　『旣貴。』亦無『得富』二字。

徧報諸所嘗見德者。

　　案御覽引徧上有乃字。諸猶凡也。范雎相秦後，『散家財物，盡以報所嘗〔與〕困
　　戹者。』（詳范雎傳。）與蘇秦行事相似。

趙肅侯封爲武安君。乃投從約書於秦。

　　索隱：『乃設從約書，』案諸本亦作投。言設者，謂宣布其從約六國之事以告於
　　秦。若作投，亦爲易解。

　　王念孫云：『索隱曰：「投當爲設，今本竝作投。言設者，謂宣布其從約六國之
　　事以告於秦。若作投，甚爲易解。」案索隱旣云「投當爲設，」則不當又云「作
　　投甚爲易解。」蓋正文投字本作設，索隱之「投當爲設，今本竝作投。」本作
　　「設當爲投，今本竝作設。」此是各本皆作設，而小司馬以爲當作投，故曰「作投
　　甚爲易解」也。後人旣改正文設字爲投，又改索隱以就之，而其義遂不可通
　　矣。』

　　考證：楓、三本封下有之字。

　　案長短經封下有秦字，與楓、三本有之字同旨。索隱本投作設，（今本已改作
　　投。）故云『諸本亦作投。』單本索隱無『乃設從約書』五字。黃善夫本、殿本
　　索隱『「乃設從約書，」案諸本亦作投。』十一字，並作『投當作設，今本並作
　　投。』（與王氏所據合。）蓋因正文作投而妄改。王氏謂『後人旣改正文設字爲
　　投，又改索隱以就之。』是也。惟索隱首二句，非如王氏所云『本作「設當爲

投，今本竝作設』耳。且長短經本此文，已作『乃投縱約書於秦。』則小司馬時固有作投之本，亦不得謂彼時『各本皆作設』也。又索隱『亦爲易解，』黃本、殿本亦並作甚。（亦與王氏所據合。王氏所據，蓋明王延喆覆刻黃善夫本。）

蘇秦去趙，而從約皆解。

　　集解：『徐廣曰：自初說燕，至此三年。』

　　考證：『徐孚遠曰：「正文云：『秦兵不出十五年，』而徐云『自初說至此三年。』二說懸殊。」……』

　　案考證引徐說，本殿本考證。梁氏志疑亦云：『蘇子初說燕從約，至齊、魏伐趙而從約解，首尾止三年耳。』本徐說也。

臣聞飢人所以飢而不食烏喙者，爲其愈充腹，而與餓死同患也。

　　索隱：烏喙，音卓。又音許穢反。今之毒藥烏頭是。劉氏以愈爲暫，非也。謂食烏頭爲其暫愈飢而充腹，少時毒發而死，亦與飢死同患也。

　　王念孫云：『索隱曰：「劉氏以愈爲暫，非也。案謂飢人食烏頭，則愈益充腹。少時毒發而斃，亦與飢死同患也。」案小司馬以「愈充腹」爲「愈益充腹，」亦非也。燕策作「偷充腹，」則愈卽偷字也。鄭注表記曰：「偷，苟且也。」言飢人食烏頭，雖苟且充腹，而與餓者同歸於死也。…………………淮南王傳：「王亦偷欲休，」漢書偷作愉，…………………是偷與愈通也。偷薄字說文本作愉，從心、俞聲。其心字或在旁、或在下，轉寫小異耳。鹽鐵論非鞅篇：「猶食毒肉，愉飽而罹其咎也。」彼言「愉飽，」此言「愈充腹，」其義一也。愉、愈、偷，字異而義同。』

　　案後漢書何敞傳注引『飢人』下有之字，長短經七雄略注同。索隱本『烏喙』作『烏啄，』云：『音卓。又音許穢反。』記纂淵海五三引此亦作『烏啄，』下同。音卓，則是啄字。音許穢反，是喙字。惟啄乃喙之誤。長短經注愈亦作偷，愈卽偷字，王說是。黃善夫本、殿本索隱並無『烏喙』二字，劉氏以下作『劉氏以愈爲暫，非也。按謂飢人食烏頭，則愈益充腹。少時毒發而斃，亦與飢死同患也。斃音弊。』與王氏所據合，非索隱之舊也。

卽秦王之少壻也。

考證：楓本少作女。

案長短經注少亦作女。

臣聞古之善制事者，轉禍爲福，因敗爲功。

考證：『齊策：「齊人曰：孟嘗君可謂善爲事矣，轉禍爲福。」史管晏列傳云：「其爲政也，善因禍而爲福，轉敗而爲功。」下文蘇代遺燕昭王書，亦引此語。』

案賈誼新書壹通篇亦云：『故善爲天下者，因禍而爲禍，轉敗而爲功。』

此所謂弃仇讎而得石交者也。

考證：策『石交』作『厚交，』義同。

案長短經注石作碩，古字通用，莊子外物篇：『嬰兒生無石師而能言。』釋文：『「石師」又作「碩師。」』卽其比。文選阮元瑜爲曹公作書與孫權一首：『明弃碩交。』注引史記此文，並云：『碩與石古字通。』是也。『石交』猶『碩交，』故與策作『厚交』同義。

而燕王不復官也。

殿本考證：國策作『不復館。』

考證：官，下文『故官』之官，策作館，義異。

案燕策『不復官』作『不館，』非作『不復館。』下文『先生復就故官，』燕策無其文。館、官正、假字，『不復官也，』猶言『不復館之。』（也與之同義，裴氏古盧字集釋三有說っ）下文『故官，』猶言『故館。』易隨：『初九，官有渝。』釋文：『官，蜀才本作館。』卽官、館通用之證。

而攻得十城。

考證：『策攻作利。中井積德曰：「當作收。」張文虎曰：「疑衍。」』

案攻字不誤；亦非衍。長短經詭信篇攻作功，功、攻正、假字。燕策作利，功、利義近。釋名釋言語：『功，攻也。』漢書佞幸董賢傳：『賢第新成，功堅。』師古注：『功字或作攻。』並攻、功古通之證。

而餓死首陽山下。

考證：楓、三本死下有乎字。

案燕策死下有於字，長短經死下有于字，於、于並猶乎也。

王又安能使之步行千里而行進取於齊哉？

　　考證：步下行字疑衍。

　　案上下文亦並云『步行千里，』步下行字非衍。而下行字乃涉『步行』字而衍耳。

　　長短經而下無行字，是也。

抱梁柱而死。

　　考證：『各本抱下無梁字，今從楓、三本。王念孫曰：文選注、太平御覽引此，

　　柱上有梁字。燕策及莊子盜跖篇同。』

　　案長短經抱下亦有梁字。淮南子說山篇：『尾生死其梁柱之下。』亦言『梁柱。』

吾已作藥酒待之矣。

　　考證：楓、三本已下有爲字。策，作作爲。

　　案後漢書何敞傳注引已下亦有爲字。長短經作作爲，本燕策。此蓋本以『爲作』連

　　文，『爲作，』複語，秦本紀：『作爲咸陽。』彼以『作爲』連文，亦同此例。

居三日，其夫果至，妻使妾舉藥酒進之。

　　案燕策、長短經三並作二。後漢書注引進上有而字。

妾欲言酒之有藥，則恐其逐主母也；欲勿言乎，則恐其殺主父也。

　　案後漢書注引藥下有乎字，『其逐』作『逐其，』乎作耶，『其殺』作『殺其。』

於是乎詳僵而弃酒。

　　案後漢書注、記纂淵海四十、五四引詳並作佯，長短經同。燕策作陽。詳、陽古

　　通，下文『於是蘇秦詳爲得罪於燕，』文選左太沖詠史詩注引詳作陽，即其比。

　　佯，俗字。

上存主父，下存主母，然而不免於笞。

　　案記纂淵海四十引上字上有則字，『下存』作『下安。』後漢書注引而作終。

於是蘇秦詳爲得罪於燕，而亡走齊。

　　案焦氏易林十二注引詳作僞，『亡走』作奔，通鑑同，疑所引乃通鑑文。（引下文

　　亦與通鑑同。）文選注引『走齊』作『自燕之齊。』則『而亡』二字屬上絕句。

欲破敝齊而爲燕。

　　案易林注引破作以，通鑑同。

燕易王卒。

集解：『徐廣曰：易王十二年卒。』

案燕世家：『易王立十二年卒。』年表，易王亦止於十二年。

不死殊而走。

考證：『中井積德曰：「不死殊」之死，疑衍文。』

案御覽六三三引說苑佚文無殊字，八二七引春秋後語無死字，（有注云：殊，絕。）『死殊，』複語，故可略其一。死非衍文。莊子在宥篇：『今世殊死者相枕也。』釋文：『殊，字林云：「死也。」說文同，又云：「漢令曰：蠻夷長有罪者殊之。」』漢書高帝紀：『其赦天下殊死以下。』師古注：『殊，絕也，異也。言其身首離絕而異處也。』『身首離絕而異處，』亦是死也。淮陰侯列傳：『軍皆殊死戰，』『殊死，』亦複語，猶言『軍皆死戰』耳。此文『不死殊，』猶言『未死』也。

臣即死，

案即猶若也。

則臣之賊必得矣。

案說苑、春秋後語臣上並有刺字。

齊之爲蘇生報仇也。

集解：『徐廣曰：生，一作先。』

案生或先，並『先生』之省稱，越世家有說。

蘇秦之弟曰代，代弟蘇厲。

梁玉繩云：史論言『兄弟三人。』蓋稱其顯名者耳。索隱引譙周及典略，以爲『兄弟五人，更有蘇辟、蘇鵠。』秦最少。據秦策，蘇秦有嫂，而呼爲「季子，」上文一則曰『兄弟嫂妹，』一則曰『昆弟妻嫂。』似秦居第四。乃燕策及史又以代、厲爲秦弟，何也？

案上文一則曰『兄弟嫂妹，』一則曰『昆弟妻嫂。』秦似居第二，則代、厲爲秦弟，固無足怪。秦既有弟，而嫂呼之爲『季子，』則『季子』未必專稱最少者矣。

代乃求見燕王，欲襲故事。

梁玉繩云：『此誤仍燕策，以爲代說子噲耳。代爲燕閒齊以報讎，非子噲時明甚。
且其言曰：「齊舉五千乘之大宋，包十二諸侯。」又曰：「彼德燕而輕亡宋。」夫
齊之滅宋，在齊湣王廿八年，當燕昭二十六年。而「包十二諸侯，」即田完世家所
書「泗上諸侯鄒、魯之君皆稱臣」者。則代之說燕，更在齊滅宋之後，尙安得子
噲耶？……………』

案齊滅宋在齊湣王三十八年，年表及田完世家並可證。梁氏所謂『齊湣王廿八
年，』廿乃卅之誤。

釋鉏耨而干大王。

考證：鉏與鋤同。

案鉏、鋤正、俗字。

所見者絀於所聞於東周，臣竊負其志。

考證：絀、屈同。負，違背也。燕策負作高，與史義殊，史似長。

案燕策絀作高，疑涉上文『甚高』字而誤。負字與此同，考證謂『燕策負作高，』
失檢。

子能以燕伐齊，則寡人舉國委子。

考證：楓本國下有而。

案能猶若也，伍子胥列傳：『太子能爲我內應，而我攻其外，滅鄭必矣。』范雎列
傳：『公能出我，必厚謝公。』兩能字亦並與若同義，此義前人未發，伍子胥列傳
有說。燕策國下亦有而字。

覆三軍，得二將。

集解：『徐廣曰：齊覆三軍，而燕失二將。』

索隱：『按徐廣云：「齊覆三軍，而燕失二將。」又戰國策云：『獲二將。』亦謂
燕之二將，是燕之失也。』

案黃善夫本、殿本索隱，並略『按徐廣云：「齊覆三軍，而燕失二將。」又』十四
字，避與集解複耳。

王誠能無羞從子母弟以爲質，

考證：『「從子，」各本作「寵子。」桃源鈔引師說云：「作『從子。』」張文虎

曰：「作寵者，後人依策改。」』

案此從索隱本寵作從，惟從亦當借爲寵。

彼將有德燕而輕亡宋，

案有猶以也。

燕王曰：吾終以子受命於天矣。

考證：『「及蘇秦死」以下，采燕策。錢大昕曰：「燕王噲之時，齊與燕未有深讎也。蘇代此說必在昭王時，故稱齊湣王爲『長主。』且有『南面舉宋』之語，若移此段問答于昭王『召蘇代，復善遇之。』之下，則詞有倫次矣」』

案史公於蘇代、燕王之問答，雖采自燕策，而稱燕王，不稱燕王噲。如錢說，移此段於下文昭王『召蘇代，復善待之。』之下，（錢引，誤待爲遇。）則誠詞有倫次。所稱燕王，即燕昭王矣。

燕質子爲謝，已遂委質爲齊臣。

案已，一字句。燕策已上有乃字，『乃已，』二字句。

乃使蘇代侍質子於齊。

案燕策侍作持，燕世家索隱引作侍，與此合。侍、持正、假字（燕世家有說。）

齊伐燕，殺王噲、子之。

集解：『徐廣曰：是周根王之元年時也。』

案年表，在周根王元年。通鑑同。

齊請以宋地封涇陽君，

考證：楓、三本宋下無地字。

案燕策亦無地字。

齊加不信於王，

案『加不』疑『不加』之誤倒，燕策作『未加，』不、未同義。

夫以宋加之淮北，彊萬乘之國也，而齊并之，是益一齊也；北夷方七百里，加之以魯、衞，彊萬乘之國也，而齊并之，是益二齊也。

索隱：謂山戎、北狄附齊者。

考證：『王念孫曰：「『北夷』當作『九夷，』燕策作『北夷，』亦後人依史改

之。秦策云：『楚包九夷，方千里。』魏策云：『楚破南陽九夷。』李斯上始皇書
云：『包九夷，制鄢、郢。』是九夷之地，南與楚接。此言齊幷淮北，淮北即楚地
也。齊幷宋與淮北，則地與九夷接，故又言齊幷九夷也。秦策言『楚包九夷，方千
里。』此言『九夷方七百里，』七百里即在千里之中，故言『楚包九夷』也。淮南
齊俗篇云：『越王句踐霸天下，泗上十二諸侯，皆率九夷以朝。』是九夷之地，東與
十二諸侯接，而魯爲十二諸侯之一，故此言齊幷九夷與魯、衞也。上文言『齊舉宋
而包十二諸侯。』田完世家言『齊南割楚之淮北，泗上諸侯鄒、魯之君皆稱臣。』
此言齊幷宋與淮北，又言幷九夷與魯、衞。以上諸文，彼此可以互證。是今本之
『北夷，』乃『九夷』之誤，而不得以山戎、北狄當之也。」愚按，「北夷」以
方而言，王說拘。』

案王氏謂『北夷』當作『九夷，』舉證塙鑿，可據。九之作北，涉上淮北字而誤
耳。

齊紫，敗素也。而賈十倍。

正義：『……………………喻齊雖有大名，而國中以困弊也。韓子云：「齊桓公好
服紫，一國盡服紫。當時十素不得一紫。………………」』

殿本考證：『董份曰：齊紫本敗素，而價十倍。此正「轉敗爲功」之意，非言齊國
困弊也。』

案十，疑本作十，古七字。韓外外儲說左上篇：『齊桓公好服紫，一國盡服紫。當
是時也，五素不得一紫。』又『一曰：齊王好衣紫，齊人皆好也。齊國五素不得
一紫。』『五素不得一紫，』故此言『賈七倍，』若作『十倍，』似太多。七、十
二字相亂，史記習見。因正文七誤爲十，正義引韓子，改『五素』爲『十素』以
就之，不知『十素不得一紫，』則價不止十倍矣。

則莫若挑霸齊而尊之。

殿本考證：國策挑作遙。

案挑、遙古通，荀子榮辱篇：『其功盛姚遠矣。』楊注：『姚與遙同。』挑、姚並
諧兆聲，姚可通遙，則挑亦通遙矣。

其次必長賓之。

索隱：長，音如字。賔爲擯。

案賔、擯古通，前已有說。黃善夫本、殿本索隱並作『長如字。賔音擯。』非其
舊也。

然則王何不使辯士以此若言說秦王，

考證：各本脫若字，今依楓、三本補。

案『此若，』複語，若亦此也。參看下文『則王何不使辯士以此苦言說秦，』考證
引王念孫說。

立三帝以令於天下，

考證：楓、三本立上有竝字。

案楓、三本作『竝立三帝，』與下文言『竝立三帝』合。

如脫躧矣。

案燕策作『猶釋弊躧。』姚校云：『一云「脫屣也。」』與史記合。躧與屣同，孝
武本紀：『吾視去妻子如脫躧耳。』漢書郊祀志躧作屣，師古注：『屣，小履。』

竟破齊，湣王出走。

考證：燕破齊，在周赧王三十一年。

案燕破齊，年表在周赧王三十一年，通鑑同，燕世家在燕昭王二十八年，田完世家
在齊王四十年，並當赧王三十一年。

蘇代約燕王曰，

考證：約猶止也。

案考證說，本燕策二鮑注。

寡人積甲宛東下隨，

考證：下隨，邑名，今湖北隨縣。

施之勉云：『下隨』之下，即上文『下江』、『下漢』之下，考證以爲邑名下隨，
甚誤。

案考證下字蓋誤衍，恐不致於不知下即『下江、』『下漢』之下也。

二日而莫不盡繇。

考證：『寬永本標記引陸氏曰：「繇，繇役也。言韓國莫不盡繇役也。」』愚按董份

說同，似長。』

施之勉云：『說文：「繇，隨從也。」段玉裁注云：繇之譌體作繇。」二日而韓國
盡繇役，何其速也。繇當依說文解作「隨從」爲是。陸氏說非。』

案說文繇字，段注云：『繇之譌體作繇，亦用爲傜役字。傜役者，隨從而爲之者
也。』是隨從與繇役義正相因。二日而莫不盡繇役，猶言二日而莫不盡服從耳。
陸說未爲非。

鈠戈在後。

正義：『劉伯莊云：音四廉反，利也。』

案文選左太沖魏都賦劉淵林注引鈠作銛，燕策二同。銛、鈠正、假字，廣雅釋詁
二：『銛，利也。』

宋王無道，爲木人以象寡人，射其面。

考證：『各本象作寫。恩田仲任曰：「寫當作象，象古字與寫相似，燕策作象。」
張文虎說同。愚按楓、三本正作象，今依訂。李笠引秦始皇紀作寫爲是，參存。』

施之勉云：景祐監本作象。

案景祐監本南宋補版作象，非景祐監本作象也。御覽三九六引春秋後語作像，象、
像古、今字。燕策姚本作寫，鮑本作象。寫、象本同義，周髀算經上：『笠以寫
天。』注：『寫猶象也。』即其證。六朝俗書象作爲，與寫形又相近，故二字常
相溷。此文舊本容是寫字，與姚本燕策合。（參看秦始皇本紀斠證。）

致藺、石。

梁玉繩云：『燕策吳注曰：據文，石上恐有離字。』

案鮑本燕策石上有離字。

塞郇阨。

索隱：阺音盲，縣名，在江夏。

王念孫云：『塞本作安，此後人依燕策改之也。索隱本作「安阺阨，」安即閼字
也。閼亦塞也。說文：「閼，遮雝也。」列子楊朱篇：「謂之閼聰。」張湛曰：
「閼，塞也。爾雅：「太歲在甲曰閼逢。」李巡曰：「萬物鋒芒欲出，擁遏未

通，曰闕逢。」（見一切經音義十七。）釋文：「闕，烏割反。又於虔反。」

「於虔反」之音，與安相近。「闕<u>郇陀</u>」之爲「安<u>郇陀</u>，」猶「單闕」之爲「亶

安，」（<u>徐廣</u>隋書音義曰：「單闕，」一作「亶安。」）<u>董闕于</u>之爲<u>董安于</u>。（定

三年左傳董安于，韓子十過篇作董闕于。）後人依燕策改安爲塞，不知安與闕同

字，闕與塞同義，無煩改爲塞也。』

案塞本作安，下同，<u>王</u>說是。<u>索隱</u>本作『安<u>阻</u>厄，』<u>阻</u>乃<u>郇</u>之省，<u>王</u>氏引厄作

陀，非其舊也。厄乃尼之隸省。尼、陀古通。<u>景祐</u>本<u>南宋</u>補版、<u>黃善夫</u>本、殿本

陀皆作阮，下同，阮又陀之隸省也。又<u>黃</u>本、殿本<u>索隱</u>阻並作<u>郇</u>，依正文改之

也。

已得講於魏。

考證：『各本已作趙，今從楓、三本，策亦作已。<u>王念孫</u>曰：〔當從燕策作「已

得講於魏。」〕言秦兵困於魏之林中，恐燕、趙來擊，則以膠東委於燕，以<u>濟西</u>

委於趙，已得講於魏，則又移兵而攻趙也。下文可證。』

案燕策<u>鮑</u>本作已。<u>姚</u>本作趙，亦誤。

至公子延，

索隱：至當爲質，………………

考證：楓、三本至作質。…………

案至、質古通，商君列傳已有說。

兵傷於譙石，而遇敗於陽馬。

<u>梁玉繩</u>云。：<u>譙石</u>、<u>陽馬</u>，趙之地名。策作<u>離石</u>、<u>馬陵</u>，疑誤。

考證：『<u>張文虎</u>曰。：<u>北宋</u>本<u>譙石</u>作<u>離石</u>，與策合。石下各本無而字，<u>索隱</u>本

有。……………』

案<u>景祐</u>本<u>南宋</u>補版<u>譙石</u>亦作<u>離石</u>。各本無而字，燕策同。<u>索隱</u>本而字，疑涉上下

文而衍。燕策<u>姚</u>校云：『曾改<u>馬陵</u>作<u>陽馬</u>。』蓋據史記改之也。

嬴則兼欺舅與母。

索隱：按嬴猶勝也。…………

正義：嬴猶寬假也。

考證：贏當從貝。

案正義本贏作贏，贏、贏正、假字，（朱駿聲說文通訓定聲有說。）贏不必從貝。燕策姚本作贏，鮑本作贏。贏乃誤字。

適燕者，

　索隱：適音宅。適者責也。下同。

　案適借爲謫，下同。廣雅釋詁一：『謫，責也。』

此必令言如循環，用兵如刺蜚。

　正義：刺，七賜反。猶過惡之人有罪，刺之則易也。言秦譴謫諸國，以兵伐之，若刺擧有罪之人，言易也。

　考證：『楓、三本「此必」作「必亡，」蜚作韮，二本近長。「必亡，」屬上句，言譴謫諸國，必亡之也。如循環，言其無窮，不可致詰也。韮，菜屬，葉細長而扁，叢生。刺，采取也。「刺韮，」猶言「薙草。」中井積德曰：「蜚，飛同。飛蟲也。」岡白駒曰：「蜚，蟲名。」此略依蜚字解者，參存。』

案楓、三本作『必亡。令言如循環，用兵如刺韮。』如考證說，『必亡』二字屬上句，甚牽強。葢譴謫諸國爲一事；必亡之又爲一事。此但承上譴謫而言也。考證釋『刺韮』爲『薙草，』尤爲傅會。楓、三本必有誤，不可從。燕策作『此必令其言如循環，用兵如刺蜚繡。』蜚下姚校云：『錢本添入蜚字。』是舊本但作『刺繡。』鮑本作『刺蜚，』無繡字，葢據史記刪之，不知燕策本作『刺繡』也。（參看黃氏札記。）此承上文譴謫言之，言卽譴謫之言，與『用兵』無涉。當讀『此必令言如循環用兵』句。『如刺蜚』句。田單列傳贊：『兵以正合，以奇勝，奇正還相生，如環之無端。』所謂『循環用兵』也。此借以喩言之巧耳。說文：『蠹，負蠜也。蜚，蠹或从虫。』爾雅釋蟲：『草螽，負蠜。』郭注：詩云：『喓喓草蟲，』謂常羊也。』邢疏云：『草蟲，一名負蠜，一名常羊，陸機云：小大長短如蝗也。』（陸機當作陸璣。）又正義云云，似說蜚爲罪。蜚、罪並諧非聲，或可通借，然恐非此文之旨也。

趙莊之戰，

　集解：趙肅侯二十二年，趙莊與秦戰，敗。秦殺趙莊河西。（侯下原脫二字。）

考證：周顯王四十一年。

案趙肅侯二十二年，當周顯王四十一年。惟據趙世家：『肅侯二十二年，趙疵與秦戰，敗。秦殺疵河西。』則非趙莊也。趙世家：『武靈王十三年，秦拔藺，虜將軍趙莊。』（樗里子列傳趙莊作莊豹，通鑑周紀三從之。）秦本紀：『惠文王後十二年，庶長疾攻趙，虜趙將莊。』又見年表，當周赧王二年，『趙莊之戰，』蓋指此與？竊疑集解明引趙世家肅侯二十二年文，決不致誤趙疵爲趙莊，蓋集解所據正文本作趙疵，故引趙肅侯二十二年之文以證之。後人因正文趙疵誤爲趙莊，遂妄改集解趙疵爲趙莊耳。又景祐本集解敗誤而。

蘇代復重於燕。

正義：復，音□富反。

案正義音下蓋缺浮字。

毋令獨蒙惡聲焉。

案史公於商君列傳贊末云：『卒受惡名於秦，有以也夫！』於蘇秦列傳贊末則云：『毋令獨蒙惡聲焉。』蓋秦權變之智，尚不無可取；而鷙刻薄之資，實難以寬容也。

出自第四十四本第三分（一九七三年三月）

史 記 斠 證 卷 七 十

張 儀 列 傳 第 十

王 叔 岷

張儀者，魏人也。

　　集解：『呂氏春秋曰：儀，魏氏餘子。』

　　案戰國策齊策一高注：『張儀，魏氏之餘子。』呂氏春秋報更篇高注：『大夫庶子為餘子。』論衡講瑞篇：『晉文騈脅，張儀亦騈脅。』

門下意張儀，

　　考證：『意猶疑也，梁孝王世家：天子意梁王。』（『意梁』下原脫王字。）

　　案考證說，本孟嘗君列傳王念孫雜志。白帖十三、御覽六四九引意下並有疑字，蓋後人不知意有疑義而妄加。孟嘗君列傳：『潛王意疑孟嘗君。』彼文疑字亦後人所加，王氏雜志已有說。

儀貧無行，必此盜相君之璧。

　　案御覽五百二十引行下有資字，此下有人字。敦煌本春秋後語行下亦有資字。文選左太冲魏都賦張載注、記纂淵海六八引『必此』並作『此必。』

掠笞數百。不服，醳之。

　　集解：醳音釋。

　　索隱：古釋字。

　　案論衡變動篇：『張儀遊於楚，楚相掠之，被捶流血。』白帖引此『醳之』作『乃釋之。』春秋後語同。文選注、藝文類聚十七、御覽三六七、五百二十、六四九、八百六、記纂淵海九九引醳亦皆作釋。作醳是故書，史記例以醳為釋，管蔡世家已有說。

張儀謂其妻曰：視吾舌，尚在不？

　　考證：藝文類聚引史，『謂其妻』作『張口。』

　　案御覽三六七引『張儀謂其妻』作『儀張口謂其妻。』藝文類聚引此文，蓋亦儀

　　下有『張口』二字，而略引『謂其妻』三字耳。非引『謂其妻』作『張口』也。

　　又藝文類聚、御覽引不並作否，春秋後語同，作不是故書。

舌在也。

　　案御覽引舌上有君字。

坐之堂下，賜僕妾之食。

　　案御覽四百六引作『坐於堂下，食以僕妾之餐。』記纂淵海七四引『坐之』亦作

　　『坐於，』之、於同義。論衡答佞篇賜亦作『食以。』藝文類聚六九引史記云：

　　『蘇秦激張儀令相秦，以馬轠席坐之。』今史記不言『馬轠。』白帖七云：『蘇

　　秦先貴，張儀來謁，坐於馬轠而食之。』未言據何書。韻府羣玉五引戰國策佚文

　　云：『蘇秦與張儀為友，秦在趙為相。儀至趙，秦欲激之，令儀於城東門外坐，

　　以破馬轠進龕食。儀憤，入秦，拜為相。儀嘆曰：馬轠之事，乃至此乎！』（鄭

　　良樹學弟戰國策集證輯存此條。）

吾恐其樂小利而不遂，

　　案御覽引『而不遂』作『忘求進。』『不遂』猶『不進。』禮記月令：『命太尉

　　贊桀俊，遂賢良。』鄭注：『遂猶進也。』

使人微隨張儀，

　　考證：楓山、三條本人上有舍字。

　　案御覽引人上亦有舍字。

故感怒君，

　　案通鑑周紀二感作激，義同。

盡蘇君之計謀。

　　考證：楓山、三條本謀下有也字。

　　案通鑑謀下亦有也字。

此在吾術中而不悟。

考證：術字，承上文『學術，』言吾所學之術也。與吾字在在上義殊。

案吾疑本作其，涉下文諸吾字而誤也。論衡荅佞篇作『此在其術中，吾不知也。』吾正作其。記纂淵海五二引此作『此在蘇君術中而不悟。』文義亦同。殿本『在吾』作『吾在，』蓋不知吾爲其之誤而倒其文耳。

儀寧渠能乎？

集解：渠音詎。

索隱：渠音詎，古字少假借耳。

考證：『凌稚隆曰：戰國策竝不載楚相辱張儀、及蘇秦激之入秦事。』

案『寧渠，』複語，『儀寧渠能乎？』猶言『儀豈能乎？』卷子本玉篇言部引此作『儀寧詎能此乎？』黃善夫本、殿本索隱，並略『渠音詎』三字。又戰國策亦載蘇秦激張儀入秦事，（已詳上文。）特不見於今本耳。

張儀既相秦，

考證：『梁玉繩曰：「案儀爲相，在惠王十年。是時初用于秦也，非相也。此誤。」中井積德曰：「張儀相秦，在伐蜀之後，此先提之以結前案。」』

案相疑本作用，涉下文『楚相』字而誤也。春秋後語作『用於秦。』

爲文檄告楚相曰，

集解：『徐廣曰：一作「咫尺之檄。」』（『咫尺』原誤『尺一。』）

索隱：『按徐廣云：「一作『丈二檄。』王劭按春秋後語云：「丈二尺檄。」許愼云：「檄，二尺書。」』

案『文檄』疑本作『丈檄，』索隱所稱徐注及王劭所引春秋後語並可證。惟集解所稱徐注作『咫尺之檄，』敦煌本春秋後語作『尺二檄，』則『文檄』又似『尺檄』之誤，殊難壖斷也。又黃善夫本索隱略『按徐廣云：一作「丈二檄。」』九字，句末書下有也字。殿本與黃本同，惟『二尺書也』下，更有『爲檄卽傳檄爾。』六字。

始吾從若飮，我不盜而璧，若笞我。若善守汝國，我顧且盜而城。

索隱：若者汝也，下文而亦訓汝。

案御覽五九七引若、而並作汝，春秋後語同。『顧且，』複語，顧亦且也。裴氏

　　　古書虛字集釋五有說。

苴、蜀相攻擊。

　　　索隱：苴音巴，謂巴、蜀之夷自相攻擊也。今字作苴者，按巴苴是草名，今論巴
　　遂誤作苴也。…………………注『益州天苴，讀爲芭黎。』天苴即巴苴也。………
　　………知天苴之音，讀爲芭黎之芭。按芭黎，即織木茸爲葦籬也。………………

　　　正義：『華陽國志云：昔蜀王封其弟于漢中，號曰苴侯，因命之邑曰葭萌。苴侯
　　與巴王爲好，巴與蜀爲讎，故蜀王怒，伐苴，苴奔巴，求救於秦，秦遣張儀從子
　　午道伐蜀，王自葭萌禦之，………………』

　　　梁玉繩云：索隱言『巴誤作苴。』非。

　　　案黃善夫本、殿本索隱，今下並無字字，『巴苴』下並無是字，注下並無『益州
　　天苴，讀爲芭黎。』八字，而有引字。黎並作犁，（古字通用。）苴並誤茸，茸
　　下更有『所以』二字，所字不當有。正義引華陽國志云云，今華陽國志『之邑』
　　作『其邑，』（通鑑周紀三注引同，之、其同義。）『伐苴，苴奔巴，』苴下並
　　有侯字，（通鑑注引同，當補。）『子午道』作『石牛道，』『伐蜀』下有蜀
　　字，禦作拒。又『巴與蜀爲讎』句，通鑑注引巴上有後字。

以爲道險狹，

　　　考證：楓山本狹作陿。

　　　案通鑑周紀三狹亦作陿，注：『陿與狹同。』新序善謀篇作峽，狹、陿、峽，皆
　　俗陝字。說文：『陝，隘也。』

秦惠王欲先伐韓後伐蜀，恐不利。欲先伐蜀，恐韓襲秦之敝。猶豫未能決。

　　　考證：『後伐蜀』下，楓山、三條本有『蜀亂』二字，『猶豫』作『猶與。』

　　　案新序無『後伐蜀』三字，『恐不利，』作『恐蜀亂。』『猶豫』亦作『猶
　　與，』與、豫古通，禮記曲禮：『卜筮者，所以使民決嫌疑，定猶與也。』釋文：
　　　『與，本亦作豫。』即其比。

下兵三川，塞什谷之口，

　　　集解：『徐廣曰：什，一作尋。成皋鞏縣有尋口。』

　　　索隱：『一本作尋谷，尋、什聲相近，故其名惑也。戰國策云：「環轅緱氏之

口。」亦其地相近也。』

考證：『三川，謂伊、洛、河三川。張文虎曰：「凌本什作斜。」梁玉繩曰：

「索隱本作什谷，是。湖本譌斜谷。…………新序善謀亦作什谷。」愚按百衲

宋本、王本、毛本，皆作什谷』

案戰國策秦策一高注：『下兵，出兵也。』通鑑注：『伊水、洛水、河水爲三

川。』卽考證釋『三川』所本。殿本什谷亦譌斜谷。景祐本、黃善夫本並不誤，

水經洛水注引此亦作什谷，並引徐注，尋口作郇谷水，尋乃郇之省。黃本、殿本

索隱，並無『一本作尋谷』五字。黃本句末『近也』下有『什谷，地名。』四

字。殿本『尋、什聲相近，』什亦譌斜。句末『近也』下有『斜谷，地名。』四

字，斜亦什之誤。

今三川、周室，天下之朝市也，而王不爭焉。顧爭於戎翟，去王業遠矣！

王念孫云：『「去王」下本無業字，此涉上文「王業」而誤衍也。王讀王天下之

王，此言秦不爭於三川、周室，而爭於戎翟，則不能王天下，故曰「去王遠

矣。」下文司馬錯曰：「三資者備，而王隨之矣。」正對此句而言，則王下不

當有業字。索隱本出「去王遠矣」四字，注曰：「王，音于放反。」則無業字明

矣。秦策有業字，亦後人依誤本史記加之，故姚宏校本曰：「曾、錢、劉無業

字。」新序善謀篇亦無業字。』

案顧猶乃也。通鑑『去王』下亦有業字，從誤本史記也。

而王隨之矣。

案長短經是非篇作『而後王業隨之。』與此文及秦策、新序、通鑑皆不合。

譬如使豺狼逐羣羊。

案御覽一六六引羊下有也字，秦策、新序並同。

利盡西海，

考證：策『西海』作『四海。』

案秦策姚本作『西海，』鮑本作『四海。』黃氏札記云、『四字誤。』通鑑亦作

『四海。』

而又有禁暴止亂之名。

考證：楓山、三條本止作，正與策合。

案新序止亦作正。御覽引『禁暴止亂』作『禁止暴亂。』止正、義通，詩邶風終

風序：『見侮慢而不能正也。』鄭箋：『正猶止也。』

臣請謁其故。

索隱：論者，告也，陳也。…………………

王念孫云：『「臣請論其故，」論本作謁，此後人以意改之也。索隱本作謁，注

曰：「謁者，告也。」今本既改正文作論，又改注文曰『論者，告也。』案訓謁

爲告，本於爾雅。若論字，則古無訓爲告者。後人之改謬矣。秦策及新序並作

謁。』

考證：各本謁作論，今從楓山、三條本。

案索隱本正文、注文論並作謁，如王說。考證從楓、三本正文作謁，注文仍作

論，何也？通鑑本此文，謁已改作論矣。又秦策高注：『謁，白。』與索隱訓

告、訓陳義符。

齊，韓之與國也。

考證：『策作「韓、齊，周之與國也。田汝成曰：「齊字恐衍，當云：韓，周之

與國也。」愚按史衍齊字，韓下奪周字。』

案秦策作『齊、韓，周之與國也。』吳氏補已云：『齊字恐衍。』黃氏札記云：

『吳說非也，史記作「齊，韓之與國也。」新序同，讀以齊字逗。當是策文衍周

字。』通鑑亦作『齊，韓之與國也。』可證史文不誤。

而求解乎楚、魏，

案御覽引乎作于，義同。

此臣之所謂危也。

案御覽引作『臣竊危之。』

卒起兵伐蜀，十月取之。

索隱：六國年表，在惠王二十二年十月也。

正義：『表云：秦惠王後九年十月，擊滅之。』

考證：『錢大昕曰：「據秦本紀及年表，伐蜀乃惠王後九年事。此傳敍于惠王十

年以前，誤以爲前九年矣。」梁玉繩說同。』

案伐蜀事，索隱所謂『在惠王二十二年，』卽惠王後九年也。當周愼王五年，華

陽國志三、通鑑並在周愼王五年。

遂定蜀，貶蜀王更號爲侯。

梁玉繩云：『貶蜀王更號爲侯。』此語本國策。攷紀、表及華陽志，皆云王死蜀

滅，無貶號之事。當是因封公子通爲蜀侯而誤。

案御覽引定作滅，無『貶蜀王更號爲侯』句，蓋非此文之舊。秦策言『蜀主更號

爲侯。』（主當作王。）此文本之，正可以補紀、表（及華陽志）之未備。新

序、通鑑亦並從秦策言『蜀王更號爲侯。』不得輕以爲誤也。

而使陳莊相蜀。

案秦本紀、年表、華陽國志莊並作壯，（秦本紀索隱引華陽國志作莊。）古字通

用。（秦本紀梁氏志疑有說。）新序作叔，蓋名莊字叔與？秦策高注：『陳莊，

秦臣也。』

使公子華與張儀圍蒲陽，

集解：『徐廣曰：華，一作革。』

梁玉繩云：六國表華作桑，說在表。

案革蓋華之誤。通鑑周紀二從此文作華。

魏因入上郡、少梁謝秦惠王。

考證：『梁玉繩曰：案紀、表及魏世家，是年入上郡於秦，無少梁二字。魏之少

梁，已于秦孝公八年取之矣。此時尙安得少梁乎？與表言秦惠王八年魏入少梁同

誤。』（末句考證缺引，今補。）

案少梁二字，蓋涉下文『更名少梁』而衍。通鑑作『魏因盡入上郡十五縣以謝

焉。』（兼本秦本紀。）亦不言少梁。

儀相秦四歲，立惠王爲王。

正義：『表云：「惠王之十三年，」顯王之三十四年也。』

案正義『三十四』當作『四十四，』年表，惠王十三年，書『君爲王。』當周顯

王四十四年。通鑑周顯王四十四年，亦書『秦初稱王。』

居一歲，爲秦將，取陝，築上郡塞。其後二年，使與齊、楚之相會齧桑。

　　考證：『梁玉繩云：案紀、表及魏與田完世家，齧桑之會，在取陝之明年。此云「後二年，」誤。又但舉齊、楚而不及魏。說在紀中。』（末句考證缺引，今補。）

　　施之勉云：『秦紀：「惠文君十三年，使張儀伐取陝。十四年，更爲元年。二年，張儀與齊、楚大臣會齧桑。」此據紀，故云「後二年。」』

　　案年表，張儀取陝，在秦惠王後元年。（當周顯王四十四年，通鑑同。）秦本紀誤書在惠文君十三年，（梁氏志疑有說。）而云『十四年，更爲元年。二年，張儀與齊、楚大臣會齧桑。』所書之年，與年表合，則不誤。此文『居一歲，爲秦將，取陝。』在『儀相秦四歲』之後，即惠王後元年，與表合，與秦本紀不合。『其後二年，使與齊、楚之相會齧桑。』則當惠王後三年，與秦本紀、年表並不合。安得云『此據紀』邪？施氏失考矣。通鑑周顯王四十六年，書『秦張儀及齊、楚之相會齧桑。』當惠王後二年，與秦本紀、年表並合，亦可證此文『後二年』之誤。

秦王怒，伐取魏之曲沃、平周。

　　考證：今河南陝縣有曲沃故城，非晉都曲沃。……………

　　施之勉云：『魏世家：「襄王十三年，（襄當作惠，『十三年』當作『後十三年。』）秦取我曲沃、平周。」正義：「絳州桐鄉縣，晉曲沃邑。十三州志云：古平周縣，在汾州介休縣西五十里也。」是曲沃，晉都曲沃也。考證非。』

　　案通鑑注：『此曲沃在河東，晉桓叔所封之邑。史記正義曰：「絳州桐鄉縣，晉曲沃邑。十三州志：古平周邑，在汾州介休縣西四十里。」』即施說所本。惟今魏世家正義，『四十里』作『五十里』耳。

齊又來敗魏於觀津。

　　梁玉繩云：當作觀澤，說在表。

　　案通鑑周紀三從韓世家作濁澤，（注：年表作觀澤。）亦誤。

先敗韓申差軍，斬首八萬。

　　梁玉繩云：但言申差，而不言太子奐，又不及鰻。說在秦紀。

案通鑑從韓世家，言申差及鱣。秦本紀『八萬』下有『二千』二字。梁云：『紀增多二千，仍秦史之舊。秦尙首功，虛加其級耳。』通鑑從年表及此傳作『八萬。』

地四平，諸侯四通輻湊，

考證：楓山、三條本『四平』下有易字。策『四通』下有『條達』二字。

案楓、三本平下有易字，『平易，』複語，易亦平也。淮南子兵略篇：『易則用車。』許注：『易，平地也。』（易乃傷之借字，說文：傷，行平易也。）長短經七雄略篇『四通』下亦有『條達』二字。莊子至樂篇：『是之謂條達而福持。』錢穆先生纂箋云：『「福持」猶「輻湊。」』是也。福、輻古通，（晉世家：『成侯子福。』索隱：『系本作輻字。』卽其證。）持、湊義近。

從鄭至梁，二百餘里。

考證：『張照曰：「案策作『從鄭至梁，不過百里。從陳至梁，二百餘里。』此有脫誤。通鑑地理通釋曰：『九域志：鄭州至東京，一百四十里。陳州至東京，二百四十五里。』當以策爲正。」』

案『從鄭至梁』下，當據魏策一補『不過百里。從陳至梁，』八字。長短經本此文，已脫此八字。張說云云，梁氏志疑亦有說。張說本無『此有脫誤』四字，考證從梁說補之也。

不待力而至梁。

考證：『待力，』楓山本作『持勵，』三條本作『持刀，』策作『倦力。』

案楓、三本待並作持，古字通用，儀禮公食大夫禮：『左人待載，』鄭注：『古文待爲持。』荀子禮論篇：『兩者相持而長，』史記禮書持作待，並其證。三本力作刀，刀乃力之誤。魏策『待力』作『待倦，』非作『倦力。』長短經亦作『待倦。』（敦煌本春秋後語力亦作倦，上缺。）

守亭鄣者不下十萬。

考證：『梁玉繩曰：「策云：『守亭障者參列，粟糧漕庾不下十萬。』此亦脫缺。」』

案者下當據魏策補『參列，粟糧漕庾』六字。長短經、通鑑並本此文，亦脫此六

字。

刑白馬以盟洹水之上，

　　案魏策、通鑑盟下並有於字。

尚有爭錢財，

　　案『尚有』猶『尚猶，』楚世家：『今以匹夫有怨，尚有報萬乘，』與此同例。
　　彼文斠證有說。

據卷、衍、燕、酸棗，

　　正義：卷、衍屬鄭州。燕，滑州胙城縣。……………

　　梁氏志疑所據湖本無燕字，云：『國策衍下有燕，正義亦有，故云「燕，滑州胙
　　城縣。」蓋傳寫失之。』

　　考證：各本衍下脫燕字，依楓山、三條二本及正義補。策亦有。………………
　　案長短經、通鑑並本此文，亦脫燕字。

劫衞取陽晉，

　　考證：陽晉……………策譌作晉陽。
　　案長短經亦譌作晉陽。

趙不南，而梁不北。梁不北，則從道絕。

　　考證：策而作則。
　　案長短經、通鑑而亦並作則，義同。通鑑注：『從道，謂約從之路也。』

秦折韓而攻梁，

　　王念孫云：『折讀爲制，言韓爲秦所制，不得不與之共攻梁也。制、折古字通，
　　（呂刑：「制以刑。」墨子尚同篇作「折則刑。」論語顏淵篇：「片言可以折獄
　　者，」魯讀折爲制。」魏策作「秦挾韓而攻魏。」挾與制義亦相近。』

　　考證：愚按折猶制也，不必改字。

　　案王氏謂『折讀爲制，』證折、制古通，並未改字。尸子仁意篇：『聽獄折衷
　　者，皋陶也。』淮南子詮言篇折作制，廣雅釋詁一：『制，折也。』亦並折、制
　　古通之證。

然而輕走易北，

　　案魏策然作言，史公說言爲然，極是。鮑本策作然，依史記改之耳，非其舊也。

悉梁之兵南面而伐楚，

　　考證：楓山、三條本無楚字。

　　案魏策亦無楚字。

說一諸侯而成封侯。

　　案魏策『封侯』下有『之基』二字，長短經有『之業』二字。此似脫『之業』二
　　字。

人主賢其辯而牽其說，

　　考證：策賢作覽，史文爲勝。

　　案長短經賢字同。魏策賢作覽，下文張儀說齊湣王：『大王賢其說而不計其實。』
　　（長短經、通鑑賢字並同。）齊策一賢亦作覽，（敦煌本春秋後語同。）高注：
　　『覽，受。』於義亦佳。覽乃㩜之借字，俗作攬，亦作擥，廣雅釋詁一：『擥，
　　取也。』

積羽沈舟，羣輕折軸。眾口鑠金，積毀銷骨。

　　考證：楓山、三條本無『積毀銷骨』四字，與策合。同語中用二積字，不文，無
　　四字爲長。…………………

　　案長短經七雄略篇亦無『積毀銷骨』四字。是非篇引語曰：『積毀銷金，積讒磨
　　骨。眾羽溺舟，羣輕折軸。』古人用字不嫌複。淮南子繆稱篇：『積羽沈舟，羣
　　輕折軸。』楚辭九章惜誦：『故眾口其鑠金兮。』僞鄧析子轉辭篇：『古人有
　　言：眾口鑠金。』

故願大王審定計議，且賜骸骨辟魏。

　　考證：楓山、三條本議下且上有儀字。……………………策無『且賜骸骨辟魏』六
　　字，蓋史公補足。

　　案長短經七雄略篇『審定計議，』作『審計定議。』亦無『且賜骸骨辟魏』六
　　字。楓、三本且上有儀字，義不可通，蓋涉下『因儀』字而衍，儀不得自賜骸骨
　　也。

使秦女得爲大王箕帚之妾，

　　案帚字通鑑同。景祐本、黃善夫本、殿本皆作箒，御覽四九引同，帚、箒正、俗字。

此北弱齊而西益秦也。

　　考證：楚世家、秦策益作德，義長。

　　案德與益義近，秦策二高注：『德，恩也。楚與齊絕，爲施恩德於秦。』益猶助也，秦策二：『於是出私金以益公賞。』注：『益，助也。』施恩德於秦，卽是助秦矣。

陳軫獨弔之。

　　案楚世家、通鑑並無之字，疑涉上文『許之』而衍。秦策二作『陳軫後見獨不賀。』

秦奚貪夫孤國，

　　考證：楚世家、秦策貪作重，義長。

　　案通鑑貪字同，貪、重義近。

詳失綏墮車，

　　案通鑑注：『詳讀曰佯。』御覽四九四引此詳作陽，陽、詳古通。佯，俗字。本書習見。

乃使勇士至宋，借宋之符北罵齊王。

　　考證：『…………………張文虎曰：「『借宋之符』句，當有誤。楚世家作『乃使勇士宋遺北辱齊王，折楚符而合于秦。』則所使勇士，姓宋名遺耳。胡三省曰：『旣閉關絕約，則齊、楚之信使不通，故使宋遺借宋符以至齊。』」…………………。』（『故使』下原脫宋遺二字。）

　　案通鑑作『乃使勇士宋遺，借宋之符北罵齊王。』乃兼采楚世家及此傳之文。漢書人表有宋遺。（參看楚世家梁氏志疑及斠證。）

折節而下秦，

　　案通鑑『而下』作『以事，』義同。

臣受令於王，

　　考證：楓山、三條本令作命，御覽引史亦同。

案御覽一六八、四九四引令並作命，楚世家同。

發兵而攻秦。

案通鑑發上有欲字，義較長。『欲發兵而攻秦，』與下文『卒發兵』相應。秦策
作『欲興師伐秦，』亦有欲字。楚世家作『興師將伐秦。』文義亦同。

攻之，

考證：楓山、三條本『攻之』下有『不可』二字。

案楚世家作『伐秦，非計也。』與『攻之，不可。』同旨。

是我出地於秦，

案秦策、楚世家、通鑑出皆作亡，義同。

於是楚割兩城以與秦平。

考證：『梁玉繩曰：案藍田之戰，各處皆無割城事，恐非實。』

案藍田之戰，此言『楚割兩城，』史公必有所據，正可以補他處之未備。通鑑從
此傳，稱楚『割兩城以請平於秦。』最爲有識。

欲得黔中地，欲以武關外易之。

案下欲字義與而同，『欲以武關外易之，』猶言『而以武關外易之。』外戚世家：
『是日召而幸之，』漢書而作欲，刺客列傳：『夫行危欲求安，』記纂淵海五八
引欲作而，又『燕王使使斬太子丹欲獻之秦。』欲亦與而同義。（此義前人未發，
外戚世家已有說。）御覽一六八引史記云：『秦惠王十四年，求以武關外就楚易
黔中地。』惠王十四年，益後十四年，當楚懷王十八年，周赧王四年。通鑑於赧
王四年，書『秦惠王使人告楚懷王，請以武關之外易黔中地。』是也。

遂使楚，楚懷王至則囚張儀，將殺之。

案至字當在『遂使楚』下，『遂使楚』句。至，一字句。楚世家作『儀遂使楚，
至，懷王不見，因而囚張儀，欲殺之。』可證。至字錯在『楚懷王』下，則不可
通矣。

靳尙謂鄭袖曰：『子亦知子之賤於王乎？』鄭袖曰：『何也？』靳尙曰，

考證：楓山、三條二本，靳尙下有『爲儀』二字，義長。『鄭袖曰』下，無『「子
亦知子之賤於王乎。」鄭袖曰：「何也？」靳尙曰。』十七字。

案楚策二先述『靳尙爲儀謂楚王』語，（楚世家作『靳尙爲請懷王，』爲下略儀
字。）次述『又謂王之幸夫人鄭袖』語，謂鄭袖，亦是爲儀也。此文『靳尙謂鄭
袖曰，』考證謂『楓、三本靳尙下有「爲儀」二字，義長。』是也。楚世家亦無
『「子亦知子之賤於王乎？」鄭袖曰：「何也？」靳尙曰。』十七字，通鑑同。

秦王甚愛張儀，而不欲出之。

索隱：按不字當作必，時張儀爲楚所囚，故必欲出之也。

正義：秦王不欲出張儀使楚，若欲自行，今秦欲以上庸地及美人贖儀。

梁玉繩云：索隱言『不字當作必，』是也。策作『秦王欲出之，』正義解爲『秦
王不欲出張儀使楚，』非。

考證：索隱是也。策無不字。

案索隱、正義所據本不字並同，不非誤字。『而不欲出之，』謂楚王不欲出之也。
與下文『不若爲言而出之』相應。楚世家作『秦王甚愛張儀，而王欲殺之。』上
句謂秦王，下句謂楚王，與此同例。楚策作『今楚拘之，秦王欲出之。』秦王甚
愛張儀，故欲出之。楚王不欲出張儀，故拘之。彼文之『今楚拘之』句，與此文
『而不欲出之』句相當。『秦王欲出之』句，與此文『秦王甚愛張儀』句相當。
彼文欲上無不字，與此『而不欲出之』句有不字無涉。正義固未達此文之義；梁
氏迷於索隱之說，考證從之，亦並非。

以美人聘楚。

考證：『策云：秦王有愛女而美，欲內之楚王。』

案考證說，本梁氏志疑。

楚王重地尊秦。

考證：『梁玉繩曰：「案此乃靳尙對鄭袖語，不應稱楚王。下文張儀說懷王述漢
中之戰，亦曰『楚王大怒。』蓋史公仍國策，未及改之。吳師道謂後人追書，
非。徐孚遠曰：當言『大王，』言楚王，誤。」』

案楚世家亦作楚王，通鑑無楚字，是也。楚世家斠證有說。言王卽可，不必言
『大王。』

張儀旣出，未去，聞蘇秦死。

梁玉繩云：此時爲懷王十八年，秦之死已十年矣。豈儀至是始聞之乎？妄也！四字宜衍。

案御覽四百六十引戰國策（鮑刻本妄改爲史記）亦云：『張儀聞蘇秦死。』今本楚策一，張儀下無『聞蘇秦死』四字，蓋後人因秦死已久而刪之。

被險帶河，四塞以爲固。

案楚策、長短經七雄略篇險並作山，險卽就山言之。蘇秦列傳：『秦四塞之國，被山帶渭。』（御覽一六四引渭作河。）劉敬列傳：『秦地被山帶河，四塞以爲固。』亦並作山。

積粟如丘山。

案楚策、長短經並無積字。

雖無出甲；席卷常山之險，必折天下之脊。

王念孫云：『雖讀曰唯，唯與雖古字通，（莊子庚桑楚篇：「唯蟲能蟲，唯蟲能天。」釋文：「一本唯作雖。」）此承上文言秦兵之彊如是。是唯無出甲；出甲則席卷常山，而折天下之脊也。不更言「出甲」者，蒙上而省也，留侯世家曰：「楚唯無彊，六國立者復橈而從之。」（集解引漢書音義曰：唯當使楚無彊；彊則六國弱而從之。）莊子人間世篇：「若唯無詔；王公必將乘人而鬪其捷。」（郭象註：汝惟有寂然不言耳；言則王公必乘人而角其捷辯以距諫飾非也。）語意竝與此同。』

考證：『出甲』下，添『其勢』二字看。………………雖字，未必讀爲唯。

案『雖無』一詞，亦作『唯無，』如王氏引證。義猶今語『除非不。』此言『除非不出甲；出甲則席卷常山之險，而折天下之脊』也。（釋必爲而，從王說。）

先秦至東漢初期，此類句法，『席卷』上『出甲則』三字可省。楚世家：『雖無攻之；名爲弒君。』言『除非不攻之；攻之則名爲弒君』也。作『雖無，』與此同例。（參看斠證導論及楚世家、留侯世家斠證。）雖讀曰唯，王說極是。如考證說，雖不必讀爲唯，『出甲』下添『其勢』二字看，則義不可通。蓋不出甲，其勢焉能席卷常山之險，而折天下之脊邪？

天下有後服者先亡。

考證：策無有字。

案長短經亦無有字。

無以異於驅羣羊而攻猛虎，虎之與羊，不格明矣。

案御覽四百六十引戰國策虎並作獸，下同。（楚策本作虎。）蓋承唐人避高祖祖
諱改。（下文『兩虎方且食牛』云云，御覽三百五引虎作獸，亦同例。）御覽九
百二引春秋後語亦有此文，並有注云：『格，鬬也。羊不能與虎口明矣。』（虎
下蓋缺鬬字。）通鑑注：『劉伯莊曰：『格，各額翻。其字宜從手。』余據字
書，格，擊也，鬬也。從木亦通。』格乃挌之借字，說文：『挌，擊也。』周書
武稱篇：『窮寇不格。』孔晁注：『格，鬬也。』格亦挌之借字。

凡天下彊國，非秦而楚，非楚而秦。

考證：而猶則也。下文『非菽而麥，』非菽則麥也。說具于王氏經傳釋詞。

案釋詞七有『而猶則也』之說，惟未謂此文兩而字及下文『非菽而麥』之而字，
義與則同。此三而字，義猶即也。『非秦而楚，非楚而秦。』猶言『非秦即楚，
非楚即秦。』下文『非菽而麥，』猶言『非菽即麥。』燕世家：『繆侯七年，而
魯隱公元年也。』孔子世家：『孔子年六十三，而魯哀公六年也。』兩而字亦並
與即同義，彼文斠證有說。

舫船載卒，

索隱：『舫船，』舫音方，謂竝兩船也。亦音舫。

考證：楓山、三條本、索隱本舫作枋，楚策作方，竝船也。

案楚策姚本作舫，校云：『劉，一作方。』枋、舫並方之借字，說文：『方，併船
也。』又黃善夫本、殿本索隱，並作『舫音方，謂竝兩船也。』蓋由正文作舫，
因刪、改索隱以就之也。

下水而浮，

考證：『中井積德曰：「下水而浮，」疑當作「浮水而下。」』

案通鑑作『浮岷江而下。』或即中井說所本。

然而不費牛馬之力，

考證：策『牛馬』作『馬汗，』史義長。

　　　案長短經從史作『牛馬。』

不至十日而距扞關。

　　　考證：『距，至也。張文虎曰：王、柯、凌本作拒。』

　　　案黃善夫本距亦作拒，長短經、通鑑並同，距、拒古、今字。

則從境以東盡城守矣。

　　　梁玉繩云：策作竟陵，此誤。

　　　案長短經、通鑑並從史作『從境以東。』通鑑注云：『境，楚境也。扞關，楚之
　　　西境。「從境以東，」謂扞關以東也。』

非王之有。

　　　考證：策，有下有已字。

　　　案長短經有下有也字，也猶已也。

夫待弱國之救，忘彊秦之禍，

　　　王念孫云：待當作恃，今作待者，涉上文『待諸侯之救』而誤也。上言秦之攻楚
　　　急，而諸侯之救楚緩，故曰『楚待諸侯之救，在半歲之外。』此言弱國不可恃，
　　　而彊秦不可忽，若改恃爲待，則非其指矣。楚策正作『恃弱國之救。』（楚策上
　　　文『待諸侯之救，』待作恃，亦涉下文『恃弱國之救』而誤，當依史記改。）
　　　案『待弱國之救，』卽承上文『楚待諸侯之救』而言，楚策兩待字並作恃，史公
　　　說恃爲待耳。長短經、通鑑並從史作待。待、恃並諧寺聲，古字通用。莊子徐无
　　　鬼篇：『故足之於地也踐。雖淺，恃其所不蹍而後善博也。人之於知也少。雖
　　　少，恃其所不知而後知天之所謂也。』淮南子說林篇恃並作待，韓非子顯學篇：
　　　『夫必恃自直之箭，百世無矢。恃自圜之木，千世無輪矣。』意林引恃並作待，
　　　孔子世家：『今蒲、衞之所以待晉、楚也，』家語困誓篇待作恃，呂氏春秋無義
　　　篇：『不窮奚待。』高誘注：『待，恃也。』皆其證。王氏必謂楚策上文『楚恃
　　　諸侯之救，』恃爲待之誤；此文『待弱國之救，』待爲恃之誤，泥矣！

此臣所以爲大王患也。

　　　考證：楓山、三條本無以字，與通鑑合。

　　　施之勉云：景祐監本無以字。

　　　　案長短經無『所以』二字。上文張儀說魏王：『此臣之所爲大王患也。』亦無以
　　字。

大王嘗與吳人戰，五戰而三勝，陣卒盡矣。

　　　　考證：『徐孚遠曰：懷王時，吳之屬楚久矣。安得與吳人五戰？此言誤。』
　　　　案楚策陣作陳，姚校云：『陳，曾作陣。』陣，俗字。史記故本當亦作陳也。考
　　證引徐說，本梁氏志疑。

存民苦矣！

　　　　考證：策『存民』作『居民，』義長。
　　　　案居、存義近，長短經從史作『存民。』

且夫秦之所以不出兵函谷十五年，以攻齊、趙者，陰謀有合天下之心。

　　　　考證：『策「齊、趙」作「諸侯，」合作吞。⋯⋯⋯⋯⋯吳師道曰：「前二年、
　　五年、六年，皆有攻趙之事，而攻齊則無之。若云不攻齊，則猶可通也。」』
　　　　案考證『策「齊、趙」作「諸侯，」』及引吳說，並本梁氏志疑。

戰於藍田。

　　　　考證：策，藍田下有『又却』二字，此缺。
　　　　案考證說，本梁氏志疑。

此所謂兩虎相搏者也。

　　　　集解：『徐廣曰：搏，或音戟。』
　　　　考證：『王引之曰：「搏本作據，徐廣音戟，正是據字之音。御覽引楚策搏作
　　據，據讀若戟，謂兩虎相搹持也。呂后紀：『見物如蒼犬，據高后掖。』據字徐
　　音戟，正與此同。老子曰：『猛獸不據，攫鳥不搏。』鹽鐵論擊之篇曰：『虎兒
　　相據，而螻蟻得志。』皆其證也。」愚按搏字義自通，不必改作據。』
　　　　案搏字義雖通，而徐音戟，則是據字。作搏乃後人所改者耳。徐注『音戟』上或
　　字，亦後人妄加，王氏亦有說。

必大關天下之匈。

　　　　集解：『徐廣曰：關，一作開。』
　　　　考證：『必大』二字，衍其一，索隱本無必字。關，扃也。

案水經瓠子河注引此亦無必字。楚策作『必開扃天下之匃。』鮑本改開爲關，開
乃關之誤，（『關扃，』複語。）關、開俗書形近，往往相亂。索隱本匃作匄，
匃、匄正、俗字。

凡天下而以信約從親相堅者蘇秦。封武安君，相燕。

考證：楓山、三條本而作所，羑長。策封下有爲字。

案楚策而亦作所，而猶所也。淮陰侯列傳：『齊城皆反之，其勢無所得食。』長
短經水火篇注所作而，卽而、所同義之證。長短經七雄略篇封下亦有爲字。

乃詳有罪，

考證：詳、佯同。

案楚策、長短經詳並作佯。佯，俗字。

今秦與楚接境壤界，

案長短經無境字。御覽四六一引此無界字，敦煌本春秋後語同。『境壤界，』三
字疊義，可略其一，亦可略其二，參看楚世家及蘇秦傳斠證。

非菽而麥。

考證：而猶則也。

案而猶卽也，上文已有說。韓策一作『非麥而豆。』姚注：『古語只稱菽，漢以
後方呼豆。』考范雎列傳：『坐須賈於堂下，置莝豆其前。』則菽之呼豆，由來
久矣。豈在漢以後邪：

大抵飯菽藿羹。

考證『楓山、三條本飯上有豆，與策合。王念孫曰：「『飯菽』當作『菽飯，』
『菽飯藿羹，』相對爲文。韓策作『豆飯，』豆亦菽也。姚宏校韓策引春秋後語
亦作『菽飯。』」愚按楓、三二本衍菽字。』

案楓、三本作『大抵豆飯菽藿羹。』豆字疑據韓策所加。上文菽字，韓策作豆，
彼以兩豆字相承。史文則以兩菽字相承也。『飯菽』爲『菽飯』之誤倒，王說
是。敦煌本春秋後語作『大豆菽飯藿羹。』（上文言菽不言豆。）大下脫抵字，
豆字蓋亦寫者據韓策加，姚氏所引無豆字。（鄭良樹學弟輯校有說。）

地不過九百里。

案韓策、春秋後語、長短經地下皆有方字。

秦帶甲百餘萬，

　　案春秋後語、長短經秦上並有今字。

蹄閒三尋騰者，不可勝數。

　　索隱：按七尺曰尋，言馬走之疾，前後蹄閒一擲過三尋也。

　　正義：七尺曰尋，馬蹄間有二丈一尺，亦疾也。

　　梁玉繩云：策作『二尋。』

　　考證：楓山、三條本無騰字，策有。

　　張以仁弟云：『賈誼傳：「彼尋常之污瀆兮，」集解引應劭曰：「八尺曰尋。」
　　與此解異。按八尺曰尋，古注多見，詩魯頌閟宮：「是尋是尺。」毛傳：「八尺
　　曰尋。」左成十二年傳「爭尋常以盡其民，」哀十一年傳「公孫揮命其徒曰：人
　　尋約」下杜注，周禮考工記「殳長尋有四尺」鄭注，周語下「不過墨丈尋常之間
　　」韋注，皆謂「八尺曰尋。」高名凱漢語語法論云：「索隱以七尺爲尋，桂馥對
　　此已經懷疑。（以仁案，見桂馥說文解字義證「尋」字條。）朱駿聲以爲伸臂爲
　　八尺，曲臂則爲七尺。（以仁案，見說文通訓定聲「尋」字條。）然度量本有一
　　定標準，不能忽而伸，忽而曲。索隱顯然是錯誤。」其說甚是。』

　　案姚本韓策作『蹄閒三尋，』下無『騰者』二字。校云：『曾添「騰者」二
　　字。』春秋後語無騰字，與楓、三本合。八尺曰尋，此乃常訓。惟索隱、正義並
　　云『七尺曰尋，』蓋亦唐時相傳舊說。

山東之士，被甲蒙胄以會戰。秦人捐甲徒裼以趨敵。

　　正義：徒，跣。裼，袒也。言六國之卒，皆著甲及兜□而戰。…………

　　案韓策蒙作冒（春秋後語同），裼作裎，義並同。正義兜下蓋缺鍪字。通鑑注：
　　『胄，今謂之兜鍪。』

右挾生虜。

　　案春秋後語挾作接，挾、接正、假字。

夫秦卒與山東之卒，猶孟賁之與怯夫。以重力相壓，猶烏獲之與嬰兒。

　　案三與字並猶敵也。

夫戰孟賁、烏獲之士，以攻不服之弱國，

　　考證：楓山、三條本無『夫戰孟賁、烏獲之士』八字。

　　案韓策、春秋後語並有『夫戰孟賁、烏獲之士』八字，此承上文言之，不可無。
　　楓、三本蓋誤脫也。

夫羣臣諸侯，不料地之寡，

　　考證：楓山、三條本羣下無臣字，此疑衍。策無『羣臣』二字。

　　案韓策無『夫羣臣』三字，作『諸侯不料兵之弱，食之寡。』春秋後語、長短經
　　亦並無『夫羣臣』三字，作『諸侯不料地之弱，食之寡。』此文地下疑脫『之
　　弱，食』三字。

夫不顧社稷之長利，而聽須臾之說，

　　案春秋後語說上有巧字，『長利，』『巧說，』相對為文。

註誤人主，

　　考證：楓山、三條本人作其。註音卦。

　　案漢書文帝紀：『註誤吏民。』師古注：『註亦誤也。音卦。』說文：『註，誤
　　也。』卽小顏所本。廣雅釋詁二：『註，欺也。』春秋後語作『誑誤其主。』誑
　　亦欺也，說文：』誑，欺也。』（廣雅釋詁二同。）長短經人亦作其，與楓、三
　　本合。

秦下甲據宜陽，斷韓之上地，

　　考證：『楓山、三條本上下有黨字，策無。歸有光曰：……………上地，卽上黨
　　之地。』

　　案楓、三本上下有黨字，有黨字則不必有地字。春秋後語上地作上黨，下同。上
　　地，卽上黨，蘇秦傳有說。

夫造禍而求其福報。

　　案韓策、春秋後語並無其、報二字，與下文句法一律。

莫如為秦。

　　案韓策、通鑑為並作事，為亦事也。

夫攻楚以利其地，

案韓策、春秋後語、長短經利皆作私，義同。呂氏春秋長利篇：『安雖長久，而以私其子孫，弗行也。』高注：『私，利也。』

秦惠王封儀五邑，

案春秋後語『五邑』上有十字，疑衍。通鑑作『六邑。』

使張儀東說齊潛王曰，

考證：策無潛字。

案御覽三二二引潛作閔，古字通用。（孟嘗君列傳：『後齊潛王滅宋益驕。』荀子臣道篇楊注引潛作閔，即其比。）齊策一無潛字，高注：『齊宣王也。』與史記異。通鑑亦作齊王，從策；春秋後語、長短經並作『齊潛王，』從史。

雖有戰勝之名，而有亡國之實。

考證：楓山、三條本『亡國』作『危亡，』爲長。

案御覽引此作『雖有勝之名，而有危之實。』齊策作『雖有勝名，而有亡之實。』春秋後語、長短經『亡國』並作『破亡。』

今秦之與齊也，

梁玉繩云：『鄧以讚曰：秦策作趙，是。』

考證：齊策作『趙之與秦也。』

案春秋後語作『今秦之與趙，』亦可證此齊字之誤。（涉上下文齊字而誤。）梁引鄧說，秦策當作齊策。

大王不事秦，

考證：楓山、三條本『大王』上有今字。

案春秋後語『大王』上亦有今字。

國一日見攻，

案春秋後語、長短經『一日』並作『一旦，』義同。

隱居東海之上。

考證：楓山、三條本居下有都字。策有宅字。

案齊策居下有託字，高注：『託，附。』考證失檢。

敝邑秦王使使臣效愚計於大王。

案趙策二、敦煌本春秋後語、長短經使字皆不疊。

大王收率天下以賓秦，

考證：『賓讀爲擯，蘇秦傳：六國從親以賓秦。』

案趙策賓作儐，通鑑作擯。擯，或儐字。擯棄字正作姘，說文：『姘，除也。』

（參看蘇秦傳斠證。）

習馳射，

考證：楓山、三條本馳作戰。

案春秋後語馳亦作戰。

唯大王有意督過之也。

索隱：督者，正其事而責之。督過，是深責其過也。

王念孫云：『督、過，皆責也。晏子春秋雜篇曰。「古之賢君，臣有受厚賜而不顧其國族，則過之；臨事守職不勝其任，則過之。」楚辭九章曰：「信讒諛之溷濁兮，盛氣志而過之。」呂氏春秋適威篇曰：「煩爲教而過不識，數爲令而非不從。」高誘注曰：「過，責也。」（廣雅同。）是督、過皆責也。若以過爲過失之過，則當言「督過，」不當言「督過之」矣。甘茂傳：「蘇代謂向壽曰：公奚不以秦爲韓求潁川於楚？此韓之寄地也。公求而得之，是令行於楚，而以其地德韓也。公求而不得，是韓、楚之怨不解，而交走秦也。秦、楚爭彊，而公徐過楚以收韓，此利於秦。」案「過楚」謂責楚也。正義謂「說楚之過失以收韓。」亦失之。張釋之傳曰：「釋之見謝，景帝不過也。」「不過，」亦謂不責之也。』

考證：『中井積德曰：唯下疑脫恐字。』

案春秋後語唯下有願字。『督過，』複語，皆責也。王說是。項羽本紀：『聞大王有意督過之，』與此同例。

今以大王之力，舉巴、蜀，幷漢中，包兩周，遷九鼎。

考證：楓山、三條本力下有西字，蜀下有南字，中下有東字。

案趙策力下作『西舉巴、蜀，幷漢中，東收兩周，而西遷九鼎。』（幷上疑脫南字。）春秋後語作『西舉巴、蜀，南幷漢中，東苞兩周，西遷九鼎。』（包、苞古通。）與楓、三本此文尤合。

會邯鄲之下。

　　考證：楓山、三條本會作『禦戰，』策作迎，竝非。

　　案春秋後語、長短經會下並有戰字。趙策作『迎戰，』考證引策脫戰字。

敬使使臣先聞左右。

　　考證：楓山、三條本先下有以字，與策合。下文亦有，可從。

　　案趙策作『敬使臣先以聞於左右。』長短經作『故使臣先以聞於左右。』春秋後
　　語使字亦不疊。

凡大王之所信爲從者恃蘇秦。

　　案趙策、春秋後語信下並有以字。

欲反覆齊國，

　　考證：反下各本無覆字，今從楓山、三條本，策亦有。

　　案春秋後語、長短經反下亦並有覆字。

夫天下之不可一亦明矣。

　　案御覽六四五引亦下有以字。

齊獻魚鹽之地。

　　案御覽八六五引春秋後語此下有注云：『齊負海有魚鹽之利，今云「獻魚鹽之
　　地，」矯說以脅趙也。』

今秦發三將軍，

　　案春秋後語、長短經並無將字。

一軍軍成皋，驅韓、梁軍於河外。

　　案趙策、春秋後語、長短經成皋上皆有於字。通鑑注：『正義曰：「河外，謂鄭
　　滑州，北臨河。」余謂此河外，亦因趙而言之。』

趙服，必四分其地。

　　考證：『王念孫曰：「服字義不可解，當爲破字之誤。趙策作：破趙而四分其
　　地。」…………』

　　案春秋後語亦作『破趙而四分其地。』惟作『趙服，』義自可通。蓋趙服而分其
　　地，與破趙而分其地，意亦相符。長短經、通鑑並從史作『趙服。』

奉祀之日新，

　　考證：楓山、三條本奉下有祭字，策作『祠祭。』

　　施之勉云：景祐監本奉下有祭字。

　　案趙策作『奉祠祭之日淺。』『祠祭』猶『祀祭，』（祠、祀古通，其例習見。）

　　淺、新義近。

割地謝前過以事秦。

　　案趙策割作剖，史公說剖爲割耳。莊子胠篋篇：『比干剖。』釋文：『剖，謂割

　　心也。』書僞泰誓下：『剖賢人之心。』阮元校勘記云：『古本剖作割。』並

　　剖、割通用之證。

說燕昭王曰，

　　考證：策『燕昭王』作燕王。

　　案通鑑從燕策一作燕王。

約與代王遇於句注之塞。

　　案御覽三七五引約作後。

卽酒酣樂，

　　案卽猶若也。

因摩笄以自刺。故至今有摩笄之山。

　　考證：摩、磨通，硏也。………

　　案呂氏春秋長攻篇、敦煌本及御覽七一八引春秋後語、長短經摩皆作磨，古字通

　　用，趙世家已有說。

代王之亡，天下莫不聞。

　　案燕策、春秋後語、長短經皆無『代王之亡』四字。

夫趙王之很戾無親，

　　案景祐本、黃善夫本、殿本很皆作狼，燕策、春秋後語、長短經咸同。很字蓋淺

　　人所改。『狼戾，』複語，義同。廣雅釋詁三：『狼、戾，很也。』王念孫疏證

　　云：『狼、戾者，說文：「很，盭也。」卷四云：「狼、很，盭也。」盭與戾同

　　，狼與戾一聲之轉。燕策云：「趙王狼戾無親。」漢書嚴助傳云：「今閩越王狼

戾不仁。」』

今大王不事秦，

　　案今猶若也。下文『今王事秦，』亦同例。

今王事秦，

　　案燕策、春秋後語王上並有大字，與上文一律。

言不足以采正計。

　　考證：楓山、三條本采作來，策作求。采、求義兩通，作來者蓋字似而譌。策無
　　計字，下有『謀不足以決事』六字。

　　案楓、三本采作來，采、來並當從燕策作求。采，俗書作采。來，隸書、俗書並
　　作来。求，隸書作求。形咸相近，故致誤耳。據燕策，計下疑脫『不足以決事』
　　五字。『言不足以求正，計不足以決事。』相對爲文。

獻恆山之尾五城。

　　考證：『梁玉繩曰：恆字何以不諱？』

　　案恆蓋本作常，後人復常爲恆耳。燕策、通鑑並作常。通鑑注：『班志，常山在
　　常山郡上曲陽縣西北。其尾，則燕之西南界也。』

左右賣國以取容。秦必復用之，恐爲天下笑。

　　案春秋後語容下有於字，則秦字屬上絕句。『必復用之，』必猶若也。春秋後語
　　作『若必復用，』『若必，』複語，義同。

乃因謂秦武王曰，

　　案春秋後語無乃字，『乃因，』複語，乃亦因也，故可略其一，項羽本紀：『乃
　　共殺魏豹。』高祖本紀、漢書高帝紀乃並作因，卽乃、因同義之證。（此義前人
　　未發。）

入三川，

　　案齊策二高注：『三川，宜陽邑也。』

乃具革車三十乘，入儀之梁。

　　王念孫云：『「入儀之梁，」本作「入之梁。」下文曰：「故具革車三十乘，而
　　入之梁也。」是其證。入下有儀字，則文不成義。此因上下文儀字而誤衍也。齊

　　策作「乃具革車三十乘，內之梁。」內卽入也。』

　　案『入儀之梁，』與上文『儀願乞其不肖之身之梁』相應，義自可通。下文作
『入之梁，』入下略儀字。齊策此作『納之梁，』（高注：『納張儀於梁也。』
是也。王氏引納作內，內、納正、假字。）下作『納儀於梁。』文義相同。王氏
未深思耳。春秋後語此作『送儀之梁。』亦有儀字。

梁哀王恐。

　　考證：『吳師道曰：梁哀王，春秋後語作魏襄王。』

　　案敦煌本春秋後語正作魏襄王。

乃使其舍人馮喜之楚，

　　索隱：此與戰國策同。舊本作憙者誤。

　　王念孫云：『殷本紀：「九侯女不憙淫。」高祖本紀：「秦人憙。」封禪書：
「而天子心獨喜，」漢書郊祀志作憙。又賈誼傳：「遇之有禮，故羣臣自憙。」
…………是喜字古通作憙，不得以戰國策改史記也。又案古今人表之司馬喜，中
山策作憙，趙策曰：「無憙志而有憂色。」是戰國策喜字亦通作憙也。』

　　案春秋後語作馮喜，與今本齊策及史記合。高祖本紀：『秦人憙。』景祐本憙作
喜，（參看彼文斠證。）亦憙、喜通用之證。又黃善夫本、殿本索隱，『者誤』
並作『誤也。』索隱單本『者誤』下有也字。

何以託儀？

　　案春秋後語以作謂，以猶謂也。

爲王計者，…………故具革車三十乘而入之梁也。

　　考證：『袁黃曰：「此段卽前張儀謂秦惠王者。馮喜特述之以策齊王，令勿伐梁
耳。太史公敍此，一字不增減，直是古贍。」愚按重複可厭，非史文之至者。溫
史刪之，是也。』

　　案此段重複之文，乃本於齊策。漢以前之文，大都不避重複，其例至多。正如袁
氏所謂『古贍』也。至溫史述此事，自不妨刪之矣。然當分別觀之也。

是王內罷國而外伐與國，

　　案通鑑注：『罷讀曰疲。』而猶以也。

廣鄰敵以內自臨，

考證：『內自臨』有譌誤，策無內字。

施之勉云：『考證非也。李斯傳：「內自虛而外樹怨於諸侯。」此「內自臨，」與「內自虛，」句法同。西周策：「以臨韓、魏。」高注：「臨猶伐也。」「內自臨，」內自伐也。孟子所謂「國必自伐，而後人伐之。」矣。』

案上言『王內罷國而外伐與國，』明是先伐人之國。如釋此『內自臨』爲『內自伐，』則與孟子『國必自伐，而後人伐之。』取義不類；且上文方言『外伐與國，』此遽言『內自伐，』意亦不貫。竊謂臨猶制也，趙策五：『循有燕以臨之。』鮑注：『臨猶制也。』與此同例。『廣鄰敵，』與上『外伐與國』相應。『內自制，』與上『內罷國』相應。文義甚明。

張儀相魏一歲，卒於魏也。

索隱：『年表，張儀以安僖王十年卒。紀年云：梁安僖王九年五月卒。』

正義：張儀，秦武王元年卒，王赧之五年。

考證：『年表「魏哀王十年，張儀死。」即周赧王六年，秦武王二年也。正義不知何據。合注本索隱，安僖王，上作安王，下作哀王。愚按上當作哀王，下當作襄王。』

施之勉云：『年表：「秦武王元年，張儀死於魏，本傳索隱云：「梁哀王九年，（哀當作襄。）五月卒。秦武王元年，魏哀王九年，王赧五年也。正義之說，蓋出於此。』

案通鑑張儀卒，亦書於周赧王五年。惟據秦本紀：『武王元年，張儀東出之魏，二年，張儀死。』魏世家：『哀王十年，張儀死。』與魏表於哀王十年，書『張儀死』合。即當王赧六年也。施氏引秦表『秦武王元年，張儀死於魏。』以證正義之說。不知秦表『死於』乃『出之』之誤，（梁氏志疑引史詮有說。）秦本紀作『出之，』可證。據紀年，則儀死於王赧五年也。又黃善夫本、殿本索隱，上安僖王並作安王，下安僖王並作哀王。

陳軫者，游說之士，與張儀俱事秦惠王。皆貴重爭寵。

案考證本陳軫上空一格。景祐本、黃善夫本、殿本皆提行。御覽四六三引此作

『楚陳軫，詞辯之士也。初與張儀俱事秦惠王，惠王皆重之。』長短經詭順篇亦

云：『陳軫與張儀俱事秦惠王，惠王皆重之。二人爭寵。』

軫重幣輕使秦、楚之閒，將爲國交也。

　　案御覽引作『陳軫重幣輕信，秦使之楚，將爲交也。』

今楚不加善於秦，而善軫者。

　　案御覽引作『今楚不善於秦而善於軫。』長短經同。

軫自爲厚，而爲王薄也。

　　案長短經作『軫爲楚厚，爲秦薄也。』

王胡不聽乎？

　　考證：策胡作何。

　　案長短經胡亦作何，義同，秦策一高注：『聽，察也。』

軫曰：『然。』王曰：『儀之言果信矣。』

　　案御覽引然下更有『「王聞楚有兩妻者乎？」王曰：「不聞。」軫曰：「楚有兩

妻者。人挑其長者，長者罵之；挑其少者，少者復挑之。居無何，有兩妻者死。

客謂挑者曰：『汝娶長者乎？少者乎？』挑者曰：『娶長者。』客曰：『長者罵

汝，少者復挑汝，何故娶長者？』對曰：『居人之所，則欲其挑我；爲妻，則欲

其罵人。』今楚王明主，昭陽賢相，使軫爲臣，常以國情輸楚，楚王將不留臣，

昭陽將不與臣從事矣。臣必之楚，足以明臣爲楚與否也。」軫出，張儀入問王

曰：「軫果欲之楚不？」王曰：「然。軫，天下之辯士，寡人逡無奈何也。」』

一百七十六字。惟與下文『王曰：儀之言果信矣。』不含接，蓋有省略。秦策兩

載此事，一章與今本史記同；一章有類御覽所引之文，末句『寡人逡無奈何也』

下，作『寡人因問曰：子必之楚也，則儀之言果信矣。』文意連貫。長短經亦有

類御覽所引之文，惟在『軫曰：然』上。其文云：『軫曰：「臣願之楚，臣出必

故之楚，且明臣爲楚與不也。昔楚有兩妻者，王聞之乎？」王曰：「弗聞。」軫

曰：「楚有兩妻者，人挑其長者，長者罵之；挑其少者，少者復挑之。居無幾

何，有兩妻者死。客謂挑者曰：『爲汝娶少者乎？長者乎？』挑者曰：『娶長

者。』客曰：『長者罵汝，少者復挑汝，汝何故娶長者？』挑者曰：『居人之

所，則欲其挑我；爲我之妻，則欲其罵人。』今楚王明主，昭陽賢相，使軫爲
臣，常以國情輸楚，楚王將不留臣，昭陽將不與臣從事矣。臣何故之楚？臣出必
故之楚，足以明臣爲楚與不也。」軫出，儀入問王曰：「軫果欲之楚不？」王
曰：「然。」儀曰：「軫不爲楚，楚王何爲欲之？」王復以儀言謂軫。』凡二百
一十五字。下作『軫曰：然。』王曰：「儀之言果信矣。」』與史記此文同，或
亦本於史記。與御覽所引史記參驗，御覽末句『寡人遂無奈何也』下，當據長短
經補『儀曰：「軫不爲楚，楚王何爲欲之？」王復以儀言謂軫，軫曰：「然。」』
二十二字。是今本此文『軫曰：然。』下，『王曰』上，蓋脫一百九十八字也。
或史記此文原有二本，一本如今本；一本約多一百九十八字者與？姑識之以存
疑。又案御覽所引史記諸挑字，秦策皆作誂，姚注云：『後語作挑。』與史記、
長短經合。誂、挑正、假字，說文：『誂，相呼誘也。』

行道之士盡知之矣。

　　案記纂淵海六一引士作人，秦策、長短經並同。孟子告子篇：『嘑爾而與之，行
　　道之人弗受。』

曾參孝於其親，

　　考證：楓山、三條本曾參作孝己，與策合。

　　案長短經曾參下有孝己二字。

故賈僕妾不出閭巷而售者，

　　考證：策『不出閭巷而售，』作『售乎閭巷。』

　　案秦策兩載此事，『不出閭巷而售，』一作『不出里巷而取。』考證徒見其一
　　耳。

今軫不忠其君，楚亦何以軫爲忠乎？忠且見弃，軫不之楚何歸乎？

　　考證：策其作於，歸作適。

　　案今猶若也。（長短經『今軫』下有若字，蓋不知今有若義而妄加。）長短經其
　　亦作於，義同。秦策歸字，一作適，一作之，義並同。

而陳軫奔楚，楚未之重也。而使陳軫使於秦。

　　案御覽引作『軫遂奔楚，楚用爲上卿，後軫爲楚使之秦。』與此言『楚未之重』

大異。（或御覽所據，本爲春秋後語之文與？）

軫曰：吾爲事來，

　　索隱：軫語犀首，言我故來，欲有敎汝之事，何不相見？

　　案下文『公不見軫，軫將行，不得待異日。』黃善夫本、殿本索隱，並在『不得
　　待』下，王念孫云：『索隱本軫語犀首云云，本在上文「吾爲事來」之下，其
　　「不得待異日」五字，作一句讀。軫吾不得待異日，故犀首卽出見之也。今本列索
　　隱於「不得待」之下，而以「不得待」爲句，「異日」爲句，大謬！』考證本索
　　隱在『吾爲事來』下，從索隱本；讀下文『不得待異日』爲句，從王說，是也。

田需約諸侯從親，

　　考證：『沈家本曰：魏策田需作李從。』

　　案魏策一別章，『公孫衍爲魏將，與其相田繻不善。』卽此田需。繻諧需聲，與
　　需古通。

可陳之於庭，

　　案魏策庭作廷，古字迵用。

韓、魏相攻，朞年不解。秦惠王欲救之，問於左右。左右或曰『救之便；』或曰『勿
救便。』惠王未能爲之決。

　　考證：『秦策云：「楚絕齊，齊舉兵伐楚，陳軫謂楚王曰：『王不如以地東解於
　　齊，西講於秦。』楚王使陳軫之秦。」而史作「韓、魏相攻，」蓋所傳異也。吳
　　師道曰：『秦惠十三年，韓舉趙護與魏戰，敗績。去楚絕齊時甚遠，他不見韓、
　　魏相攻事。」』

　　案考證說，本梁氏志疑。梁氏以史記韓、魏相攻爲誤。御覽八九一引春秋後語、
　　長短經時宜篇並云：『韓、魏相攻，朞年不解。』從史記也。

亦思寡人不？

　　案御覽四六三引作『寡人甚思子，子思寡人乎？』七三八引與今本同。

王聞夫越人莊舄乎？

　　梁玉繩云：此篇與策亦異。

　　案秦策二以爲吳人遊楚而思吳事。（高注：遊，仕也。）吳、越聯想易亂。

曰：越人莊舄仕楚執珪，有頃而病。

　　考證：類聚頃作須，病作疾。

　　案藝文類聚七五、御覽四六三引曰上並有軫字。文選王仲宣登樓賦注引『越人』

　　上有昔字。景宋本類聚頃字同，作須者誤。

貴富矣。

　　考證：類聚富作極。

　　案御覽引富亦作極。文選注引作『富貴矣。』

中謝對曰：凡人之思故，在其病也。彼思越則越聲，不思越則楚聲。

　　考證：『⋯⋯⋯⋯張文虎曰：「北宋本『中謝』下有『之士』二字。」愚按御覽

　　引史，則下楚上有且字。』（謝，原誤射，下施說同。）

　　施之勉云：北宋景祐監本，『中謝』下無『之士』二字。

　　案『凡人之思故，』故字當屬下讀，故與固同，御覽四六三引故正作固。藝文類

　　聚引病作疾，兩則字並作即。文選注引『則楚聲，』則下亦有且字。

今臣雖弃逐之楚，豈能無秦聲哉！（楚，原誤救。）

　　案文選注引哉上有者字。

亦嘗有以夫卞莊子刺虎聞於王者乎？

　　索隱：『館莊子，』謂逆旅舍其人字莊子者。或作『卞莊子』也。

　　梁玉繩云：此與論語合。但秦策作管莊子，豈莊子為卞邑大夫，而其姓為管乎？

　　索隱本作館，謂『逆旅舍其人字莊子。』疑因所見本異而謬為之說也。

　　考證：『張文虎曰：「王、柯本卞作辨，下同。」余案楓、三二本亦作卞。⋯⋯

　　⋯⋯』

　　案御覽八九一引春秋後語無夫字。夫，語助，故可略。黃善夫本卞亦作辨，索隱

　　作『戰國策作「館莊子。」館謂逆旅舍，其人字莊子。或作辨莊子。』殿本索隱

　　與黃本同，惟『辨莊子』作『卞莊子。』秦策作管莊子，黃氏札記云：『吳氏補

　　曰：「索隱引策作館，『館謂逆旅舍，其人字莊子。』」』丕烈案，今史記作辨。

　　索隱又云：「或作卞。」吳氏所引索隱，困學紀聞引同。今王震澤本如此，與單

　　本不同。單本不引戰國策，正文即作館莊子。此文下「管與止之，」史記作「館

豎子止之。』當依單本爲是。乃史記作館，箋文作管也。』景祐本、殿本史記並
作『卞莊子，』與單本索隱所稱或本合。御覽三百五、八九一引春秋後語、長短
經亦並作『卞莊子。』卞之作辨，蓋音相亂。館之作管，古字通用，儀禮士喪
禮：『管人汲，』鄭注：『管人，有司主館舍者。』卽其證。此當以作管爲正。
梁氏謂『莊子爲卞邑大夫，其姓爲管。』蓋是。（劉寶楠論語正義謂『管、卞古
字通用。』其說無徵。）索隱以館爲逆旅舍，望文生訓。論語憲問篇：『卞莊子
之勇。』周生烈注：『卞邑大夫也。』荀子大略篇：『齊人欲伐魯，忌卞莊子，
不敢過卞。』楊注：『卞，魯邑。莊子，卞邑大夫，有勇者。』

莊子欲刺虎，館豎子止之。

梁玉繩云：箋作管與。

考證：『楓山、三條本莊子上有卞字。桃源抄引劉伯莊云：館豎，掌宮館之小吏
也。』

案御覽三百五、八九一、長短經莊子上亦皆有卞字。御覽三百五引春秋後語館亦
作管。（八九一引作卞，蓋涉彼上文『卞莊子』而誤。）蓋管姓豎子名與也。館
乃借字。

食甘必爭，

案御覽八九一引春秋後語、長短經食並作牛。御覽三百五引春秋後語作『牛必
甘，甘必爭。』食亦作牛。

爭則必鬬。

案春秋後語、長短經並無則字。

立須之。

考證：須，待也。

案御覽三百五引春秋後語須作待。

此猶莊子刺虎之類也。

案春秋後語、長短經莊子上並有卞字。

犀首者，魏之陰晉人也。

集解：『司馬彪曰：犀首，魏官名。若今虎牙將軍。』

案考證本『犀首』上空一格。景祐本、黃善夫本、殿本皆提行。集解所引司馬彪
注，乃彪莊子則陽篇『犀首』之注，彼文釋文亦引之。

名衍，姓公孫氏。

案御覽六八三引作『姓公孫，名衍。』

因委之犀首以爲功。果相魏，張儀去。

考證：『呂氏大事記云：傳稱衍相魏儀去，則不然。以儀傳考之，儀慙無以歸
報，留魏四歲，而魏王卒。復說其嗣君，久之始去魏相秦耳。』

案考證引大事記云云，本梁氏志疑。

義渠君朝於魏，

案秦策二高注：『義渠，西戎之國名也。』

秦得燒掇焚杆君之國。

索隱：『…………焚杆，音煩烏二音。按焚揉而牽制也。戰國策云：「秦且燒爇
君之國。」是說其事也。』

案掇借爲剟，廣雅釋詁三：「剟，削也。」杆與汙同，滅也。後漢書李通傳：
『汙滅親宗，』『汙滅，』複語，汙亦滅也。（李注：『停水曰汙，言族滅而汙池
之也。』其說迂曲。）又案黃善夫本、殿本索隱，『煩烏』下並無『二音』二
字。揉並作蹂，制並作製，（並古字通用）。且上並脫秦字，爇下並有獲字。秦
策亦有獲字。

此公孫衍所謂邪？

索隱：『按謂上文犀首云：「君之國有事，秦將輕使重幣事君之國。」故云「衍
之所謂。」…………』

王念孫云：索隱『有事』上有『君之國』三字，後人所加。

案索隱引正文『衍之所謂。』是所據本衍下有之字，秦策亦有之字。

大敗秦人李伯之下。

索隱：『入李伯之下，』謂義渠破秦，而收軍而入於李伯之下。則李伯人名；或
邑號。戰國策伯作帛。

梁玉繩云：索隱本人作入，謂義渠破秦，而收軍而入于李伯之下，恐非。國策伯

作㠱，古通。

施之勉云：『秦策高誘注：李㠱，秦邑。』

案索隱本誤人爲入。黃善夫本、殿本索隱，並無『而收、而入』四字。於義雖勝，文則非其舊也。吳世家：『其孫伯嚭亡奔吳。』論衡逢遇篇伯嚭作㠱喜，卽伯、㠱通用之證。

此兩人眞傾危之士哉！

案『傾危，』複語，傾亦危也。國語晉語三：『大命其傾。』韋注：『傾，危也。』

出自第四十四本第四分（一九七三年三月）

史 記 斠 證 卷 七 十 一

樗里子甘茂列傳第十一

王 叔 岷

樗里子者，名疾。

　案書鈔五十引作『丞相樗里子疾者。』『丞相』二字，蓋據下文增。景宋本白帖
八引疾作瘻。莊子逍遙遊篇：『惠子謂莊子曰：吾有大樹，人謂之樗。其大本擁
腫而不中繩墨。』釋文引李頤注：『擁腫，猶盤癭。』成玄英疏亦云：『擁腫，
槃癭也。』（盤、槃古通。）

樗里子滑稽多智。

　索隱：『⋯⋯⋯⋯⋯⋯⋯鄒誕解云：「滑，亂也。稽，同也。謂便捷之人，言非若
是，言是若非，謂能亂同異也。」⋯⋯⋯⋯⋯』

　正義：滑讀爲淈，水流自出。稽，計也。言其智計宣吐，如泉流出無盡⋯⋯⋯⋯
⋯⋯⋯

　考證：『「滑稽，」鄒說是。楚辭卜居篇：「突梯滑稽，如脂如韋。」孟荀列
傳：「鄙儒小拘如莊周等，又猾稽亂俗。」猾讀爲滑，義同。⋯⋯⋯⋯⋯⋯』
　案說文：『滑，利也。』稽讀爲計，正義：『稽，計也。』是也。『滑稽』猶言
『利計，』亦卽『巧計』矣。（離騷：『余猶惡其佻巧。』王注：『巧，利
也。』）莊子徐无鬼篇：『昆閽、滑稽後車。』以『滑稽』爲人名，蓋巧計之人
也。樗里子亦巧計多智之人耳。考證引孟荀列傳，『鄙儒小拘』四字當刪。『鄙
儒小拘，』與『莊周等又猾稽亂俗，』相對成義。蓋鄙儒則多所拘忌；如莊周等
又肆無諱忌也。考證讀『鄙儒小拘如莊周等』爲句，大謬。（孟荀列傳斠證有
說。）猾，俗滑字。考證亦未達。

秦惠王八年，爵樗里子右更。使將而伐曲沃，盡出其人，取其城。地入秦。

索隱：『按年表云：「十一年，拔魏曲沃，歸其人。「又秦本紀：「惠文王後元八年，五國共圍秦，使庶長疾與戰脩魚，斬首八萬。十一年，樗里疾攻魏焦，降之。」則焦與曲沃同在十一年拔；明矣。而傳云八年拔之，不同。王劭按本紀、年表及此傳，三處記秦伐國並不同；又與紀年不合，今亦殆不可考。』

考證：『梁玉繩曰：「案秦紀累稱『庶長疾，』似未嘗爲『右更。』『八年，』當作『二十四年。』乃後元十一年，此誤也。」又曰：「案秦紀云：『樗里疾攻魏焦，降之。』然則是年所拔者，焦也。非曲沃也。曲沃已于前八年爲秦取之矣，尚安得曲沃乎？此與魏世家、年表並誤。」』

施之勉云：『傳云，秦惠王使樗里子伐曲沃，取其城。殆因前八年圍焦、曲沃而誤也。此「八年，」當作「二十四年。」乃後元十一年，梁說是也。秦伐取曲沃，據秦本紀、魏年表、魏世家，則確在惠王後十一年。魏世家：「哀王五年（哀當作襄），秦使樗里子伐取我曲沃。」表同。秦本紀：「惠王後十一年，樗里疾攻魏焦，降之。」魏襄五年，秦惠後十一年也。是樗里子伐取曲沃，不在前八年，而在後十一年，審矣。魏世家及表云拔取曲沃，秦本紀謂降焦者，索隱：「括地志云：焦城，在陝州城內東北百步。」正義：「括地志云：曲沃，在陝州縣西南三十二里。」按焦、曲沃二城相近。蓋以二城相近，故魏世家及表云取曲沃，秦本紀謂降焦，互見之爾。梁說「是年所拔者焦，非曲沃。」非也。又按魏世家：「襄王五年（襄當作惠，下同。五年，後五年也），圍我焦、曲沃。」表同。秦本紀：「惠王九年（前九年），圍焦，降之。」魏世家：「襄王六年（惠王後六年），秦取我焦。」魏惠後五年、六年，秦惠之前八年、九年也。是秦攻焦、曲沃，在惠王前八年。取之，則在前九年。取焦、曲沃不並言者，亦以二城相近，言焦，則曲沃可知也。秦本紀：「惠王十一年（前十一年），歸魏焦、曲沃。」魏世家：「襄王八年（惠王後八年），秦歸我焦、曲沃。」表同。魏惠後八年，秦惠前十一年。是年秦歸魏焦、曲沃，至秦惠後十一年，魏襄五年，秦復使樗里子攻取之也。梁知曲沃已於前九年（梁說「前八年，」誤）爲秦所取，而不知焦亦於是年爲秦所取；又不知前十一年秦又歸焦、曲沃二城，乃謂後十一年

樗里子不得再伐取曲沃，失考甚矣！』

秦　本　紀	六　國　表	魏　世　家	六　國　表
惠王		襄王（襄當作惠）	
（前）八年		（後）五年圍我焦、曲沃。	
（前）九年，圍焦，降之。		（後）六年，秦取我焦。	
（前）十一年，歸魏焦、曲沃。	（前）十一年，歸魏焦、曲沃。	（後）八年，秦歸我焦、曲沃。	
（後）三年。		（後）十三年，秦取我曲沃，平周。正義：晉曲沃邑。	（後）十三年，秦取曲沃、平周。
（後）七年。		哀王（哀當作襄）	
（後）十一年，樗里疾攻魏焦，降之。		五年，秦使樗里子伐取我曲沃。	五年，秦拔我曲沃，歸其人。

案秦本紀累稱『庶長疾，』此傳又稱疾爲『右更，』正可以補秦本紀之未備。通
鑑周紀三從此稱『右更疾。』）史記中稱人、或官、或地，互見之例甚多。魏世
家及魏表哀王（哀當作襄）五年，云拔取曲沃，秦本紀謂降焦，固亦互見之例。
然互見之因，則不必由於曲沃與焦二城相近也。施氏以爲『二城相近，言焦則曲
沃可知。』殊不成理。秦本紀：『惠王九年（前九年），圍焦，降之。』梁云：
『秦兼降曲沃，故後三年歸魏焦、曲沃也。（考證引。）魏世家：『襄王六年
（襄當作惠，六年，後六年），秦取我汾陰、皮氏、焦。』梁云：『焦下脫曲沃二
字，說在秦紀。』（考證引。）又『八年（後八年），秦歸我焦、曲沃。』梁
云：『此似失書皮氏。』（考證引。）合而觀之，是梁氏非不知焦與曲沃並在秦
惠王前九年（卽魏惠王後六年）爲秦所取；亦非不知秦惠王前十一年（卽魏惠王
後八年）歸魏焦、曲沃也。魏表：『哀王（哀當作襄）五年，秦拔我曲沃，歸其

人。』梁云：『秦紀云：「樗里疾攻魏焦，降之。」然則是年所拔者，焦也，非曲沃也。曲沃已於前八年爲秦取之矣，尙安得曲沃乎？此與魏世家、樗里傳竝誤。』卽此傳考證所引梁氏後說，惟易末句『樗里傳』爲『年表』耳。所謂『前八年，』乃魏惠王後十三年（今魏世家及表襄王十三年）。而秦歸焦及曲沃，則在魏惠王後八年（秦惠王前十一年），施氏附表可驗。則梁氏之說固未誤矣。施氏未解梁說『前八年』之意，遂以爲秦惠王前九年之誤耳。施氏知魏惠後八年、秦惠前十一年秦歸魏焦、曲沃，而不知秦惠後三年，魏惠後十三年秦又取曲沃，則秦惠後十一年，魏襄五年，焉得再伐取曲沃乎？此梁氏於魏表、魏世家所以云『曲沃當作焦』者也。梁說良是，施氏自失考耳。又索隱『秦本紀：惠文後元八年』云云，秦本紀在七年，彼文梁氏志疑云：『秦之戰敗韓、趙在次年，（秦惠八年。）不與攻秦同歲，年表及世家可證。此紀幷入七年，誤。（樗里傳索隱引秦紀，以圍秦及戰脩魚在八年，與今本殊。蓋以意言之。）』索隱蓋合七、八年言之也。

虜趙將軍莊豹，

梁玉繩云：一作趙莊，說在秦紀。

殿本考證：秦本紀作『虜趙將莊。』

考證：莊豹，秦紀作『趙將壯。』趙世家、年表作趙壯。……………

施之勉云：景祐本秦紀作『趙將莊。』趙世家、年表作趙莊。

案秦本紀各本皆作『虜趙將莊。』年表及趙世家作趙莊，考證並誤莊爲壯。通鑑周紀三從此作莊豹。注：『莊姓。』

明年，助魏章攻楚，敗楚將屈匄，取漢中地。秦封樗里子，號爲嚴君。秦惠王卒。

案『明年，』爲秦惠王二十六年，卽後十三年。惟惠王卒在後十四年，秦本紀、年表並可證。（通鑑周赧王四年，書『秦惠王薨。』亦當惠王後十四年。）此誤早一年。趙世家，武靈王十六年，書『秦惠王卒。』當秦武王元年，彼則誤晚一年也。（參看趙世家斠證。）

而以樗里子、甘茂爲左右丞相。

考證：樗里子、甘茂爲丞相，秦武王二年。

案秦武王二年，樗里子、甘茂爲丞相，見秦本紀及年表。敦煌本春秋後語云：
『武王二年，初以樗里疾爲左丞相，甘茂爲右丞相。』左、右二字當互易，下甘
茂傳可證。新序雜事二亦稱『甘茂…………………武王以爲左丞相。樗里子爲右丞
相。』通鑑於赧王六年（卽秦武王二年），書『樗里疾爲右丞相。』

周以卒迎之，意甚敬。

考證………………策作『周君迎之以卒，甚敬。』………………
案敦煌本春秋後語亦作『周君迎之以卒，甚敬。』（長短經七雄略注作『周君迎
之，甚敬。』西周策高注：『百人爲卒。』

楚王怒，讓周，以其重秦。客游騰爲周說楚王曰，

施之勉云：『春秋後國語云：「楚王讓周，以其重秦客也。」遊騰爲周謂楚王曰。』
據此，則當以「以其重秦客」爲句。客字屬下讀，誤。』
案長短經七雄略注亦作『楚王讓周，以其重秦客也。游勝爲周謂楚王曰。』亦可
證客字當屬上絕句。西周策高注本已以『以其重秦客』爲句，注云：『楚王，懷
王也。一曰頃襄王之子，懷王之孫也。怒周敬重秦客，故責讓之也。』姚注：
『游騰，後語游勝。』敦煌本春秋後語騰正作勝，與長短經注合。騰、勝古通，
周書文酌解：『騰屬威衆。』孔注：『騰，勝也。』卽其證。

知伯之伐仇猶，遺之廣車。

索隱：『………………戰國策云：「智伯欲伐仇猶，遺之大鐘，載以廣車。」以
仇猶爲厹由。韓子作仇由。地理志，臨淮有厹猶縣也。』
正義：『………………韓子云：「智伯欲伐仇猶國，道險難不通。乃鑄大鐘遺
之，載以廣車。仇猶大悅，除塗內之。………………至十九日而仇猶亡也。……
…………』
梁氏志疑所據湖本知作智，云：『西周策云：「遺之大鐘，載以廣車。」此有脫
誤。韓子說林、呂覽權勳皆載其事也。策作厹由，呂作夙（當作瓜）繇，高誘
注：「或作仇首，（蓋猶省作酋，譌爲首也。）韓作仇由。漢志，臨淮有厹由縣。
（御覽三百四引呂作仇繇，說文繫傳口部引呂又作厹猶。）』
案景祐本、黃善夫本、殿本知皆作智，呂氏春秋權勳篇、西周策、春秋後語、長

短經注咸同，此習見通用字。西周策吳氏正引韓子仇猶作仇繇，黃氏札記云：
『厹、仇同字。』猶、由、繇，古亦通用。正義引韓子『乃鑄大鐘遺之，載以
廣車。』疑與西周策之文相亂，今韓子說林下篇作『乃鑄大鐘遺仇由之君。』無
『載以廣車』四字。御覽五七五引韓子作『鑄大鍾遺之，方車二軌。』亦不言『載
以廣車。』春秋後語作『遺之大鍾，載以廣車。』長短經注作『遺大鐘，載以廣
車。』（鐘、鍾正、假字，姚本西周策亦作鍾。）並本西周策。此文『遺之』下
當補『大鍾，載以』四字。呂氏春秋權勳篇云：『爲鑄大鐘，方車二軌以遺之。
（與御覽引韓子略同。）亦可證此有脫文。又正義『至十九日而仇猶亡也。』至
下蓋脫齊字，十乃七之誤，九字衍，韓子本作『至於齊，七月而仇由亡矣。』顧
千里識誤云：『月當作日。呂氏春秋云：至衞七日。』梁氏『韓作仇由』云云，
本索隱。

　　槃庵兄云：『通典一八〇泗州漣水縣條作「厹猶」。又云「厹音仇」。是「厹」
又或作「厹」。路史國名紀己：「仇吾一曰仇繇。韓子云，仇繇小國，爲智伯
所滅。後有仇吾氏。」是又有作「仇吾」者。』

齊桓公伐蔡，號曰誅楚，其實襲蔡。

　　考證：事見齊太公世家、管仲傳。

　　案事又見左僖三、四年傳、韓非子外儲說左上及管蔡世家。

周以仇猶、蔡觀焉。

　　考證：策『觀焉』作『戒之。』

　　施之勉云：春秋後國語亦作『戒之。』

　　案焉與之同義。長短經注『觀焉』作『爲戒。』

樗里子將伐蒲。

　　案衞策高注：『蒲，衞邑也。』

爲秦則不爲賴矣。

　　集解：賴，利也。

　　案賴上爲字疑涉上文而衍，衞策作『爲秦則不賴矣。』高注：『賴，利也。』卽
集解所本。

今伐蒲入於魏，籲必折而從之。

　　索隱：『戰國策云：「今蒲入於秦，籲必折而入於魏。」與此文相反。』

　　殿本考證：『顧炎武曰：此文誤，當依索隱所引戰國策文爲正。』

　　梁玉繩云：『策作「蒲入于魏，籲必折于魏。」與此同一費解，疑有脫誤。索
　　隱引策云：「今蒲入于秦，籲必折而入于魏。」吳注亦言一本作「蒲入于秦。」
　　當是。』

　　案此當從索隱所引戰國策定作『今伐蒲入於秦，籲必折而從魏。』即上所謂『爲
　　秦則不賴』也。今籲策魏亦秦之誤，折下脫『而入』二字。西周策：『周必折而
　　入於韓。』（高注：折，屈也。）與『籲必折而入於魏，』句法同。

王必罪公。

　　考證：策罪作怨，史義長。

　　案史公蓋以罪說怨耳。怨、罪並與咎同義，故可通用。家語五儀解：『言必忠信
　　而心不怨。』王注：『怨，咎。』周書文酌解：『除戎咎醜。』孔注：『咎，罪
　　也。』即其證。

樗里子知蒲之病矣。

　　案籲策高注：『病（舊誤疾），困也。』

秦兵苟退，

　　考證：策苟作誠。

　　案史公說誠爲苟耳。

昭王七年，

　　案論衡實知篇七作十。十蓋本作十，古七字。

樗里子卒，葬于渭南章臺之東。曰：後百歲，是當有天子之宮，夾我墓。

　　案藝文類聚四十引後下有一字。事文類聚五六引說苑逸文云：『樗里子且死，
　　曰：葬我必於渭南章臺東，後百年，當有天子宮，夾我墓。』（見金嘉錫弟說苑
　　補正附錄。）曰字在葬字上，與史異。漢書劉向傳師古注有此文，與說苑同。

武庫正直其墓。

　　索隱：直，如字讀。直猶當也。

考證：『呂不韋傳亦云：「始皇七年，莊襄王母夏太后薨，葬杜東，曰：東望吾子，西望吾夫，後百年，當有萬家邑。」……………』

施之勉云：類聚四十引直作當。

案論衡直作值，值、直正、假字。叔孫通傳正義引此墓作北，疑因上文東、西字聯想而誤。說苑逸文及漢書師古注墓並作上，謂墓上也。考證引呂不韋傳云云，本論衡。

秦人諺曰，

案御覽四九五引曰作云。

甘茂者，下蔡人也。

案景祐本、黃善夫本、殿本皆提行。

蜀侯煇、相壯反。

索隱：煇音暉，又音胡昆反，秦之公子封蜀也。華陽國志作暉……………

梁氏志疑所據湖本（卽凌本）煇作輝，云：『紀、表蜀相陳壯殺蜀侯通，在秦惠更元十四年。蜀侯煇反，在秦昭六年。安得合爲一事！此煇字誤，依本紀當作通。』

殿本考證：『華陽國志：「秦滅蜀，封公子通爲蜀侯，以陳壯爲相。壯反，殺蜀侯通。秦誅壯，封子煇爲蜀侯，煇爲後母所譖，自殺。」與此異。』

考證：『煇，凌本作輝，誤。中井積德曰：「據張儀傳，惠王之時伐取蜀，貶蜀王爲侯，使陳莊相蜀。以原蜀王爲蜀侯也。然則蜀侯煇，蓋原蜀王，或當其子。本紀則有「公子通封於蜀」之文，事相淆亂。豈通之封者，只受采於蜀而已，非爲蜀侯邪？取蜀至壯反，中間僅六七年。」……………』

施之勉云：『中說非也。秦本紀索隱引蜀王本紀曰：「張儀伐蜀，蜀王開戰不勝，爲儀所滅。」是蜀王名開也。華陽國志：「張儀、司馬錯等伐蜀，蜀王拒之，敗績，爲秦軍所害。其太子死於白鹿山，開明氏遂亡。」是蜀王及太子皆敗死，而國亦亡也。儀傳云：「惠王時，伐取蜀，貶蜀王爲侯，而使陳莊相蜀。」紀云：「公子通封於蜀，以陳莊爲相。」是明以公子通爲蜀侯，而使陳莊相之，何得云以原蜀王爲侯，使陳莊相蜀乎？蜀王開與其太子已前死，又豈可謂蜀侯

輝爲原蜀王，，或其子乎？據秦紀、表及華陽國志，相陳莊殺蜀通侯反，在惠王

末，武王初。蜀侯煇反，則在昭襄王時也。此以蜀侯爲煇，誤。』

案黃善夫本煇亦作輝，煇、輝正、俗字。索隱引華陽國志作暉，煇、暉音義

同。今華陽國志三作惲，與梁氏所稱『蜀侯惲』合，與殿本考證所稱煇異，或一

本作煇也。秦策一、張儀傳、通鑑壯皆作莊，古字通用。施氏『據秦紀、表及華

陽國志』云云，兼本梁氏志疑及殿本考證也。

以樗里子爲右丞相。

案書鈔五十引子作疾，通鑑同。春秋後語子亦作疾，惟誤右爲左，上文已有說。

寡人欲容車通三川，以窺周室，而寡人死不朽矣！

考證：『容車通三川』者，欲容車之廣，通三川之路也。不必須廣，策無容子。

……………………御覽引史作『死且不朽也。』………………

施之勉云：『秦本紀亦有容子，王引之曰：「庸，詞之用也。」吳昌瑩曰：「庸

字亦作容，秦紀：「寡人欲容車通三川，」謂欲用車也。」』

案新序雜事二、春秋後語亦並以『欲容』連文。『欲容，』複語，義猶若也。秦

策二無容字，文選李斯上書秦始皇注引秦本紀亦無容字，『欲容』同義，故可略

其一。秦本紀斠證有說。而猶則也。

請之魏，約以伐韓，而令尙壽輔行。

考證：『孟子注：輔行，副使也。』

施之勉云：『孟子：「王使蓋大夫王驩爲輔行。」注：「輔，副使也。」疏：

「輔行，言其爲副使也。」』

案新序以作與，義同。水經洛水注伐作攻。考證說，本通鑑注。施氏引孟子注

是，見公孫丑篇。秦策高注：『輔，副介也。』『副介，』複語，介亦副也。禮

記檀弓：『子服惠伯爲介。』鄭注：『介，副也。』

願王勿伐。

案治要引伐下有也字，新序同。秦策作『願王勿攻也。』亦有也字。

王迎甘茂於息壤。

索隱：『按山海經：「啓篋云：昔伯鯀竊帝之息壤以堙洪水。」或是此也。

正義：秦邑。

案索隱云云，乃兼海內經正文及郭注引之。秦策高注：『息壤，秦邑也。』卽正義所本。此息壤為秦邑，與海內經之『息壤』異義。柳宗元永州龍興寺息壤記，亦以此息壤與海內經之『息壤』相亂。新序云：『甘茂還，至息壤。』則息壤為邑名明矣。

名曰縣，其實郡也。

考證：『杜佑曰：「春秋時列國相滅，多以其地為縣，則縣大而郡小。故趙鞅曰：『上大夫受縣，下大夫受郡。』至于戰國，則郡大而縣小矣，故甘茂曰：『宜縣大縣，其實郡也。』」』

案治要引名上有雖字，春秋後語同。新序曰作為，義同。考證說，本通鑑注。

今王倍數險，行千里，攻之難。

考證：倍與背同。

案春秋後語倍作背，難下有矣字。秦策難下亦有矣字。考證說，本通鑑注。

昔曾參之處費，

案後漢書傅燮傳注引處作居。新序費作鄮，盧文弨拾補作鄪，云：『俗訛鄭。孫云：秦策及史記甘茂傳俱作費，通作鄪。』春秋後語亦作費，

魯人有與曾參同姓名者，

考證：策『姓名』作『名族，』古者姓、族不同，史公易以當時語，改為『姓名。』

案新序『姓名』二字倒。陸賈新語辨惑篇云：『昔人有曾子同姓，亦名參。』

人告其母曰：『曾參殺人。』其母織自若也。

考證：策『其母』作『曾子母。』

案秦策上『其母』作『曾子母，』下『其母』作『曾子之母。』

頃之，一人又告之曰。

考證：楓山、三條本『頃之』作『頃然，』與治要所引合。策作『有頃焉。』

施之勉云：新序雜事篇『頃之』作『頃然。』

案然、焉並與之同義。秦策作『有頃焉，』有字疑涉上『有與』字而衍；或淺人

不明焉與之同義而妄加。春秋後語作『頃之，』與今本史記同。

頃，又一人告之曰。

　　考證：治要頃下有然字。策作『頃之，一人又。』

　　案治要引此作『頃然，一人又告之。』新序作『有頃，一人又來告。』春秋後語
　　作『頃之，又一人走來。』

其母投杼下機，

　　案後漢書寇恂傳注引投上有乃字，新語同。通鑑注：『說文曰：「杼，機之持緯
　　者。」蓋今所謂梭。』

夫以曾參之賢，與其母之信也。

　　考證：『李笠曰：「之信，」誤倒。』

　　施之勉云：策作『之信，』後漢書傅燮傳注引史，亦作『之信。』新序、春秋後
　　國語及治要作『信之。』

　　案敦煌本春秋後語亦作『信之。』

疑臣者非特三人。

　　案秦策『非』作『不適，』（高注：適音翅。）史公說『不適』為『非特，』極
　　是。新序、通鑑並從史作『非特。』

而以賢先王。

　　案治要引此無以字，秦策同。

魏文侯令樂羊將而攻中山，三年而拔之。樂羊反而論功。

　　案殿本攻作伐，恐非。白帖二八引此作攻，秦策、新序、說苑復恩篇、御覽七百
　　五引春秋後語、通鑑亦皆作攻。白帖引論作語，秦策、新序亦並作語。

此非臣之功也，主君之力也。

　　案治要引功下無也字，秦策、通鑑並同。說苑作『非臣之力，君之功也。』力、
　　功同義，故可互易。國語晉語五：『子之力也夫！』韋注：『力，功也。』卽其
　　證。

今臣覊旅之臣也。

　　案通鑑注：『甘茂，楚下蔡人，故云然。』秦策高注：『甘茂本齊人，故曰覊旅

也。』齊乃楚之誤。

樗里子、公孫奭二人者，挾韓而議之。

　　索隱：公孫奭，戰國策作公孫衍。

　　考證：『治要引史，議下無之字。王念孫曰：秦策及新序雜事篇亦無之字。……
　　……』

　　案通鑑從史作『公孫奭。』秦策作公孫衍，（梁氏志疑亦有說。）黃氏札記云：
　　『此與犀首別一人，卽公孫郝、公孫赫也。亦云公孫顯。疑衍字有誤。』考證
　　引王說，然王氏已云『羣書治要引此作「挾韓而議，」無之字。』何必據爲己有
　　邪？

是王欺魏王，而臣受公仲侈之怨也。

　　考證：『梁玉繩曰：「徐廣云：『侈，一作馮。』田完世家韓馮，徐亦云：『是
　　公仲侈。』卽國策韓之公仲朋也。紀年又稱韓明。馮、朋音近，侈、明、朋字
　　近，人表又謂公仲用。」愚按朋其名，公仲其字。韓侈別是一人，說在韓世家。』
　　施之勉云：『吳大澂曰：多，古侈字，不从人。戰國策公仲侈，或作仲朋，或作
　　仲明，皆多之譌。』

　　案治要引魏下無王字，秦策、新序並同。秦策『公仲侈，』鮑本改侈爲朋。姚本
　　韓策一作韓明，與紀年合。明乃朋之誤，侈蓋倗之誤，馮、朋、倗，古並通用。
　　吳氏以侈、朋、明，皆多之譌。惟國策及史記並無作多之本；且於作馮者又將何
　　說邪？至於韓策三之韓侈，自是別一人，考證於韓世家引沈濤已有說。（參看韓
　　世家斠證。）

請與子盟。

　　考證：盟下添『於是與之盟於息壤』八字看。

　　案秦策盟下有『於是與之盟於息壤』八字，卽考證說所本。通鑑盟下有『乃盟於
　　息壤。』亦本秦策。

甘茂曰：息壤在彼。

　　正義：甘茂歸至息壤，與秦王盟，恐後樗里子、公孫奭伐韓。今二子果爭之，
　　…………

　　考證：正義『伐韓』句必有譌誤。

　　施之勉云：『張森楷曰：伐上當有議字，各本並脫。』

　　案正義『伐韓』上疑脫爭字。下句『果爭之，』卽承『爭伐韓』而言。

因大悉起兵，使甘茂擊之，斬首六萬，遂拔宜陽。

　　考證：『秦武王三年』以下，采秦策。但策不曰『武王三年，』又無『斬首六
　　萬』之文。
　　案大悉起兵，使甘茂擊宜陽，在秦武王四年，見秦本紀及年表；且並言『斬首六
　　萬。』通鑑在周赧王八年，卽當秦武王四年，亦云：『斬首六萬。』（新序不言
　　『斬首六萬。』）

武王竟至周而卒於周。

　　考證：『梁玉繩曰：案秦紀、趙世家，秦武王之卒，與此異。』

　　案秦本紀、趙世家並稱武王舉鼎絕臏而死。其時蓋在周，故此云『卒於周。』亦
　　無不合。孟子告子篇疏引帝王世紀云：『秦王於洛陽舉周鼎。』是其驗也。（秦
　　本紀有說。）

其弟立爲昭王。

　　索隱：趙世家，昭王名稷；系本云，名側也。』

　　案秦本紀索隱云：『名則，一名稷。』梁氏志疑以則爲側之譌。竊疑則、側古
　　通，莊子列禦寇篇：『醉之以酒，而觀其則。』釋文本則作側（云：或作則），
　　公孫龍子跡府篇：『臣居魯，側聞下風。』文選鄒陽上書吳王注引新序（逸文）
　　側作則，並其比。

楚懷王怨前秦敗楚於丹陽。

　　考證：楓山、三條本、凌本，丹陽作丹楊。

　　案陽、楊古通，莊子寓言篇：『陽子居南之沛，』列子黃帝篇陽作楊，卽其比。

公仲方有得秦救，

　　案有猶以也，裴氏古書虛字集釋二有說。

孰與伐人之利？

　　案與猶如也。下文『孰與武安君？』『孰與文信侯專？』並同此例。

願有謁於公。

　　考證：策謁作白。

　　案韓策一謁作復，考證失檢。

是外擧不辟讎也。

　　案尸子仁意篇、韓非子說疑篇、呂氏春秋去私篇皆云：『外擧不避讎。』避、辟
　　正、假字。晉世家：『外擧不隱仇。』毛本隱亦作避，（考證有說。）仇與讎同
　　（參看彼文斠證。）

甘茂許公仲以武遂反宜陽之民。

　　索隱：『徐廣曰：秦昭王元年，予韓武遂。』

　　正義：武遂、宜陽，本韓邑也，秦伐取之。今欲還韓，令其民得反歸居之。

　　考證：楓山、三條本反作及，義長。

　　案韓策反字同。正義『令其民得反歸居之，』所據正文亦明是反字。楓、三本反
　　作及，及乃反之誤。韓表、韓世家於襄王六年，並書『秦復與我武遂。』即當秦
　　昭王元年。亦即周赧王九年，通鑑於赧王九年，稱『甘茂言於〔昭〕王，以武遂
　　復歸之韓。』又考證本索隱二字，乃集解之誤。

武遂終不可得也。

　　考證：楓山、三條本也作已。

　　案韓策也亦作已，義同。

公求而得之。

　　案此及下文『公求而不得，』兩而字並與如同義。

秦、楚爭彊，而公徐過楚以收韓，此利於秦。

　　集解：『徐廣曰：過，一作適。』

　　正義：若二國皆事秦，公則漸說楚之過失以收韓，此利於秦也。

　　王念孫云：『呂氏春秋適威篇：「煩爲敎而過不識，」高誘注曰：「過，責
　　也。」（廣雅同。）「過楚，」謂責楚也。正義謂「說楚之過失以收韓，」失
　　之。』（詳張儀傳雜志。）

　　案徐注『過，一作適。』適借爲讁，廣雅釋詁一：『讁，責也。』與作過同義。

惟韓策亦作過，適或爲過之形誤，亦未可知。莊子庚桑楚篇：『一雀適羿，羿必得之。』藝文類聚九二引適作過，適亦過之誤。（莊子校釋四。）

是以公孫奭、甘茂無事也。

案韓策以字同，鮑注：『衍以字。』以字疑涉上下文而衍。上文正義：『今向壽取宜陽爲功，收楚、韓安以事秦，而責齊、魏之罪，是公孫奭、甘茂不得同合韓、魏於秦以伐齊也。』末句卽解釋此句，蓋所據本此句是下無以字。

甘茂竟言秦昭王，以武遂復歸之韓。

正義：『年表云：秦昭王元年，予韓武遂也。』

考證：予，楓山、三條本作歸。

案正義云云，蓋本上文『甘茂許公仲以武遂反宜陽之民』徐注，韓表、韓世家予並作與，古字通用。楓、三本作歸，蓋涉正文『復歸』字而誤。

樗里子與魏講罷兵。

索隱：『鄒氏云：講讀曰媾，媾猶和也。』

案講不必讀爲媾，說文：『講，和解也。』又『媾，重婚也。』媾訓和，乃講之借字。

我無以買燭。

案御覽四八四引買作置。

無損子明，而得一斯便焉。

考證『楓山、三條本便作使。使猶用也，一猶共也。春秋後語作便。盧藏用云：「斯，此也。言貧女得此一便也。」愚按使、便，義兩通，未知孰是。』

施之勉云：『張森楷曰，各本使作便，不甚可解。今依衲本作使。「斯使，」猶斯役也，古字通。』

案藝文類聚三五引子下有之字。（未引下句）『而得一斯便焉。』御覽八二六引列女傳（與今本列女傳辯通篇齊女徐吾傳頗異）作『而我爲斯便。』爲猶有也，又引春秋後語亦有此文，與史記同。並有注云：『斯，在也。言貧女子此一便也。』在蓋此之誤。此上蓋脫得字。考證引盧說可證。史通雜說下篇：『甘茂謂蘇代云：「貧人女與富人女會績，曰：無以買燭，而子之光有餘。子可分我餘

— 679 —

光，無損子明。」此戰國之時，遊說之士，寓言設理以相比興。及向之著書也，
乃用（一作因）蘇氏之說，為二婦人立傳，定其邦國，加其姓氏，以彼烏有，
持為指實，何其妄哉！』稱向為二婦人立傳，即指列女傳齊女徐吾傳，述徐吾與
鄰女李吾會燭夜續事。

顧君以餘光振之。

　　案春秋後語有注云：『振，整也。又贍給之義。』

其居於秦累世重矣。

　　考證：『李光縉曰：甘茂事惠、武、昭三王。』故云累世。

　　案秦策二鮑注：『茂事惠、武、昭三王。』即李說所本。

使彼來，則置之鬼谷。

　　梁玉繩云：『秦策上作「谿谷，」下則槐谷，吳注云：「史『谿谷、』槐谷，並
作鬼谷，故前則徐注『在陽城，』後則劉伯莊云『在關內雲陽。』皆不明。姚引
後語注：『槐里之谷，今京兆始平之地。作鬼谷，大非！』」（宋姚宏注國
策。）』

　　考證：楓山、三條本無使字。

　　案秦策二亦無使字。黃氏札記云：『槐、鬼者，聲之轉也。此必在關內。徐廣注
史記，以陽城之鬼谷說之，自誤；而後語注因云「或作鬼谷，大非！」亦未
然。』

楚懷王新與秦合婚而驩。

　　集解：『徐廣曰：昭王二年時，迎婦於楚。』

　　案楚表：『懷王二十四年，秦來迎婦。』當秦昭王二年。楚世家：『懷王二十四
年，秦昭王初立，楚往迎婦。』秦、楚互婚，所謂『合婚而驩』也。

楚王問於范蜎曰。

　　集解：『徐廣曰：蜎，一作蠉。』

　　索隱：音休緣反，又休軟反。蠉，休緣反。戰國策云作蟂也。

　　考證：『梁玉繩曰：「徐廣作蠉，索隱引策作蟂，今楚策作環，皆以音形相近而
異。田完世家、孟荀傳有環淵，漢書人表、藝文志並作蜎。」愚按韓非子內儲下

作干象。』

案文選賈誼過秦論注引此蜗亦作環。蜗、環古固通用；韓非子作干象，干、蜗古亦通用，莊子秋水篇：「還虷蟹與科斗，莫吾能若也。」釋文：『虷，一名蜗。』虷諧干聲，故干亦可通蜗矣。索隱引楚策一作蠉，黃氏札記云：『蠉字當是環字誤。』又黃善夫本，殿本索隱並作『休緣反；又音休軟反。戰國策一作蠉字。』蓋有省改。」

夫**史舉**，下蔡之監門也。

案上文『事下蔡史舉先生，』索隱：『戰國策及韓子皆云：史舉，上蔡監門。』

大不爲事君，小不爲家室。

案楚策兩爲字並作如，史公說如爲爲，是也。

以苟賤不廉聞於世。

考證：「苟賤不廉，」策作「苛廉，」韓非子作「苛刻。」陳仁錫曰：「一本不作苟。」』

案苟蓋本作苛，苛卽苛之隸變，後人不識，因誤爲苟耳。莊子天下篇：「君子不爲苛察，」釋文引一本苛誤苟，淮南子齊俗篇：『上無苛令，』治要引苛誤苟，並同此例。韓非子無『苟賤』二字，作『以苛刻聞天下。』楚策亦無『苟賤』二字，作『以苛廉聞於世。』蓋卽陳說『一本不作苟』所本者與？

甘茂事之順焉。故**惠王**之明，**武王**之察，**張儀**之辯，而**甘茂**事之，取十官而無罪。

考證：楓山、三條本順作愼。辯，策作『好諝。』韓非子與史同。

案楓、三本順作愼，順、愼正、假字，莊子列禦寇篇：『順於兵，故行有求。』釋文本順作愼，又『有順懁而達。』釋文引王叔之本順作愼，並順、愼古通之證。韓非子辯作辨，亦古字通用，莊子天道篇：『辯雖彫萬物，』治要引辯作辨，庚桑楚篇：『辯足以飾非。』記纂淵海六三引辯作辨，並其比。

且王前嘗用**召滑**於越。

集解：『徐廣曰：滑，一作涓。』

案韓非子、陳涉世家贊召滑並作邵滑，秦始皇本紀贊作昭滑，邵、昭並諧召聲，與召通用。新書過秦上、漢書陳勝傳贊、風俗通皇霸篇、文選賈誼過秦論滑字皆

同，作洹誤。（參看始皇本紀梁氏志疑及斟證。）

而內行章義之難。

　　集解：『徐廣曰：「一云：內句章，昧之難。」』

　　索隱：『謂召滑內心猜詐，外則佯章恩義，而卒包藏禍心，構難於楚也。注：
　　「一云：內句章，昧之難。」案戰國策云：「納章句之難。」』

　　梁玉繩云：『「內行章義之難，」徐廣曰：「一云：內句章，昧之難。」與策
　　合。言納召滑于句章之地，楚雖有唐昧之難，而能得越地以滑亂之也。索隱依文
　　釋之，非。召滑，說在始皇紀。』

　　案黃善夫本、殿本索隱『構難於楚』下，並無『也。注：「一云：內句章，昧之
　　難。」案』十一字。『納章句之難，』並作『內句章，昧之難』也。』今楚策作
　　『納句章，昧之難。』內、納古、今字。

故楚南塞厲門。

　　集解：『徐廣曰：一作瀨湖。』

　　梁玉繩云：『厲門，徐作瀨湖，亦同策。吳注曰：地未詳。』

　　案景祐本、黃善夫本、殿本集解，瀨湖皆作瀨胡，楚策姚本亦作瀨胡，鮑本作瀨
　　湖。胡之作湖，蓋因瀨字而加水旁。黃氏札記云：『厲、瀨同字，胡、門形相近
　　也。』厲、瀨古通，老子傳已有說。

然則王若欲置相於秦，則莫若向壽者可。

　　梁玉繩云：向壽，策作公孫郝。然秦紀不書壽、郝爲相也。

　　考證：楓山、三條本無莫字，與策合，義長。向壽………韓非子作共立。………
　　…………

　　案韓非子作『不如相共立。」「不如」猶『莫若』也。李瓚注：『共立，一云
　　「公子赫。」』『公子赫，』當作『公孫赫，』即『公孫郝』也。

甘羅者，甘茂孫也。

　　案景祐本、黃善夫本、殿本皆提行。世說新語言語篇劉注引『甘茂孫也。』作
　　『秦相茂之孫也。』恐非其舊。

甘羅年十二，事秦相文信侯呂不韋。

索隱：『戰國策云：甘羅事呂不韋，爲庶子。』

顧炎武云：『史記：「甘羅年十二，爲秦相文信侯呂不韋舍人。」後人誤以爲

『年十二爲秦相』作一句，昔人辯之已明。然北齊彭城王㴬答博士韓毅曰『甘羅

幼爲秦相，未聞能書。』則南北朝已有此語。』（菰中隨筆。）

案顧氏引史記『爲秦相文信侯呂不韋舍人』句，非此文之舊。索隱所引戰國策，

亦非彼文之舊。秦策五：『文信侯………少庶子甘羅，』高注『少庶子，官名。

甘羅，文相家臣也。』

臣嘗爲秦昭王伐趙。

案張唐與文信侯語，稱昭王即可，秦字疑涉上文而衍，長短經七雄略注無秦字。

我身自請之而不肯。

案而與猶同義。

夫項橐生七歲爲孔子師。

索隱：橐音託，尊其道德故曰『大項橐。』

正義：尊其道德故曰大。

考證：『楓山、三條本夫作大，索隱本、正義本亦作大。策作夫，策義爲長。淮

南脩務訓：項託七歲爲孔子師。』

施之勉云：黃善夫本、凌本、殿本並作夫。

案景祐本夫字亦同。秦策五姚注引作大，與索隱、正義本及楓、三本合。玉燭寶

典四引夫亦作大，並云：『董仲舒對冊云：「良玉不琢，無以異於大巷達人，不

學而自知。」注云：「大項橐也。」嵇康高士傳乃言「大項橐與孔子俱學於老

子。」』今本漢書董仲舒傳，『大巷達人』作『達巷黨人，』〔孟康〕注『大項

橐，』大誤人。此文夫字，當從故本作大。新序雜事五：『秦項橐，七歲爲聖人

師。』論衡實知篇：『夫項橐年七歲，教孔子。』淮南子說林篇高注：『項託年

七歲，窮難孔子，而爲之作師。』天中記二五引圖經云：『橐，魯人，十歲而

亡。』託、橐古通，以爲魯人，蓋由傳說託爲孔子師；新序稱『秦項託，』蓋由

託在秦也。（參看孔子世家梁氏志疑及斠證。）

何遽叱乎？

考證：楓山本叱上有言字。

案秦策叱上亦有言字。

孰與武安君？

案秦策高注：『武安君，秦將白起。』

孰與文信侯專？

案秦策高注：『專，權重也。』

應侯欲攻趙，武安君難之。去咸陽七里，而立死於杜郵。

考證：白起傳，『七里』作『十里。』

施之勉云：策作『七里。』

案長短經注應侯上有昔字，『七里』亦作『十里。』十葢本作┼，古七字。白起
傳、論衡禍虛篇並稱起引劒自殺；秦策則云『絞而殺之。』

張唐曰。

案長短經注曰上有懼字。

行有日。

案秦策、長短經注日下並有矣字。

請爲張唐先報趙。

案秦策高注：『報，口也。往爲張唐先說趙王也。』口葢白之壞字。

文信侯乃入言之於始皇曰，⋯⋯⋯⋯⋯⋯⋯使甘羅於趙。

考證：策無『文信侯』至『使甘羅於趙』六十六字，葢史公以意補。

案此六十六字，史公當有所據，可以補秦策之未備；或史公所見秦策原有此文，
亦未可知。不得遽以爲『意補』也。又此六十六字，長短經注略作『文信侯遣
之，甘羅如趙。』九字。

燕太子丹入秦者。

案長短經注燕上有『甘羅曰』三字。此甘羅語也。

燕、秦不相欺者，伐趙危矣。

考證：燕、秦以下十字，與下文複，可削。策亦有。

案此當讀『燕、秦不相欺』爲句。者字屬下讀，秦策者作則，者猶則也。晏子春

秋內篇諫上：『令章遇桀，紂，者章死久矣。』荀子解蔽篇：『比至其家，者失氣而死。』兩者字並與則同義，且並屬下讀，與此同例。（參看荀子斠理。）長短經注無燕、秦以下十字。

欲攻趙而廣河閒。

案秦策、長短經注河閒下並有也字。

秦歸燕太子。趙攻燕，得上谷三十城，令秦有十一。

索隱：「戰國策云：得三十六縣。』

梁玉繩云：此仍秦策，然妄也。燕太子丹自秦逃歸，非秦歸之。秦連歲攻趙，救亡不暇，安能攻燕？始皇十九年趙滅後，代王與燕合兵軍上谷，是時爲始皇二十五年，何云『得上谷三十城？』皆非事實。

案燕太子丹本自秦逃歸，秦則飾言歸燕太子耳。長短經注改『秦歸燕太子，』爲『燕太子聞而歸。』秦策：『得上谷三十六縣，與秦什一。』（什、十古通。）

姚注：『後語：三十餘城，令秦有其十二。』長短經注作『得三十城，令秦有其十。』

甘羅還報。秦乃封甘羅以爲上卿。

梁玉繩云：『甘羅十二爲丞相，此世俗妄談。乃儀禮喪服傳疏，已有「甘羅十二相秦」之語，豈非誤讀國策、史記乎？李匡乂資暇錄、宋黃朝英靖康緗素雜記竝辨相秦之繆，而不言及賈疏，獨野客叢書曾及之。因學紀聞六引李邕爲李思訓碑云：「墨子贊禹，甘生相秦。」唐杜牧樊川集偶題云：「甘羅昔作秦丞相。」皆不攷之故也。然其誤實不始於賈氏，北齊書彭城王浟傳：「甘羅幼爲秦相，未聞能書。」則知誤已久矣。』

案世說新語言語篇注引報下有秦字。梁氏引北齊書云云，乃彭城王浟答博士韓毅語，顧炎武菰中隨筆亦引之，已詳前。御覽四四七引蔣子萬機論云：『夫甘羅少〔顏〕回六歲，獲河東五城，萬乘郊迎而佩印。』葢亦以爲甘羅幼爲丞相。蔣子三國魏蔣濟撰。則誤甘羅幼爲丞相，又不始於南北朝矣。

雖非篤行之君子，然亦戰國之策士也。方秦之彊時，天下尤趨謀詐哉！

案禮記儒行篇：『篤行而不倦。』蔣子萬機論論甘羅『雖所弘非道義，然當秦之

時，染詐變之風也！』蓋本<u>史公</u>此文。

出自第四十四本第四分（一九七三年三月）

史記斠證卷七十二

穰侯列傳第十二

王 叔 岷

秦昭王母宣太后弟也。

案文選李斯上書秦始皇注引弟上有之字。

其先楚人，姓芈氏。

案秦本紀：『昭襄王母，楚人，姓芈氏，號宣太后。』

故號爲芈八子。

案通鑑周紀三注：『漢因秦制，嫡稱皇后，次稱夫人。又有美人、良人、八子、七子、長使、少使之號。美人爵視二千石，比少上造。八子視千石，比中更。』說本漢書外戚傳。

武王母號曰惠文后，先武王死。

索隱：『秦本紀云：昭王二年，庶長壯，與大臣公子爲逆，皆誅。及惠文后，皆不得良死。』

考證：索隱所引，卽下文季君之亂也。此云『惠文后先武王死。』誤。

案考證說，本梁氏志疑。索隱引秦本紀云云，考證於彼文引此索隱爲說，惟誤索隱爲集解耳。

而昭王同母弟曰高陵君、涇陽君。

索隱：『高陵君名顯，涇陽君名悝。

考證：『黃式三曰：「索隱云：涇陽君名悝。」誤也。秦本紀「涇陽君爲質于齊，」索隱云：「名市。」是。悝，華陽君名。』

王國維云：『秦時涇陽，在涇水下游。考秦自德公以降，都雍。靈公始居涇陽。靈公子獻公之世，又徙櫟陽。則涇陽一地，當在雍與櫟陽之間。而櫟陽（漢之萬

— 1 —

年縣）西界高陵，距涇水入渭之處不遠。穰侯列傳云：「秦昭王同母弟曰高陵君、涇陽君。」蓋一封高陵，一封涇陽。二君受封之年，史所不紀。然當在昭王即位、宣太后執政之初。後昭襄王十六年，封公子市（卽涇陽君，史記秦本紀索隱云：「涇陽君名市。」穰侯列傳乃云「名顯。」誤也）宛，公子悝（卽高陵君）鄧，爲諸侯。宛、鄧二地相接，則前所食涇陽、高陵二地，亦當相接。然則秦之涇陽，當爲今日之涇陽縣（漢之池陽縣）。』（觀堂集林十三，鬼方昆夷玁狁考。）

案悝乃高陵君名，索隱以爲涇陽君名，固誤；黃氏以爲華陽君名，亦非。王氏引此文索隱『名悝』作『名顯，』與索隱稱『高陵君名顯』相亂也。高陵君亦非名顯，秦本紀：『封公子市宛、公子悝鄧。』索隱：『悝號高陵君。』是也。梁氏志疑云：『市者涇陽君，悝者高陵君。索隱于此處不誤，而于蘇秦穰侯傳謂涇陽爲悝，誤矣。又云「高陵君名顯。」則是誤以秦末齊王田市之使者高陵君顯爲秦公子也。（顯見項羽傳。）』

唯魏冄力爲能立昭王。

案爲猶乃也。（裴氏古書虛字集釋二有說。）莊子外物篇：『唯至人乃能遊於世而不僻。』與此句法同。彼文『乃能，』此文『爲能，』其義一也。

而逐武王后出之魏。

案通鑑注：『秦武王后，昭王嫂也。』

威振秦國。

案通鑑振作震，古字通用。

乃使仇液之秦，

索隱：仇液，戰國策作仇郝，別蓋是一人而記別也。

梁玉繩云：仇液，姓名，史、策不同，說在趙世家。

案趙策三仇液作朹郝，鮑改朹郝爲仇赫，黃氏札記云：『東周策有「仇赫之相宋，」鮑所據也。此文史記所仇液，索隱曰：「戰國策作朹郝，蓋一人而記別也」朹者枙之別體，於仇爲同字。郝、赫、液，聲之轉也。』

案單本及黃善夫本索隱，仇郝並作朹郝，黃氏引作枙郝，朹乃枙之誤，非枙之別

體。東周策仇赫，姚注：『史記机赧。』史記下葢脫索隱二字，謂索隱作机赧

也。史記此文及趙世家並作仇液，無作机赧者。

昭王十四年，魏冄舉白起，使代向壽將。

　　考證：『梁玉繩曰：白起已于十三年爲左庶長，則非十四年始舉之也。』

　　施之勉云：『秦紀：「昭王十三年，向壽伐韓。」則此云「十四年，魏冄舉白

　　起。」是舉白起代向壽將也。通鑑：「穰侯薦左更白起於秦王以代向壽將兵。」

　　是也。梁說非。』

　　案下文『白起者，穰侯之所任舉也。』白起傳：『昭王十三年，而白起爲左庶

　　長，將而擊韓之新城。』是白起之爲左庶長，實魏冄舉之。梁氏云云，乃就『魏

　　冄舉白起』而言，則在昭王十三年。似非不知薦白起使代向壽將在十四年也。白

　　起傳，昭王十四年，白起爲左更。通鑑周紀四，赧王二十二年書『穰侯薦左更白

　　起於秦王，以代向壽將兵。』卽當昭王十四年。

虜魏將公孫喜。

　　案秦本紀昭王八年，稱『魏使公孫喜攻楚方城。』與此稱『魏將』合。秦本紀、

　　白起傳昭王十四年，並不言喜爲魏將。韓表則以喜爲韓將，通鑑同。據韓世家，

　　喜亦似爲韓將。梁氏秦本紀志疑云：『喜是魏將，伊闕之役，韓爲主兵，使魏之

　　公孫喜將之，故所書不同。』其說葢是。（參看韓世家斠證。）

明年，又取楚之宛、葉。

　　考證：『梁玉繩曰：紀、表、韓世家皆不言葉。』（原引表上脫紀字。）

　　施之勉云：『秦紀：「昭王十五年，大良造白起攻楚，取宛。」傳與紀合。是取

　　楚之宛，非韓之宛也。長短說亦云：「穰侯舉武安君，攻楚，取宛、葉。」紀不

　　言葉者，以宛、葉地近，特舉其大者耳。秦取韓之宛，在昭王十六年，見韓表及

　　韓世家。』

　　案施氏所稱長短說，乃短長說之誤倒。短長說乃好奇之士所僞託，與戰國策一名

　　短長無涉。（王世貞已言之。）其記此事以『宛、葉』並舉，葢因襲此傳。宛乃

　　楚邑，非韓所有。秦取於楚，非取於韓。韓表及韓世家誤以爲韓邑，又其事誤在

　　後一年（昭王十六年），韓表梁氏志疑有說。通鑑赧王二十四年（昭王十六

年），書『秦伐韓取宛。』本韓策、韓世家而誤。

復相冉。乃封魏冉於穰，復益封陶。

　　集解：『徐廣曰：一作陰。』

　　索隱：『陶卽定陶也。徐廣云「作陰，」陶、陰字本易惑也。王劭：「按定陶見有魏冉冢，作陰誤也。」』

　　梁玉繩云：紀，冉始相已封穰，再相益封陶，是也。此言復相乃封穰，與益陶同時，誤矣。穰爲韓地，昭王六年取之。陶爲宋地，取陶歲月無攷。國策多舛，不足據信。

　　施之勉云：『程恩澤曰：「魏策：『秦敗魏於華，陰必亡。』原注：『陰，穰侯別邑。』正曰：『陰卽陶。』按史記，魏冉封穰，益封陶。徐廣曰：『陶，一作陰。』漢志，南陽郡有陰縣。師古曰：『卽左傳下陰也。』在今湖北襄陽府光化縣西。漢水西岸有古陰縣城，與穰相近，疑卽此也。然史又云：』『取剛、壽予穰侯，以廣其陶邑。』其地並在今山東定陶縣左右。則穰侯別邑，實在定陶。趙策，公孫衍說李兌攻宋取陰定封。又云：『魏冉必妬君之有陰。』則陰爲宋地，偪近定陶，亦無可疑。當並存之。」』

　　案徐注：『陶，一作陰。』葢就戰國策言之。下文『陶邑必亡。』『又爲陶開兩道。』魏策三陶並作陰。作陰作陶，說並可通，然陰實非陶，二字必有一誤。史公葢定陰爲陶耳。通鑑從史作陶。趙策四吳氏正引劉歆七略云：『故文□□以陶爲陰。』漢書司馬相如傳：『奉陶唐氏之舞，』師古注：『陶唐當爲陰康。』則陶、陰形近相亂，其例固習見矣。

穰侯封四歲，爲秦將攻魏。魏獻河東方四百里。拔魏之河內，取城大小六十餘。

　　考證：『梁玉繩曰：「四歲」當是「三歲」之誤。若是「四歲，」則爲昭十九年，何以下又云「昭王十九年」乎？魏納河東，在秦昭十七年，魏昭六年，乃穰侯封陶之二歲也。取六十一城，在秦昭十八年，元屬兩事，不得並爲一。』

　　案梁氏謂『四歲』當作『三歲，』是也。古書三、四或皆積畫，往往相亂，又涉下『四百里』字而誤也。魏納河東，在秦昭十七年，魏昭六年，當周赧王二十五年。取六十一城，在秦昭十八年。年表、魏世家並可證，通鑑亦同。考證引梁說

『不得並爲一』下，梁氏復云：『案穰侯攻魏，紀、表不書。而取城固是白起，與穰侯無涉。或因其爲相，以功歸之歟？至謂穰侯拔河內，尤誤。攷表，秦昭王二十一年，魏納安邑及河內。當魏昭十年。但此後二十餘年，信陵君謂魏安釐王曰：「秦臨河內，河內共、汲必危。」（見魏世家。）則彼時河內猶屬魏，而表言納河內，殊爲虛語。秦紀云：「攻河內，魏獻安邑。」不云「並獻河內。」元未嘗誤。夫言秦昭二十一年有河內者，尚非事實。而況曰秦昭王十八年，穰侯拔之乎？蓋與春申君傳言「舉河內」同誤矣。或問始皇紀六年，書「衞保魏河內。」時爲魏景湣二年，猶未失河內，何歟？曰：秦取河內，定當昭王四十四、五、六年間，而非全得河內之地也，知者，信陵之語，在秦、拔魏郪丘後，（拔郪丘，在秦昭四十一年。）且極諫安釐不可與秦伐韓，而秦連歲攻韓，在昭王四十四、五、六年。其取河內，總不出此三年中。故白起傳言秦、趙長平之役，秦王自之河內而戰長平。卽昭王四十七年事，時河內已半屬于秦，而未全得其地。是以秦莊襄王二年拔波，始皇五年拔山陽，七年攻汲，皆河內縣地。凡此，並魏之河內也。當始皇六年，衞僅守野王片土，魏只據大梁以東數十里，更安得全有河內而保之耶？』立說精細，宜並引之。

月餘呂禮來，而齊、秦各復歸爲王。

　　考證：呂禮來，秦紀在歸帝爲王之後。

　　案通鑑赧王二十七年十二月，書『呂禮自齊入秦，秦王亦去帝復稱王。』呂禮來，在歸帝爲王之前，與此傳合。

免二歲復相秦。

　　考證：『二歲』當作『四歲，』說在秦紀。

　　施之勉云：『秦紀：「昭王二十四年，魏冉免相。二十六年，侯冉復相。」二十四年至二十六年例二歲，非四歲也。考證非。』

　　案考證說，本梁氏志疑。秦本紀『昭王十六年，冉免。』梁云：『魏冉凡三相三免，紀、表皆不盡書，而紀與傳所書之年，亦多舛戾不合。余綜考之，冉初爲相在昭王十二年，至十五年免。此書冉免于十六年，誤也。再相在十六年，至二十一年免。此紀下文于廿四年書「魏冉免相」者誤也。三相在二十六年，至四十二

年免相，出就封邑。傳所謂「免二歲復相秦」者，乃「免四歲」之誤也。（傳稱
「復相四歲拔鄴，」故知其誤。若免二歲復相，則當云「六歲拔鄴」矣。）』施氏
未檢及梁說，故不知此文『二歲』爲『四歲』之誤耳。

富於王室。

　　考證：楓山、三條本『王室』作『王家。』

　　書鈔一三九、初學記十八、御覽四七一引此亦皆作『王家。』

昭王三十二年，穰侯爲相國，將兵攻魏，走芒卯，入北宅，遂圍大梁。

　　考證：『策作「秦敗魏於華，走芒卯而圍大梁。」梁玉繩曰：「是年乃破暴鳶走
　　開封耳。」……』

　　施之勉云：『長短說：「大王一憂魏，則穰侯爲大王走芒卯，馘暴鳶，入北宅，
　　圍大梁。」此與傳合。則是年不但破暴鳶走開封，又走芒卯，圍大梁矣。』

　　案梁氏謂『是年乃破暴鳶走開封，』詳秦本紀、韓表、韓世家。施氏所稱長短
　　說，乃短長說之誤倒。短長說云『走芒卯，馘暴鳶。』傳但云『走芒卯。』則不
　　得謂短長說與傳合。短長說蓋合秦本紀、韓表、韓世家及此傳言之耳。通鑑亦合
　　書破暴鳶、走芒卯於周赧王四十年，卽昭王三十二年也。

昔梁惠王伐趙，戰勝三梁，拔邯鄲。趙氏不割，而邯鄲復歸。

　　集解：『徐廣曰：「田完世家云：魏伐趙，趙不利，戰於南梁。」』

　　索隱：三梁，卽南梁也。

　　梁玉繩云：一拔一歸，皆妄，說在表。集解、索隱以爲卽南梁之役，非也。戰南
　　梁，乃趙、魏伐韓，非魏伐趙。

　　考證：『桃源鈔引大康地記云：戰國時謂南梁者，別之於大梁、小梁也。古蠻子
　　邑也。』

　　案田完世家，齊宣王二年，書『魏伐趙，趙與韓親，共擊魏。趙不利，戰於南
　　梁。』卽此徐注所本。彼文有誤，梁氏志疑云：『當云：魏伐韓，趙與魏親，共
　　擊韓。趙不利，敗于南梁，韓氏請救于齊。』故於此文云『戰南梁，乃趙、魏伐
　　韓，非魏伐趙』也。桃源鈔引大康地記（大當作太）云云，本田完世家正義。

數伐割地。

考證：楓山、三條本割上有數字。……

案魏策三割上亦有數字。

戰勝暴子，割八縣。

梁玉繩云：秦拔魏二縣，魏與秦溫，共三縣耳。八縣誤，說在秦紀，下文同。又國策暴作罷，非。注云「地缺。」尤非。

案顏氏家訓書證篇：『古者暴曬字與暴疾字相似，唯下少異。』隸書則暴、暴字並作暴。此文暴子，魏策作罷子，罷乃暴之誤。蓋由暴本作暴，暴誤爲桑，復易爲罷耳。罷與桑同，荀子大略篇：『望其壙，桑如也。』家語困誓篇、列子天瑞篇桑並作罷，卽其證。通鑑書『魏納八城以和。』從須賈說『割八縣』也。

此非敢攻梁也，

案魏策敢作但。

今王背楚、趙而講秦。

案魏策背作循，循借爲遁，廣雅釋詁三：『遁，避也。』避與背義近。

願君王之以是慮事也。

考證：『策無王字。張文虎曰：君指穰侯，下文屢稱君，可證。王字衍。』

案上文多王字，故此衍王字耳。

臣聞魏氏悉其百縣勝甲以上戍大梁，

考證：勝，如勝冠之勝，任也。

案魏策『勝甲』作『勝兵，』猶言『精兵』耳。策上作止，疑上乃止之壞字。

守梁七仞之城。

考證：策『七仞』作『十仞，』此誤，下同。

案魏策『七作十，十蓋本作十，卽古七字。此文七字不誤。考證說，本梁氏志疑。

夫輕背楚、趙之兵，陵七仞之城，戰三十萬之眾。

案魏策背作信，信蓋倍之誤，倍與背同。策戰作戴，吳氏補云：『一本標；孫作戰。』黃氏札記云：『作戴者誤。』竊謂戴非誤字，戴有當值義，與戰義近。爾雅釋地：『北戴斗極爲空桐。』郭注：『戴，值。』『戴三十萬之眾，』猶言『值三十萬之眾』耳。

攻而不拔，秦兵必罷，陶邑必亡。

索隱：陶，一作魏。言秦前攻得魏之城邑，秦罷則亡而還於魏也。

案而猶如也。陶乃穰侯封邑，一作魏，蓋涉下魏氏字而誤。索隱曲為之說，非也。

而得以少割為利，

考證：楓山本利作和，與策合。

案和與利同義，廣雅釋詁三：『利，和也。』王念孫疏證云：『表記：「有忠利之教。」後漢書章帝記利作和，是利與和同義。』

乃罷梁圍。

正義：『表云：「魏安釐王二年，秦軍大梁城，韓來救，與秦溫以和」也。』

考證：『「遂圍大梁」以下，本魏策。但末段「且君之得地，豈必以兵哉？」以下，與策頗異，文蓋有譌誤。梁玉繩曰：「梁圍之罷，因獻南陽，何曾是須買說穰侯而罷乎？鮑彪魏策注辨之曰：以秦為天幸，而欲其無行危也，秦豈信之哉？秦行是何危之有！且其為魏過深，適足以疑秦，豈沮于是哉？梁圍之解，將別有故，非買力也。」』

案正義引〔魏〕表云云，見又魏世家。通鑑周赧王四十年，書『魏人割溫以和。』卽魏安釐王二年，秦昭王三十二年也。梁氏所謂『梁圍之罷，因獻南陽。』則在秦昭王三十四年，魏安釐王四年，詳表及魏世家，通鑑亦同。秦本紀誤書在昭王三十三年，彼文梁氏已辯其誤。須買說穰侯，在昭王三十二年。梁氏據昭王三十四年事而言，則梁圍固非由須買之說而罷矣。如就三十二年事言之，則罷梁圍，須買之說，當亦有助。否則雖與秦溫，恐亦未必和也。又末段『且君之得地』以下，與策頗異、策文有誤，吳氏補有說，史文無誤。

明年，魏背秦與齊從親，秦使穰侯伐魏，斬首四萬。走魏將暴鳶，得魏三縣。

梁玉繩云：『走魏將暴鳶，得魏三縣。』『魏將』乃『韓將』之誤。又事在秦昭三十二年，此誤敘于三十三年，說見紀。

考證：『沈家本曰：按魏世家及表，在安釐三年，為秦昭三十三年，與此合；秦紀及韓世家、韓表，在昭王三十二年，與此不同。』

案『魏將』蓋本作『韓將，』涉上下文魏字而誤也。『走韓將暴鳶，得魏三縣。』
為昭王三十二年事，秦本紀、韓表、韓世家並是，通鑑書於周赧王四十年，亦
是（惟誤『三縣』為『八城，』前已有說）。『魏背秦與齊從親，秦使穰侯伐
魏，斬首四萬。』為昭王三十三年事，魏表、魏世家並是，通鑑書於赧王四十一
年，亦是。此合書於昭王三十三年，誤矣。當從梁說。

明年，穰侯與白起、客卿胡陽復攻趙、韓、魏，破芒卯於華陽下，斬首十萬。取魏之
卷、蔡陽、長社，趙氏觀津。

殿本考證：『戰國策校注曰：「大事記：華陽之役，秦救韓而擊趙、魏，年表、
列傳或云『得三晉將；』或云『攻趙、韓、魏，』皆記者之誤。」「斬首十萬
，」秦本紀作「十五萬。」』

考證：『梁玉繩曰：「是時秦救韓而伐趙、魏，何云攻韓？當衍韓字。『十
萬，』當作「十五萬。」』沈家本曰：「秦紀、趙世家，在三十三年，與此不
同。表及魏韓世家、白起傳在三十四年，與此合。」』

施之勉云：『戰國策魏策云：「華（一本有陽字）軍之戰，魏不勝秦。明年，將
使段干崇（魏世家崇作子）割地而講。孫臣（魏世家作蘇代）謂魏王：魏不以敗
之上割，可謂善用不勝矣。而秦不以勝之上割，可謂不能用勝矣。今處期年乃欲
割。」是華陽之戰在三十三年，而和則在三十四年也。』

案殿本胡陽作胡傷，秦本紀同，趙策三作胡昜，（舊本昜誤易。）昜，古陽字。
秦本紀梁氏志疑以傷為陽之譌。陽、傷古蓋通用。玉篇阜部：『陽，傷也。』即
其證。（趙策黃氏札記云：『昜、傷同字。』當云『昜、傷古通，』非同字也。）
魏世家云：『秦破我及韓、趙，殺十五萬人。』彼文韓字亦衍，梁氏志疑及斠證
並有說。『斬首十萬』秦表亦作『十五萬。』白起列傳：『昭王三十四年，白起
攻魏拔華陽，走芒卯而虜三晉將，斬首十三萬。』（通鑑亦作『十三萬。』）水
經洧水注引『三十四年』作『三十三年，』與秦本紀及趙世家（惠文王二十五
年）合；又引『十三萬』作『十五萬，』與秦本紀、秦表、魏世家合。（參看秦本
紀斠證。）華陽之戰，通鑑書於赧王四十二年，與秦表、魏韓世家及此傳合。

且與趙觀津，益趙以兵伐齊。

索隱：既得觀津，仍令趙伐齊，……

考證：……索隱『既得』當作『既與。』

案且猶既也，外戚世家：『人言且立其子，何去其母乎？』劉德漢學弟云：『且與既同義。』與此同例。『且與趙觀津，』承上『取趙氏觀津』而言，與、取互用，與猶取也。（項羽本紀：『漢易與耳，今釋弗取，後必悔之。』與、取互用，與亦取也。彼文有說。）『且與』猶『既取』耳。索隱釋爲『既得，』義亦相符。考證謂『當作「既與，」』未達與字之義。

臣竊必之敝邑之王曰，

正義：臣，蘇代也。必知秦與趙甲四萬以伐齊。王，謂齊王也。

考證：必，豫決也。之，斥下文所言。正義與上疑脫不字。

施之勉云：『王駿觀曰：如正義解，直與下文相反。且截「臣竊必之」爲句，而以「王曰」爲齊王之言矣。豈不背哉！蓋此下一段，皆蘇代設爲告齊王之言。謂聞秦將助趙伐齊之言，臣竊必之於敝邑之王曰，猶言斷定於吾王之前也。總冒下文「必不益趙甲」義。而正義見字解字，竟置上下文於不顧，亦可異也！』

案考證謂『必，豫決也。』是也。惟謂『之，斥下文所言。』則非。王氏釋必爲『斷定，』是也。惟於『必之』下增於字以釋之，仍未達一閒耳。之與於同義，『必之敝邑之王，』猶言『肯定於敝邑之王』也。莊子知北遊篇：『汝唯莫必，無乎逃物。』必亦『肯定』之意，與此同例。

則晉、楚不信也。

案：秦策二無也字，與下文句法一律。疑涉上下文也字而衍。

昭王三十六年，相國穰侯言客卿竈，欲伐齊取剛、壽，以廣其陶邑。

考證：『……黃式三曰：「『言客卿竈，』當作『用客卿竈言。』」又曰：「竈，秦策作造。剛、壽，范雎傳作綱、壽。」梁玉繩曰：「事在昭王三十七年，此誤敍于三十六年。」』

施之勉云：秦本紀、范雎傳，在昭王三十六年。六國表、田完世家，在齊襄王十四年，昭王之三十七年。

案通鑑周紀五，『言客卿竈』下增『於秦王』三字，文意較完。秦策三竈作造，古

— 10 —

字通用，釋名釋宮室：『竈，造也。』周禮春官大祝：『二曰造。』鄭注：『故
書造作竈。』並其證。范雎傳剛作綱，剛、綱並諧岡聲，古亦通用。通鑑周紀五，
事在赧王四十五年，亦昭王三十七年。

於是魏人范雎自謂張祿先生。

考證：策無『自謂張祿先生』語，史公別有所依。

施之勉云：書鈔五十引，亦無『自謂張祿先生』語。

案范雎傳，范雎號張祿，在秦昭王四十一年。書鈔五十引此節之文，頗有省略。
無『自謂張祿先生』語，不足據。

以此時奸說秦昭王。

考證：奸、干通。

案書鈔引奸作干。

穰侯擅權於諸侯，

案書鈔引『擅權』作『用權。』

而因葬焉。秦復收陶爲郡。

考證：『梁玉繩曰：「秦無陶郡，當作縣。」愚按『爲郡，』猶言沒入，梁說
拘。』

案而猶遂也，後贊：『而以憂死。』而亦遂也。莊子田子方篇：『吾以得失之
非我也，而無憂而已矣。』『而無憂』猶『遂無憂』也。（此義前人未發。）王國維云
：「昭王十六年，封魏冉陶爲諸侯。陶在齊、魏之間，蕞爾一縣，難以立國。二
十二年，蒙武伐齊，河東爲九縣。齊之九縣，秦不能越韓、魏而有之，其地當入
於陶。三十六年，客卿竈攻齊，取剛、壽，予穰侯。則陶固有一郡之地矣。」
（觀堂集林十二，秦郡考。始皇本紀斠證已引之。）此說可從。

一夫開說，

考證：楓山、三條本『開說』作『關說，』可從。梁孝王世家、佞幸傳亦有『關
說』字。

案開、關俗書形近，往往相亂，楓、三本作『關說，』猶『通說。』（參看梁孝
王世家斠證。）義固可通。然索隱述贊已云『一夫開說，憂憤而亡。』則作『開

— 11 —

說，』葢此文之舊矣。曹相國世家：『終莫得開說。』（**漢書**同，<u>如淳</u><u>注</u>：開，謂有所啓白。）考證引古鈔本、<u>楓</u>、<u>三</u>本開作關，亦開字俗書形近之誤，彼文有說。<u>呂氏春秋</u><u>壅塞</u>篇：『彼且胡可以開說哉？』亦用『開說』一詞。

況於羈旅之臣乎？

案<u>記纂淵海</u>五六引乎作也，義同。

出自第四十五本第一分（一九七四年六月）

史 記 斠 證 卷 七 十 三

白起王翦列傳第十三

王 叔 岷

白起者，郿人也。善用兵，事秦昭王。

梁玉繩云：『趙策有公孫起，吳注云：「卽白起。」豈秦之公族與？』

案白帖七引史記云：『武安君頭小而銳。』史記無此文。世說新語言語篇注引嚴尤三將敍云：『白起。平原君勸趙孝成王受馮亭。王曰：「受之，秦兵必至，武安君必將，誰能當之者乎？」對曰：「澠池之會，臣察武安君，小頭而面銳，瞳子白黑分明，視瞻不轉。小頭而面銳者，敢斷決也；瞳子白黑分明者，見事明也；視瞻不轉者，執志強也。可與持久，難與爭鋒。……………」』又見藝文類聚十七。御覽三六四及三六六引春秋後語亦有此文。

昭王十三年，而白起爲左庶長。

殿本考證：秦本紀，昭王十三年，起爲左更。

考證：秦紀『左庶長』作『左更。』疑紀誤。

案起爲左更，在昭王十四年，下文可照。通鑑周紀四，亦於赧王二十二年始稱『左更白起。』卽昭王十四年，秦本紀誤在十三年，彼文梁氏志疑及斠證並有說。

是歲，穰侯相秦，舉任鄙以爲漢中守。

梁玉繩云：『是歲，』承上『秦昭十三年』也。而紀、表竝在『十二年。』此誤。（『十二』一本誤『十五。』）

施之勉云：『「是歲，」承上「秦昭十三年」而言，卽十三年也。此謂秦昭十三年，時穰侯爲相，而舉任鄙爲漢中守也。秦本紀：「昭王十二年，樓緩免，穰侯魏冉爲相。十三年，任鄙爲漢中守。」表同。據起傳，則知紀、表所云「任鄙爲漢中守，」爲穰侯所舉矣。』

案通鑑於赧王二十年，書『秦樓緩免相，魏冉代之。』亦昭王十二年。冉舉任鄙
爲漢中守，則在爲相之次年（昭王十三年也）。

將而擊韓之新城。

案秦本紀正義引此『將而』作『將兵。』

攻韓、魏於伊闕，斬首二十四萬，又虜其將公孫喜，

案上言『韓、魏，』下言『其將』，則公孫喜爲韓將抑爲魏將，語意不明。喜是
魏將，秦本紀梁氏志疑、韓世家及穰侯傳斠證並有說。

取韓安邑以東到乾河。

案水經澮水注引到作至。

明年，白起爲大良造，攻魏，拔之，取城小大六十一。明年，起與客卿錯攻垣城，拔
之。後五年，白起攻趙，拔光狼城。後七年，白起攻楚，拔鄢、鄧五城。

梁玉繩云：『上「明年，」是昭王十五年，下「明年，」是十六年，但起無拔魏
之事。取魏城六十一，在昭王十八年，與司馬錯拔垣、河雍同時。而攻趙在二十
七年，攻楚在二十八年。拔趙是二城，拔楚是三城。則此言拔魏，誤一；言取六
十一城在十五年，誤二；言拔垣在十六年，誤三；以錯之取垣爲起共之，誤四；
言拔垣而不及河雍，誤五；以左更錯爲客卿，誤六；以攻趙爲攻垣後五年，誤
七；以攻楚爲攻趙後七年，誤八；拔光狼而不書代，誤九；改拔鄢、鄧、西陵三
城作鄢、鄧五城，誤十。宜書曰：「明年，白起爲大良造，攻魏垣，拔之。後三
年，起攻魏，取城大小六十一。左更錯攻垣城、河雍，拔之。後九年，白起攻
趙，拔代光狼城。明年，白起攻楚，拔鄢、鄧、西陵三城。」其餘說見紀、表。』
張照云：『「明年，白起爲大良造，攻魏，拔之，取城小大六十一。明年，起與
客卿錯攻垣城，拔之。」此與秦本紀、魏世家、六國表所載互異，紀云：十五
年，大良造白起攻魏，取垣，復予之。十六年，左更錯取軹及鄧。」魏世家云：
「秦拔我城大小六十一。」則當在昭王十七年。此傳都在昭王十五年。六國表：
「昭王十八年，客卿錯擊魏至軹，取城大小六十一。」年分不同，事亦不
一。』

案梁氏所謂『取魏城六十一，在昭王十八年。』詳秦表、魏表及魏世家，通鑑

— 14 —

同。『與司馬錯拔垣、河雍同時，』詳秦本紀。『攻趙在二十七年，』詳秦紀、秦表及趙表，通鑑同。『攻楚在二十八年，』詳秦本紀、楚表及楚世家，通鑑同。『拔趙是二城，』詳趙世家。『拔楚是三城，』參看秦本紀、楚表、楚世家。秦本紀：『昭王二十八年，大良造白起攻楚，取鄢、鄧。』梁氏志疑云：『二十八年楚爲秦所取者，鄢、鄧、西陵三城。而白起傳言「拔鄢、鄧五城，」乃「拔鄢、鄧、西陵三城」之誤。』通鑑正作『鄢、鄧、西陵』三城。據秦策四：『頃襄王二十年，秦白起拔楚西陵，或拔鄢、郢、夷陵。』（或猶又也。）加此傳及秦本紀之鄧，則與此云『五城』合。惟此傳及楚表、楚世家『拔郢，燒夷陵，』皆在次年，（楚頃襄王二十一年，秦昭王二十九年。）通鑑同。秦紀、秦表『拔郢』亦在昭王二十九年，水經江水注、渚宮舊事四並同。則此傳自不得云『五城』矣。『五城』蓋本作『三城』，涉上『後五年』而誤與？又張照謂：『魏世家「秦拔我城大小六十一，」則當在昭王十七年。』據秦表、魏表及魏世家，皆在昭王十八年，上已有說。

武安君因取楚，定巫、黔中郡。

　　殿本考證：『秦本紀：「蜀守若伐取巫郡及江南，爲黔中郡。」與此互異。』

　　案秦本紀梁氏志疑云：『白起及春申君傳，言起取之，非蜀守張若。豈伐巫之役，起與若共之與？』其說蓋是。通鑑根王三十八年，書『武安君定巫、黔中，初置黔中郡。』本此傳及春申君傳也。

昭王三十四年，白起攻魏，拔華陽，走芒卯，而虜三晉將，斬首十三萬。與趙將賈偃戰，沈其卒二萬人於河中。

　　梁玉繩云：是役也，穰侯、白起、胡陽同帥師，不當專言起。華陽乃韓地，不可言魏。蓋破魏于華陽耳。秦攻趙、魏以救韓，與韓何干？不得言『三晉將。』其誤皆辨在紀中。

　　殿本考證：『斬首十三萬，』秦本紀及六國表皆作『十五萬，』五訛爲三，或傳寫之誤。穰侯傳又作『十萬。』

　　考證：『沈家本曰：此言「十三萬，」又言「二萬。」紀、表統言之耳。穰侯傳則奪五字。』

施之勉云：『六國表：「秦昭王三十四年，白起擊魏華陽軍，芒卯走，得三晉將，斬首十五萬。」穰侯傳：「三十四年，穰侯與白起、客卿胡陽攻趙、韓、魏，破芒卯於華陽下，斬首十萬。」春申君傳：「秦昭王使白起攻韓、魏，敗之於華陽，禽魏將芒卯。」長短說：「大王三憂韓、魏、趙，則穰侯爲殲其眾華陽下，鹵首十萬，取卷、蔡陽、長社、觀津。」並與此合。是此役，秦攻趙、韓、魏於華陽也。同年，魏與趙伐韓，秦救之，敗趙、魏於華陽下，見韓世家。是另一戰役耳。』

案『昭王三十四年，』水經洧水注引作『三十三年，』與秦本紀及趙世家（惠文王二十五年合）。『斬首十三萬，』（通鑑同。）水經注引作『十五萬，』與秦本紀、秦表、魏世家合。五之作三，蓋涉上文兩三字而誤耳。『十五萬，』乃專就魏卒言之，非合沈趙卒二萬言之也。秦本紀梁氏志疑據此傳，謂『合趙于魏作十五萬人。』與沈說同誤。（彼文斠證有說。）是役也，穰侯、白起、胡陽同帥師，見穰侯傳，（參看秦本紀。）通鑑同。秦表、趙世家及春申君傳皆專言白起，與此傳合。蓋偏重起，則專言起耳。史公記事，往往如此。施氏所引『長短說，乃短長說之誤。短長說乃好奇之士僞託，（穰侯傳斠證已有說。）所云『鹵卹十萬，』本穰侯傳，當作『十五萬。』施氏所稱韓世家，魏與趙伐韓，秦救之云云，又見韓策三。

白起攻韓陘城，拔五城，斬首五萬。

梁玉繩云：『五城』二字誤，當作『拔之。』說在紀。

考證：『秦紀云：「拔九城。」韓世家、六國表云：「秦拔我陘，城汾旁。」』

施之勉云：『范睢傳：昭王四十三年，秦攻韓汾、陘，拔之。』

案是役，白起攻韓僅拔陘城，韓表、韓世家、范睢傳並可證。秦本紀『拔九城，』梁氏志疑謂『當云「拔陘城。」』陘之作九，蓋涉彼上文『九月』字而誤與？此文『拔五城，』梁氏謂『當作「拔之。」』竊以爲上文『白起攻韓陘城，』城字涉『拔五城』之城字而衍。而『拔五城，』本作『拔其城，』其之作五，蓋涉下『五萬』字而誤耳。

趙孝成王與平陽君、平原君計之。

— 16 —

張照云：『平陽君趙豹。趙世家注云：「戰國策曰：惠文王母弟也。』

案張氏引趙世家注，乃集解之文。趙策四：『諒毅曰：趙豹，親寡君之母弟也。』

因封馮亭爲華陽君。

考證：愚按事詳于趙世家。又按趙策云：「馮亭辭封入韓。」與此異。』

案漢書馮奉世傳：『趙封馮亭爲華陽君。』（趙世家集解已引之。）與此傳合。

趙世家言趙王『以萬戶都三封太守，』（不言封亭爲華陽君。）亭未受封，與趙

策一合；惟未言亭入韓耳。通鑑周紀五稱趙王『以萬戶都三，封其太守爲華陽

君。』亭亦未受封。蓋兼采此傳及趙世家也。

以按據上黨民。

案通鑑注引毛晃曰：『按，抑也，止也，據也。』『按據，』複語，義並同抑，

廣雅釋詁三：『抑、據，按也。』

趙使廉頗將，

案水經沁水注引將上有爲字。

趙王數以爲讓。

案記纂淵海七二引作『趙王數讓頗。』

秦之所惡，獨畏馬服子趙括將耳。

案惡、畏互文，惡猶畏也，通鑑惡正作畏。仲尼弟子列傳：『王必惡趙，』索隱

：『惡猶畏也』亦二字同義之證。記纂淵海引此畏作懼，義亦同。

廉頗易與，

案『易與』猶『易取，』項羽本紀有說。

趙王既怒廉頗軍多失亡，軍數敗，

考證：『張文虎曰：亡下軍字，疑涉上而衍。』

案亡下軍字非衍，頗下軍字蓋涉下而衍耳。通鑑作『趙王以頗亡失多。』頗下無

軍字。

乃陰使武安君白起爲上將軍，而王齕爲尉裨將。

案水經注引陰作密，義同。御覽二八二引戰國策有此文，『尉裨將』作『裨將

軍，』軍字衍。通鑑亦作『裨將。』

秦軍詳敗而走，張二奇兵以劫之。

　　　案御覽、通鑑詳並作佯，俗。通鑑有注云：『劫，勢脅也。說文：人欲去，以力

　　脅止曰劫。』

追造秦壁。

　　　考證：造，詣也。

　　　案考證說，本通鑑注。

壁堅拒，

　　　案御覽引國策作『秦壁堅距，』距、拒古、今字。史記故書拒多作距。

悉詣長平。

　　　考證：長平，今山西高平縣西。

　　　案考證云云，當移至上文『趙軍長平』下。

四十八年十月，秦復定上黨郡。秦分爲二。

　　　梁玉繩云：『秦紀云「分軍爲三。」此只言王齕、司馬梗二軍者，不數武安君先

　　歸之一軍也。「十月」兩字衍，說在紀。』

　　　案『十月』疑本作『十月』卽『七月。』秦本紀已有說。通鑑亦云：『分軍爲

　　三。』

韓、趙恐，

　　　案通鑑趙作魏。

南定鄢、郢、漢中，

　　　正義：鄢，在襄州夷道縣南九里。郢，在荊州江陵縣東六里。……

　　　施之勉云：『四庫全書考證曰：正義「率道縣，」刊本率訛夷，據元和志及唐地

　　理志改。』

　　　案通鑑注引正義作『鄢鄉故城，在襄州率道縣西南九里。郢城，在荊州江陵縣東

　　北七里。』

今趙亡秦王，王則武安君必爲三公。

　　　案治要引此，『趙亡』句，『秦王王』句，是也。秦策三作『趙亡，秦王王，武

　　安君爲三公。』

秦嘗攻韓，圍邢丘，困上黨。上黨之民，皆反爲趙。

　　集解：『徐廣曰：平臯有邢丘。』

　　正義：邢丘，今懷州武德縣東南二十里平臯縣城是也。

　　梁玉繩云：『「圍邢丘，」鮑、吳秦策注云：此當作鄄，卽韓桓惠九年秦拔陘事。』

　　王念孫云：『邢邱，魏地，非韓地。徐、張之說非也。此本作「攻韓圍邢。」邢下邱字，衍文耳。秦策作「秦嘗攻韓邢，（此脫圍字。）困於上黨。（衍於字。）」是其證。邢，卽陘之借字也。上文曰：「昭王四十三年，白起攻韓陘城，拔五城。」正義曰：「陘庭故城，在曲沃縣西北二十里。」案今曲沃縣西北十里汾水旁有陘庭城，卽桓三年左傳所謂「曲沃武公伐翼，次于陘庭，逐翼侯于汾隰」者也。秦策曰：「秦攻韓，圍陘。」韓策曰：「秦攻陘，韓使人馳南陽之地。」范雎傳曰：「昭王四十三年，秦攻韓汾陘，拔之。」韓世家曰：「桓惠王五年，秦拔我陘，城汾旁。十年，秦擊我於太行，我上黨郡守以上黨降趙。」卽此所謂「攻韓圍邢，困上黨。上黨之民皆反爲趙」者也。……』

　　案王氏謂『邢卽陘之借字，』是也。孟子告子篇宋牼，莊子天下篇作宋銒。邢之通陘，猶銒之通牼矣。王氏所稱韓世家『桓惠王五年，』五乃九之誤。

南地入韓、魏，則君之所得民，無幾何人。

　　梁玉繩云：韓字誤，秦策作楚，是。

　　案韓，疑本作楚，涉上『攻韓』字而誤也。民、人同義，『幾何』下不必有人字。秦策無人字，吳氏正引此文亦無人字。

武安君聞之，由是與應侯有隙。

　　施之勉云：『鄒陽傳集解：「蘇林曰：白起爲秦伐趙，破長平軍，欲遂滅趙，遣衞先生說昭王益兵糧，乃爲應侯所害，事用不成。」』

　　案鄒陽傳索隱引服虔云：『衞先生，秦人。白起攻趙軍於長平，遣衞先生說昭王，請益兵糧，爲穰侯所害，事不成。』穰侯乃應侯之誤。葢蘇說所本。此可證白起、應侯釁隙之深也。

其九月，秦復發兵，使五大夫王陵攻趙邯鄲。

梁玉繩云：紀是『十月。』

　　案殿本考證亦云：『秦本紀作「十月。」』通鑑從此作『九月。』

陵攻邯鄲少利。

　　考證：楓山、三條本，邯鄲二字作戰。

　　案治要引此作『陵戰少利。』與楓、三本較合。中山策作『陵戰失利。』

陵兵亡五校。

　　案中山策高注：『蓋其營校之部也。』通鑑注：『校猶部隊也。』

武安君言曰，

　　案文選潘安仁西征賦注引此無言字，下文『武安君言曰，』亦無言字。通鑑同。

　　（中山策下文亦無言字。）

而秦卒死者過半，

　　案治要引過上有亦字，

秦王使王齕代陵將。

　　考證：楓山、三條本陵上有王字。

　　案中山策、通鑑亦並作王陵。

秦不聽臣計，今如何矣！

　　案秦字疑涉上下文而衍，文選注引此無秦字，『如何』作『何如。』中山策同。

　　通鑑作『王不聽吾計，今何如矣！』

遷之陰密。

　　正義：……陰密故城，在涇州鶉觚縣城西，即古陰密國，密康公國也。

　　考證：『秦本紀正義云：「括地志云：『陰密，古密須國。』與此異。」』

　　案正義『古陰密國，』蓋本作『古密須國，』涉上文及正文陰密字而誤耳。非與

　　秦本紀正義所引括地志異也。通鑑注亦引括地志云：『密陰故城，在涇州鶉觚縣

　　西，古密須氏之國。』與秦本紀正義所引括地志合。考證說，本殿本考證。

出咸陽西門十里，至杜郵。

　　正義：……今咸陽縣城，本秦之郵也。……

　　案十當作卅，古七字，秦策五、甘羅傳並作七，甘羅傳有說。通鑑注引正義『秦

之郵』作『秦時杜郵。』

秦王乃使使者賜之劍自裁。

　　　梁玉繩云：『國策甘羅述武安君之死也，曰：「去咸陽七里，絞而殺之。」與此

　　　不同。』

　　　考證：『自裁』……御覽六百四十七作『自死。』

　　　施之勉云：文選西征賦注、御覽六百四十七引作『自殺。』

　　　案御覽六四七引『自裁』作『令自殺，』非作『自死』。

曰：我何罪于天，而至此哉？

　　　案莊子達生篇：『孫休曰：則胡罪乎天哉，休惡遇此命也？』蒙恬列傳：『蒙恬

　　　喟然太息曰：我何罪于天，無過而死乎？』並與此句法相似。

我固當死。

　　　案御覽引死下有矣字。蒙恬傳：『恬罪固當死矣。』與此句法同。

遂自殺。

　　　案御覽引作『乃引劍自殺。』

武安君之死也，以秦昭王五十年十一月。

　　　考證：秦紀『十一月』作『十二月。』

　　　施之勉云：通鑑亦在『十二月。』

　　　案考證說，本梁氏志疑及殿本考證。

王翦者，頻陽東鄉人也。

　　　案景祐本、黃善夫本、殿本皆提行。

於是始皇問李信：吾欲攻取荊，

　　　考證：御覽二百七十四信下有曰字，攻下無取字。

　　　案通鑑秦紀二李信下亦有曰字。書鈔一一五、御覽三八三引攻下亦並無取字，通

　　　鑑無攻字，各略其一耳。

李信曰：不過用二十萬人。

　　　案書鈔一一五引此作『信曰：不過三十萬。』御覽二七四、三八三引信上亦並無

　　　李字。通鑑萬下亦無人字。

始皇問王翦，王翦曰，

　　案書鈔引作『始皇又問王翦，翦曰。』通鑑問上有以字，以猶又也，老子五十二章：『既得其母，以知其子。』唐景龍碑本以作又，卽其比。御覽二七四、三八三引『翦曰』上亦並無王字。

李將軍果勢壯勇，

　　集解：『徐廣曰：勢，一作新。』

　　考證：『張文虎曰：御覽引勢作斷，義長。新與斷同从斤而誤。

　　案御覽二七四引勢作斷。斷，俗書作断，與新形近，故誤爲新耳。作勢，於義亦通。淮南子脩務篇：『各有其自然之勢。』高誘注：『勢，力也。』

因謝病歸老於頻陽。

　　案御覽二七四引病作疾。

李信攻平輿。

　　考證：『通鑑平輿作平與。梁玉繩曰：與，輿之誤。平輿，汝南縣名。』

　　施之勉云：始皇紀作平輿。

　　案水經汝水注引此亦作平輿。與、輿古通，非誤字，仲尼弟子列傳已有說。始皇紀集解：『地理志，汝南有平輿縣。』卽梁說所本。

蒙恬攻寢。

　　集解：『徐廣曰：今固始寢丘。』

　　考證：『梁玉繩曰：「此前後三稱蒙恬，考六國表及蒙恬傳，是時恬未爲將，當是蒙武之誤。」愚按御覽百五十九寢下有丘字。』

　　案通鑑書此事於始皇二十二年，從此傳作蒙恬。恬爲武子，二十六年始爲秦將，見蒙恬傳，則此時自不得攻寢。六國表二十三年，書『王翦、蒙武擊破楚軍。』亦見蒙恬傳。據始皇紀及楚世家（負芻五年），則在二十四年（通鑑於二十三年『但稱『王翦大破楚師。』二十四年始並書『王翦、蒙武』之名。）蓋梁說『蒙恬當是蒙武之誤』所本。梁氏又云：『御覽百五十九引史云：蒙恬伐楚寢丘。』卽考證『愚按』云云所本。惟徐注以寢丘釋寢，是正文本無丘字。御覽引正文有丘字，蓋據徐注所加也。（類書引書，往往據注文增字，此其例也。）

信又攻鄢、郢，破之。

施之勉云：『胡三省曰：「此鄢、郢，非楚故都之鄢、郢也。楚故都爲白起所取，秦已置南郡。據楚都壽春，以壽春爲郢，則其前自郢徙陳，亦必以陳爲郢矣。然則此郢，乃陳也。鄢卽潁川之鄢陵，與平輿、城父地皆相近。」按胡說陳爲郢，是也。始皇紀：「二十三年，秦王復召王翦彊起之，使將擊荊，取陳以南至平輿，虜荊王。秦王游至郢陳。」是其證。』

案通鑑胡注說陳爲郢，葢卽本始皇紀。然鄢、郢並稱，本指楚故都；胡氏雖立新解，未敢必其是，故注又云：『或曰：鄢、郢當作鄢陵。』亦可備一說。鄢陵之作鄢、郢，或由聯想而誤耳。

陳槃庵兄云：『此「鄢郢」讀當作「鄢郢」，不當作「鄢、郢」。楚本都江陵故郢城，而江陵縣北有紀南城，楚亦嘗居之，故又稱「紀郢」。後又居鄢，（今湖北宜城縣。）因又有「鄢郢」之號。古代地名多此例，「陶唐」「殷商」「岐周」「荊楚」等，皆此類也。葢已遷居矣，而不忘故地，是以兩地並稱，非二事也。由是言之，「鄢郢」卽是居鄢之郢，而胡三省以爲「鄢」卽「潁川之鄢陵」，恐是望文生義，未可據也。（楚都說，別詳拙春秋大事表列國爵姓及存滅表譔異頁一一四——一一六。）』此說良是，亟補錄之。

三日三夜不頓舍。

考證：『頓讀爲屯，漢書李廣傳：「就善水草頓舍。」顏師古曰：「頓，止也。舍，息也。」』

案御覽二七四引不下有得字。李將軍列傳：『就善水草屯舍止。』漢書李廣傳略止字，通鑑漢紀九略屯字。『屯、舍、止，』三字疊義。『頓舍、』『舍止，』並複語。

殺七都尉。

案通鑑秦紀二注：『此郡都尉，將兵從伐楚者也。秦列郡，有守、有尉、有監。然秦、漢之制，行軍亦自有都尉。』

自馳如頻陽，見謝王翦曰：寡人以不用將軍計，

案書鈔一一五引如作至，通鑑同。又引『將軍』作卿。

爲聽將軍計耳。

吳昌瑩云：『爲，惟義。祇詞也。』（經詞衍釋二。）

施之勉云：元龜一百九十九引史，爲作唯。

案唯與惟同，爲、惟同義，伯夷列傳亦有說。

於是王翦將兵六十萬人。

考證：御覽無兵字。

施之勉云：通鑑亦無兵字。

案下有人字則上不必有兵字，書鈔引此亦無兵字。

始皇自送至灞上。

案書鈔引灞作霸，通鑑同。作霸是故書。

王翦行請美田宅園池甚衆。

案初學記二四、御覽一九七及八二一引美皆作善，與下文同。說文：『美與善同
意。』白帖三引『園池』作『園囿，』恐非其舊。

王翦既至關，

案通鑑注：『此當是出武關也。』

夫秦王怚而不信人。

集解：『怚音麁。徐廣曰：一作粗。』

梁氏志疑所據湖本怚作怚，云：『班馬字類作怚，音粗。各本譌怚。』

案景祐本正文、集解怚字並不誤。黃善夫正文亦不誤，集解誤怚。殿本正文、集
解並誤怚。通鑑正文及注引史記集解亦並誤怚，又引集解麁作麤，麤、麁正、俗
字。粗、麤正、假字。說文：『怚，驕也。』一作粗，則『粗而不信人，』猶智
伯之『麤中而少親』矣。（韓非子十過及趙策一。）然秦王非粗心者也。

我不多請田宅爲子孫業以自堅，顧令秦王坐而疑我邪？

考證：御覽顧作固。王本、何本邪作矣。

施之勉云：書鈔一百十五引顧作固。景祐本、黃善夫本邪作矣。

案記纂淵海五二引『子孫』下有之字，顧亦作固，邪亦作矣。通鑑邪亦作矣。書
鈔邪作哉。顧、固並與乃同義。矣與邪、哉亦同義。

王翦果代李信擊荊。

考證：楓山、三條本、御覽果作東，可從。

案殿本果亦作東。

乃悉國中兵以拒秦。

案御覽三百三十引秦作之，通鑑同。

荊兵數出挑戰，

考證：藝文類聚引史，數下無出字。

施之勉云：書鈔一百六十、御覽五十一、三百十一引史，數下亦無出字。

案御覽三百三十引此亦無出字，通鑑同，蓋涉下文而衍。

而善飲食撫循之。

案書鈔一百六十、御覽三百三十引撫並作拊，說文：『拊，揗也。』段注：『揗者摩也。古作「拊揗」，今作「撫循。」古今字也。』

方投石超距。

集解：『徐廣曰：「超，一作拔。」漢書云：「甘延壽投石拔距，絕於等倫。」………』

王念孫云：『「投石拔距」者，石，擿也。「投石」猶言「投擿，」擿亦投也。廣雅：「擿，投也。石，擿也。」賈子連語篇「提石之者，猶未肯止。」是也。（提亦擿也，史記刺客傳：「荊軻引其匕首以擿秦王。」燕策 擿作提。）「拔距，」「超距」也。王翦傳：「方投石超距。」徐廣云：「超，一作拔。」距亦超也，（僖二十八年左傳：「距躍三百。」杜注：「距躍，超越也。」呂氏春秋悔過篇注：「超乘，巨踊車上也。」巨與距同。）超亦拔也。「投石拔距、」「投石超距，」皆四字平列。管子輕重丁篇：「戲笑超距，」亦四字平列。』（漢書甘延壽傳雜志。）

案徐注「超，一作拔。」蓋就漢書言之。說文繫傳三：『史記云：「拔距。」注：「謂兩人以手共據地而能拔起之也。」又曰：「超距，搶頭撞也。」』引史作「拔距，」蓋與漢書相亂。所引兩注，亦不見於三家注。前注與漢書師古注相近（師古注：拔距者，有人連坐相把，据地距以為堅，而能拔取之）；與文選左太

　　沖吳都賦劉逵注尤合（劉注：「拔距，謂兩人以手相案，能拔引之也。」王氏漢
　　書雜志已引之）。『投石超距』之義，當從王說。

荊數挑戰，

　　案御覽三百三十引數上有又字。

殺其將軍項燕。

　　案通鑑注：『項燕，項梁之父也。』項羽本紀：『梁父，卽楚將項燕，爲秦將王
　　翦所戮者也。』

秦二世之時，王翦及其子賁皆已死，

　　梁玉繩云：始皇二十一年，王翦曾謝病歸老。二十八年，琅邪頌列名有王賁、王
　　離，而無王翦。則已前死矣，何待二世時乎？

　　案王翦固死於二十八年前，此言二世時，乃并其子賁已死之時言之，亦何傷乎？

或曰：王離，秦之名將也。今將彊秦之兵，攻新造之趙，舉之必矣。

　　案項羽本紀：『章邯令王離、涉閒圍鉅鹿。項羽曰：夫以秦之彊，攻新造之趙，
　　其勢必舉趙。』（節引。）

其所殺伐多矣。（以，原誤必。）

　　案『殺伐，』複語；伐亦殺也。廣雅釋詁一：『伐，殺也。』

翦爲宿將。

　　案魏公子列傳：『公子曰：晉鄙嚄唶宿將。』

偷合取容，以至歾身。

　　集解：『徐廣曰：歾，音沒。』

　　正義：歾，沒也。

　　案歾當作歿，說文：『歾，終也。歿，歾或从殳。』段注：『白起王翦列傳曰：
　　「偷合取容，以至歿身。」徐廣云：「歿音沒。」今歿譌歾，集韻傅會之云：
　　『歾，埋也。』』正義歾亦歿之誤。

出自第四十五本第一分（一九七四年六月）

史 記 斠 證 卷 七 十 四

孟子荀卿列傳第十四

王　叔　岷

太史公曰：余讀孟子書，至梁惠王問「何以利吾國？」未嘗不廢書而歎也！

　　案晉世家：「孔子讀史記，至文公。」審一至字，孔子所讀晉史，決不始於文公。此言「余讀孟子書，至梁惠王，」則史公所讀孟子，蓋非始於「孟子見梁惠王」矣。衞世家贊：「太史公曰：余讀世家言，至於宣公之太子以婦見誅，」亦同此例。孟子梁惠王篇：「王曰：叟！不遠千里而來，亦將有以利吾國乎？」史公引有作何，（魏世家亦作何。）何卽有之塙詁。『亦將有以利吾國乎？』猶云：『亦將何以利吾國乎？』陸賈新語輔政篇：『察察者有所不見，恢恢者何所不容。』有、何互文，其義一也。（魏世家亦有說。）

孟軻，騶人也。

　　索隱；鄒，魯地名。

　　正義：軻字子輿，爲齊卿。鄒，兗州縣。

　　考證：「梁玉繩曰：「案史不書孟子之字，趙岐題辭曰：『字未聞。』考漢藝文志師古注引聖證論云：『字子車。』王氏藝文志考證、困學紀聞八引傅子云：『字子輿。』文選劉峻辨命論：『子輿困臧倉之訴。』注亦引傅子云：『鄒之君子孟子輿。』唐虞世南北堂書鈔引孟軻傳、荀子非十二子篇楊注竝云：『字子輿。』孔叢子雜訓云：『孟子車。』注：『一作子居。』據此，則魏、晉以來始傳孟子之字，故正義著之。雖未詳其所得，要非無據，可補史遺。王氏疑爲傅會，非也。古車、輿通用，如秦三良子車氏，史于秦紀、趙世家、扁鵲傳竝作子輿，可驗。惟居字恐以音同而譌。顏師古急就篇注：『孟子，字子車。』廣韻去聲軻字注云：『孟子居貧轗軻，故名軻，字子居。』疑非。（御覽三百六十三引

— 183 —

聖證論曰：『子思書及孔叢子有孟子居，則是軻也。少居坎軻，故名軻，字子居。』與師古所引異。」』（原引梁說未備，茲據志疑補。）

案景祐本、黃善夫本、殿本皆提行。黃本、殿本騶並作鄒，梁氏志疑所據湖本同，與索隱、正義合。文選馬季長長笛賦注引此亦作鄒，列女傳母儀篇鄒孟軻母傳、淮南子齊俗篇許慎注、趙岐孟子題辭、通鑑周紀二皆同。騶、鄒古通，朱熹孟子集注序說引此亦云：『騶，亦作鄒。』梁氏謂『車、輿古通，居字以音同而譌。』是也。御覽引王肅聖證論釋「字子居」之義，卽廣韻注所本，乃望文生訓。莊子徐无鬼篇：『若乘日之車，而遊於襄城之野。』釋文引元嘉本車作居，周本紀：「爲文王木主，載以車中軍。」藝文類聚十二、御覽八四引車作居，並車、居相亂之例。又案記纂淵海四十引史記云：『孟子之母，三徙擇鄰。』事詳列女傳，今本史記無此文。

受業子思之門人。

索隱：王劭以人爲衍字，則以爲軻受業孔伋之門也。今言門人者，乃受業於子思之弟子也。

考證：「梁玉繩曰：「孟子題辭曰：『長師孔子之孫子思。』漢藝文志云：『子思弟子。』孔叢雜訓云：『孟子車請見，子思甚說其志。』又牧民居衞篇有問答語。風俗通窮通篇云：「軻受業於子思。』而史稱受業於子思門人，……………史似得其實。」』

陳槃庵兄云：『何孟春云：「司馬史記載孟子受業子思之門人。而後來著述家直云孟子親受於子思，注史記者遂以人爲衍字。謹考諸家書傳，孔子生魯襄公二十一年，或曰二十二年。襄二十二年爲周靈王二十一年庚戌，論者謂生是年爲是。敬王四十一年孔子卒。孔子年二十生伯魚，伯魚先孔子五年卒。子思之母死，孔子令其哭於廟。子思逮事孔子，所與孔子問答語爲多。孔子之卒，子思實喪主，四方士來觀禮焉。子思生年，今不得知。可知者，孔子卒之年，子思則既長矣。孟子以顯王三十三年乙酉至魏，愼靚王二年壬寅去魏適齊，赧王元年丁未去齊。其書論及張儀，當是五年辛亥後事。自敬王壬戌至赧王辛亥百七十年，辛亥去伯魚之卒百七十有四年，以百八九十二百年間所生人物，而謂其前後相待，共處函

丈，傳道受業，何子思、孟子之俱壽考而至是也？……………晦菴先生孟子序
說，一本史記列傳，而分注諸家之言以致其疑。其爲通鑑綱目，特據司馬公見成
所次舊文而錄之耳。吾恐後學於此不復更參究也！……………聖賢授受，斯道
所在，是故吾欲參究其事而緣朱子序說之意，重致其疑，庶幾將來有是正者。」
又云：「孟子師子思，嘗問牧民之道，其語司馬公通鑑采錄焉。而朱子綱目仍
之，此非孟子親受業於子思之一證歟。朱子嘗云：孔叢子等書，多是後人撰說，
皆贋書也。今茲所取，爲其言近理耳。」（餘多雜錄卷二十六。）』

案朱子孟子序說引此文，注云：『索隱云：「王劭以人爲衍字。」而趙氏注及孔
叢子等書，亦皆云孟子親受業於子思。未知是否？』子思、孟子生卒年雖不可塙
考，而孟子不及受業於子思之門，自較可信。史公言『門人，』是矣。淮南子氾
論篇高注：『孟子受業于子思之門。』與王劭說合。列女傳、通鑑亦並稱『孟子
師子思。』蓋皆不足據。孔叢子雜訓篇：『孟子問：「牧民何先？」子思曰：
「先利之。」』云云，通鑑采錄，朱子綱目仍之，乃爲其言近理，非以爲實有其
事也。『牧民』問答，既在孔叢子雜訓篇，而梁氏以『牧民居衞篇』連言，蓋誤
以『牧民』爲篇名與？

道既通，游事齊宣王，宣王不能用。適梁，梁惠王不果所言，則見以爲迂遠而闊於事情。

考證：『梁玉繩云：「孟子游歷，史先言齊後梁，趙岐孟子注、風俗通窮通篇竝
同，古史從之。然年數不合，當從通鑑始游梁，繼事齊爲是。通鑑蓋據列女傳母
儀篇也。孫奕示兒編曰：七篇之書，以梁惠王冠首，以齊宣王之問繼其後，則先
後有序可見矣。故列傳爲難信。」』

王念孫云：『「梁惠王不果所言，」果，信也。以爲迂遠而闊於事情，是不信所
言也。廣雅曰：「果，信也。」』

案史公先述孟子『游事齊宣王，』後適梁，』所見孟子次序似與今本不同。篇首
云：『余讀孟子書，至梁惠王問「何以利吾國？」』一至字已可驗之，（前已有
說。）孫氏謂『七篇之書，以梁惠王冠首，以齊宣王之問繼其後，」乃就今本之
先後次序言之，未必卽七篇之舊也。先齊後梁；或先梁後齊，梁氏云：『朱子序說
兩存之。』正見朱子之通達。

秦用商君，富國彊兵；楚、魏用吳起，戰勝弱敵；齊威王、宣王用孫子、田忌之徒，而諸侯東面朝齊。

　　梁玉繩云：起用於魏文侯、楚悼王之世，不得言在孟子時。

　　案孟子序說引商君作商鞅。吳起距孟子時不遠，與商君、孫子、田忌並稱，亦無不可。

是以所如者不合。

　　案孟子題辭僞孫奭疏引如作干。十二諸侯年表序：『是以孔子明王道，干七十餘君莫能用。』儒林列傳：『是以仲尼干七十餘君無所遇。』（並本莊子天運篇。）孟子之所干者不合，與孔子有同慨焉。

序詩、書，述仲尼之意，作孟子七篇。

　　案序、述互文，序亦述也。孟子題辭疏兩引此文，序並作敍，一引作上有而字。

　　序、敍古通，國語晉語三：『紀言以敍之。』韋注：『敍，述也。』

齊有三騶子。其前騶忌以鼓琴干威王。

　　案論衡案書篇『三騶』作『三鄒。』景祐本、黃善夫本、殿本騶忌皆作鄒忌。下文『其次騶衍，』初學記十、長短經是非篇並引作鄒衍。騶、鄒古通，說已見前。

乃深觀陰陽消息，而作怪迂之變，終始、大聖之篇，十餘萬言。

　　考證：「迂、訏通，大也。下文迂大之迂，倣此。……………沈欽韓曰：「文選注，劉向別錄曰：鄒衍在燕，燕有谷，地美而寒，不生五穀。鄒子居之，吹律而溫氣至，五穀生。今名黍谷。」』

　　案迂讀爲訏，說文：『訏，詭譌也。』『怪迂』猶『詭怪。』（漢書郊祀志上王念孫雜志有說。）變借爲辯，『怪迂之變，』猶『詭怪之辯』也。易坤文言：『由辯之不早辯也。』釋文引荀爽本辯作變，孟子告子篇：『萬鍾則不辯禮義而受之。』孫奭音義引唐丁公著本辯作變，並變、辯古通之證。書鈔一百十二引劉向別錄云：『方士傳言：鄒子在燕，燕有黍谷（黍字衍），地美天寒，不出五穀。鄒子居之，吹律而溫氣至。今名黍谷也。』（略見一五六。又見藝文類聚九、御覽五四。）論衡定賢篇、列子湯問篇張湛注、唐李亢獨異志上亦並載此事，足徵鄒衍『深觀陰陽消息。』李白鄒衍谷詩亦云：『燕谷無暖氣，窮巖閉嚴

陰；鄒子一吹律，能迴天地心。』

先序今以上至黃帝，學者所共術，大竝世盛衰。

　　索隱：言其大體隨代盛衰，觀時而說事。

　　梁玉繩云：『「大竝世盛衰，」索隱以「大體」解之，非。方氏補正曰：「大當作及，傳寫誤也。」』

　　考證：『術、述通。中井積德曰：「『大竝』之大，謂大概也。」愚按中說近是。』

　　案中說以大爲『大概，」與索隱以大爲『大體』同。竊疑此文大字乃涉上文『推而大之』而衍，『學者所共術竝世盛衰』爲句。此謂『先序次戰國以上至黃帝時，學者所共述歷代之盛衰』也。先以此爲依據，然後『因載其禨祥度制，推而遠之。』猶下文『先列中國名山大川通谷，禽獸水土所殖，物類所珍。』先以此爲依據，然後『因而推之，及海外人之所不能睹。』比而觀之，文義自明。

窈冥不可考而原也。

　　案原與䶅同，廣雅釋詁一：「䶅，度也。」

禹之序九州是也。

　　案文選左太沖魏都賦張載注、江文通雜體詩李善注引之下並有所字。

中國外如赤縣神州者九，

　　案文選雜體詩注引如作若，藝文類聚六、御覽一五七引者下並有有字。

於是有裨海環之。

　　索隱：裨海，小海也。九州之外，更有大瀛海，故知此裨是小海也。……………

　　案記纂淵海七引山海經云：『四海通謂之裨海。裨海之外，復有瀛海環之。』

　　（參看歐纘芳女弟山海經校證附錄山海經佚文，國立臺灣大學文史哲學報第十一期。）

如此者九。

　　案藝文類聚引此作是。

始也濫耳。

　　考證：『顧炎武曰：濫者，汎而無節之謂。猶莊子之洸洋自恣也。』

案考證引顧說，（見日知錄二七，汜原作汜。）本殿本考證。

懼然顧化。

　　考證：『中井積德曰：懼、瞿同，驚視貌。顧，反也。化，歸往之意。』

　　案懼借爲眼，說文：「眼，舉目驚眼然也。」（晏子春秋內篇諫上王念孫雜志有
　　說。）廣雅釋詁四：「顧，嚮也。」嚮，俗向字。『顧化』猶『向化』也。

適梁，惠王郊近。

　　案長短經梁字疊，殿本同。據下文『適趙，平原君側行撤席。如燕，昭王擁彗先
　　驅。』則不疊梁字是。

平原君側行撤席。

　　索隱：『張揖三蒼訓詁云：撤，拂也。』

　　考證：『文選注引說文：「擎，拂也。」刺客傳：「蔽席。」三字通用。」

　　案文選揚子雲甘泉賦注引張揖三蒼注云：『撤，拂也。』與索隱引作撤異。索隱
　　蓋據正文改撤爲撤耳。（古人引書，往往改字以就正文。）文選王子淵洞簫賦注
　　引說文云：『擎，拭也。』（段注本說文改拭爲飾，云：『飾者，今之拭字。史
　　記荊軻傳：「跪而蔽席。」孟荀傳：「撤席。」皆擎之異體。』）考證拭作拂，
　　失檢。景祐本撤作撤，撤卽擎字。

如燕，昭王擁彗先驅。

　　案藝文類聚六二、御覽一六二及一七三引如並作之，義同。書鈔三四、初學記十
　　及十八、藝文類聚、長短經、御覽四百四、四七四、七六五，引彗皆作篲。篲，
　　彗之或體。白帖十、御覽一六二引彗亦並作蠢，又引先並作前。抱朴子外篇欽士
　　云：『鄒子涉境，而燕君擁篲。』外篇疾謬云：『驪衍入壇，燕君擁篲。』字亦
　　作篲。又案文選任彥昇百辟勸進今上牋注、揚子雲解嘲注引七略云：『方士傳
　　言：鄒子在燕，其游，諸侯畏之，皆郊迎擁彗也。』

請列弟子之座而受業。

　　案御覽一六二引列作爲。書鈔、初學記十、白帖、御覽一七三、四七四、七六
　　五，引座皆作坐。坐、座正、俗字。初學記十八引座作禮。

築碣石宮，身親往師之。

案白帖引宮上有之字。藝文類聚引宮作室，下無身字。爾雅釋宮：『宮謂之室，
室謂之宮。』御覽一六二引宮下有『以處鄒子』四字，亦無身字。書鈔、御覽一
七三引此亦並無　身字　。『身親，』複語　，故可略其一。爾雅釋言：「身，親
也。』

作主運。

　　案封禪書：『騶衍以陰陽主運顯於諸侯。』（又見漢書郊祀志上。）

故武王以仁義伐紂而王。

　　案韓非子五蠹篇：『故文王行仁義而王天下。』蓋武王繼文王而行仁義也。

衞靈公問陳，而孔子不荅。

　　案長短經引作「衞靈公問陣於孔子，孔子不荅。」（陣，俗字。）論語衞靈公篇
陳下亦有『於孔子』三字。

梁惠王謀欲攻趙，孟軻稱大王去邠。

　　索隱：今按孟子，『太王去邠，』是軻對滕文公語。今云『梁惠王謀攻趙，』與
孟子不同。

　　梁氏志疑所據湖本大王作太王，云：『索隱云：「孟子是對滕文公語，今與孟
子不同。」困學紀聞十一引葛氏曰：「於孟子無所見，但有對滕文公之語。」史
詮曰：「梁惠王當作滕文公，趙當作齊。」蓋竝以史爲誤也。考新論隨時篇云：
「昔秦攻梁，惠王謂孟軻曰：『先生不遠千里，辱幸敝邑；今秦攻梁，先生何以
禦乎？』孟軻對曰：『昔太王居邠，狄人攻之。事之以玉帛，不可。太王不欲傷
其民，乃去邠之齊。今王奚不去梁乎？』惠王不說。」似孟子實有此對；但非梁
謀攻趙耳。然恐不可爲據。』

　　考證：孟軻稱『太王去邠，』孟子梁惠王篇。

　　案長短經引謀下無欲字　，與索隱單本合。黃善夫本、殿本大王並作太王，亦與
索隱單本合。作大是故書。索隱、葛氏之說，但言孟子與史記此文之異同，未言
其是非，不得云『竝以史爲誤。』惟史詮所謂『梁惠王當作滕文公，趙當作齊。』
乃『以史爲誤』耳。然滕文公無緣誤爲梁惠王，齊亦無緣誤爲趙，史公既言『余
讀孟子書，』恐不致疏漏至此。竊疑孟子書，本有『梁惠王謀欲攻趙，孟軻稱大

王去邪』之事，今本已亡之矣。此不得與梁惠王篇孟子對滕文公語混爲一談也。至如北齊劉畫新論隨時篇所記，其稱『太王去邪，』是孟子對梁惠王語，與史記合；惟言『秦攻梁，』與史記『梁惠王謀欲攻趙』又異。是否別有所據；或劉畫之誤，則未敢遽斷。蓋其書晚出也。

持方柄欲內圜鑿，其能久乎！

索隱：『……謂工人斲木，以方筍而內之圜孔，不可入也。故楚詞云：「以方柄而內圜鑿，吾固知其鉏鋙而不入。」是也。』

考證：索隱引宋玉九辯。

案長短經、記纂淵海五七引內並作納，內、納古、今字。其猶豈也。黃善夫本、殿本索隱『圜孔』並作『圓孔，』引楚詞『而內圜鑿，』並作『而納圓鑿。』圜猶圓也。今本九辯作『圜鑿而方柄兮，吾固知其鉏鋙而難入。』『鉏鋙』與『鉏鋙』同。

伊尹負鼎，而勉湯以王。百里奚飯牛車下，而繆公用霸。

考證：『張文虎曰：宋本、中統、游、凌，飯作飰。』

案長短經引勉作輔，無『車下』二字。黃善夫本飯亦作飰，俗。淮南子氾論篇：『夫百里奚之飯牛，伊尹之負鼎。』游俠列傳亦云：『伊尹負於鼎俎，……百里飯牛。』

作先合，然後引之大道。

考證：『李笠曰：作，同詐。謂先以詐術求合，然後引之大道也。之同至。』

案儀禮鄉飲酒禮：『作相爲司正。』鄭注：『作，使也。』此文『作先合，』猶云『使先合』耳。『引之大道，』猶『引以大道。』五帝本紀：『於是堯妻之二女。』淮南子泰族篇、論衡正說篇、金樓子后妃篇之皆作以，秦本紀：『更舍上舍，而饋之七牢。』列女傳賢明篇秦穆公姬傳之作以。並之、以同義之證。

騶衍其言雖不軌，儻亦有牛、鼎之意乎？

索隱：『按呂氏春秋云：「函牛之鼎，不可以烹雞。」是牛鼎，言衍之術迂大。儻若大用之，是有牛鼎之意。而譙周亦云：「觀太史公此意，是其愛奇之甚。」』

正義：太史公見鄒衍之說，怪迂詭辯，而合時君。疑衍若伊尹、百里奚先作牛、

鼎之意。

殿本考證：『詹惟修曰：牛、鼎之說，不必他求，卽上文「伊尹負鼎，百里奚飯牛」也。索隱舉呂氏春秋及譙周之說，意竊不然。太史公言孔、孟不合于當時者，始進不能投時好如尹與奚也。今衍以不軌之說見賣於諸侯，是尹鼎、奚牛之意，豈若孔、孟哉？二子求奇太過，是遺近而求遠。』

案『其言』猶『之言，』秦本紀：『君試遺其女樂，』韓非子十過篇、說苑反質篇其並作之，卽其、之同義之證。長短經引亦下有將字。『牛、鼎之意，』正義說是，詹說與正義說合。索隱引呂氏春秋云云，見應言篇。今本『函牛』誤『市丘，』畢沅新校正有說。劉邵人物志材能篇：『猶函牛之鼎，不可以烹雞。』本呂氏春秋也。

淳于髡，齊人也。

案景祐本、黃善夫本、殿本皆提行。

然而承意觀色爲務。

案白帖八引承上有以字。御覽七七六引承作秉。

客有見淳于髡於梁惠王。

案論衡知實篇王下有者字，文意較完。

子之稱淳于先生，

考證：楓、三本無先字。

案論衡亦無先字，下同。蓋存本書之舊。生卽先生也。叔孫通列傳：『叔孫生誠聖人也。』（又見漢書。）漢書貢禹傳：『朕目生有伯夷之廉。』（師古注：生，謂先生也。）並同此例。（參看俞正燮癸巳存稿四『先生釋義』條。）

豈寡人不足爲言邪？

王念孫云：『「不足爲言，」「不足與言」也。李斯傳：「斯其猶人哉，安足爲謀！」亦謂「安足與謀」也。與、爲一聲之轉，故謂與曰爲。……』

案論衡不作未，未猶不也。周本紀：『虞、芮之人未見西伯。』後漢書王暢傳注引未作不，卽其比。爲、與同義，王說是也。春申君列傳：『黃歇爲楚太子計曰，』通鑑周紀五爲作與，亦其證。

吾前見王，王志在驅逐；後復見王，王志在音聲。

　　案自帖引此無驅、復、聲三字，論衡同（惟逐誤遠）。御覽五百七十引『王志在
　　音聲』句，亦無聲字。

吾是以默然。

　　案御覽引然作也，義同。

人有獻善馬者，

　　案論衡『善馬』作『龍馬。』周禮夏官廋人：『馬八尺以上爲龍。』

亦會先生來，

　　案論衡來作至，是也。此涉上文『先生之來』而誤。『亦會先生 至，』承上文
　　『會先生至』而言。

寡人雖屏人，

　　案論衡『屏人』作『屏左右，』與上文作『屏左右』一律。

愼到，趙人。

　　案景祐本、黃善夫本、殿本皆提行。

故愼到著十二論。

　　集解：『徐廣曰：今愼子，劉向所定，有四十一篇。』
　　案漢書藝文志：『愼子四十二篇。』班氏自注：『名到，先申、韓，申 、韓稱
　　之。』荀子天論篇楊注、田完世家正義引『四十二篇』並同。呂氏春秋愼勢篇舊
　　本高注：『愼子，名到，作法書四十一篇，在申不害、韓非前，申、韓稱之也。』
　　（畢沅新校正，據今本漢志改『四十一篇』爲『四十二篇，』）蓋本於漢志，而
　　作『四十一篇，』與此文徐注合。或漢志原作『四十一篇，』亦未可知。王氏漢
　　志補注引王應麟云：『史記：「愼到，趙人，著十二論。」正義：『愼子十卷，
　　戰國時處士。」』今本此文無正義。惟田完世家愼到下，正義云：『趙人，戰國
　　時處士。』不言『愼子十卷。』

環淵著上下篇。

　　考證：『文選七發注引七略云：「蜎子，名淵，楚人也。」漢書藝文志：「蜎子
　　十二篇，名淵，楚人，老子弟子。」蜎、環音近。』

案漢書人表亦有蜎子，卽環淵也。蜎、環古通，甘茂列傳：『楚王問於范蜎曰』
戰國策楚策一蜎作環，（參看甘茂傳梁氏志疑。）卽其比。

而田駢、接子皆有所論焉。

考證：『漢書藝文志：田子二十五篇。』

案莊子天下篇稱『田駢齊萬物以爲首。』尸子廣澤篇：『田子貴齊。』呂氏春秋
不二篇：『陳駢貴齊。』（又見金樓子著書篇。）田子卽田駢，亦卽陳駢，田、
陳古通，『貴均』猶『貴齊』也。漢志：『捷子二篇。』漢書人表亦有捷子，
接、捷古通，（漢書補注引錢大昕、錢大昭並有說。）田完世家接子下，正義引
藝文志云：『接子二篇。』（本篇上文正義亦云：『接子二篇。』）正以捷爲接。
爾雅釋詁：『接，捷也。』亦二字通用之證。王應麟漢志考證云：『三輔決錄有
接昕子。』

騶奭者，齊諸騶子。

考證：楓、三本『諸騶』下無子字。

案景祐本、黃善夫本、殿本皆提行。初學記十、御覽四七四引此，亦並無子字。

**於是齊王嘉之，自如淳于髡以下，皆命曰列大夫。爲開第康莊之衢，高門大屋尊寵
之。**

案御覽引『康莊』上有臨字。田完世家云：『宣王喜文學游說之士，自如騶衍、
淳于髡、田駢、接子、愼到、環淵之徒，七十六人，皆賜列第爲上大夫。』劉向
孫卿書錄云：『方齊威王、宣王之時，（威、宣二字舊互易，從盧文紹說乙正。）
聚天下賢士於稷下，尊寵之。若騶衍、田駢、淳于髡之屬甚眾，號曰列大夫。』
（又見風俗通窮通篇。）

荀卿，趙人。

索隱：名況。卿者，時人相尊而號爲卿也。仕齊爲祭酒。仕楚爲蘭陵令。後亦
（原脫亦字）謂之孫卿子者，避漢宣帝諱改也。

梁玉繩云：不書荀卿名，亦疏。

考證：荀、孫古音相通，故先秦諸書，或曰孫；或曰荀。荀子書中，亦有稱孫
卿。卿蓋其字，猶虞卿、荆卿之類，不必尊稱。

劉師培孫卿書錄斠補云：『況爲荀子之名，則卿爲其字。孫者，荀字之轉音也。唐人不察，以爲荀字作孫，由于避漢諱；又以卿爲相尊之稱。此大誤也！近謝氏墉以爲「荀音同孫，語遂移易。」其說近確，惟未得確證。今考論語鄉黨篇：「恂恂如也。」漢劉修碑作「其於鄉黨，遜遜如也。」孫卽古遜字。此卽荀、孫古通之證。故史記作荀，本書作孫。至於卿爲況字，據本篇後文云：「蘭陵人喜字爲卿，蓋以法孫卿也。」此卽卿名況之確徵。若以稱卿由時人相尊，則卿與子同，非孫況所能專，弗應蘭陵人競取爲字也。』

案景祐本、黃善夫本、殿本皆提行。荀卿又稱孫卿，荀、孫古通，劉師培證成謝墉（荀子箋釋後記）之說，是也。惟劉氏以卿爲字，而與索隱所謂『時人相尊』無關，則未必然。（王氏漢志補注云：『卿者，尊美之稱。劉向云：「蘭陵人喜字爲卿，以法孫卿也。」蓋若今人自稱甫矣。』劉氏之說，或淵源於此。）如荊軻『徙於衞，衞人謂之慶卿；而之燕，燕人謂之荊卿。』（見刺客列傳。索隱云：『荊、慶聲相近。卿者時人尊重之號，猶如相尊美亦相子然也。』）正時人相尊之稱也。蓋時人相尊而號荀況爲卿，蘭陵人慕之，因喜自字爲卿，此與劉向所謂『蘭陵人喜字爲卿，蓋以法孫卿也。』並不抵忤。若謂『卿與子同，非荀況所能專。』則又不然。項羽本紀，宋義『號爲卿子冠軍。』集解引文穎曰：『卿子，時人相尊之辭。』豈非兼稱卿子者哉！又案劉向孫卿書錄、漢志自注並稱孫卿名況，（風俗通窮通篇亦稱孫況。）此文索隱『名況』二字，蓋本爲正文，誤竄入注文也。書鈔六七引正文卿下有『名況』二字，是其塙證。然則梁氏譏史公『不書荀卿名』之疏，亦失於不考矣。漢志『孫卿子三十三篇，』師古注：『本曰荀卿，避宣帝諱，故曰孫。』（左昭元年傳孔疏亦有此說。）蓋索隱『避宣帝諱』說所本。索隱末句『諱改也，』黃本作『之諱也。』殿本作『諱也。』

年五十，始來游學於齊。

梁玉繩云：『此言荀卿五十游齊，至襄王時爲老師。不言游齊在何時。考風俗通窮通篇云：「齊威、宣之時，孫卿有秀才，年十五，始來游學。至襄王時，孫卿最爲老師。」據此，則威王末年，至襄王初年，計六十一年，荀子七十六歲。而襄王初年，國亂未定，恐不暇修列大夫之勠。則荀子「三爲祭酒，」時八十餘

矣。若五十游齊，當襄王之世，荀子百二十餘歲，尙復適楚、適趙，何其壽考乎？疑「五十」字誤。宋晁公武郡齋讀書志引劉向荀子序亦作「十五」』

劉師培孫卿書錄斠補云：『史記、風俗通義及本篇，均云：「始來游學。」審其辭義，蓋以荀卿爲晚學。卽顏氏家訓勉學篇所云「荀卿五十，始來游學，猶爲碩儒」也。若「五十」果作「十五，」則與「始來游學」之文，辭氣弗符。乃通義刻本之誤也。考齊置列大夫，事在宣王末年，則荀卿遊齊，蓋在閔王時；或更在閔王中葉後，距襄王之時，亦非甚久。故襄王之時，最爲老師。（意林引風俗通亦云：「孫卿在齊，最是老師，故三稱祭酒。」）斯時蓋年幾七十矣。玉海三十一引此文作「十五，」亦以意改。』

案荀卿『年五十，始來游學於齊；』或『年十五，始來游學於齊。』爭論至繁，迄今未決。茲僅舉梁、劉二家之說，作進一步之辯析。據荀卿所當之世推之，則作『年十五』較當；據『始來』二字之辭氣推之，則作『年五十』較妥。劉氏之說，似後來居上。惟據儒林列傳：『於〔齊〕威、宣之際，孟子、荀卿之列，咸遵夫子之業而潤色之，以學顯於當世。』（又見漢書。）劉向孫卿書錄亦云：『方齊威王、宣王之時，聚天下賢士於稷下，……是時，孫卿有秀才，年五十，始來游學。』（風俗通窮通篇本之。）則荀卿遊齊，固不在閔王之時；或更在閔王中葉後矣。荀卿遊齊旣在威、宣之世，則『年五十，』自當從風俗通作『年十五。』不得輕以爲刻本之誤也。史記此文蓋本作『年十五，』後人泥於『始來』二字之辭氣，而妄乙爲『年五十』耳。竊以爲始非方始之始，始猶已也。魏世家：『事始已行，不可更矣！』『始已，』複語，始亦已也。與此同例。（六朝人詩文尙往往以始爲已，此義前人未發。）此言荀卿『年十五，已來游學於齊。』謂其來齊游學之早也。郡齋讀書志引劉向孫卿書錄作『年十五，』（玉海三一未引孫卿書，劉氏失檢。）與風俗通合，是也。其作『年五十，』蓋宋以後人據誤本史記妄乙之耳。至於顏氏家訓勉學篇：『曾子七十乃學，名聞天下；荀卿五十始來游學，猶爲碩儒；公孫弘四十餘，方讀春秋，以此遂登丞相。』所舉曾子、公孫弘皆晚學；則所稱『荀卿五十，』本於史記，決無誤。是此文之誤作『年五十，』蓋在東漢以後，北齊以前也。

迂大而閎辯。

　　案辯借爲徧，『迂大』與『閎徧，』文義一律。上文稱騶衍『其語閎大不經，必
　　先驗小物，推而大之，至於無垠。』正所謂『迂大而閎徧』也。儀禮鄉飲酒禮：
　　『眾賓辯有脯醢。』燕禮：『大夫辯受酬。』鄭注並云：『今文辯爲徧。』卽
　　辯、徧古通之證。

時有得善言。（時字原脫。）

　　案有猶可也，張釋之列傳：『使其中有可欲者，雖錮南山猶有郤。』漢紀八『有
　　郤』作『可隙。』卽有、可同義之證。莊子人間世篇：『醫門多疾，願以所聞思
　　其則，庶幾其國有瘳乎？』田子方篇：『寓而政於臧丈人，庶幾乎民有瘳乎？』
　　兩有字亦並與可同義。

故齊人頌曰：談天衍。雕龍奭。炙轂過髡。

　　集解：『徐廣曰：「『炙轂，』一作『亂誷。』」劉向別錄曰：「騶衍之所言，
　　五德終始、天地廣大，書（原誤盡）言天事，故曰『談天。』騶奭脩衍之文，飾
　　若雕鏤龍文，故曰『雕龍奭。』」別錄曰：「過字作輠。輠者，車之盛膏器也。
　　炙之雖盡，猶有餘流者。言淳于髡智不盡如炙輠也。」』
　　索隱：『按劉向別錄：「過字作輠。輠，車之盛膏器也。炙之雖盡，猶有餘津，
　　言髡智不盡如炙輠也。」按劉氏云：「轂，衍字也。」今按文稱「炙轂過，」則
　　過是器名，音如字讀。謂盛脂之器名過，過與鍋字相近，蓋卽脂器也。轂卽車
　　轂，過爲潤轂之物，則轂非衍字矣。』
　　正義：誷音化。『亂誷，』疾言也。
　　考證：『文選宣德皇后令注引七略曰：「鄒赫子，齊人。齊人爲〔之〕語曰：『雕
　　龍赫。』言鄒赫之術，文飾之，若雕鏤龍文也。」赫、奭音近。』
　　案文選江文通別賦注引『頌曰』作『爲諺曰。』並引劉向別錄云：『鄒衍之所
　　言，五德終始、天地廣大，書言天事，故曰「談天。」「雕龍赫，」赫脩鄒衍之
　　術，文飾之，若彫鏤龍文，故曰「彫龍赫。」』索隱引劉氏（伯莊）云：「轂，
　　衍字。』徐注：『「炙轂，」一作「亂誷。」』疑本作『「炙過」一作「亂
　　誷。」』蓋所據正文無轂字，過、誷並諧咼聲，故得通用。若所見正文本有轂

字，則轂無緣作譌矣。正義云云，係音釋徐注；或所據正文作『亂譌，』未敢遽
斷。釋『亂譌』爲『疾言，』乃望文生訓。（說文：譌，疾言也。）竊疑亂乃炙
之誤，亂，俗書作乱，與炙略近，故致誤與？別錄云：『過字作輠，』古亦通用。
莊子至樂篇：『若果養乎？予果歡乎？』釋文引元嘉本果作過，列子天瑞篇同。
果可通過，輠諧果聲，故亦可通過矣。過、譌，本字作楇，說文：『楇，盛
膏器，讀若過。』繫傳云：『齊人謂淳于髡爲「炙楇。」謂其言長而有味，如炙
楇器，雖久而膏不盡也。』繫傳之說，與別錄近。白帖八引史云：『淳于髡智可
炙輠。輠者，車之盛膏器也。炙之，膏流不窮。言如髡之智也。』御覽七七六亦
引史記云：『故齊人謂之炙輠。輠者，〔車〕之盛膏者。炙之不盡，猶有餘流。言
髡之智不盡如炙輠。』所引並本別錄，非史記文也。又案集解引別錄『騶奭脩衍
之文，飾若雕鏤龍文。』『文飾』二字當連讀；並當據文選注所引七略、別錄，
於『文飾』上補術字，『文飾』下補之字。黃善夫本、殿本索隱，並無『按劉向
別錄』至『如炙輠也。』三十三字，蓋因已見於集解而略之也。

田駢之屬，皆已死齊襄王時。

考證：『鄭當時傳：「鄭君死孝文時。」與此同一文法。是荀子游齊，在襄王既
沒之後。』
案此當讀『田駢之屬皆已死』句。『齊襄王時，』連下『而荀卿最爲老師』讀。
孫卿書錄作『至齊襄王時，孫卿最爲老師。』風俗通作『至襄王時，而孫卿最爲
老師。』可證也。孫卿書錄、風俗通並稱威、宣之世，孫卿遊齊。（已詳上文。）
瀧川恭不之信，而斷句如此，以爲荀子游齊，在襄王既沒之後。則儒林列傳稱
『威、宣之際，孟子、荀卿之列，以學顯於當世。』（已詳上文。）又將作何解
邪？

齊尙脩列大夫之缺。

案景祐本、黃善夫本缺並作欪，俗。

亡國亂君相屬，不遂大道而營於巫祝，

案屈原列傳云：『亡國破家相隨屬。』廣雅釋詁一：『遂，行也。』

鄙儒小拘如莊周等，又猾稽亂俗。

考證：猾、滑通，毛本作滑。

案景祐本、殿本猾亦並作滑。滑、猾正、俗字，非通用字。『小拘』與『猾稽亂俗，』文意相忤。蓋『猾稽亂俗，』則無所拘也。且莊子列傳稱莊周之言『洸洋自恣，』贊亦稱『莊子散道德放論。』史公於此決不得謂莊周爲『鄙儒小拘』也。案文當讀『鄙儒小拘』句。『如莊周等又猾稽亂俗』句。兩文相對。『鄙儒小拘，承上『營於巫祝，信禨祥』言之，此泥於小數，牽於拘忌者也；『如莊周等又滑稽亂俗，』則又肆無忌諱矣。考證本斷句大謬！然舊讀固多如此也！據莊子齊物論篇：『滑疑之耀，聖人之所圖也。』『滑疑』猶『滑稽，』多智貌。圖當作鄙，古鄙字（李勉君有此說）。莊子既謂炫耀多智，爲聖人所鄙。則史公謂『莊周滑稽亂俗。』似未深知莊子者也。或就其流弊而言邪？

序列著數萬言。（著字原脫。）

梁玉繩云：荀子三十二篇，漢志譌三十三也。云『數萬言，』欠晰。

案王應麟漢志考證：『孫卿子三十三篇，』當云『三十二篇。』

而趙亦有公孫龍，爲堅白同異之辯。

集解：『晉太康地記云：「汝南西平縣有龍淵，水可用淬刀劍，特堅利。故有堅白之論云：「黃，所以爲堅也。白，所以爲利也。或辯之曰：白，所以爲不堅。黃，所以爲不利。」』

索隱：『按卽仲尼弟子名也。此云「趙人，」弟子傳作「衞人。」鄭玄云：「楚人。」各不能知其眞也。又下文云：「竝孔子同時；或曰：在其後。」所以知非別人也。』

考證：『公孫龍事，又見平原君傳，與仲尼弟子公孫龍別人。下文「或曰：竝孔子時；或曰：在其後。」專斥墨子而言，索隱謬甚！』

案孫卿書錄辯作辭。莊子秋水篇：『公孫龍問於魏牟曰：龍少學先王之道，長而明仁義之行。合同異，離堅白。』（成玄英疏：合異爲同，離同爲異。）公孫龍之學，重離不重合，合字當從淮南子齊俗篇作別。齊俗篇云：『公孫龍折辯抗辭，別同異，離堅白。』許愼注：『公孫龍，趙人。好分析詭異之言，以白馬不得合爲一物，離而爲二也。』御覽四六四引桓譚新論云：『公孫龍，六國時辯士

也。爲堅白之論，假物取譬，謂白馬爲非馬。非馬者，言白，所以名色。馬，所以名形也。色非形，形非色。』（論衡案書篇亦云：公孫龍著堅白之論。）是桓譚、許愼並以堅白之論，卽白馬非馬之說。與今本公孫龍子分白馬論、堅白論二篇大異！列子仲尼篇張湛注引白馬論云：『馬者，所以命形也。白者，所以命色也。命色者，非命形也。』乃與今本白馬論同。（荀子正名篇楊倞注亦引之。）荀子修身篇楊注引堅白論云：『堅、白、石三，可乎？曰：不可。二，可乎？曰：可。』乃與今本堅白論同。則今本公孫龍子之晚出，葢可知矣。又案呂氏春秋別類篇：『相劍者曰：白，所以爲堅也。黃，所以爲牣也。黃白雜，則堅且牣，良劍也。難者曰：白，所以爲不牣也。黃，所以爲不堅也。黃白雜，則不堅且不牣也。晉太康地記所稱『堅白之論』云云，葢卽本此。莊子齊物論篇釋文引司馬彪云：『公孫龍有淬劍之法，謂之堅白。』與晉太康地記所述合。考證駁索隱之說，（本崔適史記探源七。）謂此公孫龍與仲尼弟子公孫龍別人，是也。惟下文『或曰：竝孔子時；或曰：在其後。』索隱引『竝孔子時，』作『竝孔子同時。』（今本無同字。）則竝字似兼上文公孫龍諸人而言，索隱葢以此致誤與？

劇子之言。

集解：『徐廣曰：按應劭氏姓注，直云處子也。』

索隱：按著書之人姓劇氏，而稱子也。前史不記其名也。故趙有劇孟及劇辛也。

正義：『……藝文志云：劇子九篇。』

梁玉繩云：『劉向序作處子，徐廣引應劭同。索隱言「姓劇，」以趙有劇孟、劇辛爲證。考漢志：「處子九篇。」師古引史云：「趙有處子。」後書酷吏李章傳：「北海太守處興。」注引風俗通云：「趙有辨士處子，故有處姓。」疑劇字，傳寫之譌。趙自別有劇氏也。』

案此文作劇子，漢志師古注引作處子。漢志作處子，此文正義引作劇子。處、劇互易，葢各改從本書正文耳。惟劉向孫卿書錄（卽梁氏所稱劉向序。）本此已作『處子之言。』則此文原葢不作劇矣。六朝俗書，處、虡相亂。（謝靈運離合詩：『劇哉歸遊客，處子勿相忘。』卽從俗以虡爲處。）處，俗作處，虡誤爲虡，復易爲劇耳。

魏有李悝，盡地力之敎。

　　正義：『藝文志：李子三十二篇。李悝，相魏文侯，富國強兵。』

　　案御覽八二一引史記云：『魏文侯使李悝作盡地力之敎。（注：悝，苦回反。）
以爲地方百里，提封九萬畝。理田勤謹，則畝益三斗；不勤，則損亦如之。地方
百里之增減，輒爲粟百八十萬碩矣。必雜五種，以備災害。力耕、數耘、收穫，
如寇盜之至。（注：謂促遽之甚，恐爲風雨損也。）』今本史記無此文。『百八
十萬碩矣』以上，見漢書食貨志上，（略有出入。）蓋誤引漢書之文耳。惟食貨
志又無『必雜五種』以下十九字，或今本食貨志有脫文與？

楚有尸子、長盧。

　　集解：『劉向別錄曰：「楚有尸子，疑謂其在蜀。」今按尸子書，晉人也。 名
佼，秦相商鞅客也。衞鞅商君，謀事畫（原誤書）計，立法理民，未嘗不與佼規
之也。商君被刑，佼恐幷誅，乃亡逃入蜀，自爲造此二十篇書，凡六萬餘言。
卒，葬蜀。』

　　梁玉繩云：』集解云：「尸佼，晉人。」後漢呂強傳注同，當是也。此作楚人；
漢志作魯人，蓋因其逃亡在蜀，而魯後屬楚故耳。』

　　考證：尸子今佚，孫星衍刺取書傳，輯爲二卷。長盧之書亦不傳，列子天瑞篇引
長盧子，或是同人。

　　案漢志：『尸子二十篇。』自注：『名佼，魯人，秦相商君師之。鞅死，佼逃入
蜀。』謂『商君師之，』則佼非僅爲『商鞅客』而已。後漢書宦者呂強列傳注：
『尸子，晉人也。名佼，秦相商鞅客也。鞅謀計，未嘗不與佼規也。商君被刑，
恐幷誅，乃亡逃入蜀，作書二十篇。十九篇陳道德仁義之紀；一篇言九州險阻水
泉所起也。』『作書二十篇』以上，本此文集解。章宗源、汪繼培、任兆麟亦皆
有尸子輯本。孫卿書錄長盧下有子字。盧文弨校云：『宋本盧作盧，古可通用。』
是也。漢志：『長盧子九篇。』鄧析子無厚篇：『長盧之不士。』列子天瑞篇：
『長盧子聞而笑之。』唐殷敬順釋文本盧作盧。（廣韻平聲一、御覽二、錦繡萬
花谷前集一引並同。）亦盧、盧古通之證。景宋本御覽三七引呂氏春秋云：『長
盧子曰：山、海、岳、河、水、金、石、火、木，此積形成乎地者也。』（又見

書鈔一五七，惟不言長盧子。漢書補注載沈欽韓說，所引御覽有出入。）

阿之吁子焉。（原脫焉字。）

索隱：阿，齊之東阿也。吁音芉，別錄作芉子。今吁亦如字也。

正義：『藝文志云：「吁子十八篇，名嬰，齊人。七十子之後。」師古云：「音弭。」按是齊人，阿又屬齊，恐顏公誤也。』

漢志今作芉子。王念孫雜志云：『正義說是也。芉有吁音，故別錄作芉子；史記作吁子。（小雅斯干篇：「君子攸芋。」傳：「芋，大也。」釋文：「芋，香于反。或作吁。」）作芉者，字之誤耳。』

梁玉繩云：『劉向序及索隱引向別錄並作芉子。漢志云：「芉子，名嬰，齊人」師古誤以爲芊，故音弭。正義糾之矣。』

考證：『阿上疑脫「齊有」二字，其書今佚。張文虎曰：「疑吁字本或作哶，故小司馬音芉，師古音弭。哶卽芉之俗子，見玉篇。」』

案上文言『趙亦有、』『魏有、』『楚有，』此言『阿之，』之猶有也。『阿之吁子焉，』猶云『阿有吁子焉。』考證疑阿上脫『齊有』二字，妄說也。老子二十六章：『國之利器，不可以示人。』唐景龍碑本之作有，鄭世家：『文公之賤妾曰燕姑。』左宣三年傳、潛夫論志氏姓篇之並作有。卽之、有同義之證。索隱『吁音芉，別錄作芉子。』黃善夫本芉並作芋，（殿本上芉字亦作芋。）是也。張文虎據誤本索隱『音芉，』而疑吁本或作哶，其說自不足置信矣。王氏謂漢志芉爲芋之誤；梁氏則徑改爲芋，是也。正義引漢志作吁子，蓋改從史記耳。

自如孟子至于吁子，世多有其書，故不論其傳云。

案『世多有其書，故不論其傳云。』義頗難通。疑論字當疊，『故不論』句。『論其傳云』句。管晏列傳贊：『至其書世多有之，是以不論。論其軼事。』司馬穰苴列傳贊：『世既多司馬兵法，以故不論。著穰苴之別傳焉。』孫子吳起列傳贊：『吳起兵法世多有，故弗論。論其行事所施設者。』皆與此文例同。

蓋墨翟，宋之大夫，善守禦，爲節用。

集解：『墨子曰：公輸般爲雲梯之械成。……墨子之守固有餘。公輸般詘，……己持臣守國之器在宋城上，……』

索隱：注『爲雲梯之械』者，……謂攻城之樓櫓也。注『墨子解帶爲城』者，謂墨子爲術，……注『以牒爲械』者，按牒者，小木札也。械者，樓櫓等也。注『公輸般之攻械盡』者，……詘，音丘忽反。……禽骨釐者，……釐音里。

梁玉繩云：『王孝廉曰：葢字疑。或上有脫文；或是若字之誤。

案葢，發語詞，上無脫文；亦非若字之誤。田完世家贊：『太史公曰：葢孔子晚而喜易。』葢亦發語詞，與此同例。『爲節用，』猶『作節用。』爾雅釋言：『作，爲也。』墨子有節用上、中、下三篇，今闕下篇。司馬談論六家要指云：『要曰彊本節用，則人給家足之道也。此墨子之所長，雖百家弗能廢也。』（見太史公自序。）集解引墨子云云，見公輸篇。（又見呂氏春秋愛類篇、戰國策宋策、淮南子脩務篇。）『守固、』『守國，』公輸篇並作『守圉，』圉、禦古通，固、國並圉之形誤。『公輸般詘，』白帖十五引詘作屈，亦古字通用。黃善夫本、殿本索隱，『注「爲雲梯之械」者，』爲上並有公輸二字，無注字。下文三注字皆無。『樓櫓也』下，並有『與器械同』四字，此誤脫。『墨子爲術，』爲並作所，所猶之也。『按牒者，』並無按、者二字。『樓櫓等』下無也字。『音丘忽反，』並作『音屈。』與白帖所引合。滑釐上並無禽字。『音里，』並作『音狸。』

或曰：竝孔子時；或曰：在其後。

梁玉繩云：『此謂墨翟也。墨子書開卷便言「吳起之裂，」（親士篇。）「宋康染于唐鞅、佃不禮。」（所染篇。）又與告子論仁義，（公孟篇。）則非「竝孔子時，」審矣。索隱引別錄，據文子（子夏弟子）問墨子，謂「在七十子後。」漢書藝文志、後書張衡傳竝云「在孔子後，非春秋時。」所可疑者，墨子公輸篇載公輸攻宋，墨翟設守事，與戰國策宋策、列子說符、呂子慎大、愛類合。而檀弓言公輸般請以機封季康子之母，康子于哀公三年見傳，至宋偃卽位，已有六十餘年，般何若是之壽乎？』

考證：『或曰』二句，專就墨子而言。

案上文『爲堅白同異之辯』下，索隱引此文時上有同字，（已詳前。）竝猶與也，『竝孔子同時，』謂墨翟『與孔子同時。』後人不明竝字之義，因刪去同字

耳。老子列傳：『或曰：老萊子亦楚人也。著書十五篇，言道家之用。與孔子同

時云。』彼文『與孔子同時，』猶此文『竝孔子同時』也。然墨翟固在孔子後，

『或曰：在其後。』自較可信。汪中述學墨子序，亦以漢志云『在孔子後』爲是。

梁氏所稱墨子佃不禮，佃乃佃之誤，呂氏春秋當染篇作田不禋，（禋當作禮。）

趙世家、漢書人表並作田不禮，佃、田古通。參看畢沅校注、孫詒讓閒詁。

　　　　　　　　　　　　　一九六七年一月三十一日初稿

　　　　　　　　　　　　　一九七二年九月二十六日補訂

　　附記：本傳斠證初稿，發表於孔孟學報第十三期。施之勉先生

讀史記會注考證札記，亦有關於孟荀傳者，發表於大陸雜誌第

四十二卷第八期，其立說有數處與岷初稿相同。因岷初稿發表

在先，故補訂時仍保留拙說。

史記斠證卷七十五

孟嘗君列傳第十五

王　叔　岷

孟嘗君，名文，姓田氏。文之父曰靖郭君田嬰。

　　案文選賈誼過秦論注引『孟嘗君』下有者字。藝文類聚二一引靖作靜，呂氏春秋
　　知士篇同，古字通用，秦本紀有說。

田嬰者，齊威王少子，而齊宣王庶弟也。

　　索隱：『……………王劭又按戰國策云：「齊豹辯謂宣王曰：『王方爲太子時，
　　辯謂靖郭君，不若廢太子更立郊師。靖郭君不忍。』宣王太息曰：『寡人少，殊
　　不知。』」以此言之，嬰非宣王弟明矣。』

　　案索隱豹辯，黃善夫本、殿本並作貌辨，下文辯亦作辨，呂氏春秋、齊策一並
　　同。單本索隱作豹辨，漢書人表作昆辯，王氏補注引錢大昕云：『昆當作兒，古
　　貌字。』昆乃兒之形誤，貌乃籀文兒字。說文：『兒，頌儀也。貌，籀文兒，从
　　豹省聲。』（聲字據說文通訓定聲補。）貌既从豹省聲，則貌、豹固可通用矣。
　　辯、辨古通，其例習見。齊策高注：『郊師，衞姬之子，宣王庶弟。』

與成侯鄒忌及田忌將而救韓伐魏。

　　考證：『梁玉繩曰：此指齊威王二十六年桂陵之役，是救趙，非救韓也。且成侯
　　不與田忌同將，田完世家甚明。當是田嬰與田忌將而救趙伐魏耳。此誤。』

　　案桂陵之役，是救趙，非救韓，詳齊策、魏世家及田完世家，通鑑周紀二同。此
　　文『救韓』疑本作『救趙，』因下魏字聯想而誤耳。又據齊策、田完世家，鄒忌
　　但謀伐魏，未與田忌同將。

嬰與韓昭侯、魏惠王會齊宣王東阿南，盟而去。

　　考證：『梁玉繩曰：案表及魏與田完世家，會平阿南，非東阿也。索隱引紀年，

亦作平阿。而平阿之會，止魏、齊二王，無韓昭侯，此皆誤。』

案索隱引紀年，但云『彼文作平阿，』而不云彼文無韓昭侯。蓋紀年載此事，亦
有韓昭侯，與此文合。此可以補表及魏與田完世家之未備，似非誤也。魏世家集
解：『地理志，沛郡有平阿縣也。』（考證云：今安徽鳳陽府懷遠縣。）田完世
家正義亦云：『沛郡平阿縣也。』　諸處皆云會平阿南，此獨云東阿，蓋聯想之
誤。會齊王不在齊地，而遠在平阿者，或彼時齊王在平阿之便耳。

齊宣王與魏襄王會徐州，而相王也。

　　正義：『紀年云：梁惠王三十年，下邳遷于薛，改名徐州。』

　　梁玉繩云：是時無相王事，會亦不止齊、魏二國，襄當作惠，竝說見表。』

　　案魏世家集解：『徐廣曰：〔徐州，〕今薛縣。』　通鑑周紀二注引正義，名作
曰，並云：『續漢志曰：「魯國薛縣，六國時曰徐州。」與竹書合。徐音舒。』
徐、舒古通，戰國策齊策一：『楚威王戰勝於徐州。』高注：『徐州，或作舒州，
是時屬齊。』黃氏札記云：『徐，鮑本作徐，下同。吳氏補曰：「徐，詞余反。

　　正義云：『紀年；梁惠王三十年，下邳遷于薛，改名徐州。』徐，左氏作舒，說
文作郐。」案史記作徐，徐州是也，多誤為徐者。正義在孟嘗君列傳。』吳氏引
此正義，徐州作徐州，黃氏以作徐州為是。不知徐乃徐之俗變，六朝俗書，從彳
之字往往寫從亻也。齊世家有說。

楚威王聞之，怒田嬰。

　　考證：『梁玉繩曰：此語不可解。將謂聞田嬰相齊而怒乎？抑聞相王而怒乎？…
…………』

　　案齊宣王與魏惠王會徐州而相王，蓋由田嬰促成之，故楚威王聞之而怒田嬰耳。

宣王卒，湣王即位。即位三年，而封田嬰於薛。

　　索隱：紀年以為梁惠王後元十三年四月，齊威王封田嬰于薛，十月齊城薛。十四
年，薛子嬰來朝。十五年，齊威王薨，嬰初封彭城。皆與此文異也。

　　梁玉繩云：宣王後十年始卒，史誤為湣立之年，故以封嬰在湣王世。說在表。

　　殿本考證：『戰國策校注曰：「史以田嬰之封，在湣王三年。從通鑑則在宣王二
十二年。按嬰自威王時，任職用事，而文之言曰：『君用事相齊，至今三王矣。』

三王者，威、宣、閔也。故大事記以嬰卒文立，附見於閔王元年。策曰：『受薛
於先王，先王之廟在薛。』則是威王之世，嬰已受封，史亦不合。索隱引紀年云
云，考之史，梁惠王後元十三年，在今封嬰前一年，不得爲威王之世 ， 亦皆不
合。惟梁惠前十三年，則正當威王時，疑此處有差互。而嬰之封薛，則實威王之
世也。」』

案齊表及田完世家，宣王止十九年。封田嬰於薛，在湣王三年，當周顯王四十八
年。通鑑宣王卒於周赧王元年，（梁氏所云『宣王後十年始卒』者是也。）齊王
封田嬰於薛，在宣王二十二年，亦當周顯王四十八年。國策吳氏校注，謂嬰封於
薛，在威王之世。其說非也。梁氏志疑於表已辯之。（考證引入田完世家。）

其賤妾有子名文。

案通鑑有作之，義同。老子三十六章：『國之利器 ， 不可以示人。』唐景龍碑
本、敦煌景龍鈔本之並作有，亦其比。

文以五月五日生。

考證：楓山、三條本及御覽二十一，無『五日』二字。

施之勉云：論衡四諱篇無『五日』二字，白帖九、御覽三百六十一引亦無。

案藝文類聚二一、御覽一八四引此，並有『五日』二字，論衡福虛篇同。御覽三
六一引西京雜記、三一引異苑，亦並作『五月五日。』

其母因兄弟而見其子文於田嬰。

考證：御覽無『其母』字，因下有其字。

案御覽二一、三六一引此並無『其母』二字，因下並有其字。（論衡有『其母』
二字。又考證所稱『御覽無「其母」字，』施氏札記誤以爲指下文『田嬰怒其母
曰』句，不知御覽兩引下文皆有『其母』二字也。）

而敢生之，

考證：御覽敢上無而字。

施之勉云：御覽三百六十一引，敢上亦有而字。

案論衡亦有而字。御覽二一引此無而字，或略、或脫，不足據。

五月子者，長與戶齊，將不利其父母。

索隱：『按風俗通云：俗說五月五日生子，男害父，女害母。』

案說文：『五，五行也。从二，陰陽在天地閒交午也。╳，古文五如此。』╳，即象交午之形。周禮秋官壺涿氏：『則以牡橭午貫象齒而沈之。』鄭注：『故書午爲五。』淮南子天文篇：『午者，忤也。』五、午、忤，古並通用。俗因以五月五日生者，與父母相忤，故曰『將不利其父母』與？（憶昔年屈翼鵬兄有類此之說。）又風俗通正失篇：『今俗間多所禁忌，五月生者，以爲妨害父母。』與索隱所引意同文異。

必受命於天，君何憂焉？必受命於戶，則可高其戶耳。

案論衡福虛篇兩必字並作如，四諱篇下必字亦作如。御覽一八四引此下必字亦作如。風俗通、異苑下必字並作若。必與如、若同義。

誰能至者？

案御覽二一引至下有戶字。異苑作『誰能至其戶邪？』論衡福虛篇作『誰而及之者？』（而猶能也。）之字亦就戶言。

嬰曰：子休矣！

案御覽一八四引嬰下有歎字。（論衡四諱篇嬰下有『善其言』三字。）

今君後宮蹈綺縠，而士不得短褐。

索隱：短亦音豎。豎褐，謂褐衣而豎裁之，以其省而便事也。

考證本短作裋，云：『裋，各本作短。今從楓山、三條本。陳仁錫曰：「今本裋作短，誤。」張文虎曰：「據索隱，短本作裋，故音豎。」愚按，裋，小襦也。』施之勉云：通志作裋。

案索隱單本、景祐本、黃善夫本、殿本皆作短，記纂淵海三九引同。御覽六八九引春秋後語亦作短，裋、短正、假字。（秦始皇本紀有說。）索隱所據本蓋作短，故云『亦音豎。』若作裋，但云『音豎』足矣。韓非子五蠹篇：『短褐不完者，不待文繡。』淮南子主術篇：『百姓短褐不完，而宮室衣錦繡。』短並裋之借字。

欲以遺所不知何人。

索隱：…………猶言不知欲遺與何人也。

殷本考證：『董份曰：「遺所不知何人。」因前問「玄孫之孫為何？曰：不能知也。」故此言遺之不能知之子孫耳。』

案單本索隱，遺下有以字。

賓客日進，

案記纂淵海四十引作『賓客爭譽其美。』通鑑周紀二同。

諡為靖郭君。

正義：靖郭君，邑名。蓋卒後賜邑號。

考證：『崔適曰：諡猶號也。「諡為靖郭君，」「諡為孟嘗君。」猶「號為綱成君，」「號為馬服君」之比。』

案景祐本、黃善夫本諡並作謚，下文『諡為孟嘗君，』亦並作謚，當從之。俗改為諡。諡猶號也，崔說是。齊世家：『號敬仲，』田完世家作『諡為敬仲。』文選司馬長卿喻巴蜀檄：『身死無名，諡為至愚。』李善注：『諡猶號也。』並可證。（參看齊世家斠證。）

以故傾天下之士。

案傾猶奪也。春申君列傳：『招致賓客，以相傾奪。』『傾奪，』複語，義同。

魏公子列傳：『公子傾平原君客。』傾亦奪也。

食客數千人，無貴賤，一與文等。

考證：『………陳臥子曰：觀馮驩有幸代舍之遷，則孟嘗君之待客本不等，何得云「無貴賤？」』

案記纂淵海六八引客下有常字，通鑑同。一猶皆也。考證引陳說，本梁氏志疑，幸下脫舍字。史公所云『無貴賤，一與文等。』蓋大較言之。不得據馮驩幸舍、代舍之遷一事，遂謂孟嘗君待客本不等也。至如書鈔一二九引列士傳云：『孟嘗君食客三千人，廚有三列：上客食肉，中客食魚，下客食菜。齊市有乞食馮煖，經多無袴，面有饑色。』（魚上『肉，中客食』四字，據御覽四百五及齊策四吳氏補引補。）以此驗之，則孟嘗君待客誠有貴賤。然此或因馮驩（驩、煖古通）事而傅會其辭，恐未必可信也。

孟嘗君待客坐語，

考證：楓山、三條本待作侍。下文『待客』之待，亦作侍。

案御覽七百一引春秋後語作『待客。』待、侍古通，禮記雜記上：『待猶君也。』

鄭注：『待，或爲侍。』莊子田子方篇：『孔子便而待之。』釋文：『待，或作

侍。』並其比。

有一人蔽火光。客怒，以飯不等。

考證：御覽八百五十有下無一字，以下有爲字。

案御覽四七五引有下亦無一字。四百五引此文與今本同。

自持其飯比之。

案白帖五引作『自將其飯比之，飯乃驪。』將猶持也，外戚世家有說。御覽四七

五引持作取，義亦近。

客慙自剄。

案白帖引作『客慙之，自刎而死。』御覽四百五、八百五十引剄亦並作刎，義

同。

人人各自以爲孟嘗君親己。

案淮陰侯列傳：『人人各自以爲得大將。』與此句法同。

以求見孟嘗君。

考證：…………以，楓山、三條本作亦。

案亦猶以也。荀子賦篇：『與愚以疑。』山堂考索十九引以作亦，劉子心隱篇：

物亦照焉。』日本寶曆刊本亦作以，並以、亦同義之證。

孟嘗君將入秦，賓客莫欲其行，諫不聽，蘇代謂曰。

考證：齊策以爲蘇秦語。

施之勉云：『吳曾漫錄曰：方蘇秦爲縱時，乃齊宣王在位。孟嘗君爲相時，乃齊

湣王在位。湣王乃宣王子，秦不及見湣王審矣。安有說孟嘗君之事！說孟嘗君

者，蘇代也，非秦也。』

案說苑正諫篇『蘇代謂曰，』作『客曰。』齊策三鮑本從史記改蘇秦爲蘇代。吳

氏補云：『〔秦〕字誤，宜作代，下同。後語並作代。』

見木禺人與土禺人相與語。

索隱：禺音偶，又音寓。謂以土木爲之，偶類於人也。蘇代以土偶比涇陽君，木偶比孟嘗君也。

王念孫云：『「見木偶人與土偶人相與語。」偶，索隱本作禺，注曰：「音偶，又音寓。謂以土木爲之，偶類於人也。」是舊本作禺，有偶、寓二音。後人改禺爲偶，又改注文曰「偶音遇。」斯爲謬矣！封禪書：「木禺龍欒車一駟。」索隱曰：「禺，一音寓，寄也。寄龍形於木。一音偶，亦謂偶其形於木也。」後漢書劉表傳論曰：「其猶木禺之於人也。」是偶人之偶，古通作禺。』

殿本考證：『徐孚遠曰：索隱非也。涇陽君亦質於他國，安得比土偶？』

考證：愚按楓山、三條本作耦。…………

施之勉云：說苑正諫篇作耦。

案景祐本、黃善夫本、殿本禺並作偶，御覽三九六引同。禮記檀弓下孔疏：『史記有土偶人、木偶人也。』則此文故本亦有作偶者矣。說苑作耦，與楓、三本合。記纂淵海六一、齊策吳氏正引說苑並作偶。禺、耦並偶之借字。（參看孝武本紀斠證。）黃本、殿本索隱『禺音偶，』並妄改作『偶音遇。』又並略『又音寓』三字。

如有不得還，君得無爲土禺人所笑乎？

王念孫云：『「如有，」「如或」也。下文曰：「如有齊覺悟，復用孟嘗君，則雌雄之所在未可知也。」袁盎傳曰：「如有遇霧露行道死，陛下竟有殺弟之名，奈何？」皆謂「如或」也。或與有古同聲而通用，說見釋詞。』

案御覽引『得無』作『無乃，』義同。（公羊宣十二年傳：『無乃失民臣之力乎？』何注：『「無乃」猶「得無。」』）趙奢列傳：『卽有不稱，妄得無隨坐乎？』（『卽有』猶『如有，』今本有下衍如字。）與此句法同。

齊湣王二十五年，復卒使孟嘗君入秦，昭王卽以孟嘗君爲秦相。

考證：『齊湣王二十五年，卽秦昭八年。而秦紀云：「昭襄王九年，孟嘗君薛文來相秦。十年，薛文以金受免。」與此差一年。』

案年表、田完世家，孟嘗君相秦，並在湣王二十五年，與此合。通鑑周紀三，孟嘗君相秦，在周赧王十六年，亦當湣王二十五年，秦昭八年；免相則在赧王十七

年，當秦昭九年。秦本紀相秦、免相並誤晚一年，彼文梁氏志疑有說。

於是秦昭王乃止囚孟嘗君，

　　考證：楓山、三條本、及御覽六百七十四，乃下無止字。此疑衍。

　　施之勉云：文選江文通詣建平王上書注、書鈔四十五、一百二十九引，乃下無止
　　字。御覽六百九十四引，無『乃止』二字。

　　案御覽六四二引此亦無止字。藝文類聚六、初學記七、御覽四九九引此皆無『乃
　　止』二字。有『乃止』二字，葢此文之舊。齊策一：『網不能止。』高注：『止
　　禁。』『乃止囚孟嘗君，』猶言『乃禁囚孟嘗君』耳。

孟嘗君使人抵昭王幸姬求解。

　　索隱：……按抵，謂觸冒而求之也。

　　考證：抵，至也。

　　施之勉云：『張森楷曰：「按抵，歸也。張耳傳云：『亡抵父客。』謂歸往也。
　　又，憑託也。項羽本紀：『抵櫟陽獄掾司馬欣。』卽憑託之。索隱以爲觸冒，非
　　是。……」』

　　案張耳傳：『亡抵父客。』索隱引如淳曰：『抵，歸也。』項羽本紀：『抵櫟陽
　　獄掾司馬欣。』索隱引劉伯莊云：『抵，相憑託也。』並張說所本。此文『抵昭
　　王幸姬求解。』旣言求，則抵不必訓『憑託。』抵訓歸，則與考證訓至同義。廣
　　雅釋詁一：『抵，至也。』

直千金，

　　案記纂淵海六八引作『價值千金。』價字疑增。書鈔一二九引直亦作值，直、值
　　古、今字。

入秦獻之昭王。

　　案書鈔引『入秦』作以，疑此文本作『以入秦獻之昭王。』以猶尸也。

最下坐有能爲狗盜者，

　　案通鑑能作善，下文『有能爲雞鳴。』能亦作善，義同。

乃夜爲狗以入秦宮藏中，取所獻狐白裘至。

　　案書鈔引藏下有庫字，取作盜。通鑑取亦作盜。

幸姬爲言昭王，

　　案書鈔、御覽六九四引言下並有於字，通鑑同。

變名姓，

　　案藝文類聚六引『名姓』二字倒。

而雞盡鳴。遂發傳出。

　　考證：『而雞，』藝文類聚作『羣雞。』白氏六帖作『眾雞。』

　　案藝文類聚九引『而雞盡鳴，』作『於是羣雞皆鳴。』而猶『於是』也。（伍子胥列傳：『而公子光乃令專諸襲刺吳王僚。』魏策二：『而蘇代曰：衍將右韓而左魏。』新序節士篇：『而二人謀取他嬰兒負以文褓。』論衡定賢篇：『而孟嘗君得出。』諸而字皆與『於是』同義，此義前人未發。）記纂淵海六八、九七引『而雞』並作『羣雞。』此文葢本作『而羣鷄盡鳴。』藝文類聚九一引論衡作『而羣鷄和之。』（今本論衡定賢篇作『而鷄皆和之。』而下葢脫羣字。）可爲旁證。藝文類聚六引燕丹子云：『燕丹去秦，夜到關，關門未開。丹爲鷄鳴，眾雞皆鳴。遂得逃歸。』（又見卷九一及御覽九一八。博物志五載其事尤詳。金樓子志怪篇亦云：燕丹使眾雞之夜鳴。）或由孟嘗君事而傳會者與？

卒此二人拔之。

　　案記纂淵海五八引拔作救，義近。

趙人聞孟嘗君賢，出觀之。皆笑曰：『始以薛公爲魁然也。今視之，乃眇小丈夫耳。』孟嘗君聞之，怒。客與俱者，下斫擊殺數百人，遂滅一縣以去。

　　考證：『邵泰衡曰：孟嘗聲聞諸侯，傾天下士。眇小一語，何至殺人滅縣乎？卽曰客也，文獨不禁之乎？且以齊嘗而滅趙縣乎？』

　　案藝文類聚十九引笑上有大字，『魁然』作『魁梧，』今上有然字。御覽四八三引『魁然』亦作『魁梧。』考證引邵說，本梁氏志疑。

齊湣王不自得，以其遣孟嘗君。

　　索隱：『不自德，』是湣王遣孟嘗君，自言已無德故也。

　　正義：言自嫌無德而遣孟嘗。

　　殿本考證：『董份曰：「不自得」者，言己遣之，幾爲秦害，故不自安耳。索隱

謬。』

考證：索隱、正義本得作德，亦讀爲得。……

案索隱本潛作愍，古字通用。黃善夫本、殿本索隱並作『得，一作德。是潛王遣孟嘗君，自言已無德故也。』『得，一作德』四字，乃因正文作得而妄加；愍之作潛，亦因正文作潛而改。單本索隱末句也上無故字。

蘇代爲西周謂曰。

　　索隱：戰國策作『韓慶爲西周謂薛公。』

　　梁玉繩云：國策作韓慶，乃韓人而仕于周者，非蘇代也。

　　案西周策高注：『韓慶，西周臣也。』鮑注：『凡韓皆韓人。其在周，去韓仕周也。』梁說即本鮑注。

九年取宛、葉以北，

　　考證：『九年』下策有而字。

　　案鮑本西周策無而字，從史記刪之也。

令敝邑以君之情謂秦昭王曰。

　　梁玉繩云：『「令弊邑以君之情謂秦昭王曰，」〔下文〕「而秦出楚懷王以爲和。」史詮曰：「昭、懷二謚宜刪之。」』

　　案西周策無昭、懷二謚。惟生稱謚，史記習見，日知錄二三有說，不必刪之。

欲王之令楚王割東國以與齊。

　　正義：東國，齊徐夷。

　　考證：『凌稚隆曰：正義，齊，疑當作楚。』

　　案正義，齊葢本作楚，涉正文齊字而誤也。

君令敝邑以此惠秦。

　　考證：楓山、三條本惠作忠，與策合。

　　案忠乃惠之壞字。景祐本惠作患，患乃惠之形誤。西周策黃氏札記稱鮑本作患，四部叢刊景元刊鮑本作惠，患亦惠之誤。

因令韓、魏賀秦，

　　考證：『……「令韓、魏賀秦，」策作「韓慶入秦。」是也。……梁玉繩曰：

「時三國伐秦，不攻已幸，尚何賀哉？」』

　　案考證『是也』以上，仍是梁說。惟上文蘇代與策作韓慶異，則此從策作『韓慶
　　入秦，』亦與上不相應。

孟嘗君相齊，其舍人魏子爲孟嘗君收邑入。

　　梁玉繩云：『評林：「明唐順之曰：魏子、馮驩，豈一事而傳聞異邪？」攷證張
　　氏曰：晏子、北郭騷事，亦大同小異。蓋戰國時習尚如此。則流言亦如此。舉不
　　足信也。」』

　　案殿本考證亦引唐說。張氏（照）既知『戰國時習尚如此，』則未可盡以爲『流
　　言』矣。又瀧川考證引唐、張說於下文『潛王許之』下，惟未言本於梁氏志疑或
　　殿本考證。

孟嘗君聞之。

　　案文選李令伯陳情表注引『問之』作『問其故。』竊疑此文之下本有故字，之猶
　　其也，淺人刪故字耳。

遂自到宮門。

　　案文選注引到作刎。

其後秦亡將呂禮相齊。

　　考證：『穰侯傳：「魏冉相秦，欲誅呂禮，呂禮走齊。」據秦紀，事在秦昭十二
　　年。』

　　施之勉云：『秦紀：「昭王十二年，穰侯魏冉爲相。十三年，五大夫禮出亡，奔
　　魏。」林春溥曰：「蓋由魏奔齊也。」』

　　案秦本紀：『五大夫禮出亡奔魏。』梁氏志疑云：『穰侯傳言「呂禮奔齊。」孟
　　嘗傳有禮相齊事。此誤也。大事記亦以「奔魏」爲非。』竊疑秦本紀『奔魏』本
　　作『奔齊，』涉彼下文『攻韓、魏』而誤耳。林氏以爲『由魏奔齊，』曲說也。
　　又穰侯傳『禮出奔齊，』梁氏引作『呂禮奔齊，』考證引作『呂禮走齊。』並非
　　其舊。

周冣於齊至厚也，

　　正義：周冣，周之公子。

考證：冣音驟。

案景祐本、黃善夫本、殿本冣皆作最，東西周策並同。黃本、殿本正義亦作最。
最乃冣之誤，考證本改爲冣，是也。惟云『音驟，』當作『音聚。』冣、聚古、
今字。西周策高注：『最（當作冣），周公子也。』即正義所本。（參看周本紀
斠證。）

相呂禮者，欲取秦也。

考證：『橫田惟孝曰：言齊逐冣而相禮者，欲因禮以取秦之交也。

案取讀爲聚，下『齊、秦合，』即承『聚秦』言之。橫田說迂曲。下文『齊、秦
相取，』秦策三取作聚，莊子天運篇：『取弟子遊居寢臥其下。』古逸叢書覆宋
本取作聚，並取、聚通用之證。又下文『取晉、』『取秦，』取亦讀爲聚。

有用齊，秦必輕君。

考證：『有用』上下疑有誤脫，策作『有周，』亦不可解。

裴學海云：有猶如也。言親弗、呂禮二人如見用於齊，則秦必輕孟嘗君也。（古
書虛字集釋二。）

案『有用齊，』猶『如用齊。』裴說是。策作『有周齊，』周乃用之誤。國語魯
語上：『善有章，雖賤，賞也。惡有釁，雖貴，罰也。』兩有字並與如同義；莊
子外物篇：『人有能遊，且得不遊乎？』有亦與如同義。皆同此例。

收周冣以厚行，

殿本考證：戰國策作『以爲後行。』

案策厚作後，古字通用，釋名釋言語：『厚，後也。』淮南子人間篇：『雖愈
利，後亦無復。』御覽三一三引後作厚。並其證。

而呂禮姤害於孟嘗君，

案『姤害，』複語，害亦姤也。或曰『妬害。』廣雅釋詁一：『姤，妬也。』
　　（參看韓非列傳『李斯、姚賈害之』條。）

呂禮必幷相矣。

案秦策矣作之，矣猶之也。

後齊湣王滅宋，益驕，欲去孟嘗君。

案荀子臣道篇楊注引湣作閔，滅上有旣字，去作『盡滅』二字。閔與湣同。通鑑
周紀四滅上亦有旣字。

孟嘗君恐，迺如魏。魏昭王以爲相，西合於秦、趙，與燕共伐破齊。

考證：『梁玉繩曰：孟嘗奔魏有之，故魏策載孟嘗爲魏借燕、趙兵退秦師一章。
若相魏，是妄也。知者，年表、世家皆不書其事；卽國策亦無明文。而魏世家取
國策太子自相一節，則薛公之不相魏，明矣。蓋魏有田文，卽呂覽執一篇之商
文，爲武侯相，見吳起傳，在孟嘗前。又有魏文子相襄王，見魏策，竝孟嘗時。
策、史誤以文子爲孟嘗，遂謂其相魏耳。至齊之破，乃燕昭復仇，與孟嘗何涉？
如傳所說，竟似孟嘗爲之，豈不寃哉！荀子王霸篇言齊閔、薛公，權謀日行，國
不免危亡；臣道篇言孟嘗篡臣，殆當時惡孟嘗君者，造爲斯語而傳之歟？六國破
齊，此不及韓、楚，亦非。』

施之勉云：『梁說非也。韓非子外儲說右上云：「薛公之相魏昭侯也（外儲說左
上作魏昭王），有陽胡潘，其於王甚重，而不爲薛公。」下又云：「薛公曰：曩
者聞季之不爲文也，故欲殺之。今誠爲文也，豈忘季哉？」此薛公名文，是孟嘗
君也，確爲魏相矣。戰國策趙策：「謂齊王曰：『臣聞足下謂魏王曰：今王又挾
故薛公以爲相。』」鮑彪曰：「魏王，昭王。」是孟嘗相魏，見於趙策，何謂國
策無明文也？東周策：「薛公故主，輕忘其薛，不顧其先君之丘墓。」吳師道
曰：「此田文相魏時也，故勸秦伐齊。『故主』上，恐缺一字。」荀子臣道篇：
「齊之孟嘗，可謂篡臣也。」王霸篇：「權謀日行，而國不免危削，綦之而亡，
齊閔、薛公是也。」楊倞曰：「薛公，孟嘗君田文，齊閔王之相也。齊閔王爲五
國所伐，皆薛公使然，故同言之也。」范雎傳：「諸侯見齊之罷弊，君臣之不和
也，興兵而伐齊，大破之，士辱兵頓，皆咎其王曰：『誰爲此計者乎？』王曰：
『文子爲之。』」索隱：「文子，謂田文，卽孟嘗君也。」是五國伐齊，湣王亦
謂孟嘗君爲之矣。孟嘗不顧其先君之丘墓，爲魏合五國之師以伐破齊，賣國之
賊，謂之篡臣，不亦宜乎！』

案韓非子、趙策並載孟嘗爲魏相事，誠梁氏所忽。東周策則未明言孟嘗爲魏相
（僅吳氏正言之）。荀子王霸篇及臣道篇云云，梁氏旣疑爲當時惡孟嘗君者所造

之語（王霸篇楊注，梁氏志疑亦引之，考證未錄入。）；范睢傳之文子，梁氏以
爲『當是別一人。』（志疑說，考證已引之。）則不得據以駁梁說也。考年表，
赧王二十九年，即齊湣王三十八年，書『齊滅宋。』此傳稱孟嘗相魏，在齊滅宋
後，通鑑同。 據趙策，孟嘗去齊相魏，則在齊滅宋前。（參看鮑注。）吳氏正
云：『大事記，孟嘗君去齊相魏，附赧王二十九年齊滅宋前。說見東周策。』東
周策吳氏正云：『大事記，赧王二十九年，魏以田文爲相。謂其去齊相魏，在齊
滅宋之前。史在滅宋後，非。』蓋大事記從策，通鑑從史耳。又六國破齊，此不
及韓、楚，梁氏以爲非。竊以爲史公記事，往往互有詳略，當參驗之，似未可非
也。

而孟嘗君中立爲諸侯。

　　考證本爲作於，云：『張文虎曰：於，各本誤爲，今從舊刻。』

　　施之勉云：『景祐本、黃善夫本於作爲。荀子議兵篇注引亦作爲。吳汝綸曰：舊
刻本爲作於，誤也。局本沿用，失之。史記各本及通志、通鑑並作爲。』

　　案殿本爲作於。作爲是故書，爲猶於也。魏公子列傳：『勝所以自附爲婚姻者，』
通鑑周紀五爲作於，亦同例。施氏所稱荀子議兵篇，乃臣道篇之誤。

謚爲孟嘗君。

　　考證：『梁玉繩曰：………謚者號也。不作謚法解。…………』

　　案記纂淵海四十引謚作號，通鑑周紀二同。

孟嘗絕嗣，無後也。

　　施之勉云：『吳志薛綜傳裴注引吳錄曰：「其先齊孟嘗君封於薛，秦滅六國而失
其祀，子孫分散。漢祖定天下，過齊，求孟嘗後，得其孫陵、國二人。 欲復其
封，陵、國兄弟相推，莫適受。乃去之竹邑，因家焉。故遂氏薛。自國至綜，世
典州郡，爲著姓。」是孟嘗有後，未絕嗣也。

　　案史公明言『孟嘗絕嗣無後，』諒非虛語。吳錄云云，恐傅會之說，但可存參
耳。通鑑周紀四從史，云：『孟嘗君絕嗣。』

初，馮驩

　　集解：音歡。復作煖，音許袁反。

索隱：音歡。字或作諼，音況遠反。

案御覽三四六引讙作煖，書鈔一二九引列士傳（詳前）、御覽九百七引春秋後語並同。齊策四作諼，鮑本作煖，改從史記作煖之本也。御覽四八四引齊策（誤標為史記）作讙，與史記作讙相亂也。又黃善夫本、殿本並無索隱。

躡蹻而見之。

索隱：『蹻音脚，字亦作屩。徐廣云：草履也。』

考證：『張文虎曰：屩，索隱本作蹻，他本作屩。』

案景祐本、黃善夫本、殿本蹻皆作屩。　單本索隱作蹻，云：『蹻音脚，字亦作蹻；又作屩；亦作屩。』疑『字亦作蹻，』蹻乃屩之誤。（管子輕重戊篇：『緁屩而踵相隨。』王念孫雜志云：『屩與屩同。』）黃本、殿本索隱並作『屩音脚，字亦作蹻；又作屩。』蓋因正文作屩，有所刪改。屩，當從索隱單本作屩，屩乃屩之省。蹻、屩並屩之借字。虞卿列傳：『躡蹻擔簦，』（集解引徐廣曰：蹻，草履也。）范睢列傳、御覽六九八引春秋後語蹻並作屩，蹻亦屩之借字。

彈其劍而歌曰：長鋏歸來乎！食無魚。

案御覽三四六引劍下有鋏字，乎作兮，下文兩乎字亦並作兮，義同。齊策四『彈其劍』下，吳氏補云：『以下文例之，疑當有鋏字。』御覽四八四引彼文劍下正有鋏字，與御覽三四六引此文合。齊策鮑注：『鋏，劍把也。』

客復彈劍而歌曰。

案御覽引『彈劍』作『彈其鋏，』齊策同。

孟嘗君遷之代舍。

案御覽引遷上有又字。

先生又嘗彈劍而歌曰。

案御覽引彈下有其字。齊策作『彈其劍鋏。』

孟嘗君不悅。

考證：『凌稚隆曰：「按國策『無以為家』下云：『左右皆惡之，以為貪而不知足…………於是馮諼不復歌。』史記以『左右惡之』為『孟嘗君不悅。』似誤。」』

案考證引凌說，本殿本考證。

何人可使收債於薛者？

考證：楓山、三條本債作責，下同。

案齊策債作責，下同。御覽引齊策作債，責、債古、今字，亦正、俗字也。

形容狀貌甚辯。

考證：『梁玉繩曰：「史通點繁、雜說二篇，歷舉史記溢句宂辭，爲之刪除抉發。此宋朱子文漢書辯正所由作也。但古人操筆，非若後世沾沾于文字間增減脩飾。劉氏所糾，未免拘腐。其論此語云：『同是一說，而敷衍重出，分爲四言。』余謂『形容狀貌』疊用，誠爲語病。然前賢斯類甚多。三國志魏鄧哀王傳注引魏書云：『容貌姿美。』與此政同。……」』

案景祐本貌作皃。皃，籀文皃，前已有說。『形、容、狀、貌，』四字疊義。曹相國世家：『專掩匿覆葢之。』伯夷列傳：『此其尤大彰明較著者也。』屈原列傳：『濯淖汙泥之中。』『掩、匿、覆、葢，』『彰、明、較、著，』『濯、淖、汙、泥，』皆四字疊義，與此同例。先秦至西漢四字疊義之例甚多，（參看伯夷列傳斠證。）即至齊、梁時，亦偶見之。如文心雕龍總術篇：『動用揮扇，何必窮初終之韻。』『動、用、揮、扇，』亦四字疊義。（參看拙著文心雕龍綴補。）此古籍中習用語例，不當以爲語病者也。至如梁氏所舉三國志注引魏書云：『容貌姿美。』『容、貌、姿，』乃三字疊義，與此有別。（梁氏所舉其他例證，尤不類，故略之。）史記中三字疊義之例亦甚多，燕王世家有說。

宜可令收債。

考證：楓山、三條本無收字。

案此承上文『何人可使收債於薛者』而言，楓、三本誤脫收字。

薛歲不入。

考證：楓山、三條本『薛歲』作『歲餘。』

案楓、三本與上文作『歲餘不入』合。

願先生責之。

案說文：『責，求也。』繫傳：『責者，追迠而取之也。』『追迠，』複語，迠

亦迫也。此文責字，卽迫取之意。

皆持取錢之券書合之。齊爲會日。

　　施之勉云：『張森楷曰：「玉篇：『齊，整也。』論語：『齊之以禮。』謂整齊

　　也。齊字句絕。言券書整齊，乃爲會日。」』

　　案齊字不必屬上絕句。『齊爲會日，』猶言『同爲會日。』楚辭九歌雲中君：『與

　　日月兮齊光。』王注：『齊，同也。』

能與息者與爲期。

　　吳昌瑩云：爲猶以也。（經詞衍釋二。）

　　考證：『中井積德曰：期，謂還本錢之期日。』

　　施之勉云：『下文云：「文奉邑少，而民尚多不以時與其息。」則期，爲與息之

　　期日，非還本之期日也。』

　　案此明云『能與息者與爲期。』自是謂與息之期日，不必待下文之印證矣。

故請先生收責之。

　　考證：楓山、三條本無收字。

　　案此與上文『願先生責之』相應，楓、三本無收字，與上文合。

卽以多具牛酒而燒券書，何？

　　案晉世家：『勝楚而君猶憂，何？』韓詩外傳八：『天噎然而風，則葭折而巢

　　壞，何？』並何一字句，與此同例。

君有何疑焉？

　　案有猶又也。

馮驩乃西說秦王，

　　殿本考證：國策作『馮煖西遊梁。』

　　案重刻姚本齊策作『馮諼西遊於梁。』考證所據乃鮑本，遊下原亦有於字。

此雄雌之國也。勢不兩立爲雄。雄者得天下矣。

　　王氏雜志『勢不兩立』爲句，云：『顧子明曰：「爲雄」下衍一雄字，「爲雄」

　　二字屬下讀。』

　　考證：楓山、三條本此下有『齊、秦』二字。『勢不兩立爲雄，』作『而不兩爲

雄。』義長。

案『此雄雌之國也。』楓、三本此下有『齊、秦』二字，當從之，此猶夫也。（前
賢有夫猶此也之說，無此猶夫也之說。）下文馮驩說齊王『夫秦、齊雄雌之國。』
與此句例同。『勢不兩立爲雄，』楓、三本作『而不兩爲雄。』而下當有勢字，
而猶其也。下文馮驩說齊王『此勢不兩雄。』此亦猶其也。顧氏讀『勢不兩立』
爲句，謂『爲雄』下衍一雄字，王氏從之，非也。

憑軾結靭東入齊者，無不欲彊齊而弱秦者。　憑軾結靭西入秦者，無不欲彊秦而弱齊
者。

案『弱秦者、』『弱齊者，』兩者字並與也同義。

自齊王毀廢孟嘗君，

考證：楓山、三條本王下有以字。

案王下當從楓、三本補以字，文意乃明。上文馮驩言『今齊王以毀廢之。』亦有
以字。

文常好客，

案御覽三八七引常作嘗，葢故本如此。

君獨不見夫朝趣市者乎？

索隱：趣音娶，趣，向也。

王氏雜志所據震澤王氏本趣作趨，云：『「朝趨市，」當作「趨市朝。」朝音
潮。下文「過市朝者，」卽承此文言之。若讀朝暮之朝，則與下『明旦』相複矣。
索隱出「朝趨市」三字，云：「趨音娶。」後又出「過市朝」三字，云：「朝音
潮。謂市之行位有如朝列，因言市朝耳。」則所見本已譌爲「朝趨市」矣。李善
注文選籍田賦引此亦譌。（李注引「朝趨市」而不引「明旦」二字，葢亦以「明
旦」與朝相複，故節之。而不知「朝趨市」乃「趨市朝」之譌也。』

案『朝趣市，』景祐本、黃善夫本、殿本皆作『朝趨市。』趣、趨古通，其例習
見。王氏據下文『過朝市，』校此文當作『趨市朝。』其說甚精。又黃本索隱作
『趨音娶。趨，向也。又音趨。』殿本索隱同，惟趣作趨。葢因正文作趨而有所
增改。趨，俗趣字。

明且側肩爭門而入。

　　考證本『明且』作『平明，』云：『各本「平明」作「明且，」誤。下文索隱、
　　正義可證。今從楓山、三條本。』

　　案下文正義未涉及此文。下文索隱所云『故平明側肩爭門而入，』蓋以『平明』
　　釋『明且』耳。非所據本『明且』作『平明』也。楓、三本蓋據索隱妄改，不可
　　從。

日暮之後過市朝者，

　　考證：愚按楓山、三條本無朝字，是也。各本衍。然司馬貞、張守節所見之本已
　　有朝字，今姑存之。

　　案記纂淵海四十引此亦無朝字。惟索隱、正義所據之本已有朝字，則無朝字者，
　　乃後人所刪耳。何以刪之？蓋因上文『朝趣市，』市下無朝字而刪之也。不知上
　　文『朝趣市』乃『趣市朝』之誤。此王氏雜志之說所以可貴也。

所期物忘其中。

　　索隱：按期物，謂入市心中所期之物利，故平明側肩爭門而入。今日暮所期忘其
　　中。忘者，無也。⋯⋯⋯⋯⋯

　　考證本正文、索隱忘皆作亡，云：各本亡作忘，今從楓山、三條本。索隱二亡字
　　亦然。

　　施之勉云：『劉昌詩蘆浦筆記引史作亡。丁晏曰：「王、柯本亦作忘。一本作
　　亡。索隱曰：亡者，無也。」吳汝綸曰：「忘，亡之借字。索隱：『忘者，無
　　也。』是亦讀爲亡」』。

　　案忘、亡古通，無煩改字。莊子刻意篇：『無不忘也。』文選盧子諒贈劉琨詩注
　　引忘作亡，忘亦亡之借字，與此同例。

賓客皆去。

　　案記纂淵海引作『而賓客皆去。事之固然也。』末句疑據上文『事之固然也』而
　　增。

史 記 斠 證 卷 七 十 六

平原君虞卿列傳第十六

王　叔　岷

平原君趙勝者，趙之諸公子也：

考證：『趙策：「諒毅曰：平原君，親寡君之母弟。」』

案考證說，本梁氏志疑。

賓客蓋至者數千人。

案敦煌春秋後語殘卷云：『平原君素喜賓客，食客三千人餘。』

平原君家樓臨民家。民家有躄者，槃散而行。

集解：散，亦作跚。

索隱：散，音先寒反。亦作跚，同音。（原脫亦字。）

案敦煌春秋後語臨下有近字，『槃散』作『鹽跚。』御覽七百四十引春秋後語作
『盤散。』（注云：散音跚。）御覽三九一引史記亦作『盤散。』說文繫傳三引
史記作『盤跚。』槃與盤，散與跚，古並通用。鹽，俗字。　黃善夫本、殿本索
隱，『亦作跚，同音。』並作『亦作珊，音同。』珊與散、跚，古亦通用。

躄者至平原君門，

案御覽三九一引至作到。

臣不幸有罷癃之病。

集解：『徐廣曰：癃音隆，癃病也。』

索隱：罷音皮，癃音呂宮反。罷癃，謂背疾。言腰曲而背隆高也。

王氏雜志所據本癃作瘙，索隱同。云：『躄非背疾，則罷瘙之病，非謂腰曲而背
隆高也。罷瘙卽指躄而言，說文：「癃，罷病也。」廣雅：「躄，瘙也。」是躄
爲罷瘙之病也。故淮南地形篇：「林氣多癃。」天官書正義引作「林氣多躄。」
癃、瘙，躄、躄，字異而義同。』

案景祐本正文、徐注癃並作痙。黃善夫本正文、集解、索隱皆作痙。御覽引此正文亦作痙。痙疑癃之俗省。敦煌春秋後語『罷癃』作『跛癃，』御覽引春秋後語作『跛躄，』並可證成王說。說文：『癃，罷病也。』此文徐注『癃病也，』癃疑罷之誤。

而君之後宮臨而笑臣。

　　案敦煌春秋後語作『而君之後宮美人臨見而笑臣。』御覽引春秋後語與今本史記同。

故爭相傾以待士。

　　集解：『徐廣曰：待，一作得。』

　　案待、得古通，孔子世家有說。

秦之圍邯鄲。

　　正義：趙惠文王九年，秦昭王十五年。

　　殿本考證：按六國年表，邯鄲之圍，在趙孝成王九年，秦昭王五十年。若趙惠文王九年，則秦昭王十七年。正義有誤字。

　　考證：……正義誤孝成爲惠文，『五十』字誤倒。蓋傳寫之誤。

　　施之勉云：『按秦紀、六國表、趙世家，秦圍邯鄲，在趙孝成王七年、八年、九年。秦昭王四十八年、四十九年、五十年。廉頗傳云：「秦圍邯鄲，歲餘，幾不得脫。」秦策云：「秦攻邯鄲，十七月不下。」白起傳：「昭王四十八年，九月，秦使王陵攻趙邯鄲。」秦紀：「昭王四十九年，正月，陵戰不善，免。王齕代將。五十年，十二月，齕攻邯鄲，不拔，去。」計四十八年九月，至五十年十二月，凡十有六月。中有閏月，則是十七月。故秦策云「十七月。」不足二年，故頗傳云「歲餘。」跨有三年，故在趙孝成之七年、八年、九年，秦昭之四十八年、四十九年、五十年。』

　　案秦圍邯鄲，在趙孝成之七年、八年、九年，跨有三年，施說是。惟此所云秦圍邯鄲，驗以下文『楚使春申君將兵赴救趙（楚考烈王六年），魏信陵君亦矯奪晉鄙軍往救趙（魏安釐王二十年）。』則在趙孝成王九年。趙世家：『秦圍邯鄲。』集解引徐廣曰：『在九年。』亦謂孝成王九年也。敦煌春秋後語云：『孝成王

十二年，秦復伐我而圍邯鄲。』『稱孝成王』不誤，『十二年』則誤矣。

趙使平原君求救。

　　案御覽七百四引春秋後語、通鑑周紀五趙下並有王字。

約與食客門下有勇力、文武備具者二十人偕。

　　案春秋後語、通鑑與並作其，義同。文選曹子建求自試表注引偕作俱，通鑑同。

前自贊於平原君，

　　案書鈔一三六、記纂淵海七十引『自贊』並作『自薦，』（通鑑同。）藝文類聚
　　七十引作『自進，』義並同。文選求自試表注、吳季重荅東阿王書注 引贊 並 作
　　讚，敦煌春秋後語同。作贊是故書。

譬若錐之處囊中，其末立見。

　　案書鈔引處下有于字。春秋後語末作鋒，義同。

使遂早得處囊中，乃穎脫而出，非特其末見而已。

　　施之勉云：『段玉裁曰：末，謂錐尖。穎，謂錐莖。』

　　案御覽四百八十引乃作必，記纂淵海四九引乃作則，必、則並與乃同義。敦煌春
　　秋後語末作鋒（御覽引作末），段氏釋末為『錐尖，』即鋒也。藝文類聚、文選
　　求自試表注引『而已』下並有也字。

十九人相與目笑之，而未發也。

　　索隱：『按鄭氏曰：皆目視而輕笑之，未能即廢弃之也。』

　　正義：言十九人相與目視之，竊笑，未敢發聲也。發字或作廢者，非也…………

　　王念孫云：索隱本發作廢，廢即發之借字。（廢、發古同聲，故字亦相通。）謂
　　目笑之而未發於口也。鄭氏不達，故誤解為『廢棄。』然以此知正文之本作廢
　　也。若作發，則不得有此誤解矣。後人改廢為發，遂失其舊。乃或加『發一作
　　廢』四字，以牽合已改之正文，則其謬益甚矣！

　　考證：發，索隱本作廢。正義本作發，今本亦作發。

　　案黃善夫本、殿本索隱『按鄭氏曰，』並作『發，一作廢。鄭玄云。』『發一作
　　廢』四字，即王氏所謂後人妄加者矣。發、廢正、假字，王說是。正義以作廢為
　　非，未達假借之旨。又通鑑注引索隱『輕笑』作『侮笑。』

平原君與楚合從，

　　　案御覽七五八引楚下有王字，從下有注云：『音蹤。』

日出而言之，

　　　案文選求自試表注、御覽三四二、四百八十引此皆無之字，敦煌春秋後語、長短
　　　經七雄略注並同。

毛遂按劍歷階而上，謂平原君曰：從之利害，兩言而決耳。

　　　考證：歷階，登階不聚足，急遽之狀。兩言，謂利與害。

　　　案春秋後語、長短經注按上並有乃字。孔子世家索隱引王肅云：『歷階，登階不
　　　聚足。』通鑑注‥『兩言，謂利與害也』。並考證所本。

今日出而言從，

　　　案御覽三四二、四百八十引此並無從字，春秋後語、長短經注、通鑑皆同。

楚王謂平原君曰：客何爲者也？

　　　案此乃楚王鄙毛遂而問之。項羽本紀：『項王按劍而跽曰：客何爲者？』則是項
　　　王壯樊噲而問之。語同而義別。

楚王叱曰：胡不下！吾乃與而君言，

　　　案御覽三四二引叱下有之字，四三三引而作爾，春秋後語、長短經注而並作汝。
　　　而、爾、汝，並同義。

今十步之內，

　　　案御覽四百八十引內作中。

湯以七十里之地王天下，

　　　案御覽三四二引王上有而字，與下句一律。

再戰而燒夷陵，

　　　案自上文『今楚地方五千里，』至此，戰國策秦策三、蔡澤列傳載蔡澤與范雎語
　　　略同。白起傳考證：『夷陵，楚先王墓所在，後爲縣，今湖北東湖縣。』

而王弗知惡焉。

　　　案長短經注惡作恥，義同。

誠若先生之言，謹奉社稷而以從。

案春秋後語、長短經注誠並作苟，以上並無而字，苟猶誠也。御覽四百八十引此

亦無而字，通鑑同。

毛遂奉銅槃而跪進之楚王，

案景祐本、黃善夫本、殿本槃皆作盤，通鑑同（下文亦同）。槃、盤古通，前已

有說。藝文類聚七三引此作『奉銅盤血而跪進之楚王。』御覽七五八引此槃下亦

有血字。春秋後語作『銅盆盛血而跪進之。』亦有血字。（御覽四百八十引此作

『奉銅盤北面跪進之。』疑而誤爲面，復於面上加北字耳。）

王當歃血而定從。

考證：楓山、三條本歃下有盟。

施之勉云：唐寫本春秋後趙語歃下有盟字。藝文類聚七十三引歃作喋，喋下亦有

盟字。

案御覽七五八引此作『當喋血盟而定之。』喋與喋同，喋、歃同義，說文：

『歃，歠也。歠。歀也。』（歀，隸作飲。參看呂后本紀斠證。）唐寫本（即敦

煌本）春秋後語趙語作嚏（下同），非作歃，施氏失檢。嚏乃喋之俗變。

公相與歃此血於堂下。

案春秋後語、通鑑公下並有等字。索隱單本歃作喋。

公等錄錄，所謂因人成事者也！

索隱：『〔錄〕音祿。按王劭云：「錄，借字耳。又說文云：錄錄，隨從之

貌。」』

考證：錄、碌通。碌碌，小石錯落貌。以喻庸人。

施之勉云：『爾雅釋丘疏引史，「毛遂謂平原君諸舍人曰：公等碌碌。」〔云：〕

「碌，小石也。碌碌，多貌。碌碌然小耳。」廣韻注引史，「毛遂曰：公等娽

娽。」此本字作「娽娽，」說文：「娽，隨從也。」與「因人成事」意合。』

案藝文類聚七三、御覽四百八十、記纂淵海六八引『錄錄』皆作『碌碌，』春秋

後語、記纂淵海四二引通鑑並同（今本通鑑作『錄錄』）。廣韻入聲屋第一娽下

引此文作『娽娽，』云：『史記亦作錄。』錄、碌並娽之借字，王劭引說文『錄

錄，』乃『娽娽』之誤，蕭相國世家已有說。又廣韻引此文也作耳，義同。

平原君已定從而歸，歸至於趙。

　　案御覽三六七引已上有既字，歸字不疊。藝文類聚十七引此亦不疊歸字，通鑑、
　　容齋五筆五並同。

毛先生一至楚。

　　案記纂淵海五八、六五引一上並有遂字。

遂以爲上客。

　　案西京雜記六：『昔趙有兩毛遂，野人毛遂墜井而死，客以告平原君，平原君
　　曰：「嗟乎，天喪予矣！」既而知野人毛遂，非平原君客也。』平原君之重毛遂
　　如此！特附識之。

邯鄲傳舍吏子李同

　　正義：名談，太史公諱改也。

　　考證：說苑作李談。

　　案宋本御覽四百六十引戰國策有此文，作李同。戰國策編撰者，安得避史公之父
　　諱邪？此後人依史記妄改。或御覽所引本爲史記文，因其事出於戰國，遂歸之戰
　　國策耳。鮑刻本御覽逕改戰國策爲史記。又御覽八五四引春秋後語亦作李同，孔
　　衍亦不應諱談，此直接鈔襲史記之失也。

而君之後宮目百數。婢妾被綺縠、餘粱肉，而民褐衣不完，糟穅不厭。

　　考證：『說苑餘上有廚字。中井積德曰：「『褐衣不完』二句，疑錯文，宜在上
　　文『炊骨』之上。『而民』二字衍文。」愚按說苑無「而民」以下十字。』

　　案御覽三五三引說苑餘上無廚字，（金嘉錫弟說苑補正有說。）與此文合。『婢
　　妾、』『而民』二句，相對成義，『而民』二字非衍文；『褐衣不完』二句，亦
　　非錯文。御覽引春秋後語本此文作『婢妾被綺縠、餘粱肉，而民褏衣不完，糟糠
　　不厭。』亦相對成義，可證。孟嘗君列傳：『今君後宮蹈綺縠，而士不得短褐；
　　僕妾餘粱肉，而士不猒糟穅。』與此文義同。穅、糠正、俗字，猒、厭正、假
　　字，伯夷列傳有說。

或剡木爲矛矢。（剡，原誤郯。）

　　案易繫辭下：『剡木爲矢。』說文：『剡，銳利也。』

士方其危苦之時易德耳。

　　案記纂淵海六八引德作得，御覽引戰國策同，古字通用。

李同戰死，封其父爲李侯。

　　集解：『徐廣曰：河內成皋有李城。』

　　考證：說苑，李侯作孝侯。

　　施之勉云：『續漢書郡國志，河內郡，平皋，有李城。注：「史記曰：『邯鄲李同却秦兵，趙封其父李侯。』徐廣曰：『即此城。』」寰宇記，孟州，溫縣下云：「李城，今縣城是也。本李侯國。史記：『秦圍邯鄲，傳舍吏李同說平原君，得敢死士三千人，赴秦軍，爲却三十里。亦會楚、魏救至，秦兵遂罷。李同戰死，封其父爲李侯。』徐廣曰：『河內平皋，有李城。』」集解作城皋，誤也。』

　　案李侯，說苑作孝侯，孝乃李之形誤。御覽二百一引說苑作李侯（盧文弨拾補有說），可證。景祐本、黃善夫本集解，成皋並作城皋，成、城古通。當作平皋，漢書地理志，河內郡平皋。王氏補注：『續志有李城。』續志平皋作平睪，施氏引作平皋，皋乃皋之隸變，睪乃皋之俗變。

非以君之智能爲趙國無有也。

　　案此與下文『非以君爲有功也而以國人無勳』對言，以猶爲（去聲）也。之、有互文，之猶有也。能、而互文，能猶而也。此謂『非爲君有智而爲趙國無有也。』（兩爲字並去聲。）

非以君爲有功也而以國人無勳。

　　考證：『………顧炎武曰：「『非以君爲有功也而以國人無勳。』當作一句讀。言『非國人無功而不封，君獨有功而封也。』」愚按「國人」下加爲字，移也字於勳字下，其義更明。』

　　案兩以字並與爲（去聲）同義。也字當在勳字下，乃與上文句法一律。『國人』下不必加爲字。此謂『非爲君爲有功而爲國人無功也。』考證引顧說，本殿本考證。

平原君以趙孝成王十五年卒。

索隱：按六國年表及世家並云『十四年卒。』與此不同。

施之勉云：六國年表，十五年卒。

案通鑑秦紀一，昭襄王五十六年，書『趙平原君卒。』亦當趙孝成王十五年。（趙世家已有說。）索隱稱年表云『十四年卒。』或唐時舊本年表如此，亦未可知。

及鄒衍過趙，言至道，乃絀公孫龍。

集解：『劉向別錄曰：…………………杅意通指，…………飾辭以相惇，巧譬以相移，引人聲使不得及其意，如此害大道。夫繳紛爭言而競後息，不能無害君子。坐皆稱善。』

索隱：過音戈。杅音墅。杅者舒也。繳音叫。…………………

案通鑑周紀三注：『說文曰：「絀，貶下也。」又讀與屈同。』考說文：『絀，絳也。』又云：『黜，貶下也。』胡氏誤黜為絀耳。絀乃黜之借字。又集解『杅意』殿本作『抒意。』索隱杅亦作抒。通鑑正文及注引索隱亦並作抒，古字通用。『相惇』韓詩外傳六作『相悖，』惇乃悖之誤（孫詒讓札迻二有說。通鑑注：『惇，迫也，詆也，誰何也。』借惇為敦以強釋之也。）『引人』下通鑑無聲字。『繳紛爭言而競後息，』通鑑注：『言其言戾，紛然而爭，欲人先屈，務在人後方止也。』『君子』下通鑑有『衍不為也』四字，外傳作『故君子不為也。』索隱『音叫，』黃善夫本、殿本並作『音糾。』通鑑注引同。

虞卿者，游說之士也。躡蹻擔簦。

集解：『徐廣曰：蹻，草履也。……………』

索隱：『蹻，亦作繑，音腳。徐廣云：繑，草履也。』

案景祐本、黃善夫本、殿本皆提行。初學記二十、白帖九、一切經音義五六、說文繫傳十六引蹻皆作屩，范雎列傳、御覽六九八引春秋後語並同。御覽八百六引蹻作履。屩、蹻正、假字，說文：『屩，履也。』（繫傳本。）集解引徐注本作蹻，索隱引徐注本作繑，繑亦屩之借字。（參看孟嘗君列傳斠證。）景祐本、黃本擔並作櫍，初學記引同。御覽引春秋後語亦作櫍。櫍借為儋，儋、擔正、俗字。

一見賜黃金百鎰，

　　　案御覽八百六引鎰作溢，溢、鎰古、今字。

再見爲趙上卿，故號爲虞卿。

　　　集解：『譙周曰：食邑於虞。』

　　　考證：『徐孚遠曰：「虞係食邑，則虞卿姓名，今皆不傳也。」愚按虞其氏，故
　　命其書曰虞氏春秋。卿葢其字，猶荀卿、荊卿之類，未必爲上卿之故。』

　　　施之勉云：『韓非子外儲說左上作虞慶，顧廣圻曰：「虞卿也。慶、卿同字。」
　　廣韻：「卿，又姓。風俗通云：趙相虞卿之後。」古人有以字爲氏者。因卿是
　　字，故虞卿之後，即以卿爲姓氏。此卿爲字之塙證也。』

　　　案白帖引『爲趙』作『命爲。』風俗通窮通篇作『拜爲，』御覽引春秋後語亦作
　　『拜爲。』（書鈔五三引古史考作『以爲。』）初學記引『號爲』作『號曰，」
　　爲、曰同義。韓非子虞卿作虞慶，卿、慶古通，非同字。天官書：『是謂卿雲。』
　　藝文類聚九八引卿作慶，燕世家：『卿秦攻代。』燕策三卿作慶，並其比。（燕
　　世家有說。）史公稱『爲趙上卿，故號爲虞卿。』必有所本，不得輕以爲非。

　　　御覽三六二引風俗通云：『葢姓有九：或氏於號，……或氏於字。』然則
　　卿是字，虞卿之後固可以卿爲姓氏；卿是號，虞卿之後，又何嘗不可以卿爲姓氏
　　邪？至於荀卿、荊卿，卿乃時人相尊之稱，蘭陵人慕荀卿，因喜字爲卿，初非字
　　也。孟子荀卿列傳有說。

秦、趙戰於長平。

　　　考證：表，周赧王五十五年，趙孝成王六年。

　　　施之勉云：『按六國年表、趙世家、及廉頗傳，在趙孝成王五年、六年、七年。
　　故呂氏春秋應言篇云：「秦雖大勝於長平，三年然後決」也。』

　　　案長平之戰，白起列傳專書於秦昭王四十七年，即周赧王五十五年，趙孝成王六
　　年。（通鑑周紀五同。秦紀一注亦云：長平之敗，周赧王五十五年。）六國年表
　　趙孝成王五年，書『使廉頗拒秦於長平。』六年，書『使趙括代廉頗將，白起破
　　括四十五萬。』頗拒秦，梁氏志疑謂『當并書於孝成六年。』趙世家：『廉頗將
　　軍，軍長平。七年，廉頗免，而趙括代將。』『廉頗將軍』上，梁氏謂『失書

「六年」二字。「七年，」「七月」之誤。』廉頗傳載此戰在孝成七年，『七年』當作『六年。』趙世家斠證有說。今本年表之『五年，』趙世家及廉頗傳之『七年，』皆不足據。施氏所云『在趙孝成王五年、六年、七年。』僅『六年』可信。是不得據以證呂氏春秋之說矣。呂氏春秋所謂『秦雖大勝於長平，三年然後決。』似謂大勝於長平後之三年，非謂長平之戰歷三年也。

尉復死。

　　集解：『徐廣曰：復，一作係。』

　　考證：『趙策、新序善謀作係。策注：「係，尉名。」……………』

　　案趙策吳氏正云：『姚本係作復』。與史記合。考證所引策注，乃鮑注。

寡人使束甲而趨之，

　　考證：策束作卷。

　　案束、卷同義。趙奢傳（附見廉頗藺相如列傳）：『趙奢既已遣秦閒，乃卷甲而趨之。』

不如發重使為媾。

　　考證：索隱本使下有而字，與策合。

　　案新序使下亦有而字，媾作構，而猶與也。媾、構並講之借字，說文：『講，和解也。』

欲破趙之軍乎？

　　案趙策、新序趙並作王。

王不得媾，

　　考證：策王下有必。

　　案通鑑周紀五王下亦有必字。

天下賀戰勝者，

　　案趙策、新序、通鑑賀上皆有之字。

鄭朱，貴人也，入秦，秦王與應侯必顯重以示天下。

　　考證：楓山本也下有而字，與策合。

　　案新序也下亦有而字。通鑑『顯重』下有之字，文意較完。

長平大敗，遂圍邯鄲，爲天下笑。

　　案新序『爲天下笑』下，尚有『不從虞卿之謀也』句。據此，則長平大敗之故，

　　非僅趙孝成王以趙括代廉頗將而已。通鑑注：『史言趙之喪師蹙國，不特以趙括

　　代廉頗之故；亦由不用虞卿之計也。』是矣。

使趙郝約事於秦，

　　案通鑑注：『約事，約結合之事也。』

王以其力尚能進愛王而弗攻乎？

　　案趙策姚校云：『錢、劉去「王以」字，添亡字。』新序正作『亡其力尚能進之

　　愛王而不攻乎？』（之猶而也。）長短經七雄略注無『王以』二字。『王以其』

　　當作『亡其，』亡之作王，涉上下文王字而誤，以字涉下文而衍。『亡其，』轉

　　語詞。王氏經傳釋詞十有說。

王又以其力之所不能取以送之。

　　考證，策送作資。

　　案史公說資爲送耳。

王以虞卿之言告趙郝，

　　殿本考證：戰國策作樓緩，新序同。

　　案新序作趙郝，與此同。長短經注作樓緩，與趙策同。

子能必使來年秦之不復攻我乎？

　　考證：策無使字。

　　案新序亦無使字。

他日三晉之交於秦相善也。

　　考證：新序善作若，若猶同也，義長。

　　案新序善作若，義同，爾雅釋詁：『若，善也。』

開關通幣，

　　案景祐本幣作弊，新序同。趙策姚本作敝，鮑本改作弊，吳氏正云：『當作幣。』

　　弊（獘之俗變）、敝並幣之借字。

郝又以不能必秦之不復攻也。

考證：楓山、三條本無以字，新序同。

案趙策亦無以字。

今雖割六城何益？

考證：楓山、三條本無六字，新序無『六城』二字。

案趙策亦無『六城』二字。

秦雖善攻，不能取六縣。趙雖不能守，終不失六城。

案『秦雖善攻，』『趙雖不能守，』善與『不能』對言，下文『彊者善攻，弱者不能守。』亦同例。能猶善也。萬石列傳：『有姊能鼓琴。』御覽五一七引能作善，卽能、善同義之證。（參看古書虛字新義〔十八能〕條。）

則無地而給之。

考證：而猶以也。

案長短經注而作以。

趙王計未定，

考證：楓山、三條本無趙王二字，新序同。

案長短經注無趙字，趙策無王字。

女子爲自殺於房中者二人。

梁玉繩云：新序同。而策作『二八，』又云『婦人爲死者十六人。』則此兩言『二人，』皆八字之誤。然考檀弓、家語，止言『內人行哭失聲，』無自殺之事。則辨士之言或過，不足信耳。

案梁氏所稱家語，見曲禮子夏問篇。所云『辨士之言或過，』本趙策吳氏補。惟吳氏從史及新序作『二人，』謂『八字乃人字之訛』耳。

其相室曰：焉有子死而弗哭者乎？

正義：相室，謂傅姆之類也。

考證：『盧藏用曰：相室，助行禮者也。』

案秦策三：『梁人有東門吳者，其子死而不憂。其相室曰：公之愛子也，天下無有；今子死不憂，何也？』（又見列子力命篇。）凡同室者皆可稱相室，此文正義說是也。傅姆，亦同室者耳。

虞卿得其一不得其二。

　　案趙策下得字作知，兩得字並與知同義。淮南子說山篇：『吾聞得之矣。』高

　　注：『得猶知也。』即其證。莊子天地篇：『識其一不知其二。』與此文同旨。

夫秦、趙構難，

　　案景祐本、黃善夫本、殿本構皆作搆。趙策姚本作構，鮑本作搆。（新序、通鑑

　　並作構。）搆，俗構字。（燕世家有說。）淮南子覽冥篇：『魯陽公與韓搆

　　難。』亦同例。

天下將因秦之彊怒，乘趙之斃，瓜分之。

　　王念孫云：『此怒字非喜怒之怒，廣雅曰：「怒，健也。」健亦彊也。「彊怒」

　　連文，又與下句斃字對文，（趙策作「因秦之怒，乘趙之敝。」怒與敝對文，亦

　　非喜怒之怒。）是怒即彊也。上文曰「吾且因彊而乘弱。」是其證。』

　　考證：『楓山、三條本怒作而。趙策、新序無彊字，斃下有而字。中井積德曰：

　　怒字疑衍。』

　　施之勉云：通鑑無彊字，有怒字。趙策、新序亦有怒字。

　　案『彊怒，』複語，王說是。史公本趙策，於怒上增彊字，即以彊說怒耳。新序

　　本史記而略彊字；或本有彊字，後人據趙策刪之，亦未可知。通鑑亦刪彊字。

　　楓、三本晚出，怒作而，不足據。

危哉，樓子之所以為秦者！

　　王念孫云：此危字非安危之危。危讀為詭，詭，詐也。言其為之計甚詐也。樓緩

　　使趙王割地為和，以疑天下而慰秦心，實則示天下以弱，而益秦之彊。名以為

　　趙，而實以為秦，故曰『詭哉，樓子之所以為秦者！』

　　案趙策鮑注：『為秦計深，而趙勢危。』此妄文生訓。王氏讀危為詭，義勝。趙

　　策哉作矣，義同。

并力西擊秦，

　　案趙策、新序、長短經注西上皆有而字。

而示天下有能為也。

　　案長短經注而作且，義同。

有利，則大國受其福；有敗，則小國受其禍。

　　案兩有字並與如同義。

虞卿既以魏齊之故，不重萬戶侯卿相之印，與魏齊閒行，卒去趙，困於梁。魏齊已
死，不得已，乃著書。

　　梁玉繩云：『〔蘇轍〕古史曰：「太史公記虞卿與趙謀事，皆秦破長平後。而卿
　　爲魏齊棄相印走梁，則前此矣。意者魏齊死，卿自梁還相趙，而太史公失不言
　　耳。」〔全祖望〕經史問答曰：「范雎傳，則魏齊之亡，在秦昭王四十二年。其
　　時虞卿已相趙，棄印與俱亡，而困於大梁。虞卿傳，謂其自此不得意，乃著書以
　　消窮愁。是棄印之後，虞卿遂不復出也。乃長平之役，在昭王四十七年。史公所
　　謂虞卿料事揣情，爲趙畫策』者，反在棄印五年之後，則虞卿嘗再相趙矣。何嘗
　　窮愁以老？而史公序長平之策于前，序大梁之困於後，顚例其事，竟忘年數之參
　　錯，豈非一大怪事也？」』

　　案范雎傳序虞卿棄相印走大梁於前，序長平之役於後。（事隔五年。）而此傳序
　　虞卿長平之策於前，序其棄相印困大梁於後。其事顚倒，誠大可怪。然安知非史
　　公所據史料有二，而并存之與？要之，虞卿或困於大梁以終老；或困數載復相
　　趙。其著書蓋在困於大梁之時也。新序云：『虞卿以魏齊之事，棄侯捐相而歸，
　　不用，趙旋亡。』風俗通窮通篇亦云：『虞卿遂留於魏。魏、趙畏秦，莫復用。
　　困而不得意，乃著書八篇。』謂其不用以終老，並從此傳也。又蘇、全之說，考
　　證於上文『樓緩聞之，亡去』下亦引之，惟不言本於梁氏。（施之勉札記，於此
　　文下亦引古史及經史問答之說，亦不言本於梁氏。）

世傳之曰虞氏春秋。

　　案藝文類聚三五引『世傳之曰，』作『號曰。』風俗通云：『號虞氏春秋。』

未睹大體。

　　案長短經昏智篇引『未睹』作『不覩。』未、不同義。覩，古文睹。記纂淵海五
　　三引睹作覩。

使趙陷長平兵四十餘萬衆。

　　考證：楓山、三條本無兵字、衆字。

案長短經引此亦無兵字、衆字。

爲趙畫策，

案記纂淵海六一引爲上有而字。

及不忍魏齊，卒困於大梁。庸夫且知其不可，況賢人乎？

吳昌瑩云：及猶乃也。（經詞衍釋五。）

案此史公深有所慨而言，非以貶虞卿也！范雎傳，侯嬴謂信陵君曰：『夫魏齊窮困過虞卿，虞卿不敢重爵祿之尊，解相印捐萬戶侯而閒行。急士之窮而歸公子。』虞卿急魏齊之窮，卒以自困。其俠義固可風矣。

然虞卿非窮愁，亦不能著書以自見於後世云。

梁玉繩云：虞卿嘗再相趙，則其著書非窮愁之故，史誤言之也。史通雜說篇，譏太史公自序傳『不韋遷蜀，世傳呂覽。』以爲『思之未審。何不云「虞卿窮愁，著書八篇。」』劉氏亦未審思耳。

案虞卿卽再相趙，而其著書則在留大梁窮困之時。則謂其窮愁著書，亦無不可。惟史公自序『不韋遷蜀，世傳呂覽。』（又見報任安書。）則不必云『虞卿窮愁，著書八篇。』蓋『不韋遷蜀，世傳呂覽。』乃謂『不韋雖遷於蜀，而世傳其呂覽。』有不朽者存焉。非謂不韋遷蜀之後，始作呂覽也。韓非傳已有說。（考證移引梁說於上文『不得意，乃著書』下，非其舊也。』

出自第四十五本第二分（一九七四年六月）

史 記 斠 證 卷 七 十 七

魏公子列傳第十七

王 叔 岷

考證：『張文虎曰：「索隱本、宋本、中統、游、毛各本，作『魏公子傳。』合刻本作『信陵君列傳，』疑本正義。」愚按史公自敍、漢書本傳同索隱本，今從之。……………陳仁錫曰：「一篇中凡言公子者一百四十七，大奇！大奇！」』案景祐本作『魏公子列傳。』平原君列傳集解徐廣注、趙世家正義、史通點煩篇引此，皆作『魏公子傳。』宋吳曾能改齋漫錄七引此作『魏公子無忌列傳。』無忌二字，蓋據傳文增。黃善夫本、殿本並作『信陵君列傳，』非其舊也。信陵君、項羽，皆史公所愛憐之人，魏公子傳中稱公子者一百四十七，項羽本紀中稱項王者一百一十五，非偶然也。

魏公子無忌者，

　　案文選陸韓卿中山王孺子妾歌注、江文通雜體詩注、御覽四百五及八二八引無忌皆作毋忌，毋與無同。（齊世家，齊武公子屬公，亦名無忌。）

安釐王即位，封公子爲信陵君。

　　考證：『洪頤煊曰：「水經汳水注：汳水又東逕葛城北，故葛伯之國也。葛於六國屬魏，魏襄王以封公子無忌，號信陵君。………………」』案洪氏引水經注『魏襄王，』武英殿本作『魏安釐王。』是也。（梁氏志疑於秦始皇本紀『魏有信陵』條，亦引水經此注。）

公子爲人，仁而下士。

　　案論衡書虛篇：『傳書稱「魏公子之德，仁惠下士，兼及鳥獸。方與客飲，有鸇擊鳩，鳩走巡於公子案下，鸇追擊殺於公子之前。公子恥之，即使人多設羅，得鸇數十枚，責讓以擊鳩之罪。擊鳩之鸇，低頭不敢仰視，公子乃殺之。世稱之曰：魏公子爲鳩報仇。」此虛言也。』藝文類聚六九引烈士傳亦云：『魏公子方

食，有鳩飛入其案下。公子怪之，此有何急，來歸無忌邪？使人於殿下視之，左
右顧望，一鷂在屋上而飛。』此或當魏公子飲食之時，適有鳩避鸇鷂之擊殺而飛
入公子之案下者，遂因傅會公子之仁惠及於鳥獸，甚至公子爲鳩報仇矣。然所以
有此類傅會，正由公子仁惠影響於人之深也。

不敢加兵謀魏十餘年。

　　案白帖十二引謀作於。

公子與魏王博，而北境傳擧烽。

　　案博借爲簙，說文：『簙，局戲也。六箸十二棊也。』繫傳：『韓子：「秦昭王
　　使人以鉤梯上華山，以松柏之心爲簙箭。」箭卽箸也。』（末句箸上原衍心字。）
　　所引韓子，見外儲說左上篇（文略異）。御覽三三五、七五四引『傳擧烽』並作
　　『擧烽火。』八三二引春秋後語同。

趙王田獵耳。

　　案白帖十五引此無田字，御覽引春秋後語同。

居頃，復從北方來傳言曰：趙王獵耳。

　　考證：楓山、三條本居下有有字，獵上有田字。

　　施之勉云：元龜四百十一引獵上有田字。

　　案御覽引春秋後語居下有有字，與楓、三本合。楓、三本獵上有田字，册府元龜
　　引同。疑有田字之本晚出，上文『趙王田獵耳，』白帖引無田字，可證也。御覽
　　三三五、七五四引此並作『趙王獵。』八三二引春秋後語亦作『趙王獵耳。』皆
　　無田字。

臣之客有能深得趙王陰事者。

　　索隱：按譙周作『探得趙王陰事。』

　　正義：探音貪。一作深。

　　考證：正義本深作探。

　　施之勉云：景祐本、黃善夫本、凌本、殿本深作探。元龜四百十一、七百三十五
　　亦作探。

　　案御覽引春秋後語亦作探。御覽三三五、七五三引得並作知，得、知同義，虞卿

傳有說。

爲大梁夷門監者。

案下文『侯生因謂公子曰：嬴乃夷門抱關者也。』『監者』即『抱關者。』白帖十二引此『監者』作『抱關。』（關下疑略者字。）御覽一五八引作『抱關者。』蓋據下文改之。王維夷門歌亦云：『嬴乃夷門抱關者。』

往請，

案說文：『請，謁也。』下文『公子往數請之。』亦同例。

臣脩身絜行數十年，

案殿本絜作潔，後漢書獨行范式傳引同。絜、潔古、今字，伯夷列傳有說。

公子從車騎虛左，自迎夷門侯生。

案通鑑周紀五注：『古者乘車，尊者在左。虛左以迎，尊侯生而禮之也。』虛亦作空，說苑正諫篇：『皇帝立駕千乘萬騎，空左方，自行迎太后讚陽宮。』通鑑秦紀一空作虛，即其證。御覽四七四引此自下有往字。

侯生攝敝衣冠，直上載公子上坐，

考證：攝，整也。楓山、三條本子下有車字。

案儀禮士冠禮：『攝酒。』鄭注：『攝猶整也。』說文：『載，乘也。』『公子』下略車字，楓、三本補足之耳。

公子引車入市，侯生下見其客朱亥，俾倪，

施之勉云：『一切經音義七十四：「睥睨，說文：邪視也。從目，卑、兒皆聲也。」從人，作俾倪，非也。』

案白帖引『引車』上有乃字，『俾倪』作『睥睨。』通鑑周紀五亦作『睥睨。』今本說文有睨字，云：『睨，衺視也。從目，兒聲。』無睥字。『俾倪，』非誤字。廣雅：『睥睨，視也。』王念孫疏證云：『史記信陵君傳「俾倪。」灌夫傳「辟倪兩宮間。」索隱引埤倉云：「睥睨，邪視也。」竝字異而義同。』是也。

公子顏色愈和。

案長短經傲禮篇注、通鑑並無顏字，與下文合。

至家。

　　　　案通鑑作『至公子家。』

今日嬴之爲公子亦足矣。

　　　　集解：『徐廣曰：爲，一作羞。』

　　　　施之勉云：『張森楷曰：「爲，助也。論語：『夫子爲衞君乎？』朱注：『爲猶
　　　助也。』」此用其誼，作羞無意。』

　　　　案爲字義勝。作羞，蓋淺人所改。下文『嬴欲就公子之名。』卽『嬴之爲公子』
　　　也。爲猶助，張說是。惟論語述而『夫子爲衞君乎？』鄭玄注：『爲猶助也。』
　　　卽朱注所本。張、施氏並失檢。

自迎嬴於衆人廣坐之中。

　　　　考證：楓山、三條本『衆人廣坐』作『稠人廣衆。』

　　　　案文選劉公幹贈五官中郎將詩注引自下有是字，胡克家考異云：『是當是起，各
　　　本皆誤。』各本皆作是，則是非誤字。『自是』猶『自此，』謂自大會賓客處
　　　也。長短經『衆人廣坐』作『稠人廣衆。』灌夫列傳亦有『稠人廣衆』之文。文
　　　選注引此作『羣衆廣坐。』恐非其舊。

市人皆以嬴爲小人，而以公子爲長者能下士也。

　　　　考證：『凌稚隆曰：按張釋之傳載王生語，亦此意。』

　　　　案長短經傲禮篇正以侯生事與王生事相比。

世莫能知，故隱屠閒耳。

　　　　案白帖二四引世上有而字，隱下有於字。

公子往數請之，朱亥故不復謝，公子怪之。

　　　　正義：『列士傳：秦召公子無忌，無忌不行。使朱亥奉璧一雙謝秦王， 秦王大
　　　怒。將朱亥置虎圈，亥瞪目視虎，眦裂血濺虎，終不敢動。』

　　　　案正義引列士傳云云，又見水經渭水注、藝文類聚八四、御覽一九七及四八三，
　　　（略見文選盧子諒覽古一首注。）末句終上當疊虎字。

公子姊爲趙惠文王弟平原君夫人。

　　　　施之勉云：『景祐本姊作姉。張森楷曰：「衲本姊作姉，俗姉字。」據公子爲王
　　　弟，則其姊亦當王姊。若姉而稱公子姊，蓋與王異母。』

　　案御覽五九八引姊亦作姉，下同。姊妹字正作姉，姊、姉並姊之俗變。張氏云：

　　　『袟本姊作姉，俗姉字。』非謂『俗娣字』也。施氏誤姊爲娣，遂生異說矣。趙

　　　策四：『諒毅曰：平原君，親寡君之母弟也。』

而諸侯敢救者，

　　案而猶如也。

讓魏公子曰，

　　案魏字疑涉上文『相屬於魏』而衍，文選左太沖魏都賦張載注、御覽三二五及五

　　一九八引此皆無魏字，通鑑同。

勝以自附爲婚姻者，以公子之高義，爲能急人之困。

　　案御覽三二五引附作結，義近。通鑑『附爲』作『附於，』因下有也字，爲猶於

　　也。『爲能』猶『必能，』爲與必同義，項羽本紀：『以君世世楚將，爲能復立

　　楚之後也。』與此同例，彼文斠證有說。

獨不憐公子姊邪？

　　案獨猶何也。御覽三二五引姊（作姉）上有之字。

欲以客往赴秦軍，

　　案以猶與也。

尚安事客！

　　案事猶用也。老子：『治人事天莫若嗇。』河上公注：『事，用也。』

嬴聞如姬父爲人所殺，

　　案通鑑注引父上有之字。

敬進如姬。

　　案通鑑注引敬作以。

公子誠一開口請如姬，

　　案御覽五九八引請上有以字。

將在外，主令有所不受。

　　考證：『孫子九變篇：將受命於君，合軍聚衆，君命有所不受。』

　　案通鑑主作君。注：『孫武子之言。』六韜立將篇云：『軍中之事，不聞君命，

　　　　　　　　　　　　　　　　　　　　　　　　　　　　　　　　　　　－471－

　　　　皆由將出。』

公子卽合符，

　　　　案卽猶若也。

可與俱。

　　　　案御覽三二五引俱下有行字，下文『遂與公子俱，』考證稱楓、三本俱下有行

　　　　字，與此合。

晉鄙嚄唶宿將，

　　　　案文選宋玉風賦注引聲類云：『嚄，大喚也。』說文：『諎，大聲也。唶，諎或

　　　　从口。』繫傳：『史記曰「晉鄙嚄唶宿將」是也。』

此乃臣效命之秋也。

　　　　案文農曹子建七啓注引乃作是，義同。

老不能。

　　　　案老，一字句。『不能，』二字句。

舉手視公子曰，

　　　　案視，古示字。

今單車來代之，

　　　　案今猶乃也。

朱亥袖四十斤鐵椎椎殺晉鄙。

　　　　案白帖十二引椎作鎚，俗。御覽七六三引『椎殺晉鄙，』作『椎晉鄙，殺之。』

平原君負韊矢爲公子先引。

　　　　集解：『呂忱曰：韊，盛弩矢。』

　　　　案韊與䕠同，說文：『䕠，所以盛弩矢，人所負也。』繫傳引此文亦作䕠。又集

　　　　解呂忱下，御覽三四九引有字林二字。

平原君不敢自比於人。

　　　　案莊子達生篇：『比於人數。』

侯生果北鄉自剄。

　　　　案王維夷門歌：『非但慷慨獻良謀，意氣兼將身命酬。向風刎頸送公子，七十老

翁何所求！』

客有說公子曰，

　　考證：魏策客作唐且。

　　案史公於魏公子交游之士，在魏特重侯嬴、朱亥，在趙特重毛公、薛公。唐且非

　　此傳所重，故略其姓名。

物有不可忘；或有不可不忘。夫人有德於公子，公子不可忘也。

　　案魏策四物作事，義同。夫猶如也。

以負於魏，

　　吳昌瑩云：以與有同義。（經詞衍釋一。）

　　案以亦與已同義。

口不忍獻五城。

　　案說文：『忍，能也。』

趙王以鄗爲公子湯沐邑。

　　案通鑑注：『師古曰：凡言湯沐邑，謂以其賦稅供湯沐之具也。』

趙有處士毛公藏於博徒，薛公藏於賣漿家。

　　案通鑑兩藏字並作隱，義同。

公子妄人耳。

　　案孟子離婁篇：『此亦妄人也已矣。』

故負魏王而救趙，

　　案通鑑負作背，義同。

平原君之游，徒豪舉耳，不求士也。

　　殿本考證：『顧炎武曰：謂特貌爲豪傑舉動，非直欲求有用之士也。』

　　案『豪舉，』謂『豪誇行爲。』不猶非也。顧說是。班固西都賦：『鄉曲豪舉遊

　　俠之雄。』『豪舉』一詞本此。

乃裝爲去。

　　考證：楓山、三條本去上有欲字。

　　裴學海云：『爲猶而也。』（古書虛字集釋二。）

案爲猶將也。通鑑作『爲裝欲去。』欲、將同義。

公子傾平原君客。

案傾猶奪也，孟嘗君傳有說。

日夜出兵東伐魏。

案文選江文通雜體詩注引兵作軍。

公子當何面目立天下乎？

案當借爲尙，淮南列傳：『非大王誰當立者。』漢書淮南王傳、通鑑漢紀九當並作尙，東越列傳：『彼當安所告愬？』漢書嚴助傳、通鑑漢紀九當並作尙。皆當、尙通用之證。

告車趣駕，

案通鑑秦紀一注：『趣讀曰促。』

公子使使遍告諸侯。

殿本考證：『唐順之曰：信陵君書，不載之本傳中。在魏世家。』

案文選魏都賦張載注引遍作徧，徧、遍正、俗字。魏世家無信陵君書，亦不見於他篇。唐氏失檢。

各遣將將兵救魏。

案文選張注引『將兵』作『進兵。』

當是時，公子威振天下。

案文選張注引時上有之字。王應麟漢藝文志考證八引振作震，古字通用。

諸侯之客，進兵法，公子皆名之。故世俗稱魏公子兵法。

集解：劉歆七略，有魏公子兵法二十一篇，圖七卷。

索隱：言公子所得進兵法，而必稱其名，以言其恕也。

考證：『漢志作「圖十卷。」』誤。董份曰：「客進兵書，而總名于公子，故世稱「魏公子兵法。」索隱注，與下文正相反。

案漢藝文志考證引進上有各字。漢志：『魏公子二十一篇。』自注：『圖十卷』『十卷』當從七略作『七卷。』王氏補注引朱一新有說。又考證引董說，本殿本考證。

魏王日聞其毀，不能不信。

　　考證：楓山、三條本無『不能』二字。

　　案『不能不信，』故下文云『後果使人代公子將。』楓、三本並脫『不能』二
　　字，文意不貫。

竟病酒而卒。

　　梁玉繩云：『唐書京兆王氏世系表：「信陵君無忌生閒憂，襲信陵君。閒憂子卑
　　子，逃難泰山，漢高祖召爲中涓，封蘭陵侯。」通志氏族略從之。果有此事，則
　　當附傳末。』

　　案抱朴子酒誡篇：『信陵之凶短。』謂其病酒而卒也。孔叢子執節篇：『魏公子
　　無忌死，韓君將親弔焉。其子榮之，以告子順，子順曰：必辭之。』其子或即唐
　　表所稱閒憂與？然閒憂及閒憂子卑子之名，或由後人傅會，亦未可知。

吾過大梁之墟，求問其所謂夷門。夷門者，城之東門也。

　　梁玉繩云：『御覽百五十八引史曰：「大梁者有十二門，東門曰夷門。」與今本
　　異，豈改引之歟？』

　　案魏世家贊亦云：『吾適故大梁之墟。』御覽一八二引此吾作余，城上有大梁二
　　字。初學記十八引東方朔與公孫弘書：『東門先生居蓬戶空穴之中，而魏公子一
　　朝以百騎尊寵之。』（又見御覽四百十，『尊寵之』作『造之。』）『東門先生』
　　即侯嬴，亦可證夷門即『東門。』又梁氏引御覽云云，考證逐引於傳文『爲大梁
　　夷門監者』下，惟未云本梁說。

名冠諸侯，不虛耳。

　　考證：楓山、三條本冠作館，耳作矣。疑傳寫之誤。

　　案館爲冠之音誤。耳、矣同義，非誤。

出自第四十五本第三分（一九七四年六月）

史記斠證卷七十八

春申君列傳第十八

王 叔 岷

事楚頃襄王。

索隱：名横，考烈王完之父。

案頃襄王名横，見楚世家。考烈王完，楚世家作熊元，參看彼文斠證。

秦昭王使白起攻韓、魏，敗之於華陽，禽魏將芒卯。

考證：『梁玉繩曰：案華陽之役，秦攻趙、魏以救韓，非攻韓也。且帥師不止白起。又策、史皆云「走芒卯，」此言禽之，亦非。』

施之勉云：『秦年表：「昭王三十四年，白起擊魏華陽下，芒卯走，得三晉將。」穰侯傳：「明年（三十四年），穰侯與白起、客卿胡陽，復攻趙、韓、魏，破芒卯於華陽下。」白起傳：「昭王三十四年，白起攻魏，拔華陽，走芒卯，而虜三晉將。」年表、起傳云「三晉，」穰侯傳云「趙、韓、魏，」是與此合。此華陽之役，秦攻魏、韓、趙三國也。魏與趙攻韓華陽，秦伐魏、趙以救韓，見韓世家。是另一戰役耳。

案此傳及秦年表、白起傳，帥師者僅白起，穰侯傳兼及穰侯、胡陽。蓋偏重起，則專言起，史公記事，往往如此。白起傳已有說。『禽魏將芒卯，』疑本作『禽三將，走芒卯。』三之作魏，涉上下文而誤。將下又脫走字耳。通鑑周紀四云：『走芒卯，虜三將。』施氏所稱韓世家，魏與趙攻韓華陽云云，又見韓策三，白起傳亦有說。

秦已前使白起攻楚，取巫、黔中之郡。

案之，語助。楚世家：『頃襄王二十二年，秦復拔我巫、黔中郡。』（又見楚表及白起傳。）

此猶兩虎相與鬪。兩虎相與鬪，而駑犬受其弊。

案御覽三百五、八九一並引春秋後語、長短經七雄略注，『兩虎相與鬭』五字，
皆不疊。（新序疊此五字）。姚本秦策四據後語作『兩虎相鬭』四字，亦不疊。

臣聞物至則反，多夏是也。

　　正義：至，極也。………………

　　案秦策高注：『至，極也。』即正義所本。李斯列傳：『物極則衰。』

今大國之地徧天下，有其二垂。

　　正義：言極東西也。

　　考證：『………………淮南子曰：文王砥德修政，天下二垂歸之。』

案『徧天下』三字，當屬『有其二垂』爲句。秦策徧作半，長短經注從之。史公
蓋說半爲徧耳。周禮地官媒氏：『掌萬民之判。』鄭注：『判，半也。』秋官朝
士：『凡有責者有判書，以治則聽。』注：『判，半分而合者。故書判爲辨。』
是判、半、辨，古並通用。論衡明雩篇：『不崇朝而辨雨天下，泰山也。』公羊
僖三十一年傳辨作徧，是辨又與徧通。徧可通辨，則亦可通半矣。又通鑑注引正
義作『極東極西也。』考證引淮南子（道應篇）云云，本凌稚隆評林。

此從生民已來，萬乘之地未嘗有也。

　　案新序、長短經注、通鑑已皆作以，此文故本當亦作以。孟子公孫丑篇：『自生
民以來，未有夫子也。』與此句法同。

三世不忘接地於齊，以絕從親之要。

　　索隱：音腰。以言山東從，韓、魏是其腰。

　　施之勉云：『胡三省曰：「余按史記索隱：要讀曰腰。以言山東合從，韓、魏是
其腰。」蓋秦得韓、魏之地，然後能東接於齊，楚不可得而北，燕、趙不可得而
南，是絕從親之要也。索隱之說，意義爲長。』

　　案索隱從上，當據通鑑胡注所引補合字。胡注引索隱畢，云：『余謂索隱說是。』
施氏即申其說耳。

今王使盛橋守事於韓，盛橋以其地入秦。

　　索隱：按秦使盛橋守事於韓，亦如楚使召滑相越然也。………………

　　殿本考證：『戰國策作成橋，補注曰：「劉伯莊云：橋音矯。」』

案秦策鮑本兩盛橋並作成橋。姚本上作盛橋，下作成橋。黃氏札記云：『當是策
文作成，史記作盛，成、盛同字。』成、盛乃通用字，非同字也。仲尼弟子列
傳：「霸業成矣。」家語屈節解成作盛，即二字通用之證。又通鑑注引索隱，如
作猶，越作趙。黃善夫本、殿本索隱，越亦並作趙。陳槃庵兄云：『「召滑」
亦見甘茂傳。始皇本紀引過秦論作「昭滑」（賈誼新書及史記會注考證校補引蜀
本史記仍作「召滑」），陳涉世家作「邵滑」。楚策四作「卓滑」（策一止稱
「滑」）。趙策一作「淖滑」。黃丕烈札記謂「召」「昭」「卓」「淖」一聲之
轉，當是也。本紀「滑」，史記考證校補引紹興庚申刊本作「淸」，當誤。楚策
一：「且王（案謂懷王）嘗用滑於越」；趙策三：「（惠文）王…………乃以河
東易齊，楚、魏憎之，令淖滑、惠施之趙」。是召滑葢楚人（本紀索隱亦如此
說），懷王嘗使之相越。春申列傳索隱作「相越」者是。一本作「相趙」者，葢
亦非也。』召滑姓名之異文，岷於始皇本紀、陳涉世家、甘茂傳亦有說。據楚策
一，楚懷王嘗使召滑相越，韓非子內儲說下篇：『前時王使邵滑之越。』甘茂傳：
『且王前嘗用召滑於越（本楚策一）。』亦並謂滑相越事。相趙，則無可徵。趙
策三：『楚、魏憎之，令淖滑、惠施之趙，請伐齊而存燕。』非使滑相趙也。

不信威，

索隱：信音申。

案秦策信作伸。申、伸古、今字。

王又舉甲而攻魏，杜大梁之門，舉河內，拔燕、酸棗、虛、桃入、邢。魏之兵雲翔而
不敢捄。

集解：『徐廣曰：燕縣有桃城，平皋有邢丘。』

梁玉繩云：『此時河內尚屬魏，秦未舉之，說在穰侯傳。桃入，策作桃人，是，
入字誤。（湖本誤以「入邢」爲句。）邢字衍，策無之。攻邢即邢丘，後十餘年，
秦始拔之。此時亦未入秦也。』（考證已引梁說，惟有省略及脫文。）

施之勉云：『秦策「頃襄王二十年，秦白起拔楚西陵，或拔鄢、郢、夷陵，燒先
王之墓。王徙東北，保于陳。襄王使黃歇於秦，說秦昭王曰」云云，年表：「頃
襄王二十年，秦拔鄢、西陵。二十一年，秦拔郢，燒夷陵，王亡走陳。」楚頃襄

二十、二十一年，秦昭二十八、二十九年也。是歇上書，當在秦昭二十九年之後。秦紀：「昭王十六年，左更錯取軹及鄧。」集解：「駰案地理志，河內有軹縣。」正義：「括地志云：『故軹城在懷州濟源縣東南十三里。故鄧城在懷州河陽縣西三十一里。並六國時魏邑也。』按二城相連，故云及也。」又年表：「秦昭王十八年，客卿錯擊魏至軹，取城大小六十一。」穰侯傳：「穰侯封四歲（紀，十六年，封魏冉陶為諸侯），為秦將攻魏，拔魏之河內，取城大小六十餘。」是歇上書前，秦已拔魏之河內，取城大小六十餘矣。公羊隱二年傳：「入者何？得而不居也。」左氏襄十三年傳：「弗地曰入。」杜注：「謂勝其國邑，不有其地。」入邢，得其地而不取之，故策不載。邢即邢丘，是也。今者入而有其地，後於昭王四十一年，又攻取之耳。

案施氏稱秦策『頃襄王二十年，』至『襄王使黃歇於秦』云云（末句施氏節引原文），所據乃姚本。姚本此文乃據春秋後語所補，續注有說。施氏以為秦策之文，誤矣！秦取河內事，秦昭王十八年，前僅取河內部分之地。至昭王四十四、五、六年間，尚未全得河內。（詳穰侯傳梁氏志疑。）穰侯傳稱穰侯拔河內，此傳言王舉河內，謂取河內部分之地則可，以為全得河內，則誤矣。桃入，秦策作桃人，高注：『桃人，邑名。』入乃人之誤，梁說是。惟邢字非衍，邢乃荊之誤，當屬下讀。秦策作『楚、燕之兵，』黃氏札記云：『李善（注文選辨命論）引燕作魏，史記、新序皆作「邢、魏之兵。」邢當作荊，徐廣曰「平臯有邢丘」者非，即策文之楚也。史記上文桃人，人字誤作入，乃連「入邢」為讀，新序人作仁，人、仁同字。可知劉向時史記不作入也。俗本新序乃反依今史記改作入，誤之甚矣！唯予家所有北宋刻本新序未誤。』施氏亦連『入邢』為讀，而引公羊傳及左傳杜注以釋入字之義。據誤字為說，雖巧，無益也。通鑑『入邢』二字亦相承而誤。又捄下有注云：『捄與救同。』捄乃救之借字。

以臨仁、平丘，黃、濟陽嬰城，

　　索隱：仁及平丘，二縣名。謂以兵臨此二縣，則黃及濟陽等自嬰城而守也。

　　考證：『策，黃上有小字。…………錢大昕曰：「下文云『許、鄢陵嬰城。』皆謂嬰城自守，不敢戰也。…………」』

施之勉云：『秦策黃作小黃。一統志：「小黃故城，在陳留縣東北，戰國魏地。

史記：『黃歇說秦昭王曰：王取首、垣，以臨仁、平丘、小黃，』即此。」』

案秦策黃上有小字，一統志引此作小黃，據秦策增之也。以小黃屬上爲句，非。

通鑑注引索隱，謂下有秦字，『自嬰城而守，』作『嬰城而自守。』下文『許、

鄢陵嬰城。』通鑑注：『嬰，繞也。嬰城者，謂以兵繞城而守也。』與索隱說

合。漢書蒯通傳：『必將嬰城固守。』又索隱所本也。

王又割濮、歷之北，

梁氏志疑所據湖本歷作磨，云：國策此下有『屬之燕』三字，此缺。磨乃歷之

譌，與歷通。新序善謀上篇政作『濮、歷。』說在高祖功臣表。

案景祐本、黃善夫本、殿本歷皆誤磨，秦策、通鑑並同。王國維齊魯封泥集存序

云：『古地名有歷字者，字均作歷。如秦策及史記春申君列傳之「濮、歷，」史

記侯表之歷侯，樂毅列傳之歷室，今本皆轉譌作磨。今封泥有歷城丞印，足證上

三磨字之譌。』

天下五令六聚而不敢救，王之威亦單矣！

集解：『徐廣曰：單，亦作殫。』

張照云：『戰國策單作憚，新序作單。董份曰：「詩云：『單及鬼方。』單，延

也。又云：『俾爾單厚。』單，大也。蓋言王之威延被諸國而大也。」…………

……』

案通鑑敓作捄，與上文一律，蓋存此文之舊。單，亦作殫。單、殫正、假字。說

文：『單，大也。』秦策作憚，憚亦借爲單（朱駿聲說文通訓定聲有說）。『王

之威亦單矣！』猶言『王之威亦大矣！』董氏云：『言「王之威延被諸國而大

也。」』說殊迂曲。

紃攻取之心，而肥仁義之地。

殿本考證：戰國策地作誠，新序作地。

考證：『鮑彪曰：肥猶厚，地猶道也。』

施之勉云：此高誘注文也，考證非。

案通鑑注：『紃，黜也。』長短經注紃正作黜。又地作德。秦策地作誠，姚校

云：『一本作誠字。』鮑注引高注『肥猶厚，地猶道。』並云：『則此誠字元作

地。』是也。黃氏札記云：『作誠，必不知者所改。』作誠，蓋又誠之形誤也。

伏兵革之彊，

　　案秦策伏作材，黃氏云：『材者杖之譌。』是也。杖、伏古、今字。長短經注作

　　挾，義近。

吳見伐齊之便，而不知干隧之敗。

　　正義：干隧，吳地名也。出萬安山西南一里太湖。卽吳王夫差自剄處。⋯⋯⋯⋯

　　案長短經注吳下有王字，干隧作干遂，新序亦作干遂。隧、遂古通，淮南子道應

　　篇：『此夫差之所以自剄於干遂也。』呂氏春秋適威篇作干隧，亦其比。

吳之信越也，從而伐齊。

　　索隱：『⋯⋯⋯⋯⋯⋯⋯劉氏云：從猶領也。』

　　考證：從猶率也，下同。

　　案從猶因也，下同。左昭十三年傳：『惠、懷弃民；民從而與之。』吳氏經詞

　　衍釋補遺謂『從與順同義，』未審，從亦與因同義。孟子公孫丑篇：『人皆以為

　　賤，故從而征之。』『故從，』複語，義並猶因。『故從而征之，』猶言『因而

　　征之』耳。（此義前人未發。）

還爲越王禽三渚之浦。

　　集解：『戰國策曰：三江之浦。』

　　案秦策作『禽於三江之浦。』通鑑同。新序禽下亦有於字。

殺智伯瑤於鑿臺之下。

　　考證：新序作叢臺，疑誤。

　　案考證說，本梁氏志疑。秦策、通鑑並作鑿臺。

敵不可假，時不可失。臣恐韓、魏卑辭除患，而實欲欺大國也。

　　考證：『假，容假之假。策作易。張文虎曰：「除疑徐之誤，說文：『徐，緩

　　也。』策作慮。」』

　　案秦策假作易。左僖三十三年傳：『敵不可縱。』假、易、縱，並同義、王氏左

　　傳述聞有說。秦策除作慮，史公蓋說慮爲除耳。新序、通鑑並從史作除，於義自

通，無煩改字。易萃：『君子以除戎器，』釋文：『除，苟作慮。』卽慮、除通用之證。

將十世矣。

　　梁玉繩云：『策作「百世，」固非；此與新序作「十世，」亦非。高誘注策云：「百，一作累。」是也。』

　　案『十世』如從秦策一本作『累世，』則不當有將字。（秦策無將字）。新序、長短經注、通鑑皆從史作『將十世。』十，疑本作十，古七字。『將七世，』與秦策一本作『累世』之義略同。

折頸摺頤。

　　案御覽三六八引此下有注云：『摺，盧合切。』新序作『折頴摺頸。』

首身分離，

　　案新序、長短經注『首身』二字倒。

係脰束手爲羣虜者，

　　案長短經注脰作頸，義同。公羊莊十二年傳：『絕其脰。』何注：『脰，頸也。』

鬼神孤傷，無所血食。

　　梁玉繩云，策作『狐祥，』新序作『潢洋，』義並得通。

　　案『潢洋』亦作『潢漾，』廣雅釋訓：『潢漾，浩盪也。』王念孫疏證云：『「潢漾」讀爲「潢洋，」楚辭九辯：「然潢洋而不可帶。」王逸注云：「潢洋，猶浩蕩也。」蕩與盪通。秦策：「鬼神狐祥無所食。」史記春申君傳「狐祥」作「孤傷，」新序善謀篇作「潢洋，」古聲竝相近。』新序無血字，與秦策合。

盈滿海內矣。

　　考證：『梁玉繩云：「盈字當譁。」愚按策無盈字，新序無滿字，史盈字當衍。』案盈字，疑後人據新序旁注字誤入正文者。

今王資之與攻楚，不亦過乎？

　　考證：新序資作賓。策無資、與二字，過作失。

案資、齎古通，范雎列傳：『此所謂借賊兵、而齎盜糧者也。長短經七雄略注齎

作資，亦其比。過、失同義，齊策六：『彼燕國大亂，君臣過計。』魯仲連列傳

過作失，亦同例。

將惡出兵？王將借路於仇讎之韓、魏乎？

　　裴學海云：將猶則也，秦策將作則（古書虛字集釋八。）

　　案秦策將作則，史公說則為將耳。此將字與下句將字相應，不當訓為則。

必攻隨水右壤。

　　考證：策水作陽。句下重『隨陽右壤』四字。

　　案秦策姚本疊『隨陽右壤』四字，鮑本不疊。吳氏補曰：『一本「隨陽右壤」疊

一句，新序同，陽作水。』黃氏札記云：『俗本新序亦誤脫一句，吳引與北宋刻

本正合。』新序本史記，則此文故本葢亦疊『隨水右壤』四字也。

此皆廣川大水、山林谿谷，不食之地也。

　　索隱：楚都陳，隨水之右壤。……………其地多山林者矣。

　　考證：不食，謂不可墾耕。

　　案索隱末句『者矣，』黃善夫本作『者是。』通鑑注引同（並云：右壤，葢其地

在楚都之右）；殿本作『者是也，』秦策吳氏補引同。單本索隱，在上文『必攻

隨水右壤』下，通鑑注引亦同。當從之。又通鑑『不食之地』下注云：『記檀

弓：「成子高曰：死則擇不食之地而葬。」註云：「不食，謂不墾耕。」』即考

證所本。

四國必悉起兵以應王。

　　考證：『鮑彪曰：齊、趙、韓、魏也。……………』

　　案秦策高注：『四國，趙、韓、魏、齊也。』即鮑注所本。

足以校於秦。

　　考證：新序校作枝。

　　案秦策高注：『校猶亢也。』新序作枝，枝乃校之誤。盧文紹拾補，稱宋本新序

作校。

齊、魏得地葆利而詳事下吏。

梁玉繩云：秦策作『不吏，』費解。姚注依史改爲『下吏。』言僞事秦也。吳師

道謂『詳其事以下於吏。』非。

考證：新序葆作保，詳、佯通。

案葆、保古通。詳，俗作佯，非通用字。秦策姚本作『下吏，』似非依史所改。

鮑本作『不吏，』黃氏札記云：『不字譌。』是也。

遲令韓、魏歸帝重於齊。

集解：『徐廣曰：遲，一作湜。』

索隱：遲音值，值猶乃也。…………………

殿本考證：『徐孚遠曰：于義湜字爲長，當是誤書也。』

考證：……………………遲，索隱讀爲值。值、直同，直猶特也。……遲，策作詘，

新序作出，徐廣一本作湜，皆非。

案索隱讀遲爲值，訓乃，義雖可通，然據秦策作詘、新序作出驗之，遲葢湜之形

誤，當從作湜之本爲是。秦策高注：『詘，反。』湜、反同義。詘、出古通，左

襄三十年傳：『譆譆出出。』周禮秋官庭氏鄭注出作詘（釋文：詘，本亦作出），

卽其比。

韓必斂手。王施以東山之險，帶以曲河之利，

考證：『策「斂手」作「授首，」施作襟，曲河作河曲。恩田仲任曰：「策注：

『襟，蔽障如襟。』葢襟本作衿，與施相似，故誤。古人襟、帶二字爲對者多。」

愚按新序亦作施，施字義亦通，不必改。………………』

案長短經注、通鑑並從史記作『斂手。』（通鑑手下增『而朝』二字。）秦策姚

本作『授首，』鮑本作『受首，』黃氏札記云：『史記作「斂手，」新序作「拱

手，」古或借首爲手字。授、受二字皆有誤也。』授疑拱之誤，拱誤爲授，復轉

爲受耳。首、手古通，孔子世家有說。長短經注、通鑑施字並從史記。秦策姚校

云：『劉本襟字作施字。』亦從史記也。秦策東山作山東，長短經注同。盧氏新

序拾補亦作山東，云：『舊倒，今從宋本。』長短經注曲河作河曲，亦與秦策

同。通鑑注：『東山，謂華山以至崤塞諸山，皆在咸陽之東。曲河，謂河千里一

曲。』

若是而王以十萬戍鄭，梁氏寒心。

　　考證：鄭，韓國都。梁氏，魏也。

　　案通鑑注：『鄭，韓之國都也。』秦策高注：『梁氏，魏也。』（又云：寒心，
　　懼也。）並考證所本。

一經兩海，要約天下。

　　考證：經、徑通。

　　案秦策姚本經作任，（高注：一注東海。）任蓋徑之壞字，徑或作俓，因壞為任
　　耳。徑、經古通，（高祖本紀有說。）史公說徑為經也。淮南子詮言篇：『下之
　　徑衢，不可勝理。』文子道德篇徑作任（唐寫本作徑），即徑、任相亂之例。秦
　　策鮑本任作注，蓋不知任本作徑，據高注改為注耳。新序作桎，蓋亦徑之誤，徑
　　俗作径，因誤為桎也。通鑑注：『要約，猶約束也。』

楚使歇與太子完入質於秦。

　　案楚世家：『〔頃襄王〕二十七年，入太子為質於秦。楚使左徒侍太子於秦。』
　　正義：『爾時黃歇為左徒侍太子於秦也。』通鑑周紀五：『楚以左徒黃歇侍太子
　　完為質於秦。』書在赧王四十三年，即頃襄王二十七年。

今楚王恐不起疾。

　　考證：楓山、三條本王下有病字。通鑑作『楚王疾恐不起。』
　　案疾字當在王字下，通鑑是。長短經注亦作『今楚王疾恐不起。』楓、三本王下
　　有病字，則起下不當有疾字。

其事秦必重。

　　案長短經注重作謹，義近。

夫失與國而絕萬乘之和，

　　案通鑑夫作是，義同。

黃歇為楚太子計曰，

　　案通鑑為作與，義同。

常為謝病。

　　案通鑑為下有『太子』二字，文意較明。

楚頃襄王卒。

　　集解：『徐廣曰：三十六年』

　　案楚世家：『三十六年秋，頃襄王卒。』

封爲春申君，

　　案文選沈休文齊故安陸昭王碑文注引作『號春申君。』（號下疑略爲字。）通鑑
　　作『號曰春申君。』爲、曰同義。

春申君因城故吳墟，

　　正義：墟音虛，今蘇州也。⋯⋯⋯⋯⋯⋯

　　施之勉云：『黃善夫本、殿本正義：「虛音墟。今蘇州也。」⋯⋯⋯⋯⋯⋯』

　　案文選注引『故吳』二字倒，通鑑秦紀一同。正義所據本墟蓋作虛，黃本、殿本
　　正義作『虛音墟。』是也。若本作墟，何必『音虛』邪？虛、墟正、俗字。

春申君爲楚相四年，秦破趙之長平軍四十餘萬。五年，圍邯鄲。邯鄲告急於楚，楚使
春申君將兵往救之，秦兵亦去。

　　考證：『梁玉繩曰：案長平之戰，在春申君爲相之三年。救邯鄲，在六年。此皆
　　誤。』

　　施之勉云：『上文云：「考烈王元年，以黃歇爲相，封爲春申君。」趙世家、廉
　　頗傳，長平之戰，在趙孝成王七年，當楚考烈王四年，春申君爲相之四年也。邯
　　鄲之圍，在趙孝成王八年，當楚考烈王五年，春申君爲相之五年也。頗傳又云：
　　「秦圍邯鄲，歲餘，幾不得脫。」則邯鄲圍解，在趙孝成王九年（六國表：趙孝
　　成王九年，秦圍我邯鄲，楚、魏救我），楚考烈王六年（六國表：楚考烈王六年，
　　春申君救趙），春申君爲相六年矣。此皆不誤，梁說非也。』

　　案秦破趙於長平，秦本紀、秦表、白起傳皆在昭王四十七年，趙表在孝成王六
　　年，毛本燕世家在武成王十二年，當楚考烈王三年，即春申君爲相之三年。救邯
　　鄲，魏表、魏世家、魏公子傳皆在安釐王二年，趙表在孝成王九年，楚表、楚世
　　家並在考烈王六年，即春申君爲相之六年。梁說固有據，不得輕以爲誤。施氏但
　　據趙世家、廉頗傳爲說，不知彼文所記之年，尚有問題。參看趙世家斠證。考秦
　　本紀，秦圍邯鄲，自昭王四十八年，經四十九年，至五十年魏、楚來救始解。（梁

氏志疑年表有說。）即當春申君爲相之四、五、六凡三年也。則此傳言『五年，圍邯鄲。』梁云『救邯鄲在六年。』並不誤。梁氏未分別圍之年與救之年耳。施氏謂『邯鄲之圍，在春申君爲相之五年，』不知爲相之四年，秦已圍邯鄲矣。救邯鄲既在六年，則此文『楚使春申君將兵往救之』上，當有『六年』二字。

春申君相楚八年，爲楚北伐，滅魯。

　　索隱：『按年表云：「八年取魯，封魯君於莒。」十四年而滅也。』

　　梁玉繩云：魯頃公在位二十四年始滅，當楚考烈王十三年。是歲，取魯，封魯君于莒。此言滅，誤。

　　案滅當作取，年表可證。

趙使欲夸楚，爲瑇瑁簪，刀劍室以珠玉飾之。

　　考證：楓山、三條本無玉字。

　　施之勉云：文選左太沖吳都賦注、范彥龍贈張徐州稷詩注、御覽四百九十三、七百七十七引，並無玉字。

　　案書鈔一二七、藝文類聚五三引夸並作誇，瑇並作玳。藝文類聚八四、御覽四九三、六九七、八百七引夸亦皆作誇，古字通用。文選吳都賦注、贈張徐州稷詩注、御覽六八八引瑇亦皆作玳，瑇、玳同字。御覽六九七引劍下有之字。文選吳都賦注引以上有皆字。藝文類聚五三引以上有悉字，珠下無玉字。御覽四九三引以上亦有悉字。（藝文類聚八四、御覽八百八百七並引云：『劍器悉飾以瑇瑁。』文有誤，而有悉字則是。）

其上客皆躡珠履以見趙使。

　　案御覽六八八引皆下有『玳簪』二字。文選吳都賦注引『以見趙使』作『而迎之。』恐非其舊。

春申君相二十二年，諸侯患秦攻伐無已時，乃相與合從，西伐秦。

　　集解：『徐廣曰：始皇六年。』

　　案始皇六年，韓、魏、趙、燕、楚五國共伐秦，參看秦始皇本紀（燕誤衞，梁氏志疑引翟灝有說）、年表、楚世家及趙世家。

客有觀津人朱英，

正義：觀音館，今魏州觀城縣也。

考證：楓山、三條本無客字。筴，朱英作魏軼。

施之勉云：『通鑑無「客有」二字。胡三省曰：余按班志，觀津縣屬信都國。又按隋志，魏州之觀城，舊曰衞國，開皇六年始更名。信都國，則隋冀州也。開皇六年，置武邑縣，並得觀津縣地。則觀津猶信都也。正義誤矣！』

案楚策四吳氏正云：『後語云：「觀人朱英。」注：「觀地在河北平原。」史：「觀津人朱英。」班志，信都國觀津縣。觀，古玩反。正義以爲「魏州觀城縣，觀音館」者，非是。』韓策一姚本朱英作觀軼，觀下有校語云：『一作魏。』鮑本作魏軼。黃氏札記云：『觀，觀津也。軼卽英字，作魏者譌，鮑從之，誤甚！』英、軼並諧央字，古字通用。

先君時善秦二十年而不攻楚。

考證：楓山、三條本無善字，與策合。各本誤衍。

施之勉云：通鑑『善秦』作『秦善楚。』

案『先君時善秦』句，謂先君時善於秦也。善字非衍。無善字，則秦字屬下讀，韓策作『先君者，二十餘年未嘗見攻。』者蓋旹之誤，旹，古時字。

其許魏割以與秦。

考證本許作計，云：計，各本作許，蓋涉上文而誤。今從楓山、三條本。

施之勉云：『通鑑無「其計」二字。丁晏曰：王、柯本作「割以與楚。」』

案其猶將也，說文：『許，聽也。』『其許魏割以與秦，』謂『將聽魏割許、鄢陵以與秦，』楚無可奈何也。楓、三本許作計，或妄改；或形誤，不足據。王、柯本秦作楚，涉上下文楚字而誤。

而秦徙衞野王，作置東郡。

考證：『崔適曰：作字旁注竄入。』

施之勉云：『蒙恬傳：「莊襄王元年，蒙驁爲秦將，伐韓取成臯、滎陽，作置三川郡。始皇五年，蒙驁攻魏取二十城，作置東郡。」史記屢用「作置」二字，是作字非旁注竄入矣。詩魯頌駉傳：「作，始也。」廣雅釋詁同。穀梁隱五年傳：「初，始也。」爾雅釋詁同。此言「作置東郡，」猶始皇紀、衞世家及六國年表

之「初置東郡。」皆謂秦「始置東郡」也。崔說非。』

案作與始、初同義，施說是。御覽百六十引史云：『始置東郡，』通鑑云：『初置東郡。』蒙恬傳『作置三川郡，』秦本紀、通鑑作亦並作初。皆其證。

求婦人宜子者進之。

考證：楓山、三條本進作奏。

案奏、進同義，小爾雅廣詁：『奏，進也。』

趙人李園持其女弟，欲進之楚王。

考證：『關脩曰：持如矜持之持，言心持女弟之色美。』

案持，謂扶持也。關說穿鑿。通鑑之作諸，之、諸並與於同義。

春申君問之狀。

案之猶其也。

娉入乎？

考證：娉、聘同，幣也。

案楚策四、通鑑娉並作聘。通鑑注：『謂已入聘幣否也。』

於是李園乃進其女弟。

梁玉繩云：此事策、史及列女傳竝同，而越絕書與史大異。謂其謀始終皆發于園妹女環，一異也。謂女環令園諷春申，才人言之，遂得幸，二異也。謂考烈既死，環使園相春申，三年然後封之吳，三異也。又說幽王徵春申爲令尹，春申以其子爲假君治吳。幽王徵假君，竝殺之，四異也。恐不可信，惟女環之名，可廣異聞云。

案楚策四末，姚氏附記云：『越絕書雜記秦、漢事，不敢盡信。史記、戰國策，列女傳不載女環之名，止見於此。其畫策終始，信如此皆出於女環，尤爲異也。至言烈王死後，李園相春申君，方封於吳。又立其子爲假君。皆與史記、國策不合。聊記于此，以廣異聞。』蓋即梁說所本。

卽百歲後，

案卽猶若也。

後亦各貴其故所親。

考證：策後作彼。

施之勉云：列女傳後作彼，通鑑亦作彼。

案後當作彼，彼、後形近，又涉『百歲後』而誤。列女傳孼嬖篇楚考李后傳彼上衍後字，非後作彼也。

何以保相印江東之封乎。

考證：楓山、三條本以作乃。

施之勉云：景祐本封作有。

案楓、三本以作乃，乃猶以也。景祐本南宋補版封作有，（非景祐原本。）涉下『有身』字而誤。楚策吳氏補引春秋後語云：『江東十二縣之封。』

孰與身臨不測之罪乎？

案與猶如也。

謹舍而言之楚王。

案通鑑注：『謹舍者，別爲館舍以居之，奉衞甚謹也。』

遂生子男。

案列女傳男作悼，楚表亦作悼。楚世家作悍，此傳下文索隱又作捍，悍、捍古通，悼葢悍之誤，楚世家有說。

世有毋望之福。又有毋望之禍。

索隱：周易有『无妄』卦，其義殊也。

案楚策『毋望』作『無妄，』下同，（考證下文有說。）古字通用。廣雅釋詁一：『虞，望也。』『毋望』猶『不虞，』不可料度也。詩大雅抑：『用戒不虞。』（傳：不虞，非度也。）孟子離婁篇：『有不虞之譽。』並與此『毋望』同旨。

楚策吳氏正云：『朱子解易「无妄」云：史作「毋望，」謂無所期望而有得焉者。義亦通。』小司馬但見其義之殊而已。

今君處毋望之世，事毋望之主，安可以無毋望之人乎？

正義：謂吉凶忽爲。

考證：『…………中井積德曰：「毋望之世，謂禍福不可常也。毋望之主，謂寵幸不可恃也。毋望之人，謂排難脫厄之人不求而至也。毋望，無忽意。張文

虎曰：正義「忽爲，」疑「忽焉」譌。』

案中井解諸『毋望，』皆符『不虞』之義。正義『謂吉凶忽爲，』謂忽爲吉忽爲凶也。爲字不誤。

不卽逐南面稱孤而有楚國。

案通鑑注：『不讀曰否。』『卽逐，』複語，逐亦卽也。

李園不治國，而君之仇也。（也字原脫。）

索隱：言園是春申之仇也。戰國策作『君之舅也。』謂爲王之舅，意異也。

考證：『梁玉繩曰：「策作『王之舅，』是此因聲近而誤。言李園爲王舅也。下文春申云『僕善李園。』則不以爲仇明矣。」愚按前後君字竝斥春申，則仇如字讀，梁說非是。』

案此言李園是春申之仇，與楚策謂李園爲王之舅意異，索隱說是。惟云『戰國策作「君之舅也。」』君乃王之誤耳。下文春申云『僕善李園。』春申雖不以李園爲仇，而李園不得國政，實以春申爲仇也。（參看正義。）梁氏未達。

對曰：君置臣郎中。

案楚策、通鑑並無對字，與上文一律。

且又何至此？

案楚策無且字，通鑑無又字。『且又，』複語，義同，可略其一。

朱英知言不用，恐禍及身，乃亡去。

索隱：朱亥，卽上之朱英也。作亥者，史因趙有朱亥誤也。

考證：『各本及策皆作朱英，索隱本作朱亥。張文虎曰：豈小司馬獨見誤本？抑後人改正也？』

案通鑑亦作朱英。黃善夫本、殿本並無索隱。朱亥，見魏公子列傳。索隱誤魏爲趙，亦可怪。

園死士俠刺春申君，斬其頭，投之棘門外。

正義：俠刺，上胡牒反，下七亦反。楚考烈王二十五年，秦始皇九年。

考證：『策俠作夾，胡三省曰：俠讀曰夾。』

案俠、夾古通，莊子說劍篇：『劍士夾門而客三千人。』御覽三四四引夾作俠，

亦其比。秦始皇九年、楚考烈王二十五年，李園殺春申君，見六國年表、楚世
家，與此傳下言『是歲也，秦始皇帝立九年矣。』合。通鑑亦載在始皇九年。黃
善夫本、殿本正義，並無『俠刺，上胡牒反，下七亦反』十字。

後制於李園，旄矣！

集解：『徐廣曰：旄音耄。』

案旄與上文明對言，徐音耄，是也。書微子：『吾家耄遜于荒？』孔疏引鄭玄云
：『耄，昏亂也。』記纂淵海六一引此旄作繆，恐非其舊。

語曰：『當斷不斷，反受其亂。』春申君失朱英之謂邪？

考證：『當斷不斷』二句，齊悼惠王世家引道家言，斷、亂韵。

案後漢書儒林楊倫傳：『當斷不斷，黃石所戒。』注引黃石公三略云：『當斷不
斷，反受其亂。』

出自第四十五本第三分（一九七四年六月）

史記斠證卷七十九

范雎蔡澤列傳第十九

王 叔 岷

范雎者，魏人也。

施之勉云：『韓非子外儲說左上作范且。顧廣圻曰：范雎也。且、雎同字。』

案索隱單本、黃善夫本雎並誤睢，御覽一八六、三六八、四六二、四九七引此亦皆誤睢。殿本作雎，通鑑周紀五同。從月，又從目之俗變也。韓非子作范且，雎、且古通，非同字。魏世家之唐雎，姚本魏策四、新序雜事五並作唐且，亦同例。

乃先事魏中大夫須賈。

案通鑑注：『戰國之時，仍周之制，置上中下三大夫。漢百官表，中大夫掌論議。』

齊襄王聞雎辯口。

索隱：襄王名法章。

考證：……………索隱單本無『襄王名法章。』

案御覽四九七引辯作辨，古字通用。襄王名法章，見齊表、田完世家及田單列傳贊。索隱單本齊襄王下注云：『名法章。』考證失檢。

乃使人賜雎金十斤。

案御覽四六三引『金十斤』作『金印。』恐非。

以爲雎持魏國陰事告齊，故得此饋。

案焦氏易林二、七注引持並作以，通鑑同。御覽一八六引故下有『雎獨』二字，雎當作雎。

折脅摺齒。

索隱：摺，音力荅反。謂打折其脅，而又拉折其齒也。

案白帖十、十三、御覽四九七引摺並作拉，說苑尊賢篇亦云：『范雎折脅拉齒。』鄒陽列傳云：『范雎摺脅折齒於魏，』新序雜事三、漢書鄒陽傳摺亦並作拉。漢書揚雄傳云：『范雎目折摺而危穰侯。』晉灼注：『摺，古拉字也。』揚雄傳又云：『范雎，魏之亡命也。折脅拉骼。』文選揚雄解嘲注引埤蒼云：『骼，脅骨也。』論衡變動篇云：『范雎……折幹摺脅。』幹、脅義複，（公羊莊元年傳：『搚幹而殺之。』釋文：『幹，脅也。』）幹疑齒之誤。又通鑑注引索隱，『打折』作『擊折。』

雎詳死，卽卷以簣置廁中。

索隱：簣，謂葦荻之薄也。用之以裹屍也。

案景祐本、黃善夫本、殿本詳皆作佯，文選左太沖魏都賦張載注、御覽一八六、三六八、三七一、四九七、焦氏易林二、七引此咸同。通鑑亦作佯，俗字也。文選注引卷作盛。御覽三七一引置作『弃於。』黃本、殿本索隱裹下並有其字。通鑑注引索隱『裹屍』作『卷其屍。』並云：『簣字從竹，蓋竹為之。……竹，東南之產，北人貴之。自江以北饒葦荻，人率織之以為薄寢；或以為薦籍，索隱以葦薄為簣，習於所見，而從俗所呼者耳。』

賓客飲者，醉更溺雎。

案御覽四九七引者作酒。醉，一字句。索隱單本雎（當作雎）上衍范字。

公能出我，

案能猶若也，伍子胥列傳有說。御覽引能作旣，旣亦猶若也。

更名姓曰張祿。

案焦氏易林二、七注引『名姓』二字並倒，通鑑同。

秦昭王使謁者王稽於魏，鄭安平詐為卒侍王稽。王稽問：

案白帖十引於作至，問下有曰字。

先生待我於三亭之南。

案御覽一五八引此有注云：『三亭，今屬浚儀。』

過載范雎入秦，

案藝文類聚五三、御覽六百三十引過並作乃。過疑遒之誤，史記故本乃多作遒。

謂君得無與諸侯客子俱來乎？

　　　案御覽四三二引『客子』作『遊子。』

其見事遲。鄉者疑車中有人，忘索之。

　　　案白帖八引其作而，義同。又引忘上有而字。

行十餘里。

　　　案白帖引作『乃下伏草，穰侯行十里。』十下蓋略餘字。

無客，乃已。

　　　案御覽引作『無人，乃止。』宋費袞梁谿漫志八引此文，並云：『穰侯既疑有

　　　人，當卽索之。投機之會，閒不容髮。顧去而復來，則已墮雎計中矣。』

秦王之國，危於累卵。

　　　正義：『按說苑云：晉靈公造九層之臺，費用千金。…………………卽壞九層臺

　　　也。』

　　　考證：『張文虎曰：今說苑無此篇。』

　　　案正義所引，乃說苑逸文。又見藝文類聚二四、七四、御覽四五六、七五四，文

　　　略有出入。（盧文弨說苑拾補所輯逸篇，誤御覽七五四為七五八。）

使舍食草具。

　　　索隱：…………………草具，謂麤食草萊之饌具。

　　　考證：祕閣本無使字。

　　　案索隱單本亦無使字。草借為粗，粗、草雙聲，（朱駿聲說文通訓定聲有說。）

　　　黃善夫本、殿本索隱，『草萊』並作『草菜，』萊乃菜之誤。參看陳丞相世家斠

　　　證。

穰侯、華陽君，昭王母宣太后之弟也。

　　　集解：『徐廣曰：華，一作葉。』

　　　索隱：穰侯，謂魏冄，宣太后之異父弟。穰縣在南陽。華陽君芊戎，宣太后之同

　　　父弟。………………

　　　案華，一作葉。葉乃華之形誤，秦本紀有說。穰侯列傳：『宣太后二弟，其異父

　　　長弟曰穰侯，姓魏氏，名冄。同父弟曰芊戎，為華陽君。』

而伐齊綱、壽。

　　梁玉繩云：『綱、剛古通借，故下文蔡澤封剛成君，亦作綱。漢書文三王傳，清

　　河剛王羲，王子侯表作綱。水經注十三：「鴈門，于延水東逕罡成南。蔡澤，燕

　　人，疑即澤所邑。」然是時秦地未至燕，續志謂澤封東郡陽平縣之岡成城也。』

　　考證：穰侯傳『綱、壽』作『剛、壽』。

　　案秦本紀亦作『剛、壽。』下文『夫穰侯越韓、魏而攻齊綱、壽。』長短經七雄

　　略注、通鑑周紀五綱亦並作剛。綱、剛古通，穰侯傳有說。

臣聞明主立政。

　　索隱：按戰國策立作蒞也。

　　案立、蒞古通，呂氏春秋重言篇：『荊莊王立〔政〕三年，』韓非子喻老篇立作

　　蒞，淮南子氾論篇：『然而立政者，不能廢法而治民。』御覽二七一引立作蒞，

　　並其比。

庸主賞所愛，

　　案秦策三『庸主』作『人主，』姚校云：『後語作「庸主。」』後語本史記也。

且臣聞周有砥砨，

　　王念孫云：『砨本作厄，此因砥字而誤加石旁耳。說文、玉篇、廣韻皆無砨字，

　　惟集韻有之，注云：「玉名，范雎曰：周有砥砨。」則北宋時史記本已譌作砨。

　　秦策正作「砥厄。」』

　　考證：砨，祕閣本作厲，楓山、三條本作礪。

　　案姚、鮑本秦策並作『砥厄，』厄、厄正、俗字。王氏引作『砥厄，』改俗從正

　　耳。『砥厄』及下文『結綠、』『縣藜、』』和朴，』皆美玉名。（秦策鮑

　　注。）祕閣本砨作厲，疑因砥字聯想而誤。楓、三本作礪，厲、礪正、俗字。山

　　海經西山經：『崦嵫之山，苕水出焉。其中多砥礪。』（節引。）郭注：『磨石

　　也。精爲砥，麤爲礪也。』『砥厲』既爲磨石，與下文並言美玉不合。

天下有明主，則諸侯不得擅厚者，何也？爲其割榮也。

　　考證：楓山、三條本王作主。策割作渮。

　　案考證『王作主』蓋『主作王』之誤。秦策割作渮，姚校云：『史記作「割榮，

後語作『害榮。』』害、割正、假字，凋，害同義，廣雅釋詁四：『凋，傷也。』

　　　說文：『害，傷也。』

意者臣愚而不槪於王心邪？

　　　集解：『徐廣曰：槪，一作溉，音同。』

　　　索隱：按戰國策槪作關，謂關涉於王心也。徐注『音同，』非也。

　　　正義：槪猶平也。雎言秦政教，不能□合王心邪？

　　　考證：『李笠曰：「槪與溉，音同字通。溉與沃同義，『溉於王心』者，亦卽尙

　　　書說命『啓乃心沃朕心』之義也。」愚按今本策作闔，別是一義。』

　　　案文選枚乘七發：『於是澡槩胷中。』李注：『槩與溉同。』淮南子精神篇：

　　　　　『勢位爵祿，何足以槩志也？』詮言篇：『日月虧而無溉於志。』槩、溉互用，

　　　　　亦二字古通之證。索隱所據故本秦策槪作關，義略相近。姚本、鮑本關並作闔，

　　　　　鮑注：『闔，合同。』於義亦通，非其舊矣。正義能下所缺，疑是平字。

一語無效，請伏斧質。

　　　案文心雕龍才略篇：『范雎上書密而至。』

詳爲不知永巷而入其中。

　　　考證：『如淳曰：「閩宣王姜后，脫簪珥待罪永巷。後改爲掖庭。」顏師古曰：

　　　　　永，長也。宮中之長巷也。」』

　　　案考證說，本通鑑注。

范雎繆爲曰，

　　　王念孫云：繆與謬同。

　　　案通鑑繆作謬，注云：『謬，誤也。詐也。』

寡人宜以身受命久矣。會義渠之事急，寡人且暮自請太后。

　　　考證：『呂氏大事記云：「漢書匈奴傳：秦昭王時，義渠戎王與宣太后亂，有二

　　　　　子。宣太后詐殺戎王于甘泉，遂起兵滅義渠。」』

　　　案呂氏引漢書云云，又見史記匈奴傳。

竊閔然不敏，

　　　索隱：『鄒誕本作「惛然。」音昏，又云：「一作閔，音敏。閔猶昬閣

也。」』

案閔、慇古通，燕世家已有說。索隱『又云：一作閔。』黃善夫本無云字，殿本作『或又作閔。』

是日，觀范睢之見者，羣臣莫不洒然變色易容者。

考證：策無『羣臣、洒然』四字。

案文選潘安仁夏侯常侍誄注引見下有王字。秦策無『羣臣』二字，『觀范睢之見〔王〕者，』卽是『羣臣。』如有『羣臣』二字，似當讀『觀范睢之見〔王〕者羣臣』爲句，者猶諸也。大戴禮衞將軍文子篇：『夫子之施敎也。先以詩，世道者孝悌。』者亦猶諸也（王氏經義述聞十七有說），與此同例。索隱單本洒作灑，古字通用，莊子庚桑楚篇：『庚桑子之始來，吾洒然異之。』（釋文：『洒然，崔、李云：驚貌。』）道藏陳碧虛音義本、褚伯秀義海纂微本洒並作灑，（參看莊子校釋四。）亦其比。

已說而立爲太師，

考證：策『說而』作『一說。』

案秦策『說而』作『一說而。』考證失檢。

皆匡君之事，

考證：祕閣、楓山、三條本君下有臣字。

案秦策鮑本君下有臣字。姚本作『皆匡君之之事。』『君之』下有校語云：『臣字。』

且以五帝之聖焉而死，

案初學記十四、御覽四三三、五四八引且皆作夫，義同。而猶亦也，下四而字皆與亦同義。

成荆、孟賁、王慶忌。

集解：『徐廣曰：「〔荆〕一作羌。許愼曰：「成荆，古勇士。」孟賁，衞人。』

案集解所引許說，乃淮南子齊俗篇許注。齊俗篇云：『孟賁、成荆無所行其威。』

陶方琦許注異同詁云：『古荆、慶字通，成荆或作成慶，漢書景十三王傳：

「其殿門有成慶畫。」師古注：「成慶，古勇士。見淮南子。」是淮南舊本或作成慶。』慶與羌古亦通，漢書揚雄傳：『慶娛雲而將舉。』（今本『慶娛』二字倒置，王念孫雜志有說。）王氏補注引宋祁云：『蕭該音義曰：「慶音羌。」今漢書亦有作羌字者。』慶可通荊、通羌，則羌亦可通荊矣。故此文徐注『〔荊〕一作羌』也。初學記、御覽三八六、四三三、五四八引慶忌上皆無王字，疑涉上文『三王』字而衍。

夜行晝伏，至於陵水，無以餬其口。

梁玉繩云：『索隱引劉氏云：「卽栗水（宜作溧），聲近故惑也。」策作菱夫，未詳。而御覽五百八十引史作「江上。」』

考證：策陵作蔆，餬作餌。………………

案御覽四八六引行下有而字，秦策同。陵水，秦策姚本作蔆水，蔆乃蔆之俗省。吳氏正引姚本作菱水。鮑本作菱夫。陵、蔆、菱古字通用，夫葢水之誤。記纂淵海七八引陵水亦作『江上。』索隱栗水，吳氏正引作溧水，與梁說合。

膝行蒲伏，稽首肉袒，鼓腹吹篪，乞食於吳市。

集解：『徐廣曰：篪，一作簫。』

案御覽三七一、四八六引『蒲伏』並作『匍匐，』篪並作簫，八二七引春秋後語同。秦策『蒲伏』作『蒲服。』（伏、服古通。）鮑注：『匍匐同，饑困故。』詩周頌有瞽孔疏、初學記十六、御覽五八一引篪亦皆作簫。（書鈔一百十一引亦作簫，惟誤爲伍員傳文。）初學記引『吳市』下有中字，記纂淵海七八引作『吳中，』（一引與今本同。）中上葢脫市字。

闔閭爲伯。

案御覽四八六引閭作廬，姚本秦策同，古字通用。

使臣得盡謀如伍子胥，

考證：策盡作進。

施之勉云：御覽四百八十六引盡作進。

案盡、進古通，莊子大宗師篇：『夫孟孫氏盡之矣，進於知矣。』盡、進互文，進猶盡也。列子天瑞篇：『終進乎？不知也？』張湛注：『進當爲盡。』並二字

通用之證。

箕子、接輿，漆身爲厲，被髮爲狂，無益於主。

　　考證：策身下、髮下有而字，主作『殷、楚。』

　　案秦策鮑注：『高士傳，楚人陸通，字接輿。』秦策主作『殷、楚，』即承『箕
　　子、接輿』而言，史公此文，直本秦策。惟接輿漆身爲厲事，更無他書可徵。或
　　范雎記憶之誤？或經後人改竄與？竊疑接輿當作胥餘，莊子大宗師篇：『箕子胥
　　餘。』釋文：『司馬云：「胥餘，箕子名也。見尸子。」崔同。又云：「尸子
　　曰：箕子胥餘，漆身爲厲，被髮佯狂。」』文選東方曼倩非有先生論注亦引尸子
　　云：『箕子胥餘，漆體而爲厲，被髮佯狂。』餘、輿同音，或以此誤胥餘爲接輿
　　與？下文『假使臣得同行於箕子，』單言箕子，不及接輿，似即此文『箕子、接
　　輿』當作『箕子胥餘』之證。惟秦策下文作『使臣得同行於箕子、接輿漆身（姚
　　校云：一本無「漆身」字）。』又以『箕子、接輿』並言，殊難解釋也！

莫肯鄉秦耳。

　　案秦策鄉作即，鮑注：『即，就也。』與鄉義近。吳氏補曰：『即，一作鄉。』
　　蓋謂史記作鄉也。通鑑從史記作鄉。

居深宮之中，不離阿保之手。

　　考證：『後漢崔實傳注：「阿保，謂傅母也。」策作「保傅。」』

　　案秦策作『保傅，』鮑注：『女保女傅，非大臣也。』荀子哀公篇：『魯哀公問
　　於孔子曰：寡人生於深宮之中，長於婦人之手。』

無與昭姦。

　　案秦策昭作照，說文：『照，明也。』段注：『與昭音義同。』

夫秦國辟遠，

　　案秦策辟作僻，僻、辟正、假字。

是天以寡人㥻先生，

　　集解：『徐廣曰：亂先生也。音㴠。』

　　索隱：㥻及注㴠字，竝胡困反。㥻猶汨亂之意。

　　案通鑑㥻作㴠，注：『㴠，謂㴠瀆之也。漢陸賈曰「毋久㴠公，」即此義。』所

引陸賈語，本漢書陸賈傳，史記陸賈傳涽作圂，涽、圂正、假字。說文：『涽，
亂也。』索隱『圂及注涽字，竝胡困反。』黃善夫本、殿本並作『二字並音胡困
反。』又索隱『汨亂』字，當作汨。『汨亂，』複語。小爾雅廣言：『汨，亂
也。』俗本汨亦誤汩。

民怯於私鬥，而勇於公戰。

　　案商君列傳：『民勇於公戰，怯於私鬥。』

以治諸侯，譬若馳韓盧而搏蹇兔也。

　　索隱：『戰國策云：「韓盧者，天下之壯犬也。」……………』

　　考證：馳，索隱本作施，類聚、御覽作縱。

　　案藝文類聚九四、九五、御覽九百四、九百七、記纂淵海九八引以皆作而，馳皆
作縱，義並同。秦策鮑本馳作施，葢改從索隱本。長短經七雄略注作放，通鑑作
走。馳與施、放、走，義亦相符。索隱引戰國策云云，見齊策三。齊策原作『韓
子盧者，天下之疾犬也。』（禮記少儀孔疏引疾作壯，與索隱合。）子，語助，
故索隱略之。

破軍殺將，再辟地千里。

　　案通鑑注：『謂殺唐眛也。辟讀曰闢。』眛當作眜，秦本紀有說。

豈不欲得地哉？形勢不能有也。

　　考證：祕閣本豈下有齊字，形下無勢字。

　　案秦策與祕閣本同。長短經注豈下亦有齊字，『形勢』作『形所。』

諸侯見齊之罷獘、君臣之不和也，興兵而伐齊，大破之，士辱兵頓。皆咎其王，曰：
『誰為此計者乎？』王曰：『文子為之。』大臣作亂，文子出走。

　　索隱：文子，謂田文，卽孟嘗君也。………………

　　考證：『「皆咎其王」以下二十五字，策無，亦史公所增。梁玉繩曰：「此語國
策旣誤，史公所增又誤，湣王二十三年，伐楚有功，至四十年諸侯伐齊，敗于濟
西，相越已十八年；且濟西之役，實燕欲報齊，故合秦、楚、三晉以伐之。何曾
因攻楚罷敝而興兵乎？此史公仍策之誤也。齊敗濟西時，孟嘗謝相印歸老于薛，
將十年矣。而曰『文子為之』哉？當是別一人。至所謂『大臣作亂，文子出走』

者，乃閔王三十年，田甲劫王，事在敗濟西前十年，不得幷爲一案。此史公增益之誤也。」』

施之勉云：『秦本紀：「昭王二十四年，秦取魏安城，至大梁，燕、趙救之，秦軍去。」魏策，孟嘗爲魏王請救於燕、趙。燕起兵八萬，車二百乘。趙起兵十萬，車三百乘。秦軍去，魏封田文。秦昭二十四年，魏昭十三年，齊襄元年，在齊敗濟西後一年，時孟嘗尚在魏也。梁氏謂「齊敗濟西時，孟嘗歸老于薛將十年，謬矣！至齊湣王爲五國所伐破，皆文子爲之，說在孟嘗君傳。』

案殿本樊作弊，通鑑作敝。樊乃樊之誤（犬誤爲大），弊又樊之變（大變爲廾）。樊、敝古通，其例習見。秦策樊作露，方言三：『露，敗也。』與樊義略同。長短經注作落，落與露聲近古通，荀子議兵篇：『路亶者也。』新序雜事三路作落，露之通落，猶路之通落矣。梁氏所謂『湣王二十三年，伐楚有功。至四十年諸侯伐齊，敗于濟西，相越已十八年。』本年表，參以田完世家。所謂『濟西之役，實燕欲報齊，故合秦、楚、三晉以伐之。』本燕世家及樂毅傳。所謂『齊敗濟西時，孟嘗謝相印，歸老于薛，將十年矣。』本年表，參以孟嘗君列傳。所謂『大臣作亂，文子出走」者，乃閔王三十年，田甲劫王，事在敗濟西前十年。』乃參驗此傳與年表及孟嘗君傳言之。其說皆有據，不得輕以爲非。至如秦本紀：『昭王二十四年，秦取魏安城，至大梁，燕、趙救之，秦軍去。』『二十四年，』乃『二十九年』之誤，梁氏志疑有說。（考證已引之。）其時孟嘗君已卒。施氏乃據與魏策之文印證，以駁梁氏，似未審。又齊湣爲五國所伐破，皆文子爲之。事並見孟嘗君傳、荀子王霸篇（及楊倞注），梁氏以爲不足信。說在孟嘗君傳。

此所謂借賊兵而賫盜糧者也。

索隱：借，音子夜反。一作藉，音亦同。賫音側奚反，言爲盜賫糧也。

考證：『……………張文虎曰：「宋本、毛本兵下有而字，與索隱本合。」愚按祕閣、楓山、三條本亦有。』

施之勉云：景祐本兵下有而字，元龜八百九十引亦有。黃善夫本無。

案秦策借作藉，兵下有而字。索隱藉字，當從索隱單本作藉。小爾雅廣言：『藉，

借也。』長短經注兵下亦有而字，齎作資。齎、資古通，春申君傳已有說。索隱
單本齎作賚，黃善夫本索隱同。齎、賚正、俗字。又黃本、殿本索隱，『音亦』
並倒作『亦音。』

得寸則王之寸也，得尺亦王之尺也。

　　考證：祕閣本寸下無也字，與策合。

　　案長短經注寸下亦無也字，亦作則。記纂淵海五二引此亦亦作則，義同。

王其欲霸，

　　裴學海云：其猶若也，秦策其作若。（古書虛字集釋五。）

　　案長短經注、通鑑其亦並作若。

齊懼，必卑辭重幣以事秦。齊附而韓、魏因可虜也。

　　案殿本幣作弊，姚本秦策亦作弊，弊、幣古通，莊子則陽篇：『搏幣而扶翼。』
　　釋文本幣作弊，說劍篇：『謹奉千金以幣從者。』日本古鈔卷子本幣作弊，並其
　　比。秦策虜作虛，鮑注：『可使為丘墟。』

不可，則割地而賂之。

　　考證：楓山、三條本無不字。

　　案秦策『不可』同，楓、三本誤脫不字。

使五大夫綰伐魏，拔懷。

　　集解：『徐廣曰：昭王三十九年。』

　　案魏表、魏世家並在安釐王九年，即秦昭王三十九年。通鑑書在周赧王四十七
　　年，亦昭王三十九年。秦本紀誤書於昭王四十一年。

譬如木之有蠹也。

　　正義：蠹音妬，石柱蟲。

　　考證：『張文虎曰：正義石，疑當作蝕。』

　　案正義石，疑本作食，涉妬字右旁而誤也。後漢書皇后紀：『遂忘淄蠹。』注：
　　『蠹，食木蟲。』黃善夫本柱作桂。疑存正義之舊。楚辭七諫沈江：『桂蠹不知
　　所淹留兮。』論衡商蟲篇：『桂有蠹。』顏延之庭誥文：『桂懷蠹而殘桂。』皆
　　蠹為食桂蟲之證。桂之作柱，或形誤；或後人所改也。又殿本無正義。

人之有心腹之病也。

　　案長短經注引『心腹』二字倒。伍子胥列傳：『今吳之有越，猶人之有腹心疾

　　也。』

王下兵而攻滎陽，則鞏、成皐之道不通。

　　考證：策無鞏字。

　　案長短經注王下有若字，則下亦無鞏字。

王一興兵而攻滎陽，則其國斷而爲三。

　　正義：新鄭已南，一。宜陽，二。澤潞，三。

　　施之勉云：『張琦曰：按宜陽久已入秦。葢新鄭、成皐、澤潞也。』

　　案秦策吳氏補已云：『是時宜陽之拔久矣。』宜陽雖久已入秦，而至是時秦若興

　　兵攻滎陽，合新鄭、澤潞而言『斷而爲三，』亦未嘗不可，不必拘於同時也。

而霸事因可慮矣。

　　考證：而猶則也。

　　案長短經注而作則。

臣居山東時，聞齊之有田文，不聞其有王也。

　　王念孫云：『秦策田文作田單，鮑彪曰：「史云田文，非也。文去齊，至是已十

　　餘年，不得近舍單，遠論文也。」吳師道曰：「姚氏云：『後語亦作文。』愚謂

　　舉齊事言，不必一時。」念孫案田文當依秦策作田單，後語作文者，校書者依誤

　　本史記改之耳。吳曲爲之說，非也。張載注魏都賦，引史記正作田單。』

　　考證：祕閣、楓山、三條本田文作田單，與策合。

　　施之勉云：景祐本田文作田單。

　　案田文，當作田單。單之作文，因田字聯想而誤也。通鑑作孟嘗君，爲作田文之

　　本所誤也。文選魏都賦張載注引『不聞』上有而字。據此，則下文『不聞其有王

　　也。』『不聞』上亦當有而字，文乃一律。

聞秦之有太后、穰侯、華陽、高陵、涇陽，

　　考證：策無高陵二字。

　　施之勉云：文選魏都賦注引，無『華陽、高陵、涇陽』六字。

　　案秦策下文言高陵，則於此無高陵二字者，誤脫也。吳氏補有說。文選張注引此

　　略『華陽、高陵、涇陽』六字，通鑑同，非此文之舊也。

華陽、涇陽等擊斷無諱。

　　案文選張注引此無等字，秦策，通鑑並同。

政適伐國，

　　集解：『徐廣曰：政適，音征敵。』

　　考證：策作『征敵。』

　　案通鑑亦作『征敵。』

則結怨於百姓，而禍歸於社稷。

　　案『結怨』乃『怨結』之誤倒。秦策作『怨結於百姓，』與『禍歸於社稷』對

　　文。

木實繁者披其枝，披其枝者傷其心。

　　案披借爲柀，說文：『柀，一曰析也。』魏其武安侯列傳：『不折必披。』披亦

　　借爲柀。說文披下段注有說。文心雕龍詮賦篇：『繁華損枝。』柀與損義近。

大其都者危其國，尊其臣者卑其主。

　　考證：『左傳隱公元年：「祭仲曰：都城過百雉，國之害也。」閔公二年：「昔

　　辛伯諗周桓公曰：內寵竝后，外寵二政，嬖子配嫡，大都耦國，亂之本也。」與

　　此語相似。』

　　案通鑑注：『左傳：「祭仲曰：都城過百雉，國之害也。」辛伯曰：「大都耦

　　國，亂之本也。」』即考證所本。『內寵竝后，外寵二政，嬖子配嫡。』三句不

　　必引。

崔杼、淖齒管齊，射王股，擢王筋，

　　索隱：『…………高誘曰：「管，典也。」…………按言「射王股，」誤

　　也。崔杼射莊公之股，淖齒擢湣王之筋，是說二君事也。』

　　梁玉繩云：案索隱云云。余考策止言淖齒，史公無故扯入崔杼。古今不類，遂致

　　此誤。

　　考證：楓山、三條本無崔杼二字，與策合，可從。…………策『射王股，

擢王筋，』作『縮閉王之筋。』義長。……………

案通鑑亦無崔杅二字。注云：『管，掌也。』索隱引高誘曰：『管，典也。』
（典猶掌也。）乃高氏秦策注，今本佚。又索隱『擢潛王之筋，』黃善夫本、殿
本擢並作縮，（梁氏所據湖本同。）蓋據秦策改，與此正文不符。

今自有秩以上至諸大吏，下及王左右，無非相國之人者。

考證：『楓山、三條本吏作史。愚按策云：「自斗食以上，至尉、內史，及王左
右，有非相國之人者乎？」作史似是。』

施之勉云：『考證非也。尉、內史，皆大吏。秦紀：「昭王二十五年，尉斯離與
三晉、燕伐齊，破之濟西。」六國表同。白起傳：「長平之戰，王齕爲尉。」此
尉爲大吏之證也。始皇紀：「十七年，內史騰攻韓，得韓王安，盡納其地。」蒙
恬傳：「蒙恬因家世得爲秦將，攻齊，大破之，拜爲內史。」此內史爲大吏之證
也。史作「諸大吏，」與策文義合。』

案史文本秦策，史公以『有秩』說『斗食，』以『諸大吏』說『尉、內史』耳。
楓、三本吏作史，史乃吏之誤，施說是。惟引秦紀『昭王二十五年，』乃『二十
三年』之誤。

臣竊爲王恐，萬世之後有秦國者，非王子孫也。

王念孫云：秦策作『臣竊爲王恐。恐萬世之後，有國者，非王子孫也。』此脫一
恐字，則與下文義不相屬。

案恐字如不疊，則恐上當刪『爲王』二字，作『臣竊恐萬世之後有秦國者，非王
子孫也。』秦策別章作『臣將恐後世之有秦國者，非王之子孫也。』可證。

關閉其寶器，寶器珍怪，

案御覽七七二引『寶器』二字不疊。

范雎既相秦，秦號曰張祿。

案下秦字當作自，涉上秦字而誤。雎『自號曰張祿，』非秦號之也。書鈔一二
九、御覽六九三引此並云：『雎自稱張祿先生。』穰侯傳亦云：『范雎自謂張祿
先生。』並其證。（御覽三七三引此號上無秦字。）

敝衣閒步之邸見須賈。

案御覽八一六引『閒步之邸』作『徒步入邸。』通鑑注：『閒步，投閒隙徒步而行也。』

臣爲人庸賃。

　　案『庸賃，』複語，說文：『賃，庸也。』御覽三四引此庸作傭，庸、傭古、今字。欒布傳：『窮困賃傭於齊。』與此同例。

『范叔一寒如此哉！』乃取其一綈袍以賜之。

　　案『一寒如此』猶『乃寒至此。』商君列傳：『爲法之敝，一至此哉！』滑稽列傳：『寡人之過，一至此乎！』兩一字亦並與乃同義。此文之『如此，』猶彼文之『至此。』經傳釋詞七有『若猶至也』之說，則如亦猶至也。卷子本玉篇系部、書鈔一二九、藝文類聚六七、御覽三四、六九三引取下皆無其字。

主人翁習知之。唯雎亦得謁。

　　案困學紀聞十九引翁作公。唯猶卽也。淮陰侯列傳：『惟信亦以爲大王不如也。』惟與唯同，（漢書作唯。）義亦猶卽也。

非大車駟馬，吾固不出。

　　梁玉繩云：湖本缺固字。

　　案黃善夫本亦無固字，書鈔一三九引同。

願爲君借大車駟馬於主人翁。

　　考證：祕閣、楓山、三條本無翁字。

　　案書鈔引此亦無翁字。

鄉者與我載而入者，

　　考證：祕閣本鄉作嚮。

　　施之勉云：書鈔一百三十九引鄉作向。

　　案鄉、向並曏之借字，說文：『曏，不久也。』嚮乃鄉、向二字合書之俗體。

須賈大驚，自知見賣。乃肉袒膝行，因門下人謝罪。

　　考證：祕閣、楓山、三條本無『大驚』二字。楓、三本人作入。

　　案通鑑無『大驚自』三字，人亦作入，人乃入之誤。

唯君死生之。

案唯猶願也。

擢賈之髮以續賈之罪，尙未足！

　　考證：『梁玉繩曰：「評林云：『續、贖古通用。』別雅云：『續當作贖。或傳
　　寫誤；或因聲借用。』方氏補正云：『北音續、數相近而誤。或曰：擢髮而續
　　之，尙不足以比其罪之長也。』」愚按或說爲是。』

　　施之勉云：元龜九百十九引續作贖。

　　案續、贖古通，倉公列傳：『刑者不可復續。』集解：『徐廣曰：一作贖。』卽
　　其證。記纂淵海六九、七十引此續並作讀，古亦通用，周禮春官巾車：『歲時更
　　續。』鄭注：『故書續爲讀。』卽其證。御覽三七三、記纂淵海七十引足下並有
　　也字。

然公之所以得無死者，以綈袍戀戀，有故人之意。

　　案書鈔一二九、藝文類聚六七、御覽六九三引公皆作爾，通鑑同。諸書皆未引上
　　下雖稱賈爲公之文，是否所據本公皆作爾，未敢遽斷。書鈔引以上有特字，御覽
　　六九三引以上有將字，將猶特也，此義前人未發。（詳拙著古書虛字新義二四
　　〔將〕條。）御覽八一六引『無死』作』不死，』義同。通鑑亦作『不死。』一
　　切經音義卷三引史記：『戀，念也。』卷五亦引史記：『戀，慕念也。』蓋史記
　　舊注。

置莝豆其前，

　　案通鑑其作於，義同。注云：『莝，寸斬之藁，雜豆以飼馬。莝豆，兩物也。』

不然者，我且屠大梁：

　　考證：祕閣、楓山、三條本無然字，是。

　　施之勉云：御覽三百六十三引無然字。

　　案然字蓋後人所加，項羽本紀：『不者，若屬皆且爲所虜。』與此句法同。如有
　　然字，則不必有者字。通鑑作『不然，且屠大梁。』

事有不可知者三。有不可柰何者亦三。宮車一日晏駕。

　　集解：『應劭曰：天子當晨起早作，如方崩殞，故稱晏駕。』

　　案文選任彥昇齊竟陵文宣王行狀注引應劭風俗通佚文引此文，事上有夫字，『一

日』二字在『宮車』上。（未引下文『宮車一日晏駕』句。）集解引應說，亦風
俗通佚文。景祐本、黃善夫本『晨起』並誤『晏起。』文選注亦引風俗通佚文云
『天子當夜寢早作，身省萬機，如今崩殞，則爲晏駕矣。』

無可奈何。

　　案風俗通佚文引此無上有是字。

乃入言於王曰，

　　案御覽四七九引於作之，義同。

非其內臣之意也。

　　案御覽引其作『所以。』

三歲不上計。

　　案白帖十二引歲作年。

范雎於是散家財物，盡以報所嘗困戹者。

　　案蘇秦佩六國相印後，『散千金以賜宗族朋友，徧報諸所嘗見德者。』與范雎行
　　事相似，有足多者焉。（說互詳蘇秦傳。）

一飯之德必償，睚眦之怨必報。

　　案後漢書馬融傳：『睚眦之怨必讐，一餐之惠必報。』注引此文飯亦作餐。

秦昭王聞魏齊在平原君所，

　　案文選陸韓卿奉荅內兄希叔詩注引所作家。

願與君爲布衣之友。

　　案文選奉荅內兄希叔詩注、吳季重在元城與魏太子牋注、藝文類聚三三、御覽四
　　八一引友皆作交，風俗通窮通篇同。友乃交之誤，交，隷書作𠬢，與友形近，往
　　往相亂。下文亦有例。

而入遂見昭王。

　　案文選奉荅內兄希叔詩注、在元城與魏太子牋注引而並作遂，而猶遂也，趙世家
　　有說。

昔周文王得呂尚以爲太公，齊桓公得管夷吾以爲仲父。今范君亦寡人之叔父也。

　　考證：『梁玉繩曰：「太公當作『太師。』」按太公猶言祖父，與仲父對言。

楓、三本范君作范雎，下同。類聚亦作雎。』

案齊世家稱西伯號呂尚曰太公望，則此言『以爲太公。』亦未爲不可。風俗通亦作太公。藝文類聚（三三）未引此文，引下文『范君之仇，』君字同，不作雎。

貴而爲交者，爲賤也。富而爲交者，爲貧也。

正義：下爲，于僞反。言富貴而結交者，本爲貧賤之人也。

王念孫云：『「貴而爲友者，爲賤也，富而爲交者，爲貧也。」上句友字亦當作交，隸書交字或作友，形與友相似，又因下文「勝之友」而誤。索隱本作「貴而爲交。」注曰：「言富貴而結交情深者，爲有貧賤之時，不可忘之也。」則上句亦作交明矣。……………』

考證：上交字各本作友，今從索隱本、祕閣抄本、楓、三本。

案正義云云，則所據本亦作『貴而爲交』矣。風俗通作『貴而交，』亦可證友字之誤。

昭王乃遺趙王書曰：『王之弟在秦。范君之仇魏齊在平原君之家，王使人疾持其頭來。不然，吾舉兵而伐趙；又不出王之弟於關。』趙孝成王乃發卒圍平原君家，急。

考證：』弟，當作「叔父。」……………錢大昕曰：「平原君爲惠文王之弟，於孝成王爲叔父。此時惠文已沒，不當更稱弟。」』

施之勉云：『顧觀光曰：「范雎傳：『昭王四十二年，平原君入秦。昭王乃遺趙王書曰：王之弟在秦。范君之仇魏齊在平原君之家，王使人疾持其頭來。不然，吾舉兵而伐趙；又不出王之弟於關。』昭王四十二，當孝成王元。平原君爲孝成叔父，不得云『王之弟』矣。蓋此事在昭王四十二年之首三月，當趙惠文王之三十三年也。傳又云：『趙孝成王乃發卒圍平原君家。』蓋其時惠文初薨，孝成嗣立，鄰國尚未知耳。」』

案考證引錢說，本梁氏志疑。施氏引顧說，可備一解。又『疾持其頭來，』後漢書黨錮傳注引疾作急，義同。

夫虞卿躡屩擔簦，

案御覽七六五引屩作履，虞卿列傳作蹻，集解引徐廣曰：『蹻，草履也。』屩、蹻正、假字。御覽八百六引虞卿傳蹻亦作履，彼文斠證有說。

黃金百鎰。

　　考證：祕閣本鎰作溢。

　　案御覽八百六引虞卿傳鎰亦作溢，溢、鎰古、今字，彼文有說。風俗通鎰作斤，

　　恐非。

急士之窮而歸公子。

　　案御覽七六五引急上有『聞君』二字。

卒取其頭予秦。

　　案御覽三六三引予作與，風俗通同。古字通用，其例習見。

昭王四十三年，秦攻韓汾、陘，拔之。城河上廣武。後五年，昭王用應侯謀，縱反閒

賣趙。趙以其故令馬服子代廉頗將。

　　考證：『梁玉繩曰：「秦拔韓陘後四年，敗趙長平。言五年，誤。」凌稚隆曰：

　　「馬服君之子，故曰『馬服子。』」……』

　　施之勉云：敗趙長平，趙世家、廉頗傳在趙孝成王七年，卽秦昭王之四十八年，

　　是在秦拔韓陘後五年。此不誤，梁說非。

　　案梁氏謂『秦拔韓陘後四年，敗趙長平。』卽趙孝成王六年，秦昭王四十七年。

　　秦表、趙表、白起傳皆可證。趙世家之『七年，』乃『七月』之誤。（梁氏志疑

　　有說。）廉頗傳之『七年，』乃『六年』之誤。（趙世家斠證有說。）固不當據

　　以證此文『後五年』之是矣。考證引凌說，本殿本考證。白起傳亦稱趙括爲『馬

　　服子。』

已而與武安君白起有隙，言而殺之。

　　集解：『徐廣曰：在五十年。』

　　索隱：『注，徐云「五十年。」據秦本紀及年表而知之也。』

　　案白起傳，秦昭王五十年稱武安君『自殺。』梁氏志疑云：『國策甘羅述武安君

　　之死也，曰：去咸陽七里，絞而殺之。』與此言『殺之』合。年表昭王五十年，

　　未書殺武安君或武安君自殺事。

任鄭安平使將擊趙（原脫將字），鄭安平爲趙所圍，急。以兵二萬人降趙。

　　殿本考證：圍字，監本訛作困字，今改正。

考證：『張文虎曰：王、柯、凌圍作困。』

施之勉云：黃善夫本圍作困，白帖十二、元龜九百二十九、通鑑五引亦作困。

案白帖十二、十三引此使並作爲。又十二引急作遂，屬下讀。御覽四六九引圍亦作困。通鑑周紀五作困，本此文，非引此文也。

應侯席虆請罪。

案景祐本、黃善夫本，殿本虆皆作藁，御覽引同，虆、藁正、俗字。（白帖十三引此文作虆。）

任人而所任不善者。

考證：祕閣本無者字。

施之勉云：白帖十三引無者字。

案御覽引此亦無者字。

王稽爲河東守，與諸侯通，坐法誅。

集解：『徐廣曰：五十二年。』

案秦表：『昭王五十二年，王稽棄市。』通鑑秦紀一亦書在五十二年。

而應侯日益以不懌。

考證：祕閣本、楓、三本無益字。

案御覽引此亦無益字，通鑑同。

臣聞主憂臣辱，主辱臣死。

考證：『國語周語：「范蠡曰：臣聞之，爲人臣者，君憂臣勞，君辱臣死。」越世家同。此臣下辱字當作勞。』

案文選潘安仁關中詩注引此二句同。並引周書曰：『君憂臣勞，主辱臣死。』考證所稱周語，乃越語（下）之誤。吳越春秋句踐陰謀外傳：『越王仰天歎曰：孤聞主憂臣辱，主辱臣死。』越絕外傳計倪亦載越王之言曰：夫主憂臣辱，主辱臣死。』並與此作『臣辱』同，則辱不必作勞。

倡優拙則思慮遠。夫以遠思慮而御勇士，吾怪楚之圖秦也。

考證：祕閣本、藝文類聚遠下有矣字。藝文類聚無夫字。

施之勉云：御覽四百六十八引遠下亦有矣字。又御覽引無夫字，事類賦十三引亦

無。

案夫乃矣之誤，本屬上絕句者也。藝文類聚、御覽所引可證。釋文本莊子山木

篇：『此木以不材得終其天年。夫出於山。』（今本夫下有子字，乃後人妄增。）

夫亦矣之誤，本屬上絕句，（呂氏春秋必己篇作『此〔木〕以不材得終其天年矣。

出於山。』可證。）與此同例。御覽五六九引楚下有國字。

而鄭安平等畔。

案『鄭安平等，』謂鄭安平、王稽等也。通鑑等上增王稽二字。御覽四六八、四

六九引畔並作叛，古字通用，其例習見。

游學干諸侯。

正義：不待禮曰干。

施之勉云：元龜八百六十引干作於。文選張平子歸田賦注引作于。御覽三百六十

七、元龜七百七十二引亦作于。

案干，與下文『小大甚衆，不遇。』相應。正義所據本作干，是。或引作于；

或引作於。于乃干之誤，干誤爲于，復易爲於耳。（御覽四六三引此干亦誤

于。）

小大甚衆，不遇。而從唐舉相。

案御覽四六三、七二九引此並作『大小甚衆，而不遇。因從唐舉相。』三六七引

而字亦在『不遇』上。白帖九從作就，義同。

吾聞先生相李兌曰：百日之內持國秉，有之乎？

王念孫云：『「百日之內持國秉政，」政字後人所加。索隱本出『持國秉』三字

而釋之曰：「案左傳云：『國子寔執齊秉。』（見哀十七年傳，今本秉作柄。）

服虔曰：「秉，權柄也。」』據此，則秉下本無政字。「持國秉，」即「持國

柄」也。絳侯世家：「許負相條侯曰：君後三歲而侯，侯八歲爲將相，持國

秉。」是其明證矣。後人不知秉爲柄之借字，故妄加政字。太平御覽方術部引此

作「持國秉政。」亦後人依史記加之。人事部引此正作「持國柄。」』

俞正燮云：『術士亦稱先生，史記蔡澤稱唐舉爲先生。淮南人閒訓：「宋人家有

黑牛生白犢，以問先生。先生曰：吉祥也。」南史吉士瞻傳：「就江陵卜者王先

生計祿命。」是也。』（癸巳存稿四。）

考證：……祕閣本、楓、三本國下有權字，各本有政字。……

施之勉云：稗史彙編五十三引作『持國柄。』白帖九引作『持國令。』

案御覽四六三（人事部一百四）、七二九（方術部十）引此『先生』並作子。王
氏謂『秉爲柄之借字。』是也。絳侯世家『持國秉，』御覽四八六引秉作柄，
（絳侯世家有說。）亦同例。考證所云『各本有政字，』當云『各本秉下有政
字。』

曰：若臣者何如？

案御覽四六三引作『澤曰：今若臣者何如？』

唐擧孰視而笑曰：先生曷鼻巨肩。

集解：『徐廣曰：曷，一作偈。偈，一作仰。巨，一作渠。』

索隱：『曷鼻，』謂鼻如蝸蟲也。……

正義：……脣，或作肩。言肩高。

王念孫云：『曷讀爲遏。「遏鼻」者，偃鼻也。偃鼻者，仰鼻也。（廣雅：偃，仰
也。）故徐廣曰：『曷，一作仰。」列女傳辯通傳曰：「鍾離春極醜無雙，臼頭
深目，卬鼻結喉。」是也。偃、遏一聲之轉。……小司馬不解「曷鼻」之義，而
以爲「鼻如蝸蟲。」其失甚矣！』

考證：愚按正義本『巨肩』作『巨脣，』謂脣大也。亦通。

施之勉云：白帖九『巨肩』作『巨眉。』稗史彙編五十三『曷鼻』作『揭鼻，』
『巨肩』作『戾脣。』

案文選揚子雲解嘲注、張平子歸田賦注、御覽三六七、四六三、七二九引孰皆作
熟，孰、熟古、今字。文選歸田賦注引『曷鼻巨肩，』作『偈鼻戴肩。』（偈字
與一本合。）御覽四六三引作『揭鼻戾脣。』（脣字與正義本合。）偈與揭同，
（詩檜風匪風：『匪車偈兮。』漢書王吉傳引偈作揭，卽其證。）說文：『揭，
高舉也。』是『揭鼻』猶『仰鼻』矣。白帖九引此作『鼻仰，』蓋倒其文耳。
『戴肩』，乃『薰肩』之誤，薰與鳶同。（韓世家有說。）御覽三六九引莊子佚
文：『盧敖見若士，深目鳶肩。』（又見淮南子道應篇。）論衡道虛篇『鳶肩』

作「戇肩，」俗本戇亦誤戴。『戾屑』乃『渠屑』之誤，渠，俗書或作潗。潗壞
爲尿，因誤爲戾耳。藝文類聚七八引淮南子云：『盧敖……見處士者，渠頭而鳶
肩。』（並引注云：渠，大也。）三國志蜀志郤正傳注引淮南子『渠頭』作『戾
頸，』（今本淮南子道應篇誤『涙注，』王氏雜志有說。）戾亦渠之誤，與此同
例。渠有大義，與巨合，故徐注云『巨，一作渠』也。施氏稱白帖『巨肩』作
『巨眉，』眉乃肩之誤。殿本集解曷下無『一作偈偈』四字，與王氏所引合。

魋顏蹙齃卻攣。（卻原誤鄰。）

集解：『攣，兩衍曲也。徐廣曰：一作率。』

索隱：……『魋顏，』謂顏貌魋岊，若魋梧然也。………『蹙齃，』謂鼻蹙眉。
『膝攣，』謂兩膝又攣曲也。

正義：衍，一本作膝。

朱駿聲云：魋借爲頯，索隱以爲『魁梧』字，失之。（說文通訓定聲。）

考證：『恩田仲任曰：齃與頞通，「蹙齃，」鼻莖蹙縮也。』

施之勉云：『文選張平子歸田賦注、白帖七、御覽三百八十二引齃作頞。說文：
「頞，鼻莖也。」段玉裁曰：「鼻有中斷者，蔡澤、諸葛恪（原注：『吳錄：恪
折頞廣額。』）之相，是也。有憂愁而蹙縮者，孟子言『蹙頞，』是也。」萬花谷
三十八引衍作膝。』

案朱氏謂『魋借爲頯，』說文：『頯，出頟也。』（頟，俗作額。）說文：『頞
鼻莖也。齃，或从鼻曷。』繫傳引此文齃亦作頞，齃爲頞之重文，非通用字。
文選歸田賦注引齃作頞（如施說），頞下更有『顙頤』二字，當補。初學記十九
引史記云：『蔡澤欽頤折頞，』『折頞』猶『蹙齃。』御覽三六八引史記云：
『蔡澤顩頤。』（有注云：顩，五檢切。）漢書揚雄傳：『蔡澤，山東之匹夫也。
鎮頤折頞。』（師古注：鎮，曲頤也。音欽。）文選揚雄解嘲『鎮頤』作『顩
頤。』（注引韋昭曰：『曲上曰顩。』）王念孫漢書雜志云：『作鎮者正字，作
顩者借字，玉篇：「鎮音欽，曲頤也。」音義與師古同。』作顙或欽，亦鎮之借
字。索隱單本、景祐本、殿本卻皆作膝，文選注、御覽三六七、七二九引咸同。
卻、膝正、俗字。（黃善夫本正文、注文並誤作膝。）集解引徐注『一作率。』

率乃攣之誤。率，俗或作䜌，與攣形近，（詩大雅召旻箋：『米之率，』釋文：

『率，字又作䜌。』䜌與攣形尤近，）故致誤耳。索隱『謂鼻蹙眉。』御覽七二

九引作『謂蹙鼻於眉。』文意較明。索隱『謂兩膝，』黃本、殿本並無兩字。

吾聞聖人不相，殆先生乎？

　　正義：蔡澤實不醜，而唐舉戲之。揚雄解嘲言『蔡澤噤吟而笑唐舉。』誤甚也！

　　案正義引解嘲『噤吟，』漢書師古注：『頷頤之貌。』

蔡澤知唐舉戲之，乃曰：富貴吾所自有。

　　案御覽四六三引蔡澤句作『蔡澤被唐舉之戲。』恐非其舊。文選歸田賦注引『自

　　有』作『自取，』義同。廣雅釋詁一：『有，取也。』

蔡澤笑謝而去。

　　案文選注、御覽三八三引『謝而』二字並倒。

吾持粱刺齒肥，

　　集解：……『刺齒』二字當作齧，又作䶩也。

　　索隱：……按『刺齒』二字誤，當為齧字也。……

　　梁玉繩云：集解、索隱並言『「刺齒」當作齧。』以為一字誤二字也。

　　考證：『刺齒，』祕閣本、御覽改作齧。

　　案御覽三八三、記纂淵海八七引此並作『吾持粱齧肥。』粱、粱正、假字。御覽

　　七二九引『刺齒』亦作齧。集解『又作䶩。』義同。說文：『䶩，齧也。』

四十三年足矣。

　　案御覽七二九引年作歲，下有亦字。四六三引年下亦有亦字。

去之趙，見逐。入韓、魏，遇奪釜鬲於塗。（入原誤之。）

　　集解：『之，一作入。爾雅曰：「款足者謂之鬲。」……』

　　案白帖五引『去之』作『入於，』魏上有之字。景祐本、黃善夫本、殿本集解，

　　皆無『之，一作入』四字。

蔡澤乃西入秦。

　　案御覽四六三引西作來。

天下雄俊弘辯智士也。彼一見秦王，秦王必困君，而奪君之位。

考證：『祕閣本「雄俊」作「駿雄，」與秦策合。秦策「困君」作「相之。」張
文虎曰：「秦王二字衍。」』

施之勉云：御覽四百六十三引『雄俊』作『俊雄。』

案俊、駿古通。通鑑秦紀一無『俊弘』二字。『雄、俊、弘』三字疊義，故可略
其二。御覽四六三引此秦王二字不疊，容齋隨筆十三同。通鑑作『彼見王，必困
君，而奪君之位。』王字不疊，亦可證此秦王二字不當疊。

應侯聞曰：五帝三代之事，百家之說，吾既知之。衆口之辯，吾皆摧之。是惡能困我
而奪我位乎？

考證：秦策聞下有之字，無『曰五帝』以下三十三字。

案通鑑亦無『曰五帝』以下三十三字，從秦策也。

應侯固不快。

案御覽引快下有矣字。

于常宣言欲代我相秦，寧有之乎？

考證：御覽常作嘗。秦策寧作豈。

施之勉云：元龜八百九十引常作嘗。御覽四百六十三引寧作豈。

案御覽引常作嘗，我作吾。鮑本秦策常亦作嘗，嘗或字。

蔡澤曰：吁，君何見之晚也！夫四時之序，成功者去。

案御覽引也作邪，『成功』作『功成，』去下更有『未成者來』四字。廉頗藺相
如列傳：『客曰：吁，君何見之晚也！』陶淵明詠二疏：『大象轉四時，功成者
自去。』

夫人生百體堅強，

考證：楓、三本『百體』作『四體。』

案作『百體』是。百之作四，涉上文『四時』字而誤。

質仁秉義，

案秦策鮑注：『質猶禮。』禮蓋體之誤。易繫辭：『原始要終，以爲質也。』韓
注：『質，體也。』

豈不辯智之期與？

王念孫云：『「豈不，」豈非也。又游俠傳：「不可謂不賢者矣。」「不賢者，」非賢者也。非、不一聲之轉，故謂非爲不。說見釋詞。』

案之猶所也。

終其天年而不夭傷。

案莊子山木篇：『此木以不材得終其天年。』

澤流千里，世世稱之而無絕。

梁玉繩云：『千里之澤，何足言之！徐廣謂一本無里字，策云：「澤流千世，稱之而毋絕。」當是也。』

案里字蓋因千字聯想而衍，世字亦不當疊。秦策可證。

豈道德之符，

殿本考證：『顧炎武曰：豈下當有非字。』

考證：祕閣本、楓、三本，及秦策，豈下有非字。愚按，當依補。

案梁氏志疑亦云：『策作「豈非，」此脫非字。』

其卒然亦可願與？

考證：秦策無然字，與作矣。愚按，史然字衍。

案然字蓋涉上『應侯曰：然。』而衍。秦策與作矣，矣猶與也。

極身無貳慮，盡公而不顧私。

考證：秦策無慮字。

案商君列傳集解引新序論云：『夫商君，極身無二慮，盡公不顧私。』即本此文。秦策無慮字，非。

披腹心，示情素。

案文選謝靈運還舊園作見顏范二中書一首注引『腹心』二字倒。鄒陽列傳亦云：『披心腹，見情素。』

行義不辟難。

集解：『徐廣云：一云「不困毀訾。」』

考證：秦策作『行義不固毀譽。』集解訾當作譽，策固當作困。

案秦策姚本作『行義不固毀譽。』（校云：『固，曾：一作顧。』鮑本亦作顧。）

黃氏札記引集解訾作譽，並云：『固或困字誤耳。』即考證所本。

忠之節也。

　　案通鑑節作盡。廣雅釋言：『節，已也。』已猶盡也。

是故君子以義死難，視死如歸。生而辱，不如死而榮。

　　考證：秦策無『以義死難』以下十七字。

　　案秦策無『以義死難』以下十六字，考證失計。通鑑亦無此十六字。

士固有殺身以成名，

　　考證：秦策無『士固』二字。

　　案秦策無『士固有』三字。通鑑乃無『士固』二字。

君明臣直，

　　案秦策直作忠，義同。孝經事君章邢疏引字詁：『忠，直也。』

故天下以其君父爲僇辱，

　　案『僇辱，』複語。秦策僇作戮，古字通用。廣雅釋詁三：『戮，辱也。』

豈不亦忠聖乎？

　　殿本考證：一本無聖字。

　　考證：『張文虎曰：『王、柯、凌本聖上脫忠字。』愚按祕閣本、楓、三本皆有忠字。』

　　施之勉云：景祐本、黃善夫本、殿本皆有忠字。

　　案容齋隨筆亦有忠字。通鑑作『忠且聖。』秦策有忠字而無聖字，姚校云：『一本有聖字。』

以君臣論之，商君、吳起、大夫種其可願，孰與閎夭、周公哉？

　　考證：……秦策『君臣』二字，作聖一字。

　　案秦策鮑本『君臣』二字作聖，姚本仍作『君臣。』通鑑其作之，義同。『孰與』猶『孰如。』下同。

孰與秦孝公、楚悼王、越王乎？

　　考證：祕閣本無乎字。

　　案通鑑亦無乎字。

批患折難，

　　　索隱：『批患，』謂擊而卻之。

　　　案批借爲排。（說文通訓定聲有說。）索隱望文生訓・非也。魏其武安侯列傳：

　　　『引繩批根，』御覽八四六引批作排（漢書同），即二字通用之證。折猶解也。

語曰：日中則移，月滿則虧。

　　　案管子白心篇：『日極則仄，月滿則虧。』極猶中也。廣雅釋言 ： 『極 ， 中

　　　也。』

進退盈縮，

　　　考證：『楓、三本、祕閣本盈作贏，爲是。梁玉繩曰：盈字當諱。』

　　　案通鑑盈作贏，贏，嬴、古通，（說文：贏，从女，嬴省聲。）管子勢篇：「成

　　　功之道，贏縮爲寶。』尹注：『贏縮，猶行藏也。』

故國有道則仕，國無道則隱。

　　　案論語泰伯篇：『天下有道則見，無道則隱。』

今君之怨已讎，而德已報。

　　　案通鑑注：『怨已讎，謂殺魏齊。德已報，謂進用王稽、鄭安平等。』

其處勢非不遠死也。

　　　案古謂所居之地爲『處勢。』王念孫淮南雜誌齊俗篇有說。

齊桓公九合諸侯，一匡天下。

　　　案素問三部九候論：『天地之至數，始於一，終於九焉。』九者極言其多，非實

　　　數。又九、一兩數並舉，習見於古書，齊世家斠證有說。

畔者九國。

　　　梁玉繩云：九者，極言之。說見封禪書。

　　　案封禪書梁氏志疑引丹鉛錄云：『九爲陽數之極。書傳稱九者，皆極言之。』

夏育、太史噭叱呼駭三軍，然而身死於庸夫。

　　　集解：『徐廣曰：呼，一作嘑。』

　　　索隱：『夏育、太史噭，二人勇者。夏育，賁、育也。噭音皎。按高誘云：「夏

　　　育爲田搏所殺。」然太史噭，未知爲誰所殺。恐非齊襄王時太史也。』

梁玉繩云：『太史嗷，田單傳作嫩，田完世家作敫，蓋卽齊君王后之父。而秦策又作太史啓。索隱曰：「未知誰所殺。恐非齊襄王時太史。」鮑彪云：「其人未詳。」』

考證：『夏育、孟賁，二人。索隱舛。……』

案秦策『太史嗷』作『太史啓，』姚校云：『啓，曾作嗷。』與此合。鮑注引此文作激，云：『太史，周官，其人未詳。史作太史激，豈君王后之父邪？』梁氏謂『田單傳作嫩，田完世家作敫。』齊策六亦作敫，姚校云：『劉作徼。』嗷、激、嫩、徼，皆諧敫聲，與敫固可通用。作啓，疑敫字形近之誤。鮑注『豈君王后之父邪？』似梁說『蓋卽齊君王后之父。』所本。考齊策、田完世家之『太史敫，』與田單傳之『太史嫩，』固是一人。然不稱其勇，亦不言其『死於庸夫。』與『太史嗷』恐非一人。索隱云『恐非齊襄王時太史。』蓋是。徐注：『呼，一作嗃。』淮陰侯列傳：『項王喑噁叱咤，千人皆廢。』與『叱嗃駭三軍，』文義相近。索隱『夏育，賁、育也。』蓋謂夏育，卽賁、育之育，范雎傳孟賁、夏育已並稱，小司馬似非不知夏育、孟賁爲二人也。又索隱所引高誘說，乃秦策高氏佚注。

此皆乘至盛而不返道理，不居卑退、處儉約之患也。

考證：祕閣本返作反，秦策作及。……

案秦策姚本返作及，鮑本作近。及乃反之誤，近乃返之誤。返、反正、假字，作反是故書。『不反道理，』卽下句所謂『不居卑退、處儉約』也。

楚地方數千里，持戟百萬。白起率數萬之師以與楚戰，一戰舉鄢、郢，以燒夷陵，再戰南幷蜀漢。

考證：『秦策無「地方數千里」五字。梁玉繩曰：「幷蜀漢，是張儀、司馬錯，不關白起，後廿二年起始出也。且事在秦惠更元之九年，而敍于昭王廿九年拔鄢、郢之後，若以爲起之第二戰功，豈非誤乎？策作『一戰舉鄢、郢，再戰燒夷陵。』是已。」』

案『再戰南幷蜀漢，』秦策作『再戰燒夷陵，南並蜀漢。』雖多『燒夷陵』三字，似仍誤以幷蜀漢爲起之第二戰功。平原君列傳，毛遂謂楚考烈王曰：『今楚

地方五千里，持戟百萬……白起，小豎子耳。率數萬之衆，興師以與楚戰，一戰
而舉鄢、郢，再戰而燒夷陵。』

而遂賜劍死於杜郵。

考證：楓、三本、祕閣本無劍字。

案秦策亦無劍字。白起傳云：『秦王乃使使者賜之劍自裁。』

而卒枝解。

考證：『梁玉繩曰：吳起以射死。此言支解，仍秦策之誤。猶韓詩外傳一及高誘
呂覽執一注，言起車裂也。韓子難言、問田二篇，亦云是支解。』

案記纂淵海五二引枝作肢，秦策作支，枝、支並肢之借字。呂氏春秋貴卒篇、吳
起傳並謂吳起以射死。韓子和氏篇：『吳起枝解於楚。』姦劫弒臣篇：『吳起之
所以枝解於楚。』亦並與秦策及此文合。淮南子繆稱篇：『吳起刻削而車裂。』
則與外傳及呂覽高注合。

墾草入邑，

案秦策入作叛，姚校云：『曾：一作入。』

句踐終負而殺之。

案姚本秦策作『句踐終悟而殺之。』王念孫雜志云：『史記越世家；「越王賜大
夫種劍，種自殺。」不言「悟而殺之。」（姚本作悟，鮑本譌作拮，注云：「拮、
憂同，轢也。」尤非。）悟當爲倍，字之誤也。倍與背同，言越王背德而殺之
也。史記作「句踐終負而殺之‧」負亦背也。鄭世家贊曰：「厲公終背而殺之。」
語意正與此同。』倍、負、背，古並通用，王說是。惟謂悟爲倍之誤，則非。悟
蓋本作培，六朝俗書，从才之字往往書从木。培、倍古亦通用，詩大雅蕩：『曾
是培克。』孔疏：『培卽倍也。』卽其證。

禍至於身。

案景祐本、黃善夫本身並作此，記纂淵海五二引同。秦策亦作此。

此所謂信而不能詘，往而不能返者也。

索隱：信音申。詘音屈。

考證：祕閣本返作反。

施之勉云：元龜八百九十引返作反。

案秦策鮑本詘作屈，返作反。姚本返亦作反。

范蠡知之，

案白帖七引作『范蠡知止足。』

君獨不觀夫博者乎？

案獨猶何也。

利施三川，以實宜陽。

正義：施猶展也。言伐得三川之地以實宜陽，言展開三川以實宜陽。

考證：『祕閣本、楓、三本無利字，秦策有，無者是。韓世家云：『施三川而歸。』田完世家云：「王以施三川。」中井積德曰：「施，如字。揚威也。」』

案『利施三川，』本秦策，利字當有。秦策姚本有利字，鮑本無，而補利字。施讀爲移。移，易也。韓世家：『施三川而歸。』田完世家：『王以施三川。』並同此例。韓世家王氏雜志有說。釋施爲展，或爲『揚威，』並非。參看韓世家及田完世家斠證。

吾聞之：鑒於水者，見面之容。鑒於人者，知吉與凶。

案書酒誥：『人無於水監，當於民監。』殷本紀：『湯曰：「予有言：人視水見形。視民知治不。』路史後紀十四：『武王之鏡銘曰：以鏡自照者，見形容。以人自照者，見吉凶。』

四子之禍，君何居焉？

考證：祕閣本禍作福。

案上文『此四子者，功成不去，禍至於身。』所謂『四子之禍』也。下文『必有四子之禍矣。』卽承此言之。祕閣本禍作福，非。焉猶乎也。

孰與以禍終哉？

案白帖七引作『孰見與禍至？』『見與』葢『與見』之誤倒，至下略哉字。

卽君何居焉？

案卽猶今也。裴氏古書虛字集釋八有說。秦策卽作則，則亦猶今也。

吾聞欲而不知止，失其所以欲。有而不知足，失其所以有。

　　　王念孫云：止、足二字互誤，足與欲爲韻，止與有爲韻，有，古讀若以。（見詩及

　　楚辭。）

　　　案老子：『知足不辱，知止不殆，可以長久。』

客新有從山東來者，

　　　案御覽四六三引『新有』二字倒。

臣之見人甚衆，莫及，臣不如也。

　　　案御覽引『莫及，』作『莫能及之。』秦策作『莫有及者。』容齋隨筆十三云：

　　『蔡澤之說激於理。范雎親困穰侯而奪其位，何遽不如澤哉？彼此一時也。』

號爲綱成君。

　　　考證：策綱成作剛成。

　　　施之勉云：『水經灅水注：于延水又東逕岡城南。按史記，蔡澤，燕人也。謝病

　　歸相，秦號岡成君。疑卽澤所邑也。世名武岡城。』

　　　案綱、剛古通，施氏引水經注云云，上文『而伐齊綱、壽。』梁氏志疑已有說。

　　　秦策此文鮑注：『水經〔注〕云：鴈門，于延水東逕罳成南。澤，燕人。疑此卽

　　其所邑與？』蓋又梁說所本也。

爲秦使於燕。三年，

　　　案秦策鮑注：『居燕三年。』

世所謂一切辯士。

　　　考證：『一切』猶『一例。』

　　　案燕王世家：『皆高祖一切功臣。』李斯列傳：『請一切逐客。』索隱並云：

　　『「一切」猶「一例。」』與此『一切』同旨。

垂功於天下者，

　　　梁玉繩云：雎、澤無分寸功于秦，所謂以口舌得官耳。而云功垂天下，何哉？前

　　賢之論二子詳矣。

　　　案功，似當作名。

然士亦有偶合。

　　　案『偶合』猶『遇合，』爾雅釋言：『遇，偶也。』

然二子不困戹，惡能激乎！

案劉子激通篇：『范雎若無廁中之辱，不懷復魏之心。』蔡澤若無見逐之恥，亦
不發相秦之志矣。

出自第四十五本第三分（一九七四年六月）